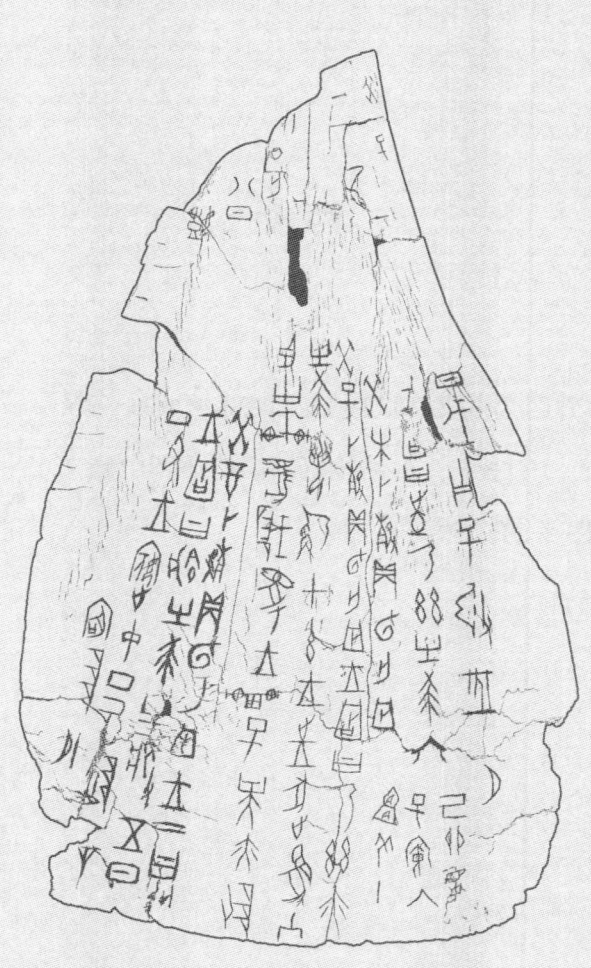

本書爲"古文字與中華文明傳承發展工程"項目成果（YWZ-J012），得到教育部語信司和中國文字學會的支持和指導，謹此致謝！

主编 刘钊
副主编 陈剑

甲骨文發現一百二十年來甲骨學論文精選及提要

傳承中華基因

三

商務印書館
The Commercial Press

劉 釗

釋甲骨文耤、羲、蠶、敖、栽諸字

釋 耤

甲骨文"耤"字一般作"𠾐"(《合集》八)、"𠾐"(《合集》一四正)、"𠾐"(《合集》九五〇八正),像人踏耒而耕狀。古文字凡从人形表示某種動作的字,常常可以省去人形大部而只保留手形,以甲骨文爲例,如寇字作"𠾐"(《合集》五五九正)又作"𠾐"(《合集》五五五正);再字作"𠾐"(《合集》一〇四〇五反)又作"𠾐"(《合集》三二四二〇)。甲骨文有字作"𠾐"(《合集》三一二五四),結構爲从"耒"从"又",應該就是簡體的"耤"字。

《金文編》有下列字(新版《金文編》1140頁):

𠾐簋 𠾐觶 𠾐父己鼎 𠾐𠾐作父己簋

字皆从"耒"从"又",可隸定作"叔"。以往考釋諸家多將其釋爲"耒",只有高鴻縉認爲是古耤字,可謂慧眼獨具①。按金文有獨立的"耒"字,作"𠾐"(父己觶)、"𠾐"(父乙爵),"叔"字从"又"應包含意義在内,故字以釋"耤"爲是。

下面我們談到的是"耤"字的一種特殊的異體。《合集》六二六片有下列三條卜辭:

(1A) 屮伐

(1B) 屮𠾐

---

① 《中國字例》二篇第310頁。

(1C) 貞多臣……✲羌……其得。

其中（1B）"✲"字從"叔"從"〰"。"✲"從"耒"從"又"，前面說過應是"耤"字的簡體。"〰"即"災禍"的"巛"字。甲骨文耤字的繁體發展到金文作"✲"（令鼎）、"✲"（弭伯簋），已是在"✲"字上加注"昔"聲的形聲字。這裏我們先拋開"耤"字，來看看作爲耤字聲符的"昔"字。《說文》："昔，乾肉也，從殘肉，日以晞之。"從古文字"昔"字形體看，《說文》的說解是錯誤的。昔字甲骨文作"✲"，金文作"✲"，皆從"日"從"巛"。葉玉森認爲昔字所從之"〰"即古"巛"字，本像洪水，字從日從巛意爲不忘洪水之日①。這個將"昔"字視爲會意字的解說早已被古文字學家所接受，多年來似乎已成定論。其實這個說解是錯誤的。昔字應是從日巛聲的形聲字。古音昔在心紐，巛在精紐，皆爲齒頭音，從昔得的踖即在精紐。故昔、巛聲近，昔從巛应該是起聲符的作用。甲骨文有下列二辭：

(2A) 庚申卜殻貞✲且丁……黍隹南庚蚩。

(2B) 庚申卜殻貞〰且丁不……不隹南庚蚩。　　《合集》一七七二正

（2A）與（2B）對貞，上作"昔"，下作"巛"。從形聲字可省去形符而保留聲符的規律看，更可證明"昔"字本從"巛"聲。現在讓我們回過頭來看"✲"字。金文"✲"字從昔聲，而昔從巛聲，故甲骨文"✲"應該就是"耤"字，即在"✲"字上加注"巛"聲的形聲字。在耤字繁體"✲"上加注昔聲作"✲"，與在耤字簡體"✲"上加注巛聲作"✲"，可以看作是耤字繁簡兩體平行的發展演變。

甲骨文有下列一條卜辭：

(3) ……乍洹隹出✲勿隹洹隹出✲

《合集》七八五四反（《續》五·三〇·八）

（3）之"✲"字《甲骨文編》、《甲骨文字集釋》、《殷墟卜辭綜類》皆失收，字從"✲"從"巛"，與《合集》六二六的"✲"顯然是一個字。

甲骨文還有下列二辭：

(4A) 其出✲。

(4B) ……✲（上部殘）。

于西南。　　《合集》八七二五（《存》二·四九〇、二·四九一）

---

① 《說契》第1頁下。

其中"✦"字从"✧"从"✩"，所占位置易使人認爲是兩個字。島邦男《殷墟卜辭綜類》列有"✪"字條（185 頁），顯然就是將"✦"字看作兩個字了。其實甲骨文有些字因爲上下結構的原因寫得很長，有時占了兩個字的位置，很容易使人誤認爲兩個字。"✦"字所從之"✧"即"耒"字，"✪"則是加口爲繁飾的"巛"字。加口爲繁飾與甲骨文族字又作"✫"（《合集》三三〇一七），才字又作"✬"（《合集》一四二〇一）相同。如此則"✦"字同前面談到的"✭"、"✮"兩字一樣，也應是"耤"字的異體。

"✭"、"✮"、"✦"三字從構形上看，因爲有由"耒"（或"耒"）與"巛"組合的限定，故是"耤"字的可能性非常大①。不過這三個字在辭例中的用法則還不能確定。

釋 羲

甲骨文有下列二辭：

(1) 乙卯……貞王……✦……　《合集》三六七五四（《續》三·二七·五）
(2) ……在✧……王步于……亡災王……隻犾……

《合集》三七五〇四（《前》二·七·五）

其中"✦"字《甲骨文編》入於附錄（附錄上一三〇）。《甲骨文字集釋》列入待考（第 4616 頁），《殷墟卜辭綜類》列✧字後（第 356 頁），又割裂形體將"✦"字下部"丂"字列亥字後（第 458 頁），未免自相矛盾。

按"✦"字从我从"丂"，"丂"應該是"兮"字的異體②。甲骨文一些下部作一彎筆的字，常常同時存在寫成兩筆的異體。如方字作"方"又作"方"，"亥"字作"亥"又作"亥"，兮字作"兮"又作"兮"（桍字所从）皆其證。古文字由於每個字的使用頻率不同，其發展演變的速度也就不同。一些字在其單獨存在與其作爲偏旁時的發展速度是有差異的。一個字作爲偏旁與不同的字組合成新的複合形體後，因受與其組合的形體的制約，其發展演變也呈現出不同的狀態。下面以"辛"爲例具體説明這種現象。甲骨文"辛"字有下列幾種形態：

---

① 菑字異體作畜，《廣雅·釋地》："耦……菑……耕也。"菑，災古通。✦字也有是稻字的可能。
② 于省吾先生曾指出"丂"爲兮字，但没指出具體字例，見《甲骨文字釋林》第 147 頁。

辛字在單獨成字時，由（1）式"丫"加"⌒"式飾筆發展爲"辛"，發展速度較快。而从"辛"的"商"字，則呈現出多種形態。即可以从（1）式作"商"或"商"，又可以从（2）式作"商"，又可以从（3）式作"商"或"商"。因甲骨文一些呈輪廓綫的筆劃皆可省成單綫條的筆劃，（1）式"丫"可省成（5）式"T"，故"商"又可作"商"；（3）式"辛"可省作（6）式"干"，故"商"、"商"又可以省作"商"、"商"；（4）式"辛"可以省作（7）式"辛"，故商字又可以省作"商"。又因辛字可以寫成圓筆狀的"辛"，故商字又可以寫作"商"。卜辭單獨成字的"兮"字只作"兮"或"兮"，而"兮"所从之"兮"作"兮"，這大概同辛字在不同的形體中呈現不同的狀態一樣，也應看作是因形體不同的發展速度造成的差異。

甲骨文乎字皆作"乎"，但偶爾也作"乎"：

　　（3）……寅卜乎歸若。　　　　　　　　　　　　　《屯南》四三一四

由"乎"可作"乎"，可知"乎"自然有作"乎"的可能。

甲骨文又有从"女"从"乎"的字：

　　（4A）己丑卜乎貞婞虫子。
　　（4B）貞婞亾其子。　　　　　　　　《合集》一〇九三五正（《乙》三四三一）

"婞"字可隸定作"妗"，應是兮族女子或叫作"兮"的女子的專字。

甲骨文有下列三條卜辭：

　　（5）于北方乎南向。　　　　　　　　　　　　　《懷特》B一三七九
　　（6）其豊在下丫北向，兹用。　　　　　　　　　　《屯南》一七三
　　（7）甲子卜其豊……下丫北向。　　　　　　　　　《屯南》二二九四

（6）、（7）之"丫"即"兮"字。這三條卜辭都是講行某種禮儀的事。其辭應讀作"其禮在下兮，北向"、"甲子卜其禮……下兮，北向"。（5）與（6）、（7）所卜應爲一類事。在（6）、（7）"兮"字的位置上，（5）辭與其相對應的字正作"乎"，所以我們懷疑"丫"與"乎"是一個字的不同異體。

下面看看《說文》對義字的解說。《說文》："義，己之威儀也。从我从羊。"《說文》以"義"爲會意字，這從古文字的角度看是錯誤的。清人早已指出義字應

是从羊我聲的形聲字①。蟻字古作蛾，可證義字必从我得聲。甲骨文"✦"字从"我"从"兮"，應該就是"義"字的初文。《説文》："義，气也。从兮義聲。"按義从我聲，故从義之羛可从我聲作"✦"。"羛"發展到"義"與"蛾"發展到"蟻"是同樣的演化。卜辭"羛"字在句子中用爲地名。

金文有字作"✦"（羛妘鬲）、"✦"（柳鼎），吴大澂釋爲"義"。他説："✦，古義字。从義从彳。彳當即兮之省文。"②按吴説至確。甲骨文之"✦"與金文之"✦"當爲一字。金文"✦"所从之"彳"即甲骨文"彳"之省。兩字互證，可見甲骨文之"✦"爲"義"字無疑。

釋 蠹

甲骨文有下列數辭：

(1A) 弜巳鼞戍受人亡戋。
(1B) 王其鼞戍受人叀☒土人又戋。
(1C) 叀䄵人又戋。
(1D) 王其乎鼞戍受人叀☒土人眔䄵人又戋。

《合集》二六八九八（《鄴》三·四六·六、三·四六·七）

(2A) ……鼞……受人……☒土人又戋。
(2B) 王其乎鼞戍受人……☒土人眔䄵人又戋。大吉。

《屯南》八八〇+一〇一

（1）、（2）兩辭中皆有一個寫作"☒"形的字。這個字《甲骨文編》、《甲骨文字集釋》、《殷墟卜辭綜類》在摹寫時都漏掉了下部的一彎筆，因而與"㐭"字混列。其實這個字从㐭从虫，應隸作䖵，釋作蠹。裘錫圭先生和《小屯南地甲骨》分別將（1）之"☒"和（2）之"☒"隸定作"䖵"，這是對的③。甲骨文虫字作"𧈅"，䖵作"☒"是將"㐭"字的部分筆劃公用，即虫字借㐭字的部分筆劃而成。甲骨文"☒"字（《合集》一〇二二九反）又寫作☒（《合集》六八六一）也

---

① 《説文解字詁林》卷十二義字條下。
② 《説文古籀補》第25頁。
③ 分別見於《卜辭"異"字和詩、書里的"式"字》（載《中國語言學報》第1期）、《小屯南地甲骨》。

是利用借筆的方法，將"目"與"虫"寫在一起。金文有字作"㫃"（利簋），所從的"㫃"旁即"𧈢"字，雖然沒有用借筆的方法，但將"虫"字連寫在"向"字的左下部，結構與甲骨文"㫃"字全同。金文𧈢字作"㫃"（𧈢姜鼎），郭沫若謂乃"蟺"字古文，這是正確的①。甲骨文"㫃"與金文之"㫃"爲一字，都應隸作𧈢，釋爲蟺。蟺字結構最早就應該爲從虫從向，後來又增加一個"旦"聲。後世從亶作的字，殷周古文字皆從𧈢即蟺作，如金文旜字作"㫃"（番生簋），檀字作"㫃"（利簋，十疑爲木之省），憻字作"㫃"（憻季遽父尊），壇字作"㫃"（《汗簡》下之二）。《說文》鱣字籀文作"鱣"等皆其證。金文有蟺伯簋、蟺姜鼎、憻季遽父尊，利簋有檀公。這些"蟺"、"憻"、"檀"與甲骨文的"蟺土人"很可能都是指一個部族。

甲骨文蟺字還見於下揭一辭：

(3) 危方莫于合㫃其祝于……　　　　《合集》二七九九九（《京》四二五四）

因甲骨文"合"字有時用爲地名，上揭(3)的"蟺"字疑讀爲"壇"。古代壇爲祭祀場所，《說文》："壇，祭場也，從土亶聲。"(3)辭之大意爲危方在合地的壇上行莫禮。

甲骨文又有從木從𧈢的一個字：

(4) 叀檀录先举。　　　　　　　　《合集》二九四〇八（《粹》一二七六）

"檀"字《甲骨文編》誤摹作"檀"，《甲骨文字集釋》釋作"椢"（第2028頁），《殷墟卜辭綜類》摹作"檀"（第269頁）。按字從木從𧈢，應隸作"檀"，釋作"檀"。檀字見於《說文》木部，於卜辭用爲地名，疑即指西周的"單"（又稱檀），地在陽樊之南。

釋 敖

甲骨文有字作"𠂉"，或加飾筆作"𠂊"。這與甲骨文先字作"𠂉"又作"𠂊"、𠂉字作"𠂉"（《懷特》S0七五三）又作"𠂊"（《合集》一三五四六）是同樣的加飾筆繁化現象。"𠂉"字《甲骨文編》入於附錄（附錄上七八），個別混入

---
① 《兩周金文辭大系考釋》第133頁。

"先"字,如《前》二·二八·二(即《合集》一〇九二三)"壬戌卜争貞乞令受田于㐅㞢十月"之"㐅",《甲骨文編》、《甲骨文字集釋》皆混入"先"字條下。島邦男《殷墟卜辭綜類》將"㐅"與"㐅"放在一起單列一字,不與先字混(第12頁),可謂有識。不過他仍釋這個字爲"先"字,則是不妥的。甲骨文先字皆从"止"从"人"作"㐅",或加飾筆作"㐅",與"㐅"、"㐅"形體迥異,兩者絕不相混。"㐅"字還有一種異體寫作"㐅",或重複部分筆劃作"㐅",這與美字作"㐅"又作"㐅"(《合集》二八〇八九正),師字作"㐅"又作"㐅"(《懷特》B一四五九),每字作"㐅"又作"㐅"(《合集》三〇七二二)相同。"㐅"、"㐅"兩字《甲骨文編》、《甲骨文字集釋》皆混入"羌"字。只有《殷墟卜辭綜類》將其單列,這是正確的。按羌字从人羊聲,"㐅"、"㐅"不从"羊"顯然,故不得釋"羌"。"㐅"字又作"㐅"與"㐅"字又作"㐅"是同類現象,"㐅"字是表示用繩索執繫的"㐅"族人。

下面先來看金文中的"敖"字。

金文敖字有下列幾種形態:

㐅 菰伯簋　㐅 九年衛鼎　㐅 㐅 展敖簋　㐅 分敖壺敖字所从

《說文》:"敖,出遊也,从出从放。"由菰伯簋敖字作"㐅",可知敖本从"攴"从"㐅"。"㐅"爲从"中"从"人"。諫簋和王臣簋有一個內史名爲"㐅"、"㐅",舊或釋"先",這是錯誤的。此字與"㐅"字所从之"㐅"結構相同,皆从中从人,應該就是"敖"字的初文,字可隸定作"㐅"。

甲骨文"㐅"、"㐅"結構也是从"中"从"人",與菰伯簋"㐅"字所从之"㐅"及諫簋、王臣簋的"㐅"字形體相同,也應該隸作"㐅",釋作"敖"。"㐅"之繁體"㐅"省去繩索形即與金文敖字作"㐅"所从之"㐅"形體全同,故甲骨文的"㐅"、"㐅"、"㐅"、"㐅"皆應釋爲"敖"。

甲骨文"敖"字見於下列卜辭:

(1)壬戌卜争貞乞令受田于㐅㞢十月。

《合集》一〇九二三(《前》二·二八·二)

(2)丙寅卜争貞乎㐅㐅㞢㞢求㐅。　《合集》六八三四正(《丙》一)

(3A)己未王卜才㐅貞今日步于㐅亡㐅。

(3B)戊午王卜才㐅貞田舊往來亡㐅兹㐅獲鹿㐅……

《合集》三七四三四(《綴》二一九)

(4) 丙辰卜才奠貞今日王步于🈳亡🈳。

《合集》三六七七二（《前》二·一五·二）

(5) 🈳以五十。　　　　　　　　　《合集》一七七九反（《合》一三七反）

(6) 貞🈳不其獲羌。　　　　　　　《合集》一八八正

(7) 貞🈳不其獲羌。　　　　　　　《合集》一八九正①

(8) 乙酉卜爭貞今夕令🈳以多射先陟自……　《合集》五七三八

(9) 丁卯卜𡧊貞翌己未令多射眔🈳……于……　《合集》五七三五

(10) 庚戌卜令比🈳伐。　　　　　　《合集》一九七七三

(11) 己卯卜王咸戈🈳余曰雀吶人伐🈳……　《合集》七〇二〇

(12) 丙子卜🈳戈🈳。　　　　　　　《合集》七〇一七

(13) 己卯卜王貞余乎🈳羣🈳余弗🈳（秋？）。

《合集》七〇一四（《存》二·三一·九）

卜辭還有一個從木從敖的字：

(14) ……🈳厌羌……丁用。　　　《懷特》B一五九二

"🈳"字可隸定作"槃"。《類篇》有"槃"字，可能與甲骨文的"槃"只是同形，而並非是一個字。不過"🈳"在卜辭中讀作"敖"似乎沒問題。"🈳厌"即(1)、(2)的"🈳厌"。

從上揭卜辭可知，"敖"可稱侯(1)、(2)，這與金文"🈳"稱"伯"可能是指同一部族。王可前往敖地並在敖地占卜(3A)、(3B)。敖有時向商王進行貢納(5)，並將執獲的"羌"獻於商用於祭祀(6)、(7)。敖還經常與"多射"合作進行某種行動(8)、(9)。上揭對敖進行征伐的卜辭(10)—(13)似皆爲武丁時較早的卜辭，故可知敖在武丁時被征服後一直未再背叛。

《詩經·小雅·車攻》："建旐設旄，搏獸于敖。"《毛傳》："敖，地名。"《鄭箋》："敖，鄭地，今近滎陽。"卜辭之"敖"，疑即滎陽附近的"敖"。

釋 栽

甲骨文有字作"🈳"、"🈳"、"🈳"、"🈳"諸形。對於此字的考釋以往有釋

---

① 編者按："正"，原文誤作"反"，今逕改。

"䰜"、釋"黽"、釋"黿"三説。從形體上看，此字與䰜字形體迥異，其區別不辨自明。不過自從楊向奎將卜辭的"󰀀󰀁󰀂"釋爲"不玄冥"後①，視"󰀂"爲"黽"的觀點似乎已被大多數古文字學家所接受。胡光煒先生將卜辭的"󰀀󰀁󰀂"釋爲"不䵷黽"，讀作"不跇躅"②。雖然讀"󰀀󰀁󰀂"爲"不跇躅"不一定可靠，但將"󰀂"字釋爲"黿"則是正確的。

唐蘭先生在考釋甲骨文的"󰀂"字時，認爲"󰀂"字不應釋爲"黿"的原因是"黿字見金文，自是形聲字，與此亦迥殊"③。其實黿字在甲骨文中也有形聲結構的異體，只不過唐蘭先生没有注意到而已。甲骨文有下列兩條卜辭：

（1）戊戌卜王其󰀃󰀄馬……小臣……󰀅克……

《合集》三六四一七（《續》三・三二・四）

（2）……󰀅祝于󰀆……

《懷》B一三八一

（2）之"󰀅"與（1）之"󰀅"相比較，不過是把所從的"朿"字寫在了下邊。《甲骨文編》將（1）之"󰀅"割裂，將下部"󰀂"列於附錄（附錄上一二一）。《殷墟卜辭綜類》犯了同樣的錯誤，將這條卜辭列於"󰀂"字條下（第486頁），顯然也是將"󰀅"字當作兩個字看了。按"󰀅"字從朿從黿，是在"󰀂"上加注"朿"聲而成的形聲字。黿字金文作"󰀇"（杞伯壺）、"󰀈"（䣄㝬口鬲），從"朱"聲作，不過是將甲骨文的"朿"聲改成了形體相近的"朱"聲而已。古音朿在書紐屋部，朱在章紐侯部，聲皆讀爲舌音，韻爲對轉，故可相通。銅器銘文有"󰀉"字（□方尊），又作"󰀊"（召伯簋二），可能與甲骨文"󰀅"爲一字，只是所從之"朿"一個省去了上部，一個省去了下部，將"朿"與"黿"寫在了一起而已。

知道了"󰀅"字爲形聲結構的"黿"字，見於下列各辭的"󰀅"字也就可以釋出了：

（3A）其󰀅……

（3B）叀生用。 《懷特》B一三九二

（4）于彡衣祗又󰀅王受祐。 《合集》四一四一〇（《南坊》五・五九）

（5）癸亥卜其酌󰀅于河。 《合集》三〇四二八（《後》下三三・七）

（6A）叀歲。

---

① 《釋"不玄冥"》，《歷史研究》1955年第1期。
② 《甲骨文例》下第26頁。
③ 《天壤閣甲骨文存考釋》第214頁。

(6B) 叀❦。吉。　　　　　　　　　　　《合集》二七六二二（《粹》三四二）

(7) ……于匕庚叀❦（字殘）。　　　　　《合集》二七五四〇

(8) ……王其又❦。　　　　　　　　　　《合集》二七三七五

(9) 庚子卜大貞王其又❦且叀今辛酌又。

　　　　　　　　　　　　　　　　　　《合集》二七三七六（《甲》二〇三一）

(10) 其又❦毓……　　　　　　　　　　《合集》二七三七七（《京》四一一五）

(11) ……亥卜其又❦毓……　　　　　　《合集》二七三七八（《佚》六二五）

(12A) 叀歲。

(12B) 叀❦于……　　　　　　　　　　《合集》二七三七九

(13) ……❦。　　　　　　　　　　　　《合集》二七三八〇

"❦"字從形聲結構的"鼄"字，从"戈"，字應隸定作"戩"。金文邾公之"邾"既作"🌾"，又作"🌿"，可知"鼄"字在與其它偏旁組合時可省作"朱"，所以甲骨文"戩"字就應該是後世的"栽"字。

甲骨文"❦"字又可作"✱"：

(14) ……✱……又正。　　　　　　　　　《懷特》S一三一四

這是"✱""❦"一字，"❦"即"栽"字的最好證明。栽字見於《集韻》、《廣韻》，訓爲殺。從戰國中山王方壺誅殺之誅作"🌿"來看，"誅"字起源應該很早，栽字應該就是"誅殺"之"誅"的本字，後世才借用本義爲"討"的"誅"字爲之。卜辭祭名與祭法是統一的，上揭卜辭（6）和（12）都有"叀歲"與"叀❦"同卜于一版，這是一種選擇祭法的占卜，即卜問用歲祭好還是用"❦"祭好。可見"❦"與"歲"一樣是一種祭祀方法。"❦"字在卜辭中就應該讀作"誅殺"之"誅"。上揭（3）辭中"其❦……""叀生用"大概是卜問將祭牲殺掉祭好，還是活着祭好的意思①。"❦"訓栽殺之栽，按之另外幾條有"❦"字的卜辭，從文意上看也頗爲順暢。

原載《吉林大學社會科學學報》1990年第2期；收入劉釗：《古文字考釋叢稿》，岳麓書社，2005年。今據後者收入。

---

① 用活物祭祀似乎與歷史記載不合。卜辭"生"除"活"意外，還有"將來""下一個"之意。這條卜辭的"生"也可能用爲"將來"之意。

彭裕商

賓組卜辭的時代分析

將賓組卜辭確定爲商王武丁時代的卜辭,是三十年代董作賓先生對甲骨學的一大貢獻。新中國成立以來,由於甲骨學界的不斷努力和殷墟考古工作的不斷深入,目前大陸學者一般都認爲賓組卜辭還不是武丁時期最早的卜辭,它的出現應在自組卜辭之後,我們也同意這樣的看法。不過,賓組卜辭時代的具體上下限,目前學術界還未取得一致,故本文擬對此進行探究,以供參考。

賓組卜辭從字體來看,還可進一步分成幾個小類,大家知道,分類是斷代的基礎,分類的精確與否,直接關係到斷代工作的質量,所以在討論其時代的上下限之前,我們先進行類別的劃分。

一 賓組卜辭的分類

賓組卜辭可以根據字體分成三大類四小類,本文稱之爲賓組①類、②A類、②B類、③類,分述如下:

(一) 賓組①類

本類卜辭裘錫圭先生在《論歷組卜辭的時代》一文中已注意到了,他認爲:"這部分卜辭從字體、內容看可以歸入賓組,但極少記卜人名,而較多王親貞之辭,也可以看作稍早於賓組的一種卜辭。"① 後來林澐先生就這些卜辭作了些討

---

① 裘錫圭:《論歷組卜辭的時代》注(十一),《古文字研究》第六輯,中華書局,1981年。

論，指出它與自組卜辭相接近，並將其命名爲"自賓間組"卜辭，也"贊成把它作爲賓組範圍內的一個亞組"①。後來，1986年，我們在《自組卜辭分類研究及其它》一文中（該文在中華書局《古文字研究》刊出），對林説又有所補充，現將其命名爲賓組①類，或可稱賓組卜辭的"自賓間類型"。

本類卜辭可舉"甲骨文合集"（以下簡稱"合集"）106、1022、6905、8311、8426、10035、21065等片爲其典型代表（圖一）。其他例子見表一，特徵性字體見表二。

本類卜辭前辭一般作"干支卜"，少數作"干支卜王"、"干支卜王貞"和"干支卜貞"，賓組卜辭的所有卜人都未在前辭中出現。以前林澐先生所舉本類卜辭的例子中有卜人殼②，實際上那片卜辭不屬本類，而應劃入本文②A類。（詳見下文）

本類卜辭常見甲尾刻辭，是其特點。如合集117"弜入"、6852"臣入"、7063"臣來"、9339"㞢入"、9368"勹入"、9369"甫入"、10514"啟入"等。另外，合集585是本類中較接近②A類的，有甲橋刻辭"雀入"。本類卜辭的兆側刻辭作"不許"，如合集6905、9758，與賓組②類以後作"不許黽"稍有不同。

在鑽鑿形態方面，本類卜辭的特點是常見大圓鑽包攝長鑿的作法，即許進雄先生所説的"異常型第一式"③，《小屯南地甲骨》下册第三分册《鑽鑿形態》所定的Ⅲ形鑿，如合集5945、9758、12909等。這種形式的鑽鑿，除本類卜辭而外，在屯南4314卜骨上還有所發現，後者從"隹"、"戉"等字的寫法來看，接近自組卜辭小字①類。

本類卜辭最常見的重要人物是"弜"和"雀"，此外還有"冎"（伯冎）、"伯戚"、"子商"、"子宗"、"婦鼠"、"婦姪"等，比較多見的方國是"方"。

（二）賓組②類

本類卜辭是賓組卜辭的主要部分，數量最多，最具賓組特色，可稱爲典型賓組卜辭。其中又可根據字體進一步分成兩個小類，本文分別叫做賓組②A類和②B類。

---

①② 林澐：《小屯南地發掘與殷墟甲骨斷代》，《古文字研究》第九輯，中華書局，1984年。
③ 許進雄：《卜骨上的鑽鑿形態》，臺北藝文印書館，1973年，第7頁。編者按："鑽鑿"，許氏原書名作"鑿鑽"。

1. 賓組②A類

該類卜辭爲本文劃出，可舉合集 1027、1140、3061、3186、10125、14363 等爲其典型代表。（圖二 A、B）其他例子見表一，特徵性字體擇要歸納爲表三。

本類卜辭最常見的前辭形式是"干支卜某"（包括"干支卜王"）和"干支卜某貞"，偶爾也有"干支卜貞"的形式（如合集 10184），卜人只有殻、賓、爭、內四人，其中以殻的卜辭較多見。卜人殻和賓的寫法比較特殊，殻作𣪊，賓作𡧍。賓字下半部與本類卜辭的亥字無別。而在②B類卜辭中，賓字下半部也同於②B類卜辭的亥字，故我們懷疑所謂卜人賓的賓字或本從亥，不過，在賓組卜辭③類，賓字的寫法仍承②B類，但亥字已作𠂇，不知是不是賓字的寫法沿用既久，習慣上就不再隨亥字改變之故。

本類卜辭未見甲尾刻辭，有甲橋刻辭，如合集 190 "雀入卄"、10027 "我來十" 等，兆側刻辭仍有 "不許"，如合集 6946、15556。

本類卜辭最常見的重要人物是 "雀" 和 "子商"，"𢀰" 已很少見到（合集 6834），"婦好" 和 "戲" 也時有所見（合集 7283、6947）。"缶" 是本類卜辭最常見的敵國。

2. 賓組②B類

本類卜辭是賓組卜辭的主要部分，數量最多。其典型代表如合集 137、201、558、584、10405 等隨處可見。（圖三）

本類卜辭前辭一般作 "干支卜某貞"，少數作 "干支卜貞"，如合集 1424，賓組所有的卜人都在本類卜辭中出現。

本類卜辭的特點是常見甲橋刻辭和骨臼刻辭，兆側刻辭作 "不許黽"。此外還有一種較爲特殊的刻辭，刻在甲尾反面靠中綫處，作 "不可"，如甲 3324。本類卜辭的另一特點是常見 "王占曰" 等習慣占卜術語。

本類卜辭常見的重要人物是 "子商"、"婦好"、"沚戲"、"望乘"、"畢"、"吳"、"戉" 等，此外，"咬"、"子弓"、"犬延" 等人物也時有所見。最常見的敵國是 "舌方"、"土方"、"下危" 等。

(三) 賓組③類

本類卜辭字形結構基本一致，但在書體、風格上又可分大、中、小三種字體。第一種如合集 6049、6050、8093 等（圖四），爲大字；第三種如合集 239、1487、12864、18793 等（圖五1—3），爲中字；第三種如合集 557、6051、6612、

10048、10084等（圖五4—6），爲小字。三種字體的其他例子見表二，特徵性字體歸納爲表四。

本類卜辭的前辭形式作"干支卜某貞"和"干支卜貞"。卜人有"賓"、"争"、"㱿"、"吏"、"古"等數人而不見"㱿"和"内"。

本類卜辭未見甲尾和甲橋刻辭，有骨臼刻辭和骨面刻辭。不過，骨臼刻辭已與②B類的不同，如合集14832骨臼只有一"中"字，合集6768骨臼刻辭作"甲寅，犬、見、畢示七屯。㱿"。骨面刻辭的内容和形式與②B類的骨臼刻辭基本相同。此外，本類卜辭已没有常見於②B類的兆側刻辭"不許黽"和習慣占卜術語"王占曰"。

本類卜辭常見的人物是"畢"、"吴"、"子弓"，此外還有"望乘"、"沚馘"、"咬"、"邑竝"、"犬延"等。

以上是賓組卜辭分類的大致情况，下面再就這三大類卜辭的内部聯繫進行簡要的討論。

我們在《自組卜辭分類及其它》一文中曾指出賓組①類與自組卜辭的銜接情况，現轉録於此。這些自組卜辭主要是我們劃分的自組小字②類。（詳見該文）

1. 合集9816正面爲自組小字②B類字體，反面"己亥卜示受年"一條卜辭則爲賓組①類。

2. 合集20546右邊爲自組②B類字體，左邊則爲賓組①類字體。合集13021即此版之一部分，僅存左邊殘辭，故合集歸入賓組。

3. 合集20451前辭爲"丁巳卜王貞"，貞作方耳，字體較大，其有自組小字②B類的特點，但整版的書體風格則近於賓組①類，特別是"巳"、"卯"、"乎"、"獲"等字的寫法，更是不見於自組小字②類而常出現於賓組①類的。

4. 合集6905和6906是有聯繫的兩版，辭如下：

　　合集6905：壬寅卜：見弗獲征戎？不許

　　　　乙巳卜：丁未弜不其入不？

　　　　婦娘冥，不其嘉？

　　合集6906：庚戌卜，王貞：弜其獲征戎？在橐，一月。

二版均卜"征戎"，干支相接，壬寅到乙巳，中間只隔二日，乙巳、丁未、庚戌均在同一旬内。故二者應爲同一事件在數日内的占卜。前者爲賓組①類，後者爲自組小字②B類。

此外，賓組①類的甲尾刻辭和常見的人物"弜"、"雀"都是自組小字卜辭常見的。在一些常用字的寫法上，賓組①類和自組小字②類也有很多相同之處，如干支字"子"、"辰"、"午"、"申"、"酉"，常用字"氏"、"翌"、"子"、"作"、"朕"、"冥"、"用"、"又"、"凡"、"土"、"父"、"其"等字，二者都基本相同或相近。（請參閱文末附表二）

由上可見賓組①類與自組小字②類的銜接情況。

賓組②類的兩小群，其中②A類接近①類，②B類數量較多，往後發展爲③類。

賓組③類與出組卜辭接近，大、中、小三種字體當中，第一、二兩種字體都有與出組卜辭同卜一事的例子（圖六）。可見二者有一段時期是重合的。至於小字，其中有少數卜辭字體接近②B類（如合集25、30、14436等），并且又未發現其與出組同卜之例，書體風格也不如大、中兩種字體接近出組，所以我們推測小字可能較大、中兩種字體稍早些，但其大部分還是與後二者重合的。

由上所論，各類卜辭的順序應該是：

①類→②A類→②B類→③類

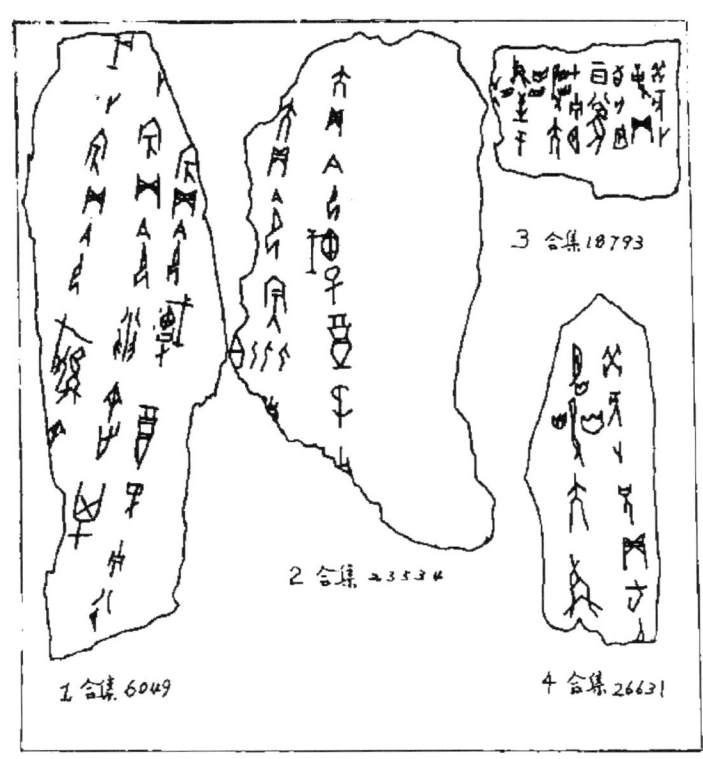

圖六　1、2同卜，3、4同卜

以此爲基礎，可進而對整個賓組卜辭的演變情況進行探究。

1. 卜人。①類没有卜人，有王親卜之例，這是繼承自組小字②類而來的。卜人犾的卜辭與本類非常接近（如合集 16847、16870 等），但還不能直接劃入本類。犾的卜辭有一例是自組小字②類的字體（甲 3177），此外，又與賓組②A 類的四位卜人"㱿"、"賓"、"争"、"内"同辭占卜①，字體也可劃入②A 類。由此推測，犾的活動時間大致從自組小字②A 類偏早，其卜辭理應有賓組①類的，不過目前還未發現。②A 類出現了四位卜人已見上。②B 類包括賓組全部的卜人，到賓組③類則又減至"賓"、"争"、"充"、"吏"、"古"等數人。可見賓組卜辭中賓争兩人供職的時間最長，除①類外，貫通整個賓組卜辭。㱿内兩人供職的時間偏早，充吏古三人供職的時間偏晚，其他卜人則主要供職於②B 類期間，這一段時期是賓組卜人集團最爲昌盛的時期。

2. 記事刻辭。這裏説的記事刻辭，是指與卜事有關的"五種記事刻辭"，即：

(1) 甲尾刻辭
(2) 甲橋刻辭
(3) 背甲刻辭
(4) 骨臼刻辭
(5) 骨面刻辭

這些卜辭記載了甲骨的來源和占卜之前對甲骨進行整治及收藏的情況，通過本文對賓組卜辭的進一步劃分，可以考見其在記事刻辭方面的變化。

①類常見的是甲尾刻辭，甲橋刻辭很少見，我們只發現一例，即上面提到的合集 585，作"雀入"，這説明甲橋刻辭已開始出現，但其格式還同於甲尾刻辭，可見甲橋刻辭由甲尾刻辭發展而來並逐步代替了甲尾刻辭。②A 類以下甲尾刻辭消失，本類常見的是甲橋刻辭，但其形式已較①類有了些變化，在"入"、"來"等字的後面加上了數目字，如前面提到的"我來十"、"雀入廿"等。②B 類除甲橋刻辭而外，又出現了骨臼刻辭。③類甲橋刻辭消失，有骨臼刻辭，上面已指出，其形式已較②B 類有了些變化。此外，又產生了骨面刻辭。

3. 兆側刻辭及習慣占卜術語。①類兆側刻辭有"不許"，②A 類也多作"不許"，②B 類作"不許黽"，③類未見類似的兆側刻辭。

---

① 見京 1812、續 5・31・8、林 1・26・11、林 1・21・10、京 1810、林 1・26・10。

"王占曰"的習慣占卜術語和甲尾中部的刻辭"不可"，目前只發現於②B類卜辭。

此外，重要人物和主要方國各類卜辭所見也有些不同，兹一並概括爲表五。

表五　各類賓組卜辭特殊現象比較

類別 內容 事項	①類	②A類	②B類	③類
卜人	無	㱿、賓、爭、內	賓組全部	賓、爭、允、吏、古
記事刻辭	甲尾、甲橋	甲橋	甲橋　骨臼	骨臼　骨面
兆側刻辭及習慣占卜術語	不許	不許	不許黽 不可　王占曰	
人物	雀△、弜△、伯冎△、伯戜、子商、婦鼠	雀△、子商△、弜、戜、婦好等	子商△、婦好△、沚馘△、望乘△、畢△、吴△、戉△、咬、子弓、犬延等	畢△、吴△、子弓△、咬、子商、望乘、沚馘、犬延、邑立等
重要方國	方、䣂、舌、㝬	缶、戎	舌方、土方、下危	周

注："人物"一項只舉有重要意義的，其他從略。右上有△號的是常見人物。

由本表可以簡明地了解賓組卜辭上與自組下與出組相銜接的情況。③類卜辭的骨面刻辭往後爲出組所繼承，如出組卜辭合集24432反面"乙酉，史黽〔示〕……"，23680反面"戊子，羽示……"等即其例。其中史官"黽"也是賓組③類骨面刻辭中的"示者"（如合集15515反面、17599反面、17600等）。此外，出組卜辭還有在骨面只刻一人名的，如合集22855反面刻一"凸"，24063反面刻一"口"等，可能是繼承了③類骨臼刻辭的形式。

二　賓組卜辭的時代

我們曾在《自組卜辭分類研究及其它》一文裏討論過自組卜辭和賓組卜辭的相對早晚，指出賓組卜辭是繼承自組小字②類發展來的。而整個自組卜辭，包括時代較早的"大字扶卜辭",已有"父乙"、"母庚"的主要稱謂,即爲武丁時代的遺物,這就已經說明賓組卜辭不是武丁早期的卜辭,這裏再從考古學的角度出發,對其時代的上下限作進一步的研究。

從考古學的角度來看,目前學術界多認爲賓組卜辭時代大致在殷墟文化第二期偏早(這裏談到的殷墟文化分期是考古研究所劃分的,下文同)。其上限"是否能提到殷墟第一期,還有待今後的工作"①。我們則認爲,從現有考古材料來看,賓組卜辭的上限應在殷墟第一期,下限不晚於殷墟第二期偏早。略論如下。

(一)賓組卜辭的上限

在解放前的考古發掘中,有如下一些單位可用來推測賓組卜辭的上限。

1. YH127 坑

該坑是迄今爲止出土賓組卜辭最多的坑,對探索賓組卜辭的時代有重要參考價值。關於該坑的時代,已有學者指出它應是早期的②,但究竟能早到什麼階段,則似未十分明確,故本文擬對其時代做較爲詳細的探討,借以窺測賓組卜辭的上限。

這個問題我們分三方面來談:(1)地域環境,(2)地層關係,(3)所出器物。

(1)地域環境

YH127 坑在 C113 探方中,這塊地方屬於"中組墓葬"的西部。這鄰接一帶是早期灰坑密集的地區。在這裏,居於水溝下的單位有 C90 探方中的 YH101(水溝 K16 下),C117、118 探方中的 YH109、110,C153、157 探方中的 YH163、YH193(以上水溝 K20 下)等③(水溝的時代大致在殷墟第二期),時代在殷墟第一期的單位有 YH126(詳下文)、YH128④ 等,這一帶點的地層關係可概括爲:

墓葬→水溝→灰坑(箭頭指向下層,下文同)

也就是說,在這裏,灰坑早於水溝。

---

① 鄭振香、陳志達:《論婦好墓對殷墟文化和卜辭斷代的意義》,《考古》1981 年第 6 期。
② 鄒衡:《試論殷墟文化分期》,《夏商周考古學論文集》,文物出版社,1980 年,第 85 頁下注⑦。
③ 石璋如:《遺址的發現與發掘丙編·中組墓葬》,臺北,1972 年第 2 頁插圖一,又 240 頁。又石璋如:《遺址的發現與發掘乙編·建築遺存》,南港,1959 年,245、254 頁。
④ 該坑出有深腹盆 117J,鄒衡先生定爲第一期單位(注②,第 62 頁)。鄒文 33 頁說本坑被 YH110 打破,後者在水溝 K20 下。但《中組墓葬》74 頁將其層位列在 YH110 之上,似應以石書爲準。不過,從所出陶盆底較薄,繩紋較直來看,時代一般不會晚於殷墟第一期。

（2）地層關係

該坑沒有與水溝發生關係，其地層關係爲

YM156→YH117→YH121→YH127（圖七）

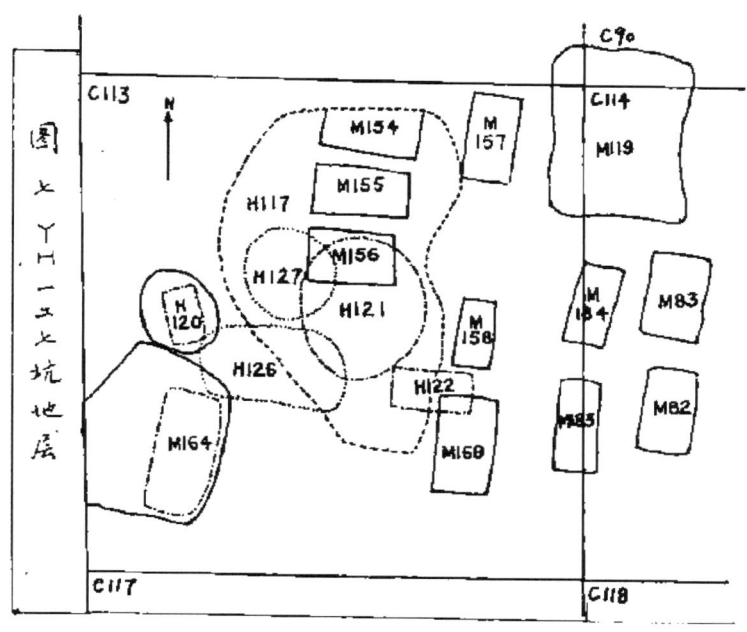

圖七　YH—二七坑地層

　　該坑在這組關係中是時代最早的。然而，這組關係中 YH127 坑的上層各單位出有哪些器物，卻並未見到正式報道，這就給該坑時代的推定帶來了困難。不過，該坑的南邊還有上層墓葬 YM164①，該墓出有若干器物，可據以推測 YH127 坑的時代。

　　關於 YM164，有學者認爲它是殷墟第三期的墓②，但從出土器物來看（圖八），我們認爲它的時代大致在殷墟第二期。所出陶器，平底罍（圖八，3）爲 192G 式（見李濟：《殷墟陶器圖錄》，下文同），是流行於殷墟第二期的器物，如殷墟第二期的灰坑 YH171 就出有這種罍；罍蓋爲 925E 式，同於殷墟第二期墓 76M12 的陶罍蓋③，在解放前的考古發掘中，殷墟第二期墓 YM66 也出有形制類

---

① 石璋如：《殷墟最近之重要發現附論小屯地層後記》301—302 頁，《中國考古學報》第四册，臺北，1978 年（再版）。又鄒衡：《試論殷墟文化分期》，《夏商周考古學論文集》，文物出版社，1980 年，第 85 頁下注⑦。
② 鄒衡：《試論殷墟文化分期》，《夏商周考古學論文集》，第 69 頁。
③ 中國社會科學院考古所安陽工作隊：《安陽殷墟奴隸祭祀坑的發掘》，《考古》1977 年第 1 期，第 28 頁圖 10。

同的銅罍蓋①;"中柱盆"(或説應爲器蓋)(圖八,1)爲 949D 式,形制相同的器物出於 YM83;該坑壓在乙五基址之下②,乙五基址的時代在殷墟第二期(參下文),故 YH83 爲早期灰坑;深腹平底盆爲 116A 式(圖八,4),殷墟墓 YM197 也出有這種形制的盆,後者同時還出有陶爵 309P 式,陶觚 247G 式,陶罍 192P 式和一件陶鬲③,都是殷墟早期的形制。此外,本墓出土的歧冠式曲內戈(圖八,5)盛行於殷墟第二期;出土的銅鈴,無頂單扉,飾凸起的"∩"形紋(圖八,6),這種形制的銅鈴又見於殷墟第二期武官大墓 W8④,也是流行於殷墟早期的。

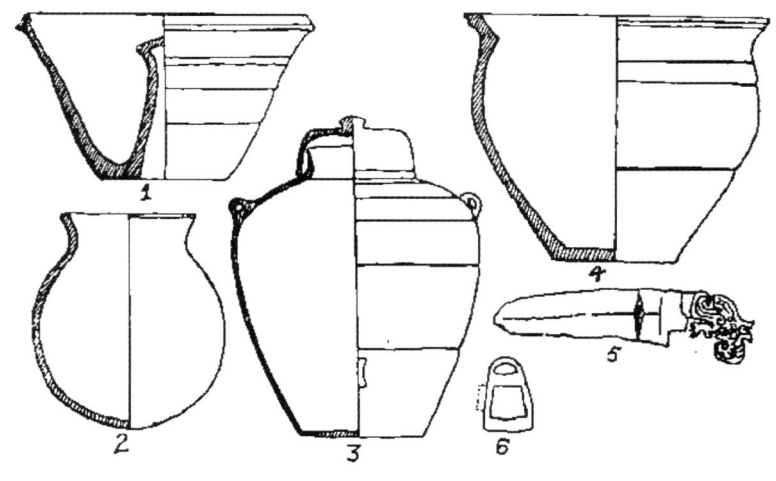

圖八　YM164 出土器物

由上可見,以出土器物而論,YM164 應爲殷墟第二期的墓葬,也就是說,作爲下層單位的 YH127 坑至少不會晚於殷墟第二期。

(3) 所出器物

該坑出有斷面呈"丁"字形的陶簋口沿⑤,是殷墟第一期的典型器物。

綜上所述,YH127 坑處於早期灰坑密集的地區,這裏的灰坑多早於水溝;在有關的疊壓、打破關係中居最下層;上層墓 YM164 是殷墟第二期的單位;坑內又出有殷墟第一期的器物殘片,據此,我們推測該坑的時代應在殷墟第一期,絕對年代大致在武丁中期。

---

① 李濟:《記小屯出土之青銅器》,《中國考古學報》第三冊,圖版壹:3a、3b,插圖 20:b。
② 石璋如:《遺址的發現與發掘乙編·建築遺存》74 頁表 22。
③ 石璋如:《遺址的發現與發掘丙編·北組墓葬》第 354 頁插圖 107,圖版 255—258。
④ 郭寶鈞:《一九五〇年春殷墟發掘報告》,《中國考古學報》第五冊。形制相近的銅鈴又出於 HP-KM1001 和薛家莊東南 83M3(《考古》1986 年 12 月)都是殷墟第二期墓。
⑤ 鄒衡:《試論殷墟文化分期》,《夏商周考古學論文集》,第 85 頁下注⑦。

從該坑所出的賓組卜辭來看，也是較早的。這裏出土的數千片賓組卜辭都是②A類和②B類，而沒有一片是接近出土卜辭的賓組③類。其中屬於②A類的乙4030還有只見於𠂤組卜辭的特殊句法①：

壬午〔卜〕爭貞：□其來服？不其來執？

可見賓組②A類在時代上還比較接近𠂤組卜辭。不過，該坑還沒有出典型的賓組①類卜辭，上面已談到，賓組卜辭中以賓組①類時代最早，所以賓組卜辭的上限應早於YH127坑。

2. 橫十三、五庚

橫十三、五庚是1929年前中央研究院歷史語言研究所第三次發掘殷墟時的探坑。該坑出賓組卜辭兩片，甲1043、2891，爲②B類。同時出土的還有205C式陶豆（圖九、1），粗矮圈足，口沿棱角明顯，應爲殷墟第一期器物，該坑的時代也很可能在殷墟第一期。

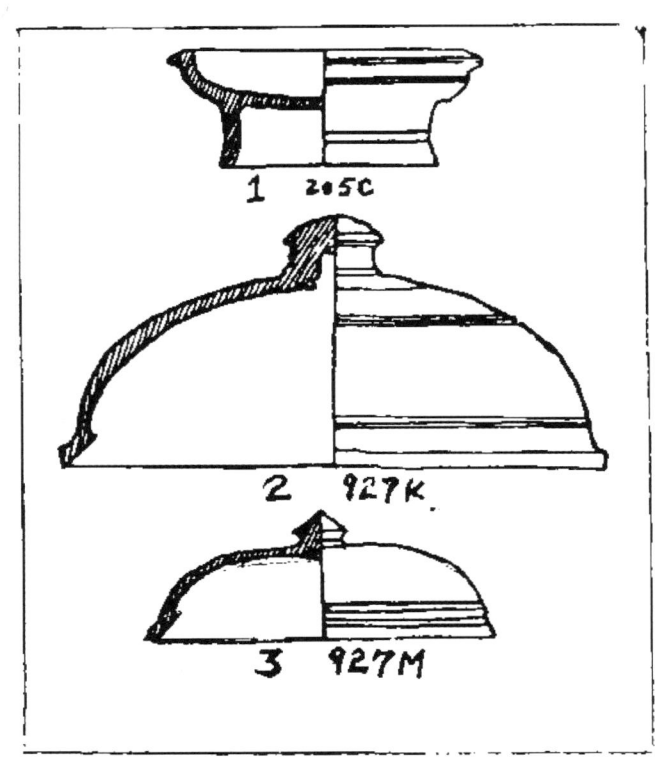

圖九　橫十三、五庚出土器物

---

① 李學勤：《關於𠂤組卜辭的一些問題》，《古文字研究》第三輯，中華書局，1980年，第40—41頁。

3. YH76 坑

該坑出賓組卜辭一片，乙 483，爲②B 類。該坑壓在殷墟第二期的乙五基址之下①，出有陶罐一件②，形制近於殷墟第一期單位 73H13 的一件陶罐③，故該坑的時代也應在殷墟第一期。

4. YH006 坑

該坑是出自組卜辭較多的坑，同時還出有三片賓組卜辭：乙 460、461、465，爲②B 類。同出器物有陶缸 107B 和陶盤 215F，以器物形制而論④，將該坑的時代推定爲殷墟第一期，大致是可以的。

5. YH126 坑

該坑出賓組卜辭一片，乙 486，只有"二告"兩字，字體近②類。該坑的地層關係同於 YH127 坑，即同在 YH117 和 YH121 之下，此外，該坑的西南隅和西北隅分別被 YM164 上部的黃土和 YH120 坑打破（圖七），而 YH120 坑的形狀已是早期常見的上圓下長方形，以地層關係而論，YH126 坑的時代也應在殷墟第一期。

從以上五個單位的情況來看，賓組卜辭的上限都應在殷墟第一期，鑒於以上幾個單位出的賓組卜辭還不是賓組中最早的賓組①類，故我們推測賓組卜辭時代的上限，至少不是殷墟第一期中偏晚的。

（二）賓組卜辭時代的下限

上文已提到，賓組③類與早期的出組卜辭有同卜之例。證明二者有一段重合。因而不是賓組③類晚到祖庚，就是早期出組卜辭早到武丁晚期，從稱謂系統來看，兩類卜辭都沒有出現"父丁"，不過，賓組③類卻有"父乙"和"母庚"（見合集 1487、2543），所以我們傾向於把賓組卜辭的下限定在武丁晚期。

從考古學的角度來看，在解放前的考古發掘中，有如下一些單位與賓組卜辭的下限有關。

---

① 石璋如：《遺址的發現與發掘乙編·建築遺存》，第 74 頁表 22。
② 李濟：《殷墟器物甲編·陶器》圖版肆，南港，1956 年。
③ 中國社會科學院考古所安陽工作隊：《1973 年安陽小屯南地發掘簡報》，第 33 頁圖八，2，《考古》1975 年第 1 期。
④ 陶盤 215F 的形制近於 YM232 和劉家河墓的銅盤，鄒文 60—61 頁表四將其列在"第二期第二組"之首。

1. E16 坑

該坑所出卜辭，除上面的兩片甲 2942、2943（合集 11994）爲賓組③類外，其他全是第一期的卜辭。該坑出有陶淺腹盆 4D、陶蓋 927K、948J、948K、948M 和銎式銅戈、銅矛等①。鄒文將其列在第二期第二組最後②，蓋將其時代估計在武丁晚期，肖楠先生也認爲"從坑中出土的陶器和銅兵器等形制看，是屬殷墟文化早期，即武丁時代"③。

2. YH265 坑

該坑出卜辭兩片，乙 8935、8936，前者爲賓組③類，後者爲非王無名組。同出有陶罐 141R 和陶器蓋 927M，蓋的形制與 E16 坑的陶蓋 927K 基本相同（圖九，2、3）。由上推測，該坑的時代可能接近 E16 坑，即在武丁晚期。

3. 乙五基址

該基夯層出出組卜辭一片，乙 283；基址下壓灰坑 YH38，該坑出有兩片賓組③類卜辭，乙 475、476。關於基址的時代，學術界都認爲它是早期的，大致在殷墟第二期，從現有的考古材料來看，這樣的推測大致是不錯的。該基建造時，埋了一個與基址的建造儀式有關的葬坑 YM18.4，該墓出有銅觚、銅爵、陶豆、陶鬲、陶罍等器物④，都是殷墟第二期的形制。此外，基址的 H 部壓住了殷墟第一期灰坑 YH66 的一部分⑤，E 部又被殷墟第二期灰坑 YH93 打破⑥，地層關係和基址葬坑的時代相吻合，證明了基址的時代在殷墟第二期，絕對年代大致在祖庚、祖甲之世。

本基夯層出的那片出組卜辭乙 283，有兩"喜"字，可能是卜人喜所卜，《綜述》已經指出，卜人喜的卜辭沒有"兄庚"和"周祭"，時代是較早的，其中有一部分在祖庚之世⑦。從這個角度來看，本基的時代有可能上及於祖庚。

既然本基的時代有可能上及祖庚，則可進而作如下的推測。

（1）壓在基下的灰坑 YH38 出賓組③類卜辭，可以認爲賓組卜辭的下限在武

---

① 李濟：《記小屯出土之青銅器》下篇，《中國考古學報》第四冊，又見李濟：《殷墟器物甲編·陶器》圖版肆，南港，1956 年。
② 鄒衡：《試論殷墟文化分期》，《夏商周考古學論文集》，第 60—61 頁表四。
③ 肖楠：《安陽小屯南地發現的"自組卜甲"》，《考古》1976 年第 4 期，第 239 頁。
④ 石璋如：《遺址的發現與發掘丙編·乙區墓葬》，南港，1976 年，第 14—15 頁。
⑤ 該坑所出有屬於殷墟第一期的陶簋和陶豆，見李濟：《殷墟器物甲編·陶器》，第 42 頁表 34。
⑥ 該坑所出有陶罍 192E，盆 117C、盂 219E、224A，見李濟：《殷墟器物甲編·陶器》圖版肆，南港，1956 年。
⑦ 陳夢家：《殷虛卜辭綜述》，中華書局，1988 年，第 192 頁。

丁晚期的可能大於祖庚。

（2）與賓組③類銜接的出組早期卜辭自成一小類，其典型代表如合集 23534、23711、23717、26631 等夯層中的乙 283，不屬於此類而有在祖庚之世的可能，故前者有可能上及武丁晚期，這也有利於將賓組卜辭的下限推測在武丁晚期。

以上三個單位，從考古學的角度來看，大致在殷墟第一期晚到殷墟第二期，鑒於賓組卜辭經歷的時間較長，推測其下限可能到第二期初。

綜上所述，賓組卜辭的上限應在殷墟第一期，下限不晚於殷墟第二期初，絕對年代從武丁中期到武丁晚期。

表一　各類賓組卜辭舉例

①類		合集 53、117、1026、1028、3413、4305、4314、4331、4448、5793、5810、5945、6599、6689、6692、6719、6727、6773、6789、6790、6846、6847、6852、6960、6961、7001、7005、7024、7030、7063、7227、8311、8424、8426、8644、8660
②A類		合集 536、776、1829、1837、1850、1863、2056、2063、3461、3516、4121、4141、4209、4519、5516、5758、6460、6570、6571、6572、6573、6576、6577、6580、6639、6641、6643、6834、6860、6861、6862、6863、6885、6886、6887、6892、6946、6959、8591、9507、9620、9621、10344、10412、10977
③類	大字	合集 102、356、5574、6768、6769、7765、10111、10385、10974、10119、15515、17599
	中字	合集 293、280、1158、1520、1533、1597、1932、1935、2543、2799、8455、8659、9476、9570、9572、9575、9628、10580、10303、12864
	小字	合集 25、30、31、46、240、277、295、438、483、557、637、1139、6612、6771、9579、9584、10067、10168、10611、10673、10906、14380、14381

表二　賓組卜辭①類特徵字體舉例

表三　賓組卜辭②A類特徵字體舉例

表四　賓組卜辭③類特徵字體舉例

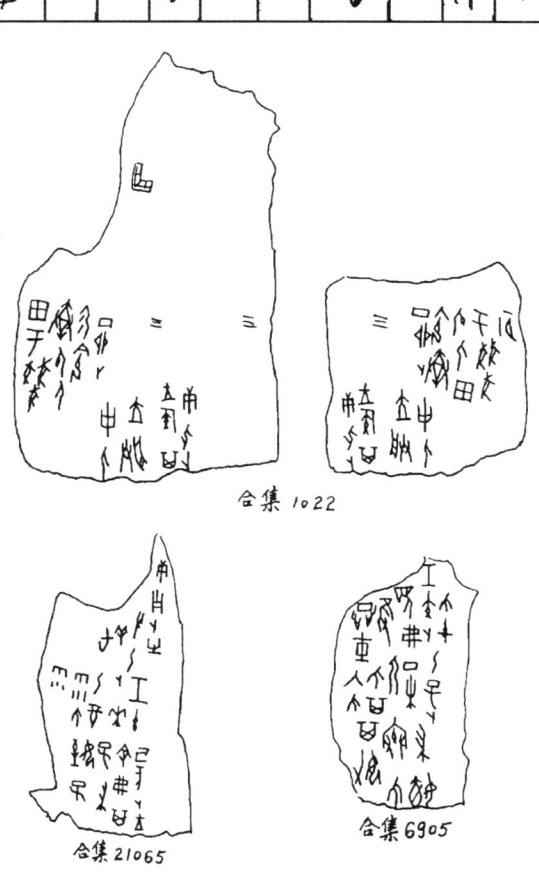

圖一　賓組卜辭①舉例

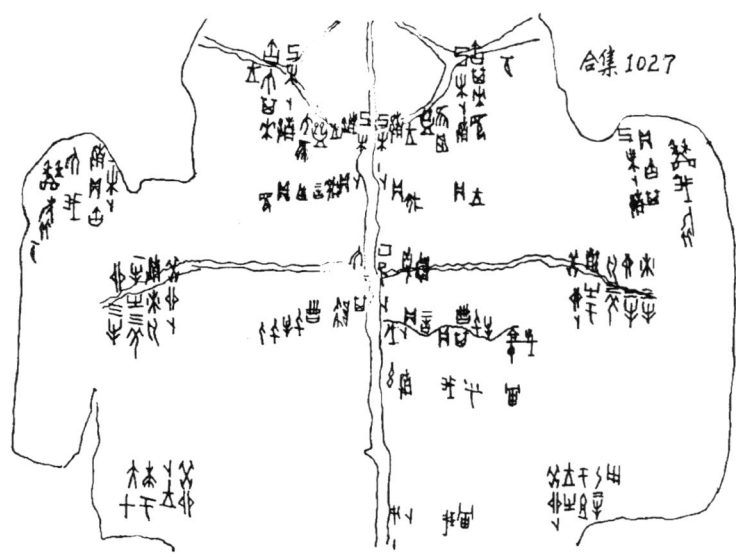

圖二　A：賓組卜辭②A類舉例

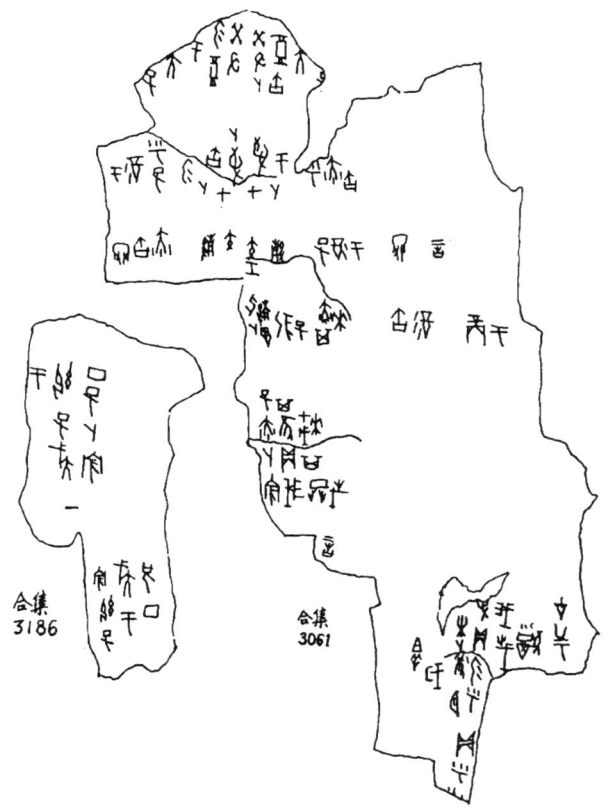

圖二　B：賓組卜辭②A類舉例

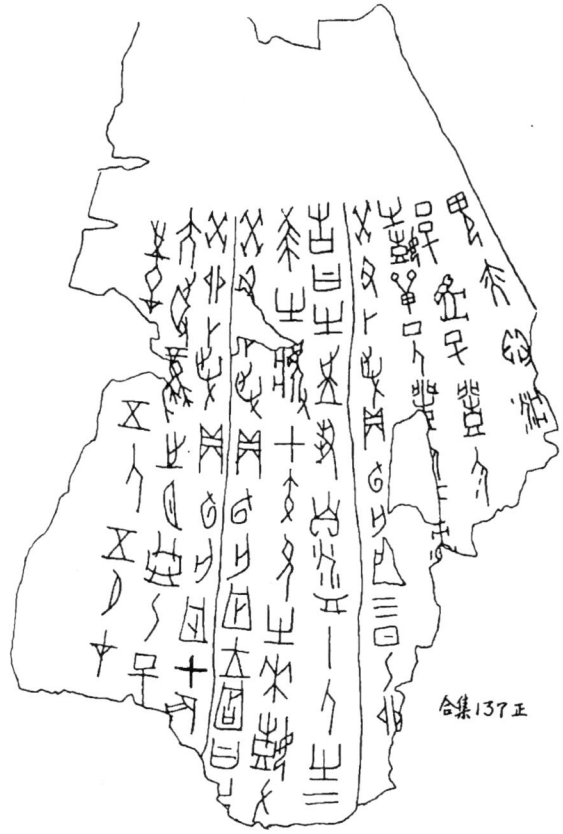

圖三　賓組卜辭②B類舉例

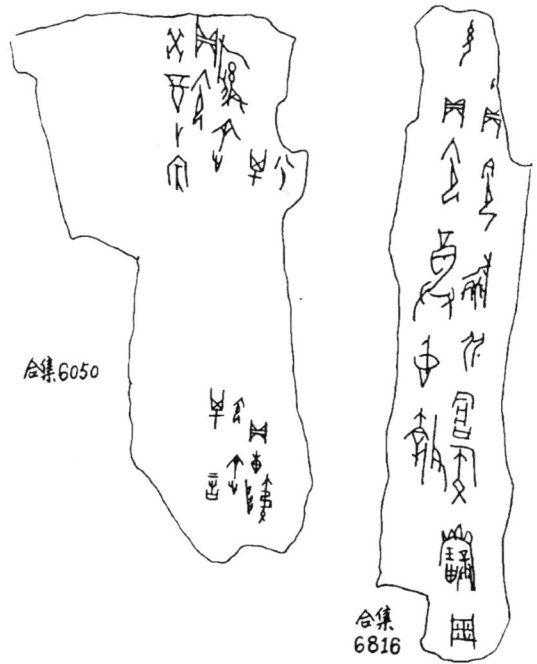

圖四　賓組卜辭③類舉例

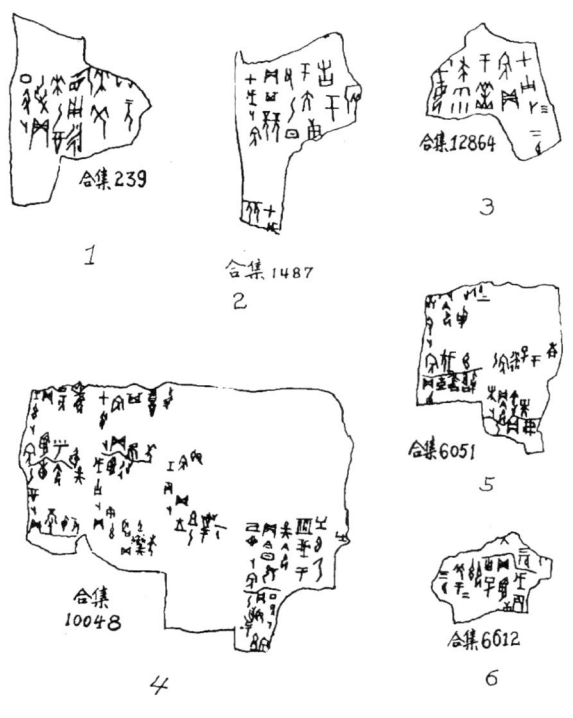

圖五　賓組卜辭③類舉例

原載四川大學歷史系編：《徐中舒先生九十壽辰紀念文集》，巴蜀書社，1990年；收入彭裕商：《述古集》，巴蜀書社，2016年。今據後者收入，個別文字據前者及彭裕商《殷墟甲骨斷代》（中國社會科學出版社，1994年）校改，表二至四亦以《殷墟甲骨斷代》相應表格替換。

Jean A. Lefeuvre(雷煥章)

RHINOCEROS AND WILD BUFFALOES NORTH OF THE YELLOW RIVER AT THE END OF THE SHANG DYNASTY:

Some Remarks on the Graph 兕 and the Character 兕 *

（晚商黃河北部的犀牛和野水牛——談談兕形與兕字）

The graph 兕 in the Shang oracle inscriptions, transcribed 兕 or 累, until now, among the best authors, remains the object of different interpretations. Some of the most common translations are: a rhinoceros, a unicorned *si* having the appearance of an ox, an ox of the *si* species, a *si* (without explanation), a coveted special hunting game, a wild animal of the central plain, etc. The aim of this article is to try to determine to what extent some clarification of the issue can be obtained.

---

* This paper was originally presented at the International Conference on Shang Civilization, held at the East-West Centre, University of Hawaii, September 7-11, 1982.
  Abbreviations:
  Menzies 明 Hsü Chin-hsiung, *The Menzies Collection of Shang Dynasty Oracle Bones*, vol. I : *A Catalogue*. Toronto, 1972; vol. II : *The Text*. Toronto, 1977.
  Sōrui Shima Kunko 島邦男, *Inkyo bokuji sōrui* 殷墟卜辭綜類. Tokyo, 1967.
  Zongshu Chen Mengjia 陳夢家, *Yinxu buzi zongshu* 殷虛卜辭綜述. Beijing, 1956.
  Other abbreviations of the titles of oracle-bone collections follow those given in David N. Keightley, *Sources of Shang History: The Oracle-Bone Inscriptions of Bronze Age China* (Berkeley: University of California Press, 1978).

Main Authors' Opinions

Luo Zhenyu 羅振玉 explained the graph 🐎 as meaning a "horse."① Wang Xiang 王襄② and Shang Chengzuo 商承祚③ considered the animal to be of the horse species. Ye Yusen 葉玉森, at first, explained it as a "rhinoceros."④ But a new discovery became the occasion of a vehement controversy. On November 28, 1929, during the third excavation of the Academia Sinica, in the North-East of the Xiaotun village, in the land of Zhang Xuexian 張學獻, inside the great connective pit 大連坑 (Trench latitudinal digging 13, *Bing* North section, Second North branch 橫十三, 丙北支, 二北支), the head bone of a big animal was discovered. It is a big piece, including the frontal bones, from the top of the front to the tip of the nose, of a big animal's head. Two vertical lines of characters are inscribed on it, but the bone was not prepared, nor used for divination. The Shang sometimes used to keep specially famous trophies with a record inscribed on them. Some of them were war trophies with an inscription on a piece of bone taken from the head of a vanquished enemy (see *Qianbian*, fig. 3 = *Zongshu* fig. 圖版 13-4; *Jingjin* 5281 = *Zongshu* 13-1). Others were hunting trophies with an inscription on the head bone of a famous hunting game.

When the big animal's head-bone was discovered, another hunting trophy was unearthed just a few meters away. It was the head of a deer, with a recorded inscription (*Jiabian* 3941). During the fourth excavation, in pit 乙 21 (according to a letter of Qu Wanli 屈萬里, dated April 19, 1976), at a distance of approximately 100 meters, another hunting trophy was discovered. It was the head of a deer with antlers having also a recorded inscription (*Jiabian* 3940).

In early 1930, Dong Zuobin 董作賓 showed this big animal's head to Teilhard

---

① Luo Zhenyu, *Zengding Yinxu shuqi kaoshi* 增訂殷虛書契考釋 (Taibei, 1969), p. 29.
② Wang Xiang, *Fushi Yinqi leizuan* 簠室殷契類纂 (Tianjin, 1920).
③ Shang Chengzuo, *Yinxu wenzi leibian* 殷墟文字類編 (1923).
④ Ye Yusen, *Yinqi gouchen* 殷契鉤沈 (Beiping, 1929), p. 8.

de Chardin who, on discovering that on the interior side of the bone there was a whole line of teeth, declared that they are bovine teeth.

Dong Zuobin noticed that, in the text of the inscription, there was the saying 隻白兕 "We caught a white 兕." He thought it was a wild animal, white, with one big horn on its head, and concluded that it was an unicorn. To conform his opinion with the declaration of Teilhard de Chardin, he tried to prove that the unicorn belonged to the species of the bovidae. He then collected a whole documentation about the unicorn in the Middle East, Persia, Central Asia and North China.① Very soon Fang Guoyu 方國瑜 in the periodical *Shida guoxue congkan* 師大國學叢刊(1-2, 1931) published an article "Huo bailin jie zhi yi" 獲白麟解質疑, indicating that the 兕 of the Shang oracle inscriptions was different from the occidental *Rimu* and from the Chinese unicorn(麟). In the Shang oracle inscriptions, the 兕 and the horse have the same kind of tail. As for the unicorn, maybe it is only a graphic simplification. Fang concluded that we can only say that it is a wild animal native to the Chinese central plain.

In the *Shixue nianbao* 史學年報(vol. 4, 1932, pp. 119-121), Tang Lan 唐蘭 published his article "Huo baisi kao" 獲白兕考. For him, the graph 兕, the character 兕 of the *Shuowen* 説文 and the *zhuan* 篆 form 兕, can be interpreted as being the character 累 or 兕 of the *Erya* 爾雅. According to the commentary of Guo Pu 郭璞 on the *Erya* and the *Jiaozhou ji* 交州記 of Liu Xinqi 劉欣期, it was a wild animal with only one horn, of grayish(*qing* 青)colour, having a big size and heavy weight. Tang Lan also quotes Han Ying 韓嬰(*Han Shi waizhuan* 韓詩外傳, "Shijing Juan er"詩經卷耳)who says:"(If) one uses a *si* horn for making it(a wine cup), it contains five *sheng*." From this statement he concludes that the horn of the *si* is of a specially big size which fully conforms with the graph of the oracle inscriptions.

Ye Yusen, in his *Yinxu shuqi qianbian jishi* 殷虛書契前編集釋(Shanghai, 1934), commenting on *Qianbian* 2-5-7, does not maintain any more that *si* means a rhinoceros(see *Yinqi gouchen*). As the graph 兕 has the same graphic element

---

① Dong Zuobin, "Huo bailin jie" 獲白麟解, *Anyang fajue baogao* 安陽發掘報告 2 (Beiping, 1930).

for the tail as the graph of the horse, he is of the opinion that it is a wild horse with a single horn of a specially big size. Maybe it is similar to the *bo* 駮, described in the *Erya* as a horse with curved teeth, eating tigers and leopards. On the other hand, it is possible that the only one horn of the graph is a graphic simplification using one horn as a characteristic representation for two of them. As for the bovine teeth of the interior side of the Big Animal's Head Bone, he thinks that the inscription was not necessarily inscribed on the bone of the animal referred to.

Guo Moruo 郭沫若, commenting on fragment 577, in his *Buci tongzuan kaoshi* 卜辭通纂考釋 (Tokyo, 1933), accepts the opinion of Tang Lan and identifies 兕 with 罞. Normally, the *si* is of a grayish (*qing*) colour, but some of them are white and, if it is the case, it is worth recording.

Shang Chengzuo, in his *Fushi suocang jiagu wenzi kaoshi* 福氏所藏甲骨文字考釋 (Nanjing, April 1933), using an element of some bronze graphs, identifies 兕 with 豸, but in his Preface of *Yinqi yicun* 殷契佚存 (Nanjing, 1933) he transcribes 罞.

Many scholars did not notice the opinion of the preeminent Chinese paleontologist Pei Wenzhong 裴文中. On March 18 and 25, 1934, in the *Shijie ribao* 世界日報, he published his "Ba Dong Zuobin 'Huo bailin jie'" 跋董作賓"獲白麟解". He discarded the mythological unicorn and *bo*, and according to the teeth and the shape of the bones, determined that the Big Animal's Head Bone belonged to a wild animal of the bovid species.

Dong Zuobin, in the *Yin lipu* 殷曆譜 (vol. 2, sec. 2, 1945), adopts the position of Tan Lan and transcribes 罞.

Ding Su 丁驌, in his "Qiwen shoulei ji shouxingzi shi" transcribes 兕 as 罞.[①] For him, it is not a rhinoceros: the horn/s of the rhinoceros stand/s up on the nose, whereas, in the graph 兕 and its variants, the horn starts at the top of the front and bends backwards. On the Shang graphs, the horn is of a big size. This fits quite well with the descriptions in some ancient texts of people

---

① Ding Su, "Qiwen shoulei ji shouxingzi shi" 契文獸類及獸形字釋, *Zhongguo wenzi* 中國文字 21 (Sept. 1966), p. 28; 22 (Dec. 1966), p. 31; see no. 21.

using an animal horn for drinking wine. But to be suitable for a drinking vessel, a horn has to be hollow. It should not be a solid rhinoceros horn, but rather a bovine horn. Ding Su is of the opinion that it is a horn of the *Bos exiguus Matsumoto*, one of the species discovered at Xiaotun. According to him, the buffalo was a domestic animal, while the ox was a wild animal used only for food and for sacrificial offerings.

Li Xiaoding 李孝定, in his *Jiagu wenzi jishi* 甲骨文字集释 (Taibei, 1965, p.3021), more or less adopts the position of Tang Lan, but he adds the graph 㺇 (*Jingjin* 1913) so similar to the *zhuan* form 㺇 of the *Shuowen*. He considers that the animal has two horns, "a big and long one in front, another one, short and small, behind." With this description he seems to suggest that the animal is a rhinoceros, but he avoids to make a clear statement about it. Finally, according to the *Shuowen* text, he transcribes 㺇, with the explanation "name of an animal."

Most of the scholars eventually adopted the position of Tang Lan and for the graph 㺇 transcribed 兕 or 累 (the Kangxi Dictionary considers that the character 㺇 is the result of a copyist's mistake writing 勹 instead of 勿 and that the forms 兕 or 累 are the correct ones). When Tang Lan exposes his position, he uses mainly two arguments. The first one is the similarity between the graph 㺇 and the *zhuan* form 㺇. The second argument is based on the meaning of the character 兕 which according to some ancient texts is the name of a wild animal having only one horn of a big size.

As a result, there is now a consensus in using 兕 or 累 as a transcription for 㺇, but, for the interpretation, no agreement has been reached. Some consider that it is an animal with a single horn and translate it "rhinoceros." Others, paying attention to the opinion of the paleontologists, think that it is a wild bovine. Now we shall examine the Shang inscriptions, the paleontologists' reports, and the later usage of the character 兕 to see if it is possible to clarify the question.

Jiabian 3939 Bone

The reading of the text inscribed on the Big Animal's Head Bone has been improved through the efforts of several scholars. Qu Wanli, according to *Jiabian* 2416, adds 㝃 at the end of the text. It is the name of the *Bo* (Elder) of the Yufang 盂方 tribe. After a comparison with *Jiabian* 3940, 3941, and other texts, we think that the character 田 "to go hunting," has to be added at the beginning of the text. For the whole text, we propose the following translation:

[Hunting] at the 㝃 foothill, we caught a white *si* (and) made the tree branches offering at x.

In the second month, (as) it was the king's tenth ritual cycle, we made the day performed *yong* ritual; the king came to attack the Yu country Elder [㝃].

This head bone has not been prepared for divination and the inscription is just a record. It can easily be dated as belonging to the reign of Di Xing 帝辛, when the King went out to attack the Elder of the Yufang. During that military expedition, the King went hunting and offered some sacrifices, hoping that everything would be successful. During a hunt, they caught a white *si* and it seems that, for them, it was an auspicious event.

兕 and Its Qualifiers

In *Yicun* 427, there is also a recorded text with the saying, "We caught a white *si*." In *Yicun* 518, there is another recorded text with 獲商戠罴. The interpretation of this text is subject to discussion. Shang Chengzuo explains 商 as 賞 and 戠 as "yellow colour."① Chen Mengjia 陳夢家 quotes that text and explains 戠 as a loan for 犝, being a specific term to indicate a special colour for oxen (*Zongshu*, p. 240). Hsü Chin-hsiung (許進雄), in his *The Menzies Collection of Shang Dynasty Oracle Bones* (vol. Ⅱ: *The Text*), twice explains 戠 in the saying 戠牛. First he proposes the meaning of a gray black colour (Fragment 1784), but afterwards speaks of a reddish (赤色) colour (Fragment 2539). Shima Kunio 島邦男 thinks that there is no question of colour and explains 戠 as 臘, 大臠, meaning the

---

① Shang Chengzuo, *Yinqi yicun kaoshi* 殷契佚存考釋 in *Yinqi yicun* (Nanjing, 1933), no. 518.

cutting of ox meat for ritual offering. ①According to this interpretation, 獲商戠兕 could be translated: "We caught a *si* (suitable for) meat-cutting on Shang territory" or "we caught an enjoyable *si* (suitable for) meat-cutting." Anyhow, it is connected with an ox and, in the Shang oracle texts, when after 戠 there is the name of an animal, it is always an ox. If 兕 is an animal of the bovid species, it does not constitute an exception.

In *Qianbian* 2-5-7, there is the question of a big *si* 大兕. At least we know that sometimes the *si* is an animal of a big size, but it is not very helpful as we do not know how big it was.

Text about Hunting

In the Shang oracle texts, most of the time, 兕 appears in divinations about hunting. Hu Houxuan 胡厚宣 paid attention to the different verbs used in the texts about *si* hunting.②If we know the different terms used for the *si* hunting, we can learn a little bit about the kind of game it was. With the help of Shima Kunio (*Sōrui* 81-1 and 222-1 to 223-3), we can make a more complete survey (even if it remains incomplete as new material was published afterwards). Here is a list of occurrences:

To catch (隻), 44 times; to catch with a net (毕, 葦), 21 times; to pursue (逐), 15 times; to shoot at with a bow (射), 13 times; to drive into a river (涉), 4 times; to drive into an enclosure (空, 窞), 4 times; to hunt (狩), 3 times; to make fall into a trap(?)(篁), twice (Chen Mengjia notices that 篁 often has the meaning of tamping the earth, but points out that at the period of Di Yi and Di Xin, it means a way of hunting, see *Zongshu*, p. 538); to seize (執), once; to surround(?)(岀, 圍?), once.

---

① Shima Kunio, *Inkyo bokuji kenkyū* 殷墟卜辭研究, Japanese ed. (1958), p. 271; Chinese ed., p. 269.

② Hu Houxuan, "Bucizhong suojian zhi Yindai nongye" 卜辭中所見之殷代農業, pp. 44-47 in his *Jiaguxue Shangshi luncong* 甲骨學商史論叢, vol. 2, sec. 1 (Chengdu, 1945).

Many of these hunting terms can be used for different kinds of game, and these texts are so short that they do not help very much. However, one of them requires our attention. In it, 13 times a bow is used to shoot the game. If the 兕 was a rhinoceros, how could it be possible, as even now a hunter cannot shoot a rhinoceros with an ordinary firearm? On the other hand, if the animal was a white bovine, shooting it with a bow would be very appropriate. Four times, there is a question of driving the animal into the river(涉). These four texts are inscribed on the same plastron(*Jiabian* 3916). Qu Wanli considers that 涉 means "to ford, to wade across a river," and that 兕 is a verb, "to hunt the *si*." But in the Shang oracle texts, there is no other case of 兕 functioning as a verb. More probably, 涉 describes a technique used sometimes for the hunting of the *si*. The wild *si* is a dangerous animal, but after forcing it into the water, it is much easier to catch. If the game is a wild buffalo, this seems a very suitable technique.

It may be useful not only to analyse the different ways of hunting but also to pay attention to the numbers of game caught. Once, during one hunting expedition, they were able to catch 40 *si*(*Xubian* 3-44-8), and at some other times they got 12(*Yicun* 350), or 11(*Bingbian* 102-1; *Menzies* 明 20). The rhinoceros do not live in big herds and it would be hardly possible to catch so many of them. On the contrary, if the game was a wild bovine, it would seem quite plausible.

Sacrifices

Several times, in the divinations about sacrifices, the victim referred to is a 兕; 4 times it is for a 禣 sacrifice(*Sōrui* 223-1), 3 times for a 鼏 sacrifice(*Sōrui* 223-1), twice for an 𡥀 offering(*Sōrui* 222-4, 223-2). The 兕 is a precious victim which can be offered to the ancestors. Sometimes the name of the ancestor is given, e.g. Zu Ding 祖丁 or Fu Ding 父丁(*Ninghu* 1-193).

The Graph Form

Many graphs with quite substantial variations are transcribed 兕 because most of them have a single big horn. On the following pages is a selection of some of them, arranged according to the different reign periods.

Some of the graph variations represent different degrees of abstraction, for instance, the whole body may be represented in profile or reduced to a curved line. But there are some constant elements. It is important to notice that the horn never starts from the top of the nose but always from the back of the head; furthermore, it does not stand vertically but stretches out in a curved way. Besides, very often some veins are indicated on the horn. If the graph means a wild buffalo, these features fit especially well. In the *Cuibian* 941 inscription there is a graph which is not a representation completely in profile; two horns protrude from the front in a curved manner without standing up. Ding Su recognizes that in this case it must mean a buffalo.①

The Shang people were not only impressed by the big size of the horns of that animal but also by its muzzle. In most of the cases, the top of the graph represents a big square muzzle. Sometimes, a line indicates clearly the separation between the upper and the lower jaw. In a few cases, the mouth is open and the two jaws should not be taken for two horns, because one horn is added, starting as always at the back of the head(see *Jiabian* 3916-10). Maybe it is an indication of a beast bellowing furiously and, for the character(word), acting as a specifier: a "fierce" animal. On the *Jingjin* 1913 fragment, there is the graph . The upper part of the graph is similar to the variant of *Jiabian* 3916-10 and may well represent the two open jaws, but in that case there is no horn indication. It is not sure that it is the same word, meaning the same animal.

In the majority of the cases, at the end of the tail, there is an indication of a

---

① Ding Su, *op. cit.* (note 6), *Zhongguo wenzi* 21.

tuft. The rhinoceros, however, has no tuft at the end of its tail. On the contrary, such a tail would be a fitting addition for the bovines.

In the oracle inscriptions 🐂 and ψ are two different graphs. It seems that at that time there were domesticated bovines but also wild ones. Maybe, for the game they had to catch during the hunt, they were using a pictograph of the whole animal, whereas, for certain livestock, they were using only a pictograph of the head. As ψ or ϒ ordinarily appear after a number, it could be the first appearance of words which later on functioned as classifiers.

DI YI, DI XIN PERIOD 帝乙，帝辛時期

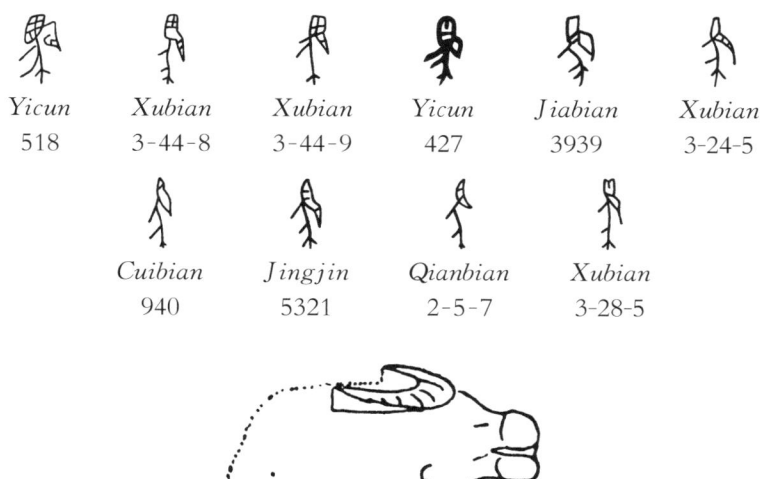

| Yicun | Xubian | Xubian | Yicun | Jiabian | Xubian |
| 518 | 3-44-8 | 3-44-9 | 427 | 3939 | 3-24-5 |

| Cuibian | Jingjin | Qianbian | Xubian |
| 940 | 5321 | 2-5-7 | 3-28-5 |

Shi niu 石牛 (stone bovine), discovered in Tomb No. Five, drawn after photographic reproduction in Kaogu 1977.3 (p.152).

The Décor and Intaglio Graph on the Niu Fangding 牛方鼎 (Courtesy Noel Barnard)

Jiabian 3916-10

Phonetic Analysis

According to Bernhard Karlgren, ①the pronunciations of 牛, 犀, and 兕, in Archaic and Ancient Chinese are as follows:

牛　　*ngi̯ŭg　　ngi̯ə̯u (998a)
犀　　*siər　　　siei　(596a)
兕　　*dzi̯ər　　zi :　 (556a)

Phonetically, 兕 has no connection with 牛, but it is, on the contrary, quite similar to 犀. The two graphs 彖 and 屮 have no similarity either. Ancient people did not classify the animals according to the orders and the families of modern zoology, but according to their concrete experience when they were confronting the outside world. For them, the 兕 was a fierce wild animal just like the rhinoceros: both of them were different kinds of *ye niu* 野牛. At the end of the Shang, if some rhinoceros were roaming in the Xiaotun area, they were certainly very few (see *infra* Paleontology) and we do not know if there is a special word in the Shang oracle inscriptions meaning "rhinoceros." The phonetic analysis just helps us to know that at a later time the 兕 and the 犀 were not domesticated animals but, both of them, beasts of the wilderness.

The Niu Fangding

During the excavations conducted, from September 1934 to December 1936, in Xiaotun, at Tomb HPKM 1004, a vessel called Niu Fangding 牛方鼎 was unearthed. On the outside, on the four sides and on the four feet, there is a bovine head as a décor. Inside the vessel, a single intaglio graph has been cast into the bottom. The pictograph looks like a bovine. Probably, in this vessel, it is used as

---

① Bernhard Karlgren, *Grammata Serica Recensa* (repr. from *BMFEA* 29 [1957]).

a clan-sign.

The character is a pictograph showing a profile view of the animal. At the back of the head there is a single horn of a big size, curved backwards. The basis of the horn is very wide and strong veins are indicated on the horn. It might be quite well the horn of a buffalo.

The muzzle is rather big and the mouth is open. There are many similarities with the graphs of *Jiabian* 3916-8 and 3916-10. Another graph appearing in *Jiabian* 2026 has to be compared with the character of the Niu Fangding. The pictographs of both of them not only show a single big horn but also a very big eye. If the graph of the bottom of the Niu Fangding is a clan-sign, it is a name, a "word," and should not be looked at horizontally as at a drawing; most probably it has to be looked at vertically and then the similarity with the graph of *Jiabian* 3916-10 is striking. (Here I want to express my thanks to Professor Noel Barnard for giving excellent reproductions of photographs and rubbings of the Niu Fangding.)

During the spring of 1976, at Xiaotun, in Tomb Number Five, a small stone bovine(石牛, length 25 mm) was discovered.[①] According to the curve and the veins of the horns, it is clearly a buffalo. The muzzle is quite big and prominent. Some of the graphs of the *si*, in the oracle inscriptions, with their curved horn going backwards without standing up, and their big square muzzle, have similar characteristics.

The Big Animal's Head Bone

Mr. Sauveur d'Assignies has been working for years in Paris under the direction of Léonard Ginsburg, director of the "Section de Paléontologie" at the Musée National d'Histoire Naturelle, doing research work in the field of paleontology. In 1979 Mr. d'Assignies accompanied me to the Academia Sinica at Nangang and was

---

① "Yinxu kaogu fajue de you yi zhongyao xin shouhuo" 殷墟考古發掘的又一重要新收穫, *Kaogu* 考古 1977. 3(May), pp. 151-153.

able to closely examine the Big Animal's Head Bone. He made some drawings and took measurements. At the beginning of July 1980, Mr. d'Assignies, Prof. Ginsburg, and I had a meeting in Paris, at the Musée National d'Histoire Naturelle, for a discussion about the identification of the Big Animals Head Bone. The two specialists were in complete agreement with Teilhard de Chardin and Pei Wenzhong: The teeth (whose photograph is in my possession) and the bones belong definitely to a bovine. Later on, using photographs and drawings, they made comparisons with all the other head bones of oxen and buffaloes in the museum. The result was that the Big Animal's Head Bone is a buffalo's head bone. The bases (in French, *pédicule*) of horns of the ox are very high on the front bone; this contrasts with the buffalo where they are somewhat lower. Besides, the two bases of the ox horns are far apart, while those of the buffalo are closer. For the Big Animal's Head Bone, the bases of the horns are rather low and the small salient in the middle of the horn base is 5.5 cm from the central suture line of the front. For the paleontologists, the Big Animal's Head Bone is the head of a buffalo. All the buffalo bones unearthed at Xiaotun belong to the *Bubalus mephistopheles Hopwood* species, but in Paris, there are no bones from that kind of buffalo, therefore, it was not possible to say more.

Paleontology

In this short paper it is not possible to make a detailed exposition of what paleontology tells us about the rhinoceros, the ox, and the buffalo in China. We shall just make a short report of what we know about those animals in North China, according to the *Acta Palaeontologica Sinica* and the *Vertebrata Pal Asiatica*, during the Holocene and the beginning of the historical period. Some remains of rhinoceros were discovered in Zhejiang province and the middle course of the Changjiang, but north of the Changjiang, besides Xiaotun, only one find has been made. It is in Henan province, at the site Xiawanggang 下王崗 of Xichuan 浙川. In the lower stratum of Early Yangshao culture, some bones of *dicerorhinus sumatrensis* were discovered.① The presence of a few rhinoceros in Henan is thus attested, but 2,500 or 3,000 years before the late Shang. As for Xiaotun, at first, the rhinoceros was not listed by Teilhard de Chardin and Yang Zhongjian 楊鐘健, in their "Anyang Yinxu zhi buru dongwuqun" 安陽殷墟之哺乳動物群 [On the Mammalian Remains from the Archaeological Site of Anyang], *Zhongguo gushengwu zhi* 中國古生物誌, Palaeontologica Sinica, ser. C, vol. XII, fasc. 1 (June 1936). Later on, Yang Zhongjian and Liu Dongsheng 劉東生 made a more complete new report, in their "Anyang Yinxu zhi buru dongwuqun bui" 安陽殷墟之哺乳動物群補遺, *Zhongguo kaogu xuebao* 中國考古學報 4.12 (1949, pp. 149-150) and indicated the presence of two phalanxes of rhinoceros. The first one is a complete third phalanx of the left metatarsus, the other one is a phalanx of metatarsus with the lower extremity broken, maybe the second phalanx of the metatarsus. Unfortunately, no tooth nor head bone were discovered and it is not possible to determine the species. Shi Zhangru 石璋如, in his "Henan Anyang Xiaotun Yinmu zhong de dongwu yihai" 河南安陽小屯殷墓中的動物遺骸, *Wen shi zhe xuebao* 文史哲學報 5.12 (Taibei, 1945, pp. 1-14), says that "when the rhinoceros (bones) were discovered, no attention was paid to the site" (p.5). As a result, we are not able to ascertain if these bones come from a Yangshao, Longshan or Xiaotun culture stratum.

Anyhow, only two phalanxes of rhinoceros were discovered against more than a thousand remains of buffalo. After two or three thousand years, were the Southern Henan rhinoceros still living north of the Yellow River? Were these rhinoceros feet brought from the south as precious gifts? There is no way to know. But the Shang people were able to hunt the 兕 in large numbers (even as many as forty). This could not be the case for rhinoceros.

At the beginning of the Holocene, in North China, the *Bos primigenius Bojanus* disappeared with some other species. But, in the whole territory of China, bovines of undetermined species were native everywhere (*Bovinae indet.*). The places are too numerous to be listed. It should be noticed, however, that the do-

---

① See Zhou Benxiong 周本雄, "The Fossil Rhinocerotides of Locality 1, Choukoutien," *Vertebrata PalAsiatica* 17.3 (July 1979), p.254.

mestication of oxen seems to have started during the Yangshao period.①All the remains of oxen discovered at Xiaotun belong to the *Bos exiguus Matsumoto* species, now extinct. They are not so numerous, only a few more than a hundred. Most probably some of them were penned oxen kept in enclosures, but there were surely wild oxen roaming the forests. It is important to know that in the burial pits and pits with oxen bones, when the skeletons are complete, they are always the remains of oxen and not of buffaloes. ②For certain sacrifices, when the victims were whole animals later on buried, the Shang people always used oxen.

At the beginning of the Holocene the *Bubalus Wansjocki*（王氏水牛）disappeared but new species of buffalo developed, for instance the *Bubalus mephistopheles Hopwood*（聖水牛）. During the moist climatic conditions in North China, at the beginning of the Holocene, a thick vegetational cover developed. At Sanhe 三河 in Hebei province, the remains of *Bubalus mephistopheles* pertaining to that period have been discovered.③At the site of Lantien 藍田 in Shaanxi province, remains of buffaloes (*Bubalus sp.*) have been found in the Holocene stratum.④In Shaanxi province, near Xi'an, at the site Kexingzhuang 客省莊, remains of buffaloes(*Bubalus sp.*) have been discovered in a stratum of Longshan culture. Chang Kwang-chih thinks that there were already domesticated animals.⑤At Xiaotun the remains of buffaloes were specially numerous, more than one thousand, and all of them belonged to the *Bubalus mephistopheles Hopwood* species, now extinct. As we already know, this species was present in North China from the beginning of the Holocene. In the burial pits with complete skeletons, there are not buffaloes, but, for some other sacrifices, victims were cut in pieces before cooking or roasting and, in these cases, buffalo meat could

---

① Chang Kwang-chih(張光直), *The Archaeology of Ancient China* (3rd ed., New Haven, 1977), p.95.
② See Shi Zhangru, "Henan Anyang Xiaotun Yinmuzhong de dongwu yihai," pp.7-9.
③ See Chang Kwang-chih, *The Archaeology of Ancient China*, p.33.
④ See Huang Wanbo 黃萬波 and Zhang Yuping 張玉萍, "Shaanxi Lantian diqu di-si ji buru dongwu huashi didian" 陝西藍田地區第四紀哺乳動物化石地點, *Vertebrata Pal Asiatica* 10. 1(Feb. 1966), p.42.
⑤ See Chang Kwang-chih, *The Archaeology of Ancient China*, pp.174-75.

well have been used.① As the buffaloes were so numerous in Xiaotun, many of them were probably domesticated animals, but in the forests, near the rivers and the marshes, wild buffaloes should have been still roaming. Hsü Chin-hsiung considers that these were wild buffaloes and that some of them were already domesticated.② The wild buffalo is an irascible and dangerous animal; it is difficult to catch and the feats of hunting it are specially rewarding.

From the oracle texts we know that the Shang people very often used to hunt the *si*. If the *si* was a wild buffalo, the remains of that animal should be quite numerous, which is the case. It would not be difficult to use a bow to shoot it and, during one hunting expedition, it would not be impossible to kill forty of them. Their meat could be used for certain sacrifices. What is of the utmost importance, however, is that the paleontologists consider that the Big Animal's Head Bone is the head of a buffalo. The head bone was not prepared for divination and the inscription was a recorded text. Just like the deer heads found nearby, it was a hunting trophy. Most of the buffaloes have a grayish colour. But sometimes a buffalo comes into the world with hair and skin colourless, and appears to be completely white. Even now, the case is not so infrequent. It is what we call an albino. During a hunt, to catch a wild albino buffalo was quite possible but unusual. The Shang people thought such a feat was worthwhile recording, and seemingly considered it an auspicious event. For the graph of the hunting game they used as a rule a pictograph in profile of the whole animal 兕, whereas, for the graph of the sacrificial victim, they were using as a pictograph a face view of the head 丫.

The Character 兕 or 眔 and the Graph 兕

Everybody now uses the character 兕 or 眔 to transcribe the graph 兕. This is the interpretation of Tang Lan who saw a strong graphic similarity between these

---

① See Keightley, *Sources of Shang History*, p.11, n.37.
② Hsü Chin-hsiung, *The Menzies Collection*, vol. Ⅱ: *The Text*, commentary of fragment 2025.

graphs. It is basically correct, but a point has to be made clear. For the oracle text graphs, the upper part protruding vertically is the square muzzle or the two opening jaws, whereas the horn starts from the back of the head and goes downward (*Jiabian* 3916-10: 兕). Graphically, the character 兕 or 累 is the result of an evolution. People of later times may have considered the top of the character as the pictograph of two horns, but at the origin of the evolutionary process, it may well have been an opening muzzle like the top of the graph 兕 in the oracle inscriptions.

No matter what may have happened in that evolution, it is important to examine how the character 兕 or 累 has been used later on in the ancient texts, and see to what extent it remains similar to the way it was used in the oracle texts.

兕 or 累 in Ancient Texts of the Pre-Qin Period

The character 兕 figures in two or three bronze vessel names, for example the Si Fu Gui Ding 兕父癸鼎. But, unfortunately, the character itself does not appear in the inscription. There is only the pictograph of an animal and 兕 is the character used by authors of bronze inscription catalogues to represent it.[①] It is interesting to note, though, that in each case a man holding a bow is standing in front of the animal.

The most important thing is to examine how the character itself was used in the texts. To better follow the evolution through the ages, a clear distinction has to be made between the text itself and the commentaries. Each commentary should belong to the period of its author.

Shijing 詩經

"Xiaoya" 小雅, "Jiri" 吉日 (180): "We drew our bows, we grasped our arrows,... we killed this big rhinoceros [*si*], in order to serve up to our visitors and guests..."[②]

It would not be possible to shoot a rhinoceros with a bow. On the contrary, it is

---

[①] See Ruan Yuan 阮元, *Jiguzhai zhong ding yiqi kuanzhi* 積古齋鐘鼎彝器款識, vol.1, p.5.
[②] Bernhard Karlgren, The *Book of Odes* (Stockholm, 1950), p.124.

not an impossibility if the game is a wild bovine, and its meat would be delightful for the guests.

"Xiaoya, He cao bu huang" 何草不黃 (234): "We are not rhinoceroses [*si*], we are not tigers..."[①]

The *si* and the tigers are mentioned together because they are equally dangerous. The experienced hunter knows well that the wild bovines, especially the wild buffaloes, are irascible and fierce animals.

"Guofeng" 國風, "Juan er" 卷耳 (3) and "Qiyue" 七月 (154); "Xiaoya, Sanghu" 桑扈 (215); "Lusong" 魯頌, "Siyi" 絲衣 (292), mention the *si* horn wine vase (兕觥). The rhinoceros horn is not hollow as are the bovine horns[②] and cannot be used as a wine vase. The buffalo horn is long, elegantly curved, with a specially big capacity. It fits quite well the description of the "Sanghu": The *si* horn wine vase "is long and curved,..."[③]

Lunyu 論語

"Ji shi" 季氏 (16.1): "(When) a tiger (or) a *si* comes out from his cage..." The *si* is considered a wild beast, as fierce as the tiger.

Mozi 墨子

Juan 8: "Minggui" 明鬼, *xia*, 31: "He could tear apart *si* and tigers alive." The *si* and the tigers are animals equally dangerous to confront.

Juan 13: "Gongshu" 公輸, 50: "Jing 荊 possesses Yunmeng 雲夢 which is full of rhinoceros, *si*, hydropotes (and) deer."

In this description of the animals of Yunmeng, the *si* is clearly distinguished from the rhinoceros and different kinds of deer. Maybe it is a kind of wild bovine.

Daode jing 道德經

"Guisheng" 貴生, (50): The text joins the tigers and the *si*, but adds "the *si* finds

---

① Bernhard Karlgren, The *Book of Odes* (Stockholm, 1950), p. 185.
② Ding Su, *op. cit.* (note 6), *Zhongguo wenzi* 21.
③ Karlgren, *The Book of Odes*, p. 168.

no place into which to thrust its horns," making it clear that the *si* attacks with its horns.

Zhuangzi 莊子("Qiushui pian" 秋水篇), *Xunzi* 荀子(*juan* 13: "Lilun pian"禮論篇), *Han Feizi* 韓非子(*juan* 6: "Jielao"解老), allude, at the same time to the tiger and the *si*. In the *Xunzi*, *juan* 10: "Yibing pian"議兵篇, indicates that the hide of the rhinoceros and of the *si* are used for making cuirasses.

Zhou Li 周禮

"Dongguan"冬官, "Kaogong ji"考工記, "Hanren"函人: "The cuirasses of rhinoceros have seven joints, the cuirasses of *si* six joints... the cuirasses of rhinoceros last one hundred years, the cuirasses of *si* two hundred years."

It is clear that the cuirasses of rhinoceros and of *si* are different.

"Diguan"地官, "Situ"司徒, "Zushi"族師: "For all the service duties, he is in charge of the supervision and of the punishment with the wine vase or with the rod."

"Chunguan"春官, "Zongbo"宗伯, "Xiaoxu"小胥: "They punish with the horn vase those who are guilty of misdemeanors."

Most scholars consider that 觵 is a loan for 觥, as the archaic pronunciation of both characters is *kwăng*. In the *Shijing*, the *si* horn wine vase(兕觥) is always used during joyful banquets or happy circumstances, but here the horn wine vase(觵) is an instrument of punishment. If this instrument is a solid rhinoceros horn, the capacity is artificially fixed by the way it is hollowed out. On the contrary, as a bovine horn is naturally hollow, the capacity is fixed by nature, which means by heaven and it is much more meaningful for a punishment. As the capacity of a buffalo horn is bigger than that of an ox horn, it seems specially fit for punishment.

Yi Li 儀禮

In "Xiangshi li"鄉射禮(*juan* 5), mention is made of the *sizhong* 兕中. It is a counter container having the form of a *si*.

Zuozhuan 左傳

In Xuangong 宣公, the 2d year, there is question of using the hide of oxen, rhinoceros and *si* to make cuirasses. These three animals are different. In Chenggong 成公, the 14th year, allusion is made to the *si* horn wine vase (quotation of *Shijing*, "Xiaoya, Sanghu"). In Zhaogong 昭公, the 1st year, the guests raise the *si* horn cup (兕爵) and enjoy drinking together.

Guoyu 國語

Juan 14: *Jin yu* 晉語: "Once our ancestor Tang Shu 唐叔 shot with his bow a *si* in the Tu 徒 forest, killed and used it to make a cuirass."

Again, it is indicated that the *si* can be killed with an arrow, but, on the other hand, it is said very clearly that the hide is strong enough to make a cuirass.

Juan 17: *Chu yu* 楚語: "At Ba 巴 and Pu 浦, the rhinoceros, the yack, the *si* (and) the elephants are unlimited."

This enumeration, again, makes a distinction between the *si* and the rhinoceros. The character before the *si* is the *li* 犛, the Tibetan yack (*Bos grunniens*) which was breeding in the Ba jun 巴郡 of Sichuan and, maybe, the *si* is another kind of wild bovine.

Zhanguo ce 戰國策

"Chu ce" 楚策 (*Sibu congkan* 5): *Si* and tigers are mentioned together, and it is recorded that, when an angry *si* charged against the chariot of the king, "the king drew the bow himself and killed it with a single shaft." Such a feat would not be possible with a rhinoceros.

In the "Song ce" 宋策 (*Sibu congkan* 10), in a description of the animals multiplying in Yunmeng 雲夢, the rhinoceros, the *si*, the hydropotes and the deer, are listed as different animals.

Chu ci 楚辭

"Zhaohun" 招魂: "The king himself shoots (with a bow); he is afraid of the grayish *si*."

The colour of the *si* is a kind of gray(*qing* 青); the animal can be shot with a bow and is quite dangerous. In the "Jiusi"九思, an allusion is made to the *si* together with the tigers, as symbols of bad people.

Liezi 列子

"Zhongni"仲尼(*juan* 4): "(My strength) is able to shred apart the skin of rhinoceros and *si*."

The *si* are compared with the rhinoceros for the thickness of their skin. It would rather be buffaloes than oxen.

Shanhai jing 山海經

In "Nanshan jing"南山經(*juan* 1), "Daoguo zhi shan"禱過之山; "Xishan jing"西山經(*juan* 2), "Bozhong zhi shan"嶓冢之山, "Nüzhuang zhi shan"女牀之山, "Zhiyang zhi shan"厎陽之山, "Zhongshou zhi shan"衆獸之山; "Beishan jing"北山經(*juan* 3), "Dunhong zhi shan"敦薨之山; "Zhongshan jing" 中山經(*juan* 5), "Meishan"美山, "Jushan"崌山, the *si* appear together with rhinoceros, bears, tigers, leopards, oxen, yacks, deer, and elephants. One text requires special attention:

> "Hainei nanjing"海內南經(*juan* 10): "There are *si* East of the Shun 舜 tomb, South of the river Xiang 湘; they look like oxen, with a gray-black(蒼黑)colour and a single horn."

In the pre-Qin texts, many allusions have been made about the *si*, but it is in the *Shanhai jing* that, for the first time, it is said to have a single horn. From now on, several authors repeat that the *si* has only one horn. Most probably they are under the influence of the *Shanhai jing*. But many descriptions of the *Shanghai jing* are very fanciful and come from popular stories of that time. For example, when the *Shanhai jing* describes the rhinoceros it says:

> "Zhongshan jing"中山經(*juan* 5), "Li shan"釐山: "There is an animal which looks like an ox with a gray body; its cry is like that of a child; it devours men; it is called the rhinoceros."

It is not possible to refer to the *Shanhai jing* for an accurate and reliable description.

Zhushu jinian 竹書紀年

Zhou Zhao wang 周昭王, 16th year: "As (the king) attacked Chu Jing 楚荆, he crossed the Han 漢 (river) (and) came upon a large *si*."

From that text we see that the *si* can be found near the water.

Yenzi chunqiu 晏子春秋

In the *Neipian* 内篇, *jian shang* 諫上 (*juan* 1), the *si* is named together with the tiger.

Lüshi chunqiu 吕氏春秋

In *juan* 11, allusion is made to "shoot with a bow and kill the *si* pursuing you." It is definitely impossible to kill a wounded rhinoceros, which is raging and charging, with an arrow. On the contrary, the whole thing is understandable if the beast is a wild bovine. It is useful to note that this event happened in Yunmeng.

Characteristics of the *si* according to the pre-Qin texts:

1. The *si* is a wild animal.
2. It is different from the rhinoceros.
3. It can be shot and killed with a bow and its meat can be used to make a delicious dish for distinguished guests.
4. It is as dangerous as the tiger and easily aroused.
5. When attacking, it mainly uses its horns.
6. Its horns are hollow, elongated, curved; they can be used as wine vessels and their capacity is very great.
7. Its colour is grayish (*qing*).
8. Its hide, just like the one of the rhinoceros, can be used to make cuirasses.

All these characteristics fit rather well with the wild buffalo. The only difference is coming from the *Shanhai jing*, saying that the *si* has only one horn. It may be a fanciful description, responsible for later false conceptions.

Han Dynasty Texts

For this period, we shall avoid to repeat what appeared in the texts of the preceding period. Allusions to the *si* can be found in the *Han Shi waizhuan*, the *Huainanzi* 淮南子, the *Shiji* 史記, the *Jijiu pian* 急就篇, the "Shudu fu" 蜀都賦 of Yang Xiong 揚雄, the *Qian Hanshu* 前漢書, the *Chuci buzhu* 楚辭補注 of Wang I 王逸, the commentary of Ma Rong 馬融 on the *Lunyu*, the commentary of Kao You 高誘 on the *Zhanguo ce*, and others. The connotations are the same as during the pre-Qin period. The following opinions can be found in the main dictionaries of the time:

Erya, "Shi shou" 釋獸 (*juan* 18): "The *si* seems like an ox." *Shuowen jiezi* 説文解字, 罗 *bu* 部: "罗 is like a wild ox and gray (青)."

These definitions quite clearly consider that the *si* is a bovine like the ox, but somehow different.

Zheng Xuan 鄭玄 is one of the few having another opinion:

Commentary on *Yi Li*, "Xiangshi li": "*Si*: name of an animal, like an ox with a single horn."

He clearly seems to be influenced by the *Shanhai jing* ("Hainei nanjing," see *supra*).

The character 罗 is used in a special way in one text of the *Shiji* ("Shi jia" 世家 2: "Qi tai gong" 齊太公). Before crossing the Mengjin 孟津 ford, the general Shi Shangfu 師尚父 starts his harangue to the troops shouting, *"Cang si, cang si"* 蒼罗, 蒼罗. This event is also recorded in the *Shangshu yiwen* 尚書逸文 and the *Lunheng* 論衡 ("Shiying pian" 是應篇) of Wang Chong 王充. Later on, in the preface of the *Shanhai jing* by Guo Pu 郭璞, a brief allusion to the *cangsi* can be found. For Ma Rong, *cangsi* is the title of the official in charge of the rowers. In the *Lunheng*, Wang Chong says that the *cangguang* 倉光 is an aquatic beast having nine heads. Anyhow, it is something connected with the water, and the two colours *cang* 蒼 and *qing* 青 are very similar.

Three Kingdoms, Western and Eastern Jin Texts

In the *Nanzhou yiwu zhi* 南州異物志 of Wan Zhen 萬震, the *Chen Lin shu* 陳琳書, the commentary of Wei Zhao 韋昭 on the *Guoyu*, the "Wudu fu" 吳都賦 of Zuo Si 左思, the *Baopuzi* 抱朴子 of Ge Hong 葛洪, the *Hou Hanshu* 後漢書, the character *si* 兕 is used more or less in the same way as in the texts of the pre-Qin period. The differences come mainly from two authors, Guo Pu and Liu Xinqi.

Guo Pu

Shanhai jing, "Nanshan jing" (*juan* 1), "Daoguo zhi shan" text: "At its bottom there are many rhinoceros and *si*"; Guo's commentary: "The *si* looks like a buffalo, has a grayish (*qing*) colour and only one horn; it weighs three thousand *jin* (斤)."

Shanhai jing tuzan 山海經圖贊: "The *si* is a strong animal; it looks like a gray-black (青黑) ox; it spends its whole strength until it drops dead; its skin is used to make military equipment (and) its horn strengthens your virtuous accomplishments."

"Jiang fu" 江賦: "The water *si* bellows like the thunder to Yang hou (陽侯, divinity of the water)."

Erya (see *supra*) commentary: "(The *si* has) only one horn (and) a grayish (*qing*) colour; it weighs a thousand *jin*."

The commentaries of Guo Pu exerted a strong influence on his successors. After him, many scholars have been repeating that the *si* is an animal with a single horn. But his view does not represent the opinion of many authors writing during the centuries before the Western Jin. Before him, only the *Shanhai jing* and Zheng Xuan said that the *si* has only one horn. Guo Pu took great interest in the *Shanhai jing*, wrote his own commentary on it, and was deeply influenced by it. The *Shanhai jing* distinguishes the rhinoceros from the *si* but gives rather fanciful descriptions of both of them (see *supra*).

Liu Xinqi

Jiaozhou ji: "The *si* is native to Jiude 九德, it has a single horn, the horn is more than two *chi* (尺) long, having the form of a horse-whip handle."
The second part of this text, "the horn/s is/are more than two *chi* long..." was already written by Wan Zhen in his *Nanzhou yiwu zhi*, but the first part of the text, mentioning "a single horn," was added by Liu Xinqi, most probably under the influence of the *Shanhai jing* and Guo Pu.

All the ancient texts, starting with the *Shijing*, until the end of the Eastern Jin, with the exception of the *Shanhai jing* and a few authors under its influence, never mentioned that the *si* was an animal with only one horn. The different characteristics of the *si* have been analysed at the end of the review of the pre-Qin texts (see *supra*). The hypothesis of the *si* being a wild buffalo seems to be the one which fits best all the texts.

Conclusion

The interpretation of the graph 兕 and the character 兕, until now, remains a matter of discussion. Starting the investigation with the Big Animal's Head Bone, it seems that this head bone, like the other deer head bones discovered nearby, was considered a hunting trophy. Consequently, the recorded text was inscribed on that trophy, that is, on the head of the animal so skillfully caught. After careful examination, the paleontologists declared that the Big Animal's Head Bone was the head of a buffalo. Taking these facts into consideration, we made a new examination of the graph 兕 and its variants, of the character cast in the bottom of the Niu Fangding (Tomb HPKM 1004), of the form of the head of the small stone bovine (*shi niu* of Tomb Number Five), of the pronunciation of the character 兕 at a later time, of the Shang oracle texts, and of the main ancient texts in general, starting with the pre-Qin period and going on until the end of the Eastern Jin dynasty. The results can be summarized as follows:

1. The Big Animal's Head Bone is a buffalo head bone.

2. In the graphs of the Shang oracle texts, the horn does not start from the top of the nose as it does for a rhinoceros, but always from the back of the head, as is the case for a bovine. The frequent indication of veins on the horn fits very well with the buffalo horn. The indication of a tuft at the end of the tail does not suit a rhinoceros tail, but, on the contrary, is a fitting addition for a bovine.

3. The basis of the horn figuring in the character cast at the bottom of the Niu Fangding is very wide, and strong veins are indicated on it. It fits well with the buffalo horn. The whole character is very similar to the graph of *Jiabian* 3916-10.

4. The small stone bovine of Tomb Number Five clearly represents a buffalo relaxing on the ground. The form of the muzzle, the strong veins on the horn fit very well with some variants of the graph 兕 in Shang oracle inscriptions.

5. In the Shang oracle texts, the 兕 is a wild animal caught during the hunt and can be shot with a bow. Sometimes, many of them can be caught during one hunting expedition. These feats are plausible with wild bovines, but not with rhinoceros.

6. Later on, 兕 and 犀 were clearly two different characters, but phonetically similar. Probably, they were considered as designating two different kinds of wild animals, similar only in some respects.

7. According to the paleontologists, during the Holocene, there were some *Bubalus mephistopheles Hopwood* in North China. Many remains of that species of buffalo were discovered at Xiaotun. Possibly, some of them were domesticated; others were still roaming about the wilderness.

8. Most of the ancient texts, from the pre-Qin period to the Eastern Jin, do not note that the *si* 兕 has only one horn. The only exception is the *Shanhai jing*, and a few authors are influenced by it. The characteristics of the *si*, as they appear in the texts, fit the wild buffalo better than any other animal.

9. The graph 兕 of the Shang oracle texts and the character 兕 of a later period seem to be the same *word*. The elements of the graph may not have been al-

ways correctly analysed, the graphic evolution may have been different from what it was previously thought to be, but the semantic content seems to have been always the same: a wild buffalo.

The oracle bone inscriptions represent some kind of record of the language of the late Shang. For their study, the analyses of linguists are urgently needed. But language is the expression of thought, and the way of thinking is deeply influenced by the concrete conditions of life. The more we know about the concrete environment, the social system, the customs and habits of the Shang people, the more we understand them, and that understanding may be of great help for the study of their language.

The aim of this paper is an attempt at research conducted through such convergent lines. Should we rely only on the linguistic analysis, we would conclude that the *si* is a rhinoceros, as, in the oracle bone inscriptions, there is already another word for the bovines(牛), and, in the language of a later period, there is a phonetic similarity between 兕 and 犀. However, the scholars who are aware of the identification made by the paleontologists Teilhard de Chardin and Pei Wenzhong think that the *si* is a wild bovine. Some of them, like Ding Su, considering that at the time of the late Shang, in the Xiaotun area, the buffalo was a domesticated animal, conclude that the *si* is a wild ox. But some paleontologists were able to identify the Big Animal's Head Bone as the head of a buffalo. Starting from that fact, we submitted to a careful examination all the material, from the late Shang to the Eastern Jin. We have discovered that the identification of the *si* as a wild buffalo fits all the documents better than any other interpretation.

原載《華裔學志》第 39 卷(*Monumenta Serica*, 39), 1990—1991 年;萬人譯,《商代晚期黃河以北地區的犀牛和水牛——從甲骨文中的兕和咒字談起》,《南方文物》2007 年第 4 期。今據前者收入。

冀小軍

説甲骨金文中表祈求義的<del>柰</del>字
——兼談<del>柰</del>字在金文車飾名稱中的用法

一、前人考釋中存在的問題

<del>柰</del>*字在甲骨文中寫作：

表　一

合 1439	前 1·27·1	甲 1259	前 1·50·1
林 2·24·10	人 2608	戩 22·11	戩 1·7
甲 2622	合 10112 正		

殷墟卜辭屢見"～雨"、"～年"、"～禾"、"～生"等語，如（釋文用寬式）：

（1）甲子卜：其～雨于東方。　　　　　　　　　　　　合 30173

（2）壬申貞：其～雨于示壬，一羊。　　　　　　　　　屯南 2584

（3）其～年于河，叀（義與"惟"近）今辛亥酒，受年。　合 30688

（4）己亥貞：～禾于河，受禾。　　　　　　　　　　　合 33271

（5）庚午貞：于大示～禾，雨。　　　　　　　　　　　合 33320

（6）庚辰貞：其～生于妣庚、妣丙，才（在）祖乙宗卜。　合 34082

（3）辭的"年"泛指穀類作物的成熟，《説文》："年，穀孰（熟）也。"《穀梁

---

* 説明：除小標題和表格外，以下引例或行文中的"<del>柰</del>"字均用"～"號代替。

傳》桓公三年："五穀皆熟爲有年。"賓組、出組等卜辭說"～年"、"受年"，歷組等卜辭則說"～禾"、"受禾"，其義當同。（6）辭的"生"，不少人認爲是生育的意思，我們認爲其義應近於"子"。古漢語名動相因，所生之子也可以稱爲"生"（古書中多寫作"姓"）。《廣雅·釋親》："姓，子也。"王念孫《廣雅疏證》："姓者，生也，子孫之通稱也。""姓與生，古同聲而通用。"《左傳》昭公四年："問其姓，對曰：'余子長矣。'"杜注："問其姓，問有子否。"皆可證。

～字單獨使用的情況也很常見，如：

(7) 癸未卜，貞：燎于土，～于岳。　　　　　　　　　　　合14399正

(8) 貞：勿于王亥～。　　　　　　　　　　　　　　　　　合40433

(9) □寅卜：～，其卯，王受又（佑）。　　　　　　　　　合30598

金文中～字的異體很多，茲據其字形中向上或向下的斜筆數分爲四類，列其主要形體如下：

表　二

A	杜伯盨	師遽簋 撐字所从	吳方彝 撐字所从	圍簋
	吳方彝	師克盨	吳方彝	矢方彝 祓字所从
B	大鼎 撐字所从	叔卣	旅簋 饉字所从	沈子它簋 撐字所从
C	師酉簋 撐字所从	魯司徒仲齊簋 饉字所从	静簋 撐字所从	静卣 撐字所从
D	虢季子白盤 鞹字所从	杞伯簋 嫭字所从	趞簋 撐字所从	盠方彝 撐字所从

～字在金文中有與卜辭相類的用法，如：

(10) 季盨作寶尊彝，用～畐（福）。　　　　　　　　季盨尊（陝青三·三八）

(11) 用～壽，丐永令（命）。　　　　　　　　　　杜伯盨（三代10·40·2）

(12) 用祓壽，丐永令（命）。　　　　　　　　　　瘨鐘（陝青二·五四）

(13) 唯用祈～萬年，孫孫子子永寶。　　　　　　　伯椃簋（三代6·52·1）

(14) 唯王初～于成周。　　　　　　　　　　　　　盂爵（三代16·41·3）

甲骨文中的 a*，曾被羅振玉等人釋爲求，現在還有個別學者堅持這一看法。其實甲骨文中自有求字，作 b，此二字不但形體有別，用法也不同，把它們當作一個字是缺乏根據的①。

很多研究者根據卜辭、金文的文義，以及金文中～丏對文、祈～連言的現象，得出～爲祭名，有祈求之義的結論，這是有道理的。然而，這種"～"究竟應該讀爲何字，却是一個迄今未能得到很好解决的問題。

我們先來看一下《説文》（據大徐本）裏的有關字條：

　　～，疾也。从夲，卉聲。捧从此。　　　　　　　　　　　　　《夲部》
　　捧，首至地也。从手，～（按：小徐本"～"下有"聲"字）。～音忽。　《手部》
　　䭈，潽飯也。从食，～聲。饙，䭈或从賁。餴，或从奔。　　《食部》

據此，～可能有三種讀音：一、與捧相同或相近，二、與賁、奔相同或相近，三、音忽。前人的考釋雖見仁見智，但大都是以這些讀音爲出發點。

胡厚宣説："～亦祭名。《説文》䭈、捧並从～，䭈又作饙，是～即賁之本字。～在卜辭、金文中皆與求義相通。"②又説："又疑～或讀爲祓，卜辭言'～生'，猶《生民》'以弗無子'，鄭箋'弗之言祓也'。惟《生民》之義，當爲除惡，蓋本《説文》，卜辭之義則僅爲祭名。《爾雅·釋天》：'祓，祭也。'"③胡氏所引"祓，祭也"，出自《廣雅·釋天》，而不見於《爾雅》。原文臚列"禷禮祽祝褉臘祓"等二十七字，而總訓爲"祭也"。龍宇純指出：這是就"諸字同爲祭祀之名，遂合而言之曰祭。祓字意義仍當同《説文》，並不是祓'僅爲祭名'的證據"④。既然如此，把"在卜辭、金文中皆與求義相通"的～字讀爲祓，顯然是不妥當的。

龍氏雖然不主張把祓與祭等同起來，却仍然認爲～應該讀爲祓。他把～釋爲茇的初文，以此作爲讀～爲祓在語音上的根據，並對卜辭中～字的用法重新作了分析，爲讀爲祓尋求語義上的根據。龍氏認爲，卜辭中的～並不是單純的祈求，如"～年"、"～禾"是因爲年歲遭遇了問題而乞靈於神祖的。"～年"之後有接言

---

* 説明：爲便於排印起見，已將散見於文中的古文字字形匯總製成"表四"，附在文末。在行文中，古文字字形分别用小寫拉丁字母 a、b、c……n 代替。

① 裘錫圭：《釋求》，《古文字研究》第十五輯，195 頁。
② 胡厚宣：《殷代婚姻家庭宗法生育制度考》，《甲骨學商史論叢》初集。
③ 同上，原注第 179。
④ 龍宇純：《甲骨文金文～字及其相關問題》原注第 10，《歷史語言研究所集列》第三十四本下册。

"有大雨"的，顯然"～年"是因爲天旱，可以說這些"～年"即等於"～雨"。說"～雨"的自然是爲不雨而祭，說"～生"的也當是爲不孕或生產時遭遇了困難而祭的。不雨、不孕等在古人看來都是一種祆禍。卜辭中還有與"～年"、"～雨"辭例相仿的"～舌方"，也當是由於舌方爲禍的緣故。因此，"無論'～生'、'～年'、'～禾'、'～雨'、'～舌方'都是因爲有祆禍之故而行～祭的。那麼，此種祭祀的精神，便不是單純的求福，其主要之點在於除災，不過因爲除災也就是求福，二者意義相反相成，所以往往以求字解之，便亦覺其怡然理順了"①。

龍氏把～釋爲芟的初文，並無堅强的證據。～字的本義究竟是什麼，還有待進一步研究。這裏，只就龍氏對卜辭中～字用法的分析談談我們的看法。卜辭中的～祭，除了"～舌方"有可能是因爲舌方爲患的緣故外，他如"～雨"、"～年"、"～禾"、"～生"等，則未必就象龍氏所說的"都是因爲有祆禍之故"。退一步說，即使龍氏所說不差，我們也不應該把"～雨"讀爲祓雨，把"～年"讀爲祓年。因爲言祓者其志在除，所祓的都是人們希望去掉的東西。如《生民》的"弗（祓）無子"是要祓去無子之疾（據鄭箋），這一意思，我們雖然可以理解爲求有子（據毛傳），但決不會說成祓有子。同樣，古人恐怕也不會由於除災與求福的相反相成，便把祓除乾旱或其他災害的意思說成祓雨或祓年。"～雨"、"～年"之"～"，所以"以求字解之"，而能"怡然理順"，應該是由於古人舉行這些祭祀，本來就是在祈求雨水或豐收。至於"～舌方"，其～字與"～雨"、"～年"之～在意義上並没有什麼不同，這將在本文的第三節中予以說明。

還有的學者認爲～字有兩種不同的含義：一是除惡，一是祈求。唐蘭在《西周青銅器銘文分代史徵》裏把金文中單獨使用的～字讀爲祓，把"～壽"的～讀爲乞②。按：這樣的處理並不能真正地解決問題。從辭例上看，卜辭、金文中～字的用法是一脈相承的，～字的意義也應是一致的。卜辭中"～雨"、"～年"等～字既不能讀爲祓，那麼單獨使用的～字是不是就可以讀爲祓呢？也不是。請看下面的兩組卜辭：

A 組
（15A）于大甲～，王受年。

---

① 龍宇純：《甲骨文金文～字及其相關問題》，《歷史語言研究所集刊》第三十四本下册，第五節"說甲金文～字用當《說文》祓字"。
② 前者如獻侯顯鼎85頁、作册令方尊、作册令方彝204頁，後者如衛鼎248頁。唐氏讀～爲乞，見248頁注。

(15B) 于祖乙～，王受年。　　　　　　　　　　　　　　　　合 28274

(16) 于大乙、祖乙、先～年，王受□。　　　　　　　　　　戬 2·8

B 組

(17A) 甲子［貞］：～于河，受禾。

(17B) 貞：～于䕫，受禾。　　　　　　　　　　　　　　　甲 651

(18) 己亥貞：～禾于河，受禾。　　　　　　　　合 33271（即前引第 4 辭）

比較一下就可以看出：A 組所卜的内容都是"～年"，（15）的"～"應與"～年"之～同義（也可能就是"～年"的省略）；B 組所卜的内容都是"～禾"，（17）的"～"應與"～禾"之～同義（也可能就是"～禾"的省略），它們顯然不能讀爲祓。至於把"～壽"的～讀爲乞，也不可信，因爲卜辭、金文中的～字不僅有祈求義，而且是一種祭祀的名稱，乞字在古書中則没有相應的用例。

溫少峰、袁庭棟二氏曾討論過如下的兩條卜辭（釋文暫不加標點）：

(19) 己丑卜乙未Ｃ～攸（啟）　　　　　　　　　　　　　合 20926

(20) 乙丑卜～攸（啟）庚寅　　　　　　　　　　　　　　合 21179

他們認爲："（～）卜辭中多用爲祭名，即小篆之'捧'。'捧'之本義爲拔除，用爲祭名謂祓除惡濁之祭。此處之'～攸'，'～'由除惡祈福引出丐求義，謂'求晴'也。'～攸'即是丐求晴日之祭。"①

所謂～"即小篆之捧，……用爲祭名謂祓除惡濁之祭"，與讀～爲祓實質上是一樣的。至於"～由除惡祈福引出丐求義"云云，則純屬想象之辭。在古書中，捧字從未有過"祈福"的用法。在語言中，由"除惡"引出"丐求"義的例子也是不存在的。此外，我們認爲（19）、（20）兩辭的意思是卜於某日舉行～祭時是否天晴，應當標點爲：

己丑卜：乙未Ｃ～，攸（啟）。

己丑卜：～，攸（啟），庚寅。

溫、袁二氏以"～攸"連讀，也是不正確的。

總之，前人對卜辭、金文中表祈求義的～字的考釋都存在着問題。

---

① 溫少峰、袁庭棟：《殷墟卜辭研究——科學技術篇》，125 頁。

二、《說文》對桼字的形體分析不可信

從"~雨"、"~年"這一類辭例大量地見於卜辭,而金文亦有"~福"、"~壽"之語來看,~所代表的不應是一個冷僻的詞,至少,在西周時代還是如此。然而,幾十年來,儘管學者們費盡苦心考釋此字,其結果仍然不能令人滿意。原因何在?我們在上一節所討論的各家意見,都是以《說文》所提供的~字讀音作爲立論根據的,那麼,會不會是由於這些讀音有問題而使學者們誤入了歧途呢?

事實上,對源於《說文》的~字傳統讀音,在古文字中是曾出現過反證的,這就是金文中的嫅字。嫅字作 d 等形,在金文中每每與邿國之"邿"連用,孫詒讓認爲就是邿國曹姓的本字①。由於有文獻記載可與金文互證,所以把此字讀爲曹絕大多數人都是同意的。但是,對這個字應如何隸定,各家尚有不同的看法。孫詒讓以爲其偏旁與金文撲、餴、鞤諸字所從者同,故隸寫作嫅,郭沫若則據邿友父鬲此字作 e 而隸寫作嫊,且謂嫊字所從偏旁"與~字有皎然不相絫之處"②。按:嫅字除邿友父鬲之 e 所從確爲棗字外③,其他大抵從 f,郭氏所謂"與~字有皎然不相絫之處",可能是指其中部有一二橫畫,而常見的~字却沒有。其實,金文中作偏旁的~字也有帶橫畫的,如 g,而嫅字所從又有無橫畫的,如上揭杞伯簋之 d₄。由此可知,這一二橫畫的有無,並不影響其本爲一字。所以郭氏等人將此字全部隸寫作嫊,是不妥當的。嫊與嫅應該是一個字的不同寫法。

金文~字的正確識讀與隸定,對《說文》提供的~字讀音提出了有力的反證,因爲無論~字音撲、音賁,還是音忽,其聲韻與曹和棗都相去甚遠,並不具備相通的條件。對《說文》與金文之間的這一矛盾,孫詒讓解釋說:

> (金文~字)其讀蓋有三:一如字,如"撲"字從~爲聲是也。一爲賁之假借,"~圂"、"~較"及"餴"字作餴是也。一則與"朱"同,《說文》無朱字,而"鞤"字偏旁從此,許云:"從屮、從本,允聲",金文厰鞤字虢季子白盤、兮甲盤並作鞤,亦變朱爲~是也。……今以"曹"、"嫅"推之,疑古自有朱字,邿嫅正字當作姝,從

---

① 孫詒讓:《古籀餘論》卷二"杞伯鼎",15、16 頁。《名原》卷下,28、29 頁。
② 郭沫若:《兩周金文辭大系》考釋 193 下"邿友父鬲"。
③ 中山王嚳大鼎:"早棄群臣","早"作從日棗聲(張守中:《中山王嚳器文字編》,72 頁)。

女，朱聲，金文即假～爲朱，與靯字作靲同。蓋从本得聲，金文媄字从朱聲，即本聲孳乳字。《說文》本"讀若滔"，與曹古音同部，故經典皆假曹爲媄。①

按：孫氏的一字多音說，不過是在舊的說解與新的材料之間所作的調和之論，因而難免有些牽強。儘管如此，他提出的"疑古自有朱字"，……"蓋从本得聲"的假說，還是頗有價值的。它給了我們這樣一個啓示：即《說文》對～字形體的分析很有可能是搞錯了形聲。從～字形體的演變中，我們可以清楚地看到這一點。請看下表：

表 三

	I	II
1	▨甲骨文、金文 ▨甲骨文、金文（偏旁）	▨金文 ▨金文
2	▨甲骨文、金文（偏旁）	▨金文
3	【▨】據石鼓文擬構	▨石鼓文
4	▨小篆（靯字偏旁）	▨小篆（棄）

表中 I、II 兩欄所列分別爲～字的繁簡兩體。由此可以看出朱、～其實只是一字，孫氏"疑古自有朱字"，是對的，但他仍把朱、～分爲二字，則是錯誤的。1—4 欄表示～字形體的主要演變過程。其中，最值得我們注意的，是由 3 式至 4 式的變化；4 式中的 h（本），來自 3 式下部的 i，它不僅形體與後者相近，而且讀音也與～字相近（本爲透母幽部字，媄从～聲而讀爲曹，曹爲从母幽部字）。這種相近並非偶然。在古漢字的發展過程中，有些形聲字就是通過把原有字形的一部分改爲形近的音符而形成的②。如"昃（𣅏）"字甲骨文作 j 等形，用傾斜的人形和太陽的相對位置來表示日已西斜的意思，後來把人形改爲與之形近又與昃字音同的"矢"，成爲从日矢聲的形聲字。又如"羞"字金文作 k，从"又"持"羊"，象進獻食物，小篆作 l，把"又"改爲與之形近又與羞字音近的"丑"，成爲从羊丑聲的形聲字。～字由 3 式變爲 4 式，與昃和羞被改造爲形聲字，應是同類的現象。也就是說，4 式中的 h，應視爲聲符，～字應分析爲从卉本聲，《說

---

① 孫詒讓：《名原》下，28、29 頁。
② 裘錫圭：《文字學概要》，152、153 頁。

文》所謂"从夲卉聲"是錯誤的。

在古文字資料中，與～字相關的問題主要有三個方面：一個是卜辭、金文中表祈求義的～字，一個是金文車飾名稱中的～字，再一個是金文中的䈞字。過去，學者們爲此做了大量的工作，在某些問題上還取得了比較一致的結論。但他們的論證都是以源於《説文》的～字傳統讀音爲主要根據的，由於《説文》對～字的分析出現了錯誤，這些結論的可靠性也就很值得懷疑了。因此，我們有必要對這些問題重新加以探討。

三、甲骨金文中表祈求義的夲字

前人已經指出，"～雨"、"～年"等～字既是祭名，又有祈求之義，我們認爲這種用法的～字應該讀爲禱。～从夲聲，《説文》"夲，讀若滔"，古从舀聲之字可與从壽聲字相通，如《儀禮·鄉射禮》："韜上二尋"，注："今文以翿爲之"，所以～可以讀爲禱。伯梄簋"祈～萬年"，應讀爲祈禱萬年，這大概是後世所謂祈禱的濫觴。有條卜辭説"乙未卜：大～自報甲"合1180，金文也有"唯成王大～在宗周"獻侯鼎（三代3·50·2），所言"大～"，即大禱。古書中亦有"大禱"之語，如《淮南子·時則》："天子祈來年於天宗，大禱祭於公社"，可見把～讀爲禱是很合適的。矢方彝、癲鐘的祷，从示～聲，當是爲禱祭而造的專用字。我們今天所用的从示壽聲的禱字，就目前的材料看，最早見於江陵楚簡①，是一個更換了聲符的後起字。

《説文》："禱，告事求福也。"《周禮·春官·小宗伯》："大災及執事禱祠於上下神祇"，鄭注："求福曰禱。"《廣雅·釋天》："禱，祭也。"據此，可知禱爲求福之祭。《説文》："福，佑也。""佑，助也。"《禮記·祭統》："賢者之祭也，必受其福，非世所謂福也。"鄭注："世所謂福者，謂受鬼神之佑助也。"禱祭所求之"福"，也應該理解爲"受鬼神之佑助"。卜辭有在禱祭後言"王受又（佑）"的，如：

(1) 丁未卜：其～年，王受又（佑）。 屯南2406

(2) 其～年河，沉，王受又：(佑，有)大雨。 屯南673

(3) 其～才（在）父甲，王受又（佑）。 粹335

---

① 徐中舒主編：《漢語古文字字形表》，11頁。

(4)～，惠二牛用，王受又（佑）。 粹482

(5A)丁卯卜：其～又大乙。

(5B)于翌日津，廼（乃）～又大乙，王受又（佑）。 粹140

可見禱祭之目的正在於受佑。（1）、（2）兩辭的"年"，是禱祭所祈求的事物，"王受又（佑）"者，當是在與年成有關的方面受到佑助。（2）辭又有"又（有）大雨"之語，大概是因爲作物缺水而舉行"～年"之祭，以祈求鬼神給佑助。因此，可以説"～年"是内容比較具體的求福。卜辭中的"～禾"、"～雨"、"～生"以及金文中的"～壽"，也都屬於這種情況①。（3）、（4）兩例，没有説出具體的祈求内容，大概是比較籠統的求福。卜辭、金文中那些單獨使用的～字，多數也應是這種情況。（5）辭中"～又"之又，前人多讀爲"侑祭"之侑。我們懷疑也應讀爲福佑、佑助之佑，"～又（佑）"大概和金文的"～福"意思相近。周原卜辭或言"王其～又大甲……"（H11:84）②，文例與（5）辭相似，陝西周原考古隊的文章考釋説："～又，即～佑"③，是正確的。

殷墟卜辭中還有一些形式上與"～雨"、"～年"相同，但～字是與其賓語的關係比較特殊的辭例。如有的卜辭説：

(6) 貞：～婦好于父乙。 合2634

"婦好"在武丁諸婦中是比較重要的一位，卜辭中屢見爲婦好占卜的記録。如果把"婦好"理解爲禱祭所求的事物，顯然是不妥當的。卜辭或言"御婦好"，如：

(7) 甲戌卜，賓貞：御（禦）婦好于父□。 粹1228

楊樹達指出："禦爲攘災之祭，此爲婦好禳災耳。"④其説可信。"～婦好"與"御婦好"辭例相仿，應是爲婦好禱祭的意思。古書中的禱字也有這樣的用法。如《論語·述而》："禱爾於上下神祇"，意即爲你禱於上下神祇，與（6）辭文例相似。又如《周禮·春官·甸祝》："禂牲，禂馬"，鄭注引杜子春説："禂，禱也。爲馬禱無疾，爲田禱多獲禽牲。"按：禂、禱實爲一字⑤。"禂牲"與"～雨"、"～年"相類，"牲"是禱祭所求的事物，"禂馬"與"～婦好"相類，禱祭是爲

---

① 《吕氏春秋·順民》："昔者湯克夏而正天下，天大旱，五年不收，湯乃以身禱於桑林，……用祈福於上帝，民乃甚悦，雨乃大至。"按："禱於桑林"，與卜辭之"～雨"顯然是同樣的事，而謂之"用祈福於上帝"，可知禱雨亦是求福。

②③ 陝西周原考古隊：《陝西岐山鳳雛村發現周初甲骨文》，《文物》1979年第10期。

④ 楊樹達：《卜辭瑣記》三二"御婦好"條。参看《積微居甲文説·釋禦》。

⑤ 朱駿聲：《説文通訓定聲》"禱"字條。

"馬"舉行的。

《甲骨綴合新編》609 有如下二辭：

  （8A）癸酉卜：于父甲～田。   即合 28278

  （8B）癸酉卜：其～田于父甲，一牛。   即合 28276

其中的"田"，前人多以爲是農田之田，恐非。卜辭中有在田獵之前舉行禱祭的記載，如：

  （9）既～，王其田，徍。   甲 2608

"王其田"是在"既～"之後，可見"～"是爲"田"而舉行的。（8）辭的"田"也可能是指田獵而言，"～田"大概也是"爲田禱多獲禽牲"的意思。

卜辭還有説"～戉"的，如：

  （10A）貞：屮（侑）于祖乙告。

  （10B）戉屮（有）蔑（滅）羌。

  （10C）貞：～戉于祖乙。   合 6610 正

C 辭的"～戉"（"戉"爲人名或方國名）可能是爲戉禱祭的意思。不過，聯繫 B 辭"戉屮（有）蔑（滅）羌"（"羌"是與殷人敵對的方國）來看，"～戉"更可能是爲能戉戰勝羌而禱祭的意思。也就是説，"戉"在這裏代表的是與戉相關的某件事情。這樣的理解可以從"～舌方"得到印證。卜辭或言：

  （11）□～舌方于岳。   續 1·49·1

"舌方"常見於卜辭，爲殷人之大敵，"～舌方"顯然不是爲舌方禱祭的意思。《史記·孝武本紀》説："其秋，爲伐南越，告禱泰一，……既滅南越，……於是塞南越，禱祠泰一、后土。""塞"爲祭名。《漢書·郊祀志》："冬塞禱祠"，師古注："塞謂報其所祈也。"徐灝《説文段注箋》："塞，實也。……蓋有所祈禱，許以牲禮爲報，自實其言，故謂之塞也。"所謂"塞南越"，是説武帝爲平定南越而舉行報答鬼神佑助的塞祭。那麽，與"塞南越"結構相同的"～舌方"應該是説爲與舌方有關的某事而舉行祈求鬼神佑助的禱祭。"南越"和"舌方"都是代表與之相關的某件事情。

卜辭又有"受舌方又（佑）"之語，如：

  （12）貞：弗其受舌方又（佑）。   粹 1095

楊樹達説："此貞舌方之事能受神佑否也。舌方又者，舌方事件之神佑，非謂從舌

方受佑也。"①楊氏所言與我們對"～舌方"之舌方的理解可以互證。

《甲骨文合集》39859有如下二辭：

(13A) 貞：呼伐舌方。

(13B) 貞：～舌方于岳，一牛。

這裏相繼提到"呼伐舌方"和"～舌方"，可見二者是有聯繫的。由此推測，"～舌方"大概是爲伐舌方而舉行禱祭的意思。類似的例子卜辭還有：

(14) ～方于大乙。　　　　　　　　　　　　　　　　　　　前1·3·1

"方"也是指與殷人敵對的方國，"～方"大概也是爲伐方而禱的。

以上説明了卜辭中～字與其賓語的兩種動賓關係：一、賓語是禱祭所祈求的事物（如"～雨"、"～年"、"～生"）；二、賓語是禱祭爲之而舉行的事物（如"～婦好"、"～田"、"～戍"、"～舌方"）。這兩種動賓關係在卜辭中還有同時出現的例子。如：

(15A) ～年雨，惠豚。

(15B) 惠羊。　　　　　　　　　　　　　　　　　　　　　屯南4579

(16) ～王生宰于妣庚于妣丙。　　　　　　　　　　　　　合2400

(17) 王其～羌方禽（擒），王受□。　　　　　　　　　　續3·41·7

(15) A辭的"～年雨"等於説爲年禱雨，意思是爲年成舉行祈求雨水的禱祭。(16)辭的"～王生"等於説爲王禱生，意思是爲王舉行祈求子嗣的禱祭。(17)辭的"羌方"和"～舌方"的"舌方"一樣，也是指與羌方有關的某件事情（很可能是指伐羌方），"～羌方""禽（擒）"的意思是爲伐羌方舉行祈求擒獲的禱祭。

四、㚔字在金文車飾名稱中的用法

金文所記車飾名稱中常見～字，其例如下：

(1) ～幬較　　　　　　　　　　　　　　　　录伯戓簋（三代9·27·2）

(2) ～縈較　　　　毛公鼎（三代4·46—49）、番生簋（三代9·37·1）

(3) ～較　　　　　吴方彝（三代6·56·1）、師兑簋（三代9·30·1）等

---

① 楊樹達：《卜辭瑣記》二九"受舌方又"條。

（4）～鞃𢎛　　　　　　　　　　　裘衛鼎（陝青一、一七四）
　　（5）～𢎛　　　　　　　　　　　　吳方彝、裘衛鼎、彔伯㦰簋

　　郭沫若曾對"～幬較"等作過解釋，他說：

　　　　《續漢書・輿服志（上）》："乘輿：金薄繆龍爲輿倚較，文虎伏軾。"又"公、列侯安車：倚鹿較，伏熊軾"，均謂較上有繪飾之物以爲覆。"～幬較"即此意。～，飾也。幬，覆也。𥳑，《說文》謂"捕鳥覆車"，亦含覆義。故"～幬較"又言"～𥳑較"，略之則爲"幬較"（小軍按："幬較"見於伯晨鼎，原作"韗較"）或"～較"。①

　　按：郭說"較上有繪飾之物以爲覆"，所言近是。他說"～，飾也"，應是根據～字的傳統讀音讀爲賁（《說文》："賁，飾也。"），這則是靠不住的。不過從文義上看，這種～字的意義大概確與裝飾之事有關。爲了弄清楚它的確切含義，需要先討論一下"幬"、"𥳑"等字的意義。

　　《廣雅・釋詁》："幬，覆也。"古時造車，爲了使車堅固，要在轂端包上獸革，這種用途的革也叫做幬。《考工記・輪人》："欲其幬之廉也"，鄭注："幬，幔轂之革也。革急則裹木，廉隅（小軍按：義爲棱角）見。"把幔轂之革稱爲幬，這是覆義的引申。金文"～幬較"之"幬"，由伯晨鼎"韗較"之字從韋，可知其也是革一類的東西。

　　"幬"既爲革，那麼在車飾名稱中與之地位相當的"𥳑"也就不應只是泛泛地言覆，而應有具體所指。從這一點考慮，我們同意劉心源讀"𥳑"爲鞞的意見②。《說文》："鞞，漆布也。""鞞"當是指用於較上的漆布，與用獸革而稱爲"幬"者有所不同。

　　"～鞃𢎛"之"鞃"，字書未見，從其偏旁從"韋"來看，亦當是革屬。金文車飾中有與"～幬"相類的"朱虢𢎛"牧簋，"虢"讀爲鞹，"𢎛"爲靵之古字。《詩・大雅・韓奕》："鞹靵淺幭"，毛傳："鞹，革也。靵，軾中也。"孔疏："鞹靵者，蓋以去毛之皮施於軾之中央，持車使牢固也。""鞃𢎛"當與"鞹靵"同義。

　　據《韓奕》孔疏，以獸革施於軾中，是爲了"持車使牢固"，可知其所謂"施"是將獸革緊裹於軾中。《考工記・輪人》之"幬"，據上面引過的鄭注，也是緊裹於轂上的。因此，金文"～幬較"之"幬"的用法恐怕也不是一般的覆蓋，而是要緊裹於較上。"～鞞較"的"鞞"大概也是這樣的用法。

---

① 郭沫若：《大系》考釋62"彔伯㦰簋"。
② 劉心源：《奇觚室吉金文述》卷二"毛公鼎"。

《詩》言"鞹"，金文言"虢"、"虇"，説明古時裹於軾中的一般是獸革。那麽，《後漢書·輿服志》的"虎軾"、"熊軾"，是不是説用虎革或熊革裹於軾中呢？我們認爲這種可能性很小。《左傳》隱公五年"皮革齒牙"，孔疏："去毛曰革。"《説文》："鞹，去毛皮也。"皮若去毛，則斑紋色澤俱失，再分辨其爲虎爲熊，意義實在不大。正如《論語》上所説："虎豹之鞹猶犬羊之鞹。"所以，近乎情理的解釋，大概是在獸革上畫有虎或熊的紋飾。由此推測，見於金文的"～虇冟"、"～幬較"、"～襞較"大概也是在獸革或漆布上畫有某種紋飾的。

基於這樣的認識，我們認爲～字在金文車飾名稱中可能正是飾畫的意思，～應該讀爲雕。～可讀爲幬，幬字初文作裯，這反映了～與幬在語音上的密切關係。幬與雕同爲端母幽部字，从周聲的字往往有从壽聲的異體，如《爾雅·釋言》："翿，纛也。"《詩·王風·君子陽陽》："左執翿"，毛傳："翿，纛也。"段玉裁説："翻、翢、纛實同字。"①所以～可以讀爲雕。《書·五子之歌》："峻宇雕牆"，僞孔傳："雕，飾畫。""雕"或作"彤"，《左傳》宣公二年："晉靈公不君，厚斂以彤牆"，杜注："彤，畫也。"

"～虇冟"大概是用有飾畫的獸革裹於軾中。"～冟"沒有説出裹覆物的質地，可能是一種簡略的説法。"～幬較"和"～襞較"大概是用有飾畫的獸革或漆布裹於較上。"～較"可能是"～幬較"或"～襞較"的省略説法。"幬較"不言"～"，大概是用未加飾畫的獸革裹於較上。②

附記：本文的寫作及修改是在裘錫圭先生指導下完成的，朱德熙、陰法魯二位先生對本文的修改也提出了很好的意見，謹志謝忱。

表　四

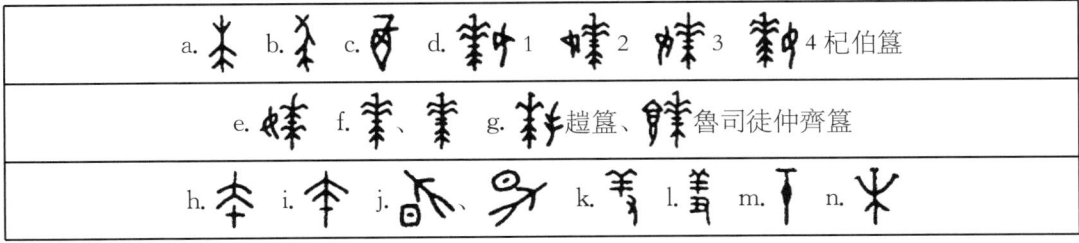

原載《湖北大學學報（哲學社會科學版）》1991年第1期。原文中明顯的排印錯誤徑改，缺字補全。

---

① 見段玉裁《説文解字注》"翻"字條。
② 陳漢平：《古文字釋叢·釋帶》，《出土文獻研究》，232頁。

陳漢平

古文字釋叢·釋因

商代甲骨文有字作󰀀，見於武丁時期四方與四方風名胛骨刻辭。其文曰：

東方曰析鳳曰劦
南方曰󰀀鳳曰󰀁
西方曰𢑚鳳曰彝
北方曰𠤎鳳曰殴　　　　　　　　（《掇二》一五八；《京津》五二〇）

據刻辭文義知此字爲商代四方神名之一，即南方神名之專用字。此字舊説多釋炎，詳見陳夢家《殷虛卜辭綜述》，而炎字"从重火"（《説文》），此字非炎字顯而易見。

按此字从大作，乃基於大形之造字，故欲考釋此字，須自从大之字中求之。又此字用爲商代南方神名，見於商代四方與四方風名甲骨刻辭，故又可自古文獻有關四方、四方神與四方風名之記載中求之。兹將上述刻辭與《山海經》、《尚書》所記南方與南方神名進行比較：

甲骨刻辭："南方曰󰀀鳳曰󰀁。"（《京》五二〇）

《山海經·大荒南經》："有神名曰因，因乎南方曰因，乎夸風曰乎民。"《尚書·堯典》："申命羲叔，宅南交，平秩南訛，敬致。日永星火，以正仲夏。厥民因，鳥獸希革。"據《大荒南經》："南方曰因"，《堯典》："……宅南交，平秩南訛……厥民因"，商代甲骨刻辭："南風曰󰀀"，因字、󰀀字俱从大作，又據魏三體石經因字古文作󰀂，蠶鼎銘文因字作󰀃，江陵楚簡因字作󰀄，信陽楚簡裀字作󰀅，知󰀀字當釋因。

󰀀字从󰀆（大）像正面人形。其所从之󰀇形有二種可能：

1. 从亻或即从衣。甲骨文製字作 ❂（《續》五·二六·三。詳陳漢平《釋製》）所从衣形與此略同。

2. 从亻或即从 ❂（《前》六·六五·三）之省。❂字即三體石經 ❂ 字所从之 ❂，蠭鼎 ❂ 字所从之 ❂①，江陵楚簡 ❂ 字所从之 ❂，此字當釋裍。《廣雅·釋器》："複襂謂之裍。"又"裍，袴也"。王念孫疏證："《方言》注以衫爲襌襦，其有裡者謂之裍，裍猶重也。"由此可見因之造字本義即像正人形（大）與衣或裍相因。《呂氏春秋·盡數》："因智而明之。"注："因，依也。"《說文》："衣，依也。"說明因字與衣字、依字有關。人之軀體着衣即爲依，着裍（或衣）即爲因。

因、依二字不僅字義相關，造字結構亦相類。甲骨文依字作 ❂（《前》六·三四·二）、❂（《前》七·二·三）、❂（《前》六·三四·一）、❂（《契》九〇一）、❂（《續》一·五二·六），从人衣聲。此與甲骨文因字从大从裍造字方法相類。主要區別在於：字从大（ ❂ 或 ❂）爲正人形，字从人（ ❂ 或 ❂）爲側人形。

此外，依、因二字字音亦相關，爲一聲之陰陽對轉。如衾字亦書作煴，即可爲證。《說文》火部："衾，炮肉，以微火溫肉也。从火衣聲。"朱駿聲《說文通訓定聲》指出煴、衣雙聲。《廣雅·釋詁》二："衾，爚也。"四："煴，煜也。"此"煜"字與上文所引《說文》說解之"溫"字相通，僅形旁从火从水略有不同而已。可見衾煴確爲一字。

甲骨文又有 ❂ 字（《餘》一五·三），此片殘辭僅存一字。此字孫海波《甲骨文編》、島邦男《殷墟卜辭綜類》、高明《古文字類編》俱釋爲衾，而甲骨文此字从衣不从火，知非衾字。按此字或从亦衣省聲，或从衣省亦聲，或从大从衣。頗疑此字爲 ❂ 字之別構，亦爲因字，暫立此存疑。

魏三體石經因字古文作 ❂，其造字結構乃於象形成份之外，以綫作等距離框廓，此爲古代漢字造字之一種表意方法。此類文字較多，如：于字作 ❂（甲骨文），東辣字作 ❂ ❂（師虎鼎銘），兹不贅舉。而因字簡捷寫法作因，从口，甲骨文、金文中俱有此體，如：因（《前》五·三八·三）、因（《續存上》二二一八）、因（陳侯因資錞）、因（中山王壺）等諸體，故《說文》說："因，就也。从口大。"

西周銅器䢅侯白晨鼎銘有字作 ❂，字从衣从立。《說文》："立，住也。从大立一之上。凡立之屬皆從立。"是字从大與从立意略同。寶雞博物館所藏白公父

---

① 編者按："❂"，原文誤作"❂"，今據上下文意徑改。

簋銘文之首曰："白立師小子白公父乍簋（簋）……"立字作🔺，而當讀爲太，銘文當讀爲"白太師小子白公父"。"太師小子"四字連文，金文屢見，如太師小子師望鼎，太師小子師望作旅簋。"白太師"之稱金文亦多見，如師艱鼎銘："🔺 🔺 白太師武"；白克尊銘："白太師錫白克僕卅夫"；又孫叔師父壺銘："立宰孫叔"，立字當讀爲太。是俱爲金文中立字與大、太字可以混用之佐證。故白晨鼎銘袁字可視作从大从衣。

　　白晨鼎銘："虎韔、冟、袁，里幽。"袁既爲周王對白晨册命所賜車上之物，又以虎皮爲之，且與韔（幬、帷、匷）、冟（帽、褥、幭）二物同列，據金文文義與字形知此字當釋爲因或裀，讀爲茵、鞇。

　　《說文》："茵，車重席，从艸因聲。鞇，司馬相如說茵从革。"《詩·小戎》："文茵暢轂。"毛傳："文茵，虎皮也。"《釋名·釋車》："鞇，因也，因與下輿相連著也。"又："文鞇，車中所坐也。用虎皮爲之，有文彩。"鞇侯白晨鼎銘文所記册命賜中之韔、冟、袁三項俱爲車上之物，且以虎皮爲之。作爲覆車之物，在旁曰幬、匷、帷，在上曰冟、帽、幭。作爲座褥，在位者曰袁、茵、鞇。

　　商代甲骨文中造字與因、裀字有關者還有下列諸字，舊所不識。通過上文對因、裀字之考釋則可較容易地確認：

　　🔺（《後下》二五·六）此字當釋袪（或袂）。《說文》："袪，衣袂也。从衣去聲。一曰：袪，褱也。褱者袌也。袪尺二寸。《春秋傳》曰：披斬其袪。""袂，袖也。从衣夬聲。"

　　🔺（《録》七九一）、🔺（《京人》二五一三）。此二字當釋褎。《說文》："褎，袂也。从衣采聲。袖，俗褎从由。"

　　🔺（《乙》五三九七）此字當隸定爲䵶，疑爲蠅之本字。字从黽，因聲。漢字形旁黽、虫或可通用，故此字或當釋蛔。

　　　　　　原載《甲骨文與殷商史》第 3 輯，上海古籍出版社，1991 年。

081　古文字釋叢・釋因　陳漢平　　　1729

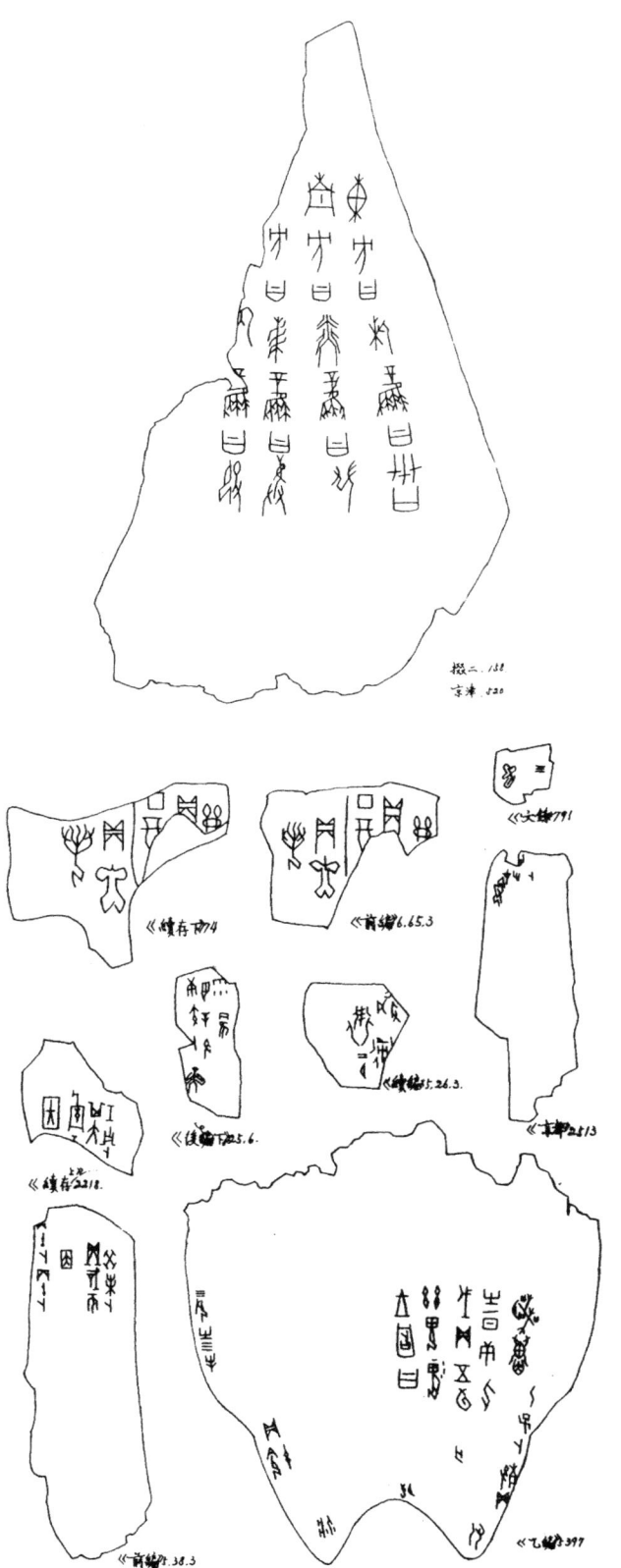

沈之瑜　濮茅左

卜辭的辭式與辭序

一、卜辭的組成部分

殷墟甲骨文是以卜辭爲主體的王室記錄。由於占卜的特殊性質，卜事都是按占卜者的意願卜問的形式分別逐一記載的，且時繁時簡，有同卜一事數日連續者，或同一甲骨衆事並存者。諸辭經契刻者分散處置後，給人造成紛亂無章、辭序不明的現象。因此，要在一塊多卜辭的甲骨中正確地理解，還原出三千餘年前殷人的卜序，揭示完整的占卜事件，這就必須要對殷人的卜辭組合的辭式、刻序的習慣、卜問的規律作全面系統的研究，探求其內在聯繫。這就是本文要講到的殷墟卜辭的辭式與辭序。

早期唐蘭先生提出，一條完整的占卜記錄應有：前辭、命辭、占辭、驗辭四個部分組成。繼而有人補充，認爲完整的卜辭應有：署辭、前辭、貞辭、兆辭、果辭、驗辭等六個部分組成。我們從卜辭總體的成分分析，認爲一條完整的卜辭應有如下七個部分組成：

一、前辭。或稱"叙辭"。卜辭前部記有干支、地點、貞人名的部分。如"干支卜"、"干支貞"、"干支王在某月某地卜"、"干支卜某貞"等。

二、命辭。即命龜之辭，亦稱"貞辭"或稱"問辭"，《說文》"貞，卜問也"。即前辭之後卜問的内容部分，如《簠雜》三四"癸未卜，兄貞：旬亡囚"中的"旬亡囚"，《乙》五二六五"壬寅卜，殷貞：河弗𡇡王"中的"河弗𡇡王"。

三、占辭。或稱"果辭"，即根據卜兆所作出的判斷之辭。如《乙》三四二一"丙子卜貞：雨。王占曰：其雨"中的"王占曰：其雨"。

四、決辭。即占卜事項取用與否的專用詞。如："用"、"不用"、"茲用"、"茲不用"等。如《京》三四五四"庚午卜，王曰貞：翌辛未其田，往來亡災，不遘囚？丝用"中的"丝用"即是。

五、驗辭。即記錄占卜結果應驗與否的刻辭。如《續》四·一七·八"丁卯卜貞：今夕雨？之夕允雨"中的"之夕允雨"即是。

六、序數。或稱"兆序"，爲卜辭兆紋旁的數目字。用以標明占卜時的次序。如《存》下一五七"壬子卜賓貞：我受年？一、二、三、四、二告、五、六、七、八"中的"一二三四五六七八"。

七、兆辭。一稱"兆記"或稱"兆語"。即卜兆的專用語，這些專用術語刻於卜兆旁。如："一告"、"二告"、"吉"、"引吉"（或釋弘吉）、"大吉"等。上舉《存》下一五七辭中的"二告"即是。

至於"署辭"是貢龜、治龜及整治之後甲骨的保管者等人的簽名，與卜辭内容並無直接關係。而前辭、問辭、序數、兆辭、決辭、驗辭都與卜事有直接密切的關聯，是研究殷墟卜辭的辭式和辭序的主要依據。其中序數最易爲人忽署，其實是很重要部分，不注意這個問題就會把單貞卜辭和其他形式的卜辭混淆起來，並難以發現卜辭的組合羣。

關於序數，郭沫若先生早在《卜辭通纂》中就指出："一、二、三、四等數字乃紀卜之次數，數止於十，周而復始"（第九片考釋），以後張秉權先生專門撰寫了一篇文章，即《卜龜腹甲的序數》，他認爲："在殷墟的甲骨中，無論龜甲或獸骨上，標記卜兆的序數，從來沒有發現過'十'以上的，因此，我們斷定：殷人對於一件事情（即一個題目）的占卜，最多不會超過十次以上，那是離事實不會太遠的。"（《"中央研究院"歷史語言研究所集刊》第二十八本）又說"序數是一種甲骨上的數目字，即一、二、三、四、五、六、七、八、九、十等數字，在甲骨上，它們是用來標記卜兆的占卜次序的，是用來標明某一卜兆屬於某一事件的貞卜之中的第若干次占卜的，它們並不是卜辭，但與卜辭有着十分密切的關係，和兆語一樣，它們在甲骨上，是獨立的部分"（同上）。現在我們才真正弄明白序數的性質：每個序數都有相對應的占卜灼痕；在單列重貞卜辭、選貞卜辭、對貞卜辭、定型卜辭中序數表示占卜的次數；在多列重貞卜辭、重複選貞卜辭、重複對貞卜辭、對選卜辭、三聯卜辭中，序數不是代表占卜次數，而是表示占卜的組類；序數一般以十爲終，越十者僅見《乙》五三九九版一例，序數有十一；序數有時還是卜辭辭意最省署的表現形式。它是判別殷墟卜辭辭式的準繩之一，亦是辭序確認的標誌。

下面我們通過卜辭中各組成部分的内在聯繫，卜辭與卜辭間的聯繫，分析介紹殷墟卜辭各種辭式如下：

二、單貞卜辭

對某一事件或某一内容衹進行一次占卜，這種卜辭稱之爲"單貞卜辭"。單貞卜辭在殷墟卜辭的辭式中是最普遍最簡單的獨立的卜辭。如：

《合集》三八八六一：
1　丙申卜貞：王今夕亡🍶
2　戊戌卜貞：王今夕亡🍶
3　庚子卜貞：王今夕亡🍶
4　壬寅卜貞：王今夕亡🍶
5　甲辰卜貞：王今夕亡🍶
6　丙午卜貞：王今夕亡🍶
7　戊申卜貞：王今夕亡🍶
8　庚戌卜貞：王今夕亡🍶
9　壬子卜貞：王今夕亡🍶
10　甲寅卜貞：王今夕亡🍶

這一版十條卜辭都衹有前辭和問辭，分別在十天内占卜各當天晚上是否有禍害。這十條卜辭是彼此獨立的，對於"今夕亡🍶"的占卜，一日進行一次，故這十條卜辭都是單貞卜辭。但在殷墟甲骨文中，並非"卜旬""卜夕"辭都屬單貞卜辭，有些是經過反覆多次占卜的，這就構成重貞卜辭（詳後述）。現再舉幾個單貞卜辭的例子如下：

《合集》二八六九正：庚寅卜㔿貞：🝆妃亡不若。
《合集》一五二四：丙申卜㔿貞：㞢（侑）于且乙十白豕。

前者庚寅日，由貞人㔿卜問，🝆妃不會不順利吧？後者在丙午日，由貞人㔿卜問㞢祭祖乙用十白豕事。這二條卜辭都衹進行了一次占卜，故亦屬單貞卜辭。

三、重貞卜辭

對於相同的某一内容在一日之内進行二次或二次以上的連續占卜,這種同一内容,經反覆占卜的情況下所形成的卜辭組稱之爲"重貞卜辭"。如:

《合》四九:甲子卜〔寧〕貞王〔宎〕上甲咎〔亡尤〕
　　　　　甲子卜寧貞王宎上甲咎亡尤
　　　　　甲子卜寧貞王宎上甲咎亡尤
　　　　　甲子卜寧貞王宎上甲咎亡尤
　　　　　〔甲〕子卜〔寧〕貞王宎上甲咎亡尤
　　　　　甲子卜寧貞王宎上甲咎亡尤
《合》四九反:甲子卜〔寧〕貞王宎上甲咎亡〔尤〕
　　　　　　甲子卜寧貞王宎上甲咎亡尤
　　　　　　甲子卜寧貞王宎上甲咎亡尤
　　　　　　甲〔子卜寧〕貞王宎上甲咎亡尤

《合》四九版共十辭,骨正面六辭,骨反面四辭,都在甲子日,由貞人寧占卜,問王親自咎祀上甲"無尤"一事,對這一内容重複占卜了十次,構成了一組重貞辭。"王宎(賓)"之"宎"大半當解爲動詞,乃賓敬之義。"亡尤"從丁山說,猶言無災異。《說文》"尤,異也"。 因爲重貞卜辭的内容字句完全相同,故殷人在契刻時往往省署,如下組重貞卜辭,用字逐漸遞減省署:

《乙》三二一二:己亥卜内貞王出石在🌱北東作邑于之　一
　　　　　　　王出在🌱北東作邑于之　二
　　　　　　　作邑于🌱　三

此版在己亥日由貞人内卜問,王有石在🌱地之北東就地作邑。"作邑于之"的"之"通"兹"(見唐蘭《天考》五五頁)。首辭序數爲一,刻辭内容完整,次辭序數爲二,省署卜辭的前辭,第三辭序數爲三,更爲省署,祇刻"作邑于🌱"四個字。最常見的重貞卜辭祇有首辭内容完整,其餘相同的卜辭都被省署了,祇刻序數,例如:

《存下》一五七:壬子卜旁貞:我受年　一

　　　　（辭　全　省）　二
　　　　（辭　全　省）　三
　　　　（辭　全　省）　四　　　　二告
　　　　（辭　全　省）　五
　　　　（辭　全　省）　六
　　　　（辭　全　省）　七
　　　　（辭　全　省）　八

此版在壬子日卜，由貞人㱿卜問，我地（指商地）是否受年。除了首辭完整外，其餘七辭相同的內容都省略了，祇刻序數，以表示同一內容的延續占卜，最后序數八，表明反覆卜問了八次。由此可見，序數也成了卜辭的省略內容。

重貞卜辭有見於甲骨一面的（或正、或反，如上《存》下一五七），有見於正反兩面的，（如上《合》四九），亦有分見於數塊甲骨的，就目前已發現有五塊同一內容卜辭。如：

　　《丙》一二：貞㞢犬于父庚卯羊　一
　　《丙》一四：貞㞢犬于父庚卯羊　二
　　《丙》一六：貞㞢犬于父庚卯羊　三
　　《丙》一八：貞㞢犬于父庚卯羊　四
　　《丙》二〇：貞㞢犬于父庚卯羊　五

上述五條完全相同的卜辭分刻在五版不同的腹甲上，反覆五次卜問用犬、羊侑（㞢）祭於父庚（盤庚）事。辭旁都刻有序數，組成重貞卜辭。

重貞卜辭可分爲單列重貞卜辭和多列重貞卜辭。凡同一內容連續占卜次數不超過十次，所記序數爲十以內的自然數，而序數無重複者，爲單列重貞卜辭，其序數表示占卜的次數。以上所舉諸例都屬於單列重貞卜辭。

多列重貞卜辭：由若干同內容的單列重貞卜辭所組成，其序數形式爲："一一、二二、三三、四四……十十。"這就說明了多列重貞卜辭的序數不表示占卜次數，而表示重貞卜辭的組數。每組各重複占卜二次以上。如：

　　《丙》三四七
　　　{疒肩　　　　　一
　　　　疒肩　　　　　一
　　　{（辭省略）　　　二
　　　　（辭省略）　　　二

```
⎧⎧ (辭省畧)    三
⎨⎩ (辭省畧)    三
⎩⎧ (辭省畧)    四
 ⎩ (辭省畧)    四
```

此版是占卜病有希事。殷人對此事分組逐一反覆占卜，每組以相同内容各重複占卜二次，共占卜四組才結束，總達八次，它的簡省寫法可作：

《丙》三四七：疒鬧　一二三三
　　　　　　疒鬧　一二三三

兹將單列重貞卜辭與多列重貞卜辭再各舉兩例以資比較。

單列重貞卜辭舉例

1. 《丙》一一：貞呂〔不〕其受年　一〔二〕三〔三〕五
　　　　　貞呂不其受年　六七八九十。"呂"非"呂"字，各家説者紛紜，其爲地名當不誤。

2. 《合集》二九八四六：其雨
　　　　　　　　　　其雨

多列重貞卜辭舉例

1. 《丙》一〇六：乙未宁貞：氐武芻　一二三
　　　　　　　　氐武芻　一二〔三〕

2. 《丙》九六：貞甲子㞢，乙丑王寽牧石麋，不隹囚，隹又，二月，一、二。
　　　　　乙丑卜，㱿貞：甲子㞢，乙丑王寽牧石麋，不隹囚，隹又，一、二告、二。

㞢字于省吾先生釋甹，讀爲瞑（《集韻》"當侯切，音兜"），乃天氣陰蔽之義（見《殷契駢枝續編、釋甹》）。"囚"讀爲咎，義爲災禍。"隹又"即"隹祐"。

四、對貞卜辭和重複對貞卜辭

對貞卜辭即是對某一內容，以否定和肯定的語意各占卜一次，這種情況下所組成的一對卜辭稱之爲"對貞卜辭"，對貞卜辭祇能有二條卜辭。我們把否定語

意的卜辭稱之爲"反卜",把肯定語意的卜辭稱之爲"正卜",反、正二辭的序數是連續的。如:

《丙》一〇九：翌癸卯帝不令風　一
　　　　　貞翌癸卯帝其令風　二

《丙》一〇九版,貞卜翌日癸卯上帝是否命令有風,先反卜,"不令風",序數爲一；次正卜,"其令風",序數爲二。對貞卜辭以先反卜,次正卜爲常,在殷墟卜辭中凡記有序數的都可證明。或有反卜序數爲二,正卜序數爲三,反卜均在正卜之先。

對貞卜辭在腹甲上所處方位往往是左右對稱的,對貞卜辭習見於第一期,第四期次之,其他諸期少見。

重複對貞卜辭是對某一內容,以否定與肯定的語意進行反覆地卜問,這種情況下所組成的卜辭稱之爲"重複對貞卜辭"。它們的反卜和正卜之辭在腹甲上往往是對稱部位,或右邊全部刻正卜,左邊全部刻反卜；或右邊全部刻反卜,左邊全部刻正卜。如:

《丙》三三八
〔丙寅卜□貞父乙〕不〔賓〕于且乙　　一
丙寅卜□貞父乙〔賓〕于且乙　　　　一
父乙不賓于且乙　　　　　　　　　　二
貞父乙賓于且乙　　　　　　　　　　二
父乙賓于且乙　　　　　　　　　　　三
〔父乙賓于且乙　　　　　　　　　　三〕
父乙不賓于且乙　　　　　　　　　　四
父乙賓于且乙　　　　　　　　　　　四
父乙不賓于且乙　　　　　　　　　　五
父乙賓于且乙　　　　　　　　　　　五

此版整個腹甲有殘缺,共刻十辭（方括號內的字據同文補足）,分爲五組,都在丙寅日占卜父乙是否賓於祖乙事。正卜爲肯定語卜問"父乙賓於祖乙",反卜爲否定語卜問"父乙不賓於祖乙"。這樣一反一正的相同的內容共反覆占卜了五次。第一組對貞卜辭序數是一、二、三、四、五組的序數相應爲二、三、四、五,五條正卜全部刻在腹甲右邊,五條反卜全部刻在腹甲左邊,彼此一一相對。又例如:

1.《遺》二九五

{ 弗其得
{ 得

{ 弗其得
{ 貞得

2.《合集》六七二八

{ 貞方允其來于沚　　一、二告
{ 不其來　　　　　　一

{ 方其來于沚　　　　二
{ 方不其來　　　　　二

{ 其來　　　　　　　三
{ 不其來　　　　　　〔三〕

此骨版共六辭，係占卜"方"是否侵犯沚地事。每組對貞辭均有序數標明順序，由此可以說明，重複對貞卜辭的序列是成對的、重複的。

單列重複對貞卜辭，常有省畧，如：

《丙》三五三

{ 丙午卜㱿貞呼省牛于多奠　　一
{ 貞勿呼省牛于多奠　　　　　一

{ （辭　省　畧）　　　　　　二
{ （辭　省　畧）　　　　　　二

{ （辭　省　畧）　　　　　　三
{ （辭　省　畧）　　　　　　三

{ （辭　省　畧）　　　　　　四
{ （辭　省　畧）　　　　　　四

{ （辭　省　畧）　　　　　　五
{ （辭　省　畧）　　　　　　五

{ （辭　省　畧）　　　　　　六吉
{ （辭　省　畧）

此版整個腹甲占卜一事，即在丙午日，由貞人賓卜問是否省牛於多奠事。殷人祇刻第一組對貞辭，自二至六組的對貞卜辭全省畧了，祇用序數表示，這是一種規範化的省簡形式。

單列重複對貞卜辭習見於第一、第三、第四期，而以第一期爲最多。

多列重複對貞卜辭，即由相同内容的若干單列重複對貞卜辭所組成。如：

《丙》九三

```
┌┌庚午卜内貞王勿作邑在兹帝若      一
│└庚午卜内貞王作邑帝若          一
│┌（辭　省　畧）              二
│└（辭　省　畧）              二
│┌（辭　省　畧）              三
│└（辭　省　畧）              三
│┌（辭　省　畧）              四
└└（辭　省　畧）              四

┌┌貞〔王〕勿作邑帝若            一
│└貞王作邑帝若    八月          一
│┌（辭　省　畧）              二
│└（辭　省　畧）              二
│┌（辭　省　畧）              三
│└（辭　省　畧）              三
│┌（辭　省　畧）              四
│└（辭　省　畧）              四
│┌（辭　省　畧）              五
└└（辭　省　畧）            〔五〕
```

此版前載在庚午日，由貞人内卜問，王在兹作邑是否受帝若，"若"讀作"諾"。第一列重複對貞卜辭反正對貞重複四次，除了第一組有卜辭外，其他三組内容全部省畧了。祇用序數表示相同辭意。四組重複對貞結束後，又重複演一次，即第二列對重卜辭，第二列對貞重複卜辭共有五組重複的對貞，亦祇記一組卜辭，且正卜反卜均有省畧，其餘四組亦均省畧，用序數表示，有關此事的占卜共有二列序數，即"一一、二二、三三、四四"、"一一、二二、三三、四四、五五"。第一列重複對貞卜辭的正卜刻於腹甲左邊，反卜刻於腹甲右邊，第二列重複對貞卜辭則與第一列相反，正卜在右，反卜在左。

多列重複對貞卜辭的序列祇能按上述方法排比，而不能把《丙》九三版作如下比次：

《丙》九三

庚午卜㘝貞王勿作邑在丝帝若	一	
庚午卜㘝貞王作邑帝若	一	
貞〔王〕勿作邑帝若	一	
貞王作邑帝若　　八月	一	
（辭　省　畧）	二	
（辭　省　畧）	二	
（辭　省　畧）	二	
（辭　省　畧）	二	
（辭　省　畧）	三	
（辭　省　畧）	三	
（辭　省　畧）	三	
（辭　省　畧）	三	
（辭　省　畧）	四	
（辭　省　畧）	四	
（辭　省　畧）	四	
（辭　省　畧）	四	
（辭　省　畧）	五	
（辭　省　畧）	五	
（辭　省　畧）	五	
（辭　省　畧）	五	

因爲《丙》九三腹甲的左右下版，剝版的背部每一個鑽鑿都經灼用，灼後正面所呈的每一兆旁都有序數，無一省畧，如按後者序列排比，勢必使組合序數、刻辭處位失調亂序。多列重複對貞卜辭也有分刻在數塊甲和牛胛骨上的。

重複對貞卜辭與對貞卜辭的區別是：對貞卜辭祇有二條卜辭，一條反卜，一條正卜，正卜與反卜的序數是相接續的，即"一、二"；而單列重複對貞卜辭則可有 $2 \times x$（x 爲二至十的自然數）；多列重複對貞卜辭則可有若干個 $2 \times x$（x 爲二至十的自然數）條的卜辭，而且，每組對貞的反卜、正卜序數都分別相同。參見上列《丙》八一版第一排列式。

五、選貞卜辭和重複選貞卜辭

選貞卜辭是選擇兩個或兩個以上并列的内容分別進行一次占卜，藉以肯定其中的某一吉利的内容，這種情況下形成的卜辭組稱之爲"選貞卜辭"。如：

《遺》六六二
{ 其一小宰
  二小宰
  三小宰　　　大吉

此版所記載的是殷王將舉行祭祀時，選問究竟用幾小宰爲犧牲，用一小宰呢？還是二小宰？或三小宰？結果是三小宰爲大吉。這三條卜辭内容並列，彼此組成選貞卜辭，選貞卜辭的序數是相連續的，如：

《平津・雙》一二七
{ 庚子卜行貞其又（侑）于妣庚牡　　一
  貞牝　　　　　　　　　　　　　　一

此版是在庚子日由貞人行選卜，侑祭妣庚時用牡牲還是用牝牲。二辭内容並列，序數"一、二"相續，組成一組選貞卜辭。

選貞卜辭的内容有選問時日、祭名、用牲種類、用牲數量、地名、年成、方位、祖神、自然神、人物等等。選貞卜辭中的受選對象的順序是按世系爲序，有規律的。又如用牲選貞卜辭，占卜時擇數或遞增，或遞減，決無忽大忽小漫無規則的情況，如由小數至大數，逐漸遞增：

《甲圖》一〇八
{ 貞小宰　　二　　1
  貞宰　　　三　　2
{ 貞二宰　　四　　3
  貞三宰　　五　　4
  貞五宰　　六　　5

此版是占卜祭祀的用牲數，共有六辭，第一辭完全殘缺，第二辭是占卜用小宰爲犧牲，未能得吉，結果改用宰爲犧牲。第四辭開始則占卜用二宰？還是三宰？或五宰？記有序數"四、五、六"辭中用牲數逐漸增加。此版共有二組選貞卜辭，辭1、2組成用牲選貞，辭3、4、5組成用牲數量的選貞卜辭。另一例是由大數至小數，逐漸遞減。

《摭續》六五

> 庚申卜王貞翌辛酉其隉饗　　　一
> 庚申卜王貞翌辛酉十人其二隉　二
> 庚申卜王貞其五人　　　　　　三

此版"隉"字從昌從収從且，《說文》所無，疑是祭名。記載庚申日由王親自占卜，問第二日辛酉隉祭時，用十人還是五人？

有關用牲的選貞卜辭無一不合上述規律，絕無忽大忽小的現象。張秉權先生在考釋《丙編》一八七版時没有注意這一規律，以致釋序不能還原卜序，卜辭順序相混。

殷人爲了確定某行動的具體時間，往往採用選貞。選貞的規律是：或自遠日至近日，或由近至遠，絕無混亂跳躍式的選卜。

由遠至近，如：

《摭》二、一五九

> 庚辰卜壬雨　一
> 庚辰卜辛雨　二
> 庚辰卜雨　　三

此版是在庚辰日卜雨事，由序數一、二、三可知順序是第三天壬午，第二天辛巳，當天庚辰，由遠及近。又如由近日選至遠日，如：

《甲》三九一五

> 甲辰卜狄貞王其田叀翌日乙亡災　一
> 甲辰卜狄貞叀翌日戊亡災　　　　二
> 甲辰卜狄貞叀壬亡災　　　　　　三

此版記在甲辰日，由貞人狄選卜王畋獵的日期，由序數"一、二、三"可知其貞問順序是第二天乙巳日，第五天戊申日，第九天壬子日，由近及遠。可注意者此版"翌"字不僅指第二天，第五天殷人亦稱"翌"。

殷人在占卜有關祭祀時，除周祭是按祭譜輪番祭祀外，其他祭祀，則往往要選貞祭祀對象，在選貞祭祀對象時也按一定規律進行的，如：

《合集》一三六九
$$\begin{cases} 㞢于成 \\ 㞢于大丁 \\ 㞢于大甲 \end{cases}$$

《合集》二七三四八
$$\begin{cases} 于小乙桒 \\ 于且丁桒 \\ 于父己桒 \\ 于父甲桒 \end{cases}$$

《合集》一三六九版中的 ᵻ，昔王國維釋爲"咸戉"（《古史新證》），即《尚書·君奭》之巫咸，《白虎通·姓氏篇》作巫戉。陳夢家先生改説謂："卜辭戉咸之'咸'，從戉從口，與從戉從丁之'成'字極易混淆而實有别，後者是成湯之成，乃是大乙。"（《綜述》三六五頁）饒宗頤先生認爲，成湯省稱成，古籍乏證，仍主舊説（見《巴黎所見甲骨録》一四頁）。但從列記先王的卜辭看，大乙的位置與成相同，故陳説可從，如：

《乙》五三〇三：……上甲，成、大丁、大甲……
《佚》九八六：……上甲、大乙、大丁、大甲……

成即成湯大乙。《合集》一三六九版三辭完全以世系爲序。

《合集》二七三四八版屬第三期，辭中的祖丁即武丁，小乙乃武丁之父，父己即祖己，父甲即祖甲。四辭亦完全以世次爲序。

現在再講重複選貞卜辭。即在占卜時，選擇二個或二個以上並列的內容，分别進行反覆地卜問，據以肯定其中的某一内容，這種情況下所組成的卜辭組稱之爲"重複選貞卜辭"，重複選貞卜辭是由若干相同的選貞卜辭所組成。如：

《京津》三九七四
$$\begin{cases} 丁巳卜叀今夕酒俎 \\ 丁巳卜于來夕酒俎 \\ 丁巳卜叀今夕酒俎 \\ 丁巳卜于來夕酒俎 \end{cases}$$

此版由下而上釋讀，二組同問一事，四辭恰成一組重複選貞卜辭。值得注意的是"叀"與"于"的用法，今夕用叀，來夕用于，叀係近指，于係遠指。又如：

《甲》二九〇二

{ 壬戌卜屮（侑）母壬貝（盧）豕
{ 壬戌卜屮母癸貝豕

{ 壬戌卜屮母壬貝豕
{ 壬戌卜屮母癸貝豕

{ 壬戌卜屮母壬貝豕
{ 壬戌卜屮母癸貝豕

此版共載六辭，每組二辭共三組。三組內容完全相同，在壬戌日選卜，侑祭母壬盧豕？或侑祭母癸盧豕？于省吾先生謂貝字訓爲剝割（《甲骨文字釋林》三二頁）。這三組相同內容的選貞，構成了一組重複選貞卜辭。

在重複選貞卜辭中，亦往往祇刻一組或二組選貞辭，其他相同的內容的辭句都省畧了。如：

《合集》一四一六

{ 辛酉卜貞桒于大甲　　　　一
{ 辛酉卜貞桒于大丁　三月　一

{ （辭　省　畧）　　　　　二
{ （辭　省　畧）　　　　　二

{ （辭　省　畧）　　　　　三
{ （辭　省　畧）　　　　　三

此版是在三月辛酉日選卜桒於大丁？或桒於大甲？祇刻了一組選卜內容，其餘因內容相同全被省畧了，僅刻序數表示。重複選貞卜辭習見於第一期、第四期。

六、對選卜辭

對選卜辭是由若干內容並列的對貞卜辭所組成。它在概念上容易與重複選貞卜辭混淆，實際上兩者辭式是不同的。重複選貞卜辭是在一組內容中並列的兩個被選對象的重複選貞中選定其中一個。如：

《遺》六七八版，此版由下而上爲序，中間辛巳日所卜四辭，排列如下：

$$\begin{cases}\begin{cases}不易日\\辛巳卜王步壬午易日\end{cases}\\\begin{cases}不易日\\辛巳卜王步乙酉易日\end{cases}\end{cases}$$

在辛巳日占卜王出步日期，殷人選擇了壬午和乙酉二個日期，並分別以肯定和否定的語意卜問是否易日。這四辭組成了對選卜辭，其分二組，每組二辭。又如：

《合集》二九八八〇

$$\begin{cases}\begin{cases}戊不雨\\其雨\end{cases}\\\begin{cases}己不雨\\其雨\end{cases}\\\begin{cases}庚不雨\\其雨\end{cases}\end{cases}$$

此版由三組正反對貞卜辭組成，選卜戊、己、庚三日何日下雨，由近及遠。

對選卜辭的序數是表示占卜的對貞組數，并非表示這一事的占卜次數。例如：

《丙》五九

$$\begin{cases}\begin{cases}翌乙亥不其易日\qquad\qquad一\\易日\end{cases}\\\begin{cases}〔癸未卜爭貞〕翌甲申不其易日\quad二\\〔癸〕未〔卜〕爭貞翌甲申易日\quad二、二告\end{cases}\end{cases}$$

此版在癸未日，由爭卜問，選擇了乙亥，甲申二日，分別正反卜問其中那一天易日，第一對貞辭序數爲一，第二對貞辭序數爲二，此事共占卜四次，而最高序數二，因此，把對選卜辭的序數單純看作占卜次數是錯誤的。

對選卜辭的序列原則：首先羅列第一選貞對象的反卜、正卜二辭，然後，按同樣方法羅列第二、第三……等選貞對象的反卜、正卜二辭，對於選卜對象確定的順序，則與選貞卜辭相同。對選卜辭在殷墟卜辭中並不普遍。

七、三聯卜辭

所謂三聯卜辭是重貞、對貞、選貞卜辭的結合體，爲殷人最複雜的一種占卜辭式。如：

《合集》三〇八一二（《寧滬》一、二九五）

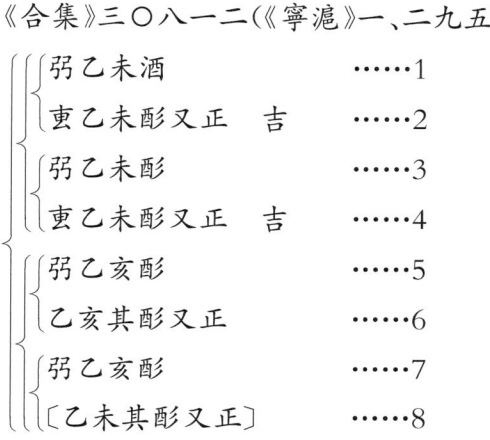

此版記錄了殷人爲酒祭或酒祭又正祭而選擇日期。殷人選擇了乙亥、乙未日，分別經過反覆對貞，終於以乙未日得吉。上辭的 1 與 2 一組對貞，3 與 4 一組也是對貞，二組組合形成重貞；5 與 6、7 與 8 都是對貞形式，兩組組合也形成重貞；而 1、2、3、4 與 5、6、7、8 是對乙未還是乙亥的選貞，這樣，上組卜辭就形成了對、重、選三種占卜形式，我們稱它爲三聯卜辭。

三聯卜辭不一定集中刻於一塊甲骨上，亦有分刻於數版之上的。例：

《丙》一二
　　辛酉卜㱿貞今㞢王勿比望乘
　　伐下危弗其受㞢又　　一　……1
　　辛酉卜㱿貞今㞢王比望乘
　　伐下危受㞢又　　　　一　……2

《丙》一四
　　辛酉卜㱿貞今㞢〔王〕勿比望乘
　　伐下危弗其受㞢又　　二　……3
　　辛酉卜〔㱿〕貞今㞢〔王〕勿比望乘
　　伐下危受㞢又　　　　二　……4

《丙》一六
　　{辛酉殼貞今🐚〔王〕勿比望乘
　　〔伐〕下危弗受屮〉　　　三　……5
　　{辛酉卜殼貞今🐚〔王〕勿比望乘
　　伐下危受屮〉　　　　　三　……6
《丙》一八
　　{辛酉卜殼貞今🐚〔王〕勿比望乘
　　伐下危弗其受屮〉　　　四　……7
　　{辛酉卜殼貞今🐚王比望乘
　　伐下危受屮〉　　　　　四　……8
《丙》二〇
　　{辛酉卜殼貞今🐚王勿比望乘
　　伐下危弗其受屮〉　　　五　……9
　　{辛酉卜殼貞今🐚王比望乘
　　伐下危受屮〉　　　　　五　……10

A

《丙》一二
　　{貞王勿比沚䖵　　　　　一　……11
　　{辛酉卜殼貞〔王比沚䖵〕　〔一〕……12
《丙》一四
　　{辛酉卜殼貞王勿比沚䖵　　二　……13
　　{辛酉卜殼貞王比沚䖵　　　二　……14
《丙》一六
　　{貞王勿比沚䖵　　　　　三　……15
　　{貞王比沚䖵　　　　　　三　……16
《丙》一八
　　{〔辛酉卜殼貞王勿比䖵〕　〔四〕……17
　　{辛酉卜殼貞王比䖵　　　四　……18
《丙》二〇
　　{貞王勿比沚䖵　　　　　五　……19
　　{貞王比沚䖵　　　　　　五　……20

```
         ┌《丙》一二
         │    ┌辛酉卜㱿貞王勿隹沚㦰比       一    ……21
         │    └辛酉卜㱿貞王甴〔沚〕㦰〔比〕 〔一〕  ……22
         │《丙》一四
         │    ┌辛酉卜㱿貞王勿隹比         二    ……23
         │    └辛酉卜㱿貞王甴沚㦰比       二    ……24
         │《丙》一六
       B ┤    ┌辛酉卜㱿貞王勿隹沚㦰比       三    ……25
         │    └辛酉卜㱿貞王甴沚㦰比       三    ……26
         │《丙》一八
         │    ┌〔辛酉卜㱿貞王勿隹沚㦰比〕   四    ……27
         │    └辛酉卜㱿貞王甴沚㦰比       四    ……28
         │《丙》二〇
         │     辛酉卜㱿貞王勿隹沚㦰比       五    ……29
         └     辛酉卜㱿貞王甴沚㦰比       五    ……30
```

上例三聯卜辭分别刻於五塊甲骨上的，上面的卜辭是成套卜辭。凡是在占卜的時候，同時用幾塊不同的甲骨來貞問一件事情，而將卜辭分别刻在幾塊甲骨上，這就是成套卜辭，因爲卜辭内容相同，偶有部分辭句或單字殘缺，可以採用同文補足。上例三聯卜辭中凡標明有方括號的字、句就是採用"同文補足"辦法補齊的。

上例卜辭"❦"字各家意見紛紜，莫衷一是。葉玉森釋"春"字，董作賓從葉説，唐蘭釋屯叚爲春，陳夢家釋世，于省吾釋條，説條從攸聲攸秋音近相叚，李孝定、島邦男均從于釋，詳見《甲骨文字集釋》第六卷一九五三——九七四頁。楊樹達釋載（詳見《耐林廎甲文説》一四頁），劉釗釋者（詳《古文字研究》一五輯，二二九頁）。我認爲此字釋"者"較安。"望乘"、"沚㦰"都是武丁的大將，"比"字舊釋從，《易·比卦·彖辭》"比，輔也，下順從也"，《論語》"義之與比"，朱注"比，從也"。"隹"與"甴"均爲助詞，甴後期寫作更，讀作惠。下危方國名，爲殷之敵國。

上述一組套卜三聯卜辭，都是在辛酉日由貞人㱿占卜，在望乘或沚㦰二人中選擇一人輔從殷王征伐下危。征伐是國之大事，所以反反覆覆貞卜了卅次。辭1與2、3與4、5與6、7與8、9與10分别是對貞，内容都相同。占卜王是否由望乘輔從出伐下危，這五對相同内容的對貞卜辭，彼此構成了重複對貞卜辭；辭

11與12、13與14、15與16、17與18、19與20、21與22、23與24、25與26、27與28、29與30亦分別是對貞卜辭，内容相同，占卜王是否由沚馘輔從出伐下危？根據序數可知，11與12、13與14、15與16、17與18、19與20這五對相同内容的對貞卜辭彼此構成了一列重複對貞卜辭A；21與22、23與24、25與26、27與28、29與30這五對相同内容的對貞卜辭彼此又構成一列重複對貞卜辭B；A、B二例内容相同的重複對貞構成了多列重複對貞。1至10是占卜是否比望乘的，望乘屬第一選擇對象；11至30是占卜是否比沚馘的，沚馘屬第二選擇對象。因此，1至10辭與11至30辭彼此又構成了選貞。這組三聯卜辭集合了對貞、重貞、選貞等纔完成了這一内容的占卜過程，且反卜全部分刻在腹甲左邊，正卜全部分刻在腹甲右邊，其中每一對貞所處部位彼此對稱，一事三十條卜辭井然有序。

三聯卜辭習見於第一期，第三期偶然也有。

八、定型卜辭

殷人占卜時所用固定形式的卜辭，我們稱它爲"定型卜辭"。定型卜辭有時代與内容上的獨特風格。它的組辭秩序嚴格，不容顛倒。在殷墟甲骨文中，"卜旬卜辭"、"卜夕卜辭"習見，但不屬於定型卜辭，因"卜旬"、"卜夕"辭可以構成單貞卜辭，也可以構成重貞卜辭，而定型卜辭則無生成其他辭類的可能，祇能保持其固定形式。

根據現有材料分析，定型卜辭可有三種。

一、亡囚亡尤型卜辭

祇見於第二期，爲王參與某種祭祀，或王出巡的專項卜辭。首辭模式爲"干支卜某貞王××亡囚"，序數爲一；次辭模式爲"貞亡尤"，序數爲二。例如：

《合集》二四三四一

{ 乙亥卜尹貞王窑福亡囚　在五月。
{ 貞亡尤

{ 乙〔亥卜〕尹貞王窑夕福亡囚　在五月。
{ 貞亡尤　在㱿㳄。

```
⎧丙子卜尹貞王賓福亡囚    一
⎩貞亡尤    在五月        二
⎧丁丑卜尹貞王賓福亡囚    一
⎩貞亡尤                  二
```

此版記載了在五月乙亥、丙子、丁丑連續三天貞卜王親臨福祭事。根據卜日及序數可分別組成四組亡囚亡尤模式卜辭，每組分別由首卜"干支卜某王賓（夕）福亡囚"序數爲一，次卜"貞亡尤"序數爲二這樣的定型卜辭。"囚"讀爲咎，咎，《說文》"災也，從人從各，各者相違也"。"尤"字丁山曰"亡尤""疑即《易》傳之'無尤'，《廣雅·釋言》'尤，異也'。異尤一聲之轉。……《公羊定元年傳》'異大乎災也'，然則《易傳》之言'終亡尤'猶言終無災異"（見《歷史語言研究所集刊》一本一分，1928 年）。"亡囚"與"亡尤"過去都認爲是同義詞，此處見於同版卜辭，細審辭義，不能兩者都釋爲無災禍，尤字有過義，《左傳·襄十五》"尤其室"，注"尤，責過也"。《詩·小雅·四月》"莫知其尤"，箋"尤，過也"。據此"亡囚"即無災禍，"亡尤"即無過失。賓即"賓"之後起字，"王賓"者王儐也。《禮運》"禮者所以儐鬼神"即卜辭所用賓字之義。

又如

《合集》二五六九三
```
⎧丁酉卜旅貞王賓歲亡囚    一
⎩貞亡尤                  二
```
《合集》二五七八
```
⎧戊子卜旅貞王賓歲亡囚   〔一〕
⎩貞亡尤                  二
```
《合集》二五七〇三
```
⎧己卯卜行貞王賓歲亡囚    一
⎩貞亡尤                  二
```
《合集》二五六七二
```
⎧丁卯卜尹貞王賓歲亡囚    一
⎩貞亡尤                  二
```

上例四版分別在丁酉、戊子、己卯、丁卯日各由貞人旅、行、尹占卜王儐歲祭事。歲字甲骨作⼽。《說文》"歲，闕。 從戈從音"，甲骨文從戈、從言，或從言省,古言音偏旁得通假,戠在此辭中疑爲祭名。辭式、序數均同上例。

王親出時亦用亡囚亡尤型卜辭。例如:

《合集》二三七二六
{戊辰卜行貞王出亡囚　　　一
{貞亡尤　在〔七月〕　　　　二
{〔戊〕辰卜行〔貞〕王出亡囚　一
{貞亡尤　在七月　　　　　二

《合集》二三七二七
{辛未卜旅貞王出亡囚　　　一
{貞亡尤　　　　　　　　　二

《合集》二三七五五
{壬戌卜尹貞王出亡囚　　　一
{貞亡尤　　　　　　　　　二

以上三版分別在戊辰、辛未、壬戌日各由貞人行、旅、尹占卜王親出事,辭式、序數均同上。

二、賓叙型卜辭

賓叙型卜辭僅見於第二期、第五期,他期未見。凡王親賓祄、歲祭等用此辭式。其中以祄祭、歲祭爲最常見。賓叙型卜辭恒由"干支卜某貞王賓先王名祭名(祄、歲)亡尤""干支卜某貞王賓叙亡尤"二辭組成。

王親儐祄祭用的賓叙型卜辭:

《合集》二三一二〇
{乙亥卜行貞王賓小乙祄亡尤在十一月
{乙亥卜行貞王賓叙亡尤
{丁丑卜行貞王賓父丁祄亡尤
{丁丑卜行貞王賓叙亡尤在十一月
{己卯卜行貞王賓己兄祄亡尤
{己卯卜行貞王賓叙亡尤
{〔辛巳〕卜行〔貞王〕賓兄庚〔亡〕尤
{〔辛巳卜行貞王賓叙亡尤〕

根據乙亥、丁丑、己卯均隔一日，可知第四組殘缺之干支必爲辛巳，此版爲第二期祖甲時之卜辭，由下而上依次爲序，分別卜祭祖父小乙、父武丁、祖甲之兄己（祖己）、兄庚（祖庚）。首卜均爲"干支卜行貞王賓某嵒亡尤"，次卜模式均爲"干支卜行貞王賓叙亡尤"。

王親儐歲祭的賓叙型卜辭：

《合集》二三一九三

$\begin{cases} 〔乙丑卜涿貞王賓小乙〕歲〔宰亡尤〕\\ 乙丑卜〔涿〕貞王賓叙亡尤 \end{cases}$

$\begin{cases} 丁卯卜涿貞王賓父丁歲宰亡尤\\ 丁卯卜涿貞王賓叙亡尤 \end{cases}$

$\begin{cases} 丁巳卜涿〔貞王〕賓兄庚〔歲〕宰〔亡尤〕\\ 丁巳卜涿貞王賓叙亡尤 \end{cases}$

此版爲第二期祖甲時之卜辭，於乙丑、丁卯、丁巳三日歲祭於小乙、父武丁、兄祖庚事，其中乙丑、丁卯二日由下而上依次爲序，丁巳日則由上而下讀，首辭模式均爲"干支卜涿貞王賓歲（宰）亡尤"，次卜模式均爲"干支卜涿貞王賓叙亡尤"。

凡第五期的賓叙型卜辭，全部刻於龜背，而絕無刻於腹甲、胛骨之例，這裏發表的僅是幾個例子。

九、五祖型卜辭

五祖型卜辭爲第五期所獨有（常玉芝謂有文丁卜辭，見《"祊祭"卜辭時代的再辨析》，刊於《甲骨文與殷商史》第二輯，1986年上海古籍版），所祭對象不出五世直系近祖，即武丁、祖甲、康祖丁、武乙、文武丁。祭必用丁祭（卜辭作"囗"，王國維、葉玉森、王襄、郭沫若釋"丁"，吳其昌、楊樹達、陳夢家釋"祊"），以牢爲犧牲。祭祀的卜日，在王名日之前一日，即卜武丁之祭在丙日，卜祖甲之祭在癸日，違者極少。首辭模式爲："干支卜貞王名（宗、必）丁其牢"，序數爲一。宗與必是相對的，"宗"是宗廟，"必"爲祭神之室。次辭模式爲："其牢又一牛"，序數爲二。五祖型卜辭祇刻於龜腹之上，且首辭必刻於腹甲之右。次辭必刻於腹甲之左，二辭處位對稱。如：

《合集》三五九三一

　　⎧丙子卜貞武丁〔丁〕其〔牢〕　　　　一
　　⎩其牢又一牛　　　　　　　　　　　二

　　⎧癸卯卜〔貞祖甲丁其牢〕　　　　　一
　　⎩其牢又一牛　　　　　　　　　　　二

　　⎧甲辰卜〔貞武乙〕宗丁〔其牢〕　　一
　　⎩其牢又一牛　　　　　　　　　　　二

　　⎧〔丙午卜〕貞武丁丁其〔牢〕　　　〔一〕
　　⎩其牢又一牛　　　　　　　　　　　二

　　⎧癸巳卜貞祖甲丁其牢　　　　　　　一
　　⎩其牢又一牛　　　　　　　　　　　二

　　⎧甲午卜貞武乙宗丁其牢　　　　　　一
　　⎩其牢又一牛　　　　　　　　　　　二

此版比較明顯的有六對五祖型卜辭，但五相不全，祇有祭武丁、祖甲、武乙三世。武丁之卜祭都在丙日，祖甲之卜祭都於癸日，卜祭武乙都在甲日，卜祭日都在王名前日。首辭全部刻在腹甲之右，次辭在左。

由於五祖型卜辭全部刻在腹甲，首辭、次辭分列右左兩邊，而腹甲中間的盾溝（千里路）與齒縫相重。因此，中間特別容易脫位分離，從而難以發現大量完整的五祖型卜辭，幸存完整者僅三版而已，除上例所舉一版之外，還有《合集》三六〇三二，卜祭武丁、祖甲、武乙，《合集》三五八一八，亦是卜祭武丁、祖甲、武乙的。因爲我們知道了五祖型的辭式，即首辭"干支卜貞王名（宗、必）丁其牢"均刻於右腹甲，絕無見於左腹甲之例，序數均爲一；次辭"其牢又一牛"全見於左腹甲，絕無見右腹甲之例，序數均爲二。知道這一辭式的規律之後，我們在碎片中找到了武丁、祖甲、武乙之外另二位先王：一、康祖丁，見《合集》三五九六五、三五九六九、三五九七五、三五九七六、三五九八五、三五九九五。二、文武丁，見《合集》三六一一五。這樣就確定了五祖，確定了辭式。

　　原載《古文字研究》第 18 輯，中華書局，1992 年；收入宋鎮豪、段志洪主編：《甲骨文獻集成》第 18 册，四川大學出版社，2001 年；又收入陳秋輝編：《沈之瑜文博論集》，上海古籍出版社，2003 年。今據後者收入，並吸收了沈之瑜《甲骨文講疏》（又《甲骨學基礎講義》，上海古籍出版社，2002、2011 年）相關部分的一些校勘意見。

孫常敘

罜雀一字形變說

殷虛卜辭，在記氣象之辭中，有兩個下部從隹之字。它們的上部，一個覆以倒寫扁口，一個覆以倒寫尖口，前者是罜，而後者爲雀。

關於後者——

"第一期甲骨文雀字習見，作🐦或🐦，舊不識。"于省吾據"雀字从𠆢，（𠆢）即今字的省體"，遂於《甲骨文字釋林》謂"雀即雥字。……甲骨文以从隹今聲之雀爲陰晴之陰"。這是十分正確的。因爲它既合於文字結體象聲借字，又合乎卜辭語言形式與内容，部分與整體的對立統一規律。但是，説"罜與雀之所以从隹（與鳥同用），是由于某種鳥鳴預示天氣將變的緣故"。這一點，還缺少積極證據。

關於前者——

孫詒讓《契文舉例下廿廿六》以"🐦字似从隹从冂，字書未見"。認爲它"或即鳳字。古从鳥从隹字多互易，如《説文・隹部》雞鷄、雛鶵之類恒見，不足異也。冂與凡亦相近，鳳从凡聲，凡古文作冂，但與《説文》古文不合耳"。

葉玉森《鐵雲藏龜拾遺攷釋》誤將他所著録的七・一三殘辭"大🐦"連爲一語，以之與卜辭習見的"大🐦"相比，認爲它們"辭例並同，則罜墉爲風字，更無可疑"。

這都是以冂爲凵的。

陳夢家《殷虛卜辭綜述》説《天象記録》時，認爲"卜辭的罜字，應是《説文》卷五凵部的雀字。《説文》曰'高至也，从隹上欲出凵'"。他説"雀""字象以罩罩鳥之形，《爾雅・釋器》'籗謂之罩'，注云'捕魚籠也'，《説文》作籗。雀霍同从隹而音亦相同，古音與廓爲近"。因此他把"罜"看作《説文》"雨止雲罷貌"的"霩"字。

這是把冂看作凵的。

郭沫若《卜辭通纂攷釋》第四一六片，云："㒸字王國維釋風，謂'从隹从凡，即鳳字，卜辭假鳳爲風'。《戩釋》六十。案此字从◨从隹，並非从凡，卜辭凡字作㠯，乃盤之初文，其它鳳字可證，此與从◨作者迥然有別。又此字有與鳳字同見於一片者，《鐵》二六〇，又《明》二一四六，二片具殘，俱存二字。亦不得爲風。"從而否定了從孫詒讓以來釋㒸爲鳳爲風之說。他的看法是："余謂此當是冡字之異，《說文》'冡，覆也。从冃豕'。 字今作蒙。冃豕爲蒙，冃隹亦蒙意也。字每與風雨同見，必假爲天象字無疑；余意蓋假爲霂若霧。……卜辭㒸字殆兩用，其言'雨㒸''風㒸'者，如《詩》之'零雨其蒙'。其單見者，蓋用爲霧。"

于省吾《甲骨文字釋林》認爲"郭謂㒸當是冡之古文，讀爲霧，頗具卓識。但既謂雨㒸和風㒸連言，又謂㒸字殆兩用則非是"。 于先生的意見是："㒸與霧是古今字。甲骨文的㒸字讀作霧，于文義咸符。㒸是以隹爲形符，以◨爲聲符的形聲字。 可是爲什麽以隹爲形符呢？這乃是形聲字形符含義的緣故。古文字的隹與鳥多無別。由於某種鳥鳴預知將霧，故从隹。這和甲骨文陰晴之陰从隹作雀（詳釋雀），也是由于某種鳥鳴預知陰雨，其例正同。"

陳說無證，而◨與㠯形不相通，以㒸爲雀，以雀爲霫，難於取信。郭、于釋霧之說頗有影響。

但是，以㒸爲霧，這種看法也有許多難點。

爲了便於說明這一事實，這裏，從《甲骨文合集》中，把第一期（包括第一期附）有㒸、雀之字的卜辭，按《合集》分兩類，擇要表列於下：

第一期卜辭㒸雀兩字使用情況簡表

第一期	第一期附　甲組
㒸	㒸雀
1. 甲午卜，爭貞：翌乙未，用羌。用，之日㒸。　V1.P108.N450 正 2. 貞：翌乙卯，酒。我𢦏伐于宔。乙卯，允酒。明㒸。　V1.P183.N721 正 3. 辛丑卜：翌……允㒸。　V5.P1891.N13457 4. 丁酉卜，方貞：今夕亡囚？㒸。　V5.P1891.N13447 5. ……囚？……㒸。　V5.P1891.N13456 6. ……吉，……㒸，……　V5.P1891.N13455 7. ……貞丝……㒸　V5.P1891.N13453 正 8. ……㒸　V5.P1852.N13160 9. 王固曰：㒸　V1.P154.N641 反 10. ……明㒸，既宜……　V6.P2222.N16057 11. ……戊……㒸　V5.P1760.N12456	1. 丙辰卜：丁巳其雀？印〔抑〕允雀？　V7.P2570.N19780 2. 丙辰卜：丁巳其雀？印〔抑〕允？　V7.P2570.N19781 3. 自𠂤至于㝱門，不坒，雀。十一月。　V7.P2683.N20770 4. 庚寅又雀。　V13.P5097.N40865

續表

第一期	第一期附　甲組
12. 今日其雨？至于丙辰，霍，不雨。　V5.P1891.N13451 13. ……戊，霍，不雨。　V5.P1891.N13446 14. 乙巳，酚。霍，……不雨。……其……　V5.P1892.N13459 反 15. ……至……♫終日霍，……雨。　V13.P5032.N40342 16. 王固曰：霍，□雨。壬寅，不雨。　V1.P169.N685 反 17. 丁卯卜，殼：翌戊辰，帝不令雨？戊辰允霍。　V5.P2014.N14153 正乙 18. 貞：庚辰不雨？庚辰霍。大采……　V5.P1751.N12424 19. □日允雨。乙巳，霍。　V5.P1891.N13448 20. 不雨，允霍〔合文〕。六月。　V5.P1891.N13458 21. 翌□雨？夕霍。　V5.P1892.N13461 22. 癸未卜，爭貞：翌甲申，易日？之夕，月出食。甲，霍，不雨。　V5.P1645.N11483 正 23. 貞：翌庚申，我伐，易日？庚申明，霍。王來坌♫，雨小。　V3.P877.N6037 正 24. 乙未卜，王：翌丁酉酚伐，易日？丁明，霍。大食……　V5.P1891.N13450 25. 辛丑卜，爭：翌壬寅，易日？壬寅霍。　V5.P1891.N13445 26. 爭貞：翌乙卯，其宜，易日？乙卯宜，允易日。昃，霍。　V5.P1870.N13312 27. 丙……貞：庚易日？庚霍。　V5.P1860.N13231	5. 辛丑卜，自：自今至于乙巳，日雨。乙霍，不雨。　V7.P2698.N20923 6. ……霍，不雨。　V7.P2648.N20470 7. 戊寅，雀，不□。　V7.P2683.N20771 8. 印〔抑〕明雀，不其□　V7.P2679.N20717 9. 癸酉卜，王，旬：四日丙子，（一月）雨自北？丁雨？丁日雀；庚辰……　V7.P2702.N20966
28. 辛丑卜，宁：翌壬寅攸？壬寅霍。　V5.P1891.N13449 29. 癸巳卜：翌甲午攸？甲，霍。六月　V5.P1891.N13452 30. □酉卜，王：翌……戊攸？……霍。　V5.P1891.N13454 31. 辛未卜，内：翌壬申攸？壬♫〔終〕日霍。　V5.P1850.N13140 32. 丙申卜：翌丁酉酚伐，攸？丁明，霍。大食日，攸。一月　V13.P5032.N40341 33. 乙巳卜，内：翌丙午攸？允攸。……丁……攸……霍。　V5.P1850.N13141 34. ……夕攸。……霍。　V5.P1892.N13462	10. 丁未雀。 戊申卜，己攸？允攸。 戊申卜，己其雨？不雨，攸，少□。　V7.P2707.N20990 11. ……步，……明雀。攸……　V7.P2707.N20995 12. 戊戌卜：其雀？翌己，印〔抑〕攸不見云〔雲〕。　V7.P2707.N20988
35. 王固曰：……雨，卯……。明，霍。……曰大星〔姓〕。　V5.P1653.N11506 反	13. 癸卯貞，旬：甲辰雨，乙巳霍，丙午攸。　V7.P2698.N20922
36. 翌癸卯，帝不令風？夕霍。　V1.P164 37. ……風……霍。　V5.P1800.N13382 38. ……風……霍……十二月　V13.P5033.N40344 39. ……王步……大♫□……霍。　V5.P1892.N13463	14. 甲辰卜：乙其？……又，中風印〔抑〕小風？……徂雀。　V7.P2683.N20769

通觀上表，左欄三十九例一律用萑，無作隹者；右欄十四例萑隹並見，而萑少於隹，——除5、13兩例作萑外，其餘十二例都是作隹的。而其中6、7、9實爲過渡。

在反映地方生活的語言裏，常用的氣象詞，在一般情況下，總是反映當地的常見氣象的。《説文》："邶，故商邑也，自河内朝歌以北是也。"《史記·殷本紀》《集解》引《竹書紀年》曰："自盤庚遷殷至紂之滅，二百七十五年，更不徙都。"《邶風》所反映的常見氣象關係，應該是和殷虚當年基本一致的。

《邶風·谷風》："習習谷風，以陰以雨。"

陰天，下雨，連類而及。這一點，殷虚是與各地一致的。"芃芃黍苗，陰雨膏之。"《曹風·下泉》。"迨天之未陰雨，徹彼桑土。"《豳風·鴟鴞》。"終其永懷，又窘陰雨。"《小雅·節南山之什·正月》。 都是其例。這種自然現象和語言習慣，古今相因，一直沒有變。

下霧，各地也是有的。把它和陰天下雨比起來，一般是少的。除個別地方外，是不常見的。一般説來陰雨比霧多。可是前表兩欄左右對照，如果釋萑爲霧，那就出現了下霧天多於陰天，特別是上欄（第一期）只見下霧而不見陰（隹）天。這不能不説是一個反常的現象。

三千年來，殷虚這個地方是沒有發生過重大的陵谷之變的，地貌和氣象大體未變。它不象輻射霧最多的四川盆地，一年差不多有三個月的日子有霧。重慶就是一個以多霧而著稱的城市。

如前所説，于先生釋隹爲陰晴之陰是正確的。

可是如果肯定萑與霧是古今字，把甲骨文的萑字讀作霧。那末，這個表（雖然它還不完全）將向我們提出一個非常重要的問題。那就是：武丁時期除風雲雷雨啓易日等等氣象變化外，只見下霧，而從來不見陰天！直到武丁晚期，那時候的人們才開始認識了"陰"的天氣。

如果肯定萑字確實讀霧，那將爲中國氣象史研究提供非常重要的史料。

如果釋萑爲霧是正確的話，那末，前面這個表它將向我們提供一個重要的史實：距今大約三千多年而今安陽殷虚這個地方曾是一個霧都，直到武丁晚期才發生了改變。——因爲釋萑爲霧，則如前表所示：武丁時期下霧與陰天之比是39∶0，而武丁晚期霧與陰之比却是3∶11。

殷虚不是霧都。這一客觀事實，使釋萑爲霧之説遇到了困難。

上表左欄37、38兩例都是風和萑同見一版的。而39例"大⸺口"依卜辭語例應是"大風"。于先生釋爲驟字。這三例雖都有缺文,可是一辭所記,其風霧時間,一般來説,並不是相去太遠的。

V5.P1880.N13382　　V13.P5033.N40344　　V5.P1892.N13463

　　陸地上最常見的是輻射霧。這種霧是空氣因輻射冷却達到過飽和而形成的。只有在 1—3 米/秒的微風時,有適當强度的亂流,它既能使冷却作用擴展至一定高度,又不影響下層空氣的充分冷却,因而最有利於輻射霧的形成。可是風如果太大了,上層熱量大量地憑借亂流的作用而向下傳遞,大大妨礙了下層空氣的冷却,使氣温不易降低很多,難以達到過飽和狀態。

　　1—3 米/秒的微風相當於一、二級風,對生活無大影響。作爲徵候而記入卜辭之中的,其小風至少在三級上下,中風可能在五級上下(卜辭的小風中風前表右欄第 14 例便是它同見於一辭的例子)。卜辭風崔之辭數見,特别是大風與崔並見,若釋崔爲霧,恐有矛盾。

　　當然,霧並不就是這一種,殷虛去海較遠,少見海霧——平流霧。殷虛不在高緯度,不會出現北極煙霧,如果是蒸氣霧,也是比較淺薄的。即或有上坡霧、鋒面霧,在霧天和陰天的比例上,霧天也不會佔絕對優勢。

　　河南省豫北氣象處資料室,安陽站霧情資料:1951—1985 年霧曆,年平均日數是 15.9 日,事實也在證明了這一推論。

　　安陽少霧,這是釋崔爲霧所遇到的一個難點。

　　從文字上説,豕和隹是兩種不同的物類。崔爲什麽會變爲豕,學者們找不到它的理據和轍迹。這也是釋崔爲豕而讀之爲霧的另一個難點。

　　總而言之,崔字不是豕的古文,不能讀它爲霧。

　　那麽,崔字寫的哪一個詞呢?

　　殷虛卜辭本身已經告訴我們:崔就是雀。它倆是一個字的形變,都是陰天的"陰"這個詞的書寫形式。

　　本文前部那個表,左欄是第一期卜辭。從辭例可見,它只有從⊓之崔,而没有從∧之雀。從∧之雀,都在右欄裏,與少數從⊓之崔共居在一起。這些卜辭，《甲骨文合集》把它們歸到第一期附甲。附甲所錄是以貞人 ☒、☒、☒ 爲代表的所謂自組卜辭。在時代上似屬武丁晚期。

自組卜辭向我們顯示：它們不但有从 ∧ 之雀，而且還有从 ⊓ 之萑，有从 ⊓ 向 ∧ 過渡之 ∧。它充分地證明了：那個被釋爲冢，而又被讀爲霧的"萑"，原來是和"雀"同爲一個詞的書寫形式。

我們把前表下欄所列萑雀兩字，依从 ⊓ 到 ∧ 的演變關係，按《合集》所錄拓本，摹寫如下：

☒（1）　　例 5　　V7.P2698.N20923
☒（2）　　例 13　 V7.P2698.N20922
☒（3）　　例 6　　V7.P2648.N20470
☒（4）　　例 9　　V7.P2702.N20966
☒（5）　　例 7　　V7.P2683.N20771
☒（6）　　例 8　　V7.P2679.N20717
☒（7）　　例 11　 V7.P2707.N20995
☒（8）　　例 10　 V7.P2707.N20990
☒（9）　　例 12　 V7.P2707.N20988
☒（10）　例 4　　V13.P5097.N40865
☒（11）　例 3　　V7.P2683.N20770
☒（12）　例 2　　V7.P2570.N19781
☒（13）　例 1　　V7.P2570.N19780
☒（14）　例 14　 V7.P2683.N20769
☒（15）　　　　　V7.P2570.N19781

⊓∧ 形變，在甲骨文和金文中是都有其例的。例如：

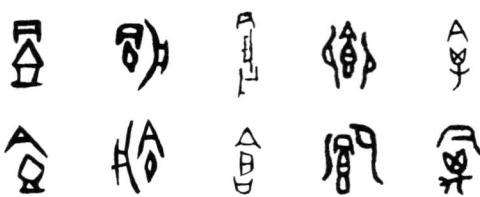

古文字所從之∧，多是從倒口——∩變來的。∩變爲∧，上部筆形從下彎弧綫∩變成兩條夾角直綫∧，是書契作字的趨簡求便。在已經習用∧形之後，有時偶然作∩，由∧返∩，這是書契中的一時返古。瞿變作雀，是前者，是趨簡求便。

我們說瞿和雀是同一字的形變，它倆共寫一詞。從書寫形式上作考查，固然十分重要；但是，它必須和它所寫的詞、詞所在的辭，以及詞語所反映客觀存在，都取得了統一，才能成立。

從卜辭辭句，就"瞿"字和與之有關的已知的氣象之詞的氣象轉變關係，可以看到"瞿"字寫的是一種什麼樣的天氣。

一、瞿是一種變化了的天氣

　　甲午卜，爭貞：翌乙未，用羌？用。之日瞿。

　　　　　　　　　　　　　　　　　左 1（前表左欄 1 例。此下類比，不另注）

　　貞：翌乙卯，酒？我▢伐于宰。乙卯，允酒。明瞿。　　　　　　左 2

　　丁酉卜，宁貞：今夕亡囚？瞿。　　　　　　　　　　　　　　　左 3

在"瞿"字之前，辭中未見天氣變化之詞。這表明它是在晴空萬里的好天氣的基礎上發生的，是一種氣象變化。

二、"瞿，不雨"說明瞿和雨有一定關係

　　今日其雨？至于丙辰，瞿，不雨。　　　　　　　　　　　　　左 12

　　……，戊，瞿，不雨。　　　　　　　　　　　　　　　　　　左 13

　　丁卯卜，殻：翌戊辰，帝不令雨？戊辰，允瞿。　　　　　　　左 17

"瞿"這種變了的天氣，有一點很明確：它是"不雨"的。風雲變幻，很多氣象是不下雨的。"瞿"而"不雨"，特書"不雨"二字，它表明"瞿"和"雨"有一定關係：瞿可以進而爲雨，也可以只是瞿，並不下雨。

　　□日允雨。乙巳，瞿。　　　　　　　　　　　　　　　　　　左 19

這一條卜辭，它說明："雨"可以轉而爲"瞿"。

　　貞：翌庚申，我伐，昜日？庚申明，瞿。王來金▢，雨，小。　左 23

這一條說明："瞿"可以轉而爲"雨"。

"雨"轉"瞿"，"瞿"轉"雨"，而"瞿"也可以"不雨"。"瞿"和"雨""不雨"的轉化關係，可能透露"瞿"字所寫詞的詞義。

三、"叞"字給我們的啟示

《合集》第十册

不叞，其雨。   P3690.N30205

此辭《戩壽堂所藏殷虛文字》三六·六著錄。王國維《考釋》說："……諸叞字從又持户，義當爲启。疑即啓之借字。《說文》'啓，雨而晝姓也'。此條叞字之上，有從日之迹，知正作啓矣。至云'不啓句其雨'，與《說文》啓字之訓正合。"叞、啓都是第三期卜辭文字，是由於叞字所寫詞，在辭中有"撥雲見日"之義，遂更著日形以突出之。叞和啓、啓是同一詞的先後出現的書寫形式。

"不叞，其雨"，
"不雨，叞。"   右10

"雨過天晴雲破處"，開啓之叞，就民間天氣用語來說，相當於"開晴"。——從漫天的雨雲中，見縫拔堆，到"叞不見雲"右12。

和叞相對的，不僅是雨，還有雇。

丙申卜：翌丁酉酚伐，叞？丁明，雇。大食日，叞。   左32

開啓的叞，和《老子》"將欲翕之，必固張之"一樣，必須有同它相對的一方，才能成立。無翕，則無以見張，無閉，也無以見叞。卜辭問"叞"，貞卜時必是未叞之天，——非陰即雨。

癸卯貞，旬：甲辰雨，乙巳雇，丙午叞。   右13

甲辰、乙巳、丙午這三天的天氣變化是：雨轉雇，雇轉叞。

如前所說，雨和雇都是與叞相對待的非叞□□①不是"開晴"氣象。那末，右13卜辭所記氣象則是：

第一天 甲辰 雨（下雨）；
第二天 乙巳 雇（既不下雨，又未開晴）；
第三天 丙午 叞（開晴）。

開晴是和陰雨天相對的。這段卜辭，第一天下雨，第三天開晴。那末，它們之間的既不下雨，又未開晴的第二天，必然是陰而不雨的天氣。由此可知"乙巳雇"

---

① 編者按：原文此處空二字，所缺內容不詳。

的"雈",它所寫的詞,應該是和"晴"相對的,"密雲不雨"的陰天的"陰"。

這個結論是就前表左右欄所列,有从⊓之"雈"的卜辭,看"雈"和與它同辭的一些氣象之詞,從它們在語言中的對立統一關係和所反映的天氣變化,以及與之相應的氣象變化規律中而得出來的。

如前表所示,从⊓之雈和从∧之雀,它們是共見於前表右欄第一期附甲卜辭的。

于省吾先生釋雀爲雈,"讀爲陰晴之陰",在卜辭中,是"無一不合"的。

現在既知雈的詞義也正是"密雲不雨"的陰晴之陰,而自組卜辭中又有从雈到雀,⊓——∧——∧ 形變的踪迹,在字的形式和它所寫詞的內容,以及它在卜辭辭句中部分與整體的對立統一關係。可以說,"雈"和"雀"是一字的變體。它倆在卜辭中,都是用來寫陰晴之陰的。自組卜辭 ⿸下例5、例13、例6, ⿸例9, ⿸例7, ⿸例8, ⿸例17, ⿸例4。 同期並見,可知它們形變的時期,和自組卜辭相同,似屬於武丁的晚期。

說雈雀同詞異形是⊓∧之變,而非∧⊓之變者,除自組卜辭屬武丁晚期外,還可以從下片卜辭知之:

《合集》V6.P2458.N18347

甲骨文字从隹从鳥有時不分。這種現象延續到《說文》與之有關的某些或體。《說文》"雏,鳥也。从隹今聲"。 以許書雞鷄、離鸛、鴠雉、鶃雉等或體字例之,知⿸即是雉。如果說雀即雉字,則⿸與⿸爲同一個詞在書寫形式上的或體。甲骨文以从隹今聲之雀爲陰晴之陰,爲什麼在卜辭中不用⿸以寫氣象之詞?爲什麼它不與雀互見於自組以寫陰晴之陰?爲什麼第一期卜辭已經有它,而不見使用這個從隹(鳥)今聲之字來記天氣?

⿸與⿸並見於一期,這一期卜辭,寫陰晴之陰,用的不是前者而是後者。這兩者都是武丁時期卜辭文字。在卜辭中,它們各寫一詞,而前者與氣象無關。可見屬於武丁後期的自組卜辭中,同詞異體且有演變之迹的雈與雀,是由从⊓變而从凸，而不是由从凸變而从冃的。

《小屯南地甲骨》：

南上册 P610.N2866

雀與🐚同辭並見，"在此片中辭中殆人名。"此片乃武乙時期相當於《合集》第四期卜辭。它遠在自組卜辭之後，其字从凸而不从冃，也正是雀从雇變之證。

雇字从冃从隹有覆蔽之意。

卜辭以雇寫陰晴之陰。陰晴之陰，《說文》作"霒"，說它是"雲覆日也，从雲今聲。侌，古文或省。𩃬，亦古文霒"。《詩·大雅·桑柔》"既之陰女"，鄭氏箋以"覆陰"說"陰"。《釋文》據之，說，"（陰）鄭音蔭，覆蔭也"。《漢書·叙傳下》"陰妻之逆，至子而亡"，師古曰："陰，謂覆蔽之也。"陰雲密佈，遮天蓋日，所以陰天之陰有覆蔽之義。《說文》："冃，重覆也。""冡，覆也，从冃豕。"冃有覆意。

雇及其形變之雀，字下从隹。隹字只象鳥雀，單形難象雀噪。鳥鳴報陰之說，恐不足信。以詞的語音與字形求之，它可能是从鷹得聲。

"鷹"聲之字何以讀"陰"？

"鷹"古音在蒸部，"陰"古音在侵部。它們都是影母，雙聲而不同韵。

但從《詩經》看，古音蒸侵音近是往往合韵的。《秦風·小戎》鷹、弓、縢、興、音，相叶。《魯頌·閟宮》乘、縢、弓、綅、增、膺、懲、承相叶。《詩·大雅·大明》、《生民》、《召旻》等七部有蒸侵合韵之詩，不一一列舉。《易·象辭》《臨》，臨與應叶韵；《升》，升與應叶韵。應、膺都在蒸部，而音、綅、臨都在侵部。《說文》心部應，肉部膺都从雁得聲，而隹部雁从瘖省聲。詩之合韵，字之諧聲，當時作者語感必然覺其同韵或同音。

《說文》："窨，地室也。从穴音聲。"朱駿聲說《詩·七月》"三之日納于凌陰"以陰爲之，即《周禮》"凌人納于凌室也"。《文選》張平子《思玄賦》"經重唫乎寂寞兮"，李善引舊注云："唫，古陰字。"

古音：音、唫、瘖、窨在侵部，影母；應、膺等从雝（鷹）得聲之字在蒸部，影母。兩部以［-əm］［-əŋ］鼻聲韵尾，在某些地區，因方音音近而混同。《詩經》時代，周、秦、魯詩的蒸侵合韵可以爲證。《說文》鷹寫作鷹，說它是"籀文雝，从鳥"。 雝是"鳥也，从隹瘖省聲"。

以侵部之字說蒸部之聲，就是在這種方音基礎上出現的。

西周金文"雝"字不从疒，而是从隹 ⌐ 聲。常敘按：⌐ 即古膺字。余別有說，另詳。其字有作 🦅 者，應公觶。🦅 象鷹形。以其形與隹鳥形近，容易混誤（甲骨文隹鳥兩字都有形近於鷹的，如隹中 🦅，鳥中 🦅 見《甲骨文編》。）。故於鷹形之上，更著 ⌐ （膺本字）以標其聲。後來从 🦅 變而爲 🦅 毛公鼎。 🦅，師湯父鼎。遂失其形象，失其形聲關係。或以 ⌐ 爲 冫，或以 ⌐ 爲 疒 之殘。從同音詞書寫形式中去尋找它的形聲關係。《說文》："雝，鳥也，从隹，瘖省聲。或从人，人亦聲。" "瘖有聲"者，以 ⌐ ⌐ 爲 疒 之殘，而瘖與雁（鷹）侵蒸方音鼻聲混同；"人亦聲"者，猶《說文》从矛今聲之矜，漢人隸書多寫作矜，以侵真音變今、瘖在侵部，人、今在真部。 而誤以爲聲。《說文》學者矜矜之爭，問題也出在這裏。

話再說回來，"瞿"原來是從 ⌐ 🦅 （鷹）聲之字，由於簡化，鷹隹混同，變而爲"瞿"，失去標音作用，遂又藉 ⌐——∧——∧ 之勢，把"瞿"變成从隹 ∧ （今）聲之"雀"。

原載《古文字研究》第 19 輯，中華書局，1992 年；收入《孫常敘古文字學論集》，東北師範大學出版社，1998 年；上海古籍出版社，2016 年。今據前者收入。

蕭良瓊

卜辭文例與卜辭的整理和研究

研究商代歷史，殷墟甲骨卜辭是珍貴的第一手資料。由於甲骨埋藏在廢墟之下，年深月久，完整的很少。甲骨出土之後，又被當作藥材和古董而輾轉販賣。本來就不完整的甲骨，幾經轉手，就更加變得支離破碎，成了"斷爛朝報"。要利用這些零碎的資料來研究商史，把它們儘可能的復原並弄清其內容，就成爲整理卜辭的一個重要步驟。

復原甲骨卜辭的方法有多種，最常用的是斷片的綴合。在這方面，前輩學者作過許多工作。最早發現斷片可以綴合的是王國維，他發現《戩》一‧一〇和《後上》八‧一四"文義聯續而斷痕可以接合，乃知一片折而爲二也"。這兩片的綴合，其重要性不僅是開創了斷片綴合的先例，更爲其重要的是，斷片經過綴合，內容更爲充實。王國維根據這兩片的內容以商代卜辭的確切記載弄清了商代先公自上甲至示癸的世次，糾正了《史記‧殷本紀》的錯誤。除綴合之外，根據卜辭占卜契刻規律，使不完整的卜辭內容互相補充，也是了解卜辭完整內容的重要方法。最先使用這種方法的是郭老。一九三三年郭老發現"卜辭紀卜或紀卜之應，每一事數書，因之骨片各有損壞時，而殘辭每互相補足"，並寫了《殘辭互足二例》一文。這種內容相同的卜辭，胡厚宣先生稱之"同文卜辭"，專門寫過一篇《卜辭同文例》的文章。董作賓在《殷曆譜》中也作了類似的工作，並提出整理甲骨的兩原則、六方法。他的兩原則是分期和復原，六方法是"同文異版，同版異文，同事異日，同日異事，面背相承，正反兩貞"。這六種方法，可以說都是卜辭文例的表現形式。卜辭文例有很多種，形成卜辭自身的規律，留心卜辭文例，對於卜辭的整理和研究是很有幫助的。

我們在參加編輯《甲骨文合集》的過程中，也作過一些復原的工作。除了根據原甲骨及其著録情況，將一片龜甲的正反兩面，一片卜骨的正，反，臼三面收集在一起而外，並跟隨桂瓊英先生學習將分爲碎片的甲骨綴合起來。偶而也有所穫。我們感到留心卜辭文例，有時會有意外的收穫。現在我們結合工作的體會，介紹武丁時期賓組牛骨塗朱大字卜辭的部份文例和規律，並在整理同組卜辭的同時，對當時的社會現象作初步探討。

一、從已知文例，使碎片復原，並推知新文例

　　武丁期的賓組牛骨大字卜辭，在骨邊隆起部份，有着很整齊的，自上而下，或自下而上，相間契刻着好幾條卜辭的情況。占卜的内容或是同一件事，或是好幾件事，依次相間，並有界劃。這類卜辭，大都只有命辭，間或僅有叙辭，胡厚宣先生在《卜辭雜例》一文中，將其稱之爲"相間刻辭"。根據這種文例，我們曾將五塊卜骨綴成兩長條同文的相間刻辭。

　　這兩片卜辭，在《合集》中，分別編爲7859正、反，和7860兩號，《合集》7859正、反（附圖一），是由《天》87和新收入的未曾著録的拓本，以及《南師》2·118綴合起來的。上段是《天》87，反面有字和鑽鑿痕。卜辭由右向左，直行契刻，卜兆向右，諸辭之間有界劃。根據卜辭迎兆刻辭的文例，知此版當是右胛骨之骨邊。《合集》7860（附圖二）是由《佚》67和《契》192兩片綴合而成。我們先綴合了《合集》7859正這一版的上半段。後來，用同樣的方法，齊文心同志發現《南師》2·118還可相綴。雖然圖版早已編好，即將付印，也不嫌費事地重新調整版面。這種工作，繁瑣而細碎，但有所發現，却也不無快慰。《合集》7860，反面也可能有字，惜未收入。卜辭由左向右直行契刻，知其爲左胛骨之骨邊。綴合後的這兩版，各是相對的兩大塊卜骨的骨邊，僅爲全骨的一部份，那失去的部份是否還可以找到呢？

　　綴合完畢，我們又於編輯過程中，發現同樣内容的卜辭又有直行契刻在骨面上的，即《合集》7854正、反（附圖三）。它曾著録於《續》4·28·4，但僅有骨邊刻辭上端的部份内容。《續》4·28·4與原骨相較，上端缺"甲"和"貞"二字，《合集》據原骨補拓。它的反面也有字，曾著録於《簠·地》48，其上端即《續》4·18·4所缺之上部的反面，曾著録於《續》5·50·9。《合集》7854與《合集》7859同爲左胛骨，當是一骨之折。我們又發現《合集》2778即《後上》

6・9（附圖四）與《合集》7854同文，但行款順序相反，可惜只剩下一小片了。知其與《合集》7860應同爲右胛骨。這左右兩塊胛骨，内容完全相同，兩兩對稱契刻，骨面反面却無鑽鑿。這類卜辭最典型的例子，當是胡厚宣先生在一九八一年《中華文史論叢》第一輯上刊登的《記故宮博物院新收的兩片甲骨卜辭》一文中所舉《菁》三、四與《寧滬》故宮拼合版，即《合集》10405正、反[①]和《合集》10406正、反這兩版，但已失去骨邊部份。這幾塊卜骨的特點，除骨邊爲相間刻辭，其内容與骨面刻辭一致而外，就是骨面正反都有字，内容相接，正面無卜兆，反面無鑽鑿。承李學勤同志相告，他於一九五九年寫《關於甲骨的基礎知識》一文時，已經注意到這種現象。最完整的例子是《金》699（附圖五），他認爲占卜時的鑽鑿在骨邊反面，卜兆顯現在骨邊正面，但骨邊面積太小，不能容納全部卜辭，故將卜辭相間契刻在骨邊上，相當提綱。完整的内容在骨面上，兩相對應。因此，骨面正反均無卜兆和鑽鑿，卜兆和鑽鑿痕只見於骨邊和骨版近骨臼處。除李學勤同志所説的《金》699之外，我們還發現了一個更爲完整的例子，即《殷虚古器物圖録》第12—13頁所著録的那一大版（附圖七），原骨現藏遼寧省博物館，正、反，臼都有字，原著録僅有正面。

現在，我們把這種類型的卜辭，結合骨邊和骨面卜辭相互照應的文例，以及相間刻辭，正反兩貞等文例，以殘辭互足的方法，將《合集》7854正、反，和《合集》7859正、反，7860、2778諸片綜合起來，作釋文如下：

（1）甲子卜，殼，貞婦𡥝娩㚸？四月。　　　　　　　（骨面正面，骨邊缺）
　　　□□□，□，貞婦𡥝娩不其㚸？　　　　　　　（骨面缺，骨邊）

婦𡥝，人名，娩即娩，㚸讀爲嘉，大意是武丁某年四月，王令史官殼貞問，婦𡥝行將分娩，吉利不吉利？正反兩問。

（2）貞唯龜令？　　　　　　　　　　　　　　　　　（骨面缺，骨邊）

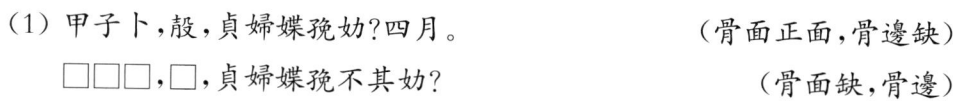

龜，人名，意爲令龜去作某事。

（3）□□卜，殼，貞洹其作兹邑𡆥？四月。　　　　　（骨面，骨邊）
　　　□□□，□，貞洹弗作兹邑𡆥？　　　　　　　　（骨面，骨邊）

《合集》7860有"𡆥"字，而無"洹"字，《合集》7854缺"𡆥"字，有"洹"字，骨面和骨邊互足成爲全辭。洹，即洹水，兹邑，指大邑商，即今安陽

---

① 編者按："反"，原文脱，今補。

小屯村，意爲四月某日，史官敲貞問洹水是否將危害商王朝的都城。一件事正反兩問，這是卜辭通例之一。

(4) 貞唯🪨火令？　　　　　　　　　　　　　　　　（骨面缺，骨邊）
　　貞允唯🪨火令？　　　　　　　　　　　　　　　（骨面缺，骨邊）

🪨，胡厚宣先生釋阜，認爲阜與火皆人名。① 🪨又作🪨，火字作𝕄，又作𝕄，這是同一件事的兩問。都是卜問是否派🪨和火去作某事。後一問加一"允"字，表示一定派去的意思。

(5) □□□，□，貞勿告？……　　　　　　　　　　（骨邊，骨面缺）

告，祭名，意爲是否舉行告祭。

(6) 己酉卜，殷，貞勿乎吳取🪨任伐？弗其挈？　　　（骨面，骨邊缺）
　　□□卜，殷，貞乎吳取🪨任伐？挈？　　　　　　（骨面）
　　貞乎吳取🪨任？　　　　　　　　　　　　　　　（骨邊）

吳，人名。🪨，不識。任，亦人名，或即"多甸亞任"之任，則任爲官名。🪨爲任之私名，即名🪨之任。全辭大意爲是否令吳去討伐🪨任，並將他帶來呢，還是不帶來？也是正反兩問。

(7) 乎見婦示？　　　　　　　　　　　　　　　　　（骨邊）

辭不全，不詳其意。
以上是正面、反面有兩條卜辭。

(1) 王固曰，🪨　　　　　　　　　　　　　　　　　（骨邊反面，直行）

🪨，不識，當爲災禍字。

(2) ……作洹隹屮🪨，勿隹洹，隹屮🪨？　　　　　　（骨面，背）

🪨，亦不識，這兩條卜辭，均係卜問洹水是否作禍之占辭，惜全文缺，不解其意。

從已經復原的部份估計，這兩塊卜骨都相當大，自下而上，一共卜問了七件事，並有正反兩問。骨邊下端，還有界劃，一定還有卜辭，上部近骨臼處也還應當有卜辭，遺憾的是目前還不能使其全部復原。這是我們從相間刻辭的文例，推

---

① 編者按：原文此處出注，但未列出具體内容。

知骨邊骨面刻辭相互照應的文例，又從契刻行款，得知此類卜辭，内容版式相同者，往往因其使用骨版之左右不同，而形成右胛骨和左胛骨上之卜辭左右對稱之式，了解了這幾種文例，有助於復原全骨，通讀全版卜辭，並找出所貞問的事件發生之次第和相互關係。

下面，我們再以相間刻辭爲主，對現存之較完整的大片卜骨，作初步釋讀。

二、從卜辭文例通讀全版卜辭，弄清同文、同對卜辭和骨臼刻辭關係

目前能找到的整版的有字卜骨不多，我們仍以武丁期賓組大字塗朱卜骨爲例，通讀全版卜辭。我們選擇的例子，即前面提到的《金》699 和《殷虚古器圖録》第 12—13 頁所著録的那一片，現分别釋讀如下：

例一，《金》699

《金》699 内容較少，《合集》16111（《前》4·2·4 附圖六），與其相對稱，從行款知其爲右胛骨之骨邊，《金》699 爲左胛骨，二者同文並相對稱，可惜《金》699 的摹本不太清楚，有的卜辭還不能全部對應作釋。

(1) 己巳卜，争，貞弋亡田？　　　　　　　　　　　　（骨面左第二辭）

弋亡田？　　　　　　　　　　　　　　　　　　　（骨邊自上往下第三辭）

貞弋其虫田？　　　　　　　　　　　　　　　　　（骨邊自下而上第一辭）

弋，人名，全辭爲己巳日，史官争卜問弋有無災禍。正反兩問，反問一辭未見與骨面刻辭相對應。或者省去，按全版干支排列，這是貞問的第一件事。

(2) 癸未卜，亘，貞出來自□？　　　　　　　　　　　（骨面左第一辭）

□□卜，亘，□來？　　　　　　　　　　　　　　（骨臼下）

告不其來？　　　　　　　　　　　　　　　　　　（骨邊自上而下第二辭）

告，人名，武丁時賓組的貞人。這三條卜辭，貞問的是同一件事。第一條"自"字之下，似爲"西"字，綜合這三條卜辭，當是於癸未日，貞人亘，貞問告是否來？從什麽地方或什麽方向來。

(3) 己亥卜，𣪘，貞王勿𠦪〔酒入，三〕　　　　　　　（骨面中間）

己亥卜，𣪘，貞勿？〔六月〕。二告，四　（骨邊自上而下第三、四辭）

㞢，酒，均爲祭名，這兩條卜辭是己亥日，貞人㱿貞問王是否於舉行㞢祭和酒祭儀式時到來。骨面中間那條卜辭，因爲下部殘缺，據《合集》16113 補足，但一爲三卜，一爲四卜，根據骨邊自上而下第四辭，"三"字應改爲"四"字，第二條的"六月"據《合集》16113 補入，"二告"是兆辭。

　　（4）己亥卜，㱿，貞王入？　　　　　　　　　　　　（骨面右面第二辭）

　　　　㞢酒王入？四　　　　　　　　　　　　　　　　（骨邊自下而上第二辭）

（3）和（4）所問爲同一件事，（3）這一組是從反面問，（4）這一組是從正面問，骨邊和骨面相互對應。

　　（5）己亥卜，㱿，貞王……？　　　　　　　　　　　（下殘，骨面右邊第一辭）

這條卜辭下面殘缺，不知貞問有關王的什麽事，從（4）僅有"王入"而無"㞢酒"，很可能是貞問"㞢酒"，因此當與骨邊自下而上第二辭之"㞢酒"相對應，如果是這樣，那麽骨面的兩條卜辭與骨邊卜辭中的一條卜辭相對應。

　　（6）□□卜，㱿，貞王……四　　　　　　　　　　　（骨臼下、左）

　　（7）不其㞢，一　　　　　　　　　　　　　　　　　（骨邊自上而下第一辭）

全版共卜問了六件事，第一件事是問㞢這個人來不來，第二件事是問戉有無災禍，第三件事是貞問王來主持祭祀儀式否，這幾件事都發生在武丁某年有己亥日的六月。

例二，《殷虛古器物圖錄》第 12—13 頁（附圖七）這一片，骨面僅有完整卜辭三條，兩條在下，一條在近骨臼處，按干支順序，以及相間刻辭，正反相接，邊面對應等文例，試釋如下：

　　（1）丁巳卜，亘，貞正？王固曰，正。　　　　　　　（骨面左第一辭）

　　　　貞正？　　　　　　　　　　　　　　　　　　　（骨邊自下而上第一辭）

　　（2）丁巳卜，韋，貞。　　　　　　　　　　　　　　（反面，骨邊）

　　　　貞戉陟，戉㞢祟？　　　　　　　　　　　　　　（正面，骨邊自下而上第二辭）

　　　　貞妣癸允祟？　　　　　　　　　　　　　　　　（正面，骨邊第五辭）

第（2）條可能卜問的是同一件事，即貞問何人作祟。兩問共一條前辭，也許其中有一條缺前辭。戉陟，戉㞢，均舊臣名，妣癸，先妣名，中丁之配。

　　全辭大意是丁巳日，貞人韋卜問死去的大臣戉陟和戉㞢將要作祟嗎？妣癸一定要作祟嗎？

(3) 己未卜，亘，（反面）貞　　　　　　　　　　　　　　　　　（正面左邊第一辭）

　　貞正？二告，一　　　　　　　　　　　　　　　　　　　　（骨邊自下而上第四辭）

　　王固曰，吉，正。　　　　　　　　　　　　　　　（反面，左邊第一行自左向右讀）

(4) 庚申卜，爭，貞乎伐🝙方受有又？一月。　　　　　　　　　　　　　　（骨臼下）

　　勿乎伐呂　　　　　　　　　　　　　　　　　　　　　　　　　　　　（反面）

(5) 貞乎𢀈祟得？　　　　　　　　　　　　　　　　　　　　　　　（骨邊第三辭）

　　貞𢀈弗其得？　　　　　　　　　　　　　　　　　　　　　　　（骨邊第六辭）

正反兩問，𢀈是人名，乎，命令之意，全辭大意爲命令𢀈去作祟將有所得，還是無所得，但無前辭，也許與（4）共前辭，𢀈，隸定爲矣，當即（4）"貞乎伐呂方"一辭所乎者。

(6) 貞勿令我史步？不玄冥　　　　　　　　　　　　　　　　　　　　（骨臼下）

　　壬戌卜，𣪊，貞迺令我史步伐🝙方受有又？　　　　　　　　　　　　（骨面）

從卜辭文意骨面卜辭有"迺令"二字，即最後決定下命令之意，故知這組卜辭，當以骨臼下的反問在前，這一問的兆辭是"不玄冥"，爲否定之意，因此再問，到底派我史以步兵去討伐🝙方能不能得到保祐？

全版卜辭，在五天之內，連續卜問了四件或五件事，丁巳，己未卜問的是"正"，"正"是祭祀名，在甲骨文中，"正"往往與征同，"正"祭可能是與征伐有關的祭祀，在此當爲卜問"出征"是否吉利？王視卜兆後，認爲"吉"，於是決定出征，征伐什麼地方呢？接着卜問去征伐🝙方會不會得到保祐？派矣去騷擾能有所獲嗎？不派我史以步兵去討伐行嗎？這一問的兆辭是"不玄冥"，爲否定之意，於是最後還是派我史以步兵去討伐🝙方有利。卜問的第二件事是先妣和舊臣是否作祟。值得注意的，是這塊卜骨的骨臼刻辭：

　　丁巳，婦安示一，亘。

當是丁巳日，婦安看示了這一版卜骨，由亘作記錄或收藏。骨面的第一辭的干支是丁巳，貞人是亘，示，即眡，"示一"，"一"之後沒有骨臼刻辭通常都有的表示骨版單位的"屮"或"丿"。這版卜骨迄今尚未發現同文卜辭，即使是很小的殘片也沒有，因此這個"一"字，無疑就是指這一塊骨版而言，只此一塊，也就不需要再寫明單位詞了。爲了說明這個問題，可對照下面三條卜辭。

　　□□，㕚示七屮出一丿，㫄　　　　　　　　　　　　　　　　　　（《粹》1504）

己□，□□示五㞢出一（，亘　　　　　　　　　　　　　　　　（《粹》1516）

……㞢一）。宁　　　　　　　　　　　　　　　　　　　　　　（《粹》1517）

"㞢"表示一對胛骨，"）"表示一塊胛骨，"）"字，胡厚宣先生釋"半"，"㞢"諸家有釋匹、屯、包、對者，然皆爲一對之意，姑釋對。只用一塊卜骨，就只記上一個"一"字，用兩塊稱"一㞢"即"一對"，這裡的一對，有"一付"的意思，即兩塊構成一個單位，其零數皆爲"一"，這是郭老早已指出的，現在我們要弄清楚的是這"一對"，指的是作爲占卜用的骨料，還是如前面所談到的《合集》7859，7860，《菁》3·4 與《合集》10406 正、反……等一樣，是内容行款完全相同，僅左右順序不同，但相互對稱的全版同文的卜骨？現在看來，應是指全版同文但相互對稱的一對。我們把這種情況的卜辭稱之爲"同對卜辭"。它與"同文卜辭"及"成套卜辭"有共同之處，即有内容相同的卜辭。不同之處在於"同文卜辭"有時僅一條卜辭内容相同。"成套卜辭"片數較多，不限於一對，可以包括好幾對，並往往有零數，"同對卜辭"由牛的左右兩塊胛骨構成。它們的内容和版式完全相同，契刻和占卜順序則左右兩胛骨相互對稱。

"同對卜辭"和"骨臼刻辭"以及"同套卜辭"它們之間有沒有聯繫呢？現有材料還不能完全說明，有一些例子可以說明骨臼刻辭所載之數量是表示"同套卜辭"一共有多少版。如《殷虛古器物圖録》第 12—13 頁只有一版，骨臼刻辭所記載的數量爲一。又如《合集》6855 的骨臼刻辭是：

丁卯，婦龔示一㞢，一）。行

按"一㞢，一）"計算，當有同文卜辭三塊，構成一套，《合集》6855，與《合集》6856 同文，前者序數爲二，後者爲三，行款則相反，可知其一爲左胛骨，一爲右胛骨，序數爲一的那一版當和序數二的那一版，兩版合爲"一㞢"，序數爲三的則應爲那"一）"。只是序數爲一的那一版，現在還沒找到。

是不是骨臼刻辭都刻在固定的那一版的骨臼上？或者是一套卜辭只有一版有骨臼刻辭？内容相同的卜辭，但骨臼刻辭不一樣，它們是不是一套呢？這些問題都還沒有解決。例如，《合集》7380 正，臼和《合集》7381 正，臼，正面的卜辭，内容一致，都是：

丁酉卜，𣪘，貞沚㦰稱册，王比？

《合集》7380 正的序數爲二，有月份"六月"，《合集》7381 正記月份的部份缺掉了，序數爲三、兩版都有骨臼刻辭，内容却不一致，《合集》7380 臼是：

癸巳，羌宫示二屯，㱿

《合集》7381 臼是：

己丑，吏示三屯，岳

干支和人名都不一樣，數量亦不同。因此，儘管同文，這兩版却不是一套。

又如：《合集》7488 和《合集》7490 同文，序數皆爲一，但前者爲十一月，後者爲九月，故非一套，而《合集》7492，7493 亦皆同文，序數一爲四，一爲五，《合集》7493 的月份也是九月。可知這幾版同文卜辭，確爲一套。但行款有的相反，這是因爲"一屯"卜骨，分別爲牛之左右兩塊胛骨，鑽鑿和卜兆兩兩對稱，故迎兆契刻卜辭時，其行款也相反。

通過以上諸例，我們從相間刻辭的文例，推知相間刻辭和骨面刻辭的關係。又從迎兆刻辭，正反相接，同文卜辭……等文例，則可知道"同對卜辭"不僅骨版爲一對，其内容亦爲相對稱之一對。"同套卜辭"包括若干對卜骨，骨臼刻辭的數量詞與一套卜辭的數量是相符的，骨臼刻辭不一樣，則骨面刻辭雖然同文，也可能不是一套。了解了這些文例，對於殘辭互足，大大有幫助。沒有解决的問題是，骨臼刻辭並不一定刻在第一卜的骨版上，不知是否與收藏方法有關？

三、從文例補足殘辭

從文例補足殘辭的首創者是郭老，現在我們發現了新的文例，擴大了補殘的綫索，可以使一些卜辭的内容，得以充實。我們仍以這種類型的卜辭爲例，説明這一問題。

例如，《菁》5（《通》430），它的反面是《菁》6（《通》513），即《合集》137 正、反（附圖八）。原骨的複製品現陳列在北京歷史博物館，這塊卜骨，從迎兆刻辭的文例，以及邊緣殘存鑽鑿和卜兆向右等情況，我們知道它是牛的左肩胛骨，根據"同對卜辭"的文例，我們又發現《合集》594 正、反（附圖九），是與這塊卜骨内容完全相同，而爲右肩胛骨的一小塊。從這一小塊上面的内容，可以補充一條完整的卜旬卜辭並補充一條卜辭。很湊巧，郭老作《殘辭互足二例》時，曾將這塊卜骨中的一條卜辭與另外三條卜辭互補。也就是説，它又與《合集》13362 正、反（正，《續》5·32·1；反，《續》5·8·1）（附圖十），《合集》

367 正，反（《佚》386 正，反）（附圖十一）有同文。恰好郭老所補之辭，按干支順序爲此版卜骨最先卜問的一條，現依次將全版内容介紹如下：

(1) 癸卯卜，争，貞旬亡囚？王固曰：有祟。甲辰大驟風，之夕𦣻，乙巳㞢幸羌五人。五月。在𩫢。

這條卜辭的全文，是郭老根據同文卜辭所補。除《佚》386 正的貞人爲殼之外，其餘内容三版皆同。但這三版的版式却不一樣。當屬董作賓所說的同事異版，《合集》13362 正所載此條卜辭内容，雖然也是以骨臼爲上方，以長的直行契刻在骨面上，但全版還有幾條卜辭却與此版不同。所以，這三版雖有同文，但不是"同對卜辭"，也不是"同套卜辭"。本辭大意是：武丁某年五月癸卯，王在𩫢地，令貞人殼和争卜問十天之内有無災禍。王看了卜兆説，有災祟。果然，甲辰有大驟風，晚上天氣有異常現象。次日乙巳，㞢地有五個羌奴趁機逃跑了。（詳細解釋，參見齊文心同志《殷代的奴隸監獄和奴隸暴動》一文。）

(2) 癸丑卜，争，貞旬亡囚。王固曰：有祟有夢。甲寅允有來𡆥。左告曰：有㞢芻自益。十又二人。①

據胡厚宣先生《甲骨文所見殷代奴隸的反壓迫鬥争》一文所釋，大意是：癸丑日，貞人争卜問十天之内没有災禍吧，王看了卜兆説：恐怕要有禍亂，次日甲寅，果然左這個人來報告説有十二個畜牧奴隸，從益地逃跑了。

(3) 癸丑卜，争，貞旬亡囚？三日乙卯〔允〕有𡆥，單邑豐彡于录□□□□□，三日丁巳，罡子豐彡……，鬼亦得疾，（以上正面）四日庚申，亦有來自北，子㛸告曰：昔甲辰方征于蚚，俘十有五人，五日戊申，方亦征，俘十有六人。六月，在𩫢。②

癸丑日接連有兩問。兩問之間有直行界劃，按正反相接的文例，此條卜辭共八十餘字，在卜辭當中，要算比較長的了。大意是癸丑日，貞人争卜問十天之内有没有災禍？第三天乙卯果然有了災禍，在录這個地方，豐這個人發生了什麽事故。又過了兩天，第三天丁巳不僅是豐出了事，鬼也得了病，第四天庚申，北方有些動靜，子㛸報告説，前些日子，甲寅那天，方侵犯了蚚地，抓走了十五人，到了第五天戊申，方又來犯，俘去十六人。這些都是六月裏王在𩫢地發生的事。這條

---

① 編者按："十又二人"，《合》137 正本作"十人𡴶（又）二"。
② 編者按：二"俘"字後《合》137 反原有"人"字。

卜辭中有的字尚無確切的解釋如毘，㐱等。有的字，還可在用法上作一點補充，如"󰀀"字，隸定爲俘，羅振玉說："《說文解字》俘，軍所獲也。從人，孚聲，此從行省。不從人。"① 于省吾先生說："因爲俘虜需要毆之以行，故從彳。"② 並認爲俘是從孚字孳乳而來。通觀卜辭，這個從彳的俘字，是專指商王方面的人被敵人抓走的動詞，凡是戰爭中商王方面得勝，並抓來敵人作俘虜，均言"獲××人"。用辭口氣同打獵時獲得多少動物一樣，以此表示對敵人的卑視。已經馴服並充作奴隸的俘虜，則稱之爲孚，分別寫成󰀀，󰀀，󰀀，󰀀（此字隸定爲妥，或是表示女性俘虜之意）。奴隸逃走了，再追捕回來用"得"字表示。俘，僅用於自己人被敵人抓走，具體講，這些俘字，都是在不同情況下的俘虜，所以後來就不加區別地都稱之爲俘。從具體到抽象，動詞作名詞用，或名詞充作動詞，似乎是漢字在使用過程中的規律。

(4)〔癸未卜，□，貞旬〕亡𡆥，二告（正面）王固曰：有祟有夢，其有來嬹，七日己丑，允有來嬹自（西），長戈化乎告曰：〔吕〕方征于我示（甕田），四日壬辰，亦有來自西，甾乎告，（吕方征我奠戈四邑）。　　　　　　　　　　（反面）

括號內所缺之字，據《合集》584 正、反補足（附圖二十），但《合集》584 正"我示甕田"作"我奠"。因兩版所載的這條同文卜辭，僅此一處有異，故知"我示甕田"即"我奠"。奠與田通，皆當爲"甸"，即邊鄙之意，"我奠"爲"我示甕田"之省。示，郭老釋際，甕，舊無釋，應當就是至的同意字。于省吾先生認爲至，引申爲凡至之義③，舊社會之房契，地契中稱房屋和地塊所在之四境爲"四至"，即東南西北四方的邊界，"際甕田"應是巡視所達之邊境，"奠"既爲邊鄙之意，故"我際甕田"簡言之也就是"我奠"。從《合集》584 正、反，我們知道這條卜辭在"示甕田"之後，還有"四日壬辰，亦有來自西，甾乎告曰，󰀀方征我奠，戈四邑。"等語，但已失去，現在根據文例和卜辭內容，我們發現《合集》16890 正、反（附圖八·乙）+《合集》7990 正、反，可以將上述內容補足。正面還可增加七條卜旬卜辭，其中癸丑和癸卯兩旬，字體較肥大。《合集》137 正，正好只有這兩旬的卜旬內容，很可能這兩旬互相照應，其餘幾旬無大事故，也就用細筆，雖然，這兩片不能密合，但從內容、文例、鑽鑿、塗朱等項考察，可知

---

① 羅振玉：《殷虛書契考釋增考》，第二三頁下至二四頁上。
② 于省吾：《甲骨文字釋林》下卷，第二九八頁。
③ 于省吾：《甲骨文字釋林》中卷，第二七八頁。

當是一骨之折無疑。又《合集》8559 正、反，也是同對卜辭之一部份（附圖一·丁），可作殘辭互足，《合集》16890 正、反，曾著錄於《甲骨卜辭七集》編號爲《七·S》7，正、反，《合集》8559 正、反，亦著錄於該書，編號爲《七·B》5，正、反，《合集》7990 正、反，爲蘇州博物舘藏骨，都是早年出土之物。

卜辭全文大意是：癸未日，貞人某卜問十天之内没有災禍吧！王看了卜兆説，有禍亂的徵兆，將要有什麽禍事。果然第七天己丑，西面有了禍事，長戈化來報告説：🀆方侵犯了他的邊境。四日壬辰，西面也有報警的，果然，𠭴報告説：🀆方侵犯了他的邊境，騷擾了四個邑。

(5)〔癸亥卜，貞，旬亡囚〕① （據《合集》594 正補）

〔王固曰，屮祟，其〕(有來𡆥)？ （據《合集》594 反補）

甲子允有來自東……〔僕〕亡于丂。 （據《合集》594 反補）

"屮來𡆥" 三字據卜辭通例補入，🀆即🀆，郭老隸定爲𡨦，釋爲宰，陳夢家認爲是國族名，胡厚宣先生釋爲僕②。總之，是一種奴隸身份的人。丂，地名。亡，《説文》"亡，逃也"，在卜辭中亡一般用於"屮囚"，"亡囚"之類災禍字之前，其意爲有無之無。在此如按《説文》解，當是僕逃亡了，因卜辭中慣將"亡"作爲"無"解，故此處可解釋爲失踪了。全辭大意是：癸亥日，貞問十天之内没有災禍吧？王看了卜兆説，有祟，將有禍事來臨。甲子那天果然東邊有了禍事，由於骨片殘缺，究竟是什麽災禍看不出來，但其後果是僕在丂地失踪了。

《菁》5 爲三卜，《合集》594 爲一卜，序數均爲單數，但一爲左胛骨，一爲右胛骨，其二、四兩卜，尚未找到。這塊卜骨又與《合集》13362 正、反有兩條卜辭同文。而《合集》13362 正、反，又與胡厚宣先生新近綴合的故宫寧滬綴合版即《合集》10406 正、反有同文，這版與《菁》3·4 即《合集》10405 正、反爲 "同對卜辭"，與其同文的還有《合集》10404（附圖十二），11446（附圖十三），11447（附圖十四），11564（附圖十五），11449（附圖十六）。有一條卜辭同文的有《合集》7139（附圖十七），另外有個別字相同，可推知其爲同文的龜版二塊，即《合集》11448（附圖十八）和《合集》8250 正（附圖十九），本版之第四條卜辭（釋文見前）又與《合集》584 正、反（附圖十九·甲）有一條卜辭同文。其中《合集》584 正、反，所載諸條卜辭與其它諸版同文卜辭較多。我們

---

① 編者按："亡"，原文誤作"之"，今逕改。
② 胡厚宣：《甲骨文所見殷代奴隸的反壓迫鬥争》，載《考古學報》一九七六年第一期，第五頁。

新近又將《合集》9498正、反（附圖十九·丙），與其相綴合，並補充了一些新內容，我們現在以《合集》584正反+《合集》9498正反爲例，於下一節説明幾個問題。

四、從文例補殘，糾誤、釋字、解辭

前節我們介紹了從文例補殘的例子，隨着新的文例的被發現，我們可以對比前人在材料不足的情況下補殘之得失。並且可以增釋新字，或對已釋之字作新解。並從新解充實卜辭内容，或提高其史料價值。現以《合集》584正、反+《合集》9498正、反爲例，按卜辭干支順序，逐條解釋如下：

（1）癸未卜，殷，貞旬亡〔囚，王固曰有〕祟，其有來嬄，迄至七日己丑，允有來嬄自西，長戈化〔乎〕告曰：┇方征于我奠（正面，據《合集》137將此條卜辭内容一部份刻於反面，"我奠"作"我示燹田"已見前節所釋，本辭多"有祟"二字）……壬辰亦有來自西，齿〔乎告曰：┇方〕征我奠，戈四〔邑〕　　　　（反面）

（2）〔癸巳卜，□，貞旬亡囚〕（正面上部，據文例補）王固曰，有祟，八日庚子，戈㚔〔羌……〕人，改屮 執 二人。　　　　　　　　　　　（反面）

這條卜辭，據齊文心同志釋，大意爲，癸巳日貞問十天之内没有災禍吧，王看了卜兆説，有災禍，第八日庚子，從戈地逃跑了羌奴若干人，並將抓回的兩人用酷刑處死，以示懲戒。

（3）癸亥卜。殷，貞旬亡囚，王固曰：有祟，五日丁卯，王狩牧，祝⚐、馬□□亦岐在車，禽馬亦有恙。八月

過去郭老和董作賓，都曾根據《菁》3和同文卜辭，對此條卜辭内容作過殘辭互足的工作。他們增補的内容如下：

癸亥卜，殷，貞旬亡囚，王固曰：有祟，五日丁卯，王狩牧，祝車馬□，祝阤在車，畢馬（亦□，畢）亦屮恙，

對照我們新近綴合的材料，可以看出，"五日丁卯"補對了，後面多補了一些字，有的字補錯了，因補字不同，斷句和内容也就有了區别。個别字亦當作新解，如"在車"二字之上，還殘留着半支脚"⼇"，因《菁》3有一條卜辭亦爲車馬有禍

事，其中有阤字，作"㇕"，另有"㇕"，則爲"企"字，他們把這半支腳補成"企"字，却解爲阤字，是他們的疏忽，現在知道它既不是阤字，也不是企字，而是"㇕"字，此字過去未曾釋過，和它相近的字，曾見於《粹》1543，作㇕，郭老隸定爲遷，釋作舞，《合集》8250正，亦有此字，舊未著録，作㇕。《合集》7139與本辭同文此字則簡化爲㇕，都像一人作傾側狀，另外有一支手將他拉起來，寫得複雜一點的作㇕和㇕，簡單一點的作㇕，或有雙足，或省去雙足，但人體上半身作傾斜狀，兩腿一長一短，却是共同的，㇕和㇕，當即矢字，《說文》："矢，傾頭也。"加"㇕"或"㇕"，則爲"陵"字，即"㿒"字，㿒，《說文》："㿒，頃也。從匕，支聲"，意思相同的還有頃，和傾。頃，《說文》："頃，頭不正也。"傾，《說文》"傾，仄也"，段注："仄部曰仄，傾也。二字互訓，古多用頃爲之。又按仄當作矢，矢下曰，傾頭也。引申謂凡矢皆曰傾。矢與仄義小異。"從甲骨文字形看，原來都是矢字，故"㿒"字，《說文》："㿒，頃也"，段注："頃，頭不正也"，"頃"字，《說文》："頭不正也。""傾"字，段注說："古多用頃爲之"，又與"矢"字互訓，至於"㿒"與"企"字相混淆，也不僅是董作賓和郭老二前輩，《說文》段注："《小雅・大東》'㿒彼織女'，傳曰：跂，隅皃，按隅者，陬隅不正，而角，織女三星成三角，言不正也，許所作㿒，今本乃改爲俗企字，音同而義不同矣。"企，在甲骨文中作㇕，即㇕字的一半。㇕隸定爲陀。胡厚宣先生釋爲跌傷了腳。那是在登高時跌傷的，而不是在車上跌倒。

據新綴，五日丁卯之後，當爲："祦㇕，馬□，亦㿒在車，禽馬亦有㇕。八月"，八月據同文卜辭補，過去用殘辭互足的方法，因材料不充足，根據《菁》3加以想象將"王亦㿒在車，禽馬亦有㇕，八月"，補爲："祦阤在車，暈馬（亦□，暈）亦㇕㇕。"補錯了，現在看來，不是祦從車上跌下來，而是有人在車上跌倒了。這個人爲什麼也會在車上跌倒呢？原因是"祦㇕，馬□"，關於這一句，過去的理解是祦的車馬出了事故，恰恰表示事故的那個字殘缺掉了。從幾條同文的卜辭細加分辨，我們發現，在這一條卜辭中，有兩個與車有關的字，一個是這一句中祦字後面的㇕，一個是"□亦㿒在車"的㇕，如果都是車字，爲什麼在一條卜辭中，却有兩種寫法？如果是異體字，爲什麼所有同文的卜辭都把第一個字寫成㇕，第二個字寫成一輛完整的車？例如《合集》11446（《前》7・5・3）寫作㇕，11448（《前》5・6・4）寫作㇕，表示車衡和車軛的部份雖有繁簡，但表示車輈部份的那一直劃却都是分開的。這不能不使人對於這個字的解釋要重新考慮。

關於車字，羅振玉根據甲骨文的車字，糾正了許慎將表示衡的部份，側書時寫成丰，因而誤作戋的錯誤，是對的。但他說："☒，☒，☒，☒，☒，……卜辭諸車字皆象從前後視形，或有箱，或有轅，或僅作兩輪，亦得知爲車矣。"①又未免籠統了。他雖然看出這些與車有關的字和車的各部位，但未指出，爲什麼在同一條卜辭中如果都是一個車字，字形爲什麼有差異。根據卜辭文例，我們認爲，不能無區別地把這些與車有關的字都當成車的異體，只有☒字，可以釋爲車字無疑，至於☒和☒不是車字，它們的共同點是表示車輈的那一直劃斷了。由於車輈斷了，所以馬受了傷，在車上的人也就跌倒在車廂裡，這也是"□亦伿在車"這句卜辭中使用"亦"字的原因。

祝和禽（此字董作賓隸定爲隼），都是人名，以《合集》11446 相對照，本辭到"禽馬亦出告"爲止。牧，地名，全辭大意是：八月癸亥日，貞人殻卜問十天之內沒有災禍吧？王看了卜兆說，有災禍，第五天丁卯，王乘車在牧地打獵，由祝備車馬，不料祝駕的車車輈斷了，馬也受傷了，有某個人跌倒在車廂裡，禽的馬也受了傷。

至於☒當釋何字，到後面結合有關的字再談。總之，由於多綴合了一小塊，並將同文卜辭互相補充比較，對這條卜辭的內容就知道得更多，更準確一點，增釋了一個"伿"字，並對☒的考釋，重新加以考慮。

(4)〔癸巳卜，□，貞旬亡囚，王〕固曰：有祟，其有來艱，迄至六〔日戊戌，允有來艱，有〕僕在受，宰在□，田薿，夜焚廩三，十一月。

這條卜辭是根據《合集》583 正、反（正《寧》2、28 + 30，反《寧》2、29 + 31）補足的，但《寧》2、29 + 31，在"王固曰"之後，還有一句"叟，光其有來艱"。叟，光都是人名和地名，胡厚宣先生在《甲骨文所見殷代奴隸的反壓迫鬥爭》一文中，引用了這條卜辭，並將其補足，這裡根據新綴合版，略有改動，即"宰在□"之後，刪去了"其"字，"其"字之下所缺之字，補上了"田"字，新綴的這一小塊，曾著錄於《前》5·48·2。胡先生文中，曾將《龜》1·21·1綴上，《合集》584 將其分爲甲、乙，認爲不能直接綴合，現在加上這一小塊之後，也許將《龜》1·21·1再往上挪一下，就可以綴上了（附圖十九，乙），這兩條同文卜辭，經過殘辭互足之後，它的史料價值大大提高了。過去董作賓排《殷曆譜》時，把"夜焚廩三"解釋成是☒方入侵所造成的災害。經胡先生將兩條同文

---

① 羅振玉：《殷虛書契考釋增考》中卷，第四六頁下至四七頁上。

卜辭互足之後，就成爲説明商代奴隸反抗奴隸主的一條極爲珍貴的材料。關於僕的考釋已見前，宰，是國族名和僕一樣，也是一種具有奴隸身份的人。全辭大意是：十一月癸巳日，貞人某卜問十天之內没有災禍吧？王看了卜兆説：將有禍事，叟光二地將有外患。到了第六天戊戌，果然從外邊來了患難，有僕奴在受這個地方，有宰奴在另一個地方，他們本來都在那裡拔除田草，不料到了夜裡，竟然起來燒掉了三個糧倉，"薅"字之上，據新綴有一"田"字，使"薅"字解釋成拔除田草的理由更爲充分了。補足全辭之後，我們知道在戊戌那天晚上燒掉三個糧倉的不是𢀛方入侵的原故，而是奴隸的反壓迫鬥爭。

《合集》583 正、反，和《合集》584 正、反，只有這一條卜辭同文，它們也是一左一右兩塊胛骨，一爲一卜，一爲二卜，現存部份，其餘卜辭不盡相同，《合集》583 正，左邊有一條卜辭是"癸亥卜"，可能與《合集》584 正左邊的"癸亥卜，□，貞旬亡囚"同文，可惜都很殘缺了，也許這"兩塊"同對卜辭在版式上略有區别，即"癸亥卜旬"的這條卜辭，一版刻在較高的位置，共四行，另一版則刻在較低的地方。

五、從文例找出同文各版間聯繫，編大事記

在第三節中，我們將有同文的各版，分别作了介紹，在本節中，我們根據文例再介紹一版卜辭，然後將這幾版，按月份，干支，事件把它們聯繫起來，編成武丁某年，一月至十一月的大事記。過去董作賓根據大致相同的材料編過《殷曆譜》，李學勤同志從商與𢀛方，土方的關係排過日譜，我們現在編排的大事記，是嚴格按照各版之間的聯繫排的，由於我們只是想説明根據文例可以發現各版卜辭之間的關係，並且可以編成大事記。因此，還有一些可以系聯的卜辭没有編入，有的地方也與前人編排的日譜稍有不同。

本節選擇的能將有關諸版系聯的骨版是《合集》13362 正、反，它共有四條卜辭，其中與《合集》137 正、反，各有一條卜辭同文，即有兩條卜辭同文，其中"五月，大驟風"這條卜辭，又與《合集》367 正同文，剩下兩條卜辭，一條是有關氣象的"乙酉夕𡆥"，我們將它留待研究與氣象有關問題時，再去找它與其他各版的聯繫，另一條是與子由的生死有關的卜辭。有關子由的卜辭不少，爲了結合"同文"，"同對"，"邊面對應"等文例，我們找到《菁》3·4 與胡厚宣先生

新綴的寧滬故宮版，即《合集》10405 正、反，和 10406 正、反，從甲骨收藏源流來看，《菁》所著錄的四大版正、反都有字的卜辭，以及與其有聯繫的各版，都是早期同時出土的，由於商賈轉賣，它們分散於各處了，下面是這兩版"同對"卜辭的內容，它的全部釋文，已見胡先生文章，有的地方略有補充：

(1) 癸未卜，殼，貞旬亡囚，王固曰：㞢乃兹有祟，六日戊子子弦丼，一月（癸未卜，行，貞旬亡囚，一）《合集》17080 正，(六日戊子死，一月)《合集》反

(2) 癸巳〔卜，□，貞旬亡囚〕一月

(3) 癸亥卜，殼，貞旬亡囚？王固曰：有祟，其亦有來艱，五日丁卯，子由㜱不死，二月

"二月"據《合集》17080 正，補，那是一塊卜骨上端有骨臼的那部份（附圖廿二），據胡厚宣先生考釋，"㜱"爲生雙胞胎，這是卜問子由生雙胞胎會不會死。《合集》13362 正，於第七天己丑再卜，其辭曰："（王）固曰：七日己〔丑子〕由死"，即第七天己丑日，子由死了。

(4) 癸巳卜，殼，貞旬亡囚？王固曰：乃兹有祟①，若偁，甲午王往逐兕，小臣叶🚗，馬㾓，弮王🚗，子央亦陀。

在這條卜辭中，也有兩個車形的字，過去也是當作車的異體字。細讀上下文，則知兩種寫法，分別表示車的不同部位和狀況。和前節談到的 🚗 和 🚗 一樣，不同的寫法，意思也不同。這條卜辭中，沒有一個有關車的字是一輛完整的車形。同文的兩版，一律都是一個寫作 🚗，一個寫作 🚗。前者象徵着車軸的那一橫分作兩部份，表示車軸斷裂了。和 🚗 字是表示車輈斷裂了同樣是會意兼形字。這兩個字都是表示車輛有一個部位斷裂。從意義上講都可釋爲"輟"字，《說文》："輟，車小缺復合者也。從車，叕聲。"段注："輟與辵部之連，成反對之義。連者，負車也。聯者，連也。連本訓輦，而爲聯合之稱。其相屬也。小缺而復合，則謂之輟。引申爲凡作輟之偁。凡言輟者，取小缺之意也。《論語》：'櫌而不輟。'"很清楚，輟之所以有中止之意，是車在行進中，某部份突然發生故障，或是缺少了，或是斷裂了，分開了。就卜辭而言，斷裂處在輈寫爲 🚗，在軸寫爲 🚗，在衡與輈之間則寫作 🚗（《續存上》743），《說文》徐箋："車小缺而復

---

① 編者按：《合》10405 正原辭"兹"後有"亦"字。

合，言行斷而復續也。引申爲凡暫止之偁，叕車，連屬之義。故曰缺而復合，凡言輟者，皆暫止而復作者也。" ▦字，表示車廂，硪，咢，皆爲磕撞之義。將這兩個過去解釋爲車的字，重新加以解釋後，全辭大意是：癸巳日，貞人𢀛貞問十天之内没有災禍吧？王看了卜兆説，恐怕有什麽禍事。果然，第二天甲午，王驅車去獵取兕牛，小臣叶的車，車軸斷裂，拉車的馬因慣性，斜刺裡一磕，撞着了王的車廂，與王同車打獵的子央，猛然間經此一撞，從車廂裡跌了下來。全辭是一幅生動的武丁行獵圖。通過卜辭記載，我們彷彿看到兕牛在前奔跑，王和隨臣們驅車急逐，突然小臣叶的車，軸斷了，駕着他那輛車的馬還在使勁地拉車奔馳，受慣性作用，馬打了一個趔趄，猛然間撞在王的車廂上，子央没有防備，車廂一震，他就一個倒栽葱，從車上翻了下來。卜辭的 冎 字，不是很像一個人從高處倒栽下來嗎？冎字隸定爲阤，釋爲墮。如果把 ▨ 和 ▦ 都釋爲車，全辭就没有這麽如動畫般的生動了。

(5) 〔癸卯卜，□，貞旬亡𡆥〕
　　王固曰：有祟，八日庚戌，有□各云自東冒母，昃亦有出虹自北，飲于河，□月。

《菁》4將拓本下半部剪去，無月字。董作賓將其定爲一月，另有關於"有出虹自北"(《合集》13442正)的卜辭，月份是十一月。可是本卜辭的"月"字之上下均無"一"字，故不可能是十一月。表示月份的數字當在月字的右側，將月份刻在右側的有五月，七月，九月，十月，如果是五月和七月，九月，那麽，從一月到九月，每月三個癸日。同版還有十月，如果是十月，則九月兩個癸日。十月則有四個癸日，因爲按事件來排日譜，十一月有癸巳還是三個癸日，這缺損了的月份，如有同文卜辭加以補足，將有助於對殷曆的推算，現在只能録此存疑待考。

(6) 癸酉卜，𢀛，貞旬亡𡆥，王二曰匈，王固曰，䏌，有祟有夢，五日丁丑，王𡪟中丁，㞢阤在阱𠂤。十月

這條卜辭又與《合集》7153正(《前》6·48·5+7·18·3+7·23·2)(附圖廿三)有同文。《合集》7153正其中"王固曰，途若，丝鬼……"一辭，很可能與《合集》137正"鬼亦得疾"占卜的是同一件事，這些都是將有關卜辭系聯起來的點，本文就不再引證。本辭大意是：十月癸酉日，貞人𢀛卜問十天之内有無災禍，武丁視兆後，連説不好，第五天丁丑日，王出門𡪟祭仲丁，走到一個叫阱𠂤的高崗上，跌傷了脚。

下面，我們將上述有關諸版，作武丁某年大事記如下：

一月癸未　六日戊子　子弦死。

二月癸亥　五日丁卯　子由𩼰不死。

　　　　　七日己丑　子由死。

三月癸未　旬亡囚。　　　　　　　　　　　　　　　　　（《佚》386 正）

四月癸丑　甲寅左告曰："有坒匄自益，十有二人。"

五月癸巳　八月庚子，戈執羌××人，钦出 執 二人。

　　癸卯　甲辰大驟風，次日乙巳疛辛羌五人。

　　　　　甲寅方征於蚁，俘十五人，五日之後戊申，方又來征蚁，俘十六人。（這是六月王在鄣地時，子娥報告的上月邊情）

六月癸丑　王在鄣，乙卯單邑豐㐬於录，丁巳罢子豐㐬，鬼亦得疾。

　　癸亥　甲子有來自東，僕亡於亐。

七月癸未　七日己丑，長戈化乎告曰：𠷎方征於我奠（亦即示龏田。），壬辰亦出來自西，甾告曰𠷎方征我奠，戈四邑。

　　癸巳　王往逐兕，小臣叶的車斷軸，馬撞王車，子央阤。

八月癸亥　五日丁卯，王狩牧，茂車斷輈，馬磕碰了一下，有人攴在車，禽馬亦有傷。

九月癸卯　八日庚戌，有□各云自東冒母，昃亦有出虹自北，飲於河。

十月癸酉　五日丁丑，王嬪中丁，烋陷在窜阜。

十一月癸巳　雯、光二地有災禍，六日戊戌有僕在受，宰在×，田葊，夜焚廩三。

六、大事記所反映的商代社會

在前五節中，我們介紹了武丁賓組牛骨大字塗朱卜辭的一些文例，以及各版之間相互關係，並從它們之間的關係，按月份和干支順序編製了武丁某年的大事記。

這些工作都是對甲骨資料的復原和整理，可以說都是研究商史的備料工作。由於商人迷信，幾乎每事必卜，每天必卜，十天必問。因此，我們可用甲骨卜辭作大事記。但卜辭本身並不等於商王的起居注，它更不是史書。僅僅是商代統治階級的占卜紀錄。而且本文所引只限於這種類型的卜辭中之一種。時間也沒有超過一年，顯然，這些材料所反映的商代社會狀況還很不充分完備。不過從這份很不完備的大事記中，還是可以對商代社會作一些分析。

從全局看，在這不到一年的時間裡，武丁的統治處於相對穩定的狀態。外患並不嚴重，主要是北面的土方和西面的𢀛方作小規模的騷擾。土方三次侵犯𡕥地，有一次見於《菁》1，因爲本文已經太長，未將《菁》1的內容收入，土方兩次入侵，一共俘去三十一人。𢀛方侵犯了𡿦的邊境，還有長戈化在邊境的"示𢍰田"。此外未見大敵侵犯。

商王常常離開商王朝的都邑到外地或巡視，或打獵。他不在家時，也有專人負責隨時向他報告邊情，如土方侵犯𡕥地，子𤔲得知後便趕去𦕒地向他報告，長戈化和𡿦受到𢀛方的侵犯，也即時向商王報告。商王在外地時也照常命令貞人隨時占卜，以辨吉凶。可見商王集軍權、政權、神權於一身，開後世專制君主之先例。

商王朝的中央政權集中於王。地方政權委專人負責，如長戈化和𡿦。他們所管轄的地區和商王朝以外的方國接壤處叫做奠，並作田界爲標誌。他們管轄的地方有一種地域單位叫做邑。

商王朝內部，在這一年裡表面上是一片昇平景象。七月份，武丁打獵時，驅車追逐兕牛，同去打獵小臣叶所駕駛的車，車軸斷了，他的馬撞着了王的車，把車上的子央撞得掉下車來。接着八月份，王在𤉢地打獵時𤞵的車輈斷了，馬也栽倒了，王跌倒在車廂裡。這接連兩次車禍，說明當時的車還不太堅固。在輈（即轅）和軸這兩個重要部位，不時發生斷裂，很可能在用材方面還不知道選用堅固的木材製造車的重要部件。《周禮·考工記》所載分別選用堅固的木材造軸和輈，並找尋適當的尺寸比例，是從無數次車禍中總結出的經驗。王自己有車，小臣叶，以及𤞵，禽等隨臣也自備車馬，可見商代統治者使用車馬作交通工具還是較爲普遍的現象。

商代是一個奴隸主專政的社會，對於奴隸貴族的吉凶禍福，生死……等均很重視，也都見之卜辭，例如，一月份卜辭記載的禍事是子弘死了。二月份子由生了雙胞胎，丁卯日還是好好的，己丑就死掉了。十月份王到𠦪阜去嬪祭仲丁，跌傷了腳。五月份很可能鬧了一陣流行病。豐和彔地發了病。鬼也得了病。一些異常的自然現象，有的可以釀成災禍，所以也一一卜問，如"大驟風"，"夕𡈦"，

"有虹出自北",……等。

商代的生產勞動,主要是由奴隸承擔的。並有分工,從事畜牧的奴隸叫做芻。從事農業勞動的奴隸沒有專門名稱,大概是農業勞動當時已成為較為普遍的生產勞動,商代的統治,就是建立在奴隸主對奴隸的殘酷剝削和壓迫之上的,奴隸也因此而不斷地逃亡反抗,在這一年裡,就多次發生奴隸逃亡和反抗,四月份左報告有十二個芻奴從益地逃跑了。接著便是殘酷的鎮壓,追捕回來的逃奴,被施以酷刑,甚至處死,關押起來只是輕罰。但暴力的鎮壓,並不能制止奴隸的反抗,甲辰日颳大風,晚上變天,乙巳凌晨又有五個羌奴逃跑了。接著是六月份,僕奴在亐地失踪。最後是十一月份在旻和光所轄之受和另一處農莊,有三個倉廩,被在該處除草的僕奴和宰奴放火燒掉了。武丁是怎樣對待這次奴隸的反抗呢?暫時在卜辭中還沒有找到與這次事件直接有關的卜辭。

從這份很不完備的大事記中,我們還可以看到商代的農業生產,已知中耕除草等田間管理。收穫之後,又專設倉廩貯藏糧食。從種到收已形成制度,農業生產逐漸由粗放經營,轉向精耕細作。自盤庚遷殷,到武丁時期,商代奴隸制國家,在各方面都達到興盛時期,許多社會現象還有待深入研究。本文僅從文例將卜辭中有關資料編排起來,供學者們研究使用,並祈不吝賜教。

附　圖

一　《合集》7859 正、反〔(《天》87 甲 + 拓本 + 《南師》2・118)正,《天》87 乙反〕

二　《合集》7860〔(《簠典》120 + 《簠雜》71 + 72 + 76),《佚》67 + 《契》192〕

三　《合集》7854 正、反〔(《簠地》47 + 《簠典》121),《續》4・48・4 正,(《簠地》48,《續》5・30・9) 反〕

四　《合集》2778 (後上 6・9)

五　《金》699

六　《合集》16111 (《前》4・2・4)

七　《殷虛古器物圖錄》12—13 頁正,遼博藏骨

八　甲、《合集》137 正、反 (《菁》5・1、《通》430 正;《菁》6・1、《通》

513 反）

　　乙、《合集》16890 正、反（《甲骨卜辭七集》S·7 正、反，《掇一》128 正、反）

　　丙、《合集》7990 正、反，蘇州博物館藏骨

　　丁、《合集》8559 正、反（《柏根氏舊藏甲骨卜辭》5 正、反，《甲骨卜辭七集》B、5 正、反）

九　《合集》594 正、反（《續存上》498 正、《續存上》499 反）

十　《合集》13362 正、反〔（《簠地》27 +《簠雜》51）、《續》5·32·1 正，（《簠征》41、《續》5·8·1）反〕

十一　《合集》367 正、反〔《佚》384 正、反，《鄴初下》24·2 正，《鄴初下》24·3 反〕

十二　《合集》10404（《前》4·46·2）

十三　《合集》11446（《前》7·5·3）

十四　《合集》11447（《龜》1·7·11、《珠》1368）

十五　《合集》11454

十六　《合集》11449（《珠》290）

十七　《合集》7139

十八　《合集》11448（《鐵》114·1、《前》5·6·4）

十九　《合集》8250 正

廿　甲、《合集》584 正、反、甲〔（《簠地》31、《續》5·10·1）+（《簠地》58、《續》4·3·1）+（《簠游》122、《續》3·40·2、《佚》980）〕正，〔（《簠地》33、《續》5·3·1、《續》5·5·1、《佚》983）+（《簠雜》60、《續》5·12·1）+（《簠雜》68、《續》5·3·1、《佚》983）〕反

　　乙、《合集》584 反、乙

　　丙、《合集》9498 正、反（《前》5·48·2 反）

廿一　《合集》583 正、反〔（《寧》2·28 +《寧》2·30）正，（《寧》2·29 +《寧》2·31）反〕

廿二　《合集》17080 正、反（《續存上》414 正，《續存上》415 反）

廿三　《合集》7153 正（《前》6·48·5 +《前》7·18·3 +《前》7·23·2）

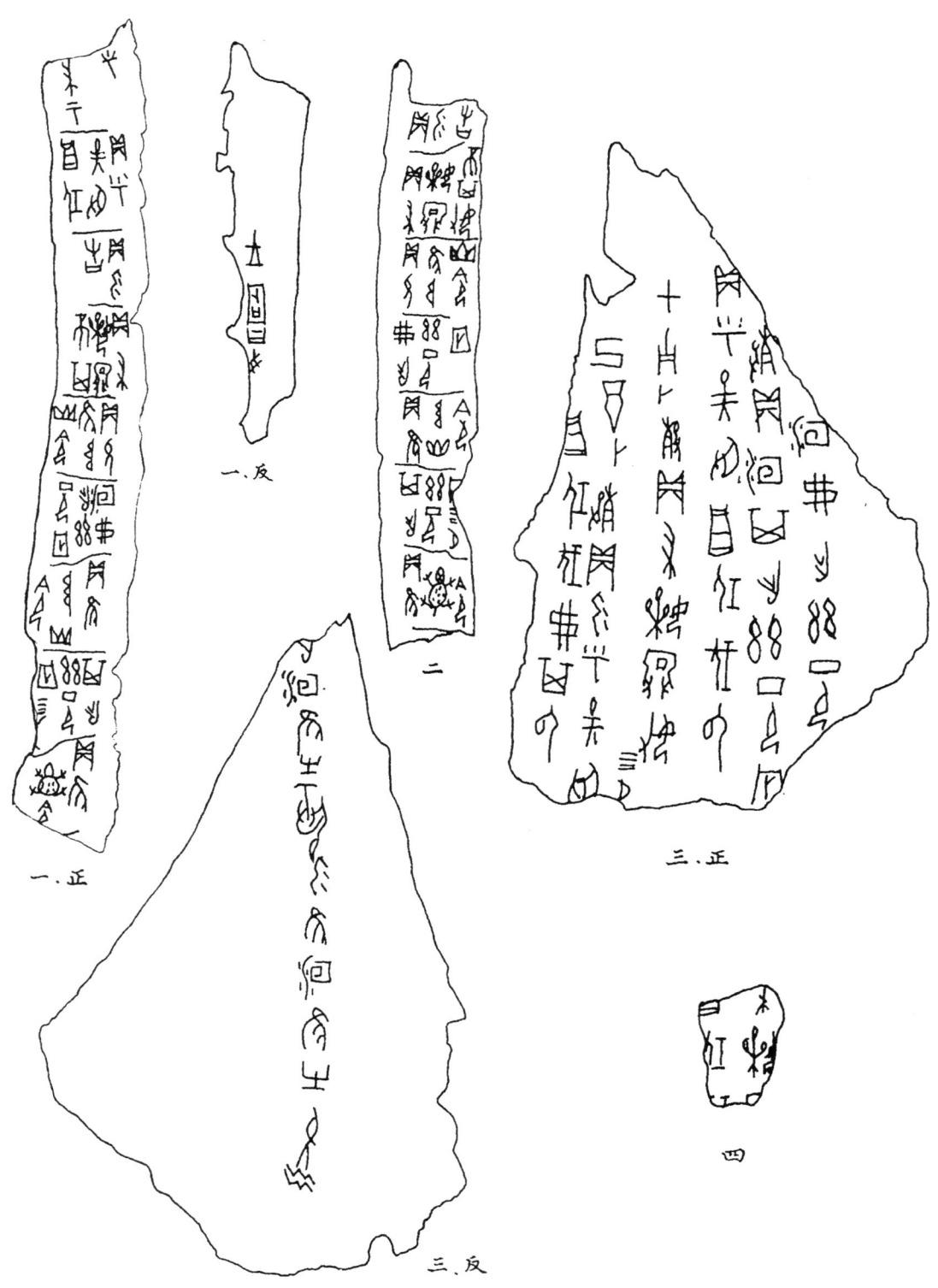

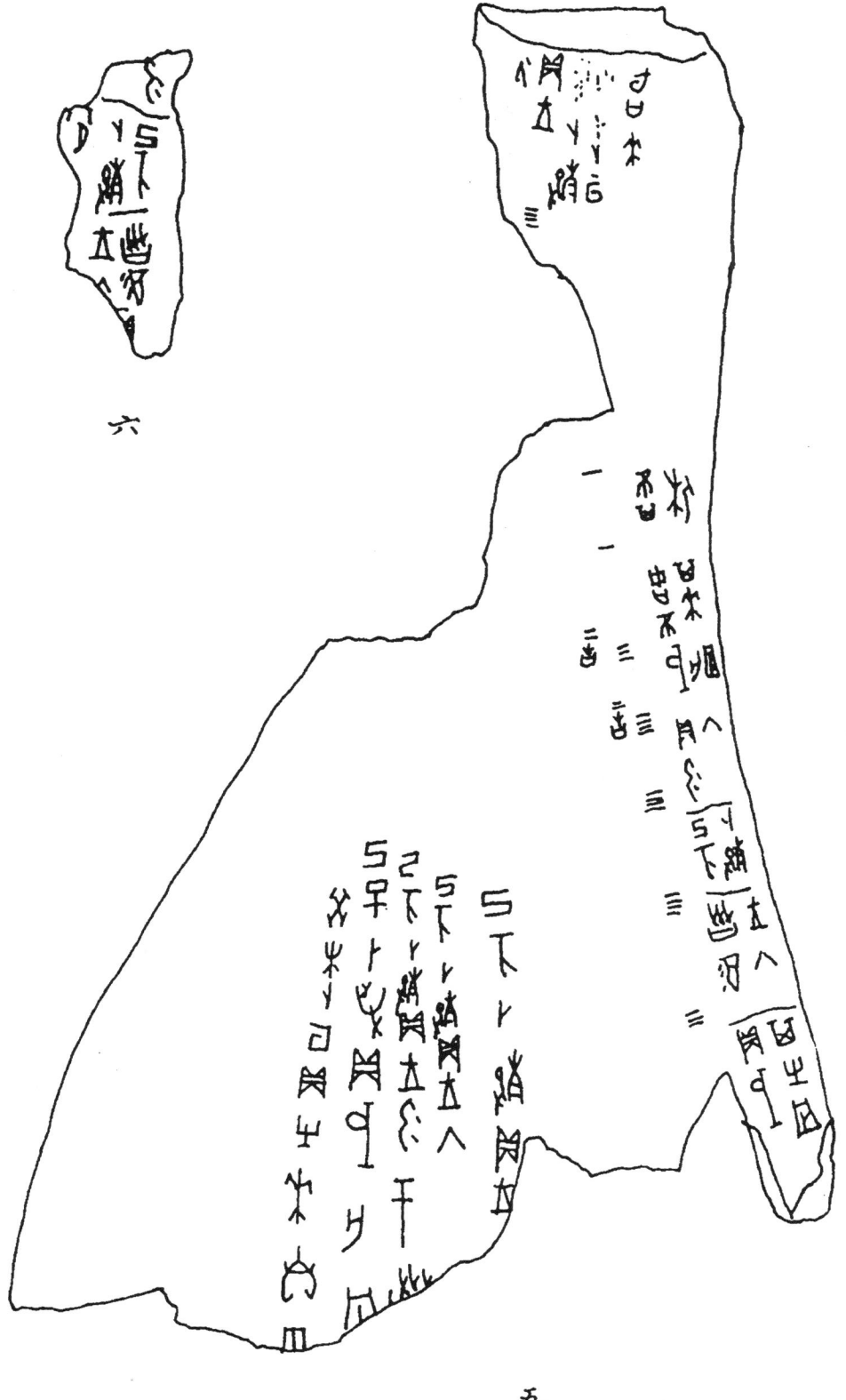

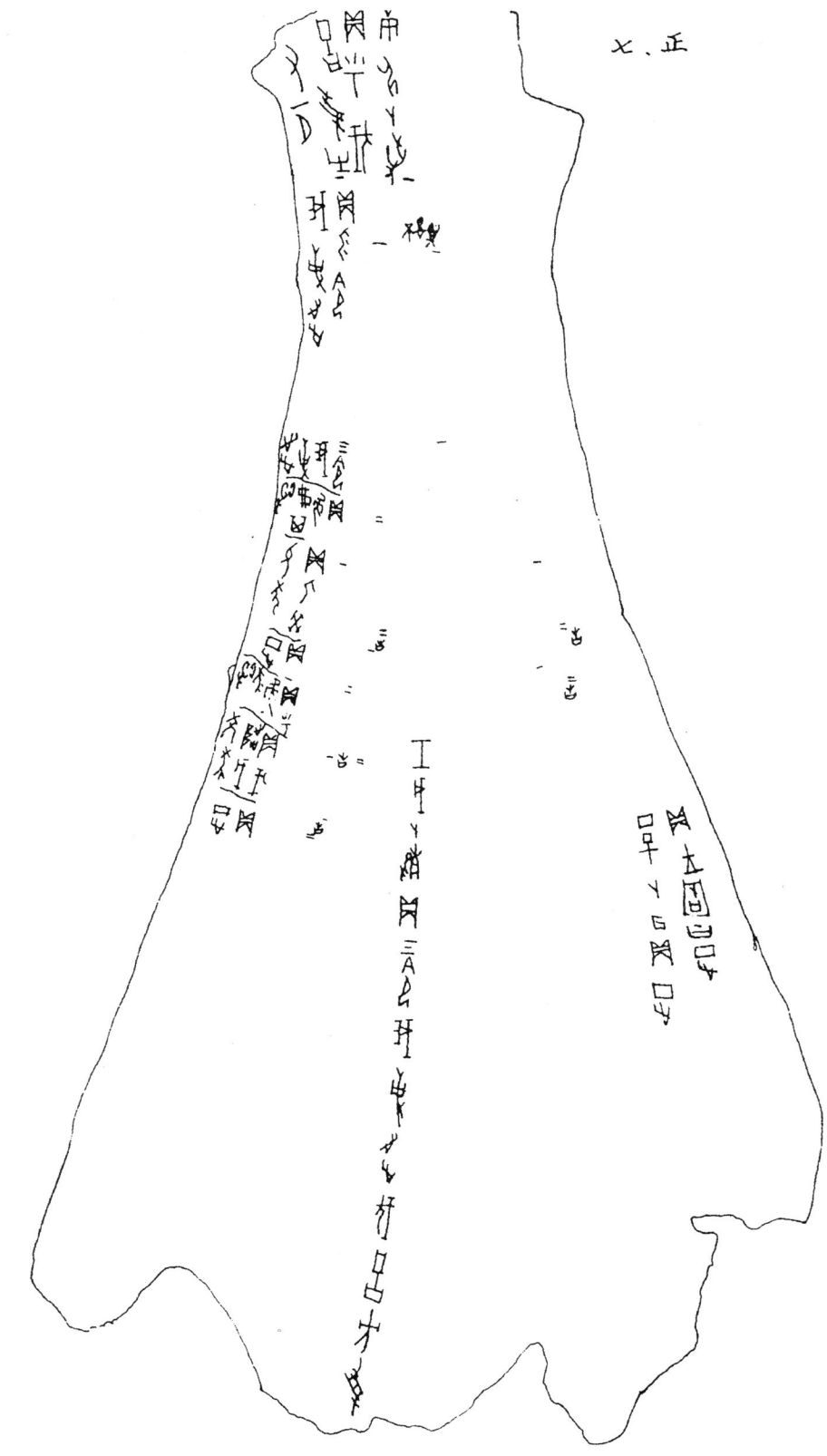

七、正

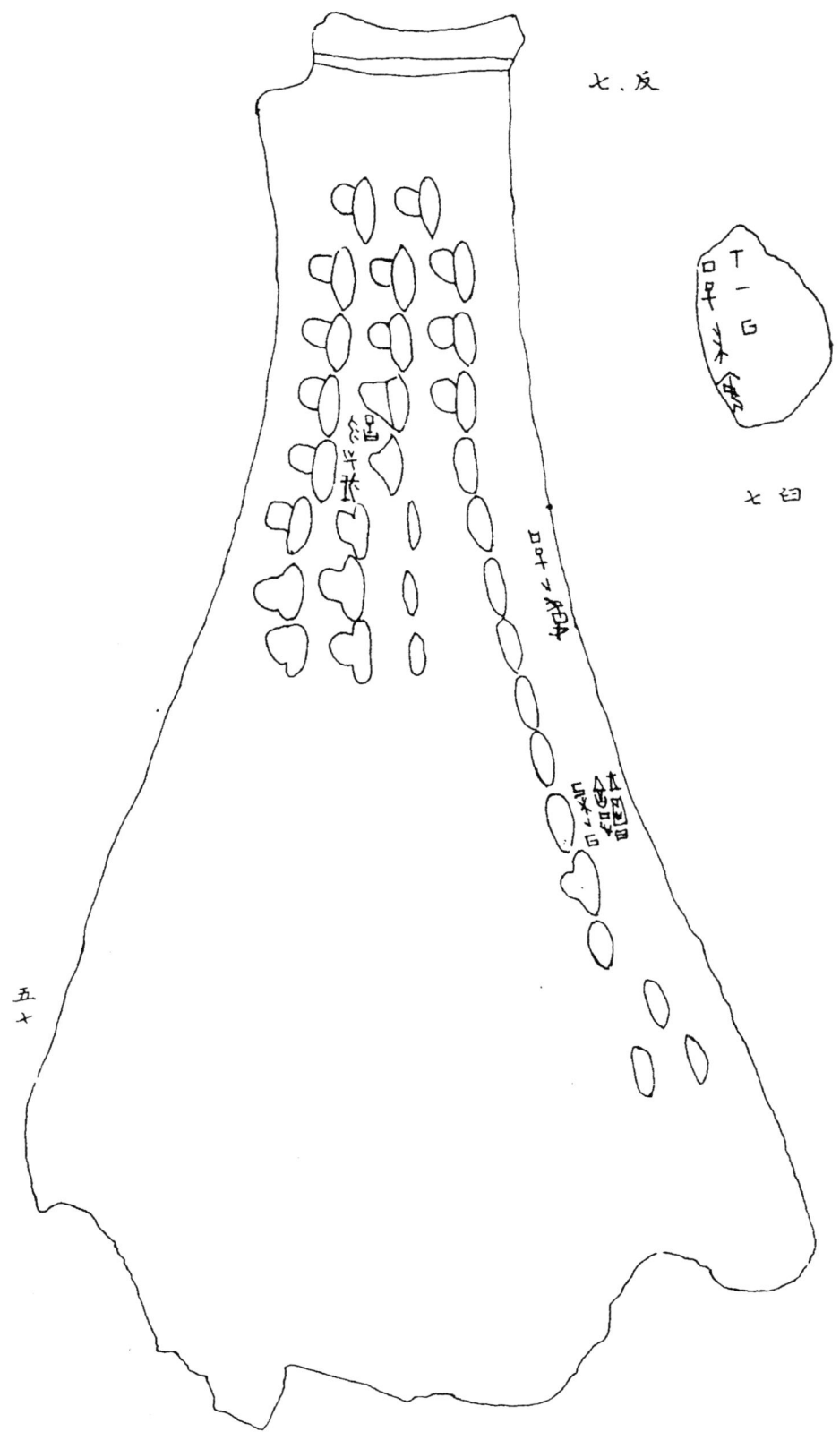

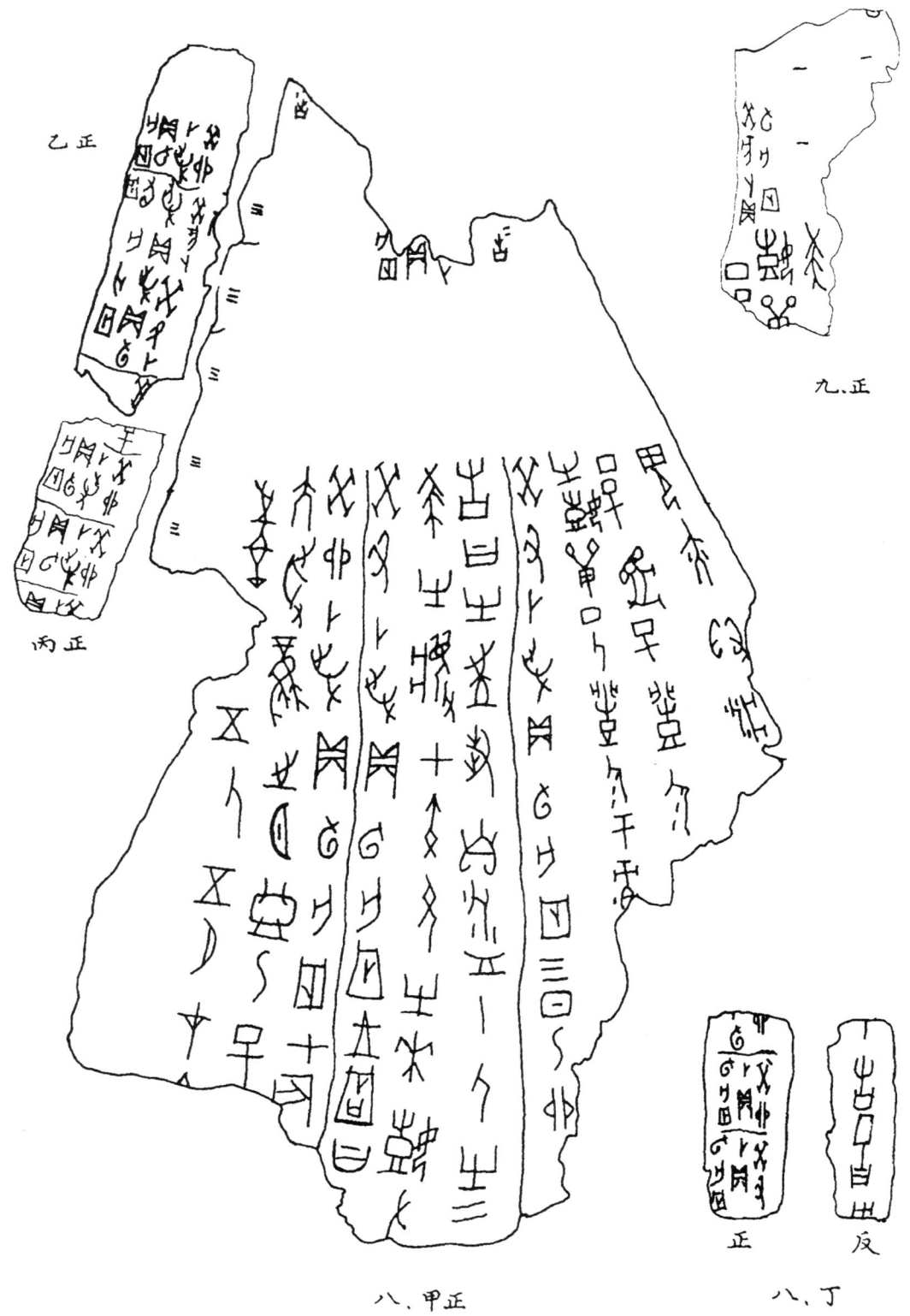

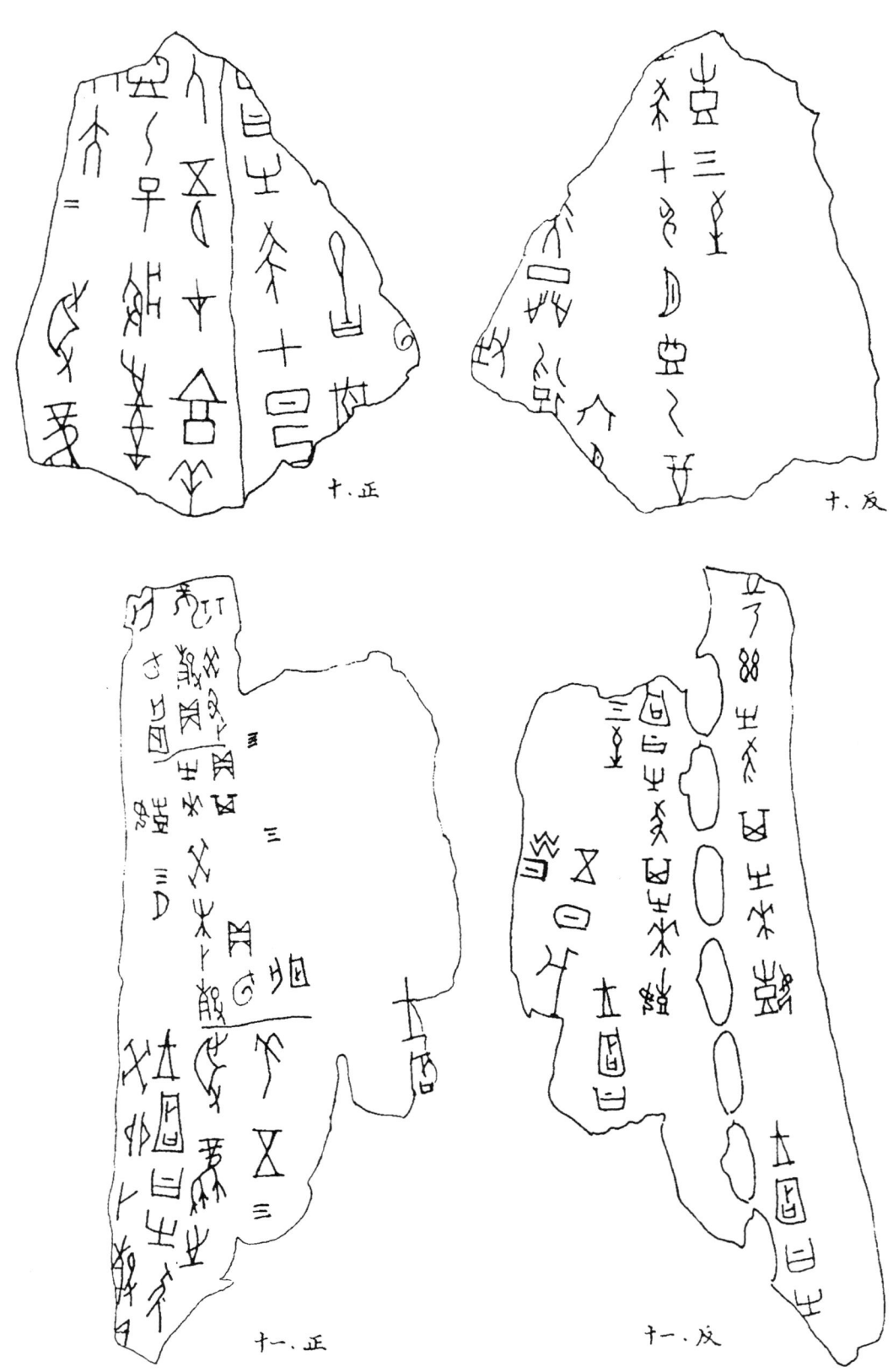

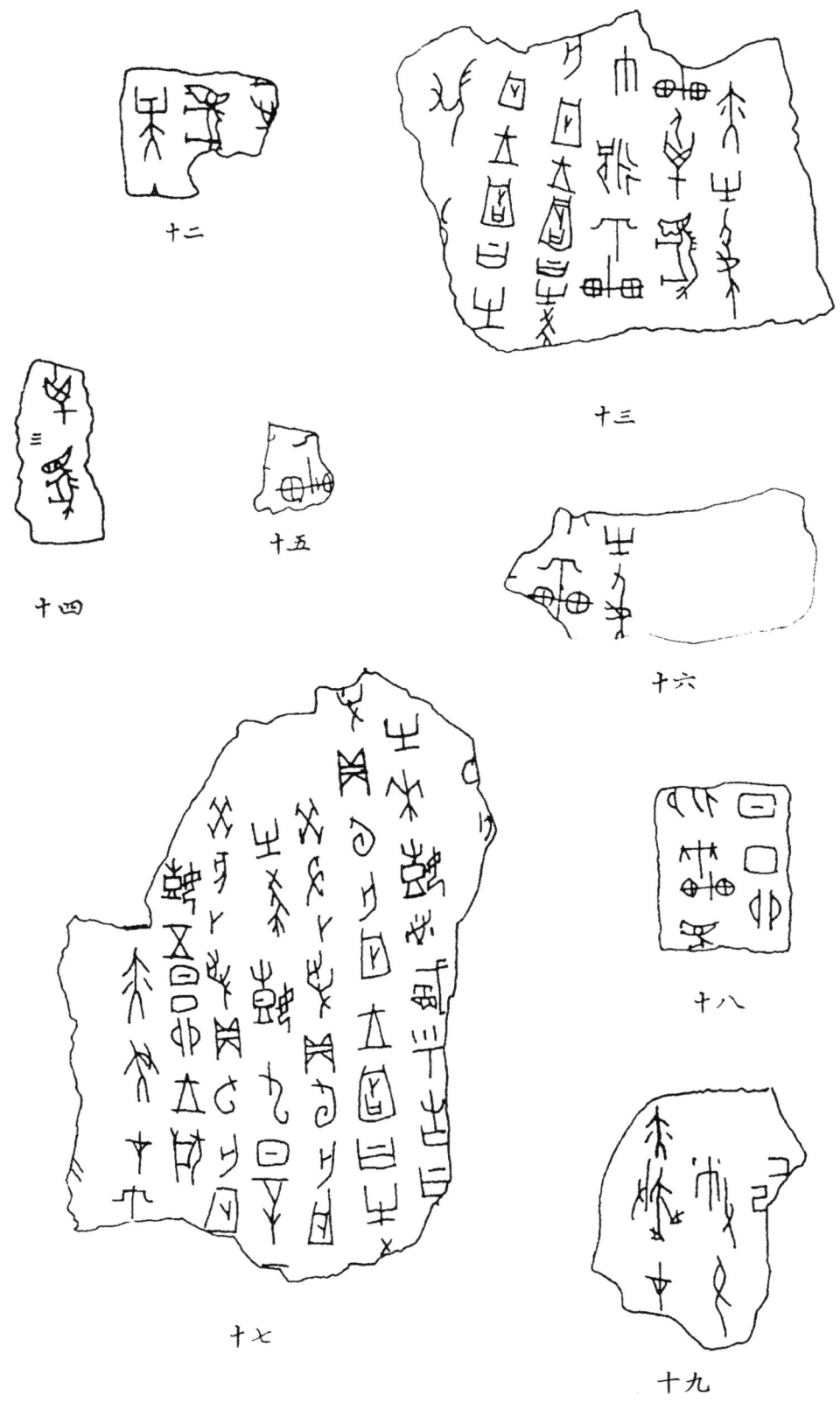

十二

十三

十四

十五

十六

十七

十八

十九

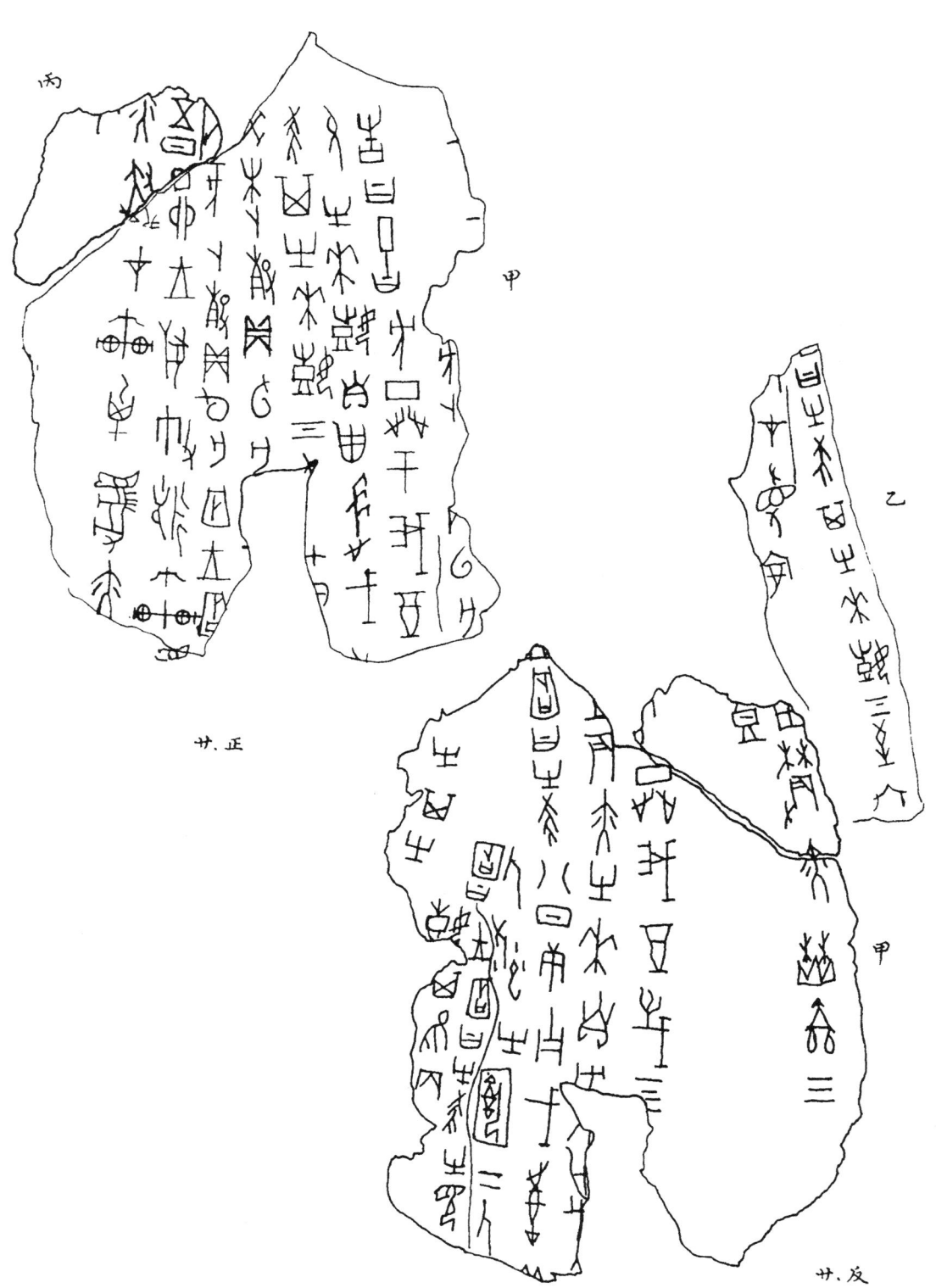

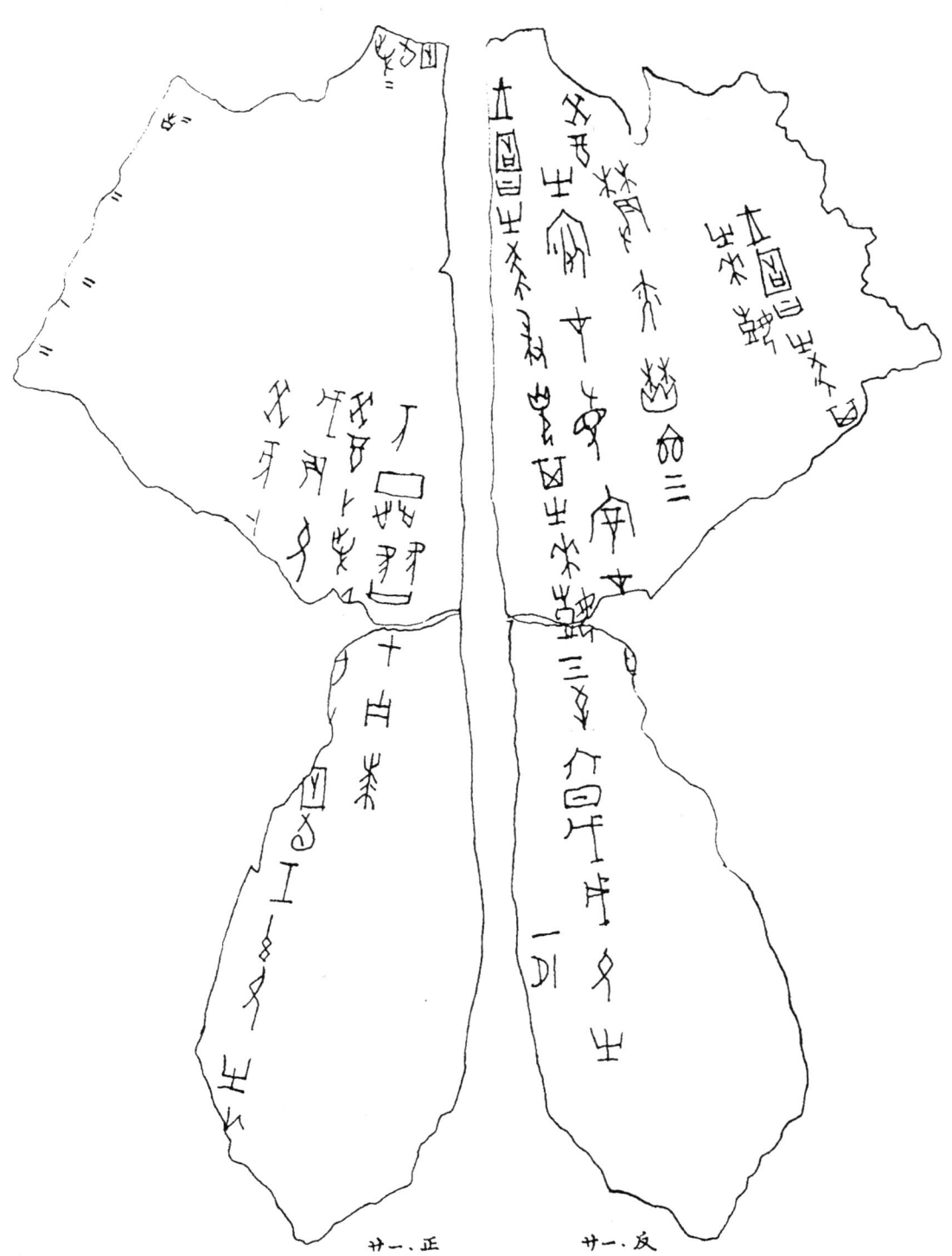

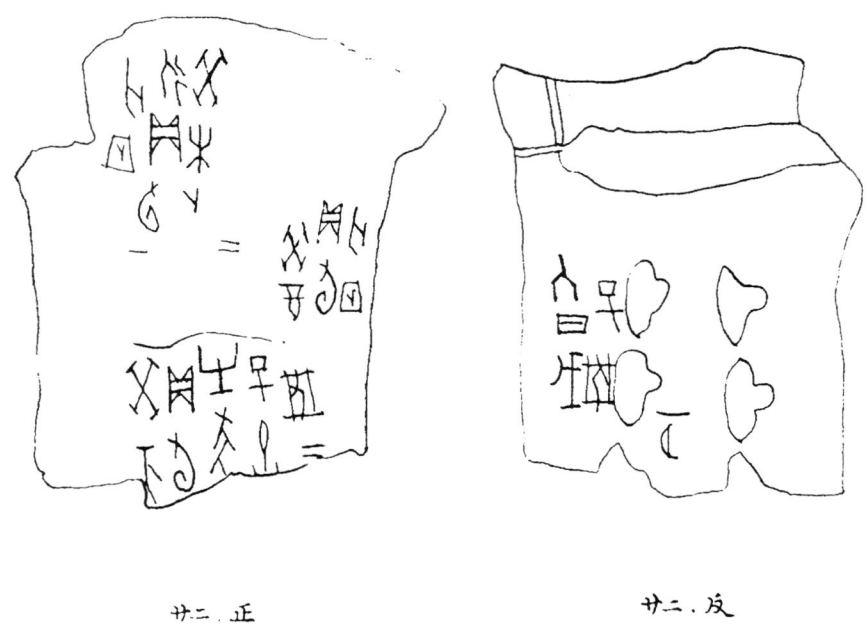

廿二·正　　　　　　廿二·反

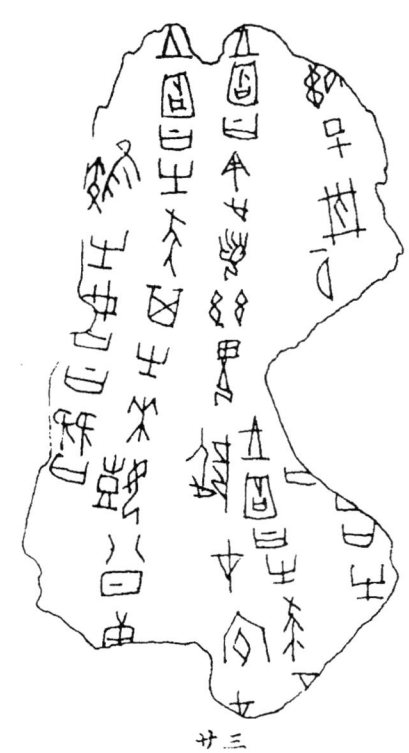

廿三

原載《甲骨文與殷商史》第 2 輯，上海古籍出版社，1986 年；收入宋鎮豪、段志洪主編：《甲骨文獻集成》第 18 冊，四川大學出版社，2001 年。今據前者收入。

劉一曼

安陽殷墟甲骨出土地及其相關問題

殷墟甲骨文自 1899 年被發現以來，迄今已 97 年了。90 多年來，學者們的研究課題主要是文字考釋、甲骨文分期、用甲骨文來研究殷代歷史等方面，因而大家的目光都集中在有文字的甲骨上。由於條件的限制，大多數研究者只能從已發表的甲骨拓片、照片、摹本來進行研究。

殷代社會生活的內容是相當廣泛的，許多問題的研究單靠甲骨拓片、照片、摹本是不夠的，還必須運用實物資料。如研究殷人的占卜習俗，董作賓是在仔細觀察和深入分析了第一次殷墟發掘小屯所出土的刻辭甲骨以後，才寫出了《商代龜卜之推測》[①]一文，該文在學術界影響很大，不少觀點至今仍爲學者所沿用。數十年來，隨着考古出土的甲骨資料的不斷增多，甲骨出土的地點不斷擴大，開闊了人們的視野，使研究者逐漸認識到，像研究占卜這一類的問題，只注意刻寫文字的甲骨，忽略無字的甲骨，或只注意小屯出土的甲骨，不顧及小屯以外的其他殷墟遺址所出土的甲骨，由此而得出的一些結論，可能是片面的或者不夠完善。基於此，筆者主要以 50 年代以來殷墟發掘所出土的甲骨資料爲基礎，從殷墟甲骨的出土地、各遺址所出甲骨的特點等方面，來對當時的占卜習俗的某些問題，作些探討。

一、殷墟甲骨的出土地點

現將已發表的或尚未發表而筆者瞭解到的甲骨出土地列表如下（表一、表二）。

---

① 董作賓：《商代龜卜之推測》，《安陽發掘報告》第一期，1929 年。

表一 50年代以來殷墟考古出土甲骨統計表

地　點	出土時間	無字卜骨	字骨	無字卜甲	字甲	甲骨總數	資料出處
小屯村中	1986		8			8	考古所安陽隊資料
	1989		294			294	同上
小屯村一帶	1967—1977		10		4	14	《小屯南地甲骨》上册，1980年
小屯村東南	1955	9	1			10	《考古學報》1958年3期
小屯西北地	1976—1985	6				6	考古所安陽隊資料
	1985				2	2	同上
小屯西地	1971	11	10			21	《考古》1972年2期
	1972	3		1		4	考古所安陽隊資料
	1958—1959	187		47	1	235	《殷墟發掘報告》，1987年
小屯南地	1973	約5 000	5 260		75	10 335	《小屯南地甲骨》上册，1980；《1973年小屯南地發掘報告》
花園莊東地	1991	20	5	984	574	1 583	《考古》1993年6期
花園莊村南	1986—1987	11		3		14	《考古學報》1992年1期
花園莊南地	1991	33	5	22		60	《考古》1993年6期安陽隊資料
四盤磨	1950	2	1			3	《考古學報》第五册，1951年
西　區	1969—1971	1				1	《考古學報》1979年1期
白家墳東北王裕口西（即水渠工地）	1958	49		40		89	《殷墟發掘報告》，1987年
白家墳西	1960	5		2		7	同上
孝民屯	1958—1961	14		6		20	同上
北辛莊	1959	2				2	同上
梅園莊	1958	1				1	同上
張家墳	1958	64		26		90	同上
王裕口南地	1990	29		1		30	安陽隊資料

續表

地 點	出土時間	無字卜骨	字 骨	無字卜甲	字 甲	甲骨總數	資料出處
苗圃北地	1958—1961	342	1	95	1	439	《殷墟發掘報告》1987 年
	1962—1964		2			2	《殷墟的發現與研究》，科學出版社，1994 年
	1974				1	1	同上
	1985		1			1	同上
	1982—1984	50		400		450	《考古學報》1991 年 1 期
薛家莊南地	1957	39			1	40	《文物參考資料》1958 年 12 期，《考古》1963 年 4 期
後 岡	1971		1			1	《考古》1972 年 3 期
	1991	2		4		6	《考古》1993 年 1 期
大司空村	1958—1961	82	2	15		99	《殷墟發掘報告》，1987 年
	1953	15		45	2	62	《考古學報》第九冊，1955 年
	1986	1				1	《考古學報》1994 年 4 期
總 計	1950—1991	5 975	5 604	1 690	662	13 931	

表二　1928—1937 年殷墟考古發掘出土刻辭甲骨統計表

地 點	出土時間	字 甲	字 骨	總 數	發掘單位	資料出處
小 屯	1928—1937	22 710	2 192	24 902	中央研究院歷史語言研究所	《殷虛文字甲編》1948 年、《殷虛文字乙編》1948—1953 年
侯家莊	1934	8	8	16	同上	同上
後 岡	1931		1	1	同上	《安陽發掘報告》第四期 1933 年
小 屯	1929—1930	2 673	983	3 656	河南省博物館	《甲骨文錄》1938 年、《殷虛文字存真》1931 年

這兩個統計表的數字表明：

（一）在殷墟範圍內，發掘面積稍大的遺址都有卜甲、卜骨出土，可見占卜風俗在殷代極爲流行。

（二）無字甲骨與刻辭甲骨出土最多的地點是小屯。該地考古發掘所出的刻辭甲骨，1928—1937 年爲 28 575 片，1955 年至今爲 5 669 片[①]。再加上本世紀以來私人盜掘出土的十多萬片，小屯共出刻辭甲骨約十五萬五千多片。無字甲骨之數則難以統計，估計比有字甲骨之數量更大。衆所周知，小屯是王都的中心區，殷代的宫殿、宗廟均位於此，也是殷王、王室成員居住之地。

（三）小屯以外，花園莊東地[②]、侯家莊南地[③]出土的刻辭甲骨亦較多。花園莊東地出土甲骨的地點距小屯宫殿基址約四百多米，位於大灰溝的東南角内側，屬宫殿區的範圍之内。侯家莊南地位於洹河北岸，與王陵區相距不遠。這兩個地點的刻辭甲骨均以卜辭占絶大多數，卜辭的内容也很重要。

（四）除上述三個地點外，四盤磨[④]、薛家莊南地[⑤]、後岡[⑥]、苗圃北地[⑦]、花園莊南地[⑧]、大司空村[⑨]均出土過刻辭甲骨（圖一），但數量很少。六處遺址共出刻辭甲骨 19 片，且絶大多數屬於習刻。

（五）小屯甲骨，以卜甲爲主，據胡厚宣統計，刻辭卜甲與刻辭卜骨之比例是 73∶27[⑩]。解放後出的甲骨，雖然以卜骨爲主，但若以 90 餘年來小屯所出甲骨之總數計算，卜甲仍占大多數。花園莊東地甲與骨之比例是 98.4∶1.6，甲的數量相當大。侯家莊南地爲 1∶1。苗圃北地甲與骨之比例爲 55.7∶44.3，甲比骨稍多。殷墟其他的殷代遺址，卜骨比卜甲多。

---

① A. 河南省文化局文物工作隊第一隊：《一九五五年秋安陽小屯殷墟的發掘》，《考古學報》1958 年 3 期；B. 郭沫若：《安陽新出土的牛胛骨及其刻辭》，《考古》1972 年 2 期；C. 中國社會科學院考古研究所：《小屯南地甲骨》上册，中華書局，1980 年；D. 考古所安陽隊資料。
② 中國社會科學院考古研究所安陽工作隊：《1991 年安陽花園莊東地、南地發掘簡報》，《考古》1993 年 6 期。
③ 董作賓：《安陽侯家莊出土之甲骨文字》，《田野考古報告》第一册，1936 年 8 月。
④ 郭寶鈞：《一九五〇年春殷墟發掘報告》，《中國考古學報》第五册，1951 年。
⑤ A. 趙霞光：《安陽市西郊的殷代文化遺址》，《文物參考資料》1958 年 12 期；B. 周到、劉東亞：《1957 年秋安陽高樓莊殷代遺址的發掘》，《考古》1963 年 4 期。
⑥ A. 董作賓：《釋後岡的一片卜辭》，《安陽發掘報告》第四期，1933 年；B. 中國科學院考古研究所安陽發掘隊：《1971 年安陽後岡發掘簡報》，《考古》1972 年 3 期。
⑦ A. 中國社會科學院考古研究所：《殷墟發掘報告》200—201 頁，文物出版社，1987 年；B. 安陽隊發掘資料。
⑧ 中國社會科學院考古研究所安陽工作隊：《1991 年安陽花園莊東地、南地發掘簡報》，《考古》1993 年 6 期。
⑨ 中國社會科學院考古研究所：《殷墟發掘報告》200—201 頁，文物出版社，1987 年。
⑩ 胡厚宣：《商代卜龜之來源》，《甲骨學商史論叢》初集，四册，1944 年。

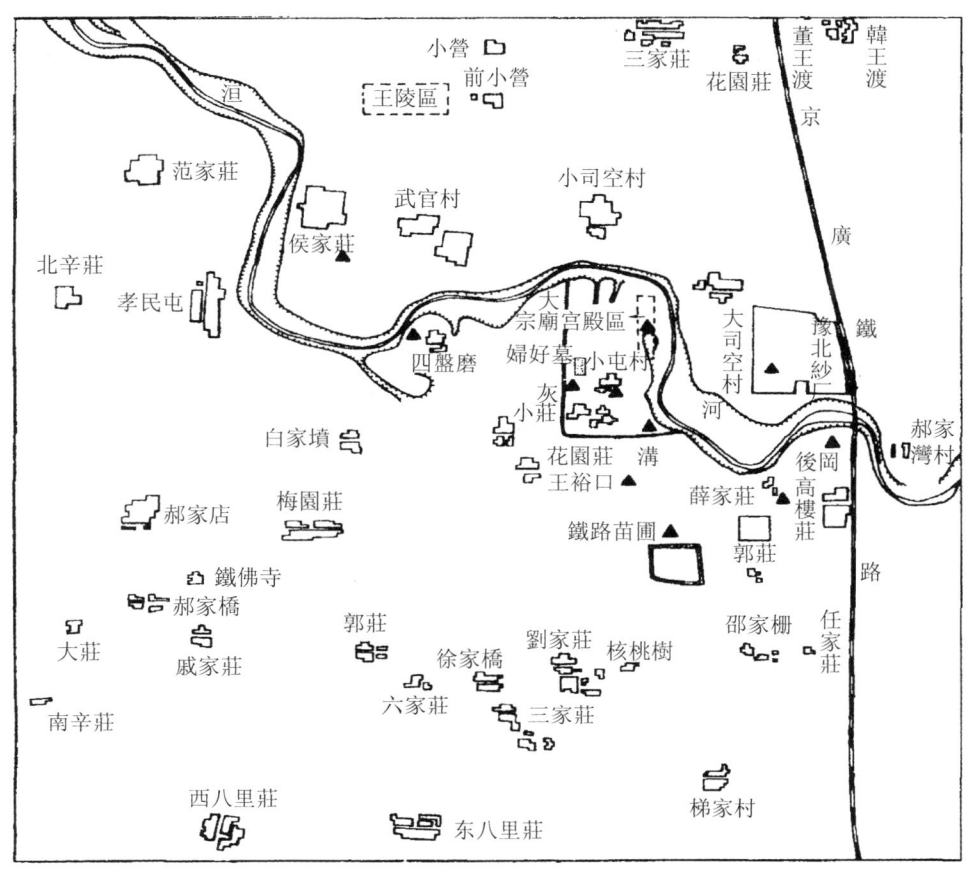

图一　殷墟刻辞甲骨出土地示意图

二、甲骨的大小及選材

在甲骨的大小方面，小屯、花園莊東地、侯家莊南地與其他遺址有所差異。

小屯卜甲，大版的較多。它們集中出於 YH127 坑。最大的一版龜腹甲《丙》184（《乙》4330＋4773），長 44、寬 35 釐米。筆者從《乙》、《丙》兩書的拓片粗略統計，H127 坑中，長度在 30 釐米以上的刻辭卜甲有四十多版。如《丙》96，長 35.3、寬 26 釐米；《丙》349，長 34.7、寬 26 釐米；《丙》117，長 34、寬 23.4 釐米等。最小的卜甲（腹甲），《丙》95，長 11.5、寬 6.5 釐米。最大的龜背甲《丙》61，長 35、寬 15 釐米。

花園莊東地 H3 甲骨坑，沒有發現長 40 釐米以上的龜甲，最大的腹甲長 32.5、寬 22 釐米。長度在 30—32 釐米的刻辭卜甲也有二十多例。最小的腹甲長

13、寬 7.5 釐米。最大的龜背甲長 34.5 釐米。

侯家莊南地，最大的卜甲，《甲》3915，長 29.8、寬 22 釐米，最小的卜甲，《甲》3918，長 27.1、寬 19.3 釐米。

其他的殷墟遺址，出土的卜甲，多屬小片，完整的甚少。苗圃北地已發表尺寸的完整卜甲 2 片：1958—1961 年發掘所獲的 PNT234④∶6（背甲），長 22.2、寬 9.5 釐米①。1984 年發掘的 PNH16∶4（腹甲），長 22.2、寬 14.2 釐米②。花園莊南地，1991 年秋，在清理幾座殷代小墓時，在墓口上的灰層發現了一版基本完整的卜甲（腹甲），長 17 釐米③。總之，迄今爲止，這些遺址所出土的卜甲尺寸都較小，尚未發現長度在 28 釐米以上的大卜龜。

小屯、花園莊東地、侯家莊南地的卜甲，均以腹甲占絕大多數，背甲較少。如花園莊東 H3 甲骨坑，出卜甲 1 558 片，其中腹甲 1 468 片，背甲 90 片，背甲與腹甲之比例爲 6∶94，其他遺址背甲與腹甲的比例相對較大。下面以《殷墟發掘報告（1958—1961 年）》幾個遺址的卜甲資料爲例（表三）。

表三　1958—1961 年殷墟出土卜甲統計表

地　點	卜甲總數	背　甲	腹　甲	背甲與腹甲的比例
張家墳	26	5	21	19∶81
苗圃北地	96	43	53	45∶55
白家墳西	2	1	1	50∶50
白家墳東北王裕口西	40	22	18	55∶45
大司空村	15	10	5	67∶33
孝民屯	6	4	2	67∶33

從表三看到，白家墳東北與王裕口西等三處遺址，背甲比腹甲更多。

關於卜骨材料，殷墟各遺址均以牛的肩胛骨爲主，小屯卜骨還有極少豬、馬、羊、鹿骨骼④，苗圃北地發現人髖骨 6 片⑤，用人骨爲占卜材料，這是極罕見的現象。

---

① 中國社會科學院考古研究所：《殷墟發掘報告》，文物出版社，1987 年，圖版四四，5。
②⑤ 中國社會科學院考古所安陽隊：《1982—1984 年安陽苗圃北地殷代遺址的發掘》，《考古學報》1991 年 1 期。
③ 安陽隊資料。
④ 陳夢家：《殷虛卜辭綜述》5 頁，科學出版社，1956 年。

小屯出土的牛胛骨卜骨，大版的數量較多。如《殷虛古器物圖録》44，長43、寬28釐米。《甲骨文録》42，長36.5、寬21.5釐米。1971年小屯西地出土的21塊卜骨，尺寸都較大，長36—44釐米，寬21—24釐米。1973年小屯南地出土的近萬片卜骨中，大塊而較完整的卜骨近百版，長度在40釐米以上的5版，最大的《屯南》2293（H57∶52），長44.2、寬24.7釐米。

　　小屯以外的殷墟遺址所出的卜骨大多較殘破，小片居多。已發表的資料中，未見完整的卜骨。較大的卜骨，如白家墳北VDT5⑨∶36，缺下部骨扇一小部分，殘長25釐米①；苗圃北地84H19∶1，缺上部骨臼，殘長22.4釐米②；花園莊南地T3③∶8，缺下部骨扇一部分，殘長22釐米（圖六，4）。依卜骨實物及已發表的照片、圖推測，這幾片卜骨所斷缺之長度，不會超過現在長度的1/3，原骨的長度在36釐米以下。

三、甲骨的整治

　　小屯卜甲中的腹甲，一般甲首裏面均鏟平，不留邊緣，甲橋只留一小部分，甲橋與腹甲連接處成鈍角，邊緣呈弧綫狀。背甲有兩種方式，一種從中脊鋸開，一分爲二，邊緣經修整刮磨，近梭形（圖二，1）；另一種，將完整的背甲剖開之後，又鋸去首尾兩端，邊緣修整成弧綫，整個形狀近似鞋底形，有的中部還有圓孔（圖二，2）。

　　侯家莊南地的卜甲，整治的方法與小屯相同。

　　花園莊東地的龜腹甲亦與小屯相似（圖版柒，1），背甲只見第一種（圖版柒，2），無鞋底形的改制背甲。花園莊東H3，不少龜腹甲，於左、右甲橋的中部，鑽一相當規整的圓孔③。

　　苗圃北地發現的腹甲，以甲首經過掏挖，留有寬厚的邊緣，甲橋與腹甲相連部分成鋭角的占多數。如PNH25∶34、PNH5∶2、PNT21⑤∶5④。背甲有兩種，一種略呈梭形，似小屯第一類背甲，另一種似刀形，裏面兩端較厚，中部較薄，

---

① 中國社會科學院考古研究所：《殷墟發掘報告》，文物出版社，1987年，圖版四四，1。
② 中國社會科學院考古所安陽隊：《1982—1984年安陽苗圃北地殷代遺址的發掘》，《考古學報》1991年1期，117頁圖一七，1。
③ 《考古》1993年6期圖版五，1。
④ 中國社會科學院考古研究所：《殷墟發掘報告》，文物出版社，1987年，圖版四四，3、7、8。

有明顯的鋸磨痕迹，中部有一圓孔，如 PNT130⑥:5（圖二，3）①。此種形式的背甲，在其他遺址尚未發現。

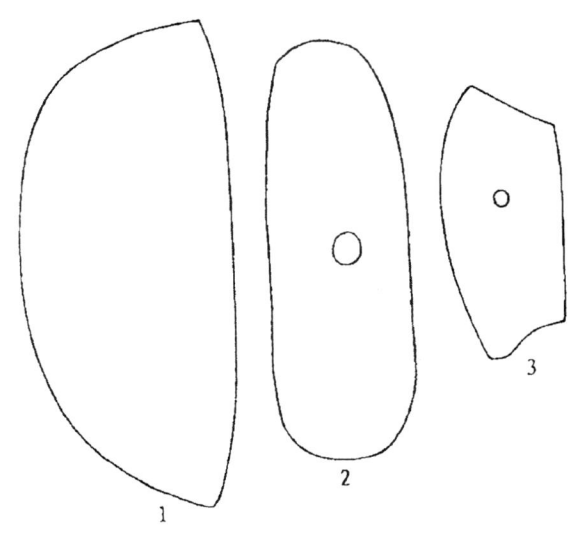

圖二　殷墟卜用背甲
1. 小屯加工過的背甲　2. 小屯的改製背甲
3. 苗圃北地的背甲（1. 約 1/4，2. 約 2/5，3. 約 1/5）

殷墟出土的卜用牛肩胛骨，都經過加工，削去反面直立的骨脊並加以磨平，鋸去骨臼的一部分並將臼角切去，然後將正、反兩面刮磨光滑。小屯的卜骨與其他遺址的卜骨在整治上存在一定的差异。

小屯卜骨一般的整治方法是：（一）將反面的骨臼削去一半或三分之一，使之成月牙形；（二）將臼角向下向外切去，使缺口成爲 90°或略小於 90°的鋭角；（三）臼角缺口之橫邊與骨版頂端的寬度之比（即圖三，1、2 的 CD：AB）大多數都少於 1/3，少數爲 1/3，個别稍大於 1/3。臼角的切口，大多數是竪邊長於橫邊（即圖三，1、2 的 BC＞CD），極少數竪邊等於或略少於橫邊（即 BC≤CD）。

殷墟其他遺址所出卜骨的整治情况，單從已發表的卜骨照片、拓片等觀察，還難以看出它的特點，下面僅以 1991 年花園莊南地出土的卜骨爲例作些比較。

---

① 中國社會科學院考古研究所：《殷墟發掘報告》，文物出版社，1987 年，圖版四四，10。

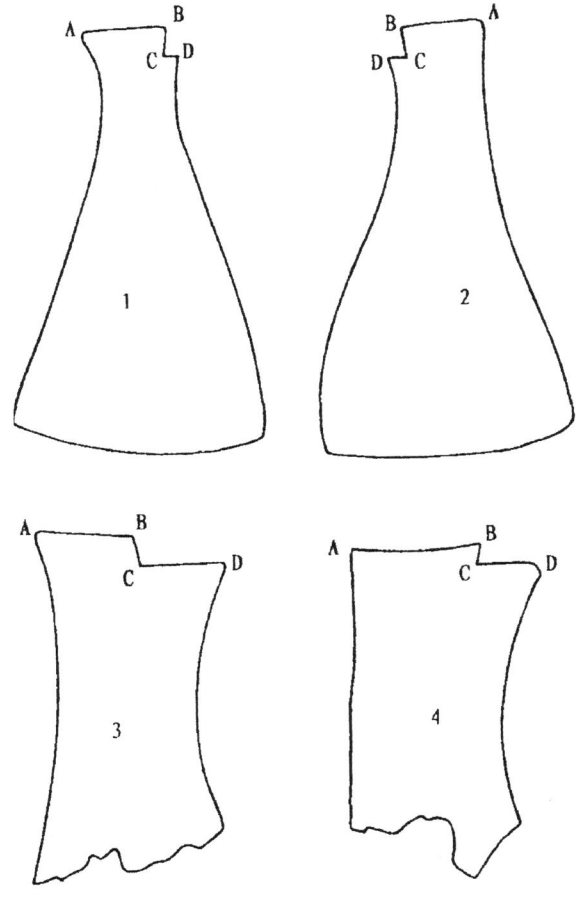

圖三　卜骨鋸切臼角後的形態
1、2. 小屯卜骨（約 1/5）　3、4. 花園莊南地卜骨（約 1/3）

　　1991 年花園莊南地（安李鐵路南）殷代遺址共發現卜骨 38 片，29 片較破碎且多爲骨版之中、下部。保留骨臼的卜骨只有 9 片。這 9 片卜骨有 5 片削去骨臼的三分之一或二分之一，與大多數小屯卜骨相似，2 片削去骨臼的三分之二，1 片削去骨臼的五分之一，1 片完全沒有削骨臼和切臼角。也就是說，有 44% 的卜骨骨臼的鋸削情況與小屯卜骨之常例不合。在 8 片切臼角的卜骨中，6 片切鋸情況與小屯近似，但有兩片很特殊。T14B:13，臼角切口爲大於 90°的鈍角，臼角切口之橫邊爲 3 釐米，卜骨上端寬 3.3 釐米（即圖三，3，CD：AB＝10/11）。臼角切口處豎邊長 1.3、橫邊長 3 釐米，橫邊比豎邊長兩倍多；另一片 M97 上：1，臼角切口爲稍小於 90°的銳角，符合小屯常例，但臼角切口之橫邊爲 2、卜骨上端寬 4.7 釐米，兩者之比近 2/5，臼角切口豎邊長 0.9、橫邊長 2 釐米，橫邊也比豎邊長兩倍多（圖三，4）。

四、甲骨上鑿、鑽、灼的分佈

（一）卜甲

甲骨學者認爲，殷墟卜甲，鑿、鑽、灼的分佈是以龜甲反面的中縫（俗稱"千里路"）或中脊爲軸，左右對稱，很有規律。腹甲的右半部，鑽與灼在鑿的左側，左半部，鑽與灼在鑿之右側，它們均向着中縫（圖四，2），這樣，正面的兆枝也都指向中縫。背甲，右背甲的反面，鑽與灼在鑿的右側（圖四，2）左背甲的反面，鑽與灼在鑿之左側，也就是説，背甲上的鑽、灼均指向中脊[①]。我們重新檢查殷墟出土的卜甲資料，認爲這一傳統的看法，對於小屯、侯家莊南地、花園莊東地所出的卜甲仍是適用的（圖版柒，1、2），但對於殷墟其他地點的卜甲則不然。下面以苗圃北地和花園莊南地的卜甲資料爲例進行説明。

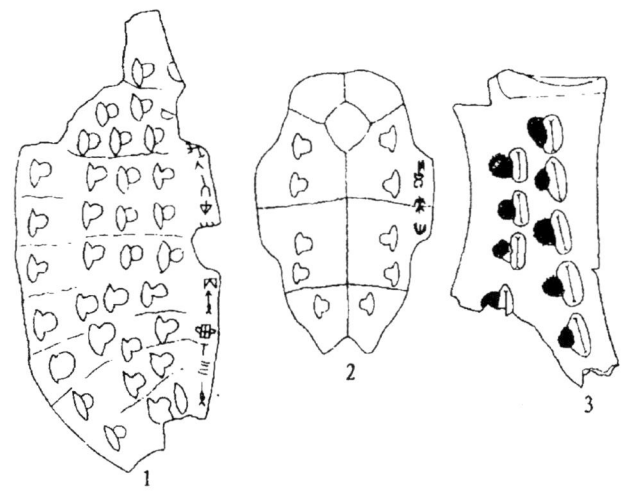

圖四　小屯甲骨鑿、鑽、灼的分佈

1. 卜甲[②]（背甲《甲》2290）　2. 甲（腹甲《京津》2）
3. 卜骨（《屯南》2163）（1—3. 約 1/5）

---

① A. 陳夢家：《殷虛卜辭綜述》5頁，科學出版社，1956年；B. 王宇信：《甲骨學通論》，中國社會科學出版社，1989年。
② 編者按："卜甲"，原文誤作"卜骨"，今逕改。

苗圃北地　已發表鑿、鑽、灼情況，稍大一些的卜甲9片，其中腹甲8片，背甲1片。

1. 腹甲　多數卜甲，中縫兩側鑿、鑽、灼的數目基本相等，但排列不大對稱。鑽、灼與鑿的配置情況可分三種形式：（1）2片卜甲（84H18：11、H18：10）左、右兩部分所有的鑽、灼都位於鑿之外側，與中縫相背①；（2）5片卜甲（84H16：4、H16：8、H16：6、PNⅣH5：2、PNM42：6）大多數鑽、灼位於鑿之外側，與中縫相背，少數鑽、灼在鑿之內側，向着中縫②③（圖五，2）；（3）1片卜甲（PNH25：34）多數鑽、灼在鑿之內側向着中縫，少數鑽、灼在鑿之外側，背着中縫④。

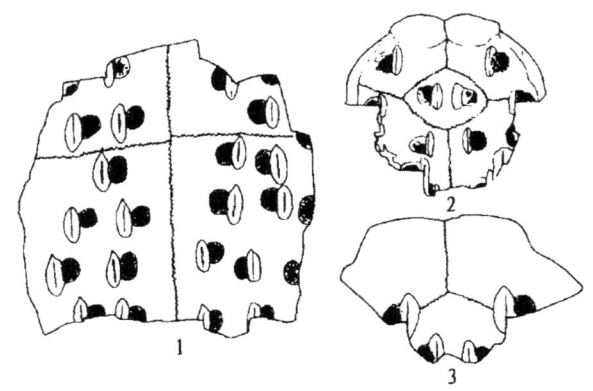

圖五　花園莊南地與苗圃北地卜甲（腹甲）上鑿、鑽、灼的排列與鑽、灼的方向
1. 91花南T1⑤：15　2. 84苗圃H16：8　3. 91花南T3③：6（1、2. 約2/5，3. 約1/5）

2. 背甲　1片（PNT234④：6），左背甲的反面，共25個鑿、鑽、灼，分4排，21個鑽、灼在鑿之左側，向着中脊，4個鑽、灼在鑿之右側，向着邊緣⑤。

花園莊南地　在22片卜甲中，有4片稍大一些可看出鑿、鑽、灼情況的卜甲，均爲腹甲。與苗圃北地的情況相似，有的卜甲中縫兩側鑿、鑽、灼之排列亦

---

① 中國社會科學院考古所安陽隊：《1982—1984年安陽苗圃北地殷代遺址的發掘》，《考古學報》1991年1期，116頁圖一六3、4。
② 中國社會科學院考古所安陽隊：《1982—1984年安陽苗圃北地殷代遺址的發掘》，《考古學報》1991年1期，116頁圖一六1、2、5。
③ 中國社會科學院考古研究所：《殷墟發掘報告》，文物出版社，1987年，圖版四四，7，圖版七一，17。
④ 中國社會科學院考古研究所：《殷墟發掘報告》，文物出版社，1987年，圖版四四，3。
⑤ 中國社會科學院考古研究所：《殷墟發掘報告》，文物出版社，1987年，圖版四四，5。

不對稱。鑽、灼與鑿的配置分兩種情況：（1）1 片卜甲（91 花南 T3③:6），所有鑽、灼都在鑿之外側，與中縫相背（圖五，3）；（2）3 片卜甲（T2③:2、T3③:7、T1⑤:15）大多數鑽、灼在鑿之內側，對着中縫，少數鑽、灼在鑿之外側與中縫相背（圖五，1）。

上述兩個地點的卜甲（腹甲），沒有一片鑽與灼全部指向中縫的。這與小屯、花園莊東地、侯家莊南地的卜甲存在明顯的差別。

應當指出的是，鑽、灼在鑿之外側與中縫相背的卜甲，在河北藁城臺西商代遺址①及山東濟南大辛莊商代遺址②都有發現，可見其分佈的地域是相當廣泛的。

（二）卜骨

1. 鑿之排列。鑿之排列，是指卜骨背面上半部鑿的排列形式。小屯卜骨鑿之排列依背面上部存在一行、二行、三行鑿而區分爲三種類型。我們曾對小屯南地出土的 167 版較大的卜骨進行統計③，Ⅰ型（即前面一行鑿）10 片，占被統計的卜骨總數的 6％，Ⅱ型（二行鑿）150 片，占 90％，Ⅲ型（三行鑿）7 片，占 7％。即小屯卜骨鑿之排列以二行占大多數。

苗圃北地　上半部較完整的卜骨 7 片。其中背面二行鑿的只有 PNIH24:2④1 片；三行鑿的有 84T1 ④:20、H19:17、T1 ④:21⑤、PNT22 ④:16、PNH217:26、PNⅡT4③:2⑥6 片，但鑿的排列不大整齊。三行鑿占了被統計卜骨總數的 86％。

花園莊南地　上半部保存較好的卜骨 9 片，背面二行鑿的 5 片，占 54％，三行鑿的 4 片，占 46％（圖六，2、4）。

---

① 河北省文物研究所：《藁城臺西商代遺址》，文物出版社，1985 年。
② A. 徐基：《濟南大辛莊商代文化遺存的再認識》，河南偃師《中國商文化國際學術討論會論文集》，1995 年；B. 徐基：《濟南大辛莊遺址出土甲骨的初步研究》，《文物》1995 年 6 期。
③ 中國社會科學院考古研究所：《小屯南地甲骨的鑽鑿形態》，《小屯南地甲骨》下册第三分册，中華書局，1983 年。
④ 中國社會科學院考古研究所：《殷墟發掘報告》，文物出版社，1987 年，圖版四三，6。
⑤ 中國社會科學院考古所安陽隊：《1982—1984 年安陽苗圃北地殷代遺址的發掘》，《考古學報》1991 年 1 期，圖一·七，4、5、7。
⑥ 中國社會科學院考古研究所：《殷墟發掘報告》，文物出版社，1987 年，圖版四三，4、9，圖版四四，2。

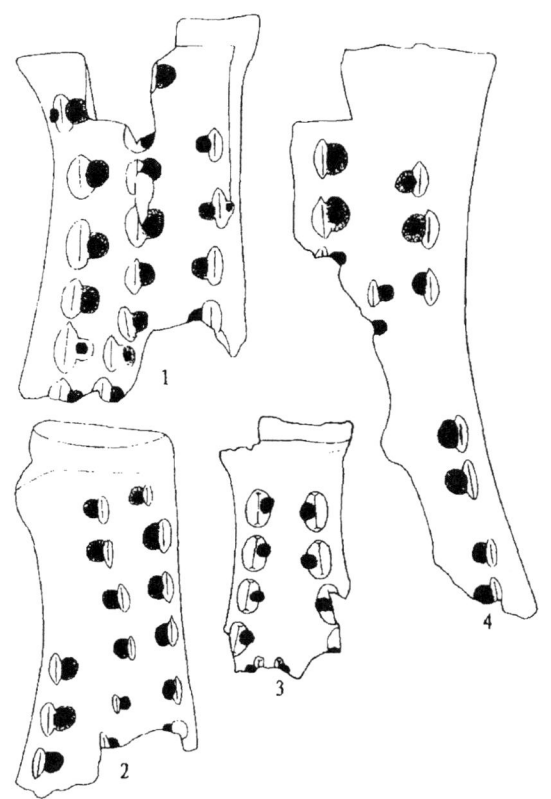

圖六　花園莊南地、王裕口南地、四盤磨卜骨鑿、鑽、灼的排列與灼的方向
1. 王裕口南地 90 博 T2⑤:12　2. 4. 91 花南 99 上③:2，91 長南 T3③:8
3. 四盤磨 SP11（1—2、4. 約 1/3，3. 約 1/4）

王裕口南地　出土卜骨 29 片，上半部保存較好的 7 片。背面 2 行鑿的 2 片，3 行鑿的 4 片（圖六，1），4 行鑿的 1 片。三行鑿占被統計卜骨總數的 57%。

2. 灼之方向。小屯大多數卜骨的反面，鑿旁之灼（或鑽與灼），位於鑿之同側，即左牛胛骨反面，灼（或鑽與灼）在鑿之右側，右牛胛骨反面，灼（或鑽與灼）在鑿之左側（圖四，3），它們均向着骨臼的切角（可簡稱"同向"灼）。有少數卜骨，外沿（指與臼角相對的一邊）鑿旁之灼向着臼角，内沿（指近臼角的一邊）的灼則與臼角的方向相背，這樣一來，卜骨上部内、外沿兩排鑿的灼，都指向卜骨的中央（簡稱"相向"灼）①。有的學者將《明義士藏骨鑿鑽形態圖》②、《小屯南地甲骨鑽鑿形態》兩書中較大片的、有兩行以上鑿、灼（或鑿、鑽、灼）的卜骨之灼向進行了統計，認爲：灼之"同向"在殷墟卜骨中常見，其

---

① 曹定雲：《殷墟四盤磨"易卦"卜骨研究》，《考古》1989 年 7 期。
② 許進雄：《卜骨上的鑿鑽形態·明義士藏骨鑿鑽形態圖》，藝文印書館，1973 年 8 月。

時代從武丁至乙辛，灼之"相向"在殷墟卜骨中少見，其時代是康丁，延續的最遲時間在康丁—武乙之際①。

苗圃北地　在上述7片卜骨中，只有1片屬"同向"灼，餘七片屬"相向"灼，後者占被統計卜骨的86%。

花園莊南地　在上述9片卜骨中，只有2片屬"同向"灼，餘7片屬"相向"灼（圖六，2、3）。後者占被統計卜骨的78%。

王裕口南地　上述被統計的7片卜骨，全部屬"相向"灼（圖六，1）。

我們進一步檢查了其他遺址的卜骨，發現在大司空村②、薛家莊南地③、白家墳東北④、四盤磨⑤（圖六，4）、後岡⑥等地，這種"相向"灼的卜骨相當常見。這種卜骨，不但出現在殷墟文化三、四期，而且見於殷墟文化一、二期。如苗圃84H19：7、PNH217：26、91花南M99上③：2、M99上③：3屬殷墟文化第一期，苗圃84T1④：10、T1④：21屬殷墟文化一、二期，PNH24：2屬殷墟文化二期。可見"相向"灼的卜骨最早出現於武丁前期（或早於武丁），延續時間較長。

五、甲骨上鑿的形態

70年代以來，有的學者從甲骨實物資料中歸納出小屯甲骨鑿的形態⑦，現將他們的觀點撮述如下。

甲骨分期的第一期（武丁），以尖頭直腹鑿、弧形鑿（鑿之兩端常見針尖狀突出）占多數，長度多在1.5—2釐米，鑿的腹部較窄。第二期（祖庚、祖甲），

---

① 曹定雲：《殷墟四盤磨"易卦"卜骨研究》，《考古》1989年7期。
② 安陽隊資料。
③ 趙霞光：《安陽市西郊的殷代文化遺址》，《文物參考資料》1958年12期，封三圖八。
④ 中國社會科學院考古研究所：《殷墟發掘報告》，文物出版社，1987年，圖版四四，1。
⑤ 曹定雲：《殷墟四盤磨"易卦"卜骨研究》，《考古》1989年7期。
⑥ 中國社會科學院考古研究所安陽工作隊：《1991年安陽後岡殷墓的發掘》890頁圖二一 M12：05，《考古》1993年10期。
⑦ A. 許進雄：《卜骨上的鑿鑽形態·明義士藏骨鑿鑽形態圖》，藝文印書館，1973年8月；B. 中國社會科學院考古研究所：《小屯南地甲骨的鑽鑿形態》，《小屯南地甲骨》下冊第三分冊，中華書局，1983年；C. 于秀卿等：《甲骨的鑿鑽形態與分期斷代研究》，《古文字研究》第六輯，中華書局，1981年11月。

有的鑿與一期近似，大多數鑿頭尾圓尖或平圓，腹部有弧度，較一期的寬大。鑿長多在 2 釐米以上。

第三期（廩辛、康丁），出現和流行長方形鑿，還出現鼓腹鑿（如橄欖狀）。鑿的長度增大，以 2.2—2.5 釐米爲多，有的長達 3 釐米。

第四期（武乙、文丁），武乙時期繼續流行長方形鑿，但鑿較短小，長度多在 2 釐米以下，還出現不規則的弧形鑿，此種鑿，在文丁時最爲流行，此時還有一種水滴狀鑿。

第五期（帝乙、帝辛），流行鼓腹鑿，也有少量長方形鑿。此期鑿的特點是短而寬，長度多在 1.7 釐米以下。

小屯以外的殷墟遺址，雖然出土了不少甲骨，但在發掘報告中很少介紹甲骨背面的鑿的形態，所以我們目前對這一問題還不能作出較詳細的論述。但已發表的、大體上可以看清鑿形的幾片甲骨，也給了我們一些啓示。一些遺址所出的甲骨鑿的形態並不完全符合上面說的規律，而是有自己的特點。如苗圃北地的卜甲 PNH217:5[①] 與 84H19:10 人髖骨卜骨[②]的鑿都是長方形，但這兩片均出在殷墟文化第一期的灰坑，時代屬武丁前期（或更早）。此外，苗圃北地還發現極少數不施鑿鑽而直接施灼的卜甲。再如，花園莊南地的卜甲與卜骨，常見長 1—1.2、寬 0.3—0.4 釐米的小弧形鑿。這些都是小屯甲骨所未見的現象。

六、占卜後甲骨的處理

小屯遺址，甲骨出土有三種情況。1.出在晚期的坑、層及殷代文化層中，多屬小片甲骨；2.零星地或較爲集中地出於殷代的灰坑中，但甲骨與陶器、獸骨、木炭等其他遺物雜處，也是以小片居多；3.集中出於殷代的灰坑中，坑內大版的或完整的甲骨相當多，甲骨疊壓得很緊密，甲骨堆中其他遺物甚少。在考古發掘中，這類坑發現較少，如小屯北 YH127[③]、小屯南 H24、H17、H57[④] 等，但出

---

① 中國社會科學院考古研究所：《殷墟發掘報告》，文物出版社，1987 年，圖版四四，6。
② 中國社會科學院考古所安陽隊：《1982—1984 年安陽苗圃北地殷代遺址的發掘》，《考古學報》1991 年 1 期，圖版貳拾右。
③ 石璋如：《小屯後五次發掘的重要發現》，《六同別錄》上冊，1945 年。
④ 中國社會科學院考古研究所：《小屯南地甲骨》上冊，中華書局，1980 年，《前言》。

土甲骨之數量大。

　　花園莊東地遺址屬第 2、3 種情況，其他的殷代遺址只見第 1、2 種情況，至今尚未發現專埋甲骨的窖穴。出土情況的差異，反映出對卜用後的甲骨處理有所不同，一般遺址的卜者，占卜之後，很快將甲骨如同垃圾一樣遺棄；而小屯、花園莊東地的卜者，雖有隨意捨棄卜後甲骨的現象，但經常是將卜後之甲骨保存一段時間，再集中埋於窖穴之中。

七、兩點認識

　　（一）《太平御覽》卷 931 鱗介部引《逸禮》謂"天子龜尺二寸，諸侯八寸，大夫六寸，民士四寸"，若按周尺、西漢尺推算，則大體相當於 28、18、14、9 釐米。董作賓先生據小屯第一次發掘的 36 號坑所出的卜龜資料，認爲"商代猶無此等差之分"①。1936 年發現的 H127，所出卜甲的長度從 11.5—44 釐米不等。該坑，絕大多數卜甲的問疑者是王，可見殷王所用的卜甲有大有小，並不是以尺二寸爲標準的。後代的文獻，並不符合殷商時代的實際。董氏的看法不無道理。

　　那麼，殷代不同等級不同身分的人使用的卜龜是否存在一定的差異呢？回答是肯定的。從上文的敘述中，我們已經看到，不同的遺址所出的卜甲數量、大小確有不同。即小屯出的卜甲最多，數以萬計，大的卜甲也多，最大的長 44 釐米。侯家莊南地的大龜七版長 27—29 釐米。花園莊東地 H3 甲骨坑，出土卜甲一千五百多版，大甲的數量也不少，最大的卜甲長約 34.5 釐米。除上述三個地點外，殷墟九處遺址所出卜甲的總和還不到六百片（指已發表的卜甲數），且多是較小的卜甲，至今尚未發現 28 釐米以上的大卜龜。

　　存在上述差別的原因是有以下兩點。

　　1. 卜甲的占卜主體的身分不同。侯家莊南地的刻辭卜甲，與小屯大多數刻辭卜甲一樣，屬王的卜辭。花園莊 H3 甲骨坑的卜甲，占卜的主體是"子"，是一位與殷王關係密切、地位極高的貴族。苗圃北地出兩片字甲，屬習刻。花園莊南地及其他幾個出卜甲的遺址，所出的卜甲均無刻辭，不能直接看出卜者的身分。但從這些遺址尚未發現大的房基，有些遺址，如苗圃北地還是鑄銅作坊等來看，那

---

① 董作賓：《商代龜卜之推測》，《安陽發掘報告》第一期，1929 年。

裏的居民身分不太高，遺址中出的卜甲，可能屬平民或小貴族占卜後的遺物。

2. 與龜甲的來源有關。殷王卜用的龜甲，大多屬各地的貢品。YH127 坑，不少卜甲的甲橋記事刻辭，有外地貢龜的記載，如"我致千"（《合集》116 反），"雀入龜五百"（《合集》9774 反）。胡厚宣推測，殷代各地的貢龜數字在一萬以上①。這些龜甲多來自南方。如卜辭記載："又來自南氏（致）龜"（《合集》7076）。上述我與雀之領地均在南方。H127 坑的那版特大龜甲（《丙》184）屬於大海龜，與現在產於馬來半島的龜同種②。我們在花園莊東地 H3 坑所出的卜甲中，也發現有的卜甲甲橋刻辭上，有貢龜的記載。可能該坑不少卜甲，特別是其中尺寸較大的，也來自南方。苗圃北地、花園莊南地等一般遺址所出的卜甲，尚未發現甲橋刻辭，且卜甲尺寸較小，這表明，殷代的平民及小貴族是難於享用作爲貢品中的大龜，他們占卜，用本地或附近產的尺寸較小的龜。據此，我們認爲，殷墟殷代遺址所出的大卜龜，大概與青銅禮器一樣，也是等級、權力、地位的一種標示物。

（二）小屯、花園莊東地、侯家莊南地與殷墟大多遺址的卜用甲骨，在整治、鑿鑽灼的排列、鑿的形態等存在較多的共性，但也有不少區別。即苗圃北地、花園莊南地、王裕口南地等許多遺址，卜用甲骨的整治不如上述三處所出的精緻、規範，鑿的排列及各期鑿的形態也有所不同，尤其是灼、（或鑽與灼）的方向差異就更明顯。小屯等三處遺址的卜甲（腹甲）鑿旁之鑽、灼，均對着中縫，背甲的鑽、灼指向中脊，排列極有規律；大多數卜骨上的灼，屬"同向"的，均指向臼角，只少數卜骨的灼，屬"相向"的，指向骨版中心。苗圃北地等遺址卜甲（腹甲）上的鑽與灼，多數背着中縫，只少數灼向着中縫，背甲上的灼，並不全都向着中脊，有的與中脊相背。卜骨上的灼，以"相向"最爲常見，指向臼角的少。

上述差別的原因是什麼？我們認爲這表明殷王及少數王室貴官地位高的大貴族，有專門的占卜機構。在殷王掌握的占卜機構內，既要占卜國家大事，又要占卜王的日常生活瑣事，且一事多卜，從正面、反面反復卜問。因而卜事極爲頻繁，占卜機構內的人員就需較多，甲骨的整治、貞卜、契刻或占卜以後甲骨的處理等都有專人負責。這些人大多是經過專門訓練、技術嫻熟的卜者，在各項工作中都有一定的操作規程。所以王的卜甲、卜骨相當的規範化。

---

① 胡厚宣：《商代卜龜之來源》，《甲骨學商史論叢》初集，四册，1944 年。
② 伍獻文：《"武丁大龜"之腹甲》，中央研究院《動植物研究集刊》第 14 卷第 1—6 期，1943 年。

花園莊東地甲骨坑的"子"卜辭及小屯所出的非王卜辭[①]，在內容和字體上與王的卜辭有差別，但是，在甲骨的整治、鑽鑿灼的排列、甲骨的來源等大多與王的甲骨相同，表明殷王的占卜機構與王室貴官、地位顯赫的大貴族的占卜機構的關係很密切。

在殷都一般族的聚居區內的中、小貴族及平民也進行占卜活動，但沒有專門的占卜機構。卜者的身分可能與現代西南納西族、彝族的情況有些相似[②]，即他們是擅長占卜，有一定的經驗，但尚未以此作爲固定職業的人。他們在甲骨的選材、整治、占卜的程序、方法等主要的方面遵循殷民族傳統的占卜習俗的有關規定，但操作中又不必恪守殷王與高級貴族等占卜機構規定的一些具體的工作法則，而表現出自己獨特的風格。

原載《考古》1997年第5期。

[①] A. 陳夢家：《殷虛卜辭綜述》，科學出版社，1956年，第四章第七—九節；B. 林澐：《從武丁時代的幾種"子卜辭"試論商代的家族形態》，《古文字研究》第一輯，1979年。
[②] 汪寧生：《彝族和納西族的羊骨卜——再談古代甲骨占卜習俗》，《文物與考古論集》，文物出版社，1986年。

吴振武

"𢦔"字的形音義

一 引 言

在殷墟戰爭卜辭中，常見一個寫作𢦔、𢦔等形的字。其在西周金文中，則作𢦔、𢦔等形。現在比較謹慎的古文字學家，爲了把它跟从"才"的"戈"字分開，一般都隸定成"𢦔"。

"𢦔"字的結構並不複雜，但却困擾古文字學家近一個世紀。歷史上究竟有多少學者討論過這個字，筆者無法精確統計。僅據平日泛覽所及，已知有"戈"、"蠱"、"屠"、"誅"、"勤"、"捷"、"芟"、"戡"、"搏"、"折"、"戒"、"截"、"䧢"等十幾種釋法。即在釋"戈"説中，又有"災"、"哉"、"斬"、"裁"等不同讀法。專門討論此字的文章，也已看到六七篇之多，最近的一篇，是1996年黄盛璋先生發表的。如用"衆説紛紜，迄無定論"這句套話來形容，是一點也不誇張的。

本文不打算介紹評述歷來各家之説。理由是據筆者已掌握的資料和數年前做過的嘗試，知道這樣做的話，需要用很長的篇幅；而這樣的篇幅在讀者方面，却未必會有興趣。但是在正面提出我們的看法之前，有必要説明這樣幾層意思：

（1）上列已知的各種釋法，若從形、音、義三角度外加文獻印證這一條來全面衡量，幾乎都是有缺陷的，很難令人滿意。如以比較流行的"戈"、"捷"、"截"三釋爲例，因古文字中真正的"戈"、"捷"（古文寫法）、"截"在寫法上都無法與之相聯繫①，故知其説必皆有問題。

---

① 從"才"的"戈"字甲金文中常見，一般的古文字字書都有收録。"捷"字見虘鼎、吕行壺、庚壺等器，寫法可與三體石經"捷"字古文相印證。"截"字古作"𢧵"，見《屯》2232片，宋鎮豪先生釋，參其著《甲骨文"出日"、"入日"考》，《出土文獻研究》，第35頁，文物出版社，1985。

（2）雖然我們認爲已知的各種釋法都有缺陷，但在衆多學者的反覆研討過程中，亦出現過若干合理成分。如管燮初先生最先看出"𢏴"與"戈"是兩個完全不同的字。① 又比如有好幾位學者先後看出此字在卜辭和金文中是"克"、"戰勝"的意思。本文將要提出的看法，正是在充分吸收各家合理説法之基礎上形成的。因此，前輩與時賢的研討之功不可没。

（3）曾發專文討論此字的王顯先生和黄盛璋先生，都曾在各自的論文中強調，"此字必須於形、音、義均能找到着落，並有合理解釋，才能獲得徹底解決"（黄盛璋先生語）②。本文討論"𢏴"字，亦懸此標準立論。至於得失如何，能否做到"圓通無礙"（王顯先生語），則有待讀者批評指教。

下面分節從形、音、義三方面論證我們的看法，即："𢏴"有可能是"殺"字的初文。同時也設專節討論早期卜辭中用法與"𢏴"相同的"𤯍"、"𤯴"二字。

二 "𢏴"字的形

在殷墟卜辭中，"𢏴"字主要作下揭二形：

𢏴 𢏴　　　　　　　　　　　　（《甲骨文編》第 490—491 頁）

前一種寫法多見於早期卜辭，特別是在賓組卜辭中最爲常見。後一種寫法則在早、中、晚各期卜辭中都能見到。從字形上看，前一種寫法顯然要比後一種寫法更原始一些。

在西周金文中，確切的"𢏴"字只出現過三次，皆見於早、中期銘文，作：

𢏴 䧹方鼎（成）　𢏴 牆盤（恭）　𢏴 㝬鐘三（孝）③

---

① 參其著《殷墟甲骨刻辭的語法研究》，第 13 頁，中國科學院，1953 年；又，《説𢏴》，第 206 頁，《中國語文》，1978 年第 3 期。
② 參王顯：《讀了〈説𢏴〉以後》，《中國語文》，第 137—139 頁，1980 年第 2 期；黄盛璋：《"戈"爲"截"之初文形、音、義證》，《于省吾教授百年誕辰紀念文集》，第 233—238 頁，吉林大學出版社，1996。（附按：在黄文發表之前，劉楚堂、范毓周等先生亦主張釋"戈"爲"截"。）
③ 三器銘拓分別見上海博物館商周青銅器銘文選編寫組編：《商周青銅器銘文選》，第 1 卷，第 18 頁，第 118—119 頁，第 153 頁，文物出版社，1986。

無論在字形上，還是在用法上，其與卜辭"戋"字有明確的承繼關係，是毫無疑義的。

關於"戋"字的字形分析，我們認爲劉翔等著《商周古文字讀本》指其"象以戈斷人首"的説法最爲合理。① 在此之前，陳煒湛先生亦曾謂："此字所從之 ↯ 與 ↯↯ 等字之所從相仿，其非後世之中（引者按：指《説文》訓'艸木初生也'之'中'）至爲明顯，疑乃人之頭髮形，以喻人首。殺敵取首級，縛之於戈，得勝之徵也。"② 按陳先生謂字象"殺敵取首級，縛之於戈"云云，恐怕是從"戋"字在卜辭中的用法上揣度出來的，未必合乎事實；但他從甲骨文中所見的 ↯（叒—若）、↯（妻）、↯ 等字看出"戋"字所從的 ↯ 象人頭髮形，並謂其"以喻人首"，則是有道理的。大家都知道，古代"五刑"中的殺刑，也即大辟之刑，最主要的方法就是"割頭"；其在"象刑"，則以"布衣無領"當之③。故從字形上講，將"戋"視爲"殺"字的表意初文，不僅没有障礙，也是合乎情理的。

"殺"字小篆作 𣪠。《説文》曰："殺，戮也。從殳，杀聲。……𣪠，古文殺，𣪠，古文殺；𣪠，古文殺；𣪠，古文殺；𣪠，籀文殺。"（據段注本）按在出土文字資料中，跟"殺"字小篆寫法對得上號的，目前只能追溯到睡虎地秦簡④；在早於秦簡的古文字資料中，則還未見有這樣寫法的"殺"字。

先秦古文字中，比較肯定的"殺"字出現在西周晚期。進入東周以後，已知的"殺"字亦見過不少。這些"殺"字按其結構，可分爲下揭三類：

甲　↯ 辭比鼎（厲）　　↯ 辭比簋（厲）　　↯ 庚壺（春秋）⑤

---

① 劉翔等：《商周古文字讀本》，第 48 頁注 14，語文出版社，1989。
② 見其著《甲骨文同義詞研究》，國際中國古文字學研討會論文集編輯委員會編：《古文字學論集》初編，第 139—140 頁，香港中文大學中國文化研究所吴多泰中國語文研究中心，香港，1983。
③ 參吕思勉：《先秦史》，第 425—429 頁，太平書局，香港，1968；又裘錫圭：《甲骨文中所見的商代五刑——並釋"刖""剄"二字》，載其著《古文字論集》，第 210 頁，中華書局，1992。
④ 看漢語大字典字形組編：《秦漢魏晉篆隸字形表》第 206—207 頁，四川辭書出版社，1985。
⑤ 辭比鼎拓見《商周青銅器銘文選》，第 1 卷，第 266 頁；辭比簋拓見中國社會科學院考古研究所編：《殷周金文集成》，第 8 册，第 217 頁，中華書局，1987；皆裘錫圭先生釋，參其著《釋"受"》，《紀念容庚先生百年誕辰暨中國古文字學學術研討會論文》，1994，廣州；又，郭錦：《辭攸比鼎銘文三則——兼論中國早期之法律觀念及其法律的性質》，《第二屆國際中國古文字學研討會論文集》續編，第 287—288 頁，香港中文大學中國語言及文學系，香港，1995；庚壺銘文摹本及 X 光照片見張光遠：《春秋晚期齊莊公時庚壺考》，《故宫季刊》第 16 卷第 3 期，第 98、100 頁，圖版 11—14，1982；張政烺先生釋，參其著《庚壺釋文》，載《出土文獻研究》，第 129—130 頁；又，李家浩：《庚壺銘文及其年代》，《古文字研究》第 19 輯，第 94 頁，中華書局，1992。

乙 [字形] 叔弓鎛（春秋） [字形][字形][字形] 莒叔之仲子平鐘（春秋）①

丙 [字形][字形][字形] 侯馬盟書（春秋末） [字形] 楚帛書（戰國） [字形] [字形][字形] 包山楚簡（戰國）②

　　此外，宣王時器駒父盨銘文中的[字形]字，當是甲類"殺"字的簡寫或殘文③；滕壬生《楚系簡帛文字編》"殺"字條下所錄江陵磚瓦廠楚簡[字形]字④，當是丙類寫法的變體或有異於丙類寫法的一種新寫法。

　　甲類寫法中象䣝比鼎、庚壺等器上的"殺"字，學者多用三體石經"殺"字古文作[字形]、[字形]者和上引《說文》"殺"字古文第三體證明⑤。這種"殺"字如照隸古定的辦法，可以寫作"攽"或"殷"。《集韻·黠韻》"殺"字古文作"攽"者，即來源於此。乙類寫法中的前三形，左邊所從與"攽"字所從同（反書者按正書算），可隸定成"戔"。李家浩先生曾據古文字"攴"、"戈"二旁往往相通，謂其"有可能是古文'殺'字的異體"⑥，當可信從。漢隸"殺"字或作[字形]⑦，是"殺"可從"戈"之明證。

　　"戔"字所從之[字形]，跟"攽"、"戔"所從之[字形]當有關係。前面曾提到，甲骨文中有[字形]字。⑧其在西周早期金文中，則作[字形]。⑨"攽"、"戔"所從之[字形]，即來源於

---

① 叔弓鎛銘文摹本見《商周青銅器銘文選》第二卷，第573—578頁，文物出版社，1987；莒叔之仲子平鐘銘拓見所引《殷周金文集成》第1冊，第173—181頁，中華書局，1984；皆李家浩先生釋，參其著《齊國文字中的"遂"》，第30—37頁，《湖北大學學報》（哲學社會科學版），1992年第3期。

② 侯馬盟書見山西省文物工作委員會編：《侯馬盟書》，第267頁，156：21，第268頁156：22，第273頁185：2，文物出版社，1976；楚帛書見饒宗頤、曾憲通：《楚地出土文獻三種研究》圖版91，中華書局，1993；包山楚簡見張光裕主編：《包山楚簡文字編》，第228頁，藝文印書館，臺北，1992。

③ 盨銘云："我乃至于淮，小大邦亡敢不殺，具逆王命。"銘中"殺"字似當讀"遂"訓順。拓本見《商周青銅器銘文選》，第1卷，第282頁。

④ 共三例，見該書第259頁，湖北教育出版社，1995。原始資料尚未發表。

⑤ 三體石經"殺"字看商承祚《石刻篆文編》3·24下，中華書局香港分局，香港，1976。

⑥ 李家浩：《齊國文字中的"遂"》，《湖北大學學報》，1992年第3期。

⑦ 黃濬：《尊古齋金石集》，第287頁，漢隸殘石，上海古籍出版社，1990。

⑧ 見《合集》1115、1780等片。

⑨ 光鼎：《考古》，第558頁，1981年第6期。

此。根據裘錫圭先生曾討論過的甲骨文"   "、"   "等現象來看①，"𢔾"字所從的 ，可理解爲等於 ，也即等於"啟"、"㪅"所從的 。至於髮部加不加點，似無關緊要。上揭斛比簋"殺"字和莒叔之仲子平鐘"殺"字第三形，最能說明問題。猜想加點的寫法，或是爲了描繪毛髮散落狀；而 、 等字，很可能就是披頭散髮之"散"的象形初文。因此，視"𢔾"爲"殺"字初文，實際上是可以和"殺"字的甲、乙兩類寫法互證的。

上揭"殺"字的丙類寫法，構形始終不明。過去曾見幾種解釋，皆難令人信服。今若從"𢔾"爲"殺"之初文看，或假定駒父盨" "爲"啟"（殺）字之簡寫，則此類"殺"字所從之 或 、 的上半部分，自當由 形變來（前揭牆盤"𢔾"字所從之 與之最近）。至於其下部所從，可能的解釋有多種，如看成"示"或"林之省"等等，一時尚難確定。前引江陵磚瓦廠楚簡"殺"作 ，左下部似已改從"介"。《說文》"殺"字古文第二體作 ，研究者多認爲是加注"介"聲，或可參校。

綜上所述，視"𢔾"爲"殺"字初文，不僅在構形上可獲合理之解釋；更重要的是，在字形方面，亦可從已知的先秦"殺"字中得到較大的支持。

三 "𢔾"字的音

上一節從形上論"𢔾"可看作是"殺"字的初文。這一節談"𢔾"字的音。

"𢔾"字既然是"殺"字的初文，那麼它的讀音自然也應跟"殺"字相同。湊巧的是，戰國文字資料可以反映這一點。

在戰國璽印文字中，有一種寫法比較特別的"歲"及"歲"旁：

"千歲"吉語璽②   "孫濊"私璽③

---

① 參裘錫圭：《說"喦""嚴"》，《古文字論集》，第99—104頁。
② 羅福頤主編：《古璽彙編》4425、4426、4429，文物出版社，1981。另參看同書4427、4428同文璽。
③ 〔日〕加藤慈雨樓：《平盦考藏古璽印選》，第1冊，第233頁，臨川書店，京都，1980。

這種"歲"字所從的 🌱，跟前揭牆盤"𢦏"字幾乎完全一樣，自然也應看作"𢦏"。

衆所周知，"歲"本從"步"、"戉"聲，後亦變作從"步"從"戈"，這兩種寫法在西周金文中都可見到。① 現在戰國璽印變作 𢧐，顯然應分析成從"止"、"𢦏"聲。上古"殺"和"歲"都是心母月部字，所以"歲"能有機會被改造成用"殺"字的初文"𢦏"作聲符。② 這一改造過程，可以在下引出自春秋黝鐘銘文的三個"歲"字上看得很清楚：

𢧐 M10:75　　𢧐 M10:67　　𢧐 M10:79 ③

因此我們認爲，上揭古璽"歲"字的寫法，完全可以從音上證明"𢦏"即讀如"殺"。

根據我們在上一節中的分析，"𢦏"字無疑是一個會意字。但從 🙏、🌱 等字象人披頭散髮形狀，我們又疑𢦏字所從的 🌱 和"敗"、"𢦏"所從的 🌱 即讀作"散"，在構形中兼有表音之功能。上古"散"、"殺"都是心母字，"散"隸元部，"殺"隸月部，元、月二部有陽入對轉之關係。④ 故"𢦏"字從 🌱，"敗"、"𢦏"等字從 🌱，均有可能兼取其聲。"殺"古有散義，或亦與此有關。

總之，從上述情況看，説"𢦏"字的讀音即如"殺"，並非無根之空談。

四　"𢦏"字的義

形、音既已談過，最後落實到義。本節將從"𢦏"字的用法上，看釋"𢦏"爲"殺"是否合適。先從文意比較顯豁的西周金文説起。

---

① 孫海波：《甲骨文編》，第 61 頁，中華書局，1965；容庚：《金文編》，第 87 頁，中華書局，1985。
② 甲金文中常見借"戉"爲"歲"，而從"戉"得聲的"沬"，《説文》謂"讀若椒樧之樧"。又，上一節所引金文"𢦏"（殺）字，在原銘中均以"𢦏𢦏"形式出現，係一形容鐘聲和諧優美之詞，李家浩先生疑當讀作"喊喊"，亦可參校。
③ 見河南省文物研究所等編：《淅川下寺春秋楚墓》，第 264、280、273 頁，文物出版社，1991。另可參看羅福頤《古璽彙編》0798 燕"長瘮（🈳）"璽。
④ 參裘錫圭：《甲骨文中所見的商代農業》，《古文字論集》，第 171—172 頁；王力：《同源字典》，第 578—579 頁，商務印書館，1982。又，包山楚簡中有"霰"字（91 號簡），或即"霰"字異體。

恭王時的牆盤銘云：

粵武王既𢦏殷，微史烈祖迺來見武王。①

鑄於牆盤之後的癲鐘三，出"𢦏"的一句與牆盤同，惟漏鑄一"迺"字。

曾有學者指出，盤銘"粵武王既𢦏殷"，猶㪤尊云"惟武王既克大邑商"②，是知"𢦏"當克講。《爾雅·釋詁》曰："劉、殺，克也。""𢦏"當克講，正與"殺"之故訓相吻合。③而且《楚辭·天問》有云："武發殺殷，何所悒？""殺殷"的說法，也自可與"𢦏殷"之稱相印證。

成王時的𣄰方鼎云：

惟周公于征伐東夷，豐伯、薄姑咸𢦏。

鼎銘前云周公往伐東夷，後云豐伯、薄姑"咸𢦏"，這個"𢦏"字若釋"殺"訓克，顯然也是合適的。《尚書·君奭》云："後暨武王，誕將天威，咸劉厥敵。""劉"古訓殺訓克④，"咸劉"的說法，可與鼎銘"咸𢦏"相參證。

金文既明，再看卜辭中的"𢦏"。下面所引，都是比較完整的。如：

自組⑤

(1) 辛丑卜：王叀㸚敦，𢦏。　　　　　　　　　　　　　　（《合集》20500⑥）

(2) 壬寅卜：㱃于□征方，𢦏。二月。　　　　　　　　　　（《合集》20444）

(3) 辛卯卜，王貞：弜其𢦏方。　　　　　　　　　　　　　（《合集》20442）

自賓間組

(4) 庚子卜：呼征歸人于衒，𢦏。　　　　　　　　　　　　（《合集》20502）

---

① 本文所引甲金文原句，除需要討論的字外，一般都酌取通行的釋法寫定。如本句"粵"原作"雩"、"烈"原作"剌"，本文直接用"粵"、"烈"寫出，餘可類推。
② 參唐復年：《金文鑒賞》，第 201 頁，燕山出版社，1991。
③ "克"亦可訓殺，《公羊傳·隱公元年》："夏五月，鄭伯克段于鄢。克之者何，殺之也。"參郝懿行：《爾雅義疏》上之一，第 43 頁下—45 頁下，中國書店影印清咸豐六年漱芳齋刻本，1982。
④ 參注郝懿行：《爾雅義疏》上之一，第 43 頁下—45 頁下，中國書店影印清咸豐六年漱芳齋刻本，1982；又，徐朝華：《爾雅今注》，第 25 頁，南開大學出版社，1994。
⑤ 關於殷墟卜辭的分組與斷代，參黃天樹：《殷墟王卜辭的分類與斷代》，文津出版社，臺北，1991；李學勤、彭裕商：《殷墟甲骨分期研究》，上海古籍出版社，1996。
⑥ 本文所引卜辭出處，《合集》指《甲骨文合集》，《屯》指《小屯南地甲骨》，《懷》指《懷特氏等所藏甲骨文集》，《英》指《英國所藏甲骨集》。

(5) 丁酉卜：令衆征㠭，戈。　　　　　　　　　　　　　（《合集》6561）

(6) 癸未[卜]：令衆伐㠭，亡不若。允戈。　　　　　　　（《合集》6564）

(7) 爯人三千伐䜌，戈。　　　　　　　　　　　　　　　（《合集》6835）

(8) 乙酉卜：方弗戈 ，十二月。　　　　　　　　　　　　（《合集》6773）

(9) 壬申[卜，貞]：雀克戈尤。

　　壬申卜，貞：雀弗其克戈尤。　　　　　　　　　（《合集》19191＋19193）

(10) 己卯卜，王：咸戈尤。余曰："雀乎人伐䓝。"　　　 （《合集》7020）

自歷間組

(11) 壬戌卜，貞：王生月敦㒶，不啻戈。

　　丙辰卜：敦，戈。　　　　　　　　　　　　　　　　（《合集》34120）

賓組

(12) 癸巳卜，㱿貞：旬亡憂。王䌛曰："有祟，其有來艱。"迄至五日丁酉，允有來艱自西。沚馘告曰："土方征于我東鄙，戈二邑。舌方亦侵我西鄙田。"　　　　　　　　　　　　　　　　　　（《合集》6057）

(13) 己未卜，㱿貞：王爯三千人呼伐妎方，戈。　　　　　（《合集》6641）

(14) 癸卯卜，㱿貞：呼雀衛伐亘，戈。十二月。

　　勿呼雀衛伐亘，弗其戈。　　　　　　　　　　　　　（《合集》6948）

(15) 壬戌卜：伐舄，戈。二月。　　　　　　　　　　　　（《合集》6854）

(16) 丁酉卜，㱿貞：王叀乙敦缶，戈。三月。　　　　　　（《合集》6867）

(17) 乙亥卜，內貞：今乙亥子商敢基方，弗其戈。　　　　（《合集》6577）

(18) 辛丑[卜]，內貞：我戈衛于戔。　　　　　　　　　　（《合集》6895）

(19) 貞：我史其戈方。

　　貞：我史弗其戈方。

　　貞：方其戈我史。

　　貞：方弗戈我史。　　　　　　　　　　　　　　　　（《合集》9472）

(20) 壬申卜，㱿貞：亘戎其戈我。

　　壬申卜，㱿貞：亘戎不我戈。七月。　　　　　　　　（《合集》6943）

(21) 癸丑卜，爭貞：自今至于丁巳我弗其戈畐。

　　癸丑卜，爭貞：自今至于丁巳我戈畐。王䌛曰："丁巳我毋其戈，于來甲子戈。"

旬又一日癸亥車弗㞢,之夕嚮甲于允㞢。　　　　　　　　（《合集》6834）

(22) 王䰞曰:"吉,㞢。"之日允㞢戈方。十三月。　　　　（《合集》6649）

(23) 戊戌卜,㱿貞:戊得方宜,㞢。　　　　　　　　　　（《合集》6764）

(24) 壬寅卜,㱿貞:子商不㞢基方。　　　　　　　　　　（《合集》6571）

歷組

(25) 壬☐䧹☐㞢。
　　 其㞢䧹。　　　　　　　　　　　　　　　　　　　　（《屯》503）

何組

(26) 貞:弜用䧹,叀沚行用,㞢羌人于之,不雉人。　　　　（《合集》26896）

(27) 貞:䧹行用,㞢,不雉眾。　　　　　　　　　　　　　（《合集》26887）

無名組

(28) 戍叀義行用,邁羌方,有㞢。
　　 弜用義行,弗邁方。　　　　　　　　　　　　　　　（《合集》27979）

(29) 戍其遲毋歸于之,若,㞢羌方。
　　 戍其歸,呼駼,王弗悔。
　　 其呼戍禦羌方于義則,㞢羌方,不喪眾。
　　 于㴸帝呼禦羌方于之,㞢。　　　　　　　　　　　　（《合集》27972）

(30) 戍弗及戲方。
　　 戍及戲方,㞢。
　　 戍甲伐,㞢戲方𢦏。
　　 弗㞢。
　　 戍及𢦏,于又𠃹。　　　　　　　　　　　　　　　　（《合集》27995）

(31) 叀甲戍伐,有㞢。　　　　　　　　　　　　　　　　（《合集》28065）

(32) 癸亥卜:王其敦丰方,叀戊午,王受有祐,㞢。　　　　（《屯》2279）

(33) 叀戍冊,往有㞢。
　　 叀戍尤,往有㞢。　　　　　　　　　　　　　　　　（《合集》27975）

(34) 乙巳卜:叀小臣侃克有㞢,侃[王]。　　　　　　　　（《合集》27878）

黃組

(35) 其惟今九祀征,㞢。王䰞曰:"引吉。"　　　　　　　（《合集》37854）

(36) ☐貞：其征盂方，叀今☐受祐，不苞𢦎。☐繇曰："吉。"在十月，王九[祀]。
(《懷》1908)

(37) 己亥卜，在微貞：王令[多]亞其比㠯伯伐彎方，不苞𢦎。在十月又☐。
(《合集》36346)

(38) 乙卯王卜，在𠭯師貞：余其敦䜌，叀十月戊申，𢦎。王繇曰："吉。"在八月。
(《英》2523)

正如研究者所熟知的那樣，在大量占卜能不能"𢦎"的戰爭卜辭中，往往先云"敦"、"征"、"伐"、"敢"（訓犯），後云"𢦎"、"不岀（或作苞）𢦎"、"弗其𢦎"、"有𢦎"；驗辭則多記"允𢦎"、"弗𢦎"。不少研究者已看出，這類卜辭中的"𢦎"，實指戰爭之結果，是克、戰勝的意思①。今以前論金文相參校，"𢦎"在卜辭中釋"殺"訓克，亦無不暢明順適。

五 關於"迉"和"倂"

以上分別從形、音、義三方面論證了"𢦎"可視爲"殺"字之初文。本節將討論早期卜辭中與"𢦎"字用法相同的"迉"、"倂"二字。

在甲骨學者所劃分的"𠂤組"、"𠂤歷間組"和"歷組"卜辭中，都可見到一個寫作下揭諸形的字：

𠂤組　　𠂤歷間組　　歷組

這個字在"𠂤歷間組"卜辭中最爲常見；在"𠂤組"卜辭中，則僅見於大字類，而且多在黃天樹先生所稱的"𡥂類"中出現。我們把它隸作"迉"。

"迉"字的用法與"𢦎"字基本一樣，如：

𠂤組

(39) 丙申卜，王：方迉𡨦。
(《屯》4429)

(40) 辛未：王令弜伐㞢，咸迉。
(《合集》19957)

---

① 參管燮初：《說𢦎》，第206頁，《中國語文》，1978年第3期；又陳煒湛先生：《甲骨文同義詞研究》，國際中國古文字學研討會論文集編輯委員會編：《古文字學論集》初編，第139—140頁，香港中文大學中國文化研究所吳多泰中國語文研究中心，香港，1983。

(41) 甲子卜：王从東戈𢦚侯，𢓊。

乙丑卜：王从南戈𢦚侯，𢓊。

丙寅卜：王从西戈𢦚侯，𢓊。

丁卯卜：王从北戈𢦚侯，𢓊。　　　　　　　　　　　　　（《合集》33208）

自歷間組

(42) 甲辰卜：雀𢓊𢦚侯。　　　　　　　　　　　　　　　　（《合集》33071）

(43) 癸卯卜：其克𢓊周。四月。　　　　　　　　　　　　　（《合集》20508）

(44) 庚寅貞：敦缶于啇，𢓊右旅。在□，□月。　　　　　　（《懷》1640）

(45) 乙亥卜，貞：今日乙亥王敦巽，𢓊。　　　　　　　　　（《合集》33080）

(46) 丙子卜：于丁丑𢓊。

丙子卜：于戊寅𢓊。

丁丑卜：今日𢓊𠭁。

丁丑卜：戊寅𢓊𠭁。　　　　　　　　　　　　　　　　（《合集》33081）

(47) 癸亥卜：今月敦𤞷，𢓊。　　　　　　　　　　　　　　（《合集》33077）

(48) 癸酉卜：王敦𤞷，甲戌𢓊。

乙亥卜：弗𢓊𤞷。

乙亥卜：王敦𠭁。旬一日乙酉王𢓊。　　　（《合集》33078＋《懷》1638）

歷組

(49) 癸丑卜：王敦𠴟，𢓊。十二月。　　　　　　　　　　　（《合集》33083）

(50) 辛酉卜：王翌壬戌𢓊𠴟。十二月。　　　　　　　　　　（《合集》33082）

(51) 己丑貞：子效先𢓊。在尤，一月。　　　　　　　　　　（《合集》32782）

(52) ☑方出從北土，弗𢓊北土。　　　　　　　　　　　　　（《合集》33050）

(53) □卯貞：耒在□，羌方弗𢓊。

□□貞：刎在井，羌方弗𢓊。　　　　　　　　　　　　（《屯》2907）

過去大多數研究者認爲，"𢓊"與"𢦚"是同一個字的不同寫法。也曾有學者單釋爲"戈"或"戩"。

實際上，細覈字形可知，"𢓊"與"𢦚"有三點不同，很難說是同一個字的不同寫法。第一，"𢓊"从𐤕，而"𢦚"从𐤕，兩者所从有正倒之不同。第二，"𢓊"字所从之𐤕或作𐤕，而"𢦚"字所从之𐤕則從來見有寫作𐤕形的，是知兩者所从有取象上之不同。第三，觀察下揭族名金文中的"戈"：

（《金文編》第 820—821 頁）

可知"𢧕"字所從之 ❀ 均在戈頭之内部，而"戕"字所從之 ❦ 均在戈頭之援部，兩者所從有書寫位置之不同。如果説，❦、❀ 二旁在書寫時可以正倒無别的話，那麽"戕"、"𢧕"二字應有作 ⺤、⺧ 形的；但事實上，這兩種寫法在可靠的辭例中從未出現過。過去不少研究者在討論時往往將"𢧕"字寫作 ⺤，實在是未作細緻觀察造成的。因此，視"𢧕"爲"戕"字異體，在字形上是很難説得通的。至於釋"戈"或釋"戡"，亦難令人相信。雖然照上引族名金文"戈"字看，釋"𢧕"爲"戈"似有一定道理；但在上引第（41）片卜辭中，"𢧕"與當攻伐講的"戈"字四次並出①，足見"𢧕"字絶無可能再釋"戈"。

我們認爲，"𢧕"字很可能是彤沙之"沙"的象形寫法。熟悉銅器銘文的學者都知道，古代繫在戈上的紅色纓子，在西周金文中稱"彤沙"。其形象與繫縛位置，可從前引寫得比較原始的族名"戈"上窺知一二。根據"𢧕"字本身的寫法和它在卜辭中與"戕"字用法相同這一點，我們有理由推測"𢧕"可能就是彤沙之"沙"的象形初文。也就是説，"𢧕"字所從的 ❀，實爲纓絡之象形，其讀音即如"沙"。②上古"沙"和"殺"都是心母字。"沙"屬歌部，"殺"屬月部，歌、月陰入對轉。故早期卜辭可借彤沙之"沙"的象形初文來當"戕"（殺）用。③這從卜辭的用字情況來看，是一點也不奇怪的。

在"𠂤組"大字卜辭和"歷組"卜辭中，還出現過一個從"人"從"𢧕"的字：

㑇 𠂤組　　㑇 歷組

我們把它隸作"㑇"。

---

① 辭中"戈𢦏侯"之"戈"，黄天樹、張玉金二位都曾指出用爲動詞，有攻伐之義。黄説見《殷墟王卜辭的分類與斷代》，第 39—40 頁，文津出版社，臺北，1991；張説見其著《甲骨文虚詞詞典》，第 71 頁，中華書局，1994。按從曾侯乙墓竹簡稱戈頭爲"果"看，當攻伐講的"戈"似應讀作"敤"。"敤"、"伐"二字《廣雅·釋詁》並訓擊。

② 劉桓先生也曾看出"𢧕"字所從之 ❀ 象戈纓形，他在《釋戈》一文中謂："⺧、⺤ 必象揮戈時戈纓上下翻動形。"按劉氏仍將"𢧕"、"戕"看成一字，並最終將其釋爲"戈"。看其著《殷契存稿》，第 114—115 頁，黑龍江教育出版社，哈爾濱，1992。

③ 參《釋名·釋姿容》："摩娑，猶末殺也。手上下之言也。"

"伐"字在卜辞中祇出现过两次，用法亦与"𢦏"字同。

自组

(54) 庚戌卜：令比伐尤，咸伐。　　　　　　　　　　　　（《合集》19773）

历组

(55) 丁巳卜：王在□旅，允伐。在戔。　　　　　　　　（《合集》33087）

此字过去曾有学者认为是"𢦏伐"合文，也有学者怀疑是"伐𢦏"合文或"𢦏"字异体。① 按从字形和用法看，视为"𢦏"字异体是合理的。其结构可分析为从"伐"，"𢦏"声（"戈"旁公用）②，或从"伐"，"巾"（音沙）声。古"杀"、"伐"义近③。"伐"在字形上象以戈击人，在读音上则以彤沙之"沙"的象形初文为声符，说它是"𢦏"（杀）字异体，自然是很顺当的。

多年前，裘锡圭先生在讨论"历组"卜辞的时代时，曾特别讨论过武丁时期各组卜辞的用字习惯问题；在其所举不同组卜辞占卜事项比较中，亦涉及不少这方面的例子。④ 从裘先生所提到的一些例子看，不同组卜辞在用字习惯上，既有正体和异体之不同，也有通用字和假借字之不同。这种有意识的分组观察比较方法，跟过去孤立观察或"打混仗"的方法是大不相同的。这对于我们正确释读、理解卜辞，显然具有非常积极的意义。本节辨"𢦏"为"𢦏"之借字，并由"𢦏"推论"伐"是"𢦏"字之异体，便是以这种分组观察为基础的。其所得之结果，希望不会给人以含混不清之感。

六　余　论

笔者常常在想，"杀"在古今都是一个很常用的字，但自从裘锡圭先生在《释

---

① 刘桓：《殷契存稿》，第114—115页，黑龙江教育出版社，哈尔滨，1992；黄天树：《殷墟王卜辞的分类与断代》，第299—300页，文津出版社，台北，1991。
② 参拙作《古文字中的借笔字》，中国古文字研究会成立十周年学术研讨会论文，长春，1988年7月。
③ 侯马盟书屡见"见之行道而弗杀者"一语，其中"弗杀"二字，有的片作"不伐杀"，看山西省文物工作委员会编：《侯马盟书》，第271页，179:12，文物出版社，1976。
④ 参其著《论"历组卜辞"的时代》，载《古文字论集》，第277—320页，中华书局，1992。

"求"》一文中重新論定卜辭中通常被認爲是"殺"字古文的 🎯 實爲"求"字後①，甲骨文中就再也找不到大家公認的"殺"字了。同樣，西周早、中期金文中也始終未發現過真正的"殺"字。這似乎有點奇怪。

其實，在甲骨文和西周早、中期金文中，恐怕並不是真的没有"殺"字，只不過是一直未被我們認識而已。假如本文對"戠"及"埏"、"㑥"等字所作的種種推論能够成立，那麽這一問題自然也就不存在了。只是就目前所能看到的資料立論，語氣上自應多作保留。最後的論定，或許還要寄希望於未來可能發現的新資料。

最後，附帶談一下戰國璽印中的"戠"字。

《古璽彙編》3889 是下揭一方三晉私璽：

 "公孫戠"

璽文左邊一字舊無釋。我們認爲，此字从"戈"从"耳"，殆即"聝"（馘）字之異體。"聝"字後世俗作"馘"（《說文》："聝，殺也。"）。作"戠"與作"聝"，造字意圖正是相同的。

原載臺灣師範大學國文系、"中央研究院"歷史語言研究所編：《甲骨文發現一百周年學術研討會論文集》，1998 年，後由文史哲出版社正式印行，1999 年；收入王宇信、宋鎮豪主編：《夏商周文明研究（四）·紀念殷墟甲骨文發現一百周年國際學術研討會論文集》，社會科學文獻出版社，2003 年。今據兩本互校收入。

---

① 參裘錫圭：《古文字論集》，第 59—69 頁，中華書局，1992。

饒宗頤

《甲骨文通檢》田獵篇前言（節選）

（一）

卜辭稱畋獵曰田。①常用慣語，如云："王田"、"王往田"、"王往于田"。田爲動詞，亦作名詞用。《公羊傳》何休注："田者，蒐狩之總名也。古者肉食、衣皮服、捕禽獸，故謂之田；取獸于田，故曰狩。"《文選》賦畋獵類題下李善注引《王制》馬融注云："取獸曰畋。"司馬相如《子虛賦》："出畋"李注云："獵也。"楚簡以鼡爲獵（《江陵九店楚簡》"以鼡田邑"），秦簡作邋（雲夢日書"利弋邋"）。卜辭無獵字，皆以田名之。

古代於不同季節舉行畋獵，有三時及四時之異。《韓詩内傳》云："春曰畋，夏曰獀，秋曰獮，冬曰狩。天子抗大綏，諸侯小綏。"（《御覽》八三一資産部獵上引）以畋屬春。《穀梁傳》桓四年傳則言："四時之田，皆宗廟之事也。春曰田，夏曰苗，秋曰蒐，冬曰狩。"《公羊》桓四年傳："公狩于郎，狩者何？田狩也。春曰苗，秋曰蒐，冬曰狩。"何休注云："狩猶獸也，冬時禽獸長大，遭獸可取。不以夏田者，春秋制也。"《春秋運斗樞》曰："夏不田。"是爲三時之説。②殷代以春秋兩季爲主。自與《周禮》、《左氏》不同。卜辭狩作獸，即今之"獸"字，亦省作 ，實爲一字。屢言："其獸"、"勿獸"。或田與獸聯言並用，如云："王其田獸，亡戈"（《合》二八七七一、二八七七二），與《公羊傳》之言

---

① 《説文》："畋，平田也。"引《周書·多方》："畋，乎田。"此畋字本謂耕治。
② 陳槃：《古社會田狩與祭祀之關係》，《臺灣中央研究院史語所集刊》第二十一本第一。參松丸道雄：《殷墟卜辭中の田獵地にぃて六田獵與田獵區のもつ意義》（《東洋文化研究所紀要》31 册，昭和 38 年）。

田狩正同。則田、獸（狩）均爲狩獵通稱，未曾仔細區別，如《穀梁傳》以田專屬之春，或如各家均以狩專屬之冬也。

《韓詩內傳》謂："夏曰獀。"《穀梁傳》昭八年："秋蒐于紅（《御覽》引作鴻）正也，因蒐狩，習用武事，禮之大者也。"（宋本《御覽》引蒐字作獀，與蒐同）①考卜辭作叟。辭云：

乙未卜，爭貞：腶，王呼曰叟。　　　　　　　　　　　　　《合》五六二四
…曰叟。　　　　　　　　　　　　　　　　　　　　　　　《合》一八一七四
…自叟……辰來五…立中。　　　　　　　　　　　　　　　《合》七三七二反

《說文》："叟，老也，从又从災。𦦲籀文从寸。"契文下从彡，非寸字。朱駿聲云："按之古文从又持火，屋下索物也。"甲骨文別有𦥑、𦫳、𦸉字形，不从宀，或益艸與林，以烈山澤焚搜會意，《類纂》分爲叟、蒦二文。其實皆宜釋叟。𦸉字所見，均是田獵刻辭。舉其要者如下：

王其𦸉，兌逦𪊨（麓）。王于東立，虎出，擒，大吉。　　　《合》二八七九九
寅卜，王叀辛𦸉𤉯𪊨（麓），亡𢦏，永王。　　　　　　　《合》二八八〇〇
叀又西𦸉，亡災，擒。　　　　　　　　　　　　　　　　《合》二九二四二
今日壬，王其田淵西，其𦸉，亡𢦏，吉。　　　　　　　　《屯南》七二二
叀𡷊𪊨（麓）𦸉，擒，又小獸。　　　　　　　　　　　　《屯南》二三二六

其他多言："叀某麓亡災擒。"某麓即狩地之麓名，如𡷊麓、𤉯麓等。上辭言"自叟"而下繼稱"立中"者，中爲旗旌，《周禮·大司馬》云："遂以蒐田，有司表貉誓民。鼓，遂圍禁。火弊，獻禽以祭社。"鄭注：

立表而貉祭（即禂祭）也。立旌，遂圍禁，令鼓而圍之，遂蒐田。火弊，火止也。春田主用火，因焚萊，除陳草，皆殺而火止。田止，虞人植旌，衆皆獻其所獲禽焉。詩云："言私其豵，獻肩于公。"

鄭注描寫蒐田焚萊之事，歷歷如繪。故此𦫳字正狀持火燒艸木之事，自非獀田莫屬。獀、蒐正是一字。"立中"即指植旌也。另一辭云："叀又西獀。"有如《左定

---

① 黃然偉：《殷王田獵考》頁三。分田獵爲九類，又姚孝遂《甲骨刻辭狩獵考》（《古文字研究》六）、孟世凱《商代田獵性質初探》（《甲骨文與殷商史》一九八三年三輯）可參看。陳偉湛《甲骨文田獵刻辭研究》文字考訂有若干新說，又有刻辭選粹摹釋，爲新刊最詳盡之殷代田狩專著。

四年傳》：“取於相土之東都，以會王之東蒐。”此云：“西蒐”，詞例亦合。

契文另有"㞢"字，从屮、从火、从又，辭云：“丁卯卜，其奴，叀丁亥于父甲，丝用”（《合》二七三六八），又殘辭：“大…㞢"（乙二一〇），疑此亦是㞢之異構。大炏即大蒐。大蒐爲蒐狩習武之禮，《左僖廿七年傳》：“子犯曰：於是乎大蒐，以示之禮。”《穀梁傳》有詳細之說明云：

> 艾蘭以爲防，置旃以爲轅門，以葛覆質以爲槷。流旁握，御擊者不得入。車軌塵，馬候蹄，掄禽旅，御者不失其馳，然後射者能中，過防弗逐，不從奔之道也。面傷不獻，不成禽不獻。禽雖多，天子取三十焉，其餘與士衆。以習射於射宮。射而中，田不得禽則得禽，田得禽而射不中，則不得禽。

“過防不逐”是古代射獵之規矩。《廣雅·釋天》云：“王者以四時畋，以奉宗廟，因簡戎事。刈艸以爲防，毆而射之，不題禽，不埢遇，不捷艸，越防不逐。”捷者，《說文》云：“捷，獵也。”班固《東都賦》：“由基發射，范氏施御，弦不睼禽，轡不詭過。”可與《穀梁傳》互証。面傷指正面射之，埢即詭，指從旁射之，防謂田之左右限。獸已越過田限之防，則不可追。正面射與側射，均非正道，故不宜獻。題禽亦作睼，與抵字通用。卜辭簡質，未能細紀狩獵情狀，然觀《寧》二·一四五有𠂤字，象射麋於亯，亯殆所謂轅門也。獮字卜辭作狄，省體作犾，更有省作狀（《合》三二九五八）。《說文》作獮，或體作䃹，疑即狀字之訛。從卜辭看，獸，獮、獀均爲田獵方法，似於不同季節採用之不同手段。後世分爲"春畋、夏獀、秋獮、冬狩"則是制度化而已。

田獵卜辭或稱"省田"、"田省"：

  王叀桼田省。叀宮田省。　　　　　　　　　　　　　《合》二八九三五
  甲午卜，翌日乙王其省田，湄日〔亡戈〕，吉。　　　　《合》一八六二三

《禮記·玉藻》鄭玄注：“省當爲獮。獮，秋田名也。”《明堂位》注：“省讀爲獮。獮，秋田名也。”獮即獮，是鄭氏以"省"爲"獮"之假。從卜辭看，"省"與"獮"顯然不同，但其與田獵活動有關，則無疑義。《集韻》上聲二十八獮下有獮、省、獮、䃹、禰，逕目"省"與"䃹"爲一字。而獮之孳生字，從王從玉亦無分別。

《周禮·夏官》曰：“田僕，掌馭田路，以田，以鄙，掌佐車之政，設驅逆之車，令旌，及獻，比禽。”卜辭屢見"兌比"及"匕（比）禽"之辭：

戊申卜，馬其先。王兑比…大吉。	《合》二七九四五
不兑。	《合》二七九六五
馬叀翌日丁先。戊，王兑比。不雨。	《屯南》八
弗其兑比，其遘雨，吉。	《屯南》五二八
馬其先，王兑比，不遘大雨。	《屯南》一一二七
王其田于…叀虎師比禽，亡戋，丝用。	《合》二七九一五
于辛田禽，王比禽。	《合》二九三五四
戊午卜，在函，剌戋告麋，其比禽。	《屯南》二二九八

比即比禽之事，鄭玄注："獲者各獻其禽，比種物相從次數之。"諸兑字應讀爲"閱"。《周禮》屢言大閱，爲閱兵之事，與振旅並提。蓋田雖爲蒐獵，實亦講習戒事，猶今之言軍事訓練。故田之另一義爲陳師之事。①《廣雅·釋詁》："田，陳也。"《周禮·春官·甸祝》："掌四時之田，表貉之祝號，……致禽于虞中。"鄭注引杜子春云："貉，兵祭也。甸以講武治兵，故有兵祭。"《詩》曰："是類是禡。"《爾雅》曰："是類是禡，師祭也。"玄謂："田者習兵之禮，故亦禡祭。"是知田亦即習兵之禮，近時研究殷代田獵者皆忽視之。一向誤謂田獵乃不過遊樂之事，無關乎生產。陳槃方指出田獵與祭祀之關係，實則出於古之軍禮。

今本《竹書記年》"帝辛"四十三年春大閱。兑即爲閱兵之舉，與振旅之卜均忌於雨天行之。試觀下列卜辭云：

…亥卜，翌日戊王兑田，大啓。	《合》二八六六三
丙子卜貞：翌日丁丑，王其遘振旅，祉（延）述，不遘大雨，丝邟。	
甲辰卜貞：〈翌〉日壬，王田牢，弗邟，亡災。	《合》三八一七七
丁丑王卜貞：其振旅，祉述于盂，往來亡災。王固曰吉。在〈七月〉。	
	《合》三六四二六
庚辰王卜貞：在辣貞，今日其逆旅，以…于東單，亡災。	《合》三六四七五

《左傳·隱五年》臧僖伯曰："故春蒐、夏苗、秋獮、冬狩，皆於農隙以講事也，三年而治兵，入而振旅。"《國語·齊語》："春以蒐振旅，秋以獮治兵。"振旅之事《周禮·夏官·大司馬》言之特詳，述之如次：

中春　教振旅，司馬以旗致民，平列陳，如戰之陳。遂以蒐田。火弊，獻禽以祭社。

---

① 楊升南：《殷契卜辭田字說》，《徐中舒九十歲頌壽集》。

中夏　教茇舍,如振旅之陳。遂以苗田,如蒐之法。車弊,獻禽以享礿。

中秋　教治兵,如振旅之陳,辨旗物之用。遂以獮田,如蒐田之法,羅致禽以祀祊。

中冬　教大閱,徒乃弊,致禽饁獸于郊,入獻禽以享烝。

鄭玄注:"兵者兇事,不可空設,因蒐狩而習之。凡師:出曰治兵,入曰振旅,皆習戰也。"又云:"春辨鼓鐸,夏辨號名,秋辨旗物,至冬大閱,簡軍實。"卜辭振旅之振字作🅥,而"自不震"成語慣作"不㞢"。

殷代既有獸、獮、夋田之記錄,而祭社、祀祊、享烝之禮均有之。祊,鄭玄注:"秋田主祭四方,報成萬物,《詩》云:'以社以方。'"卜辭四方祭亦常見,雖乏四時整齊排比,而有"王兌田"之語,兌讀爲閱,兌田即大閱,故有比禽之役。振旅必立旗,故又稱立中也。卜辭所見旅之上字有𦊱旅、逆旅、登旅、遘旅、左右旅諸語,知殷人對於軍旅十分注重。

（二）

卜辭恒云:"往于田"、"于田"。他辭復云:"在田。"說者或謂此"田"字是地名。按《詩經·鄭風》云:"叔于田。"又云:"大叔于田。"二篇皆有"于田"之語,《毛傳》云:"田,取禽是也。""大叔于田"一篇,各章下文,見"乘乘馬"、"乘乘黃"、"乘乘鴇"之詞,其爲畋獵之事甚明,故田字不必改讀爲地名。

田獵卜辭習見之辻字,諸説紛繁,徐中舒取裘錫圭説定爲辻,借作迩,而讀爲敉,戒敕之意,但於義難通。觀上引有"振旅征辻于某地"及"征辻不遘大雨"諸文,辻字,實即弋字之繁構,"王辻于某",王弋獵于某地也。雲夢秦簡《日書》"利弋獵",弋字指田獵而言,與卜辭用法相同。卜辭"王辻于某"、"王田于某",田辻均爲田獵義,對文有別,散文則通。又步字見於田獵卜辭云:"步于某地",步即足部訓蹈之跊,《説文》徐灝箋云:"步、跊古今字"是也。《廣雅·釋詁》:"蹈,履也。"《穀梁隱元年傳》:"若隱者,可謂輕千乘之國,蹈道則未也。"《釋文》:"蹈,履行之名也。"步、蹈、履、行,於義則一。卜辭隨文賦義,或變文避複,愚意不必強作區別,以免穿鑿。辻或讀跊,或釋迤,言"屯亶","屯亶"複詞,於田獵取義頗乖違。或別出徍字,訓爲討伐,亦嫌牽強,今所不取。至于"征辻"慣語,辻之前加語詞之"征",讀爲助字誕,誕可用於動詞之前，或在句中，《書·大誥》："肆朕誕以爾東征。"《詩·生民篇》："誕寘之隘巷"、"誕寘之平林"、"誕寘之寒冰"，皆其例。他辭云"祉射"如："王其田忒，祉射犾（大录'大麓'合文）兕，亡戈。永王，吉。"《屯南》一〇九八"祉射"，亦可讀誕射。

晚期卜辭有昷字多見：

戊午卜，在㳄貞：王其昷大兕。叀駵眔驃，亡災，擒，叀駰眔駛子，亡災。

叀左馬眔𢀛亡災。

叀驪眔小驃，亡災。

叀騽眔驃，亡災。

叀并騂，亡災。　　　　　　　　　　　　　　　《合》三七五一四

叀駰用，亡災，擒。　　　　　　　　　　　　　《合》三七五一五

丁酉…貞：翌日壬寅，王其昷兕，其唯剛馬夾䅆馬…王弗每（悔）。
　　　　　　　　　　　　　　　　　　　　　　《合》三七三八七

丁卯卜在去貞：𦎫告曰：兕來羞王。叀今日昷，亡災，擒。《前》二·十一·一
戈人童異。　　　　　　　　　　　　　　　　　《合》八四〇〇、八四〇一

昷字與𦎫《合》九四八五殆是一文，當釋墾，即埇。《類篇·上部曰》："埇，一曰道上加土。"與壅音義近。《類篇》："壅，一曰加土封也。"蓋指以土設防，"王昷兕"者，謂王令加土設防以待也。此條備記諸馬名，甚悉。又有左馬之目。他辭云：

庚戌卜，王曰貞：其剝左馬。

庚戌卜，王曰貞：其剝右馬。　　　　　　　　　《合》二四五〇六

叀又（右）獲嚞。

叀ナ（左）獲吉。　　　　　　　　　　　　　　《合》三七五二〇

以左馬、右馬對貞，及右嚞、左吉對貞。嚞當讀爲否，馬王堆本"鍵"（乾）宮第二卦爲乾上坤下之否，借"婦"字爲否，此則借鄙爲否，皆旁紐疊韻。《周禮·校人》："掌王馬之政，辨六馬之屬。……三乘爲皁，皁一趣馬，三皁爲繫，繫一馭夫，六繫爲廄，廄一僕夫，六廄成校，校分左右。"卜辭云："王畜馬在𢆶寫。"《合》二九四一五、二九四一六寫即廄也。卜辭言："左馬"、"右馬"，可與《周禮·校人》參證。《廣雅·釋獸》有駓驦，即契文之"駰"。《玉篇》作"桃驪"。《集韻》："駓驦，獸名，似馬。"卜辭又有爻馬及駁字，《合》一三七〇

五：" …王弜爻馬，亡疾。"《合》三六八三六："庚戌卜貞：王…于麈駁駩。"《廣雅》："白馬朱鬣駁。"契文之"麈"从文聲與駁同。《周書·王會》："犬戎文馬，赤鬣縞身。"麈駁即朱駁。所謂爻馬疑即是駁字省形，《爾雅》："騮白，駁。"《廣雅·釋獸》云："朱駁，駁與駁同。"駩字以音求之，或即騢，孫炎注云："騢，赤色也。" "并駩"或謂騢騢也。他辭云："叀并駁"（《合》三六九八七），并駁、并犅均指駢駕。卜辭屢見"御馬"（《合》三三六〇二、二二二一一）、"㵞馬"（《合》一九八一三正），即指禡祭之事，蓋於先祖妣有所禱祠也。

殷代對馬之智識已相當豐富，而馬名亦多見於《爾雅》、《廣雅》，可以徵信。當時已有"馬小臣"。《合》二七八八一："丙寅卜：叀馬小臣。"專司其職，有如《周禮》之校人矣。卜辭云："成及校于有𢀛，成在伐，𢦏敃方校。"（《合》二七九九五）校似可讀爲校人之校。

馬王堆本《易傳·繆和》第十九節記商湯田獵德及禽獸之事。《易》："比卦九五爻辭：王用三驅，失前禽，邑人不誡，吉。"卜辭有云：

丁丑其區，禽？弜區，禽？　　　　　　　　　　　　《屯南》三〇〇

庚寅卜，其區，集。弜區，集。①

王往田，从南，禽。　　　　　　　　　　　　　　　《屯南》六二九

足見三驅之禮，於殷尚有可徵。《中庸》："驅而納諸罟擭陷阱之中。"《尚書·費誓》："杜乃擭，斂乃穽"；《周禮·雍氏》："春令爲阱擭，則設柞鄂于其中。"柞鄂亦名柞格。《説文》："阱，陷也。"契文阱字，或从鹿在凵井中，井即柞格之狀。

關於田獵方法有一𠙵字，至今未能論定。余謂此字異體亦从𤴔，其例如下：

戊午卜𠙵麑（陷），擒。二月。

戊午卜𠙵麑（陷），弗其擒。　　　　　　　　　　《合》一〇九五一

壬…卜王𠙵…兕。　　　　　　　　　　　　　　　《合》一〇九五二

他辭均作𠙵，从止與从𤴔無別。卜辭字例，丙與内不分。此字上半應是从丙，非从内。其繁形則或增宀作𡧊，或益止作𨁘，實係一文。審其文義，有作祭名者如：

---

① 詹鄞鑫：《上古資源保護思想初探》，《傳統文化與現代化》一九九五年，六期。詹氏讀集爲隻，恐非。

　　　　于祖丁母妣甲卟，出瞉。　　　　　　　　　　　　《合》二三九二
　　　　勿瞉。　　　　　　　　　　　　　　　　　　　　《合》一五六八四正

亞兇亦作窫兇：

　　　　貞：王其逐兇，隻（獲），弗亞兇，隻豕二。
　　　　貞：王其逐兇，隻（獲），弗亞兇。　　　　　　　《合》一九〇正
　　　　王其比言窫兇。　　　　　　　　　　　　　　　　《合》二八四二八

　　由亞、奐實爲一字論之，蓋當釋摷。《集韻》上聲三十八梗："摷，攪也，或作梗。"又埂字下云："《説文》：秦謂阬爲埂，一曰堤封謂之埂。"又梗字（在去聲四十二宕）云："梗，禦災害也。《周禮》招、梗、襘、禳，鄭興讀。"故知作祭名用者當讀爲梗，謂禦災害。屮瞉、勿瞉即有梗，勿梗，亞兇、奐兇與窫兇則可訓埂兇。《説文·土部》埂字云："讀若井汲綆。"按以更爲聲亦可从亢。《集韻》梗韻中綆、𦅾爲一字異寫，云：《説文·女部》："汲井綆也，或从亢。"則埂、坑乃一字。張秉權"疑亞爲迒之或體踉，通作阬，阬有陷殺義"。其説可從。《説文·辵部》："迒，獸跡也。踉，迒或从足从更。"踉字他書未見，以契文亞及瞉當之，甚當。卜辭又云："大𢓜，辜𠦪"，《合》五六五八正："大踉于辜次"，大踉如大菟，大令，大封，大貞之例，金文奐字則从重丙作𤳆。

　　原載饒宗頤主編、沈建華編輯：《甲骨文通檢》第 5 册《田獵》，香港中文大學出版社，1999 年；更名爲《論殷代田獵及夷方地理》後收入《饒宗頤二十世紀學術文集·卷二甲骨（下）》，新文豐出版股份有限公司，2003 年；中國人民大學出版社，2009 年。今據前者節選收入。

魏慈德

［子組"又史"卜辭的意義］

子組卜辭中常見卜問是否"又史"，關於"又史"一詞李學勤作"有事"，意同於問是否有災異之事。① 然"又史"若是"有災異之事"，則與占問"今夕亡囚"及"至旬亡囚"似乎有重覆之處。所以下面就針對子組卜辭的"又史"卜辭重新作考慮。

關於卜問"又史"的卜辭有（03）、（04）、（05）、（17）、（18）、（22）、（24）、（25）、（28）、（32）、（33）、（48）、（58）、（69）。

從以上這些貞問"又史"的卜辭中可以發現其和月份有很大的關連性，似乎"又史"發生的時間是以月爲週期。而從以上的卜辭來看，其分別在四月、六月、八月占問是否有史。

以下可從幾方面來看"又史"卜辭的意義。

"又史"類卜辭特性有在卜問是否"又史"時常言"今某月又史"或問"于生月又史"，表示占卜主體對於未來何時"又史"的確切時間並不能確知，又問卜者通常以一個月爲週期來占問"又史"之事。其次，並存於有史卜辭中，還有一類明確占問當天是否"又史"者，如（03）中的 j^8、j^9、j^{10}、j^{11} 中連續四天占問②是否當天"又史"，這一類的占問，推測是占問於確定了某月會"又史"之後的下一階段占問，以（03）爲例，之所以占問隹庚、隹辛或于壬或于癸"又史"

---

① 李學勤：《帝乙時代的非王卜辭》。又劉一曼在《殷墟花園莊東地甲骨卜辭選釋與初步研究》中提出子組卜辭的"又事"，並非如有些學者所說的是指有"祭祀"而言，其義當如屈萬里所說，"當如《周易》震卦爻辭，'無喪有事'之有事，謂意外之事也"。這種說法與李說近似。（《考古學報》1999 年第 3 期，頁 267）
② 編者按："問"，原文誤作"間"，今逕改。

乃是確定了在八月或九月"又史"之後。

這類卜辭中除了問"又史"外，也有問"我又史"者，如果將這類卜辭中問"又史"者和問"我又史"者列出，我們可以發現當貞人是"子"或是"余"時，只問"又史"（03），而當貞人是"我"、"䌛"或"衍"時才問"我又史"（25、48）。我們知道在子組卜辭的五個貞人子、余、我、䌛、衍中，子和余都是子組卜辭占卜主體的自稱，爲單數第一人稱代詞，這種用法同樣見於賓組卜辭。①而卜辭中的"我"若在出現在命辭中則是代表這占卜主體這個集體，爲複數名詞，如乙4577"辛巳卜，我貞：于三月我又孽"、合21626"甲辰卜，䌛貞：我逆以，若"。其亦可作領格，表"我們的"的意思，所以當貞者是子組占卜主體時，問曰"又史"，是因爲是問卜者即是貞者，而貞者非"子"、"余"時，則說"我又史"，表示是透過貞者之口替卜問者問是否"又史"，且當占卜結果是"又史"時，事後的行動完全由卜問者一人決定，所以問"又史"或"我又史"完全是針對貞者的角色不同而發。

在探討"又史"的內容爲何時，我們可以發現王卜辭從不問是否"(王)又史"，只問"某人是否㞢王（朕）史"或是"弗其㞢王史"，表示站在商王的立場而言，根本不會有不知道會不會發生的王事，因爲王事全部的決定權都在商王手裏，何時派誰去征戰祭祀或從事勞動，都是商王可以作決定的，因此並不需要卜問是否"又史"，而子組卜辭就不是這樣，子組卜辭這個群體和商王室是維持著某種臣屬的關係，子組占卜主體和商王有著親疏的血緣關係，彼此構成大宗和小宗的關係，彭裕商以爲"多子族中以子組家族與王室的關係最爲密切，其首領可能是武丁的親弟兄"②。所以子這個群體肯定是要分擔"㞢王史"的任務，所以

---

① 而李學勤還曾進一步推測"子"是這類卜辭問疑者的私名，而"余"則是"子"所用的代名詞的說法見李學勤：《帝乙時代的非王卜辭》，頁49。關於這一點林澐提出了不同的看法，其以爲子並非某類非王卜辭的專名，所有非王卜辭的占卜主體都可叫做子。子就是和商王有血緣關係的親屬，更進一步說就是家族首腦們的通稱。《從武丁時代的幾種子卜辭論商代的家族形態》，《古文字研究》第一輯（北京：中華書局，1979年）。而李學勤也認爲"余"這一稱謂可以指貞人，合24132上的一組卜辭說"辛巳卜，疑貞：多君弗言，余其㞢祝，庚旬，九月"、"辛巳卜，疑貞：叀王祝，亡咎"，這裏的余與王對稱，余實際上是指自己（《關於自組卜辭的一些問題》）。又以余指稱王的例子，還可見合13750反"貞且乙咎王"、"王固曰：吉，勿余咎"。其次，首位指出卜辭中我和余有別，爲陳夢家，裘錫圭在《評〈殷虛卜辭綜述〉》中就說到："此章中還包含了不少很值得注意的意見。例如指出卜辭中的'我'跟'余'的區別在於'我'是集合名詞，就是'我們'，而且'我'可以用於領格，'余'則不能。"（《文史》第卅五輯，頁238）

② 彭裕商：《非王卜辭研究》，頁65。

子組卜辭的"又史",當就是"有事"的意思,所謂的"有事"也就是去"屮王事"。"屮王史"一辭近來蔡哲茂主張要讀"贊王事"以"屮"爲箸箕的"贊"的象形字①;而陳劍主張要讀成"堪王事",其把"屮"上所從的縱筆視爲聲符"針",而通讀爲"堪"。②而下面就把"又史"逕作"有事"。

而當占卜主體在得知"有事"後,便需派人入商,派人在子組卜辭中作"史人"(在賓組卜辭中亦作"史人",如乙7797"貞:㠯史人。貞:㠯不其史人"),而史人之時通常也會問入商的時機,如"乙未,余卜貞:今秋我入商"(3)、"壬辰卜,歸貞:我入邑"(24)。(3)合21586上一連串從占問何時"又史"到"史人"過程,正好說明了這件事。

(j¹) 乙未余卜:于九月又史。
(j²) 于九月又史。一
(j³) 乙未余卜:今八月又史。
(h¹) 乙未余卜貞:史人隹☐
(h²) 乙未子卜貞:叀丁史戠。一
(h³) 乙未子卜貞:史人隹若。
(j⁶) 丁酉余卜:今八月又史。一
(j⁷) 隹今八月又史。二
(j¹⁰) 丁酉余卜:壬又史。
(j¹¹) 于癸又史。
(m¹) 戊戌卜衍貞:來隹若。一二
(m²) 己亥卜衍貞:來隹史以。一二
(m³) 己亥卜衍:來若以。一
(m⁴) 己亥卜衍:來隹若。
(m⁵) 庚子卜,衍貞:㦰來隹𡥀以。一   合21586(丙611)

前面三辭是在乙未日卜問這個八月或是下個九月會"有事",(h²)辭則問是否於丁日史(人),還是要"戠","戠"就是"待"③,即問是要於丁日派人去或是還要在等一下,相同的文例可見"辛丑卜,扶:戠,弜史人沚"(合20346正)、"乙

---

① 蔡哲茂:《釋殷卜辭的屮(贊)字》,《東華人文學報》第十期,2007年。
② 陳劍:《釋"屮"》,《出土文獻與古文字研究》第三輯(上海:復旦大學出版社,2010年)。
③ "戠"爲"待"說,見裘錫圭:《說甲骨卜辭中"戠"字的一種用法》,《古文字論集》,頁113。

丑卜，扶：戠，弜史人[？]"（合20017）。（h³）辭則問史人的過程會不會順利。（j⁶）、（j⁷）則於丁酉日再次問是否"今八月又史"，接著問是在"壬"日或是于"癸"日有事，而（m¹）到（m⁵）辭是指商使來之事。其中除了占問使者往來是否順利外，也問來使"[？]"是否會帶來"[？]"。這個"[？]"可能是指商使所帶來的"[？]"地之人，正如合21626"癸卯卜，𡧊貞：乎藉逆奠有商"，貞問是不是派藉這個人去迎接從商來的奠民，其也可能是指"[？]𢦏"，如同丙185的"殲以戠𢦏"。

在子組卜辭中有一類問"來"與"歸"的卜辭，問"又來"的見合21727"乙丑，子卜貞：自今四日又來"、"乙丑，子卜貞：今日又來"、"乙丑，子卜貞：翌日又來"、"乙丑，子卜貞：庚又來"；問歸的如合21586的"乙未，余卜：受今秋歸"、"乙未，余卜：今秋麓歸"。這裏的"又來"指的可能就是商使來告之事，如同丙124"缶其來見王"、丙309"翌乙亥子泱其來"指缶和子泱來朝商王之事；子組卜辭的"又來"一詞相對於王卜辭則作"史人于某"，如合14474"貞：史人于[？]"。而所謂"卜歸"問的就是子組所派去山王事之人的歸來之事。前面卜歸之辭中的"受"和"麓"都是人名，英1822有"□丑卜：我[？]田麓"，京人3241+前8.10.1也有"丁亥子卜貞：我[？]田麓"，說明麓這個人還是個有領地的貴族。

而使者有時也從事商賈交換之事，如"乙卯卜貞：史入賈"（合21870）貞問來使是要來"賈"（交易）的嗎；"己巳卜，我貞：史豕賈"（合21586+乙5235），派"史豕"去賈。其中"史豕"是子組卜辭中很活躍的人物，也曾經受令去做"逆奠"之事，如"庚戌卜：叀癸令豕"（合21629）、"癸卯卜，𡧊貞：乎豕逆奠又商"（合21626）。

從上可知，子組卜辭的占卜"有事"，就是要占問是否有王事，若有王事時，就必須派人去山王事。而王事的內容則主要包括了征戰、力役、農作、祭祀之事等。派人在子組卜辭中作"史人"，而商王遣使來告則作"又來"，卜"歸"則是占問所派之人是否歸來。

節選自《殷墟YH127坑甲骨卜辭研究》，臺灣政治大學博士學位論文，2001年；花木蘭文化出版社，2011年。今據後者收入。

王蘊智

出土文獻中所見的"羸"和"龍"

羸和龍（龙）是兩個成熟很早的古漢字，過去學界對這兩個字及其有關圖像的認識比較模糊，今從大量的出土資料來分析，"羸"和"龍"無論在構形上還是在實際文例中都是迥然有別的，應當加以區辨。

商代文字中習見有羸字，其構形獨具特徵，繁簡互作，如甲金文即有下揭典型寫法：

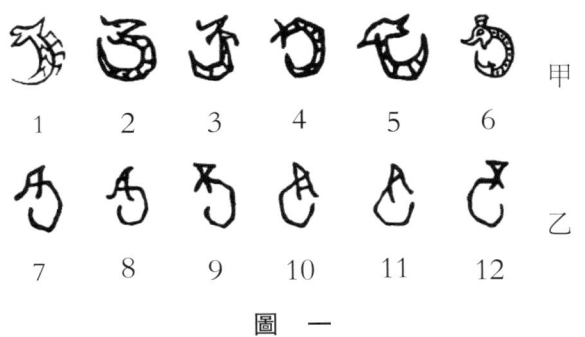

圖 一

上圖甲類字都比較象形，其中第1—5例見於殷墟甲骨文，例6見於商子羸舢銘文①。在具體寫法上，它們多雙鈎其蜷尾呈鱗節狀的身軀，突出其吻部張開的首部，或於脊背處再勾勒出表鬣狀的筆畫（如例1）。上圖乙類字皆見於殷墟甲骨文，乃爲甲類字的綫化簡省形式。乙類字商代以後較少使用，唯甲類字形爲後世羸字所本。

通行於殷商時期的這個羸字，過去有學者常把它和龍字放在一起去解釋。

---

① 參見《殷周金文集成》6906號銘文，同類字形和人名稱謂還可參見8100號子羸爵銘文。

如孫海波先生的《甲骨文編》和徐中舒先生主編的《甲骨文字典》等字書均把上揭甲、乙類字形列在了卷十一的龍字字頭下面,未加以區分①。其實關於二字之間的區別,唐蘭先生早在 20 世紀 30 年代即已有所分辨。他認爲甲骨文龍字作 之形,其結體虯曲而尾向外,而 類字形則蟠結且尾向内。後者乃螭之象形,如龍蛇之類而非龍非蛇。這裏先生將古羸字徑與龍字相分別可謂慧眼獨具,但他同時又把羸形與古旬( )字混淆在了一起,並將其讀爲"惸"或"慇",以爲義通"憂"(今作忧)則非是②。20 世紀 80 年代初,于省吾先生通過梳理兩周金文字形,揭示了銘文中所見羸字和如羸(庚羸卣銘作)、羸(伯衛父盉銘作)、䣢(䣢季卣銘作)諸字中所从的羸字偏旁。儘管于先生同時又把羸字與表熊羆(羆)本字的能字字源混在了一起,但他的字説無疑爲追溯殷商文字中的羸字别開了思路③。

20 世紀 80 年代後期,陳世輝、湯餘惠先生在注釋《甲骨文合集》6484 正版中"疒齒,鼎羸₁₀"一辭時,最早正確釋出了羸字。不過在辭義的理解上,二位先生當時認爲羸字"用于卜疾之辭,應讀爲羸,意指病情加重"④。其後姚孝遂師在爲羸字釋讀加注按語時,又進一步根據《合集》14118 辭"卹(禦)帚(婦)鼠子于匕(妣)己,允出(有)羸₁₂"的文意,明確指出"'疾羸'似非'病情加重',而應是病情好轉"⑤。至於古羸字爲什麽會有這樣的含意,我們下文還會就此再作探討。

現在看來,古羸字本作蟠螭之形。它的形體來源並不是龍,却又與龍形一樣,都是先民們在文明發展進程中所創造出來的神異之物。以這兩種物象爲基礎而產生的羸和龍字,在殷卜辭中出現頻率都很高,而且各具不同的形義功能,在當時的社會生活中分别被賦予了特殊的文化内涵。根據出土所見文字資料,龍字從殷商至《説文》小篆字形之間的發展脈絡,大致可以列示譜系

---

① 參見《甲骨文編》458—459 頁龍字下,中華書局,1965 年版、1982 年再版;又《甲骨文字典》1259—1261 頁龍字下,四川辭書出版社,1989 年版。
② 唐蘭:《天壤閣甲骨文存考釋》40—41 頁,北京輔仁大學叢書之一,1939 年。
③ 于省吾:《釋"能"和"羸"以及从羸的字》,《古文字研究》第八輯 3—4 頁,中華書局,1983 年。
④ 陳世輝、湯餘惠:《古文字學概要》168—169 頁,吉林大學出版社,1988 年。
⑤ 參見《甲骨文字詁林》1838 號羸字下姚孝遂按語,中華書局,1996 年。

如下：

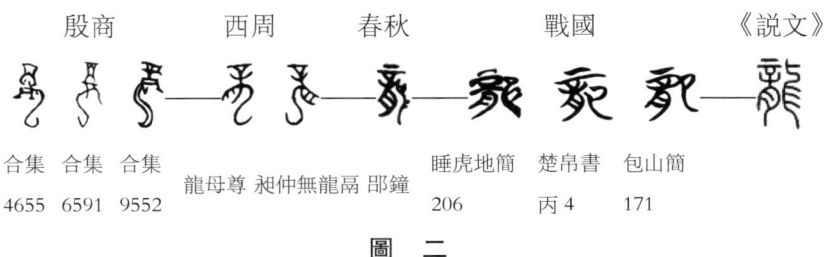

圖　二

與龍的形象和龍字的演化譜系相比較，古羸字的構形所本及其源流關係後來發展得不夠通貫，字形的變化亦較大。在商代以後的文字系統中以及在傳世文獻載籍中，羸字都要較龍字冷僻得多。尤其是在晚周時期，羸字的結體還在一定程度上受能字字形的同化，使其原來的象形本體漸被肢解變形。如將原字形的口喙處訛爲从肉，其與表鬣毛的部分筆畫一並寫在了字的下部，將本表羸首和羸身的結構則叠置在了字形的上邊，遂失羸字古形。加之羸字古義漸微，以至後世的學人多對羸字感到困惑不解。如《說文》四下肉部收有羸字，許慎解釋云："或曰獸名，象形，闕。"可見許慎在當時對這個字也是拿不準的，因爲他並不清楚早在殷商時期就有了這麼一個象形的羸字。根據我們現在所能見到的各種出土文字資料，羸字從殷商至秦漢小篆系統之間的發展演化譜系，大致可以列示如下：

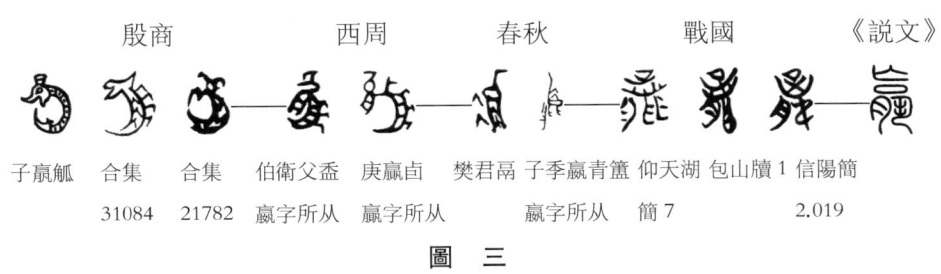

圖　三

如上圖字譜所示，今把羸字結體推溯至商代這種特有的蟠螭形字樣，應當是沒有問題的。而且不僅如此，由於古羸字構形特徵的確認，據此我們還可以在有關那個時代前後的考古實物中，再繫聯到許多與古羸字構形相近的紋飾圖案和佩玉造型。請看下面圖四：

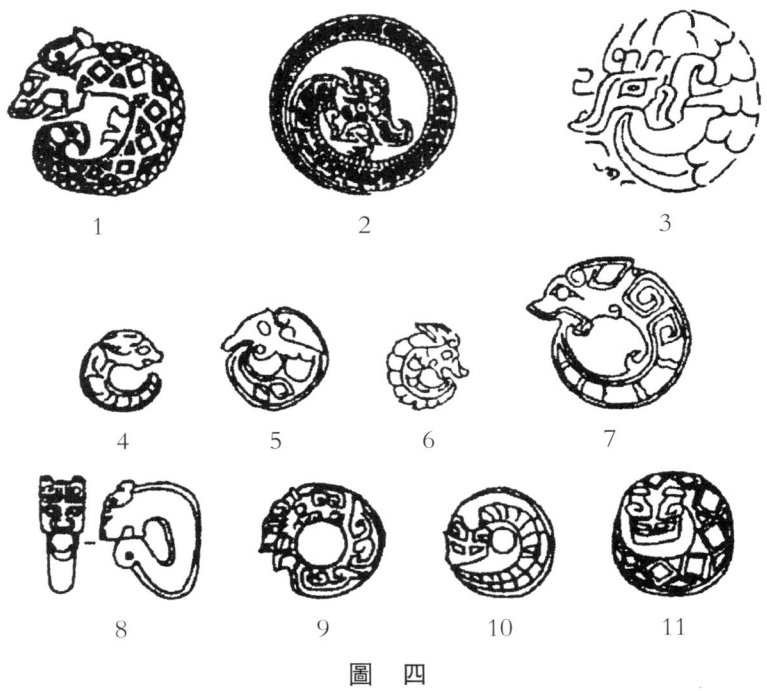

图 四

　　上圖四 1、2 兩例分別爲殷墟婦好墓出土蠃玉（M5：422）造型和銅盤（M5：853）底部紋飾①。例 3 爲河南信陽浉河灘出土父丁簋圈足處紋飾，時代約爲西周早期②。這幾件實物圖像與前舉圖一甲類蠃字形體風格相當接近，雖然彼此在具體紋理細節上各有差異，但它們皆突出張口狀的螭首，身軀盤蜷成圓形，上飾有鱗節狀或叠套爲幾何紋，其所反映的顯然是指同一種神話中的物像。類似這樣的造型在商周之際的銅器紋飾和出土玉器中還有不少，其中僅殷墟婦好墓就另有如 M5：408 的蜷雕蠃，M5：424 的白玉蠃，M5：473、M5：469 的蠃形玦等，皆爲這類玉器中之精品。又如上揭 4—11 諸例，均爲過去曾被著録過的商代蠃形玉器圖像③。其中的 10—11 二例，還可與婦好墓 M5：777 號銅盤紋飾相印合。這一類蠃形玉和蠃形圖案至西周以後漸爲少見，而古蠃字結體上的訛變以及用字上的趨於冷僻，蓋亦是隨之同步發生的，這似乎又透露出當時文化觀念上的一些轉化。不過，如果把視點再往前追溯，那麼盤蜷式的蠃形則又很有淵源可尋，再請看下面圖例：

---

① 中國社科院考古所：《殷墟婦好墓》，文物出版社，1980 年。
② 河南省文物考古研究所：《河南商周青銅器紋飾與藝術》88 頁 263 圖，河南美術出版社，1995 年。
③ 圖三 4—9 例見於黃濬溏《古玉圖録初集》卷二、卷三；10—11 例見於美·愛委夫瑞德·塞爾門尼《中國古代的玉雕》（Alfred Salmony, *Carved Jade of Ancient China*）。

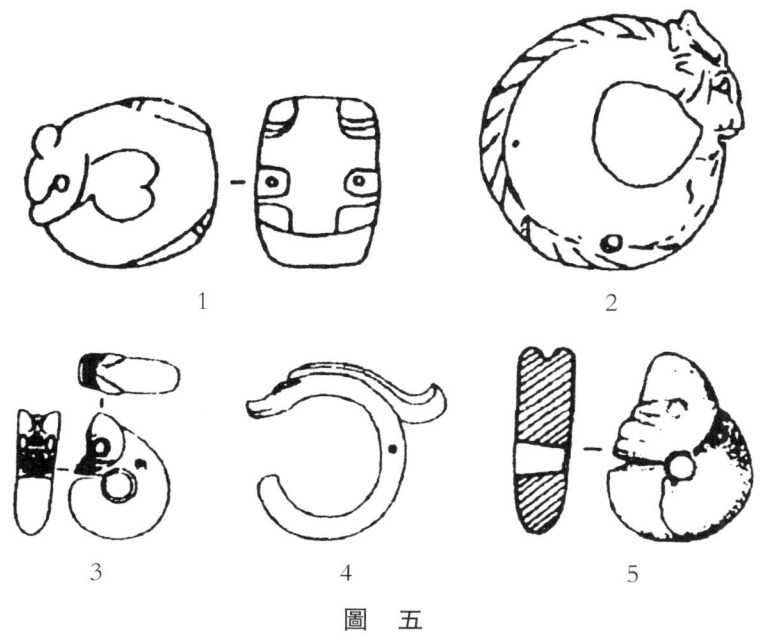

圖　五

　　上圖所示分別爲我國各地出土所見史前時期的幾種玉器造型。其中例1出自湖北天門市石河鎮羅家柏嶺的石家河文化晚期遺址，距今大約有4 200—4 000年①。例2（M16∶2）出自距今約5 000年前後的安徽含山凌家灘大墓中②。例3（ⅡM4∶3）出自遼寧牛河梁紅山文化晚期墓葬③，在年代上早於例2。例4采集於内蒙古三星他拉紅山文化遺址④，在年代上又早於例3，距今約在6 000—5 000年之間。例5（M75∶1）新出自河北陽原縣姜家梁新石器時代墓葬，據碳14測年結果，當時的姜家梁房址年代距今約6 850年（±80年）⑤。上揭諸例不管在年代和地域分布方面，還是在玉器的質料和造型風格等方面有如何的不同，總令人一眼就把它們和商代的羸形玉及其有關圖像聯繫在一起。因爲它們都具有那種盤蜷成圓形（或作C形）的主體造像傳統，而且這一構形特徵顯然都是作爲祥瑞靈物的象徵，被賦有特定的原始信仰内涵。其造型表現在玉器上，則一般是

---

① 湖北省文管會：《湖北京山、天門山考古發掘簡報》，《考古通訊》1956年第3期；又張緒球：《石家河文化玉器的發掘及研究》，載楊伯達主編：《傳世古玉辨僞與鑒考》，紫禁城出版社，1998年。
② 安徽省文物考古研究所，含山縣文物管理所：《安徽含山縣凌家灘遺址第三次發掘簡報》，《考古》1999年第11期圖版柒。
③ 遼寧省考古所：《遼寧牛河梁紅山文化"女神廟"與積石冢群發掘簡報》，《文物》1986年第8期。
④ 翁牛特旗文化館：《内蒙古翁牛特旗三星他拉村發現玉龍》，《文物》1984年第8期。
⑤ 河北省文物研究所：《河北陽原縣姜家梁新石器時代遺址的發掘》，《考古》2001年第2期。

供有較高身份的主人生前佩帶，直至伴隨主人死後下葬。從造型風格上來看，上舉諸種史前玉器除了共同具有盤蜷式特徵之外，其身軀則大體以素面爲主，但豐瘦不一；其首部皆作閉口狀，且以動物面孔爲主却又缺少規範，並不像後來的螭首那樣富有生氣。這些帶有諸多早期特徵的玉器造型，我們不妨稱之爲原始的贏形玉。因爲先民們在很早就創造出來的這一類神異物象，不僅廣泛流行於我國新石器時代的北方、東方和南方等廣大地區，而且自然亦把這種風習帶入到文明社會，並爲上古時期所通行的有關贏的圖像和贏的概念奠定了基礎。

由於經過悠久史前文化風習的積澱和有關贏形以及贏這一概念的形成，於是亦便隨之孕育產生出了贏字。今所見商代甲金文中的贏字，應是我國古文字系統中最早成熟起來的可以妥善表達語言概念的基本符號之一。這個字不但在構形上淵源深長，富有傳統文化特色，在它所表記的早期語詞和語源方面同樣亦具有濃厚的民族語言基礎。與遠古的吉祥玉佩和隨同主人殉入墓葬的文化習俗相一致，古贏字即主要是作爲一種使人避凶趨吉的用語，這種用法大量反映在殷墟卜辭文例中。例如：

1. 乙未卜，古貞：匕（妣）庚贏$_9$。王疒？／乙未卜，殷貞：妣庚贏$_9$。王疒？
　　　　　　　　　　　　　　　　　　　　　　《合集》13707 正　賓組
2. 貞：王冎（骨）贏$_{11}$？／王骨不其贏$_{11}$？　　　　《合集》5775 正　賓組
3. 貞：㞢（有）疒目，贏$_{12}$？二告。／貞：有疒目，不其贏$_{12}$？
　　　　　　　　　　　　　　　　　　　　　　《合集》13625 正　賓組
4. 疒齒贏$_{10}$？／不其贏$_{10}$？　　　　　　　　　《合集》6483 正　賓組
5. 乙子（巳）卜，殷貞：有［疒］身，贏$_{12}$？二告。／乙巳卜，殷貞：有疒身，不其贏$_{12}$？二告。　　　　　　　　　　　　　　　　　《合集》376 正　賓組
6. 貞：王厷（肱）贏$_{11}$？二告。／貞：王肱不［其］贏$_{11}$？《合集》5532 正　賓組
7. 貞：帚（婦）好贏$_7$？／貞：不其贏$_7$？　　　　《合集》17252　賓組
8. 貞：乍（作）卬（禦）婦好，贏$_{12}$？二告。　　《合集》13646 正　賓組
9. 婦好贏$_7$？／丙戌貞：婦好亡（無）冎（禍）？《合集》32762 乙正、甲正　歷組
10. 戊申卜：贏$_2$？／隹（唯）若？　　　　　　　《屯南》2677　歷組
11. 丁卯卜：祝贏$_3$？才（在）□，茲用。／祝且（祖）□，至小乙？
　　　　　　　　　　　　　　　　　　　　　　《屯南》1605　歷組
12. 己巳貞：其尋㳥贏$_2$？／弜尋贏？　　　　　《合集》32439　歷組
13. 率小示㳥贏$_2$？／暜大示㳥贏$_2$？　　　《屯南》2414，又 4233　歷組
14. □□卜貞：贏$_1$ 其吉，王受……　　　　　　《合集》31084　無名組
15. 告贏$_2$ 于父丁，一牛？／三牛？　　　　　《合集》32679　歷組

16. 王其□□⛎(侑)丁,允嬴₁₀,卯十牛。　　　《合集》16133 正、反　賓組

從上揭1—9辭中所反映的占卜內容可以看出,商王常常爲了袪除自己及其王室成員的種種疾患而舉行卜事活動,由此祈告神靈以使病苦解脱。在這一類命辭中往往總帶有嬴字,嬴在這裏習用爲動詞,當是指化解疾苦、使病情好轉的意思。其中的7—9辭是商王武丁爲其配偶之一婦好所做的占卜紀錄,辭中的嬴字即表達出爲婦好生前禳除禍患的渴望。無獨有偶,在上文所提及的殷墟婦好墓中,同樣也發現數件嬴形玉佩和玉玦陪入墓葬,此可見當時的嬴字用語和嬴形玉器對於婦好這個重要人物的生前身後也都是多麽的不可缺少。從上揭10—16辭還可以看出,嬴字作爲商代一種表吉利的習慣用語,並不僅限於言指化解疾患之事,或也可泛指其他能得以逢凶化吉和有所期待的意思。爲此殷人在占卜祈禱的同時,還要進行殺牲並向祖靈施祭等一系列禮儀活動。關於古嬴字的實際使用情況,兹僅據《殷墟甲骨刻辭摹釋總集》中有關嬴字的210餘例辭條來考察,其中除了數例用爲族地名①,10餘例用表殷先王嬴甲之名(即盤庚之兄"陽甲"的別名"和甲")②,其餘則大致與上揭卜辭用法相同,即用來表示占卜者主觀所要達到的某一良好祈願。古嬴字的這種用法,主要表現在殷墟早期乃至中期的甲骨卜辭中,自殷墟晚期以後直至後世,嬴字的出現率漸爲偏低,以致使這麽一個早期充滿神秘而又祥瑞色彩的常用字,竟就這樣與後人相隔膜了。

嬴字在後世雖然變得冷僻,但因爲這個字產生得比較早,所以仍具有較強的構字基礎。嬴字作爲漢字系統中的一個基本偏旁,後來又相繼孳乳出諸如嬴、嬴、嬴、嬴(螺)、嬴(裸)、嬴、嬴(騾)、嬴、嬴、嬴等一系列从嬴的字。另外在古漢語詞彙中,有一個被讀作[kʷalʷa]的語根,早在上古時期便形成了一族比較活躍的詞群。近年任繼昉先生即曾對"果嬴"(又作"果裸")一詞的語源做有詳實的闡發,並對清人程瑤田的《果裸轉語記》所係詞群進行了歸納分類③。又

---

① 如《合集》36825版黃組卜辭云:"己巳卜,在嬴₈,貞:今日步于攸,亡⛎(災)?在十月又二。"嬴字在此用爲地名,與攸地鄰近。
② 《山海經·大荒北經》注引晉人整理《竹書紀年》有辭云:"和甲西征,得一丹山。"清人朱右曾《汲冢紀年存真》依今本《竹書紀年》"陽甲名和"之説,認爲和甲即陽甲,説可信。今證之卜辭,《竹書紀年》所稱之"和甲",賓組、子組卜辭或稱作"嬴甲","和"、"嬴"皆讀爲陽甲之私名,本乃一聲之轉。
③ 任先生對詞群的歸類較詳,兹拈舉數則爲例。如表植物圓者:果裸、栝樓、瓠蔞、屈龍、果堕、活脱、弧毒等;表動物屈短者:蝶嬴、果嬴、蛞蝼、渠略、蚹嬴、螻蟈、科斗、活東、蝸蟀等;表器物圓曲者:轂輪、轂轆、骨董、胍産、拘簍、鞠輅、渠答、轆轤、邍獸等。參見其論著《漢語語源學》28—32頁,重慶出版社,1992年。

如殷孟倫先生亦曾把"果倮"一族細劃分出表圜全義、曲屈義、敷布周匝義、旋轉義、稀疏適歷義等五個詞群①。古羸字得名之由亦很可能與這個詞族所代表的語源有一些内在關係。

  正如上文所述，古羸字的構形本即取象於先民們所長期珍視的一種信物，它在造型上除了怪異的螭首之外，其總體特徵便是盤蜷成圓轉狀。而在上古乃至原始漢語中，先民們對圓轉狀物類的取名，即每每出自同一語源。其語根讀音如"果"，或讀若"蓏"（倮）、"蠃"（螺），或連綿讀爲"果蓏"（倮），今擬音可作 $[k^wa]$、$[l^wa]$ 或 $[k^wal^wa]$。羸字《廣韵》讀"朗果切"，古屬來母合口歌韵，可擬音作 $[l^wa]$。羸字古亦可讀作"和"，如前舉卜辭所見商先王名"羸甲"（見於《合集》656 正、反，795 正、反，21805 等版），後世又讀若"和甲"。和字《廣韵》讀"户戈切"，則屬匣母合口（古歸群母）歌韵，古音可擬作 $[g^wa]$。故從音理上分析，古羸字作爲一個記詞單位，其當初所代表的音、義便很可能出自上古或原始漢語裏本有的 $[k^wal^wa]$ 這一語根。

  應當提出的是，前文所示圖一中的羸字諸例以及圖四、圖五中的有關羸的造型，至今在很多情況下，一般仍在因襲舊説。尤其是四、五圖所示諸例，大家更習慣將其釋爲龍形。既然古文字學家已經把羸和龍字區别爲兩個不同的發展系列，那麼類於圖四中的圖像則似應改釋爲羸形；類於圖五中的圖像，也應釋爲原始的羸形才好。關於古龍字的構形以及華夏之龍的造型，因爲其古今源流通貫，向爲世人所熟悉。特别是基於近十幾年來的考古發掘收穫，我們徑可由商周文字以及商周器物紋飾造型中有關龍的形象，上溯至 6400 年前屬於仰韶文化的河南濮陽蚌塑龍。據濮陽市西水坡遺址發掘報告所述，西水坡遺址共出土有三條蚌殼擺塑龍，其中最長的一條出自 1987 年盛夏所揭露的 45 號大墓。該蚌塑龍位於墓主人的西側，與蚌塑虎相對，龍、虎首部朝北，長 1.78 米，高 0.67 米，龍頭似獸（鱷），昂首瞠目，長吻大嘴，舌微吐；身軀細長而微曲呈弓形，前後各有一條短腿均向前伸，五爪；長尾，尾端分叉呈掌狀②。請參見下圖：

---

① 殷孟倫：《〈果倮轉語記〉疏證叙説》，載《子雲鄉人類稿》256—266 頁，齊魯書社，1985 年。
② 濮陽市文物管理委員會、濮陽市博物館、濮陽市文物工作隊：《濮陽西水坡遺址試掘報告》，《中原文物》1988 年第 1 期，又參見《龍鄉尋根》扉頁照片，河南教育出版社，1996 年。

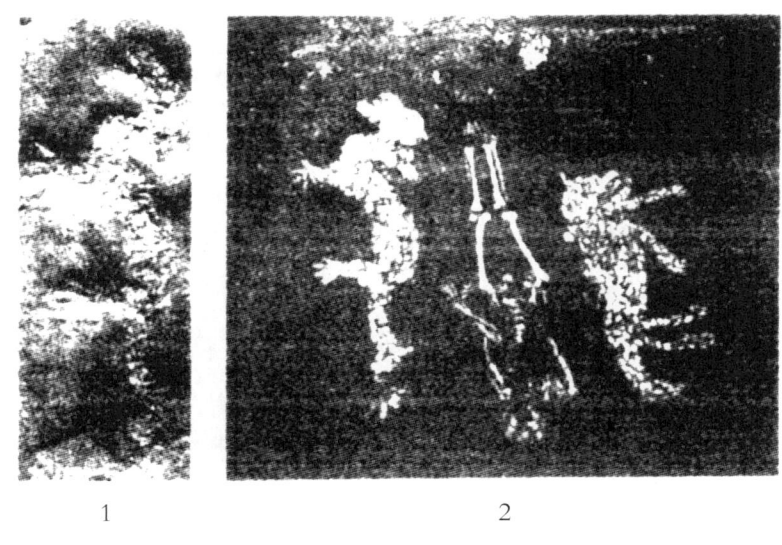

1　　　　　　　　　2

圖　六

　　繼發現濮陽蚌塑龍之后,1994 年,考古工作者還在距今約 8 000 年左右的遼寧省阜新縣沙拉鄉查海遺址,新發現有龍形堆石圖案;1993 年,在距今約 6 000 年前的湖北省黄梅縣白湖鄉焦墩遺址中,出土了一條卵石擺塑龍;近年,在浙江省諸暨市樓家橋新石器時代早期遺址出土的一件陶盆外腹壁上,也發現有 6 000 年前的龍形刻畫圖像①。這些新發現的原始龍的形象,正是華夏之龍的祖型,儘管在具體形態上還實際存在一些地域及時代上的差異,但都比較符合後世所見有關中華龍的基本造型特徵。2000 年夏,經過河南省魯山縣文物考古工作者歷時一個多月的勘察,他們在該縣昭平臺水庫西南部位的二龍崗黄土嶺上(這裏曾爲沙河故道),又發現一條相當於東周時期的大型地畫土龍。

　　魯山地畫龍的出土情況及有關資料,2001 年已由該縣文物辦公室張懷發先生撰文報導②,最近筆者又親得張先生見告。該龍的造型作禽冠、獸脚、蟒身、

---

① 參見《成績斐然的田野考古工作》(遼寧五十年考古收穫專版),載《中國文物報》1999 年 8 月 29 日;另見《查海遺址發掘再獲重大成果》,該報導中說,查海遺址中的紅石堆塑龍"長 19.7,寬 1.8—2 米,巨龍昂首張口,彎身弓背,尾部若隱若現,給人一種騰飛之感",載《中國文物報》1995 年 3 月 19 日;據陳樹祥《黄梅發現新石器時代卵石擺塑巨龍》所描述,黄梅擺塑龍"長 4.46 米,龍首如牛頭,昂首曲頸,單角上揚,張口吐舌,背鰭微張,腹下兩腿,前腿略折,後腿僅露利爪",載《中國文物報》,1993 年 8 月 22 日;又參見《浙江發現 6 000 年前的"龍"》,載《中國文物報》2000 年 1 月 23 日,該文把復原後的龍形描述爲"頭似獸、圓睛、長角(耳?)、突吻大嘴,軀幹似爬行動物,長身、四足、曳尾,作騰躍狀,綫條流暢,栩栩如生"。

② 張懷發:《魯山龍圖與墨城》,載蕭魯陽主編:《中原墨學研究》,中州古籍出版社,2001 年。拙文圖七擇選於張先生所提供的圖版,值此謹表感謝之忱。

魚尾狀；龍首朝東，尾朝西，直綫長 32 米，如計量其彎度，則身長在 36 米以上；龍身粗處爲 2 米，細處 0.4 米（參見圖七·1）；在地畫龍的下方約 8 米處，另有一圓形圖案，徑長 4 米，象徵太陽（參見圖七·2）；在龍和太陽圖案的左側（東向），還有一半月形圖案（00 起作 ꕤ 形），似象徵月亮（也可能象徵山峰），其徑長 10 米。關於這一大型地畫龍圖的創作，蓋先是在龍、日、月平面圖案之下分別挖出一米多深地槽，取出黃土，然後填入彩色土夯實而成。在這個地畫組合圖案中，龍土泛紅，日、月土泛白，另外還多用拳頭大小的圓石鑲嵌在龍、日、月圖形之間，象徵星辰。因 2000 年初夏大旱，方使一直淹沒在水中的地畫龍顯露本色，並有幸被考古人員多次現場鑽探，獲取標本，實地按比例測繪出地畫全貌。根據文獻記載，這裏曾是夏代御龍氏劉累的故邑①，此地畫土龍的復現，正從一個側面反映了古代魯陽居民的龍崇拜習俗。

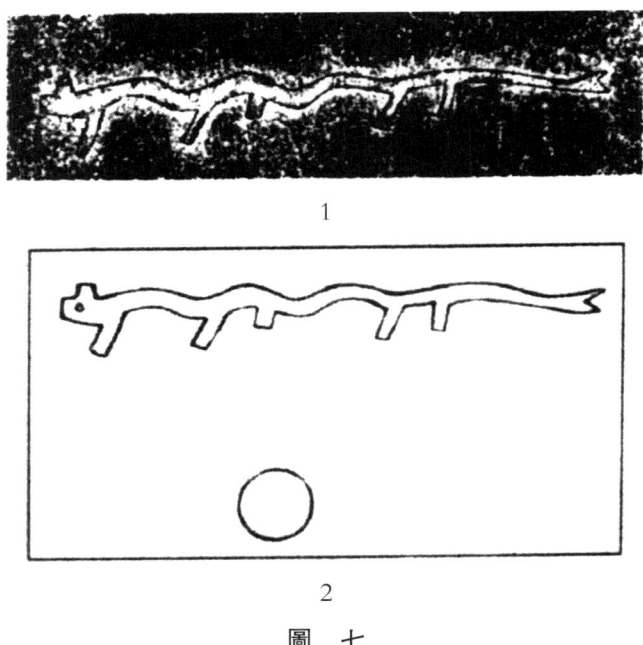

圖 七

大量的早期實物資料表明，從遠古史前時期以來，華夏之龍便一直保持有它獨有的造型特徵和文化內涵。尤其是它那獸類的四肢，蟒蛇類蜿蜒曲折的長軀（一般作 S 形或弓形），鷹類的爪子等部位都與蠃的造型有明顯不同。再就二者

---

① 劉累馴龍和遷魯的典故主要見於《左傳》、《史記·夏本紀》、《竹書紀年》等古籍，如《左傳·昭公廿九年》："有陶唐氏既衰，其後有劉累，學擾龍于豢龍氏，以事孔甲，能飲食之，夏后嘉之，賜氏曰御龍，以更豕韋之後。龍一雌死，潛臨以食夏后，夏后饗之，既而使求之。懼而遷于魯縣，范氏其后也。"又今本《竹書紀年·帝孔甲》："七年，劉累遷于魯陽。"

的神性特點來比較，蠃作爲一種祥瑞之靈物，其神性在於使人逢凶化吉；龍作爲一種受人崇拜的神物，它上可升天，下能入淵，其神性主要在於興雲作雨。《説文》十一下龍部龍字下許慎釋云："麟蟲之長，能幽能明，能細能巨，能短能長，春分而登天，秋分而潛淵。"又許慎爲《淮南子·地形》"土龍致雨"一語注云："湯遭旱，作土龍以象，雲從龍也。"①在殷墟出土甲骨卜辭中，更有商王作土龍以祈雨的占卜紀錄，裘錫圭先生對此曾有論述②。不僅如此，在我國後來的傳世史籍中，從漢唐及至明清，仍多見有在大旱之年設土龍以求雨的記載。如今新發現的魯山二龍崗地畫土龍，顯然也是商湯時代招雨風習的沿承和發展，誠可謂歷代修造土龍遺風的一則難得實例。

蠃與龍的造型及其神性儘管有所不同，不過這兩種神物看來還是有聯繫的。如前文所述，蠃乃後世的蟠螭之本形，蟠在此表盤曲周匝之義③；螭則或以爲象似龍形，古書亦有稱作"蟠龍"者④。螭字見於《説文》十三上虫部，許慎釋云："若龍而黄，北方謂之地螻。从虫，离聲。或云：無角曰螭。"清桂馥《義證》云："《廣雅》：'無角曰虵龍'；《玉篇》：'虵，今作螭。'"按螭字《廣韻》"丑知切"，古屬透母歌部字，音[tʰʷa]。螭字的聲旁离古屬來母歌部；螭的異文虵乃从它（古蛇字）、多聲，多則古屬端母歌部。它們的古音皆與來母歌部的蠃字同韻，聲母並爲端系舌音。故螭與蠃字古音甚近，螭很可能就是蠃的一個後起字。也許正是伴隨周秦時期蟠螭形象的發展和這一概念的約定俗成，遂使後起的螭字取代了古蠃字。

本文在拙作《"蠃"、"龍"考辨》（殷商文明暨紀念三星堆遺址發現70週年國際學術研討會論文，2000年7月）和《蠃字探源》（原載於《追尋中華古代文明的踪迹——李學勤先生學術活動五十年紀念文集》，復旦大學出版社，2002年8月）兩文基礎上修訂而成。

原收入王蘊智：《字學論集》，河南美術出版社，2004年。

---

① 許慎的原注於宋末已經亡佚，此注文多見於後世援引如宋《太平御覽》卷十一、《初學記》卷二、《事物紀原》卷十等文獻，亦見於清孫馮翼所輯許慎《淮南子注》，又漢高誘《淮南子注》中也有同樣内容的注文。
② 裘錫圭：《説卜辭的焚巫尪與作土龍》，載胡厚宣主編：《甲骨文與殷商史》，上海古籍出版社，1983年；又載裘先生《古文字論集》，中華書局，1992年。
③ 如《春秋緯·文耀鈎》："楚立唐氏以爲史官，蒼雲如霓，圍軫七蟠。"蟠字即用表此義。
④ 如《淮南子·本經》："寢兕伏虎，蟠龍連組，煜煜錯眩，照耀輝煌。"

趙平安

戰國文字的"遴"與甲骨文"㚔"爲一字說

甲骨文中有一個字作：

上从止（趾），下从㚔（一種刑具），一般隸定爲㚔。葉玉森、李孝定以爲"象械其趾"，釋爲蟄；魯實先認爲是㚔的繁文，執的初文；朱芳圃認爲當爲桎之初文；張秉權認爲乃縶字；饒宗頤認爲即達，讀爲撻。① 此外，還有人把它釋爲亡。②

又戰國文字中有一個作：

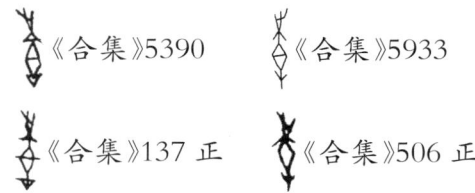

過去都隸定爲遴，或釋達，或釋送，或釋逆③，郭店楚簡出土後，我們知道它應當讀爲失。

> 郭店簡《老子》甲組 11："是以聖人亡爲古（故）亡敗；亡執古（故）亡遴。"
> 《老子》乙組 6："得之若纓（驚），遴之若纓（驚），是胃（謂）憨（寵）辱纓（驚）。"
> 《老子》丙組 11："爲之者敗之，執之者遴之。"

---

① 于省吾主編：《甲骨文字詁林》，第 2583—2685 頁，中華書局，1996 年。
② 羅琨：《商代人祭及相關問題》，《甲骨探史錄》，第 134—135 頁，三聯書店，1982 年。
③ 曾憲通：《長沙楚帛書文字編》，第 96—97 頁，中華書局，1993 年。

《緇衣》18："子曰：大人不新（親）其臸（賢），而信其所戔（賤），警（教）此以遊，民此以絽（變）。"

這些簡文都可與相應文獻對讀，其中遊，他本均作失。①

李家浩先生根據郭店簡提供的綫索，把遊釋爲迭，他說：

> 把上揭 A（即遊）所從的偏旁 與"失"字初文比較，不難發現前者是後者的訛變。前者所從的" "，是由後者所從的"止"訛變而成，與" "無關；前者所從的" "，是由後者所從的"大"訛變而成，與"羊"無關。於此可見，A 實際上應該釋爲"迭"。《說文》說"迭"從"失"聲，故楚國文字的"迭"可以讀爲"失"。②

此說於字形仍有未安。疑點主要集中在字中的下半部分。

我們認爲，所謂遊，實際上應隸作逹，它由辵和羍兩部分組成。羍是由甲骨文幸演變而來的。上半"止"的變化和 （《佚》698）作 （郭店《老子》甲組3）相同，下半"夲"的演變和虢（虐）、罕相似：

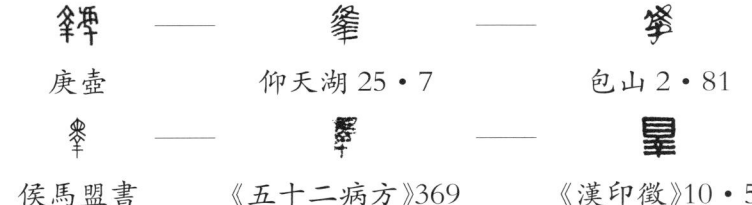

| 庚壺 | 仰天湖 25·7 | 包山 2·81 |
| 侯馬盟書 | 《五十二病方》369 | 《漢印徵》10·5 |

夲在例中省作羊、丯，而羊有時可以寫作 （如吴王光鑒罪字所從），因此幸演變爲羍從形體上看是完全可能的。

幸從止從夲，而止在夲外，本義當爲逃逸。胡厚宣③、羅琨④先生指出此字表示"逃亡"之義，看來是可取的。

幸增累爲逹，省簡爲達，都不見於傳世文獻，可能是逸的本字。《説文·兔部》："逸，失也。從辵兔。兔謾訑善逃也。"逹被逸取代後，就銷聲匿跡了。

從目前掌握的資料看，逸始見於春秋時的秦子戈和矛，戰國時代已廣爲行用。但在不同地域，逹、逸繼替的過程是不平行的，楚國至少戰國晚期仍然只

---

① 荆州市博物館編：《郭店楚墓竹簡》，第 173 頁注 28，文物出版社，1998 年。
② 李家浩：《讀〈郭店楚墓竹簡〉瑣議》，收入《中國哲學》第二十輯，第 346 頁，遼寧教育出版社，1999 年。
③ 胡厚宣：《甲骨文字所見殷代奴隸的反壓迫鬥爭》，《考古學報》1976 年第 1 期，第 1—18 頁。
④ 羅琨：《商代人祭及相關問題》，《甲骨探史錄》，第 134—135 頁。

用逢。

逸和失韻部相同，聲母同爲舌音，古音很近，常相通用。《史記·吳王濞列傳》："陛下多病志失。"《漢書·吳王濞傳》失作逸。《漢書·韋賢傳》："彌彌其失。"《文選》作"彌彌其逸"。夆、逢作爲逸的古字，也可以讀爲失。

把古文字資料中的夆、逢理解爲逸或讀爲失，除了極個别的例子外，絶大多數都可以講通。先看甲骨文：

(1) ▨ ▨ 夆自爻，卑六人，八月。　　　　　　　　　　　《合集》139 正
(2) 甲戌……貞：夆自林圉，得。　　　　　　　　　　《英》540
(3) 癸卯卜，爭貞：旬無囚，甲辰……大取（驟）風，之夕 ▨ 乙巳……夆……五人，五月，在章。　　　　　　　　　　《合集》137 正
(4) 辛亥卜，古貞：追不夆。　　　　　　　　　　　　《合集》869
(5) 貞：冓不夆……　　　　　　　　　　　　　　　　《合集》5929
(6) 貞：王固曰，冓勿夆。　　　　　　　　　　　　　《合集》5930
(7) ……犬夆。　　　　　　　　　　　　　　　　　　《合集》5927
(8) ……逢災……虎夆。　　　　　　　　　　　　　　《合集》5933

以上各例中的夆都用本義，指人或動物逃逸，例（1）、（2）中夆與卑、圉（執）①相對，意義尤爲顯豁。夆的此類用法古書常見，字寫作逸。如《左傳》桓公八年："隨師敗績，隨侯逸。"《韓非子·外儲說右下》："馬前不得進，後不得退，遂避而逸。"

(9) ……貞：旬亡囚，旬 ▨，壬申……夆火，婦姓子 ▨，七……

《合集》17066

"夆火"即"失火"，爲古語詞。《周禮·夏官·司爟》："凡國失火，野焚萊，則有刑罰焉。"《韓非子·說林上》："失火而取水於海，海水雖多，火必不滅矣，遠水不救近火也。"

(10) ……丑卜，爭……屮夆……見……　　　　　　　《英》539 正
(11) 貞：屮于上甲三牢，告我匚衛。　　　　　　　　《合集》6664 正
(12) 貞：牢于上甲，告我匚衛。　　　　　　　　　　《合集》6664 正

---

① 于省吾主編：《甲骨文字詁林》，第 2583 頁。

"虫"通"有","衛"是羍的累增字（加"行"與加"辵"相似），此處讀爲失，"虫羍"即"有失"。"匚"通"匡"①，"匚失"猶"匡失"。失指過失而言。《荀子·大略》："水行者表深，使人無陷；治民者表亂，使人無失。"《禮記·學記》："教也者，長善而救其失者也。"即用此義。

再看簡牘帛書：

（13）冬柰之月甲辰之日，少臧之州人佔士石佢訟其州人佔士石臘，言胃剔其弟石䏢䏦。既發筓，執勿逯。　　　　　　　　　　　包山2·80

（14）甲辰之日，小人之州人君夫人之敢愴之宥一夫逯趣至州巷，小人牾敷之，夫自剔，小人女戬之以告。　　　　　　　　　　包山2·142

這兩個逯，也都用本義。"執勿逯"即抓住別讓跑了，"逯趣至州巷"即逃跑到州巷。

（15）日月星辰，亂逯其行。經綸逯國（亂），卉木亡尚（常）。

子彈庫帛書《甲篇》

（16）是胃逯月，閏之勿行。一月、二月、三月，是胃逯終。　　同上

"亂逯其行"猶"亂失其行"，意爲日月星辰紊亂，失去常道，與《詩經·小雅·十月》"日月告凶，不用其行"語義相近。"經綸逯國"應讀爲"盈縮失亂"，意爲盈縮失常紊亂。逯月、逯終則可能是當時的專用名詞，其義待考。

1999年8月寫記

原載《古文字研究》第22輯，中華書局，2000年；收入趙平安：《新出簡帛與古文字古文獻研究》，商務印書館，2009年；又收入《文字·文獻·古史——趙平安自選集》，中西書局，2017年。今據後者收入。

---

① 《說文·匚部》："匚，受物之器，象形。凡匚之屬皆从匚，讀若方。匚，籀文匚。"（《說文解字》第268頁，中華書局，1963年）匚、匚一字，故可讀爲匡。

常玉芝

黃組周祭分屬三王的再論證

殷墟甲骨文中的"黃組卜辭"即董作賓分期中的第五期卜辭。對黃組卜辭所屬的王世，最早是董作賓認爲全屬於帝乙、帝辛時期①。幾十年來，絕大多數學者都信從董氏之説。但郭沫若在1933年就曾根據王國維的考證指出下版黃組卜辭是文丁卜辭：

(1) 甲辰卜，貞：王賓求祖乙、祖丁、祖甲、康祖丁、武乙，衣，亡尤。②

(《後·上》20·5)

王國維在《殷卜辭中所見先公先王考》中考證該辭説："武乙以前四世爲小乙、武丁、祖甲、康丁，則祖乙即小乙，祖丁即武丁。"③郭沫若贊同王國維的考證，并根據該條卜辭對武乙不稱"武祖乙"，斷定它是文丁時卜辭④。1975年，嚴一萍又指出屬於黃組的"宰丰雕骨"刻辭可入文武丁祀譜，故其應是文武丁時之物⑤。1981年，李學勤指出黃組中王六祀的周祭記録表明黃組周祭可分爲三組，其中有一組應屬文丁時期（詳後文）⑥。黃組中是否有系統的文丁卜辭，答案是肯定的。1986年，我們全面詳細考察了黃組中的"祊祭"卜辭，從稱謂和字體上

---

① 董作賓：《甲骨文斷代研究例》，《中央研究院歷史語言研究所集刊外編——慶祝蔡元培先生六十五歲論文集（上册）》，1933年。
② 羅振玉：《殷虚書契後編（上卷）》，拓本，1916年，臺北：藝文印書館重印，1970年。
③ 王國維：《殷卜辭中所見先公先王考》，《觀堂集林》（卷9），北京：中華書局，1959年，第432—433頁。
④ 郭沫若：《卜辭通纂》，北京：科學出版社，1982年。
⑤ 嚴一萍：《文武丁祀譜》，《"中央研究院"歷史語言研究所集刊》（第46本2分），1975年。
⑥ 李學勤：《小屯南地甲骨與甲骨分期》，《文物》1981年第5期。

分析，得知祊祭卜辭應屬於文丁、帝乙兩世①。1987 年，我們又通過對黃組翌、祭、壹、劦、彡五種祭祀卜辭中稱謂的分析和王六祀、王二十祀周祭材料的分析，指出黃組周祭包含有文丁、帝乙、帝辛三王的卜辭②。由於近年又發現和拼合了新的材料，故本文再對黃組周祭卜辭所屬的時代作進一步的論證。

稱謂反映黃組周祭所屬的王世

康丁的稱謂：

（2）丁卯卜，貞：王賓康祖丁翌日，亡尤。③　　　　　　　　（《後·上》4·10）

（3）〔丁〕亥卜，貞：王賓康祖丁祭，亡尤。④　　　　　　　　（《合集》35889）

（4）丁卯卜，貞：王賓康祖丁壹，亡尤。⑤　　　　　　　　　　（《合集》35955）

（5）丁卯卜，貞：王賓康祖丁劦日，亡〔尤〕。⑥　　　　　　　（《合集》35957）

（6）丁未卜，貞：王賓康祖丁彡日，亡尤。⑦　　　　　　　　　（《合集》35958）

（7）丁酉卜，貞：王賓康祖丁彡日，〔亡〕尤。⑧　　　　　　　（《合集》35959）

（8）〔丁〕巳卜，貞：王〔賓〕康祖丁彡〔日〕，亡尤。⑨　　　（《合集》35960）

康丁之配的稱謂：

（9）辛酉卜，貞：王賓康祖丁奭妣辛壹，亡尤。⑩　　　　　　　（《合集》36289）

（10）辛亥卜，貞：王賓康祖丁奭妣辛□，〔亡尤〕。⑪　　　　　（《合集》36291）

（11）辛巳卜，貞：王賓康丁奭妣辛□，亡〔尤〕。⑫　　　　　　（《合集》36290）

（12）辛酉卜，貞：王賓康奭妣辛壹，亡尤。⑬　　　　　　　　　（《合集》36281）

以上是迄今所見到的以五種祀典祭祀康丁及其配偶妣辛的卜辭。其中（2）、（3）、（4）、（5）、（6）、（7）、（8）七條是祭祀康丁的卜辭，這七條辭無一例外地對康丁都加稱"祖"，即稱"康祖丁"。對康丁稱"祖"的只能是其孫文丁、曾孫帝乙和玄孫帝辛。第（9）、（10）、（11）、（12）四條是卜問祭祀康丁之配妣辛的卜辭，其中

---

① 常玉芝：《祊祭卜辭時代的再辨析》，《甲骨文與殷商史》（第二輯），上海：上海古籍出版社，1986 年。
② 常玉芝：《商代周祭制度》，北京：中國社會科學出版社，1987 年，第 301—304、291—299 頁。
③ 羅振玉：《殷虛書契後編》（上卷），拓本，1916 年，臺北：藝文印書館重印，1970 年。
④⑤⑥⑦⑧⑨⑩⑪⑫⑬　郭沫若：《甲骨文合集》，北京：中華書局，1979—1982 年。

（9）、（10）兩條對康丁稱"康祖丁"，（11）條稱"康丁"，（12）條單稱"康"，這四條辭雖然對康丁有稱"祖"的，有不加稱"祖"的，周祭先王及先妣所附記的先王名，除康丁外都不加稱"祖"（廟號原已帶"祖"字的除外），都是直稱其廟號，但對其配偶却都稱"妣辛"。對康丁之配稱"妣"的，只能是文丁、帝乙和帝辛。我們曾指出，黄組周祭先王始於上甲，終於康丁；周祭先妣始於示壬之配妣庚，終於康丁之配妣辛。今上述周祭康丁的卜辭對康丁全部稱"祖"，周祭康丁之配的卜辭對康丁之配全部稱"妣"，可見黄組周祭卜辭中没有康丁之子武乙的卜辭。最近有學者提出黄組周祭含有武乙卜辭，是没有根據的。

武乙的稱謂：

（13）乙丑卜，貞：王賓武乙翌日，亡尤。① 　　　　（《合集》36025）

（14）乙卯卜，貞：王賓武乙祭，亡尤。② 　　　　　（《前》1·22·4）

（15）乙巳卜，貞：王賓武乙叙日，亡尤。③ 　　　　（《合集》36027）

（16）乙未卜，貞：王賓武乙叙日，亡尤。④ 　　　　（《合集》36026）

（17）乙酉，商貝，王曰……遘于武乙彡日。隹王六祀。彡日。⑤

（《款識》2·36）

文丁的稱謂：

（18）丁丑卜，貞：王賓文武翌日，亡尤。⑥ 　　　　（《合集》36128）

（19）丁亥卜，貞：王賓父丁叙日，亡尤。⑦ 　　　　（《合集》36129）

帝乙的稱謂：

（20）乙巳，王曰：障文武帝乙宜，在召大廟，遘乙翌日，丙午醬，丁未盨。乙酉，王在梌，郊其賜貝。在四月，隹王四祀。翌日。⑧ 　　　　（《録遺》275）

以上（13）、（14）、（15）、（16）是卜問武乙五祀的卜辭，（17）是"豐彝"銘文，記有武乙的彡祀。在這些卜辭和銘文中，對武乙均不加稱"祖"，因此這些卜辭和銘文應是武乙之子文丁時的遺物⑨，（18）、（19）是卜問文丁五祀的卜辭，兩

---

①③④⑥⑦　郭沫若：《甲骨文合集》，北京：中華書局，1979—1982年。
② 　羅振玉：《殷虛書契前編》，拓本，1913年，臺北：藝文印書館重印，1970年。
⑤ 　薛尚功：《歷代鐘鼎彝器款識法帖》，北京：中華書局影印明朱謀垔刻本，1986年。
⑧ 　于省吾：《商周金文録遺》，北京：科學出版社，1957年。
⑨ 　晚商銅器銘文中對先祖一般不加稱"祖"，因此"豐彝"銘文中也有可能不是文丁之物。今暫附於此。

辭對文丁一稱"文武",一稱"父丁",對文丁不稱"祖"而稱"父",可見這兩辭應是文丁之子帝乙時的卜辭。(20)是"四祀邲其卣"銘文,銘文中的"文武帝乙"即是"帝乙"①。"文武帝乙"一稱在周原甲骨文中已有發現,證明"四祀邲其卣"銘文不是偽作。因此有"文武帝乙"一稱的"四祀邲其卣"應是帝辛時所做。

以上所列十七條帶有稱謂的黃組五祀卜辭和兩條帶有稱謂的商末銅器銘文證明:黃組周祭卜辭不包含武乙卜辭,它所屬的王世不是董作賓以來大多數學者所認爲的帝乙、帝辛二王,而應是文丁、帝乙、帝辛三王。目前在黃組卜辭中雖然尚未發現明確的"文武帝乙"一稱②,但在我們復原的三組黃組周祭祀譜中,有一組聯繫著帶有"文武帝乙"一稱的"四祀邲其卣"銘文和"二祀邲其卣"、"六祀邲其卣"銘文,因此黃組周祭卜辭含有帝辛卜辭是毋庸置疑的。

二祀、六祀、二十祀周祭記錄反映黃組所屬的王世

上文由五祀卜辭和銅器銘文中的稱謂得知黃組應屬文丁、帝乙、帝辛三王,這一點由王二祀、王六祀、王十二祀的周祭記錄也可得到間接證明。

王二祀的記錄:

(21) 癸未王卜,貞:酚彡日自上甲至于多后,衣,亡徣自畎。在四月,隹王二祀。③　　　　　　　　　　　　　　　　　　　　(《合集》37836)

(22) 癸卯王卜,貞:酚彡日自上甲至于多后,衣,亡徣自畎。在五月,隹王二祀。④　　　　　　　　　　　　(《合集》35427 +《合集》37837)⑤

(23) [癸]□王卜,貞:禽巫九禽,其酚彡日[自上甲]至于多后,衣,亡徣自畎。在〔十月〕又二。王乩曰:大吉。隹王二祀。⑥　　　　　(《合集》36835)

以上三條辭都是於癸日卜問祭上甲及其以後諸位祖先的合祭卜辭。這三條辭所記

---

① 丁山:《邲其卣三器銘文考釋》,《大陸雜誌》,1947年第37、38卷。
② 筆者懷疑《合集》35356即《簠·帝》143、《續》2·7·1上於乙丑日卜問的一辭中有"文武帝乙"稱謂,只是"乙"字小而纖細,不敢肯定。
③④⑥ 郭沫若:《甲骨文合集》,北京:中華書局,1979—1982年。
⑤ 該版卜辭爲筆者綴合。

的年數相同，都是"王二祀"；所用的祀典相同，都是"彡"祀；所祭祀的祖先也相同，都是祭"自上甲至于多后"（祭上甲當在卜日的第二天甲日）；但所舉行祭祀的月份和日期却不同：第（21）辭記錄彡祭上甲在四月甲申日（癸未日的第二天），第（22）辭記錄彡祭上甲在五月甲辰日（癸卯日的第二天），第（23）辭記錄彡祭上甲在十二月某甲日（卜日殘，由復原的祀譜知應是甲午日——見《文丁、帝乙、帝辛祀譜總表》，待刊）。我們曾論證過黄組周祭以翌、祭、壹、劦、彡五種祀典按着"先王先妣祀序表"對自上甲至康丁的三十一位先王和自示壬之配妣庚至康丁之配妣辛的二十位先妣，共五十一位祖先輪番祭祀一周，需要三十六旬或三十七旬的時間①，也即以一種祀典祭祀同一位祖先在一年中一般只會舉行一次，即使是在有閏月的年份，也只是在歲首一月的某個祭祀可在歲末的最後一月重見一次，而不會像上述三辭所表明的那樣，在四月舉行過彡祭上甲之後〔（21）辭〕，又在下個月五月〔（22）辭〕或七個月之後的十二月又舉行一次〔（23）辭〕，也即彡祭上甲不會在最多經過五旬（四月至五月）、二十六旬（四月至十二月）、二十三旬（五月至十二月）之後又舉行一次。因此，很顯然，上述三條王二祀的周祭記錄不是一個王，也不是兩個王，而是三個王的遺物。這説明黄組周祭包含有三個王世的卜辭。而由周祭的最後一王康丁被稱作"康祖丁"，其配被稱作"妣辛"來看，這三個王只能是文丁、帝乙和帝辛。

王六祀的記錄：

（24）癸酉王卜，貞：旬亡畎。王占曰：吉。在十月又二，隹王六〔祀〕。〔癸未〕王卜，〔貞〕：〔旬〕亡畎。〔王占曰：吉。在〔十〕月又二。〔甲〕申翌祖甲。②

（《合集》37845）

（25）乙亥，邲其賜乍册（中略），用乍祖癸障彝。在六月，隹王六祀。翌日。③

（《録遺》273）

（26）壬午，王田于麥麓隻商戠眔，王易宰丰寢小兟兄。在五月，隹王六祀。彡日。④

（《佚》518 反）

第（24）版第二辭記錄某王六年十二月甲申日翌祭祖甲；第（25）條是"六祀邲其卣"銘文，記錄某王六年六月乙亥日是舉行翌祀的日子；第（26）條是著名的

---

① 常玉芝：《商代周祭制度》，北京：中國社會科學出版社，1987 年，第 139—199 頁。
② 郭沫若：《甲骨文合集》，北京：中華書局，1979—1982 年。
③ 于省吾：《商周金文録遺》，北京：科學出版社，1957 年。
④ 商承祚：《殷契佚存》，南京：金陵大學中國文化研究所叢刊甲種影印本，1933 年。

"宰丰雕骨"刻辭，記録某王六年五月壬午日是舉行彡祀的日子。我們曾指出，翌祀和彡祀的一個周期是十一旬，即使有三十七旬周期的例外旬也只有十二旬①，而六月至十二月在没有閏月的情況下也至少有十八旬，因此，即使第（25）條銘文記録的六月乙亥日處在六月末旬並且是翌祭的第一旬，翌祭祖甲最遲也是在十月，而不會晚到十二月，因此，同是王六祀記録的第（24）辭與第（25）條銅器銘文不是一王之物，它們應分屬兩王。第（26）條記録五月壬午日舉行彡祭，第（24）條記録十二月甲申日翌祭祖甲，即使五月壬午日的彡祭是彡祀的最後一旬，那麽翌祭祖甲即翌祀的最後一旬也只能在九月或十月（三十七旬型時），而達不到十二月，因此，第（26）辭與第（24）辭不是一王之物；又由以第（25）條銅器銘文爲據復原的王六祀祀譜（帝辛祀譜）知，五月是舉行翌祀而不是舉行彡祀的月份，因此，第（26）辭與第（25）辭也不是一王之物。總之，上述王六祀的三條材料應該分屬三王，也即王六祀的周祭材料也反映黄組周祭有三個王的遺物。由黄組周祭最後一王康丁被稱作"康祖丁"，其配偶被稱作"妣辛"，知此三王應是文丁、帝乙、帝辛。

王二十祀的記録：

(27)〔癸〕亥王卜，貞：酒彡日自上甲〔至于〕多后，衣，亡𠂤自畎。〔王𠩺〕曰：吉。在三月，隹王二十祀。彡。②　　　　　（《合集》37864+《合集》37851）③

(28) 甲子，王易宰椃，商用乍父障彝。在十月又二。遘祖甲䚄日。隹王二十祀。④

(29) 癸巳卜，泳貞：王旬亡畎。在六月。甲午工典其幼。

癸丑卜，泳貞：王旬亡畎。在六月。甲寅酒翌上甲。王二十祀。

癸酉卜，泳貞：王旬亡畎。甲戌翌大甲。

癸巳卜，泳貞：王旬亡畎。在八月。

癸丑卜，泳貞：王旬亡畎。在八月。甲寅翌日羌甲。

癸酉卜，泳〔貞〕：王旬〔亡畎〕。在九〔月〕。⑤　　　　（《合集》37867）

---

①⑤　常玉芝：《商代周祭制度》，北京：中國社會科學出版社，1987年，第170—175頁。
②　郭沫若：《甲骨文合集》，北京：中華書局，1979—1982年。
③　此版爲許進雄拼合。見《第五期五種祭祀祀譜的復原——兼談晚商的曆法》，《大陸雜誌》第73卷第3期，1986年；又載《古文字研究》（第18輯），北京：中華書局，1992年。不過許氏將"在三月"誤爲"在二月"，"三"字拓本清晰；又"王二十祀"後漏摹"彡"字。
④　《全國出土文物珍品選（1976—1984）》，北京：文物出版社，1987年。

第（27）辭記録王二十祀三月甲子日彡祭上甲，第（28）條是"帚妌方鼎"銘文，記録王二十祀十二月甲子日劦祭祀祖甲，第（29）版卜辭記録王二十祀六月甲寅日翌祭上甲。周祭祀譜（待刊）表明，即使三月甲子彡上甲在三月的第一旬，六月也無甲寅翌上甲，因此，第（27）辭和第（29）辭不是一王之物。又周祭周期表上由彡上甲至劦祖甲要經過至少三十五旬①，十一個多月的時間，今第（27）辭彡上甲在三月，第（28）條銘文劦祖甲在十二月，最多十個月的時間，因此，第（27）辭和第（28）條銘文也不是一王之物。又周期表上由翌上甲到劦祖甲要經過二十三旬②，近八個月的時間，今第（29）辭翌上甲在六月，第（28）條銘文劦祖甲在十二月，最多七個月的時間，因此，第（29）辭和第（28）條銘文也不是一王之物。總之，上述王二十祀的三條材料不能容納在一個或兩個王世中，它們只能分屬於三個王世，也即王二十祀的周祭材料也反映黄組周祭有三個王的遺物。由周祭最後一王康丁被稱作"康祖丁"，其配偶被稱作"妣辛"，知此三王是文丁、帝乙和帝辛。

　　總之，由黄組周祭卜辭和晚商青銅器銘文中對康丁及其配偶，對武乙、文丁、帝乙的稱呼上看，由王二祀、王六祀、王二十祀三組周祭材料上看，黄組周祭應分屬三王。由周祭卜辭對周祭的最後一王康丁稱作"康祖丁"，對其配偶稱作"妣辛"，可知此三王應是文丁、帝乙和帝辛。由此又可證明黄組卜辭即董作賓分期中的第五期卜辭，應包含有文丁、帝乙、帝辛三王的卜辭，而不是如董作賓所說只是帝乙、帝辛兩王的卜辭③。

原載《文史哲》2001年第3期。

---

① 常玉芝：《商代周祭制度》，北京：中國社會科學出版社，1987年，第191—193頁。
② 常玉芝：《商代周祭制度》，北京：中國社會科學出版社，1987年，第191—192頁。
③ 常玉芝：《祊祭卜辭時代的再辨析》，《甲骨文與殷商史》（第二輯），上海：上海古籍出版社，1986年。

李宗焜

從甲骨文看商代的疾病與醫療

一、前　言

有關中國古代醫學史的論著，陸陸續續發表了不少，但對商代疾病與醫療的論述，卻顯得比較欠缺與瑣碎。一九四三年胡厚宣發表《殷人疾病考》[1]（下文所引胡先生說，除特別註明外，即指此文。又：本文省略所有敬稱），比較有系統的利用甲骨文介紹了商代的疾病問題。此後，利用甲骨文討論商代疾病與醫療的文章間有發表；近年所出版的幾本討論商代社會生活的專著，也利用比較多的篇幅討論商代的疾病和醫療。

這些論著的有關內容詳略有別，而且各家說解出入很大，良窳互見，讓人無所適從。本文旨在利用殷墟出土的甲骨文，論述商代的疾病與醫療，對衆所習知而無異說的部分，只述其大略，而把重點放在補充前人所未備的材料及討論諸家有異說的相關問題。

本文所引卜辭儘量採寬式，如"帚"直接寫做"婦"，"且辛"直接寫作"祖辛"等。有些罕用字，在不影響原意的前提下，儘可能採用電腦可以輸入的字，如"𡝗"直接寫作"害"。

甲骨文"疒"字或"𤕫"字，丁山釋爲"疾"[2]，爲多數學者所接受。楊樹達釋爲疒，並引《說文》"疒，倚也。人有疾病，象倚箸之形"等爲證，認爲"疒既象人有疾病倚箸之形，自含疾義，疒、疾文雖小異，義實無殊，以之讀卜辭諸

---

[1] 胡厚宣，《殷人疾病考》，《學思》3.3（1943），又收入《甲骨學商史論叢》（臺北：大通書局影印，1972）。
[2] 丁山，《說𤕫》附錄一"釋𤕫"，《中央研究院歷史語言研究所集刊》1.2（1930）: 243—245。

文，固無礙隔也"。①楊氏之説"於字形辭義無不允當，其説牢不可易"②。

甲骨文另有"𰻞"字，"象矢著肱下，疒與疾之本義有別，但也有時通用，甲骨文的'囚凡有疾'，他辭皆作'囚凡有疒'；毛公鼎的'愍天疾畏'，《詩·雨無正》作'昊天疾威'是其證"③。爲了行文的方便，我們把疒、疾都直接寫成"疾"。

若干卜辭於文末附有參考圖版，並在文中所引卜辭之前加＊以別之。

二、研究歷史的回顧

胡厚宣的《殷人疾病考》，開啓了殷代疾病研究的先聲，該文列出了十六種甲骨文中所見的疾病，並以"今日之醫科分之"，分爲內科、外科等等。楊樹達曾評此文"蓋胡君所見骨文獨爲豐富，故能翔實如此"。④就當時而言，胡文確可稱爲"翔實"，但材料日益增多，可以增補的自亦不少，後來學者發表的文章中即多有補充，這是學術發展的必然現象。雖然如此，未爲學者所述及的材料並非無有，隨著材料的增多及研究的不斷深入，胡先生所指出的十六種，有不少可以增補的地方；另一方面則有一些不是疾病而被誤列的，應該剔除。胡先生之後，有關討論殷人疾病的文章，大多是增補胡文的，對胡文中應該剔除的部分則少見討論；且這些增補的文章中，一方面固然增加了一些有關疾病的內容，但同時也大量增入了實際上並不是疾病的材料。

首先對胡文提出意見的，是一九四五年楊樹達的《讀胡厚宣君〈殷人疾病考〉》，此文只對胡文的某些説法提出不同見解，並未有所增益。增補胡文較早的有陳世輝的《殷人疾病補考》⑤，此文比胡文多了臂疾、心疾、癤腫三項，文

---

① 楊樹達説見《讀胡厚宣君〈殷人疾病考〉》，《積微居甲文説》卷下（臺北：大通書局，1971）。許進雄以爲㾝所從的丬原爲某種簡單的運搬工具，可能爲病弱者設，以便一旦病危就連人帶擔架丟棄於山。更後來也許病期長，爲生活方便又加上短腿，就成了牀的形式。許説見《從古文字看牀與病疾的關係》，《中國文字》新10（1985）：79—91。
② 李孝定，《甲骨文字集釋》（臺北："中央研究院"歷史語言研究所專刊之五十，1965），頁2522按語。
③ 見于省吾，《甲骨文字釋林·釋疒·疾》（北京：中華書局，1993）。
④ 楊樹達，《讀胡厚宣君〈殷人疾病考〉》，《積微居甲文説》卷下。
⑤ 陳世輝，《殷人疾病補考》，《中華文史論叢》第四輯（上海：上海古籍出版社，1963）。

末附記説"這裏所述，是胡厚宣先生《殷人疾病考》一文所不曾道及者，所以名爲《補考》"。按陳文所補確是胡文所不曾道及者，但對有關文字的具體解釋往往並不正確，於是有范毓周的《〈殷人疾病補考〉辨正》①提出，相當程度的辨正了陳氏的説法。

除了對各種疾病的廣泛討論外，也有專就身體某個部位的疾病加以論述的，如任職於北京市口腔醫院的周宗岐，就曾先後發表了兩篇專論口腔疾病的文章②，集中討論了口腔的疾病，但所討論的內容有相當一部分是跟胡文重複的。

徐錫臺的《殷墟出土疾病卜辭的考釋》③列出十八種疾病；文中第一段"殷墟出土疾病字的考釋"，考釋了三十二個"疾病字"，其中可議之處甚多，尤其把甲骨文中從"𠂤"的字均視爲疾病字，頗難令人認同。而其考釋之後，只列出卜辭而沒有任何説明，其考釋結果與所舉卜辭是否相合，也頗有商榷餘地。

專書中討論到商代疾病的主要有溫少峰、袁庭棟的《殷墟卜辭研究——科學技術篇》④（下文以溫少峰爲代表），列了三十四種疾病，並有詳細的卜辭例證和解釋。

以"社會生活史"爲名的著作，也多涉及殷代疾病的討論，如李民的《殷商社會生活史》⑤"簡要談了甲骨文所載商人認識的疾病十六種"，主要選擇了胡文和溫少峰書的一些説法。宋鎮豪的《夏商社會生活史》⑥列了三十九種疾病，但只有非常簡單的解釋，並無甲骨例證及論述。

此外，還有專門論述殷代疾病醫療的著作，如嚴一萍的《殷契徵醫》。⑦

後來發表的這些討論殷代疾病與醫療的主要論著，材料的搜羅比以往更多，實際已遠比胡先生所舉更爲"翔實"，但仍有未爲各家所提及的重要材料；而諸

---

① 范毓周，《〈殷人疾病補考〉辨正》，《東南文化》1998.3。
② 一是一九五六年發表的《殷虛甲骨文中所見口腔疾患考》，見《中華口腔科雜志》3；一是一九九一年發表的《殷虛甲骨文所見口腔疾患續考》，見《中華口腔醫學雜志》26.1，署名周大成。
③ 徐錫臺，《殷墟出土疾病卜辭的考釋》，《中國語文研究》7（1985）。此文另見《殷都學刊》1985.1，題爲《殷墟出土的一些病類卜辭考釋》。
④ 溫少峰、袁庭棟，《殷墟卜辭研究——科學技術篇》（成都：四川省社會科學院出版社，1983）。
⑤ 李民，《殷商社會生活史》（鄭州：河南人民出版社，1993）。
⑥ 宋鎮豪，《夏商社會生活史》（北京：中國社會科學出版社，1994）。
⑦ 嚴一萍，《殷契徵醫》（1951）。後又收入《嚴一萍先生全集》甲編第一冊（臺北：藝文印書館，1991）。

多論述中，不盡恰當之説仍然不少。尤其對殷代醫療的部份，甲骨的材料其實少之又少，過度的引申恐怕未必更能窺見其真相。

下面我們將針對甲骨中所見的材料，參考各家説法，來看看殷代的疾病和醫療。對於沒有爭議的問題，則只述其大要，不多加徵引。

三、甲骨文中所見的疾病

甲骨文中所見的跟疾病有關的卜辭，幾乎都出現在第一期，尤其以賓組爲多，少量出現在師組、出組或歷組；武丁以後關於疾病的卜辭幾乎沒有。出組早期的卜辭，其時代約在武丁晚期；師組卜辭多數學者相信它們是屬於第一期的；歷組卜辭也有學者主張應屬第一期。如此説來，關於疾病的卜辭，就都出現在第一期了。

下面我們就來探討卜辭中所提到的疾病。

（一）疾首

卜辭的"疾首"主要見於賓組，另有二條比較完整的，見於出組早期的同文卜辭云：

（1）甲辰卜，出貞：王疾首無延。　　　　　　　　　　24956、24957

相關卜辭參見《殷墟甲骨刻辭類纂》（以下簡稱《類纂》），頁380。

"疾首"顧名思義是指頭部的疾患，《孟子·梁惠王下》"疾首蹙頞"，趙注："疾首，頭痛也。"這樣的解釋簡單明瞭，各家均無異説。當然頭痛的原因有很多種，如嚴一萍所説"若流行性感冒之頭痛"則只是其中之一。"無延"，胡厚宣解釋爲"勿延纏"，可信。

有一條爲衆家徵引，而爲《類纂》"疾首"條下失收的賓組卜辭云：

（2）旬〔亡〕囚。旬有求。王疾首，中日㊅。

"中日"爲殷代時稱，或稱"日中"，即正午時分。① 從辭意看，"王疾首，中日㊅"應爲驗辭。"㊅"字或釋爲"雪"，如胡厚宣釋此句云：

---

① 詳見拙文《卜辭所見一日内時稱考》，《中國文字》新18（1994）。

> 王病頭且日中降雪。蓋殷代黃河流域氣候較今日爲暖,雪爲不常見之事,即偶然降雪,亦多於夜間,或昧爽之時。今日中降雪,故殷人以與殷王武丁患頭病同視爲災禍之事也。

此説楊樹達已不以爲然,楊氏説:

> ⺕字胡氏釋爲雪,釋中日⺕爲日中降雪,以爲災禍之事。余謂雪兆豐年,古今以爲祥瑞,未聞日中降雪爲災異也。按此字以字形核之,當釋爲彗。《説文》三篇下又部云:"彗,掃竹也,從又持丰。"甲文字象掃竹之形,與篆異者,不從又耳。甲文自有從雨從丰之雪,不必混而一之。雪字本從丰聲,假丰爲雪,自極可能。釋辭雖必依義,釋字終當據形。彗爲掃竹,用以掃除,故引申有除字之義。……卜辭蓋謂王病首中日而除也。

楊氏説較胡氏有理。且胡氏所説"即偶然降雪,亦多於夜間,或昧爽之時",於卜辭亦無徵。

蔡哲茂曾爲文指出:卜辭中當疾癒講的彗,就是《方言》、《廣雅》的"愈(癒)也"的意思。① 裘錫圭引《黃帝内經素問·藏器法時論第二十二》:"心病者,日中慧,夜半甚,平旦静",認爲"日中慧"正與卜辭中的"中日彗"同義。並引《馬王堆漢墓帛書·五十二病方》所載:

> 以月晦日之丘井有水者,以敝帚騷(掃)尤(疣),祝曰:"今日月晦,騷(掃)尤(疣)北。"入帚井中。

以證明楊樹達説"彗"爲"掃除"之有理,説並可參。②

(二)疾目

有關眼疾的重要卜辭如:

(3) 貞:王其疾目。
　　貞:王弗疾目。　　　　　　　　　　　　　456 正

是關於王的眼疾的貞卜。另如:

(4) 惟〔祖〕辛害王目。　　　　　　　　　　　1748

---

① 蔡哲茂,《説⺕》,《第四届中國文字學學術研討會論文集》(臺北:大安出版社,1993),頁81—96。
② 見裘錫圭,《殷墟甲骨文"彗"字補説》,《華學》第二輯(廣州:中山大學出版社,1996)。

則是貞卜王的眼疾是否由於祖辛的降禍。

還有一些關於王目"☉"（下文暫釋爲"肙"）的賓組卜辭説：

(5) 貞：王目肙。 11108

(6) 貞：王目肙。
　　王目毋其肙。 13623 正

(7) 貞：王疾目肙。
　　貞：有疾目，不其肙。 13625 正

"肙"字諸家異説頗多。柯昌濟曾説：

余疑爲父字（"父"當"久"之誤），言病不長久之義。

按甲骨文中關於疾病拖的時間久長，慣用"其延"、"不其延"、"亡延"等説法；釋此字爲久，跟字形亦顯然不能相合。嚴一萍以爲"☉"即"๑"（旬），讀爲眴通瞚即眩，並引《蒼頡篇》"眩，視不明也"以證卜辭辭義，但從字形及相關辭例看，二者顯非一字。此外，此字或釋爲龍，或釋爲肙；各家對此字的解釋，大致可分爲兩派。一派從"不好"的方向理解，一派從"好"的方向理解。

認爲此字代表"不好"的，如張秉權釋爲龍，以爲"古音與凶同部，假爲凶，是問疾病的吉凶之詞"。李孝定以爲"讀爲矓，目不明也"，曹錦炎以爲"用於卜疾之辭，應讀爲肙，意指病情加重"。

另有從"好"的一方面理解的，如饒宗頤認爲：卜辭凡卜疾病之吉語每曰"龍"，《詩・酌》"我受龍之"，傳曰："龍，和也。"《玉篇》："龍，寵也，和也。"辭言"疾龍"即謂"疾和"。姚孝遂也以爲："疾龍"似非"病情加重，而應是病情好轉"。①

要解決"肙"字的意思到底是好的或不好，司禮義對卜辭文例的一個發現很有參考價值。他認爲，在一對正反對貞的卜辭裏，如果其中一條卜辭用"其"字，而另一條則不用，用"其"的那條所説的事，一般都是貞卜者所不願看到的。如求雨的卜辭往往以"有雨"與"亡其雨"對貞，因爲貞卜者希望下雨，不希望不下雨。②很多卜辭的文例，可以證明司禮義的説法是對的。

---

① 以上諸説均見于省吾主編，《甲骨文字詁林》（北京：中華書局，1996），1838 號。
② 司禮義（Paul L-M Serruys），"Towards A Grammar of the Language of the Shang Bone Inscription"（關於商代卜辭語言的語法），《"中央研究院"國際漢學會議論文集・語言文字組》（臺北："中央研究院"，1981），頁 342—349。

依這個規律，我們來看看跟眼睛的疾病有關的對貞卜辭：

（8）有疾目其延。

　　　有疾目不延。　　　　　　　　　　　　　　　　　13620 正

"不延"是貞卜者所希望的，"其延"指疾病延纏不已，當然是貞卜者所不願看到的。

基於這樣的認識，我們再來看看前面提到的那兩條出現"𠦝"的對貞卜辭。例（6）"王目𠦝"和"王目毋其𠦝"對貞；例（7）"疾目𠦝"和"疾目不其𠦝"對貞。"毋其𠦝"和"不其𠦝"是貞卜者所不願意看到的，那麼"𠦝"字的意思應該是偏向好的方面。

既然已知"𠦝"的意思是好的，那麼釋爲凶或眩等說法便不必考慮。蔡哲茂釋爲𠦝，讀爲蠲，並說"卜辭的疾𠦝即疾蠲，指的是疾病的痊癒與否"①。說頗可採。

有一條賓組卜辭說：

（9）貞：疾目不𠦝（下文用"求*"表示）。　　　　　13628

用"求*"這個字的卜辭，跟疾病有關的還有：

（10）丁亥卜，貞：疾不求*。　　　　　　　　　　　13826

（11）求*疾。　　　　　　　　　　　　　　　　　　14022 正

（12）不求*，八月。　　　　　　　　　　　　　　　18676

（13）〔癸〕丑卜□貞□目其求*□惟□戌。　　　　　19036

相關辭例參《類纂》1541 號。

蔡哲茂引島邦男"𠦝"和"求*"用法相同，以及裘先生𠦝字即求（蛷）字，卜辭"旬有求"讀成"旬有咎"等說法，認爲"此字可能是一個從𠦝求聲的字，如果它的意義和𠦝字出現在疾病卜辭表示痊癒，那麼此字很可能是讀成瘳的一個假借字"。②

蔡先生認爲求*字從𠦝求聲可從，但認爲是瘳的假借字則尚有可商。我在討論殷代時稱廌吳時曾說：

---

①② 蔡哲茂，《釋𠦝》，文載周鳳五、林素清編著，《古文字學論文集》（臺北："國立編譯館"印行，1999），頁 15—34。

歟字本作[圖],㠱即黃之異體,當是其聲旁,字在此當讀爲黃。……"歟昃"當在"昃"之後。此時或在較昃稍晚而接近黃昏的時候。①

以歟字來說,"黃"應該是個聲兼義的字,讀爲黃,而意爲黃昏,至少是與黃昏關係極爲密切的意思。

求*的情況跟歟類似,也應是一個亦聲字,求(咎)既示其義,兼表其聲,讀爲咎,然則"求*疾"應該是疾病有咎,與病癒的"瘳"正好相反。

還有一對對貞的賓組卜辭說:

(14) 貞:目其求*疾。
　　 貞:目不求*疾。　　　　　　　　　　　　　　　　　　　　6016 反

本辭的求*字《類纂》摹爲求,因此在討論求*字時,學者往往忽略此辭,但此辭很能說明問題。我們在前面提到司禮義的說法,用"其"和不用"其"的對貞卜辭,用"其"的情況往往是貞卜者所不願看到的,那麼本辭的"其求*疾"即是貞卜者所不願見的,更可見求*字是咎的意思而不是癒。例(3)"其疾目"與"弗疾目"對貞,"其疾目"爲貞卜者所不願見到,亦可爲此說之佐證。

還有一條可能跟眼疾有關的賓組殘辭:

(15) ☐疾[圖]☐　　　　　　　　　　　　　　　　　　　　　　13629

"[圖]"字郭沫若釋爲民,以爲"古人民盲通訓"、"以敵囚爲民時,乃盲其左目以爲奴徵"。②如郭說,則本辭辭義是:眼疾嚴重到目盲的程度。

一條師組卜辭有"喪明"的記載:

(16) 戊戌卜,貞:丁☐疾目不喪明。
　　 喪明。　　　　　　　　　　　　　　　　　　　　　　　　21037

"喪明"即目盲。"疾目不喪明"是說雖然眼睛有毛病,但還不至於目盲。

還有一條也被解釋爲"喪明"的卜辭:

*(17) 貞:弜其有疾。王固曰:弜其有疾叀丙,不庚,二旬有七日庚申朕[圖]。
　　　　　　　　　　　　　　　　　　　　　　　　　　　　13752 正

---

① 詳見拙文《卜辭所見一日內時稱考》,《中國文字》新 18(1994)。
② 郭沫若,《甲骨文字研究・釋臣宰》,見《郭沫若全集・考古編 1》(北京:科學出版社,1982)。

胡厚宣讀爲"庚申喪䰜",並説"䰜讀爲生命之命,急病之侵,至於溘死喪命"。楊樹達則以爲"䰜古音與明同,喪䰜即喪明也"。

"✶"不識,從䰜但不必即是䰜字,釋䰜既無法肯定,則不論"喪命"或"喪明"之説都難確信。胮字作✶,除見於本辭外,另見於一條賓組卜辭:

(18) 癸卯卜,殻:于翌✶酒□燎。　　　　　　　　　　　　鐵 40・2

字的寫法較爲簡省,但無疑是同一個字。"大概是從月喪聲的一個字,可讀爲昧爽之爽。"① "胮"如果是一個時稱,相當於金文的"昧喪"和文獻的"昧爽",則"庚申胮✶"這條卜辭應該理解爲"庚申這一天昧爽的時候,斨的疾病出現了'✶'的情況",與"喪命"或"喪明"無關。

(三) 疾耳

疾耳即耳有疾之意。如:

(19) 貞:疾耳惟有害。　　　　　　　　　　　　　　　　13630
(20) 貞:疾耳禦于□。　　　　　　　　　　　　　　　　13632

一條見於《鐵雲藏龜》138・2(合 13631)的賓組卜辭,有關於"疾耳"的記載,但各家讀法不同,説法遂亦有異:

先是胡厚宣讀爲:

* □隹(唯)㞢(有)疾耳✶□

並説"此貞有患耳病者。✶字不識"。

嚴一萍讀爲:

✶疾耳惟㞢(有)〔害〕。

並説:

✶字不識。他辭有言:"癸丑卜,王乎✶寇幸,五月",其爲人名可證。此貞名✶者之患耳病也。

嚴先生補"害"(害)字大概即因《合》13630 一辭(即上引第 19 辭)而來,但細查拓片,此處殘存筆劃並非"害"字。

---

① 裘先生説。有關"喪"的討論參見拙文《卜辭所見一日内時稱考》,《中國文字》新 18:179。

溫少峰等讀此辭爲：

　　……疒耳，隹㞢（侑）小（？）示？

並解釋説：

　　卜問是否在"小示"舉行侑祭以禳解求祐。

從拓片看，讀"小示"遠較"害"合理。胡先生由左往右讀，雖然"𠂤"字不識，但尚注意到本辭前後尚有缺文，故加▢以記之。嚴先生所説"𠂤"爲人名固不乏其例，但完全忽略"𠂤"下尚有文字，在此處是否爲人名尚有疑問。以"有"下爲"害"字更全無可能。

卜辭或言"耳鳴"：

* (21) □巳□既夢□作㑄耳鳴終□大□。　　　　　　　21384（師組）
　(22) 庚戌卜，朕耳鳴，有禦于祖庚，羊百有用，五十八有母用，祈今日。
　　　　　　　　　　　　　　　　　　　　　　　　　22099（午組）

（21）辭殘泐不全，其義難以確知。溫少峰讀爲"……耳鳴冬（終）大"。並云"當是病情加劇"，按"冬（終）"下尚有一字，雖拓片不清，不能確定爲何字，但"終大"是一定不能連讀的，溫説當須存疑。

關於（22）辭，于省吾説"耳鳴乃疾病中的一種症狀，是由於聽覺器官有某種病變而產生的，本來和人事吉凶毫無關係。而商代統治階級迷信鬼神作祟，竟把耳鳴當作不祥之兆，甚至用百餘羊爲祭牲，以乞祐于先祖"。于先生並列舉"典籍中關於耳鳴之書和耳鳴的事例"，可以參看。①

一條師組卜辭説：

　　(23) 己未卜，惟父庚害耳。　　　　　　　　　　21377

指的應該也是耳的疾患。

溫少峰尚引有見於《乙》145（合20338）的一辭云：

* ……耳萬，以……

並説"此辭之'萬'當讀爲'癘'，《説文》：'癘，惡瘡疾也。'耳癘，當是耳部生瘡，或是耳疔，或是中耳炎之類"。驗之卜辭，此説亦不可取。溫氏所説的"耳"，其實作"𦔮"，一般釋爲聽，其上殘斷，是否可以"聽萬"連讀不無問

---

① 見于省吾，《甲骨文字釋林·釋"耳鳴"》。

題，且甲骨"萬"字似尚無用爲"癘"的例子。

此外，尚有關於"聽"有災咎的卜辭：

(24) 王聽惟囚。
王聽不惟囚。　　　　　　　　　　　　　　　　　　808 反

(25) 貞：王聽惟孽。
貞：王聽不惟孽。　　　　　　　　　　　　　　　　9671 正①

這大概是指聽力方面的問題。溫少峰説"殷王聽力衰退"，又説是"殷王耳聾，或可能爲年老體衰所致，或可能爲腎虛所致"。聽力衰退與耳聾當有程度上的差別，上引卜辭當與聽力衰退有關。

甲骨文另有"𦖞"字，從耳從蟲，卜辭中一見：

(26) 貞：𦖞惟其有出自之。　　　　　　　　　　　　　1821 正

在此處似用爲方國名。對照"𦕢"爲"聾"來看，此字的造字本義應與耳部的疾病有關，可惜没有相關辭例可以證明。

（四）疾自

甲骨文"自"作 𦣹、𦣹 等形。《説文解字》："自，鼻也，象鼻形。"甲骨文的"自"字，雖已有多種用義，而其字形則正象鼻形，《説文》所説正是"自"的本義。甲骨文中關於鼻病的卜辭有：

(27) 貞：有疾自，惟有害。
貞：有疾自，不惟有害。　　　　　　　　　　　　11506 正

這是僅見的一條關於鼻病的卜辭。貞卜"疾自"是否有害。《類纂》"疾"字下有"疾自"條目（頁 1178），其下所引除本辭外，另有 11006 正一辭云"貞……𠂤……自疾"，看似鼻病之貞卜，其實是誤解。此辭爲對貞卜辭，完整的内容應爲：

丙午卜□貞引□疾□𠂤自𦣹。
貞□𠂤自疾。

這裏的"自"，顯然用的不是"鼻"的本義。

① 辭例參見《類纂》689 號。

甲骨文另有"㞑"字：

*（28）貞：婦好㞑惟出疾。　　　　　　　　　　　　　　　　　　　　　　13633

嚴一萍引此辭字作"㞑"，云：

㞑王國維釋爲鼻液之涕字。……此因流涕不絕，而名之曰"出疾"。

溫少峰云：

"㞑"字舊不識。按此字從自從肉，會鼻中長肉之意。可隸定爲䐑，亦即膿之初文。《方言》："䐑，膿也。"注："謂息肉也。"《集韻》："䐑，魚剽切，音劋，膿肉。"此辭大意爲：婦好鼻中長出了息肉，是疾病呢？至今醫學仍稱突出於粘膜表面的增生組織團塊爲"息肉"，鼻息肉在中醫又稱爲"鼻痔"，西醫又稱爲"鼻蕈"，堵塞鼻腔，妨礙呼吸，且常伴發鼻炎或鼻竇炎。辭爲武丁時卜辭，乃是世界上關於鼻息肉這一病例的最早記錄，加之患者身份明確，故而甚可寶貴。

對字的解釋有一定的道理，但我們覺得還有可以補充的地方。在武丁時代應該不會有鼻息肉這樣的概念，而如感冒等偶發性的鼻塞、流鼻涕、流鼻水等，正是"㞑"所表示的情況，不限於鼻息肉。溫氏所摹字形正確，但在解釋上，強調了鼻息肉的部份，卻忽略了象"鼻液"的小點。嚴一萍說出了"流涕不絕"的意思，但在字形摹寫上卻遺漏了象"鼻液"的小點。兩說都有其不足之處。

甲骨文另有㞑、㞑、㞑等形，溫氏以爲"象鼻涕不止之形，或鼻中出血之形，乃鼻炎、鼻竇炎、鼻咽癌或鼻衄等症狀"。從字形上分析，此說有幾分道理，但卜辭此字用爲婦名，在辭例上無法驗證。疑此字應"象鼻涕不止之形"，與"㞑"的差別在有無鼻塞而已，其他各種鼻病之推衍，都屬想像之詞。

（五）疾口

疾口指口腔之疾病。卜辭有：

（29）貞：疾口，禦于妣甲。　　　　　　　　　　　　　　　　　　　　　　11460

因口腔之疾病而對妣甲舉行禦祭。

有些"婦女卜辭"卜"亡至口"或"亡口"，如：

（30）癸巳卜，貞：婦妌亡疾。
　　　　癸巳卜，貞：婦妌亡至口。　　　　　　　　　　　　　　　　　　　22249

(31) 辛丑卜，亡疾。
　　　辛丑卜，亡口。　　　　　　　　　　　　　　　22258
(32) 甲戌卜，亡口，允不。
　　　甲戌卜，亡口。　　　　　　　　　　　　　　　22265

温少峰解釋（30）的第二辭説：

> "至"當讀爲"窒"，《説文》："窒，塞也。"當是婦娻之口腔腫痛，故卜問是否會造成難以開口之"至口"病狀。

從（30）（31）兩辭"口"與"疾"對貞來看，"口"之義應該與"疾"相類。讀至爲窒，釋至口爲口疾，恐不當。①

（六）疾舌

疾舌指舌有毛病，賓組卜辭有關於疾舌的記載：

(33) 甲辰卜，古貞：疾舌惟有害。　　　　　　　　13634 正
(34) 貞：疾舌求于妣庚。　　　　　　　　　　　　13635

"疾舌"各家無異説。卜辭別有"㖣"字，云：

(35) 貞：王㖣疾惟有由。　　　　　　　　　　　　13641

"㖣"胡厚宣以爲"疑舌之別體"，温少峰從之。唯饒宗頤説：

> 胡厚宣謂㖣爲舌之別體，然其字從石從舌，石古祏字，從示與祏取義相近，則㖣殆祏字矣。辭云"㖣疾"，亦禳祏之意，不宜逕目爲舌字。②

"㖣"與舌的關係待進一步研究。

饒先生另指出甲骨文的"𧌗"字"從舌從蟲，隸定宜作蠚，乃動詞，或祏之繁形"。此字《類纂》752 號摹有 𧌗、𧌗 二形，蟲身變成一直線，字形嚴重變形，姚孝遂據此誤摹的字形而有"此亦當是'龠'字之異體"的説法。③我們在前面談到 𦔯 字時，曾拿 𦕢 參看，認爲它很可能跟耳疾有關；從字形來看，𧌗 字也可能跟舌疾有關。可惜卜辭太殘無法驗證。

---

① 或以口爲災禍之義，見徐中舒主編，《甲骨文字典》（成都：四川辭書出版社，1990），頁 87。
② 饒宗頤，《巴黎所見甲骨録》（香港影印本，1956），頁 32—34。
③ 于省吾主編，《甲骨文字詁林》752 號按語。

（七）疾言

有關疾言的卜辭如：

（36）貞：有疾言惟害。　　　　　　　　　　　　　　　440 正

（37）□巳卜□有疾言禦□。　　　　　　　　　　　　13638

（38）□疾言于祖□。　　　　　　　　　　　　　　　　13639

胡厚宣以"疾言"爲喉病，並説"疾言者發音嘶嗄咽喉之病也"。于省吾更進一步指出，言應讀爲音：

> 言與音初本同名，後世以用各有當，遂分化爲二。周代古文字言與音之互作常見。先秦典籍亦有言音通用者。……甲骨文之"言其有疒"、"有疒言"，二言字應讀作音。音其有疒與有疒音，指喉音之臨將嘶啞言之。舊讀如字，失之。①

于説於甲骨辭意頗可通解。對於言音何以通用，于先生曾有"音字的造字本義，係於言字下部的口字中附加一個小橫劃，作爲指事字的標志，以別乎言，而仍因言字以爲聲"的説法。② 龍宇純則更從"別嫌"的角度，分析舌、言、音三字的關係，他説：

> 蓋言既不可無舌，而甲骨文舌字作𠮷、𠯑、𠯢諸形，正分別與言字作𠮷、𠯑或𠯢相當，僅其上一横有無的差異。合理的解釋當爲：言字即取舌形見意，爲其別於舌字，而強加一横。……甲骨文言音二字同形，金文音字亦或作𠯑；《説文》吟字或體作訡，又或作䚯，可能亦爲言音二字其始同形的孑遺。然則舌言音三字，大底形體上起初僅舌言二字有別，言音二字音讀的不同，則由其上下文決定。於"𠯑"内更加一横爲音字，又屬後起的別嫌方法。③

對言音通用的背景作了透徹的分析，讓我們更相信"疾言"即"疾音"，指聲音嘶啞的説法是有道理的。

"疾言"的意義已如上述，而我們從甲骨中所能得到的理解也僅止於此，不宜再作過多的推論。如《書·無逸》："作其即位，乃或亮陰，三年不言"；《論

---

① 于省吾，《甲骨文字釋林·釋言》。
② 于省吾，《甲骨文字釋林·釋古文字中附劃因聲指事字》。
③ 龍宇純，《中國文字學》（臺北：五四書店，1996，定本再版），頁203—204。

語·憲問》："子張曰：《書》云：'高宗諒陰，三年不言，何謂也？'子曰：'何必高宗，古之人皆然，君薨，百官總己以聽於冢宰三年。'"《集解》引孔安國注曰："三年喪畢，然後王自聽政。""亮陰"或"諒陰"舊解爲"信默"，居喪不言，是儒家孝道的表現，並不是喉嚨有毛病而失聲不能言語，這本是容易理解的。但有人卻與甲骨文的"疾言"扯上關係：如郭沫若說這是因爲武丁患有"不言症"，而且是"運動性不言症"。①郭說本無可取，但仍有人附和說："這和甲骨文的'疾言'正相合拍，可互相驗證。"②"郭鼎堂駁說儒'高宗諒陰，三年不言'，非倚廬守制，而爲病失言症。董彥堂即以疾言諸卜辭證成之。今知疾言本即疾音（瘖），再參以武丁所患他病多神經系疾患驗之，則'諒陰'爲言語障礙之病，實碻然無可移易。"③卻未免將錯就錯了。

（八）疾齒

卜辭中關於"疾齒"的資料相當多，後世對此疾的討論也較其他部位爲多。

甲骨文齒作"〖〗"、"〖〗"、"〖〗"、"〖〗"等形，商承祚解釋爲"象張口見齒之形"。"疾齒"各家均以爲"牙病"，甲骨文有齒無牙。按《說文》的說法："齒，口齗骨也，象口齒之形。""牙，壯齒也，象上下相錯之形。"牙和齒是有分別的，"門牙曰齒，在兩旁者稱牙"④，但一般用法上，牙、齒確實是通用無別的。

"疾齒"的卜辭很多，它指牙齒的疾病是沒有疑問的。常見的疾病典型文例，如：

（39）壬戌卜，㱃貞：有疾齒惟有害。　　　　　　　　　　13644

（40）貞：疾齒不惟父乙害。　　　　　　　　　　　　　　13648 正

（41）貞：疾齒禦于父乙。　　　　　　　　　　　　　　　13652

還有一些爭議比較多的例子，如：

＊（42）甲子卜，殼貞：王疾齒惟□〖〗□　　　　　　　　10349

＊（43）甲子卜，殼貞：王疾齒亡〖〗□　　　　　　　　　13643

---

① 郭沫若，《駁"說儒"》，《青銅時代》（北京：人民出版社，1954）。
② 李民，《殷商社會生活史》，頁234。
③ 嚴一萍，《殷契徵醫》，頁92。
④ 于省吾，《甲骨文字釋林·釋齒》。

𖼀字胡厚宣釋爲錫（即賜），並說：

> 一貞正面，言殷王武丁患牙病，上帝有能錫愈者。一貞反面，言武丁患牙病，不幸而上帝無有能錫愈者。所以知當爲錫愈者，以全文文義推之也。所以知當爲上帝錫者，因由甲骨文觀之，殷人之病或原於上帝之降罰，則錫愈疾病者，亦必爲上帝也。

胡先生的説法信從者頗多。楊樹達則釋爲"易"，"易者猶今言換牙也。即《素問》所謂齒更"，周宗岐説"年老者尚有換牙一説，我們在日常臨床工作中並未曾遇到過。若有，也就是埋伏齒的晚期萌出罷了"①。郭沫若讀"易"爲"難易之易"。饒宗頤以爲易字當訓平復，亡易猶言不易，多難也。姚孝遂則讀"易"爲"佚"訓爲平安，"商王由於'疾齒'而卜問'隹易'、'亡易'，乃是詢問是否平安。這和卜辭關於疾病經常所見'有祟'、'亡祟'的用法是一致的"。②宋鎮豪則讀爲"惟易"、"亡易"的對貞，認爲"易有治義，反映了對齒治療的積極態度"。③

各家説法令人莫衷一是，亦不敢強作解人。值得一提的是，這兩條卜辭都有缺文，（43）辭"亡𖼀"下的缺文是什麼無法得知，是否可以"亡𖼀"爲句亦難確定。（42）辭即《卜辭通纂》第23片，郭沫若的考釋曾有"'惟易'殆言'亡害'"之説，增補本加了"'惟'與'易'之間有殘字"的眉批④，眉批的説法是對的，所殘爲何字無法判斷，胡厚宣補"有"字當係根據（43）辭的"亡"而補的，即令所補不誤，"惟有𖼀"之下仍有缺文，是否能以"惟有𖼀"爲句，跟"亡𖼀"一樣難以判斷，因此這些解釋都只能存疑。

甲骨文有"齲"字，比較完整的卜辭有：

*（44）貞：勿于甲禦婦𣪘齲。　　　　　　　　　　13663 正甲

聞一多釋此字爲齲：

> 此從𠂤從𣪘，當即齲字。《説文》"㿔，齒蠹也"，重文作齲。《釋名·釋疾病》"齲，齒朽也，蟲齧之齒缺朽也"。

---

① 周宗岐，《殷虚甲骨文中所見口腔疾患考》，《中華口腔科雜志》1956.3。
② 各家説法參《甲骨文字詁林》3328 號。
③ 宋鎮豪，《夏商社會生活史》，頁 434。
④ 郭沫若，《卜辭通纂》，見《郭沫若全集·考古編2》（北京：科學出版社，1983）。

牖即今所謂的蟲牙或蛀牙。齲齒是由於牙齒受腐蝕造成的，但古人以爲蟲蛀，所以在牙齒中畫上蟲，來表示這種病。因爲對這個字形的認識，使齲齒的記載提前到了商代。周宗岐説：

> 從前都認爲我國齲齒的記載始自漢初，多以《史記・倉公傳》"齊中大夫病齲齒，臣意灸其左太陰脈，即爲苦參湯，日漱三升，出入五六日，病已。得之風，食而不漱"①一項以證明這種事實。但現在因爲有了本甲骨刻辭，已將齲齒的記載由漢代提到殷代了。
>
> 殷王武丁時代的甲骨卜辭爲西元前十三世紀的記錄文字，這裏已經有了齲齒的描述，可見我國對齲齒的記載，在世界上是相當早的。
>
> 這片卜辭是有關祖國口腔醫學史上的珍貴參考資料。②

這種説法是可信的。

卜辭另見"疾齒"跟"蠱"的關係：

(45) 有疾齒惟蠱。

不惟蠱。　　　　　　　　　　　　　　　　　　　　13658 正

《周禮・秋官・齊氏》："凡庶蠱之事"，鄭玄注："蠱，蠹之類。"對照《説文》："牖，齒蠹也"的説法，則此亦可作爲殷人以爲蛀牙是"蟲齲"的另一個證明。

一條賓組卜辭説：

*(46) 貞：疾齒惟🔲。

貞：疾齒不惟🔲。　　　　　　　　　　　　　　　13648 正

"惟"下一字都在殘斷處，第二辭更只殘存上部少數筆劃。李孝定釋爲喃，以爲人名，其下有缺文。③如果有缺文，則此字應爲人名，與同版"貞：疾齒不惟父乙害"文例相同。如果沒有缺文，則可能類似於"疾齒惟蠱"的性質。

還有一個"🔲"字，應該跟牙齒的疾病有關，但並未引起學者的注意：

*(47) 乙酉卜，爭貞：惟父乙降🔲。

(48) 貞：不惟父乙降🔲。

---

① 此處引文與《史記》原文略有出入。原文爲："齊中大夫病齲齒，臣意灸其左大陽明脈，即爲苦參湯，日嗽三升，出入五六日，病已。得之風，及卧開口，食而不嗽。"
② 周宗岐，《殷虛甲骨文中所見口腔疾患考》，《中華口腔科雜志》1956.3。
③ 李孝定，《甲骨文字集釋》，頁 624。

(49) 甲申卜，〔殻〕貞：惟〔父〕乙〔降〕☒。

(50) 〔甲申〕卜，殻貞：不惟〔父〕乙〔降〕☒。　　　　　　　　　6664 正

《殷墟甲骨刻辭摹釋總集》把（48）的☒也摹成（47）的☒，《類纂》把這個字形編成 944 號，《甲骨文字詁林》的 944 號姚孝遂的按語說此字"當爲災咎之義"，從文例看，此爲災咎無可疑，但究竟是怎樣的災咎，單從"☒"這樣的字形也無從窺知。

（48）的☒比（47）的"☒"表現更多的意涵。對照（49）（50）則這些字表示牙齒方面的"災咎之義"甚爲明顯。但《摹釋總集》把（49）（50）二辭"降"下一字均誤摹爲齒，把（48）又誤摹爲"☒"，於是本來很有啓發性的四條卜辭，只剩下一個不可識的"☒"。

"☒"從齒從又，是比較完整的寫法，"☒"爲其省寫，"☒"則又爲"☒"之再省。疑此字從齒從又會意，象拔牙之形。或是牙齒病痛至於搖落，遂以手拔之。卜辭的意思，可能是父乙降下齒痛而必須拔牙的災咎。

另有一個"☒"（合 18138），陳漢平釋此字爲齭[①]，姚孝遂以爲釋齭不可據[②]。此字只出現一次，且全辭只殘存此一字，因此無法斷定其義。此字從齒從丂，王國維以爲"丂字當從《說文》㕦字讀，讀如櫱，即天作孽之孽之本字，故訓爲罪辭字"[③]。卜辭從丂諸字，往往有災咎之意，故此字應與牙病有關。

（九）疾 ☒（肱）、疾 ☒（肘）

甲骨文有"☒"、"☒"、"☒"等字，大部份的學者把"☒"釋爲肘，把"☒"、"☒"等釋爲肱。《類纂》即是把"☒"編爲 907 號釋爲肘，相關辭例如：

(51) 貞：疾☒。　　　　　　　　　　　　　　　　　　　　　13676 正

(52) 貞：疾☒，肙。　　　　　　　　　　　　　　　　　　　13677 正

(53) 王☒惟有害。　　　　　　　　　　　　　　　　　　　　11018 正

(54) 乎☒☒。　　　　　　　　　　　　　　　　　　　　　　11018 正

《類纂》把"☒"編爲 908 號，釋爲肱，相關辭例如：

(55) 禦肱于祖☐。　　　　　　　　　　　　　　　　　　　　1772 正

---

① 陳漢平，《古文字釋叢》，《考古與文物》1985.1：107。
② 《甲骨文字詁林》2501 號按語。
③ 王國維，《觀堂集林》卷六（臺北：世界書局，1961），頁 10。

（56）貞：王肱，骨。

貞：王肱，不□骨。

（57）貞：有疾肱以小🖐禦于囗。　　　　　　　　　　13679

但同一批作者所編的《甲骨文字詁林》卻把這兩個字都釋爲肘。姚孝遂在907號🖐字條下的按語說：

此均屬第一期卜辭，占問肘疾之事，人或🖐皆象肘形，其作🖐或🖐者，則爲指事字。

在908號🖐下的按語說：此亦當是"肘"字。

🖐字究竟是肱或肘容後討論，但🖐和🖐應該不是同一個字，加了指事符號的字與原來未加符號的字是有差別的，如🖐字的兩點指示腋下的位置，🖐象正面人形，🖐跟🖐不是一個字；🖐象刀形，🖐加一點指出刀刃的部位，刃不等於刀。同理🖐和🖐也不會是一個字。

按《說文》"肘，臂節也"，段注："厷與臂之節曰肘，股與脛之節曰卻。"是肘爲厷與臂之間的關節。🖐字的指事符號𠃊正指出其關節之所在，應該就是肘字。合集4899號的🖐，所加的指事符號𠃊也在關節之處，即肘字。

沒有加指事符號的🖐，應該就是《說文》所說"臂節也"的"臂"。臂有時也稱肱。《說文》"臂，手上也"，段注："又部曰，'厷，臂上也'，此皆析言之。'亦'下云'人之臂亦'，渾言之也。渾言則厷臂互偁。"《詩·小雅·無羊》"麾之以肱"，毛傳"用臂曰麾"，可見有時臂亦稱肱。

《說文》"𠀠，古文厷象形"，段注："象曲肱"，此字自可釋爲肱。《正字通》"今謂自肩至肘曰臑，自肘至腕曰臂"，臑、臂的分界即是關節所在的肘。

我們所看到的🖐一類的字形，其指事符號𠃊均加在關節之處，並不是加在"自肘至腕"處，因此🖐應釋爲肘，不應如多數學者釋爲肱。《說文》"𠀠"所從的"𠃊"應是"象曲肱形"，學者混同於"🖐"的指事符號"𠃊"，於是"🖐"被釋爲肱。

趙誠亦以🖐爲厷，恐不可信。但他說"🖐或人象整條手臂之形，𠃊指示手臂上端彎曲之部位，即所謂肱腕，那是指事字"①。雖然仍以🖐爲肱，但"🖐象整條手臂之形，𠃊指示手臂上端彎曲之部位"卻可借來解釋我們的說法。🖐應該象整條手臂之形，可釋爲肱。加了指事符號的🖐，指出"彎曲部位"，即是肘。

---

① 趙誠，《甲骨文簡明詞典》（北京：中華書局，1988），頁161。

陳世輝解釋"疾🦴"說："《說文》：'肘，臂節也。'這條卜辭是貞問臂部疾患的。"①"臂節"不同於"臂"，因此以肘爲臂疾並不恰當，范毓周已有文辨正。②但范氏以爲"'疾🦴'非臂部病患而爲肘部病患"，按照我們的分析，恐怕也是有問題的。"疾🦴"應該是臂部（或肱）的疾患，而"疾🦴"才是肘部疾患。

（十）疾🦴（疋）、疾🦴（脛）、疾🦴（膝）

《類纂》把甲骨文的"🦴"、"🦴"、"🦴"都視爲同一個字，釋爲疋。從我們上面對🦴和🦴的分析，加了指事符號的字，和原來未加的，應該是不同的兩個字，因此《類纂》均釋爲疋的這三個字形，應該是不同的三個字，只有🦴可釋爲疋。《說文》"疋，足也。上象腓腸，下從止"。甲骨有時也倒書作🦴。

"疾疋"的卜辭如：

（58）丁巳卜，爭：疾疋禦于妣庚。
疾疋勿艅禦于父辛。　　　　　　　　　　　　　　　　　　　　775反

見於《乙》8896（合22246）的一條卜辭："婦妌子疾，不延"，是卜問婦妌之子的疾病，本與疾疋無關，胡文所舉"足病"的唯一例子："婦妌疾疋不延"③，應即此辭的誤讀，不能爲據。

"🦴"特別指出"疋"的特定部位，即非疋字。陳漢平說：

> 甲骨文有字作🦴，從肉附於膝關節之處，字當釋䣝，字今作膝。……又此字之肉形或可視爲附於小腿旁，字或可釋爲腳、脛、胻。《說文》："腳，脛也。""脛，胻也。""胻，脛耑也。"④

按此字見於《乙》1187（合13693），辭云：

*（59）貞：疾🦴，冎。

"冎"字略有殘損，但從其殘存筆劃和相關文例看，此字爲冎無疑，陳漢平釋爲"不"是錯的。從拓片看，🦴字的指事符號顯然"附於小腿處"，不是"附於膝關節處"，所謂"附於膝關節"是陳氏對文字的誤摹，因此釋膝不可信。《說文》脛

---

① 陳世輝，《殷人疾病補考》，《中華文史論叢》第四輯（上海：上海古籍出版社，1963）。
② 范毓周，《〈殷人疾病補考〉辨正》，《東南文化》1998.3。
③ 胡文引此條，但未註明出處，溫少峰亦引此而稱"此辭引自《殷人疾病考》"而未詳查其出處。
④ 陳漢平，《古文字釋叢》，《出土文獻研究》（北京：文物出版社，1985）。

下段注："卻下踝上曰脛"，此字應釋脛。《說文》肼下段注："耑猶頭也。脛近膝者曰肼。言脛則統肼，肼不統脛。"此字的指事符號不能確定其必指肼，如段注"脛統肼"之說，以釋脛較勝。

還要附帶指出的是，此字所加的﹀應該是個指事符號，不是如陳氏所說的肉形。肉形如何附於膝關節處？①

另一個"𧿹"字，卜辭云：

（60）貞：有疾𧿹惟父乙害。　　　　　　　　　　　　　　　13695 正乙

陳漢平說："此字造字與𧿹相類，唯字形正反不同"，案此非正反不同，而可能是倒書。如果只是倒書，應爲一字異體。但其指事符號也可能另有所指，從其所指的位置看，也許這個字才是膝字。

陳世輝以爲"疾𧿹"、"疾𧿹"等字所加的"﹀"爲"小方形格的符號"，而"小方形符號所表示的就是疾病的所在和形狀。我們根據這種最古老病案可以判定，這記載的是生長在不同部位的癰腫一類的病症"。②這種說法並不可取，所加的﹀只是一個指事符號，且不一定是方形，它只表示"疾病的所在"，跟疾病的形狀或癰腫全然無關。陳說本無可取，而溫少峰仍以爲𧿹"是在疋字上再加一指事符號'﹀'，表示脛部前方有腫塊隆起"，並引陳說而認爲"其說是"，並進一步指出"所謂'疾疋'，可能是生瘡，也可能是受傷，也可能是腓腸痙攣或關節炎"，而見於《乙》1187的疾𧿹則"乃是癰腫無疑"，其說亦無是處。且其所指出的各種症狀，雖然都有其可能性，但無一能肯定，即使舉出再多的症狀也沒有意義。范毓周的《辨正》也指出"這種小方塊符號是一種標示部位所在的指事符號，而與癰腫風馬牛不相及"。范氏的結論是對的，但他不認同"癰腫"的理由卻仍有問題，他說：

> 癰腫多爲局部炎症致使匯膿而起瘡包，其形態一般爲半球墳起狀。自古及今均無方形癰腫，故甲骨文中不可能以方格形符號象其形態，如爲癰腫象形，當以半圓形象其形態，故其說不可信。

換句話說，只要這個"指事符號"是半圓形，癰腫之說就並非"不可信"，而實際上這些字所加的指事符號並不是明顯的小方塊，而頗接近於半圓形。而且甲骨

---

① 裘錫圭以爲這種符號"既可以認爲是起指示作用的，也可以認爲象其橫斷面"。見《文字學概要》（臺北：萬卷樓圖書公司，1994），頁142。
② 陳世輝，《殷人疾病補考》，《中華文史論叢》第四輯（上海：上海古籍出版社，1963）。

文爲了契刻的方便，把圓形筆劃刻成方形是常有的事（如"日"刻成方形的情形比圓形普遍），因此從符號的方或圓去判斷，終非解決問題的辦法。前面提到的 ☩、☩，所加的指事符號，更無關方、圓的問題。指事符號的唯一任務只是指示其位置，跟符號的形狀無關。

范文完全針對陳文而發，對陳文提到的 ☩、☩，卻隻字未提，大概也認爲這些都是疋字的緣故。

（十一）疾止

止通趾，"疾止"謂趾有疾。卜辭如：

（61）貞：疾止，骨。   7537
（62）□午卜，殻貞：有疾止惟黃尹害。   13682
（63）貞：疾止惟有害。   13683、13684

胡厚宣以爲"疾止"是腳氣病。理由是："當時之北方，曾有腳氣病之流行，此在今日則絕鮮。余嘗謂殷代黃河流域之氣候，遠較今日爲暖熱潮濕，大約與今日長江流域之湖南、江蘇略相若，此亦一證也。"① 不論胡先生所說的氣候變化是否事實，也不能做爲"疾止"即腳氣病的一證。

有一條卜辭説：

（64）惟☩止。   13691

☩字姚孝遂以爲"似當讀作疾"②，待考。

（十二）疾人

有一條賓組卜辭説：

（65）貞：疾人惟父甲害。
　　　貞：有疾人不惟父甲害。   2123

《殷墟甲骨刻辭摹釋總集》釋第一辭的"人"爲妣；釋第二辭爲"貞：有疾不惟父甲"，顯然所釋不完整。③

---

① 胡厚宣，《殷人疾病考》結論。
② 《甲骨文字詁林》3068 號按語。
③ 人、匕的區別參見林澐的説法。見《古文字研究》第六輯（北京：中華書局，1981），《甲骨文中的商代方國聯盟》。

"疾妣"頗不詞,我們所看到的"疾＊惟＊＊害"的卜辭,疾下爲患病的部位。《說文》:"人,象臂脛之形。"徐灝《說文解字注箋》:"尺象側立之形,側立故見其一臂一脛。"人既象側立之形,"疾人"當是人有疾,"人"泛指全身,也許是全身不舒服,但沒有特別指明是那個部位有毛病。

(十三) 從𠂉諸疾

下面來提一下從𠂉的一些疾病名稱,主要有疾𠂉、疾𠂉、疾𠂉、疾𠂉等項。

1. 疾𠂉(膝)

(66) 貞:勿于父乙告疾𠂉。   13670

陳世輝的"癰腫"誤說中也提到這個例子,並說此字是"在人形的腹部加一個小方格形的符號"。從我們上文對指事符號的分析,這個字應該是在人形的某部位上加指事符號,"疾𠂉"表示其生病的部位。究竟是指那個部位呢?范毓周和姚孝遂都認爲是膝關節。①

從字形看來,指膝關節部位無可疑,或亦可釋膝。𠂉概略畫出人形,而指出膝的部位,前述的𠂉如是膝字,則是"特寫"了。

此字陳漢平另有一個說法,他說:"此字從𠂉作,象側視人身脊柱彎曲之形。人身脊柱側視彎曲象弓形,故𠂉字當釋爲躬。"按陳氏摹寫字形往往並不精確,故其說與字形已有出入。此字本從𠂉,陳氏摹爲從𠂉,遂有釋躬之說,且其對指事符號𠂉沒有任何交代,其說顯不可從。

2. 疾𠂉(項)

此疾見於下列卜辭:

(67) 疾𠂉禦示妣己眔妣庚。   庫283(英97正)②

𠂉字姚孝遂說:

乃疾病之名稱,以𠂉、𠂉諸字例之,均屬指事字。位置當在頸項之間。至於究爲何字,形體已失其演變之聯繫,存疑以俟考。③

---

① 范說見陳世輝,《殷人疾病補考》,《中華文史論叢》第四輯(上海:上海古籍出版社,1963),姚說見《甲骨文字詁林》152號按語。
② 此條卜辭見於《庫》283,即《英國所藏甲骨集》97正,《殷墟卜辭綜類》誤爲《庫》282,溫少峰"雖知筆誤",但終於未能查實。
③ 《甲骨文字詁林》27號按語。

姚氏對字形的分析非常正確。此辭所指爲頸項之間的疾病無可疑。陳漢平即直接釋爲領（或項）。《說文》："領，項也。""項，頭後也。"

這裏要附帶提一下與 🗝、🗝 結構方式一樣的 🗝 字。此字於人之臀部加一指事符號，學者釋屍，《說文》"屍，髀也"，或體作脾、作臀，姚孝遂改釋尻，引《說文》"尻，脾也"。段注"脾今俗云屁股是也"。①字形的解釋沒有問題，但把它視爲疾病的名稱則猶可商榷。

此字用作人名的例子參看《類纂》26 號。被解讀爲"病名"的是如下的卜辭：

(68) □寅卜，古貞：🗝其有疾。
　　　□貞：🗝亡疾。　　　　　　　　　　　　　　　13750 正（丙 175）

張秉權以爲本辭的 🗝 爲人名。但陳漢平指出"此二辭卜貞臀有疾、亡疾"，因其與"人名"、"地名"並列討論，必是以臀爲疾患之部位。溫少峰也認爲疾臀"即臀部疾患"。姚孝遂更說：

張秉權以 🗝 爲人名，非是。……🗝 斷非人名，乃疾名。

姚氏進一步指出"如以 🗝 爲屍，謂臀有疾，此種可能不大。尻之疾當爲'痔'"。

我們認爲張秉權的人名之說是對的，可惜他這個意見只在《丙》96 的考釋中附帶提了一下，而沒有任何論證；在本辭所出的《丙》175 更無一語及之。我們在前文曾指出，卜辭的"患病部位"照例都在"疾"字之後，如疾目、疾自等。此處的"🗝其有疾"、"🗝亡疾"顯然與習見的文例不合。其他卜辭在"其有疾"、"亡疾"之語前面出現的，都是人名。如：

(69) 丁亥卜，殻貞：子漁其有疾。　　　　　　　　　　　13722
(70) 丁□貞：子漁亡疾。　　　　　　　　　　　　　　　12723

這一類的例子還有很多。只是 🗝 正巧表示人體的部位，容易被誤會爲即是該部位的疾病罷了。

3. 疾身

"疾身"指身有疾，卜辭云：

(71) 貞：王疾身惟妣己害。　　　　　　　　　　　　　　822 正

---

① 參見《甲骨文字詁林》26 號。

(72) 疾身惟有害。
　　　疾身不惟有害。　　　　　　　　　　　　　　　　　　　13666 正
(73) 貞：禦疾身于父乙。　　　　　　　　　　　　　　　　　　13668 正

"身"字甲骨文作 ?、?、?、? 等形。關於身字的形義有幾種不同的説法，也影響了對"疾身"的瞭解。

胡厚宣以爲身字象腹形，"王疾身，謂殷王武丁患腹病"。

李孝定以爲身字"契文從人而隆其腹，象人有身之形，當是身之象形初字。言疾身蓋亦孕娠之疾也"。高明也有"身本孕字，象形，後來引申爲身體之身"的説法。

另有一種説法，認爲身字"包括整個軀幹部份，不單指腹"①。

單從字形來説，三種説法都有一定的道理，結合卜辭和相關的文字來看，可以進一步釐清真相。

首先是身爲孕的説法，從此字作 ? 之形，以及《詩·大雅·大明》"大任有身"之語來看，此説似乎甚有道理，但上引 (71) 的卜辭言"王疾身"，王指殷王武丁，則"疾身"絕無可能是孕娠之疾。

身不可能指孕，則只剩下"腹"或"整個軀幹"兩種可能。上面我們提到 ?、?、? 均在 ? 形上加指事符號 ? 以表明人體的部位，則同樣的結構方式，? 應是利用指事符號，指出人體腹部之所在，而不是指整體軀幹。我們認爲卜辭中"疾人"的"人"才是"整體的軀幹"。

甲骨中還有一個跟疾病有關的 ? 字，卜辭云：

(74) 貞：有疾 ?，弗□
　　　貞：有疾 ? 其□　　　　　　　　　　　　　　　　　　　4477 正甲

《類纂》把上面的卜辭列在 304 號 ?（巴）字下，意即把 ? 今字混同於 ?。從 ? 與 ? 或 ? 與 ? 等關係來看，可知 ? 與 ? 應該不是一個字，《類纂》的處理是有問題的。而《甲骨文字詁林》304 號巴字條下，對 ? 完全沒有討論。

溫少峰以爲"? 字是 ? 異體，如 ? 爲 ? 之異體。? 即 ?，乃膝字初文"。溫説並不可取。? 爲 ? 之異體誠如溫説，但這只能説明 ?（巴）與 ? 偏旁有互通的情形，並不能説明 ? 爲 ? 的異體，因爲 ? 與 ? 的字形並不一樣。而且以偏旁互通就

---
① 各家説法參《甲骨文字詁林》14 號。

認爲通用或相同，是非常危險的。

我們認爲✦有可能是✦的異體，差别只在手形的有無而已，如亻或作屮可爲旁證。然則"疾✦"即"疾✦（身）"。

附帶談一下跟"疾身"有關的一些字。

✦字見於以下卜辭：

（75）貞：✦惟害。   3521
（76）貞：婦好不延✦。   13711

這個字還見於《合》13671、《合》13672 正的殘辭。此字一般均釋爲疾，裘錫圭以爲此字"可能是疒身之疒的專字，或疒身二字合文"①。《類纂》把這些字逕釋爲疾，而在"疾身"條下就不列這種辭例，也許他們只是單純把✦視爲疾字。借用前面所引段注《説文》的説法，這兩個字"析言之"則有區别，渾言之則有時通用不别了。見於《合》13431 的✦（《類纂》3083 號），可能是"疾身"異文；而見於《合》3249 的✦（《類纂》3084 號），可能是"疾"的異文。

還有兩條這樣的卜辭：

（77）勿✦身。   10948 正
（78）貞：✦疾，身。   13673

"身"字《甲骨文字詁林》15 號，姚孝遂以爲"用法與身字同，當是身之繁構"。姚先生釋✦爲疾，然則"✦身"就是"疾身"了。但是（77）辭的"勿"是表示主觀意願的②，而疾病顯然不是人們主觀意願所能控制，因此釋爲"疾身"恐仍有可商。

有學者認爲✦和✦都是疾，我們前面也提到渾言之則可通用。甲骨的✦和✦是一字異體，學者也都没有異議。在我們所看到的卜辭材料裏，這兩個字形多數用爲人名，少數跟疾病有關。

✦字或釋疚或釋疛，《説文》："疚，顣也"、"疛，小腹病"。李孝定以爲"疚疛當是一字"，而其字"象人卧床上，從又象有手撫其腹。又作✦，從身；是明繪其腹"。③從否定詞"勿"表可以控制的主觀意願來看，此字也許正是要表示

---

① 裘錫圭，《甲骨文中重文和合文重複偏旁的省略》，見《古文字論集》（北京：中華書局，1992），頁 145。
② 否定詞"勿"的性質，參看裘錫圭，《説弜》，《古文字論集》，頁 117。
③ 李説見《甲骨文字集釋》，頁 2527。此字屈萬里釋瘕，釋字雖不同，對字形的分析則無二致。屈説見《殷虚文字甲編考釋》2040 片釋文。

"手撫其腹"的形象。

還有一條賓組卜辭説：

(79) 己酉卜，賓貞：有㕣 ⿰身出。　　　　　　　　　　　　　　18654 正

㕣字《摹釋總集》摹爲㕣，釋爲疾。此字在《合集》不甚清楚，但其從卜仍可見，摹爲㕣顯然是有問題的。此片即《續》5・6・9，《續》的拓片清楚可見其字形作㕣。在《類纂》的㕣字條下，㕣只作地名用，没有看到跟疾病有關的用例。本辭的正確摹寫，可補其不足。⿰身字姚孝遂説"爲疾病之一種，不知其詳"①。陳漢平説："此字從勹從×，從×即從凶。兇或從肉，今書作胸或胷。此乃胸有疾而卜貞之辭。"②"從×即從凶"之説毫無根據。疑此字亦是身字異體，從×亦如⿰身之從丨，從丨或×只是特别强調其所指部位。

儘管對字的隸定有所不同，但多數學者主張此字所描繪的是人腹有疾而有手撫其腹的景象。不過有一條卜辭卻頗堪玩味：

(80) 貞：㕣囗弗其克。　　　　　　　　　　　　　　　　　　4349 正甲

囗字各家有不同訓釋（詳後文），但多數學者認爲是骨的象形，而跟骨的疾病有關。這就跟表示"小腹疾，以手撫其腹"的"㕣"頗爲鑿枘。這種情況或許跟"㕣"類似，嚴格區分時指"疾身"，渾用時則與疾無別。㕣有時也與一般的疾字通用。

還有這樣一條卜辭：

*(81) 貞：㽞惟父乙害。　　　　　　　　　　　　　　　　　6032 反

㽞《摹釋總集》摹釋爲㽞（疫）。此字必定與疾病有關，但其字形與習見的㽞（疫）有差別，附記於此以俟後考。

（十四）疾囗

有一條賓組卜辭説：

*(82) 貞：有疾囗惟有害。　　　　　　　　　　　　　　　　709 正

相關辭例可以證明，囗字一定是指人體的某個部位，其字從人亦無可疑，但

---

① 《甲骨文字詁林》1113 號按語。
② 陳漢平，《古文字釋叢》，《出土文獻研究》（北京：文物出版社，1985）。

剩下的筆劃不可強解。

陳世輝摹爲"🜚",以爲:"🜚字從♀從↓,♀即人字,↓象心形,即心字。'有疾🜚'就是有心疾,卜辭中的心疾是指精神方面的病症。"①溫少峰完全同意此説。

范毓周則不以陳説爲然:

> 陳釋從人從心,不甚確。故此字非"心"字。甲骨文中有"心"字,其字作"♡",正象心形。此字"勹"中之"↓"當爲其省減。此字從♀從心,隸定當爲"勼",實即"匈",即後世之胸。……所謂"疾🜚"當爲胸部疾患。②

釋心不可從已如范説。然而此字從↓既無法肯定,范氏♡字簡省爲↓之説,亦屬想當然耳,甲骨文中未見類似情況,釋胸之説亦不可信。《合》709 正即《丙》334,張秉權考釋迻釋爲"身"而無説。此字與身應有差別,存以俟考。

(十五) 腹不安

賓組卜辭云:

  (83) 癸酉卜,爭貞:王腹不安,亡延。   5373

溫少峰解釋全辭的大意是"殷王腹部不安,是否會延續不癒?"楊樹達謂:"不安,謂有疾。"説皆可從。

(十六) 疾役

役字作𠂤。卜辭云:

  (84) 甲子卜,殻貞:疾役不延。
    貞:疾役其延。   13658 正

很多學者把役讀爲疫,謂"疾疫不延"爲傳染病。如饒宗頤説:"疾疫不延,即卜傳染病之蔓延與否也。"李孝定以爲"此似當讀爲疫。疫,許訓'民皆疾',此貞疫之延否也"。大概也是把役視爲傳染病。徐錫臺更指出即瘟疫病。③

另有些學者則主張"役",是身體的某一部位,如陳漢平舉"疾目不延"相

---

① 陳世輝,《殷人疾病補考》,《中華文史論叢》第四輯(上海:上海古籍出版社,1963)。
② 范毓周,《〈殷人疾病補考〉辨正》,《東南文化》1998.3。
③ 《甲骨文字詁林》83 號所引。

對照，以爲"𠂤字于卜辭中所指乃人身肢體之某一部位"；姚孝遂以爲"同版有疾齒之占，此亦當指某種疾病而言"。

我們前面看過許多有關疾病的辭例，凡言"疾＊"，疾後一字都是指疾患的部位而言，陳、姚二說是對的。傳染病的說法，大概因於《說文》"疫，民皆疾"，和卜辭的"不延"、"其延"而來的。我們已經知道役指人體的某一部位，就不會是《說文》所說的"民皆疾"的意思。而不延也不是傳染病的蔓延。卜辭中"婦好不延疾"（13711）、"婦好其延有疾"（13713）、"王疾首無延"（24956），不延應如胡厚宣所說的"不延纏"，不是傳染病的蔓延。

𠂤字究何所指不能確知，宋鎮豪以爲"疑背疾，象人持殳捶人背"①，陳漢平以爲臂，存以備考。

（十七）疾𡔛

卜辭云：

＊(85) 壬戌卜，古貞：禦疾𡔛妣癸。

禦疾𡔛于妣癸。　　　　　　　　　　　　　13675 正

此字饒宗頤釋咬，從口從交，"此辭咬爲祭名，謂有災變號呼告神以求福之義"。陳漢平釋腰，以爲"因腰有疾而卜貞禦於妣癸之辭"。徐錫臺釋包，以爲"病包即屬於腫瘤病範疇。"

姚孝遂以爲釋咬、釋腰均不可據，並且認爲此字是祭名，此辭當讀爲"禦疾，𡔛妣癸"，而不得"疾𡔛"連讀以爲疾名。②姚先生雖未言及釋包之正誤，但既主張祭名之說，定亦不以釋包爲然。

按此字疑從肉從黃，從辭意上來看，"祭名"之說恐無法成立。(85) 辭的"禦疾𡔛妣癸"跟"禦疾𡔛于妣癸"並見，意思是一樣的③，與《合》13668 正的"禦疾身于父乙"文例完全相同，"𡔛"和"身"一樣，都應該是指疾患的部位，而不是祭名。

---

① 宋鎮豪，《夏商社會生活史》，頁 416。
② 各家說並見《甲骨文字詁林》268 號。
③ 沈培說：某些組別的卜辭，如師組、師賓間組卜辭，"神名"前往往不加"于"字。在祭祀卜辭中，是否使用"于"字，帶有很大的隨意性。見所著《殷墟甲骨卜辭語序研究》（臺北：文津出版社，1992），頁 115。

（十八）⿰、⿰

卜辭云：

　　（86）壬子卜，爭貞：王⿰惟有害。　　　　　　　　　　　　　　　5370

溫少峰說：

　　⿰字舊無釋，象一人正立，胸前雙乳突出之形，與母字作⿰之意同。"王⿰惟有害"者謂殷王乳房有病，卜問是否鬼神作祟也。

按⿰字所從的⿰爲卤之象形，不得爲"雙乳突出之形"，"乳房有病"之說固無可取。但它指一種疾患的部位或疾患的狀況，應該是無可疑的。⿰字《類纂》未收，但《類纂》182號有⿰字，辭云：

　　（87）□賓⿰惟有害。　　　　　　　　　　　　　　　　　　　　　16997

偏旁從大從人每相通，⿰、⿰應爲一字。在"王＊惟有害"一類卜辭中，＊所指的可以是疾患的部位，如"王⿰惟有害"（11018正）是指王的肱部有疾；也可以是某種官能的問題，如"王聽惟有害"（1773正），是指王的聽力有了問題。因此"王⿰惟有害"可能是王的身體某部位（很可能是腋下，與⿰關係如何待考）有問題，也可能是王的身體出現了某種不適的情況。

（十九）疾⿰

卜辭云：

　　（88）疾⿰不惟娨。
　　　　　疾⿰□。　　　　　　　　　　　　　　　　　　　　　　　6649反甲

⿰字不識。從辭例理解，應是指身體某部位有了疾患。

（二十）疾⿰

卜辭有"疾⿰"的記載，由下列的卜辭可知，此字應是指人體某個部位。

　　（89）貞：王其疾⿰。　　　　　　　　　　　　　　　　　　　　376正
　　（90）貞：王□惟其疾⿰。　　　　　　　　　　　　　　　　　　13700

卜辭屢見禦疾於先祖之例，如"禦疾止于父乙"（合13688正），另有：

(91) 禦▨于妣己。　　　　　　　　　　　　　　　　　　　　　　合 915 正

卜辭有"惟祖辛害王目"（1748），也有

(92) 癸丑卜，殻貞：惟祖辛害王▨。　　　　　　　　　　　　　　1747 正

鍾柏生也舉出"王▨惟蠱"和"疾齒惟蠱"的辭例，證明"▨爲疾病的一種"，認爲"可能是一種與骨有關的疾病"，並引《廣韻》的瘠字同骷，以爲"此字即是卜辭的▨，其中或骨臼上面的點，則表示骨病"。鍾先生並引《說文》"骷，卻病也"，認爲▨指卻病。①

（二一）疾肩

卜辭中另有"疾▨"的記載。"▨"象卜用牛肩胛骨之形，徐寶貴根據石鼓文釋此字爲肩②，說頗可從。"疾肩"謂肩有疾。其辭例如：

(93) 庚戌卜，亘貞：王其疾肩。
　　　庚戌卜，亘貞：王弗疾肩，王固曰：勿疾。③　　　　　　　　709 正

（二二）疾▨

歷組卜辭中有兩條關於疾病的記載：

(94) 癸未卜，王弗疾▨。　　　　　　　　　　　　　　34072（《粹》1267）
(95) □午貞：□▨，肩。　　　　　　　　　　　　　　34073（《粹》1266）

▨字不可識，從辭例知其爲疾病部位。郭沫若以爲"從欠從▨，▨者旹之初文"④。溫少峰已辨其非。但溫氏釋軟，以爲"所謂疾軟，當是周身疲軟無力之病"，恐亦難以據信。存以俟考。

（二三）其他

此外，還有一些與疾病有關的記載，如胡厚宣所說的小兒病。其例如：

---

① 鍾柏生，《説"異"兼釋與"異"並見諸詞》，《"中央研究院"歷史語言研究所集刊》56.3（1985）。
② 徐寶貴，《石鼓文研究與考釋》，待刊。
③ 辭例參見《類纂》，頁 834。
④ 郭沫若，《殷契粹編》1267 考釋。

(96) 婦妌子疾，不延。　　　　　　　　　　　　　　　22246

還有婦人病，如"婦好其延有疾"（13713 正）等，胡先生以爲"皆言王妃之病，其中固有普通之病症，然亦頗能爲婦人所特具者，是即所謂婦人病也"。此外還有產病。這些疾病因範圍比較廣泛，且其病亦非具體可指，暫時都不討論。

附帶提一下可能跟疾病有關的幾個字：

(97) 貞：□其🅰。　　　　　　　　　　　　　　　　808 正

(98) 惟🅱止。　　　　　　　　　　　　　　　　　　13691

(99) 丁卯卜，爭貞：有🅲，肙。

　　　貞：有🅲，不其肙。　　　　　　　　　　　　13674

(100) □子卜，禦□🅳□母□。　　　　　　　　　　21057

(101) 其□🅴。　　　　　　　　　　　　　　　　　17979

（97）辭的"🅰"，《摹釋總集》釋爲疾。（98）辭的"🅱"，姚孝遂以爲"似當讀作疾，疾止即疾趾，謂趾有疾"①。（99）辭的"🅲"，可能跟"疾身"有關。（100）辭的"🅳"，裘錫圭以爲"疑是禦疒之禦之專文，或禦疒二字之合文"，"應該看作🅵與🅶（疒）的合體字，🅵當即🅷的省體"。②（101）辭的"🅴"學者或釋爲殷。見於（99）辭和（101）辭的兩個字，胡厚宣皆以爲是治療疾病的方法，詳後文。

此外，還有一個殘辭：

(102) □🅸。

"🅸"字蔡哲茂釋爲"疾羽"，並自註云"或爲合文"。③裘錫圭以爲：

> 此辭殘存之字應該是一個字，可隸定爲"瘖"，就是當疾蠲講的"彗"的專字，似可看作爲了表示"彗"字的疾蠲這一引申義加"疒"旁而成的分化字。也有可能，造字的人的本意，是想直接用這個字形來表示用彗掃去臥床病人的疾病的意思。④

---

① 《甲骨文字詁林》3068 號按語。
② 裘錫圭，《古文字論集》，頁 304—305。
③ 蔡哲茂，《説🅸》，《第四屆中國文字學學術研討會論文集》（臺北：大安出版社，1993），頁 81—96。
④ 見裘錫圭，《殷墟甲骨文"彗"字補説》，《華學》第二輯（廣州：中山大學出版社，1996）。

可以參考。

上面介紹了疾病的名稱，也對學者的一些解釋提出了不同的看法，同時補充了一些前人未曾注意到的病例。下面談一下有些學者所認為的"疾病"，其實不然者。前面我們已經舉過 ⚊ 並非臀疾的例子，這裏再舉二個例子來說明：

其一，尿病。

卜辭云：

　　（103）貞：⚊弗其囚凡有疾。　　　　　　　　　　　　　13887

⚊字唐蘭釋尿，以為象人遺尿之形。胡先生以為"此貞是否有尿疾也"。但我們所看到的⚊字，多數作人名用，而"囚凡有疾"之前所記錄的，也都是人名，如"婦好囚凡有疾"、"雀弗其囚凡有疾"等，婦好和雀都是人名。此辭的⚊也應是人名，不是尿疾。楊樹達曾指出："胡君於其他數例貞字之下字皆釋為人名，獨於此字則釋為尿字，不以為人名，與其解釋歧異。"① 即對病尿之說不以為然。

嚴一萍也提到"疾尿"，所引的卜辭是：

　　（104）己巳卜有疾，王尿。八月。　　　屯甲1128（即《合》17446）

嚴先生説此辭記"武丁病尿"②。但其所謂的"疾"作"⚊"：嚴氏曾有"⚊既與疾字連文，釋瘧可信"的説法③，此處又釋為疾，顯然自相矛盾。此辭應不是疾病卜辭。

有一條⚊與疾同見的卜辭：

　　（105）癸丑卜，爭貞：旬亡囚。三日乙卯□有單丁人豐⚊于彔□丁巳龜子豐⚊□鬼亦得疾。　　　　　　　　　　　　　137正

但這一條卜辭的"⚊"，也不是"病尿"，本辭"⚊于彔"的⚊應為動詞。

我們説⚊不是臀疾，⚊不是尿疾，並不表示我們認為殷商人絕對沒有臀、尿的毛病，而是説甲骨文中並沒有這類記載，而學者所説的臀疾、尿疾是出於對甲骨卜辭的誤解。

其二，奶執。

溫少峰曾引一條卜辭："貞：卯婦印乃執？"為證，説：

---

① 楊樹達，《讀胡厚宣君〈殷人疾病考〉》，《積微居甲文説》卷下。
② 嚴一萍，《殷契徵毉》，頁90。
③ 嚴一萍，《殷契徵毉》，頁86。

> 乃字甲文作"㇈",象婦女乳房突出之側面形。郭老謂"乃即奶之象形"(《金文叢考》,壴卣釋文)其說是。"乃"本"奶"之初文,卜辭中之"乃"大多借作虛詞。但仍有用其本義者。……"執"有"塞"義(見《左傳·僖公二十八年》杜注),此辭之"奶執"就是奶頭堵塞不通。全辭大意爲:婦印的奶塞不通,是否舉行禦祭以求禳解?婦女產後乳塞不通乃常見之病,故卜辭中有此卜問也。①

此說言之鑿鑿,卻無一是處。所引卜辭見《殷契粹編》1241(即《合》802),郭沫若釋文作"……貞钟婦㚔,勿……執"。㚔當釋印,這是另一個問題。溫氏所說的"乃"(奶)拓片不很清楚,但爲"勿"的可能性遠大於"乃"。從字形上來說,溫氏的解釋已很難站得住腳。從字義上來說更靠不住。

卜辭中印(抑)、執同見一辭的例子頗多,如"其來印,不其來執"(合800)、"弗克以印,其克以執"(合 19779),印(抑)和執都是句末疑問語氣詞。②因此,《粹》1241 的卜辭應讀爲:

  (106)貞:禦婦印,勿執。

跟奶頭堵塞不通毫無關係。

上文論述了具體疾患部位的貞卜,當然還有一些沒有具體指明何病的貞卜。如"有疾"、"無疾":

  (107)癸酉卜,貞:郭其有疾。 13731
  (108)貞:郭無疾。 13731

或更簡單的:

  (109)其有疾。 13782
  (110)貞:無疾。 13741

也有卜問"延有疾"而未言具體何病者,如:

  (111)貞:婦好其延有疾。 13713 正

這些都是比較寬泛的疾病貞卜。在有關疾病的卜辭中,這種寬泛的卜問,其數量遠比卜問具體疾病的要多。

---

① 溫少峰、袁庭棟,《殷墟卜辭研究——科學技術篇》(成都:四川省社會科學院出版社,1983),頁 313。
② 參見裘錫圭,《關於殷墟卜辭的命辭是否問句的考察》,《古文字論集》,頁 251—255。

四、殷人心目中致病的原因和疾病的治療

（一）疾病的原因

殷人迷信，又崇尚鬼神，幾乎到了凡事必卜的地步，疾病自亦不例外。殷人認爲致病的原因，是鬼神降禍。

1. 天帝神祇降禍

如卜辭云：

（112）貞：惟帝肇王疾。　　　　　　　　　　　　　14222 正丙

（113）貞：不惟下上肇王疾。　　　　　　　　　　　14222 正甲

（114）丁巳卜，貞：無降疾。　　　　　　　　　　　13855

胡厚宣以爲"降疾者，疑即上帝天神所降之疾病"。温少峰以爲"下上者，謂從地下到天上之鬼神也"①。(112)、(113)辭的"肇"字作𢻻，高島謙一解作"分裂、分開、釋放"，"帝肇王疾"是上帝醫好王的疾病。徐錫臺讀爲診，劉釗訓作啓，姚孝遂以爲"帝肇王疾"是上帝"疏導王疾"。②這些說法的"肇王疾"是降福而非降禍。但我們從卜辭看到的現象，大部份是因鬼神降禍而貞卜的，以上各家說法與事實不符。沈培曾有"肇疑可讀爲造"的說法③，很有參考價值。

2. 祖先降疾

除上帝神祇外，祖先也能降疾。上面所提到的疾病中，就不乏祖先致疾的例子。如：

（115）貞：疾齒不惟父乙害。　　　　　　　　　　　13648 正

（116）貞：王疾身惟妣己害。　　　　　　　　　　　822 正

從甲骨文看來，絕大多數關於疾病的卜辭，都是屬於迷信層面的，如把致病的原因，都歸於鬼神所降災禍即是。比較有一點"科學性"的，是關於"蠱"的記載：

---

① "下上"也可能指下示、上示，如此則是祖先而非神祇。
② 各家說法參見《甲骨文字詁林》2397號。
③ 沈培，《殷墟甲骨卜辭語序研究》，頁849。

(117) 有疾齒，惟蠱。
　　　　　不惟蠱。　　　　　　　　　　　　　　　　　　　　　13658 正
　　(118) 貞：王⿱囗⿱口口惟蠱。
　　　　　貞：王⿱囗⿱口口不惟蠱。　　　　　　　　　　　　　　　 201 正

《説文》：＂蠱，腹中蟲也。《春秋傳》曰'皿蟲爲蠱'。＂胡厚宣以爲＂從蟲從皿會意，言皿中之蟲，即造蓄蠱毒之法。＂＂以疾病之所生，爲蠱之所致＂。温少峰則以爲蠱是寄生蟲。① 上文提到的＂🦟＂、＂🪲＂、＂🐛＂，也表示類似的現象。

　　不論蠱毒或寄生蟲之説，都比鬼神之説實際，但這樣的材料很少，多數記載疾病的卜辭，都會跟鬼神扯上關係，而爲祖先所害的，又遠比天神爲多。嚴一萍《殷契徵毉》中詳列了＂鬼神祟禍＂的資料，此不具舉。②

　　3. 鬼神示警

　　裘錫圭在考釋甲骨文的＂悤＂字時，曾引下列兩條卜辭：

　　　　(119) 貞：王心悤，亡來〔嬄〕自□。一月。二。　　　　　　 12
　　　　(120) 貞：王〔心〕悤，〔亡〕來〔嬄〕自□。三。　　　　　18384

裘先生釋＂悤＂字爲＂蕩＂，他説：

　　　　從王因＂心悤＂而卜問是否會有難險之事發生的情況來看，＂心悤＂顯然指心臟的一種不正常的現象。把卜辭文義上的這一線索跟字的結構結合起來進行考慮，可以肯定＂悤＂就是古書中所説的＂心蕩＂的＂蕩＂的專字。

並引《左傳·莊公四年》爲證：

　　　　楚武王荆尸授師孑焉，以伐隨。將齊，入告夫人鄧曼曰：＂余心蕩。＂鄧曼歎曰：＂王禄盡矣。盈而蕩，天之道也。先君其知之矣，故臨武事將發大命而蕩王心焉。若師徒無虧，王薨於行，國之福也。＂王遂行，卒於樠木之下。

裘先生認爲：楚國先君使王心蕩，是給他一個警告。商代人則認爲＂王心悤＂預示可能會有艱險之事發生。③ 據卜辭及《左傳》看，當時人似以爲鬼神對王之警告，此爲致病之另一因，與鬼神作祟有别。④

---

① 宋鎮豪亦持此説，見所著《夏商社會生活史》，頁 415。
② 該書頁 31—63。
③ 見裘錫圭，《殷墟甲骨文考釋四篇·一》，收在《海上論叢（二）》（上海：復旦大學出版社，1998），頁 8—10。
④ 這是裘先生給我的信中的意見。

（二）疾病之治療

胡厚宣說：

> 殷人既以疾病之原因，係由於天神所降或人鬼作它，故其唯一治療之方法，亦只是希望天神之賜愈，及禱於其祖妣而已。

禱於祖妣則有"禦疾"：

（121）貞：疾止于妣庚禦。　　　　　　　　　　　　13689

（122）貞：禦疾身于父乙。　　　　　　　　　　　　13668 正

"禦"是禳除災殃的一種祭祀。① 有"告疾"：

（123）貞：勿于父乙告疾身。　　　　　　　　　　　13670

（124）貞：告疾于祖丁。　　　　　　　　　　　　　13852

當然對祖先的禱祝還有習見的"告"等等。

嚴一萍也認為"藥物療疾之辭，絕不見於貞卜，所見者有祈錫於上帝，有禱祝於祖妣"，說法跟胡先生一致。

既然禱祝是唯一治療疾病的辦法，就一定要祭祀，而且必需要有一個溝通人和神鬼的媒介，在原始鬼神崇拜的社會中，就有了巫的產生，而疾病的治療既乞靈於神鬼，巫就扮演了醫的角色。《廣雅》："醫，巫也。"王念孫疏證："醫即巫也，巫與醫皆所以除疾，故醫字或從巫作毉。"也說明了巫和醫密不可分的關係。

張光直曾說，三代的王者行為，均帶有巫術和超自然的色彩。② 陳夢家也說：

> 由巫而史，而為王者的行政官吏，王者自己雖為政治領袖，同時仍為群巫之長。卜辭中常有王卜、王貞之辭，乃是王親自卜問，……凡此王兼為巫之所事，是王亦巫也。……王是卜事最後的決定者，……而王乃由群巫之長所演變而成的政治領袖。③

巫既佔有這麼重要的地位，疾病又必須通過巫來向鬼神禱祝以治療，可見當時真

---

① 參楊樹達，《積微居甲文說・釋禦》。
② K.C. Chang, *Art, Myth and Ritual：The Path to Political Authority in Ancient China* (Cambridge, Mass.：Harvard University Press, 1983).
③ 見《商代的神話與巫術》，《燕京學報》20（1936）：535。

是巫醫不分。

殷人患病，所以只禱於祖妣，而無禱於上帝之辭者，胡先生認爲是"殷人以爲上帝之神權至高無上，不能以事先祖之禮事之"。即或碰到不如意事"寧以爲乃先祖作祟，絕不敢怪罪於帝天"。①

胡先生先是認爲疾病時祈禱鬼神是"唯一治療之方法"，四十年後，胡先生發表了《論殷人治療疾病之方法》，② "補充前文，資料愈益有所增加。過去以爲殷人對於疾病，多禱告於先祖，祈求神靈之賜愈，尚不知有什麼治療方法，於今觀之，則實有不然"。

胡先生所説的治療方法主要有三，在此先述其説之大要：（所引卜辭的釋文完全依照胡先生原文）

1. 針刺

有一這樣的卜辭：

（125）其🦴。

　　□□🦴。　　　　　　　　　　　　　　　　　　　　乙 276（合 17979）

🦴字左旁從又持↑，又即手，↑在古文字乃矢簇弓箭之一端，像尖銳器，疑即針，↑者示針之一端，尖銳有刺，🦴字蓋像一人身腹有病，一人用手持針刺病之形。

2. 灸療

武丁卜辭云：

（126）丁卯卜，爭，貞㞢🦴龍。

　　貞㞢🦴不其龍。　　　　　　　　　　　　　　　　丙 295（合 13674）

甲骨文🦴字，疑即像一人臥病床上，從木，即像以艾木灸療之形。

3. 按摩

武丁卜辭説：

（127）今日🦴龍。　　　　　　　　　　　　　　　　乙 964③（合 13864）

（128）丙辰卜，殷，貞婦好🦴龍。　　　　　　　　　　甲 2040（合 13712 正）

🦴與🦴乃是一個字。字正像一人因病仰臥床上，另人以手按摩腹部之形。由甲骨文

---

① 參《殷人疾病考》及所引自撰之《殷代之天神崇拜》。
② 胡厚宣，《論殷人治療疾病之方法》，《中原文物》1984.4；又《中國語文研究》（香港）7（1985）。
③ 編者按："乙 964"，原文誤作"2964"，今據實際出處逕改。

字看來，殷人治病，亦知按摩之法，則又無可懷疑。由此可見殷人醫學進步之程度。

以上即胡先生所論殷人治療疾病之方法。除了祈禱鬼神外，至少還有針刺、灸療、按摩三種。胡先生此說，幾乎被所有探討商代疾病醫療的文章所徵引，也幾乎是廣被信從的，尤其溫少峰的書中，更是用了很大篇幅大加推衍。

其實胡先生的說法，主要（甚至可以說唯一）的根據是甲骨字形，有的字形還是只有一見的殘辭，這裏頭想當然耳的成份恐怕相當多。如表示"針刺"的 👤（殷），金文作 👤 等形，甲文也有作 👤 的，于省吾"契文鼓字從攴也作殳"雖可說明殷字從殳的道理，但從文字演變的規律看，從攴才是正體，從殳為訛變的變體，即以鼓字而言，異體不下數十見，從殳者只有一見。殷字金文十數見，無一從殳，雖甲骨時代在前，而後期文字較前期文字近古的例子時有所見，從殳的殷字必是變體。以偶然一見之變體，推論出與十數見之正體不能相容的見解，這種推論多半是靠不住的。①至於 👤 "從木像以火艾灸病之形"，姚孝遂已疑其"僅有木無以見灸之義"。②

胡先生的說法，純從字形上推論，並沒有其它的證據，故所言實難令人信從。我們在上引（77）辭"勿 👤 👤"中提到，否定詞"勿"指一種主觀意願，從這個角度看，認為 👤 應是"小腹疾而以手撫其腹"，人在腹痛時以手撫腹部，是一種很自然的反應，也許正是此字所取意的藍本，未必一定是按摩治病的方法。

胡先生所說的治病方法，都是從字形上索解。那麼見於《合》808 正"其 👤"的"👤"和《合》13691"👤止"的"👤"，結構與胡先生所舉的三個字頗為類似，卻很難比照說出一番道理來。

從甲骨文看，所謂針刺、灸療、按摩等說法，多少要持點保留態度。有人說："如將中國鍼麻術追索到殷商時代，在甲骨文字中有關醫學的記說，其文意雖簡，但對鍼麻及治病的過程，記錄得很為完整。像殷王朝有人病牙痛，使用鍼麻術拔牙不痛，而病癒好的病例。"③這種說法更是言過其實了。

我們從甲骨材料上，的確找不出除了祭祀祈禱以外的直接材料，可以證明殷商人治療疾病的其他方法。但這只是從甲骨上說的，並不表示殷代絕無祈禱以外的治病方法。一九七三年河北省博物館文管處在藁城臺西村商代遺址十四號墓發現一件石鐮，學者以為：

---

① 于省吾以為殷是"用按摩器以治之"，見其所著《甲骨文字釋林·釋殷》，雖不能必其是，至少在字形上比胡先生"針刺"之說合理。
② 《甲骨文字詁林》3072 號按語。
③ 萬壽永，《從甲骨文看中國古代鍼麻術的啓用》，《中華文化復興月刊》7.4（1974）。

在等級懸殊的奴隸制社會中，置於精緻的漆盒內作爲奴隸主獨特殉葬品的這一種石鐮，不可能是奴隸手裏的簡單勞動工具。我們認爲，它是當時的醫療器具……砭石的一種，即所謂砭鐮。①

此外，還有中藥。"1973 年在臺西商代房址和文化層中出土的桃仁、郁李仁兩種種子中藥，反映了我國殷商時期醫藥科學的發展。"②十四號墓是商代中期的墓葬，這時已經有醫療器具和藥物的發現，那麼武丁以後的殷商時代晚期，不應在醫藥上毫無表現，只可惜我們在甲骨材料上，沒有令人滿意的發現。

這裏要特別提一下多數學者所釋的"骨凡有疾"。③這個詞主要有以下幾種說法：

其一，郭沫若認爲是"游盤"的意思。他把"骨凡"釋爲"繇凡"，認爲"繇"字象契骨呈兆之形（後來他放棄了這個說法，把此字改釋爲"冎"，認爲它是骨字的初文）。他把"繇"讀爲"游"，而把"凡"讀爲"盤"，認爲"游盤"的意思就是游樂。

其二，唐蘭認爲是"攸同"的意思。"骨"字唐蘭釋爲"卣"，認爲是象卣形。他把"卣"讀爲"攸"，把"凡"讀爲"同"，認爲"卣凡"即相當於古書中的"攸同"。"攸"是"維"的意思，"攸同"意即"維同"。

其三，李孝定認爲是"骨痛"的意思。這個辭語中的第一個字，李氏從郭沫若的後一說釋爲"冎"，他說："竊謂冎當讀如字，即骨之古文。""凡"字，他釋爲"同"，認爲"同"應當讀爲"痛"。

其四，饒宗頤認爲是"禍重"的意思。這個詞語中的第一個字，饒氏也從郭沫若後說釋爲"冎"，認爲是"骨的初文"，但他讀爲"禍"。"凡"字，他釋爲"同"，並讀爲"重"。

其五，嚴一萍認爲是"禍風"的意思。這個詞語中的頭一個字，他也釋爲"冎"，並同饒氏一樣也讀爲"禍"。但他認爲"凡"即是"風"。所謂"禍風"，就是伴隨著禍的風，它帶來了疾病。

其六，沈寶春認爲是"骨骪"的意思。他把頭兩個字釋爲"骨凡"，把"凡"讀爲"骪"。他認爲"骨骪"意即骨端之曲折不正。

其七，張玉金信從釋爲"骨"並讀爲"禍"之說，以及讀"凡"爲"盤"訓爲安樂之說。他認爲"禍"字在此應訓爲"毀"（據《釋名·釋言語》："禍，毀也"），"骨

---

①② 馬繼興，《台西村商墓中出土的醫療器具砭鐮》，《文物》1979.6。
③ 辭例見《類纂》，頁 1179。

凡"意思就是毀壞安康、損害健康。"骨凡有疾"是說毀壞安康而有了病。①

最近裘錫圭有一個新說法，大意是：一般釋爲"骨凡有疾"的骨，是"肩"字的象形文，可釋爲肩，肩膀能任擔重物，引伸有"任"、"克"等義；"凡"讀爲"同"，"肩同有疾"就是能分擔王疾的意思。上古時代的人，多以爲人的疾病生死是由鬼神決定的，尊貴者有疾病時，有些跟他有特殊關係的人就會向鬼神禱告，請求把疾病移給自己，也就是分擔王的疾病。②

按照裘先生的說法，禱告療疾的方法，就比過去我們所瞭解的，多了一個未曾被人道及的內容。過去我們對有關疾病卜辭的瞭解，只是鬼神與病患之間的關係而已，"肩同有疾"則多出了可以分擔疾病的人。

前面討論過的"彗"和"𤻮"，義爲用帚掃去疾病，雖然也不是科學性的治療，卻是祭禱之外的一種治病的方式。馬王堆帛書中的"以敝帚掃疕"，或許正是殷人迷信的遺留。

五、結　論

殷墟出土的甲骨文中，有一些關於疾病的卜辭，是研究商代疾病和醫療的重要材料。學者利用這些材料，做出了一些成績。由於甲骨文字去今太遠，文字釋讀比較困難，經常眾說紛紜。本文審慎利用甲骨材料，補充了前人未曾注意的一些疾病的記載，並加以論述；另一方面對學者的某些錯誤的說法提出辨正，試圖探討殷代疾病與醫療的情況。

從甲骨記載中，我們介紹了商代的各種疾病，及殷人所認識的致病原因和治療方法。研究發現，殷代的疾病是多方面的，涵蓋很廣。但我們能用作研究根據的，都只是簡單的關於患病部位的貞卜記錄，並沒有更進一步的材料，我們只能瞭解一個大概。很多學者以現代的醫學常識加以附會，反而成爲沒有根據的猜想。

殷人迷信又崇尚鬼神，認爲疾病是鬼神降禍的，所以治病的主要方法是祭祀禱告。雖然有人從甲骨文字中，提出殷代已有針刺、灸療、按摩等治病方法，但所根據的只是單一字形，可信度不高。考古發掘中，已有商代中期的砭鐮和藥物出土，甲骨文時代應該也有醫療器具和藥物，但從甲骨文中，缺乏直接而可信的史料。

---

① 見張玉金，《說卜辭中的"骨凡有疾"》，《考古與文物》1999.2。前面六種說法爲張文所引，本文轉錄時稍加簡略。
② 裘錫圭，《說"刁凡有疾"》，《故宮博物院院刊》2000.1。

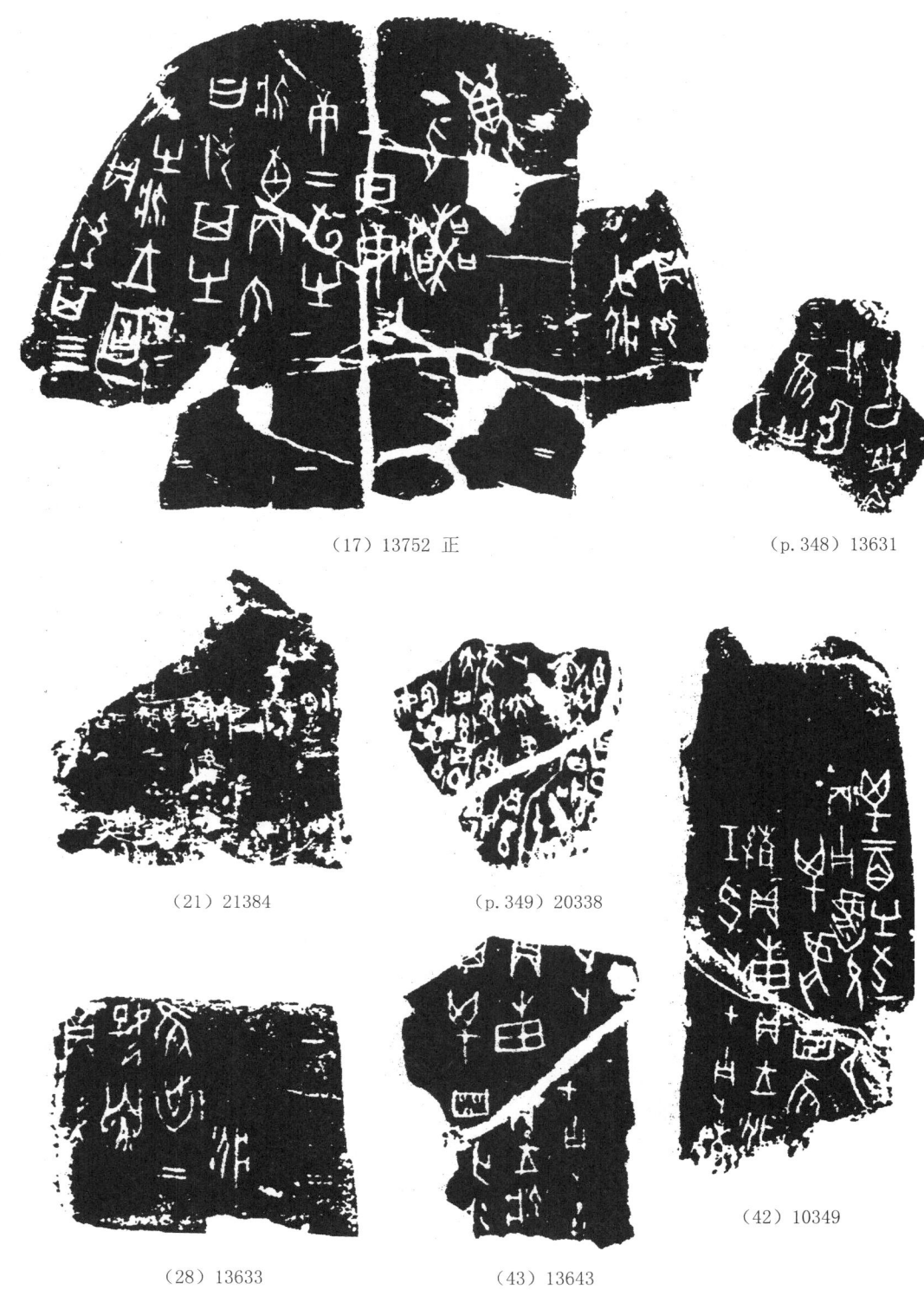

圖 一

※說明：括弧內數字為內文所舉例證的順序號或其所在的頁次，括弧後為《合集》號。

編者按：圖注中原文頁次"p.348""p.349"，分別見本書第 1871、1872 頁。

(44) 13663 正甲

(46) 13648 正 ▶

圖 二

(47-50) 6664 正 (90%)

(59) 13693

圖 三

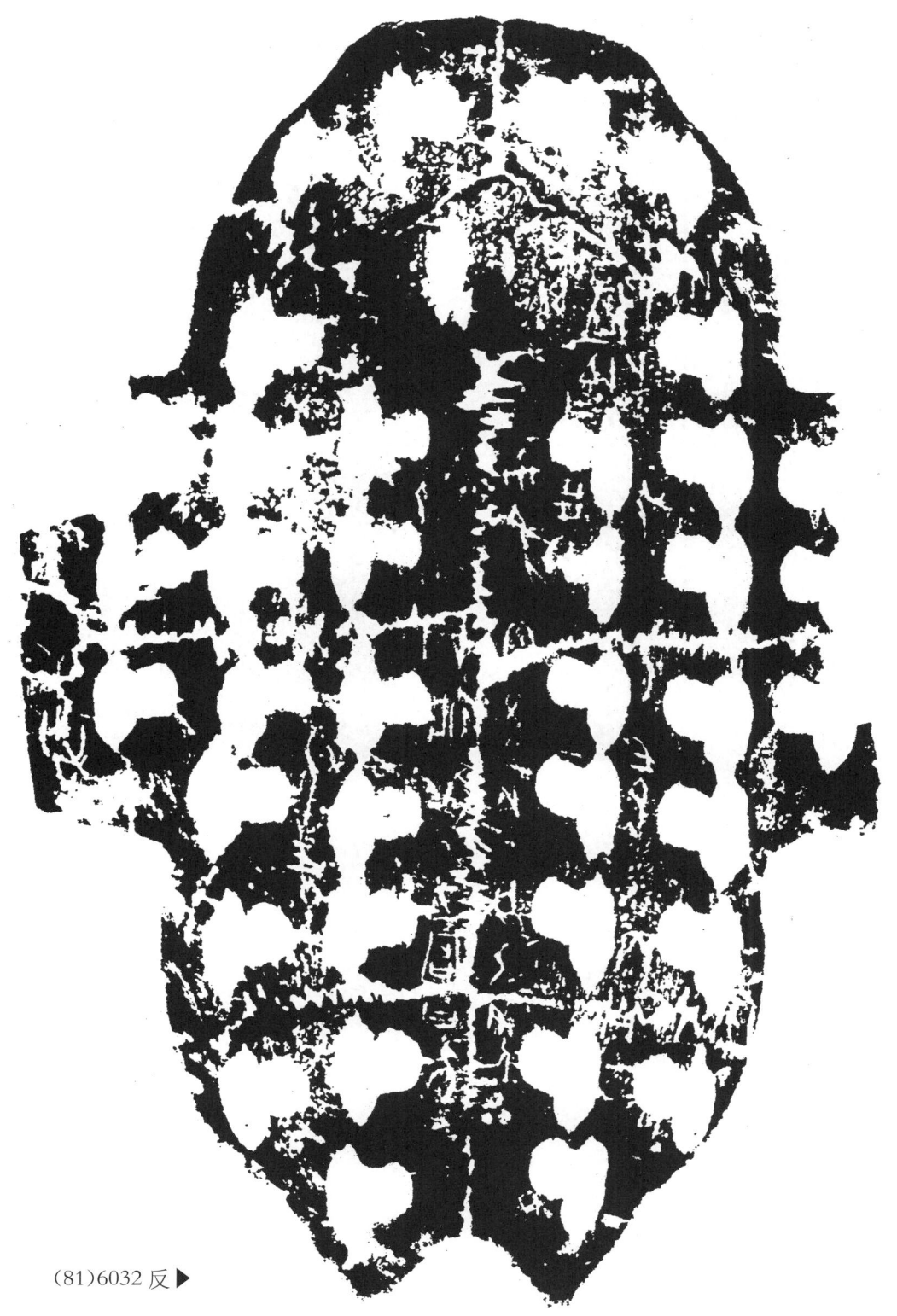

(81)6032 反 ▶

圖 四

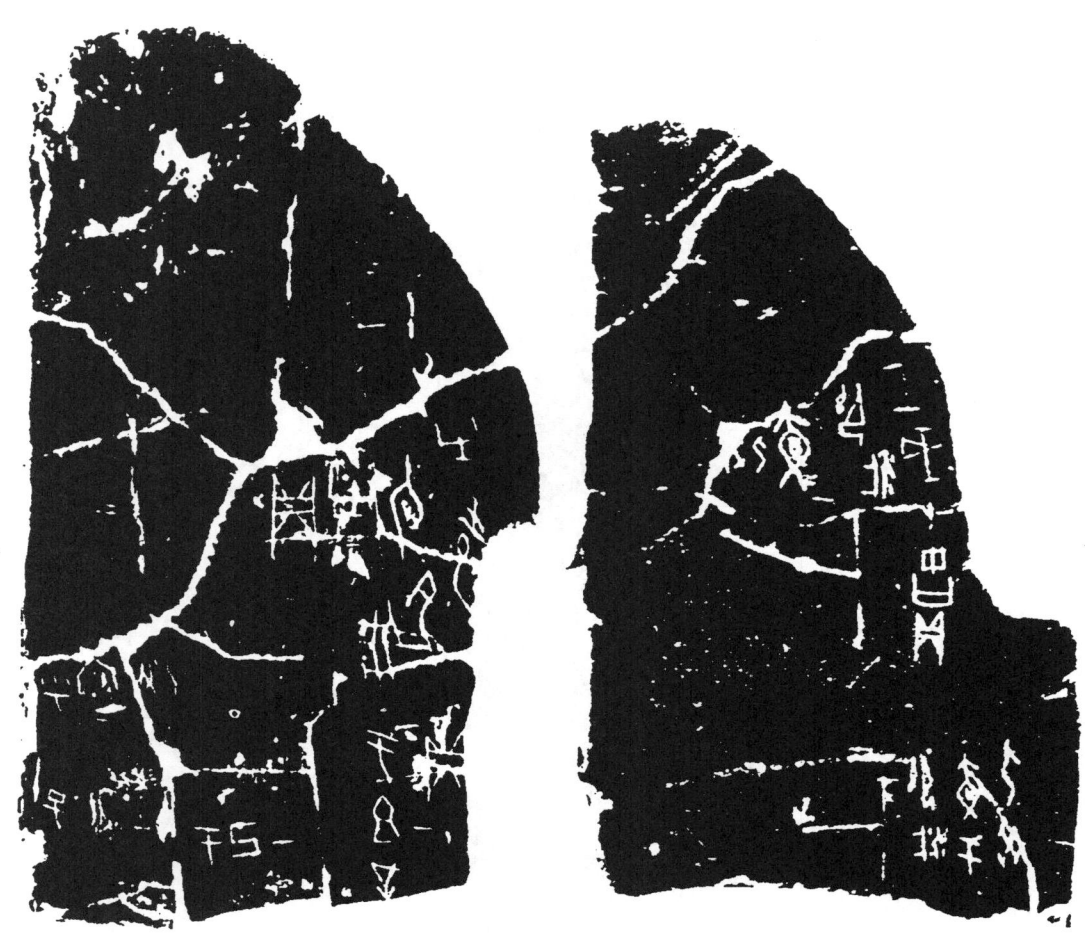

（82）709 正（局部）　　　　　　　　　（85）13675 正（局部）

圖　五

原載《"中央研究院"歷史語言研究所集刊》第 72 本第 2 分，2001 年。

張世超

賓組大字骨版刻辭研究

賓組卜辭中有一種比較特殊的卜辭。這種卜辭多刻在牛胛骨的骨版上，前辭、命辭、占辭、驗辭全備而詳細，字體大而整飭，字口往往塗朱，顯得清晰、美觀。歷來被甲骨學家和書法家視爲甲骨刻辭中的珍品。

這種刻辭完整之版最早較集中地著録於羅振玉一九一四年刊行的《殷虛書契菁華》一書中，以後的學者在精選卜辭時往往不會漏掉這幾大版刻辭，甲骨學著作往往以這種刻辭中的一版作爲封面。一九八二年中華書局出版《甲骨文合集》第一册時，卷首彩照中的骨版二例選的都是這種刻辭。可見這種刻辭已被人們視爲殷墟甲骨文的代表了。

然而，從字迹刻寫的角度進行考察，我們發現，這些刻辭在當年多數並不是實用的占卜記録。

首先引起我們注意的是它們的驗辭。據現在對古代占卜的研究可知，殷人一般是在占卜數日後，所卜之事得到驗徵後再補刻驗辭的，自組卜辭中的不少驗辭即可看出其補刻的痕迹。但仔細地觀察字迹可以發現，這種賓組大字骨版刻辭前辭、命辭和占、驗辭的刻寫大都是一氣呵成的。字體、行款、刀痕都看不出二次補刻的痕迹。況且，這種刻辭大都是均匀地分佈於整片骨版之上，如果命辭、驗辭隨着占卜和驗徵持續地補刻的話，如何能做到佈局如此合理？例如合137正（菁3）並列刻寫貞人爭所卜的三條卜辭，左爲癸卯卜，下行而左；中、右二辭同爲癸丑卜，均下行而右（圖二十三）。如果中、右爲爭同日所卜的話，刻寫者就應在刻完中部的命、占辭後留出一定的空地再刻右部的前、命辭，在驗徵未來到之前，他是如何將所留空間計算得如此準確的？癸丑日先刻右部一辭也存在同樣的問題。再如，合10405正（菁1）一版上自左而右並列癸酉、癸巳、癸未彀貞三辭，如果此版是在較短的時間內的占卜記錄，按其記日，應當是先刻左辭、右辭，後刻中辭，中間一辭的刻寫空間何以留得如此準確，既無未刻完之辭，又無空餘之地？其實，值得注意的疑點還有許多，譬如甲骨刻寫的常規是將卜辭刻在卜兆附近，以備查核，胛骨的鑽鑿大都集中在外緣較厚的部分，因此，我們所見到的胛骨正面的刻辭往往是沿外緣一段段疊刻的。賓組大字骨版刻辭均勻地分佈於整片胛骨面上，其中大部分處於較薄的部位，每條刻辭是怎樣與卜兆相應的？

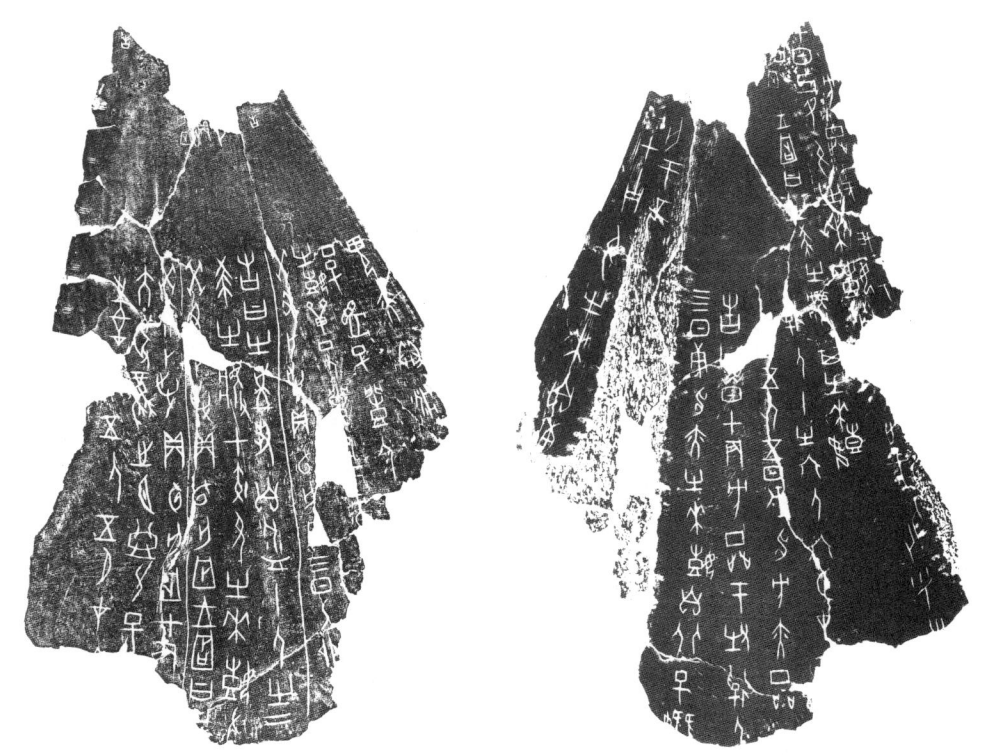

圖二十三　合 137 正、反

合 137 正（菁 3）被郭沫若收爲《卜辭通纂》第 430 片，對於中、右二辭，郭沫若云：

> 中右二辭乃同在一旬中事，癸丑所得之繇，於翌日甲辰（按當作"寅"）既應，於第三日之乙卯又應，此可徵殷人迷信之深。蓋凶咎之事，何旬蔑有，則每卜之繇，無往不應矣。

同一日內卜二次貞旬，甲寅應驗一次，乙卯應驗一次，何以將二次應驗分屬二辭爲驗辭？這實際是一種不合理的解釋。

爲討論方便，我們將此版左、中二辭釋文録於下：

左辭

癸卯卜争貞：旬亡囚？甲辰大驟風，之夕益，乙巳［疫］羍☐五人。五月在［章］。

中辭

癸丑卜争貞：旬亡囚？王固曰：㞢祟，㞢𡆥。甲寅允㞢來嬉，左告曰：㞢往芻自𥁫十人㞢二。

二辭中間有一豎直界欄，刻辭即沿此界欄下行向兩邊排列。按殷人的字迹刻寫習慣，在這種情況下界欄兩邊的刻辭關係比較密切。這就是說，如果左、中二辭是記錄的在此版上的二次占卜，"癸卯"和"癸丑"當是相續的二旬。

再將右辭釋文録於下：

癸丑卜争貞：旬亡囚？三日乙卯☐㞢嬉。單丁人豐彡于彔☐［三日］丁巳龟子豐彡☐鬼亦得疾。

此版的反面——合137反（菁5）有如下辭：

四日庚申亦有來嬉自北，子𣬈告曰：昔甲辰方征于蚊，俘人十㞢五人，五日戊申方亦征，俘人十㞢六人。六月在☐

胡厚宣先生在《甲骨學緒論》中指出，此版正面右辭與反面之辭相銜接①，非常正確，從正面辭中的"丁巳"下數四日，正是"庚申"（圖二十三）。

將正面中、右二辭比較，可以發現，它們的記日干支相同，字迹也相當一致，但所記内容不同，如果説此二辭是貞人"争"在同一天裏爲同一旬的休咎進行的兩次占卜，（這樣的例子比較少見），一般説來不應當一辭記占辭而另一辭不記占辭。更重要的是，據右辭記載，後來一旬中的"乙卯"、"丁巳"、"庚申"皆有驗徵，而中辭却對此一點也没有反映。實際上，右辭曰"三日乙卯"如何，即表明自"癸丑"占卜日起，直至"乙卯"始有驗徵，而中辭則占卜的第二日"甲寅"即"有來嬉"。這説明，此版的中、右二辭是刻寫者將兩次時間遠隔的占卜記録轉刻在一起的結果。如此看來，此版的左、中（"癸卯"、"癸丑"）二辭，也未必是相續二旬内占卜的記録。對於大字骨版刻辭材料，不宜運用實用刻辭的

---

① 《甲骨學緒論》，收入《甲骨學商史論叢》二集，成都齊魯大學《國學研究所專刊》之一，1945年3月。

規律去分析研究。董作賓《殷曆譜》將此版的中辭定於武丁二十九年四月五日，左辭定於同年五月二十五日，二辭相距五十日；右辭定於同年六月六日，二"癸丑"辭相距六十日。① 沒有按實用卜辭將二"癸丑"辭定於一日，將"癸卯"、"癸丑"視爲相續的二旬，這都是對的，至於這幾辭的時間是否確如董譜所定，則是需要繼續研究的問題。

我們認爲，這些大字骨版刻辭多數並非當年在該骨版上占卜的記録，而是從他處占卜實例中抄刻來的。在成百上千次的占卜活動中，總能找到一些應驗的例子，何況有些命辭和占辭應驗本來就不太難。殷人極迷信，他們從許多占卜材料中選出一些應驗的成功占例，用漂亮的大字重新刻寫在大骨版上，與古代文獻中記載占卜或夢兆時，選記那些應驗之例出於同樣的心理。雲南彝族、羌族、納西族人進行羊骨卜前"先由問卜者説明要卜問之事，繼由'畢母'、'端公'或'東巴'誦經唸咒，祈求鬼神賜以'靈驗'。各族禱祝儀式繁簡不一，如羌族問卜時還要手持青稞、燃燒的柏枝等"②。殷人將成功的占例大字重刻於骨版上，字口塗朱，可能與這種卜前祈求靈驗的儀式有關。如此認識，可以解釋這種大字骨版刻辭爲何重視占辭與驗辭的記録，爲何多是些成功的占例。儘管在後人看來，"凶咎之事，何旬蔑有"，這些占例也未足爲奇，但在殷人眼中它們可具有神聖的意義。

上述大字骨版刻辭，目前尚未找到其所據以刻寫的確切原始材料，但類似的材料可以找到。合 5807 有如下三辭：

① ［癸］亥卜争貞：旬亡囚？王固曰：有祟。旬壬申中㠯蠅。四月。
② 癸酉卜争貞：旬亡囚？
③ 癸未卜争貞：旬［亡囚］？

①辭居上，②③辭自右而左横列於下，每辭旁有兆坼之紋，這是連續三旬的占卜。大約癸亥卜後，於第十日壬申見應驗之事，又補刻"王固曰"以下之辭，占、驗之辭都較簡略。這是一次實際的占卜記録，那種大字骨版刻辭應是根據類似這樣的占卜材料刻寫而成的。

説大字骨版刻辭多抄刻自其他占卜材料還有一種證據，那就是在現有的甲骨材料中可以找到與之完全相同的刻辭。一九四七年，胡厚宣先生在《卜辭同文

---

① 《殷曆譜》下編卷九。
② 林聲《雲南永勝縣彝族（他魯人）"羊骨卜"的調查研究》，《考古》1964 年第 2 期。

例》一文中首先研究了卜辭中的"同文"現象。①所謂"同文"是由於殷人一事多卜造成的,表現在卜辭中主要是其命辭相同或命辭內容相同,有時前辭也相同,是因爲同日同人貞卜同一事。但如果兩條卜辭的占辭和驗辭也都彼此相同,就不是一事多卜的結果了,在大字骨版刻辭中就存在這樣的現象,這應是前人所研究的"卜辭同文例"或"成套卜辭"範圍之外的問題。

合13362正(續5·33·1)有一辭如下:

　　□辰,大驟風□盆,乙巳,疫拳□人。五月。在章。

與合137正左辭顯然是同一次占卜的記錄。合13362反另有一殘辭作:

　　□虹□亦征,俘□六月□

則與合137正右部及同版反面連續刻寫者爲同一次占卜的記錄。

合10405正即菁1,與合10406正屬同一人字迹,10406正原著錄於二處,感謝《合集》的編集者將它們綴合起來,給我們考察大字骨版刻辭創造了方便條件。我們將10405正與10406正上面的刻辭列表比較於下:

	10405 正		10406 正
左辭	癸酉卜殻貞:旬亡囚?王二曰匄,王固曰:俞,屮祟屮䢽,五日丁丑,王賓仲丁乙陟在廳阜。十月。	右辭	癸酉卜殻貞:旬亡囚?王二□王固曰:俞,屮祟屮䢽,五日□王賓仲丁乙陟在廳□
中辭	癸巳卜殻貞:旬亡囚?王固曰:乃兹亦屮祟,若偁,甲午王往逐兕,小臣屮車馬硪骪王車,子央亦墜。	中辭	癸巳卜殻貞:旬亡囚?王固曰:乃□祟,若偁,甲午王往逐兕□馬硪骪王車,子央亦□
右辭	癸未卜殻貞:旬亡囚?王固曰:往,乃兹屮祟,六日戊子子發囚,一月。	左辭	癸未卜殻貞□乃兹屮祟□

兩相對比,可知二版上三辭完全對應相同。這顯然不是同一事重復占卜的結果,而是一版照另一版抄刻,或者二版照同一底本抄刻的結果。

按契刻字迹的規律去考察會發現:10405正是先刻了"癸未"、"癸巳"二辭,後刻的"癸酉"一辭,如果是隨卜隨刻的實用卜辭,將刻辭解釋爲儘可能短的時間內連續占卜的記錄,祇能將"癸酉"解釋爲"癸未"九個月後的占卜;而10406正則是先刻了"癸酉"、"癸巳"二辭,後刻的"癸未"一辭,三辭的時間

---

① 《卜辭同文例》,刊《史語所集刊》第九本。

順序更不好解釋。如前所述，這種大字骨版刻辭本不是在該版上實際占卜的記錄，而是從以前的占卜材料中選出的卜例集中刻在一版上形成的字迹，因此，對它們的研究當與卜骨上記錄實際占卜的刻辭有所區別。

觀察上面表中 10405 正和 10406 正二版上的對應刻辭可知：這裏重要的是各辭之間的相對位置：前者的左辭與後者的右辭相同，前者的右辭與後者的左辭相同。10405 反與 10406 反二版上的刻辭也完全相同：一條是"王固曰：屮祟。八日庚戌，屮各雲自東冒母，昃亦屮各虹自北飲于河"。當是"癸卯"貞句辭的占、驗辭，刻於前者右下部，下行而左，後者左下部，下行而右。另一條是"癸亥卜𣪘貞……"，刻於前者左側骨緣，下行而右；後者右側骨緣，下行而左。總之，這兩塊胛骨上的大字刻辭不僅都對應相同，而且同一卜辭都處於這兩塊胛骨上相對稱的位置——無論正面還是反面。這使我們想到，這兩塊胛骨當是一頭牛身上的一對肩胛骨。選用這樣一對骨版作如此的刻寫，其宗教含義與非實用的性質是十分明顯的。

借此例的啟發，我們可以發現 559 正、反與 562 正、反，3296 正、反與 3297 正、反，6057 正、反與 6060 正、反各都是這樣性質的一對肩胛骨。

6059 一片上祇殘存兩行字，右行為"☒或告曰土方☒"，左行為"☒侵我西鄙☒"，比較一下，知為 6057 正"癸巳"辭中的一部分，這當是另外一對這樣性質的胛骨的殘片。由此可知，當時一些典型的占例卜辭是被反復地用在這種供祭禱儀式使用的骨版上的。

6057 正（菁 2）和 6057 反（菁 6）上的刻辭向我們透露了另外一些消息。我們仿郭沫若的做法將 6057 正的骨版摹下來，將釋文寫於骨版上原辭的位置，保持原辭的行款形式，並據版上字迹間的關係和殷人的刻寫習慣將一些殘辭補全，如圖二十四。

（1）辭當是今所見此版上刻辭中最早的一條，它記錄了"癸亥"日的一次占卜，從其所佔位置與面積看，當時是刻在兆坼的旁邊，字也較小。占辭是卜兆顯現出來後隨即作出的，本可與前、命辭一次刻成，但刻者沒那樣做，祇是按常規刻出了前、命辭，辭尾刻上"五月"二字以記時。至第七天"己巳"日，占辭有了應驗，覺得重要，才在原辭尾左下方骨版中間部位用大字補刻（2）辭"王固曰……"，二辭相承，行款方向一致，辭尾重又刻上了"五月"二字。一旬多以後的"癸未"日占卜，又刻下（3）辭，為了避免與已有的字迹相混，刻了一條⌐形的界欄，表示它與前二次所刻字迹不是一次占卜。至第九天"辛卯"日又有應

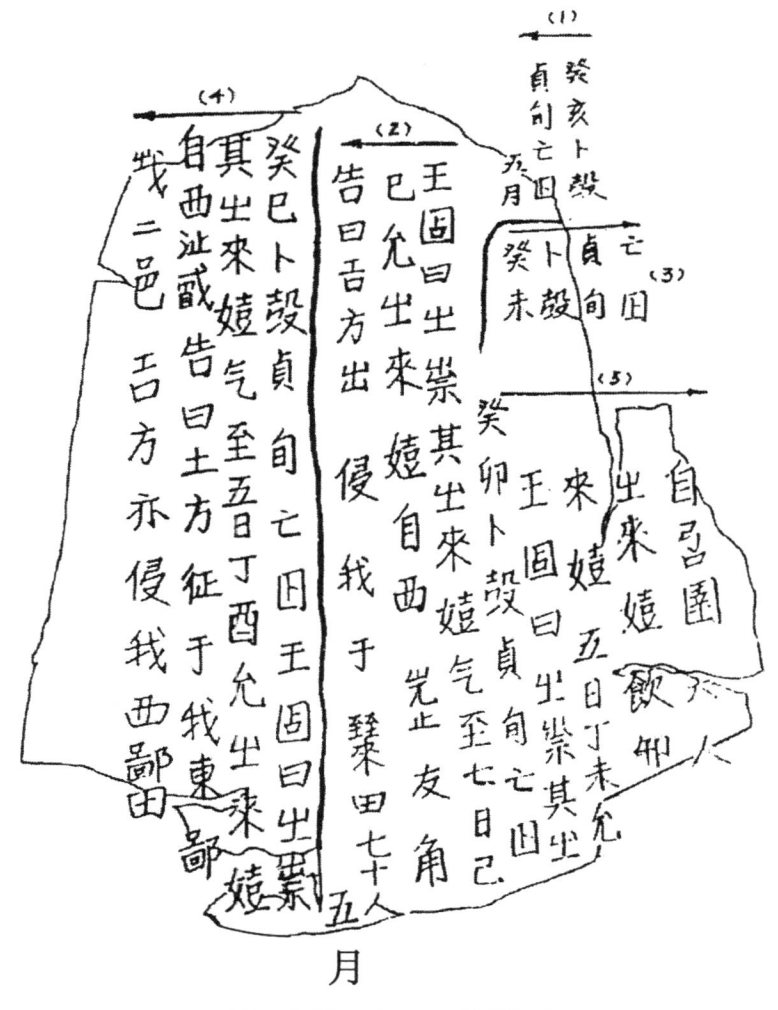

图二十四　合 6057 正（菁 2）

验，于是连占辞一同用大字补刻在反面骨版的中部。接下来"癸巳"和"癸卯"两日的占卜，已经有意将此版作为有象征意义之物了，所以入手便刻大字。当然也可能这两次占卜是在别的甲骨上实施的，得到验征后，用大字转刻于此片骨版。

这个例子说明，有些大字骨版刻辞是实用的卜骨在使用的过程中改变了它的性质的。

原载《古籍整理研究学刊》2001 年第 4 期；收入张世超：《殷墟甲骨字迹研究——自组卜辞篇》，附录四，东北师范大学出版社，2002 年。今据后者收入。

季旭昇

《雨無正》解題

　　《詩經·小雅·雨無正》的題名，二千五百年來一直是個懸而未決的問題。全詩找不到"雨無正"的句子，甚至沒有一個字跟"雨"有關，但是，爲什麼它却叫做"雨無正"？朱子《詩集傳》引劉安世所見《韓詩》本篇篇首有"雨無其極，傷我稼穡"八字，"雨無極"就是"雨無正"，這就很有力地解決本詩的篇名問題。但是，因爲朱子不太相信《韓詩》的説法，加上學者也找不到其它有力的證據，所以這個説法並沒有得到大多數學者的認同。我們認爲：甲骨文中有占卜"正雨"的例子，是卜問雨下得適切與否，《詩經》的"雨無正"其實是保留了這種語彙。《韓詩》由於押韵的關係，所以改成"雨無極"。

一、《雨無正》題名的舊解

　　《毛詩·序》：

　　　　《雨無正》，大夫刺幽王也。雨自上下者也，衆多如雨，而非所以爲政也。①

這個《序》的後半段（也就是某些學者主張的《續序》），不大好懂，"雨自上下者也，衆多如雨，而非所以爲政也"，"衆多如雨"應該是比喻政令繁多如雨，扣《序》"雨"字；但是，"而非所以爲政也"如何扣"無正"？

　　鄭《箋》：

---

① 藝文印書館《毛詩注疏》409頁。

亦當爲刺厲王。王之所下教令甚多而無正也。①

鄭《箋》基本上是扣緊《詩序》，以雨無正比喻教令多而無正。但是，鄭箋並没有說明爲什麽全詩没有一個和"雨"有關的字，而本詩却要叫做"雨無正"。唐以後各家的説法很多，但都不能説明爲什麽本詩可以叫做《雨無正》？孔穎達《毛詩正義》明白指出本詩無"雨無正"之字：

> 經無此"雨無正"之字，作者爲之立名，《叙》又説名篇及所刺之意，雨是自上下者也。雨從上而下於地，猶教令從王而下於民，而王之教令眾多如雨，然事皆苛虐，情不恤民，而非所以爲政教之道，故作此詩以刺之，既成而名之曰"雨無正"也。②

歐陽修《詩本義》以爲"雨無正不爲昊天之序"，不知道爲什麽列在這裏：

> 古之人於詩多不命題，而篇名往往無義例。其或有命名者，則必述詩之意，如《巷伯》、《常武》之類是也。今《雨無正》之名，據《序》所曰："雨自上下者也，言眾多如雨而非正也。"此述篇中所刺厲王所下教令繁多如雨而非正爾。今考詩七章，都無此義，與序絶異。其第一章言天降饑饉於四國，及無罪之人淪陷非辜爾；自第二章而下皆言王流於彘已後之事，且王既出奔，宣王未立，周、召二公攝政十四年而王崩於外，是厲王不復爲政久矣，安有教令所下如雨之多者乎？況詩六章如毛、鄭《箋》、《傳》，悉是刺周之大夫、諸侯不肯從王出居，而無人夙夜朝夕事王於外；及在位之人不能聽言，而不畏天命等事爾，殊無一言及於教令自上而下之意。然則雨無正不爲昊天之序，決可知也。獨不知何爲而列於此，是以闕其所疑焉。③

蘇轍《詩集傳》以爲"雨豈嘗有所正雨哉"：

> 雨之至也，不擇善惡而雨焉；幽王之世，民之受禍者如受雨之無不被也。夫雨豈嘗有所正雨哉！此所以爲雨無正也。而毛氏不達，故《序》以爲"雨自上下者也，眾多如雨，而非所以爲政"，此則是詩之所不及也。④

李樗、黃櫄《毛詩李黃集解》認爲詩名和内容不相應，應闕疑爲俟知者：

---

① ② 藝文印書館《毛詩注疏》409 頁。
③ 歐陽脩《詩本義》，漢京本《通志堂經解》十六册 9251 頁。
④ 蘇轍《詩集傳》卷十一頁八，書目文獻出版社，不著出版年月。

> 詩之名篇,皆取詩中之文以爲之,惟《雨無正》、《酌》、《賚》、《般》四詩,篇名皆詩中無其文,則別撰其名。考諸《左傳·宣十六年》:"《酌》曰:'於鑠王師,遵養時晦。'①者,昧也。"則知此篇其來久矣!非必詩者之意。然《酌》、《賚》、《般》三詩命名之意猶可曉,惟《雨無正》爲難曉,作《序》者之說曰:"雨自上下者也,衆多如雨,而非所以爲政也。"雨自上而下,譬政自君出,其文不貫;兼中所謂雨自上而下與夫衆多如雨,其意皆不見。徐安道曰:"正大夫、三事大夫、邦君、諸侯皆自肆,與凡百君子,不敬其身,可謂衆多如雨。"此皆附會而爲之說,未可深信以爲然也。此當闕之,以俟知者。②

王質《詩總聞》主張"雨無正"是"兩無正"之誤:

> 據詩"周宗既滅",鄭氏屬王流彘之時;考詩"正大夫離居",言不從王者也;"三事大夫,莫肯夙夜,邦君諸侯,莫肯朝夕",言雖從王而不以君事王者也。在鎬無君,在彘有君與無君同,兩地皆無"正"可宗也,"雨"恐當作"兩",字之轉。"雨""兩"字全相類,古"雨"作"兩","兩"亦作"网"易差。③

朱熹《詩集傳》指出《韓詩》本詩篇首有"雨無其極,傷我稼穡"八字,爲本詩篇名提供了很好的答案,可惜朱熹又以句法不合否定了這個可能:

> 歐公曰:"古之人於詩多不命題,而篇名往往無義例。其或有命名者,則必述詩之意,如《巷伯》、《常武》之類是也。今《雨無正》之名,據《序》所言,與詩絕異,當闕其所疑。"元城劉氏曰:"嘗讀《韓詩》,有《雨無極》篇,序云:'雨無極,正大夫刺幽王也。'至其詩之文,則比毛詩篇首多'雨無其極,傷我稼穡'八字。"愚意劉說似有理,然第一、二章本皆十句,今遽增之,則長短不齊,非詩之例。又此詩實正大夫離居之後,孜御之臣所作,其曰"正大夫刺幽王"者,亦非是。且其爲幽王詩,亦未有所考也。

范處義《詩補傳》以爲舊《韓詩》"雨無其極,傷我稼穡"二句或出於好事者之附會,不可信:

> 凡詩之命名,皆摘取詩中之語,獨《雨無正》、《巷伯》、《常武》、《酌》、《賚》、《般》六篇特出詩人之意。非有《序》以發之,雖孔子亦不能知其爲何詩也,然則

---

① 案:應見宣公十二年,文作"《汋》曰:'於鑠王師,遵養時晦。'"
② 李樗、黄櫄《毛詩李黄集解》,漢京本《通志堂經解》十六册 9684 頁。
③ 王質《詩總聞》198 頁,新文豐出版公司,1984.6。

詩之有《序》，庸可少哉！說者多取《韓詩》爲證，謂名《雨無極》，正大夫刺幽王也，篇首多"雨無其極，傷我稼穡"二句。竊意《韓詩》世罕有其書，或出好事者之附會，是詩七章，前二章今皆十句，加以二句，已不可信；"正大夫"乃詩中之語，故欲以"正大夫刺幽王"合之。今據《序》之文以求詩人之言，亦可見非所以爲政之意，且與前篇"弗躬弗親，不自爲政"之語相應，不必立異也。①

呂祖謙《呂氏家塾讀詩記》引《韓詩》作"雨無政"、《韓詩章句》釋"無"爲"衆"，以爲"雨無正"當釋爲"雨蕪政"謂雨衆多，政令似之：

> 劉諫議曰："嘗讀《韓詩》，有《雨無極》篇，《序》云：'雨無極，正大夫刺幽王也。'比毛詩篇首多'雨無其極，傷我稼穡'八字。"○董氏曰："《韓詩》作雨無政，正大夫刺幽王也。"《章句》曰："無，衆也。"《書》曰："庶草繁蕪。"《說文》曰："蕪，豐也。"則雨衆多者，其爲政令不得一也，故爲正大夫之刺。②

這個說法把《韓詩》和《毛詩序》綰合在一起，好像把問題解決了。但是"雨蕪政"頗爲不詞，在文詞上很難說得通。何楷《詩經世本古義》以爲"雨無正"比喻"禍亂之來，其多如雨"：

> 以詩意玩之，所謂"雨無正"即"戎成不退，饑成不遂"，禍亂之來，其多如雨也；所謂"無正"即"正大夫離居"，無助勷國事也。馮時可云："《雨無正》之篇不敢刺王而言天，不敢言天而言雨，其稱名也隱，其慮患也深。"而元城劉氏又云："嘗讀《韓詩》……"元詩③所見《韓詩》本，世無傳者，似未足信。朱子疑之，謂"第一、二章本皆十句，今遽增之，則長短不齊，非詩之例；又此詩實正大夫離居之後，暬御之臣所作，其曰正大夫刺幽王者，亦非是"。夫以章句長短爲疑，或云未可概例，然謂此詩爲正大夫所作，則詩中明有"正大夫莫知我勚"之語，對彼言我，其不作於正大夫，明矣！至若《子貢傳》、《申培說》篇名皆作《雨無其極》，殆後人取元城之說附會爲之，非古書也。④

郝敬《毛詩原解》以爲"雨無正，猶言天失常，托天災以刺時"，而詩不必一定用詩辭命篇：

---

① 范處義《詩補傳》，漢京本《通志堂經解》十七册 10326—7 頁。
② 呂祖謙《呂氏家塾讀詩記》394 頁，新文豐出版公司，1984.6。
③ "元詩"似爲"元城"之誤。
④ 何楷《詩經世本古義》卷十八之下五十一頁下，商務印書館影印欽定《四庫全書》本。

> 雨無正，猶言天失常，托天災以刺時。降饑饉，有罪無罪同死，即雨失其正，忠邪不分，刑罰不中，政散人離，零亂如雨也。世儒疑不用詩辭命篇，有如《巷伯》、《常武》、《酌》、《賚》、《般》豈盡詩辭而意象悠然？必求淺率易見，則高叟之癖矣。①

陳啓源《毛詩稽古編》以爲《序》此詩者，解命題之意，原作詩之由而已，非謂詩中語悉不離乎此也：

> 詩篇以意取名者，《雨無正》、《巷伯》、《常武》、《酌》、《賚》、《般》，凡六，而《雨無正》之名尤難解。

> 《叙》云："《雨無正》，刺幽王也。雨自上下者也，衆多如雨而非所以爲政也。"《箋》、《疏》發明其意，以爲王之教令甚多，而事皆苛虐，非所以爲政之道，意始曉然。《叙》語簡直，詞旨深，古文類多有此。朱子譏其"尤無義理"，不已過乎！又永叔謂此詩七章無"衆多非政"之義，與《叙》絕異，所當闕疑。源謂叙此詩者解命題之意，原作詩之由，如是而已。所云"衆多非政"，乃謂詩由此而作，非必詩中語悉不離乎此也。首章言刑罰不當，蓋亦"無政"之義，下遂反人心之離、忠言之蔽、仕進之危，又極其敝而言之，何嘗非"衆多無政"意乎！且使《叙》果出漢儒手，何難依傍經文，爲明白易曉之語？而故艱晦其詞，開後世以疑端乎？觀此《叙》，愈信其來之古。②

馬瑞辰《毛詩傳箋通釋》以爲"《序》'衆多如雨'二句，正釋《雨無正》名篇之義"：

> 《序》"衆多如雨"二句，正釋《雨無正》名篇之義，董氏《讀詩記》引《韓詩章句》曰："雨無政，無象也。"政即正也，足證毛、韓同義。劉安世謂《韓詩》以"雨無極"名篇，而以《詩序》"正"字屬下讀，以爲正大夫刺幽王，其說不足信，詩曰："正大夫離居，莫知我勩。"是兼刺正大夫之謂，非正大夫刺幽王也。《集傳》引歐陽公說已駁之矣。③

方玉潤《詩經原始》主張有錯字，或謂之"國無正"也無不可：

> 愚案：《韓詩》於此篇首章忽多二句，其爲僞增，自不待言，即詩中所言，亦

---

① 郝敬《毛詩原解》325 頁，新文豐出版公司，1984.6。
② 陳啓源《毛詩稽古編》，漢京本《皇清經解》七册，4496 頁。
③ 馬瑞辰《毛詩傳箋通釋》191 頁，廣文書局，1971.11。

非爲雨傷稼穡也。歲飢民亂，分明是荒旱景象，且不過借時勢以立言耳。其大旨乃蟄御近臣傷國無正人以匡正王失也。故"雨"字或誤，"正"字上下或有脫漏，亦未可知。魯魚帝虎，古簡之常，但須細審，未可以無考忽之。無以赫赫宗周，匡國無人，而憂而望之者，乃僅僅出於近侍微臣，則謂之"國無正"也，亦奚不可！①

牟應震《毛詩質疑》以爲"或國字之訛"：

> 蟄御責王臣之不從王而東也。雨古篆作🏶，或國字之訛。②

陳喬樅《韓詩遺說考》以爲《韓詩》不當有"雨無其極"句，而"雨無政"應該是"雨無正"之誤：

> 喬樅謂：……孔氏作正義時，《韓詩》尚存，如《韓詩》作"雨無極"，且篇首多"雨無其極"二句，正義何得無一語及之？劉安世說之爲訛妄，此不待辨而明。……竊意《韓詩》作"雨無政"，其"正"字乃"政"之音讀，後人轉寫，誤入正文耳。③

王先謙《詩三家義集疏》主張不知蓋闕：

> 雨無正，《集傳》載劉安世見《韓詩》作"雨無極"，《序》作"正大夫刺幽王也"。篇首多"雨無其極，傷我稼穡"二句。呂東萊《讀詩記》載董氏引《韓詩》，則作"雨無政"，《序》亦作"大夫刺幽王也"，並引《章句》曰："無，眾也。"案：詩曰"正大夫離居，莫知我勩"，是兼刺正大夫之詞，非正大夫刺幽王也。劉、董之說未足據信。《易林·乾之臨》云："《南山》《昊天》，刺政閔身。"《蒙之革》、《謙之復》、《恒之艮》同。陳喬樅云：據此說，知齊家即以《昊天》爲名，取首句，"浩浩昊天"之語。《焦氏》《南山》、《昊天》二詩對舉，《南山》即指"節彼南山"之詩。下句"刺政閔身"，"刺政"承《南山》言，謂"赫赫師尹，不平謂何"也；"閔身"承《昊天》言，謂"若此無罪，薰胥以鋪"也。愚案：陳說甚新，但《節南山》篇名，三家作《節》，毛作《節南山》，無以《南山》名篇者。焦氏以"南山""昊天"相對，究係文言以爲篇名，竊所未安，姑從蓋闕。三家詩義當與箋同。④

---

① 方玉潤《詩經原始》860頁，藝文印書館，1981.2三版。
② 牟應震《毛詩質疑》158頁，齊魯書社，1991.7。
③ 陳喬樅《韓詩遺說考》，漢京本《皇清經解》續編七冊，4585頁。
④ 王先謙《詩三家義集疏》682頁，明文書局，1988.10。

林義光《詩經通解》以爲"雨無正"可能是"周無正"之誤：

> 詩名"雨無正"者，無正即"正大夫離居"之謂。"雨"疑"周"字之誤，古金文"周"字作"田"，形與"雨"近，故誤認爲"雨"字也。《周無正》謂周無大臣耳。《後序》云："雨自上下者也。衆多如雨，而非所以爲政也。"說既謬迂，且亦非此詩之意矣！①

高亨《詩經今注》以爲"雨無正"當作"雨無止"：

> 《毛詩》篇首當脫"雨無其止，傷我稼穡"二句，而篇名《雨無正》當作《雨無止》，止正形近而誤。止與極古字通。②

屈萬里《詩經詮釋》以爲《序》當作"雨無，正大夫刺幽王也"：

> 此是東遷之際，詩人傷時之作。朱傳述元城劉氏（劉安世）云："嘗讀《韓詩》，有《雨無極》篇，序云：'雨無極，正大夫刺幽王也。'至其詩之文，則比毛詩篇首多'雨無其極，傷我稼穡'八字。"按：本篇既名《雨無正》，是《毛詩》祖本，亦當有此二句，不知何時逸之。

> 又按："雨無正"，三字標題殊費解，疑《毛詩》標題但作"雨無"，《毛序》"正"字應連下讀。《續序》云："雨，自上下者也，衆多如雨，而非所以爲政也。"以"政"釋"正"知"續序"已以"雨無正"爲題。鄭箋釋《序》既以"正"字連"雨"爲文，篇末言若干章句云云，亦以"雨無正"爲題，蓋其誤自後漢始也。《呂氏家塾讀詩記》載董氏引《韓詩》作"雨無政"，《序》亦作"正大夫刺幽王也"③，《讀詩記》同時又引劉諫議（即元城劉氏）所引韓詩，似董所引不足據。④

余師培林《詩經正詁》（下）以爲《詩經》篇名本有不見詩文者：

> 按詩之篇名不見於詩文者，除此篇外，尚有《巷伯》、《常武》、《酌》、《賚》、《般》五篇。《詩序》皆述其各篇之意，而多與詩文無涉，前人爭訟已久而不能決。吾人讀詩，但由詩文直探詩義，《序》說僅供參考而已，不必受其左右也。⑤

---

① 林義光《詩經通解》，北京大學，1936。又臺灣中華書局，1971年臺一版。本文見中華版142頁。
② 高亨《詩經今注》，上海古籍出版社，1980。又里仁書局，1980年。本文用里仁本，見284頁。
③ 本句聯經版《詩經詮釋》標點作"序亦作正，大夫刺幽王也"。似非文意。疑屈先生本意不如此，今以文意暫略作修改，不知合乎屈先生本意否。
④ 屈萬里《詩經詮釋》362頁，聯經出版社，1983.2初版。
⑤ 余師培林《詩經正詁》（下）151頁，三民書局，1995.10。

《雨無正》一詩，詩文中不見"雨無正"的字眼，這在《詩經》命篇中是頗爲奇怪的，雖然很多學者都指出《詩經》中有六篇詩的篇名不見於詩文，但其它五篇都有理可說，只有《雨無正》特別奇怪，李樗、黄櫄《毛詩李黄集解》已經指出"惟《雨無正》爲難曉"。朱子《詩集傳》引劉安世見《韓詩》有"雨無其極，傷我稼穡"句，本來是很好的證據。說明《雨無正》一詩，篇首應該是有類似"雨無正"這樣的句子的，可惜朱子以句法的理由，一語輕輕帶過。其餘各家或提出各種理由，甚至於從誤字去考慮，但都沒有比較令人信服的證據，所以比較矜慎的學者都主張保留，也就是擱置問題，暫不處理。

我們認爲《韓詩》應該有"雨無其極，傷我稼穡"句！比照《韓詩》，則《毛詩》本來應該有"雨無其正，傷我稼穡"，所以詩題叫做《雨無正》。《毛詩》"雨無正"和《韓詩》"雨無極"這兩個篇名，應以《毛詩》"雨無正"爲正，因爲有甲骨文用法爲證，說見下文。至於《韓詩》爲什麽改成"雨無其極"，大概是爲了押韵的關係，加上這兩句後，這首詩的首章六句是"雨無其極，傷我稼穡，浩浩昊天，不駿其德。降喪饑饉，斬伐四國"，句中的"極"、"穡"、"德"、"國"上古音都屬於"職"部，音韵和諧。此外，"極"字可以有"正"的解釋，見《漢書·兒寬傳》集注。《詩經》是重音韵之美的文學作品，因此（韓詩）對句子就由"雨無其正"改爲"雨無其極"了。

二、甲骨文的"正雨"

甲骨文的正字作"𤴓"从口从止，至於它的構形本義，有从丁、从口（圍）二說，哪一說比較好？因爲牽涉到的範圍比較廣，我們這裏姑且不討論，甲骨文中有"正雨"一詞，見於：①

己亥卜爭貞：才㠯田，㞢正雨？　　　　　　（《合集》10136 正＝《丙》340）
辛未卜古貞：黍年㞢正雨？貞：黍年㞢正雨？貞：王㞢蚩？〔貞：王〕歆亡蚩？
　　　　　　　　　　　　　　　　　（《合集》10137 正＝《乙》3285＋3319＝《丙》280）
辛未卜古貞：黍年㞢正雨？二告　貞：黍年㞢正雨？
　　　　　　　　　　　　　　　　　　　　　（《合集》10137＝《綴合》229）

---

① 所引各條卜辭出處，均遵照前賢習用簡稱，簡稱表參王宇信、楊升南主編《甲骨學一百年》711頁附錄二《甲骨文著錄目及簡稱表》，社會科學文獻出版社，1999.9。

己酉卜：黍年业正雨？　　　　　　　　　　　　（《合集》10138＝《前》4・40・1）

……其正雨？　　　　　　　　　　　　　　　　（《合集》13001）

丙申……侑于……庚子卜雪　甲辰卜丙午雨……辰卜……正雨。

（《合集》34039）

……卜：秾年有正雨？　　　　　　　　　　　　（《合集》40118）

弜秾……有正雨？有正？　　　　　　　　　　　（《合集》40119）

……卜：秾年业正雨？　　　　　　　　　　　　（《英》818）

弜秾……业正雨？　　　　　　　　　　　　　　（《英》820）

正雨？　　　　　　　　　　　　　　　　　　　（《明》968）

貞：雨不正辰，亡旬？　　　　　　　　　　　　（《遺》454）

庚辰卜，大貞：雨不正辰，不隹年？　　　　　　（《前》7・30・1）

勿侑于祖丁？貞：帝令雨弗其正年？貞：燊年于岳？帝令雨正年？令燊年？

（《合集》10139＝《前》1・50・1＝《通》363）

……帝令雨正……？　　　　　　　　　　　　　（《合集》14141＝《明》1383）

以上這些"正雨"，學者或釋爲"足雨"，郭沫若《卜辭通纂》三六三片（即《合集》10139）隸定作"帝令雨足年　貞帝令雨弗其足年"[①]。又在同書四八五片釋文中説："卜辭正足二字頗相混。"[②]

陳夢家《卜辭綜述》隸定此字爲"足"，以爲可能是"時"字：

黍年有足雨　　　　　　　　　　　　　　　　　（《前》4・40・1　《金》373）

……

以上的足字，郭沫若所釋，以爲"足"、"正"一字（《卜通》485）。卜辭的"足辰"或作"昰辰"，所以"足"可能是"時"字。《孟子・梁惠王下》"若時雨降"、《齊語》"深耕而疾耰之，以待時雨"、《墨子・七患篇》"故時年歲善則民仁且良，時年歲凶則民吝且惡"，凡此"時"字都是及時降雨之謂。卜辭的"足雨"、"足年"可能即《孟子》、《墨子》的時雨、時年。卜辭的"及雨"即及時而雨，"雨不時辰"即雨不適時。[③]

金祥恒《釋又𠂤业𠂤》以爲可借爲足：

---

① 郭沫若《卜辭通纂》364 頁，大通書局翻版，1976.5。
② 郭沫若《卜辭通纂》425 頁。
③ 陳夢家《卜辭綜述》524—525 頁，科學出版社，1956.7。

甲骨文辭中，"又㞢"又作"㞢㞢"，……征、正通用，其實征、延、正原為一字。……其本義當為征伐之義。……又亦借正為足，……《虛》九六八"足雨"①、《虛》一三八二"帝令足雨"，蓋求雨也，祈上帝下足夠之雨也。足之相反詞為不足，如《珠》四五四"貞，雨不足辰，亡勾"、"庚辰卜，大貞：雨不足辰不"《前》三·廿九·三，辰疑為祺，……此言無足夠之雨而祺也。……"貞：帝令雨，弗其足年。帝令雨：足年"（《前》一·五〇·一），足年者，豐年也，雨足而後年豐，故祈上帝下足夠之雨以耕耘也。②

饒宗頤《殷代貞卜人物通考》指出《詩經》"雨無正"的"無正"為甲骨文"㞢正"的反語，義為不吉：

按"㞢正"殷時成語，他辭云："歆小丁㞢正。"（《京津》四〇三八）"辛未卜，方貞，王㞢不正。……"（《屯乙》七七七三）……"㞢正"、"又正"為吉，"不正"為不吉。《詩·正月》"今茲之正，胡然厲矣"、又"雨無正"，"㞢正"即"無正"之反語。③

同書507至508頁又指出"正"當釋為"是"：

㞢即是字。《說文》："是，從日正。"又正字下云："是也。"此云"正雨"即"是雨"。……"是"與"時"古音義俱通，《爾雅·釋詁》："時，是也。"故"是雨"即時雨。《洪範》："肅時雨若。"《禮記》："天降時雨，山川出雲。"《月令》："季春之月，時雨將降，下水上騰。"時雨即謂順時降雨。卜辭又言"㞢年""帝令雨，㞢年。貞：帝令雨，弗其㞢年。"（《前編》一·五〇·一）即時年也。年應如《洪範》"時陽"、"時燠"、"時寒"、"時風"之時，《墨子·七患篇》亦見"時年"一詞，卜辭用"是"為"時"字。"是雨"舊讀作"足雨"，未確。戰國長沙繒書每言"寺雨"，亦即時雨，惟借"寺"為時耳。

李孝定《甲骨文字集釋》釋"㞢"為"正"，以為可訓定、訓止：

㞢仍當釋正。郭氏之說，其意仍不能確指，陳氏從之，復以為"足"可能是"時"，"足"、"時"無可通之理，實則㞢非㞢字，一从日，一从口，不能謂為一字也。

---

① 《虛》為明義士《殷虛卜辭》的簡稱，上海別發洋行石印本，1917.3。一般把這本書簡稱作《明》，但是金祥恒先生簡稱為《虛》，較為特別。
② 金祥恒《釋又㞢㞢㞢》，《中國文字》第二卷第七冊773—784頁。
③ 饒宗頤《殷代貞卜人物通考》716—717頁，香港大學出版社，1959.11。

⿱字雨之正,疑當訓定(《周禮·宰夫》注)、訓止(《詩·終風·序》箋),惟辭意仍不順適,且於"⿱年"之辭無以爲解,姑存以待考。①

李孝定説"⿱非⿱字",其實"雨不正辰"一詞中的"正"字,在《遺》454作"⿱",而在《前》7·30·1作"⿱",可見得本詞的"⿱"應和"⿱"同字。

陳煒湛《甲骨文異字同形例》則以爲"正"和"足"同形異字:

> 正和足,小篆、金文都有明顯區別,不相混淆。但在甲骨文裏,正和足都可寫成⿱,二字完全同形,頗易弄錯。……從文義上看,甲骨文"正"大多用作征伐之征,……或用爲正月之正,……又有"又正"一語,……意謂"有決",猶他辭言"用"、"兹用"。粹五九六片"又正"與"用"並見,義當相近。……
>
> 而足,有用其本義者,如《甲》一六四〇片稱"疾足"……有用其引伸義者,常見的辭例有"足雨"或"雨足"……或稱足年,……此數例之足,義均爲充足、豐足。足雨,即雨量充足;足年,意即豐足之年。若釋正,則諸辭均不可通。……
>
> 足字所從的口,也並不是口,它本是脛骨的俯見形。②

王光鎬《甲骨楚字辨》以爲"正"當用爲"行":

> ⿱在甲文中還有一種較特殊的用法,見於貞卜雨情或年景的卜辭:1.帝其令雨⿱(《殷墟文字乙編》第六九五一)。……4.雨不⿱辰(《殷墟書契前編》第七·三〇·一)。5.貞,帝令雨弗其⿱年,帝令雨⿱年(《殷墟書契前編》第一·五〇·一)。……以上諸⿱,一般的看法以爲應當釋"足",訓爲"滿",是祈求雨量或農作物的充足的意思。
>
> 我們以爲貞卜雨情或年景的"⿱"也仍應是正或征,只不過它們在此處當訓"行",甲文⿱的本義之一,即泛指某種有終止地運動,故有行義。……例1可釋"帝其令雨行",……例4辭爲"雨不⿱辰",此中的甲文"辰",源於蜃之象形,可引申爲節令或農時。……以農時解,辰在例4句中應是動詞"行"的時間狀語,表示"雨不行"的時間,"雨不⿱辰",實際上就是"雨不行於辰",至於例5中兩見的"⿱"義的確定,關鍵在於對"年"字的理解,……以"穀熟"釋"年",我們以爲例5中的⿱仍當訓行,翻譯過來,全辭就是"貞,帝令雨弗其降於穀熟(之時)。……帝令雨降於穀熟(之時)"。……上古時期,足屬屋部精紐入聲,正屬耕

---

① 李孝定《甲骨文字集釋》502頁,"中央研究院"專刊,1965。
② 陳煒湛《甲骨文異字同形例》,《古文字研究》第六輯231—234頁。

部章紐平聲,二者音也不同。從形、音、義三方面考察,殷契中的足、正兩字都無相同或相通之處。①

姚孝遂《甲骨文字詁林》按語以爲正雖可假作足,但正、足不同字:

  卜辭或稱"☐雨"、或稱"☐年"、或稱"雨不☐年",此類"正"字,均假作"足"。《詩・信南山》"既沾既足",即卜辭"足雨"之意。《禮記・王制》:"國無九年之蓄曰不足。"豐收之年則蓄積多,此卜辭"足年"之義。進而言之,"足"字本無豐沛充足之義,朱駿聲以爲此類"足"字乃"浞"字之通假,實則"浞"字後起"充足"之義,本無其字,經典假"足"字爲之,卜辭假"正"字爲之,不得因此得出卜辭"正"、"足"同字的結論。②

以上這麼多說法中,我們以爲"☐"字以釋"正"爲是。于省吾曾經說過:

  留存至今的某些古文字的音與義或一時不可確知,然其字形則爲確切不移的客觀存在,因而字形是我們實事求是地進行研究的唯一基礎。有的人却說:"釋文字,舍③義以就形者,必多窒礙不通;而屈形以就義者,却往往犁然有當。"這種方法完全是本末倒置,必然導致主觀、望文生義、削足適履地改易客觀存在的字形以遷就一己之見,這和真正科學的方法,是完全背道而馳的。④

甲骨文的"足"字作"☐",李孝定《甲骨文字集釋》640頁以爲:"上象腓腸,下象其趾,當釋爲疋,古文疋、足當是一字。"而"☐"字則當釋"正",王光鎬《正足不同源楚楚不同字補正》⑤曾列表區分"正"、"足"的不同,極爲明白。"☐"之不得釋"足"實是極爲明白的。由於"☐雨"、"☐年"等詞文獻未見,意思不好講,所以學者或"屈形就義",把"☐"字講成"足",其實是不可取的。

"☐"字依形分析,只可能是"正"字。"正"的本義是"行",以"止"形向着一個"口"前進,引申爲"征討",此義甲骨文多見。征討別人,必以己爲是,彼爲非,因此"正"引申又有"正確"、"正直"、"正當",此義甲骨文雖然未見,但是周代文獻多見,如《論語・顔淵》:"子帥以正,孰敢不正?"這個意義

---

① 王光鎬《甲骨楚字辨》,《江漢考古》1984年2期59—61頁。
② 于省吾主編《甲骨文字詁林》一册808頁,中華書局,1996.5。
③ 編者按:"舍",原文誤作"含",今據所引于省吾原文校正。
④ 見于省吾《甲骨文字釋林・序》3—4頁,大通書局翻印本,1981.10。
⑤ 《江漢考古》1985年第2期62—63頁。

應該商代就已經存在了。商代甲骨文稱一月爲"正月",此"正"字與"行"義無涉,可見"正"字在商代已經有"征行"以外的意義。

依這個意義,"正雨"應該是"適切的雨",即適時適量的雨。"雨不正辰"可能等於"雨不正時",辰,時也。《爾雅·釋訓》:"不辰,不時也。""帝令雨弗其正年?帝令雨正年?"意思是:上帝是否命令下雨,雨下得是否不適合年成所需?上帝是否命令下雨,雨下得是否適合年成所需?

三、結　語

依照以上的討論,甲骨文有"正雨"、"雨不正辰"、"雨正年","正"字表示正當、貼切;這個用法在《詩經·小雅·雨無正》中被繼承了下來,《雨無正》詩中雖沒有"雨無正"的字眼[①],但在《韓詩》中却有"雨無其極,傷我稼穡"二句,據此,《毛詩》本來應該有"雨無其正,傷我稼穡"兩句,意思是:"老天爺下雨下得不適切,傷害了我們的農作物。"表面上是駡老天爺雨下得不適當,實際上是暗諷君王施政不當,傷害了我們老百姓的生活,這就是何楷《詩經世本古義》引馮時可所說的:"《雨無正》之篇不敢刺王而言天,不敢言天而言雨,其稱名也隱,其慮患也深。"

今本《毛詩》有逸句,本來不足爲奇,《論語·八佾》篇有"巧笑倩兮,美目盼兮,素以爲絢兮",第三句今逸;《子罕》篇有"唐棣之華,偏其反而,豈不爾思,室是遠而",後兩句今逸。這些,前賢論之已詳,這裏就不多說了。

朱子《詩集傳》反對《韓詩》"雨無其極,傷我稼穡"的理由,是因爲加了這兩句,第一、二章的句法就不整齊了。依今本《毛詩》,本詩第一章十句、第二章也是十句,如果第一章加了"雨無其極,傷我稼穡",就會變成十二句,和第二章不同。其實《詩經》每章應該幾句,似乎不是那麼機械的。即以本詩來說,今本《毛詩》本篇共七章,其句數分別是:十、十、八、八、六、六、六,其章數已經是奇數,本來不能湊成兩兩相對的整齊面貌。如果第一章加了"雨無其極,傷我稼穡",也不過變成十二、十、八、八、六、六、六,有何不可呢?翟相君《雨無正章句臆說》贊成本詩加上"雨無其極,傷我稼穡",並且把章句調整

---

① 今本《毛詩》有逸句,諸家論述極多,這裏不再贅引。

成全詩七章，每章八句。①句法整齊了，但是似乎沒有什麼必要。

最近出版的《上海博物館藏戰國楚竹書（一）·孔子詩論》第8簡云："雨亡（無）政、即（節）南山，皆言上之衰也，王公耻之。"②與今本《毛詩》内容所説的大致符合，但其詩題既與《毛詩》不同，也和《韓詩》不同，這説明在戰國時流傳的《詩經》本子確有和今本《毛詩》不同之處，但不同之處有多少，還有待更多的資料才能考察。

原載《古籍整理研究學刊》2002年第3期。

---

① 翟相君《雨無正章句臆説》，原載《吉安師專學報》1984年第2期。又收在《詩經新解》465—469頁，中州古籍出版社，1993.1。
② 《上海博物館藏戰國楚竹書（一）》頁20，考釋見頁136，上海古籍出版社，2001.11。

喻遂生

甲骨文雙賓語句研究*

一、甲骨文雙賓語句的界定

甲骨文雙賓語句，前人已有不少著述，其中尤以管燮初《殷虚甲骨刻辭中的雙賓語問題》、沈培《殷墟甲骨卜辭語序研究》、劉翔等《商周古文字讀本》較爲全面深入[①]。但這個問題還不能説已徹底解決了。首先甲骨文雙賓語句的界定，就還是一個需要討論的問題。除"帝受我佑"（丙114）、"用白牛祖乙"（乙5540）兩式外，三文還將以下句式看作雙賓語句：

（1）御于河羌三十人。　　　　　　（佚873。管、沈：介詞結構作間接賓語）

（2）河燎三牛。　　　　　　　　　（粹39。管、劉：間接賓語前置）

（3）興方氏羌用自上甲至下乙。

（丙42。劉：直接賓語前置，介詞結構作間接賓語）

（4）祖庚豕又伐。　　　　　　　　（乙4810。管、劉：雙賓語均前置）

（5）王賓父丁歲牢。　　　（甲2869。管：動賓結構"歲牢"作直接賓語）

（6）燎黄尹一豕一羊，卯三牛，册五十牛。

（乙6111。管："一豕一羊"和動賓結構"卯三牛"、"册五十牛"一起作直接賓語）

我們知道，所謂雙賓語是指動詞所表示的動作既涉及人，又涉及物，因此帶上了兩個賓語，但這兩個賓語没有結構關係。動詞和賓語之間加上介詞，意義可

---

* 本文爲四川省語言學會第十一屆年會論文（2000年7月·汶川）。

① 管燮初《殷虚甲骨刻辭中的雙賓語問題》，《中國語文》1986年5期。沈培《殷墟甲骨卜辭語序研究》第二章第四節《雙賓語語序》，臺灣文津出版社，1992年。劉翔等《商周古文字讀本》262頁，語文出版社，1989年。

能没有什麼變化，如"侑祖乙"（903 正）和"侑于祖乙"（1472）、"王田遊"（37722）和"王田于遊"（37460）、"御王"（15149）和"御于王"（10936 反），但動詞加介賓結構，確實不宜再看作動賓關係。雖然意義相同，但一個意義可以用不同的句式來表達，意義和語法畢竟不能完全等同起來。上列例（2）（3）（4）"河"、"興方氏羌"、"祖庚"、"豕"前置以後，即成爲主語，儘管在意念上它們仍是動詞涉及的對象，但我們不能説凡動詞意念上涉及的對象，不管在句中什麼位置都是作賓語，如果這樣看，那又回到完全憑語義關係確定句子成分語法關係的老路上去了。甲骨文動詞賓語不是不可以前置，但那有嚴格的條件和形式上的標誌，如否定句中代詞賓語前置。如果没有條件，隨意前置後置，那就無語法可言了。

例（2）（3）（4）這類句子管文也認爲前置部分"似乎可以看作主語，它後頭的成分作謂語"，但礙於"父己父戊歲王賓"（粹311）例"不能那樣分析，王賓祭的對象'父己父戊'和祭禮'歲'不能都作主語"，因此將這類句子通通看成了賓語前置句。要弄清"父己父戊歲王賓"的結構，可先看例（5）。這個句子應點斷作"王賓父丁，歲牢"，"歲"是一個用牲動詞，試比較：

(7) 甲子夕卜,侑祖乙一羌,歲三牢？　　　　　　　　　　　　　　（32171）

(8) 丁亥卜,妣己歲一小牢？　　　　　　　　　　　　　　　　　　（32746）

"歲"一般認爲意同"劌"，即殺，割裂，則此例（7）意爲用一個羌人侑祭祖乙，同時殺三牢，例（8）意爲殺一小牢來祭祀妣己。因此例（5）"歲牢"不應看作"賓"的直接賓語。

"歲"又是一個祭祀動詞，如：

(9) 歲侑仲己,王受佑？　　　　　　　　　　　　　　　　　　　　（27384）

(10) 癸丑貞,王侑歲于祖乙？　　　　　　　　　　　　　　　　　　（32113）

祭祀對象可以提前到動詞前作受事主語，如：

(11) 戊午卜,父戊歲,王受佑？　　　　　　　　　　　　　　　　　（屯129）

(12) 丙戌貞,父丁其歲？　　　　　　　　　　　　　　　　　　　　（屯1126）

因此"父己父戊歲王賓"應點斷作"父己父戊歲，王賓"，意爲在對父己父戊舉行歲祭時，王進行賓祭，此時"父己父戊歲"別爲一分句，不是"賓"的前置雙賓語。同類的例子如：

  （13）乙巳卜，喜貞，祖乙歲，唯王祝？   （22919）

  （14）庚戌卜，旅貞，妣庚歲，王其叙？   （23357）

  （15）子癸歲，王賓祭？   （27583）

  （16）癸丑卜，上甲歲，伊賓？   （27057）

  （17）戊辰卜，其……歲于仲己，王賓？   （27386）

  例（6）中"燎黃尹一豕一羊"是雙賓語，"卯三牛"、"冊五十牛"別爲一分句，"燎"、"卯"、"冊"同是用牲動詞，各有不同的賓語，因此"卯三牛"、"冊五十牛"不能和"一豕一羊"聯合起來作"燎"的直接賓語。類似的用例如：

  （18）貞，燎于土三小牢，卯一牛，沈十牛？   （779 正）

  （19）丁亥卜，求黃尹，燎二豕二羊，卯六牛？   （懷 899）

  （20）辛……貞，求河，燎五小牢，沈五牛，卯五牛，俎牢？ （146 正）

  （21）河沈三牛，燎三牛，卯五牛？   （12948 正）

  在確定甲骨文雙賓語句時，除了從語意上看動詞是否涉及給予或取得的物和接受或提供物的人兩個對象外（祭祀雙賓語句語義有所不同，詳後），還要看動詞和這兩個對象是否都構成動賓語法關係而兩個對象之間又不構成結構關係，從層次分析的角度看，雙賓語句是動賓結構再帶賓語，即"（動+賓1）+賓2"，不符合這些條件的，都不是雙賓語句①。

二、非祭祀動詞雙賓語句

  前人談甲骨文雙賓語句時，多未將非祭祀動詞雙賓語句和祭祀動詞雙賓語句分開，沈書將二者分開研究，這是非常正確的。因爲兩類雙賓語句內部語義關係不完全相同，而且祭祀動詞雙賓語句和後世漢語雙賓語句沒有明顯的源流關係。

1. 非祭祀動詞雙賓語句釋例

  非祭祀動詞雙賓語句沈書已説得比較清楚，現刪除其中我們認爲不是非雙賓語句的部分，略作增刪調整，例釋如下。

---

① 《商周古文字讀本》264頁將"惟帝它我年"（乙7456）視爲雙賓語句，此句意爲上帝爲害我的年成，"我年"是偏正結構，不是雙賓語。

（1）給予類，雙賓語結構的意義是給某人以某物。此類雙賓語動詞有"受（授）、降、作、肇、易（賜）、畀、來、氏（致）、稟、凫（頒）"，下面分別舉例。

1）受（授）。甲骨文"受"有授、受兩義，能進入雙賓語結構的是授義，發出動作的主體是上帝和先王，接受者是時王，接受的物是保佑和年成。如：

(22) ……伐邛方，帝受我佑？ (6273)
(23) 貞，求于上甲，受我佑？ (1171 正)
(24) 貞，上子受我佑？ (40446)
(25) 貞，大甲受王佑？ (1463 正甲)
(26) 乙丑卜，受王佑？ (19946 正)
(27) ……不雨，帝……受我年？二月。 (9731 正)

間接賓語多爲"我"，作"王"者少見。直接賓語多爲"佑"，爲"年"者現僅見此一例，"丙申卜，大……我年"（24436）、"貞，黃……弗……我年"（902 正）也有可能是"它我年"之殘，不能確定爲雙賓語，但不能排除有雙賓語句的可能性。

2）降。用於上天向時王降下災禍或年成，用例很少。

(28) 戊申卜，爭貞，帝其降我堇？一月。戊申卜，爭貞，帝不我降堇？
 (10171 正)
(29) 戊申卜，爭貞，帝其降我年？帝不我降年？ (乙 7793)

另有"貞，帝其……我摧"（14175），比較"帝其降摧"（14173 正），可知其當爲雙賓語"降我摧"之殘。

3）作。"作"在甲骨文中意爲製作（其作醴 26054）、建造（其令多尹作王寢 32980），在雙賓語結構中意爲製造，表神祇、自然給人造成某種災禍或福佑。如：

(30) 帝其作王禍？ (14182)
(31) 貞，方戈征，唯帝令作我禍？三月。 (39912)
(32) 貞，帝其作我孽？ (14186)
(33) 其作兹邑禍？洹弗作兹邑禍？ (7859 正)
(34) 壬申貞，大示唯作我❐？ (屯 2785)
(35) 貞，弗作王若？ (5450)

"若"義爲順,"作"字雙賓語句表福佑的現僅見此一例。

4）肇。"肇"在古漢語中有初始、創始義,在甲骨文雙賓語結構中意爲製造,直接賓語多爲災異。如:

(36) 貞,不唯下上肇王疾? （14222 正甲。下上,天地）
(37) 貞,唯帝肇王疾? （14222 正丙）
(38) 貞,唯多妣肇王疾? （2521 正甲）
(39) 甲辰卜,㱿貞,肇我妹? （19139 甲。妹,借作昧）
(40) ……卜,㱿貞,岳肇我雨? （14487）
(41) 貞,肇我啓? （7439。啓,晴）

5）易（賜）。"易"先秦典籍常寫作"錫",意爲賜予。如:

(42) 貞,翌乙亥易多射𠂤? （5745。多射,武官名。𠂤,疑爲矢類兵器）
(43) 易龍兵。 （屯 942。龍,方國名。兵,兵器）
(44) 貞,勿易黃兵? （9468。黃,方國名）

商代金文中"易"字雙賓語句習見,同時還有在甲骨文中未出現的"商（賞）"字雙賓語句,如:

(45) 王易小臣邑貝十朋。 （小臣邑斝）
(46) 王易小臣俞夔貝。 （小臣俞犀尊）
(47) 王商作冊般貝。 （作冊般甗）
(48) 王商戍嗣子貝廿朋。 （戍嗣子鼎）

6）畀。"畀"意爲付與,給予。如:

(49) 貞,丁畀我束? （15940 正）
(50) 貞,畀婦井啓? （2766）
(51) 貞,呼畀禽牛? （乙 3631。禽,人名）
(52) 帝不我其畀土方佑? （40033）
(53) 丁丑,……王其……危,帝畀我…… （14220）

"束"裘錫圭先生認爲似指一種災害,"啓"胡厚宣先生認爲指先行部隊①。

7）來。甲骨文"來"有到來義（唯邛方來 8583）、貢納義（奚來白馬

---

① 裘錫圭《"畀"字補釋》,《語言學論叢》第六輯,商務印書館,1980 年。

9177 正），由貢納義而造成雙賓語句，但僅見二例：

(54) 癸未卜，亙貞，畫來我馬？　　　　　　　　　　　　　　　（9172 正）
(55) 貞，歔不我其來白馬？　　　　　　　　　　　　　　（9176 正。歔，人名）

8）氏（致）。甲骨文"氏"有致送義（妥氏羊 6947 正、有來自南氏黽 7076 正），其雙賓語句是爲誰送來某物之意。如：

(56) 貞，吳弗其氏王臣？　　　　　　　　　　　　　　　（5567。吳，人名）
(57) 辛酉卜，丙貞，往西……敉，其氏王伐？　　　　　　　　　　（880）
(58) 辛亥卜，賓貞，甾疋化氏王係？
　　　　　　　　　　　　　　（1100 正。甾疋化，人名。係，當爲一種人）
(59) 酒河三十牛，氏我女？　　　　　　　　　　　　　　　　（672 正）
(60) ……邛方亦……征，氏我……牛五十？　　　　　　　　　（6072 正）
(61) 丁酉卜，祝貞，唯尸老……氏小刞囚？　　　　　（23708。小刞，人名）
(62) 貞，令鳴氏多方年？　　　　　　　　　　　　　　　　　（英 528）

9）稟。字作薔，張秉權釋作"稟"，《說文》"稟，賜穀也"，卜辭"稟我旅"即"稟食我衆"之意①，如：

(63) 己未卜，殻貞，缶其稟我旅？己未卜，殻貞，缶不我稟旅？一月。
　　　　　　　　　　　　　　　　　　　　　　　　　　　　　（1027 正）

此字劉釗說當釋作"牆"，假借作"戕"，"牆我旅"即戕害我旅之意②。劉說從字形看很有道理，但從語法看講不通。因此辭否定式代詞賓語"我"前置，說明"我旅"不是偏正結構作賓語，而是雙賓語，兩者之間沒有結構關係。但張秉權"稟食我衆"也是把"我旅"看作偏正關係，不妥。我們認爲此辭"缶"爲方國名，如"己未卜，殻貞，缶不其來見王"（1027 正），"稟"爲供給，"稟我旅"即供給我旅衆之意。

10）兟（頒）。此字陳邦懷讀作"頒"，意爲頒賜③，故下例爲雙賓語句。

(64) 貞，弗其兟麁邛方？　　　　　　　　　　　　　　　　　（18811）

---

① 張秉權《殷虛文字丙編考釋》186—187 頁，轉引自于省吾《甲骨文字詁林》1975 頁，中華書局，1996 年。
② 劉釗《卜辭所見殷代的軍事活動》，《古文字研究》十六輯，中華書局，1989 年。
③ 陳邦懷《甲骨文"兟"字試釋》，《中國語文》1966 年 1 期。

（2）取得類，雙賓語結構的意義是從某處取得某物。甲骨文有沒有取得類雙賓語句，是一個需要研究的問題。最有可能成爲取得類雙賓語動詞的有"取、乞、丐、得"，下面分別討論。

1）取。

  （65）丁巳卜，爭貞，呼取何芻？   （113 正甲）
  （66）辛卯卜，爭，呼取奠女子？   （536）
  （67）……爭貞，取汏妾？   （657）
  （68）……命取射子汏？   （5758）
  （69）甲午卜，取射雷，呼󰀀？   （31996）
  （70）壬戌卜，王貞，命險取馬子涉？   （20630）

誠如沈書所說："'取克芻'（114）、'取工芻'（英 757）等辭，都是'取某地之芻'或'取某種芻'之意，不能看作雙賓語句。"所以例（65）—（67）一般都不看作雙賓語句。但沈書又説："卜辭中人名、族名、地名往往不分。因此，完全絕對地把雙賓語格式限制爲'OI'位置上的成分不能是'地名'，也許既不實際也不合理。"①例（68）—（70）意爲從子汏、雷、子涉處取得射手和馬，祇能看作雙賓語句。再比較例（67）"取汏妾"，和例（68）"取射子汏"祇是直接賓語、間接賓語換了位置，猶如現代漢語的"收他錢"，似也是雙賓語句。現代漢語"收他的錢"是單賓語句，但甲骨文"取克芻"很難斷定是"取克之芻"還是"自克取芻"，特別是在例（67）（68）對比的情況下，所以不能排除這類句子中有雙賓語句的可能性。當然，在一般情況下，我們還是覺得以從嚴掌握爲宜。

2）乞。意爲求取，沈書舉出了以下兩例：

  （71）甲午卜，惠周乞牛多子？   （3240）
  （72）甲午卜，賓貞，命周乞牛多……   （4884）

3）匄。

  （73）癸亥卜，匄逆女？匄娥？匄逆娜？匄逆嬨？匄逆娍？匄何妭？匄何妭？
                   （22246）
  （74）匄逆娍？匄何妭？   （22247）

"匄"意爲求取，雙賓語句現祇發現兩片，所求的是某種女子。如前所述，也

---

① 沈培《殷墟甲骨卜辭語序研究》84、87 頁，文津出版社，1992 年。

有可能是單賓語句。

4）得。

　　（75）甲子卜，㱿貞，得🈳甾？　　　　　　　　　　　　　　　　　　（601）

🈳是罪隸，"甾"或釋"載"，可作方國名，如"貞，令甾伯于敦"（英1977）、"……甾方于西"（英573），此例可能意爲得罪隸於甾，則爲雙賓語句。

以上取得類各例，是否能成立，還可以進一步研究。

2. 非祭祀動詞雙賓語句的詞序

此類雙賓語句一般是直接賓語在後，間接賓語在前，猶如現代漢語的"給他書"。但也有少數是直接賓語在前的，如上例（64）"𩰫𪓰邛方"。此外還有以下數例：

　　（76）……大貞，作喪小㓞？……大貞，作𡚁小㓞，無柕？　　（23711）
　　（77）辛丑卜，貞，皋氏羌王于門尋？　　　　　　　　　　　　　（261）
　　（78）己亥卜，㱿貞，曰戈氏齒王？　　　　　　　　（17308。齒，災異）

將此3句與上列"作"字句例（32）"作我孽"、"氏"字句例（58）"氏王係"比較，即可知"作喪小㓞"、"作𡚁小㓞"、"氏羌王"、"氏齒王"是間接賓語後置。

這裏順便討論一下"受年商"、"受年王"的語序問題。兩辭全文爲：

　　（79）辛卯卜，扶，受年商？　　　　　　　　　　　　　　　　　（20651）
　　（80）戊申卜，互貞，受年王？　　　　　　　　　　　　　　（40079正）

一般認爲兩辭是"商受年、王受年"的主語倒置句。陳夢家先生既認爲是主詞後置於動賓，又解釋說："其所以後置，由於動詞'受'在形式上不分主動與被動，所以受年商（王）即授年于商（王）。"①沈書指出陳說作主、作賓自相矛盾，同時批評說："卜辭中從未見到'受（授）年于商（或王）'或'受（授）商（或王）年'的說法，……因此，'受年商'大概不可能是'授商年'的意思，而應當是'商受年'的意思。"②其實陳先生的說法除作主語和作賓語自相矛盾外，還是有道理的，而且卜辭中有"授我年"的例子，見前"受"字句例（27）。"受

---

① 陳夢家《殷虛卜辭綜述》129頁，中華書局，1988年。
② 沈培《殷墟甲骨卜辭語序研究》10頁，文津出版社，1992年。

我年"即授予我好的年成,是一般的雙賓語句。如果直接賓語和間接賓語換位,就成了"受年我",即陳夢家所謂"授年于商(或王)"之意。既然甲骨文雙賓語句有兩個賓語換位的情況,而且祭祀動詞雙賓語句換位情況還比較普遍,因此就不能排除"受年王"、"受年商"是雙賓語句的可能,而且這樣的解釋可能比解釋成主語無條件後置要更好一些。

甲骨文否定句中代詞賓語須前置,如:

(81) 大丁它我?大丁不我它? （14003 正）

(82) 己未卜,爭貞,王亥崇我?貞,王亥不我崇? （7352）

否定式雙賓語句中的代詞賓語依例也須前置,如:

(83) 王惠沚馘从伐巴方,帝受我佑?王勿唯沚馘从伐巴方,帝不我其受佑? （6473 正）

(84) 乙酉卜,貞,王征邛方,下上若,受我佑?貞,勿征邛方,下上弗若,不我其受佑? （6322）

這類句式有的學者誤認爲是"不"否定主謂形式"我其受佑",不妥①。在甲骨文中,否定句代詞賓語已開始前置,在雙賓語句中也有用例②:

(85) ……伐邛方,不受我…… （6280）

三、祭祀動詞雙賓語句

1. 祭祀動詞雙賓語句的類别

甲骨文中有一種祭祀動詞三賓語句,一個祭祀動詞可以同時帶人事、神祇、祭品三個賓語,其句意爲:"爲某人(或某事)用某祭品向某神祇祭祀。"③其動詞有"御、酒、祝、侑、求、告、寧",如:

(86) 甲申卜,御雀父乙一羌一牢? （413。雀,人名）

---

① 李圃《甲骨文選注》153 頁,上海古籍出版社,1989 年。
② 參見拙文《甲金語法札記三則》,《古漢語研究》1995 年 2 期。
③ 陳初生《論上古漢語動詞多對象語的表示法》,《中國語文》1991 年 2 期。

(87) 乙丑卜,殻貞,先酒子凡父乙三牢? (3216 正)

(88) 其祝工父甲三牛? (27462)

(89) 癸巳卜,侑我父乙豕? (22201)

(90) 壬子卜,求禾示壬牢? (33333)

(91) 其告秋上甲二牛? (28206)

(92) 寧風巫九豕? (34138)

三個賓語如果祇出現兩個,加上直接賓語和間接賓語換位,則可以有以下 6 種祭祀動詞雙賓語句:

1）動詞 + 人事 + 神祇

(93) 其告秋上甲? (28207)

(94) 乙亥貞,其求生妣庚? (屯 1089。生,生育)

(95) 其寧風伊? (30259。伊,舊臣伊尹)

2）動詞 + 神祇 + 人事

(96) 于丁丑祝夒事? (懷 1461。夒,先公名)

3）動詞 + 神祇 + 祭品

(97) 癸巳卜,御母庚牢? (21555)

(98) 翌乙巳侑祖乙牢又牝? (6653 正)

(99) 燎于東西有伐,卯南黃牛? (14315。南,南方之神)

4）動詞 + 祭品 + 神祇

(100) 丙子卜,燎白羊豕父丁妣癸? (屯 2670)

(101) 丁巳卜,御三牢妣庚? (22294)

(102) 其延邕小乙? (27347)

5）動詞 + 人事 + 祭品

(103) 甲戌貞,其寧風三羊三犬三豕? (34137)

(104) 禘風九犬? (21080)

(105) 乙卯卜,㱿,侑子族豕,用? (21287)

6）動詞 + 祭品 + 人事

(106) 癸未卜,貞,燎于☒十小牢,卯十牛年,用?十月。 (14770)

2. 祭祀動詞雙賓語句發展失衡的原因

上列六類雙賓語句，第 1、3、4 三類用例很多，第 5 類用例較少，第 2、6 兩類均僅一例，能否成立，尚可商議。其發展不平衡的原因何在？首先，我們注意到，甲骨文三賓語句三個賓語的順序是：人事—神祇—祭品，比較發達的 1）"人事—神祇"、3）"神祇—祭品"都是按原順序正向截取而成，這反映了一種明顯的語序取向。5）"人事＋祭品"也是正向截取，但是取首尾而成，可能因此而用例較少。逆向截取（即換序）的三類 2）"神祇＋人事"、6）"祭品＋人事"均僅一例，4）"祭品＋神祇"比較發達，當另有原因。

第二，4）"祭品＋神祇"和 3）"神祇＋祭品"和非祭祀動詞雙賓語句在語義上是相通的，即都是向某人或神致送某物。這可以從某些雙賓語動詞既用於人（非祭祀動詞）又用於神（祭祀動詞）上看出。如前舉非祭祀雙賓語動詞"肇、畀、氏"都有致神的用例：

(107) 肇丁小牢？　　　　　　　　　　　　　　　　　　　　　(15519)
(108) 肇丁犬？　　　　　　　　　　　　　　　　　　　　　　(15520)
(109) 丁丑貞，畀丁……羌八……牛一？　　　　　　　　　　　(32084)
(110) ……畓氏羌父丁？　　　　　　　　　　　　　　　　　　(屯 188)
(111) 戊寅卜，師貞，陕弗其氏有示敖？二月。　　　　　　　　(21284)

4）"祭品＋神祇"雖是逆向截取，但語義和非祭祀動詞雙賓語句相通，且非祭祀動詞雙賓語句也有"動詞—間接賓語—直接賓語"的格式，如前舉例（77）"氏羌王"（261）、例（78）"氏齒王"（17308），這大概是 4）類比較發達的原因。

第三，祭祀動詞雙賓語間的關係比較複雜，神祇是受事格，祭品是工具格，人事是與事格（爲動對象）[①]，六種格式有"受事—工具"、"受事—與事"、"與事—工具"三種語義關係，而非祭祀動詞雙賓語間祇有"與事—工具"一種關係[②]，所以祭祀動詞和非祭祀動詞雙賓語句應分開研究。同時，人們在祭祀時，爲某人某事而祭，就占卜者來說，往往是已知而有定的，占卜者關注的焦點是向誰祭祀、用何物祭祀，這大概也是包含人事的第 2）、5）、6）三種句式用例較少的原因。

[①] 參看拙文《甲骨文動詞和介詞的爲動用法》，《漢語史研究集刊》第二輯，巴蜀書社，2000 年。
[②] 就非祭祀動詞雙賓語句而言，若將取予之物視爲受事，則其語意關係爲"與事—受事"。

四、餘　論

甲骨文雙賓語句對後世的影響及其流變，簡要的說有以下幾點：

1. 祭祀動詞雙賓語句消失，非祭祀動詞句成爲雙賓語句的主體

甲骨文中祭祀動詞雙賓語句類別多，數量大，使用頻繁，在後代絕大多數都已改用非雙賓語句型，特別是加介詞的句型，雙賓語句反而十分罕見了。如：

(112) 戊辰，王在新邑烝，祭歲，文王騂牛一，武王牛一。（《尚書·洛誥》）

(113) 敢用玄牡，敢昭告于上天神后。（《尚書·湯誥》）

(114) 爾萬方百姓，罹其凶害，弗忍荼毒，並告無辜于上下神祇。

（《尚書·湯誥》）

(115) 植璧秉珪，乃告太王、王季、文王。（《尚書·金滕》）

(116) 用牛于天于稷五百有四，用小牲羊、豕于百神水土社二千七百有一。

（《逸周書·世俘解》）

(117) 祭以清酒，從以騂牡，享于祖考。（《詩經·小雅·信南山》）

祭祀動詞雙賓語句和非祭祀動詞雙賓語句本來語意就有區別，或許二者是形同而實異的兩個類，發生變化是必然的事。但祭祀動詞雙賓語句後來突然衰亡，形成商周語言的一個"斷層"，其原因、過程和細節尚不清楚，值得進一步研究。

2. 非祭祀動詞雙賓語句仍以給予類爲主，取得類處於劣勢

甲骨文取得類雙賓語句很少，有的例句能否成立，還可以討論。楊伯峻、何樂士先生《古漢語語法及其發展》列舉古漢語給與類雙賓語動詞 40 個，奪取類雙賓語動詞 12 個[①]，葉長蔭先生《論"雙賓語"》列出現代漢語給類雙賓語動詞 73 個，取類雙賓語動詞 37 個[②]，大致反映這種格局一直延續至今。

---

① 楊伯峻、何樂士《古漢語語法及其發展》561、563 頁，語文出版社，1992 年。
② 葉長蔭《論"雙賓語"》，載《漢語論文集》164 頁，黑龍江人民出版社，1987 年。

3. 否定式雙賓語句代詞賓語由前置改爲後置

甲骨文代詞賓語前置的否定式雙賓語句比較常見，僅《殷墟甲骨刻辭類纂》944頁"我受佑"條下就收錄了27例。這種句型在後世典籍中變得十分罕見，人們常舉到的祇有以下兩例：

(118) 我龜既厭，不我告猶。　　　　　　　　　　　　　　（《詩經·小雅·小旻》）
(119) 若受吾幣而不吾假道，將奈何？……若彼不吾假道，必不吾受也。
　　　　　　　　　　　　　　　　　　　　　　　　　　（《呂氏春秋·權勳》）

我們用《國學寶典》數據庫檢索了其收錄的古代典籍，沒有發現新的用例，祇有1例與之相仿（稱呼類），但也是後人的仿古之作：

(120) （缸片）棄於路隅，瓦礫所笑。忽然逢人，藥石包裹，不我謂瑕，治以鼎鼐。　　　　　　　　　　　　　　　（《蘇轍集·欒城集》卷十七《缸硯賦》）

否定句代詞賓語由前置改爲後置，是歷史的發展趨勢，但單賓語句賓語前置一直到漢魏都還有遺留，而雙賓語句變得更快，已是清一色的後置了。如：

(121) 如受吾幣而不借吾道，則如之何？……彼不借吾道，必不敢受吾幣。
　　　　　　　　　　　　　　　　　　　（《穀梁傳·僖公二年》，又見《新序》卷七）
(122) 取吾璧，不予我城，奈何？　　　　　（《史記·廉頗藺相如列傳》）
(123) 苟與吾地，絕齊未晚也；不與吾地，陰合謀計也。
　　　　　　　　　　　　　　　　　　　　　　　　　　（《史記·張儀列傳》）
(124) 然天與我才明，不與我年壽。　　　　　（《三國志·魏書·方技傳》）
(125) （袁）術曰："（呂）布不與我女，理自當敗，何爲復來相聞耶？"
　　　　　　　　　　　　　　　　　（《三國志·魏書·呂布臧洪傳》裴注引《英雄記》）

4. "動詞+直接賓語+間接賓語"式流傳至今

如：

(126) 則報璧琱生。　　　　　　　　　　　　　　　　　　　　（琱生簋二）
(127) 厥受圖矢王于豆新宮東廷。　　　　　　　　　　　　　　（散氏盤）①

---

① 金文僅見此兩例，見管燮初《西周金文語法研究》77頁，商務印書館，1981年。

(128) 康王命作冊畢。　　　　　（《尚書·畢命》。傳："命為冊書，以命畢公。"）
(129) 乃致辟管叔于商。
　　　　　　　　　　　　（《尚書·蔡仲之命》。疏："周公乃以王命致法，殺管叔於商。"）
(130) 反子父母妻子閭里知識。　　　　　（《莊子·至樂》。知識，朋友）
(131) 又獻玉斗范增。　　　　　　　　　（《漢書·高帝紀》）
(132) 微子作誥父師少師。　　　　　　　（《尚書·微子序》）
(133) 至此已積七年，將歸政成王。　　　（《尚書·召誥》篇題孔疏）

在現代一些方言中，仍保留着這種句式。其中粵方言祇有直接賓語在前式，客家方言是在前在後均可，宜昌方言是"予"類動詞在前在後均可，"取"類動詞只能在後①。如：

(134) 佢畀三本書我。（粵方言：他給我三本書）
(135) 佢分涯五塊錢。（客家方言：他給我五塊錢）
　　　你分一支筆涯。（客家方言：你給我一支筆）
(136) 送他一支鋼筆。（宜昌話）
　　　送一支鋼筆他。（宜昌話）

有意思的是，在漢藏語系一些語言中，也有直接賓語在前的情況，納西語、彝語、羌語、嘉戎語是在前在後均可，畲語、勉語是直接賓語必須在前②。如：

(137) thɯ³³　nɯ³³　the³³　ɤɯ³³　dɯ³³　tsha³³　ŋə²¹　zə⁵⁵。
　　　 他　　（助）　書　　 一　　 本　　 我　　 給

(138) thɯ³³　nɯ³³　ŋə²¹　the³³　ɤɯ³³　dɯ³³　tsha³³　zə⁵⁵。
　　　 他　　（助）　我　　 書　　 一　　 本　　 給

　　　（納西語：他給我一本書）

(139) muŋ³¹　paŋ³³　tshin³¹　van⁵³。
　　　 你　　 給　　 錢　　　我

　　　（畲語：你給我錢）

(140) fun²¹ sɛːŋ³³　pun³³　pwan³³　sou³³　ho²¹ sɛŋ³³。
　　　先　生　　　給　　 本　　　書　　 學　生

---

① 袁家驊《漢語方言概要》229 頁、174 頁，文字改革出版社，1983 年。劉興策《宜昌方言研究》242 頁，華中師大出版社，1994 年。又湖北隨州話與宜昌話同，見劉村漢《隨州方言語法條例》，載劉海章等《荊楚方言研究》，華中師大出版社，1992 年。
② 和即仁、姜竹儀《納西語簡志》93 頁，民族出版社，1985 年。陳士林等《彝語簡志》160 頁，民族出版社，1985 年。馬學良《漢藏語概論》351、738 頁，北京大學出版社，1991 年。

（勉語：老師給學生一本書）

甲骨文雙賓語句還有不少問題值得研究，如有無用虛詞"唯、惠"將賓語提前的情況，祭祀動詞各類雙賓語句中動詞的分佈，管文指出的"間接賓語嵌在直接賓語中間"的問題等。後一問題如何分析比較棘手，如：

（141）庚午卜，侑奚大乙三十？

（19773。奚，人牲。"大乙"嵌於"奚三十"之中）

（142）……卜，其侑羌妣庚三人？　　（26924。"妣庚"嵌於"羌三人"之中）

甲骨文雙賓語句是漢語雙賓語句的源頭，其研究對於理清漢語雙賓語句發展脈絡有重要意義，值得我們進一步努力。

原收入喻遂生：《甲金語言文字研究論集》，巴蜀書社，2002年。

沈　培

殷墟卜辭正反對貞的語用學考察[*]

一

在人類語言交際中，瞭解說話人的意圖往往比理解話語本身的意義更爲重要。有的語言學家甚至認爲，只有理解了說話人的意圖，才能算真正理解了話語的意義。意圖不僅在決定說話人的表達方式時有著舉足輕重的作用，而且在推理識別說話人所表達的話語含義時也起著非常重要的作用。對意圖的研究，本來是一個哲學問題，現在已經成爲語用學中的一個重要的內容。語言學家在研究現代漢語時，已經充分注意到了研究說話人的意圖的重要性，並且取得了不少成績。[①]對研究殷墟卜辭來說，瞭解占卜者的意圖，同樣十分重要。事實上，學者們在說明卜辭的意義時，常常對當時占卜的情景、占卜的方法、占卜者的心態進行推測，這無疑也包含了對占卜者意圖的分析。但是，由於很難找到揭示占卜者意圖的方法，學者們在解釋某些語言現象時難免會顧此失彼。甲骨學中著名的司禮義的 "'其'的規則" 就是一個典型的例子。

早在 1974 年，美國華盛頓大學司禮義（Paul L-M. Serruys）教授就曾有一個發現。他指出，在一對正反對貞的卜辭裏，如果其中一條卜辭用"其"字，而另一條不用，用"其"的那條所說的事，一般都是貞卜者所不願看到的。例如卜辭屢以"其有憂"與"亡憂"對貞，因爲占卜者不希望"有憂"。[②]這一說法影響很

---

[*] 十分感謝會上幾位先生對本文所提的疑問和意見。根據他們的疑問和意見，本文對原稿的相關部分作了一些修改。如有錯誤，應由本人負責。
[①] 關於意圖對語言研究的重要性，本文參考了王傳經（1999）、張文忠（2001）、張新紅（2001）的說法。
[②] 參看裘錫圭（1997:34，2000:3—4）對司禮義說法的介紹。

大，國外有的學者稱之爲"'其'的規則"（the rule of qi）。①這條規則的適用性是很明顯的，司禮義（1974：25—33）已經舉了很多例子成功地說明這條規則的適用性。有的學者在考釋甲骨文字的時候，由於充分注意到了這條規則，就取得了比較好的效果。例如，卜辭裏有不少字詞還沒有得到公認的考釋，不同的學者在解釋的時候往往爭議比較大；但是，如果能夠充分注意到司禮義的這條規則，就能夠幫助我們排除一些不夠合理的看法，得出比較合理的結論。例如倪德衛（David S. Nivison 1977）、裘錫圭（2000）指出當"㞢凡有疾"與"弗其㞢凡有疾"對貞時，後者是占卜者不希望的結果。吉德煒（David N. Keightley 1991）等人也曾指出，當"不雉衆"與"其雉衆"對貞時，後者也是占卜者不希望的結果。這些看法，對於正確解釋"㞢凡有疾"和"雉衆"的含義是有很好的作用的。②但是，這條規則在解釋有些含有"其"的卜辭時就不起作用。司禮義的文章對正反對貞裏有一些不合此條規則的例子以及正反對貞之外的卜辭裏使用"其"的情況也作了不少說明（司禮義 1974：35—58，1981：342，1985：204—205）。其他學者也對這種情況進行過分析和說明（參看吉德煒 1997：50—51）。由於存在這些情況，有的學者就完全否定這條原則的合理性（張玉金 2001）。值得注意的是，裘錫圭（1997：34，2000：3—4）同意這條規則的合理性，但他特別強調了這條規則有一個很重要的適用條件，即：兩條卜辭形成正反對貞，而且只在其中一條卜辭出現"其"。這種強調顯然加深了人們對這一規則的理解。雖然這樣，例外仍然存在。司禮義（1974：31）曾舉過下面一對卜辭：

（1a）貞：祖乙孽王。

（1b）貞：祖乙弗其孽王。　　　　　　　　　　　　　　　　《合集》248 正③

司禮義把這一對卜辭看成跟"亡憂"和"其有憂"是同類的例子，實際上是

---

① 參看 Keightley（1997：49）。
② 參看沈培（2002）。吉德煒的意見據伊藤道治（Ito Michiharu）和高島謙一（Ken-ichi Takashima）（1996）。
③ 本文引用卜辭，凡是引自他人論著的，釋文和標點皆按原文照錄（附表除外）。當我們自己舉例時，卜辭辭末一般施以句號，但句末如有"抑"、"執"等語氣詞，則在辭末施以問號。卜辭的釋文採用寬式，如讀爲"有"的"㞢"直接寫成"有"，讀爲"侑"的"㞢"直接寫成"侑"。某些字的釋讀迄今沒有定論，本文採用其中一種釋法，除個別情況外，一般不注明這種說法是哪一家的說法，讀者欲知詳情，可參看于省吾主編（1996）相關條目。卜辭的序數一般不錄，但是當正反對貞的正面貞問和反面貞問序數不同時，或者序數在表示辭序時有重要的參考價值，就把序數寫出來。甲骨著錄書用簡稱，其全稱參看文末"參考文獻"。

一個疏忽。顯然，有"其"的"祖乙弗其孽王"這一條卜辭，並非像司禮義所認爲的那樣，是占卜者不希望的；相反，它其實應當是占卜者所希望的。按照司禮義的規則，這一對正反對貞似乎應當說成"祖乙其孽王"和"祖乙弗孽王"。但是，我們在卜辭中還沒有看到有這樣的正反對貞。

從上面所述可以看出，一方面，司禮義的"其"的規則，在很多場合是適用的；另一方面，例外也是不可否認的。即便在"其"的規則適用的情況下，人們也會提出疑問：爲什麼其出現的那條卜辭所說的事情就是占卜者不願意看到的呢？這種現象跟"其"字本身的意義和用法有沒有關係呢？司禮義先後對"其"進行了幾種不同的解釋（司禮義 1974，1981，1985），可以看出，他有時候確實把這種現象跟"其"本身的意義聯繫起來。其後，好幾位學者對"其"作了更多的專門研究（高島謙一 1994，張玉金 2001）[①]。但是，直到現在，大家對"其"的意義和用法還沒有取得一致的意見。我們認爲，既然"其"的規則的適用性是在正反對貞卜辭裏表現出來的，那麼，最好還是先對正反對貞有一個比較深入的研究。基於此點，我們準備先來認真探討一下殷墟卜辭正反對貞的一些值得注意的現象，然後再談談我們對"其"的意義和用法的看法。

二

所謂正反對貞，指商代卜人從正反兩個方面對所卜之事進行占卜。大家一般用"否定詞"的有無來判定正反貞問。在正面貞問的句子中，主要動詞不是否定動詞，也沒有否定副詞修飾。而反面貞問的句子，主要動詞前有"不、弗、勿（包括'弜'）、毋"等否定副詞修飾；有時候，句子的主要動詞就是否定詞"亡"。正反對貞在龜腹甲正反面和背甲以及胛骨上都存在，其中以龜腹甲正面的正反對貞最便於考察，也最具有代表性。爲了便於討論，我們在這篇文章裏只討論龜腹甲正面的正反對貞。龜腹甲正面的情況討論清楚了，反面的情況也就大體可以知道了，因爲龜腹甲正反面刻辭的情況往往是相互對應的（周鴻翔 1969：55—57，曹兆蘭 1998：221、228、232 表 5）。

[①] 據高島謙一（1994），倪德衛、吉德煒等學者對"其"作過很多研究，但是由於條件所限，這兩位學者專門討論"其"的文章我們都沒有看到，他們的觀點我們基本上都是通過高島謙一先生的文章而得知的。

正貞和反貞在龜腹甲正面的分佈有較強的規律性，通常以龜腹甲中縫（也稱"千里路"）爲中心，對稱地分佈在它的左右兩邊。因此，有人也把正反對貞叫作左右對貞（張秉權 1956：242）。有時候，正反對貞處於一上一下的位置，但爲數很少（周鴻翔 1969：22—23，李達良 1972：65—68，曹兆蘭 1998：232 表 5）。因此，本文以左右對貞爲重點，兼及上下對貞。獸骨刻辭也有正反對貞（胡厚宣 1939：430—439），由於這種刻辭的辭序，一般都採取從下到上的讀法，先後順序比較清楚，所以爲了幫助説明問題，我們在討論時也會採用。

　　關於正反對貞，有一個問題必須説明。張秉權（1956：236）曾經説過：

> 殷人卜事，是不怕麻煩，不厭其詳的，他們對於一件事情，往往出上二個題目，一是正面的問題，一是反面的問題，反反覆覆地去占卜，從正面的問題上，去占卜若干次，又從反面的問題上去占卜若干次。

這似乎是説在對正面卜問都完畢之後再去進行反面卜問。曹兆蘭（1998：225—226）曾舉《合集》11177"丙午卜，賓貞：乎省牛于多奠。／貞：勿乎省牛于多奠。"爲例，其正貞序數是七，反貞序數是六。曹先生認爲這種對貞的辭序可以有兩種解釋。第一種是正反交替進行，即正貞一、反貞一；正貞二、反貞二；正貞三、反貞三……第二種是正貞全部完畢然後反貞，即正貞一二三四五六七完畢，然後反貞一二三四五六。曹先生認爲第二種解釋是正確的，主要理由是左右正反對貞的序數不相等，排列不對稱。這跟一般人的認識有所不同。其實，正反對貞中兩辭序數不等是常見現象（彭裕商 1995：231），只能説明當時占卜對於正面和反面的卜問不一定要求次數一致，大概到了一定次數，足以決定吉凶，便可停止卜問。我們知道，殷墟卜辭早期和晚期的占卜方式有所不同。在以賓組卜辭爲代表的早期卜辭裏，正反問和選擇問均各自爲兆序，互不相襲，正問自第一卜始，反問也自第一卜始（彭裕商 1995：231）。賓組卜辭中"成套腹甲"比較多（張秉權 1960）。"成套腹甲"上面也常有爲一事而進行多次正反對貞。如果按照曹文所説，當時卜人先在不同的腹甲上把正面卜問卜完，然後再回頭從第一塊龜腹甲開始依次進行反面卜問。這顯然是不合理的，因爲這要花更多的氣力去保持每一版中每一對正反對貞在命辭格式、所用字形等方面的相對統一。至於以出組二類爲代表的晚期卜辭，對一事的占卜，不論正反問還是選擇問，均合爲兆序（彭裕商 1995：238）。從下面的卜辭可以看出，對一事的卜問，正反問總是相連的，而不是正面問先相連，然後再進行反面問：

(2a) 己[巳卜，行貞：侑]☐。三。

(2b) 貞：毋侑。四。

(2c) 己巳卜，行貞：翌庚午其侑勺伐于妣庚☐卅，其卯三牢。五。

(2d) 貞：毋。在七月。六。　　　　　　　　　　　《合集》22605

可見，不論早期晚期，正貞與反貞都應當是交替進行的。

既然正反對貞是成對地交替進行，那麼，正貞和反貞哪一個是先刻的，哪一個是後刻的呢？先刻和後刻實質上是指商代人先卜問正面的問題還是反面的問題。對於研究語言來説，這是一個很重要的問題。我們可以這樣想見，"卜以決疑"，占卜者是帶著疑問去占卜的。占卜者把一個問題分正反兩面來進行占卜，他先向神靈提出正面的問題，還是反面的問題，這不能不受到當時占卜環境的影響。我們很難想象，占卜者關在屋子裏，對外面的天氣情況完全不瞭解，並且對"下雨"或"不下雨"都不在意，而去貞卜"下雨不下雨"的問題。在我們看來，占卜者的意圖對他先提出正面問題還是反面問題是有影響的。因此，我們認爲有必要考察一下當時占卜在提出正面問題和反面問題時到底是隨意的，還是有意的。在釋讀甲骨卜辭時，注意辭序本來就是很重要的問題。對於不注意辭序的做法，已經有很多人提出了批評（例如何疾足1998：259—263）。注意辭序，當然也包括正反對貞兩條卜辭的辭序。甲骨學上有的問題的討論，實際上離不開對這個問題的研究。有的學者已經注意到這個問題，並且把它當作立論的基礎，這也説明了這個問題的重要。①

最早發現左右對貞的董作賓（1931）總結了龜腹甲的刻辭方法，他在《大龜四版考釋》中有"卜法"一節，特地説明了"貞卜先後之次序"。他的觀點是"先右後左，若一事兩貞，則皆在對稱處"。由於"右"往往是肯定句，"左"往往是否定句，因此，不少人都主張肯定句先刻，刻在右邊；否定句後刻，刻在左邊。周鴻翔（1969：3—4，同樣的意思又見1969：58）就説："本書對於一對具有正反意的對貞的先後次序的處理，是先'肯定句'後'否定句'；前者稱之爲'上'，後者稱之爲'下'。"

龜腹甲採用先右後左的卜問方式，有很多證據。大家都注意到右邊的前辭往往要比左邊的完整（張秉權1956：244，周鴻翔1969：60—62，李達良1972：139—

---

① 例如倪德衛和高島謙一在研究卜辭"其"是否代詞的時候，就注意到了正反對貞的辭序問題。參看高島謙一（1996）。

140）。吉德煒（1978：51 注 125）還注意到一個有趣的現象。卜辭中"卜"字的字形方向，一般的情形，正如陳夢家（1956：13）所指出的：所刻的卜辭，都是在相關的兆的附近，凡屬於此兆的卜辭，若兆是向左的，則卜辭中"卜"字的橫枝亦刻向左，反之向右。吉德煒指出，《丙編》8·2、14·4、16·6、20·2、28·3 等例中，所有左邊的刻辭中，"卜"字皆左向，指向腹甲的邊緣。這種不對稱的情況，說明腹甲右邊刻辭中左向的"卜"是先刻的，刻字的人在刻寫左邊的"卜"字時，只是簡單地把右邊的"卜"字拷貝過來，這就造成了左邊的"卜"字跟右邊的"卜"不形成相對的形狀，左邊的"卜"也與它自身所在的卜辭旁邊的兆枝方向不同。

曹兆蘭（1998）調查了《甲骨文合集》1—6 冊共 502 版龜腹甲，從鑽鑿、紀兆、刻辭三個方面進行考察，得出了三個結論：商代人安排內腹甲鑽鑿的一般習慣是先左後右，紀兆的一般習慣先右後左，刻辭的一般習慣是反面先左，正面先右。這三方面實際上是一致的，都反映了龜腹甲正面的卜問當以右為先，以左為後。曹文的結論相信可信，因此，對於一對正反對貞，如無特殊情況，本文就一律把刻在右邊的卜辭當作是先卜問的。

先刻在右邊的雖然大多數是正貞，可是也有不少是反貞。董作賓（1931）統計大龜四版共有"左反右正"12 對，"左正右反"2 對。按照董作賓的"先右後左"的說法，這兩對"左正右反"的卜辭，應當是先刻反貞，後刻正貞的。張秉權（1956：243）也舉了 7 對正反對貞是先卜問反面問題的例子。周鴻翔（1969：54—57）還特立"肯定句在左否定句在右例"一節，並說："卜辭對貞，其左右相對者，往往肯定句在右而否定句在左。然通籀全部龜骨，反是者亦複不尠。"他所舉的"龜甲"上的先否定句後肯定句的例子就有 45 例。李達良也舉了"正在左負在右"之例 14 例（第 90 至 91 頁），加上該書第 88 頁所舉一例，共 15 例。上引曹兆蘭文也指出，在她調查的 890 例對貞卜辭中，腹甲正面"左反右正"有 718 例，而"左正右反"有 88 例。這些都充分說明商代人占卜的時候，有時是先提出正面問題來卜問，有時是先提出反面問題來卜問。

如何解釋這一現象呢？張秉權（1956：242—243）對這一問題作了比較全面的回答，我們把他的話引在下面：

> 一般說來，對貞卜辭，在甲骨上的部位，似乎是有一定的原則的。即正面的問題，常在腹甲的右邊，反面的問題，常在腹甲的左邊。所謂問題的正面和反面，一般的學者，總以為用不冠否定詞的"隹""其"等疑問語詞來發問的，是正面問題卜辭。用冠以否定詞"不""弗""勿""弜"等的疑問語詞來發問的，是反面

問題卜辭。但是在甲骨上，從對貞卜辭的部位的分佈來看，其問題的屬於正面或反面，似乎應該另作一種解釋的，它們的分別，不僅在冠以否定語詞與不冠以否定語詞，譬如：（例略）

這些都是將一般所問的正問卜辭刻在左邊，而將反問卜辭刻在右邊，似乎是與甲骨上的一般原則相違反了，但是，事實上，它們仍然沒有違反這個原則，因爲他們所希望的，仍舊是獲得一個肯定的答案，如問："亡禍？"，則希望的答案是："是的，亡禍！"問："不死①？"，則希望的答案是："是的，不死！"他們雖則用否定語詞來發問的，而其答案還是肯定的，所以這一類的卜辭，還是應該屬於正面問題的卜辭，放在龜腹甲的右邊，因此我們對於卜辭的屬於正面或反面，不能僅從字面上去分別，而應看它所希望的答案是肯定的或否定的，看它在龜腹甲上的部位而定。然而，同樣是問下不下雨，但在久雨之後與久旱之際，卜問的心情完全不同，所希望的答案絕對相反。同樣是問疾病死亡或災禍，但是問親人的，與問仇人的占卜時的心境並不一樣，所希望的答案也不相同，即使同是爲了占卜王的疾病吉凶，出行有亡災禍，也要看國王當時的心理狀態而定的。例如國王認爲沒有什麽禍患的，那麼便以"亡禍"爲正面問題去占卜，而以"有禍"爲反面問題去反問。假如他認爲一定會有什麼禍患的，那麼便以"有禍"去正問，以"亡禍"去反問。總之，他們所希望的答案是肯定的，則其卜辭便屬正面，而刻在龜腹甲的右邊。他們所希望的答案是否定的，則其卜辭便屬反面，而刻在龜腹甲的左邊。這是腹甲刻辭的原則，這原則是我分析了許多整版的與殘碎的腹甲而發現的。

從張秉權所說明的情況來看，他已經意識到占卜時的意圖對正反對貞辭序的影響，這是很正確的思路。張氏按照占卜者的"希望"是什麼來確定肯定、否定，跟一般人用否定詞的有無來確定肯定、否定不同。按照這種方法來確定肯定、否定，有時候並不容易。因爲商代人對於事物好壞的判斷標準以及占卜時的情景，我們並不十分清楚。有時候他們到底希望什麼、不希望什麼，我們往往很難斷定。即便如占卜"親人"的疾病，我們有時看到先卜"亡疾"，有時先卜"有疾"（例見下文）。那麼，占卜者"希望的答案"是什麼呢？可見，用占卜者"希望的答案"是肯定還是否定來看正反對貞的先後辭序，並不全面。再從有關祖先"害"我（或王）與否的卜辭看，按照一般人的情理，占卜者應當是希望祖先不

---

① 引者按：張氏所說的"死"相當於我們後文所說的"殞"。

害我（或王）的。但是，這類卜辭一般來說卻都是先卜"害"我（或王），例如：

  （3）父乙害王。/父乙弗害。   《合集》914 正①

  （4）辛卯卜，㱿貞：父乙害。王占曰："父害，唯不循。"一二二告［三］［四］五/貞：父乙弗害王。一二二告三［四］［五］六七八 《合集》766 正

  （5）貞：妣己害［王］。/貞：妣己弗［害］王。   《合集》9504 正

  （6）父庚害王。/父庚弗害王。
    父辛害王。/父辛弗害王。   《合集》903 正

  （7）壬寅卜，㱿貞：河害王。/壬寅卜，㱿貞：河弗害王。 《合集》776 正

  （8）大丁害我。/大丁不我害。   《合集》14003 正

李達良（1972：87—88）對張秉權的意見就頗不以爲然，李氏認爲：

  對貞者，謂從正負二面卜之之辭也。其例有四：正問刻於右，負問刻於左；二問皆正與二問皆負也。其前二例，董氏於大龜四版考釋中已言之，唯近時張秉權氏於卜龜腹甲序數一文中頗持異議，以爲正負左右之分不在有否定辭與否；謂殷人未卜之前先期豫答案；又推測殷人占卜時之心理，以爲卜者意亡禍則以無禍爲正問，意有禍則以有禍爲正問云云。然細辨之，其說似是實非，不可從也。蓋卜以決疑，疑則卜之，去就出處，系於吉凶，而吉凶之見，存乎兆象，兆象見而吉凶判，未卜之前正不必求期答案如何也；問正問反，則決事之加詳加密而已。且以占驗之辭正面有驗則系於正面，反面有驗則系於反面之例觀之，則殷是占卜實嚴正反之界。至有否定辭與否，則屬語氣之分別；正面問之辭刻在左或在右則屬方位之別，俱事理所當分者也。頗疑張氏所以作如是之論，殆囿於所謂"尚右説"，先執定刻辭先右後左、先正後反，故遇正面問之辭刻於左邊者，乃曲爲之說，以爲不背於先右後左之例耳。但驗諸事實，殷人刻辭或不必如是規整，觀胡厚宣氏卜辭雜例所舉者，思過半矣。

  ……又從屯丙所見之辭，亦有前辭刻於左邊者。如：

  屯丙圖 31：（右）貞：王咸酒登勿竁日？
       （左）甲辰卜，㱿貞：王竁羽日？

  屯丙圖 114：（右）貞：其泜妌？
        （左）庚子卜，内：勿于妌？

---

① 以下引用正反對貞，都採用例（3）這樣的方式，把正貞和反貞合寫在一行，中間用"/"隔開，表示前面的是先卜問的，刻在右邊；後面的是後卜問的，刻在左邊。

據此而言,意殷人刻正反之辭,殆不必先右後左,先正後反。前辭既刻於左,則謂有先刻左後刻右者,似無不可也。今以左正右負者,雖不如左負右正之多,亦非少數,是以不固執一端,據方位、語氣之異判爲二類,不亦可乎?

儘管李氏對於張氏的批評理由並不充足,李氏提出以"前辭"有無來確定先刻後刻,也沒有多少說服力。但是,我們也應當承認,反貞先卜問確實爲數不少。除了上舉各家所指出的以外,還可以從另外的角度來說明卜辭中反貞有時一定是先卜問的。

卜辭中有兩個正反相對的分句組成的命辭,主要出現在師組卜辭中。這兩個分句分別綴以句末語氣詞"抑"或"執",經過李學勤(1980)和裘錫圭(1988)兩位先生的論證,這兩個分句都應當看成問句。這種命辭,一般來說,正面問在前,反面問在後。但也有相反的情況,下面的例子選自裘錫圭(1988),並據裘錫圭(1992)對釋文作了修改:

(9) 丙寅□今月霋不其龠[抑]?龠執? 《英藏》1779
(10) 丙寅□衣今月[霋]不其龠[抑]?龠執?
　　　　《合集》21394(比較:丙寅卜,□貞:衣今月霋其龠抑?
　　　　不龠執?旬六日壬午龠。《合集》40819+21390)
(11) 辛丑卜,師貞:子辟疾臣不其肩抑?肩[執]? 《合集》21036
(12) 壬□貞:□牛在□弗克以抑?其克以執? 《合集》19779
(13) □□卜,旬:不其延雨□至丙抑?延雨執? 《合集》19778
(14) 辛丑卜,曰:岳亡以執(?)?有以抑? 《合集》20224

可見,反貞確實可以先於正貞而卜問。上引裘文認爲"可以認爲是由兩個相對的分句組成的選擇問句(其實也未嘗不可以就稱爲反復問句)",但是,從這些例句看,似不宜看作反復問句。一般所說的反復問句,總是"V不V"的形式,從來沒有"不VV"的形式。

沈之瑜、濮茅左(1992:7)還指出在賓組卜辭裏有反、正二辭的序數相連的例子:

(15) 翌癸卯帝不令風。一
　　　貞:翌癸卯帝其令風。二　　　　《合集》672 正

這也反映反貞一定先於正貞而卜問。但沈、濮僅據少數例子,就斷定所有的反貞都是先於正貞而卜問的(1992:7),這是不對的。曹兆蘭(1998:224—225)對此

說作了很有力的批駁，可以參考。

以上談的是正貞、反貞在腹甲左右分佈的情況，說明有時候正貞先卜問，有時候反貞先卜問；只要是先卜問的，一般都刻在龜腹甲的右邊。按照張秉權的說法，左右位置與占卜者的意願有一定的關係，右邊往往是占卜者希望有肯定答案的，而這種肯定答案一般是占卜者所希望的。

國外好幾位學者都把占卜者的"希望"與龜腹甲的"右邊"聯繫起來，跟張秉權的說法基本相同。例如吉德煒（1978:51 注 124）認爲：

> 對貞卜辭右邊和左邊的位置需要進一步研究。初步的研究表明：當貞人僅僅是尋求信息而且對所獲得的答案沒有偏好時，肯定的命辭一般在腹甲的右邊，否定的在左邊，例如《丙編》28，30。但是，當一種答案是他偏好的時候，希望的一項，不管它是肯定的還是否定的，要放在右邊，不希望的一項放在左邊。因此，命辭"子商其屮疾"（綴合 292），是肯定式的，但是既然子商是一個聯盟，而且也許是王室的一個成員，他可能會得病的事情是不被希望的，因此命辭刻在左邊。而所希望的另一面，即命辭"子[商]亡疾"刻在右邊。這種理解的可信性被"弱化性虛詞'其'"［原作者注：我把"其"翻譯成"也許"（perhaps，見第三章注 41）］所支援，"其"是用在不希望的一面，且放在左邊。

吉德煒在寫作此書時，顯然是基本贊同司禮義的"其"的規則的，因此，他把"其"跟占卜者不願某種情況發生這種意圖也聯繫起來。但是，吉德煒也指出：

> 這種關於右邊和左邊位置的假設，雖然一般來說不是一成不變的，可以有諸如《丙編》1·3—4；8；247；《乙編》3287；4130 等一些證據，但是，這當然也要依靠一個不能證實的假設，就是：我們可以告知商王希望什麼。有時這個假設會落空，例如《丙編》235·1—2 就是。

另外，吉德煒還在 125、注 130 中重申對貞中被期望的那條命辭通常是刻在右邊的。

總結以上，可以看出：我們有足夠的證據可以證明刻在龜腹甲正面的正反對貞，位於右邊的一般是先卜問的。現在要解決的問題是：第一，爲什麼正貞和反貞都可以刻在右邊，也就是說，正貞和反貞都可以先卜問，那麼，什麼時候正貞先卜問，什麼時候反貞先卜問呢？第二，正貞常常刻在右邊，並且是占卜者所希望的。因此，"正貞"、"右邊"、"占卜者所願"三者之間可以找到聯繫。但是，刻在右邊的正貞非占卜者所願的例子也大量存在。怎麼才能解釋這種現象呢？

三

過去大家通常以"右正左反"爲正常的卜問，因此，除了有人認爲正反對貞無所謂先後以外，一般都把"左正右反"當成了例外，例如周鴻翔（1969：4）就說："本書對一對對貞的正反句的位置的態度是：'右肯定，左否定'，反是者便視爲變例。"因此，我們就先把這些所謂的"變例"收集起來，看看到底有多少。前文述及董作賓、張秉權、周鴻翔、李達良、曹兆蘭都指出了卜辭的"左正右反"之例，我們把調查範圍限定在龜腹甲正面的卜辭，集中各家所舉的例子，淘汰其中重復者，共得 57 例，製成附表，列于文後。表中的例句主要來自前四位學者的論著，曹兆蘭沒有逐一列舉她所說的 88 個實例，文中僅舉一例作爲代表，且已爲前人所舉。雖然我們不知道曹兆蘭所說 88 例具體何指，但我們在分析時有時會舉表中所無之例，或許正在曹文所言之 88 例之中。

下面就來分析一下表中的例子，看看到底哪些是"常例"，哪些是"變例"。

首先，表中所列的有些例子應當排除在討論範圍之外。

第 1 例刻在背甲上面，不屬於我們所說的龜腹甲正面，暫且不予討論。

第 2 例卜辭，沒有相應的對貞卜辭，也應當排除在外。第 3 例的"勿乎雀帝于西"雖刻在右邊，但也無相應的對貞，情況同此。

第 4 例正反對貞，從序數上可以證明反貞確實是先於正貞而卜問的。但是，準確地講，從内容上看這並非一對嚴格的正反對貞。因此，我們也暫且不論。

第 5 例比較特殊，刻在左右兩邊的兩條卜辭都是反貞，並不構成正反對貞。我們在其他龜版上曾經看到正面腹甲的兩邊刻反貞，而正貞則刻在腹甲背面，如《合集》9791。但第 5 例腹甲背面相應的位置沒有刻辭，情況跟《合集》9791 還有所不同。但不論如何，這兩條卜辭非正反對貞，我們也可以暫不考慮。

有個別表中所無之例，看起來似乎也屬"左正右反"，如《合集》7076 即《丙編》259 有下面一對對貞卜辭，張秉權的釋文是：

（16）曰雀勿伐？/曰雀伐？

但是，此辭的"勿"很可能是"先"之誤釋。因此，此例也不屬於我們討論的範圍。

其次，有好幾對卜辭，正反兩條卜辭不處在左右對稱位置。例如：

第6例，反貞位於右甲橋邊，而正貞緊靠中縫左邊；第3例有關"帝令雨"的一對正反對貞，情況相類。

第7例，正貞位於前左甲，反貞緊靠中縫右邊。

第8例所在龜版上內容相關的正反對貞有兩對：

(a) 庚午卜，內貞：王勿作邑在茲，帝若。一二三四

(b) 庚午卜，內貞：王作邑，帝若。八月。一二二告三四

(c) 貞：王作邑，帝若。八月。一二三[四]

(d) 貞：[王]勿作邑，帝若。一二[三]四五

同版（c）（d）符合"右正左反"的規律，且對稱地分佈在中縫左右。（a）（b）二辭的位置則並不對稱，（a）位於右甲橋下，（b）緊靠在中縫左邊。

第9例，正反貞雖然都緊靠在中縫左右，但正貞位置高於反貞位置。

下面二例為表中所無，情況跟第9例相類：

(17) 勿𢀳多步甗。一二

　　　貞：其𢀳多步甗。一二三　　　　　　　　　　《合集》14315 正

此例也是正貞位置高於正貞位置。

(18) 貞：夏往來其有憂。一二三

　　　癸丑卜，爭貞：夏往來亡憂。王占曰："亡憂。"一二三四五二告

　　　　　　　　　　　　　　　　　　　　　　　　《合集》914 正

此例是反貞位置高於正貞。

這些例子我們暫時都不加討論。因為它們的正反貞問雖然分佈在中縫的左右，可是都不是對稱地分佈，尤其是例（17）等例，位置有上下之別。而龜腹甲上的刻辭，一般來說，大多數是自上而下，自內而外的（張秉權1956：234）。因此，位置高的那條貞問很可能是先卜問的。也就是說，卜問"先右後左"的規律也不能看死，對於那些位置不對稱的正反對貞，還要考慮到位置的高下。這樣，上述例子就基本上符合先卜問正貞、後卜問反貞的常例。至於例（18），很可能是先卜問反貞，後卜問正貞，這就跟附表第21等卜辭屬於同一類例子。我們後面還會討論。

四

通過以上討論，我們把9例對貞予以排除，那麼表中就剩下48個例子。下面就來討論這48對例子。

我們按照占卜主體對所卜之事的行爲動作或狀態變化（以下爲了敍述方便，就用"行爲動作"統稱這兩種情況）能否控制把表中48例分成兩類。一類是占卜主體對所卜之事的行爲動作能夠控制，一類是占卜主體對於所卜之事的行爲動作不能控制。占卜主體指卜辭的主人（黃天樹1995：126—127）。在我們這篇文章裏討論的龜腹甲刻辭大多數屬於賓組卜辭（附表中只有第37例是子組卜辭）。賓組卜辭的占卜主體是"王"。占卜主體與貞人可以都是"王"，但"王"親自貞問的卜辭並不占多數，大多數是其他貞人代"王"而貞問。例如下辭：

(19) 辛酉卜，㱿貞：今春王比望乘伐下危，受有祐。/辛酉卜，㱿貞：今春王勿比望乘伐下危，弗其受有祐。　　　　　　　　　　　《合集》6482正

這是貞人"㱿"代王而卜問，"王比"與"王勿比"是占卜主體"王"可以控制的行爲動作。從此辭也可以看出，當占卜主體與行爲動作的發出者是統一的時候，這個行爲動作往往是可以控制的。反之，就很可能是不能控制的。例如下辭：

(20) 庚申卜，㱿貞：乎王族延从𢀛。一/庚申卜，㱿貞：勿乎王族延从𢀛。一
雀其乎王族來。一二
甲子卜，爭：雀弗其乎王族來。一二
甲子卜，爭：雀弗其乎王族來。一二　　　　　　　　　　　　　《合集》6946正

上引同版卜辭，同一個動詞"乎"用了"勿"和"弗"不同的否定詞來加以否定，原因就是，用"勿"的句子占卜主體跟"乎"這個行爲的發出者是統一的，而在用"弗"的句子裏，"乎"這個行爲的發出者是"雀"，是占卜主體不能控制的。

以上關於占卜主體對行爲動作能否控制的劃分，是綜合了好幾位學者在研究甲骨文否定詞時提出的意見而來的。甲骨文中的否定詞已經有不少學者研究過，有的學者早已指出，句子中使用不同的否定詞跟主要動詞的"可控制性"和"不

可控制性"有關（高島謙一 1989，張玉金 1993）①。

對於占卜主體能夠控制的行爲動作，意味著可以採用這種行動，也可以不採取這種行動，採取不採取對占卜主體主觀來說是可以控制的，最終這種行動是否付諸實踐，要看外在的條件。對於當時的人來說，所謂的"外在條件"，主要指祖先或鬼神是否給予幫助或自然條件是否許可。當占卜者帶著要不要採取這種行動的疑問去占卜的時候，往往先提出肯定的一面，這是很自然的。因爲不先提出去實施這種行爲，否定實施這種行爲也就無從談起。從提供信息的角度來看，陳述性的肯定句一般能夠起提供新信息的作用，否定句則不是提供新信息，而是對已有的信念的否認或反駁（沈家煊 1999：54、57）。占卜主體採取不採取某種行爲動作，取決於上述的"外在條件"，既然要得到"外在條件"的許可，就必須先把新信息告訴神靈。不然，只能假設神靈已經預先知道占卜主體要採取什麼行動。這一般是不可能的。從先設②的角度來看，在一般情況下，對於陳述句來說，否定句總是"預先假設"相應的肯定句所表達的命題內容，"否定"作爲一種言語行爲，是對這個預先假設的命題加以否認或反駁（沈家煊 1999：44—45）。因此，反貞在正貞之後卜問是合乎常理的。事實上，我們看到的大多數正貞都刻在龜腹甲的右邊，正表示它應當是先卜問的。

當然，這涉及命辭是否問句的問題，有必要對這個問題作一點交代。上面的敍述是針對命辭爲陳述句的情況而言的，因爲已經有堅強的證據可以證明有些卜辭的命辭應當是陳述句（裘錫圭 1988[1992]：270—273）。但是，另一方面，有些命辭也確實不得不看成疑問句，例如上面提到的句末有"抑"和"執"的句子（李學勤 1980：40—42，裘錫圭 1988[1992]：270—273）。有些學者甚至主張所有的命辭都應當看作問句，這個問題我們不能在此詳論，持這種看法的學者也是承認句末有"抑"和"執"的命辭爲疑問句的，爭論雙方在這一點上是意見統一的。對於命辭是問句的情況，是不是就可以認爲當時是以先卜問反貞後卜問正貞爲常呢？沈家煊（1999：44—45）指出，陳述句和是非問句確實有不同的預設。對

---

① 高島謙一關於否定詞的文章比較多，由於有些論著我們沒有看到，這裏以高島謙一（1989）爲代表，不意味著他的這種主張最早是這篇文章裏提出的。另外，在討論否定詞的幾位學者中，張玉金使用了"占卜主體"的說法，我們同意這種說法。
② "先設"的概念，參看沈家煊（1999：47、57 注①、74 注④）。沈先生指出"先設"跟"預設（presupposition）"有所區別，但沒有給"先設"下一個明確的定義。我們借用"先設"這個概念，大體的意思是表示說話者根據當時的實際情況事先假定的一種看法，但是在爲本論文提要進行英文翻譯時，爲了簡便，仍然譯成 presupposition。

於否定的是非問句來説，一般總是先設一個相應的否定命題。但是，我們知道，對於占卜主體可以控制的行爲動作，在正常情況下，占卜主體大概不會先設一個相應的否定命題，然後再對這個命題提出疑問。

其實，從先設的角度來分析正反對貞，我們可以看出組成一對正反對貞的兩條卜辭很難都看成中性的是非問句。比如"王往出"和"王勿往出"（《合集》6475正）構成一對正反對貞，如果我們把正貞看成"中性問"，即它的先設是"王或者往出，或者勿往出"，那麼，它跟反貞的先設就不能構成正反相對。因爲反貞"王勿往出"如果看成問句，其實應該是有傾向性的，其先設是"王多半不願意往出"。也就是説，這樣的話，正貞是一個中性的是非問句，反貞是一個有傾向性的問句，這是不配套的。①這一點，對把命辭看成陳述句的看法有利。退一步説，如果非要把"王往出/王勿往出"這類對貞看成問句，也只能承認它屬於"有疑無問"一類的問句（戴耀晶2001），疑問度是比較低的。對於句末有"抑"或"執"的句子，我們認爲也應當這樣看。也就是説，它們雖然是疑問句，但是也屬"有疑無問"的疑問句，疑問度比較低。

以上説明的"先卜問正貞、後卜問反貞"是一般的情況，但是，我們也可以設想，商代卜人往往一事多卜，如果一件事情多次占卜後，多數卜兆顯示的答案傾向於反貞所説的內容。那麼，如果繼續進行占卜，貞人先卜反貞，後卜正貞，就不會顯得奇怪了。因爲這時候占卜主體的先設已經有了改變，即從肯定變成了否認。當然，我們下文還會看到，也有其他原因使得貞人先卜問反貞後卜問正貞。這意味著"先卜反貞、後卜正貞"總是有條件的。

有了這樣的基礎，我們就來具體檢討一下是什麼特殊情況導致當時的貞人先卜問反貞、後卜問正貞。在附表中，第10、11、12、13、14、15、16七個例子就屬於先反貞後正貞的情況，我們認爲都可以爲它們找到原因。

先看第10對例子。此版"辛卯"同一天所卜的同文卜辭有下面幾條：

（a）［辛］［卯］［卜］，［爭］：乎取奠女子。一二三四
（b）辛卯卜，爭：勿乎取奠女子。一二／辛卯卜，爭：乎取奠女子。一二

《合集》536

第一條卜辭前辭已殘，此據張秉權《丙編》釋文所補。（b）是一對正反對貞，看起來反貞在右，似乎是先於正貞而卜問的。從（a）辭所處的位置看，它很可能是

---

① 此處關於"中性問"和"偏向問"的分析，參考了沈家煊（1999：44—45、47—48）。

先於（b）而刻的，表示在進行（b）這對正反對貞時之前，曾經卜問過（a）。因此，第（b）先反貞後正貞的原因大概是先設已變，應當屬於特殊情況。

再看第 11 和 12 兩對例子。這兩對卜辭所在的龜版是成套腹甲中的兩版。第 11 對卜辭屬此套腹甲的第五版，第 12 對屬第一版。因此，可以把這兩對正反對貞看作是同一版上的。先看第 12 對。這對卜辭在這一套成套腹甲的第三版（即《合集》9522）作：

(21) 貞：王咸酒登，勿賓翌日上甲。/貞：王卒賓翌日。

（第五版即《合集》9524 略同，唯"上甲"殘去）

通過此套腹甲中的第二版即《合集》9521，我們又可以知道此對正反對貞是"甲辰"日占卜的。這就是說第 11 和 12 關於"卒入"與"賓翌日上甲"之事，都是"甲辰"同一天占卜的。這兩件事情應當有關係。根據"王賓"卜辭的特點，"賓翌日上甲"之祭應當在甲日進行。在這裏應當就是指"甲辰"日。大概在這一天"王咸酒登"之後，王準備在兩件事情當中選擇一件，即或者"入"，或者"賓翌日上甲"。王如果要"入"，則"勿賓翌日"。相反，王如"賓翌日"，則"勿卒入"而"于艾入"。①因此，我們可以說貞人在卜問"王勿卒入，于艾入/王入"這一對正反貞問時，意同卜問"王賓翌日/勿賓翌日"；同樣，貞人在卜問"王咸酒登，勿賓翌日/王賓翌日"的時候，意同卜問"王入/勿入"。因此，從深層結構來說，還是先正後反的。

再看第 13 對正反對貞。同版相關的幾條卜辭也引在下面：

(a) 辛巳卜，殼貞：乎雀敦桑。
(b) 辛巳卜，殼貞：乎雀敦壴。
(c) 辛巳卜，殼貞：雀得亘我。/辛巳卜，殼貞：雀弗其得亘我。
(d) 辛巳卜，殼貞：勿乎雀伐🀄。/辛巳卜，殼貞：乎雀伐🀄。　　《合集》6959

裘錫圭（1981[1992]：300—301）列舉了不少賓組和"歷、自間組"（即現在一般所說的"師歷間組"）同卜征伐🀄之事的卜辭，指出"歷、自間組"卜辭曾於乙亥、丙子、丁丑等日卜敦🀄、捷🀄，賓組于辛巳等日卜伐🀄、捷🀄。在"歷、自間組"卜辭中，還記"王"親自參加了此次征伐。如《合集》33080"乙亥卜，貞：今日乙亥王敦🀄，捷"。下辭則記載了"王捷"的時間：

---

① 關於此辭的解釋，參看裘錫圭（1990）。

(22) 乙亥卜，王敦🝀，捷。旬一日乙酉王捷。　　　　　　　　　《補編》6622

可見最後是"王"戰勝了"🝀"。"辛巳"在"乙亥"與"乙酉"之間，可能因爲"王"一直參與了此次征伐，所以跟"辛巳"日"勿乎雀伐🝀"是合拍的。大概是王考慮到自己率領部下已足夠可以戰勝"🝀"，"雀"則另有其他的任務（如上辭如説的敦"枽"、敦"壴"和與"亘"戰鬥等），所以"勿乎雀伐🝀"。正因爲有這樣的背景，先占卜反貞就不難理解了。

再來看看第 14 對正反對貞。此版在"丁巳"日占卜有關"悟彤"祭祀的幾條卜辭是成套卜辭，從它們的序數可以看出：

(a) 丁巳卜，王：余勿悟彤。一二／丁巳卜，王：余悟彤。一二

(b) 丁巳卜，王：余勿悟彤。三／丁巳卜，王：余［悟］［彤］。三

(c) 丁巳卜，王：余勿悟彤。十月。四五／丁巳卜，［王］：余悟彤。四五

《合集》585 正

每一對對貞的順序是自下而上，這種方式是李達良（1972：21）所歸納的"刻辭位置及先後次序釋例"中的第九式。李氏指出："此式刻辭先用外，其序由下逆而上，左右平行逆上與第八式相反；再用中，其序由上而下，亦與第八式相反。屯《丙編》圖 83 一例（引者按：即上引《合集》585 正），其中第七辭刻於右甲橋之邊，第 11 辭刻於右後甲末中縫之旁，略擾對稱平行之例。"可見此版採用的是比較特殊的占卜方式。另據張秉權《丙編》90 考釋説："在這一版上，那些卜辭的卜兆序數的排列行式，除了第（14）辭（引者按：指"戊午卜，㞢妣庚。"一辭）的而外，都是自外而内的，這就表示在那一版上，灼卜的次序是自外而内的，像這樣的用法，在龜腹甲上，是很少很少的。"這就更可以看出此版的特殊性了。既然此版成套卜辭一對與另一對之間的辭序、卜兆序數的排列都與常規相反，那麼每一對正反貞的辭序與常規不同，也許是與此相關的。

第 15 例的情況可能也與此版的占卜方式比較特殊有關。此版卜辭分兩種粗細字體。用較粗的字體所刻的三組正反對貞，正貞和反貞的位置都不是對稱分佈在中縫兩邊，其他幾對用較細的字體刻的正反對貞，一般都處於對稱位置，唯獨"勿施于洱"和"施于洱"這一對不合右正左反的規律。觀其龜甲反面，右邊三個鑽鑿，左邊兩個。此屬曹兆蘭（1998）所分的 D2 類鑽鑿，曹文指出這種形式分佈的鑽鑿在她調查的龜腹甲中只有 4 版（第 237 頁注 12），但未舉我們現在的這一版，恐是漏計。加上此版，一共 5 版，也是占少數的。這些現象，説明此版

的占卜方式是比較特殊的。

最後剩下的第 16 對正反對貞，我們暫時還不太清楚爲什麼先反貞後正貞。這是指此版上面"勿侑于妣庚十㝵。/貞：侑于妣庚十㝵。"一對卜辭。此版上内容相關的兩條卜辭，雖然也處於對稱的位置，但從内容上看，顯然是不屬正反對貞，可以不論。

總之，通過以上檢討，我們可以認爲，當占卜主體對其所要採取的行爲動作可以控制時，占卜時是通常先卜正貞、後卜反貞，如果情況相反，我們總能找到其中的原因，只有個别例子我們現在還難以解釋。

五

下面，我們再看占卜者對占卜之事的行爲動作不能控制的例子。這些例子基本上按照内容可分成幾類：①"亡憂/有憂"；②"亡來艱/有來艱"；③"不殟/殟"；④"亡疾/有疾"，包括"不延疾/延疾"；⑤"若/不若"；⑥"捷/不捷"；⑦天氣情況，如"雨/不雨"，"風/不風"等。這只是一個大致的分類，還不能涵蓋附表中的所有例子。那些没有涵蓋的例子，我們在後面的討論中會單獨提到。在這一小節裏，我們先討論前六種情況，關於天氣情況的正反對貞放到下一節討論。

除了第七種有關天氣情況的占卜有時很難判斷什麼情況是占卜者希望的，什麼情況是占卜者不希望的，其他幾類都很比較容易判斷占卜到底希望什麼樣的結果。比如"亡憂"與"有憂"對貞，占卜者當然希望"亡憂"。因此，我們把這一類占卜歸納爲一類，即占卜"好的一面"與"不好的一面"。

我們知道，在語言中肯定句和否定句是不對稱的，有些句子只能用肯定句表達，有的句子則只能用否定句表達。從使用頻率上講，肯定句也多於否定句（沈家煊 1999：43、46）。在研究正反對貞時，當然要注意這個問題。大家都認識到，正反對貞並不是整個商代後期唯一的占卜形式，卜辭中單貞的數量也是很多的。這些單貞有的是正貞的形式，有的是反貞的形式。迄今爲止，還没有人統計過只用單貞來占卜事情時何時通常用正貞、何時通常用反貞。不過，有一點是可以肯定的，就是在占卜一旬之内有無災禍時，通常都是用"旬亡憂"這種形式的。這好像跟實際語言中肯定句佔優勢的情況不合。其實不是這樣。

沈家煊（1999：185）指出：人總是看中和追求好的一面，摒棄壞的一面。Boucher & Osgood（1969）通過心理實驗證明這一規律，並稱之爲"樂觀假說"（Pollyanna Hypthesis）。這一假說可以解釋語言中褒義詞的使用頻率總是高於貶義詞。Leech（1983）也把這一假說運用到語言上，提出了一條語用原則即"樂觀原則"。雖然 Leech 主要用"樂觀原則"來説明語言中的委婉表達法，我們認爲，這條原則也能用來解釋占卜主體在正常的情況下先提出好的一面來卜問。我們前面講過，占卜是有傾向性的。先卜問傾向的一面，是合乎常理的。人們居家生活，總是希望平時平安大吉。在没有特殊情況發生時，也確實都是平安大吉的。因此，"平安大吉"應當是人們平時的先設。這時候，先設與希望是一致的。

依照這種看法，占卜時先卜問好的一面，再卜問不好的一面，這是正常現象。相反，如果先卜問不好的一面，後占好的一面，一定是有不好的事情發生了，要不然就是占卜者有"不好"的預感。這樣看來，前五種內容的占卜都當以反貞一面所說的內容爲人們平時固有的先設，因此先卜反貞，這應當是正常的。這些例子有第 17、18、19、20、21、22、23、24、25、26、27、28、29、30、31、32、33 等對卜辭。

卜辭中貞卜"旬亡憂"的卜辭絶對多於"旬有憂"。如果在貞卜這一類事項時採用了正反對貞的形式，一般都是先貞"旬亡憂"，後貞"有憂"，下列的序數完全可以説明此點：

（23）己巳卜，王貞：亡憂。一／己巳卜，王貞：其有憂。二　　《合集》24664

（24）丙子卜，王貞：翌丁丑肜于父丁，亡憂。在正月。／丙子卜，王貞：其有憂。在正月。[丙]子卜，[王]貞：曰不☐。　　《補編》7008

由此可以類推，表中幾種如卜問"亡憂/有憂"、"亡來艱/有來艱"、"不殟/殟"、"亡疾/有疾"等都先卜問好的一面，情況相同。

表中有幾例卜辭意義不太清楚，這裏略爲作一點説明。第 34 例意義不太清楚，可能"弗以婦殟"義近"不殟"，這對卜辭可歸入"不殟/殟"一類。第 35 例的"不歺"可能也是好的，此對卜辭也可作同樣處理。再看第 36 對卜辭。這兩對卜辭在同一版上。"有貝"、"亡貝"之"貝"，或讀爲"敗"。①因此可以把第 36 對卜辭看作正常卜問。第 37 例的"亡彝（？）"大概也是"亡憂"之類的意思，也可歸入"亡憂/有憂"一類。第 38 例，"降"的賓語没有出現，從其他卜辭

---

① 參看于省吾主編（1996：1876—1877）所引饒宗頤説。

看,"降"後經常帶"憂"、"堇"之類意義不好的詞,如果這裏省略的賓語確是這類賓語,那麼這一對正反對貞也可歸入此類,先卜問"好的一面"屬於正常的貞問。

　　以上這些卜辭都是先説好的一面,後説不好的一面,先説的當然是占卜主體所希望的。但不要以爲卜辭中所有的先卜的都是占卜者所希望的。本文第一節曾指出,占卜祖先害王、祟王的卜辭,一般都是先卜"害王"或"祟王",後卜"不害王"或"不祟王"。同類的例子還可以用"王夢"卜辭來説明。檢討所有有關"王夢"內容有關的卜辭,我們發現,一般都是先卜不好的一面,後卜好的一面,其通常的説法跟下面的卜辭相似:

　　(25)貞:王夢,唯有[左]。/貞:王夢,不唯有左。(反面占辭是:王占曰:"吉。勿唯有左。")

　　　　貞:王夢,不唯若。/貞:王夢,唯若。　　　　　　《合集》17397正

"有左"、"不唯若"都不好的,都是先卜問的。只有下面兩例卜辭比較特殊:

　　(26a)王夢,不唯憂。
　　(26b)不唯憂。　　　　　　　　　　　　　　　　　　《合集》3458正

但(a)辭在中縫右邊,(b)辭在左甲橋下邊,二者無論從位置來講還是內容來講都不能算正反對貞。(a)辭到底有沒有相應的正貞,有待考察。另一例是:

　　(27a)乙丑卜,殼貞:甲子向乙丑王夢牧石麋,不唯憂,唯祐。
　　(27b)貞:甲子向乙丑王夢牧石麋,不唯憂,唯祐。三月　　《合集》376正

(a)(b)兩辭雖然處於對稱位置,但是內容上也不構成正反對貞。

　　因此,以上兩個比較特殊的貞卜"王夢"的例子,並不能打破我們上文所説的規則,即"王夢"卜辭如果用正反對貞來卜問,一般都是先卜不好的一面,再卜好的一面。

　　爲什麼會有這樣的現象呢? 比較合理的解釋應當是:"夢"被當時人看作不好的事情,一旦有夢,當時人就想到有"害"或有不好的事情發生。由此,我們也可以推論,凡是卜辭像"己丑卜,殼貞:王夢,唯祖乙。/貞:王夢,不唯祖乙。"(《合集》776正)這樣的卜問,後續小句一定省略了"害"或"祟"這樣一類的主要動詞。像《合集》19829"☐申卜,王夢,允大甲降"之辭的"降",很

可能也是"降憂"之類的意思。胡厚宣（1944:458）早就指出："蓋殷人以夢爲災禍之先兆。"這是正確的。

這説明當時占卜，先卜問的固然大多數是占卜主體所希望的，但也有占卜主體不希望的。

基於此點，可以認爲，像前四種情況，如果先卜不好的一面，後卜好的一面，那才是反常的。這種情況卜辭中確實存在，不過都可以找到產生這種現象的原因。例如：

(28) 己未卜，亘貞：子賓有害。①/己未卜，亘貞：子賓亡害。
　　　貞：于妣己禦子賓。/貞：勿于妣己禦子賓。　　　　　　《合集》905 正

從同版卜辭要爲了"子賓"而進行禦祭的情況看，"子賓"確實是有了"害"。因此，先卜"子賓有害"就不難理解了。再如：

(29) 己未卜，爭貞：王亥祟我。/貞：王亥不我祟。
　　　貞：我其有憂。/貞：我亡憂。　　　　　　　　　　　　《合集》7352 正

從同版就可以看出，大概就是因爲有"王亥"爲祟於我的事情，所以"我有憂"，因此先卜問"我其有憂"。可以説，"我有憂"對於占卜主體來説，已經差不多是一個事實了。

有時候，同版没有足夠的語境，必須結合他版的卜辭來分析，如：

(30) 貞：其有來艱自沚。/貞：亡來艱自沚。　　　　　　　　《合集》5532 正

我們知道，卜辭常卜問王"使人于沚"（如《合集》6357 等），還卜問"方其來于沚"（《合集》6728），《合集》7427 正也有"[貞]：[有]來艱自西。/貞：亡來艱自西。"的對貞，情況應當相同。後者更以粗筆刻寫，更顯得不同一般。

像下面的例句，我們現在還没有足夠的證據能夠證明先卜"不好的一面"是由於有可能有不好的事情發生，但根據上面講的同類例子，可以推測也應當是這樣的：

(31) 甲午卜，爭貞：貯其有憂。一/貞：貯亡憂。一
(32) 乙巳卜，㱿貞：其有來艱。一/貞：亡來艱。二　　　　《合集》672 正

下面一組雖不是"艱"，但"齒"與"艱"義近（于省吾 1979:221—223）：

---

① "子賓"之"賓"，過去大家多誤釋爲"安"，今從陳劍釋爲"賓"，參看陳劍（2003）。

(33) 貞：其有來齒。/貞：其亡來齒。　　　　　　　　　　　《合集》721 正

(34) 貞：其有來齒。一［二］［三］四五六七/貞：亡來齒。一［二］［三］［四］五［六］
　　　　　　　　　　　　　　　　　　　　　　　　　　《合集》419 正

這些卜辭，我們都可以通過對上面的同類卜辭的分析來理解。再比如有關"不殟/殟"內容的占卜，我們也看到一些先卜"其殟"後卜"不殟"的例子，如：

(35) 己巳卜，殼貞：雀其殟。/貞：雀不殟。二月。　　　《合集》110 正
　　　比較：《合集》17081：貞：雀不殟。/貞：雀其殟。

以上兩版卜辭，前者是賓組卜辭，後者是師賓間組卜辭。這兩對卜辭很可能跟下面的卜辭有關：

(36) 乙亥卜，殼貞：雀有作憂。/乙亥卜，殼貞：雀亡作憂。　《合集》6577

同版卜問"子商"在乙亥這一天是否捷基方缶。"雀"和"子商"曾一起去攻打"基方缶"（見《合集》6573）。另有同版卜問過"子商亡憂"和"雀亡憂"（《合集》10344 反）。《合集》2940 還卜問"子商有🈳在憂"與"子商亡🈳在憂"，魏慈德（2001:205）認爲後者跟晚期卜辭常見的"亡害在憂"相同。可見"雀"和"子商"被卜問有無"憂"不止一次，在這麼多的占卜中，先設從一般的"亡憂"轉變爲"有憂"也應當是可能的。

再繼續看表中那些不合常規的例子。例如第 39 對"王不若。/王若"。此例同版有"貞：河有［左］。/河亡左。"的對貞，反面有占辭："王占曰：'勿左王。'"可見卜問王的"若"與"不若"，跟"河左王"之事有關。看來，當時很可能是有了"河左王"這樣不好的事情。下版卜辭可以進一步幫助我們理解此版卜辭：

(37) 乙丑卜，殼貞：甲子向乙丑王夢牧石麋，不唯憂，唯祐。
　　　貞：甲子向乙丑王夢牧石麋，不唯憂，唯祐。三月。
　　　貞：［王］［有］夢，［唯］乎余禦🈳。/貞：王有夢，不唯乎余［禦］🈳。
　　　貞：王其疾🈳。
　　　王唯有不若。/王不唯有不若。
　　　乙巳卜，殼貞：有疾身，不其瘳。
　　　乙巳卜，殼貞：有［疾］身，瘳。　　　　　　　　　《合集》376 正

上版說明，"王"顯然有了"󰀀"這種不好的事情，因此，先問"不若"是很自然的。下版很可能跟此事有關：

(38) 󰀀不其瘳。/貞：王󰀀瘳。　　　　　　　　　　　　《合集》17231

卜辭中不止一次占卜"王󰀀"的問題，如《合集》914 正、5775 正、10613 正、902 正、10299 正、974 正、17230 正、17409 正、201 正、1385 反等，我們雖然不能確定這些"王󰀀"都是否同一時間發生的，但是可以推測王在相當一段時間裏受"󰀀"的困擾，難免有時很擔心"不其瘳"，因而先卜問"不其瘳"就不難理解了。例（37）最後兩辭就是表中第 40 對卜辭，跟此對卜辭也許說的是同一事。

表中第 41 對例子跟第 39 對相類。需要注意的是同版有好幾條卜辭問王要不要往於某地：

(a) 貞：王往于󰀀京。/貞：王勿往于󰀀（下無火旁）京。

(b) 貞：王往于󰀀京。/貞：王勿步于󰀀京。

(c) ☐貞：☐唯☐祟☐。

卜辭"取于某地"的卜問不止一見，當即到某地取某物。上版說"王往"、"王步"很可能跟表中第 41 對卜辭所說"有取"有關。也就是說，此版這幾條卜辭很可能是內容相關的。(c) 辭刻在 (b) 旁邊，很可能跟它們說的是同一件事。此辭雖然已殘缺，但從中可以看出與"祟"有關，因此可以推測大概出王覺得有"祟"而有"不若"之預感，果真如此，先卜問"不若"也是可以理解的。當然，同版卜辭的關係還需要進一步的確認才能證實這個看法。

表中還有兩對與疾病有關的卜辭，即第 42、43。第 42 對卜辭卜問的是"王目"生病的事情。賓組卜辭中卜問"王目"有疾之辭有好幾條：

(39) 貞：王其疾目。/貞：王弗疾目。　　　　　　　　《合集》456

(40) 貞：王目瘳。　　　　　　　　　　　　　　　　《合集》11018 正

(41) 王目唯有害。/貞：不唯有害。　　　　　　　　　《合集》9741 反

(42) 禦王目于妣己。　　　　　　　　　　　　　　　《合集》13624 正

可見，在一段時間內，"王目"確實有疾，並且不見好轉，因此，有時先卜問"不其瘳"是可能的。

第 43 對例子也屬反常之例。同版有不少卜婦好之病的卜辭，可以對照。這裏只列出相關的幾對卜辭：

(a) 貞：婦好弗其肩凡有疾。一二三四／貞：婦好肩凡有疾。一二三
(b) 貞：婦瘳。一二三四／不其瘳。一二三　　　　　　　　《合集》709 正
(c) 王占曰："吉，肩凡。"　　　　　　　　　　　　　　　　《合集》709 反

"肩凡有疾"是好的，通常情況應該先卜問正貞，《合集》811 正、13874 正甲和 13874 正乙就是這樣。但是，我們也看到，有關婦好得病的貞問不止一次。例如《合集》795 正有好幾次關於婦好得病的占卜，既有"[龍甲]咎婦。／龍甲弗咎婦。"又有"壬寅卜，殻貞：婦肩凡。"和"貞：婦好瘳。／貞：不其瘳。"卜問"肩凡有疾"的卜辭，有時候實際結果是比較嚴重的，即得病的人可能最後"殞"（看裘錫圭 2000 例 17）。因此，卜辭中有好幾例"弗其肩凡有疾"都是因先卜問而刻在右邊（如《合集》709 正、14199 正），這應當是正常的。

表中第 44 對例子可以通過下面的例子來瞭解：

(43) 貞：禦婦娘。
　　　婦娘不其嘉。　　　　　　　　　　　　　　　　　　《合集》1773 正

這說明"婦娘"有"不嘉"之事，大概也是事實。因此，先卜問"不其嘉"也是自然的。

下面再看表中第 45 對卜辭。它代表"捷／不捷"類型的正反對貞。按理說，這種對貞應該先卜正面，後卜反面。但第 45 對卜辭卻先卜反面，後卜正面。這是爲什麼呢？觀察此辭所在龜版即《合集》6571 正，全版卜辭內容是相關的：

(a) 辛丑卜，殻貞：今日子商其🈴基方缶，捷。五月。／辛丑卜，殻貞：今日子商其🈴基方缶，弗其捷。
(b) 壬寅卜，殻貞：自今至于甲辰子商弗其捷基方。／壬寅卜，殻貞：自今至于甲辰子商捷基方。三
(c) 壬寅卜，殻貞：尊雀惠合🈴基方。五月。
(d) 壬寅卜，殻貞：子商不肅捷基方。
(e) 貞：自今壬寅至于甲辰子商捷基方。
(f) 壬寅卜，殻貞：日子商🈴癸敦。五月。
(g) 日🈴甲敦。
(h) 日子商于乙敦。
(i) 貞：日子商至于出丁作火捷。／勿日子商至于出丁作火捷。
(j) 甲辰卜，殻貞：翌乙巳日子商敦至于丁未捷。

此版卜"子商"是否捷"基方"之事，從辛丑日卜"今日"能否"捷"，一直到四日後的甲辰日還在占卜是否"捷"，可見子商沒有很順利地"捷"基方。我們看到的"自今至于甲辰子商弗其捷基方。/自今至于甲辰子商捷基方。"這一對不合常規的貞卜是壬寅日所作，顯然是由於辛丑日子商並没有捷基方而不得不繼續占卜。可以想見，這時候占卜，占卜主體的先設是"子商弗其捷基方"，這是很自然的。事實上，從甲辰日還在占卜"乙巳"是否捷來看，這也是事實。

第46一對卜辭意思不很清楚，"󰁀"一般認爲是"擒獲"一類的意思，跟上例"捷"可以相比，但此對卜辭無相關語境可供分析，只能存疑。第47例也是由於卜辭意思不清，暫且也存疑。

再看第48對正反對貞。"󰁀"字不識，有人認爲是一種田獵手段（參看于省吾主編1996：1612—1614）。卜辭中的序數依張秉權《丙編》考釋所記，正貞卜問了兩次，反貞卜問了三次。其實，仔細觀察，反貞的前兩次卜問當屬於同版"貞：其雨"的對貞卜辭，但此辭没有刻出來，如果刻出來的話，很可能是"貞：不雨"之類的話。"貞：其雨"卜問了兩次，與此没有刻出來的卜辭也卜問兩次。那麽，"不其󰁀"的序數就是"三"，跟正貞"多子逐，󰁀"的序數"一二"相接。這説明反貞仍是後於正貞而卜問的。只不過此版的正貞刻在了左邊，比較特殊。從反面看鑽鑿，似也屬於曹兆蘭文D2形式，恰好也是一種少見的鑽鑿形式。

第49例是師組卜辭。在此組卜辭中，經常卜問"方征"之事，如：

（44）癸酉卜，貞：方其征今二月抑？不執？余曰："不其征。"允不。

《合集》20411

（45）辛酉卜：方其征今日。不。　　　　　　　　　　　《合集》20414

從驗辭看，"方"實際上没有"征"，因此，第37對卜辭先卜"方不其征"也是很正常的。

再看第50對卜辭。按照于省吾（1979：318—319）的解釋：這段甲骨文正反對貞，是貞問畢因爲飲酒而患疾病，能否隨王從事某項工作。因爲"飲酒而患疾病"，因而不能隨從王從事某項工作，這本是一般的合乎情理的事情，因此，先卜這種反貞也應當看成是自然的。

最後，我們來看看第51對正反對貞。此例的特殊性不僅表現在先反貞後正貞，而且表現在否定詞的使用上。根據我們的觀察，"王聽"類的卜辭，跟"王夢"類的卜辭相同,都一般先卜不好的一面,後卜好的一面,例如"貞:王聽,唯憂。/貞:王聽,不唯憂"(《合集》11018正)。可見,"王聽"在當時人看來肯定也是一種不好的事情,一出現這種情況,當時人就會想到有害。那麼,怎麼解釋第51對卜辭呢?這必須結合否定詞的用法來看。在命辭中,修飾"孽"的否定詞一般是"不"或"弗",因爲"孽"是占卜主體無法控制的。但是,例43卻説成"勿孽"。卜辭中"勿孽"還有幾例:

(46) 勿孽,年有雨。　　　　　　　　　　　　　　　　《補編》1845

此辭也有可能讀爲"勿孽年,有雨",但比較下辭:

(47) 禱于河,年有雨。　　　　　　　　　　　　　　　《合集》28259

郭沫若《殷契粹編》考釋説"'禱于河年'者,'禱年于河'也,文例之偶變"。我們曾經指出(1992:95):此辭也可能讀爲:禱于河,年有雨。因爲卜辭裏有"黍年有正雨"的説法(見《合集》10137,《英藏》818同文),可見"年有雨"的讀法應當是正確的。"年"和"雨"的關係自然很密切,上引例(46),應當是在久旱不雨的情況下的占卜。

(48) 勿孽,弗⟨⟩。　　　　　　　　　　　　　　　《合集》10936正

另外,"勿孽"還見《合集》17353、17354等。

裘錫圭(1979[1992]:119)指出,在卜辭的占辭部分裏,否定詞"勿"的用法往往比較特殊。所謂特殊,是指某些謂詞在命辭裏通常不用"勿"修飾,但是在占辭裏卻可以用"勿"修飾。現在我們看到,命辭也會出現這種情況,只不過這種現象更少而已。有人認爲命辭裏的這種"勿"跟"不"的作用相同(張玉金1994:231)。我們認爲此説不確。事實上,"勿"的這類用法在占辭裏也並不是一個普遍規律。再看《合集》974反有下面一條占辭:

(49) 王占曰:"勿雨,唯其風。"

我們知道,一般情況下,命辭裏固然通常説"不雨"而不説"勿雨",其實,占辭裏通常也是説"不雨"的(參看《合集》685正、11799、12396等)。現在,這一條占辭説"勿雨",一定有其他方面的原因,而不會是由於它屬於占辭。同樣,占辭裏固然有"王占曰:'吉。勿唯憂。'"(《合集》2373反)這樣的説法,但是也有"王占曰:'不唯憂。'"(《合集》376反)的説法。可見,決不能用占辭和命辭的不同來區分同一個否定詞有兩種不同用法。裘先生推測占辭裏這類用

法的"勿""可能帶有表示説話者主觀願望的色彩",並表示"有待進一步研究"。張玉金(1993:35)認爲:

> 這種"勿"不但表達出否定的意思,也傳達出了占者的願望,即企圖通過"勿"的使用,通過語言的神奇力量,達到對變化和情況的控制,使之按照占者所希冀的那樣發展,正因如此,這類"勿"後的動詞都是表示占卜者所不希望的變化的。

高島謙一(1996:466,又見377—378)也認爲占辭不是一般的對未來要發生的事情的預告,而更像是一種"咒語"(incantation)。"王"在占辭裏用"勿",這是把它當作咒語來防止壞事的發生。這種説法帶有比較多的猜測成份。確實,占辭裏否定詞之所以出現比較多的這類特殊用法,應當結合占辭的特點來考慮這個問題。占辭是占者看了卜兆之後所説出的話,占者通常是"王",王當然要儘量客觀地把卜兆所顯示的結果告訴周圍的人,大部分的占辭應當是合乎這個情況的,不然,王就失去了權威性。但是,王在作判斷的時候,也肯定會帶有自己主觀判斷的因素,這在用"惠"的占辭裏可以看得比較清楚。高島謙一(1996:482)談到下面幾條卜辭,我們認爲他對卜辭的理解基本上是正確的:

(50) 戊子卜,殼貞:帝及四月令雨。王占曰:"丁雨,不,惠辛。"旬丁酉允雨。
　　　　　　　　　　　　　　　　　　　　　　　　　　　《合集》14138
(51) 王占曰:"捷,唯庚,不唯庚,惠丙。"　　　　　　　　《合集》5775 反

過去有人把例(50)中"不惠辛"連讀,這是不對的。① 張玉金(1985)指出:"惠"一般強調主觀意願,"唯"一般強調客觀事實。這是正確的。通過與"惠"的比較,我們可以確信占辭中用"勿"這樣的否定詞,其實就是爲了強調主觀意願。

現在,再回過頭來看附表第51那對卜辭裏出現的"勿孽"就可以明白,這顯然也是在強調占卜主體的主觀意願。人的意願總是先往好的方面想,因此,這一對卜辭先卜"王聽,勿孽"其實是很自然的事情。

六

通過第四、五兩小節的討論,我們基本上可以得出這樣一個結論:在正反對

---

① 張玉金(1994:116)也正確地指出"不惠辛"不當連讀,可以參考。

貞中，先卜問的一方代表著占卜主體當時的先設。人們在正常情況下，先設總是傾向於好的一面，因此先卜問的一般都是好的一面。但是，當人們真的處於不好的境地時，也不能無視這一事實。這時候，貞人把實際的情況先提出來進行貞問，也是很正常的。這種不好的情況，當然不是占卜主體所希望的。但是，它卻是當時貞人真實的先設。可見"先設"是隨當時占卜的實際情況而定的，實際情況本來就有好有壞，因此，正反對貞中先卜的那條卜辭就有可能是好的情況，也有可能是壞的情況。不過，一般來說，人們日常生活中，好的情況總比壞的情況多，因此，先卜問的那條卜辭往往反映的是好的情況。

有了這樣的認識，我們最後來看看有關天氣情況的占卜。這裏面其實還可以分兩種情況，"雨"或"不雨"有時候確實比較難以判斷哪一種情況是當時實際的情況，也很難判斷到底是"雨"還是"不雨"爲占卜者所希望。但是"風"或"不風"、"蓳"或"不蓳"則與"雨"與"不雨"有所不同，一般來說，"不風"、"蓳"總是不好的，因此，像附表當中第52、53兩對"左反右正"是正常卜問，就不必加以討論了。至於附表第54對卜辭（此對卜辭與第36對卜辭同版），可能情況也相類，即占卜者先設多半是"兹霝"不會"降憂"。這樣，我們這裏重點要討論的其實就是"雨"與"不雨"形成的正反對貞。

從理論上講，"雨"有時爲占卜者所希望，"不雨"有時也爲占卜者所希望，因此，先卜問"雨"或先卜問"不雨"都是可以的。把關係比較清楚的同版卜辭聯繫起來看就可以知道，如果先正面卜問"雨"，一般是占卜者所希望的：

(52) 貞：今十三月雨。／己未卜，𣪘貞：今十三月不其雨。

己未卜，𣪘貞：今十三月雨。／貞：十三月不其雨。

貞：今十三月☐／貞：今十三月不其雨。二告。

今十三雨。／貞：今十三月不其雨。

☐。／今十三月不其雨。

唯上甲害雨。／不唯上甲。

唯上甲。／不唯上甲。

唯上甲。／不唯上甲。

唯上甲。／不唯上甲。

《合集》12648

既然擔心"上甲"會害雨，可見"雨"是商人所希望的。下辭情況相同：

(53) 甲寅：乙雨。／不雨。

乙卯：丙雨。/不雨。
辛酉卜，唯㱿害雨。
辛酉卜，取岳，雨。　　　　　　　　　　　　　《合集》33291（34229 同）

下面兩版卜辭，通過占辭，也基本上可以肯定先卜的"雨"爲占卜主體所希望：

（54）壬寅卜，賓貞：今十月雨。一二二告三四［五］六七八九十/貞：今十月不其雨。一二三四五六七八九　　　　　　　　　　　　《合集》809 正

王占曰："吉。其雨，唯庚。其唯辛雨，引吉。"　　　　《合集》809 反

（55）癸巳卜，争貞：今一月雨。一二三/癸巳卜，争貞：今一月不其雨。一二三

王占曰："丙雨。"旬壬寅雨。甲辰亦雨。　　　　　　《合集》12487 正
己酉雨。辛亥亦雨。　　　　　　　　　　　　　　《合集》12487 反

下面的卜辭則說明，先卜問的"不雨"也是占卜者所希望的：

（56）今日乙☐其田，湄［日］不雨。大吉。/其雨。吉。
（57）翌日戊王其省󰀀，又工，湄日不雨。吉。/其雨。吉。
（58）王其田，湄日不雨。/其雨。　　　　　　　　　《合集》33514

以上所說的是先卜的"雨"或"不雨"爲占卜者希望。可以注意的是，它們都沒有使用"其"。下面就來看"雨"前用了"其"的例子。

下版卜辭"其雨"是先卜的，但通過同版卜辭的聯繫，可以看出"其雨"並不是占卜者所希望的：

（59）丙子卜，内貞：翌丁丑王步于壴。/丙子卜，内貞：翌丁丑王勿步。
（60）丙子卜，内：翌丁丑其雨。/翌丁丑不雨。　　　《合集》14732

因爲王準備"步"，因而連帶卜問天氣情況，"其雨"當然是占卜者不希望的。下版的情況相似：

（61）壬戌卜，争貞：翌乙丑侑伐于唐，用。/貞：翌乙丑勿䩜侑伐于唐。二告。

貞：翌乙丑亦䄡于唐。/翌乙丑勿酒。
貞：侑咸戊。二告。/勿侑。
侑于學戊。/勿侑。
翌乙丑其雨。/翌乙丑不雨。　　　　　　　　　　《合集》952 正

卜問"乙丑"有無雨，顯然跟這一天要祭祀有關。《合集》11497有卜辭：

（62）丙申卜，殼貞：來乙巳酒下乙。王占曰："酒。唯有祟，其有異①。"乙巳酒。明雨，伐，既雨。咸伐亦雨。施卯鳥星。

這是把"雨"當作"祟"看待的，可見"酒"祭、"伐"祭都不希望"雨"。

我們前面引過一條占辭，即"王占曰：'勿雨，唯其風。'"（《合集》974反），它的命辭是這樣的：

（63）翌甲戌其雨。一二／翌甲戌不雨。一二　　　　　　　《合集》974正

從占辭看，先卜問的"其雨"顯然是占卜者不希望的。

通過以上例子，我們可以看出，在有關"雨"與"不雨"的對貞卜辭中，不管"雨"還是"不雨"，只要它是先被卜問的，一般都是占卜者所希望的。"其雨"則不同，即使它是先被卜問的，也是占卜者不希望的。可見，占卜者希望或不希望的事情都有可能先被卜問。"雨"與"其雨"，同樣都是正面貞問，同樣都是先卜問的，但是，爲什麼"雨"是占卜主體所希望的，而"其雨"則爲占卜主體不希望？這顯然跟"其"有關。

"其"的意義和用法長期以來一直是個爭論不休的問題。不過有一點大概是可以肯定的，就是到現在爲止，還沒有哪位學者堅持認爲"其"本身就有不好的含義。那麼，"其"到底有什麼樣的含義才使得它所在的那條卜辭所説的事情是占卜者所不願看到的呢？大家一般對於"其"有表示"將來"體的作用沒有太多的懷疑（高島謙一1994，張玉金2001），比較有爭議的是"其"到底有什麼樣的情態含義。管燮初（1953：38）認爲"其"有"也許"的意思。本文在第二小節曾引用過吉德煒的説法，他稱"其"爲"弱化性虛詞"，並把"其"翻譯稱"可能"（perhaps）。這種看法常常遭到懷疑，但是，我們認爲這種看法其實最值得重視。

下面的例子可以說明"其"確實有"不確定的"或"也許的"含義：

（64）辛酉卜，殼貞：乙丑其雨，不唯我憂。／貞：乙丑其雨，唯我憂。

　　　辛酉卜，殼貞：自今至于乙丑其雨。壬戌雨。乙丑陰，不雨。／辛酉卜，殼貞：自今至于乙丑不雨。　　　　　　　　　　　　　　　　　　　《合集》6943

從驗辭看，"乙丑"這一天實際上並沒有下雨。但在占卜當時，占卜者顯然是覺得會下雨，但又不能十分肯定，因而說"其雨"。我們相信占卜者不會無緣無故地

---

① 關於"異"字的釋讀，參看陳劍（2001：66—75）。

覺得會下雨，肯定當時已經有下雨的迹象，也就是説，下雨的可能性是比較大的。這從驗辭也可以找到一點證據，就是占卜的第二天果真下雨了，而且乙丑那天雖然不雨，但也是天陰的。可見，在占卜的時候，天氣肯定不是晴空萬里，絲毫没有下雨的影子。由此，我們可以看出，"其"所表示的可能性，處於比較高的程度上，即"很可能"的意思。

把"其"解釋成"很可能"的意思，對正反對貞中使用"其"的現象也很有解釋力。

我們可以通過檢驗在哪種情況下一定不會用"其"來看看"其"的作用。我們看到，當占卜者提出可以控制的行爲動作時，在先卜問的正面卜辭中，表示實施這種行爲動作所需要的條件或結果的後續小句不會用"其"：

(65) 戊辰卜，貞：今日王田敦，不遘雨。/其遘雨。　　　　　　　　《合集》37647

(66) 貞：翌丁卯奏舞，有雨。/翌丁卯勿，亡其雨。　　　　　　　《合集》14755 正

(67) 辛酉卜，㱿貞：今春王比望乘伐下危，受有祐。/辛酉卜，㱿貞：今春王勿比望乘伐下危，弗其受有祐。　　　　　　　　　　　　　　　《合集》6482 正

(68) 庚戌卜，㱿貞：王立黍，受年。/貞：王勿立黍，弗其受年。

《合集》9525 正

(69) 辛亥卜，王貞：乎弜狩麋，擒。/辛亥卜，王貞：勿乎弜狩麋，弗其擒。七月。　　　　　　　　　　　　　　　　　　　　　　　　《合集》10374

(70) 丁丑卜，狄貞：王田，擒。/弗擒。　　　　　　　　　　　《合集》29084

(71) 丙子[卜]，王貞：翌[丁]丑肜于父丁，亡憂。在正月。/丙子卜，王貞：其有憂。在正月。　　　　　　　　　　　　　　　　　　　《合集》23240

以上對貞中先卜問的命辭的後續小句都不會用"其"。也就是説，我們看不到這樣的卜辭：

* 今日王田敦，不其遘雨。/遘雨。
* 翌丁卯奏舞，其有雨。/翌丁卯勿，亡雨。
* 今春王比望乘伐下危，其受有祐。/今春王勿比望乘伐下危，弗受有祐。
* 王立黍，其受年。/王勿立黍，弗受年。
* 乎弜狩麋，其擒。/勿乎弜狩麋，弗擒。
* 王田，其擒。/弗擒。
* 肜于父丁，亡其憂（或其亡憂）。/有憂。

这是什麽原因呢？我們前面講過，凡是占卜者先占卜的事情，一般都是當時占卜者先設的反映。上述肯定句是先卜問的，句中的行爲動作是占卜主體可以控制的，表示當時占卜者已有實施這種行爲動作的意願。對於占卜主體來説，實施這種行爲動作，要看這種行爲動作的條件或結果，因此占卜者對這種條件或結果的態度應當是很明確的。因爲如果對這種條件或結果應有的態度都不明確，那麼爲什麼還要實施這種行爲動作呢？比如説，"王田"的條件應當是"不邁雨"，而不可能是"不其邁雨"，因爲"不其邁雨"意味著還可能"邁雨"，如果還可能"邁雨"，就跟占卜主體原來的意願即"王田"相矛盾了。再如，"奏舞"就是爲了"有雨"而進行的，如果説"奏舞，其有雨"，就説明"奏舞"也可能"亡雨"，這也是跟占卜主體原來的意願是矛盾的。因此，占卜者不會説"奏舞，其有雨"。

此外，大家都認識到，"其"在正反對貞中並不是兩條當中一定要其中一條出現"其"。例如下面兩對正反對貞，都屬於出組卜辭，内容相當，但一對使用了"其"，另一對則没有"其"：

（72）丙戌卜，行貞：翌丁亥父丁歲，其勿牛。

貞：弜勿。 《合集》23215

（73）丙申卜，行貞：父丁歲，勿牛。

貞：弜勿。 《合集》23216

由此可見，"其"完全可以在正反對貞的兩條卜辭裏都不出現。當"其"不出現的時候，我們只能通過占卜先後來觀察占卜者的意圖到底是什麽。當"其"出現時，我們可以通過"其"知道占卜者對哪一種情況持不確實的態度。至於一對正反對貞的兩條卜辭都出現"其"的情況，司禮義（1974：35—36）已經舉過不少例子，這裏就不重複了。這時候所反映的事實應當是占卜者對正反兩方面的情況的態度都不確定。因此，我們可以説，"其"的出現是對占卜者態度的一種"凸現"。命辭中没有"其"，占卜者的態度是"隱蔽"的，我們需要通過其他途徑去瞭解占卜者的態度。一旦命辭中有了"其"，占卜者的態度就顯示出來了。下面一版卜辭很有意思，可以幫助我們進一步瞭解"其"有"凸現"占卜者態度的作用。

（74）辛卯卜，彡酒其又（侑）于四方。 《合集》30394

這是一版無名組卜辭。命辭中的"其"刻在"酒"和"又"之間，位置和大小跟全版其他字都很不協調，顯然是補進去的。爲什麼刻寫者一定要把這個"其"字補進去呢？如果説"其"只有表示"將來"體的作用，顯然是把"其"的語法作用簡單化了。因爲此條卜辭中已經有別的詞把"將來"的意思表達出來。辭中"卯"字，從裘錫圭先生所釋，在這裏讀爲"比"，是"及"、"至"或"臨近"之義，顯然含有"將來"的意思。全辭卜問到舉行彡酒之際的時候，或臨近彡酒之際的時候，侑祭于四方好不好（裘錫圭1980：20—21）。可見，這裏的"其"顯然不是爲了表示"將來"體，它的主要作用應當是爲了"凸現"占卜者對"又（侑）于四方"這件事情的態度。"其又（侑）于四方"與"又（侑）于四方"比較，前者是把説話者所持的不確定的態度明確表示出來了。從這條卜辭，我們還可以得到一個啓示，"其"看起來似乎同時表示"將來"體和"不確定"的情態，其實嚴格地來講，表示情態也許是"其"主要的作用。

　　用虛詞表示情態並非在任何時候都是必要的，表達情態也並非只有借助於虛詞。有時候，如果説話者不願意或者認爲沒必要在句子中把自己的態度表示出來，他可能就不用這種表示情態的虛詞。根據我們的觀察，是否使用"其"還跟卜辭的組別有關係。不同組別的卜辭在卜問相同的事項時如果採用正反對貞的形式，其中"其"出現的情況是有所不同的。賓組的正反對貞往往是其中一條出現"其"，另一條没有"其"，例如"擒"與"弗其擒"或"不其擒"對貞（如《合集》10197、10407正），但無名組卜辭常以"擒"與"不擒"或"弗擒"對貞，兩條卜辭都不用"其"字（如《合集》28316、《英藏》2566）。但這不意味著無名組都不説"弗其擒"，相反，《合集》28598就有"弗其擒"之辭。又如，賓組卜辭常常"受有祐"與"弗其受有祐"對貞，但師組卜辭則有"受祐"與"弗受"對貞（如《合集》21879、21898）。又如《合集》33069是一版師歷間卜辭，其中就是"亡憂"與"有憂"對貞、"受祐"與"弗受祐"對貞，跟賓組卜辭的"亡憂"與"其有憂"對貞、"受祐"與"弗其受有祐"對貞情況不同。像這樣的例子還可以舉出不少。這種情況不會是語言由於時期早晚的不同而發生了變化，只能看成賓組卜辭的貞人比較願意在對貞中用"其"表明自己的態度；而在其他組別的卜辭中，他們的貞人則有時不願意或認爲不需要用"其"把自己的態度明白地表現出來。這都説明，命辭所説的事情到底是占卜者所希望還是不希望，並不一定需要"其"才能顯示出來。反過來説，如果命辭中出現了"其"，這表明占卜者在有意顯示他們占卜時所持有的態度，即對命辭所表達的事情有一種不確定的態度。

總之，結合"其"的含義和正反對貞的辭序，可以比較好的解答我們在文章開頭所提出的問題。其根本原因就在於，"其"本身有一種"很可能"的含義，也就暗含著"也有一點兒不可能"的意思。對於我們想做的事情，我們總希望沒有問題就能做成，而不是"可能"做成，即便這種"可能"是程度很高的。比如說"王田，擒"這樣的句子，如果說成"王田，其擒"，就意味著占卜者心中對"王田"這種行動的結果"擒"還有懷疑的態度，這顯然是有悖於人們的一般心理願望的。而對於眼看著快要下雨的天氣，如果占卜者當時並不希望天真的下雨，他占卜的時候先卜問"其雨"，則既表示了客觀事實，符合他的先設，也表現了他心存"也有一點兒可能不下雨"的心理。相反，如果他當時真的希望下雨，那麼他肯定會說"雨"，而不會說"其雨"。

附　表

序　號	舊著錄號碼	《合集》號碼	卜　辭	來　源
1	甲 3919	29084	丁丑卜，狄貞：王田，不遘雨。 丁丑卜，狄貞：其遘雨。	周鴻翔
2	乙 6215	201 正	婦好夢，不唯父乙。	周鴻翔
3	乙 5329	10976	勿乎雀帝于西。 貞：生八月帝不其令多雨。/辛未卜，爭貞：生八月帝令[多]雨。	周鴻翔
4	乙 6927	1901	乙巳卜，賓貞：勿卒侑祼于父乙。一/乙巳卜，賓貞：祼于父乙。二	周鴻翔 李達良
5	乙 5351＋5644＋5918＝殷綴 308	12842 正	勿舞岳。/勿舞岳。	周鴻翔
6	丙 235	902 正	己卯卜，殼貞：不其雨。 己卯卜，殼貞：雨。王占："其雨，唯壬。"壬午允雨。	李達良
7	乙 6310	6948	勿乎雀㐱伐亘，弗其捷。一二 癸卯卜，殼貞：乎雀㐱伐亘，捷。十二月。一二三四	周鴻翔
8	乙 6750	14201	庚午卜，內貞：王勿作邑在茲，帝若。一二三四 庚午卜，內貞：王作邑，帝若。八月。一二二告三四	周鴻翔

續表一

序號	舊著錄號碼	《合集》號碼	卜辭	來源
9	丙 276	6461 正	辛卯卜，賓貞：沚䍒啓巴，王勿唯之比。/辛卯卜，賓貞：沚䍒啓巴，王惠之比。五月。	李達良
10	殷綴 276	536	辛卯卜，爭：勿乎取奠女子。辛卯卜，爭：乎取奠女子。	周鴻翔
11	乙 3274 丙 385	9524	甲辰卜，㱿貞：王勿卒入，于艾入。/甲辰卜，㱿貞：王入。	周鴻翔 李達良
12	丙 34	9520	貞：王咸酒登，勿賓日。/甲辰卜，㱿貞：王賓翌日。	李達良
13	丙 119	6959	辛巳卜，㱿貞：勿乎雀伐𦥑。/辛巳卜，㱿貞：乎雀伐𦥑。	周鴻翔 李達良
14	殷綴 111①	585 正	丁巳卜，王，余勿祜彤。一二/丁巳卜，王，余祜彤。一二	周鴻翔
15	丙 167	9774 正	勿施于洱。/施于洱。	李達良
16	乙 6703	768	勿侑于妣庚十𢀛。/貞：侑于妣庚十𢀛。勿䜌侑十𢀛。/勿侑于妣庚。	周鴻翔
17	大龜四版之第一版，甲 2124	339	壬子卜，賓貞：敦兆，不殟。/貞：其殟。六月。	董作賓 周鴻翔
18	乙 7797	822 正	貞：不殟。/貞：其殟。	張秉權 周鴻翔
19	殷合 274＝乙 4697＋乙 5477	17084	貞：乩不殟。/貞：乩其殟。	周鴻翔
20	甲 2996	17081	貞：雀不殟。/貞：雀其殟。	周鴻翔
21	丙 5	5637 正	庚子卜，爭貞：西史旨亡憂，叶。/庚子卜，爭貞：西史旨其有憂。	張秉權 周鴻翔
22	乙 3422	151 正	丁未卜，爭貞：甾各化亡憂。十一月。/貞：甾各化其有憂。	張秉權 周鴻翔
23	乙 3426	4735 正	貞：告子亡憂。/貞：告子其有憂。	張秉權 周鴻翔
24	乙 751	698 正	貞：亡憂。/其有憂。	周鴻翔

---

① 周鴻翔第 55 頁注 "殷綴 111—屯乙 862＋2005＋2137＋2168（甲兩邊對貞）"，按：乙 862 乃乙 826 之誤。

續表二

序號	舊著錄號碼	《合集》號碼	卜辭	來源
25	乙 2907	5448	戊辰卜，爭貞：懲亡憂，叶王史。/貞：懲其有[憂，不]其叶王事。	周鴻翔
26	乙 6728	10346	貞：▨亡憂。/貞：▨其有憂。	周鴻翔
27	丙 130	4259 正	戊午卜，古貞：般往來亡憂。/貞：般往來其有憂。	李達良
28	丙 223	14755 正（部分）	貞：戛亡憂。在衣。/貞：戛其有憂。	周鴻翔 李達良
29	乙 3387	716 正	亡來艱。一二 亡來艱。一二三/貞：其有來艱。一二告二	張秉權 周鴻翔
30	殷綴 275＝乙 4703＋5192＋5073	13931	庚申卜，爭貞：婦好不延有疾。/婦好其延有疾。	周鴻翔
31	乙 7310	13658	甲子卜，殼貞：疾役不延。/貞：疾役其延。	周鴻翔
32	殷綴 292＝乙 4937＋4938	13721	貞：子商亡疾。六月。/貞：子商其有疾。	周鴻翔
33	乙 7817	13757	貞：▨[亡]疾。/貞：▨其有疾。 貞：▨[亡]疾。/貞：▨其有疾。	周鴻翔
34	乙 6691	10136	丙申卜，殼貞：婦好▨，弗以婦殞。二/貞：婦▨，其以婦殞。二	周鴻翔
35	乙 8722	22135	甲辰貞：羌▨不歺。/其歺。	周鴻翔
36	丙 61	11423	甲申卜，賓貞：雩丁亡貝。/貞：雩丁其有貝。	李達良
37	乙 8818	《補編》6829	庚申卜，今秋亡彝（？）之。七月。一。/庚申卜，有彝（？）之。七月。二。	周鴻翔
38	乙 6960	2388	戊辰卜賓貞：不其降。/戊辰卜賓貞：☒降。	周鴻翔
39	乙 3343	2002 正	貞：王不若。/貞：王若。	張秉權 周鴻翔
40	丙 96	376 正	乙巳卜，殼貞：有疾身，不其瘳。/乙巳卜，殼貞：有[疾]身，[其]瘳。	李達良
41	丙 159	6477 正	貞：王有取，不若。/貞：王有取，若。	李達良

續表三

序 號	舊著錄號碼	《合集》號碼	卜　辭	來　源
42	乙 3018	13623 正	王目毋其瘳。／貞：王目瘳。	周鴻翔
43	乙 7163	709	貞：婦好弗其肩凡有疾。一［二］三四／貞：婦好肩凡有疾。一二三	周鴻翔
44	乙 8244	991	貞：婦嫫冥，不其嘉。／貞：婦嫫冥，嘉。	周鴻翔
45	乙 6692	6571	壬寅卜，㱿貞：自今至于甲辰子商弗其捷基方。／壬寅卜，㱿貞：自今至于甲辰子商捷基方。	周鴻翔
46	丙 126	9504 正	丙申卜，古貞：乎見湔✦魚，弗其✦。／丙申卜，古貞：乎見湔✦魚，✦。	李達良
47	續 5-01-04	21284	戊寅卜，師貞：✦弗其以有示✦。二月。／戊寅卜，師貞：✦其以有示✦。	周鴻翔
48	乙 3476	1822	貞：不其✦。一二三／貞：多子逐，✦。一二	周鴻翔
49	乙 151	20415	戊申卜：方✦自南，不其圍抑。／戊申卜：方✦自南，其圍抑。	周鴻翔
50	大龜四版之第二版甲 2121	9560	甲子卜，賓貞：畢酒在疾，不从王古。／貞：其从王古。	董作賓
51	丙 263	7768	王聽，勿孽。／王聽，孽。	李達良
52	綴 391	10020	癸酉卜，乙亥不風。／其風。	周鴻翔
53	乙 7124	10174	己酉卜，亘貞：帝不我黃。一二三四五六／貞：帝其黃我。一二玄冥三小告四	周鴻翔
54	丙 61	11423 正	癸未卜，賓貞：茲霝不唯降憂。十一月。／癸未卜，賓貞：茲霝唯降憂。	李達良
55	乙 5278 + 5987	12973	辛酉卜，㱿：翌壬戌不雨。之日夕雨，不延。／辛酉卜，㱿，翌壬戌其雨。	周鴻翔
56	乙 7152	12163	己丑卜，爭貞：今夕不雨。［己］丑卜，爭貞：今夕雨。	周鴻翔
57	乙 3090	14138	貞：帝弗其及今四月令雨。／戊子卜，㱿貞：帝及四月令雨。	周鴻翔

　　說明：1.表中"舊著錄號碼"基本按照"來源"一項所列的論著原來所注的出處，但李達良（1972）所注《丙編》號碼爲圖版號，今改爲拓片號。2.卜辭釋文按照我們的原則重新釋寫。3."來源"一項指表中所列例句爲何人何種論著所指出，分別選自董作賓（1931）、張秉權（1956）、周鴻翔（1969）、李達良（1972），但爲列表方便，表中只舉人名。

引用文獻

Keightley, David N.（吉德煒）. 1978. *Sources of Shang History: The Oracle-Bone Inscriptions of Bronze Age China*. Berkeley & Los Angeles: University of California Press.

Keightley, David N.（吉德煒）.1997. Shang Oracle-Bone Inscriptions. *New Sources of Early Chinese History: An Introduction to the Reading of Inscriptions and Manuscripts*, ed. by Edward L. Shaughnessy, 15-55. Berkeley: The Society for the Study of Early China and the Institute of East Asian Studies, University of California.

Nivison, David S.（倪德衛）. 1977. The Pronominal Use of the Verb Yu（giug）：出，又，有，in Early Archaic Chinese. *Early China* 3:1-17.

Ito, Michiharu（伊藤道治）, and Ken-ichi Takashima（高嶋謙一）. 1996. *Studies in Early Chinese Civilization: Religion, Society, Language and Paleography*, 2 vols.（Vol.1: Text, Vol.2: Tables and Notes）. Osaka: Kansai Gaidai University Press.

Takashima, Ken-ichi（高嶋謙一）. 1989.《甲骨文中否定詞的構詞形態》,《殷墟博物苑苑刊》1:209—216。北京：中國社會科學出版社。

Takashima, Ken-ichi（高嶋謙一）. 1994.《The Model and Aspectual Particle Qi in Shang Chinese》,《第一屆國際先秦漢語語法研討會論文集》。長沙：岳麓書社。

Takashima, Ken-ichi（高嶋謙一）. 1996. Towards a Pronominal Hypothesis of Qi in Shang Chinese, *Chinese Language, Thought, and Culture: Nivison and His Critics*, ed. by Philip J. Ivanhoe. Chicago: Open Court Trade and Academic Books.

Surruys, Paul L-M.（司禮義）. 1974. Studies in the Language of the Shang Oracle Inscriptions, *T'oung Pao* 60:1-3.

Surruys, Paul L-M.（司禮義）. 1981. Towards a Grammar of the Language of the Shang Bone Inscriptions. *Papers from the International Conference on Sinology*. Taipei: Academia Sinica.

Surruys, Paul L-M.（司禮義）. 1985. Notes on the Grammar of the Oracular Inscriptions of Shang. *Contributions to Sino-Tibetan Studies*, ed. by John McCoy and Timothy Light. Leiden: E. J. Brill.

于省吾. 1979.《甲骨文字釋林》。北京：中華書局。

于省吾主編. 1996.《甲骨文字詁林》。北京：中華書局。

王傳經. 1995.《H. P. Grice 的意向意義理論述評（上下）》,《外語教學與研究》1995.1:38—44，1995.2:17—21。

王傳經. 1996.《再論 H. P. Grice 的意向意義理論》,《外語學刊》1996.3:8—13。又載何自然、冉永平主編（2001）《語用與認知——關聯理論研究》，改題為《H. P. Grice 的意向意義理論》。北京：外語教學與研究出版社。

王傳經. 1999.《意向性·意義·交際意圖·語言教學———意向意義理論研究的幾點思考》，《外語研究》1999.2：8—9，15。

何疾足. 1998.《就〈殷墟甲骨刻辭摹釋總集〉淺議甲骨文的釋文諸問題》，《胡厚宣先生紀念文集》。北京：科學出版社。

李達良. 1972.《龜版文例研究》。香港：香港中文大學聯合書院中國語言文學系。

李學勤. 1980.《關於自組卜辭的一些問題》，《古文字研究》第 3 輯。北京：中華書局。

李學勤等. 1986.《英國所藏甲骨集》上編上下冊。北京：中華書局。簡稱"《英藏》"。

沈之瑜、濮茅左. 1992.《殷墟卜辭的辭式與辭序》，《古文字研究》第 18 輯。北京：中華書局。

沈家煊. 1999.《不對稱和標記論》。南昌：江西教育出版社。

沈培. 1992.《殷墟甲骨卜辭語序研究》。臺北：文津出版社。

沈培. 2002.《卜辭"雉衆"補釋》，《語言學論叢》第 26 輯。北京：商務印書館。

周鴻翔. 1969.《卜辭對貞述例》。香港：萬有圖書公司。

胡厚宣. 1939.《卜辭雜例》，《中央研究院歷史語言研究所集刊》8.3：399—456。

胡厚宣. 1944.《殷人占夢考》，《甲骨學商史論叢初編》。成都：齊魯大學國學研究所。

常玉芝. 1987.《商代周祭制度》。北京：中國社會科學出版社。

張文忠. 2001.《意向識別與意義推理》，載何自然、冉永平主編《語用與認知——關聯理論研究》。北京：外語教學與研究出版社。

張玉金. 1985.《甲骨卜辭中語氣詞"唯"與"惠"的差異》，《遼寧師範大學學報》1985.6：73—75，69。

張玉金. 1993.《甲骨文"不""弗"異同論》，《中國語言與中國文化論集》。香港：亞太教育書局。

張玉金. 1994.《甲骨文虛詞詞典》。北京：中華書局。

張玉金. 2000.《論殷墟卜辭命辭語言本質及其語氣》，《中國文字》新 26：33—114。臺北：藝文印書館。

張玉金. 2001.《甲骨金文中"其"字意義的研究》，《殷都學刊》2001.1：12—20。

張秉權. 1956.《卜龜腹甲的序數》，《"中央研究院"歷史語言研究所集刊》28：229—272。

張秉權. 1957—1972.《殷虛文字丙編》。臺北："中央研究院"歷史語言研究所。簡稱"《丙編》"。

張秉權. 1960.《論成套卜辭》，《"中央研究院"歷史語言研究所集刊》外編第四種上冊。臺北："中央研究院"歷史語言研究所。

張新紅. 2001.《意圖的傳達與推理》，載何自然、冉永平主編《語用與認知——關聯理論研究》。北京：外語教學與研究出版社。

曹兆蘭. 1998.《龜甲占卜的某些具體步驟及幾個相關問題》，《容庚先生百年誕辰紀念文集》，廣東炎黃文化研究會嶺南文化研究專著：古文字研究專號。廣州：廣東人民出版社。

郭沫若主編. 1979—1983.《甲骨文合集》1—13 冊。北京：中華書局。簡稱"《合集》"。

陳夢家. 1956.《殷虛卜辭綜述》。北京：科學出版社。

陳劍. 2001.《殷墟卜辭的分期分類對甲骨文字考釋的重要性》，北京大學博士學位論文。

陳劍. 2003.《說"安"字》，待刊稿。

彭邦炯、謝濟、馬季凡. 1997.《甲骨文合集補編》。北京：語文出版社。簡稱"《補編》"。

彭裕商. 1995.《殷代卜法初探》，載洛陽市第二文物工作隊編《夏商文明研究》。鄭州：中州古籍出版社。

黃天樹. 1995.《關於非王卜辭的一些問題》，《陝西師範大學學報（哲社版）》1995.4：125—131。又載人大複印報刊資料《語言文字學》1996 年第 3 期。

董作賓. 1931.《大龜四版考釋》，《安陽發掘報告》第 3 期。北平、上海：中央研究院歷史語言研究所。

裘錫圭. 1979.《說"弜"》，《古文字研究》第 1 輯。北京：中華書局。又載裘錫圭（1992）《古文字論集》。北京：中華書局。

裘錫圭. 1980.《釋秘》，《古文字研究》第 3 輯。北京：中華書局。又載裘錫圭（1992）《古文字論集》。北京：中華書局。

裘錫圭. 1981.《論"歷組卜辭"的時代》，《古文字研究》第 6 輯。北京：中華書局。又載裘錫圭（1992）《古文字論集》。北京：中華書局。

裘錫圭. 1983.《釋"虫"》，《古文字學論集初編》。香港：香港中文大學吳多泰中國語文研究中心。又載裘錫圭（1992）《古文字論集》。北京：中華書局。

裘錫圭. 1988.《關於殷墟卜辭的命辭是否問句的考察》，《中國語文》1988.1：1—20。又載裘錫圭（1992）《古文字論集》。北京：中華書局。

裘錫圭. 1990.《釋殷墟卜辭中的"卒"和"裚"》，《中原文物》1990.3：8—17。

裘錫圭. 1992.《說"囟"》，《古文字論集》。北京：中華書局。

裘錫圭. 1997.《殷墟甲骨文"彗"字補說》，饒宗頤主編《華學》2。

裘錫圭. 2000.《說"口凡有疾"》，《故宮博物院院刊》2000.1：1—7。

裘錫圭. 2002.《從殷墟卜辭的"王占曰"說到上古漢語的宵談對轉》，《中國語文》2002.1：70—76。

管燮初. 1953.《殷墟甲骨刻辭的語法研究》。北京：科學出版社。

戴耀晶. 2001.《漢語疑問句的預設及其語義分析》，《廣播電視大學學報（哲學社會科學版）》2001.2：87—90，97。

魏慈德. 2001.《殷墟 YH 一二七坑甲骨卜辭研究》，政治大學博士學位論文。

原載《漢語史研究：紀念李方桂先生百年冥誕論文集》（《語言暨語言學》專刊外編之二），"中央研究院"語言學研究所，2005 年。

黄天樹

重論關於非王卜辭的一些問題

1995 年，我們根據舊材料寫了一篇《關於非王卜辭的一些問題》的小文①。2003 年，《殷墟花園莊東地甲骨》（以下簡稱《花東》）一書出版，刊佈了全部新材料②，改變了我們對非王卜辭研究中的一些舊的看法。今特寫此文，修正舊說。但撰寫倉猝，舛誤之處，敬祈方家指正。

一、非王卜辭研究的概況

1899 年，王懿榮發現甲骨文。爲了壟斷有字甲骨的來源以牟取暴利，古董商有意隱瞞甲骨的出土地點。受古董商的矇騙，1903 年，劉鶚在《鐵雲藏龜》自序中就誤以爲甲骨"出土在河南湯陰縣屬之古牖里城"。好在湯陰一帶古代本屬殷代王畿之内，也許受此啟發，他推定甲骨卜辭爲"殷人刀筆文字"。1904 年，孫詒讓寫出第一部研究甲骨文的專著《契文舉例》，在釋字方面貢獻很大，但錯誤也不少。他没有釋出"王"字③，所以不知道卜辭的主人是商王。他在書中雖然列舉了"祖乙"、"祖丁"等名號，以爲不一定是《史記·殷本紀》中"祖乙"、"祖丁"等的先王名號。他說："殷時尚質，尊卑不嫌同稱，諸侯及臣民或亦得以甲乙爲號，故金文中亦恒見，不定繫商先王。"④可見最早研究甲骨的學者劉鶚、孫詒

---

① 黄天樹：《關於非王卜辭的一些問題》，《陝西師大學報》1995 年第 4 期。
② 中國社會科學院考古研究所編著：《殷墟花園莊東地甲骨》，昆明：雲南人民出版社，2003 年 12 月。
③ 孫詒讓誤釋"王"字爲"立"，見《契文舉例》上卷 9 下。
④ 孫詒讓：《契文舉例》卷上，第 27 頁，濟南：齊魯書社，1993 年。

讓等雖已確定甲骨文是殷代的古物，但並未認爲甲骨的主人一定是商王。

1908 年，羅振玉經多年打聽，才探明了甲骨文的真正出土地是安陽小屯。他在 1910 年所寫的《殷商貞卜文字考》自序中說："發見之地乃在安陽縣西五里之小屯……又於刻辭中得殷帝王名諡十餘，乃恍悟此卜辭者實爲殷室王朝之遺物。"羅氏之說影響很大。從此，甲骨學者普遍認爲殷墟出土的全部甲骨刻辭的主人都是商王，即所謂"王卜辭"①。

首先打破這一傳統觀念的是日本學者貝塚茂樹。1938 年，他發表《論殷代金文中所見圖象文字戯》一文，最先從董作賓的所謂"文武丁卜辭"（《〈殷虛文字乙編〉序》中區分出他所謂的"子卜貞卜辭"，指出這些卜辭的主人不是商王②。後來，他在 1946 年出版的《中國古代史學的發展》③和 1953 年發表的《甲骨文斷代研究法的再檢討》④中，進一步推闡了這一見解，並認爲其時代屬於武丁。繼日本學者之後，陳夢家在其 1954 年底寫成 1956 年出版的《殷虛卜辭綜述》一書中也指出，武丁時代除了"王室正統的卜辭"外，還有其他種類的卜辭，有些類別的卜辭"內容多述婦人之事，可能是嬪妃所作"（第 166—167 頁），事實上就是後來所說的不是以王爲主人的卜辭。1957 年，李學勤先生在《評陳夢家殷虛卜辭綜述》一文中否定"一切殷代卜辭都是屬於王的"錯誤看法。他也認爲殷墟卜辭中有一些卜辭是殷代"貴族、貴婦的卜辭"⑤。1958 年，李先生在《帝乙時代的非王卜辭》一文中，首次明確提出"非王卜辭"這個名稱，以區別於通常所說的"王卜辭"。他解釋說："殷代的甲骨占卜是一種決疑的巫術。問疑者有時親自行卜，有時由專職的卜人代卜。河南安陽小屯的殷代卜辭，多數是商王的卜辭，其問疑者是王，我們稱這種卜辭爲'王卜辭'。王卜辭內容均與王有關，所記祀典內有商先王先妣名號，有以時王爲中心的一套親屬稱謂。問疑者不是王的卜辭，我們稱之爲'非王卜辭'。"⑥李先生早先把子組等非王卜辭排到殷墟晚期。

---

① 1931 年春天，中央研究院史語所在後崗發掘時，發現一片有字卜骨。董作賓認爲這片字骨"不是殷代王室貞卜之物，必爲民間所用，是骨卜之法，已普及於一般民衆"（董作賓：《釋後崗出土的一片卜辭》，《安陽發掘報告》第 4 期，第 705—708 頁，1933 年）。應當說這是最早提出殷王以外，還有屬於"民間"之物的卜辭。但是，後崗距離甲骨的集中出土地小屯村頗遠，所出字骨只有一片，情況比較特殊。此說並未引起甲骨學界的注意。
② 見《東方學報》京都第 9 冊。
③ 貝塚茂樹：《中國古代史學的發展》，弘文堂 1946 年出版。
④ 貝塚茂樹、伊藤道治：《甲骨文斷代研究法的再檢討》，《東方學報》京都第 23 冊。
⑤ 李學勤：《評陳夢家殷虛卜辭綜述》，《考古學報》1957 年第 3 期，第 124 頁。
⑥ 見李學勤：《帝乙時代的非王卜辭》，《考古學報》1958 年第 2 期。1960 年以後，李先生改正了非王卜辭屬於晚期的錯誤。

1963年，姚孝遂先生刊佈了一片賓組、子組兩種字體共存的胛骨，爲確定子組等非王卜辭爲武丁時代的卜辭提供了有力證據①。1964年，鄒衡先生進一步從考古的層位關係上推定這些卜辭相當武丁時期②。至此，包括李先生在内的很多學者都接受了子組等非王卜辭爲武丁時代的卜辭的看法。自貝塚茂樹、陳夢家、李學勤等先生之後，越來越多的學者接受了"非王卜辭"這一觀點。1979年，林澐先生發表《從武丁時代的幾種子卜辭試論商代家族形態》一文，首次指明非王卜辭的主人是"子"，並對"子"的身份作了精彩的分析，認爲"子"是商代"家族的首腦們通用的尊稱"③。這些意見是非常正確的。據此，所謂"非王卜辭"，就是説它的主人不是商王，而是與商王有密切血緣關係的一些大家族的族長。在此之後，有一些學者支持非王卜辭説④，有一些學者反對非王卜辭説⑤。不論是支持也好還是反對也好，對於促進這方面的研究都是有益的。

1995年，我們在《關於非王卜辭的一些問題》一文中討論了非王卜辭的一些問題，指出"王卜辭"是占卜主體是王的卜辭，學者們往往稱"王卜辭"爲"王室卜辭"是不正確的。"非王卜辭"的占卜主體可以是王室成員，這一點不能成爲否定"非王卜辭"這一名稱的根據。文中對占卜主體和貞人之間的關係的分析，對非王卜辭的占卜主體的身份及其占卜機構的情況的論述，也都比較深入。現擇其要者，移録於下：

> 笔者認爲非王卜辭的特徵可修正为以下三點：
> 1. 卜辭的主人不是商王而是子。

---

① 姚孝遂：《吉林大學所藏甲骨選釋》，《吉林大學社會科學學報》1963年第3期。
② 鄒衡：《試論殷虛文化分期》，《北京大學學報（人文科學）》1964年第4、5期。
③ 《古文字研究》第1輯，第323—324頁，北京：中華書局，1979年。此外，學術界也有不同的看法。例如：李學勤先生認爲："子組卜辭以及花園莊東地卜辭等所見的'子'是商代對大臣一類人物的稱謂。"參看李學勤：《花園莊東地卜辭的"子"》，《河南博物院落成暨河南省博物館建館70周年紀念論文集》，鄭州：中州古籍出版社，1998年。
④ 參看蕭楠：《略論"午組卜辭"》，《考古》1979年6期；彭裕商：《非王卜辭研究》，《古文字研究》第13輯，北京：中華書局，1986年；朱鳳瀚：《商周家族形態研究》，第154—192頁，天津：天津古籍出版社，1990年。
⑤ 李瑾：《卜辭前辭語序省變形式統計——兼評"非王卜辭"説》，《重慶師院學報》1982年第1期；《卜辭"王婦"名稱所反映之殷代構詞分析——再評"非王卜辭"説》，《重慶師院學報》1983年第1、2期；《論"非王卜辭"與中國古代社會之差異——三評"非王卜辭"説》，《華中師院學報》1984年第6期。陳煒湛：《甲骨文簡論》，第96—98頁，上海：上海古籍出版社，1987年。方述鑫：《論"非王卜辭"》，《古文字研究》第18輯，北京：中華書局，1992年；後收入方述鑫《殷虛卜辭斷代研究》，臺北：文津出版社，1992年。

2. 偶爾有王卜,辭中極少提到王。

3. 先王名號和親屬稱謂系統有些見於王卜辭;有些不見於王卜辭。

……我們認爲,在判定某一組(類)卜辭是王卜辭還是非王卜辭時,主要依據占卜主體(即卜辭的主人),而不是依據問疑者。……有些學者在討論非王卜辭的論著中,常常把"王卜辭"稱作"王室卜辭"。以此推之,容易給人造成一種誤解,即以爲"非王卜辭"都是"非王室卜辭"。我們認爲這種提法是不妥當的,與卜辭的實際不符,有必要予以澄清。……"王室"與"王"是兩個不同的概念,是不能等同的。根據今天對非王卜辭的研究成果來看,我們認爲其中有些類別,如子組卜辭的占卜主體或者說它的主人,很有可能就是王室成員。……綜上所述,我們認爲王卜辭就是王卜辭。換言之,占卜主體是商王的卜辭是王卜辭,其餘的殷墟卜辭均可歸入非王卜辭,即便它的占卜主體是王室成員,仍然可以歸入非王卜辭。因此,我們建議不要使用有歧義的"王室卜辭"來指稱"王卜辭",以避免引起誤解。①

上述意見除了非王卜辭的第 2 點特徵需要修正外(詳下文),其他意見至今看來仍是正確的。

1991 年,殷墟花東 H3 的甲骨坑出土有字甲骨 689 片②。《花東》編著者認爲 H3 甲骨卜辭是武丁時代的、占卜主體爲"子"(但與舊有幾種子卜辭之"子"非一人)的另一類型的"非王卜辭"。這是很正確的。爲了便於稱引,我們把這類卜辭稱爲"花東子類"(簡稱"花東")。這批甲骨不僅數量多,内容宏富,而且全部有科學發掘記錄,爲"非王卜辭"等方面的研究提供了彌足珍貴的資料。2003 年 3 月山東濟南市東郊大辛莊遺址出土商代甲骨文③。過去,商代甲骨文包括非王卜辭只出土於安陽殷墟一地④。因此,大辛莊甲骨是殷墟以外首次考古出

---

① 黃天樹:《關於非王卜辭的一些問題》,《陝西師大學報》1995 年第 4 期,第 125—131 頁。
② 《殷墟花園莊東地甲骨·前言》第 1 册第 1 頁,昆明:雲南人民出版社,2003 年 12 月。
③ 方輝:《濟南大辛莊遺址出土商代甲骨文》,《中國歷史文物》2003 年第 3 期;《專家評説大辛莊商代遺址及甲骨卜辭》,《濟南日報》2003 年 4 月 12 日;山東大學東方考古研究中心、山東省文物考古所、濟南市考古所:《濟南市大辛莊遺址出土商代甲骨文》,《考古》2003 年第 6 期;李學勤:《大辛莊甲骨卜辭的初步考察》,《文史哲》2003 年第 4 期;收入《中國古代文明研究》,第 33—35 頁,上海:華東師範大學出版社,2005 年。朱鳳瀚:《讀濟南大辛莊龜腹甲刻辭》,收入《商周家族形態研究》(增訂本),第 613—618 頁,天津:天津古籍出版社,2004 年。
④ 1953 年在鄭州二里崗發現了少量商代甲骨文屬於採集品,看陳夢家:《解放後甲骨的新資料和整理研究》,《文物參考資料》1954 年第 5 期。

土的商代非王卜辭，十分重要。對瞭解商代晚期殷墟以外地區非王的地方貴族家族之形態有重要的學術價值。

《花東》一書的出版，對於非王卜辭的研究產生很大的影響，改變了我們對非王卜辭研究中的一些舊的看法。現分述於下。

二、非王卜辭的數量

從 1899 年至今，出土的有字甲骨的總數估計大約有 15 萬片左右①。我們在 1995 年發表的《關於非王卜辭的一些問題》一文中説："非王卜辭約 1 500 片，占全部殷墟卜辭總數'十五萬片'的 1/100。"②由於當時花東子類卜辭的資料尚未公開發表，我們所統計的數字未將這批新資料計算在內。現據花東子類新資料更正如下。

有字甲骨數量的統計最理想的辦法是以完好無損的龜甲和骨版作爲計量單位。實際上，這是辦不到的。甲骨深埋地下，歷經三千年之久，出土後往往一版分裂爲許多碎片。陳夢家説："出土的甲骨大約十萬片。過去有人估爲十六萬片，是估計過高了。這十萬片中，碎片居絕大多數，完整的甲和骨僅止數百個而已。每一個整甲整骨可以分裂爲許多小片。所以上述的統計事實上不很有用。小屯 YH127 一坑出的甲，共編了 17 756 多號，《乙編》上、中編號是 12 700 多號。一號代表一片，而非一甲。這些片都可以拼合起來的。根據《乙編》上、中部分，我們由綴合的整甲和未綴合的首甲尾甲來估計，約爲 450 個整甲。12 700 片 = 450 甲，然則 100 000 片應該只有幾千個整甲和完骨。"③花東 H3 坑内共出土甲骨 1 583 片，其中有字甲骨 689 片。"跟 1936 年前中央研究院歷史語言研究所在殷墟 YH127 坑所出 1.7 萬餘片有字甲骨，和 1973 年中國社會科學院考古研究所在殷墟小屯南地所出 4 800 多片有字甲骨比較起來，1 583 片和 689 片這兩個數字

---

① 胡厚宣：《八十五年來甲骨文材料之再統計》，《史學月刊》1984 年第 5 期；《90 年來甲骨資料的新情況》，《中國文物報》1989 年 9 月 1 日。
② 黄天樹：《關於非王卜辭的一些問題》，《陝西師大學報》1995 年第 4 期，第 125 頁。非王卜辭的總數，《甲骨文合集》（所收尚不全）總共收有 1 000 餘片，主要見於第七册第 21 526 至 22 536 片、第十三册 40 872 至第 40 910 片；再加上《屯南》、《懷特》、《英藏》等，大約不會超過 1 500 片。所以説約占殷墟卜辭的百分之一。
③ 陳夢家：《殷虚卜辭綜述》，第 47—48 頁，北京：科學出版社，1956 年。

雖然不大，但花東H3裏面整龜很多，完整卜甲達700多版，其中有刻辭的完整卜甲又多至300多版，不少整版龜甲上往往密密麻麻刻滿了達幾十條之多的卜辭，所以卜辭的文字數量其實相當大。"① 花東H3所出的有刻辭的完整或比較完整的大版龜甲約有500版，若按上述陳夢家"12 700片＝450甲"的計算方法來折算，500甲＝15 000片。也就是説，非王卜辭約占全部殷墟卜辭總片數"十五萬片"的將近10/100。② 不少完整的龜腹甲上往往密密麻麻刻滿了卜辭，例如《花》181龜腹甲上刻有35條卜辭共計317字（含序數辭）。從這個意義上講，花東H3所出甲骨卜辭的文字數量和品質其實是很大的。

三、非王卜辭中經常記載有殷王活動的内容

1995年，我們在《關於非王卜辭的一些問題》一文中認爲非王卜辭特徵有三點（詳前文）③，其中第二個特徵爲"偶爾有王卜，辭中極少提到王"。根據新出土的花東甲骨資料來看顯然是不對的，必須要加以修正。

首先，談談非王卜辭中記載"王"活動的内容。

我們在《關於非王卜辭的一些問題》一文中曾列舉出8條記載有殷王活動的非王卜辭，大家可以參看。下面列舉的7條例子，凡在辭前加＊號者是拙文已舉之例，但釋文有時略有修正。其餘爲新增的例子。

＊(1) 辛囧(向)壬午王貞：𢀛不囚(殟)？　　　合21374＝佚577＝南無241[子組]

(2) 壬申，惠一人貞：不俶(擇)？　　　　　　合21893＝前6・13・1[圓體]

＊(3) [甲]子：王弗杖(樹④)？　　　　　　　合21905＝乙1781[圓體]

(4) 王杖(樹)岳？　　　　　　　　　　　　乙1159[劣體]

---

① 姚萱：《殷墟花園莊東地甲骨卜辭的初步研究》，第1頁，北京：首都師範大學博士學位論文，2005年4月。
② 《中國文物報》2002年10月25日登載岳占偉撰寫的《安陽殷墟新出土甲骨600餘片》一文，文章介紹説：2002年6月下旬至8月中旬，中國社會科學院考古研究所安陽隊進行考古發掘，出土甲骨600餘片，其中無字甲骨近400片，有字甲骨228片。據看到這批材料的學者説，其中多爲非王卜辭中的午組卜辭。由於這批材料尚在整理中，所以未把這批新資料統計在内。
③ 黄天樹：《關於非王卜辭的一些問題》，《陝西師大學報》1995年第4期，第126頁。
④ 樹，從裘錫圭先生釋，看裘錫圭：《釋"尌"》，《龍宇純先生七秩晉五壽慶論文集》，第189—194頁，臺北：學生書局，2002年。

*（5）比王？ 乙 8971［婦女］

（6）庚戌卜：隹（唯）王令余呼燕，若？ 花 420［花東］

（7）癸酉，子金，在□（此字是地名，暫不能確識）：子呼大子禦丁宜，丁丑王入？用。來狩自斝。 花 480［花東］

上引（1）至（7）從字體看，都是非王卜辭。非王卜辭中出現有關商王活動的內容本來是很正常的現象，正如"王卜辭"中也可以出現有關"子"（族長）活動的內容一樣（《合》14375［賓出］、《合》22559［出一］、《英》1948［出一］等）。這並不能改變"非王卜辭"的性質。但是，有的學者持反對意見，他說："儘管'非王卜辭'記載王的活動不多，但是畢竟是有王的活動內容，所以我們不能同意'非王卜辭'說。"① 我們認爲，在判定某一類（組）卜辭是王卜辭還是非王卜辭時，主要依據占卜主體而不是依據卜辭的內容。所以這種認爲"非王卜辭"中是不可以出現有關商王活動的內容的看法顯然是錯誤的。上引（1）、（2）是前辭中出現"王"；（3）至（7）是命辭中出現"王"。（3）"弗"下一字，從裘錫圭先生釋②。裘先生認爲："杸"（引者按：非簡體字"權利"之"权"）字，象以"又"（手）植"木"（即樹木之"木"），是"尌"字初文。後在"杸"上加注"豆"聲而成"尗"（尌）。"尌"、"樹"本一字。"杸"（樹）是動詞，卜辭大意是說，商王會不會去參加儀式性的種植樹木的活動。（4）"王杸（樹）缶"之"缶"是地名或方國名。卜辭大意是說，王會不會在缶地參加植樹活動。新出土的花東子類卜辭中"王"字僅見於上引（6）、（7）兩條命辭中③。命辭中出現"王"，可以解釋爲諸宗族和商王時有往來，說明他們之間關係非常密切④。這並不會影響我們對非王卜辭性質的判斷。但是，對前辭中出現"王"的現象，涉及到占卜主體是誰的問題，有必要稍加說明。上引（1）是子組卜辭，其前辭"辛向壬午王貞"之"向"，從裘錫圭先生釋⑤。卜辭的大意是說：在辛巳日即將結束壬午日即

---

① 方述鑫：《論"非王卜辭"》，《古文字研究》第 18 輯，第 169—170 頁，北京：中華書局，1992 年。
② 看裘錫圭：《釋"尌"》，《龍宇純先生七秩晉五壽慶論文集》，第 189—194 頁，臺北：學生書局，2002 年。
③ 花東子類卜辭中"王"字僅三見（《花》420、480、517），而《花》517 辭殘，字作"一貫三"之形，可能不是"王"字。
④ 王卜辭的命辭中也可以出現"子"，如"癸丑卜大貞：子㞢于三刖（司）羌五"（《合》22559［出一］）。
⑤ 參看《第二屆國際中國古文字學研討會論文集》，第 73—94 頁，香港中文大學，1993 年。

將開始之時，由王主持貞卜，卜問一位名叫"🈯"的人物會不會"殟"。"殟"當"突然昏厥"或"猝死"講。①（2）是一版圓體類卜辭，前辭作"壬申惠一人貞"②。胡厚宣先生説："卜辭大意説，壬申日占卜，殷王自己親自問卦，問不要抓什麽人吧！'一人'即殷王所自稱。"③"不"下一字，有釋"執"和釋"㪍"讀爲"擇"兩種説法。胡先生採用通行的釋法釋作"執"。現在看來，孫詒讓釋爲"㪍"並讀爲"擇"（《契文舉例》下 24 下），比釋"執"更有道理。我們採用孫詒讓的説法。前辭"壬申惠一人貞"，如同"壬申王貞"，即"壬申日殷王親自問卦"。那麽，非王卜辭的前辭中出現由王主持貞卜的現象應該如何解釋呢？根據周代文獻以及非王卜辭資料來看，各宗族是有自己的祝宗卜史和占卜機構的，可以獨立進行占卜。因此，我們推測，這很可能是商王在宗族居住地巡視並進行占卜活動時，由宗族占卜機構所契之物。這一現象告訴我們，一方面，不要因爲個別的例子而混淆王卜辭與非王卜辭的界限；另一方面也表明，非王卜辭的字體中存在少量占卜主體爲"王"的王卜辭，如上引（1）、（2）即是。反過來説，王卜辭的字體中也存在少量占卜主體爲"非王"的非王卜辭。請看下列三條王卜辭：

（8）王不往田，雨？　　　　　　　　　　　合 28603＝寧 1·106［無名］
（9）戊寅卜貞：王不往于田？　　　　　　　合 37807＝存上 2361［黄組］
（10）□□卜貞：王不往于田？　　　　　　合 36760＝續 3·16·9［黄組］

卜辭最常用的否定副詞可以分爲兩組，即"勿、弜（勿）、毋"和"不、弗"。前者通常是表示意願的，可以翻成現代漢語的"不要"。後者通常是表示可能性的，可以翻成"不會"④。上引（8）至（10）三條王卜辭否定詞都用"不"而不用"勿、弜（勿）、毋"，與王卜辭的通例不合。王卜辭中的田獵卜辭卜問其主人"王"的行動時否定詞通常都用"勿、弜（勿）、毋"而不用"不、弗"，例如："弜（勿）往田，不擒？"（《合》29382［無名］）、"庚午卜，王曰貞：翌辛未其田，往來亡災，不遘憂？茲用。○庚午卜，王曰貞：毋田？"（《合》24502［出二］）"弜（勿）往田"、"毋田"是卜問要不要去田獵，表明去不去田獵是王卜辭的占卜主體所能控制的。而上引（8）至（10）是卜問王會不會去田獵，表明"往

---

① 參看陳劍：《殷墟卜辭的分期分類對甲骨文字考釋的重要性》，第 80—82 頁，北京：北京大學中文系博士論文，2001 年。
② 另一條同文卜辭説"壬申貞：不擇"（《合》21894），前辭省作"壬申貞"。
③ 胡厚宣：《重論"余一人"問題》，《古文字研究》第 6 輯，第 15 頁，北京：中華書局，1981 年。
④ 裘錫圭：《説"弜"》，《古文字研究》第 1 輯，第 121—125 頁，北京：中華書局，1979 年。

于田"這個動作是占卜主體（即卜辭的主人）所不能控制的。也就是説這個占卜主體不是王或王的代言人。這個占卜主體很可能是"子"之類的人物，情况跟新出土的花東子類卜辭相同，如《花》28 云："丁不涉？"《花》36 云："丁卜：其涉河狩？○丁卜：不涉？"其否定詞皆用"不"而不用"勿"，説明應該是非王卜辭的主人占卜"丁"（時王武丁）而非"子"之出狩的。上引（8）至（10）這個占卜主體很可能是商王手下的"子"之類的大貴族或大族長。他多方揣測商王會不會去田獵，猶今日之下級官員揣測其上級領導意圖一樣。我們認爲，在判定某一類（組）卜辭是王卜辭還是非王卜辭時，主要依據占卜主體而不是依據問疑者。如上所述，在王卜辭中存在少量完全以"子"之類的大貴族或大族長的口吻來刻寫的、完全屬於"子"之類自己的卜辭。也就是説，王卜辭的字體中存在極少量的非王卜辭①，上引（8）至（10）即是。同樣的道理，在非王卜辭的字體中也有少量完全以王的口吻來寫王自己事情的、完全屬於王自己的卜辭也合乎情理。也就是説，非王卜辭的字體中也存在極少量的王卜辭。有關這方面的例證值得今後注意。

其次，談談非王卜辭中記載"丁"活動的内容。

過去，由於記載人物"丁"活動的資料比較少，對於"丁"的真實身份並未引起甲骨學者的重視。或以爲是"貞人"②；或釋爲"方"，解釋爲國名或族名③；或看作一般的人名④。花東新材料中頻頻出現人物"丁"，引起甲骨學者的關注。尤其值得注意是下列兩條卜辭：

（11）壬卜：帚（婦）好告子于丁，弗□？　　　　　　　　花 286·30［花東］

（12）辛亥卜：子曰："余丙速？"丁令子曰："往眔婦好于□（此字是地名，暫不能確識）麥。"子速。　　　　　　　　花 475·9［花東］

《花東》整理者解釋（11）辭《花》286 説："本版第 30 辭'帚好告子于丁'極爲重要。它將帚好、子、丁這三個殷代早期重要人物聯繫在一起了。"（12）《花》475·9 有"丁令子曰：往眔婦好于……"之辭，整理者指出：這"説明

---

① 李學勤先生指出：自組卜辭《合》20534 "其實也是非王卜辭"。但這條卜辭意思不太清楚。參看李學勤：《再論家譜刻辭》，《華學》第 7 輯，第 91 頁，2004 年。
② 饒宗頤：《殷代貞卜人物通考》下册，第 807—808 頁，香港：香港大學出版社，1959 年。
③ 于省吾：《甲骨文字釋林》，第 266 頁，北京：中華書局，1979 年；林澐：《從子卜辭試論商代家族形態》，《古文字研究》第 1 輯，第 330 頁，北京：中華書局，1979 年。
④ 黄天樹：《子組卜辭研究》，吉林大學"紀念于省吾教授百年誕辰暨中國古文字學研討會"論文打印本，1996 年；後刊於《中國文字》新 26 期，臺北：藝文印書館，2000 年。

'丁'之地位在'婦好'和'子'之上"。據此陳劍先生敏鋭地注意到：與"婦好"關係密切又在其上的人物"丁"，應該就是時王武丁。舊的出土於殷墟 YH127 等坑的"子組卜辭"，其占卜主體也稱"子"（但與"花東子類"之子並非同一個人），卜辭中也多次提到一位當時還活著的、稱爲"丁"的、地位很高的人物。陳劍先生認爲也是指時王武丁。陳説證據確鑿，已得到不少學者的贊同①。

在知道了"丁"指武丁之後，很容易把這個"丁"就看成武丁的日名"丁"。但是這又與多數學者認爲"商人的所謂日干'廟號'死後才確定的看法相矛盾"（陳文56頁）。究竟應該如何解釋，陳劍先生以爲"還有待進一步研究"。李學勤先生認爲："在子組和《花東》卜辭中談的所謂'丁'，是與干支的'丁'同形而音義都不同的字。其本來的字形是一個圓圈，乃是'璧'字的象形初文"，"在子組與《花東》卜辭裏讀爲'辟'，義爲君"，"是對王的稱謂"。②裘錫圭先生則認爲，"丁"當讀爲"帝"，與"嫡庶"之"嫡"有密切關係，"應該是強調直系繼承的宗族長地位之崇高的一種尊稱"。③姚萱在她的博士論文《殷墟花園莊東地甲骨卜辭的初步研究》中的第二章《關於花園莊東地甲骨卜辭中的人物"丁"》裏進一步證明，花東子類卜辭中的人物"丁"都應該是活著的人即時王武丁，並没有一個能夠肯定指死者的"丁"④。總之，經過上述學者的論證，"花東子類"和"子組卜辭"中的"丁"指當時的商王武丁，應無可疑。

非王卜辭中提到"王"的、又比較可靠的例子確實不多。但是，新出土的花園莊東地甲骨卜辭改變了舊有的看法。陳劍先生在《説花園莊東地甲骨卜辭的"丁"——附：釋"速"》一文中説：

> 確認花東子卜辭中的"丁"即當時的商王武丁，爲研究商代晚期各家族與

---

① 參看陳劍：《説花園莊東地甲骨卜辭的"丁"——附：釋"速"》，《故宫博物院院刊》2004 年第 4 期，第 51—63 頁；李學勤：《關於花園莊東地甲骨卜辭所謂"丁"的一點看法》，《故宫博物院院刊》2004 年第 5 期，第 40—42 頁；裘錫圭：《"花東子卜辭"和"子組卜辭"中指稱武丁的"丁"可能應該讀爲"帝"》，收入《黄盛璋先生八秩華誕紀念文集》，北京：中國教育文化出版社，2005 年 6 月；姚萱：《殷墟花園莊東地甲骨卜辭的初步研究》中的第二章《關於花園莊東地甲骨卜辭中的人物"丁"》，第 19—30 頁，北京：首都師範大學博士學位論文，2005 年 4 月。
② 李學勤：《關於花園莊東地甲骨卜辭所謂"丁"的一點看法》，《故宫博物院院刊》2004 年第 5 期，第 40—42 頁。
③ 裘錫圭：《"花東子卜辭"和"子組卜辭"中指稱武丁的"丁"可能應該讀爲"帝"》，《黄盛璋先生八秩華誕紀念文集》，北京：中國教育文化出版社，2005 年 6 月。
④ 姚萱：《殷墟花園莊東地甲骨卜辭的初步研究》，北京：首都師範大學文學院博士研究生學位論文，2005 年 4 月。

商王的關係提供了大量新的資料。我們知道,由於已有的非王卜辭"辭中極少提到王",以往研究者探討當時各家族與商王的關係,使用的卜辭資料大多只能取材於王卜辭,材料上不免受到限制。現在看來,舊有"子組卜辭"中的"丁"也應該就是武丁。從而那些與"丁"有關的貞問,諸如"丁出狩"(《合集》21729)、"丁延于我墉"(《合集》40874)、"丁呼求甗(?)五"(《合集》21566)、"丁皯"(《合集》21612、21852)、"丁是否"芻我"(《合集》21527、21748)等等,就都可以作爲子組卜辭中所反映出"子"與商王關係的資料而加以利用了。這一類卜辭還有待重新全面勾稽。①

下面,我們對舊有子組等卜辭中常見的一位活著的、寫作正方形的人物重新作一番清理(與子組卜辭丁卯之"丁"作扁圓形寫法迥然不同)。在子組以外的其他卜辭裏,與丁卯之"丁"都寫作正方形,沒有區別。今隸作"丁"。現在,將我們所看到有關人物"丁"的卜辭全部抄錄於下,然後加以闡述。

(13A) 乙巳衍②卜:丁來自正,衍(侃)子?
(13B) 乙巳衍卜:丁來自正,衍(侃)子?
(13C) 乙巳[衍卜]:丁來[自正],衍(侃)[子]?
　　　　　　合 21734 + 合 21735 + 英 1896(《天理》314 同文)[子組]③
(14) 己丑:丁來于衛(鄩),衍(侃)?　　　合 21744 = 乙 4577[子組]
(15) 癸丑:丁自甘來盠(愁)?
　　　　　　合 21731 = 乙 941 + 943 + 1010 + 1440[子組]
(16) 乙亥子卜:丁延于我墉?　　　合 40874 = 南上 47[子組]
(17) 丙午衍卜:丁不入商?
　　　　　　合 21720 = 乙 4171(合 20108 = 乙 4174 同文)[子組]
(18) 乙酉卜,稱貞:今日又(有)來自丁?　　　合 21737 = 乙 1175[子組]
(19) □亥卜:丁來人,隹芻我?　　　合 21527 = 前 8・4・5[子組]

---

① 陳劍:《說花園莊東地甲骨卜辭的"丁"——附:釋"速"》,《故宮博物院院刊》2004年第4期,第59頁。
② 對這個字,主要有釋"衍"和釋"巡"兩種說法,參看李孝定:《甲骨文字集釋》,第3305—3306頁(臺北:"中央研究院"歷史語言研究所,1970年再版);于省吾主編:《甲骨文字詁林》,第2294—2295頁(北京:中華書局,1996年)。現在看來,當以釋"衍"之說爲是。
③ 《合集》的兩片的綴合,見黃天樹:《甲骨新綴11例》之7,《考古與文物》1996年第4期,第69頁。《英藏》一片的加綴見常耀華:《子組卜辭新綴四例》之第三組,《追尋中華文明的蹤跡——李學勤先生學術活動五十年紀念文集》,第17頁,上海:復旦大學出版社,2002年。

(20A) 丙戌子卜貞：丁不剢我？
(20B) 由剢？　　　　　　　　　　　　　　　合 21727＝丙 612［子組］
(21) □丑子卜□丁不剢□　　　　　　　　合 21529＝安明 2293［子組］
(22A) 己巳卜貞：余受禾（年）？
(22B) 戊午卜：丁不剢？　　　　　　　　合 21747［子組］
(23) 辛酉子卜貞：丁念我？　合 21580＝前 8·15·2＝林 2·10·7［子組］
(24) 甲子卜：丁呼求麂五，往，若？　　　合 21566＝京 3023［子組］
(25) 癸卯卜貞：丁出狩，今□　　　　　　合 21729＝乙 1049＋乙 1650［子組］
(26) 己卯卜，丁：婧龠（瘥）？　　　　　合 21569＝乙 8909［子組］
(27) 丙辰卜，丁：婧龠（瘥）？　　　　　合 21571［子組］
(28A) □子子卜：朕在自臣［歸］？
(28B) 丙子子卜：唯丁作兹口？　　　　　合 21740［子組］
(29A) 戊寅子卜：丁歸在自人？
(29B) 戊寅子卜：丁歸在川［人］？
(29C) 癸子卜：于祓月又（有）念？　　　合 21661＝前 8·6·3［子組］
(30) 乙未子卜，貞：惠丁史（事）戠（待）？
　　　合 21586＝丙 611＝乙 4758＋乙 4814＋乙 4949＋乙 5236＋乙 5237［子組］
(31) 乙丑子［卜］貞：丁于□商愍（擇）？　　合 21825［子組］
(32) 甲午卜貞：丁畋？　合 21612＝乙 1515（合 21852 大致同文）［子組］
(33A) 乙巳衍卜：丁來鼎久（終）？
(33B) 乙巳：丁來鼎久（終）？
　　　　　　　　　　　　　　合 21618＝乙綴 459＝乙 3706＋乙 4172［子組］
(34A) 壬寅卜：丁伐麂？
(34B) 甲寅卜：王伐□？
　　　　　　　　合 21555（鄴下 34·7）＋合 21537（乙 9029）①［子組］

以上所列（13）至（34）都是子組卜辭。（13）辭中的"丁"，指時王武丁。正，地名，又見於婦女卜辭等非王卜辭中。例如："正受禾"（《合》22247），卜問該家族在正地的莊稼會有好收成嗎；"甲申卜：令豚宅正"（《合》22324），卜

---

① 此版爲常耀華、黃天樹所綴，見常耀華：《子組卜辭綴合兩則》，《殷都學刊》1995 年第 2 期，第 7—8 頁；黃天樹：《甲骨新綴 11 例》，《考古與文物》1996 年第 4 期，第 69—70 頁。

問命令豚（人名）居住在正地合適嗎？命辭中的"衍"，從裘錫圭先生說釋讀爲"侃"，意爲喜歡、讚賞①。在這條卜辭裏，"丁"是"來自正"和"衍（侃）子"這兩件事情的共同的施事者。"丁來自正，侃子"，是説時王武丁從正地來，武丁會喜歡"子"嗎？（14）辭中的"衛"，地名，當讀爲"鄣"，與殷商之"殷"通②。"丁來于鄣（殷），侃"，卜辭大意是説時王武丁從殷地來，武丁會喜歡"子"嗎？子是地位很高的大貴族。有資格"侃"子即喜歡子的，實非時王武丁莫屬。（15）辭中的"甘"，地名。毖，從姚萱博士釋。毖，當讀爲當"戒敕安撫"講的"毖"。"丁自甘來毖"大意是説，"子"爲商王武丁是否自甘地來"毖"於子所居之地而占卜。（16）辭中的"丁"，指時王武丁。延，義同"王其省盂田，延从宮"（《屯》2357）之"延"，當"繼續、接著"講。于，動詞，前往。墉，城郭，"我墉"即我們的城郭。"乙亥子卜：丁延于我墉"，卜辭大意是説：乙亥日由族長"子"親自卜問，時王武丁會到我們的城郭來嗎？（17）"丁不入商"，其否定詞用"不"而不用"勿"，説明應該是非王卜辭的主人"子"占卜"丁"即時王武丁會不會進入"天邑商"。（23）中的"丁"下一字，舊不識。我們認爲，是"念"字的倒書，應釋作"念"。"丁念我"是子組卜辭的主人"子"卜問，商王武丁是否惦念我？（24）、（25）是有關"丁"即時王武丁田獵的卜辭。（26）、（27）中的"竟"，姚萱博士認爲："當是某種疾病。"（看《類纂》75頁0103號）③恐怕難以成立。"竟"，從李學勤先生隸釋④，當是人名。此人既見於子組，又見於賓組"竟呼取羌，以"（《合》891）。瘥，從姚萱釋，當"病癒"講。（26）、（27）中的"竟瘥"是卜問人物"竟"能否"病癒"。如果這樣釋讀是正確的話，那麽，（26）、（27）中的"丁"應劃歸前辭，與上引（1）、（2）的前辭相同，屬於非王卜辭的字體中占卜主體爲"丁"的王卜辭。（28）這條子組卜辭由族長"子"自己親自卜問，所以命辭用單數第一人稱代詞"朕"。"朕在自臣"即"子所派駐在自地的臣"。臣的身份地位不象奴隸，很可能是子組家族内協助族長進行管理的家臣。卜辭還有"我亡作口"（《合》21615）的説法。有學者指

---

① 參看裘錫圭：《釋"衍""侃"》，《魯實先先生學術討論會論文集》，第9頁，臺北，1993年；又見馮天瑜主編：《人文論叢》2002年卷，武漢：武漢大學出版社，2003年。
② 參看裘錫圭：《"花東子卜辭"和"子組卜辭"中指稱武丁的"丁"可能應該讀爲"帝"》，《黃盛璋先生八秩華誕紀念文集》，第2頁，北京：中國教育文化出版社，2005年。
③ 姚萱：《殷墟花園莊東地甲骨卜辭的初步研究》，第165頁，北京：首都師範大學博士學位論文，2005年4月。
④ 李學勤：《再論家譜刻辭》，《華學》第7輯，第89—92頁，中山大學出版社，2004年。

出，商代甲、金文中的有些"口"字應讀釋爲"曰"。意思與"謂"、"命"相近。（29）"歸"是使動用法。"丁歸在𠂤人"的意思是説"商王武丁使在𠂤之人歸來"。"丁歸在川人"是説"使在川之人歸來"。念，思念。正因爲商王武丁思念在外服役之人，才希望派駐在"𠂤"、"川"等地的人歸來。（30）中的"丁"指時王武丁。"丁事"即"王事"。卜辭習見"𠙴王事"，殆勤勞王事之意。戠，讀爲"待"，動詞，"等待"之意。①"惠丁事待"即"待事"。卜辭大意是卜問"子"受時王武丁徵召，等待執行王交辦的事情。（34）"丁伐戲"與"王伐囗"對舉，當是子組卜辭的主人"子"爲時王武丁的征伐行動而貞卜。同樣是指時王武丁，同版之上，一辭作"丁"，另一辭作"王"，這種"丁"與"王"同見於一版的情況還見於《花》480·3。"戲"是國族名。賓組甲橋刻辭有"戲入十"（《合》9275 反）可以爲證。"丁伐戲"是説商王武丁征伐"戲"方國。

"丁"主要見於非王卜辭中，有時也見於王卜辭中。請看下列這條𠂤組小字類卜辭：

（35A）戊戌卜貞：丁疾（原字从"大"从"矢"）目，不喪明？
（35B）其喪明？　　　　　　　　　　　　　　　合 21037 = 乙 64［𠂤小字］

有一條賓組一類卜辭説："貞：王其疾目？○貞：王弗疾目？"（《合》456 正）據此，（35A）中的"丁"也應該是指商王武丁。值得注意的是，在舊著錄的王卜辭中也稱時王武丁爲"丁"。"喪明"即目盲。卜辭大意是説，商王武丁患眼疾，會不會失明呢？

據我們粗略的統計，花東子類卜辭中的"丁"頻頻出現，今節錄其詞句較爲完整者於下（由於一版甲骨上"丁"多次出現，故下引《花東》卜辭時，既舉出其著錄號，也舉出其辭序號，小點"·"後的數字是辭序號）：

"丁令"（《花》1·7）、"丁不延虞"（《花》3·2）、"丁延虞"（《花》3·3）、"丁不延虞"（《花》3·4）、"休丁"（《花》3·12）、"丁不虞"（《花》3·14）、"丁令"（《花》3·16）、"丁曰"（《花》5·10）、"見（獻）丁"（《花》26·6）、"丁虞"（《花》28·4、《花》28·5）、"告于丁"（《花》28·6）、"丁不涉"（《花》28·10）、"丁涉"（《花》28·11）、"丁各"（《花》34·4、《花》34·6、《花》34·8、《花》34·9、《花》34·10、《花》34·11）、"見（獻）丁"（《花》34·14）、"以玉丁"（《花》37·3）、"見（獻）丁"

---

① 參看裘錫圭：《古文字論集》，第 111—116 頁，北京：中華書局，1992 年。

(《花》37·4)、"肇丁"(《花》37·5)、"入鹰、牛于丁"(《花》38·4)、"丁聞"(《花》38·5)、"丁弗作"(《花》39·17)、"自丁黍"(《花》48)、"休于丁"(《花》53·8)、"尋丁"(《花》53·18)、"禦丁"(《花》56)、"丁各"(《花》60·2)、"丁終虞"(《花》69·6)、"丁終不虞"(《花》69·7)、"子作丁臣"(《花》75·1、《花》75·2)、"子告官于丁"(《花》80·1)、"丁在☐"(《花》88·2)、"肇丁"(《花》89·3)、"速丁"(《花》90·5)、"入于丁"(《花》90·6)、"具丁"(《花》92·1)、"見(獻)翌丁"(《花》92·2)、"入于丁"(《花》99·2)、"入又函于丁"(《花》106·8)、"速丁"(《花》113·5、《花》113·6、《花》113·7、《花》113·8、《花》113·9)、"丁又鬼夢"(《花》113·10、《花》113·11)、"入于丁"(《花》113·16)、"速丁"(《花》124·14、《花》124·15)、"丁侃"(《花》124·16)、"丁各"(《花》142·8)、"丁往"(《花》146·2)、"丁不往"(《花》146·3)、"丁侃"(《花》150·3)、"丁先狩"(《花》154·1)、"丁其先又伐"(《花》154·2)、"丁小艱"(《花》155·5)、"☐丁"(《花》157·1)、"丁各"(《花》169·1)、"丁☐翌"(《花》173·2)、"丁各"(《花》180·1)、"肇丁"(《花》180·2)、"弜速丁"(《花》180·4)、"丁各"、"丁侃"(《花》181·15)、"丁虞"(《花》181·17)、"丁侃"(《花》181·23、《花》181·26、《花》181·27)、"丁來"(《花》183·1)、"丁侃"(《花》183·7)、"丁虞"(《花》183·8)、"丁不虞"(《花》183·9)、"丁侃"(《花》196·1)、"再丁"(《花》197·7)、"肇丁"(《花》198·10、《花》198·11、《花》198·12)、"見(獻)丁"(《花》202·8)、"肇丁"(《花》203·4、《花》203·5、《花》203·7、《花》203·8)、"再丁"(《花》203·11)、"弜告行于丁"(《花》211·2)、"于丁"(《花》223·1)、"丁侃"(《花》223·4)、"于丁,侃"(《花》223·5)、"丁侃"(《花》229·2)、"矛丁"(《花》236·16、《花》236·17、《花》236·18、《花》236·19)、"丁饗"(《花》236·25)、"丁弗饗"(《花》236·26)、"丁唯好令"(《花》237·6)、"弜告丁,肉弜入丁"(《花》237·14)、"入肉丁"(《花》237·15)、"丁侃"(《花》238·2)、"弜速丁"(《花》248·4)、"于丁"(《花》249·11)、"于丁,侃"(《花》249·13、《花》249·14)、"見(獻)邕于丁"(《花》249·15)、"見(獻)丁"(《花》249·17、《花》249·19、《花》249·20)、"弜宜丁"(《花》255·1)、"丁弗虞"(《花》255·8)、"作丁"(《花》256·9)、"使于丁"(《花》257·1)、"于丁"(《花》257·5)、"丁入"(《花》257·12)、"丁曰"(《花》257·20)、"丁步"(《花》262·2)、"丁祼"(《花》262·3)、"入白一于丁"(《花》269·8)、"丁唯子令"(《花》275·3)、"丁唯多☐"(《花》275·4)、"肇丁"(《花》275·7、《花》275·8)、"丁侃"(《花》275·9、《花》275·10)、"丁不各"(《花》275·

11)、"再丁"(《花》286·18、《花》286·19)、"告子于丁"(《花》286·30)、"告人亡由于丁"(《花》286·31)、"丁其各,……肇丁"(《花》288·8)、"弜告于丁"(《花》294·3)、"丁出"(《花》303)、"丁往田"(《花》318·6)、"于丁"(《花》320·7)、"丁曰"(《花》331·1)、"丁各"(《花》335·2)、"丁侃"(《花》336·1)、"丁出狩"(《花》337·5)、"丁又疾"(《花》349·4)、"子夢丁"(《花》349·19)、"自丁黍"(《花》363·3)、"子勞丁"(《花》363·4)、"再于丁"(《花》363·5)、"丁及乙亥不出狩"(《花》366·1)、"丁弗及乙亥其出"(《花》366·2)、"速丁"(《花》371·1)、"丁不其各"(《花》371·2)、"告于丁"(《花》372·8)、"于丁"(《花》374·3)、"丁往于黍"(《花》379·2)、"視丁官"(《花》384·2)、"告丁"(《花》391·10、《花》391·11)、"丁呼"(《花》401·12)、"肉入于丁"(《花》401·17)、"尋丁"(《花》409·20)、"休丁"(《花》409·29)、"丁昪"(《花》410·1)、"丁曰"(《花》410·2)、"自丁黍"(《花》416·4)、"自丁黍"(《花》416·5)、"丁各"(《花》420·1、《花》420·2、《花》420·5)、"速丁"(《花》446·7)、"丁各"(《花》446·22)、"速丁"(《花》446·23、《花》446·24)、"唯丁自征"(《花》449·1)、"丁弗其比"(《花》449·2)、"見(獻)翌于丁"(《花》453·2)、"昪丁"(《花》475·4)、"見(獻)丁"(《花》475·5)、"丁各"(《花》475·6、《花》475·7)、"丁曰"(《花》475·8)、"丁命子曰"(《花》475·9)、"子勞丁"(《花》480·1)、"丁弗賓"(《花》480·2)、"禦丁"(《花》480·3)、"丁侃"(《花》487·1、《花》487·2)、"子見(獻)……于丁"(《花》490·1、《花》490·2、《花》490·3、《花》490·4)、"丁侃子"(《花》490·5)、"夢丁"(《花》493·6)、"告人亡由于丁"(《花》494·1、《花》494·2、《花》494·3、《花》494·4)、"丁禽"(《花》495)、"速丁禽"(《花》501·2、《花》501·3)等。

過去因爲非王卜辭中罕見"王"字,就誤以爲"辭中極少提到王"。實際上,非王卜辭中頻頻出現的"丁"即時王武丁。花東子類卜辭中記有"丁"即商王武丁的卜辭多達 210 條左右①。這樣一來,舊以爲非王卜辭"辭中極少提到王"的看法顯然是不正確的,應該修正爲"命辭中經常提到王"。

根據以上所述,關於非王卜辭的一些問題,可歸納爲以下各條:

(一) 長期以來,甲骨學者普遍認爲殷墟出土的全部甲骨刻辭的主人都是商

---

① 姚萱《殷墟花園莊東地甲骨卜辭的初步研究》第 39 頁說:"在本文第二章中,我們已經引用陳劍、李學勤、裘錫圭等先生的意見,說明了花東子卜辭中多見的活著的人物'丁',即商王武丁。據我們統計,花東子卜辭裏這個'丁'見於近 200 條卜辭中。如果算上那些雖然沒有出現'丁'字,但可以看出卜辭與之有關的,數量就更多了。從這些卜辭可以看出,子跟武丁往來頻繁。"

王,即所謂"王卜辭"。1938年,貝塚茂樹首先打破這一傳統觀念,指出有些類別的卜辭的主人不是商王。1958年,李學勤先生首次提出"非王卜辭"這個名稱。1979年,林澐先生首次指明非王卜辭的主人"子"是商代"家族的首腦們通用的尊稱"。所謂"非王卜辭"的主人就是一些與商王有密切血緣關係的大族長。1995年,黃天樹把非王卜辭的特徵歸納爲三點。同時指出"王卜辭"是占卜主體是王的卜辭,學者們往往稱"王卜辭"爲"王室卜辭"是不正確的。"非王卜辭"的占卜主體可以是王室成員,這一點不能成爲否定"非王卜辭"這一名稱的根據。文中對占卜主體和貞人之間的關係的分析,對非王卜辭的占卜主體的身份及其占卜機構的情況的論述,也都比較深入。上述意見除了非王卜辭的特徵需要修正外,其他意見至今仍是正確的。

（二）我們認爲,在判定某一類（組）卜辭是王卜辭還是非王卜辭時,主要依據占卜主體（即卜辭的主人）而不是依據問疑者。王卜辭中存在極少量主人爲"子"（族長）等的非王卜辭。同樣的道理,非王卜辭的字體中也存在極少量主人爲"王"的王卜辭。有關這方面的例證值得今後注意。

（三）花東新材料改變了我們對非王卜辭研究中的一些舊的看法。首先,我們過去認爲:"非王卜辭約1 500片,占全部殷墟卜辭總數'十五萬片'的1/100。"花東H3所出有字整龜約500版,若按陳夢家"12 700片＝450甲"的計算方法來折算,500甲＝15 000片。也就是説,非王卜辭約占全部殷墟卜辭總片數"十五萬片"的10/100。其次,過去因爲非王卜辭中罕見"王"字,就誤以爲"辭中極少提到王"。新出花東卜辭記有"丁"即時王武丁的卜辭多達210條左右,舊的非王卜辭諸如子組等卜辭中頻頻出現的"丁"跟花東卜辭的"丁"一樣,也是指時王武丁的。這樣一來,舊以爲非王卜辭的特徵中的第二條"辭中極少提到王"的看法顯然是不正確的,應該修正爲"命辭中經常提到王",反映出商王與大貴族之間的關係是非常密切的。

附記: 本文初稿於2005年11月19日在臺灣東海大學召開的"甲骨學國際學術研討會"上宣讀過。會後,本文初稿蒙沈寶春教授、陳劍和姚萱博士提出修改意見,作者十分感謝。

原載《甲骨學國際學術研討會論文集》,東海大學中文系,2005年;收入《黃天樹古文字論集》,學苑出版社,2006年;又收入《古文字研究——黃天樹學術論文集》,人民出版社,2018年。今據《黃天樹古文字論集》收入。

宋鎮豪

從新出甲骨金文考述晚商射禮

射禮是按照一定的規程所舉行的弓矢競技行事，始起不詳，一般認爲源於原始宗教祀儀，經揚棄其宗教成分而形成射禮，盛行於西周以降①。

唐孔穎達《禮記正義》卷六十九《射義》云：

> 射義者，以其記燕射、大射之禮，觀德行取於士之義。……其射之所起，起自黃帝，故《易·繫辭》黃帝以下九事章云：古者弦木爲弧，剡木爲矢，弧矢之利，以威天下。又《世本》云：揮作弓，夷牟作矢。注云：揮、夷牟，黃帝臣。——是弓矢起於黃帝矣。《虞書》云：侯以明之。——是射侯見於堯舜。夏殷無文，周則具矣。

雖然追溯射禮可能起於堯舜禹湯時代，也僅僅是泛泛而論，並無確鑿史徵，能具體展開來談的，大致屬於西周以後的射禮②。

然而，據近年新出甲骨文和晚商金文材料確知，逐漸脱離宗教權威支撐而用來體現貴族子弟矢射技能高下的射禮，其實並非舊説所謂"夏殷無文，周則具矣"，也並非只盛行於西周以降，這套射禮早在商代就已經流行，周代不過是繼承而有所革替而已。晚商時期的射禮，儘管尚維持着與祖先祭禮的種種聯繫，但

---

① 可參見〔日〕小南一郎：《射の儀禮化をぐって—その二つの段階》，《中國古代禮制研究》，京都大學人文科學研究所，1995年，第47—116頁；又部分章節的譯文見秦曉麗譯《論射的禮儀化過程——以辟雍禮儀爲中心》，宋鎮豪等主編：《西周文明論集》，朝華出版社，2004年，第181—191頁。
② 參見楊寬：《"射禮"新探》，《古史新探》，中華書局，1965年；劉雨：《西周金文中的射禮》，《考古》1986年第12期；王龍正、袁俊杰、廖佳行：《柞伯簋與大射禮及西周教育制度》，《文物》1998年第9期。

社會化趨向的世俗因素已明顯偏重，成爲貴族子弟必須諳習的基本技能。

新公佈的《殷墟花園莊東地甲骨》①，其中有一批以往甲骨文所不見的關涉商代貴族子弟習射禮的珍貴史料，如：

戊子卜，在麗，子其射，若。
戊子卜，在麗，子弜射于之，若。　　　　　　　　　　　　（《花東》2，圖一）
戊卜，子入二弓。
戊卜，二弓以子田，若。
戊卜，丙又二羊。
丙又。
弜又。
叀小牡一。　　　　　　　　　　　　　　　　　　　　　　（《花東》124，圖二）
癸亥卜，子𠱩用丙吉弓射，若。　　　　　　　　　　　　　（《花東》149，圖三）
乙未卜，子其入三弓，若，永用。一
乙未卜，子其往于阞，獲，不鼄。獲三鹿。一
乙未卜，子其往于阞，獲。子占曰：其獲，用。獲三鹿。二　（《花東》288，圖四）

圖一　《花東》2

---

①　中國社會科學院考古研究所編著：《殷墟花園莊東地甲骨》，雲南人民出版社，2003 年。

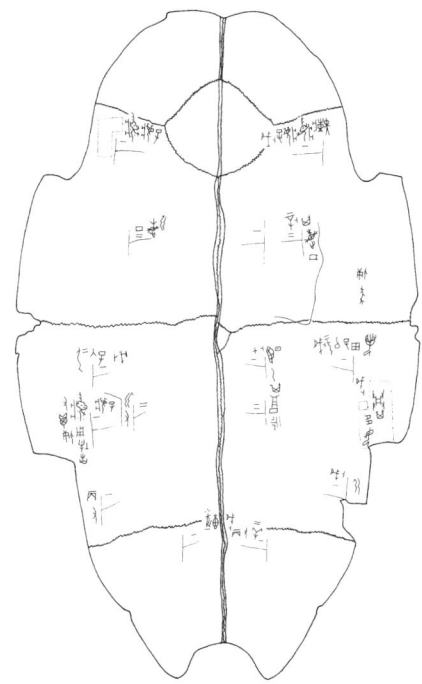

圖二　《花東》124

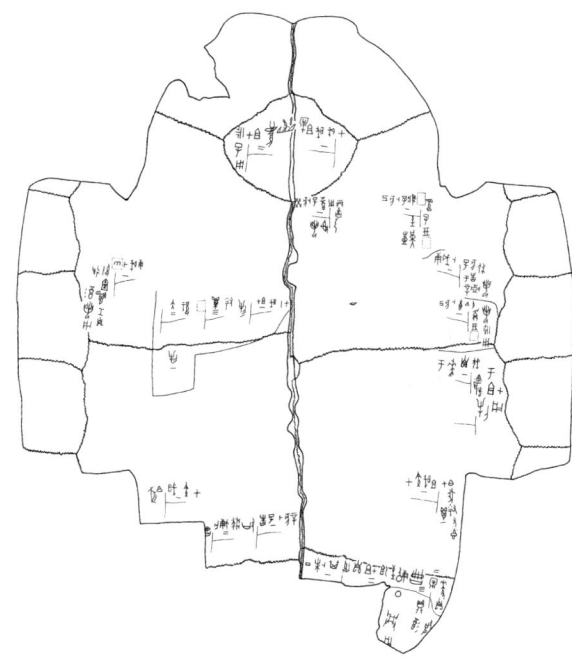

圖三　《花東》149

上揭子射於麗、阽兩地，當在水澤原野處，是習射的兩個地點，述見後文。子入弓與子入學同屬，它辭云："丁卯卜，子其入學，若永。用。"（《花東》450）入有納入、參與、進入之義①。《儀禮·鄉射禮》："命弟子納射器。"鄭氏注："弟子，賓黨之年少者也；納，內也；射器，弓矢。"《周禮·夏官·司弓矢》："仲春獻弓弩，仲秋獻矢箙。"子入弓即子獻納射器，指子參與弓矢習射競技而言。《禮記·內則》云："成童舞象，學射御"，鄭氏注："成童，十五以上。"孔穎達疏云："舞象謂武舞也。"今據甲骨文，知尚武習射，早在商代就已經納爲貴族子弟受教學的内容。《花東》124"子入二弓"，與"二弓以子田"、"丙又二羊"三辭同卜，是謂子以二弓參加田獵競射否，能丙弓射獲二羊否。"丙又"猶言"用丙吉弓射"，丙吉弓可能專指一種皮弓或丙族制的善弓。"丙又"與"弜又"正反對卜，後者是對於意願的否定。"更小豜一"，問能射獲一小公豕否。《花東》288"子其入三弓"等三辭同卜，"獲，不黽"，"獲"在此指射中，"不黽"意思可能是說無廢矢；驗辭"獲三鹿"，謂三弓射中三鹿。

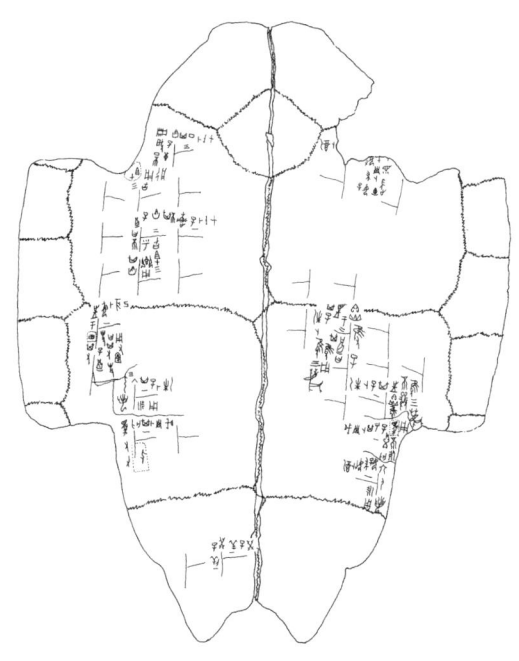

圖四　《花東》288

---

① 另詳拙作《從甲骨文考述商代的學校教育》，王宇信、宋鎮豪主編：《夏商周文明研究之六·2004年安陽殷商文明國際學術研討會論文集》，社會科學文獻出版社，2004年。

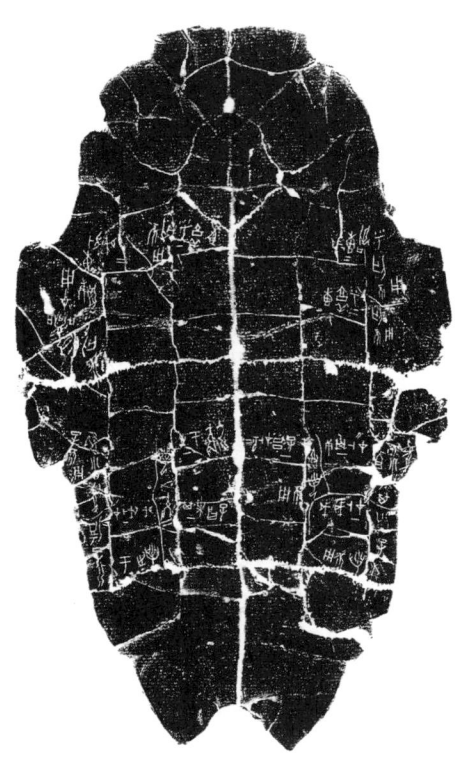

圖五　《花東》467

又如：

戊戌卜，在淠，子射，若，不用。

戊戌卜，在淠，子弜射于之，若。

己亥卜，在濼，子其射，若，不用。

弜射于之，若。

戊申卜，叀虤乎勻馬，用。在麗。

叀章乎勻，不用。　　　　　　　　　　　　　　　（《花東》467，圖五）

己亥卜，在濼，子……

弜射于之，若。　　　　　　　　　　　　　　　　（《花東》7，圖六）

甲午卜，在麗，子其射，若。

甲午，弜射于之，若。

己亥卜，在濼，子其射，若，不用。

乙巳卜，在麗，子其射，若，不用。

乙巳卜，在麗，子弜遲彝弓，出日。

叀丙弓用射。

叀丙弓用。不用。

丙午卜，子其射，疾弓于之，若。

戊申卜，叀疾弓用射隹。用。

叀三人。

癸丑卜，歲食牝于祖甲，用。

乙卯卜，叀白豕祖乙，不用。

乙卯歲祖乙叚礿鬯一。 （《花東》37，圖七）

癸丑卜，歲食牝于祖甲，用。

乙卯歲祖乙叚一鬯一。

乙卯卜，叀白豕祖甲，不用。 （《花東》63，圖八）

乙卯歲叚礿鬯祖乙，用。 （《花東》195，圖九）

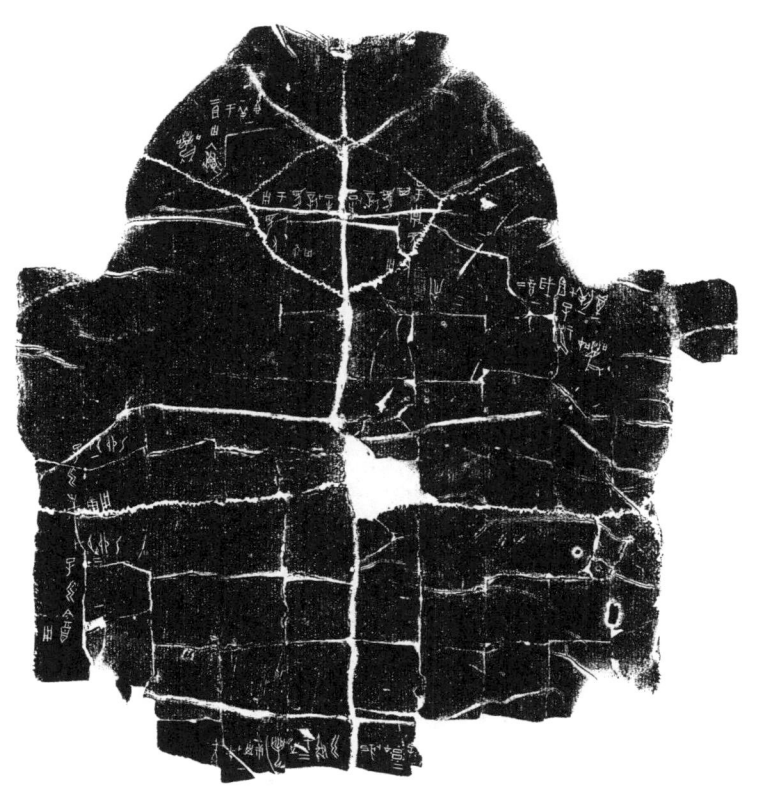

圖六　《花東》7

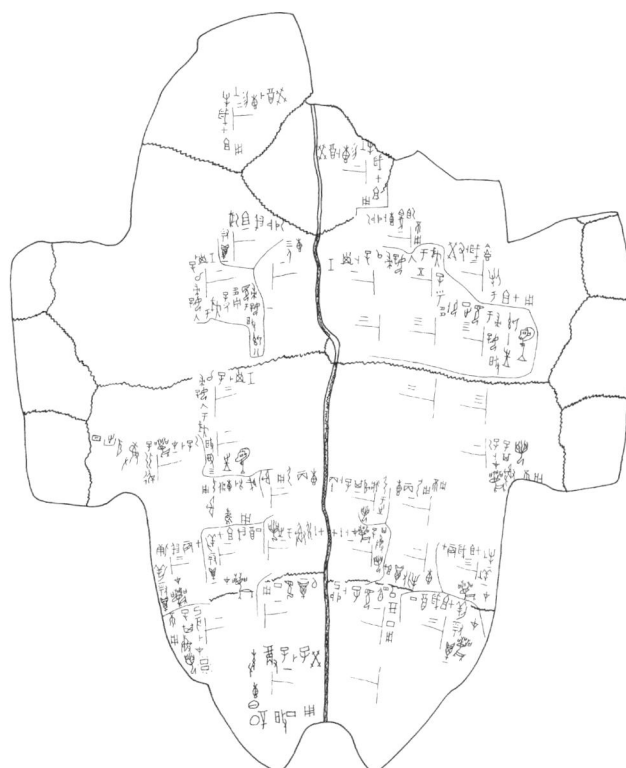

圖七 《花東》37

圖八 《花東》63

圖九　《花東》195

　　上揭《花東》467、7、37三龜，同事異日習卜，是一組極難得的晚商王室貴族子弟習射禮史料，自甲午經戊戌、己亥、乙巳、丙午、戊申、癸丑至乙卯，前後20餘天，射禮儀程舉行的先後地點爲麗（甲午）—浮（戊戌）—瀰（己亥）—麗（乙巳—戊申），先後在三個地點射，其中浮、瀰兩個地點在水澤邊，末了又回到起始地點麗，麗當亦近於水澤原野。射禮儀程的高潮是在甲午"子射于之"後第12日乙巳日出之際的"丙弓"、"遲彝弓"和第13日丙午"疾弓于之"，以及第15日戊申的"乎勻馬"、"疾弓用射萑"，地點都在麗地。前此在浮、瀰只是兩個水澤習射處。"丙弓用射"義同前引卜辭"用丙吉弓射"，似專指一種皮弓或丙族制的善弓。"丙弓"、"遲弓"、"疾弓"，可能指常規射、慢射、快射三種不同的射儀，或三種不同弓的習射競技。"叀疾弓用射萑"，萑從劉一曼、曹定雲先生釋，"形似頭上有冠的鳥"①，意蓋指疾弓射飛禽澤鳥。"叀三人"，謂三人競射得中。

　　習射禮連天累日，末了還要舉行劌割牝牛豕牲及用鬯酒享祭先祖的食儀。上揭《花東》37末三辭"癸丑卜，歲食牝于祖甲用"、"乙卯卜，叀白豕祖乙不用"、"乙卯歲祖乙穀叙鬯一"，與新取用的兩塊卜龜《花東》63"癸丑卜，歲食

---

① 中國社會科學院考古研究所編著：《殷墟花園莊東地甲骨》第6冊，雲南人民出版社，2003年，第1575頁。

牝于祖甲用"、"乙卯歲祖乙瀦一奴鬯一"、"乙卯卜叀白豕祖甲不用",及《花東》195"乙卯歲瀦奴鬯祖乙用",另組成同套卜辭,同事三龜相襲,異日習卜,蓋涉及射後三日舉行的祭祖食儀。

除上揭一批晚商武丁時甲骨文射禮史料外,中國國家博物館最新入藏殷商銅黿(見《中國歷史文物》2005年第1期)[1],頸部及背部被射入四箭,僅露出箭桿尾羽部分,黿脊背部鑄銘4行33字,當屬於鑄器紀事,銘述其事云:

丙申,王迍于洹,獲。王一射,狃射三,率,亡(無)灋(廢)矢。王令寢馗兄(貺)于乍冊般,曰:奏于庸。乍母寶。(圖十)

圖十　乍冊般銅黿銘文　　圖十一　乍冊般甗銘文

迍,讀爲陳,指陳列之義[2]。狃字从歹从丑,有贊佐、佐助之義[3]。"無廢矢",爲班評競射優勝的贊語,形容射技精湛,箭無空射皆中目標,是個射禮場合的常見用語。"乍冊般",亦見於《乍冊般甗》(圖十一),爲帝乙時人名。殷青銅器有兕觚,銘作"  "(《三代》14·15·1,《集成》6654),有兕爵,銘作" "(《集成》7530),繪一矢射透或射中豕身,造字意匠與銅黿被射四箭類同。此銘記商

---

[1] 朱鳳瀚:《乍冊般黿探析》、王冠英:《乍冊般銅黿三考》,《中國歷史文物》2005年第1期。
[2] 何樹環:《說"迍"》,《訓詁論叢》第四輯《第二屆國際暨第四屆全國訓詁學學術研討會論文集》,文史哲出版社,1999年,第323—342頁。
[3] 參見李學勤:《乍冊般銅黿考釋》,《中國歷史文物》2005年第1期。

王帝乙陳列於洹水舉行競射，王一射，佐助三射，皆中的，無廢矢，射獲大黿，頒功，命寢馗既賜乍册般，譜詠其事於鏞鐘演奏。商王射於安陽殷墟的洹水，王一射，佐助三射，奏於庸，與甲骨文射於水澤處，三弓用射，射禮的行儀構成要素等有一些共同點，可互爲補苴。辭云"奏于庸"，當是射後舉行享禮的行儀之一，這也有助於加深領會上揭甲骨文射後數日舉行的祭祖食儀。

圖十二　柞伯簋銘文

應注意者，1993 年河南平頂山應國墓地 M242 中出土之西周康王時柞伯簋銘[①]：

> 隹八月，辰在庚申，王大射在周。王令南宮率王多士，師酓父率小臣。王遟赤金十反（版），王曰："小子小臣敬又又（有佑），獲則取。"柞伯十再弓，亡（無）瀘（廢）矢。王則畀柞伯赤金十反（版）。出易（錫）祝（貺）見。柞伯用乍周公寶障彝。（圖十二）

此銘記周王在周地舉行秋八月的大射禮，命令南宮及師酓父率王多士小子小臣進行弓矢競射，射獲則有赤金十反（版）的畀錫；結果柞伯十次舉弓，皆有射獲，"無廢矢"，得到了這份厚賞；柞伯特此鑄器銘紀。此器用語"無廢矢"，與晚商銅黿銘文相一致，也是射禮場合班贊品論競射優勝的評語。由此可見，晚商甲骨文和金文揭示的晚商射禮，其行儀程序有許多方面可以與西周金文乃至古文獻中

---

① 見王龍正、姜濤、袁俊杰：《新發現的柞伯簋及其銘文考釋》，《文物》1998 年第 9 期。

記述的射禮相比照。晚商射禮，通常習射於水澤處，又連天累日舉行，以"丙弓"、"遲弓"、"疾弓"三番射作爲競技規則，用弓暨弓法頗有講究，以無廢矢射獲獵物爲贄，頒功賑賜，射後有享祭先祖的食儀。這與周代以降的射禮是相通的。

據《周禮·天官·司裘》述周代以降的射禮云：

> 王大射則共虎侯、熊侯、豹侯，設其鵠。諸侯則共熊侯豹侯，卿大夫則共麋侯，皆設其鵠。

鄭氏注：

> 大射者，爲祭祀射，王將有郊廟之事，以射擇諸侯及群臣與邦國所貢之士可以與祭者。射者可以觀德行，其容體比於禮，其節比於樂，而中多者得與於祭。諸侯謂三公及王子弟封於畿內者，卿大夫亦皆有采地焉。其將祀其先祖，亦與群臣射以擇之。凡大射，各於其射宮。侯者，其所射也以虎熊豹麋之皮飾其側，又方制之以爲章，謂之鵠，著於侯中，所謂皮侯。

鄭司農云："鵠，鵠毛也，方十尺曰侯，四尺曰鵠，二尺曰正，四寸曰質。""侯"爲箭靶，有布制及以虎熊豹麋之皮飾者，鵠指靶心。周代的射禮形式可分兩種，一種是實射獵物，通常稱爲"射牲"，殆由田獵競射發展而來，如《周禮·夏官·射人》云："祭祀則贊射牲"，鄭氏注："烝嘗之禮有射豕者。《國語》曰：禘郊之事，天子必自射其牲。"另一種是張獸皮做箭靶競射，或稱"射侯"。晚商的競射禮，以實射獵物爲主要形式，但似乎也有張獸皮爲箭靶的競射形式，甲骨文"遲彝弓"，彝字像雙手捧雞之形，蓋着意於慢射動物皮制成的箭靶。另外，甲骨文所述"丙弓"、"遲弓"、"疾弓"三番射的競技規則，周代射禮亦有此類競射規則，如《周禮·夏官·射人》："若王大射則以狸步①，張三侯"，張三侯謂張獸皮箭靶舉行三番射。甲骨文"叀三人"暨殷銅黿銘"刵射三，率，亡（無）瀺（廢）矢"，蓋與文獻"射以擇人"同旨，三人得中；而甲骨文"歲食牝于祖甲"、"叀白豕祖乙"，記競射後舉行享祭先祖的食儀，與文獻述"將祀其先祖，亦與群臣射以擇之"，"中多者得與於祭"，也可相對照領會。顯然文獻講的周代射禮，當源自殷禮。

文獻所述習射禮，有行之州鄉者，如《周禮·地官·州長》云："春秋以禮會

---

① 鄭司農云："狸步謂一舉足爲一步，於今爲半步。"狸步是射箭時的步姿。

民而射於州序",鄭氏注:"序,州黨之學也。"但上層貴族階層的習射禮,通常行於郊學、學宮或大學,如《禮記正義·射義》孔疏云:

> 《儀禮·大射》云:公入驁射畢而云入;謂從郊入國也,謂射在郊學也。故《鄉射》記云:於郊則閭中。鄭注云:大射於大學。《儀禮》所陳多據畿外諸侯,即畿內諸侯或亦然也。其服無文,故用皮弁,以射在學宮。

也有行於水邊、澤宮和射宮者,如《禮記·射義①》云:

> 天子將祭,必先習射於澤,澤者,所以擇士也。已射於澤而後射於射宮。

鄭氏注:"澤,宮名也。"《儀禮》卷十三唐賈公彥疏云:"天子有澤宮,又有射宮,二處皆行射禮者。澤宮之內有班餘獲射,又有試弓習武之射,若西郊學中射者,行大射之禮,張皮侯者是也。澤宮中射,將欲向射宮,先向澤宮中試弓習武之射。"《禮記正義》孔疏亦云:

> "天子將祭,必先習射於澤,澤者,所以擇士也"者,澤是宮名,於此宮中射而擇士,故謂此宮為澤。澤所在無文,蓋於寬閑之處近水澤而為之也。非唯祭而擇士,餘射亦在其中。故書傳論主皮射云:嚮之取也於圈中,勇力之取也;今之取也於澤宮,揖讓之取也。是主皮之射,亦近於澤也。選士於澤,不射侯也,但試武而已。

澤是寬閑近水澤之處,與其說澤是宮名,澤宮和射宮是兩個單獨的行射禮之宮,不如說澤宮和射宮為澤的一個去處,可能是澤畔所建與習射相關的建築設施。所謂"主皮之射",鄭注《鄉射》云:"主皮者無侯,張獸皮而射之,主於獲也",是知指採用動物皮制作箭靶舉行競射的形式。"選士於澤",是謂習射於水澤處。上揭晚商銅黿銘記商王在洹水競射,也是在水澤處競射,可與甲骨文所記習射禮相補苴。然文獻言習射於澤,與甲骨金文在洀、灉、洹等幾個水澤處的習射禮頗相似。

西周金文中有"射于大池"者,如美國紐約賽克勒藝術館藏西周穆王《靜簋銘》云:

> 隹六月初吉,王才(在)菶京,丁卯,王令靜嗣射學宮,小子眔服、眔小臣、眔尸僕學射。雩八月初吉庚寅,王以吳粦、呂剛(犅)鄉(會)簋蓋白邦君,射于大

---

① 編者按:"射義",原文誤作"鄉飲酒",今徑改。

池,静學無尤(擇),王易静鞞剟(劍)。静敢拜頴首,對揚天子丕顯休,用乍文母外姞障毁,子子孫孫其萬年。

大意記周王在某年六月初吉丁卯下令静擔任學宮的司射,負責教小子小臣等習射,三個月後的閏八月初吉庚寅①在大池舉行射禮,静教的一班子弟無過錯,静受到王的物質嘉獎,云云。學宮一稱"射廬"(《匡卣銘》),相當文獻的"射宮"、"辟雍";"射于大池",大池爲澤名,也稱"辟池"(《伯唐父鼎銘》②),可能是學宮或所謂辟雍所在的一個池澤處。此銘習射於學宮,而射禮行於大池,與文獻所謂必先習射於澤,後射於射宮正相反,與上揭甲骨文在浮、灘兩個水澤處習射,射禮儀程的高潮是在麗地,也存在着一些時代的差異。

圖十三 《合集》39460

《甲骨文合集》39460(圖十三)著録一片描繪在一屋外兩獸被矢射之圖。昔金祥恒先生認爲此屋指宗廟,"乃象祭祀射牲之圖像文字"③。筆者認爲此屋殆同如"射宮"、"射廬"一類射禮舉行場所的建築設施。甲骨文中有稱作"宭"(《合集》27124)、"小宭"(《合集》27818)的建築設施,宭字从宀从射,鍾柏生先生謂即後世榭字,臺上架木起屋名之榭④。宭似指此類與祭祀相關的行射禮之宮。

據唐孔穎達《禮記正義・射義》云:"凡天子諸侯及卿大夫禮射有三:一爲大射,是將祭擇士之射。二爲賓射,諸侯來朝天子入而與之射也,或諸侯相朝而與

---

① 唐蘭先生在《西周青銅器銘文分代史徵》(中華書局,1986年)第359頁中指出,該銘"庚申晚於丁卯二十三天,或八十三天,如二十三天則不能爲八月,因此,此六月以後,必有閏月,或閏六月,或閏七月,才能經八十三天而爲八月庚申"。
② 見中國社會科學院考古研究所灃西發掘隊:《長安張家坡M183西周洞室墓發掘演示文稿》,《考古》1989年第6期。
③ 金祥恒:《甲骨文躲牲圖説》,《中國文字》第20册,1966年。
④ 參見鍾柏生:《釋"宭"》,《甲骨文論文集》第2輯,臺中,1998年。

之射也。三爲燕射，謂息燕而與之射。其天子諸侯大夫三射皆具，其士無大射。故《司裘》職云：大射唯明王及諸侯卿大夫，不及於士。"甲骨文中有云："王乎雀來射"（《合集》5794）、"貞由異令羌射。貞令㠱、羌射。"（《合集》5770）、"貞由多生射"（《合集》24140）、"貞乎多射隹獲"（《合集》5740）、"貞乎子畫以𢀖新射"（《合集》5785）、"貞取新射"（《合集》5784），參加射禮者的身分各有不同，惟不及文獻有"大射"、"賓射"、"燕射"如此規範的三種射禮。

　　要之，商王暨各方貴族階層成員參預的弓矢競射禮，通常連續多天習射於寬閑水澤原野，澤畔建有與習射相關的建築設施，射禮以"弓"、"遟弓"、"疾弓"三番射作爲競技規則，注重用弓暨弓法，以實射獵物爲主要形式，視射獲獵物無廢矢品論優勝，進行頒功賜賜，射後有享祭先祖之禮。凡此等等，正是周代射禮的濫觴。

原載《中國歷史文物》2006年第1期。

董 珊

試論周公廟龜甲卜辭及其相關問題

2003年12月14日,北京大學考古文博學院師生在陝西岐山縣周公廟遺址進行田野調查時,發現刻辭龜甲。後經綴合,乃是兩大片龜甲,上面刻有四條卜辭。2004年初,在北大考古文博學院召開了"周公廟甲骨座談會",與會學者意見的綜述,可參看孫慶偉先生的《"周公廟新出甲骨座談會"紀要》[①]。

本文嘗試對這四條卜辭作些解釋,並附論一些相關問題。全文分爲七個部分:前四個部分解釋各條卜辭及相關材料,第五部分專論周人卜辭的"囟"字,第六部分從文獻學角度來討論周公廟遺址和墓葬的性質,第七部分是有關卜甲年代和卜辭月相名稱的解釋。

這兩片龜甲,都是改制背甲。片大而字少的一塊爲1號,其上的兩條卜辭分別現存8字、9字,共17字;片稍小而字多的一塊爲2號,兩條卜辭各存23字、16字,共39字。在目前已知周人甲骨刻辭中,2號卜甲的字數最多。我們就先從2號卜甲的兩條卜辭談起。

一、2-1卜辭

2號龜甲右側的一條卜辭最長,該辭有兩行,每行的頂端均缺字。可釋寫爲:

……五月既死霸壬午,衍(延)祭甴(僕)、繁事(使)。岳(緜):者(諸)
……來。𠦪(厥)至,王囟(使)克逸于宵(廟)。

---

① 刊於北京大學震旦古代文明中心編:《古代文明研究通訊》總第20期,2004年3月。

第一行"五"字位於龜甲齒紋斷處，據殘劃應是"五"字。第二行"來"字上亦爲齒縫之折，上面應該殘去一兩個字。

"𩜦"字原从"才"、"食"、"𠬝"。所謂"食"旁的"亼"下所从，上面像"止"旁，下面有些像是屬於"𠬝"旁的"又"形，類似寫法在同時代文字中很罕見，有可能就是刻劃草率的"食"旁。但無論怎樣理解所謂"食"旁，該字應从"才"聲，相當於甲骨金文之"𩜦"字，這應該是没有什麽疑問的。《說文·𠬝部》："𩜦，設飪也，从𠬝、食，才聲，讀若載。""𩜦死霸"讀"哉死霸"，是首次出現的月相名。有關這個月相的問題，另見後文討論。

"衍"，該字與裘錫圭先生所曾考釋殷墟甲骨文"衍"字的一種寫法相同①。西周仲再簋銘末云："用鄉王逆衍"（《殷周金文集成》03747，以下凡引用此書銅器銘文著錄簡稱"《集成》"，或者只注出該書的五位編號），裘先生曾説：

> 對仲再簋"用鄉王逆衍"，由於矢作丁公簋等器的"用饗王逆逪"②等相關語句尚未得到理解，目前也難以作出確解。這裏姑且提出一個不成熟的意見。"衍"、"延"古通（參看《古字通假會典》177頁），"逆衍"也許應該讀爲"逆延"。"延"字古訓"引"（《吕氏春秋·重言》"延之而上"高注："延，引也。"），訓"進"（《儀禮·覲禮》"擯者延之曰升"鄭注："延，進也。"）。"逆延"也許指王派來迎逆延請臣下的使者。伯𣪕父鼎説"用饗王逆𣇃事人"（《金文總集》1022），叔趯父卣説"用饗乃辟軝侯逆𣇃出內事人"（同上，5508），這是我們把仲再簋"逆衍"理解爲王的一種使者的根據。

據上引裘先生所説來看，周公廟龜甲卜辭的"衍"亦可讀爲"延"，在此用爲動詞，訓爲"引"或"進"。

---

① 裘錫圭：《釋"衍"、"侃"》，刊於臺灣師大國文系、中國文字學會編輯：《魯實先先生學術討論會論文集》，1993年6月；又載《人文論叢》2002年卷，武漢大學中國傳統文化研究中心編，武漢大學出版社，2003年11月。

② 關於"逪"（或隸定爲"逪"、"洀"）字，1990年以來，先後有何琳儀、吳匡和蔡哲茂、湯餘惠等學者的三篇文章討論。湯先生文章最晚刊出，他贊同吳、蔡二位先生以金文"逆復"對應《周禮》"復逆"的觀點，認爲《周禮》"復逆"是諸侯臣僚面君奏事的意思，金文"逆復"跟"使人"相類，可以理解爲"奏事者"。我認爲湯先生的看法比較正確。請參看何琳儀《釋洀》，吳匡、蔡哲茂《釋金文逪、洀、㳄諸字》，中國古文字研究會第八届年會論文，1990年，上海，前者收入吳榮曾主編：《盡心集——張政烺先生八十壽慶論文集》，137—145頁，中國社會科學出版社，1996年；湯餘惠：《洀字別議》，中國古文字研究會第十届年會論文，1994年，東莞，收入《容庚先生百年誕辰紀念文集（古文字專號）》，廣東人民出版社，1998年。

"祭"，字从"又"、"肉"，是殷墟甲骨文"祭"字常見的一種寫法。

"巖"，字从"厂"、"人"、"収"、"辛"。"収"上所從的"辛"旁位於龜甲盾溝處，刻劃較淺，但據照片尚可辨認"辛"旁。西周幾父壺"僕"字"収"上所從有"辛"與"丵"兩類寫法：

[圖] [圖] 幾父壺，《集成》09721、09722

周公廟卜辭"僕"字所從爲前一類。"巖"所從之"厂"旁上面的筆劃不夠清晰，跟下面兩個晚商金文"巖"字相比較，就基本能肯定是从"厂"旁：

[圖]《集成》08592   [圖] 同上，09406

"厂"旁是自甲骨文"璞周"之"璞"字表示"山"形的部分演變來的：

[圖][圖][圖]《甲骨文編》691 頁

在周原甲骨 H11∶36 也有個从"厂"旁的字①，其下所從"言"形，可跟西周金文令鼎"巖"字所從"辛"旁已變爲"言"形比較：

[圖] 周原甲骨 H11∶36   [圖] 令鼎，《集成》02803

周原甲骨 H11∶36 的這個字也有可能是"巖"字之省。這也能佐證周公廟卜辭"巖"字當从"厂"旁②。

"巖"从"僕"聲，"祭巖"讀爲"祭僕"，職官名，《周禮・夏官・司馬》"大僕"屬官有祭僕，與小臣、御僕同官府③。大僕職云："掌正王之服位，出入王之大命，掌諸侯之復逆。"小臣職："掌三公及孤卿之復逆"，御僕職："掌群吏之

---

① 見曹瑋：《周原甲骨文》，世界圖書出版公司北京公司，2002 年 10 月。本文引用周原甲骨文均據此書。
② 以上討論請參看林澐：《究竟是"鞦伐"還是"撲伐"》，《古文字研究》第二十五輯，中華書局，2004 年 10 月。順便指出，林先生此文認爲劉釗先生所釋金文"鞦伐"仍應該從傳統說法讀爲"撲伐"，這是我們不同意的。我認爲，唐蘭先生所釋甲骨文"璞周"之"璞"是表示"開采璞玉"意的表意字，這個字就其所表示的動作"開采"來講，讀"鞦"、"殘"一類的讀音；就"璞玉"的意思來講，讀"璞"、"僕"這類讀音。這類現象在早期文字中屢見不鮮，林先生自己也講過古文字的"一形多讀"現象，請參看《林澐學術論文集》，22—29、35—43 頁，中國大百科全書出版社，1998 年。
③ 參看孫詒讓：《周禮正義》之《夏官・叙官》，中華書局，1987 年，第九册，2260 頁。

逆，及庶民之復，與其吊勞"，這些職官都掌管與王有關的出入復逆，其不同在於分別針對諸侯、群臣、庶民。祭僕職云：

> 掌受命于王，以眡祭祀，而警戒祭祀有司，糾百官之戒具。既祭，帥羣有司而反命；以王命勞之，誅其不敬者。大喪，復于小廟。凡祭祀，王之所不與，則賜之禽，都家亦如之。凡祭祀致福者，展而受之。

可見，祭僕是職掌在祭祀時的出入復逆。

"繁事（使）"，"繁"爲方國名。西周穆王世銅器班簋銘文（《集成》04341）記載，周王令毛伯伐東國時"秉繁、蜀、巢令"，這三個方國，周原甲骨中已見"蜀"（H11:97、H11:68"伐蜀"）與"巢"（H11:110"征巢"）①。"繁"亦見於師虎簋銘"啻官司左右戲繁荊"（《集成》04316）的"繁荊"，這是以"繁荊"組成左右偏軍的主力。據師虎簋銘，"繁"是"荊"的一種，應屬南國②。鄭玄《詩譜·周南召南譜》云"至紂，又命文王典治南國江、漢、汝旁之諸侯。"《左傳》襄公四年："春，楚師爲陳叛故，猶在繁陽。"杜預注："楚地，在河南鮦陽縣南。"《左傳》定公六年"子期又以陵師敗于繁揚"作"繁揚"，今地在河南新蔡縣北③，地屬汝水流域。因此，《左傳》"繁陽（揚）"跟先周之"繁"很可能同爲一地。周公廟卜辭"繁使"即繁國使者。

"繁使"與"祭僕"都是謂語動詞"衍（延）"的賓語。祭僕和繁使的關係，據《周禮》所說祭僕職掌，祭僕可視作王的一種"逆復出内事（使）人"，在卜辭中應是王派去延請"繁使"的使者。

"缶"，或釋爲"占"，但據照片來看，其左側的斜筆無疑是存在的，因此當釋爲"缶"而不能釋"占"。"缶"當讀爲"䌛"，據《說文解字》段注"䌛之訛體作繇"。古書中多用"繇"字。"䌛"上古音屬幽部，與以"缶"爲基本諧聲偏旁的"陶"字可以通假，例如：文獻所見之"皋陶"，近出上博簡《容成氏》第二十九簡作"咎䋣"，在《說文·言部》、《尚書大傳》、《楚辭·離騷》、《漢書·武帝紀》等作"咎繇"，《孔子家語》或作"皋繇"，《書序》"《皋陶謨》"陸德明《釋文》"陶音遙，本又作繇"。這說明，"缶"、"䌛（繇）"聲系可通。

---

① "巢"爲殷商舊國，地在今安徽省巢縣東北五里居巢故城。參看楊伯峻：《春秋左傳注》文公十二年經"楚人圍巢"注，中華書局，1990年，585頁。
② 參看林澐：《商代兵制管窺》，154頁，《林澐學術文集》，中國大百科全書出版社，1998年；董珊：《談士山盤銘文的"服"字義》，《故宮博物院院刊》2004年1期。
③ 參看楊伯峻：《春秋左傳注》定公六年注，中華書局，1990年，1557頁。

"缶（繇）"，繇辭。《左傳》中屢見繇辭，例如莊公二十二年《左傳》：

> 初，懿氏卜妻敬仲，其妻占之曰："吉！是謂：'鳳凰于飛，和鳴鏘鏘。有媯之後，將育于姜，五世其昌，並于正卿，八世之後，莫之與京。'"……陳侯使筮之，遇《觀》之《否》，曰："是謂：'觀國之光，利用賓于王。'此其代有陳國乎?! 不在此，其在異國，非此其身，在其子孫。"

孔穎達《正義》云：

> 卜人所占之語，古人謂之繇。其辭視兆而作，出于臨時之占，或是舊辭，或是新造，猶如筮者引《周易》，或別造辭。卜之繇辭，未必皆在其頌千有二百之中也。此傳"鳳凰于飛"下盡"莫之與京"，襄十年傳稱衛卜禦寇，姜氏問繇，曰："兆如山陵，有夫出征，而喪其雄。"哀九年傳稱晉趙鞅卜救鄭，遇水適火，史龜曰："是謂沈陽，可以興兵，利以伐姜，不利子商。"三者皆是繇辭，其辭也韵，則繇辭法當韵也。

在最近發表的新蔡葛陵楚簡中，也見有繇辭：

> 丌（其）繇曰：氏（是）日未兑，大言謹＝（絶絶），[小]言惙＝（惙惙），若組若結，終以□[□]。　　　　　　　　　　　　新蔡楚簡甲三 31①

綜合上述，繇辭是抄録占卜書中對兆、卦的解釋之辭，也有臨時新造之辭。《史記·孝文本紀》《索隱》引荀悦曰："繇，抽也，所以抽出吉凶之情也。"繇辭内容大多比較抽象。周公廟卜辭"缶（繇）：者……來"以"缶（繇）"發端，似即繇辭。

據裘錫圭先生研究，周原甲骨"卧曰"之"卧"應讀爲"㲋"（即"兆"字），以"卧曰"發端之辭應爲占辭②。周公廟卜辭的繇辭與周原甲骨所見的占辭性質有别，但繇辭可以充當占辭或作占辭的一部分。《漢書·文帝紀》："占曰：大横庚庚，余爲天王，夏啓以光。"顔注："李奇曰：'庚庚，其繇文也。占，謂其繇也。'繇本作籀。"③這是以繇辭作爲占辭。與上引諸繇辭比較，周公廟卜辭

---

① 河南省文物考古研究所編著：《新蔡葛陵楚墓》圖版八〇，並請參看正文 189 頁賈連敏先生的釋文，大象出版社，2003 年。關於這條簡，還可參看禤健聰《新蔡楚簡短札一則》（簡帛研究網站，2003/12/28）、陳偉《葛陵簡中的繇》（同上，2004/2/29）。

② 裘錫圭：《釋西周甲骨文的"卧"字》，香港中文大學中文系等編輯：《第三屆國際中國古文字學研討會論文集》，1997 年；裘錫圭：《從殷墟卜辭的"王占曰"説到上古漢語的宵談對轉》，《中國語文》2002 年第 1 期，70—76 頁。

③ 並請參看《史記·孝文本紀》三家注引諸家之説。

"缶（繇）"下似省略了"曰"。關於占辭省略形式的討論，可以參看本文第五部分。

"者……來"有殘文。"者"疑讀爲"諸"，推測文義，"者（諸）"下面殘去的中心詞，可能與上文"衍（延）"的兩個對象"祭僕"跟"繁使"有關。"缶（繇）：者（諸）……來"意思是：繇辭説："諸……"會來到。

"叀（厥）至"，據張玉金先生所討論，"叀（厥）"字有代詞、助詞、連詞和副詞四種用法①。這裏應理解爲代詞，指代"祭僕、繁使"。

"王"，下半形象斧鉞之鋒刃，類似寫法的"王"字常見於周原甲骨。

"囟"，這個字也常見於周原甲骨，據近年幾位學者研究，應讀爲"使"。本文在第五部分指出"囟（使）"字爲使動句式的形式標記並有討論，請參看。使動句式的"使"字下面，需要接一個兼語。從這條卜辭上下文看，"囟（使）"下省略的無疑是"祭僕、繁使"，被省略的成分兼作後面"克＋動詞"的主語。周原甲骨"囟克事"凡三見（H11:6、H11:21、H11:32），"囟"下省略不特定的賓語，與此結構類同。

"逸"字原形作：

[字形] 周公廟卜辭 2-1

該字從"辵"、從"兔"，"兔"旁短尾特徵明顯，其寫法可跟下列諸字的偏旁比較：

[字形] 叔夗方彝　[字形] 叔夗尊　[字形] 盂鼎　[字形] 繁卣"宗彝一逸"（05430）

[字形] 秦子矛　[字形] 中山圓壺

[字形] 三體石經古文　[字形] 卯簋蓋"宗彝一逸"（04327）　[字形] 多友鼎"湯鐘一逸"（02835）

上舉繁卣、卯簋蓋、多友鼎的"逸"字，根據三體石經所保存《無逸》、《多士》、《多方》諸篇的"逸"字古文寫法，學者都釋爲"逸"，在金文中用做器物的量詞。對這個字的讀音，張振林先生曾指出②：

---

① 張玉金：《西周金文中"叀"字用法研究》，《古文字研究》第二十五輯，中華書局，2004年10月，106—109頁。

② 張振林：《商周銅器銘文之校讎》，《第一屆國際暨第三屆全國訓詁學術研討會論文》，臺灣中山大學中國文學系、中國訓詁學會主編，1997年，767—768頁。

西周春秋時期，宗彝、鐘鼓、舞者的集合單位詞，從語言學的角度考察應該讀"逸"或"肄"（余母質部），共同的意義爲"列"；從文字學考察，从"聿"、从"佾"得音的"𢑚"、"肄"、"佾"等字皆同音。

據此，"逸"當讀爲"肄"或"佾"，三字都是余母質部，音近通用①。周公廟卜辭"逸"用爲動詞，可訓爲"陳"或"列"，《詩經·大雅·行葦》："或肄之筵，或授之几。"毛《傳》："肄，陳也。"《玉篇·長部》："肄，陳也，列也。"

"宵"，字亦見周公廟 1 號龜甲，這兩個字寫作：

佾 2 號　　㐱 1 號

該字可分析爲从"宀"、从"月"、"小"聲，隸定爲"宵"。《金文編》卷七 1207 號"宵"字頭下收録宵簋銘文的兩個"宵"字：

宵宵 宵簋（《集成》10544，歸入不明器類，年代屬西周早期）

跟周公廟卜辭"宵"當爲同一個字，只是偏旁"小"的位置不同。"宵"所从的"月"當爲意符。

《説文·宀部》："宵，夜也。从宀、宀下冥也。肖聲。"《説文·肉部》："肖，骨肉相似也。从肉、小聲。不似其先，故曰不肖也。"《説文·肉部》之"肖"所从意符爲"肉"，我們這裏討論的"宵"意符爲"月"，其偏旁"肖"跟《説文》"肖"字聲符雖同，而意符迥異。如果不是早期从"月"之"肖"在小篆中訛變爲从"肉"旁，那麽這兩個"肖"應各有來源，只是偶然同音②。

周公廟卜辭兩"宵"字都位於介詞"于"後，是處所名。在 2004 年初周公廟甲骨座談會上，李學勤先生指出該字爲一種宗廟建築的名稱。這是很對的。

我認爲"宵"可以就讀爲"廟"。宵，心母宵部；廟，明母宵部，中古音都是開口三等字，其上古音韵部相同，聲類不同。從諧聲來看，唇音宵部字（及其入聲藥部字）常常以非唇音字作爲諧音偏旁，例如：

1. "豹"是唇音幫母藥部字，其从"勺"聲，"勺"、"杓"、"芍"爲照₃系字禪母藥部字，"約"爲喉音影母藥部字。

---

① 參看高亨纂著、董治安整理：《古字通假會典》，530 頁"逸與佾"、"逸與佚"，536 頁"肄與佚"等條目，齊魯書社，1989 年。
② 戰國文字中的"肖"、"宵"均从"月"旁，參看湯餘惠主編：《戰國文字編》，502 頁"宵"、260 頁"肖"，福建人民出版社，2001 年。

2. "毛"及从"毛"聲諸字多是脣音明母宵部字，但从"毛"聲的"耗"、"秏"等字是喉音曉母字。下面再舉一個从"毛"之字通假的爲禪母"勺"字的例子。

包山楚簡遣册 266 號所記木器"二枓、二祈"之"枓"字作：

毛斗 包山楚簡 226 號①

此字从"斗"、"毛"聲，在簡文中應讀爲"勺"。"二枓"當如李家浩先生所説，指的是包山二號墓東室所出的兩件漆勺②。據此可見，明母字"毛"與禪母字"勺"聲系相通。

3. "秒"、"妙"、"眇"、"訬"都是明母字，其共同的諧聲偏旁"少"爲舌音書母字。"宵"从心母字"小"聲，"小"也是"少"字的諧聲偏旁，因此"小"可視爲那些諧"少"聲的明母字的基本諧聲偏旁。這種諧聲關係中的聲紐關係，正跟心母字"宵"讀爲明母字"廟"相同③。

4. "廟"是脣音明母宵部字，據《説文》，"廟"从"朝"聲，"朝"屬舌音定母，又能跟屬於齒音从母的"就"字相通假④。這也跟"宵"讀爲"廟"的聲紐關係類同。

上舉四組是諧聲、通假方面的例子。因爲古代朝見通常在早上，宗廟又兼具朝堂的作用，所以朝堂之"朝"、朝夕之"朝"跟宗廟之"廟"都可以看作是同源詞。

---

① 字又見於望山楚簡 2-45 "二祈、二瓚"，字形不甚清晰，但可肯定从"毛"、从"勺"。
② "勺"是這類器物的通名，"斗"、"勺"雖然形制不同，但功用相類，所以讀爲"勺"的"枓"字可以用"斗"作爲形符。李家浩《包山二六六號簡所記木器研究》（《國學研究》第二卷，538—540 頁，北京大學出版社，1994 年）認爲：包山簡"毛斗"字"是一個从'毛'从'瓚'字象形初文得聲的字，在此假借爲'瓚'"。後來公佈的上海簡《緇衣》第 15 簡有"好刑而輕爵（斗少）"，"斗少"讀爲"爵"，郭店簡《緇衣》寫作"雀"。上博簡"斗少"字結構爲从"斗"、"少"聲，與"毛斗"字从"斗"、"毛"聲結構相類。在上博簡《緇衣》篇公佈以後，學界都已經認識到李家浩先生對"毛斗"字的分析是錯誤的，"毛斗"不能釋讀爲"瓚"，但李先生認爲包山簡該字指的是發掘報告所稱東室出土兩件"漆勺"，則是正確的。這兩件漆勺形狀如斗，在祼祭中可作爲用來酌酒的"瓚"。杜預《春秋左傳注》昭公十七年釋"瓚"爲"勺也"，可見"瓚"是勺的一種，跟"勺"功能相同，都是用來酌酒，故而瓚亦可稱"勺"。又，李文提到信陽簡 2-011 "二雕（雕）瓚"所謂"瓚"字从"木"从"斗少"，從圖版看，其右半字形不是"斗少"，有待考證。
③ 這類音變的解釋，可以參考潘悟雲、朱曉農：《漢越語和〈切韵〉脣音字》，原載上海古籍出版社 1982 年版《中華文史論叢·語言文字研究專輯（上）》，收入《著名中年語言學家自選集·潘悟雲卷》，1—38 頁，安徽教育出版社，2002 年 12 月版。
④ 參看《古字通假會典》，737 頁"就與朝"條。

根據鄭張尚芳先生的擬音，"朝"是宵部字，古音爲 *r'ew，故與"廟" *mr'ews 聲基共形而諧聲通假[①]。

僅從語音上説，"宵"字讀爲"廟"或"朝"都無不可。在周代聘禮中，主客相見的地點有既有在"朝"也有在"廟"。上面已經談到過，"祭僕"在祭祀這種特定場合出現，因此把"宵"讀爲"廟"，更能切合這條卜辭的上下文。

西周早期禹方鼎中的"廟"字寫作：

禹方鼎，《集成》02739

跟"宵"字相比，除掉兩個意符"宀"、"月"，只有基本諧聲偏旁不同。據上述諧聲和詞義關係，周公廟卜辭"宵"字也可以看作是跟"廟"聲符不同的異體字。西周金文"廟"字絶大多數都從"宀"、"潮"聲，乃是省略了意符"月"，又對聲符加以繁化的結果。趞簋（4266）"王各（格）于大（太）𤈡（潮—廟）"，即以"潮"爲"廟"。

據以上分析，周公廟卜辭所見之"宵"應該讀爲"廟"。"逸于廟"，祭僕和繁使列隊於廟堂。

綜合上述，周公廟 2 號卜甲右側卜辭格式可以分析爲：

前辭：……五月虢（哉）死霸壬午，　　　　　　　　其下省略"卜"
命辭：衍（延）祭巂（僕）、繁事（使）。　　　　　　開頭省略"某貞"
占辭之繇辭：缶（繇）：者（諸）……來。　　　　　"缶（繇）"下省略"曰"字
占辭：㞢（厥）至，王由（使）克逸（肆）于宵（廟）。

這條卜辭大意是説：在五月哉死霸壬午這一天，卜問延請祭僕和繁使之事。繇辭説：他們將要來到。如果他們到了，周王使他們能列隊於廟加以朝見。

二、2-2 卜辭

2 號卜甲的左側那條卜辭殘掉了開頭，殘辭可試寫爲：

……視馬，衛（逃—迖）于馬自（師），勿乎（呼）人（?）于逆它，終囟（使）亡咎。

[①] 鄭張尚芳：《上古音系》，82 頁，上海教育出版社，2003 年 12 月。

"視",據裘錫圭先生釋。裘先生曾經指出,古文字"目"下作立人形之字應釋爲"視",與"目"下作跪坐人形之"見"形體有別①。周原卜辭的這個字增從像手杖的"卜"旁,應當是由於古文字"長"、"疑"等字的站立人旁也常常增此偏旁而類化:

視:[字形] 周公廟卜辭2-1——[字形] 應侯鐘(00107、00108) [字形] 鈇鐘(00260)

疑:[字形] 延角(09099) [字形] 異侯父乙簋(03504)——[字形] 伯疑父簋(03887) [字形] 異侯父乙簋(03505)

長:[字形] 墻盤(10175)——[字形] 長日戊鼎(02348)

裘錫圭先生指出,《周禮·春官·大宗伯》"殷覜曰視",覜、視同訓,段玉裁《說文解字注》"覴"字下謂:"下于上、上于下,皆得曰覴。"②周公廟卜辭"視"也是此義。

"衒",從"辵"、"丁",從"柲"字初文爲聲符。同樣寫法的"柲"見《周原甲骨文》H31:4"鉍"字以及《甲骨文合集》(以下簡稱"《合集》")36396"鉍"字所從(亦可參看《甲骨文編》77—78頁):

[字形] 周公廟卜辭2-2 [字形] 周原甲骨H31:4 [字形] 《合集》36396 [字形] 同上,36662 [字形] 同上,36666

"柲"上有短橫,這個短橫是由指示符號"○"或"·"演變來的,並非"戈"字表示戈頭的筆劃。裘錫圭先生《釋柲》一文曾成功考釋了殷墟第五期卜辭常見的"鉍"字,周公廟卜辭的這個字與裘先生所釋的"鉍"字相比,右側增加了"丁"旁,這是意符的繁化。據上述對字形的分析,"衒"即"鉍"的繁體。下文亦將從辭例上來驗證這一點。

裘先生在《釋柲》一文中指出:"第5期的'鉍'大概也應讀爲'毖'。對某一對象加以敕戒鎮撫,往往需要到那一對象的所在去,《洛誥》說'伻來毖殷',

---

① 裘錫圭:《甲骨文中的見與視》,臺灣師範大學國文系、"中央研究院"歷史語言研究所編:《甲骨文發現一百周年學術研討會論文集》,文史哲出版社,1999年8月。
② 見裘錫圭:《甲骨文中的見與視》,4頁。

上引卜辭説'戍往毖征',都反映了這一點。"①殷墟黄組卜辭中"毖于某地"的文例極爲常見,周公廟卜辭此字用法與之相同。

這裏可以順便解釋那片有"毖"字的周原卜甲 H31:4 卜辭:

廼則祼㽙隊毖(毖),囟亡咎。用。

即,弗克尸(夷)安,卧(兆)曰:每(悔)。

此片的兩條卜辭内容相關,第二辭言"即","即"當訓爲"至","弗克尸（夷）安"是説到了以後不能安定鎮撫,所以"卧（兆）曰悔"。其中"即,弗克尸（夷）安"正是承第一辭"去敕戒鎮撫"義的"毖"字而言。

"馬"跟"馬自"之"馬"所指相同。甲骨金文常見"在某自"或"在某師"的文例,以"自"爲"師","師"、"師"都可以讀爲"次",指在某地的師旅駐地②。此"馬"應指周人的馬兵,"馬自（師、次）"即馬兵駐地③。

"勿乎（呼）人（？）于逆它","人（？）"字之釋不確定,但有可能是"人"字的誤刻,"人（？）"是周王臣屬。"于"訓爲"往","逆"訓爲"迎","于逆"即"往迎"。"它",殷墟卜辭中的"它"字寫法跟此字相近,見張政烺先生釋④。在殷墟卜辭中,"逆"字後面多數都帶賓語,周公廟卜辭"它"也應是"逆"的賓語。

"毖"跟"視"是相關的行爲。《周禮·秋官·大行人》:"王之所以撫邦國諸侯者,歲徧存,三歲徧覜,五歲徧省……""徧覜"之"覜",訓爲"殷眺曰視"之"視",此種"視"的目的爲"撫邦國諸侯",與裘先生解釋爲"敕戒鎮撫"之意的"毖（毖）"意義相關。周公廟這條卜辭以"視馬"跟"毖（毖）于馬師"連言,既可以再次證明裘先生對"毖（毖）"解釋的正確,也可以説明我們對周公廟此條卜辭"視"、"毖（毖）"的理解不誤。

"視"跟"逆"兩個動作的關係,還可以參看 1974 年陝西武功縣回龍出土的駒父盨蓋銘（04464）:

---

① 裘錫圭:《釋"毖"》（附:釋"弋"）,《古文字研究》第三輯,中華書局,1980 年,收入《古文字論集》,中華書局,1992 年。
② 參看裘錫圭:《談談古文字資料對古漢語研究的重要性》注釋[22],見《裘錫圭自選集》,208 頁,河南教育出版社,1994 年 7 月版。
③ 殷墟卜辭也屢見關於馬兵的占卜,參看王宇信:《甲骨文"馬"、"射"的再考察——兼駁馬、射與戰車相配置》,《第三屆國際中國古文字學研討會論文集》,39—66 頁,香港中文大學中國文化研究所、中國語言文學系,1997 年。
④ 張政烺:《釋"它示"——論卜辭中没有蠶神》,《古文字研究》第一輯,63—70 頁,中華書局,1979 年；後收入《張政烺文史論集》,514—520 頁,中華書局,2004 年 4 月。

唯王十又八年正月，南仲邦父命駒父即（就）南諸侯，率高父視①南淮尸（夷），厥取厥服。菫（群？）尸（夷）俗（欲）豦（情？），不敢不敬畏王命，逆視我，厥獻厥服。我乃至于淮，小大邦亡（無）敢不𢼎（𢼎—朝？）②，具逆王命。四月，還至于求（？），作旅盨，駒父其萬年永用多休。

卜辭"視馬"前面有殘損，推測原本是"曰：□□視馬"這種格式（參看下文對周公廟1號卜甲第1條卜辭的解釋）。殘損部分當包含一個主語。根據我們下面的分析，這條卜辭所見的三個謂語動詞"視"、"毖"跟"乎（呼）"分屬兩個不同的主語。

我們上面討論過同版並存的 1-1 號卜辭，其占卜主體"王"無疑是周王，那麼這一條的占卜主體也應該是周王。周王是"終凶亡咎"這個占卜結果的承受者，所以發出"不要叫人往迎"這個動作的人也應是該辭的占卜主體，即"乎（呼）"的主語是周王。

假設"視馬"者是占卜主體，那麼卜辭應該說"勿乎人來逆"而非"于逆"。"來逆"見於㝬鐘銘："服蠻𫵻遣間來卲（覜）王，南尸（夷）、東尸（夷）具視廿又六邦。""卲"讀爲"覜"，訓爲"視"，參看上舉《周禮·春官·大宗伯》"殷覜曰視"以及駒父盨蓋銘"逆視我"。所以，從語氣上來說，"視馬，毖于馬師"跟"勿呼人（？）于逆它"不應是同一個主語發出的動作。

據上述分析，周王不是"視馬"者。那麼"……視馬，毖于馬師"的主語是誰？體會辭義，"逆"的對象"它"，很可能跟殘掉的主語所指一致，就是"視馬"及"毖于馬師"的人。

辭末的"終凶無咎"是對周王"勿乎人于逆它"的行爲做出吉凶判斷。"終"字寫法見周原甲骨 H11:121 "終"（單字）及 FQ2① "凶孚于永終"。在跟卜辭性質相近的《易經》卦辭、爻辭中，常以"終"字係於吉凶判斷之前做狀語，表示"最終"的意思，例如：

1.《訟》卦辭"有孚窒惕，中吉，終凶"；

---

① 此字及下文"逆視我"之"視"字，也是裘錫圭先生所釋，參看裘錫圭：《甲骨文中的見與視》，4頁。
② 此字原形象人持火把，類似形象的字又見於殷墟卜辭、周原甲骨文 H11:84、商周金文等材料，我認爲此即"燒"字之初文，即"𢼎"字之聲符，在駒父盨蓋銘讀爲"朝見"之"朝"。在殷墟甲骨文中與"夕"對貞記時表時間詞讀爲"朝暮"之"朝"；表動詞與"田"連用時用爲本字，即"燒田"之"燒"。有關看法詳見另文。

2.《夬》上六爻辭"無號,終有凶";

3.《需》九二爻辭"需于沙,小有言,終吉";

4.《需》上六爻辭"入于穴,有不速之客三人來,敬之終吉";

5.《賁》六五爻辭"賁于丘園,有帛戔戔,吝,終吉";

6.《坎》六四爻辭"樽酒簋貳用缶,納約自牖,終無咎"。

"終囟亡咎"文例與上舉諸例略同。"囟"讀爲"使",解釋見後文。咎,《説文》訓爲"灾","亡咎"即"無咎",是古代成語,即無灾禍。

據上所説,這條卜辭大意是:〔它〕來視馬,鎮撫馬師,周王不叫人去迎接"它"("視馬"者),〔據卜兆作出吉凶判斷爲〕:最終使(事件)無灾禍。

周公廟2號卜甲的右辭2-1應爲先刻,左辭2-2後刻。2-2卜辭"乎"字右上小豎刻在了2-1卜辭"于"字的最末一筆之上。

三、1-1卜辭

周公廟1號卜甲的第1條卜辭可釋爲:

曰:異(式)乎(呼)臧衛夔,乎(呼)乞(?)……

周原甲骨數見以"曰"開頭的卜辭,這片周公廟卜甲的兩條卜辭格式可能也是如此。我認爲,"曰"是"卧曰"(讀"兆曰")①的省略形式,這類卜辭的性質都是省略前辭和命辭,只有視兆或視卦所得的占辭。周原甲骨以"卧曰"開端的視兆占辭較爲常見;視卦之例,看H11:85"七六六七一八。曰:其……既魚"。

這裏的"異"字,可能有主語或虛詞兩種用法。我們認爲,當時占卜的主體是明確的,可以省略;又鑒於上述"曰"字句乃是占辭的判斷,這裏的"異"字最好理解爲裘錫圭先生曾經談過的虛詞"異"。

裘錫圭先生在其著《卜辭"異"字和詩、書裏的"式"字》一文認爲,見於卜辭、金文以及《尚書》、《逸周書》的虛詞"異~翼"跟《詩》、《書》、金文的

---

① 裘錫圭:《釋西周甲骨文的"卧"字》,香港中文大學中文系等:《第三屆國際中國古文字學研討會論文集》,1997年;裘錫圭:《從殷墟卜辭的"王占曰"説到上古漢語的宵談對轉》,《中國語文》2002年第1期,70—76頁。

"弋～弋"很可能是同一個虛詞在不同歷史階段的異寫，這個詞可以表示可能、意願、勸令等意義，其類似於英語中的"will"和現代漢語的"要"所表達的語氣。裘先生所舉諸例中，結構爲"異（或翼）+動詞"的例子有：大盂鼎"天異臨子"、《逸周書·世俘》"武王乃翼矢（引者按：矢爲陳列義）珪、矢憲"，均可以跟此處"異乎（呼）……"相比較①。

"乎（呼）䵼衛夒"這種句式在殷墟卜辭中很常見，叫䵼去駐衛夒。"䵼"是人名。"夒"是地名，亦見晚商小臣俞犀尊銘"王省夒京，賜小臣俞夒貝"（《集成》05990）、西周昭王世的中方鼎銘"省南國𨞠居，在夒𨸟真山"（同上02751、02752）。這兩件金文的地名用字，有學者或釋爲"夔"。從字形上看，古文字"夒"與"夔"字的差別主要在於頭部，"夔"字突出表示頭髮的筆劃，因此這個字當釋"夒"而非"夔"。中方鼎之"夒"在南國，李學勤先生認爲即楚國熊摯所居的夔，地在今湖北秭歸東②。《史記·楚世家》《正義》引宋均注《樂緯》："熊渠嫡嗣曰熊摯，有惡疾，不得爲後，別居于夔，爲楚附庸，後王命曰夔子也。"《楚世家》記載楚成王三十九年滅夔，《集解》："服虔曰：夔，熊渠之子孫，熊摯之後，夔在巫山之陽，秭歸鄉是也。"《索隱》："譙周作'滅歸'。歸即夔之地名歸鄉也。"周公廟卜辭所見之"夒"也可能就是此處。第2個"乎"字下面一字，據殘劃似爲"乞"字。

據上述，這條卜辭與戰爭有關，大意是："視兆判斷結果爲：要叫䵼駐衛夒，叫乞（？）……"

四、1-2 卜辭與相關材料

周公廟1號卜甲第2條卜辭可釋寫爲：

曰：彝（？）……囟妹克□□于宵（廟）。

---

① 裘錫圭：《卜辭"異"字和詩、書裏的"式"字》，《中國語言學報》第1期，1983年；後收入《古文字論集》，122—140頁。
② 李學勤：《盤龍城與商朝的南土》，《文物》1976年第2期，後收入《新出青銅器研究》，文物出版社，1990年，15頁，可參看李學勤：《靜方鼎考釋》及《靜方鼎考釋訂補》，《第三屆國際中國古文字學研討會論文集》，223—230頁，1997年。該文又分爲《靜方鼎與周昭王曆日》、《靜方鼎補釋》兩篇刊於《夏商周年代學札記》，22—30、76—78頁，遼寧大學出版社，1999年。

"曰"下之字僅存上部殘劃，可能是"彝"，也可能是"女"或"母"字。

"囟"，最初的照片、摹本皆遺漏此字，從原片看，該字清晰可見。

"妹"，見於殷墟甲骨文，早期作"㱿"，晚期例如黃組卜辭作"㱿"。李宗焜先生指出，殷墟甲骨文中的"妹"字絕大多數都是用作否定詞的，可能讀爲古書中的否定詞"蔑"，也可能跟"蔑"是個音義皆近的親屬詞。他又指出，"在殷墟卜辭的否定詞中，'妹'的性質比較特殊。它既用來表示可能性，也用來表示意願。從已有的用例來看，否定詞'妹'都有擬議的語氣，這一點跟古書中的否定詞'蔑'相似"。①

否定詞"妹"以及"妹克"連用，也見於西周金文：

> 叔趙父卣：兹小彝妹吹（隳），見（另一器作視）余，惟用諆造汝。
>
> （《集成》05428、05429）
>
> 它簋：嗚呼！惟考敢（捷）②敏，念自先王先公，乃妹克衣（卒）告剌（烈）成工（功）。虘！吾考克淵克，乃沈子其顧懷，多公能福。嗚呼！乃沈子妹克蔑見厭于公休。沈子肇畢□貫積，作兹簋，用載享已公，用各多公。 （《集成》04330）

李宗焜先生的文章沒有涉及上述材料，下面對這兩種銘文作些解釋。

叔趙父卣銘"兹小彝妹吹（隳）"的意思是"這件小彝器不要毀壞"。它簋全銘較爲難懂，大意是記叙器主在周公宗祭祀成功，因而作祭器，以感謝其父考和多公在天之靈對他的保佑。銘文兩次出現"妹克"，第一個"妹克"之前省略了一個表示假設條件的分句③。這句話可翻譯爲：吾考的敏捷才能爲先公先王所念，［如果不是這樣］，則［我］不會最終告烈成功。

---

① 李宗焜：《論殷墟甲骨文中的否定詞"妹"》，《"中央研究院"歷史語言研究所集刊》第 66 本 4 分，《傅斯年先生百年誕辰紀念論文集》，1995 年 12 月。
② 郭沫若《沈子簋銘考釋》（《金文叢考》，665 頁，科學出版社，2002 年）認爲該字從"耳"、"支"，字見《說文·支部》："敃，使也。從支、耳省聲。"其後面"敏"字之釋參看陳劍：《甲骨金文舊釋"尤"之字及相關諸字新釋》，《北京大學中國古文獻研究中心集刊（四）》，74—94 頁，北京大學出版社，2004 年 10 月。據此，該詞可以讀爲"捷敏"，見於《韓非子·難言》"捷敏辯給"、《新序》卷二"聰明捷敏，人之美才也。子貢曰：回也聞一以知十。美敏捷也"等古書，即"敏捷"之倒文。
③ 承上文省分句之例，可參看楊樹達《古書疑義舉例續補》"省句例"，收入《楊樹達文集》之四，30—31 頁，上海古籍出版社，1991 年。洪誠《訓詁學》指出《左傳》僖公三十三年"爾何知？中壽！爾墓之木拱矣"在"爾墓"前省略"及師之入"，亦是佳例，見《洪誠文集》，136 頁，江蘇古籍出版社，2000 年 9 月。

第二個"妹克"所在的句子"乃沈子妹克蔑見厭于公休","蔑"爲否定詞，訓爲"無"，"妹克蔑"是用雙重否定表示語氣較强的肯定。"見厭于公休"的"厭"是主要謂語，"厭"訓爲"足"，滿足，《吕氏春秋·懷寵》"求索無厭"，高誘注："厭，足也。"《國語·周語下》"克厭帝心"，韋昭注："厭，合也。""見……于……"爲被動式標志，這句話的主動者乃是"于"所引出並强調的"公休"。①

根據上述分析，按原語序"乃沈子妹克蔑見厭于公休"可以就譯爲：乃沈子不能不被公休滿足。我們知道，被動句的被動者常常置於句首，所以這句話也可以變換成等義的主動句式來理解："公休妹克蔑厭乃沈子。"②直譯過來就是：諸公之錫休不能不滿足乃沈子，即"諸公的錫休使乃沈子感到很滿足"的意思。因此下文說作器目的是"用載享己公，用各多公"，感謝自己的父考，也感謝多公。

它簋銘文"妹克蔑"的"妹"跟"蔑"同見，二者應有所不同。所以李宗焜先生認爲"妹"跟"蔑"是個音義皆近的親屬詞的觀點，可能更加符合對有關語料的分析。他指出"妹"有"擬議"的語氣，這在上面分析的兩種銅器銘文中也不難看出。

"囟妹克"即"使不能"。"克"下有一或兩個字，應是這句的主要謂語動詞，可惜字正刻在龜甲的盾溝處，刻劃較淺，不能辨識。另外，"克"字左下方有一個類似向下箭頭的刻畫符號，不知何意③。"于廟"的解釋，已見上文。

該辭殘損較甚，其大意爲：視兆判斷結果爲：彝（？）……，使不能……于廟。這可能是有關祭祀的卜辭。

---

① 楊五銘：《西周金文被動式簡論》，《古文字研究》第七輯，中華書局，1982年。但楊文斷句爲"乃沈子妹克蔑，見厭于公"，跟本文的不同。唐鈺明、周錫馥《論先秦漢語被動式之發展》（《中國語文》1985年4期，收入《著名中青年語言學家自選集·唐鈺明卷》，256—266頁，安徽教育出版社，2002年），不同意楊五銘認爲"見厭于公"爲被動式的說法。他們的疑點爲：第一，這種"見……于……"的句式比較成熟，何以西周早期會孤零零冒出一例？第二，此句（乃至此篇）的解釋尚成問題，比如于省吾、吳闓生就都將"厭"字解爲"合也"，與郭沫若解作"厭足"（即楊文所從）有所不同。我認爲，"合"是"厭足"意義的引申，因此第二點不成爲理由；至于第一點，只能說我們現在限於材料，所見西周"見……于……"被動式尚少，不能因孤例而懷疑没有。
② 參看唐鈺明：《古漢語語法研究中的"變換"問題》，原載《中國語文》1995年第3期，收入《著名中青年語言學家自選集·唐鈺明卷》，32—50頁。
③ 周原甲骨也有一些符號，《周原甲骨文》稱爲"刻劃符號"，其中H11:24所見者與本片類似。

五、周卜辭所見的使動句式標誌"囟"與占辭省略格式

周原甲骨常見的"囟"字，在周公廟 2 號卜甲上出現了三次：

2-1 厥至，王囟克逸于廟。

1-1……視馬，怂于馬師，勿乎人于逆它，終囟無咎。

1-2……囟妹克……于廟。

關於"囟"字的釋讀，從周原甲骨出土以來，就是學界討論的一個焦點。李學勤、王宇信二位先生釋爲《說文》之"囟"字，合於字形，這已經廣爲學界接受。但"囟"的具體解釋，仍存在不少分歧。

從包山楚簡的出土以至近年楚簡新材料的不斷發表，我們在戰國楚卜筮祭禱簡及其它簡帛中也發現不少類似用法的"囟"字。這些"囟"字的解釋受到之前對周原甲骨"囟"字解釋的影響，一般認爲讀爲"思"，表示意願和希望[1]。現在看來，這種理解可能是不對的。

陳偉先生在《包山楚簡初探》中指出，包山楚簡的一些"思"字，用法與"命"相當，似乎跟古書某些訓爲"願"的"思"字近似，"爲表示祈使的動詞"（31—32 頁，武漢大學出版社，1996 年）；孟蓬生先生認爲，上博楚簡《容成氏》之"思民不惑"等文例的"思"字"當讀爲'使'。古音思爲心母之部，使爲山母之部。心山古音每相通，今人多以爲當合爲一音。如生與性、辛與莘、相與霜等皆是"[2]；2003 年，陳斯鵬先生比較全面地討論了相關材料，他的研究亦認爲，古文字材料中的"囟"或"思"有"使令"一類的意思，可以音近就讀爲"使"[3]。

我們認爲，從陳偉先生認爲楚簡"思"的用法跟"命"相當開始，到孟蓬生、陳斯鵬二位先生先後把相關材料的"囟（或思）"讀爲"使令"之"使"，才

---

[1] 參看李學勤：《續論西周甲骨》，《人文雜誌》1986 年 1 期；夏含夷：《試論周原卜辭囟字——兼論周代貞卜之性質》，《古文字研究》第 17 輯，中華書局，1989 年；張玉金：《關於周原甲骨文的"囟"字及其命辭語言本質問題》，載其著《甲骨卜辭語法研究》，70—76 頁，廣東高等教育出版社，2002 年。

[2] 孟蓬生：《上博竹書（二）字詞札記》（簡帛研究網站，03/01/14）。關於心母（精組）跟山母（莊組）字的古音關係，參看鄭張尚芳：《上古音系》，92—109 頁，上海教育出版社，2003 年。

[3] 陳斯鵬：《論周原甲骨和楚系簡帛中的"囟"與"思"——兼論卜辭命辭的性質》，載《第四屆國際中國文字學研討會論文集》，393—413 頁，香港中文大學中國語言文學系，2003 年。

獲得了正確的認識。這裏擬從語法分析的角度，結合周公廟、周原甲骨卜辭，對有關問題再作些討論。

釋讀"囟（思）"爲"使"，自然讓我們想到漢語語法研究中"使動"範疇的問題①。我們知道，上古漢語表示使動範疇的手段，既有後起的分析式句法，也有更古老的内部屈折形式的構詞法。所謂"使動"，是指句子的主要謂語詞表示的不是主語的動作，而是表示主語使賓語實行謂語詞所指示的動作。例如"吾欲飲君"，"飲"通過讀去聲以表示"我使你喝酒"這個意思，是詞法内部曲折的使動②；而"吾欲使君飲"則是加"使"來表示使動，就是分析式句法形式，"使"則被稱爲是使動的句法形式標志。在古書中，通常用"使"、"令"、"俾"等形式標志，《爾雅·釋詁下》："俾、拼、抨，使也"；在今天的口語中用"叫（教）"、"讓"等作爲標志③。

據上所述，古文字材料裏讀爲"使"的"囟（思）"，乃是分析式使動句法的形式標志。根據這個認識，可以討論"囟"字所在語句的性質。

有形式標志的使動範疇的基本結構爲：主語＋使＋兼語＋謂語，其中兼語作前一個動賓結構的賓語和後一個主謂結構的主語，因此也有學者稱這種結構爲"兼語式"④。

這個結構中的主語和兼語，常常被省略。我們今天看古人的占卜記錄，由於兼語式的主語或兼語的省略，常常會造成理解上的一些問題。

省略兼語的情況有兩種。第一種情況是在上下文明確的時候，承前省略，例如：2-1 的"厥至，王囟克逸于廟"，"囟"下承前省略的是"祭僕、繁使"。另一種情況是上下文不需要指明這個兼語。周公廟卜辭 1-2 的"終囟（使）無咎"，"囟"下也應該有一個無需指明而被省略了的兼語"事件"。由於殘缺較甚，1-1 的"囟妹克……于廟"之"囟"下省略的兼語不好分析。

楚卜筮祭禱簡所見的"囟"字，都出現於占辭之後的"以其故敚（説）之……"中，例如包山楚簡第 229 簡：

---

① 王力《漢語史稿》稱爲"賓語兼主語的遞系式（即所謂'兼語式'）"，見《王力文集》第九卷，571—578 頁，山東教育出版社，1988 年。
② 參看潘悟雲：《上古漢語使動詞的屈折形式》，《著名中青年語言學家自選集》，52—68 頁。
③ 不單是"囟"，卜辭、金文中的"乎（呼）"也具有一定的使動意義，但"乎（呼）"的意義跟"令"相似，正如陳斯鵬先生所講的："作爲動詞，表示派遣、命令、叫讓、役使等意義，動作性較强"，而"囟（使）"的意義更虛化一點，是比較純粹的使動形式標志。
④ 參看管燮初：《左傳句法研究》，225 頁，安徽教育出版社，1994 年。

1. ……占之曰：恒貞吉，少有憂于宮室。
2. 以其故敚（說）之：舉禱宮行一白犬、酒食，囟攻除于宮室。
3. 五生占之曰：吉。

上面第 2 部分"舉禱宮行一白犬、酒食"是擬議的一個祭禱方案，有學者稱爲"說辭"，可從①。"囟攻除于宮室"，使（這個方案）能夠攻除"（少有憂）于宮室"。第 3 部分是針對"這個方案"能否解除第 1 次占卜的"少有憂于宮室"再次占卜，其結果是"吉"，即預測方案實行之後，事件的結果爲"吉"。

由此可見，古人舉行占卜的内容可分爲兩個方面：一方面是預測吉凶，另一方面是針對吉凶去擬定如何行事。擬定行事是要通過人爲干涉，使事件向好的方面發展，所以有第二次吉凶判斷。這兩個方面交替進行，至"吉"而止。由此來看，楚卜筮祭禱簡的說辭性質較爲特殊，它既是擬議陳述，又是後一次占卜的命辭内容。在針對說辭的第二次占卜記錄中，可承前省略前辭和命辭，僅存簡短的占辭。

周人卜辭"囟"所在的句子，都是"使"事件或人物如何如何，大多數情況與楚簡"囟"字所在的句子性質相同，可以視爲占辭或說辭的擬議陳述語氣，都可以不看作問句，也就與"卜辭命辭性質是否問句"這一命題的關係甚微。

下面通過一些周卜辭的例子，來說明我們上述的看法。

首先，不少周原卜辭"囟"字句之前，都有關於祭禱的内容：

貞：王其禱又（侑）大甲，册周方伯。㞢囟正，不左于受又₌（有佑）。　　H11：84

癸巳，彝文武帝乙䙴，貞：王其配祝成唐。䰜禦，服（？）二女，其彝血：壯三豚三。囟又正。　　H11：1

……才（？）文武……王其配帝……天……典，册……周方伯……。囟……正，亡左……王受又₌（有佑）。　　H11：82

……一戠（特），囟亡咎。　　H11：28

……告于天，囟亡咎。　　H11：96

貞：王其……用胄叀二十（主？）……胄。乎（呼）禱……，囟不每（悔）王。

H11：174

……歲乘，囟亡咎。　　H11：35

---

① 李家浩：《包山楚簡"筲"字及其相關之字》，《第三屆國際中國古文字學研討會論文集》，香港中文大學，1997 年；又李家浩：《包山祭禱簡研究》，《簡帛研究二〇〇一》（上册），廣西師範大學出版社，2001 年。

……囟亡眚。祠自蒿于壹。　　　　　　　　　　　　　　　　H11:20
　　翌日甲寅,其万河,囟瘳。其禱,囟有瘳。我既万河、禱,囟有瘳。
　　　　　　　　　　　　　　　　　　　　　　（扶風黄堆齊家西周卜骨）①

　　上述諸例,都是通過祭禱這種人爲措施,"使"（某件事情）得以"正"、"又正"、"無咎"、"不悔",或者"使"（某人的疾病）"有瘳"。這些"囟（使）"字前面省略的主語,可以理解爲祭禱行爲或者"天意"等神秘力量；之後省略的賓語,都是占卜主體或者卜問的這件事。經過祭禱的攻說,其結果都是朝有利於占卜主體的方向發展。從這些例子看,周原甲骨"囟"字句内容都是擬議祭禱的方案或結果,可以看作是説辭或針對説辭的占辭。

　　以下兩例"囟"字句跟祭禱無關,但也是據占卜擬議事情的具體應對措施：

　　餃其五十人往,囟亡咎。八月辛卯卜,曰:其瘴啓。　　　　　H31:3
　　迺則祼,㞢隊迩（彶）,囟亡咎。用。即,弗克尸（夷）安,□（兆）曰:毎（悔）。
　　　　　　　　　　　　　　　　　　　　　　　　　　　　　H31:4

兩個"囟無咎"應視爲占辭,可以理解爲：（這種措施）使（事件）無咎。

　　上面所舉諸例,"囟"前面没有明顯的主語。現在所見周卜辭,凡"囟克"的用例,"囟"前面都有主語：

　　曰:友囟克事。　　　　　　　　　　　　　　　　　　　　　H11:21
　　□（兆）曰:並囟克事。……□囟克事。　　　　　H11:6+H11:32
　　今秋（?）王囟克往宓（密）。　　　　　　　　　　　　　　H11:136
　　㞢（厥）至,王囟克逸（肆）于宵（廟）。　　　　　周公廟卜甲2-1

據此來看,1-1"囟妹克□□于廟"前面也應該有個主語。

　　最後説一下關於占辭省略形式的問題。我們前文已經談過：第一,1-1號卜辭的"缶（繇）者（諸）……至"是繇辭,繇辭可視爲占辭的一部分；第二,周人卜辭的"曰"字句式,很可能都是"卧（兆）曰"的省略。裘錫圭先生曾經指出：殷卜辭"王固曰"之"固"應該是動詞,但與占卜有關的"繇"字在古書中訓爲"卦兆之占辭"（《左傳·閔公二年》杜注）或"兆辭"（同上《襄公十年》杜注）,似無用作動詞之例。他又説："當占辭講的'繇',與'兆'和'占'有可能

---
①　曹瑋:《周原新出西周甲骨文研究》,《考古與文物》2003年第4期,43—49頁。

是同族詞。"①

根據這種看法，筆者認爲：由於周卜辭"卧曰"之前尚未發現其它成分，所以"卧"就應當視爲句子的名詞性主語，應理解爲"卜兆"或"兆辭"，以"卧曰"開端之辭爲周卜辭完整的占辭格式，而"缶（繇）"與"曰"是兩種省略的格式，下面的幾例"囟"字句，則可以看作是占辭格式的進一步省略：

囟孚于永終。   FQ2①
囟孚于休俞（？）。   FQ2④
自三月至于三月＝（四月）唯五月，囟尚。   H11：2

照這種理解，周卜辭"卧曰"即"卜兆說"或"兆辭說"，不能視爲"某卧曰"的省略，因此跟殷卜辭"王固（占）[之]曰"的語法結構根本不同。

綜合上述，可以把我們對"囟"字的看法小結如下：第一，讀爲"使"的"囟"字，是周人甲骨卜辭常見的使動句式標志；第二，"囟"字前後的主語、兼語常常被省略；第三，"囟"字句多數屬於格式省略的占辭或說辭，有擬議陳述的語氣，跟問句無關。

六、周公廟遺址和墓地的歷史地理

《國語·周語上》幽王十五年，内史過云"周之興也，鸑鷟鳴于岐山"，韋昭注："三君云：鸑鷟，鸑鳳之別名也。《詩》云：鳳凰鳴矣，于彼高崗（引者按：語出《大雅·卷阿》）。其在岐山之舊乎。"這跟《書·君奭》周公曰"耉造德不降，我則亦鳴鳥不聞，矧曰其能有格"記載相合。《大唐六典》："關内道名山曰岐山，俗名鳳凰堆，山之南，周原在焉，即太王所居。"據《讀史方輿紀要》卷五十五"岐山"條，"鳳凰堆"乃天柱山之別稱，宋程大昌《雍錄》卷一"自邠遷岐"條對此亦有討論。在 2003 年底發現卜甲地點的不遠處，於 2004 年初又發現大批墓葬，一時間被稱之爲"周公廟遺址"。這個地點，後來知道當地又稱之爲"鳳凰山"，所以傳聞有將此遺址改名爲"鳳凰山遺址"的動議。這裏仍暫時沿用"周公廟遺址"的稱呼。

---

① 裘錫圭：《從殷墟卜辭的"王占曰"說到上古漢語的宵談對轉》，《中國語文》2002 年第 1 期，71、72 頁。

過去的考古工作，多將注意力集中在周原遺址。這次周公廟遺址發現甲骨文，使周公廟遺址的重要性陡然上升。李學勤先生曾說過，"甲骨文只能在重要的遺址出土，不是一個了不起的地方不能出"①。就像在安陽小屯發現晚商甲骨文，因而每一部綜述殷墟甲骨文的著作都要論及小屯的歷史地理一樣，周公廟遺址的歷史地理及周公廟墓葬的性質，也是我們在討論周公廟遺址所出龜甲卜辭時不能迴避的問題。

（一）周公廟遺址、周原遺址與先周都邑

史載古公亶父為避戎狄，"去邠，度漆、沮，逾梁山，止于岐下"②，"邑于周地，故始改國號曰周"③，"于是古公乃貶戎狄之俗，而營築城郭室屋，而邑別居之"④；在王季時，"周作程邑"⑤，至於文王，"生于岐周"⑥，受命後伐密須，"度其鮮原，居岐之陽"⑦，又伐崇而"作邑于豐"，"自岐下而徙都豐"⑧，"乃分岐邦周、召之地，為周公旦、召公奭之采地，施先公之教于己所職之國"⑨。上

---

① 見李學勤：《青銅器與山西古代史的關係》，《新出青銅器研究》，258頁，文物出版社，1990年。
② 《史記·周本紀》。
③ 《周本紀》《集解》引皇甫謐云。
④ 《周本紀》。
⑤ 今本《竹書紀年》文丁五年（王季10年）"周作程邑"，王國維《疏證》引《路史·國名紀》："程，王季之居。"這裏需要澄清一個問題。《太平御覽》卷一五五引皇甫謐《帝王世紀》曰："王季徙郢（引者按：郢、程為通假字），故《周書》曰'維周王季宅程'是也。"鄭玄《周南召南譜》孔穎達《正義》亦云："《周書》稱王季宅程。"這兩種記載當本於《逸周書·大匡》序"維周王宅程三年，遭天之大荒"，但《大匡》遭荒之"周王"是文王，即今本《竹書紀年》"三十五年，周大饑，西伯自程遷于豐"之年，比較來看，所謂"維周王季宅程"之"季"應為衍字。所以這兩條材料所引用的《周書》有誤，不好作為根據。
⑥ 《孟子·離婁下》。
⑦ 《大雅·皇矣》。《周本紀》記文王平虞芮之質之"明年，伐犬戎；明年，伐密須"。鄭玄《周南召南譜》孔穎達《正義》云："《周書》稱王季宅程，《皇矣》說文王既伐密須，'度其鮮原，居岐之陽'，不出百里，則王季居程亦在岐南，程是周地之小別也。"又引皇甫謐曰"豐在京兆鄠縣東，豐水之西，文王自程徙此"，而據《皇矣》駁之曰"從鮮原徙豐，而謐云自程，非也"。按：文王徙豐之前的程與鮮原關係如何，今不能詳。但孔穎達說"王季居程亦在岐南，程是周地之小別"則不正確，因為典籍中"畢"與"程"連舉（參看本節下文"程與畢相近"注釋），當是鄰近之地。又《周本紀》"公季卒"《集解》引皇甫謐云"葬鄠縣之南山"，略相當於《漢書·楚元王傳》臣瓚曰引《紀年》"畢西于酆三十里"所講的位置，則王季的葬地亦距畢、程不遠。
⑧ 《周本紀》："伐崇侯虎而作豐邑，自岐下而徙都豐。明年，西伯崩。"
⑨ 鄭玄：《詩譜·周南召南譜》。

述太王所徙之邑、王季作程邑前之所居、文王之岐下舊都、周公之采邑所在的岐周故地，其大的範圍在今陝西扶風、岐山兩縣的岐山之陽、岐水（小横水）以北，這是當代學者都能同意的。

在這個範圍之內，歷史上的太王都邑、王季作程前之所居、文王的岐下舊都、周公采地四者的地理關係究竟如何，是需要先從文獻學上得到清理，並最終要由考古發現和研究加以檢驗的問題。

《水經注》卷十八《渭水中》記載，岐水的上游大巒水注入漆渠水後，"二川並逝，俱爲一水，南與杜水合，自下通得岐水之目，俗謂之小横水，亦或名之米流川"，然後説：

> （岐水）逕岐山西，又屈逕周城南，城在岐山之陽而近西，所謂"居岐之陽"（引按：語出《大雅·皇矣》）也，非直因山致名，亦指水取稱也。又歷周原下，北則中水鄉成周聚，故曰"有周"也。水北即岐山矣。

根據這條記載，清人朱右曾《詩地理徵》云："周公之采與太王所邑，周名則同，城地則異。"① 近年，曹瑋先生通過文獻和考古兩方面的研究，也認爲"中水鄉"即太王都邑，與周公封邑"周城"當爲二地："太王都邑在現在包括祁家溝以東的寺溝河與美陽河之間，即現今人們習慣稱之爲周原一帶；周公采邑當在今岐山縣的北郭鄉和周公廟附近。"②

筆者認爲，曹瑋先生所談的這兩點都是正確的。岐陽之東爲"周原"，西爲"周城"，周原包含了最早的周人都址——太王都邑"中水鄉"；"周城"即周公廟遺址附近，就是周公旦采邑所在。③但王季宅程之前以及文王宅豐之前的舊都在哪裏，仍需探索。下面是我們對這個問題的看法。

---

① 見《皇清經解續編》1043卷。
② 曹瑋：《太王都邑與周公封邑》，《考古與文物》1993年3期，收入《周原遺址與西周銅器研究》，1—8頁，科學出版社，2004年。
③ 李學勤先生曾有與此不同的意見。他在《青銅器與周原遺址》第一部分認爲，"周原遺址在晚商時爲周太王所居，文王遷豐後封爲周公采邑，稱爲周城"，該文所舉出金文中的三點證據，其中第2、3兩點認爲金文"琱"氏爲周公之周氏，用爲地名，則指周公的采地周城。該文原載《西北大學學報（哲學社會科學版）》1981年第2期，後收入《新出青銅器研究》，227—233頁，文物出版社，1990年。據李先生這個意見，"琱"自然是姬姓。但後來他在《害簋銘文考釋》中又據《陝西省博物館、陝西省文物管理委員會藏青銅器圖釋》唐蘭叙言説"妘姓周（琱）氏見於陝西周原出土的若干器物"，其注釋[16]説："我過去曾認爲琱非妘姓，是不對的，今予糾正。"上述見《故宮博物院院刊》2001年1期，第3頁。可見李先生已經放棄了上述那兩點金文中的證據。

從先秦封號往往得自封地的地名來看，周公采邑的所在，應是徙都後空出的周都舊地，所以能在徙都之後被稱爲"周城"；"周城"被封給文王庶子"旦"，所以"旦"及其子孫也能繼承"周"之稱號而稱"周公"。這跟《周本紀》記載東周時周敬王自河南徙出之後，周考王封其名揭之弟於故周都河南，以續周公之官，因稱揭及其子孫爲"周公"，道理相同①。據此並結合上引曹瑋先生"周公采邑當在今岐山縣的北郭鄉和周公廟附近"的論斷來看，先周時周公廟遺址所在的位置，曾是先周時代的周之都邑。

鄭玄《詩譜·周南召南譜》記載周公之受封在文王時。據此，周公的封邑（周城）即周公廟遺址，應是王季宅程之前之所都，也是文王自程宅酆之前所曾用的岐下舊都。

根據上述判斷，文王時的新舊都邑已有三個：周城、程、豐，從文獻看，還應該加上鎬京。據《大雅·文王有聲》"考卜維王，宅是鎬京，維龜正之，武王成之"，鎬京是建成於武王之手，但據今本《竹書紀年》説"（帝辛）三十六年……西伯使世子發營鎬"，其始營建也在文王時。《逸周書·文傳》篇"文王受命之九年，時維暮春，在鄗，召太子發"，可見鎬京始用於文王暮年。

從歷史上看，古人作新都之後，並不放弃舊都，這種情況形成長期的多都制。在先秦時代，各國兩都制或多都制現象十分普遍。西周時代宗周與成周長期並存的兩都制即是顯例。此外，秦都咸陽，但其宗廟在舊都雍；楚有郢都紀南城以及衆多地名後綴爲"郢"的陪都；戰國之燕有上都薊、中都良鄉以及下都武陽，都是多都制的例子。

《史記·秦始皇本紀》："吾聞文王都豐，武王都鎬，豐鎬之間，帝王之都也。"根據文獻記載，先周文王時期的三都程、酆、鎬，曾並存形成多都制。豐、鎬的文獻記載較多，這裏不用多説，下面主要談談"程"邑②。

《逸周書》有《大匡》、《程典》、《程寤》諸篇，《程寤》篇今逸，《太平御覽》597卷引《周書》云"文王去商在程"云云，盧文弨等學者都認爲是《程寤》佚文③，今本《竹書紀年》"帝辛二十九年，諸侯逆西伯歸于程"，是文王自商歸周

---

① 參看董珊：《周公戈辨僞之翻案》，《華夏考古》（待刊）。
② 楊向奎《宗周社會與禮樂文明》（人民出版社，1992年）48—53頁曾詳細討論"畢"、"程"二地，可以參看。
③ 參看黃懷信、張懋鎔、田旭東撰，李學勤審定：《逸周書彙校集注》，1224頁，上海古籍出版社，1995年。《御覽》533卷引《程寤》作"文王在翟"，"翟"、"程"可視爲通假字，聲都是定母，韵部錫、耕對轉。另外，今本《竹書紀年》帝辛十七年"西伯伐翟"，跟"程"似無關。

時即已在程；文王遷程見今本《竹書紀年》"帝辛三十三年，密人降于周師，遂遷于程"；《大匡》序云"維周王宅程三年，遭天之大荒。作《大匡》，以詔牧其方"①，此即今本《竹書紀年》"三十五年，周大饑，西伯自程遷于豐"之年，王國維《疏證》引《大雅·文王有聲》"既伐于崇，作邑于豐"。據以上文獻記載，可見"程"在文王時正式使用爲時甚短。

從文王時程、豐、鎬三都的交替來看，周人在遷都以後並不立即放弃舊都，從而在一段時間内造成多都制。從這樣的多都制來看，我們認爲周公廟遺址的"周城"是先周都邑的看法應該是合理的。這個"周城"的年代早於程、豐，晚於太王都邑中水鄉，在早期文獻中極爲不顯著，究其原因，一方面是因爲它作爲周都的年代較早，更重要的原因恐怕是由於它被"岐下"、"岐陽"、"岐周"、"周"這類名稱長期籠罩的緣故。《周本紀》説文王"自岐下而徙都豐"，這個"岐下"不會是"程"，因爲程與畢相近②，"岐下"應該指"周城"，《孟子·離婁下》"文王生于岐周"的"岐周"也應是這裏。此地雖然早在文王晚期就"分岐邦周、召之地，爲周公旦、召公奭之采地"，但文王在都酆以後，還是一個政治中心。

基於這種認識，周原跟周城之間又是怎樣一種關係呢？

《水經注》所稱之"周原"，包含了太王舊都"成周聚中水鄉"，周原位於周公廟周城之東，在文王時可能屬於周都的近郊。《周本紀》記載太王徙周，"于是古公乃貶戎狄之俗，而營築城郭室屋，而邑别居之"，《集解》"徐廣曰：分别而爲邑落也"，這裹當分布著隨太王而徙來周人、豳人及"他旁國聞古公仁，亦多歸之"的衆多聚落。

周城封給周公以後，周原相對於周城來説，亦可視爲近郊。扶風莊白窖藏墻盤云："武王則令周公舍宇于周"，"周"即周公封邑名稱，墻盤出土地點屬於周原，可見周公有權利處置周原這個地區③。在殷、周之際，有一大批像史墻高祖那樣遷來周原的殷人在此繁衍生息。這一點，曹瑋先生在他的《周原非姬姓家族與虢氏家族》一文中已經論述過了④。

---

① 参看《逸周書彙校集注》，154—156 頁。
② 今本《竹書紀年》云："（武乙）二十四年（王季三年），周師伐程，戰于畢，克之。"王國維《疏證》以爲本於《逸周書·史記》："昔有畢程氏，損禄增爵，群臣貌匱，比而戾民，畢程氏以亡。"
③ 即使考慮到召公封邑的問題，周公也至少擁有周原的一部分。
④ 《周原遺址與西周銅器研究》，39—49 頁。

根據上述對周公廟遺址曾是王季、文王舊都"周城"的推測，這次周公廟卜甲的發現以及卜辭內容的研究，不但能提示該遺址的重要性，並使我們可以進而大膽地推測，周公廟遺址應當有先周時期的城牆及城邑建築遺跡。這一點，希望在將來的田野考古工作中得到驗證。

(二) 周公廟墓地性質

在 2003 年底周公廟卜甲發現之後不久，翌年田野調查又發現了周公廟遺址的大片墓葬區，其中包括四條、三條、兩條墓道的高等級墓葬。對於墓葬區的性質，學術界目前主要有周王陵或周公家族墓地兩種猜測。不久，又傳來長安縣發現大墓的消息。由於兩個地點的考古工作都正在進行，有關情況還未形成正式報告，這裏僅從文獻記載作討論，也爲以後的研究做些先期準備。

《漢書・楚元王傳》劉向奏疏云"文、武、周公葬于畢"，這種說法在文獻中是有很多根據的：

《孟子・離婁下》："文王生于岐周，卒于畢郢，西夷之人也。"

《周本紀》："九年，武王上祭于畢。"《集解》："馬融云：畢，文王墓地名也。"

《周本紀》："(武王)後而崩。"《集解》："駰按：《皇覽》曰：文王、武王、周公冢皆在京兆長安鎬聚東杜中也。"《正義》："《括地志》云：武王墓在雍州萬年縣西南二十八里畢原上也。"《周本紀》："西伯崩。"《正義》引《括地志》："周文王墓在雍州萬年縣西南二十八里原上也。"

《書序・亳姑》："周公在豐，將沒，告于成王，欲葬成周，公薨，成王葬畢，告周公，作《亳姑》。"

畢的位置，《漢書・楚元王傳》臣瓚曰引《紀年》"畢西于酆三十里"。宋程大昌《雍錄》卷一"豐附畢郢"、卷七"畢陌"對有關"畢"的史料有詳細討論，他認爲畢在渭南，其文較長，此不錄，請參看①。

若根據文、武、周公葬於畢的說法，周公廟墓葬群爲周王陵的說法恐怕是不好成立的。《書序》講周公欲葬"成周"，此成周當爲洛陽成周，而非周原中水鄉成周聚，也不是周城。周公之所以這麼想，可能跟古人想把自己事業發展

---

① 宋程大昌撰、黃永年點校：《雍錄》，11 頁、138—140 頁，中華書局，2002 年。陝西長安縣申店近年出土的吳虎鼎講周宣王"取吳舊疆付吳虎"，疆界四至爲："毕北疆叡人眾疆，毕東疆[官]人眾疆，毕南疆畢人眾疆，毕西疆荅人眾疆。"銅器的發現地點在酆東四五十公里處，其跟畢、豐的關係有待研究。參看李學勤：《吳虎鼎考釋》，《考古與文物》1998 年 3 期。

最鼎盛之地作爲自己的葬地有關①。但是除此之外，古代選擇葬地還有禮制方面的考慮。成王葬周公於畢，目的是使周公近文王、武王，所以沒遵從周公的遺願。

依照上述來看，周公廟墓地也不大可能有周公旦本人的墓葬。根據曹瑋先生認爲周公封邑在周城的説法，這墓地最可能是周公之後君陳及其以下諸位周公的墓葬。所以，據文獻來看，周公家族墓地的説法較爲有理。

但這種講法難以解釋之處，是在於周公廟有四條墓道的大墓，反映了墓地的等級太高。因此有學者認爲其非周王陵莫屬。不過我們對周代的等級制度瞭解得還少，周公家族究竟能否有這麼高級的墓葬，這只能等到墓葬發掘之後再來討論。

七、周公廟卜甲的年代和月相

（一）關於年代

2004 年初在北大考古文博學院召開的"周公廟遺址新出甲骨座談會"上，已經有多位學者指出，從共存陶片分析，這兩片卜甲年代在商末周初。這個看法當然比較穩妥，但不久又有學者認爲共存陶片的年代可斷爲先周，則卜甲也應是先周的遺存。

如果定位在先周，因爲 1-1 卜辭有 "王" 字即周王，其時代只有文王或武王兩種可能。據《周本紀》的記載，文王受命九年而崩，武王即位九年而觀兵盟津，其十一年十二月戊午"師畢渡盟津"伐商，次年二月甲子爲牧野之戰。如上所述，這片卜甲的時代，可定在文王受命至武王克商之間這 20 年内。

但接下來面臨的問題就是：周人始稱王是在文王還是武王？不少學者認爲，1977 年出土的周原鳳雛甲骨中，有"王"字的甲骨片，應有一部分是在文王時代指稱文王。據此，文王末年應已稱王。

---

① 《秦本紀》附《秦記》，記載歷代秦君的居、葬，其葬地也往往反映了這代秦君最後擴張到的地點。

如果定位在周初，據《周本紀》，"武王已克殷後二年"而崩，"周公行政七年"，然後"反政成王"。那麼周公廟卜辭"王"之所指，也可能涉及一個聚訟的問題：周公攝政期間，是否曾經稱王？

本文無意在匆邊之間對上述問題作更多的討論。僅從這次發現的兩塊卜甲四條卜辭來看，我們目前還找不到能夠確認王世歸屬的任何積極證據。這裏只能先表明我們一個傾向性的看法：無論其年代是否晚於西周初年，其中提到的"王"都最有可能是周武王。

（二）月相"哉死霸"的解釋

這次 2-1 號龜甲卜辭的月相名稱"哉死霸"，爲以往文獻、金文都不曾見。

"甾"讀爲"哉"，訓爲"始"。《爾雅·釋詁》："初、哉，始也。"邢昺《疏》："哉，古文作才，《說文》云：才，草木之初也。以聲近訓爲哉始之哉。""霸"，古書作"魄"。《尚書》的《康誥》、《顧命》兩篇有"哉生魄"，與周公廟卜辭"哉死霸（魄）"對言。古書中"魄"的概念，均指月之無光處，《爾雅·釋詁下》："孔、魄、哉、延、虛、無、之、言，間也。"邢昺《疏》："魄，形也，謂月之無光處暗晦者也。"郝懿行《疏》："魄，體之間也。又月之空缺，陰映蔽光，謂之魄。"今人研究月相，多認爲"'霸'指月球的光面"，這在古書中是缺乏根據的。關於這一點，詳見另文。

"霸（魄）"所指爲月之無光處，那麼"哉死霸"是指一個月中的哪一天，在傳世文獻中已有現成的解釋。

《書》僞《武成》第一句話"惟一月壬辰，旁死魄"，僞孔安國《傳》云：

> 此本說始伐紂時。一月，周之正月。旁，近也。月二日，近死魄。

陸德明《釋文》：

> 旁，步光反。魄，普白反，《說文》作霸，匹革反，云："月始生魄然貌。"近，附近之近。

孔穎達《正義》云：

> 傳"此本"至"死魄"○正義曰：將言武成，遠本其始。"此本說始伐紂時。一月，周之正月"，是建子之月，殷十二月也。此月辛卯朔，朔是死魄，故"月二日，近死魄。""魄"者，形也，謂月之輪郭無光之處名"魄"也。朔後明生而魄

死,望後明死而魄生。《律曆志》云:"死魄,朔也。生魄,望也。"《顧命》云:"惟四月哉生魄。"傳云:"始生魄,月十六日也。"月十六日爲始生魄,是一日爲始死魄,二日近死魄也。顧(彪)氏解"死魄"與小劉(炫)同。大劉(焯)以三日爲始死魄,二日爲旁死魄。旁死魄無事而記之者,與下日爲發端,猶今之將言日,必先言朔也。

《正義》雖爲僞孔《傳》及僞《武成》作疏,但其中對於月相的說法,近本於顧彪、劉炫與劉焯,遠本於《漢書·律曆志》引劉歆《世經》的月相定點說,所以不能廢其言。本文上面已指出"哉"訓爲"始"、"霸(魄)"指月之無光處,則"哉死霸"即上引孔穎達《正義》中的"始死魄",據《正義》引劉炫、顧彪二家說爲初一日,劉焯說爲初三日。

夏商周斷代工程將武王克商之年定在公元前 1046 年,是年爲武王十二年,則武王即位之年當在公元前 1057 年。若歲首建子,據張培瑜《中國先秦史曆表》之《冬至合朔時日表》,在公元前 1057—前 1046 年之間,五月壬午共有以下 5 次:

> 公元前 1054 年(武王四年)五月丁巳朔,壬午爲 26 日;
>
> 公元前 1051 年(武王七年)五月庚午朔,壬午爲 13 日;
>
> 公元前 1050 年(武王八年)五月甲子朔,壬午爲 19 日;
>
> 公元前 1049 年(武王九年)五月戊午朔,壬午爲 25 日;
>
> 公元前 1048 年(武王十年)五月壬午朔。

據僞《武成》《正義》引述"始死魄"是初一或初三日的兩種看法,並根據前述周公廟卜甲年代最可能屬於周武王的傾向性意見,那麼周公廟 2 號龜甲卜辭的"五月哉死霸壬午"的真實天象,最適合定在公元 1048 年的五月壬午朔日初一,能與劉炫、顧彪的說法相合。若根據斷代工程的意見,這一年爲武王十年。

我們知道,春秋曆法尚不能做到歲首建正完全一致,那麼假設周在克商以前歲首也有建丑的情況,據張培瑜《中國先秦史曆表》推算,前 1053 年五月辛巳朔,壬午爲後朔一日,朏前一日,則可滿足"哉死魄"是朔的劉焯之說。

這個曆點以及對"魄"的認識,如果能據上述漢唐舊說得以確定,當有助於理解其它月相名稱的含義。

結　語

　　2003 年 12 月周公廟遺址兩片龜甲卜辭的發現，引起了一系列重要的考古發現和隨之而來的重大學術問題。因此，這兩片卜甲發現的意義顯得異常重要，遠不是我們這篇小文所能概括的。

　　僅就這兩片龜甲卜辭而言，不僅其字數較多，而且內容也相當重要。本文立足於卜辭的解釋，提出了幾個關於語言文字、歷史考古等方面的問題，也間或説明一些新看法，但論據都還不夠充分，肯定有許多不妥之處，謬誤也在所難免。因此，很希望得到讀者的批評和指正。

　　附記：本文初稿曾經多位師友審閲，劉緒先生、沈培先生、孫慶偉先生、周言先生、陳劍先生、張富海先生等都曾對拙作提出修改意見，謹此一併致謝。

2004 年 12 月 27 日

附　圖

1. 2 號卜甲（C10④:2）卜辭摹本：右，2-1；左，2-2
2. 1 號卜甲（C10④:1）卜辭摹本：右，1-1；左，1-2
3. 1、2 號卜甲遙綴（正面）
4. 1、2 號卜甲遙綴（背面）

　　以上四幅摹本均爲 2005 年董珊在周公廟考古隊校定，由董紅衛先生協助完成。刊於周原考古隊：《2003 年陝西岐山周公廟遺址調查報告》（徐天進、孫慶偉、雷興山、宋江寧執筆），載《古代文明》第五卷，順次在該書 179、177、181、182 頁。

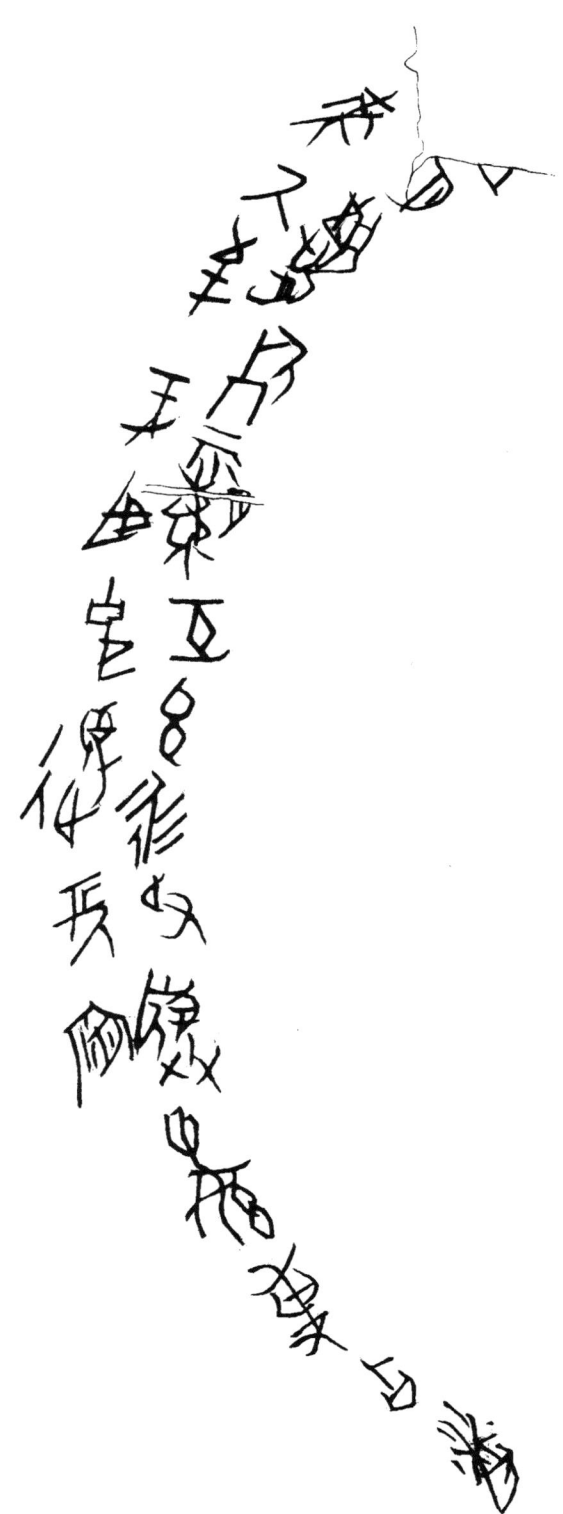

圖 一

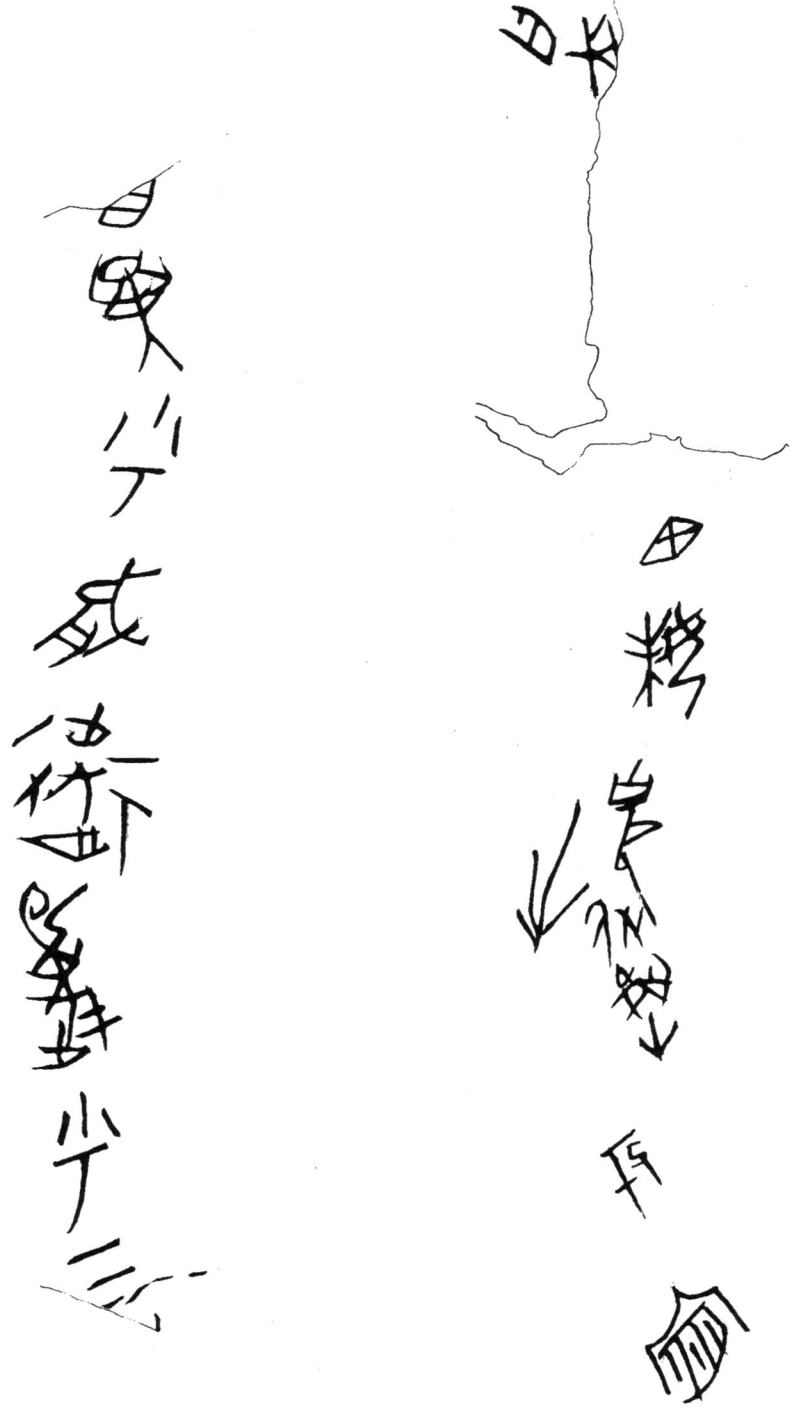

圖 二

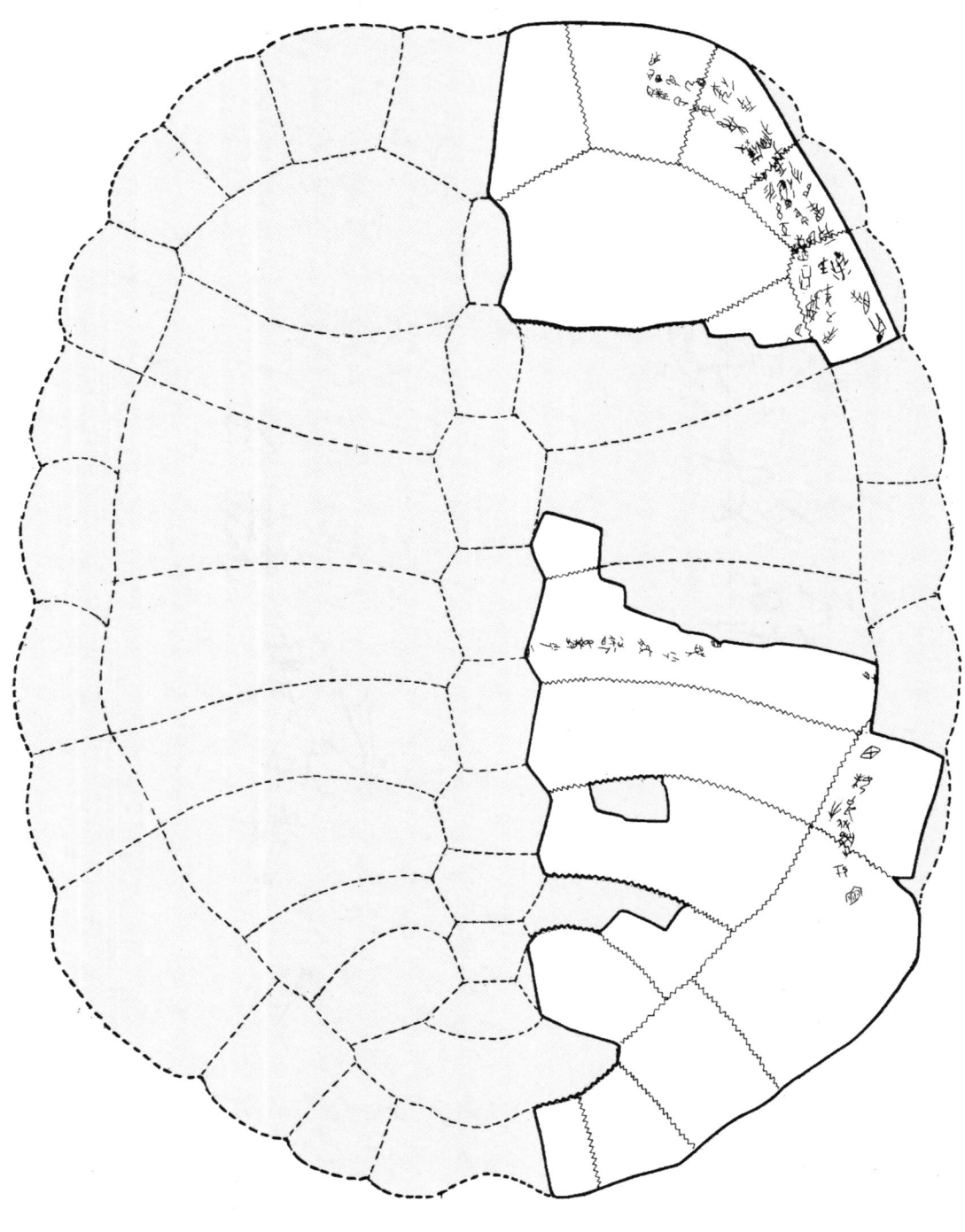

圖 三

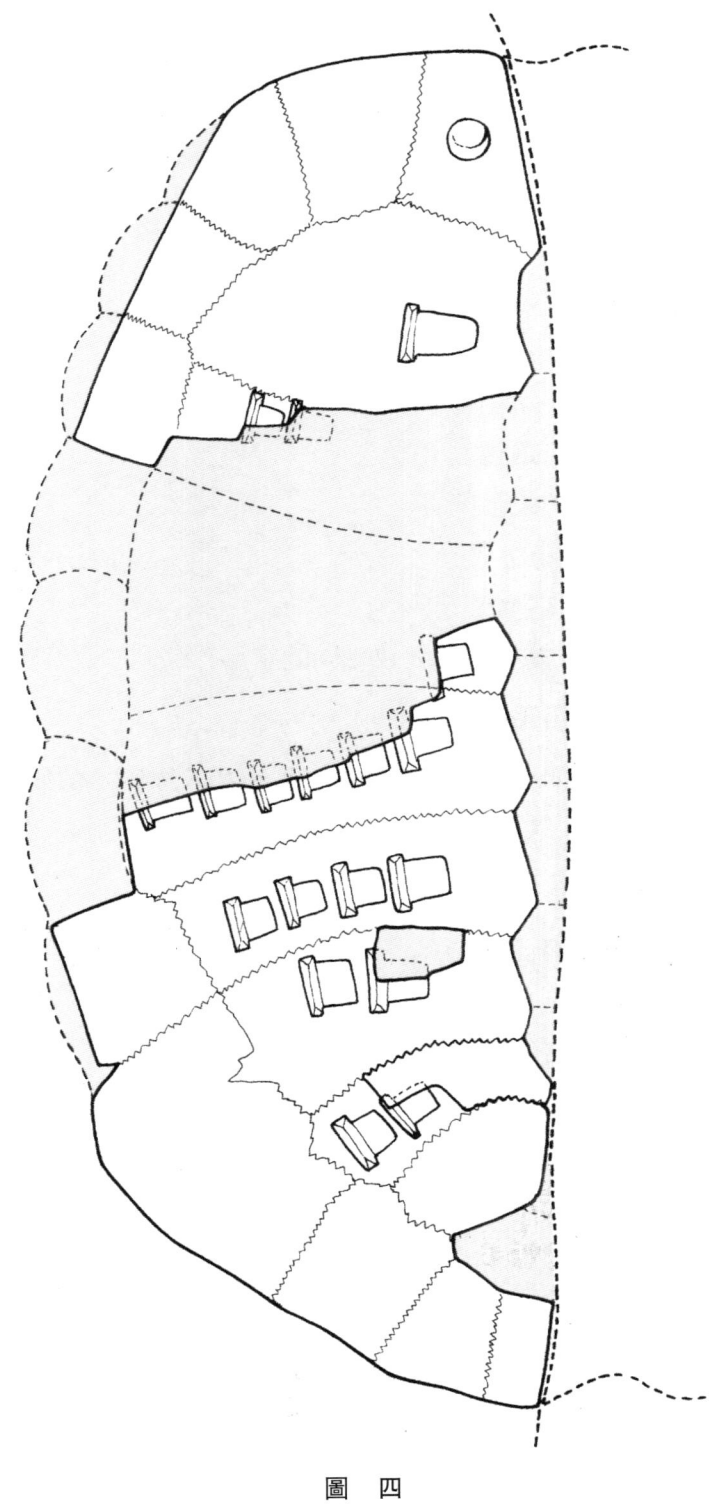

圖 四

原載《古代文明》第 5 卷，文物出版社，2006 年。附圖說明據作者電子稿。

陳　劍

釋 "造"①

一

殷墟甲骨文中有如下幾類用法大致相同的字形：②

A. ⚘ ⚘ ⚘（此形見於《鄴中片羽初集》三二·四）
B. ⚘ ⚘ ⚘（此形見於《甲骨文合集》[以下簡稱"《合集》"]22335）
C. ⚘ ⚘ ⚘ ⚘ ⚘
D. ⚘ ⚘ ⚘

A、B兩類形體絶大多數見於𠂤組小字類和𠂤賓間類卜辭，C、D兩類只見於典賓類和賓出類卜辭。其中主要見於典賓類的C類字形最爲常見。研究者大都認爲，B形係A形的省體；C、D兩形分别从"口"从A、B兩形得聲（D形也可以看作C形的省體），古文字中增"口"形爲繁飾的現象屢見不鮮。這些字形都可以視爲一字的繁簡體。下文在不必區分的時候，統一用"△"來代表。上舉C類末兩形⚘和⚘，上半所从A形又類化與賓組卜辭中常見的"未"形接近。出組卜辭中有一個从"A"形的用作地名的字，《合集》24358作⚘，或變爲从"未"作⚘（《合集》24359同版三形），情況類同。其它以A形爲偏旁的字也有同樣的情況，見後文。

"△"字最常見的用法是跟"今"連用説"今△"，也有少量説"來△"、"于△"的和其它的辭例（《殷墟甲骨刻辭類纂》[以下簡稱《類纂》]507—509

---

① 本文蒙裘錫圭師和沈培先生審閲指正，謹致謝忱。
② 下引諸形除單獨注明者外均見於《甲骨文編》附録上六二 759 頁 3988 號、附録上十二 660 頁 3190 號。

頁）。殷墟卜辭常見"今歲"、"來歲"、"今春"、"來春"和"今秋"等説法，研究者大多據此認爲，"△"表示的當是一個時間名詞。但其字形的考釋卻是衆説紛紜，至今未有定論。就我所見，有釋爲"春"、"條（秋）"、"屯（春）"、"載"、"才"、"兹"、"世"、"者"、"夏"、"朱"、"條（朝）"等諸説，①本文難以一一詳細徵引和評述。大致説來，在上個世紀七八十年代以前，以于省吾先生釋爲"條"讀爲"秋"的意見影響最大。于省吾先生説之後郭沫若、溫少峰和袁庭棟、劉釗等先生都提出釋爲"者"。②劉釗先生有專文詳細論述，從近年所見有關論著看，似信從此説者漸多。

宋華强先生指出釋"者"之説實不可信，並對此説在字形和解釋辭例兩方面所存在的問題已經作了很詳細中肯的分析。③請讀者參看。

我認爲，前舉 D "🙋" 一類形體，後來演變爲了"造"字所從的聲符"告"形。要論證這一點，需要先多費一點筆墨將"造"字所從的聲符"告"形跟"祝告"之"告"本非一字交代清楚。

二

《説文·辵部》分析"造"字爲"从辵告聲"，高田忠周、張日昇都指出過此

---

① 于省吾主編：《甲骨文字詁林》，1355—1364 頁，中華書局，1996 年 5 月。〔日〕松丸道雄、高嶋謙一編：《甲骨文字字釋綜覽》，423—424 頁，東京大學東洋文化研究所報告，1993 年。釋"朱"之説見蔡運章：《釋朱篇》，收入其《甲骨金文與古史研究》，123—138 頁，中州古籍出版社，1993 年 12 月。釋"條（朝）"之説見下文要引到的宋華强先生文。
② 五十年代初郭沫若審閱管燮初先生《殷虛甲骨刻辭的語法研究》書稿，批語説"🙋是者字，乃煮之初文，象鍋釜中有蒸汽上騰。卜辭中每用於今字或來字之下，即已假爲之乎者也之者"。見管燮初：《殷虛甲骨刻辭的語法研究》，14 頁，中國科學院，1953 年。後來科學出版社出版的考古學專刊甲種第九號郭沫若《卜辭通纂》（1983 年 6 月）239 頁第 36 片下考釋的眉批又云："案此文乃者字，即煮之初文，象器中有蒸汽上騰之形。"又溫少峰、袁庭棟：《殷墟卜辭研究——科學技術篇》，92—93 頁，四川省社會科學院出版社，1983 年 12 月。劉釗：《釋🙋》，《古文字研究》第十五輯，229—234 頁，中華書局，1986 年 6 月。該文後來作者的論文集《古文字考釋叢稿》未收入。又參看陳年福：《甲骨文考釋（二篇）》之二"'者'字補釋"，《古文字論集（二）》（《考古與文物》叢刊第四號），34—36 頁。
③ 宋華强：《甲骨文疑難語辭例釋》，18—29 頁"釋'🙋、🙋、🙋、🙋'字及其用法"，鄭州大學碩士學位論文，2002 年 5 月。這部分內容後以《釋甲骨文中的"今朝"和"來朝"》爲題發表於《漢字研究（第一輯）》，367—374 頁，中國文字學會、河北大學漢字研究中心編，學苑出版社，2005 年 6 月。

説不可信。高田忠周《古籀篇》六十五第十四頁説金文"造"字"右不從牛口之告",其右上所從之形"與牛字迥別,與告字作㞢明從牛者不同也"。但他又分析"造"字字形爲從"㞢"、從"㞢"省或從"生"省,"其從口者,從周省聲",①則不可信。張日昇説:

> 高田忠周謂字非從告,其言至塙。攷諸金文造字右旁作𠙵𠙵𠙵,頭部向左傾,中部橫畫乃從點變成,而此點又無中生有之繁飾,最後衍變成𠙵(郘大司馬戟),直與從牛從口之告無異。許氏謂告聲,實據古文譌體而爲説者也。竊疑字從屮從𠙵,𠙵爲器,屮長於器,栽種之意也。頌鼎作𡧃,從宀,是栽種於居室之内,與生字象屮出於一(土)之意同。《易·屯》"天造草昧"注:"生也。"此造之本義也。生字之衍變㞢→㞢→生與𠙵→𠙵→𠙵亦正同出一轍。……②

張日昇對"造"字所從的所謂"告"形的分析是很準確的,但他的"從屮從𠙵"、"栽種之意"云云的解説同樣也靠不住。大概也正因爲主張"造"不從祝告之"告"的意見未能對"造"字作出令人信服的解釋,所以此説長期不爲大多數研究者所信。

下面羅列出見於西周金文的、也是爲大家所承認的現所見最早的"造"的字形(參看《金文編》卷二 0209 號 94—95 頁):

師同鼎(《殷周金文集成》5·2779③)

以上皆見頌鼎(5·2827—5·2829)

頌壺(馬承源主編《商周青銅器銘文選》第一册 275 頁四三六號④)

頌壺(15·9732、15·9731·1)

以上皆見頌簋(8·4332—4339)

上舉頌器諸形,可分别隸定爲"𡧃"、"逪"和"𨕥",其基本聲符相同。"𡧃"從"宀"從"艁",《説文·辵部》"造"字古文作"艁",研究者多認爲"舟"是加注的聲符。古文字從"彳"與從"辵"往往無别,"𨕥"字所從的聲符

---

① 周法高主編:《金文詁林》,第二册 882—883 頁,香港中文大學出版社,1974 年。
② 周法高主編:《金文詁林》,第二册 887 頁。
③ 以下簡稱《集成》。後文注金文出處凡徑出册數和編號的,皆見於《集成》。
④ 此係器銘,下引《集成》15·9732 所録爲同器的蓋銘。

"㠯"與"䆞"字所從的聲符"造"當是一字的繁簡體。頌器銘文云（本文引用古文字資料釋文皆儘量用寬式，如無必要即不嚴格隸定）："王曰：頌，令汝官司成周賈，監司新造賈，用宮御。""新造賈"是職官名，曾侯乙墓竹簡有官名"新造尹"、"新造人"，《戰國策·楚策一》有官名"新造埶"，①頌器的這些不同字形没有問題都應當釋讀爲"造"。師同鼎銘文云："師同從，折首執訊，孚車馬五乘，大車廿，羊百刧。用㠯王，羞于畱(?)。"李零先生釋"㠯"字爲"造"，指出它"與頌簋'造'字（作䆞、䆞、䆞）所從相同"，②是很正確的。不過他將"用造王羞"連讀，"造"解釋爲"進獻"，"王羞"作其賓語，"指進獻之物"，則似有不妥。"造"字古訓爲"詣"（《廣雅·釋言》）、"就"（《說文》）或"適"（《小爾雅·廣詁》）等，意爲"到"、"前往"，古書用例很多。其後可接對象、(對象所在的)地點或處所，可加"於"亦可不加。銘文當是説師同到周王那裏即"畱"地去，並進獻戰利品于"畱"地。

此外，西周晚期的伯家父簋蓋（8·4156）有所謂"䢔"字：，用爲人名。③其所從聲符與上舉諸形相同。後文還將討論到這類所謂"䢔"字。

"告"字殷周金文多見，作、、、、、等形（看《金文編》56頁0127號），將前舉金文"造"字諸形所從跟真正的"告"字相比較，不難發現其區别所在："造"字諸形所從基本聲符上半的中豎常向左屈頭，"告"字中豎皆爲直頭；"造"字諸形基本聲符所從上半的中豎也有作直頭的，但中豎上大多所從的是小點，偶爾有變作短橫的，而"告"字中間所從橫劃雖或短或長，但從來没有寫作小點的。下文我們在提到"造"字的聲符時，爲了跟真正的"告"字區別開來，一般寫作"*告（造）"，在告字左上角加一星號並括注"造"。

"*告（造）"跟"告"和分别以它們爲偏旁的字在東周文字中多見，難以一一列舉。將它們全面排比分析之後可以看出，"*告（造）"跟"告"始終還保持著一些區别，但現所見的幾種戰國古文字典和文字編，大都混而未别，這是不妥當的。其實，抓住中豎是否屈頭和中豎上所從是小點還是橫畫這兩個特徵，就可

---

① 參看裘錫圭、李家浩：《曾侯乙墓竹簡釋文與考釋》注221，《曾侯乙墓》，526頁，文物出版社，1989年7月。
② 李零：《"車馬"與"大車"（跋師同鼎）》，原載《考古與文物》1992年第2期，收入《李零自選集》，128頁，廣西師範大學出版社，1998年2月。
③ 銘文云："唯伯家父䢔迺用吉金，自作寶簋……"金文人名以字稱"伯某父"者多見，後面一般不再加上名。偶爾也有加上名連稱的，如春秋早期的伯其父簋（9·4581）："唯伯其父麋作旅祜……"與"伯家父䢔"相類。

以比較簡要地將"*告（造）"跟真正的"告"字區別開來。同時又可以看到，雖然"*告（造）"形逐漸有一些寫得已經跟"告"混同的，但"告"卻從不寫作"*告（造）"形。這種分野，也足以說明"*告（造）"跟"告"的來源不同。下面我們就舉出一些例子來看。①

先說獨體的"*告（造）"字跟"告"字。郭店簡《窮達以時》簡 11"造父"的"造"字寫作🈳，裘錫圭先生云："楚簡'告'字中的上端皆直，此'告'字上端則向左斜折，與楚簡'告（劍按此字當是排印有誤）'、'㐌'等字所從之'告'相同，故此字無疑當讀爲'造'。有學者指出'造'字所從之'告'與祝告之'告'本非一字，是有道理的。"②類似"上端則向左斜折"的"告"形又如：陳子皮戈（17・11126）🈳、郰陵君豆（9・4694）🈳、春秋早期的衛公孫呂戈（17・11200）🈳（🈳）（此形雖然不很明顯但仍可看出其頭部略向左傾），以上三例皆用爲作造之"造"。《上海博物館藏戰國楚竹書（三）・容成氏》簡 52 🈳字，整理者釋爲"告"。試將它跟同篇簡 22"詁告"之"告"作🈳比較，其上端有明顯不同，而跟簡 31 數見的"㐌"字作🈳、🈳所從相同。"㐌"楚文字常見，用爲"造"（璽印、兵器"造府"，包山簡"新造"等），跟字書中的"譽"字異體無關。故《容成氏》此形🈳也應該釋讀爲"造"。③同時，用爲作造之"造"的"*告（造）"形也有已經跟"告"形完全混同的，如相公子矰戈（17・11285）🈳、司馬望戈（17・11131）🈳等。但值得注意的是，真正的"告"字卻從沒有寫作"*告（造）"形的。拿數量最大的楚簡文字來說，我們檢查了現所見楚簡包括新出上博竹書中所有用作"控告"、"告訴"一類意思的"告"字，還沒有發現一例是寫作中豎頭部向左斜折的。

作偏旁的"*告（造）"大多出現在兵器銘文用爲製造之"造"字中，除"造"字外，又如從"攴"作"敊"、從"戈"作"𢧐"、從"貝"作"賠"、從

---

① 在本文初稿寫成後，大西克也先生發表《戰國楚系文字中的兩種"告"字——兼釋上博楚簡〈容成氏〉的"三㐌"》一文，對戰國楚系文字中真正的"告"字和我們所謂的"*告（造）"字以及以它們爲偏旁之字的字形和用法有更爲詳盡的排比和分析，本小節以下所論內容請讀者與此文參看。 大西先生文見《出土簡帛文獻與古代學術國際研討會論文集》，143—158 頁，[臺北]政治大學中國文學系，2005 年 12 月。 後刊於武漢大學簡帛研究中心主辦《簡帛（第一輯）》，81—96 頁，上海古籍出版社，2006 年 10 月。
② 荊門市博物館：《郭店楚墓竹簡》，146 頁注[一三]引"裘按"，文物出版社，1998 年 5 月。
③ 參看拙文《上博楚簡〈容成氏〉與古史傳說》，"中央研究院"歷史語言研究所"中國南方文明研討會"會議論文，2003 年 12 月。

"舟"作"艁"、从"金"作"鋯"、从"邑"作"郜"等等。①其中有一些"*告（造）"已經跟"告"形混而不別，大部分還是可以很明顯地看出其或屈頭、或中豎上從小點的特徵的。例如，"艁"字春秋晚期的宋公兵器等用爲"造"，又見於曾侯乙墓竹簡（疑可讀爲"就"），均屈頭或多出一斜筆甚明。而邾滕單字陶文中或作 {造}（《古陶文彙編》3·895），雖然中豎上是一長橫，但向左屈頭；或作 {造}（《古陶文彙編》3·896）、{造}（《古陶文彙編》3·895），此兩形雖不屈頭，但中豎上均是一小橫（由小點變來），尤足以説明問題。又如，"造"字或作 {造}（平阿左戟，17·11158）、{造}（即墨華戈，17·11160），甚至整個右上半往左傾斜。

前文已經出現過西周金文中用爲人名的"郜"。"郜"用爲作造之"造"如析君戟（17·11214）作 {郜}、郫之新造戈（17·11042）作 {郜}，"*告（造）"形皆多出一斜筆。羕陵公戈（17·11358）作 {郜}，右半所從已經跟"告"混同。洹子孟姜壺（15·9729、9730）有"{郜}"字，銘文云："齊侯既遵洹子孟姜喪，其人民{郜}邑菫𡫏。"舊釋斷句有誤，多讀"喪其人民{郜}邑"爲句，釋爲郜邑之"郜"，或釋爲"都"，②皆不可信。董蓮池先生讀"郜邑"爲"慼悒"，悲愁之意。此解遠勝於舊説，但仍以爲字從"告"聲則非。③此字也當是從"*告（造）"聲的，"造"聲字跟"戚"聲字相通古書不乏其例（看《古字通假會典》④727頁"造與慼"條、"造與戚"條）。除讀爲"慼"外，此"郜"字其實也可以讀爲憂戚之"戚"或"慼/憾"。而郜史碩父鼎（《小校》二·二八，《集成》失收）有{郜}字，左半所從作直頭、中豎上從短橫之形，這是真正從"告"聲的"郜"字。"郜"係國名，周文王子聃季所封，數見於《春秋》經傳。由此可見，古文字所謂"郜"字中實際包含從"*告（造）"和從"告"的兩個不同的字。又新蔡簡零：356殘辭"☐寺郜☐☐"，簡甲三：337有地名"郜父"，"郜"字作 {郜}，其所從爲"告"還是"*告（造）"似不好斷定。

"鋯"用爲作造之"造"如曹公子沱戈（17·11120）作 {鋯}，中豎向左屈頭；陳侯因𰯲戈（17·11081）作 {鋯}、滕侯耆戈（17·11078）作 {鋯}，中豎上皆作小點形。也有一些字形所從已經與"告"接近，如陳卯戈（17·11034）、陵右戟（17·11062）等。而望山二號墓楚簡12、13號"鋯面"之"鋯"作 {鋯}、{鋯}，皆

---

① 參看陳偉武：《簡帛兵學文獻探論》，122—127頁，中山大學出版社，1999年11月。
② 李孝定、周法高、張日昇編著：《金文詁林附錄》，1855—1859頁，香港中文大學出版，1977年4月。三版《金文編》入於附錄，四版《金文編》443頁收於1031號"都"字下。
③ 董蓮池：《金文編校補》，191—193頁，東北師範大學出版社，1995年9月。
④ 高亨纂著、董治安整理，齊魯書社，1989年7月。下文簡稱《會典》。

作直頭長橫之形；又包山楚墓牘 1 有"四馬晧面"，"晧"字作󰀀，亦從直頭長橫之"告"。李家浩先生認爲，包山楚簡 271 號有"四馬之凵（臼）面"，"臼面"即"錯面"、"晧面"，"錯"和"晧"皆從"告"聲，"告"、"臼"二字古音相近，皆應讀爲"舊"。① 也就是說，古文字所謂"錯"字中實際也包含從"*告（造）"和從"告"的兩個不同的字。

目前所見戰國文字中被釋爲從"告"的字，其中真正從"告"的除了上文提到的"晧"字和部分"錯"字、部分"郜"字外，大概還有"浩"、"誥"、"𣪠"和"痞"幾字。"浩"字包山楚簡 67 號作󰀀，《古璽彙編》1537、1559 作󰀀、󰀀；"誥"字包山簡 133 號作󰀀；"𣪠"字包山簡 66 號作󰀀。以上幾字除"誥"外皆用爲人名。"痞"字新蔡簡甲三：198、199-2 作󰀀，甲三：344-1 作󰀀，其意不明。上舉諸形均爲從直頭長橫之"告"。戰國文字中其餘被釋爲從"告"的字則大都是從"造"字的聲符"*告（造）"的。上文提到過"佶"字跟字書中的"䎽"字異體無關。同類的情況又如，被釋爲"酷"的字應該也跟《說文·酉部》訓爲"酒厚味也"的"酷"字無關。齊系陶文"酷里"、"東酷里"和"西酷里"的"酷"字多見，大多作"󰀀"一類形體（看《古陶文字徵》246 頁），雖然它中豎不向左屈頭，但多爲中豎上加一小點，顯然應是從"*告（造）"之字。對比齊系陶文"造"字大多作"󰀀"一類形可知。② 包山楚簡 150 號"酷"字作󰀀，125 號作󰀀，皆中豎頭部向左斜折，更可說明其非從直頭之"告"。

前引頌簋最後一形󰀀，所從"*告（造）"已經訛變得跟"告"看不出什麼差別。秦文字似乎主要沿襲了這一類寫法，並一直沿用下來爲隸楷所承襲。春秋早期的秦子戈"作造"的"造"作󰀀（17·11352）、󰀀（澳門珍秦齋藏器③），春秋中晚期的秦懷后磬（薛尚功《歷代鐘鼎彝器款識法帖》38·3）"造"字與秦子戈後一形略同。④ 戰國秦兵器大量"造"字所從已多與"告"無別。但秦文字中也有個別的"造"字如六年上郡守戈作󰀀、⑤ 秦印"邯鄲造工"作󰀀等，⑥ 中豎仍

---

① 李家浩：《包山遣冊考釋（四篇）》，第 5 頁，《古籍整理研究學刊》2003 年第 5 期。
② 周進集藏、周紹良整理、李零分類考釋：《新編全本季木藏陶》，57—58 頁 0196—0202 號，中華書局，1998 年 10 月。
③ 王輝、蕭春源：《新見銅器銘文考跋二則》，《考古與文物》2003 年第 2 期，82 頁圖三。又《珍秦齋藏金（秦銅器篇）》，38 頁，澳門基金會出版，2006 年 3 月。
④ 關於秦懷后磬的年代參看李學勤：《秦懷后磬研究》，原載《文物》2001 年第 1 期。收入其《中國古代文明研究》，180—183 頁，華東師範大學出版社，2005 年 4 月。又徐寶貴：《懷后磬年代考》，《古文字研究》第二十四輯，340—344 頁，中華書局，2002 年 7 月。
⑤ 《華夏考古》1991 年第 3 期，30—31 頁。劉雨、盧岩編著：《近出殷周金文集錄》4·1194，中華書局，2002 年 9 月。
⑥ 許雄志主編：《秦印文字彙編》，31 頁，河南美術出版社，2001 年 9 月。

向左屈頭；又商鞅量（16·10372）"大良造鞅"的"造"字作 🔲，中豎上端向左斜出一筆，都仍然保留了"*告（造）"形的特徵。另外，秦代漆器烙印文字"造工"之"造"或省作"*告（造）"，字形作 🔲、🔲、🔲、🔲、🔲、🔲、🔲、🔲 等，①仍然保留中豎向左屈頭的特徵，當因出於爲了與真正的"告"字相區別的需要。

三

本文開頭所舉殷墟甲骨文 D "🔲" 一類形體跟"造"字所從聲符"*告（造）"的形體演變關係，可以首先通過甲骨金文"🔲"字的形體演變來說明。

殷墟甲骨文"🔲"字或作如下之形（見《甲骨文編》490—491 頁）：

🔲 🔲 🔲 🔲 🔲 🔲 🔲 🔲 🔲 🔲 🔲 🔲

象以戈援斬斷某物之形。其戈援上方的"🔲"一類形體，研究者有説爲代表人髮或人首和説爲象草木之形等不同意見。我認爲"🔲"形象以戈翦斷草木頂端的枝莖之形，係翦除草木之"翦"的表意初文，其所從的"🔲"形，即"🔲"形的上半。②不過，不管是否同意"🔲"所從之"🔲"形即"🔲"形的上半這個看法，它們在形體上的一致總是沒有問題的。相同的字形，在文字發展的過程中，其演變也往往是平行、同步的。"🔲"字到了西周金文中作如下之形（《金文編》826 頁卷十二 2039 號）：

🔲 史牆盤（16·10175）

🔲 塱方鼎（5·2739。此據《商周青銅器銘文選》第一册 18 頁二六號所收

---

① 以上諸形見於：雲夢睡虎地秦墓編寫組：《雲夢睡虎地秦墓》，126 頁、128 頁，文物出版社，1981 年 9 月。雲夢縣文物工作組：《湖北雲夢睡虎地秦漢墓發掘簡報》，《文物》1981 年第 1 期，34 頁圖九、圖十。左德承編繪：《雲夢睡虎地出土秦漢漆器圖錄》，108 頁插圖四，湖北美術出版社，1986 年 3 月。陳振裕：《湖北出土戰國秦漢漆器文字初探》，《古文字研究》第十七輯，185 頁圖二四、187 頁圖八八，中華書局，1989 年 6 月。
② 參看拙文《甲骨金文"🔲"字補釋》，中國古文字研究會、浙江省文物考古研究所編《古文字研究》第二十五輯，中華書局，2004 年 10 月。

較清晰的拓本）

★癭鐘三（1·0251）

可以看出，其中"ᵡ"形演變的特徵是，其左右兩筆拉得較直不再呈波浪形，變得跟"中"形的左右兩筆相類似；而中豎則將波浪形改爲上端向左屈頭或斜折。對比"ᵡ"形跟西周金文中的"＊告（造）"形作"ᵡ"、"ᵡ"、"ᵡ"，除了增加飾筆小點之外，其演變情況跟"ᵡ"字是完全平行的。由此可以證明，殷墟甲骨文"ᵡ"形跟西周金文中的"＊告（造）"形應該是一個字。至於前面舉出的東周文字中獨體的"＊告（造）"形，它到底是直接由甲骨文"ᵡ"形演變而來的，還是後來從西周金文"ᵡ"一類字形省略而來的，據現有資料似尚難以斷定。

"ᵡ"跟"＊告（造）"的字形演變關係，還可以通過"賣"所從的"奮"旁來加以印證。

《說文·貝部》："賣，衒也。从貝，奮聲。奮，古文睦。讀若育。"所謂"古文睦"字見於《說文·目部》"睦"字下，其字形當分析爲"从古文目坴聲"（《目部》"睦"字下段玉裁注）。"睦"字和"陸"字的聲旁"坴""从土坴聲"，金文"陸"字多作ᵡ或ᵡ（《金文編》939頁2319號），即"坴"字本作"ᵡ"。但正如趙平安先生已經指出的那樣，秦漢篆隸中从"賣"之字與《說文》篆形皆不合，"賣"从"ᵡ"形的寫法在古文字中實際上從未見到過。① 《說文》對"賣"所從"奮"旁的分析實不可信。其以"賣"字上半的"奮"爲"古文睦"，跟《火部》分析"寮"字上半的"昚"形爲古文"慎"（昚）、《白部》分析"者"字上半爲从"古文旅字"，其誤相同。②

我認爲，"賣"字所從的"奮"旁實際上就是从前文所舉殷墟甲骨文B"ᵡ"一類形體得聲的。先來看看讀音是否相合。"ᵡ"是"造"字的聲符"ᵡ"的聲符，"造"是幽部字。从"賣"得聲的字古音多應歸入屋部，但"賣"字本身則應歸入幽部入聲覺部。《說文·貝部》"賣（賣）"字"讀若育"，"賣"與"育"字或相通，如《莊子·人間世》"是以人惡有其美也"釋文："崔本'有'作'育'，云：賣也。""賣"與"鬻"常常相通（看《會典》345頁"賣與鬻"條），字書多以爲同字。《玉篇·貝部》："賣，或作粥、鬻。"《集韻·屋韻》余六切"育"小

---

① 趙平安：《〈說文〉小篆研究》，18—20頁，廣西教育出版社，1999年8月。
② 對"者"字从"古文旅"的辨析參看李守奎：《〈說文〉古文與楚文字互證三則》，《古文字研究》第二十四輯，469—470頁。

韻："賣，通作鬻、粥。"从"賣"得聲的"儥"字，除了訓爲"見"的"徒谷切"一讀，亦另有"余六切"一讀，與"賣"、"鬻"和"粥"同字。育、粥和鬻都是覺部字。《周易·豐》上六爻辭"三歲不覿"，帛書《周易》"覿"作"遂"，"遂"當是"逐"之誤字（《會典》345頁"覿與逐"條），①"逐"是覺部字。"讀"跟"籀"和"抽"關係密切，《説文·竹部》"籀，讀也"。《言部》"讀，籀書也"。《方言》卷十三："抽，讀也。"《詩經·鄘風·牆有茨》"不可讀也"毛傳："讀，抽也。"（《説文·竹部》"籀"字段注云"抽皆籀之叚借"）王國維《史籀篇疏證序》謂"古籀讀二字同音同義"。②"籀"、"抽"都是幽部字。以上材料均表明"賣"字上古音當歸入幽部入聲覺部。

　　從聲母來説，"造"屬精系清母或從母，③"賣"屬余母（或稱以母），兩者也有密切關係，可以舉出不少相通之例。例如：殷墟甲骨文"卒"字異體或作"𧝁"，裘錫圭先生説："'𧝁'應該分析爲从'衣''聿'聲……'聿'是以母（即喻母四等）字，'卒'是精母字。用以母字諧精母字，在古代也不乏其例。例如，'酉'是以母字，'酒''醬''迺'（取"即由切"之音）是精母字。……"④殷墟卜辭"多毓"之"毓"，裘錫圭先生主張應該讀爲"戚"，論述其語音關係説："'毓'和'戚'上古音都屬覺部（幽部入聲）。'毓'是余母（喻母四等）字，'戚'是清母字。余母上古音接近定母（曾運乾有"喻四歸定"之説），發音部位與精、清系聲母相近。從諧聲情況看，余、清二母也有關係。例如：'易（按原誤排印作"易"）'屬余母，'惕'屬清母。'鋭'（以芮切）屬余母，'脆'（此芮切）屬清母。'允'屬余母，从'允'聲的'夋'和'悛'、'竣'等字屬清母。所以從語音上看，'毓'字是有可能讀爲'戚'的。"⑤又如，古文字中"弋（杙）"跟"才"字形關係密切，我認爲它們就是從一個字分化而來的。"才"古音爲從

---

① 秦漢簡帛"逐"誤爲"遂"多見，如《周易·睽》初九爻辭"喪馬勿逐"，帛書《周易》作"亡馬勿遂"。《周易·頤》六四爻辭"其欲逐逐"，《釋文》："子夏傳作攸攸，志林云：攸當爲逐。蘇林音迪，荀作悠悠，劉作笛，云：遠也。"帛書《周易》作"笛笛"，阜陽漢簡《周易》作"遂遂"。
② 《觀堂集林》，第一册252頁，中華書局，1959年6月。
③ "造"字中古有不同讀音。《廣韻》上聲晧韻"皁"小韻"造"音"昨早切"訓爲"作"，據此音上推爲從母幽部；去聲號韻"操"小韻音"七到切"訓爲"至"，據此音上推爲清母幽部。
④ 裘錫圭：《釋殷墟卜辭中的"卒"和"𧝁"》，《中原文物》1990年第3期，11頁。
⑤ 裘錫圭：《論殷墟卜辭"多毓"之"毓"》，中國社會科學院考古研究所編《中國商文化國際學術討論會論文集》，456—457頁，中國大百科全書出版社，1998年9月。

母之部，"弋（杙）"爲余母職部（之部入聲），其聲韻關係跟"造"和"賣"尤爲相類。①從以上情況看，"造"跟"睿"有共同的諧聲偏旁，是很正常的。

現所見最早的从"睿"之字見於西周金文，今將其字形羅列如下：

賣（賣）：㸚 㸚 曶鼎（5·2838）

債：㸚 君夫簋（8·4178）

徣：徣 徣 徣 徣 徣 史頌簋（8·4229—4236）

徣：徣 徣 史頌鼎（5·2787、2788）

這些字形中"睿"旁的"目"形上面的部分，跟西周金文中"*告（造）"形除去"口"的部分的形體顯然是十分接近的。君夫簋字形沒有加飾筆，曶鼎將作飾筆的小點加在中豎的上半。史頌諸器則將作飾筆的小點加在中豎的下半，又演變爲短橫，跟"*告（造）"形的演變相類。史頌諸器的"徣"和"徣"，劉心源、高田忠周、郭沫若等早已指出是从"睿"的，到現在卻還有很多人不相信。②劉釗先生指

---

① 《說文·才部》："才，艸木之初也。从丨上貫一，將生枝葉。一，地也。"研究者多據此爲說，謂"才"字爲草木破土而出初生之形等（《古文字詁林》第六冊32—39頁），跟古文字字形不合，不可信。"才"字殷墟甲骨文作丫（多見於賓組、自組等早期卜辭）、丫、十、十等（《甲骨文編》269頁），金文作丫、丫、十、十、中、十、十、十等，其填實與鉤廓、中豎穿透與否皆無別。後來逐漸綫條化作十、十、十（《金文編》411—412頁0972號）。"弋"字本象橜杙之形，是"杙"字的表意初文（看裘錫圭：《釋"祕"——附：釋"弋"》，《古文字論集》29—31頁，中華書局，1992年8月）。甲骨文"弋"字和用作偏旁的"弋"字作弋（《合集》1763）、弋（《合集》4443）、弋（《合集》10048）、弋（《合集》30893"督"所從）等，西周金文"叔"所從的弋字或作弋、弋、弋、弋（叔簋，4132·2、4133·1）、弋、弋（叔鼎，4·2052·1、2052·2）、弋（大克鼎，5·2836）。其填實與鉤廓亦無別，後也大多綫條化作十、十一類形（《金文編》815頁2024號"弋"、《金文編》191頁0463號"叔"字）。"弋"跟"才"字形各方面的情況都很接近，其區別僅在於"弋"字右上比"才"字多出一小筆。兩字讀音相差也不遠，所以我認爲，它們本是由一字分化而來的，"才"字字形也應說爲象下端尖銳的橜杙之形。何琳儀先生《戰國古文字典》（中華書局，1998年9月）69頁說："弋，金文作弋（曶鼎），从才，右上加短橫分化。才亦聲。"已經注意到了"才"跟"弋"的關係。但根據甲骨文"必"字字形可知，"弋"字右上的短橫本是字形中固有的部分，恐不能說爲分化符號（參看裘錫圭：《釋"祕"——附：釋"弋"》，《古文字論集》17—34頁）。《合集》19946是一版自組大字類卜骨，時代較早。其反面卜辭爲："壬子卜，貞，弋（才—在）六月，王弋（才—在）羍。"前一"才（在）"字與"弋"形完全相同。這是"才"跟"弋"本爲一字分化的有力證據。

② 李孝定等編著：《金文詁林附錄》，1396—1404頁。張亞初《殷周金文集成引得·釋文》（中華書局，2001年7月）48頁又78—79頁皆釋爲"省"，華東師範大學中國文字研究與應用中心編《金文引得【殷商西周卷】·青銅器銘文釋文》（廣西教育出版社，2001年10月）317頁亦釋爲从"省"。

出：“這兩個字至今還有人認爲是从'直'或从'省'，這應該是没有認真分析形體的原因。'✡'形這種加飾點並彎曲的形態，是'直'和'省'絶對没有的，而這正是'畬'字的特徵。"① "畬"字的這個特徵，也正是"*告（造）"形的特徵。石鼓文"遺"字作𧵒，右上部分變爲直頭、小點演變爲横劃，即後來隸楷"賣（賣）"字所从的"𧶠"形所本，②跟"*告（造）"形在秦文字和隸楷中的演變相近。六國文字中从"畬"的字多見，"畬"旁大致有"✡"和"✡"兩類寫法，後一類佔絶大多數，③其中豎向左屈頭或多出斜折一筆，也跟六國文字中的

---

① 劉釗：《古文字構形研究》，291 頁，吉林大學博士學位論文，1991 年。劉釗：《古文字構形學》，167 頁，福建人民出版社，2006 年 1 月。
② 另外，隸楷中的"賣（賣）"可能還另有不同來源，由於牽涉到對上文所舉金文"畬"旁的字形分析和金文"畬"旁跟後代"賣"字中"𧶠"形的演變關係是否可靠的問題，必須在此略作說明。劉釗先生、趙平安先生都曾指出，在西周金文和戰國楚簡文字中，有一系列从"省"聲或"賞"聲（"賞"又从"省"聲）的字，從各方面看都分别跟"畬"和"賣"相當，"賞"就應當釋讀爲"賣"。見劉釗：《釋"賞"及相關諸字》，《中國文字》新廿八期，123—132 頁，藝文印書館，2002 年 12 月。收入其《古文字考釋叢稿》，226—237 頁，岳麓書社，2005 年 7 月。趙平安：《釋古文字資料中的"畬"及相關諸字——從郭店楚簡談起》，《中國文字研究（第二輯）》，78—85 頁，廣西教育出版社，2001 年 10 月。秦漢文字中"畬"旁有一類較爲特殊的寫法，可能本來就是來源於"賞"形的。如漢印"賣"所从"畬"旁大多作普通的"𧶠"形，但"賣"字或作✡、✡（《汉印文字徵》七·十八），"續"字或作✡（《汉印文字徵》十三·二）；睡虎地秦簡"續"字作✡、✡（張守中撰集《睡虎地秦簡文字編》193 頁，文物出版社，1994 年 2 月），《珍秦齋古印展》（澳門市政廳出版，1993 年 3 月）93 秦印"趙犢"之"犢"作✡，等等。參見上引趙平安先生文 82 頁。但西周金文中"賞"和"賣"並見，其間的關係大家看法還不相同。趙平安先生認爲"省"和"畬"都是"賣"的本字，是造象形字時對"賣"取象角度不同而形成的異體字；劉釗先生認爲"省"所从的"自"是由"畬"所从的"目"訛變而來的；季旭昇先生舉出殷墟甲骨文中从"省"之字，又反過來認爲"畬"所从的"目"是由"省"所从的"自"訛變而來的（見季旭昇：《説文新證（上册）》，252—254 頁，藝文印書館，2002 年 10 月）。諸説似均難信從。其實，"省"和"畬"本不必牽合爲一字，恐怕還是如季旭昇先生所云"也不排除'省'和'畬'有不同的來源"（《説文新證（上册）》254 頁），更爲近於事實。相類似的例子如，裘錫圭先生指出：秦漢文字中"叔"字有从"朮"和从"茶"兩類寫法，分别淵源有自。从"朮"者殷墟甲骨文已見，是爲大家所熟悉的，"茶"形則來源於最早已見於西周金文的"✡"形（鐘銘中常見的一個形容鐘聲之字的聲旁）。"✡"是與'朮'字音同或音近的一個字，用作聲旁時二者可以通用"，但"它究竟是以什麼爲本義的字，還需要今後進一步研究"。見裘錫圭：《戎生編鐘銘文考釋》，《保利藏金》，371—372 頁，嶺南美術出版社，1999 年 9 月。比照此例，我們也可以認爲，"省"是與"畬"音同或音近的一個字，用作聲旁時二者可以通用，因此會出現從西周金文到秦漢文字以"省"爲聲符的字可以釋讀爲以"畬"爲聲符之字的異體的情況。但"省"的造字本義以及它跟殷墟甲骨文中已見的"省"形的關係，均尚待進一步研究。
③ 參看朱德熙：《古文字考釋四篇·釋犢》，《朱德熙古文字論集》，152—153 頁，中華書局，1995 年 2 月。曹錦炎：《釋牽——兼釋續、瀆、竇，鄭》，《史學集刊》1983 年第 3 期，87—90 頁。

大部分"*告（造）"形相類。

殷墟甲骨文中有一個從"B"形之字，見於《合集》20074："☐ 𦥯 侯今春于 𤔲 衛(?)，亡囚（憂）。从東衛(?)☐"，當是地名。可見"B"形可以用作偏旁。從字形結構來説，甲骨金文"眚"和"省"兩字共同的初文從意符"目"作 𣉘、𣉙、𣉚、𣉛、𣉜、𣉝 等形（《甲骨文編》159—160 頁 0466 號，《金文編》242 頁 0585 號），"目"形上面寫作"屮"形的部分是其聲符。① "睿"字下從"目"，上從聲符"𡳾"，正與之相類。"眚"和"省"字上所從的"屮"形後來也在中豎上加小點、又演變爲短橫，跟"睿"的情況也是平行的。

總之，將西周金文"*告（造）"和"睿"分别跟前舉殷墟甲骨文 D 形和 B 形聯繫起來，認爲 D 形和 B 形分别即"造"和"睿"的聲符，讀音相合，字形的演變關係能夠得到統一合理的解釋。

四

確立"𡳾"形跟"*告（造）"字的聯繫之後，下面我們回到殷墟甲骨文，但先來討論卜辭中另一個從"夂"（倒"止"）從"A"形的字。其字形如下：

　　　𢍰　𢍱《甲骨文編》758 頁附録上六一 3987 號

或倒書作：

　　　𢍲《甲骨文編》672 頁附録上一八 3268 號，《合集》20772

　　　𢍳　𢍴《合集》20757

其下半或有所省略：

　　　𢍵《甲骨文編》758 頁附録上六一 3986 號，《合集》15485、16517

我們將以上三類形體統一隸定作"夅"。字或又增從"彳"：

---

① 此聲符"屮"形一般分析爲"生省聲"。裘錫圭先生指出，甲骨文中"屮"形就可以用爲"生"，甲骨文"眚"和"省"字"也可以認爲從讀爲'生'的'屮'，不必一定分析爲'生省聲'"。見裘錫圭：《釋"木月""林月"》，《古文字論集》，88 頁。

◆《合集》18006　　◆《甲骨文編》78頁0215號,《合集》4194

我們將其隸定作"徠"。第二形所從"△"形也類化爲跟"未"形接近。

"夆"和"徠"主要的用法都是作動詞（《類纂》330—331頁），"彳"作意符常常表示其字與行動有關，由此看來"夆"和"徠"很像是一字的繁簡體。不過"夆"字或用作地名，例如：

(1) ☒王往夆。　　　　　　　　　　　　　　　　　　　　《合集》7902

(2A) 貞：帝于夆三羌。

(2B) 勿帝于夆五羌。　　　　《合集》368(《丙編》352＝《乙編》4157＋4158)

"徠"字則沒有看到這類用法。所以穩妥一點可以認爲，至少在作動詞這個意義上，"夆"與"徠"當是一字的繁簡體。

幾年前，我曾向裘錫圭先生請教關於"夆"和"徠"的釋讀問題。裘先生告訴我，"夆"和"徠"作動詞用當是"遭遇"一類的意思，如果信從于省吾先生將"△"釋爲"條"讀爲"秋"的說法，則"夆"和"徠"可以分析爲從"△"聲而讀爲"遭"。現在我認爲，裘先生關於"夆"和"徠"釋讀爲"遭"的意見是完全正確的。在認識到"△"跟"*告（造）"的關係之後，可以將這個意見稍作修正而肯定下來了。

先說"夆"作動詞用當是"遭遇"一類的意思。卜辭或說"夆鬼日"：

(3) 貞：☒往田，不夆畏（鬼）日。　　　　　　　　　　《合集》14293 正

(4) 丁丑卜：今日令匚冕，不夆（倒書）鬽（"鬼日"合文）。允不。兔十☒①

　　　　　　　　　　　　　　　　　　　　　　　　　　　《合集》20772

(5A) 己亥卜：不夆（倒書）雨抑。狩取。

(5B) 庚子卜：不夆（倒書）大風。狩取。

(5C) 庚子卜：狩取，不菁（遘）戎。（以上三辭見《乙編》392）

(5D) 庚子卜：匚步，不夆（倒書）鬼［日］。(《乙編》44)

　　　　　　　　《合集》20757＝《乙編》44＋143＋153＋213＋369＋392

---

① 對此辭中"夆"形倒書及"鬼日"二字合文的考釋參看劉釗：《古文字構形研究・談甲骨文中的"倒書"》，16—17頁。《談甲骨文中的"倒書"》後正式發表於《于省吾教授百年誕辰紀念文集》(吉林大學出版社，1996年9月)時未收此例。又劉釗：《古文字構形學》第二章"甲骨文中的'倒書'"，18頁。

上引（5A）、（5B）兩辭說"夅雨"、"夅大風"，裘錫圭先生曾在引用（5A）一辭時在"夅"字後括注"義近'邁'"。① 卜辭貞問"邁雨"、"邁大風"之辭極爲多見，不必贅舉（看《類纂》1198—1201頁）。卜辭又有說"邁鬼日"的：

(6) 其蠹（邁）䏽（鬼）日。　　　　　　　　　　　　　　　《屯南》2442

(7A) 不邁䏽（鬼）日。吉。

(7B) 王其田敝，其邁䏽（鬼）日。《合集》29403＋29711（黄天樹先生綴合）②

(8A) 乙巳卜：今日乙王其征新庸羌(?)，不蠹（邁）䏽（鬼）日。

(8B) 其蠹（邁）䏽（鬼）[日]。　　　　　　　　　　　　　《合集》29712

以上所舉證據都說明"夅"當與"邁"意思接近，意爲"遇上"。"鬼日"當是某種不好的事物或狀態。第（7）、（8）的 A、B 兩辭皆"不邁鬼日"與"其邁鬼日"對貞，一條用"其"而另一條不用。根據"司禮儀'其'的規則"，用"其"的（B）辭所說的"邁鬼日"當是占卜者所不願看到的情況。③

拿"遇上"、"遭遇"這個意思去理解有關卜辭，都很通順：

(9A) 貞：王夅戈人。

(9B) 貞：王弗夅戈人。　　　　　　　　　　　　　　　　《合集》775 正

卜辭常見商王"呼戈"或呼"戈人"做事（看《類纂》881頁），此辭當係爲王在某種情況下是否會"遇到戈族之人"而卜。

(10) 貞：其徠。　　　　　　　　　　　　　　　　　　　《合集》35239

(11) 貞：不出（有）夅。　　　　　　　　　　　　　　　《合集》2484 正

(12) 㞢亡其夅來自南。允亡夅。　　　　　　　　　　　《合集》5477 正

(13) 貞：其夅出（有）囘（憂）。　　　　　　　　　　　《合集》4194

(14) ☑弗夅出（有）囘（憂）。用。十三月。　　　　　　《合集》16517

(15) 丙寅貞：子弗夅囘（憂）。　　　　　　　　　　　　《合集》22293

(16) 壬卜：卜宜不吉，子弗夅又（有）艱。　　《殷墟花園莊東地甲骨》④286

---

① 裘錫圭：《關於殷墟卜辭的命辭是否問句的考察》，《古文字論集》，254 頁。
② 黄天樹：《殷墟王卜辭的分類與斷代》，附錄三《甲骨新綴廿二例》第 18 組，345、377 頁，文津出版社，1991 年 11 月。
③ 關於"司禮儀'其'的規則"，沈培先生有很好的綜述，見沈培：《卜辭"雉衆"補釋》，《語言學論叢》第二十六輯，247 頁，商務印書館，2002 年 8 月。
④ 中國社會科學院考古研究所編著，雲南人民出版社，2003 年 12 月。以下簡稱《花東》。

(17) □丑卜，賓，貞：翌乙☑黍登于祖乙☑王占曰：屮（有）求（咎）☑不其雨。六日☑午夕月屮（有）食。乙未酒，多工率夅遭。　　　　　《合集》11484 正

(18) 丁丑卜，賓，貞：勿鳥，歲卜屮（有）求（咎），叀用弗夅屮（有）☑

《合集》15485

（10）—（11）只爲是否有所"遭遇"而卜，遭遇的對象沒有明確説出來。（12）當是貞問㞢是否遭遇"來自南"的人或不好的事情，卜辭或卜"有來自南，以𠚢"、"其有來自南"、有無"來艱自南"、"其自南有艱"、"自南有來憂"等（看《類纂》1108 頁）。（13）—（17）貞卜是否遭遇"憂"、"艱"和"遭"，都是不好的事情，與"鬼日"相類。（18）"夅屮（有）"下殘去的也應該是這一類詞語。（17）的"遭"和卜辭"有遭"（《合集》31935、5447乙）的"遭"，皆與西周金文常見的"亡遭"之"遭"同義，"遭"讀爲"譴"或"愆"，意爲過錯、災患。①

"夅"和"徣"从"A"形得聲，前文已經論述了"A"形異體"D"形就是"造"字聲符"*告（造）"，則"夅"和"徣"跟"造"必然讀音極爲相近。而"造"跟"遭"的關係，實在是太密切了。

"造"與"遭"聲紐同爲精系，韻母相同（韻部皆爲幽部，中古音都是開口一等字），古音極爲接近。古書中"造"與"遭"常常相通（看《會典》727 頁"造與遭"條），例如：《尚書·文侯之命》："嗚呼！閔予小子嗣，造天丕愆，殄資澤于下民。"僞孔傳："言我小子，而遭天大罪過，父死國敗，祖業隤隕。"以"遭"釋"造"。《尚書·大誥》"弗造哲迪民康"、"予造天役"，《漢書·翟方進傳》載王莽所仿作《大誥》"造"皆作"遭"。《史記·周本紀》："兩造具備。"《集解》引徐廣曰："造，一作遭。"《吕氏春秋·執一》："故勝於西河，而困於王錯，傾造大難，身不得死焉。""造"讀爲"遭"。②《莊子·大宗師》："造適（諳）不及笑，獻笑不及排。"于省吾先生《雙劍誃莊子新證》謂"造應讀作遭"。③

---

① 郭沫若釋大保簋"亡遭"云："'亡遭'乃金文恒語，遭讀爲譴，猶言亡尤、亡咎。"見《兩周金文辭大系圖録攷釋》，攷釋二十七頁下。楊樹達釋大保簋"亡遭"云："遭余疑當讀爲愆，亡愆猶甲文及麥尊諸器言亡尤也。"見《積微居金文説》（增訂本）卷三《大保殷跋》，69 頁，中華書局，1997 年 12 月。聞一多認爲這類"遭"字"即譴字，譴愆音義不殊，當係同語。"見《古典新義·璞堂雜識》"有言"條，收入《聞一多全集》，第二册 589 頁，三聯書店，1982 年 8 月。參看蔡哲茂：《説屮 ⟨圖⟩ 又 ⟨圖⟩》，原載《中國文字》第五十一册，1974 年 3 月。收入《甲骨文獻集成》第十三册，29—34 頁，四川大學出版社，2001 年 4 月。

② 見陳奇猷：《吕氏春秋新校釋》，1150 頁引楊樹達、于省吾説，上海古籍出版社，2002 年 4 月。

③ 于省吾：《雙劍誃羣經新證·雙劍誃諸子新證》，350 頁，上海書店出版社，1999 年 4 月。

出土文字資料中亦不乏其例。東周兵器銘文或以"曹"爲"造",如銍公鉥戈(17·11209):"銍公鉥曹(造)戈三百";或以从"攴"从"曹省聲"之字爲作造之"造"的專字,如十八年戈(17·11376)、四年雍令矛(18·11564)等,新鄭鄭韓故城所發現韓國兵器尤其多見。① 東周兵器銘文常以从"攴"从"*告(造)"聲之"敀"字爲"造",《上海博物館藏戰國楚竹書(三)·彭祖》簡7"敀咉"讀爲"遭殃"。《上海博物館藏戰國楚竹書(四)·曹沫之陳》"曹沫"之"曹"多見,多寫作"敀",或作"菣",亦其例。順便一提,上引上博竹書諸"敀"字所从的"*告(造)"亦皆作中豎上端向左斜折形。

從"遭"的詞義特點來看,將卜辭"夅"和"徝"釋讀爲"遭"也很合適。正如有研究者早已指出的,古書中"'遭'的賓語最常見的是'事',是'遭難'、'遭殃'、'遭亂'、'遭災'、'遭讒'、'遭誣'、'遭謾'、'遭傾'、'遭困'、'遭厄'、'遭刖'、'遭烹'……",其後所接的賓語常爲不利或不幸的事。而"遇"和"逢"則常常表示踫到好人或吉利的事,這種用法多不能用"遭"替換。因此,"使人感到'遭'好象是專用於不幸的、災難性的遭遇"。② 卜辭云遭風雨、遭鬼日、遭憂、遭艱和遭愆等,皆爲不利之事,正跟"遭"的詞義特點相合。

"夅"字字形結構跟"夆"字作 🔆(《合集》37507,黃組卜辭地名。金文多見)相類。🔆从"夊"(倒"止")从"丰"得聲,就是訓爲"遇"或"遭"的"逢"的古字。黃組卜辭又有地名 🔆(《合集》36904、36914、36916),字增从"彳",表"遭逢"之意更顯,跟 🔆 當是一字異體,與"夅"和"徝"的關係相類。同時,《尚書》中無"遭"字,"遭"皆以"造"字爲之。"遭"字在古文字中尚未見到,看來出現得很晚。由以上情況來看,進一步講,殷墟甲骨文中的"夅"和"徝"就可以看作遭遇之"遭"的古字。

五

本小節討論"△"的釋讀問題。文章開頭已經說到,研究者大都認爲"△"

---

① 裘錫圭:《嗇夫初探》,原載《雲夢秦簡研究》,291—292 頁注 51,中華書局,1981 年 7 月。收入其《古代文史研究新探》,509 頁,江蘇古籍出版社,1992 年 6 月。郝本性:《新鄭出土戰國銅兵器部分銘文考釋》,《古文字研究》第十九輯,118 頁,中華書局,1992 年 8 月。
② 王鳳陽:《古辭辨》,577—578 頁,吉林文史出版社,1993 年 6 月。

表示的當是一個時間名詞。但大家似乎受卜辭"今歲"、"來歲"、"今春"、"來春"和"今秋"等說法的影響太深，往往把"△"所表示的時間段考慮得過長，如舊說中釋爲"春"、"秋"、"夏"、"載"一類皆是。前文引到過的宋華强先生的論文贊同將"△"字字形釋爲"倏"之初文之說，並作了補充論證，在此基礎上將"△"讀爲朝暮之"朝"。對"△"字字形的認識，我們跟他看法不同。他將"△"所表示的時間釋爲一天當中的某個時段，我們則很贊同。但我主張將"△"讀爲早晨的"早"。

"△"最常見的辭例是說"今△"。卜辭"今"後所接的時間名詞，其實除了"歲"、"春"一類之外，還有相當多的是一天中的時段名。例如：

(19) 祝，叀今旦酒，正，王受祐。　　　　　　　　　　《合集》27453

(20) 今旦万其學。　　　　　　　　　　　　　　　　《屯南》662

(21) 貞：其馭今栖，亡𠭥。①　　　　　　　　　　　　《合集》26899

據沈培先生研究，"栖"可能就是"夙"字，用作時間名詞指夜盡將曉之時。②

(22A) 叀今夙酒。

(22B) [于]旦[酒]。

　　　　　　　　《安明》B1685＝《甲骨文合集補編》(下文簡稱《補編》)9601

(23) 癸亥卜，□，貞：妣歲，叀今晨酒。　　　　　　　《合集》25157

(24) 甲子卜，大，貞：告于父丁，叀今𣊡(昏)③酒。　　《合集》23259

(25) 甲戌卜，旅，貞：匕(妣？)吾(?)，叀今𣊡(昏)酒。　《合集》26822

(26) 叀今昏酒。　　　　　　　　　　　　　　　　　《合集》30838

上舉"今"後面所接的時段名有"旦"、"栖"、"夙"、"晨"、"昏"等，此外《合集》22942 殘辭還有"今晝"。"今旦"等說法大概就等於"今日旦"。《合集》20397 自組卜辭有"今日小采"；無名組卜辭多見時稱"市日"或"市"，如《合集》28751 無名組卜辭說："乙卯卜，今日市王其迖，亡戈(災)。大吉。"

---

① "𠭥"字舊多釋爲"尤"，釋讀爲"𠭥"參看拙文《甲骨金文舊釋"尤"之字及相關諸字新釋》，《北京大學中國古文獻研究中心集刊》第 4 輯，74—94 頁，北京大學出版社，2004 年 10 月。已收入《甲骨金文考釋論集》。

② 沈培：《說殷墟甲骨卜辭的"栖"》，《原學》第三輯，75—110 頁，中國廣播電視出版社，1995 年 8 月。

③ "𣊡(昏)"字的考釋看裘錫圭：《殷墟甲骨文字考釋(七篇)》之六"釋'昏'字異體"，《湖北大學學報(哲學社會科學版)》1990 年第 1 期，54—55 頁。

《合集》27202 有"于乙日市",而《合集》30645 説"今市日",就跟"今旦"、"今昏"等相當了。卜辭常説"今干支夕",又往往省略干支説"今日夕",見於《合集》460、1653、2953 正、15835、20408、2874、33988、《英藏》2177、《英藏》2083 等。又省略"日"字只説"今夕",極爲多見。①因此,"今△(早)"亦應即"今日△(早)"。

前文論述了"△"跟"*告(造)"的關係,從讀音上考慮,"△"形作爲"造"字的聲符,在音韻關係上雖然跟"朝"也接近,但比較起來跟"早"要更加密切得多。"造"與"早"的音韻關係,跟"造"與"遭"的音韻關係類似,其聲紐同爲精系,韻母相同(韻部皆爲幽部,中古音都是開口一等字),古音極爲接近。"造"、"早"相通之例如:《爾雅·釋水》"天子造舟"釋文:"造或作早。""早"字本身出現很晚,古作"蚤"、"棗"或"从日棗聲"的"曐"。從"蚤"聲的"鼕"或與"造"通,如《周禮·夏官·掌固》"夜三鼕以號戒",鄭玄注引杜子春云鼕讀爲"造次之造",謂擊鼓行夜戒守。睡虎地秦簡《日書》甲種一四正貳:"利棗(早)不利莫(暮)。"而宜乘之造戟(17·11112)假借"棗"爲"造",韓鍾劍銘(18·11588)"造"字从金从"曐(早)"聲(中間又增从日)。"造"又與从"早"聲的"草"相通。《廣雅·釋言》:"草、寁(窶),造也。"王念孫《疏證》:"草、寁、造聲並相近。……"如前引秦代漆器中的"*告(造)工",江陵鳳凰山、長沙馬王堆和臨沂銀雀山等地西漢墓出土的漆器多作"草",②趙平安先生指出"*造工"即《禮記·曲禮下》的"草工"。③此皆其證。

殷墟甲骨文或用"叉"字爲時段名"早":

(27A)甲辰卜:叉祭祖甲,惠子祝。

(27B)甲辰:叉祭祖甲友牝一。

(27C)甲辰:叉祭祖甲友牝一。

(27D)乙巳:叉祭祖乙友牝一。

(27E)庚戌:叉祭妣庚友白牝一。 《花東》267

---

① 參看常玉芝:《殷商曆法研究》,238—239 頁,吉林文史出版社,1998 年 9 月。
② 參看前注所引陳振裕:《湖北出土戰國秦漢漆器文字初探》,《古文字研究》第十七輯,175 頁。
③ 趙平安:《〈禮記〉"草工"鉤沉——略論先秦兩漢時期主管漆器製作的工官》,《中國社會科學院歷史研究所學刊》(第二集),商務印書館,2004 年 4 月。

(28) 丙子☐貞：翌☐小丁歲☐叉酒。　　　　　　　　　《合集》23052

"叉"字西周金文作🖐、🖐（師克盨"叉牙"，9·4467·1、9·4468），《說文·又部》："叉，手足甲也。从又，象叉形。"裘錫圭先生說："手足甲就是手和腳的指甲。'叉'字加在手形指端部分的兩筆，既可以認爲是起指示作用的，也可以認爲是象指甲形的。後世借'爪'爲'叉'，如'爪牙'就是'叉牙'。"①上引《合集》23052"叉"字作🖐，手形指端部分多加兩筆很明顯，又增从小點爲飾筆。《花東》267 五例字形從拓本看，位於龜甲右上方的一例作🖐，在手形指端部分多加兩筆最爲明顯，也增从小點爲飾筆。左下一例（乙巳一辭）作🖐，在手形指端部分多加的筆畫也還可以看出。其它幾例則不很清楚，似確已訛變爲从"又"从飾筆小點。殷墟甲骨文有用爲地名的🖐、🖐形（《甲骨文編》116 頁 0351 號），舊或釋爲"叉"字。按"叉"形中的兩小點係來源於加在手形指端部分的兩小筆，跟此兩形从"又"从兩小點其實是不同的。不過現在聯繫《花東》的幾例"叉"字來看，🖐確有可能是"叉"字，但實當分析爲"从飾筆小點从叉之省"。

黃天樹先生解釋《花東》267 的"叉"字說：

> 卜辭中屢見在祭名之前加表示時段之詞的例子，如"夕酒"、"暮酒"、"明歲"等。因此，上引加在"祭"之前的"叉"字，疑讀爲"早晨"之"早"，指舉行祭祀的時間。古書假借从"叉"聲的"蚤"字爲"早晨"之早，如《詩·豳風·七月》："四之日其蚤，獻羔祭韭。"孔穎達疏："四之日其早朝，獻黑羔於神。"②

其說無疑是正確的。我們知道，不同類組的殷墟卜辭，其文字形體和用字習慣往往不同。就以時段名爲例，"昏"字幾乎都見於無名組卜辭，"盔（昏）"字則幾乎都見於出組卜辭。③我們說"△"用爲時段名"早"，它見於典賓類、賓出類和自組小字類、自賓間類卜辭，"叉"字用爲時段名"早"則見於出組卜辭、花東子卜辭，正是這類規律性現象的反映。

後世"早"字最常見的用法是表示"時間在前"的"早晚"之早，這個意義

---

① 裘錫圭：《文字學概要》，121 頁，商務印書館，1988 年 8 月。
② 黃天樹：《殷墟甲骨文白天時稱補說》，原載《中國語文》2005 年第 5 期，收入《黃天樹古文字論集》，228 頁，學苑出版社，2006 年 8 月。
③ 裘錫圭：《殷墟甲骨文字考釋（七篇）》之六"釋'昏'字異體"，55 頁。

正是由"早"字最初的具體的時段名之意引申而來的。《爾雅·釋詁下》:"朝、旦、夙、晨、唉,早也。"《說文·日部》:"早,晨也。"《韓非子·內儲說下》:"燕人,其妻有私通於士,其夫早自外而來,士適出……"《韓非子·外儲說左上》:"故人至暮不來,(吳)起不食待之。明日早,令人求故人,故人來,方與之食。"《吕氏春秋·貴因》:"武王入殷,聞殷有長者。武王往見之,而問殷之所以亡。殷長者對曰:'王欲知之,則請以日中爲期。'武王與周公旦明日早要期,則弗得也。"古書中"早(蚤)朝晏退"、"早(蚤)出莫(暮)入"一類說法多見,"早(蚤)"、"晏"和"暮"本來都是時段名。① "早(蚤)"爲一天中靠前的時段,引申爲"時間在前",跟"晚"相對;"晏"和"暮"相對於"早"爲靠後的時段,引申爲"晚"。

賓組、自賓間組卜辭的"△(早)"和出組、花東子組卜辭的"叉(早)",基本不跟其它時段名一起出現。據古書記載,作爲時段名的"早"或在"晨"之前,如《詩經·召南·小星》"夙夜在公"鄭箋"或早或夜在於君所"孔穎達疏:"晨初爲早。"如果不加區别,則"早"、"晨"、"夙"和"昧爽"所指的時段差不多。"夙"字古常訓爲"早"。② "晨"《說文·晨部》作"晨",解釋爲"早昧爽也"。段注:"日部曰:早,晨也。昧爽,旦明也。《文王世子》注曰:早昧爽,擊鼓以召衆。亦三字絫言之。"《國語·晉語二》"丙之晨,龍尾伏辰"韋昭注:"晨,早朝也。"又見《左傳》僖公五年,孔疏:"晨……謂夜將旦雞鳴時也。"《玉篇·晨部》:"晨,昧爽也。"不少研究者都曾指出,殷墟卜辭所見一日之內的計時法很複雜,各類組卜辭之間,或者同一類組卜辭內部,對於同一個時段,叫法也往往不盡相同。③ 賓組、自賓間組卜辭和出組、花東子組卜辭的"早",大概就

---

① "晏"作一天之中的一個時段名,見於睡虎地秦簡《日書》甲種《吏》篇,在"朝"和"晝"之間。天水放馬灘秦簡《日書》甲種作"安"或"安食",位於"旦"和"日中"之間。據學者研究,其具體時間相當於"巳"時,即上午九時至十一時之間。見劉樂賢:《睡虎地秦簡日書注釋商榷》,《文物》1994年第10期,40頁。劉釗:《談考古資料在〈說文〉研究中的重要性》,吉林大學古文字研究室編《中國古文字研究(第一輯)》,237頁,吉林大學出版社,1999年6月。收入其《古文字考釋叢稿》,408—410頁。

② "夙"與"早"兩字還可相通。《詩經·召南·小星》"夙夜在公",馬王堆帛書《繆和》21行作"蚤夜"(見朱伯崑主編:《國際易學研究》第一輯,32頁,華夏出版社,1995年1月)。《尚書》"夙夜浚明有家",《史記·夏本紀》作"早夜翊明有家"。"夙"與"早"音義皆近,當是有親屬關係的同源詞。

③ 參看常玉芝:《殷商曆法研究》,179頁。黃天樹:《殷墟甲骨文所見夜間時稱考》,原載朱曉海主編:《新古典新義》,92頁,學生書局,2001年11月。收入《黃天樹古文字論集》,192頁。

跟自組卜辭的"夙"、賓組卜辭的"夙"和"爽"、無名組卜辭的"夙"和"枏"、何組卜辭的"五鼓"、後世的"雞鳴"相當，①所指的具體時段當在日出之前、夜盡將曉之時。②

下面選擇一些用"△（早）"字的卜辭加以解釋。最常見的用"今△（早）"的卜辭，大量是跟戰爭有關的，例如：

(29A) 辛酉卜，㱿，貞：今△（早）王比望乘伐下𢎥，受有祐。

(29B) 辛酉卜，㱿，貞：今△（早）王勿比望乘伐下𢎥，弗其受有祐。

《合集》6482 正（6483 正—6486 正同文）

類似的貞卜"今△（早）"王是否征伐某方的卜辭很多，不必詳細列舉。前引宋華强先生文謂用"今△"的卜辭"大多與戰争有關……古代兩軍交戰常常是在早晨……不但是兩軍交戰，就連戰前的軍事演習也常在早晨進行……"，舉出了很多古書中的例證，如《尚書·牧誓》："時甲子昧爽，王朝至于商郊牧野，乃誓。"《左傳》成公十六年"楚晨壓晉軍而陳"等等。軍事行動常在早晨卜辭亦有其例，如《合集》26897 無名組卜辭云："癸，成夙伐，𢦔（羁），不雉[人]。○癸，于旦迺伐，𢦔（羁），不雉人。"③古人作事常在早晨，包括征伐作戰、祭祀、田獵和外出等。

(30) 貞：今△（早）兹。　　　　　　　　　　　　　　　　《合集》16240

(31) 己卯卜，争，貞：今△（早）令龟田，从哉至于瀧，獲羌。　《合集》199

(32) ☐㱿，貞：今△（早）王出。　　　　　　　　　　　《合集》5058

(33) 貞：今△（早）王勿出。　　　　　　　　　　　　　《合集》5059

(30)"兹"是祭名，"今△兹"之辭又見於《合集》11521、16235 等。(31) 貞卜是否於"今早"命人田獵，同類的例子如《合集》29373、28514 無名組卜辭貞卜王是"枏（夙）"田獵還是"于旦"田獵。

用"今△（早）"的卜辭又如：

---

① 參看黃天樹：《殷墟甲骨文所見夜間時稱考》，《新古典新義》，93 頁附表。收入《黃天樹古文字論集》，192—193 頁。

② 卜辭"夙時是下半夜至天明前之間的時段"，見宋鎮豪：《試論殷代的記時制度——兼論中國古代分段記時制度》，《全國商史學術討論會論文集》，308 頁，《殷都學刊》增刊，1985 年 2 月。

③ 此片缺刻橫畫甚多，舊多誤釋。此釋文參看李宗焜：《卜辭所見一日內時稱考》，《中國文字》新十八期，藝文印書館，1994 年。

（34）丁未卜：今△（早）火（山?）來母。①　　　　　《合集》21095（同版兩辭）

　　（35A）貞：今△（早）癸(?) 來牛。五月。

　　（35B）貞：今△（早）癸(?) 不其來牛。　　　　　　　《合集》9178 甲、乙

　　（36）己亥卜：母尃來今△（早）。七月。　　　　　《懷特》1630＝《補編》6804

　　（37A）丙辰卜，㱿，貞：今△（早）我其自來。

　　（37B）丙辰卜，㱿，貞：今△（早）我不其自來。　　　　《合集》4769 正

"某自來"指"某自己來"，與"某乎（呼）來"指"某呼別人來"相對。上兩辭係貞卜"我地"或"我族"之人是否會自己來。②

　　（38A）己丑卜，賓，貞：今△（早）商秎（刈）。

　　（38B）貞：今△（早）不秎（刈）。　　　　　　　　　　《合集》9560

爲"商""刈"而占卜之辭如《合集》9561："☐卜，賓☐翌商☐秎（刈）☐"；《合集》9562 反："☐商人秎（刈）☐"。《合集》9563 云："甲子卜，𢀛（弜）秎（刈）黍。"是卜問"弜"地刈黍之事的。《合集》9565："辛亥卜，貞：或秎（刈）來。""來"即麥，"或大概也是生產糧食的地區，但是也有可能是商王準備派往某地去秎來的人。"③《合集》4299—4301、7058 等有貞問商王"呼商"作某事的卜辭（看《類纂》778 頁）。上引（38）兩辭當係爲當天早晨商地或商族之人是否刈穫而卜。

　　（39）今△（早）泉來水，次。五月。　　　　　　　　《合集》10156

"次"讀爲"羡"，衍溢之意。《合集》34165 有"尞于洹泉"，此辭"泉"即指"洹泉"。《合集》8317 有"洹不次"。此辭貞問，今天早上洹水的源頭（上游之水）來到，洹水是否會漫出來。④

　　（40）丁巳卜：今△（早）方其大出。四月。　　　　　《合集》6689

"今△（早）方其大出"又見《合集》6690—6692，"今△（早）方其出"見

---

① "△"原作"A"類形倒書，參見劉釗：《古文字構形研究》16 頁。劉釗：《古文字構形學》17 頁。

② 參看沈培：《殷墟甲骨卜辭語序研究》，第 60 頁，臺北：文津出版社，1992 年 11 月。

③ 裘錫圭：《釋"䅣""秎"》，《古文字論集》，36—37 頁。

④ 參看張政烺：《殷墟甲骨文"羡"字說》，原載《甲骨探史錄》，32—35 頁，三聯書店，1982 年 9 月。收入《張政烺文史論集》，444—446 頁，中華書局，2004 年 4 月。又于省吾：《甲骨文字釋林·釋次、盜》，386—387 頁，中華書局，1979 年 6 月。

《合集》6708—6710。以上均爲自賓間類卜辭，△字除《合集》6692作 ⩔ 外，餘皆作 ⩔ 類形。① 《合集》21021 云："今日方其 𣊫。不 𣊫。征（延）雨自西北，小。"《合集》20408 云："癸酉卜，自，貞：方其 𣊫 今日夕。"均是就某日或某日的一個時段敵方的動態而貞卜，與（40）等相類。

上引（34）—（40）所貞卜之事都是貞問者所不能控制的，將它們解釋爲在當日早晨發生都很合適。

卜辭説"來△（早）"之例不多：

（41A）☐貞：翌丁亥☐

（41B）☐大，貞：來丁亥焚☐

（41C）☐出，貞：來△（早）王其叔丁，[汎（皆）]☐　　　《合集》25370

（42）丁亥卜，出，貞：來△（早）王其叔丁，汎（皆）②帯（置）新☐。

《合集》25371

（41C）與（42）當爲卜同事。△皆作 D 類形。"來△（早）"又見於《合集》7548 "☐來△（早）☐比望[乘]☐" 和 11526 殘辭。"來早"卜辭不多見，大概就等於説"來日早"，跟前文説過的"今早"即"今日早"相類。卜辭"（于）來日干（支）"或省而只説"（于）來日"，如《合集》21573、21574、26073、26899、27302、27347、29737、29738、30586、《屯南》73 等（看《類纂》540 頁）。《合集》27396 以"惠暮酒"、"惠入自父庚夕酒"、"于來日酒"對貞，《屯南》4240 以"惠今日己酒"與"惠來日己酒"對貞，《合集》29734 "惠今日"與"于來日"對貞，30857 有"于來日酒"，33724 有"于來日"。常玉芝先生指出，卜辭"用'來'指稱日期時都是'來日'的意思，……'來'指稱的日期較廣，除第二日、第三日不用'來'稱呼外，其他日數均可用'來'稱呼（當然也以指稱十三日以內的時候居多），而'翌'則主要用來指稱九日以內的日期。""用'來'指稱日期時，'來'字前後的兩個干支日多是天干日相同的，少數是地支日相同的，這種卜辭中的'來'都有'下一個'的意思，即下一個相同的天干日或地支日的

---

① 《甲骨金文考釋論集》編按：河北大學歷史系《河北大學文物室所藏甲骨》第18片"丁卯☐ △（早）方☐大[出]☐"，亦爲自賓間類卜辭，△（早）字亦作 ⩔ 類形。見《胡厚宣先生紀念文集》，第296頁，科學出版社，1998年11月。

② "汎（皆）"字的釋讀見拙文《甲骨文舊釋"昝"和"蠿"的兩個字及金文"覴"字新釋》，已收入《甲骨金文考釋論集》。

意思（少數有指下面第二個相同的天干日的）。"①（41C）和（42）于丁亥日貞卜祭祀日干名與卜日天干相同的先人"丁"，所謂"來△（早）"當是指"來丁日之早"、"下一個丁日之早"，即下一句的"丁酉"日的早晨。

卜辭"于△（早）"都跟祭祀有關：

(43A) 𐌈（此字不識，可能也是時段名）酒。

(43B) 先出于唐。

(43C) 于△（早）酒。　　　　　　　　　　《合集》1276（《合集》1277同文）

《合集》8016殘甲存"△"、"于"、"唐"三字橫列，或與此有關。

(44A) 貞：今日夕出于祖乙。

(44B) □巳卜，爭，貞：出于祖辛，于△（早）酒十宰。　　　《合集》1653

(45) 己卯卜，殻，貞：于△（早）出匚于□　　　《合集》17540正

(46) □丑卜：于△（早）酒㱃。　　　　　　　《合集》15769

跟"酒㱃"有關的卜辭多爲選擇具體日子，如《合集》2217："乙酉卜：惠今日酒㱃于父乙。"《合集》32053："丙午卜：惠于甲子酒㱃。"《合集》34566："乙卯卜：惠乙丑酒㱃。"《合集》32812甲："□□卜：來乙亥酒㱃。"於此亦可見將"△"釋爲"秋"一類的思路是行不通的。卜辭單説"酒"而係選擇具體時段的就更多了，前文已經看到了一些"今旦（或"晨"、"昏"等）酒"的例子。此外又如，《合集》23148："癸丑卜，行，貞：翌甲寅毓祖乙歲，朝酒。兹用。○貞：暮酒。"《合集》27454："惠今夕酒。大吉。兹用。○于翌日甲酒。"《合集》27401："父己歲，惠暮酒。○惠夕酒。""惠暮酒"與"夕酒"對貞又見《合集》27396、30845等。《屯南》2666"惠食日酒"與"惠暮酒"對貞。出組卜辭爲某先祖舉行歲祭，"惠晨酒"數見（《合集》22718、22988、23153、23161等）。又《合集》30836云"惠暮酒"，《合集》30837云"惠朝酒"，《合集》30835云"惠昃酒"。説"于某（時段名）酒"的如，《屯南》1443："父己歲，惠暮酒，王受祐。○于夕酒，王受祐。"《合集》15738："癸卯卜，殻：于翌朕（爽）酒□寮。""爽"即時段名"昧爽"。②《合集》18528有"于盈（昏）"殘辭。凡此均可見"于△酒"之類釋讀爲"于早酒"是很合適的。

---

① 常玉芝：《殷商曆法研究》，254—255頁。
② 看裘錫圭：《釋"木月""林月"》，《古文字論集》，89頁。

(47A) 丙寅卜：［甲戌酒彡歲，］不△（早）［雨］。

(47B) 丙寅卜：甲戌酒彡歲，△（早）雨。

《鄴中片羽初集》三二・四（《京津》3117；參看《綜類》188・1）①

此片《合集》、《補編》似均失收。殷墟卜辭有"明雨"、"明陰"：

(48A) 貞：翌庚申我伐，易日。（接反面占辭：［王］占曰：易日。其明雨，不其夕囗）庚申明陰，王來途(?)首，雨。　　　　　　　　《合集》6037 正、反

(48B) 翌庚其明雨。

(48C) 不其明雨。　　　　　　　　　　　　　　　　　　　　　《合集》6037 反

"明雨"又見於《合集》11497 正、11498 正等；"明陰"又見於《合集》721 正、13450、16057 等。又有"夕風"：

(49A) □□卜，永，貞：今日其夕風。

(49B) 貞：今日不夕風。　　　　　　　　　　　　　　　　　　《合集》13338 正

"明雨"、"明陰"和"夕風"均是"時段名＋氣象狀況"的結構。此外自組和賓組卜辭在驗辭中記錄某日天氣，類似的"時段名＋氣象狀況"的結構亦多見。(47) 兩辭"△雨"釋讀爲"早雨"與之相類，顯然是很合適的。大概甲戌日"酒彡歲"的祭祀已定於將在早晨舉行，故預卜於那時是否會下雨。卜辭貞卜於祭祀時是否"遘雨"多見（《類纂》1198—1201 頁）。②"△雨"的"△"以時間名詞作副詞放在動詞前面，類似的又如"△至"：

(50) 𡴀方凷（早）至。　　　　　　　　　　　　　　　　　　　《合集》22335

---

① 此兩辭"△（早）"字上半寫作四筆（見本文開頭所舉 A 類末一形）。《合集》21438 殘辭有 形，其下半形體 的上端亦作四筆。《類纂》將其釋爲一字，730 頁收爲 1975 號字頭 。劉釗先生《古文字構形研究》17 頁、《古文字構形學》18 頁釋爲"者"字倒書的異體。《綜類》188.1 將其下半形體收在△字下，釋爲"今△"兩字。李宗焜先生的看法與《綜類》略同，見李宗焜：《殷墟甲骨文字表》，338 頁，北京大學中文系博士學位論文，1995 年。又李宗焜：《〈殷墟甲骨刻辭類纂〉删正》，243 頁，《大陸雜誌》第九十四卷第六期，1997 年 6 月 15 日。另外，《合集》36956 黃組卜辭有地名 字（《類纂》488 頁 1326 號字頭 ），劉釗先生《古文字構形研究》17—18 頁、《古文字構形學》18 頁釋爲"渚"字右半倒書的異體。此兩形難以進一步討論，附記於此。

② 沈培先生看過本文初稿後向我指出，"不△雨"也有可能應當讀爲"不遭雨"。對比前引 (5A)"不𢆉（遭）雨"之辭，這種可能性確實難以排除。不過考慮到其字本不從"夂"（倒"止"），加上下面所説的"△（早）至"之辭，我們還是傾向於讀爲"不早雨"。

"↓至"二字原作↯，《甲骨文編》646頁附錄上五3077號、《殷墟甲骨刻辭摹釋總集》均誤摹爲一字，《類纂》遂誤增一新字頭↯（3436號）。《新編甲骨文字形總表》126頁2877號字頭仍沿襲其誤作↯。① 此片即《甲編》2321，屈萬里先生《殷虛文字甲編考釋》謂"↓，殆是㞢之省，乃紀時之稱"，是正確的。"早雨"、"早至"跟前引"㞢（早）酒"、"㞢（早）祭"結構相同。

六

　　下面該來探討"△"的造字本義。葉玉森曾謂"（ψ）當象方春之木，枝條抽發，阿儺無力之狀"。② 于省吾先生說："ψ象木形，上象其枝條，視而可識，了無可疑者也。……此字之特徵，即上部作枝條彎曲形。……"③ 他們的看法曾得到研究者的廣泛贊同。在本文初稿中，我們根據這種分析，推想"ψ"所可能表示的詞，最爲直接的不外乎樹木的枝條（名詞）、樹木生長枝條（動詞）、樹木枝條生長得茂盛（形容詞）這麼幾種"。從而認爲ψ可能是"條"、"粵（由）"、"褒"、"繇（蘇）"、"抽"和"秀"等字共同的表意初文，並有比較詳細的論述。文成後送裘錫圭先生審閱，裘先生向我指出：從本文前文所論述的"ψ"跟"造"和"遭"、"早"等字的密切關係，結合其字形來看，"ψ"應該就是"艸/草"字的象形初文。一方面，"艸/草"跟"造"和"遭"、"早"等字的讀音非常密合；另一方面，"ψ"的造字意圖可以理解爲以其上半作枝莖彎曲柔弱之形，來跟上半作枝莖伸展之形的樹木的"木"字相區別。"ψ"省去下半之B類形↓，即演變成"屮"字（"屮"、"艸"本爲一字）。

　　我認爲上引裘先生的看法是可信的，今將初稿中靠不住的意見删去。前文分析殷墟甲骨文"𢎨"字演變爲西周金文中的"𢎨"字時曾說，其中"ψ"形演變的特徵是，其左右兩筆拉得較直不再呈波浪形，變得跟"屮"形的左右兩筆相類似。準此，"ψ"省去下半之B類形↓，顯然確實是很容易演變爲"屮"字的。殷墟甲骨文、殷代和西周早期金文中一般釋爲"屮"的字，作↑（《合集》

---

① 沈建華、曹錦炎編著，香港中文大學出版社，2001年。
② 《甲骨文詁林》，1355頁。
③ 《甲骨文詁林》，1359頁。

27218）、✶（《屯南》591）、✶（《合集》18661）、"✶"（18・11780 殷代中中斧）、✶（15・9383 西周早期中作從彝盉，又 6・3386 中作從彝簋）和 ✶（6・3514 西周早期作父戊簋）等形，已經看不出什麽特别之處。而《合集》15396 反"貞：光✶（中）"與"貞：光亡✶（中）"兩辭對貞（兩"貞"字皆缺刻，只有左右兩豎筆），前一形筆畫彎曲較明顯，將兩形加以對比，還可以看出由✶演變爲"中"的痕跡。上舉殷代和西周早期金文中"中"字用爲族氏名和人名，殷墟甲骨文中"中"字所在卜辭多爲殘辭，其意不明。①

七

本小節主要討論西周文字（主要是金文）中尚無定釋的以下字形（大多見於《金文編》116 頁卷二 0278 號）：

E. 徣　徣 冶(?) 觶（12・6488）　徣 徣 徣 徣 矢令方尊（11・6016）、矢令方彝（16・9901・1、16・9901・2）　徣 柞伯簋（《文物》1998 年第 9 期 56 頁圖三）　徣 徣 士上諸器（10・5421・1、10・5421・2、10・5422・1、10・5422・2 士上卣；11・5999 士上尊；15・9454・1 士上盉）　徣 徣 班簋（8・4341）　徣（徣）廊伯馭簋（8・4169。拓本上此形右上有泐痕，後一形據《金文編》所摹，當可信）　士山盤（《中國歷史文物》2002 年第 1 期第 4 頁圖一）　徣 太保玉戈（《考古與文物》1993 年第 3 期 74 頁圖三）

F. 徎　徎 史鼎（4・2326）　徎 叔尊②　徎 㝬簋（7・3767、7・3768）　徎 罿簋（8・4159）

G. 徣　徣　徣　徣 叔趞父卣③

---

① 《類纂》500 頁"中"字下還收録了《合集》18938 一辭，所謂"中"字作✶。按此形當爲"西"字缺刻。《甲骨文合集釋文》釋爲"貞西單火……辛……"，指出"全辭字皆缺刻"，可從。
② 洛陽市文物工作隊：《洛陽北窰西周墓》，87 頁圖四七：2，文物出版社，1999 年 4 月。
③ 字形分别採自《集成》10・5428・1、10・5429・1 和《商周青銅器銘文選（一）》八五。叔趞父卣共兩件，器蓋同銘，《集成》分别收録於 10・5428・1、10・5428・2 和 10・5429・1、10・5429・2，但 10・5428・2 與 10・5429・2 兩器銘拓本實爲重出，10・5428・1（蓋銘）的器銘拓本見於《商周青銅器銘文選（一）》八五。

從字形和辭例看，E、F 兩類形體沒有問題係一字異體。F 類形在 E 類形的基礎上增從"止"，古文字從"彳"與從"辵"多無別。G 形從"酉"從 E 類形"徎"。"徎"字也有很多人隸定作"徔"。除上舉諸形外，魚鼎匕字舊亦多以爲跟上舉 E 形"徎"爲一字，釋讀爲"誕"（如《金文編》120 頁入"延"字下，謂"與延爲一字，孳乳爲誕"）。但此字在字形和用法上都有疑問，今暫不與"徎"看作一字。①

E、F 兩類形體舊主要有釋爲"徏（出）"（或又讀爲"遂"）、"延（讀爲"誕"）"和"造"三種説法。②在討論這些意見的得失之前，先把爲大家注意較多的一些典型辭例引在下面：

（51）鄎伯馭簋：唯王伐逨③魚，徎伐淖(?)黑。至，燎于宗周。

（52）士上諸器：唯王大禴（禴）于宗周，徎𩰬鬯京年，在五月既望辛酉……

（53）矢令方尊、矢令方彝：丁亥，令矢告于周公宫。公令徎同卿事寮。唯十月月吉癸未，明公朝至于成周，徎令舍三事令……

（54）柞伯簋：柞伯十偁弓無廢矢，王則畀柞伯赤金十鈑，徎賜㠯見。

（55）士山盤：王呼作册尹册命山，曰：于入苎侯。徎徵䣄荆方服、眔大(?)虘服、履服、六孳服。④

（56）太保玉戈：六月丙寅，王在豐，令大保省南或（國），帥漢，徎寁（殷）南。令□侯辟，用鼄走百人。

以上這些"徎"字的用法，楊樹達先生曾經很簡要地概括爲"用於兩事之間，與經傳遂字相近"。他同意字形釋爲"出"字繁體"徏"之説，以音近而讀爲

---

① 魚鼎匕銘文開頭舊多釋爲五字"曰誕又（有）蚘人"，詹鄞鑫先生釋讀爲四字"曰蟲蠡（尤）人"。見詹鄞鑫：《〈魚鼎匕〉考釋》，《中國文字研究（第二輯）》，176 頁，廣西教育出版社，2001 年 10 月。從字形位置來看，其將舊所謂的"又"和"蚘"看作一字很可能是正確的。釋匕爲"蟲"是以爲字之右半從"之"，按子之弄鳥尊（11·5761）"之"字作匕，確與此字右半形近。又王子适（?）匜（16·10190）用爲"之"的字作匕（此字也許就是"蟲尤"之"蟲"字的異體），其上半所從"之"形亦可爲參考。並且這三篇銘文字體都具有美術化的風格。
② 周法高主編：《金文詁林》，第二册 1041—1046 頁。釋"延（誕）"説又參看張世超等撰著：《金文形義通解》，400—403 頁，〔日〕中文出版社，1996 年 3 月。
③ "逨"字的釋讀參看拙文《據郭店簡釋讀西周金文一例》，《北京大學古文獻研究中心集刊 2》，378—396 頁，燕山出版社，2001 年 4 月。已收入《甲骨金文考釋論集》。
④ 銘文的釋讀和斷句參看董珊：《談士山盤銘文的"服"字義》，《故宫博物院院刊》2004 年第 1 期，78—85 頁。

"遂"。①此説到現在還爲很多人所信從。

釋讀爲"延"，或再讀爲"誕"之説，一方面是認爲"徣"形就是"祉（延）"字增從"口"的繁體，一方面是因爲金文中"祉（延）"字也常常"用於兩事之間，與經傳遂字相近"，例如：

(57) 保卣（10·5415）、保尊（11·6003）：乙卯，王令保及殷東國五侯，延（誕）兄（?貺?）六品……

(58) 沬司徒疑簋（7·4059）：王來伐商邑，延（誕）令康侯鄙于衛……

(59) 宜侯夨簋（8·4320）：唯四月，辰在丁未，王省武王、成王伐商圖，延（誕）省東國圖……

(60) 臣諫簋（8·4237）：唯戎大出于軝，邢侯搏戎，延（誕）令臣諫□□亞旅處于軝……

(61) 我方鼎（5·2763）：唯十月又一月丁亥，我作御寧祖乙、妣乙、祖己、妣癸，延（誕）祊叔(?)二母……

金文中的這類"延"字，郭沫若《兩周金文辭大系》考釋37頁小盂鼎下已云"即《詩》《書》中所習見之虛詞'誕'字也"。陳夢家先生考釋《保卣》時引郭説後謂："其字若在動詞之前，義近於乃。"②郭沫若在考釋《保卣》"延"字時説："延即語詞誕，猶遂也。"③張玉金先生進而明確指出，這類"延"字和《詩》《書》中同樣用法的"誕"字，係用在兩事之間表示時間先後關係的副詞，是由動詞用法的"延"字虛化而來的。④

以上的簡單分析是想表明，釋"徣"爲"祉"讀爲"遂"和釋爲"延"讀爲"誕"之説自有其依據和合理之處，所以這兩説到現在信從的人還都很多。但問題的關鍵在於，通過全面的字形排比就會發現，這兩説在字形上都是站不住腳的。釋"祉"和釋"延"都以"徣"形右上所從是"止"爲立足點，但正如馬承源先生早已指出過的，"徣"形中類似"止"的形體是由"ㄨ"、"ㄚ"一類形體訛

---

① 《積微居金文説》（增訂本），94頁。
② 陳夢家：《西周銅器斷代（一）》，《考古學報》第九册158頁，1955年。陳夢家：《西周銅器斷代》，上册第7頁，中華書局，2004年4月。
③ 郭沫若：《保卣銘釋文》，《金文叢考補録》，《郭沫若全集·考古編6》155頁，科學出版社，2002年10月。
④ 張玉金：《論甲骨文中表示兩事先後關係的虛詞》，《古漢語研究》1998年第3期，36—37頁"延"字部分。又張玉金：《〈詩經〉〈尚書〉中"誕"字的研究》，《古漢語研究》1994年第3期，34—37頁。

變而來的，金文"止"形從無訛變爲"ㄚ"、"ㄚ"形之例。①金文確定的"征（延）"字多見，所從的"止"也從來沒有寫作"ㄚ"、"ㄚ"形的。因此，考釋"徣"字在字形上只能以"徣"類形體爲出發點。另一方面，將"徣"釋爲"征（延）"字增從"口"的繁體，金文中還有不利於其說的證據。西周早中期的舌仲作父丁觶（12·6494），器主之名所謂"舌"字作【字形】，應即"徣"字的右半，釋爲"舌"實不可信。西周早期的旗鼎（5·2704）有人名"師楷～"，～字作【字形】，其右半所從也應該跟"徣"字右半和上舉【字形】爲一字（《金文編》1004頁2412號摹作【字形】釋爲"酤"，係誤將其右旁靠上方的一點泐痕當作筆畫並跟中間的筆畫連了起來）。由此也可以看出，"徣"字只能分析爲從"彳"從【字形】，不能拆分爲從"征（延）"從"口"。

前文提到，"徣"還有釋爲"造"一類意見。但由於"徣"形跟西周金文確定的"造"字及其後來的各種變體都有距離，加上以前對"造"字本身的來源認識不夠，因此此說早已不爲人所信。就是曾經主張釋爲"造"的，後來大概也都放棄了。如唐蘭先生曾經釋矢令方尊、矢令方彝的"徣"字爲"造"，②後來在《西周青銅器銘文分代史徵》中又皆改釋爲"誕"。③在認識到"造"字的聲符來源於殷墟甲骨文的"【字形】"形之後，我認爲釋"造"之說值得重新考慮。

我們前文引到癲鐘三"【字形】"字作【字形】。仔細觀察拓本，其左上所從的左右兩筆是分開的，《金文編》摹作【字形】很忠實。比照前文論述過的"【字形】"演變爲西周金文中的"*告（造）"形"【字形】"、"【字形】"和"【字形】"，它跟"【字形】"字從殷墟甲骨文演變到西周金文有同步平行的關係，那麼，如果"【字形】"形在西周金文中也演變爲中豎向左曲折、左右兩筆分開，不就跟"徣"所從的"【字形】"形很接近了麼？這樣看來，"徣"所從的聲符與"造"字聲符當本爲一字，"徣"和"徣"的關係跟"佸"和"造"也正相類。那麼，"徣"和"徣"最初跟"佸"和"造"就應當係一字異體。當然，我們從"造"字後來的演變已經知道，"徣"和"徣"不在"造"字的演變序列當中，因此還不好遽然直接將"徣"和"徣"釋爲"造"字。但完全有可能的情況是，"徣"和"徣"最初本係"造"字異體，後來在使用中纔逐漸跟我們所熟悉的普通的"造"字分化，並且很早就被淘汰了。

---

① 馬承源：《釋 徣 》，《古文字研究》第十五輯，207—210頁，中華書局，1986年6月。
② 唐蘭：《作册令尊及作册令彝銘文考釋》，《唐蘭先生金文論集》，第9頁，紫禁城出版社，1995年10月。
③ 204頁。又257頁釋士上諸器"徣"字爲"延"，翻譯爲"接著"。中華書局，1986年12月。

帶著這個設想考察"徣"和"徎"的用例，可以找到不少它跟"造"的聯繫。試看嚞簋銘文：

(62) 嚞簋：唯正月初吉丁卯，嚞徎公。公賜嚞宗彝一肆。……

"嚞徎公"的辭例跟前引師同鼎"用徣（造）王"很接近。師同鼎晚出，《商周青銅器銘文選（三）》324 頁注釋師同鼎時不以爲"徣"是"造"字，但已經指出了嚞簋的"嚞徎公""語例與此同"。陳夢家先生釋嚞簋"徎"字爲"造"，云："《廣雅·釋言》：'造，詣也。'《説文》：'造，就也。'造公猶詣公。此器之造從徣從止，上文令方彝、士上盉等器之徣均應釋爲造。"① 嚞簋"徎"字釋爲"造"是很合適的。

"徣"和"徎"還常放在作器者名跟"作"字之間：

(63) 冶(?)觶：冶(?)徣作厥寶尊彝。
(64) 叔尊：弔（叔）徎作召公宗寶尊彝。父乙。
(65) 彔簋：彔徎作寶簋。
(66) 史鼎：史徎作父癸寶尊彝。

同樣的位置可以用"造"字：

(67) 聿鬲(3·0604)：聿徎作尊鬲，永寶用。

此形是宋人摹刻本（薛尚功《歷代鐘鼎彝器款識法帖》158·5），試對比前文舉出過的頌鼎字形：

8·4332·1　　8·4334　　8·4337

"口"形亦變爲圓圈形，可知聿鬲此形確當釋爲"造"。同樣位置又或用"寤"字：

(68) 吕王壺(15·9630。《三代吉金文存》十二·一二較清晰)：吕王寤作内（芮）姬尊壺，其永寶用享。

此銘全銘反書，且不甚工整。劉體智《小校經閣金石文字拓本》卷四第八十頁題爲"吕王寤乍大姬壺"，即隸定作"寤"。張亞初先生《殷周金文集成引得·釋文》142 頁逕釋爲"造"。皆可信。現所見"吕王"所作之器僅兩件，另一件吕

---

① 陳夢家：《西周銅器斷代》，上册 79 頁。

王鬲（3·0635）云："吕王作尊鬲，子子孫孫永寶用盲。"

上兩例"造"字用法與"肇"相同。金文云"某肇作某器"者極爲多見，下面僅舉幾例"肇"前器主之名爲單字的來看：觀鼎（4·2076）："觀肇作寶鼎。"丕鼎（4·2081）："丕肇作寶鼎。"諶鼎（5·2680）："諶肇作其皇考、皇母告比君𤔲鼎。"黃尊（11·5976）："黃肇作文考宗伯旅尊彝。"等等。這類用法的"肇"字，楊樹達認爲係語首虛詞，"無義可求"，"或有釋肇爲始爲敏者，非也"。①研究者多從其說。再看下面一例：

(69) 曾子仲宣鼎（5·2737）：曾子仲宣窖②用其吉金，自作寶鼎。

番君匜（16·10271）云："唯番君肇用士（吉）金，作自（二字誤倒）寶匜。""肇"字用法與此"窖"字相同。郭沫若《兩周金文辭大系》考釋188頁上謂："窖即造字，讀爲肇，始也。"楊樹達《曾子仲宣鼎跋》謂："郭讀窖爲肇，是也。惟金文中肇字多係發聲之辭，大都無義可說。"③

"造"讀爲"肇"之說可信。兩字聲母相近，韻部一爲幽部，一爲宵部，幽宵兩部關係密切，相通之例也很多。另外還可以找出一些旁證。金文有用"竈（竈）"爲"肇"之例。秦公簋（8·4315）云"竈（竈）囿四方"，楊樹達《秦公毁再跋》謂："《詩·商頌·玄鳥》云：'肇域彼四海。'余謂銘文之竈囿即《詩》之肇域。竈肇音近，囿域二字音義並近，古通。……"④用"竈（竈）"爲"肇"還見於秦公鎛（1·0270）"竈（竈一肇）又（有）下國"、秦公大墓石磬銘"竈（竈一肇）專（撫）蠻夏"、⑤秦伯喪戈"竈（竈一肇）專（撫）東方"⑥等。⑦而"造"與

---

① 楊樹達：《積微居小學述林》，卷六242頁"肇爲語首詞證"，中華書局，1983年7月。
② "窖"字從拓本看雖已不甚清晰，但據《大系》圖錄210頁所收唐蘭藏拓軸，旁附曾購藏此鼎的陳德大（"曾鼎山房"主人）《曾鼎說》一篇，文中隸定"造"字爲"窖"。文中又釋"乍"爲"攷"，其所從"攴"旁今從拓本亦不能辨。據此，"窖"當較忠實於原形，可見釋爲"窖"是可靠的。
③ 《積微居金文說》（增訂本），99頁。
④ 《積微居金文說》（增訂本），27頁。
⑤ 王輝、焦南鋒、馬振智：《秦公大墓石磬殘銘考釋》，《"中央研究院"歷史語言研究所集刊》第六十七本第二分，278頁，311頁拓片四，臺北，1996年6月。
⑥ 黃錫全：《介紹新見秦政嗣白喪戈矛》，《社會科學戰綫》2005年第3期，153—157頁。董珊：《珍秦齋藏秦伯喪戈、矛考釋》，《珍秦齋藏金（秦銅器篇）》，162頁。
⑦ 《甲骨金文考釋論集》編按：現藏於日本美秀博物館的秦子鐘，其銘文據說是"秦子乍（作）鑄，肇右（有）嘉陵……"。如其字原確實就作"肇"，則可爲上引秦國諸器"竈"字當讀爲"肇"的佳證。見陳澤：《秦子鐘與西垂嘉陵》，《天水日報》2000年10月9日。原文未見，此據李學勤《論秦子簋蓋及其意義》（《故宮博物院院刊》2005年第6期，第26頁）等文轉引。

"竈"關係極爲密切。①二字古書常常相通，參看《會典》727頁"造與竈"條；春秋晚期齊國公子土斧壺（15·9709）的"公孫竈"即見於《左傳》等書的齊景公時代的公孫竈，②"窖"字本身，就是在從"穴"從"火"的"竈"字的表意初文上加注"*告（造）"聲而成；③包山楚墓木籤用"窨"字（"窖"字增從"土"）爲五祀之一的"竈"；陳麗子戈（17·11082）則用"窖"爲"造"，莒公孫潮子編鎛、編鐘云"窖器"，亦用爲"造"。④以上情況也有助於説明"造"與"肇"可以相通。

通過以上論述可以知道，冶(?)觶、叔尊、㝪簋、史鼎的"徣"和"徑"字跟"造"（聿鬲）、"窖"（呂王壺）和"窖"（曾子仲宣鼎）字用法相同，皆應讀爲"肇"。這對我們將"徣"和"徑"釋爲"造"是一個有力的證明。

現在該回過頭去解釋前引（51）—（56）的"徣"字。從字形看這些字都可以釋爲"造"字異體，這一點現在我感到問題不大。但它所表示的究竟是語言中的哪個詞，卻還很難有令人完全滿意的答案。

我最早想到的，是將這些"徣"字釋爲"造"直接讀爲"肇"。其理由如下：金文"肇"字大多用於動詞之前，其例不勝枚舉，如"某肇作某器"、"某肇賈"（《尚書·酒誥》："肇牽車牛，遠服賈，用孝養厥父母。"）、"余小子肇嗣先王"、"肇帥型（先人）"、"惠余小子肇淑先王德"、"王肇遹省文武堇疆土"、"用肇徹周邦"、"今余唯肇申先王命"、"今余唯肇經先王命"、"今余唯肇申乃命"、"肇佐天子"等等。楊樹達説爲虛詞，認爲"無義可説"，當然勝於釋爲"始"、"敏"等舊説。但"肇"字雖然沒有什麽實在意義，總該具有某種語法意義。只不過由於我們對其來源和虛化過程缺乏認識，一時還很難説得清楚而已。仔細體會，"肇"用於動詞之前，似乎都是表示對發出的動作的一種肯定和強調。《金文形義通解》718頁説："'肇'當爲語氣副詞，用於謂語動詞前，有加重語氣，突出其後之動詞之作用。"可從。

前引（51）—（56）例"徣"字，釋讀爲"肇"，理解爲表示對其後所接動詞的肯定和強調，也都是通順的。其中（53）矢令方尊、矢令方彝云"明公朝至于成

---

① 《説文·穴部》："竈，炊竈也。從穴，鼀省聲。竈，竈或不省。""竈"字或體"竈"古文字未見，隸楷作"竈"，其所從"鼀"與"黽"的上半，跟"賣"和"賣"上半的關係相類。"竈"所從的"宀"不知是否也跟"ᗡ"有關。附記於此以待後攷。
② 見齊文濤：《概述近年來山東出土的商周青銅器》，《文物》1972年第5期，第3頁。
③ 從"穴"從"火"之字見於彊伯作井姬鼎（4·2278），釋爲"竈"字的表意初文參看張亞初：《古文字分類考釋論稿》，《古文字研究》第十七輯，239—240頁。
④ 《文物》1987年第12期49頁圖四、圖五，51頁圖九。《近出殷周金文集錄》1·4—1·9。

周，徣令舍三事令"，"徣（造）令"可以對比師袁簋（8·4313、4314）"今余肇令汝率齊師……"。"徣（造）令"與"肇使"也相近，彔方鼎二（5·2824）云"王用肇使乃子彔率虎臣禦淮戎"，多友鼎（5·2835）云"公親曰多友曰：余肇使汝，休，不逆……"。至於一般所理解的"徣"位於"兩事之間"，應該有同於"遂"、"誕"一類的意義這一點，可以解釋爲這是"徣"處於特定的上下文中所偶然產生的臨時意義，而並非其固有的語法意義。我們看矢令方尊、矢令方彝説"公令徣同卿事寮"，"徣"就僅僅具有對其後的動詞"同"的肯定和強調作用，是難以講成"遂"的。而且，前引"某徣作某器"一類説法，"徣"也加在動詞"作"之前，跟前引（51）—（56）同樣加在動詞之前的"徣"字語法地位看不出多大差別，最好是能夠統一加以解釋。而這類用法的"徣"字，就更是完全沒有"遂"一類意思了。

不過，仔細考慮，上述講法有一個很大的漏洞。試想，假如前引（51）—（56）那類用法的"徣"字完全等同於"肇"，那麼，"肇"字理應也會出現同類的"用於兩事之間"的例子。但實際情況卻是，金文中那麼多的"肇"字，這類用法竟連一個例子也找不到。由此考慮，會不會"徣（造）"字跟"肇"只是部分用法（比如在"某肇作某器"一類辭例上）相同，表示的是同一個詞或是音義皆近的詞，而前引（51）—（56）"徣"字則表示的是另一個詞呢？這種可能性當然是相當大的，但問題是我們找不到它所表示的到底是哪一個虛詞。勉強可以比附的是"攸"字。《詩》《書》中"攸"字常見，有很大一部分當訓爲"用"，有"於是"之意，王引之《經傳釋詞》論之甚詳。例如，《尚書·禹貢》："漆沮既從，灃水攸同。"《洪範》："不畀洪範九疇，彝倫攸斁。……天乃錫禹洪範九疇，彝倫攸叙。"《詩經·大雅·緜》："迺立冢土，戎醜攸行。"《大雅·鳧鷖》："既燕于宗，福祿攸降。"《小雅·楚茨》："神保是格，報以介福，萬壽攸酢。"《魯頌·泮水》："既作泮宮，淮夷攸服。"這些意爲"於是"的"攸"出現在兩件事情的後一件中，在表明前後兩事有邏輯上的因果關係的同時，又有強調後一事在前一事之後緊接著發生的意味。《詩》《書》中這些例子前後兩事的主語不同，還跟"徣"字用法有別。但試看西周金文中下面一例：

（70）井鼎（5·2720）：唯七月，王在䣙京。辛卯，王漁于𢆶沱（池），呼井從漁，攸賜魚。對揚王休，用作寶尊鼎。

楊樹達將"攸"讀爲"休"，"休賜"同義連文。[①] 同銘後文自有"休"字，此

---

① 《積微居金文説》（增訂本），71頁。

説恐不可信。《金文形義通解》746 頁釋爲"助詞，用於句首或句中"，解釋爲虛詞比讀爲"休"要好。此銘"攸"字的用法，跟前引（51）—（56）"徣"字的用法就極爲相近了。"造"和"攸"讀音也很相近，所謂"用於兩事之間"的那類"徣"字，跟"攸"會不會有關係呢？由於掌握的證據還過於薄弱，我們不準備就此作過多的發揮了。

西周金文用"徣"字的還有班簋：

(71) 班簋：以乃族從父征，徣城衛父身。……公告厥事于上，唯民亡徣才（哉？），彝悉（昧）天令（命），故亡。允才（哉）！顯唯敬德，亡卣（攸）違。

第一個"徣"字與前引（51）—（56）相類。第二個"徣"字不太好理解，疑可釋作古訓爲"成也"、"就也"的"造"字。《詩經·周頌·閔予小子》："閔予小子，遭家不造。"鄭箋云"造""猶成也"。《詩經·大雅·思齊》："肆成人有德，小子有造。"鄭箋釋"有造"爲"有所造成"。"（民）亡徣（造）"與"（小子）有造"意思相對。

"䤈"字只見於下面一器：

(72) 叔趞父卣（10·5428、5429）：嗚呼，倏，敬哉！茲小彝妹吹，見余，唯用其䤈女（汝）。

"唯用其䤈汝"大致是"用此卣來招待你"一類的意思。"䤈"字从"酉"爲意符，疑可讀爲"酬"，勸賓客飲酒之意。

八

總結本文的主要觀點，可以概括如下：殷墟甲骨文的 ⋎ 字，根據裘錫圭先生的看法，本象枝莖柔弱的植物之形，就是"艸/草"字的象形初文，"屮（艸、草）"字本身就是由 ⋎ 省去下半的寫法 ⋎ 演變而來的。我們認爲，⋎ 字異體 ⋎ 即"造"字的聲符（"造"字聲符與祝告之"告"本非一字），⋎ 即"寶"字聲旁"䚪"的聲符；⋎ 字及其異體在殷墟卜辭中用爲時間名詞，讀爲早晨之"早"，指日出之前、夜盡將曉的這段時間；殷墟甲骨文中从 ⋎ 聲的"籴"和"徐"字當釋讀爲"遭"，應該就是遭遇之"遭"的古字；西周文字中主要見於金文的"徣"和"徑"最初當是"造"字異體，後來與"造"字分化並被淘汰；疉簋"徑"字當釋爲意爲"到……去"的動詞"造";其它"徣"和"徰"字有一部分可能當釋讀爲虛詞"肇",表示對其後所接動詞的肯定和强調;有一部分"用於兩事之間",所表示的詞尚待進一步研究。

2004 年 8 月初稿
2006 年 10 月改定

原載《出土文獻與古文字研究》第 1 輯,復旦大學出版社,2006 年;收入陳劍:《甲骨金文考釋論集》,綫裝書局,2007 年。今據後者收入。

方稚松

釋殷墟花園莊東地甲骨中的瓚、祼及相關諸字

2003 年出版的《殷墟花園莊東地甲骨》①一書收録有這樣幾條甲骨文材料：

1. 壬辰卜：子󰀀禽。　　　　　　　　　　　　　　　　　　　《花東》290
2. 己卜：子又夢敊󰀀，亡（無）至艱。
　　己卜：又（有）至艱。　　　　　　　　　　　　　　　　《花東》403
3. 癸卯卜：翌󰀀于仄（昃）。用。　　　　　　　　　　　　　《花東》475
4. 壬辰卜：向②癸巳③夢丁󰀀子用󰀀，亡（無）至艱。　　　《花東》493

《花東》一書整理者對上面卜辭中的󰀀、󰀀、󰀀、󰀀幾字摹而未釋，其中第 3 條中的󰀀漏摹了"󰀀（即口字）"。這幾字左邊都从"口"，右邊所从字形也相近，可視爲一字。其中字形右邊部分由第 4 辭看還可單獨成字，這一單獨成字的字形也見舊有甲骨卜辭，即《合》17539 中的󰀀。不過，在舊有卜辭中用作人名，與花東用法有別。

花東󰀀（下面僅以此形代表上述花東諸字右邊所从字形）的字形結構可作如

---

① 中國社會科學院考古研究所編：《殷墟花園莊東地甲骨》，雲南人民出版社，2003 年，下簡稱《花東》。本文所引其他著録書簡稱：《合》＝《甲骨文合集》，《集成》＝《殷周金文集成》，《英》＝《英國所藏甲骨集》，《屯》＝《小屯南地甲骨》。《類纂》爲《殷墟甲骨刻辭類纂》簡稱。
② 裘錫圭：《釋殷虛卜辭中的"󰀀"、"󰀀"等字》，《第二屆國際中國古文字研討會論文集》，香港中文大學中文系編集，1993 年。
③ 姚萱《殷墟花園莊東地甲骨卜辭的初步研究》一文認爲此辭中"癸巳"的"巳"字很可能是一形兩用的，既用作"巳"字同時又用作"子"字，辭當釋讀爲"向癸巳子夢丁󰀀，……"。此説可從。見首都師範大學博士論文，2005 年 4 月。

下分析：字形下方从"⿴"，其中第 3 辭中"⿴"下加"収"，表雙手捧舉之狀。這裏的"⿴"，筆者初將它釋爲"凡"，後據陳劍先生告知，可能應釋爲"同"。甲骨文中"𧫚（庸）"、"𣏌（桐）"字下所從的"⿴"即釋爲"同"①，此外，甲骨卜辭中常見的"肩⿴有疾"之"⿴"，學界現多理解爲"興"字之省，所從也應爲"同"字②。"同"上所從由 1、2 兩辭看應由兩部分組成：上作丌或⿴，中間作木；第 4 辭從拓片看，字形上方似爲"辛"字頭，經仔細觀察照片字形應作⿴，結構同 1、2；第 3 辭中該字的這一部位有斷痕，結構不清，大體與其他幾字相似，不過字形下部是从⿴的，這點與《合》17539 中的字形一樣。

對於⿴的這一字形結構，我們認爲它與金文中⿴類字構形一致（此字異體較多，可參見中華書局 1985 年版《金文編》171 頁"䍙"字條下），應釋爲一字。甲骨文中⿴所從的丌，明顯與金文中⿴上面所從的丌一樣，應爲同一物件。而⿴下面的⿴疑應由甲骨文中"同"和"木"訛變而來。這一變化與"南"字的演變極爲相似，如⿴（《合》7884）—⿴（大盂鼎《集成》2837）—⿴（散氏盤《集成》10176）。

金文中⿴在字義上讀爲"瓚"，清人徐同柏《從古堂款識學》卷十六"毛公鼎考釋"已指出，這一釋讀確鑿無疑。字形上，舊多與䍙字相混，郭沫若《金文叢考·毛公鼎之年代》一文提出乃𤭛字象形，爲䍙上再著一層以象𤭛之形③。瓚、𤭛音近相假。此説得到學界較多認同，未見異議。不過，最近《考古與文物》2005 年第 1 期上刊載的臧振先生《玉瓚考辨》一文對這一傳統説法提出了疑義④。臧先生認爲金文中"瓚"並非是𤭛之象形，而是以待灌的玉件或圭璋植於䍙中象之。結合新出的甲骨文材料，我們認爲臧先生對字形的分析是有一定道理的。

既然金文中的⿴在字形上可上溯至甲骨文中的⿴，那麼可知它們絕非𤭛之象形，甲骨文𤭛作⿴、⿴，與之迥然有別。至於⿴、⿴諸字上面所從的丌，我們認爲可能確爲一玉器之物。傳上世紀 20 年代出土於殷墟的一件商代柄形玉器小臣

---

① 裘錫圭：《甲骨文中的幾種樂器名稱——釋"庸""豐""䪛"》，《古文字論集》196—209 頁，中華書局，1992 年。
② 裘錫圭：《説"口凡有疾"》，《故宮博物院院刊》2000 年第 1 期 1—7 頁；蔡哲茂：《殷卜辭"肩凡有疾"解》，高雄師範大學國文系、中國文字學會編《第十六屆中國文字學國際學術研討會論文集》，2005 年 4 月。
③ 郭沫若：《金文叢考》，《郭沫若全集·考古編》第 5 卷 535—628 頁，科學出版社，2002 年版。
④ 臧振：《玉瓚考辨》，《考古與文物》2005 年第 1 期 27—32 頁。

鬲器上有一字作[字]①，學者也多釋爲"瓚"②，其上所从與甲骨文中的[字]、[字]相似，明顯與玉器有關。不過，從甲骨文字形看，"瓚"字的字形是象將玉件置於"同"中，並非置於鬲中。"瓚"字的這一字形特徵與我們傳統上理解的瓚是以圭璋爲柄、以金屬爲勺、用來酌鬱鬯的一種勺狀器物這一特點並不相符。是否如上引臧振先生一文所説傳統理解的"瓚"之形制有誤，還是字形與字義之間另有其他的關係？這一問題我們現在思考的還不夠成熟，暫且存疑。

花東中的[字]就是金文中的[字]，應釋爲瓚。从"口"的花東[字]諸字，也見於金文，作[字]形（此字異體也較多，參《金文編》172—173頁）。金文中此字學界多認爲就是《説文》中的斝。在斝攸比鼎（《集成》2818）、斝比盨（《集成》4466）、斝攸盨（《集成》4344）、斝比簋（《集成》4278）、散盤（《集成》10176）中用作人名。而麥盉（《集成》9451）、麥鼎（《集成》2706）、麥方尊（《集成》6015）中的[字]，郭沫若早年曾懷疑可假爲祼字，但很快又放棄此説③。白川靜《金文通釋》提出該字應讀爲祼④，這一釋讀我們認爲是正確的。賈連敏先生在《古文字中的"祼"和"瓚"及相關問題》一文對此字有專門論述，可參見⑤。花東卜辭中的[字]諸字也應釋爲祼，字形結構應分析爲从口从瓚，从口或應如賈連敏先生所説表祼饗時以口飲酒之意。

談到這裏，我們還有必要對甲金文中常見的、現多被學界釋爲"祼"的[字]、[字]類字（此字異體也很多，可參上引賈連敏先生文所列字形）進行一番探討。這類字形釋爲"祼"，上引賈連敏先生一文梳理的較爲清楚全面，讀者可參見。从"示"的祼在甲金文中多用爲祼祭之義，从"卩"的祼甲骨文中未見，應是爲表

---

① 器形最早著錄於商承祚《殷契佚存》前的唐蘭序，但不完整。完整器形著錄於胡厚宣輯，胡振宇、王宏整理《甲骨續存補編》卷七35頁之附一，天津古籍出版社，1996年6月。
② 王慎行、王汝珍：《乙卯尊銘文通釋譯論》，《古文字研究》13輯209—225頁；又見王慎行著《古文字與殷周文明》96—112頁，陝西人民教育出版社，1992年12月。李學勤《灃西發現的乙卯尊及其意義》及連劭名《汝丁尊銘文補釋》都有論述，兩文俱見《文物》1986年7期。
③ 《郭沫若全集·考古編》（科學出版社，2002年10月版）第8冊《兩周金文辭大系圖錄考釋下》之42頁"麥尊"考釋有"則鬲殆假爲祼也"之語，上面眉批卻作"鬲聲在歌部，燕在元部，歌元二部可陰陽對轉"。單行本《兩周金文辭大系圖錄考釋下》（上海書店出版社，1999年7月版）同句話作"則鬲殆假爲燕也"，眉批相同。我們懷疑郭老可能早期認爲鬲假爲祼，但很快即放棄，以燕爲是。後各家所引也都以燕爲準。
④ 參李孝定、周法高、張日昇編著《金文詁林附錄》1509—1522頁，香港中文大學出版社，1977年。
⑤ 賈連敏先生於1992年以《説祼瓚》爲題在中國古文字學研究會第九屆學術討論會上宣讀，後又以《古文字中的"祼"和"瓚"及相關問題》爲題，發表於《華夏考古》1998年第3期上。

示祼饗賓客之義而造的專字，不過，在用法上也可作祼祭，如鮮盤（《集成》10166）、毛公鼎（《集成》2841）。《周禮·春官·司尊彝》"春祠夏禴，祼用雞彝、鳥彝，皆有舟"，鄭玄注："祼，謂以圭瓚酌鬱鬯，始獻尸也。"《尚書·洛誥》："王賓，殺禋，咸格，王入太室祼。"孔穎達疏："'祼'者，灌也。王以圭瓚酌鬱鬯之酒以獻尸，尸受祭而灌於地，因奠不飲謂之'祼'。"可見，典籍記載的祼有以圭瓚（或璋瓚）酌鬱鬯獻尸、獻賓之義。㼽、㼾字形上表示的正象雙手捧一器物獻於神示或人之前，意義與古人描述的祼禮正相吻合，故將這類字形釋爲祼應該是可以相信的。但這類祼字與上面提到的㼼、㼽之類祼字是何種關係？是異體關係、用字習慣不同還是各自有不同的造字來源表示不同的含義？這一問題目前我們還沒有比較明確的認識，有待進一步研究。

至於㼽、㼾諸字所從的㼷、㼸，上引賈連敏先生文認爲就是傳統理解的祼禮中所用瓚這一勺狀物的象形，文中還結合考古實物，指出其中一些過去被定名爲勺或斗的器物實應爲瓚。賈先生的這一説法在學界有較大的影響力，後又有不少學者撰文支持賈説，如萬紅麗先生《"瓚"的定名、形制及相關問題》、孫慶偉先生《周代祼禮的新證據——介紹震旦藝術博物館新藏的兩件戰國玉瓚》都從不同方面對賈先生這一説法進行了補充論證①。這裏，我們認爲學者們將㼷、㼸與出土的一些勺狀器物聯繫起來應該是正確的，㼷、㼸在字形上確像勺狀器物。不過，它究竟是不是該釋爲瓚我們還不能確定。因爲，目前在古文字字形上，能確鑿無疑釋爲"瓚"的是上述㼼、㼽類字形，在字形上與㼷、㼸差別較大，若㼷、㼸就是瓚之象形本字，爲何古文字中的瓚字卻作㼼、㼽，這一現象該如何解釋？若考慮到真正用爲"瓚"的字形，及上文提到殷墟出土的自名"瓚"的柄形玉器，會不會存在"瓚"並非是勺狀物，而是另有其物的可能性呢？這些問題似都還有進一步研究的必要。

上面我們釋出了花東甲骨中的瓚、祼。受此啟發，我們認爲舊有甲骨卜辭中有幾個字可能也是與祼、瓚有關的，我們一併討論如下：

5. 庚子卜：多母㣺祼㼾。吉。

弜祼㼾。　　　　　　　　　　　　　　　　　　　　　《英》2274［無名類②］

---

① 萬紅麗：《"瓚"的定名、形制及相關問題》，《東南文化》2004年2期76—82頁；孫慶偉：《周代祼禮的新證據——介紹震旦藝術博物館新藏的兩件戰國玉瓚》，《中原文物》2005年1期69—75頁。

② 本文所用卜辭類別名稱參黄天樹師《殷墟王卜辭的分類與斷代》，文津出版社，1991年。

6. 其▨沉，玉①其焚。

   其沉玉。 《屯》2232［無名類］

7. 伊▨三十朋。 《屯》2196［歷無名類］

8. 叀（惠）雈（舊）▨用五十。 《屯》2621［無名類］

9. 其▨兄辛，叀（惠）又（右）車用，又（有）正。 《合》27628［無名類］

10. 弜▨。 《合》29693（《合》31181 重）［無名類］

第 5 辭中的 ▨《殷墟甲骨刻辭摹釋總集》分作兩字，不確。字形右邊从 "酉"，左邊部分拓片不夠清楚，疑與第 6 辭中所从的 ▨ 為一字。▨《類纂》摹作 ▨，陳劍先生認為這是誤將廾形上端在拓本上略有斷裂的部分跟上面左右兩筆相連，字形的中間部分摹寫的亦不甚可靠。對於此字，宋鎮豪先生在《甲骨文中反映的農業禮俗》一文認為就是璋，字从辛，像雙手持禮璋形②。相似字形又見於殷墟劉家莊南出土的朱書 "玉璋"，作 ▨③。字中間所从的 "▨"，王輝先生釋為章④，李學勤先生認為字形結構近於鮮盤 "▨（祼）" 字所从的 "▨"⑤。我們認為這些字的構形與前面提到的 ▨、▨ 等字是有關聯的。對此，我們可將相關字形（包括字形偏旁）作如下排列⑥：

Ⅰ. ▨（《花東》290）、▨（《花東》403）、▨（《花東》493）、▨（《合》17539）、▨（毛公鼎）、▨（宜侯矢簋）

Ⅱ. ▨（殷墟玉璋朱書）、▨（《屯》2232）、▨（小臣䚗器）、▨（榮簋）、▨

---

① 此處舊多誤釋為 "王"，陳劍先生指出應為玉字，參陳劍《說殷墟甲骨文中的 "玉戚"》（待刊稿）。

② 宋鎮豪：《甲骨文中反映的農業禮俗》，《紀念殷墟甲骨文發現一百周年國際學術研討會論文集》，社會科學文獻出版社，2003 年 3 月；同樣的論述又見《甲骨文中所見商代的墨刑》，《考古學集刊》第 15 集，文物出版社，2004 年 2 月。

③ 孟憲武、李貴昌：《殷墟出土的玉璋朱書文字》，1995 年中國洛陽偃師商文化國際研討會論文，後發表於《華夏考古》1997 年 2 期 72—77 頁。

④ 王輝：《殷墟玉璋朱書文字蠡測》，《文博》1996 年 5 期 3—13 頁。

⑤ 李學勤：《說祼玉》，收入《重寫學術史》53—60 頁，河北教育出版社，2002 年 1 月。另外，1999 年，殷墟劉家莊北 M1046 出土的 "石璋" 上有墨書文字作 "▨"（發掘報告見《考古學集刊》第 15 集，文物出版社，2004），李學勤先生認為可釋為 "弇"，讀為祼，見《祼玉與商末親族制度》，《史學月刊》2004 年 9 期 21—22 頁，又收入《李學勤文集》167—171 頁，上海辭書出版社，2005 年 5 月。

⑥ 以下字形排比採納了陳劍先生的意見。

（榮仲方鼎①）

上面兩類字形的上端分別拆分出來當即：

III. 平、平、旱、平、▽、王
IV. 王、王、王、王、王

IV類跟III類比起來，似爲在III的上端又多出了筆劃。據陳劍先生告知董珊先生曾在一篇未刊稿中認爲，IV當是在III的上方又添加了"辛"形（榮簋成爲"王"形，這與🐟又作🐟上端演變一致），"辛"是爲此字加注的聲符（辛溪紐元部，祼見紐元部，瓚從紐元部）。我們認爲這裏所謂的"辛"形也可能與玉器的形狀有關②，前文曾提到殷墟出土有自名"瓚"的柄形玉器，這種早期墓葬中的柄形玉器一般多作以下諸形：

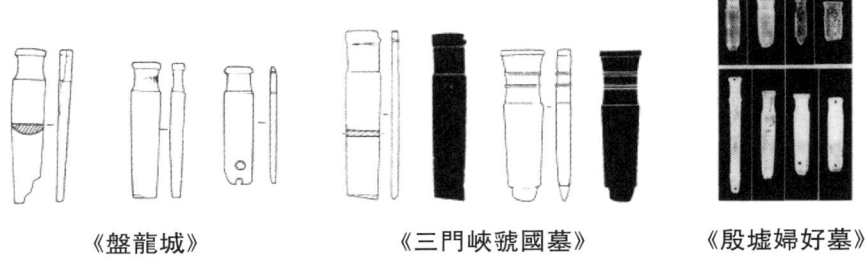

《盤龍城》　　　《三門峽虢國墓》　　　《殷墟婦好墓》

很明顯，這種器物的上端很容易演化爲"辛"形。或許，這裏的"辛"具有象形聲化的作用。

上面第5辭中的🐟，左從酉，右所從象雙手持一玉器，字形似取以酒灌玉之狀，可釋作祼。6辭中的🐟也應釋爲祼，李學勤先生《説祼玉》一文就將玉璋朱書中的"🐟"釋爲祼③。第7辭中🐟，左從酉，右邊爲兩手捧盤④，盤中放有玉器，構形與第5辭中字一致，應釋爲祼。"祼……朋"又見金文，如榮簋（《集成》4121）"隹（唯）正月甲申，榮各（格），王休易（賜）厥臣父榮瓚、王祼貝百朋，對揚天子休，用作寶尊彝"。第8辭中的🐟應與第7辭右邊所從部分相關，此處可能表示的就是瓚義，卜辭意爲用舊瓚五十。這可與《懷》1461（《合補》10641）

---

① 參李學勤：《試論新發現的𣄰方鼎和榮仲方鼎》，《文物》2005年9期。此例蒙陳劍先生告知，陳先生認爲𣄰字的字形上端似當看作榮簋中的"王"形省略而只存"辛"形。
② "辛"字本即爲一種器物的象形，參詹鄞鑫《釋辛及與辛有關的幾個字》，《中國語文》1983年5期369—374頁。
③ 李學勤：《説祼玉》，收入《重寫學術史》53—60頁，河北教育出版社，2002年1月。
④ 裘錫圭先生在《釋殷虛卜辭中的"🐟"、"🐟"等字》一文中指出"🐟"很可能是"盤"的象形初文，見香港中文大學中文系編集《第二屆國際中國古文字研討會論文集》，1993年。

"丙申卜：叀（惠）兹戈用于河○叀（惠）雈（舊）戈[用于]河"相比較，此處戈也應爲玉戈。李學勤先生《說祼玉》一文就指出《合》29783"其妞（祼），戈一、珥九，又☐"中的"戈"及玉璋朱書中的"或"都是玉戈，與瓚一樣，皆爲祼玉的一種①。9、10兩例乃陳劍先生所補，陳先生認爲第5例中的 ，細看其左半中部靠上似爲近似圓圈之形，9中的 字與 、 應爲一字，其"八"形又下移到"辛"形中豎左右。10中的 （《類纂》360頁0989號字頭摹作 ）字上半左右筆劃可能也是"八"形而非"北"形，下也從収，與 可視爲一字，釋作"祼"。

最後，我們還可將金文中的" "字與甲骨文諸字繫聯起來。此字見於害簋（《集成》4258—4260），相關銘辭作"用 乃祖考事，官司夷僕、小射、底魚"。很明顯，這一字的字形與我們上面討論的第5、7兩例中的 、 兩字構形一致，字形左邊從"食"，而在古文字中從"酉"與從"食（或皀）"可相通②，右邊的" "，"八"下字形爲兩手捧玉，這與上面討論的甲骨文中諸字構形相同，只不過將甲骨文中一些象形的玉件改爲了"玉"字。害簋中此字可隸爲" "，讀爲"纂"或"纘"，訓爲繼③。簪、祼一聲之轉。

綜上，我們討論了甲骨文中用爲祼、瓚的諸多字形。根據新出的甲骨材料，明確論證了金文中用爲"瓚"的 在字形上並非如舊說爲鬹之象形，其字形可上溯至甲骨文中的 ，構形上另有含義。此外，我們受花東中祼字的構形特點啟發，又繫聯了舊有甲骨刻辭中一些與祼、瓚相關的字。這些認識是否正確，還尚祈專家批評指正。至於瓚的形制究竟如何以及我們新釋這些祼字的構形意義該作何解釋，限於學識，這些問題目前我們理解的還不夠成熟，有待來日做進一步的探討。

附記：本文初稿曾得到黃天樹師及陳劍先生的大力指導，後適逢裘錫圭先生來我校講學，又有幸得到裘先生的點撥，在此一併對各位先生表示感謝。但因作者愚鈍，文中疏漏一定還有很多，懇請諸位諒解。

原載《中原文物》2007年第1期。

---

① 李學勤：《說祼玉》，收入《重寫學術史》53—60頁，河北教育出版社，2002年1月。
② 參陳劍《殷墟卜辭的分期分類對甲骨文字考釋的重要性》56頁，北京大學中文系博士論文，2001年5月；王慎行《古文字與殷周文明》"古文字義近偏旁通用例"，陝西人民教育出版社，1998年版。
③ 參孫詒讓《古籀拾遺》卷上24—25頁，1989年版《古籀拾遺 古籀餘論》12—13頁，中華書局；陳漢平《屠龍絕緒》190—191頁"說簪、纂"，黑龍江教育出版社，1989年10月。

李學勤

汐翁《龜甲文》與甲骨文的發現

殷墟甲骨文的發現，是中國學術史上的大事，在世界的學術史上也值得大書特書。關於甲骨文怎樣被發現和鑒定，有一套流行的傳說，經過渲染還見於媒體，差不多婦孺皆知。其間一些不實的地方，已有學者屢次辨正，但是還有幾點基本情節沒有澄清。不少人知道，有關說法的重要來源，是一篇署名汐翁的文章，標題爲《龜甲文》[1]，然而極少人看到這篇文章的原文，只在1937年出版的《甲骨年表》裏引用了一部分[2]。

多年來我也沒有讀過《龜甲文》全篇文字，因爲該文刊印於1931年7月5日北平（今北京）《華北日報》的《華北畫刊》第89期，甚難尋覓。日前幸蒙天津任秉鑒先生寄示這篇文章的複印本，始得見其原貌。考慮到文章長時期造成的影響，我覺得有必要將其全文介紹給讀者，並對其性質和價值作一評論。

好在這篇文章很短，可以整個錄在下面。原文只圈斷，沒有新式標點，現在也不做改動。篇中還有個別古字和幾處錯字，這裏都加注說明：

> 光緒戊戍（戌字之誤）年。丹徒劉鐵雲。鶚。客游京師。寓福山王文敏懿榮私弟（第字之誤）。文敏病痁。服藥用龜板。購自菜市口達仁堂。鐵雲見龜板有契刻篆文。以示文敏。相與驚訝。文敏故治金文。知爲古物。至藥肆詢其來歷。言河南湯陰安陽。居民搰（音hú，掘）地得之。輂載衒（即衒字，賣）粥（即鬻字）。取直（即值字）至廉。以其無用。鮮過問者。惟藥肆買之。云云。鐵雲遍歷諸肆。擇其文字較明者。購以歸。計五千餘板。文敏於次年殉難。鐵雲以被劾。戍新疆。遇赦

---

[1] 胡厚宣：《五十年甲骨學論著目》，第140頁，中華書局，1983年。
[2] 董作賓、胡厚宣：《甲骨年表》，第1頁，"中央研究院"歷史語言研究所1976年《甲骨年表正續合編》本。

歸。至癸卯歲。乃以龜甲文之完好者千版。付石印行世。名曰鐵雲藏龜。此殷虛甲骨文字發見之原由也。藏龜行世。瑞安孫仲客（容字之誤）先生。以數月之力。盡為之考釋。箸（即著字）契文舉例一書。甲辰書成。於是學者始加以研治。今則甲骨日出不窮。治之者亦不乏人。法日二邦。皆有專門研究者。為我國古代文化上之一重大事件。世人所當注意也。

不難看出，這篇只不過 400 字左右的小文，却有很多地方值得懷疑。

該文開首把甲骨文的發現說在"光緒戊戌年"即光緒二十四年，公元 1898 年，便是錯的，《甲骨年表》已予更正①，指出應為己亥，光緒二十五年，公元 1899 年。

"丹徒劉鐵雲（鶚）客游京師，寓福山王文敏懿榮私第"，也是不對的。據劉鶚之孫劉蕙蓀《鐵雲先生年譜長編》，光緒二十四五年劉鶚確實客游北京，但他是住在"宣南之椿樹下三條趙文洛故宅"②，並非寄寓王懿榮家中。

這裏附帶說一下，上引《龜甲文》所講"王文敏懿榮"，及其後句"文敏病疟"，兩處"文敏"是王懿榮殉難後清廷賜予的諡。《甲骨年表》引文改為"王懿榮正儒"和"正儒病疟"，不知何故。查《清史稿》本傳，王懿榮一字正孺③，也不作"正儒"。

王懿榮在光緒二十五年是不是曾經"病疟"即瘧疾，也是疑問。有論作說："王懿榮確在 1899 年盛夏之際，大病了一場。王懿榮在給他妹夫張之洞的信中與年譜上都有記載。"④不過查《王懿榮集》卷三"書札"《與張之洞》和附錄王崇煥（字漢章）《王文敏公年譜》，均不能找到。還有學者指出："據調查光緒時北京菜市口並沒有一個達仁堂中藥店，而且中藥店一般都是將龍骨搗碎後才出售配藥，因此，是無法在上面發現文字的。"⑤

殷墟村民將出土甲骨作為龍骨售予中藥店，乃是事實。1911 年春，羅振玉派堂弟羅振常等前往殷墟等地，羅振常的日記《洹洛訪古游記》說："連日以發掘龜骨源流訪諸土人，頗得其詳。今彙萃衆說，參以所知，記之如次：此地埋藏龜骨，前三十餘年已發現，不自今日始也。謂某年某姓犁田，忽有數片隨土翻起，

---

① 董作賓、胡厚宣：《甲骨年表》。
② 劉蕙蓀：《鐵雲先生年譜長編》，第 43—47 頁，齊魯書社，1982 年。
③ 呂偉達主編：《王懿榮集》，第 496 頁，齊魯書社，1999 年。
④ 呂偉達主編：《紀念王懿榮發現甲骨文一百周年論文集》，第 75 頁，齊魯書社，2000 年。
⑤ 李先登：《也談甲骨文的發現》，《光明日報》1983 年 11 月 5 日，轉引自呂偉達主編：《王懿榮集》，第 547—548 頁。

視之上有刻畫，且有作殷色者，不知爲何物。……是人得骨以爲异，乃更深掘，又得多數，姑取藏之，然無過問者。其極大胛骨，近代無此獸類，土人因目之爲龍骨，携以示藥鋪。藥物中固有龍骨、龍齒，今世無龍，每以古骨充之，不論人畜，且古骨研末又愈刀創，故藥鋪購之，一斤才得數錢。"①

曾在安陽任牧師的加拿大學者明義士在他於齊魯大學任教時撰作的講義《甲骨研究》中也說："在1899年以前，小屯的人用甲骨當藥材，名爲龍骨。最初發現的甲骨，都經過濰縣范氏的手，范氏知道最詳。先時范氏不肯告人正處，如告劉鐵雲'湯陰牖里'。余既找到正處，又屢次向范氏和小屯人打聽，又得以下的小史，今按事實略說一下。……前清光緒二十五年（1899）以前，小屯有剃頭商名李成，常用龍骨面作刀尖藥。此地久出龍骨，小屯居民不以爲奇，乃以獸骨片、龜甲板、鹿角等物，或有字或無字，都爲龍骨。當時小屯人以爲字不是刻上的，是天然長成的，並說：有字的不好賣，刮去字跡，藥店才要。李成收集龍骨，賣與藥店，每斤制錢六文。"

明義士接著記述"范氏1914年所言：1899（己亥，光緒二十五年），有學者名王懿榮（字廉生，謚文敏公）到北京某藥店買龍骨，得了一塊有字的龜板，見字和金文相似，就問來源，並許再得了有字的龍骨，他要，價每字銀一兩。回家研究所得，王廉生是研究甲骨的第一人"②。這是關於王懿榮從藥材龍骨中發現甲骨文的說法最早的一例。

這位濰縣古董商人范氏，名字在各種作品中傳說不一。近年經鄧華先生調查，知道他名范維清，字緝熙，係舊濰縣西南30里范家莊（今濰坊市濰城區范家村）人③。王懿榮的甲骨，都是經他的手購得的。

范維清所講王懿榮買龍骨的故事，似乎應當有權威性④，但細作考慮，不是沒有質疑的餘地。因爲這個情節可謂歷史佳話，儘管王懿榮把所藏甲骨視爲珍秘，他是怎樣鑒定甲骨的，其家人不會不知。然而如胡厚宣先生在討論甲骨文發現的論文中引用的，王懿榮之子王崇烈、王崇煥的有關敘述，都沒有說到他從中藥店買龍骨的事。特別是王崇煥1933年的《古董錄》，講到濰縣古董商人到小屯查看，"惟見古代牛骨龜版，山積其間，詢之土人，云牛骨椎以爲肥田之用，龜版

---

① 羅振常：《洹洛訪古遊記》上冊，第11—12頁，河南人民出版社，1987年。
② 明義士：《甲骨研究》，第6—7頁，齊魯書社，1996年。按明氏1917年出版的《殷虛卜辭》序中已有類似說法。
③ 鄧華：《史海貝踪》，第35頁，香港天馬圖書有限公司，2000年。
④ 我過去就這樣想，見李學勤：《甲骨百年話滄桑》，第4—6頁，上海科技教育出版社，2000年。

則藥商購爲藥料耳。……佔取其一稍大者，則文字行列整齊，非篆非籀，攜歸京師，爲先公述之，先公索閱，細爲訂考，始知爲商代卜骨，至其文字則確在篆籀之前，乃畀以重金，囑令悉數購歸"①。這裏已經提到以甲骨充作藥材，如果王懿榮真是從中藥店得見甲骨文，王崇煥怎麼會忽略掉呢？

如果說王懿榮買龍骨一事尚有可疑的話，汐翁《龜甲文》的叙述就更爲離奇了。按該文所說，龜板上的文字係劉鶚首先發現，是他拿給王懿榮看的。這一過程，完全不見於劉鶚本人1903年的《鐵雲藏龜·自序》，也沒有其他任何材料依據。

汐翁還講"鐵雲遍歷諸肆，擇其文字較明者，購以歸，計五千餘板"，這更不符合事實。陳夢家先生曾根據劉鶚日記②和《鐵雲藏龜·自序》，詳細考證劉鶚收藏甲骨的始末③，其五千多片甲骨係陸續通過不同途徑收集，絕不是從中藥店買來的。再有劉鶚流放新疆，是在1910年，不是在《鐵雲藏龜》印行之前，他也沒有"遇赦歸"，而是死於戍所。

關於"瑞安孫仲容"即孫詒讓著《契文舉例》一段，雖有不很精確處，如孫書自序云"窮兩月力校讀之"，這裏說"數月"；自序云"略通其文字"，故書名"舉例"，這裏說"盡爲之考釋"，但總算沒有大的錯誤。按孫書成於甲辰，即光緒三十年，公元1904年，實際出版則遲到1917年，在這一段期間已經有不少中外學者研究甲骨文，而且有重要成績。

《龜甲文》最末說："今則甲骨日出不窮，治之者亦不乏人，法、日二邦皆有專門研究者。"查胡厚宣《五十年甲骨學論著目》，從1899年到汐翁寫這篇文章的時候，主要的甲骨學者中的外國人，有美國方法斂、日本林泰輔、英國金璋、加拿大明義士等④。汐翁不提美、英、加等國，却專舉"法、日二邦"，恐怕也只是信筆由之而已。

汐翁的這篇《龜甲文》並非學術論作，本來沒有必要多加評議，但該文的影響真是很大，希望我這裏提出的意見對說明情況有一定幫助。

> 原載《殷都學刊》2007年第3期；收入李學勤：《通嚮文明之路》，商務印書館，2010年。今據後者收入。

---

① 轉引自胡厚宣：《再論甲骨文發現問題》，吕偉達主編：《王懿榮集》，第570頁。
② 劉鶚：《抱殘守缺齋日記三則》，《考古社刊》第5期，1936年。
③ 陳夢家：《殷虛卜辭綜述》，第648—649頁，中華書局，1988年。
④ 胡厚宣：《五十年甲骨學論著目》，第15—16頁，中華書局，1983年。

朱鳳瀚

再讀殷墟卜辭中的"衆"

所以在題目中言"再讀",是因爲筆者在二十餘年前曾有小文探討過"衆"的身份①,當時的研究可以算作初讀;自那之後,又有不少學者從不同角度探討過"衆"的身份問題,包括解讀有關"衆"的卜辭中的字、句,這些研究對筆者多有啓示,亦促使筆者不斷深入思考涉及"衆"的各種問題。

治甲骨學與商史的學者之所以始終關注有關"衆"的殷墟卜辭,自然是由於這是很少的、較具體地反映商代社會等級結構的歷史資料,並且直接牽扯到如何認識商後期社會與商王國的形態。這些卜辭的辭義,單就字面看,似乎並不深奧,古文字釋讀方面的障礙亦不甚多,但學者仍在有關衆身份的一些根本問題上存在分歧。其原因,在一定程度上似與個人已形成的對商代(嚴格地說應該是卜辭時代即商後期)社會形態的不同認識有直接關係。卜辭多零散,文字亦多簡約,與後世系統的歷史檔案不同,而因這種特點,也較易被研究者納入不同的史觀體系中,作爲各種體系的證明。這裏不想對這一因素展開討論。僅從學術角度考慮,筆者覺得若細讀有關"衆"的卜辭資料,仍有不少字、句未真正弄懂,有必要再就一些較基本的問題做進一步地檢討,以使我們對"衆"的認識更接近於當時社會的實際情況,從而更爲深刻地剖析商後期社會形態。此即本文所論之目的,冀望得到方家的指教。

下面討論的主要是有關"衆"的兩個問題:其一是,卜辭中的"衆"究竟指稱的是哪些社會成員。其二是,由"衆"與王朝軍旅的關係看商王朝軍事組織的變化。

---

① 朱鳳瀚,《殷墟卜辭中"衆"的身份問題》,《南開學報》1981.2:57—74。

一、關於"衆"所指稱的社會成員之範圍

在討論之前,有幾個前提性的問題需要說明一下。"衆"在東周以後的文字中,都是表示衆多人的意思,在商後期的卜辭中,"衆"雖然也含有這層意思,可是其所屬人群則有一個特定的範圍,所以又與泛稱的、表示衆多人的"衆"不完全相同。研究甲骨刻辭的學者多已注意到,"衆"與卜辭中"人"之稱有同一性也有差異性。"衆"也可稱作"衆人",是因爲"衆"也屬於"人"。故在卜辭中特定的某種語法環境下,也偶以"人"來指稱"衆"。但在多數情況下使用"人"時,其範圍就有可能大得多,或包含"衆"在內,或所指並不包含"衆",僅指具體的某一種人(如卜辭習見卜問用牲時所言"羌×人")。王卜辭中有不少呼令"衆"的辭例,所卜問要"衆"去做的事,從不言呼令"人"去做,也說明"衆"("衆人")是一種有特定身份的社會成員的專稱,這是與後世語意有所不同的。

"衆"的身份,經過近數十年來學者們的熱烈討論,固然仍有學者持奴隸説,但也有不少學者認爲這個稱謂所指稱的社會成員並非奴隸。筆者在上述二十多年前所寫小文中,認爲"衆"是殷代對平民群體的稱呼,當時主要目的是要闡述對"衆"爲奴隸説的不同意見。1983 年裘錫圭先生在《文史》第 17 輯上發表了《關於商代的宗族組織與貴族和平民兩個階級的初步研究》一文,提出"衆"有狹義、廣義兩種用法,認爲狹義的衆,"無疑也是廣義的衆裏面數量最大的那一種人,他們應該就是相當於周代國人下層的平民"。而廣義的"衆","意思就是衆多的人,大概可以用來指除奴隸等賤民以外的各個階層的人"。[①]裘錫圭先生這種從廣、狹二義作分析的方法,筆者是贊同的。

在有的王卜辭中,當只言王呼令衆或衆人去做一些事情時,確實不好將"衆"鎖定在狹義的用法上,認爲"衆"一定是指稱某一或某幾個特定階層的人。如賓組卜辭有:[②]

(1)戊寅卜,爭貞,今㭗(春)衆出(有)工。十月。　　　(《合集》18,賓組)

---

① 裘錫圭,《關於商代的宗族組織與貴族和平民兩個階級的初步研究》,《文史》17(1983):16、17。
② 本文甲骨刻辭分組主要參考了李學勤、彭裕商,《殷墟甲骨分期研究》(上海:上海古籍出版社,1996),頁 12,所標明"某組"後"一"、"二"等是組內分類。

"㞢（有）工"之"工"，其義現仍不太明白。學者多數從于省吾先生讀爲貢①。在讀爲貢的情況下，如果將這裏卜問是否有工（貢）的"衆"理解爲具有一種特定身份的群體，例如平民，是不符合卜辭辭義的。與工（貢）有關的辭例證明，商王卜下屬是否"有工（貢）"，工（貢）的實行者，多是各宗族（以下卜問有無工（貢）者也可以理解爲人名，但實際上要承擔工（貢）者，自然還是這些貴族所率宗族），如以下賓組卜辭：

(2) 戍其㞢（有）工。　　　　　　　　　　　　　　　（《合集》4276）

(3) 貞，𢀳亡（無）其工。　　　　　　　　　　　　　（《合集》4089）

(4) 貞，𠂤亡（無）其工。　　　　　　　　　　　　　（《合集》4246）

(5) 己巳卜，殷貞，犬征其工。　　　　　　　　　　　（《合集》4632 正）

這樣看來，工（貢）是以各個宗族爲單位進行的。所以辭（1）之"衆"與其理解爲是對某種特定身份的人群之稱，不如理解爲是泛指戍、𢀳等商人宗族組織。在有關"衆"的卜辭中，這種廣義的用法實際上還有不少，此不再贅述。現在先討論一下"衆"在作較狹義用法時，其範圍爲何。

在王卜辭中，"衆"（或"衆人"）常與一些大的商人宗族相聯繫，在兩類有關戰事的卜辭中尤多。一類是卜這些宗族族長"以衆"，即領率"衆"去征伐敵方。另一類則是卜"喪衆"。卜辭中與戰事有關的"喪衆"之"喪"的意思，學者多已指出，應該與《國語·周語上》"宣王既喪南國之師"之"喪"同，是指在戰事中之損失。因商人常以宗族武裝作戰，故卜問"衆"是否會喪失。戰爭不可能不損失兵員，卜問戰爭中是否"喪衆"的真正的意思應該類似以上《周語上》所言宣王之喪師，是指會否遭受重挫。

卜問"喪衆"之卜辭，例如：

(6) 貞，𢀳其喪衆。　　　　　　　　　　　　　　　　（《合集》58，賓組一）

(7) ✢隹其喪衆。　　　　　　　　　　　　　　　　　（《合集》31998，歷組二）

(8) ☐貞，竝其喪衆人。三月　　　　　　　　　　　　（《合集》51，賓組一）

(9) 乙酉卜，王貞，✢不喪衆。　　　　　　　　　　　（《合集》54，𠂤組）

(10a) ☐未卜，☐✢衆其喪。

---

① 學者或讀"工"爲其本字，釋爲"工事"即勞役之事，見蔡哲茂，《釋殷卜辭的㞢（贊）字》，《東華人文學報》10（2007）：21—50。釋爲"工事"從字釋上應無問題，但對於下舉卜辭中卜商王屬從"亡（無）其工"時，如是言"沒有工事"，則較費解。

(10b) 壬申卜貞，☒弗其☒戔✳。　　　　　　　　　（《合集》53，𠂤組）（附圖一）

(11) ☒貞，✳（束）☒不喪衆。　　　　　　　　　（《合集》32001 反，歷組二）

(12) 乙亥卜，貞，✳不喪衆。　　　　　　　　　（《合集》61，賓組一；《合集》62 同）

(13) 甲子貞，✳涉以衆，不喪衆。　　　　　　　（《合集》22537，出組一）

(14) 貞，我其喪衆人。　　　　　　　　　　　　（《合集》50 正，賓組一）

以上辭(10)原版"✳"字同列下已無字，而"衆"上端卜甲殘，此將"✳衆"聯讀，是考慮同版左側，有"壬申卜，貞"的前辭格式①，故疑本條卜辭的句式是"☒未卜，貞，✳衆其喪"。在賓組卜辭中又有：

(15) 丙子卜，✳戔✳。　　　　　　　　　　　　（《合集》7017）

(16) 貞，✳戔✳。　　　　　　　　　　　　　　（《合集》7016）

上引辭(10)所屬之《合集》53 左側亦言"戔✳"，則右邊所卜問是否會喪"✳衆"，可能也當與✳戔✳之戰事有關。另有一條賓組一類卜辭也可以將卜"喪衆"與戰事相聯繫②，即：

(17) 辛巳☒召貞☒喪衆，受方又（佑）。　　　　　（《合集》64）

這是卜問，是否因喪衆，而使方受佑。語義近似的卜辭如"癸巳卜，方其受又（佑）"（《合集》8644）。"貞，弗其受呂方又（佑）"（《英藏》551）。這種句式中的方應是指某敵方，則此"喪衆"顯然是和某方發生的戰事可能導致的結果。③

與卜問這些族氏在戰事中是否"喪衆"相聯繫的卜辭，是貞問若干族氏（或族長）是否要"以衆"征伐的卜辭。如：

(18) 丁未卜，爭貞，弓令皋✳衆伐呂〔方〕。

（《合集》27，《合集》26 同，賓組一）

---

① 《殷墟甲骨刻辭摹釋總集》將此條卜辭"隹"釋作"雀"，但此字上部殘，所以只能說很可能是"雀"字，"其"下一殘字似是"克"。《合集》19191 作"壬申卜，貞，☒弗其克"，19192 作"☒隹其弗克"，19191"弗"前一字也殘，不知是"隹"還是"雀"。

② 下文所引辭(91)屬無名組卜辭，也是卜戰事中是否"喪衆"。

③ "喪衆"當然也有在非戰爭的情況下會出現，《合集》8 有"☒卜貞，衆乍（作）藉不喪☒"。上引裘錫圭先生文曾說明在商代當時的歷史環境下，農業生產也可能會因敵方入侵出現人員傷亡損失的情況。徐六符，《商代的"衆"、"衆人"問題探討》（《福建師範大學學報》1992.1；92—99）曾引《左傳》昭公十八年"鄅人藉稻，邾人襲鄅"之事，說明衆人作藉可能會遇不測。但《左傳》所記此事，是講在鄅人藉稻時可能城內空虛，邾人乘機襲其都城，與野外藉田不同。但無論如何，基於對卜辭的"衆"的身份與"喪衆"之內涵的總體認識，卜辭"喪衆"不當釋爲衆逃亡之舉應是可以肯定的。

(19) 貞，王弓令㠱◇眾伐呂方。　　　　　　　　　（《合集》28，賓組一）
(20) □丑貞，王令㠱以眾㕣伐召，受又（佑）。　　（《合集》31973，歷組二）
(21) 丁亥貞，王令㠱眾㕣伐召方，受又。（《合集》31974，歷組二）（附圖二）
(22a) 乙亥貞，㠱令亶以眾㕣◇（?），受又。
(22b) 㠱（呼?）多尹往㕣。　　　　　　　　　　　（《合集》31981，歷組二）
(23) 己卯貞，令㕣以眾伐龍，㦰。　　　　　　　　（《合集》31972，歷組二）

辭（21）將"王令㠱以眾"寫成"王令㠱眾"，這只有在㠱所"以"之"眾"即是㠱眾的情況下才可能。氏名直接與"眾"聯繫同上引辭（10）將"㠱喪眾"寫成"㠱眾其喪"類似。氏名直接與"眾"相聯的辭例還有：

(24) 庚申卜，祝貞，令竝眾衛（衛）。十二月　　（《合集》40911，出組一）

凡此均可證明以上將氏名直接與"眾"相聯是當時習慣使用的一種稱謂，不是偶然的文筆之省所致。

辭（22）占卜是否要由㠱命令"亶以眾"征伐，應該理解爲㠱在等級地位上高於亶，故可以命令亶領率其"眾"去攻伐敵方。由這種句式似可以進一步推知，明言"某以眾"（某是族氏名，或族長名）時，被"以"之"眾"當是屬於該氏之眾，而不是"以"屬於其他族氏的眾。

小屯南地甲骨有：

(25) 丁未貞，王令㠱收眾伐，才（在）河西◇。　　（《屯南》4489，歷組二）

這條卜辭中卜問㠱所収之"眾"可能不是（或不僅是）指㠱自己的"眾"，如是，即可按卜辭慣例，言"以"，似不必言"収"，即要再徵調。上引辭（22），在貞問㠱是否令"亶以眾"㕣伐時，同時又貞問是否要"乎多尹往㕣"，多尹是指多個族氏的族長[①]，"乎多尹"實際上是呼亶氏等多個族氏之"尹"領率自己的"眾"去征伐。辭（25）王令㠱所"収眾"，亦應與此類似，即是集合多尹之眾，亦即是指多個商人族氏，"眾"在這裏實際上已經屬於一種廣義的用法。

值得進一步討論的是，以上雖說明了辭（18）至辭（23）中，所卜問的某族氏（之長）"以眾"征伐及在戰事中是否"喪眾"之"眾"，與卜"某（族氏）喪眾"之"眾"相同，是屬於他自己的"眾"，但是否可以認爲"眾"即是指稱這些族氏

---

① 張政烺，《卜辭裒田及其相關諸問題》，《考古學報》1973.1：93—118。

（䆃、✶①、竝、☗、𠂤、✣(束)、☖）的族人呢？以上辭（10）、（21）、（24）"✶衆"、"✶衆"、"竝衆"既可聯讀，則"衆"可以冠以這些宗族的名號，自然反映了"衆"與宗族本身之間的密切關係。筆者傾向於衆即是這些宗族的族人，而不是附屬於這些宗族的群體。爲了説明這個問題，似有必要討論一下商人宗族的軍事組織之構成。

迄今在殷墟所發掘的商後期商人墓地資料證明，商人各族氏是採用族墓地制度的，具有不同等級身份的宗族成員的墓葬以一定的分佈形式共葬於同一塊墓地中，表現了等級關係與血親關係共存的宗族形態特徵。而在這種族墓地中有一個重要現象，即墓室面積較大、隨葬品較豐富，並隨葬有青銅禮器的中型或小型墓中之較大者，當墓主人是男性時，基本上皆隨葬有青銅兵器，而小型墓中墓室面積較小，不隨葬青銅禮器的墓，基本上也不出青銅兵器。②這不僅證明確如不少學者已論述過的，父權的商人宗族同時也具有軍事武裝的性質，而且上述現象也表明，在當時商人各宗族内，宗族成員能夠作武士，能夠作戰，是有較高等級身份與政治地位的象徵。由此，自然可以推知，卜辭中所見各族氏參與戰爭之"衆"，至少在主體上，或説宗族武裝中的骨幹與核心，應指具有武士身份的、中型墓與墓室面積較大的小型墓的墓主人，而在人數比例上自然以後者爲多。中型墓的墓主人，按其墓制與隨葬禮器的規格，應該屬於商人中的中等貴族（多屬

---

① 䆃與✶是否即是同一氏（或同一人）名似還可以再深入討論。二者可能皆以"匕"爲聲符，故在讀法上應是一樣的，自然有爲同一氏（人）之可能。又如以下卜辭所示：
　　貞，弓令䆃田于京。二告　　　　　　　　　　　　　　　（《合集》10919，賓組一）
　　☐卯貞，王令✶田于京。　　　　　　　　　　　　　　　（《合集》33220，歷組二）
單憑此兩條年代似有早晚的卜辭亦難能説明䆃與✶很可能即是同一氏（或人）。從總體看，賓組多寫作䆃，歷組多寫作✶。䆃下部顯示是罕（網狀物），✶字下部有時寫法與"甾"近同，可以寫作✶（如《合集》1069），但絕大多數作✶、✶二形，與甾基本形體✶、✶還是有差别的，也許即是䆃的異體。䆃字下部也偶有寫作✶的，與✶的寫法形近。從卜辭内容上看，二者皆可能是王同姓宗族，但✶資料較少，若從内容上作二者身份比較尚有缺欠。姑暫作有别處理，存疑待考。

② 參見朱鳳瀚，《商周家族形態研究》（天津：天津古籍出版社增訂本，2004），頁 121—130、596、597。據是書，1969—1977 年發掘的殷墟西區墓地中，在殷墟文化二期至四期時段内，筆者所劃分的 18 座一類丙種墓（即中型墓中較小型墓，應屬低等貴族）除去被盜者外，尚有 13 座隨葬有青銅兵器。在二類墓（即小型墓，當爲平民墓葬）701 座墓中，有 85 座隨葬有青銅兵器，約佔墓總數的 12%。二類墓中的早期墓（即二期墓，相當於武丁晚期至祖庚時期，與賓組卜辭的年代相近）有兵器墓所佔比例更大，在二期 64 座墓中，隨葬青銅兵器的墓即有 18 座，約佔 28%。據發掘報告，出兵器的墓葬中，人骨架皆爲男性。由此可以推知，當時在宗族内平民男子中，武士佔相當大的比例。類似的情況在此書所分析的 1982 至 1992 年發掘的殷墟郭家莊墓地中也可以見到。

於中等貴族中的較下層）；小型墓中面積相對較大者，也有簡單的銅禮器，墓主人應屬於平民中的上層。如果説，王卜辭中最常卜問的、參戰各宗族内的"衆"根本不包括這些具武士身份的屬中等貴族與平民上層等級的族人，而是指另一套獨立於族人武裝外由非族人附庸組成的武裝，就甚爲費解了。

當然，商人宗族共同體内不排除接納一些非同姓親族成員的可能，如被征服的異族成員，在屈服後，作爲附庸存在於商人宗族共同體内，像《左傳·定公四年》所記伯禽受賜之"殷民六族"中所領有的"類醜"。又如卜辭所見受王或上級貴族賞賜所得的異族人。① 這類人其中一部分也可能被納入宗族武裝中，類似於西周時期周人大規模宗族武裝的那種情況。② 只是這樣的證明材料（包括文獻、古文字及田野考古資料）目前尚比較缺乏。但如上所述，即使考慮到這種情況，構成宗族武裝"衆"的主要成分，也應是族墓地内中、小型墓墓主人中隨葬武器的那部分族人。

總之，當卜辭卜問是否要一些商人宗族的族長"以衆"去作戰，或卜問這些族氏是否會在戰事中"喪衆"時，"衆"的範圍指的是這些宗族内各自的宗族武裝成員，應是指（或主要是指）包括宗族内具有中等貴族身份與平民上層身份的有武士資格的族人。而如果宗族武裝内含有非血親的附庸成員，那麼"衆"也應包括這類人員在内。

由上述分析可知，以往學者（包括筆者本人）較簡單地將"衆"的身份指定爲某一種特定階層的群體（如平民），是不盡合乎卜辭中這一人稱内涵的。上引裘錫圭先生將"衆"分爲"廣義"與"狹義"兩類的方法，則非常有助於正確理解卜辭"衆"的辭義。只是在這裏，筆者要將"廣義"與"狹義"的範圍稍作調整。廣義的"衆"可以理解爲，是泛指作爲王之下屬的商人諸宗族成員（及其附庸）。從等級身份看，自然包括不同等級的貴族，也包括平民階層等。狹義的用法，則是僅指某一特定商人宗族内的部分成員（及其附庸），像上舉某宗族之長"以"衆征伐時的"衆"，或某宗氏"喪衆"時的"衆"。裘錫圭先生在上引論文中曾指出，"狹義"的"衆"指被排斥在宗族組織之外的商族平民，這與本文的看法有所不同。筆者認爲商人宗族内包含其等級身份應歸屬爲平民的親族成員，他們屬於宗族下層。這個問題可能牽扯到對商人宗族結構的不同認識，就不在此討論了。

---

① 花園莊東地甲骨刻辭有：
  壬卜，在麗，丁畀子國臣。
  壬卜，在麗，丁曰：余其啓子臣，允。　　　　　　　　　　　　　　　　　　（《花東》410）
  "國臣"顧名思義似是由戰俘轉化的"臣"。
② 宋鎮豪先生認爲"商代族氏組織的社會構成相當複雜，並非純爲血緣組織，是一種外觀保留著族組織形式的地域性團群，成員來源不一，但其内核則爲同出某個姓族的宗族或家族"（見《商代邑制所反映的社會性質》，《中國史研究》1994.4：57—65）。與這裏的看法相似。

用以上廣義、狹義這兩種"衆"的概念來檢視有關"衆"的卜辭，大致可以講通。其中廣義的用法較多見，先以其他語句形式的、占卜"衆"參與戰事的卜辭爲例：

(26) 丙子貞，令衆御(禦)召方，卒。

             (《合集》31978，歷組二，《屯南》38 辭同)

(27a) 甲戌卜，殷貞，曰：衆勿臺(敦)。

(27b) 貞，曰：衆勿臺(敦)，弗其〔戕〕。

           (花園莊東地遺址出土，T2②：34，賓組一)(附圖三)①

辭(26)是由王的角度言"衆"，占卜是否要令"衆"防禦召方，則此處的"衆"應該是指歷組卜辭中多見的擔負伐召方任務的，例如𡨦(↯)等商人宗族，顯然是一種比較寬泛的，即上述廣義的用法。辭(27)中的"衆"的含義與辭(26)近同。

(28a) 己丑卜，其雟衆，告于父丁一牛。

(28b) 弜雟。   (《合集》31995，歷組二)

(29a) 戊申貞，其雟衆人。

(29b) 弜雟。   (《屯南》1132，歷組二)

(30a) 庚□貞〔再〕衆从北至于〔南〕。

(30b) 其从西再衆。   (《合集》31996 正，歷組二)

辭(28)、(29)之"雟衆"(或"雟衆人")或即同於辭(30)之"再衆"。再者，舉也。此舉之用法同於"舉兵"之舉，舉衆即發動衆。發動衆的目的，卜辭未言，很可能也是爲了應對敵方入侵。辭(30)卜是否要在較廣泛的地理範圍内"再衆"，所以"衆"在這裏應屬於上述廣義的用法，是泛指商人諸宗族。辭(28)卜問是否要將"雟衆"之事"告于父丁"，顯示此項舉措意義之重大，這似可從"衆"的地位之重要角度來理解。

"衆"的廣義用法，除見於上引有關戰事卜辭外，還較集中地體現於部分卜問"衆"從事農業生產事項的卜辭中。令"衆"從事農耕的卜辭，也有繁、簡兩種：

簡略的卜辭，只言"衆"，如：

(31) 丙戌卜，賓貞，令衆𠬝，受𧇤(佑)。②   (《合集》14 正，賓組一)

---

① 中國社會科學院考古研究所編，《安陽殷墟花園莊東地商代墓葬》(北京：科學出版社，2007)，頁 28。

② 𠬝字，裘錫圭先生釋作"黍"，見所著《甲骨文中所見的商代農業》，收入《全國商史學術討論會論文集》(安陽：《殷都學刊》增刊，1985)：199—204。

（32）丙午卜，㱿貞，衆黍于☐　　　　　　　　　　　（《合集》11，賓組一）

（33）辛未卜，爭貞，曰：衆人☐𢆶（尊）田☐　　　　　（《合集》9，賓組一）

（34）丁亥卜，令衆𡕥（夋）田，受禾。　　　　　　　（《合集》31969，歷組二）

顯然，王呼令的衆，應該隸屬於各自的宗族組織，而令衆所從事的農耕是指王室農田上具體時日的具體農事，王只泛言"衆"（或"衆人"），當是因爲王室農田上的這種農事由哪些宗族擔負已是定制，王所要卜問的目的大概主要是爲了適時地令衆耕種王田，或判斷在何時開始耕作王田能有收穫。此類卜辭單從字面上也難以看出"衆"是指商人宗族成員中的哪些人。但是依照情理，王所令去從事農耕的"衆"，不可能只是指宗族組織中的屬於平民身份的成員，這時所言的"衆"，對於一個大的宗族組織，還應該包括宗族組織中率領下層成員去農作的中層甚至上層成員，亦即有貴族身份的成員。仔細分析爲諸家所熟悉的下面一組卜辭也可以説明這一點：

（35a）甲子卜，㕜貞，令受眔田于☐

（35b）己酉卜，爭貞，収衆人呼从受山王事。五月　　（《合集》22，賓組一）

（36）己酉卜，爭貞，収衆人呼从受山☐　　　　　　（《合集》23，賓組一）

辭（35）甲子日卜問"令受眔田"，受在賓組卜辭中習見，爲商人一支大的宗族的族長（受也應是這一宗族之族名）。己酉日與甲子日之間相隔十四日，但從此兩條同版相鄰的卜辭辭義看，己酉日所卜"収衆人呼从受"與"令受眔田"可能仍是相聯繫的，也許確定由哪位貴族去帶領衆眔田是一件非常重要的事情，故較早即要占卜。從這條卜辭似可以認爲，上引卜辭中王泛言令"衆"去農作，所稱"衆"即應包括像辭（35）中的受這類商人宗族的族長以及由其率領之衆人。而且辭（35）中所収之"衆人"是由王下令徵調來的，然後交於受去統領，並非僅是受自己的族人，則這些徵調來的"衆人"，也應當各自有其族氏，受徵調來服王役時，當各自有其族長領率。參照這組辭例，則可以認爲當王泛言"衆"去從事農作時，則這個"衆"的内涵即可能包括：

　　受之類較大的宗族貴族＋所領率的"衆人"（包括各族氏族長之類貴族＋所領率的本族"衆人"〔包括各族以平民身份爲主的族人及可能存在的異族附庸〕）。

　　因此，雖然可以認爲這種情況下的"衆"在人數上確實應該是以被徵調來的各族内屬於平民階層的族人爲主，但"衆"的嚴格内涵仍應該是指王所徵調的商人大小宗族成員。這與上文討論有關戰事的卜辭中常見的王令"衆"征伐的材料時，所得出的"衆"的嚴格內涵是相近同的。

同樣可以視爲屬於"衆"廣義之稱的辭例，是學者對其內容存在爭議的、卜問令"衆人"劦田的卜辭。

(37a) ☐殻貞，王大令衆人曰☐
(37b) 乙巳卜，殻貞☐　　　　　　　　　　　　（《合集》5，賓組一）
(38a) ☐大令衆人曰劦田，其受年。十一月。
(38b) ☐受年。　　　　　　　　　　　　　　　（《合集》1，賓組一）
(39) ☐人曰劦田☐　　　　　　　　　　　　　　（《合集》3，賓組一）
(40) ☐曰劦☐　　　　　　　　　　　　　　　　（《合集》4，賓組一）
(41a) ☐曰劦田
(41b) ☐其受年　　　　　　　　　　　　　　　（《合集》2，賓組一）

此五組卜"衆人"劦田的卜辭，皆殘缺，但彼此尚不能綴合。從文句重複的辭句可知爲此件事至少占卜了五次或更多，説明這次占卜相當重要。卜辭言"王大令"者，甚少見，除此之外，僅見於《合集》5034、5035（其中《合集》5035爲殘辭），亦可證明這一點。但"劦田"是指協力耕田，還是以"劦"爲祭名，釋作劦祭田祖，至今學者未達成共識。從現可見到的卜辭資料看，"田"前有一動詞與之組合，還應該是指農作，如上引辭（33）"尊田"，辭（34）"&（叟）田"。"劦田"之"劦"在此顯然不應僅釋爲《説文解字》所云"協力也"，而是一種表示特定耕作方法的動詞，類似於：

(42) 貞，乎雷耤（耤）于明。　　　　　　　　　（《合集》14 正，賓組一）

之"耤"。耤在後世文獻有作藉耕公田之意，所謂借民力耕種公田，實際是農民以勞役形式在貴族田地上耕作（屬於所謂勞役地租）。但在卜辭中，"耤"還應釋作其字形所表示的本意，即"以耒翻土"，或其引伸義"耕作"。"劦田"之"劦"既用三耒並列，應是示共耕之意的動詞，即集體以協力形式耕作。"劦田"即指共耕於田。"劦"雖在卜辭中也作祭名，但僅用於周祭，平時不見用。特別是迄今卜辭未見王直接令"衆"（或"衆人"）從事祭祀的卜辭，而"田"也未見確實可證作爲受祭對象的例子。所以"劦田"還是讀作"耕田"之本意爲好，而"王大令衆人"之"衆人"仍應理解作是使用其廣義，即泛指商人各宗族成員，不單指具體的耕田者。卜辭詞語簡略，不能確知是命某些族氏爲王服役去耕種王田，還是王在某一重要農耕時節開始之時，由王下令促農適時開始耕作的程式化的行爲。

賓組卜辭另有一條卜辭記"劦田"：

(43) 貞，叀辛亥劦田。十二月　　　　　　　　　（《合集》9499）

"劦田"還要貞卜在某一日開始，似表明當時重要的農作開始之際，要配合有一定儀式。因此上引十一月"王大令衆人曰劦田"的真實背景，可能也是王主持的一種開耕儀式。卜辭中的十一月，依筆者的研究，大概相當於農曆的三月①，十二月即相當於農曆四月了。農曆四月的重要農作，應該正是今黃河以北地區大田作物開始播種之際。則十一月"王大令衆人曰劦田"之"劦田"時的具體農作，也許爲播種前翻土，同於《國語·周語上》記周王行藉禮時之"墢"土。②

綜上所論，王卜辭中所謂"衆"（或稱"衆人"）的用法，就其要者大致可分兩類：

一類是廣義的用法，如在戰事、農事等卜辭中王直接呼令"衆"（或"衆人"）時的用法，此時簡言的"衆"（或"衆人"）即泛指諸商人宗族的成員。此時"衆"所包括的階層，既有宗族内的貴族，也有平民族人（以及有可能存在於商人宗族内的異族附庸）。當然，在農事卜辭中，被呼令的"衆"中實際從事農業勞役的應是各宗族内的平民族人（及可能存在的異族附庸之下層）。亦即是說，此種情況下的"衆"以平民爲主體。而在戰事卜辭中，被呼令的"衆"中，當以諸宗族内的貴族與平民上層爲主幹，在人數上則以貴族下層與平民上層爲多。

另一類是狹義的用法，如在戰事等類卜辭中，卜問是否要具體的某一族氏族長"以衆"，或某一族氏是否"喪衆"時，所說的屬於該族氏之"衆"，其主體成分應是該族氏的族人（並可能含有異族附庸）。而以該族内下層貴族與族人中的平民上層爲主幹。

---

① 參見朱鳳瀚，《試論殷墟卜辭中的"春"與"秋"》，收入《仰止集——王玉哲先生紀念文集》（天津：天津人民出版社，2007），頁170—187。此拙文寫成的年代是1983年9月，爲紀念王先生而撿出發表。文章認爲卜辭正月相當於農曆的五月。常玉芝先生《殷商曆法研究》（長春：吉林文史出版社，1998）亦持此說。
② 彭邦炯，《商代衆人的歷史考察》，《天府新論》3（1990）：77—85。亦曾指出，"劦田"應是開春時，商王下令衆人耕種"公田"時舉行的一項祭祀典禮。但彭先生仍同意"劦"字是祭名，與本文認爲"劦田"還是指共耕於田，卜辭卜"劦田"是卜舉行促農耕作儀式之時間的解釋不盡合。

因此，這裏所歸納的廣、狹義"衆"的不同之處，主要在於所指稱的範圍寬窄有別。但其共同之處則在於其主體皆指商人諸宗族成員。因此，"衆"還是對一種具特定身份的社會群體的專稱，而非泛稱。以往諸家（包括筆者在內）將"衆"認定爲某一種特定的社會等級或階層的看法，與卜辭中"衆"的實際內涵有差距。而這種判定上的差別自然會影響到對商後期社會形態特徵的看法。

卜辭中所見"衆"所屬商人諸家族，根據現有卜辭資料，可知其中至少有相當一部分是子姓宗族。①但現有資料尚不能一一確證這些宗族的性質，似未必皆屬子姓。

王卜辭中所見"衆"的上述內涵，也與非王卜辭中所見"衆"的情況類似。1973年小屯西地所出屬非王卜辭的甲骨刻辭中亦有"衆"之稱，即：

(44) 御衆于祖丁牛、妣癸用（盧）豕。　　　　　　　　　　　（《合集》31993）

此辭中占卜主體之貴族爲"衆"舉行對祖丁、妣癸的御祭，"衆"作爲祈求祖先佑護的對象，顯然應該即是該宗族的族人。這可以證明上文將王卜辭中的"衆"與商人宗族相聯繫是符合該詞在卜辭中的詞義的。

《尚書·盤庚》篇，學者多認爲是成書於西周，但保留商人文句較多的文獻。《盤庚》中王訓話的對象是"衆"，其下篇講遷都以後，王言"今予其敷心腹腎腸，歷告爾百姓于朕志，罔罪爾衆"。此將"爾百姓"與"爾衆"並稱，是"百姓"即"衆"。"百姓"之"姓"當即卜辭所見"多生"之"生"，意是指族人（在卜辭中"多生"應是指"多子"外的多個同姓宗族），"百姓"實際應是指商人諸宗族成員。其中篇是講涉河前的事，王言："誕告用亶其有衆，咸造勿褻在王庭"；其上篇亦是講遷都後的事，言"王命衆，悉至于庭"。此兩篇中謂"在王庭"、"悉至于庭"之"衆"，應是"衆"之上層，即謂宗族成員中身爲宗族長又可能爲王朝官吏之人，亦即下篇王所稱呼之"邦伯、師長、百執事之人"。所以《盤庚》篇中的"衆"與上述卜辭中廣義的"衆"內涵是近同的。

此外，《孟子·滕文公》中講道"湯居亳"，因葛伯"放而不祀"，而"湯使遺之牛羊"，"湯使亳衆往爲之耕"，這裏的"亳衆"顯然是指亳邑內商族之族人。《孟子》文字雖成於戰國中晚期，但這裏使用"亳衆"一詞，倒可能是保留了卜辭時代的稱謂。

---

① 參見朱鳳瀚，《商周家族形態研究》，頁62。

二、關於"㚔衆"及"䧹衆"

對於以往釋作"㚔（途）衆"的王卜辭，若將"途"讀成"屠"，即會與上文將"衆"釋作商人宗族成員的看法相違背。因爲卜辭中見到的"㚔"的對象，還包括明顯是商王子姓宗親的"子㚔"、"子央"（詳下文）。所以，讀"㚔"爲"屠"，雖適宜於將"衆"解釋爲奴隸之類非自由人，但王屠子族，則使學者多覺不妥。

2001年《中國文字》新廿七期刊登趙平安先生文，根據郭店楚簡中"迬"字的形體，將卜辭中過去被讀作"㚔"字的這個字釋爲"達"字①，從而啓發了研究者進一步重新思考這個字的讀法。筆者覺得可以再斟酌的是，從甲骨文中過去被釋作"㚔"的這個字，到屬於戰國時期郭店楚簡中的楚系文字，有相當一段時間，其間字形發展途徑似尚不甚清楚。趙先生文章列舉了甲骨文"㚔"字的諸種字形，說明此字常態寫法（即據大多數字形）並不同於甲骨文中的余字（常態作 ）），這是很重要的。現在試提出此字釋讀的另一種可能性。②甲骨文中過去被讀作"㚔"的字之字形，依此字上端形體之不同，大略可以分成以下A、B、C三型（a、b表示型下之亞型，各指其左側諸字形）：

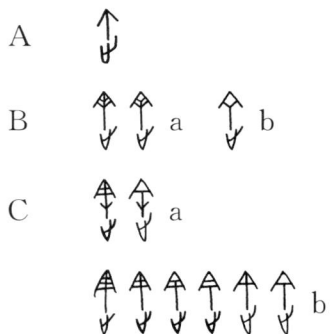

---

① 趙平安，《"達"字兩系說——兼讀甲骨文所謂"途"和齊金文中所謂"造"字》，《中國文字》新27（2001）：51—63。
② 按：筆者對此字看法已於2008年9月初在本文初稿中寫成。因此字關乎對"衆"的基本認識，故實已久在思考中，至10月下旬方見到10月中旬在吉林大學召開的中國古文字研究會三十周年紀念學術討論會論文集，即《古文字研究》27（2008）。其中有劉桓先生發表的大作《釋甲骨文"逹、遏"》，《古文字研究》27（2008）：96—99，該文釋此字爲从害从止，隸定作"逹（達）"，與余的看法相合。因劉先生文章先我刊出，特此說明。劉先生讀"逹"爲"遏"，與余認爲"㚔"多數情況下應讀爲"會"有別。

此字"止"以上的上半部與"余"相同的僅是 C 型裏的 a 亞型中第二種寫法,而且只有很少幾例,絕大多數寫法不作此形。因此,趙先生所云是有道理的。在較常見的 A、B 型以及 C 型中的 b 亞型中又以 Cb 亞型爲最常見。所以此字讀法似可主要從 Cb 亞型再作考慮。

Cb 亞型的上半部簡形作 ↑,繁體作 ↑↑ ↑↑ ↑↑ 等。卜辭中有字作 🅐 🅑 🅒 🅓,前三個字其上部與此 Cb 亞型同。末一字于省吾先生讀作菁,謂與典籍菁同,甲骨文字從 ↯↯ 與從 ↯ 無別①,從 ↯ 或從 ↯↯ 亦可理解爲義近形旁通用,所以《甲骨文字詁林》將前三個字那種字形亦均釋作菁,可從。金文害字作 🅔(師害簋)、🅕(毛公鼎),上半部寫成 🅖 形,已近於丯,顯然是甲骨文 ↑ 形的訛變。甲骨文 🅒 字或作 🅗(即菁),↑ 下加口(即害),當與 ↑(即丯)音同。所以甲骨文以往讀爲"余"字的 ↕ 字,其"止"上之部分,實即與"害"音同。故應可隸定作崔,且讀作"害"音,加 ↳(止),示其是與行動有關的動詞。卜辭中田獵地有 🅘(《合集》24469),或作 🅙(《合集》33572),也可證 ↕(崔)與 ↑(丯)音同,即讀"害"音。"害"字上古音,聲母在匣紐,韻屬月部。②依其音,卜辭中所見"崔",多數情況下均可以讀如"會",即《說文解字》所云"會,合也"之"會","會"與"害"聲韻並同。如以下賓組及歷組卜辭中的"崔"似均屬此種讀法:

(45) 己丑卜,古貞,王崔◯,亡(無)蚩。　　　　　　　　　　(《合集》916 正)

(46) 乙未卜,賓貞,令衍崔子央于南。　　　　　　　　　　(《合集》6051)(附圖四)

(47) 貞,叀◯令崔啓于並。　　　　　　　　　　　　　　　(《合集》6055)

(48) 戊庚卜,賓貞,令訂崔啓于並。八月　　　　　　　　　(《合集》6056)

(49) 庚子貞,王令䍙崔子妻。　　　　　　　　　　　　　　(《屯南》1115)(附圖五)

(50a) 庚子貞,王令白般崔子☐

(50b) 令崔子妻。

(50c) 叀䍙令。

(50d) 剛令◯崔叀子妻。　　　　　　　　　　　　　　　　(《合補》10480)

(51) 貞,呼◯崔子妌來。　　　　　　　　　　　　　　　　(《合集》10579)

在上舉這些卜辭中,或是卜問王會見某人,或是卜問王是否令貴族去與其他貴族

---

① 于省吾,《甲骨文字釋林·釋菁》(北京:中華書局,1979),頁 405—406。
② 王念孫晚年將祭部中去聲字獨立出來,稱"祭部",把祭部中的入聲字獨立出來,稱"月部"。參見陳復華、何九盈,《古韻通曉》(北京:中國社會科學出版社,1987),頁 32。是書將"害"與今發 hui 音的"會"、"繪"皆入匣紐、月部。《周法高上古音韻表》(臺北:三民書局,1973),頁 136、143,則將"害"與發 hui 音的"會"併入群紐、祭部。

會面、會合，或會迎。

在歷組卜辭中也見圭某方，如：

（52）丁未貞，王令卯圭危方。　　　　　　　　　　（《合集》32897，歷組二）

（53）庚辰貞，令乘望圭危方。　　　　　　　　　　（《合集》32899，歷組二）

這兩條卜辭中的圭似也當釋爲"會"，因爲同組卜辭中可見危方曾向商王貢獻牛用作祭牲。

（54）癸亥貞，危方以牛，其登于來甲申。　（《合集》32896、33191，歷組二）

（55）癸未貞，甲申危方〔以牛〕☒自上甲。　　（《合集》32026，歷組二）

因此卜問是否要令卯、乘望（應即望乘）會危方，可能是會迎來送祭牲的危方之人。卜辭中也見圭虎方：

（56a）☒嗶其圭虎方，告于大甲。十一月。

（56b）☒嗶其圭虎方，告于丁。十一月。

（56c）☒嗶其圭虎方，告于祖乙。十一月。

（56d）貞，令望乘眔嗶圭虎方。十一月。　　　　（《合集》6667，賓組一）

這組卜辭中的"圭"是不是可讀爲"會"，似難以判定。如虎方此時與商人爲敵，則圭也可能讀如"害"，訓爲《説文解字》所云"傷也"，是創傷之意。傷①字聲母屬見紐，韻母在祭部，與害音近同。或讀爲"遏"，其聲母屬影紐，韻亦在月部，訓作止。

依照上舉辭例再來看下面卜王圭衆人的卜辭：

（57a）貞，王弜往圭衆人。

（57b）貞，于甲子步。

（57c）翌癸亥王步。　　　　　　　　　　　　　　（《合集》67 正，賓組一）

（58a）貞，王圭衆人。

（58b）貞，王弜圭衆人。

（58c）翌癸亥王步。　　　　　　　　　（《合補》32，賓組一）（附圖六）

此二版卜辭是卜問王是否要會見衆人。這裏的"衆人"顯然也應按上述廣義用法解釋，即商人諸宗族成員。

---

① 編者按："傷"，似爲"會"之誤植。

至此，還有必要討論一下另一片與"眾"身份相關的黃組卜辭，即：

(59a) 乙巳卜，在今，叀丁未🈳眾。

(59b) 叀丙午🈳眾。　　　　　　　　　　　　　　　　（《合集》35343）（附圖七）

"🈳"①在卜辭中有兩種用法。一是作動詞，其字義據此字作雙手（或省手）持網狀物捕"豕"可知，大致可作捕獲解。如：

(60) 辛丑卜，㱿貞，今日子🉑其🈳基方缶，㦰。五月

　　　　　　　　　　　　　　　　　　　　　　　（《合集》6571正，賓組一）

另一種用法是作氏名，如：

(61) 貞，弓令🈳比我再冊。十月　　　　　　　　　（《合集》7418，賓組）

(62) 癸巳卜，又于亞🈳一羌、三牛。　　　　　　　（《合集》32012，歷組二）

此"又于"即"向……（神靈）乞求以佑于"。或用作地名，如：

(63) □爭貞，在🈳奠。　　　　　　　　　　　　（《合集》8218正，賓組一）

此是地名與氏名相合之例。

儘管從辭（59）的語法形式看，以上"🈳"字第一種（即作爲動詞的）用法可以行通，但認爲這是王在占卜是否要捕獲"眾"，與上述"眾"在卜辭中的内涵很難調和，何況"眾"在這裏作泛稱，所指寬泛，故以"🈳"作動詞，以"眾"爲賓語的解釋相當費解。

以"🈳"作動詞時，還有一種情況亦值得注意，即賓組卜辭有：

(64) □庚寅，王弓乎戈🈳。　　　　　　　　　　（《合集》10713）（附圖八）

(65) 乙未卜，㱿貞，🈳戈。　　　　　　　　　　（《合集》6959）（附圖九）

(66) □🈳戈□　　　　　　　　　　　　　　　　（《合集》10714，10715同）

顯然，"🈳戈"應是"戈🈳"之倒置。依此，則辭（59）之"🈳眾"也可能是"眾🈳"之倒文。除了這種可能外，尚有另一種可能的解釋，即"🈳"作名詞用。黄

---

① 此字在卜辭中有不同寫法，其基本特徵是从"罕"从"豕"。或作以"収"（或"又"）持"罕"或"中"。但亦有省去"収"或"又"的。本文皆隸定作"🈳"。在賓組卜辭中，此字所从"豕"寫成 ，但在如上舉《合集》35343等黄組卜辭中，"豕"已多省去表示腹部的筆畫，而寫作 ，或再略變形。商末周初金文中用作氏名之此字（見《集成》1989、8855—8857），所從"豕"亦同此形。學者或將這種簡化的"豕"解釋爲手形加斜劃，但全面檢視黄組卜辭中此字"豕"之寫法，似還是與手形有別。且只有將之認作是"豕"的簡省寫法，與下邊的戠伋構成會意字，才好解釋此字的構形。

組卜辭有：

(67a) ☐辛亥卜，在☐日☐

(67b) 丁酉，在兮貞，其以☐

(67c) 不雉眾。　　　　　　　　　　　　　　　　　　　　　　（《合集》35344）

不排斥此是距辭（59）之乙巳日前八日丁酉在同地所卜，此時仍卜"不雉眾"。所以羞在此處的理解，亦可考慮用作名詞，即氏名，而"羞眾"是言"羞氏之眾"。則辭（59）卜連續兩日（丙午、丁未）"羞氏之眾"，是卜問這兩日中何日呼令"羞氏之眾"去從事某事（以避免"雉眾"），為一種選擇的句式，只是簡省掉動詞。與此種語句相類似的卜辭如：

(68a) 叀彳。

(68b) 其三牢。

(68c) 其五牢。　　　　　　　　　　　　　　　　　　（《合集》37138，無名組）

(69a) 丙寅卜貞，武丁祊其牢。

(69b) 癸亥卜貞，祖甲祊其牢。

(69c) 叀勿牛。

(69d) 叀羊。

(69e) 其牢又一牛。茲用。　　　　　　　　　　　　　（《合集》35818，黃組）

(70a) 丁丑卜，妣庚事，叀黑牛，其用隹。

(70b) 叀羊。

(70c) 叀幽牛。

(70d) 叀黃牛。大吉　　　　　　　　　　　　　　　　（《屯南》2363，無名組）

(71a) 南方。

(71b) 西方。

(71c) 北方。

(71d) 東方。

(71e) 商。　　　　　　　　　　　　　　　　　　　　（《屯南》1126，歷組二）

(72a) 叀多生卿（饗）。

(72b) 叀多子。　　　　　　　　　　　　　　　　　　（《合集》27650，無名組）

以上諸辭中言"叀……"、"其……"而未帶動詞的短句，以及卜問"商"與四方是否"受年"（據他辭辭義所推知）的句式，皆屬於此類選擇式的語法形式。辭

(59) 所在胛骨殘,《合集》36950（即《殷虛書契前編》2·11·4,黄組）有殘辭曰：

(73a) ☐在兮
(73b) 乙巳☐在兮☐爯☐丙午☐

當與辭（59）卜同事。以上對辭（59）"爯衆"的兩種具可能性的解釋是否能成立,尚待證明。

三、"衆"與商王朝軍事組織的關係

從上文在論述"衆"與商人諸宗族關係時所引戰事卜辭,已經可以知道,在其所涉及的賓組卜辭與歷組卜辭的主要存在時段,即大致在武丁時期與祖庚時期,商王朝對敵方征伐時,往往直接調遣一些較強大的宗族武裝。而這些奉王命作戰的宗族武裝似並没有其他專門的名稱,該宗族名稱,應即是其軍事武裝的名稱。如辭（8）"竝其喪衆",或將族名冠於"衆"上,如辭（24）所稱"竝衆"。這種臨時徵調的宗族武裝也就屬於非常備軍。此時段的常備軍,應是卜辭所見"多射"與"多馬",其兵源亦徵調於各宗族武裝,徵調上來之後經過統編,給予了專有的軍事武裝名稱,筆者與其他學者均已論述過①,於此不再贅述。

武丁時期的宗族武裝中,較特殊的是稱爲"射㠱"的一支。請看下面幾條卜辭：

(74) 乙酉卜,㱿貞,射㠱隻（獲）羌。　　　　　　（《合集》165,賓組一）
(75a) 丁卯貞,㠱以羌于父丁。
(75b) 丁卯貞,㠱以羌其用自上甲祝至于父丁。（《合集》32028,歷組二）
(76) 庚午貞,射㠱以羌用自上甲,叀甲戌。　　（《合集》32023,歷組二）

"射㠱"亦稱"㠱",知應是對㠱氏的另一種稱呼。"射㠱"似非㠱氏中以"射"爲官職者。迄今在卜辭中所見"射"皆是指兵種（專由弓箭手組成的軍隊）,而未見作官職使用的。至於爲何僅㠱氏一支氏前有時冠以"射"這一兵種名,有可能是

---

① 參見朱鳳瀚,《論商人諸宗族與商王朝的關係》,《全國商史學術討論會論文集》（安陽：《殷都學刊》增刊,1985）,頁254—273。

因𢀇氏善射，故以𢀇氏族人組成的軍事組織構成"射"，爲王朝"多射"之一支。

在主要屬於康丁之時的無名組二類卜辭中，仍可見直接言"衆"從事戍守的辭例，如：

(77a) 弜巳𣏾衆戍受人，亡𢦏。

(77b) 王其𣏾衆戍受人，叀𠅤土人又（有）𢦏。

(77c) 叀𠬝人又（有）𢦏。

(77d) 王其呼𣏾衆戍受人，叀𠅤土人眔𠬝人又（有）𢦏。

（《合集》26898，無名組二）（附圖十）

以上第二條卜辭（77b），"王其"後比照末一條卜辭，應是刻漏了"呼"字。第一條卜辭（77a）"弜巳"之"巳"，當如《玉篇》所云"巳，起也"之"起"。《釋名》："起，舉也，平舉體也。""巳衆"可能與上文所言"再衆"義近。①聯繫下面有"王其乎𣏾衆戍受人"語句，則"弜巳"似是指不要舉（即發動）𣏾衆。此"弜巳"與"王其呼𣏾衆戍受人"之"王其呼"似形成對貞。"𣏾"在此版卜辭中，似有意寫在"衆"的左側，學者或作爲一個字來讀。②但卜辭中"衆"多是獨立使用的，二字作一字讀頗費解。疑這種寫法有類於卜辭中作合文"黃尹"的寫法。"𣏾衆"與上文辭（10）之"𣏾衆"、辭（21）之"𣏾衆"、辭（24）之"立衆"稱呼相同，即是𣏾氏之衆。"𣏾衆戍受人"似當連讀，是指𣏾氏族衆中戍守受這個地方的人，亦可理解爲"𣏾氏戍守受之衆人"。而"𠅤土"與"𠬝"皆當是𣏾氏的屬地。

綜言之，如按上述解釋，則這組卜辭按順序可以意譯爲：

勿起動𣏾衆戍受之人無𢦏嗎？

王如呼𣏾衆戍受，其內的𠅤土人有𢦏嗎？

其內的𠬝人有𢦏嗎？

王如呼𣏾衆戍受，其內的𠅤土人與𠬝人有𢦏嗎？

"其"當是表示疑問、揣摩之語氣。"王呼𣏾衆戍受之人"之"人"實際即是指下邊的𠅤土人與𠬝人，故以上譯文用了"其內"。"𢦏"在卜辭中多用作及物動詞，

---

① "巳"在卜辭中，常接於動詞前，如"弜巳禦"（《合集》30759），"弜巳祝"（《合集》30758），"弜巳𥙞"（《合集》27370），"巳賓"（《合集》6497），巳皆可訓爲"起"，即起動之意。卜辭亦多言"弜巳"，"巳"單獨作動詞使用，此種情況下的"巳"是如本辭這樣，仍讀爲"起"，還是讀爲"祀"，似要視同版相關的其他卜辭內容來確定。

② 裘錫圭，《卜辭"異"字和詩、書裏的"式"字》，收入《古文字論集》（北京：中華書局，1993），頁120—140。亦見沈培，《殷墟甲骨卜辭語序研究》（臺北：文津出版社，1992）。

義爲滅殺。這裡卜有或無"戈",似是卜問戰果。這組卜辭反映出,直到殷代中期約康丁時期,商王朝仍有直接徵調諸宗族武裝進行戰事的制度,這種制度承繼自武丁時期。

但值得注意的是,大約即在康丁時期,這種從商人宗族中徵調來作戰的武裝,開始有了軍隊的名稱,即以"戍"爲稱,這是一個很明顯的變化。請先看爲大家所熟悉的以下與"王衆"有關的一組卜辭,其中屬無名組卜辭者,李學勤、彭裕商先生之《殷墟甲骨分期研究》(下簡稱《分期》)斷爲無名組二類,約屬康丁時期。屬何組的兩條卜辭爲何組三類,亦約在康丁時。

(78a) ☑丑卜,五族戍弗雉王☑。吉

(78b) 戍屰弗雉王衆。

(78c) 戍薅弗雉王衆。

(78d) 戍肩弗雉王衆。

(78e) 戍逐弗雉王衆。

(78f) 戍何弗雉王衆。

(78g) 五族其雉王衆。

     (《合集》26879 + 26880 + 26885 + 28035,無名組二)(附圖十一)

(79) 癸丑卜,狄貞,戍逐其雉王衆。   (《合集》26881,何組三)

(80) ☑戍逐,其雉王衆。   (《屯南》4200,無名組二)

(81) 其雉王衆。

(81a) ☑侃。

(81b) 戍雥弗雉王衆。

(81c) 其雉衆。   (《合集》26883,何組三)

(82a) 受不雉王衆。吉

(82b) 其雉衆。   (《合集》26884,無名組二)

對辭(78)中的"五族"與"衆"的關係,林澐先生曾指出:既言"五族戍,弗雉王衆",可見族的成員即是衆,衆是分屬於一定族的。①但對於這組卜辭中"戍某"的解釋,仍值得進一步討論。包括筆者在内,過去多取"戍某"之某爲地名說,認爲五族各戍一地。但這樣解釋,則"戍"成爲動詞,五個"戍某"只是講

---

① 林澐,《商代兵制管窺》,收入《林澐學術文集》(北京:中國大百科全書出版社,1998),頁148—156。

戍守五個地點，並未與五族相聯繫，再總言"五族戍"，在語義上即有不協調之處。同樣，釋"戍"爲官職名，也有這樣的問題。則五個"戍某"只是稱某的五個戍官，而後又言"五族"，更顯語意不協調。故姚孝遂先生等將"戍某"之某理解爲族名應該是最有道理的。① "戍某（氏名）"即是指由此族氏之衆組成的"戍"。辭（82）言"受不騽王衆"，受顯然是族氏名，與以上"戍某（氏名）"解釋爲某氏之戍語義相當，如將"戍某"釋爲"擔任職官戍之某"或"戍守某地"，就與作爲氏名的"受"不相協調了。所以最合適的解釋是，"戍某"之"戍"爲軍事組織的名稱，"某"是氏名，"戍某"即是由屬於"某"這個族氏的武士組成的"戍"。這點在下文分析辭（84）、（85）時還將再補充論證。"戍某（氏名）"之構成，類似於上文所言"射鼠"。其實賓組卜辭所見"多馬羌"（《合集》6763）之稱也是類似的稱呼，是指由臣服於商人的幾支羌人組成的"馬"。作此種解釋，五個"戍某（氏名）"恰爲五族，應該是較爲恰當的。此五族中，逐、何、屰，其事迹皆見於卜辭，其名稱或有見於商金文者。②

上引卜辭中"騽王衆"之"騽"與習見之"雉衆"之"雉"爲同一字之異體。沈培先生作《卜辭"雉衆"補釋》（下文稱"沈文"），肯定陳夢家所指出的這個字在武丁卜辭中作"至"，廩辛卜辭作"妖"或"雉"，康丁卜辭（按：上引卜辭即當屬此時）作"雉"或"騽"，乙辛卜辭作"雉"，皆同一語詞的不同形式，是正確的。沈文並進一步按現在對卜辭的分組，將此字在各組中所用字的形式作了重新總結。③ 至於"雉衆"的"雉"應讀成什麼詞，沈文否定了編理、陳列説，是非常正確的，此説不僅與卜辭出現"雉衆"的語義環境不合，且與句子的語法形式也不能協和。④ 但沈文同時又否定了"傷亡"説，而贊成楊樹達先生

---

① 姚孝遂、肖丁，《小屯南地甲骨考釋》（北京：中華書局，1985）已指出"戍"下所系之字，是組成戍守部隊的部族名稱，即所謂五族者，而不是地名。
② "逐"作爲氏名，在卜辭與商金文中較少見。《集成》2972 有族氏銘文"逐"，但注爲西周早期器。"屰"、"何"則多作爲氏名見於卜辭，亦多作爲族氏銘文見於商及周初金文，可查檢張亞初，《殷周金文集成引得》，北京：中華書局，2001。雖不能斷定必與上舉無名組卜辭中之"屰"、"何"爲同氏，但有較大的可能性。
③ 文章收入《語言學論叢》26（北京：商務印書館，2002），頁 237—256。
④ 將"雉衆"釋爲編理、陳列衆，在語法上也是有問題的，卜辭中與"雉衆"對貞的是"不雉衆"。"不"在語句中是"不會"的意思，是非主觀意願能決定之事（參見裘錫圭，《説弜》，收入《古文字論集》，頁 117—122）。所以言"不雉衆"，即是"不會雉衆"，正是因爲戰事中衆會否被夷傷，是占卜者（王）主觀意念不能決定的。如"雉"作"編理""陳列"解，在無名組卜辭與黃組卜辭中則應言"弜雉衆"。

提出的"雉"假爲"失",讀"雉衆"爲"失衆"。理由主要是認爲卜辭中言"雉衆"的主語,都是商人一方的"戍某"、"多射",賓語也是屬於商人的"衆"或"人"。在這種情況下,"雉"釋爲"夷傷"作爲及物動詞是有問題的。實際上這也是一部分主張將"雉衆"解釋爲"編理"的學者否認"雉"爲夷傷之義的主要根據。但"雉衆"之"雉"可以用作主動語義,所構成的句式屬語法範疇内之"情態"中的主動態,也可以用作被動語義構成被動態句式。猶如卜辭中"受佑"之"受"作爲動詞,即有主動與被動兩種語義,當言"帝受我又(佑)"時,"受"顯然應讀成"授";當言"王受又(佑)"、或"戍受又(佑)"時,"受"則自然是可以理解爲"接受"、"承受"之"受"了。所以"雉"如前面有主語,後接賓語時,也可以構成被動態句式,這種被動態句式中的"雉"即是講承受了夷傷。類似的例子,如《左傳》襄公二十六年記聲子與楚令尹子木憶及晉楚鄢陵之戰時,言"楚師大敗,王夷師熸"。杜預注"夷,傷也"。"夷"可以作主動動詞夷傷講,但在這裏則是王被夷傷。又如文獻中的"傷"字,可以作及物動詞,即毀傷,但亦可以用爲被動,指被傷害,且也可接賓語,如《左傳·莊公八年》,齊侯爲大豕所驚嚇,"隊于車。傷足,喪屨","傷足"之"傷"的用法即是被傷。因此,當卜辭言"五族其雉王衆"時,自然將之可理解爲被動態句式,是講五族被夷傷王衆,或説五族損傷了王衆。"雉"的上古音,聲母爲定母,韻在脂部;與"夷"上古音聲韻並同。① 也有的學者所以不同意將"雉衆"之"雉"讀爲夷,是由於下列卜辭中的占辭引發的思考:

(83a) 其雉衆。吉
(83b) 中不雉衆,王囚(占)曰:引吉
(83c) 其雉衆。吉
(83d) 左不雉衆,王囚(占)曰:引吉
(83e) 其雉衆。吉　　　　　　　　　　　(《合集》35347,黄組)(附圖十二)

學者指出:"將不雉衆斷爲引吉當然是文通理順,然雉衆卻斷然不可斷爲吉,這是顯而易見的。"② 但是這裏有一個很重要的問題似需要明確,即卜辭中命辭後的占辭,應該並不是對命辭本身所卜問事情的吉或凶,是好事或是禍事的判定,

---

① 見周法高,《周法高上古音韻表》,頁220、223。此表中"夷"有兩種同韻字:其一,聲母爲邪母,韻在脂部;其二,從夷得聲字,如荑、栘、鴺等,除有以上第一種音讀外,還有第二種,即聲母爲定母,韻在脂部。後者與"雉"聲、韻同。
② 葛英會,《"雉衆"卜辭之我見》,《考古學研究》3(1997):103—106。

而應該是記錄與該命辭有關的卜兆所顯示的吉凶。命辭貞問的"雊衆"固然是凶，是禍事，但當施灼於鑽得到卜兆顯示此種情況不會發生時，占辭自然會記錄爲"吉"（只是何種卜兆形式會顯示不好的事不會發生，以及爲什麼會有"引吉"或"吉"之别，牽扯到商人占卜術中對卜兆的判斷方式，這在目前還是一件難以弄清楚的事）。所以，卜辭命辭言"雊衆"，占辭言"吉"，似並不能否定"雊衆"是講夷傷、損失衆。

對辭（78）"五族弗雊王衆"的"雊"作了上述討論後，這組卜辭反映的問題還有一個需說明。五族所"雊"是"王衆"，則此五族顯然與商王有特殊的關係。依上述"⚡衆"之類"氏名＋衆"聯讀的詞語形式，"王衆"之"衆"當然也有可能即是屬於"王族"的"衆"，如是，則此五族即是王族的五個分支。但商人"王族"的規模究竟有多大？筆者認爲，王族是指在位的商王以其諸親子爲骨幹而結合其他近親（如未從王族中分化出去的王的親兄弟與親侄等）組合而成的族氏，類同於春秋時的王族、公族。①因爲子族已不在王族内，故王族雖仍有一定的規模，但似不會很大。如是，則此"五族"即未必皆是王族分支。比較穩妥的看法，還是將作爲"王衆"的五族，視爲王直轄區域（即所謂王畿）内的五支商人族氏。

辭（81）之"戍隻"、辭（82）之"受"均不在辭（78）五族之列，但也屬"王衆"，有可能與辭（78）所占卜的是同一戰事，可見此次戰事王畿内商人家族發動之廣。占卜"五族戍"的辭（78）及相關的卜辭，李學勤、彭裕商先生定爲無名組二類。辭（79）則是何組卜辭，所卜"戍逐"是否"雊衆人"亦見辭（78），應是爲同一事占卜。這也是重要事件同時使用不同組貞人貞卜的例子。

由商人宗族武裝組成的稱"戍"的軍事組織名稱，還見於以下卜辭：

（84a）弗及。

（84b）戍衛不雊衆。

（84c）戍亡𢦏。

（84d）叀侃又（有）𢦏。

---

① 朱鳳瀚，《商周家族形態研究》，頁 69—75。沈長雲先生有《說殷墟卜辭中的"王族"》一文（收入《殷都學刊》1[1998]：29—34）認爲本文上引卜辭（42）中的"五族"屬於"王族"的範疇。沈長雲先生指出王族是包含了多個與在位商王有或遠或近血緣關係的氏族，對於"王族"不能將其規模說得過小。這點筆者是同意的，但其規模究竟有否這麼大，似還要再論證。沈先生文中列舉了一些在卜辭中與王族有關的氏名，但這些氏名是否當歸屬王族似還可再斟酌。

(84e) 叀隹又(有)戋。　　　　　　　　　　　　（《合集》26888，無名組二）

(85a) ☐叀入，戍辟立于☐之若羞方，不☐

(85b) ☐戍辟立于卯自之☐若羞方，不雉人。　　（《合集》26895，無名組二）

(86) 叀戍射又(有)正　　　　　　　　　　　　（《合集》28080，無名組二）

(87) 叀戍馬呼眔往。　　　　　　　　　　　　（《合集》27966，無名組二）

辭（84）之"隹"即辭（81）之"戍隹"，辭（84）之"侃"即《屯南》1008之"叀戍侃令王弗悔"之"戍侃"。"戍隹"可稱隹，"戍侃"可稱侃，亦均表明"戍某"之"某"非戍守之地名，而是組成"戍"之族氏名。辭（85）言戍辟立（涖）於某地，亦可證"戍某"是軍事組織名，是由"某"氏人組成的軍事組織名。辭（85）言"不雉人"，是"衆"稱"人"的較少的例子。辭（84）言"戍亡戋"單言"戍"應是"戍某（氏名）"之通稱，說明此時由宗族武裝組成之"戍"已成爲可獨立使用的不綴以氏名的軍事組織名稱。特別值得注意的是，辭（86）有"戍射"，辭（87）有"戍馬"，或說明至此時，原作爲王朝常備軍的"多射"、"多馬"有可能已統編入"戍"中，成爲"戍"的構成部分。"射"、"馬"原本即取自於諸宗族，所以"射"、"馬"歸入"戍"，未改變"戍"由宗族武裝組成的本質。

在《斷代》所分屬康丁時期的無名組二類卜辭中，也可以較多地見到如上辭（84）一樣單稱"戍"的卜辭，"戍"未綴以所從出的宗族名稱，應該是對若干支"戍"的總稱：

(88a) 叀敉用涉☐于之若，戋虎方，不雉衆。

(88b) 戍比若虎方成。　　　　　　　　　　　（《合集》27996，無名組二）（附圖十三）

(89a) 戍弗及虎方。

(89b) 戍及虎方戋。

(89c) 戍甲伐，戋虎方效。

(89d) 弗戋。

(89e) 戍及效于又☐。　　　　　　　　　　　（《合集》27995，無名組二）

(90) 其呼戍御羌方于義𠂤，戋羌方。　　　　（《合集》41341，無名組二）

(91a) 戍其偘毋歸于之若，戋羌方。

(91b) 戍其歸，乎駸，王弗悔。

(91c) 其呼戍御羌方于義𠂤，戋羌方，不喪衆。

(91d) 于浮帝(禘)，呼御羌方于之戋。

(91e) □其大出。

(91f) 其御羌方其下🐾人羌方□大吉　　　　　（《合集》27972，無名組二）

上述卜辭中雖單言"戍"，但"戍"的成分仍是"衆"，所以可知其仍是來自商人宗族武裝，這由辭（88）占卜其"不雉衆"，辭（91）占卜其"不喪衆"可以證明。

在大致已屬於武乙時期的所謂無名組三類卜辭中可以見到，由諸商人宗族組織組成的若干支"戍"，在作戰時，已經過統編，構成左、中、右三部，這由以下卜辭可知：

(92a) 癸酉卜，戍伐，又(右)牧🐾徵尸(夷)方，戍又(有)戋。引吉

(92b) □戋。引吉

(92c) 中戍又(有)戋。

(92d) 左戍又(有)戋。吉

(92e) 亡(無)戋。

(92f) 右戍不雉衆。

(92g) 中戍不雉衆。吉

(92h) 左戍不雉衆。吉　　　　　（《屯南》2320 部分，無名組三）（附圖十四）

(93a) 壬申卜，在攸貞，又(右)牧🐾告啓，王其呼戍比𡊍伐。弗悔，利。

(93b) 其雉衆。吉

(93c) 不雉衆。王固(占)曰：引吉

(93d) 弗戋。吉　　　　　　　　　　　　　　（《合集》35345，黃組）

辭（92）《斷代》歸爲無名組三類。但從用詞與字體特徵看，與歸爲黃組的辭（93）很相近，而且二辭均有"右牧🐾"，干支亦相近，所以疑似同事。這也許是兩組卜辭屬同時共卜的例子。如可以系聯，則此兩條卜辭內容大意是：

壬申日卜，右牧🐾向王告啓（即戰鬥開始），王於是呼令戍比𡊍伐尸方。王占卜是否會夷傷組成戍的衆。癸酉日占卜，戍投入戰鬥，右牧🐾指揮戍攻擊尸方，王占卜問戍是否有"戋"，並分別占卜戍所編成的三部右戍、中戍、左戍各有無"戋"，即可否殺滅敵方。

戍在作戰中被編制爲"左"、"中"、"右"三部，亦見於前引屬黃組卜辭的辭（83），該辭占卜"中"、"左"（應該還有"右"，辭殘）是否雉衆，亦應即是指此左、右、中戍。

在無名組三類卜辭中可知，王朝軍事武裝除"戍"以外，也還有稱作"旅"的軍事組織，如：

（94）翌日王其命右旅眾左旅㲽見方，戠，不雉眾。

（《屯南》2328，無名組三）

（95）□王其以眾合右旅□旅㲽于舊，戠。　　（《屯南》2350，無名組三）

辭（95）占卜右旅、左旅在攻擊見方時是否"雉眾"，可知"旅"這種軍事組織也當是由宗族武裝編制而成。"旅"與"戍"的關係不甚清楚。林澐先生曾認爲以上卜辭中的"旅"只是泛指"軍隊"[①]，如是，因"旅"分稱"左"、"右"，也許"旅"即是"戍"在編成"左"、"中"、"右"後的另一種稱呼也未可知。

辭（95）言"王其以眾合右旅□旅"，也可能是言王以眾合右旅、左旅，則王所"以"之眾，也可能即是"中旅"。依照卜辭慣例，言左、右，應該有中。

由以上卜辭可知，在無名組二類卜辭的時段，即約在康丁時，商王朝向商人諸宗族調遣而來的宗族武裝已可以僅稱"戍"，不再綴以各宗族名稱。而且在屬於武乙時期的無名組三類卜辭中，已可見這種由宗族武裝組成的"戍"在作戰時，還被整編爲左、中、右三部，直到黃組卜辭所屬文丁、帝乙時期依然使用此種編制。這表明至殷代中期晚葉約武乙時期以後，不僅商王朝的軍事武裝依然要依靠各宗族武裝，而且徵調上來的宗族武裝已漸擺脫了以前各自作爲族軍的較強的宗族武裝色彩，統一的王朝軍事武裝的形象漸形成，表明至此時段，商王朝對諸宗族武裝有了進一步的控制力。與"戍"的上述轉化相應的是，康丁以後似未見遇戰事臨時徵調宗族武裝的卜辭，諸宗族對王朝所擔負的軍事義務，可能已由臨時承擔而轉爲長期負擔。在此種情勢下，徵調諸宗族武裝統編而組成的"戍"應該具有了近於王朝常備軍的性質，這是商後期商王朝軍事上及相關聯的社會結構方面發生的變化。

四、小　結

本文在以上討論了有關"眾"的卜辭中的幾個重要問題。在討論"眾"（或"眾人"）這一名稱所指稱的群體之範圍問題時，從卜辭本身的語義出發，肯定"眾"

---

① 林澐，《商代兵制管窺》，頁151。

（或"衆人"）仍應是對有特定身份的群體所言，而非泛指，"衆"應是指作爲商王朝統治基礎的商人諸宗族組織成員，因此其涵括的群體之等級身份，應包括宗族貴族與佔宗族成員多數的平民，甚至有可能包括依附於商人宗族共同體內的異族附庸。但是依據具體卜辭辭義的不同，"衆"實際所指稱的宗族成員的等級身份類型與其人數多少，也有所不同。這一認識不僅進一步否定了將"衆"歸屬於奴隸等非自由人的看法，也糾正了將"衆"統一視爲單一等級或階層（如平民階層）的簡單詞意詮釋。對"衆"所指稱之群體範圍的上述理解，進一步證明了商王國與商人諸宗族的結構特徵，説明商王朝以商人各宗族組織爲統治基礎，商人宗族是商王國主要的兵力與從事農業生產的勞動力之來源。文章在對"衆"的身份作上述論證之基礎上，按時段分析了有關"衆"與王朝軍事組織關係的若干卜辭，説明殷代中期以後，由向各商人宗族徵調來的宗族武裝所組成的王朝軍隊不僅有了"戍"等特定軍事武裝的稱謂，而且已作爲常備軍被王朝整編，逐漸擴大並強化，從而由一個側面揭示了商後期商王朝軍事武裝發展演變的脈絡及相應的社會結構的變化。

2008 年 9 月上旬初稿

2008 年 10 月下旬二稿

2009 年 4 月訂補

2009 年 7 月再修訂

後記：本文承審查人提出修改意見，謹此誌謝。

附圖一　《合集》53

附圖二　《合集》31974

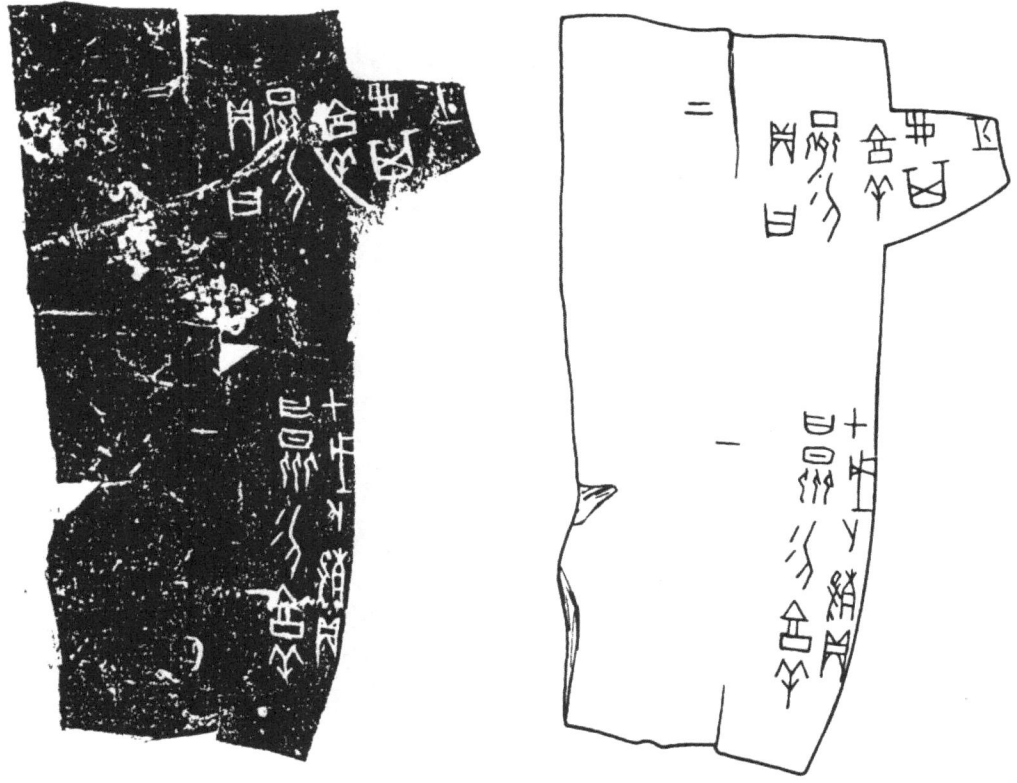

附圖三　花園莊東地遺址出土，T2②:34

附圖四　《合集》6051

附圖五 《屯南》1115

附圖六　《合補》32

附圖七 《合集》35343　　　附圖八 《合集》10713

附圖九 《合集》6959

附圖十　《合集》26898

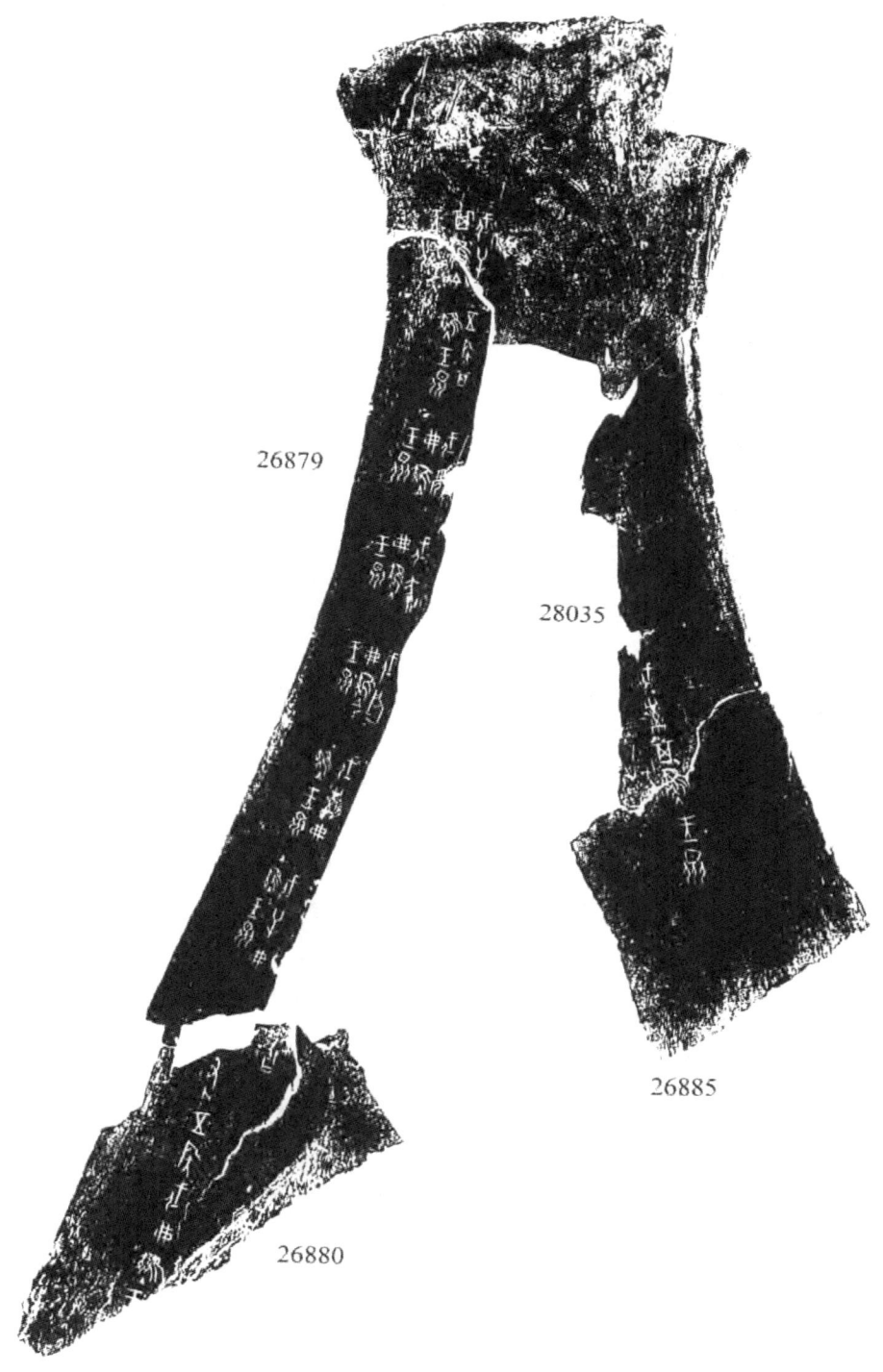

附圖十一　《合集》26879＋26880＋26885＋28035
（蔡哲茂《甲骨綴合集》第 10 組）

附圖十二　《合集》35347

附圖十三　《合集》27996

附圖十四 《屯南》2320

原載李宗焜主編:《古文字與古代史》第 2 輯,"中央研究院"歷史語言研究所,2009 年。

黃天樹

甲骨形態學

　　商代甲骨主要出於殷墟。此外，鄭州二里崗和濟南大辛莊也發現少量有字甲骨①。西周甲骨主要出於周原，此外，散見於各地。1951年陝西邠縣發現一片西周無字卜骨，這是最早發現的一片西周甲骨②。1954年山西洪洞縣坊堆村發現兩版卜骨，其中一塊胛骨上刻有8個字。這是第一次發現有字的西周甲骨③，改變了有字甲骨都屬於商代的舊觀念。接著，在下列西周重要遺址先後發現西周甲骨文：1956年在陝西長安灃鎬遺址出土甲骨④。1975年在北京昌平白浮出土甲骨⑤。1977—1979年在陝西岐山、扶風間的周原遺址出土甲骨⑥。1988年在湖北襄樊檀溪村出土甲骨⑦。1991年在河北邢臺南小汪出土甲骨⑧。1995—1996年在

---

① 分別參看陳夢家：《解放後甲骨的新資料和整理研究》，《文物參考資料》1954年第5期；方輝：《濟南大辛莊遺址出土商代甲骨文》，《中國歷史文物》2003年第3期；《"大辛莊甲骨文與商代考古"筆談》，《文史哲》2003年第4期。有學者認爲鳳雛H11：1、84、82、112等是先周卜甲。如果此説成立的話，這部分先周卜甲也可以納入商代"非王卜辭"。
② 陳夢家：《殷虛卜辭綜述》圖版捌，北京：科學出版社，1956年。
③ 參看山西省文物管理委員會：《山西省洪洞縣坊堆村古遺址墓葬群清理簡報》，《文物參考資料》1955年4期；暢文齋、顧鐵符：《山西洪趙縣坊堆村出土的甲骨》，《文物參考資料》1956年第7期；李學勤：《談安陽以外出土的有字甲骨》，《文物參考資料》1956年第11期。
④ 參看陝西省文物管理委員會：《長安張家坡村西周遺址的重要發現》，《文物參考資料》1956年第3期，第58頁；中國科學院考古研究所編：《灃西發掘報告》第111頁，北京：文物出版社，1963年。
⑤ 北京市文物管理處：《北京地區的又一重要考古收穫》，《考古》1976年第4期。
⑥ 陝西周原考古隊：《陝西岐山鳳雛村發現周初甲骨文》，《文物》1979年第10期；陝西周原考古隊：《扶風縣齊家村西周甲骨發掘簡報》，《文物》1981年第9期。
⑦ 釋貴明、杜可臣：《西周有字卜骨在襄樊出土》，《中國文物報》1989年2月24日。
⑧ 河北省文物管理處等：《邢臺南小汪周代遺存的發掘》，《文物春秋》1992年增刊；張渭蓮、段宏振：《河北邢臺南小汪遺址西周刻辭卜骨淺識》，《文物》2008年第5期。

北京房山琉璃河遺址出土甲骨①。2002—2003 年在陝西扶風齊家村出土甲骨②。2004—2005 年在西安市長安區少陵原出土有字卜骨③。2008 年在河南洛陽出土甲骨④。上述出土甲骨的地點以周原遺址所出數量多且內容豐富，如 1977 年岐山鳳雛一地就出土有字甲骨近 300 片⑤。2003—2004 年在岐山周公廟遺址發現有字卜甲 90 餘片⑥。尤其是在 2008 年度，周公廟遺址又出土有字甲骨 688 片，約 1 600 多字。截止目前，周公廟遺址甲骨文字總數已達 2 200 餘字，是以往其他遺址發現西周甲骨文總字數的兩倍⑦。西周甲骨跟號稱 15 萬片的殷墟甲骨比起來，數量雖然少很多，但是其出土地點多且範圍更大。相信在不久的將來會發現更多的西周甲骨。因此，今天所說的甲骨文是指商、周時代刻（偶爾也有書寫的）在龜甲獸骨上的文字。周人占卜用的材料跟殷人基本是相同的，主要是龜甲和牛的肩胛骨。

甲骨文是刻在龜甲獸骨上的文字，因此，甲骨學者不僅要研究文字，也要研究文字所依附的甲骨材料及其形態。關於甲骨形態的研究主要有下列學者：董作賓⑧、秉志⑨、曾毅公⑩、許進雄⑪、嚴一萍⑫、張秉權⑬、葉祥奎⑭、宋雅萍⑮等。

---

① 《北京琉璃河遺址發掘又獲重大成果》，《中國文物報》1997 年 1 月 12 日。
② 曹瑋：《周原新出甲骨文研究》，《考古與文物》2003 年第 4 期。
③ 陝西省考古研究院編著：《少陵原西周墓地》，北京：科學出版社，2009 年。
④ 蔡運章：《洛陽新獲西周卜骨文字略論》，《文物》2008 年第 11 期。
⑤ 參看王宇信：《西周甲骨探論》，中國社會科學出版社，1984 年；徐錫臺：《周原甲骨文綜述》，西安：三秦出版社，1987 年。
⑥ 《"夏商周斷代工程" 簡報》，第 145 期，2004 年 5 月 30 日；徐天進：《周公廟遺址考古調查的緣起及其學術意義》，《中國文物報》2004 年 7 月 2 日；徐天進：《周公廟遺址的考古所獲及所思》，《文物》2006 年第 8 期；董珊《試論周公廟龜甲卜辭及其相關問題》，《古代文明》第 5 卷，北京：文物出版社，2006 年。
⑦ 《周公廟考古工作彙報暨新出西周甲骨座談會紀要》，2009 年 3 月 14 日。
⑧ 董作賓：《商代龜卜之推測》，《安陽發掘報告》第一期，第 59—130 頁，1929 年。
⑨ 秉志：《河南安陽之龜殼》，《安陽發掘報告》第三期，第 443—446 頁，1931 年。
⑩ 曾毅公：《論甲骨綴合》，1973 年遺作，後刊於《華學》第四輯，北京：紫禁城出版社，2000 年。
⑪ 許進雄：《卜骨上的鑿鑽形態》，臺北：藝文印書館，1973 年；《甲骨上鑽鑿形態的研究》，臺北：藝文印書館，1979 年。
⑫ 嚴一萍：《甲骨學》第一節"認識甲骨"，第 1—76 頁，臺北：藝文印書館，1978 年。
⑬ 張秉權：《甲骨文與甲骨學》，臺北："國立"編譯館，1988 年。
⑭ 葉祥奎：《陝西長安灃西西周墓地出土的龜甲》，《考古》1990 年第 6 期；《河南安陽殷墟花園莊東地出土的龜甲研究》，《殷墟花園莊東地甲骨》，第 1904—1910 頁，昆明：雲南人民出版社，2003 年。
⑮ 宋雅萍：《殷墟 YH127 坑背甲刻辭研究》，臺北：政治大學中國文學系碩士學位論文（指導教授：蔡哲茂、林宏明），2008 年。

跟研究甲骨文字的著述相比，研究甲骨形態的著述還是顯得太少，而且不夠深入。因此，我們建議應該建立甲骨學的一個分支——"甲骨形態學"①。甲骨形態學研究完整肩胛骨的構造；研究完整龜腹甲、背甲和甲橋的外層和內層構造；研究龜縫片②外形輪廓及其盾紋、齒紋形態；研究鑽鑿、兆坼形態，總結規律，以利於甲骨殘片材質的識別、殘片部位的判斷、殘片的綴合和卜辭的釋讀。我們相信，建立甲骨形態學，對推動甲骨學研究的深入發展，具有積極的意義。

印刷精良的彩照和拓本是研究的基礎。要做好甲骨形態學研究工作，首先要蒐集印刷精良的甲骨彩色照片和拓本。大家知道，刊佈甲骨的方法有彩照、拓本、摹本。這三種方法各有優劣。把三者結合起來著錄甲骨，可以達到取長補短的效果。最理想的甲骨著錄書應該是這樣的，翻開著錄書，映入眼簾的是，同一版甲骨，既有彩照，又有拓本摹本，對照閱讀，十分方便。但是這樣一來，必然會增加書的篇幅和價格。因此，甲骨著錄書大多只墨拓有文字部分，很少收入甲骨形制、質料、鑽鑿等方面的彩照和拓本，從而影響甲骨形態的整理和研究。

學者研究甲骨，能夠摩挲甲骨實物的不多，主要依靠甲骨著錄書。研究甲骨形態，彩色照片最佳，它能把甲骨的形態及其纖細的卜兆、齒縫、盾紋等逼真地表現出來。精良的彩色圖版往往散見於海內外各種書刊、博物館圖錄、拍賣圖錄等中，需長期尋覓，加以蒐集，以備研究之用。近年，隨著經濟實力、互聯網和印刷技術的提高，情況已經有所改觀。例如 2002 年出版的《周原甲骨文》③、2003 年出版的《殷墟花園莊東地甲骨》④、2007 年出版的《中國國家博物館館藏文物研究叢書·甲骨卷》⑤、2009 年出版的《北京大學珍藏甲骨文字》⑥等著錄書，為全部甲骨配備了彩色圖版，部分甲骨還刊佈了放大的彩色照片，大大改善

---

① 黃天樹：《商周甲骨實物的形態學》，"鳳鳴岐山——周文化國際學術研討會"論文，2009 年 4 月 8 日—11 日，陝西岐山。
② 所謂"龜縫片"指龜腹甲、背甲和甲橋沿齒縫解散而形成的骨板。
③ 曹瑋：《周原甲骨文》，北京：世界圖書出版公司，2002 年。
④ 中國社會科學院考古研究所：《殷墟花園莊東地甲骨》，昆明：雲南人民出版社，2003 年。本文引用古文字著錄書用簡稱，請參看陳夢家《殷虛卜辭綜述》第 669—672 頁"甲骨著錄簡表"附注。下列諸種不見於《綜述》：合——《甲骨文合集》；合補——《甲骨文合集補編》；花——《殷墟花園莊東地甲骨》；乙補——《殷虛文字乙編補遺》；導覽——《當甲骨遇上考古——導覽 YH127 坑》。
⑤ 中國國家博物館編：《中國國家博物館館藏文物研究叢書·甲骨卷》，上海：上海古籍出版社，2007 年。
⑥ 李鍾淑、葛英會：《北京大學珍藏甲骨文字》，上海：上海古籍出版社，2009 年。

了研究商周甲骨形態的條件。

甲骨形態學的研究內容很多，大致有以下內容：

商周龜之種屬及其來源的比較研究；

完整或較完整龜腹甲的外層和內層構造；

完整或較完整龜背甲的外層和內層構造；

完整或較完整甲橋的外層和內層構造；

完整或較完整肩胛骨的構造；

完整或較完整龜腹甲的外層和內層各部位名稱；

完整或較完整龜背甲的外層和內層各部位名稱；

完整或較完整甲橋的外層和內層各部位名稱；

完整或較完整肩胛骨各部位名稱；

完整龜腹甲的外形輪廓及其齒縫和盾紋的形態；

完整龜背甲的外形輪廓及其齒縫和盾紋的形態；

完整或較完整甲橋的外形輪廓及其齒縫和盾紋的形態；

完整肩胛骨的外形輪廓及其形態；

"一屯（純）"背甲[1]；

"一屯（純）"胛骨[2]；

甲橋形態分類研究（大甲橋、中甲橋、小甲橋）；

甲橋外形輪廓及其齒縫、盾紋的形態；

---

[1] 殷墟甲骨常見署辭。署辭記錄甲骨的來源與數量等事項。甲骨學界所說的署辭有甲橋、甲尾、背甲、骨臼、骨面五種。值得注意的是，龜腹甲中的署辭如甲橋刻辭和甲尾刻辭從不用量詞"屯（純）"。這說明龜腹甲在殷人心目中是看作完整的一版。而背甲刻辭習見量詞"屯（純）"字。例如："我入六十，在□。丙寅 ⊕ 示四屯（純）。□。"（《合》17598[典賓]右背甲反面）骨臼和骨面刻辭亦習見量詞"屯（純）"字。例如："丁卯婦龔示一屯一 」。永。"（《合》6855 臼[典賓]）"辛丑乞自岳二十屯（純），小臣聞。□。"（《合補》7237[出一]骨面刻辭）"屯"字當讀為古書中訓為"全"的"純"（音全）。殷人稱背甲一對為"一屯（純）"。背甲一對指背甲剖開後的右半甲和左半甲。殷人稱胛骨一對也為"一屯（純）"。胛骨一對指左胛骨、右胛骨各一塊。有人認為"對"與"屯（純）"古音陰陽對轉，本由一語分化。"一屯（純）"猶言一對。由此可知，商王或族長向外邊徵取的占卜材料不是活龜或活牛，而是已初步加工好的龜腹甲、背甲和胛骨。

[2] 所謂"一屯（純）"胛骨即指左胛骨、右胛骨各一塊。例如，《合》547和《合》548＋9539（李愛輝綴合）即所謂"一屯（純）"胛骨（又叫"同對胛骨"、"同對卜辭"）。"同對卜辭"的文例特點是"由牛的左右兩塊胛骨構成。它們的內容和版式完全相同，契刻和占卜順序則左右兩胛骨相互對稱。"參看蕭良瓊：《卜辭文例與卜辭的整理和研究》，《甲骨文與殷商史》第二輯，第33頁，上海：上海古籍出版社，1986年。

研究甲骨殘缺的原因；

甲骨碎片邊緣形態的類別（原邊、齒邊、兆邊、斷邊、修邊）；

辨別碎片是龜甲還是牛的肩胛骨；

辨別殘缺卜甲是龜背甲還是龜腹甲；

鑽鑿形態研究；

兆坼形態研究；

灼痕①形態研究；

龜腹甲九塊"龜縫片"②外形輪廓及其盾紋的形態；

龜背甲五十塊"龜縫片"③外形輪廓及其盾紋的形態；

整理研究常見殘缺肩胛骨的外形輪廓；

區分龜腹甲、背甲和肩胛骨左右的原則；

龜腹甲、背甲和肩胛骨的整治情況；

殷周甲骨實物形態的比較研究；

塗辭④研究。

下面，就甲骨形態學中的一些問題，在綜合前人研究的基礎上，爬梳總結，提出管見，供學界參考。爲了敘述方便，先談腹甲⑤，再談背甲，最後談肩胛骨⑥。

一、龜腹甲

殷人宰殺活龜，掏空內臟，剩下的便是龜殼。龜殼的背、腹甲都是由外、內兩層構成的，中間通過甲橋相連。外層是角質盾，由盾片以盾溝（即"盾紋"）相連而成。內層是骨質板，由骨板以齒縫相連而成。"內、外層各骨板、盾

---

① 灼痕指鑽旁或鑿旁燒灼的痕跡。
② 龜腹甲的"龜縫片"指沿齒縫解散而形成的九塊骨板（首甲、前甲、後甲、尾甲各二塊、中甲一塊）。
③ 龜背甲的"龜縫片"指沿齒縫解散而形成的五十塊骨板（一塊頸板、八塊椎板、三塊臀板、左右各八塊肋板和左右各十一塊緣板）。
④ 所謂"塗辭"，指在所刻文字的筆道中塗上朱砂或墨，參看《綜述》第15—16頁。
⑤ 參看黃天樹：《殷墟龜腹甲形態研究》，《北方論叢》2009年第3期，第5—7頁。
⑥ 參看黃天樹：《關於卜骨的左右問題》，《紀念王懿榮發現甲骨文110周年國際學術研討會論文集》，第193—199頁，北京：社會科學文獻出版社，2009年。

片的形狀、大小、數目各不相同，上下互相鑲嵌，構成背甲或腹甲的整體，因而牢度頗大。"①

爲了瞭解龜殼的外、内兩層的構造，我們作了一次試驗。在鋁盆裏放入水、白酒和碱。白酒的作用是去除腥臊；碱的作用是加快齒縫的分離。接着，把一個長約 20 釐米完整的龜殼放入水中煮。煮了三小時左右，撈出龜殼，趁熱用手把龜腹甲和背甲外層半透明的盾片一片一片剥離。每揭掉一片盾片，就留下一圈封閉形狀的盾溝。剥離龜甲邊緣的緣盾，緣盾作摺疊狀包裹著緣板②。剥去外層盾片後的龜殼僅存内層骨質，呈骨白色。然後换水，加酒加碱，再把龜殼放入水中繼續煮。又煮了七小時左右，用筷子去戳龜殼，龜殼有些部位已開始沿著齒縫鬆動分離。此時，撈出龜殼，趁熱用手拽扯龜殼骨板，骨板便沿著齒縫被扯開分離了。然後用舊牙刷刷洗乾净一塊一塊形狀大小各不相同的"龜縫片"，晾乾之後，即成爲一個可以隨意依據齒縫拼合或拆分的龜殼。

這次試驗，證實龜殼是由外、内兩層組成的。外層爲半透明的角質，由盾片以盾溝相連而成。内層爲骨質，由骨板以齒縫相連而成。盾紋和齒縫只見於龜甲而不見於牛的肩胛骨，因此可以根據有無盾紋和齒縫來判斷材質是甲還是骨。盾紋只見於龜腹甲和龜背甲的正面而不見於反面③，因此可以根據有無盾紋來判斷是龜甲的正面還是反面。所謂齒縫，是骨質片與骨質片咬合的地方。一般器物利用凹凸方式相接時，一邊爲榫頭，另一邊爲榫眼。龜甲龜縫片咬合方式與比有別，當兩塊骨質片密合時，上下龜縫片咬合面的骨縫呈鋸齒狀。用手扯開齒縫觀察龜縫片的側邊，每邊兼有榫頭和榫眼，榫頭像刺蝟身上的硬刺，榫眼像蜂窩，這樣接合，自然咬合得很緊。龜殼的正面與反面都能看到齒縫。龜甲多沿齒縫斷裂，而盾紋是不會斷裂的。殷人用刀契刻文字，非常有力，從外層角質入刀而刻入内層骨質上。盾片爲角質，甲骨出土之時，多已腐朽，僅存盾溝，而在内層骨質上文字猶存④。本文所附圖一至圖十六中，以鋸齒線表示各骨質板間的骨縫，以雙鉤線表示各盾片間的盾溝（盾紋）。

---

① 葉祥奎：《陝西長安灃西西周墓地出土的龜甲》，《考古》1990 年第 6 期，第 545 頁。
② 封閉形狀的盾溝一部分在正面，一部分在反面。盾溝是凹陷的，施拓後在拓本上顯示出來的白色"盾紋"只有半圈，即正面的部分。
③ 天然的龜腹甲和背甲邊緣的盾片作摺疊狀包裹著骨板，原本背面也有盾紋。但是，觀察出土的龜腹甲和背甲，背面的盾紋因人工整治而被鏟去。
④ 殷人也可能刮去或剥去外層盾片之後，用刀在内層骨質上契刻文字的。因爲龜甲埋藏地下，經三千年之久，出土之時，外層盾片已經腐朽而看不到了，實際情況，待考。

殷人從龜殼的甲橋處把龜殼鋸開，分爲背甲和腹甲兩部分。腹甲正面光滑平坦，兆坼和卜辭多見於正面；其反面比較粗糙，鑽鑿都挖在反面。下面，我們在各位學者研究的基礎上，結合自己對實物的觀察，就龜腹甲各部位的形貌，詳細說明如下。

（一）完整腹甲的構造及其齒縫和盾紋的形態

腹甲①外層由十二塊盾片（喉盾、肱盾、胸盾、腹盾、股盾、肛盾左右各二塊，成左右對稱分佈）以盾溝相連而成（圖一龜腹甲之右半）。內層由九塊骨板（首甲、前甲、後甲、尾甲各二塊、中甲一塊②）以齒縫相連而成（圖一龜腹甲之左半）。

腹甲正面上方有一塊菱形的"中甲"（圖一，ent，內腹甲）。"中甲"右上和左上的兩條齒縫稱爲"上內縫"③；"中甲"右下和左下的兩條齒縫稱爲"內舌縫"。除了"中甲"之外，從上到下有橫向的三道齒縫和縱向的三道齒縫④。第一道齒縫（上舌縫）與中甲（內腹甲）兩側角相連。第二道齒縫（舌下縫）和第三道齒縫（下劍縫）則基本平直。這三"橫"三"縱"的齒縫，把腹甲正面分爲左右對稱的八塊和"中甲"一塊（圖一）。八塊龜甲從上往下如圖一所示：首甲（epi，上腹甲）左右一對；前甲（hyo，舌腹甲）左右一對；後甲（hypo，下腹甲）左右一對；尾甲（xiph，劍腹甲）左右一對。這八塊加上"中甲"（ent，內腹甲），共計九塊。這九塊"龜縫片"上的盾紋是不同的。

腹甲從上到下有橫向的五道盾紋（五"橫"）和縱向的三道盾紋（三"縱"）⑤（圖一），把腹甲分爲從上到下十二塊盾片：喉盾（g）、肱盾（hum）、胸盾（pec）、腹盾（ab）、股盾（fem）、肛盾（an）左右各二塊（圖

---

① 腹甲與甲橋的分界線以位於左右甲橋上的縱列齒縫（腹橋縫）爲界。甲橋形態詳見下文。
② 龜殼由兩層組成。外層由具有保護作用的薄片狀的盾片構成，可稱爲"盾"。內層由堅硬的骨板構成，可稱爲"板"。但是甲骨學界習慣稱骨板之"板"爲"甲"，例如"首甲"、"前甲"……，即"上腹板"、"舌腹板"……，本文沿用甲骨學界的習慣稱爲"甲"。
③ 齒縫的命名，取相鄰兩塊骨板的第一個字組合而成。如"上內縫"即"上腹甲（首甲）"之"上"加上"內腹甲（中甲）"之"內"組合而成的。其餘類推。
④ 縱向的三道齒縫指"中縫"（又稱"千里路"）和左右兩側的"腹橋縫"。"中縫"沒有穿過"中甲"，而是圍繞"中甲"而下，跟"上內縫"、"內舌縫"重合（參看《合》9950反）。
⑤ 縱向的中間一道盾紋貫穿"中甲"而下，跟"中縫"（又稱"千里路"）基本重合（也有不重合的，如李延彥綴合的《合補》520＋《合補》5415，故"千里路"是指"中縫"）。縱向的左右二道盾紋貫穿左右二道"腹橋縫"而下，跟左右二道"腹橋縫"互有重合。

一)。第一道"盾紋"(喉肱溝①)呈"V"字形。第二道"盾紋"(肱胸溝)呈"一"字形,從中甲(内腹甲)的中後部橫貫而過。第三道"盾紋"(胸腹溝)橫貫前甲中部,呈"一"字形。第四道"盾紋"(腹股溝)呈稍後凸的弧線,兩側終止於甲橋下端胯凹處。第五道"盾紋"(股肛溝)呈"人"字形。

(二)龜腹甲九塊"龜縫片"的輪廓和其上齒縫和盾紋的形態

這九塊腹甲"龜縫片"或增或損會組成形狀各不相同的腹甲殘片。我們掌握了這九塊腹甲"龜縫片"的輪廓和其上盾紋的形態特徵,一旦碰到腹甲殘片,只要拿來跟這九塊"龜縫片"做比對,就可以認識其組合,也可以據此辨識殘片的部位。下面,簡要描述這九塊骨板輪廓和其上盾紋的形態(西周較完整的腹甲彩版參看《周原甲骨文》FQ2)。

中甲外形輪廓見圖二:9,盾紋多爲"十"或"半"字形。

右首甲外形見圖二:1,盾紋爲"丿"("撇")字形。

左首甲外形見圖二:2,盾紋爲"乀"("捺")字形。

右前甲外形見圖二:3,盾紋爲反"匚"字形②。

左前甲外形見圖二:4,盾紋爲"匚"字形③。

右後甲外形見圖二:5,盾紋爲反"乚"字形④。

左後甲外形見圖二:6,盾紋爲"乚"字形。

右尾甲外形見圖二:7,盾紋爲"乀"("捺")字形。

左尾甲外形見圖二:8,盾紋爲"丿"("撇")字形。

這九塊"龜縫片"是由齒縫解散而形成的,有固定的外形輪廓和盾紋。掌握

---

① 所謂"喉肱溝"即喉盾與肱盾之間的盾溝,其餘名稱以此類推。
② 從拓本看,我過去認爲右前甲盾紋爲"二"字形(《乙》1922),參看黄天樹:《殷墟龜腹甲形態研究》,《北方論叢》2009年第3期,第6頁。現在觀察實物,盾紋實爲封閉的"口"字形。左邊盾紋與中縫重疊。右邊盾紋或因爲修治甲橋而被切除掉(《乙》1922)。或因爲右邊盾紋上端在腋凹(即"胳肢窩"處)轉到側面而隱藏掉,所以右前甲盾紋應描寫爲反寫的"匚"字形更符合實際(《乙》5347=《合》110正)。
③ 我過去以爲左前甲盾紋爲"二"字形,觀察實物,盾紋應爲"匚"字形(《乙》5347=《合》110正)。
④ 從拓本看,我過去認爲右後甲盾紋爲"一"字形,參看黄天樹:《殷墟龜腹甲形態研究》,《北方論叢》2009年第3期,第6頁。現在觀察實物,盾紋實"凵"字形。左邊盾紋與中縫重疊。右邊盾紋或因爲修治甲橋而被切除掉。或因爲右邊盾紋下端在胯凹處轉到側面而隱藏掉,所以右後甲盾紋應描寫爲反寫的"乚"字形更符合實際。

其外形輪廓和其上盾紋，可以辨識其原來的部位。①

龜甲邊緣形態的樣子很多。有自然的邊緣形態，也有人爲造成的邊緣形態。最早注意碎裂原因的學者是董作賓先生。他説："今甲之破者不外二種：一由天然接縫間而破，吾名之曰縫（引者按：即"齒邊"），一由卜兆之裂痕而破，吾名之曰兆（引者按：即"兆邊"）。"②我們要瞭解碎片致殘的原因、殘片邊緣形態的分類。甲骨埋藏地下，經三千年之久，出土之後，多裂爲碎片。碎片的邊緣有些是原來天然形態的邊緣，圓滑光潤，稱爲"原邊"。此外，碎裂的原因有四：第一，龜骨板沿齒縫處解散，狀如鋸齒，稱爲"齒邊"。第二是龜甲獸骨沿兆坼的裂紋而斷裂，峭直如削，稱爲"兆邊"。第三是外力（如出土時遭鋤鏟敲擊等）造成的斷裂，稱爲"斷邊"。第四是人爲有意加工的邊緣（如從中脊鋸開背甲而形成的邊；鞋底形改制背甲的邊；修治甲橋而形成的邊等），稱爲"修（切）邊"。因此，我們每看到一塊碎片的拓本或實物時，就要細心觀察每條邊緣的形態是屬於上述何種類型的邊，由此判斷它在完整甲骨上的部位。

附帶談一下甲橋（bridge）。

甲橋是背甲和腹甲接合的部位。殷人鋸解龜殼的時候，一般是從貼近龜殼背甲一側下鋸，把龜殼截爲兩半，甲橋部分幾乎全部留在腹甲左右兩側。由於左右兩側甲橋從"腋胯連線③"開始，微微向內彎曲而呈"一"字形，因此甲橋部分在彩照上顯得窄小（參看《花》4 彩照），拓本顯得寬大（參看《花》4 拓本），這是甲橋側面的拓面被展開的緣故。甲橋是龜殼厚度比較薄的部位，多數不挖鑽鑿；少數挖鑽鑿，也比較淺（參看《合》6648、6834、7440、9200）。甲橋部位雖小，但構造複雜，需要單獨進行研究。

甲橋的範圍有狹義和廣義之分。狹義的甲橋以腹橋縫爲界，腹橋縫以外爲甲橋，腹橋縫以內爲前甲和後甲。這樣一來，有些甲橋刻辭就不是刻寫在甲橋範圍內，而是刻寫在甲橋範圍外了。例如：《合》585 甲橋刻辭"雀入"、《合》371 甲橋刻辭"賈入三"、《合》152 甲橋刻辭"奠來十"、《合》116 甲橋刻辭"我以千"

---

① 《黃天樹甲骨金文論集》編按：前甲多與甲橋相連。若所連爲大甲橋時，前甲和甲橋上端的"腋盾"呈"丫"字形盾紋。後甲和甲橋下端的"胯盾"呈倒"丫"字形盾紋。後甲倒"丫"字形盾紋中的一個分杈和腹股溝構成倒"八"字形盾紋。上述"丫"字形盾紋是識別前甲的重要標志。倒"丫"字形盾紋和倒"八"字形盾紋是辨認後甲的重要標志。參看李延彥《殷墟龜腹甲形態的初步研究》，首都師範大學文學院碩士學位論文。
② 參看董作賓：《商代龜卜之推測》，《安陽發掘報告》第一期，第 111 頁，1931 年。
③ 所謂"腋胯連線"即連接腋凹與胯凹之間的連線（參看圖三）。

等都刻寫在腹橋縫以内，實屬腹甲範圍了。有些甲橋刻辭刻在腹橋縫以外，即甲橋範圍以内，例如《合》151甲橋刻辭"奠入二"、《合》3521甲橋刻辭"畺入一"，都刻在腹橋縫以外。有些甲橋刻辭橫跨在腹橋縫内外，例如《合》190甲橋刻辭爲"雀入廿"，"雀入"刻在腹橋縫以内，而"廿"刻在腹橋縫以外。《合》4735甲橋刻辭爲"禽入卌"，"禽"刻在腹橋縫以内，而"入卌"刻在腹橋縫以外。有些甲橋刻辭壓在腹橋縫上刻寫，例如《合》248甲橋刻辭"我來卅"、《合》3183甲橋刻辭爲"周入十"都壓在腹橋縫上刻寫。因此，我們認爲，討論甲橋刻辭時，遵從傳統習慣，採用廣義的説法，從"腋胯連線"開始至背甲爲止皆爲甲橋範圍。討論甲橋或腹甲的構造形態等的時候，採取狹義的概念，腹橋縫以外爲甲橋，腹橋縫以内爲腹甲。

甲橋介於龜的前後兩足之間。胡厚宣先生解釋"甲橋"一語説：

> 龜腹甲中部之兩邊，有與背甲相接連之骨骼，因似自腹甲渡於背甲之橋樑，故學者名之曰骨橋（引者按：胡先生稱爲"甲橋"）。①

或以爲甲橋乃俗名，應爲甲䚢。《説文》："䚢，龜甲邊也。"正名叫"甲䚢"。因"䚢"字難寫，又有歧義，也可能指背甲之邊甲，故我們仍採用學術界熟悉的"甲橋"這一名稱。

關於甲橋的型式和分類，《殷墟花園莊東地甲骨》的編著者對花東的甲橋型式作過詳細的論述，可以參看②。下面，爲簡明起見，我們採用廣義甲橋的説法，把甲橋的型式粗分爲"大甲橋"、"中甲橋"、"小甲橋"三種基本類型。

甲橋也是由外、内兩層構成的。外層爲角質盾，由盾片以盾溝（即"盾紋"）相連而成。内層爲骨質板，由骨板以齒縫相連而成。

大甲橋（圖三）的特徵是甲橋保留完整；甲橋與腹甲的夾角呈鋭角（參看《花》464）或直角（《花》105、131）；甲橋從"腋胯連線"開始，一直延伸到背甲，腹橋縫居中；甲橋齒縫有一"縱"四"橫"，形成五塊龜縫片（圖四），或一"縱"三"橫"而形成四塊龜縫片（參看《合》151＝《乙》3423、《合》635＝《乙》4539、《合》2431＝《乙》2098、《合》9984＝《乙》5899、《合》795、6016、6647、6653、6834、10613）；大甲橋腋凹（axillary notch）處有一塊腋盾

---

① 胡厚宣：《論殷代的記事文字（二）》，刊天津《益世報人文週刊》第26期，1937年7月2日；《武丁時五種記事刻辭考》，《甲骨學商史論叢》初集第三册，第3頁，1944年。
② 參看中國社會科學院考古研究所《殷墟花園莊東地甲骨》第六册，第1765—1769頁，昆明：雲南人民出版社，2003年。

（axillary，圖一），在胯凹（inguinal notch）處有一塊胯盾（inguinal，又稱鼠蹊盾，圖一）。

中甲橋（圖三）外側延伸到腹橋縫外側，與腹橋縫大致重合，保留的甲橋很少（參看《合》190=《乙》4510+①、《合》3979反=《乙》6669）。

小甲橋（圖三）在腹橋縫以內，沒有"龜縫片"，甲橋幾乎被修治沒了（參看《合》656=《乙》7041、《合》722=《乙》6398+、《合》768=《乙》6704、《合》838=《乙》6967、《合》952=《乙》754、《合》5096=《乙》7772、《合》5298=《乙》3397、《合》5884=《乙》7200、《合》5995=《乙》3300、《合》116、1100、2415、2498、2530、3201、7103、7851、8310、9012、9013、9658、9671、9774、9791、9810、10133、10935、10937、《花》19、318、367、468、482、489）。

狹義甲橋正面有一道縱的齒縫，縱的齒縫外側從上到下最完整者有四道橫的齒縫[2]。這一"縱"四"橫"的齒縫，把甲橋正面分爲左右對稱的十塊（圖四：1—2；參看《花》464）。十塊甲橋"龜縫片"從上往下如圖四所示：頂甲橋"龜縫片"左右一對；首甲橋"龜縫片"左右一對；前甲橋"龜縫片"左右一對；後甲橋"龜縫片"左右一對；尾甲橋"龜縫片"左右一對。這十塊"龜縫片"上的盾紋是不同的。右頂甲橋外形輪廓和盾紋如圖五：1所示。右首甲橋外形輪廓和盾紋如圖五：2所示。右前甲橋外形輪廓和盾紋如圖五：3所示。右後甲橋外形輪廓和盾紋如圖五：4所示。右尾甲橋外形輪廓和盾紋如圖五：5所示。左頂甲橋外形輪廓和盾紋如圖五：6所示。左首甲橋外形輪廓和盾紋如圖五：7所示。左前甲橋外形輪廓和盾紋如圖五：8所示。左後甲橋外形輪廓和盾紋如圖五：9所示。左尾甲橋外形輪廓和盾紋如圖五：10所示。

完整的甲橋如上所述，由五片"龜縫片"組成。但並不是所有甲橋都是由五片"龜縫片"組成的，多數甲橋往往因爲修治而失去某一部分。例如，有的甲橋只能看到一"縱"三"橫"的齒縫，把甲橋正面分爲左右對稱的八塊（參看《合》371反、《花》100、234、263、267、349、474、491、《合》6484=《丙》16=《導覽》56頁、《合》709=《丙》334=《導覽》74—75頁）。

---

① 爲行文簡潔，本文引用綴合成果用"著録號+"表示這版甲骨可以跟其他甲骨拼合，拼合情況查閱胡厚宣主編的《甲骨文合集·材料來源表》（北京：中國社會科學出版社，1999年）、蔡哲茂的《甲骨綴合集》（臺北：文淵閣文化事業有限公司，1999年）等。

② 少數甲橋有四道齒縫的，例如：《合》2431=《乙》2098、《合》6485=《丙》18=《導覽》58—59頁、《合》6834=《丙》1=《導覽》66—67頁、《合》1027、《合》1385、《花》192、237、257、281、286、288、299、300、419、464、476。

掌握上述外形輪廓和盾紋，再細心觀察邊緣的形態（齒邊、兆邊、斷邊、修邊、原邊），可以判斷出它在完整甲橋上的部位。

二、龜背甲

背甲和腹甲的構造形態是不同的，比如背甲肋板外側的迴紋溝是判斷背甲和腹甲的重要標誌①（圖六：1、2，參看《乙》1435＝《合》22038）。學者對背甲作過深入的研究②，可以參看。背甲的構造比腹甲複雜得多，其各部位的名稱各家叫法往往不同，爲了方便讀者閱讀，本文綜合秉志、葉祥奎先生和宋雅萍女士的説法，並配備參考圖（圖六—七），讀者可以對照閱讀（完整或較完整龜背甲可參看《醉古集》169＝《導覽》76頁＋＝《合》14129＋《乙》6666＋、《合》8473＝《甲》3404、《合》8648＝《乙》2360＋、《合》22391＝《乙》8806＋8997、《花》50、87、244、262、297、332、385、430）。西周有字背甲可參看周公廟1號卜甲和2號卜甲（《古代文明》，第5卷，彩版四—十六）。

（一）完整龜背甲的構造及其齒縫和盾紋的形態

秉志先生曾根據殷墟發掘所得的龜背甲爲標準，在《河南安陽之龜殼》一文中描述背甲上的骨板説：

> 殻隆凸，周緣光滑。……頸甲頗大，六角形。前緣最長。第一脊甲（Neural Plate）四角形，長大於寬。第二至第八脊甲，皆六角形。第五第七之中間，有小隆起。第一上尻甲（Suprapygal），長大於寬。第二六角形，寬大於長。尻甲（Pygal）四角形，後緣有凹，寬大於長。肋甲（Costal plate）與肋盾（Costal

---

① 有的學者把龜背甲上的迴紋溝稱爲盾紋或盾溝，是不對的。迴紋溝多呈縱列之弧形。龜背甲右半者，其迴紋溝多呈右圓括號")"形；左半者，其迴紋溝呈左圓括號"("形。

② 分別參看秉志：《河南安陽之龜殻》，《安陽發掘報告》第三期，1931年；曾毅公：《論甲骨綴合》，1973年遺作，後刊於《華學》第四輯，北京：紫禁城出版社，2000年；張秉權：《甲骨文與甲骨學》，臺北："國立"編譯館，1988年；葉祥奎：《陝西長安灃西西周墓地出土的龜甲》，《考古》1990年第6期；葉祥奎：《河南安陽殷墟花園莊東地出土的龜甲研究》，《殷墟花園莊東地甲骨》，第1904—1910頁，昆明：雲南人民出版社，2003年；宋雅萍：《殷墟YH127坑背甲刻辭研究》，臺北：政治大學中國文學系碩士學位論文（指導教授：蔡哲茂、林宏明），2008年。

Shield)之邊緣，大部相合。第一肋甲七角形。第三至第八，皆五角形，第八最短。第一邊甲（Marginal Plate）之前緣較薄，厚度向後漸增。第二大致亦如此。第三之腹面爲骨橋（Bridge）之前端。第四、五、六等，背面皆四角形，腹面隆起，爲骨橋之本部。第七之背面四角形，腹面向後漸薄，其前部爲骨橋之後端。第八、九、十皆爲四角形。第十一係五角形。最後之四甲，其邊緣皆較薄於中部。①

秉氏又描述背甲上的盾版特徵説：

> 背甲上各角盾盾板，尚清晰易識。頸板（Nuchal Scute）漸小，四方形，長大於寬。脊板（Vertelral Scutes）皆較大，六角形。第二、三、四形體相似。第五似七角形。肋板（Costal Scutes）共四，最後者最小。第二、三形體相似，皆五角形。第二肋板大於第三者，第四者小於第二、第三者，亦五角形。每肋板之發長紋甚清晰。邊板（Marginal Scutes）共十二，皆四角形。第十二板乃最小者，發長紋甚清晰。②

上引秉氏的第一段文字，描述的是背甲内層以齒縫相連的骨板（參看圖六：1—2、圖七：3，各塊骨板的輪廓以鋸齒線表示）；第二段文字，描述的是背甲外層以盾溝相連的盾片（參看圖六：1—2、圖七：2，各塊盾片的輪廓以雙鉤線表示）。殷墟出土的背甲完整的很少。卜用的背甲往往從中脊鋸開，分爲左右背甲。右背甲參看《花》50、297、《合》14129＝《丙》65＝《導覽》76頁。左背甲參看《花》87、244、262。少數背甲形態因修治而變小（參看《花》332）。

（二）背甲各"龜縫片"的輪廓和其上齒縫和盾紋的形態

從上述秉氏描述中可知，未剖開的背甲是由外、内兩層物質組成的。外層爲角質，由一塊頸盾、五塊脊盾、每側四塊肋盾、每側十一塊緣盾、臀盾以盾溝相連而成（圖六：1、2）。内層爲骨質，由一塊頸甲（頸板）、八塊脊甲（椎板）、三塊尻甲（臀板）、左右各八塊肋甲（肋板）和左右各十一塊邊甲（緣板）以齒縫相連而成（圖六：1、2）。宋雅萍女士對背甲各"龜縫片"的形態作了很好的描述③，可以參看。下面，我們在宋文研究的基礎上，配合示意圖（李延彦繪）和拓本清晰的《乙編》等，分别就背甲各"龜縫片"的形態詳細説明如下。下

---

① 秉志：《河南安陽之龜殼》，原載《安陽發掘報告》第三期，第444頁，1931年；收入《甲骨文獻集成》，第17册，第19—20頁。
② 秉志：《河南安陽之龜殼》，《安陽發掘報告》第三期，第445—446頁，1931年。
③ 宋雅萍：《殷墟YH127坑背甲刻辭研究》，第23—24頁，臺北：政治大學中國文學系碩士學位論文（指導教授：蔡哲茂、林宏明），2008年。

文舉例時，《乙編》後圓括號中或"="號後的著錄號均出自《合集》等。凡《合集》等已綴合者都在著錄號前加※號，以便瞭解各"龜縫片"在背甲上的位置。

1. 頸甲（又叫"頸板"）

頸甲原本是一塊骨板，位於背甲中央最前端。占卜用的背甲，往往從中脊鋸開，分爲左右背甲。這樣一來，頸甲在左、右背甲上各有一塊，頸甲的上方有倒T字形的盾紋。右背甲的頸甲如圖六：4所示，上邊爲原邊或切邊，左邊爲切邊，其餘爲齒邊，右頸甲參看《乙》135（《合》20411）、《乙》111（※《合》20476）、《乙》998（《合》21884）、《乙》1008（《合》21265＋22007＋21946 蔣玉斌綴）。左頸甲如圖六：3所示，上邊爲原邊或切邊，右邊爲切邊，其餘爲齒邊，左頸甲參看《乙》1742（《合》21920）、《乙》999（《合》21815）。

2. 脊甲（又叫"椎板"）

脊甲是位於頸甲之後中央的八塊骨板。背甲從中脊被鋸開後，左右脊甲各有八塊（圖六：1、2）。右背甲的第一脊甲如圖八：1所示，左邊爲切邊，其餘爲齒邊。左背甲的第一脊甲如圖九：1所示，右邊爲切邊，其餘爲齒邊。

第二—八脊甲呈五邊形。右背甲第一脊甲（圖八：1）、第三脊甲（圖八：2，《乙補》5577）、第五脊甲（圖八：3，《乙》4828＝※《合》14527）、第八脊甲（圖八：4）皆有"一"字形的盾紋。左背甲第一脊甲（圖九：1）、第三脊甲（圖九：2）、第五脊甲（圖九：3）、第八脊甲（圖九：4）皆有"一"字形的盾紋。而左右背甲第二、四（右背甲第四脊甲參看《乙補》4514）、六（右背甲第六脊甲參看《乙》6135）、七脊甲皆無盾紋（參看圖八—九）。

3. 尻甲（又叫"臀板"）

尻甲是位於脊甲之後中央的三塊骨板（圖六：1、2）。背甲從中脊被鋸開，分爲左右兩塊後，左右尻甲各有三塊。第一上尻甲爲長方形，前狹後寬，無盾紋。右背甲的第一上尻甲左邊爲切邊，其餘爲齒邊（圖十：1）。而左背甲的第一上尻甲右邊爲切邊，其餘爲齒邊（圖十：4）。

第二上尻甲爲六邊形，寬大於長，與長大於寬的脊甲不同，且有"一"字形盾紋。右背甲的第二上尻甲如圖十：2所示，左邊爲切邊，其餘爲齒邊。左背甲的第二上尻甲如圖十：5所示，右邊爲切邊，其餘爲齒邊。

尻甲爲四邊形，一邊爲切邊，下邊爲原邊或切邊，其餘爲齒邊（圖十：3、6）。

4. 肋甲（又叫"肋板"）

左、右背甲各有八塊肋甲。八塊肋甲四邊皆爲齒邊。第一右肋甲如圖十一：

1所示，左半部有卝形的盾紋。參看《乙》18（※《合》21013）、146+176、407（《合》19799，《合》拓本倒置）、8499。第一左肋甲如圖十三：1所示，右半部有卜形盾紋。參看《乙》1435（《合》22038）。右左第二、四、六、八肋甲都有橫行的長紋（分別參看圖十一：2、圖十三：2、圖十一：4、圖十三：4；圖十二：2、圖十四：2、圖十二：4、圖十四：4），第二肋甲的長紋呈往上的圓弧（右第二肋甲參看《乙》941=※《合》21731、942、64、《合》20814+19942蔣玉斌綴。左第二肋甲參看《乙》445、634、408+359=※《合》21350、41=※《合》21388），第四、六、八肋的長紋則逐漸往下（左第四肋甲參看《乙》59、458+420=※《合》21350、830。左第六肋甲參看《乙》59、1553=※《合》21923、《乙》1163+《乙補》1416宋雅萍綴。右第六肋甲參看《乙》1545=※《合》21892、1109=※《合》21928。左第八肋甲參看《乙》1323=※《合》21923、1526=※《合》3655）。第三（右第三肋甲參看《乙》478=※《合》21021）、五、七肋甲（右第七肋甲參看《乙》793=※《合》21892、《乙》1549+《乙補》1034。左第七肋甲參看《乙》1692=※《合》21923）皆無橫行的長紋（分別參看圖十一：3、圖十三：3；圖十二：1、圖十四：1；圖十二：3、圖十四：3），靠近脊甲一側有卝形盾紋。

5. 邊甲（又叫"緣板"）

邊甲位於肋甲的最外側，是背甲邊緣的骨板。右、左背甲的邊甲各有十一片，各片貼著肋甲一側有直行的盾紋。右背甲第一（右第一邊甲參看《乙》425=※《合》21013、8497=※《合》20476）、四（右第四邊甲參看《乙》126=※《合》21387、左第四邊甲參看《乙》110=※《合》21388）、六邊甲有兩個分歧點（分別參看圖十五：1、4、6），而第二、三（右第三邊甲參看《乙》42=※《合》21387）、五、七、八、九、十、十一盾紋僅有一個分歧點（分別見圖十五：2、3、5、7、8、9、10、11）。左背甲第一、四、六邊甲有兩個分歧點（分別參看圖十六：1、4、6），而第二、三（左第二和第三邊甲參看《乙》367、《乙補》5359）、五、七、八、九、十、十一盾紋僅有一個分歧點（分別參看圖十六：2、3、5、7、8、9、10、11）。

綜上所述，未剖開的龜背甲的"龜縫片"共計50塊：一塊頸甲（頸板）、八塊脊甲（椎板）、三塊尻甲（臀板）、左右各八塊肋甲（肋板）和左右各十一塊邊甲（緣板）。剖開後的龜背甲的"龜縫片"共計62塊：一塊頸甲（頸板）、八塊脊甲（椎板）、三塊尻甲（臀板）剖爲左右各一，等於增加了12塊，其餘不變。

這62塊"龜縫片"的外形輪廓、盾紋、迴紋溝及其邊緣的形態是不同的。學者把龜背甲剖析爲62塊"龜縫片",62塊"龜縫片"好比一套積木,大大小小的龜背甲拓本細心分析,都是由這62塊"龜縫片"組成的。例如,《合》19863＝A(《乙》82)＋B(《乙》146＋176)即《合》19863是由A(《乙》82)右第一脊甲和B(《乙》146＋176)右第一肋甲組成的。《合》20413＝A(《乙》49)＋B(《乙》387)＋C(《乙》187)即《合》20413是由A(《乙》49)右第三肋甲、B(《乙》387)右第四肋甲和C(《乙》187)右第五肋甲組成的,這三塊肋甲右側皆殘。《合》20476＝A(《乙》111)＋B(《乙》8497)即《合》20476是由A(《乙》111)右頸甲和B(《乙》8497)右第一邊甲組成的。《合》20709(《乙》47)是由左第一脊甲和左第一肋甲組成的。《合》20874(《乙》367)是由左第二邊甲和左第三邊甲組成的。《合》20923(《乙》93＋183＋96)是由脊甲(左第七、第八脊甲)、尻甲(左第一、第二尻甲和尻甲)、肋甲(左第六、第七和第八肋甲)和左第十一邊甲組成的。《合》19755(《乙》184＋301)是由左第八邊甲和左第九《合》20874(《乙》367)是由左第二邊甲和左第三邊甲組成的。《合》20967(《乙》181＋202＋60)是由右第七肋甲和右第八肋甲組成的。《合》21013(《乙》18＋425)是由右第一邊甲和右第一肋甲組成的。《合》21350(《乙》21＋359＋408＋420＋458)是由左第二、第三、第四肋甲組成的。

三、肩胛骨

所謂牛的"肩胛骨"(又稱"琵琶骨"、"扇子骨"),指牛胸背部最前部外側左右的兩塊骨頭,略作琵琶形。齒縫、盾紋和迴紋溝爲龜甲所專有,它是判斷"甲"和"骨"的重要標誌。凡是拓本上有齒縫、盾紋和迴紋溝者都是"龜甲"而非"肩胛骨"。

卜用肩胛骨各個部位的名稱大致是這樣的。試以左胛骨爲例作一説明。如圖十七所示,從上往下依次爲:骨臼、上對角("上對角"是對邊和骨臼邊的夾角,與"臼角"相對)、臼角、骨首、骨頸、骨扇、臼邊(因上端有臼角而稱爲"臼邊"。"臼邊"邊緣較薄)和對邊①、底邊、脊角("脊角"是臼邊和底邊的夾

---

① 李學勤先生把和"臼角"相對的一邊稱爲"對邊"。因爲"對邊"邊緣圓轉且厚實,反面多挖有從上到下成串縱向排列的"鑽鑿","鑽鑿"在占卜時被灼炙而坼裂成兆,骨質相連處所剩無幾,加上對邊又厚又重,稍受擠壓,便會與骨扇和骨頸分離,故胛骨出土時往往易順此兆榦的裂紋斷裂爲所謂條狀的"骨條"。"對邊"也可稱爲"骨條邊"。

角，因背面有骨脊而稱爲"脊角"）和對角（"對角"是對邊和底邊的夾角）。

甲骨學者對於區分龜背甲和龜腹甲的左右觀點一致，都主張"左右橫枝内向"。但是，對於肩胛骨的左右之分，意見不一，主要有兩派觀點。

一派以董作賓先生爲代表，他說："右胛骨，……正面則兆皆右向；左胛骨，……正面則兆皆左向。"①

另一派以胡厚宣先生爲代表，他說："龜背甲右半者，其卜兆向左……；左半者，其卜兆向右……。龜腹甲右半者，其兆向左……；左半者其兆向右……。牛胛骨，左骨其卜兆向右……；右骨其卜兆向左。"②

討論之前，首先明確我們所説的左右胛骨是以人面對臼部朝上放置的正面卜骨來説的，"左"即人的左手位置，"右"即右手位置。其次，區分肩胛骨的左右有生物學和甲骨學之別。我們所説的"胛骨"，乃是"卜用胛骨"的簡稱。凡"卜用胛骨"，其上必有兆的痕跡，它不同於生物學上的胛骨。

胛骨有正反兩面。我們把沒有骨脊的一面稱之爲正面，兆坼和卜辭多在正面；有骨脊的一面爲反面，反面多見鑽鑿（正面的骨扇有時也有鑽鑿）。殷墟胛骨一般是以臼部朝上、正面對著人來放置的③。而西周胛骨一般是以臼部朝下（參看《周》FQ3、FQ4、FQ6）、正面對著人來放置的（坊堆卜骨是以臼部朝上來放置的）。

胡先生區分卜骨和卜甲左右的原則是統一的。他推定卜甲左右時，其卜兆向左，就推定爲右腹甲或右背甲，反之則爲左腹甲或左背甲。同樣的道理，推定卜骨左右時，也是"其卜兆向左，就推定爲右胛骨，反之則爲左胛骨"。而董先生區分龜甲左右的標準是採用甲骨學的（"橫枝内向"即指向中縫或中脊）；而區分胛骨左右的標準是採用生物學的。這就造成"橫枝外向"。因此，我們贊同胡說。無論卜甲和卜骨都根據"橫枝内向"的原則來推斷左右④。

---

① 參看董作賓：《骨文例》，《中央研究院歷史語言研究所集刊》第7本第1分，第8頁，1936年；董作賓：《漢城大學所藏大胛骨刻辭考釋》，《"中央研究院"歷史語言研究所集刊》第28本，1957年；董作賓：《甲骨實物之整理》，《"中央研究院"歷史語言研究所集刊》第29本下，1957年。
② 胡厚宣：《甲骨學緒論》，《甲骨學商史論叢二集》，成都齊魯大學國學研究所專刊之一，1945年。
③ 不過，有些類別的卜辭，例如甲類卜辭習慣臼部朝下放置來契刻卜辭，參看《甲骨文合集》20576、21473、35261等。
④ 參看黃天樹：《關於卜骨的左右問題》，《紀念王懿榮發現甲骨文110周年國際學術研討會論文集》，第193—199頁，北京：社會科學文獻出版社，2009年。

肩胛骨的左右問題與甲骨綴合、甲骨文例、卜辭釋讀等又密切聯繫，非常重要。希望通過討論，在判斷肩胛骨左右的問題上，大家能消彌歧見，統一認識。

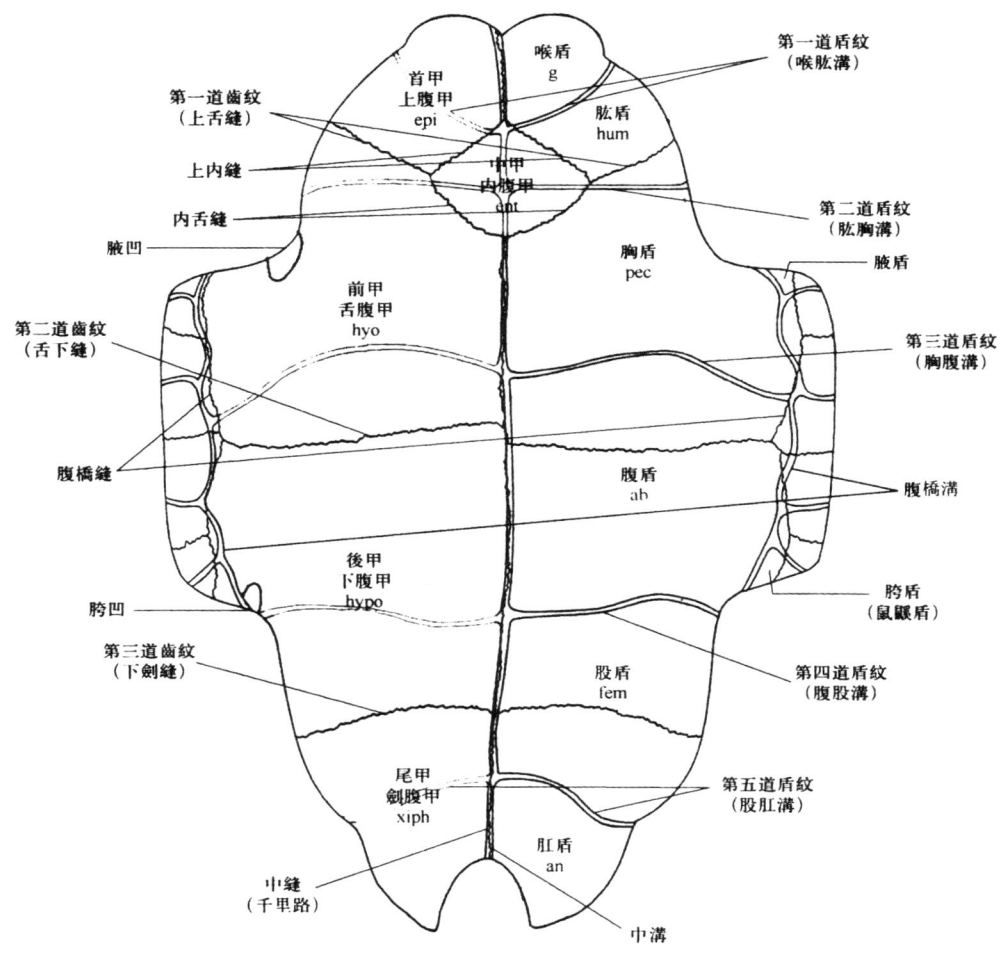

圖一　腹甲結構和部位名稱示意圖

　　epi.上腹甲（上腹板、首甲）；ent.內腹甲（內腹板、中甲）；hyo.舌腹甲（舌腹板、前甲）；hypo.下腹甲（下腹板、後甲）；xiph.劍腹甲（劍腹板、尾甲）（以上名稱參看腹甲左半，以鋸齒線表示各塊骨板的輪廓）。

　　Axillary notch 腋凹；inguinal notch 胯凹。

　　g.喉盾；hum.肱盾；pec.胸盾；ab.腹盾；fem.股盾；an.肛盾；ax 腋盾；in 胯盾（鼠蹊盾）（以上名稱參看腹甲右半，以雙鉤線表示各塊盾片的輪廓）。龜腹甲圖版採自《殷虛卜辭綜述》插圖一。龜腹甲各部位名稱，採用葉祥奎說：見《殷墟花園莊東地甲骨》，第1904—1910頁，昆明：雲南人民出版社，2003年。

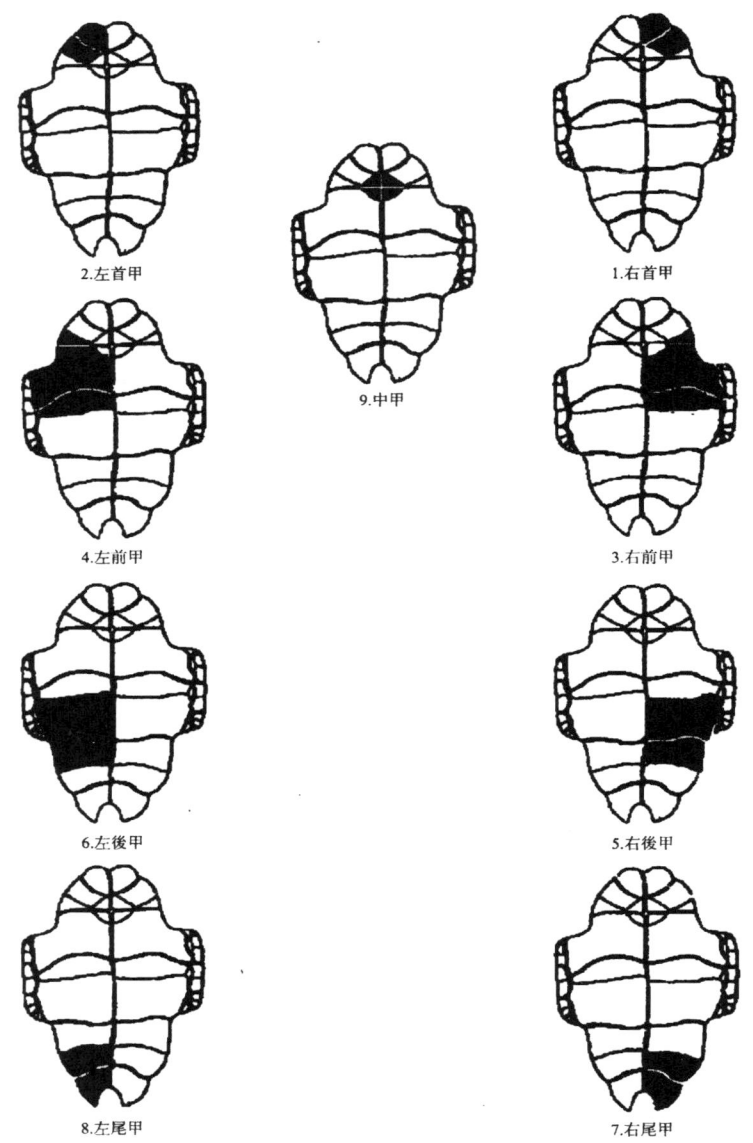

圖二　腹甲九塊骨板形態示意圖(李延彥繪)

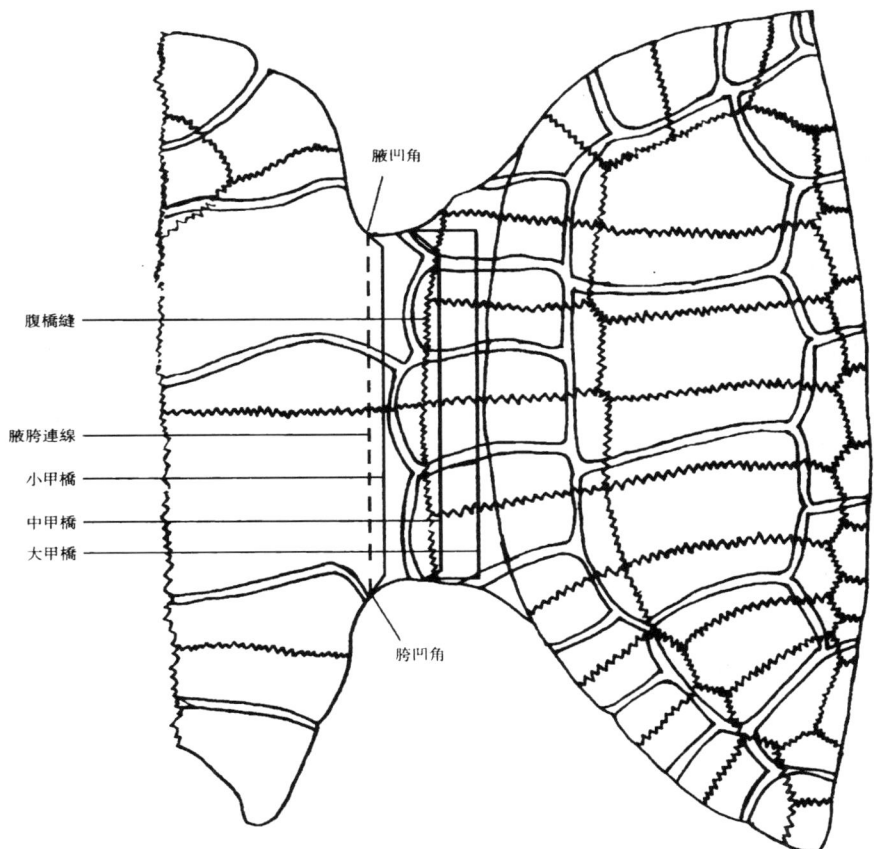

圖三　大、中、小類型甲橋（bridge）形態示意圖

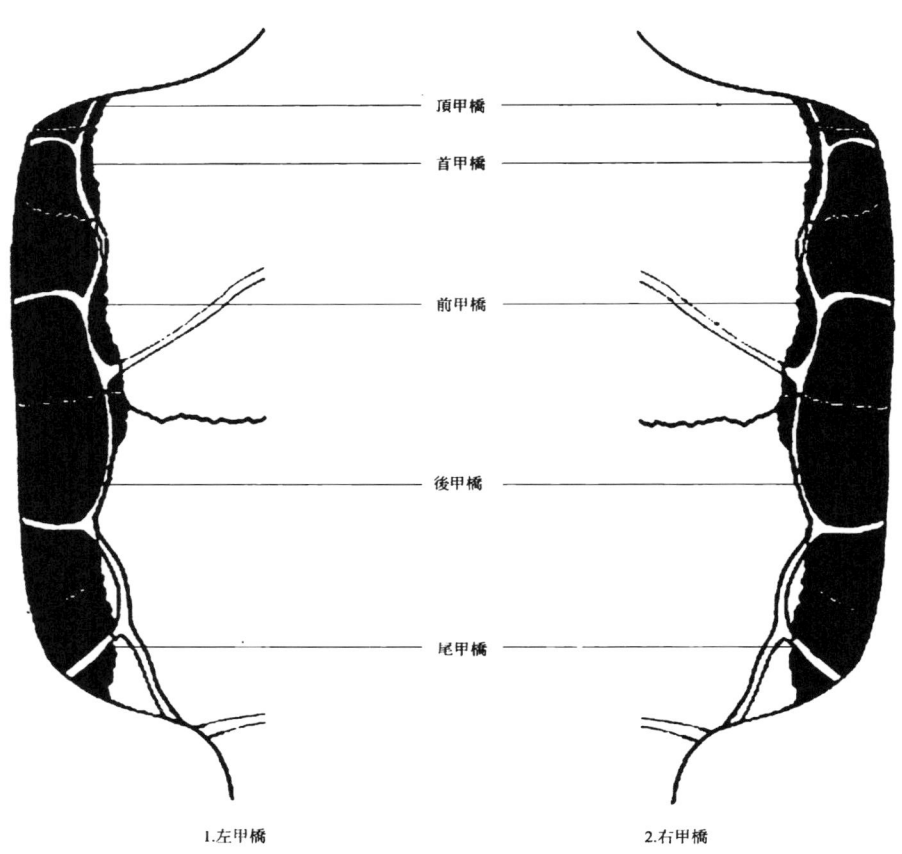

1.左甲橋　　　　2.右甲橋

圖四　甲橋(bridge)形態示意圖(李延彥繪)

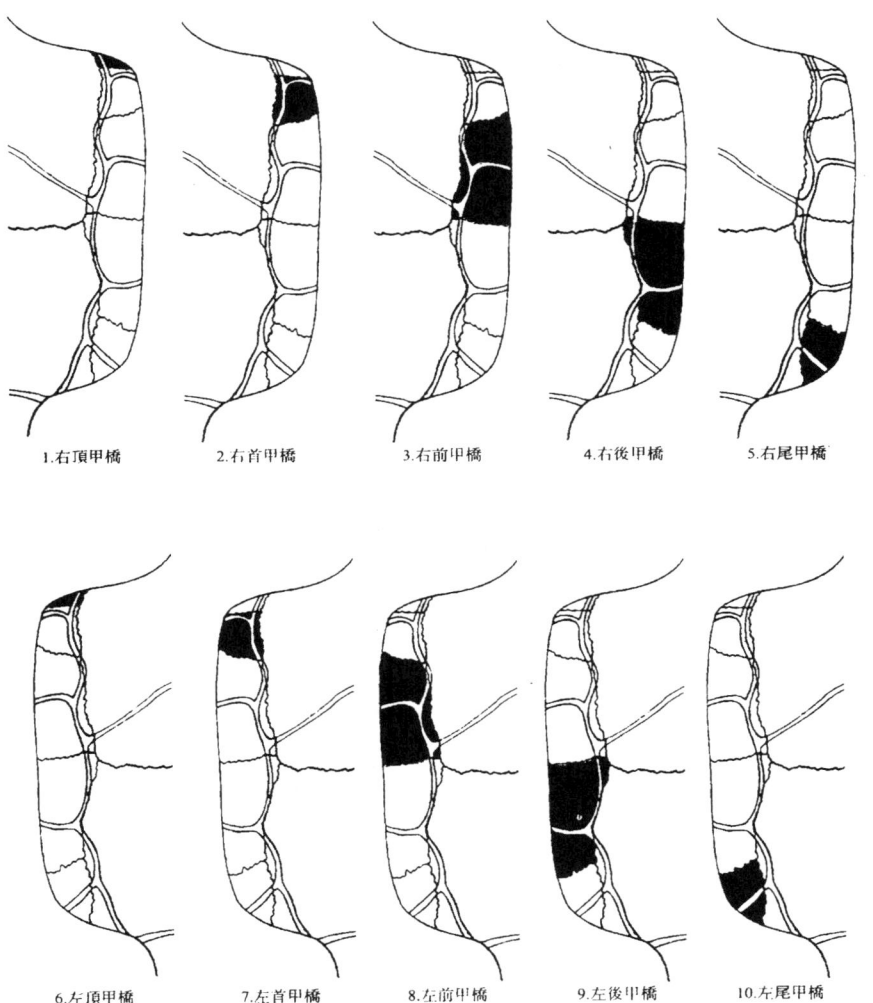

1. 右頂甲橋　2. 右首甲橋　3. 右前甲橋　4. 右後甲橋　5. 右尾甲橋

6. 左頂甲橋　7. 左首甲橋　8. 左前甲橋　9. 左後甲橋　10. 左尾甲橋

圖五　甲橋骨板形態示意圖（李延彥繪）

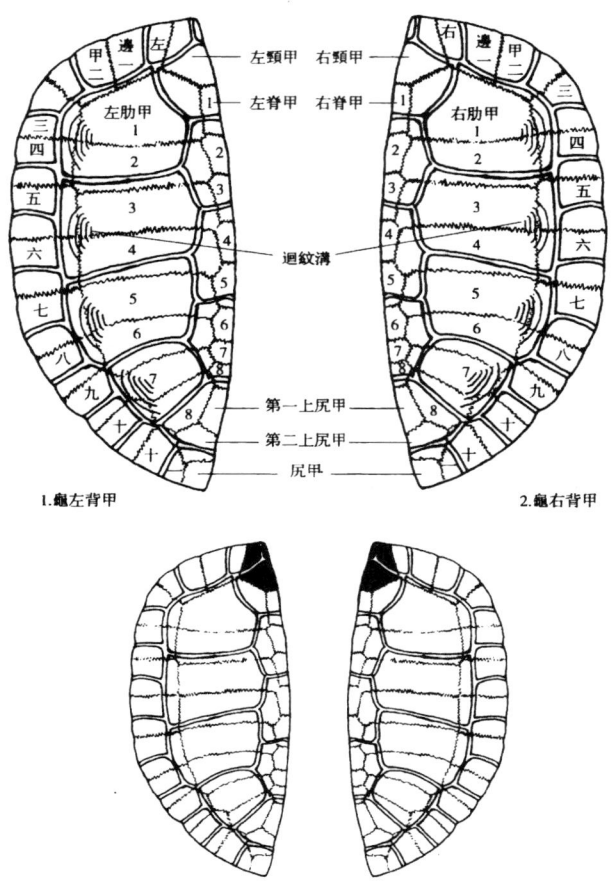

图六 背甲结构示意图

nu.P，颈甲（颈板）；n1—n8，第1—8脊甲（椎板）；spy1—spy2，第1—2上尻甲（上臀板）；py，尻甲（臀板）；c.p.1—c.p.8，第1—8肋甲（肋板）；p.p，边甲（缘板）（以上各块骨板的轮廓以锯齿线表示）。

nu.s，颈盾；vs1—vs5，第1—5脊盾（椎盾）；c.s1—c.s4，第1—4肋盾；m.s1—m.s11，缘盾；pygal 臀盾（以上各块盾片的轮廓以双钩线表示）。龟背甲图版采自《殷虚卜辞综述》插图二和插图三。龟背腹甲各部位名称，採用叶祥奎说：见《殷墟花园庄东地甲骨》，第1907 页，昆明：云南人民出版社，2003 年。

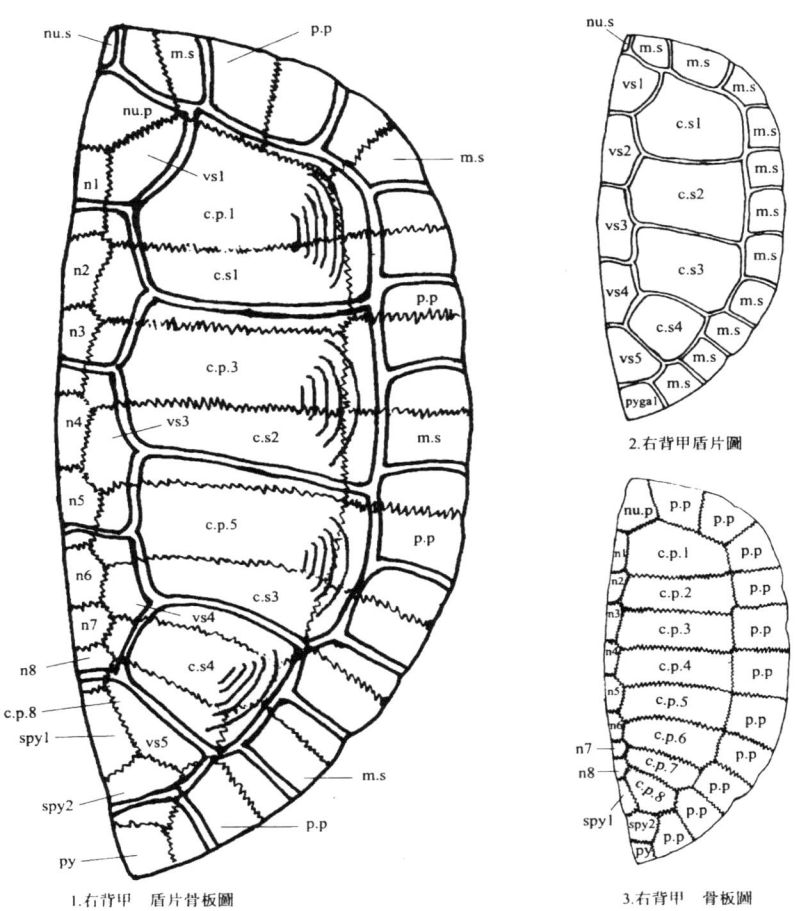

圖七　右背甲各部位名稱示意圖

nu.s，頸盾；nu.p，頸板（頸甲）；n1—n8，第 1—8 椎板（脊甲）；spy1—spy2，第 1—2 上臀板（上尻甲）；py，臀板（尻甲）；vs1—vs5，第 1—5 椎盾（脊盾）；c.p.1—c.p.8，第 1—8 肋板（肋甲）；c.s1—c.s4，第 1—4 肋盾；m.s，緣盾；p.p，緣板（邊甲）；pygal 臀盾。（採用葉祥奎說，見《殷墟花園莊東地甲骨》，第 1907 頁，昆明：雲南人民出版社，2003 年）

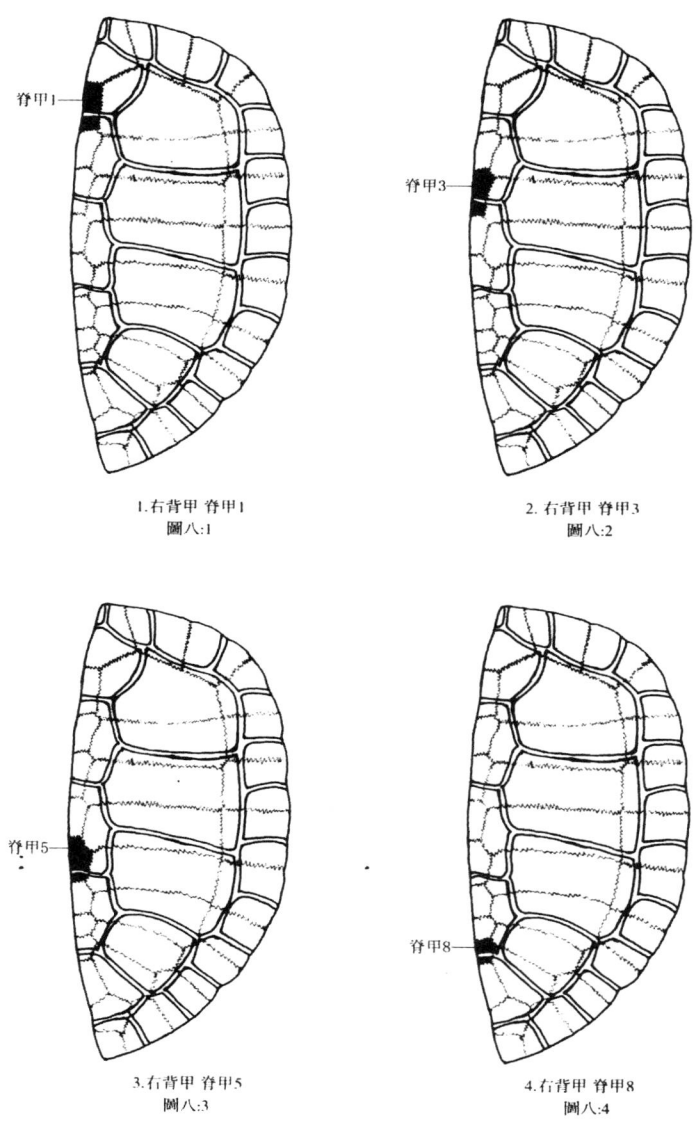

圖八　右背甲脊甲形態示意圖（李延彥繪）

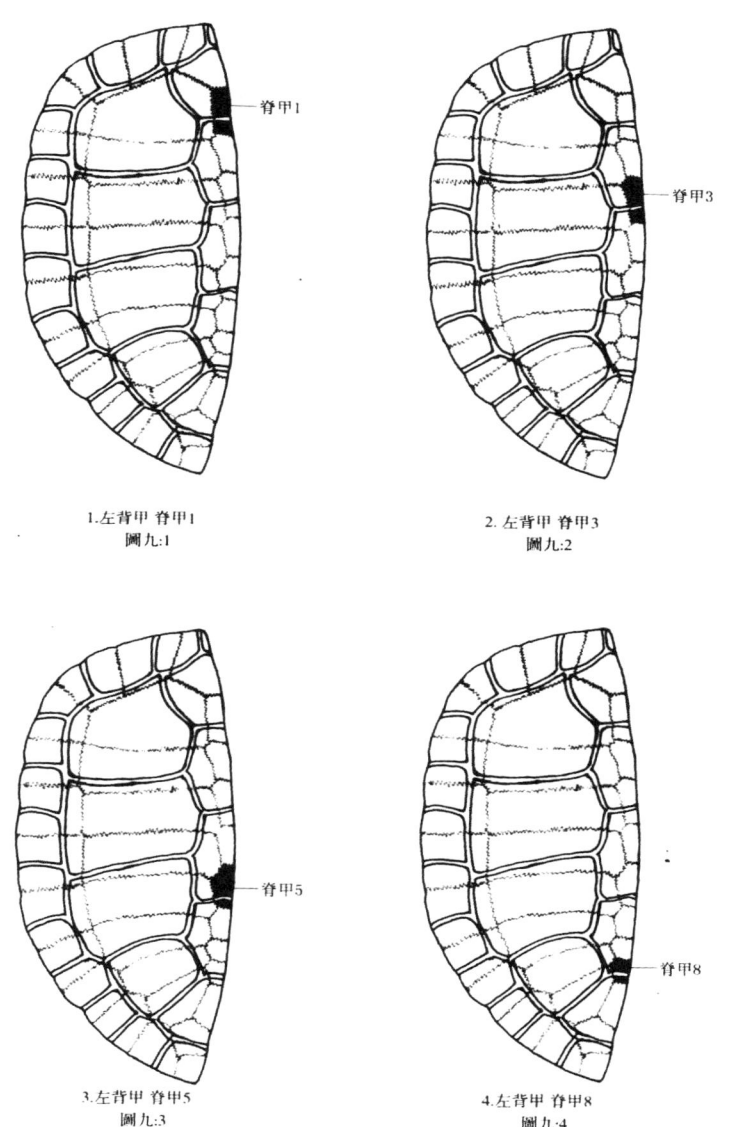

圖九　左背甲脊甲形態示意圖(李延彥繪)

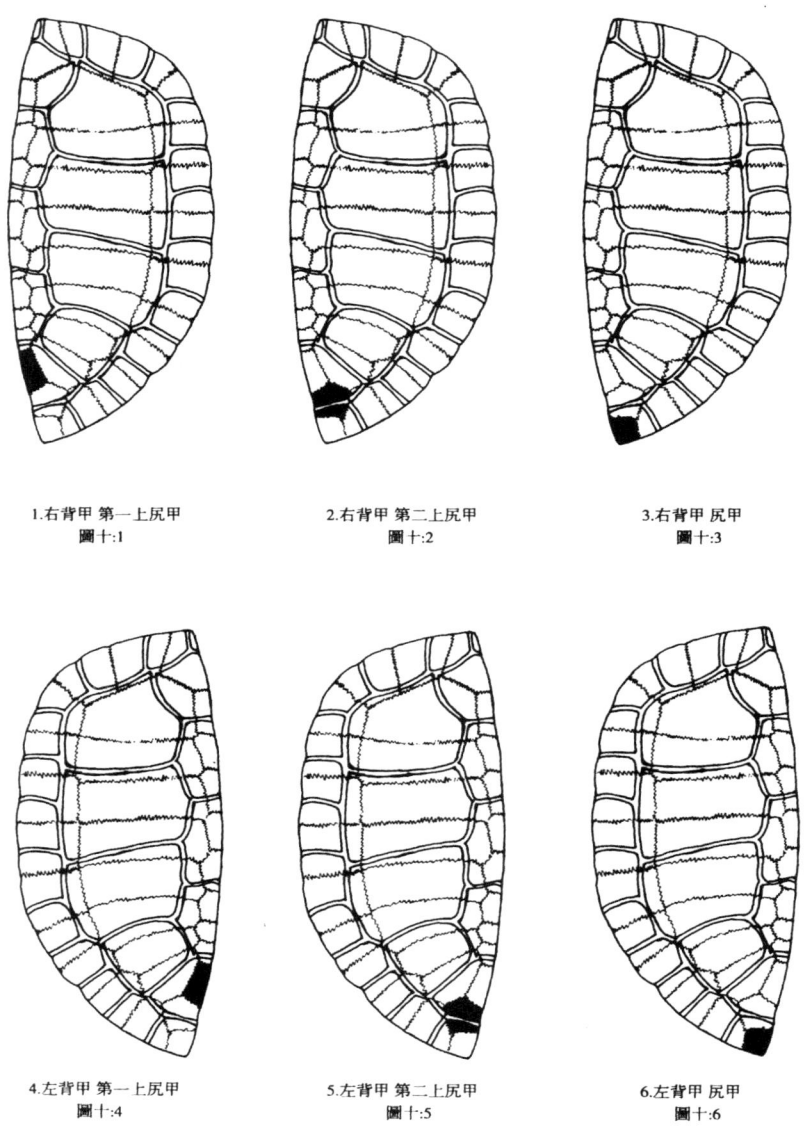

圖十　尻甲形態示意圖（李延彥繪）

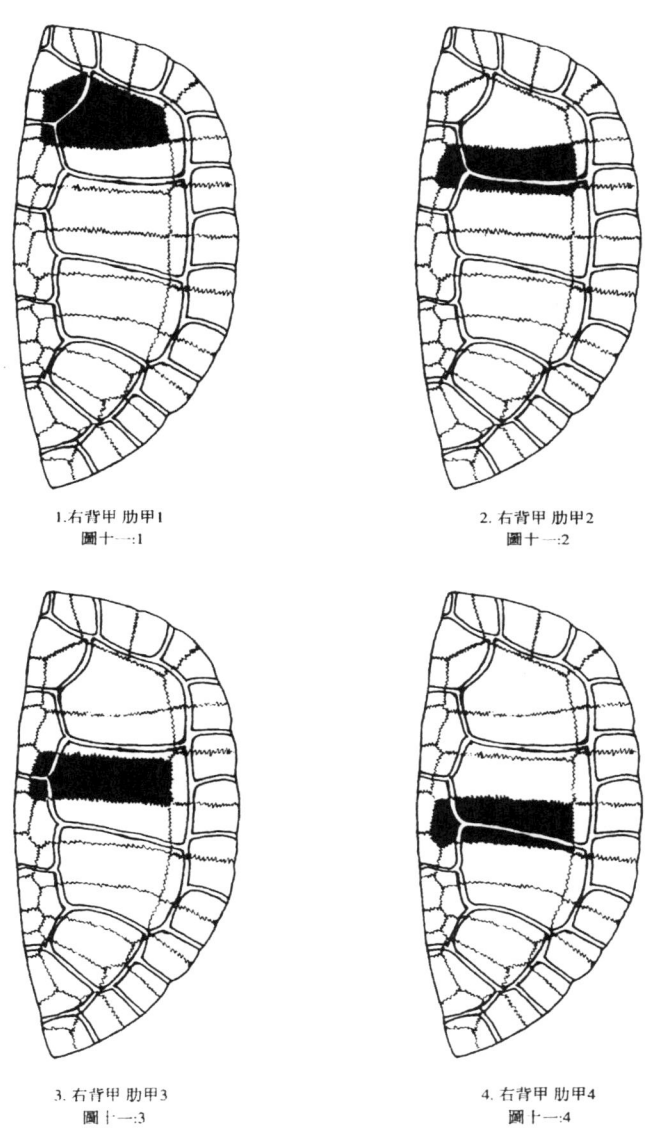

1. 右背甲 肋甲1
圖十一:1

2. 右背甲 肋甲2
圖十一:2

3. 右背甲 肋甲3
圖十一:3

4. 右背甲 肋甲4
圖十一:4

圖十一　肋甲形態示意圖(李延彥繪)

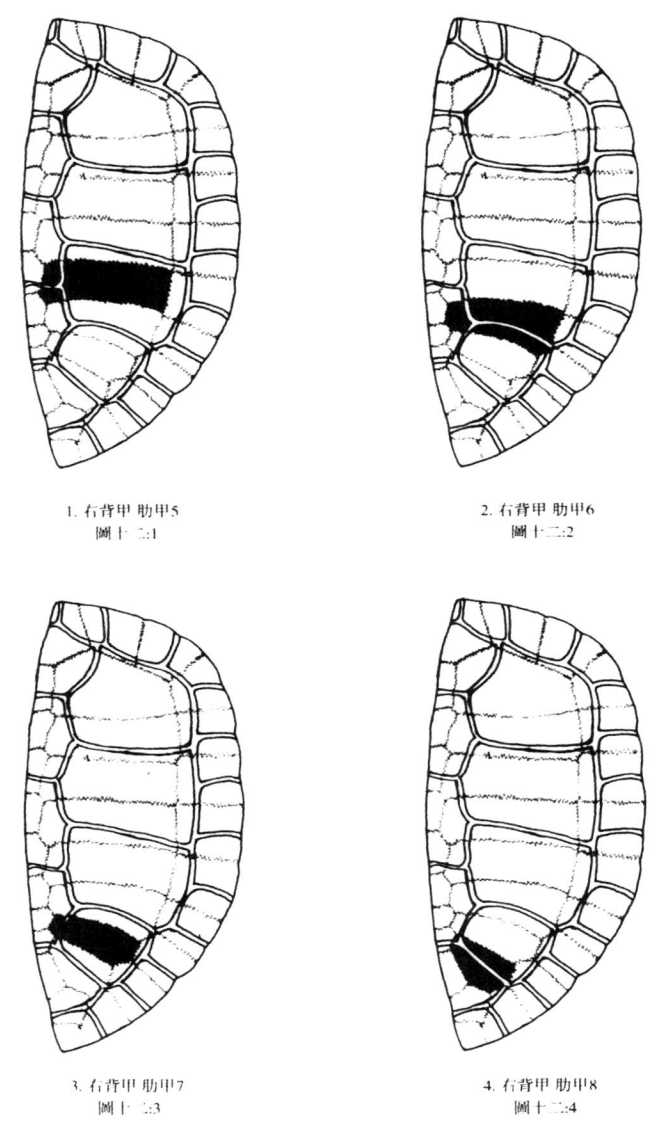

圖十二　肋甲形態示意圖（李延彥繪）

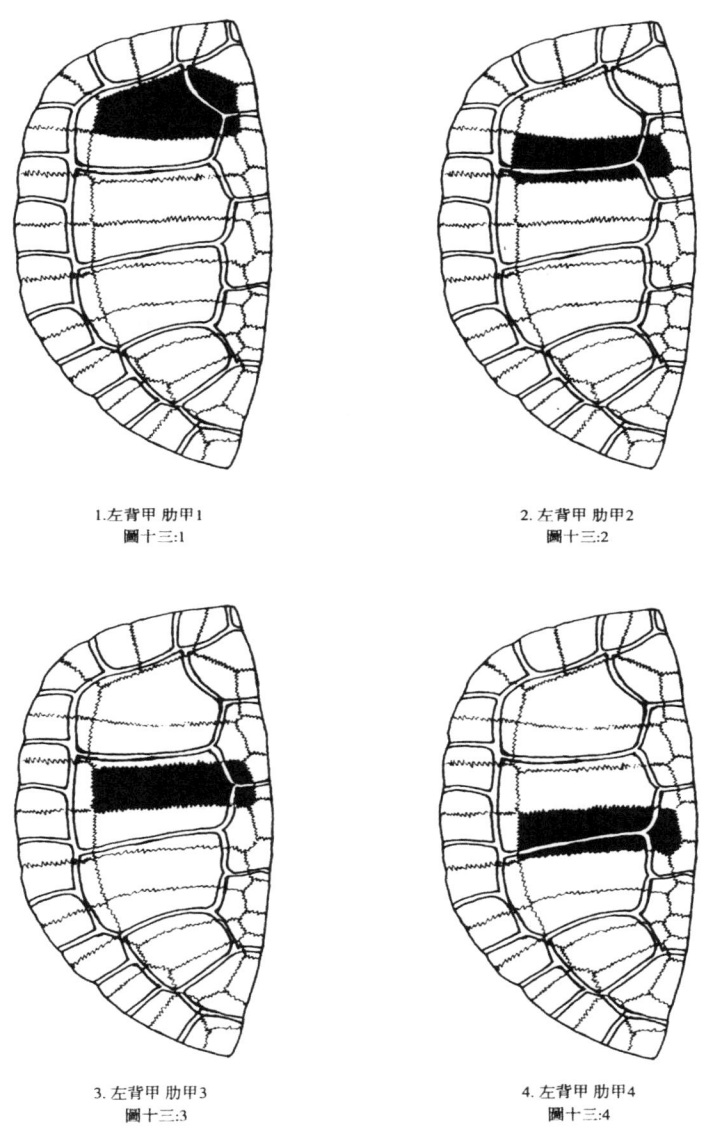

1. 左背甲 肋甲1
   圖十三:1

2. 左背甲 肋甲2
   圖十三:2

3. 左背甲 肋甲3
   圖十三:3

4. 左背甲 肋甲4
   圖十三:4

圖十三　肋甲形態示意圖(李延彥繪)

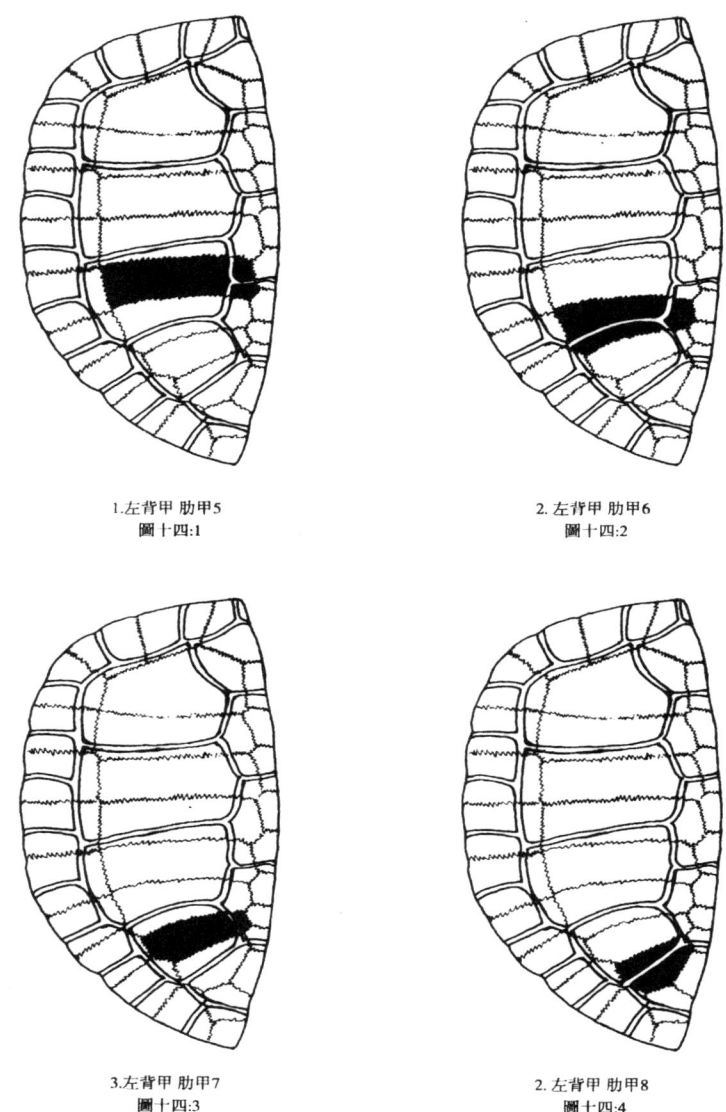

圖十四　肋甲形態示意圖（李延彥繪）

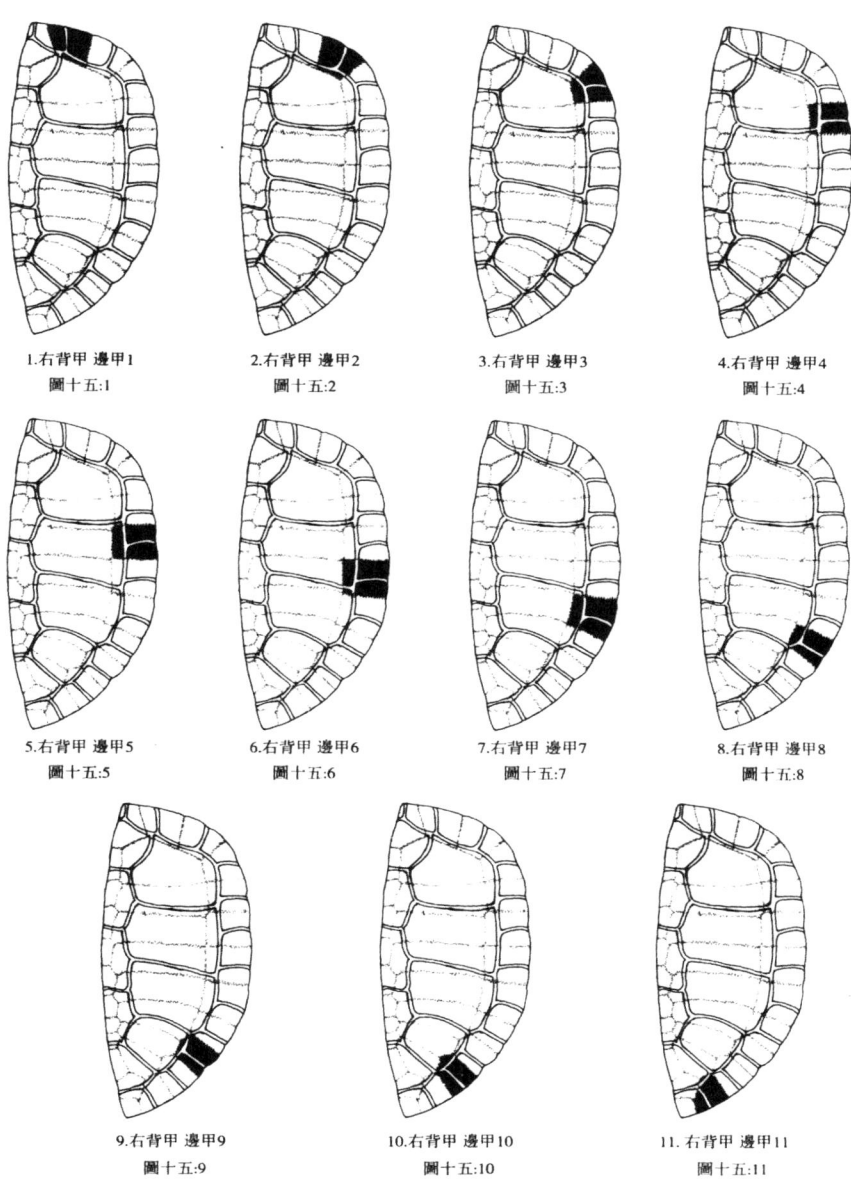

圖十五　右背甲邊甲形態示意圖（李延彥繪）

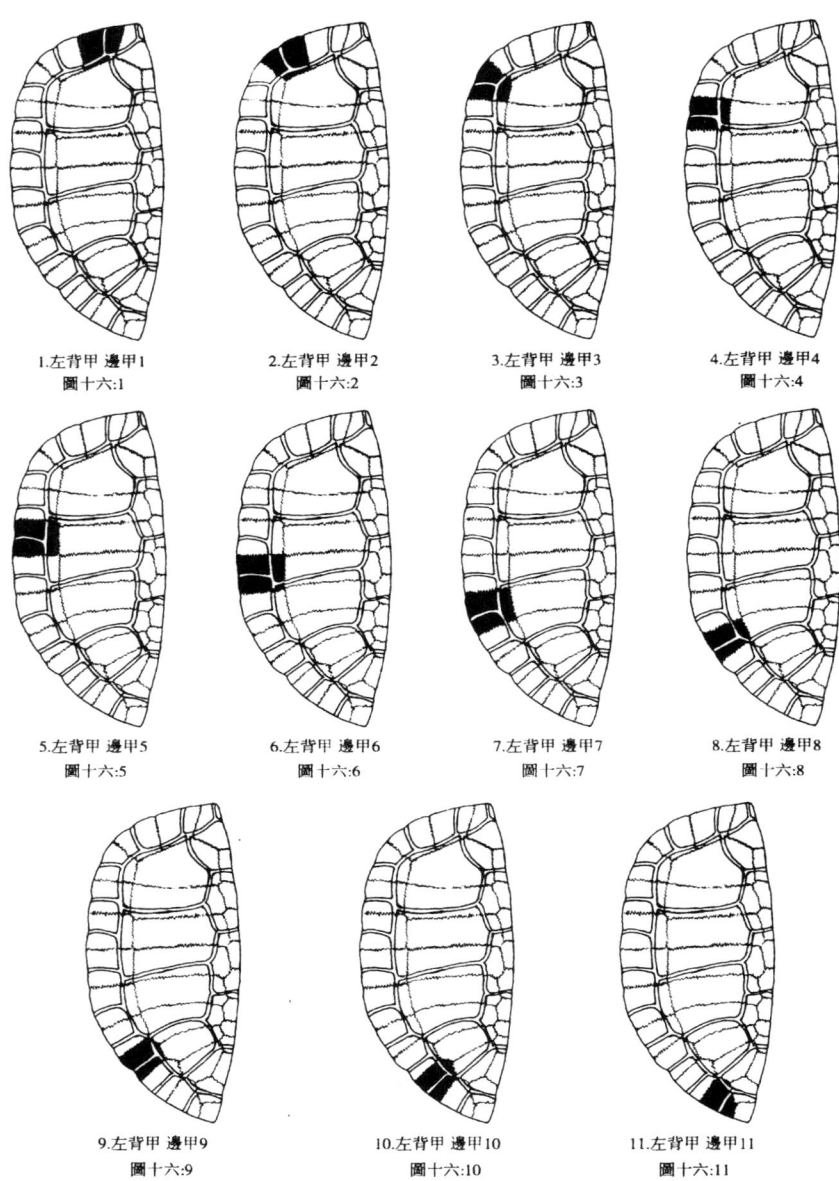

圖十六　左背甲邊甲形態示意圖（李延彥繪）

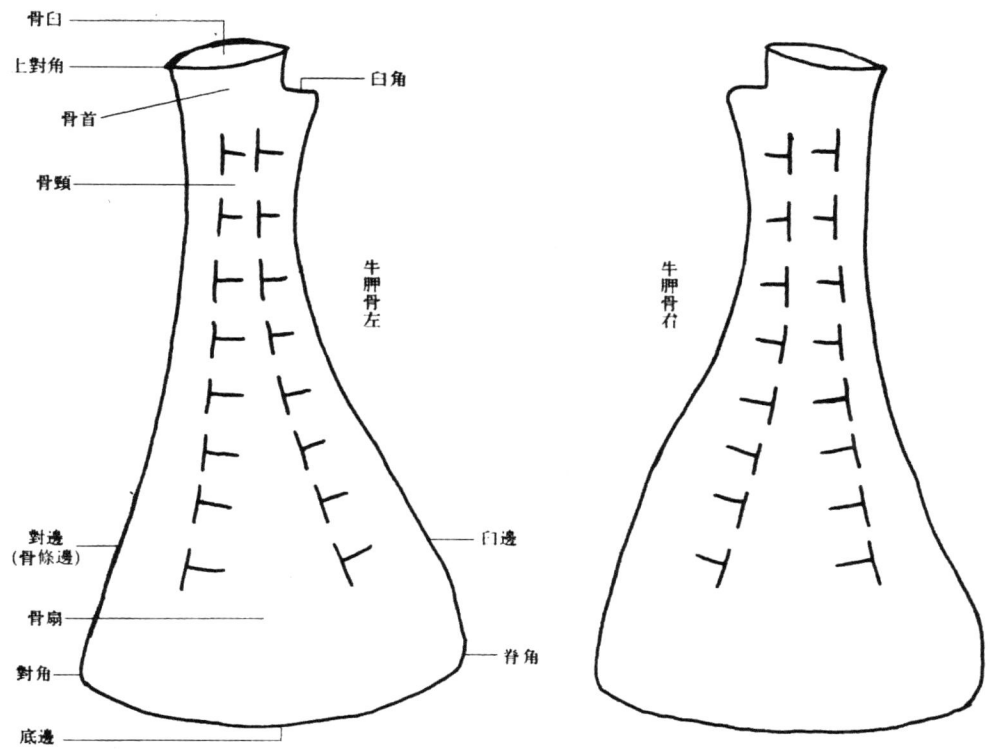

圖十七　左胛骨和右胛骨示意圖（胡厚宣）

（圖片來源：董作賓《甲骨實物之整理》圖版肆，筆者略作修改）

原收入黃天樹主編：《甲骨拼合集》，學苑出版社，2010年；又收入《黃天樹甲骨金文論集》，學苑出版社，2014年；又收入《古文字研究——黃天樹學術論文集》，人民出版社，2018年。今據《黃天樹甲骨金文論集》收入。

郭永秉

談古文字中的"要"字和从"要"之字

自從朱德熙、裘錫圭先生據傳抄古文資料釋出楚簡中的"嫢"字,古文字中舊被釋作"要"和从"要"的字,多已被改釋爲"嫢"和从"嫢"之字。① 現在除了秦簡中所見可與《説文》古文 ❀ 對應的,寫作 ❀、❀ 等形的"要"字之外,古文字中一致公認的"要"和从"要"之字已極少。② 秦系文字之外的古文字資料中,現在唯一一個可以確定的"要"字,是上博簡《性情論》簡14的 ❀（用作"歌謠"之"謠"）；雖然其字形略有漫漶,但仍可看出是與秦簡"要"字相類的寫法。③ "要"是一個比較常用的字,早已見於《詩》、《書》等古書,而"要"字在古文字中卻如此罕見、晚出,是非常特異的。《説文》"要"字正篆作 ❀,古文作 ❀,與三體石經篆文、古文恰好相反,它們的來源到底如何,是需要探

---

① 朱德熙、裘錫圭：《戰國文字研究（六種）》,原刊《考古學報》1972年第1期；見《朱德熙文集》第五卷,第36—37頁,商務印書館,1999年。
② 參看季旭昇：《説"嫢"、"要"》,中國古文字研究會、華南師範大學文學院編：《古文字研究》第二十六輯,第485—486頁,中華書局,2006年。睡虎地秦簡日書甲種簡22背壹欄"要"字作 ❀（睡虎地秦墓竹簡整理小組：《睡虎地秦墓竹簡》,日書甲種圖版第104頁,釋文注釋第210頁,文物出版社,1990年）,有學者主張也應改釋"嫢"（黃文傑：《秦至漢初簡帛文字研究》,第165—166頁,商務印書館,2008年）,非是。
③ 馬承源主編：《上海博物館藏戰國楚竹書（一）》,圖版第84頁,釋文考釋第239—240頁,上海古籍出版社,2001年。此字從字形看應釋爲"嫢",與新蔡簡甲三294零334的 ❀ 字寫法全同,應以"嫢"、"要"（指《説文》古文之形）形近相混來解釋；上博四《采風曲目》簡2原被釋作"要丘"的"要"字,也應釋作"嫢"（見李守奎等：《上海博物館藏戰國楚竹書（一—五）文字編》,第550頁、第135頁,作家出版社,2007年）。《集成》1896衍天父癸鼎的 ❀ 字,或釋爲"要"（《殷周金文集成（修訂增補本）》,第1053頁,中華書局,2007年）,誤。從《集成》9074衍天父庚爵及《商周金文資料金文通鑒》3651號著録陝西歷史博物館藏的衍天簋可知,此字仍應釋"大"或"天"。

索的問題。①

隨著新材料的不斷發表和古文字學者不斷深入研究，我認爲，通過學者們逐步梳理出來的下列古文字字形，很可能是以前沒有完全認識清楚的一系"要"字及從"要"之字：②

殷墟甲骨文：[字形]《懷特》1315　[字形]《合集》28236　[字形]《合集》28233　[字形]《合集》28203

西周金文：[字形] 智簋③　[字形][字形] 衛簋④　[字形] 輔師嫠簋（《集成》4286）　[字形] 獄盤⑤　[字形] 獄盉⑥

戰國文字：[字形] 郭店《忠信之道》簡 5　[字形] 上博《采風曲目》簡 2　[字形] 上博《昭王與龔之脽》簡 7　[字形] 包山簡 182　[字形]《璽彙》1250

在這些字形中，郭店簡《忠信之道》[字形]字的上部，裘錫圭先生疑爲"要"字變體，在簡文中讀爲"要"。⑦劉信芳先生在裘說基礎上，釋包山簡 182 之字爲

---

① 參看林澐：《先秦古文字中待探索的偏旁》，原刊《古文字研究》第二十一輯，中華書局，2001年；見《林澐學術論文集（二）》，第 178 頁，科學出版社，2008 年；張富海：《漢人所謂古文之研究》，第 60 頁，綫裝書局，2007 年。
② 西周金文的字形，參看日月（謝明文）：《金文札記四則》，復旦大學出土文獻與古文字研究中心網站，2009 年 4 月 18 日。此文注 7 已疑這些字形與甲骨文一系字形有關。此文之後的網友評論中，"水土"、"一上示三王"、"日月"對甲骨金文字形的釋讀續有討論；"一上示三王"的評論引鄔可晶的意見，指出甲骨金文字形與上博《昭王與龔之脽》（原帖誤作《昭王毀室》）、《采風曲目》字形有關，並與"水土"續有討論（2009 年 4 月 19 日）。陳劍《釋〈忠信之道〉的"配"字》（原刊《中國哲學》編委會、煙臺大學國際簡帛研究中心主辦：《國際簡帛研究通訊》第二卷第六期，2002 年）2008 年 2 月 20 日在復旦大學出土文獻與古文字研究中心網站發表之後，網友對[字形]字有討論，"鄭公渡"在評論中指出此字所從與《采風曲目》字形有關，"東山鐸"對此有討論；此後"東山鐸"又引蘇建洲《楚文字考釋四則》（簡帛研究網 2005 年 3 月 14 日）的意見，聯繫了《昭王與龔之脽》、包山簡 182（蘇文實已聯繫《璽彙》1250 之字，此帖未提）諸字，並續有討論（2008 年 2 月 25 日、3 月 11 日。不過他們似皆未注意下文即將引到的劉信芳先生的意見）。這些學者的討論非常有意義，在此基礎上我們才可能將這些字形全部聯繫起來並作考察，謹向他們致謝。
③ 首陽齋、上海博物館、香港中文大學文物館編：《首陽吉金——胡盈瑩、范季融藏中國古代青銅器》，第 98 頁，上海古籍出版社，2008 年。
④ 朱鳳瀚：《衛簋和伯獄諸器》，《南開學報》（哲學社會科學版），2008 年第 6 期附圖 1、2。先秦史網站劉源先生此字摹本作[字形]。
⑤ 吳鎮烽：《獄器銘文考釋》，《考古與文物》2006 年第 6 期，第 61 頁圖六。
⑥ 《考古與文物》2006 年第 6 期，第 63 頁圖八。
⑦ 荊門市博物館：《郭店楚墓竹簡》，第 164 頁注［10］，文物出版社，1998 年。

"遷"。①劉説似一直未受注意，或與此字用爲人名有關。裘説雖有不少學者同意，但也有很多學者不信，並提出新的釋讀意見。②《忠信之道》🀆字所在上下簡文是：

不兑（説）而足養者，地也；不期而可～者，天也。

"期"謂期日，"要"可依裘説訓"約"。《荀子·王霸》："德雖未至也，義雖未濟也，然而天下之理略奏矣，刑賞已諾信乎天下矣，臣下曉然皆知其可要也。"楊倞注："要，約也。皆知其可與要約不欺也。"簡文意思是説：不用期以時日而可與約結不欺的，是天。"要"字古也有"求"、"取"、"得"一類意思（如《吕氏春秋·貴生》："所用重，所要輕也。"高注："要，得也。"古書多有"要譽"、"要利"、"要爵"的説法），放在簡文中似亦可通，意思是不用與之期約而可向其求取（如四時寒暑等）的，是天；"足養"、"可要"文義正相類。所以我認爲裘先生的意見並無可疑之處。

我們知道，《忠信之道》是有齊系文字特徵的抄本。🀆字頭部的🀆，已有學者指出應該看作具有這種抄本典型特徵的"目"旁，這種寫法尤其多見於《唐虞之道》、《忠信之道》兩篇。③此字除去"土"旁的部分作🀆，當依裘先生説看作一個整體，而不應分析爲从"虫"。其與楚簡🀆類字形除了人體軀幹部分以雙鈎和單綫表現的不同之外，主要不同之處實在於雙腿下部多出一豎筆（因爲要避讓下部"土"旁的筆畫，故此豎寫得有些斜）。這種變化，當與"巽"字的如下變化平行：④

---

① 劉信芳：《包山楚簡解詁》，第185頁、第190頁，藝文印書館，2003年。
② 李零先生《郭店楚簡校讀記（增訂本）》，第101頁、第102頁釋讀爲"遇"，北京大學出版社，2002年；陳劍先生《釋〈忠信之道〉的"配"字》釋"𡈼"讀"迓"；東山鐸（侯乃峰）先生《〈忠信之道〉"禹"字補釋》釋"堣"讀"遇"，復旦大學出土文獻與古文字研究中心網站，2008年3月7日。禤健聰先生釋"螾（下从土）"，讀"演"（《楚簡釋讀瑣記（五則）》，《古文字研究》［第二十七輯］，第370—371頁，中華書局，2008年）。據禤文引，陳斯鵬先生釋"蠅"讀"繩"（陳文未見）。他們的説法在字形和辭例上似都存在問題，限於篇幅不一一評析。
③ 禤健聰：《楚簡釋讀瑣記（五則）》，第370頁（禤文亦已指出此字與《采風曲目》、《昭王與龔之脽》字形的關係。但其文據商周金文"寅"字或體釋爲"寅"，則不可信。金文"寅"字上部並非从"目"，與此字無關）；馮勝君：《郭店簡與上博簡對比研究》，第261—262頁、第329頁，綫裝書局，2007年。
④ 參看朱德熙：《中山王器的祀字》，見《朱德熙文集》第五卷，第172頁。

▆（郭店《語叢二》簡52）　▆（郭店《語叢三》簡53）　▆（郭店《語叢三》簡3）

《語叢二》、《語叢三》也是有齊系特徵的抄本，它們有相類的變化是合理的。因此，我認爲學者將▆字所從與楚簡▆類字形聯繫起來，是完全正確的。

將楚簡▆類字形與西周金文▆和殷墟甲骨文▆字所從視爲一字，同樣也是可信的。獄器▆ ▆二字寫法較爲特殊，李學勤先生認爲此字從"爾"聲①，大概是把字所從與《合集》11023 作▆形的"爾"字和《屯南》4310 一般釋作"爾"的▆、▆相聯繫。按所謂"爾"字應如何解釋，目前不好説。金文此字字形演變實可比照"黽（或從"黽"）"字的演變：②

▆（黽鼎，《近出》272）　▆（杞伯每亡鼎，《集成》2642）　▆（杞伯每亡鼎，《集成》3898）　▆（▆季作父癸方鼎，《集成》2325）　▆（黽方尊，《集成》6005）

所以没有問題▆ ▆二字就是▆字的變體。③由此可見，上述這一系字形，除了在春秋時代文字中尚未發現其可靠蹤跡外④，源流十分清晰。下面我們就從裘先生的意見出發，把這些字都釋爲"要"或從"要"之字，看看從辭例上能否講通。

先來看甲骨文的▆字。裘錫圭先生曾指出▆"當指植物有病"，並疑此字聲旁即毛公鼎用作"無斁"之"斁"的▆字的初文，在卜辭中讀爲訓"敗"的

---

① 李學勤：《伯獄青銅器與西周典祀》，《古文字與古代史》第一輯，第182頁，"中央研究院"歷史語言研究所，2007年。
② "黽"字考釋參看劉釗：《古文字考釋叢稿》，第13—17頁，嶽麓書社，2005年。
③ 《説文》"虎"字古文作▆，除去虎頭之外的部分，與"要"字正篆下部極近。學者以爲其形怪異無徵（張富海：《漢人所謂古文之研究》，第89頁）；也有學者對其來源作過推測（宋華強：《釋新蔡簡中的一個祭牲名》，中國古文字研究會、吉林大學古文字研究室編：《古文字研究》（第二十七輯），第503頁）。西周銅器銘文中有▆字（▆玭卣，《集成》5193），頗疑▆爲"虎"字作族氏名使用時的一種變體，《説文》古文之形即來源於此。▆字所從的聲旁和▆形之間的聯繫，與此正相近似。姑記此備考。
④ 春秋晚期的庚壺（《集成》9733）有▆字（摹本），上亦從"目"，很可能也與我們討論的"要"字有關。不過此字只有張光遠先生摹本，無法從拓本上看出原形，暫存疑。此字所在文例，據張政烺先生的解釋是"庚成陸～"，"陸～"爲地名（張先生釋此字爲"寅"，見《庚壺釋文》，《張政烺文史論集》，第729頁，中華書局，2004年）。看校時按：此字若爲"要"字，似可解釋爲"險要之處"，古書"守要"、"守要害"之類説法多見，"戍要"義與之近似。

"殀",或讀爲指草木枯落的"撄"。①此字釋爲"稷",在卜辭中應讀爲"夭"（要、夭皆影母宵部字,中古皆開口三等）;因其从"禾",當是表示禾夭之病的專字。禾"夭"大概指莊稼"苗而不秀"或"秀而不實"（孔子對"不幸短命死"的顏回所作的比喻）之病。下面對兩版相對完整的卜辭作一解釋。《合集》28233:"一羊,受禾。大吉。/兼用,禾征（延）稷（夭）。"第二條辭是卜問用"某確定範圍内的一隻以上的羊"祭祀②,禾苗會不會繼續不吐穗、結實。《合集》28203:"盂田禾稷（夭）,其御,〔不〕吉秭。/弜（勿）御,吉秭。"這是卜問盂田禾苗不吐穗、結實,要想有所刈獲,是否要舉行御祭。草木言"夭"之例,見《九章·惜往日》:"何芳草之早殀（洪興祖補注:一作夭）兮,微霜降而下（洪興祖補注:一作不）戒。"

西周金文的這個字,學者多已指出是車上的某種旂。③所以將此字釋爲見於《說文·㫃部》訓爲"旗屬"的"𣃦",是很直接自然的（《說文》"𣃦"字所從的"要"旁也寫作⿱西女）。輔師嫠簋的賞賜物"鑾𣃦",指有鑾鈴的𣃦,與金文多見的"鑾旂"相類;衛簋、𤉢盤和𤉢盉皆記賜"金車、金𣃦","金𣃦"應指"有銅作旗杆及飾件（如竿首、鈴）"④的𣃦;習簋"鋚𣃦"之"鋚",當與"鋚勒"之"鋚"无關;金文中當金屬講的"鎬鋚"⑤,與此大概也没有關系,因爲未見單獨以"鋚"指"鎬鋚"的例子。頗疑"鋚"應讀爲《說文·㫃部》訓爲"旌旗之流"的"斿"（《說文》"斿"、"𣃦"兩字前後相次）,"斿𣃦"就是有飄旂的旌旗。這個"鋚"字到底應如何解釋還可以進一步探討。"𣃦"字在文獻中没有具體用例,其形制特徵也有待深入研究。

上博簡《采風曲目》所謂"不▨之婕"之"婕"原作▨,所從與一般的"重"頗不同,先秦古文字未見"婕"字,古書也極罕用,學者對此多有懷疑。有學者疑▨實是"娃"字⑥,這比釋"婕"合理,似可信從。《管子·君臣下》"要

---

① 裘錫圭:《釋"殀""秭"》,《古文字論集》,第37頁,中華書局,1992年。
② "兼"字釋讀及卜辭文義的解釋,看陳劍:《甲骨金舊釋"眢"和"䜌"的兩個字及金文"䵼"字新釋》,《出土文獻與古文字研究》第一輯,第111頁,復旦大學出版社,2006年。
③ 吴鎮烽:《𤉢器銘文考釋》,第62頁;朱鳳瀚:《衛簋和伯𤉢諸器》,第5頁;日月（謝明文）:《金文札記四則》注7,參看此文之後"水土"的評論。
④ 朱鳳瀚:《衛簋和伯𤉢諸器》,第5頁。
⑤ 李學勤:《論多友鼎的時代及意義》,《新出青銅器研究》,第129頁,文物出版社,1990年。日月（謝明文）:《金文札記四則》釋出習簋的"鋚"字,據"水土"在《金文札記四則》之後的跟貼裏説,陳佩芬先生也已釋出此字。
⑥ 看《釋〈忠信之道〉的"配"字》文後網友"鄭公渡"的評論。此字右上的筆畫,應該是"圣"旁誤寫後留下的殘筆,與"重"的頭部筆畫顯然不同。

淫佚"（尹注："要，謂遮止之也。"），《禮記·緇衣》"慎惡以御民之淫"，《禮記·坊記》"夫禮，坊民所淫"，"不要之婬（淫）"則與這些話意思正相反，就是不加遏止的淫佚。如果上述推測可以成立，這大概應是一首刺詩。①《昭王與龔之脽》簡6—7："脽介（？）趣君王，不獲󰀀頸之罪君王，至於定冬而被袀（？）衣。"陳劍先生解釋文義如下："龔之脽爲君王駕車，沒有什麼罪過，竟然到了在隆冬時節而只有夾衣可穿的地步！"②是基本正確的。古書雖無"要頸之罪"，卻多有"要領之罪"、"要領之誅"等說法，領即頸。《戰國策·魏策二》"秦召魏相信安君"章："恐其不忠於下吏，自使有要領之罪。"《呂氏春秋·功名》："王子比干能以要領之死，爭其上之過。"《後漢書·李雲傳》："成帝赦朱雲腰領之誅。""要領之罪/誅"就是獲斬刑。古人以保全腰領爲不獲罪於君上、得以善終的同義語，如《禮記·檀弓下》"是全要領以從先大夫於九京也"③。《昭王與龔之脽》"不獲要頸之罪君王"，就是平時（幹得挺好）沒得罪過您君王這一類意思；昭王讓龔之脽在隆冬時節穿夾衣，已近於不讓脽活下去的地步，所以大尹說這些話爲脽抱不平。

古璽人名"黃要"（《璽彙》1250）④、包山簡人名"周遷"，雖無辭例可說，但亦不成爲反證。古人如春秋時衛國公文懿子即名"要"（《左傳·哀公二十五年》及同年杜預注）。"遷"疑是"邀"字異體。

下面解釋字形。《説文》解釋"要"字説"身中也，象人要自臼之形"，解釋"臼"字説"叉手也"，這即是説"要"字象人叉腰之形。上述這些字形或其所從，都是描繪出一個人以手叉腰的形狀，正符合《説文》對字形的解釋。《説文》正篆"要"作󰀀，形體一定有訛變，但也可看出其與上面所説這些先秦古文字中"要"字的聯繫。段玉裁《説文解字注》據《漢書·地理志下》北地郡"大要"顏注"要即古要字也"，將《説文》正篆改作󰀀。⑤段氏所改字形雖未得到公認，

---

① 此前一篇曲目的篇名是"將美人毋過吾門"（陳劍：《上博竹書"葛"字小考》，《中國文字研究》[總第八輯]，第69頁，大象出版社，2007年），"不要之淫"與此似有關聯。
② 陳劍：《上博竹書〈昭王與龔之脽〉和〈柬大王泊旱〉讀後記》，簡帛研究網，2005年2月14日。
③ 《檀弓下》此句孔疏云："古者罪重要斬，罪輕頸刑也。……言若得保此宅以歌哭，終於餘年，不被罪討，是完全要領，壽終而卒，以從先大夫葬於九原也。"
④ 關於此字字形特點的分析，看劉釗《古文字構形研究》，第529—530頁，吉林大學博士學位論文，1991年。
⑤ 段玉裁：《説文解字注》，第105頁，上海古籍出版社，1981年。其改篆與《古文四聲韻》引《籀韻》之形極近（參看徐在國《傳抄古文字編》，第265頁第三行末字，綫裝書局，2006年），《籀韻》所據不知是否《漢志》的這條材料。

但《漢書》"要"字的這種古寫，確與▇字上部所從極爲接近。（看校時按：陳劍先生提示我，東漢祀三公山碑"要"字作▇。此碑文字篆書，證明《説文》"要"字正篆之形有誤，段玉裁改篆雖僅提及《漢書》之證，卻與祀三公山碑字形大致相合。我頗疑祀三公山碑字形頭部就是由"目"形變來的。祀三公山碑"要"字之形見商承祚：《石刻篆文編》，第141頁，中華書局，1996年。）段氏指出"今《志》誤爲𪓷字矣"，《忠信之道》的▇字本來也被誤認爲從"土"從"蠅"之字①，正從側面説明了這一點。段《注》説此字形"上象人首，下象人足，中象人腰，而自臼持之，故從臼"，大致正確，這也適合用來解釋先秦古文字中的"要"字（以"目"旁代表人首在古文字中常見）。尤其值得注意的是，▇、▇、▇三字還在腰部的位置畫一個圈或一個半圓，應看作指事符號。▇字寫作人膨腹之形，也許是受到"黄"字之影響而産生的類化②，同時通過這種形體突出腿部之上的"腰"的位置（《忠信之道》的形體或與此類寫法有關）；另一種可能是，此字是把"要"旁的一部分改成了"黄"，因爲禾苗"夭"則必"黄"，故以"黄"爲其義符。▇字在人腰部的圈形，除了指事符號的作用之外，或許也兼取變字形之一部分爲"黄"以表義的作用。

　　《説文》"要"字古文（即三體石經篆形），雖已有秦簡字形可與之對應，但是它更早的來源是什麼，其與《説文》"要"字正篆及上面提到的這些字形到底是什麼關係，是一個必須回答的問題。可是因爲材料太少，我們對此只能勉強作些推測。林澐先生曾指出商末周初的▇方鼎（《集成》2702）的▇字不從角而從目，故疑爲"要"之初文，但也説"仍難確定"（看校時按：最早釋此字爲"要"的，大概是張政烺先生，見《哀成叔鼎釋文》，《古文字研究》第五輯，中華書局，1981年；收入《張政烺文史論集》，第582頁，中華書局，2004年。唐蘭先生亦釋此字爲"要"，見《西周青銅器銘文分代史徵》，第111頁，中華書局，1986年）。③嚴志斌先生釋井南伯簋（《集成》4113）的▇爲"鄋"④。從《説文》古文及秦簡"要"字寫法看，嚴説並非全無道理，但未得到承認⑤；從古文字多見"鄭"而未見"鄋"看，其字似確應釋"鄭"，但也不能排除當時已有這種

---

① 荆門市博物館：《郭店楚墓竹簡》，第163頁。
② 參看裘錫圭：《説卜辭的焚巫尪與作土龍》，《古文字論集》，第216—219頁。
③ 林澐：《先秦古文字中待探索的偏旁》，第178頁。
④ 嚴志斌：《四版〈金文編〉校補》，第74頁，吉林大學出版社，2001年。
⑤ 如《殷周金文集成（修訂增補本）》第三册第2284頁即釋此字爲"鄭"。

寫法的"要"字（此字可能是"妻"旁與"要"旁形混）。我認爲林先生所指出的 ![字]字，很可能就是《說文》"要"字古文這一系字形的源頭。但這一形體下部所從尚非"女"旁，而是斂手分腿立人之形①，大概後來才被一般的"女"形替代。可以注意的是 ![字]、![字]、![字]、![字] 這些字形的主體（即除去"臼"旁之外的部分）是一個手足完整的人形，所以此字所從的"臼"，當是一雙他人加在主體頭部的手形。從字形上講，這種"要"字大概本來是爲"要"的約、束一類意思造的表意初文，象一人頭部被人用手臼持不能動彈，取其約束、制約之義（《尚書·康誥》、《多方》四見"要囚"的說法，用的也許就是這個"要"字的本義）。如果這個推測是合理的話，《說文》的正篆和古文，嚴格地說應是兩個字，而不是一字之異體，故亦無必要辨析《說文》和三體石經何者爲是。不過"要（腰）"的本義是人腰，人腰爲細約之處，引申有約束、要結、遏止、簡約等義，似可認爲 ![字] 這一系字形是爲了"要（腰）"這個詞的引申義造的專字，由於其形體與"要（腰）"字初文有一定相似之處，用法也沒有什麼不同（秦簡即用此形表示"腰"，嚴格說是假借），所以被《說文》收在一個字頭下。秦系文字大概很早就已不用"要（腰）"字初文這一系的字形，在秦統一文字之後，![字] 這類字形都被廢除了，《漢書·地理志》所見的"寁"應是後世罕見的孑遺（看校時按：從前舉祀三公山碑"要"字字形看，東漢時這類字形仍在使用）。從秦漢到今天所用的"要"字，絕大多數都是從《說文》"要"字古文這一系形體直接演變而來的。

2009 年 10 月 5 日寫完初稿

2009 年 10 月 14 日修改完畢

附記：本文構思和寫作時，曾向裘錫圭先生、劉釗先生、沈培先生、陳劍先生和田煒、周波、廣瀨薰雄諸兄請教，獲益很多，謹致謝忱。裘先生和劉先生不斷予以啟發和鼓勵，對作者寫成此文有重要幫助，作者非常感謝。文中錯誤當由本人承擔。本文受到教育部重大課題攻關項目"戰國文字及其文化意義研究"（批准號：06JZD0022）和復旦大學 2008 年度文科科研推進計劃"金苗"項目（批准號：08JM001）的資助。

---

① 這種斂手分腿立人形還見於《合集》1051 正 ![字]、![字] 所從。看校時按：前引唐蘭《西周青銅器銘文分代史徵》認爲《集成》2702 之字"女字寫出兩足"（第 111 頁），其實該字並非從"女"。

再記：小文寫完後，曾呈請諸位師友審正。陳劍先生向我指出，胡厚宣《蘇德美日所見甲骨集·美國所見甲骨補錄》（四川辭書出版社，1988 年 3 月）第 19 號摹本中，也有本文所説的"稷"字。其辭云："……盂禾🈳，□（此字字形較繁，疑與合 28111 和屯南 218 等所見的'虡'字爲一字異體），受又（有）年。"（第 125 頁）該"稷"字所從只畫出一手叉腰之形，與智盨"嫂"字所從接近。又蒙程鵬萬先生和何景成先生賜知，何景成先生《西周王朝職官制度研究》（南開大學博士後出站報告，2007 年 9 月）一文"樂師"一節曾指出見於西周金文之字所從"象一正立人作兩手叉腰狀。此形又見於甲骨文，亦作偏旁使用。似可釋作'要'，……如此，我們討論的從扩從要的字應該是'膆'字，《説文》：'膆，旗屬。'與銘文反映的含義合"。（第 158 頁注 473）撰寫本文時未能看到何先生的見解，故未能加以引用，謹志於此。何先生後來又撰《獄器的"金鑢"和輔師簋的"䜌鑢"》一文，此文將甲骨文、西周金文和楚簡之字釋爲從"票"聲的字，亦請讀者參看。在此謹向諸位先生致以謝意！

看校追記：《合集》18094 =《林》2·25·14 有一個🈳字，此字被《甲骨文編》誤摹爲🈳（第 841 頁，中華書局，1965 年）。該字應即本文所討論的甲骨文"稷"字所從，也就是楚簡🈳字的源頭，是目前所見最早的"要"字。惜此字所在之辭僅存"……聖……要……凡"三字，"要"字的用法無法詳考。

編按：2010 年 10 月 22 日中國古文字學會第 18 次年會在北京召開期間，吳振武、施謝捷兩位先生向我指出《璽彙》1250 🈳字其構形與本文所論"要"字不同，可能並非"要"字。吳先生認爲該字是從"肉"從"蛋（蜀）"之字。此字到底應釋爲何字確實應存疑待考。非常感謝兩位先生提出的寶貴意見。田煒兄此前也對🈳字提出過類似懷疑，一併致以謝意！

會議期間，施謝捷先生還提示我一方私人藏三晉姓名古璽，其中有從"艹"從"要"的"葽"字。蒙劉釗先生提示，此璽後來已在盛世收藏網上拍賣（2010 年 11 月 27 日），賣家所附印面照片如下：

施謝捷先生提供的鈐本如下：

所從"要"旁下部變爲"交"形，疑起表音作用。從"龍"從"文"之字，尚見於《古璽彙編》1422"宋～"、1996年西安北郊尤家莊二十號戰國墓出土所謂"龍陽庶子燈"（見《文物》2004年1期）等。龍陽庶子燈所謂"龍"字亦從"文"作（字從"龍"聲的可能性似頗大），"庶子"合文似當是"序（？）子"合文，該燈發表者已定銘文爲三晉文字。

睡虎地秦簡《日書》甲種80號背"🈚有疵"，整理者將此字下部隸定爲"糸"旁，視此字爲"要"字訛形（《睡虎地秦墓竹簡》，第220頁，文物出版社，1990年）。此字從辭例上看當爲"要（腰）"無疑。字形下部的"糸"形，大概是人軀幹和雙腿形的訛變寫法，又將兩手之形挪到了字形上部（此蒙董珊先生指教）。所以這個字形可能是從《説文》正篆"要"字一系字形直接演變來的。

原載《古文字研究》第28輯，中華書局，2010年；收入郭永秉：《古文字與古文獻論集》，上海古籍出版社，2011年。今據後者收入。

崎川隆

"字排特徵"的觀察對殷墟甲骨文字體分類研究的重要性

一、何謂"字排特徵"

通過對甲骨刻辭的行款及其契刻方法的仔細觀察，我們可以發現刻辭的文字排列方式有如下幾種不同的模式（看圖1）。比如，有的刻辭如Ⅰ型，全部文字按直綫排列，每一個文字的寬度大體一致，角度也全呈水平，行款極爲整齊（《合》6737、6087正等，參看圖2-1）；有的刻辭像Ⅲ型那樣，全部文字按照一定的角度傾斜（《合》7556、8480等，參看圖2-3）；也有的刻辭像Ⅴ型，每一個

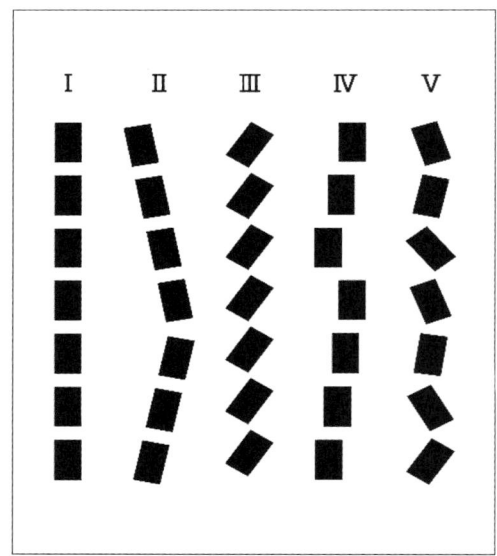

圖1

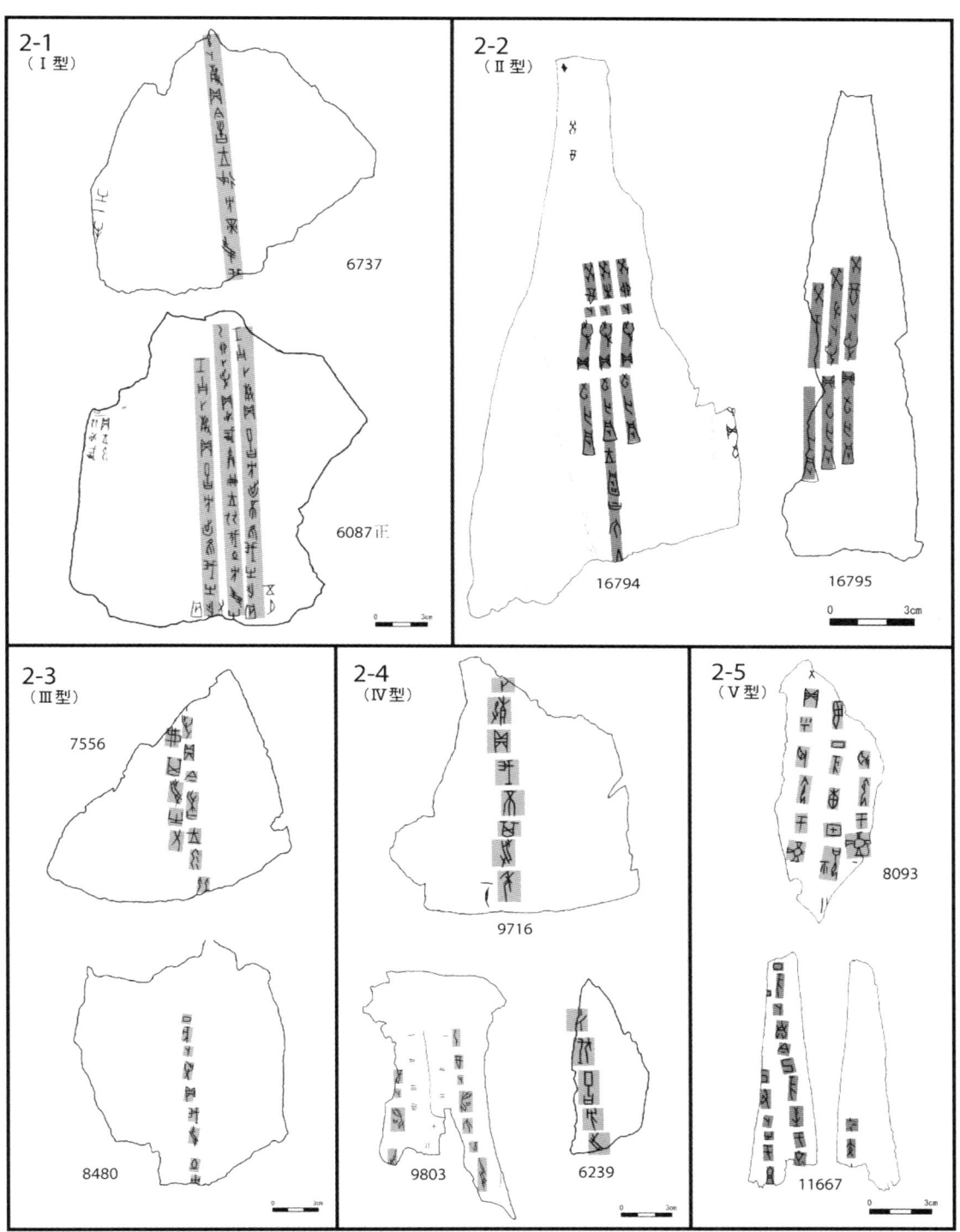

圖 2

字的傾斜角度都不相同，行款也是左右搖擺不定，基本沒有規則（《合》8093、11667等，參看圖2-5）。此外，還有Ⅱ型以三四個字爲一個單元、文字的寬度和傾斜角度相當一致（《合》16794、16795等，參看圖2-2）和Ⅳ型即各文字在水平方向上有出入（《合》6239、9716、9803等，參看圖2-4）。

因在以往研究中似乎還沒有人對這一現象進行深入討論，目前學術界對這一現象還沒有固定的稱呼。所以在此我們暫時將其稱之爲"字排特徵"。

二、字排特徵和字體特徵之間的對應關係

在從上述"字排特徵"的觀點來重新觀察黃天樹、彭裕商兩位先生分別提出的殷墟甲骨文的字體分類案時，我們可以發現一個非常有趣的現象[1]。爲了行文方便，本文擬以佔殷墟甲骨文過半的"賓組"爲例，對字排特徵和字體特徵之間的對應關係進行討論。黃天樹、彭裕商兩位先生在各自的分類研究中，分別將賓組甲骨文分爲四個字體類型，即"師賓間類"、"賓一類"、"典賓類"、"賓三類"[2]。而從表1中我們可以看出每一類中的字排特徵各自不同。例如典賓類中的文字排列形式幾乎都屬於Ⅰ型，賓一類中Ⅲ型佔絕大多數而Ⅰ型卻基本看不到。同樣在師賓間類中也基本不見Ⅰ型字排，多爲Ⅲ型和Ⅴ型。而在賓三類中出現Ⅰ、Ⅲ、Ⅴ各類型，由此得知其表現出各不相同的獨特傾向。也就是説，字排特徵的區別和字體特徵之間有著極其密切的對應關係。因此，按字體進行甲骨分類時，尤其對沒有出現"特徵性字體"的甲骨片進行分類時，以這種文字排列上的特徵爲輔助標準是很有效的。

---

[1] 參看黃天樹：《殷墟王卜辭的分類與斷代》，文津出版社，1991年（簡體字增訂版：科學出版社，2007年）；彭裕商：《殷墟甲骨斷代》，中國社會科學出版社，1994年；李學勤、彭裕商：《殷墟甲骨分期研究》，上海古籍出版社，1996年。

[2] 黃天樹、彭裕商兩位先生在殷墟甲骨文字體分類研究中所採取的分類框架及類型稱呼系統之間有若干異同。但對賓組的部分而言，其所示的對象基本上是一致的。爲了避免混亂，本文一概採用黃先生的類型名稱。比如，彭先生所説的"賓組一A類"、"賓組一B類"、"賓組二類"，分別用"賓組一類"、"典賓類"、"賓組三類"表述。

表 1

	師賓間類	賓一類	典賓類	賓三類
I			●	
II		●	●	
III		●		●
IV	●	●		●
V	●	●		●

説明：大圓圈代表每一字體類型中最优勢的字排類型

三、產生不同字排特徵的原因

那麼在文字的排列方式上，爲什麼存在這麼明顯的區別呢？其產生的原因、過程、機理到底是什麼？如果能說明這一點，就能夠提高把字排特徵用作字體分類輔助標準的可靠性。因此，下面我們將探討不同字排特徵產生的原因。

由上述我們得知，甲骨刻辭的字排方式有幾種模式，這些模式和字體類型高度一致。這一事實讓我們可以推測到字排不同似乎是因爲刻手的刻法差異而產生的。而在檢驗這一推測的可行性時，能夠爲我們提供有效綫索的就是關於"缺筆"的研究。

在甲骨文中我們偶爾可以看到先刻了文字的豎筆卻忘了刻橫筆的例子，甚至也有整條卜辭中全部橫筆都忘記契刻的例子。關於這種現象，早在 20 世紀 20—30 年代就已有不少研究者注意到①。近年，有關缺筆的研究當屬彭邦炯最爲系統，

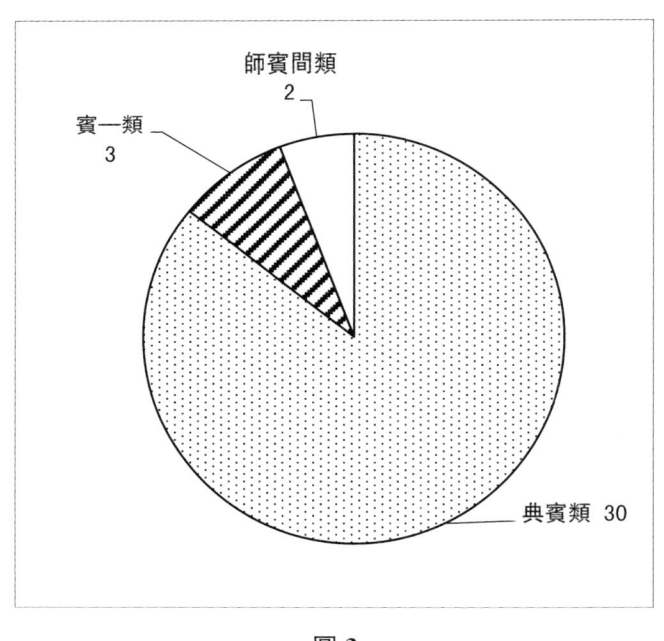

圖 3

---

① 參看葉玉森：《殷契鉤沈·乙卷》，第 10 頁，北平富晉書社，1929 年；董作賓：《商代龜卜之推測》，《安陽發掘報告》第 1 期，1929 年；董作賓：《甲骨文斷代研究例》，《慶祝蔡元培先生六十五歲論文集》上册，《中央研究院歷史語言研究所集刊》外編第 1 號，1933 年；郭沫若：《卜辭通纂攷釋》，第 3 頁，文求堂書店，1933 年；郭沫若：《古代文字之辯證的發展》，《考古》1972 年第 3 期等。

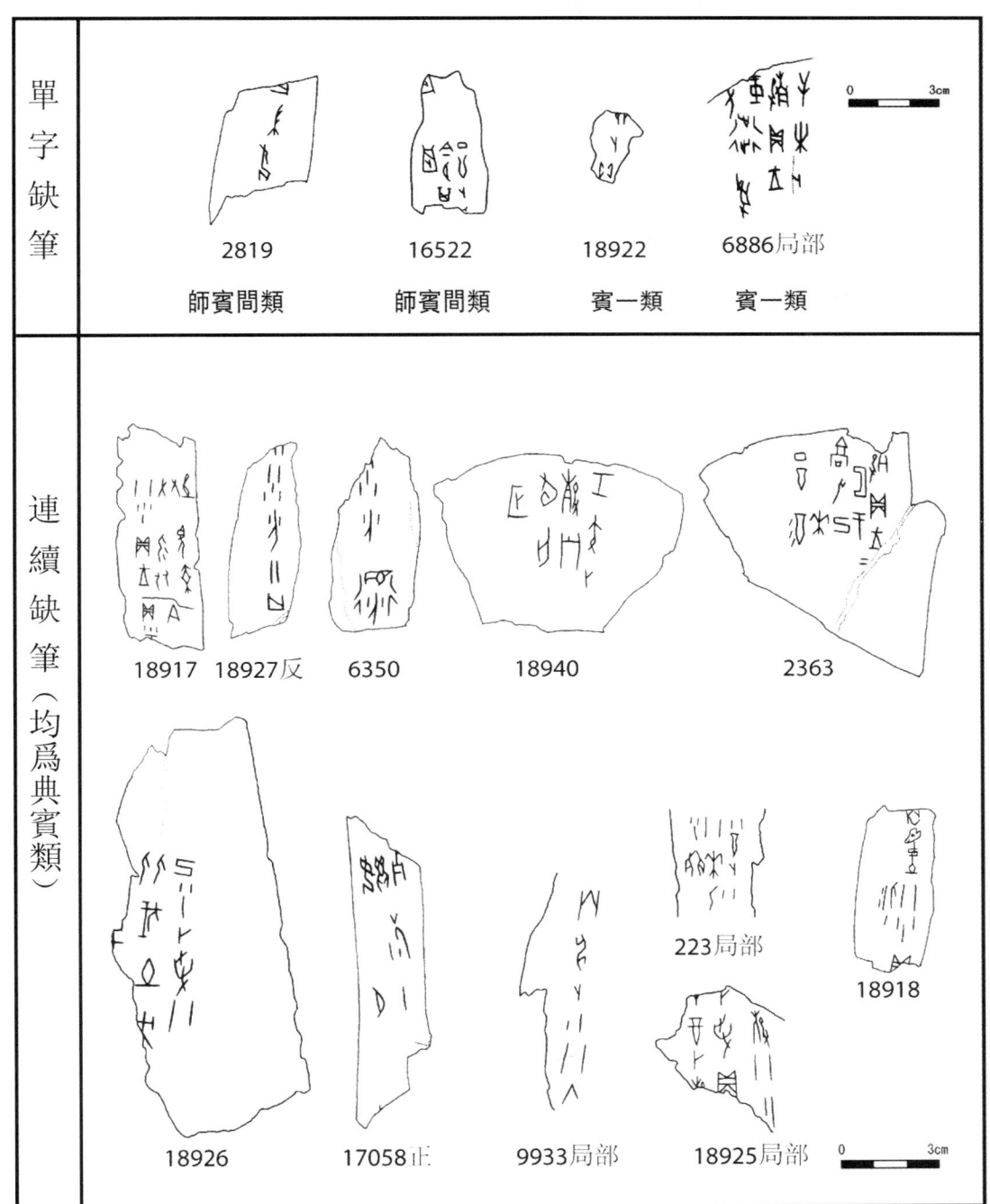

圖 4

他收集了 160 個缺筆例加以分析，根據其中大多數是缺橫筆，論證出甲骨文基本上是由"先豎後橫"的筆順契刻下來的①。但彭先生的研究，仍然按五期分法來

---

① 彭邦炯：《甲骨文缺刻例再研究》，《胡厚宣先生紀念論文集》，科學出版社，1998 年。

做分期，未能説明每一個時期裡各個字體類型中的缺筆例呈現怎樣的傾向。所以本文將以佔殷墟甲骨文過半的賓組爲例，彙集每一個字體類型（即師賓間類、賓一類、典賓類、賓三類）中的缺筆例，闡明其間有怎樣的傾向。

仔細觀察從賓組卜辭中搜集出來的缺筆例，我們很容易注意到：其中大多數缺筆例爲典賓類，很少看到其他類型。具體說來，在賓組卜辭中搜集出來的35片缺筆例（彭先生指出的27片和筆者新附的8片）中，30片爲典賓類，其餘5片中3片爲賓一類，2片爲師賓間類（參看圖3）。更值得注意的是，典賓類中所見的缺筆例多爲連續兩個字，甚至有時連續五六個字連續缺筆，與此相反，在典賓類以外的類型中所見的缺筆皆爲單字缺筆，完全沒有連續兩個字以上缺筆的例子（參看圖4）。

這個現象説明典賓類的刻手在契刻文字時以每一行或者每五六個字爲一單元先只刻豎筆，然後將甲骨版轉90度後再刻橫筆；而典賓類以外的類型，卻是一個一個文字順次刻上去的。也就是説，像佔典賓類絕大多數的Ⅰ型那樣整齊的直綫字排，應該是只有使用先只刻全部文字的豎筆這種技法才能得以實現的。與之相反，因典賓類以外的刻手習慣於將文字一個一個順次地刻上去，當然也就很少出現兩個字以上連續缺筆的情況，但同時保持字排整齊呈直綫排列也就變得很困難，結果形成了像Ⅲ、Ⅳ、Ⅴ型那樣的字排特徵。

通過以上的討論，我們明確了不同字排特徵產生的過程和機理。那麼在下面，我們順帶考慮一下契刻Ⅰ型字排的刻手爲何採用先只刻所有文字的豎筆這樣比較特殊的刻法呢？在以往研究中，採用這種特殊刻法的目的常常被歸爲刻手的"省力"或"方便"①。但我們通過上面的討論瞭解到，這種刻法與一個字一個

---

① 董作賓曾指出："卜辭有僅用毛筆書寫而未刻的，又有全體僅刻直畫的，可見是先寫後刻。這種先直後橫的契刻方法，也同於三千年後今日的木版刻字工匠們爲著方便都是先刻了橫畫，然後補刻直畫……"在此文中他認爲所有的甲骨文是"先寫後刻"的，而在這一假説的基礎上他進而把"先只刻直畫"的目的推斷爲"爲了刻字時的方便"。郭沫若也曾在《古代文字之辯證的發展》中指出："每字先刻豎劃、斜劃，等全文刻完，再轉移骨片補刻橫劃。如此只須轉移一次，可以節省時間。"但他對"甲骨文是否先寫後刻"這一問題，表示否定性的看法。至於在甲骨版上刻辭時是否先用毛筆書寫這一問題，目前學術界普遍認爲大部分甲骨文不是先寫後刻的（參看王宇信、楊升南主編：《甲骨學一百年》，第255—256頁，社會科學文獻出版社，1999年），其主要根據有如下三個。第一，可確知刻字下面有毛筆書寫的例子並不多；第二，可確知刻字下面有毛筆書寫的例子只限於粗大字；第三，在甲骨文中經常出現刻上文字以後將它剷除再進行刻辭的例子（參看郭沫若：《卜辭通纂攷釋》，第160頁；胡厚宣：《卜辭雜例》，（五）刪字例、（六）刪字又添例，《中央研究院歷史語言研究所集刊》第8本3分，1939年；崎川隆：《殷墟出土大字骨版刻辭的史料性質考辨》，《東方考古》第4集，科學出版社，2008年）。所以，目前學術界普遍認爲大多數甲骨文是直接用刀契刻的（參看王宇信、楊升南主編：《甲骨學一百年》，第255—258頁，社會科學文獻出版社，1999年；另參馮時：《殷代占卜書契制度研究》，《探古求原：考古雜誌社成立十週年紀念學術文集》，科學出版社，2007年）。

字順次刻下去的通常刻法相比，忘刻一筆的風險更大，刻字時也需要更高的注意力和技術熟練。因此，我們認爲這種刻法很難説是一種最爲"省力"或"方便"的刻法，還不如説是爲了整齊行款而開發出來的一種契刻技法。這種技法有可能是典賓類的刻手開發出來的，隨後被出類、何類、歷類、黃類等各類的刻手所繼承，形成了殷墟甲骨文契刻技法中的一大潮流。

2008 年 10 月初稿
2009 年 11 月修訂

原載《古文字研究》第 28 輯，中華書局，2010 年；收入崎川隆：《賓組甲骨文分類研究》，上海人民出版社，2011 年。今據前者收入。

劉一曼　曹定雲

三論武乙、文丁卜辭

目　次

一　武乙、文丁卜辭的分類

二　武乙、文丁卜辭的坑位和地層關係

三　武乙、文丁卜辭的稱謂與世系

四　武乙、文丁卜辭的事類

五　關於《屯南》4050 與《屯南補遺》244 的綴合問題

六　關於武乙、文丁卜辭中的同版問題

七　關於殷墟卜辭中的異代同名問題

八　歷組卜辭產生時代探索

九　字體變化在卜辭斷代中的地位和作用

十　關於殷墟卜辭"兩系説"

1973 年春、秋兩季，中國科學院考古研究所安陽工作隊在安陽小屯南地進行了兩次重要發掘，共開探方 21 個，發掘面積 430 平方米。在這一年度的發掘中，共發現刻辭甲骨 5335 片（整理後數字），是新中國成立後最爲重要的一次發現，爲學術界所矚目。1975 年，我們發表了《1973 年安陽小屯南地發掘簡報》，對發掘和所出甲骨情況做了扼要報導。此次出土甲骨的主體是傳統的武乙、文丁卜辭，而它們出土的層位屬於小屯南地中期和晚期，"小屯南地中期相當於'大司空村Ⅱ期'的前半葉，絕對年代爲康丁、武乙、文丁時代，約公元前 12 世紀後期至 11 世紀初期；小屯南地晚期相當於'大司空村Ⅱ期'後半葉，絕對年代爲帝乙、帝辛時代，約在公元前 11 世紀中葉"①。卜辭時代與卜辭出土層位是吻合的。

1976 年，殷墟小屯西北地發掘了著名的婦好墓，出土了豐富遺物，又一次引起學術界的轟動。1977 年，學術界展開了對該墓年代的討論。討論中，李學勤先生根據婦好墓新材料，認爲武丁賓組卜辭中的婦好與歷組卜辭（即傳統的武乙、文丁卜辭）中的"婦好"是同一個人，而婦好墓是屬武丁後期，因此，歷組卜辭的時代應當提前。他説："從近年發表的各種材料看，自組等必須列於早期。婦好墓的發現，進一步告訴我們，歷組卜辭的時代也非移前不可。""我們認爲，歷組卜辭其實是武丁晚年到祖庚時期的卜辭。歷組與賓組的婦好，實際是同一個人。"②由此引發了對歷組卜辭年代的討論。學術界存在兩種意見：一種主張此類卜辭時代爲武丁晚年至祖庚時期③；另一種則堅持舊説，即認爲歷組屬武乙、文丁卜辭④。光陰荏苒，不同觀點的爭論至今已三十多年，學者之間尚未取得一致的看法。但這場爭論，促使大家深入探討甲骨文的分類、分期及各類卜辭的年代等問題，推動甲骨文研究向縱深發展，還是很有意義的。

我們力主後一種觀點，曾於 1980、1984 年以肖楠的筆名發表了《論武乙、文丁卜辭》（下文簡稱《一論》）⑤與《再論武乙、文丁卜辭》（下文簡稱《再論》）⑥。之後，我們忙於殷墟發掘、《花東》甲骨的整理及其他工作，對此問題一直沒有再發表文章。1989、2002 年考古所安陽隊在小屯村中、村南的發掘中，又發現了多片歷組卜辭，使我們對這類卜辭的時代再次進行了認真的思考。我們認爲，以前提出的有關歷組卜辭的主要觀點是對的，但在個別具體問題上，需要

---

① 中國科學院考古研究所安陽工作隊：《1973 年小屯南地發掘簡報》，《考古》1975 年 1 期。
② 李學勤：《論"婦好"墓的年代及有關問題》，《文物》1977 年 11 期，337 頁。
③ 李學勤：《小屯南地甲骨與甲骨分期》，《文物》1981 年 5 期；裘錫圭：《論"歷組卜辭"的時代》，《古文字研究》第六輯，中華書局，1981 年；林澐：《小屯南地發掘與殷墟甲骨斷代》，《古文字研究》第九輯，中華書局，1984 年；彭裕商：《也論歷組卜辭的時代》，《四川大學學報》1983 年 1 期；李學勤、彭裕商：《殷墟甲骨分期研究》，上海古籍出版社，1996 年；黃天樹：《殷墟王卜辭的分類與斷代》，科學出版社，2007 年。
④ 肖楠：《論武乙、文丁卜辭》，《古文字研究》第三輯，中華書局，1980 年；謝濟：《試論歷組卜辭的分期》，《甲骨探史錄》，三聯書店，1982 年；張永山、羅琨：《論歷組卜辭的年代》，《古文字研究》第三輯，中華書局，1980 年；肖楠：《再論武乙、文丁卜辭》，《古文字研究》第九輯，中華書局，1984 年；陳煒湛：《"歷組卜辭"的討論與甲骨文斷代研究》，《出土文獻研究》，文物出版社，1985 年；林小安：《武乙、文丁卜辭補證》，《古文字研究》第十三輯，中華書局，1986 年；方述鑫：《殷墟卜辭斷代研究》，文津出版社，1992 年。
⑤ 肖楠：《論武乙、文丁卜辭》，《古文字研究》第三輯，中華書局，1980 年。
⑥ 肖楠：《再論武乙、文丁卜辭》，《古文字研究》第九輯，中華書局，1984 年。

做些修正與補充，故特寫此文，再次申述我們的看法。

一　武乙、文丁卜辭的分類

過去我們在《屯南·前言》及《一論》、《再論》中，對武乙、文丁卜辭的分類、字體、文例特徵等已做過較詳細的闡述，這裏只做扼要的介紹。

據字體，武乙、文丁卜辭可分爲四類。

第一類，字體纖細秀麗，筆畫較均匀，字形有的較小，有的稍大，略窄長。此類卜辭無貞人，學術界稱之爲無名組卜辭①。這類卜辭的父輩稱謂有兩個：

1. 父丁，見於《合集》32223、32715、32111、32718、32719、32720、32714、32716、32390、32654、32655、32603、32645、30335 及《屯南》68、590、647 等片（圖一，4）。其中《合集》32654 "兄（祝）在父丁升？" "至于祖甲？"《合集》32655 "祖甲燎，其至于父丁？" 學者多認爲是武乙祭祀其祖父祖甲、父親康丁的卜辭。

2. 父辛，見於《屯南》3720、2281（圖一，3）、《村中南》②277 等片（圖二，1）。其中《屯南》2281 "□辰卜：翌日其酚祝自中宗祖丁、祖甲☒于父辛？" 辭中的祖甲、父辛，是武乙對其祖父祖甲、父廩辛的稱呼。上述列舉的無名組中有父丁、父辛稱謂的卜辭，無疑應是武乙卜辭。這類卜辭與有父庚、父甲、父己、兄辛稱謂的康丁卜辭，字體風格很相似，若不依據稱謂，是難於將其區分的。

在無名組卜辭中，有一類字體 "災" 寫作 "〰" 或 "〰" 的田獵卜辭，如《屯南》607、660、2172、2178、2236、2301、2306、2440、2640、4236、4405 及《合集》33373、33482 等片，還有 "王" 字作 "王" 的祭祀卜辭，如《屯南》2617，過去在《屯南》釋文中，我們未對它們進行分期，現在據這些卜辭中某些干支字或常用字稍接近黃組字體，且在小屯南地，它們除出於晚期的坑層外，只見於中期四段的灰坑中（如 H50、H85），所以我們認爲，這些卜辭的時代較典型的無名組卜辭略晚，應屬武乙、文丁時期③。

---

① 李學勤、彭裕商：《殷墟甲骨分期研究》，269—307 頁，上海古籍出版社，1996 年。
② 中國社會科學院考古研究所：《殷墟小屯村中南甲骨》（簡稱《村中南》），雲南人民出版社將於近期出版。下文凡引及此書者，不復注。
③ 主張歷組卜辭時代提前的學者，稱此類卜辭爲無名黃間類卜辭。

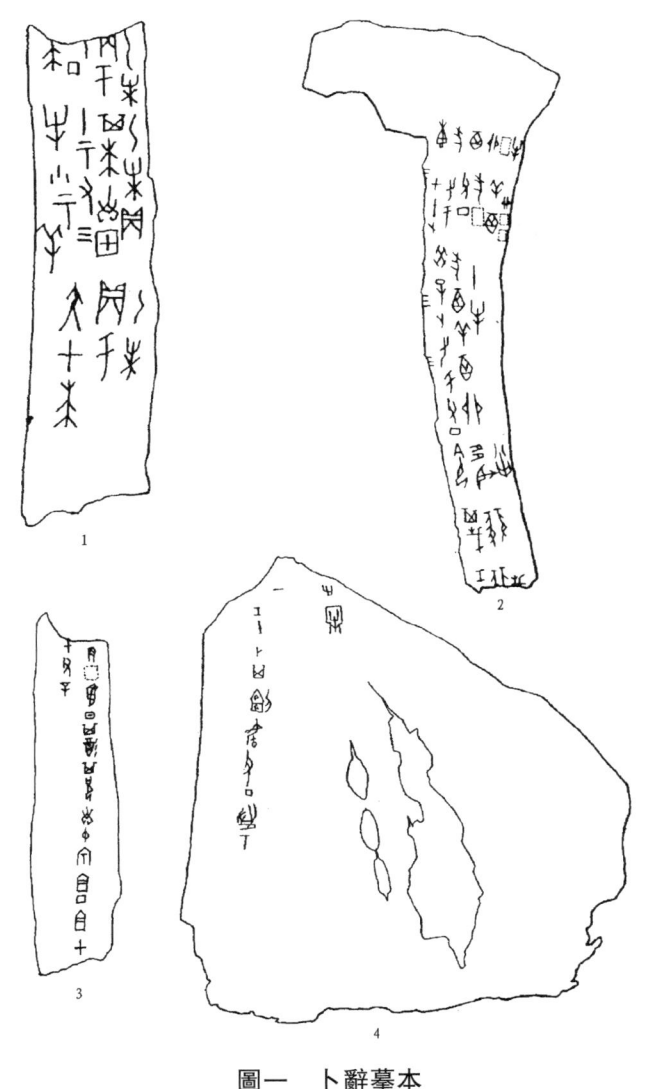

圖一　卜辭摹本

1.《屯南》4331　2.《屯南》503　3.《屯南》2281　4.《屯南》647

第二類，字體剛勁有力，筆畫轉折處棱角分明。此類字，字的結構基本相似，但字形之大小，筆畫之粗細有差異。有的字，字體粗大，遒勁有力，如《屯南》608、856、996、1111、4331（圖一，1）、《合集》32790、33611、《村中南》202（圖二，3）、203（圖二，5）等；有的字，筆畫粗細及字形大小適中，如《屯南》194、994、2079、2058、《村中南》12（圖二，4）、46等；還有的字，筆劃較細，字體多為折筆，但某些字圓折兼施，較柔和，如《屯南》503（圖一，2）、611、866、1062等。

第三類，字體風格與第二類較相似，多屬折筆字，但某些干支字或常用字的寫法，如庚、酉、貞、叀、羌、用、翌、受、囚等，與第二類有區別，富於特徵，如《屯南》582、2605、4100（圖三，2）、4103（圖三，1）、《合集》32051、33148等。

第四類，字體較小，筆鋒圓潤，如《屯南》751（圖三，3）、2126、2534、2601（圖四）、《合集》32031等。此類字，字的結構與第三類基本相似。

第二至第四類卜辭，只有一個貞人"歷"，爲數不多，只二十多片，學術界將之稱爲"歷組"卜辭。第二類卜辭的父輩稱謂以"父丁"爲主，故學者稱之爲"歷組父丁類"。該類還偶見"父辛"（《綴新》588，圖五，2）。第三、四類卜辭父輩稱謂主要是"父乙"，故學者稱之爲"歷組父乙類"。不過仔細想來，這種稱呼并不是很貼切，因爲第二類字體的祭祀卜辭也發現少量的"父乙"（如《合集》32730、32731等），而在第三類卜辭中，發現個別的"父丁"（如《合集》32680）。由於大多數甲骨學者都知道這些稱呼的含義，故本文爲討論方便，仍採用"父丁類"、"父乙類"之稱。

這裏還應提到的是關於《粹》221、222（《合集》34122、34121）、《佚》884（《合集》34120）"上甲廿示"卜辭的時代。在20世紀80年代初，學術界有不同的看法，有學者指出，它們不是文丁卜辭，可能是武丁卜辭[①]。我們當時接受郭沫若《殷契粹編考釋》的觀點[②]，在《屯南·前言》及《一論》中認爲它們是文丁卜辭。經過反復思考，認識到應當改變原來的看法。我們認爲，儘管學者之間對"上甲廿示"、"二示"的含義存在不同的理解，但一個不能否定的事實是，上述三片及字體與之相類的一批卜辭的干支及常用字的字體與歷組卜辭父乙類（即上述第三、四類文丁卜辭）相差較遠，而與自組及一期卜辭較接近[③]，其時代應較早，約當董作賓五期分法的第一期。因而，與"上甲廿示"相類的一批卜辭，如《屯南》2173、2628、3568、3598、3911、4242、4305、4566、4573、4566、《屯南》412+《合集》20170等片，不屬本文討論之列。

---

① 李學勤：《關於自組卜辭的一些問題》，《古文字研究》第三輯，中華書局，1980年；裘錫圭：《論"歷組卜辭"的時代》，《古文字研究》第六輯，中華書局，1981年。
② 郭沫若：《殷契粹編考釋》，414—415頁，科學出版社，1965年。
③ 曹定雲《論上甲廿示及其相關問題》中的《自組卜辭、粹221、佚884文丁卜辭典型字體比較表》，見《殷商考古論叢》141頁，藝文印書館，1996年。

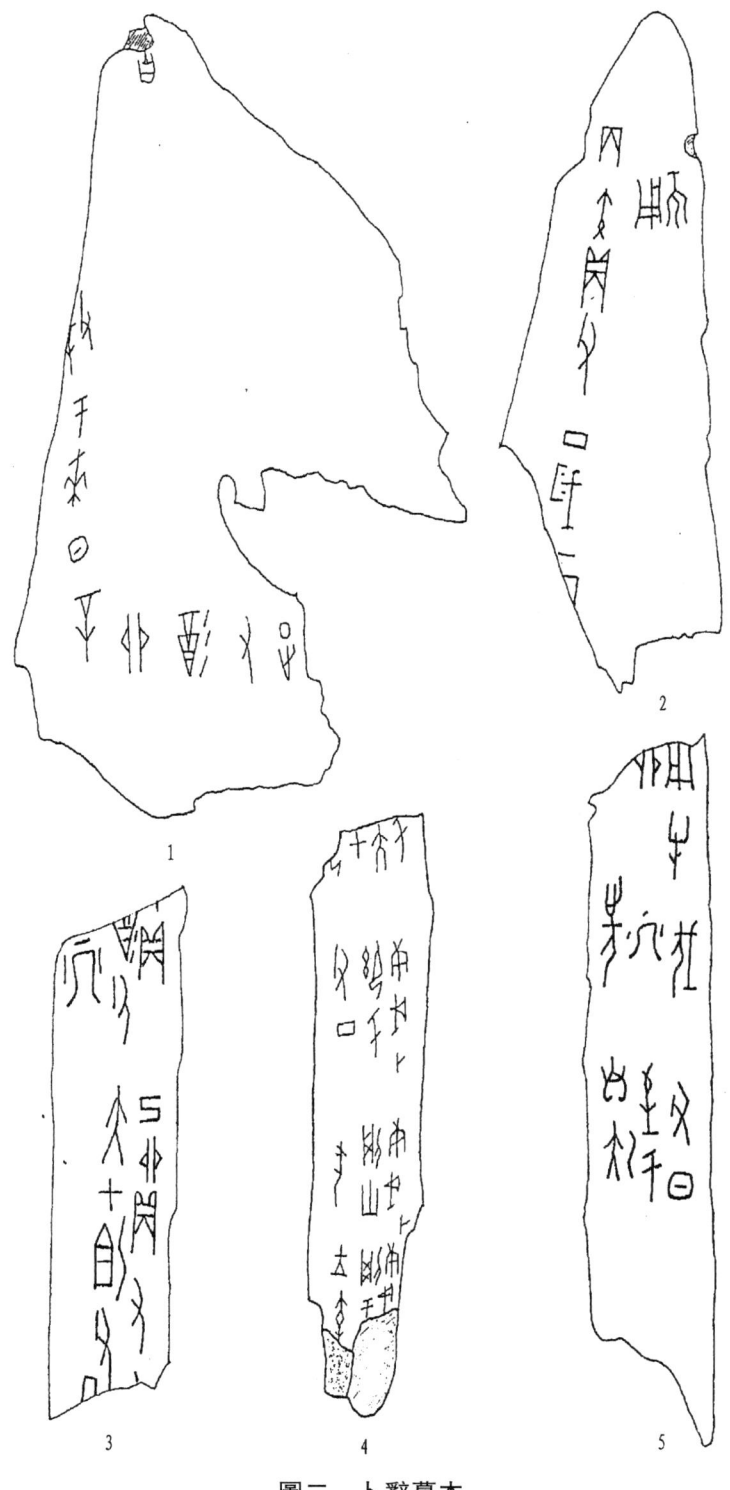

圖二 卜辭摹本

1.《村中南》277　2.《村中南》46　3.《村中南》202
4.《村中南》12　5.《村中南》203

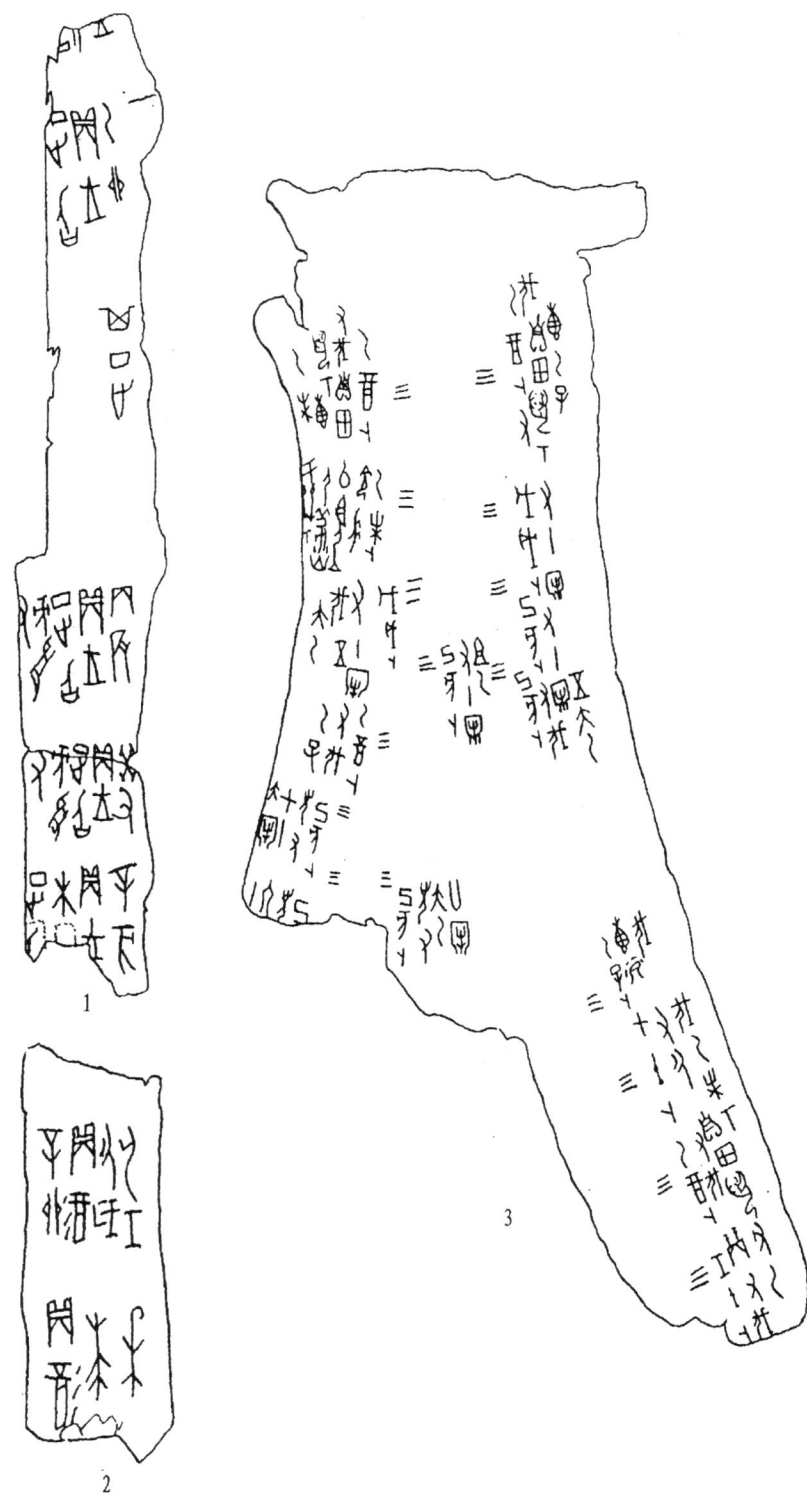

圖三 卜辭摹本

1.《屯南》4103　2.《屯南》4100　3.《屯南》751

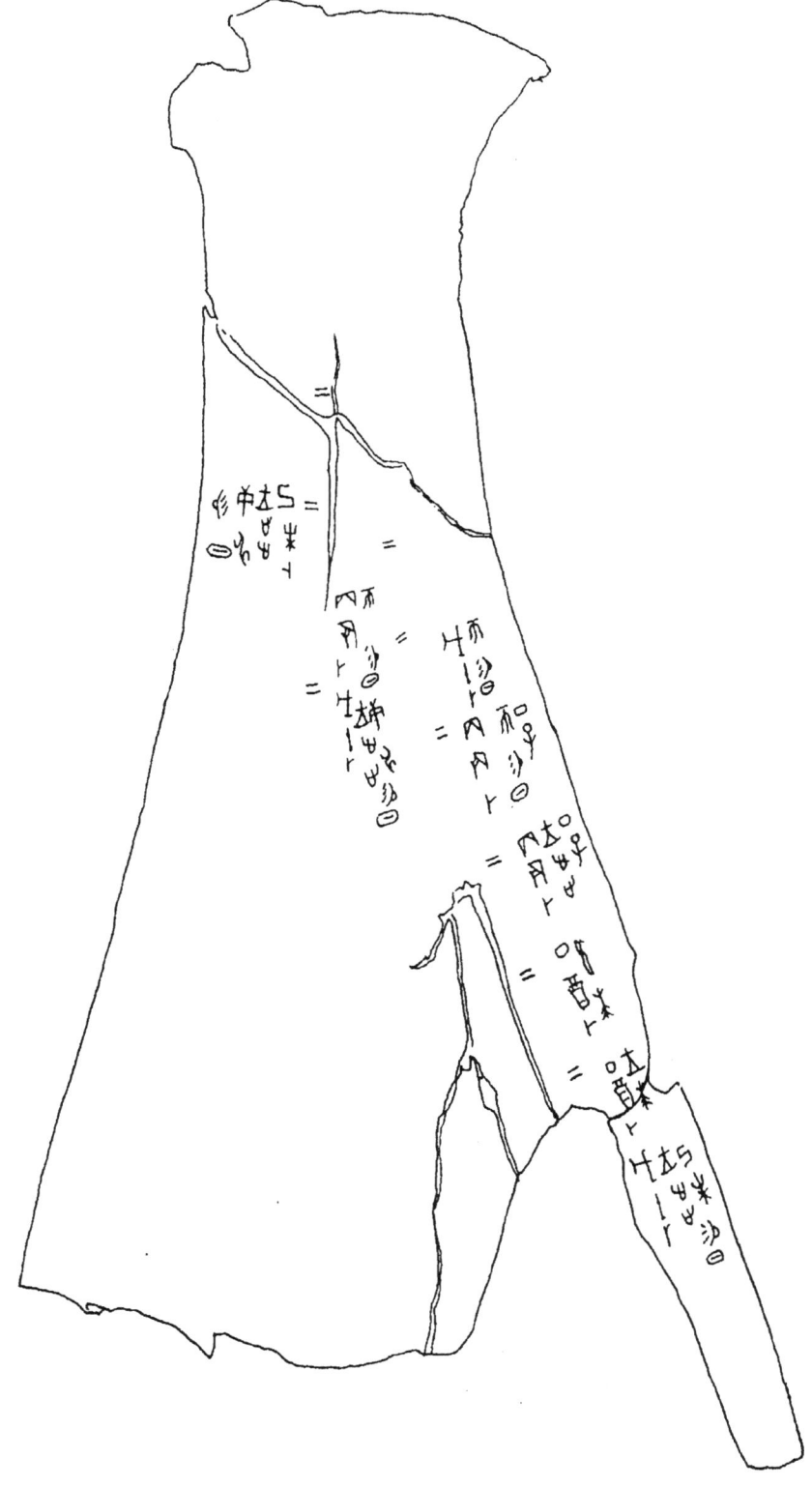

圖四　《屯南》2601摹本

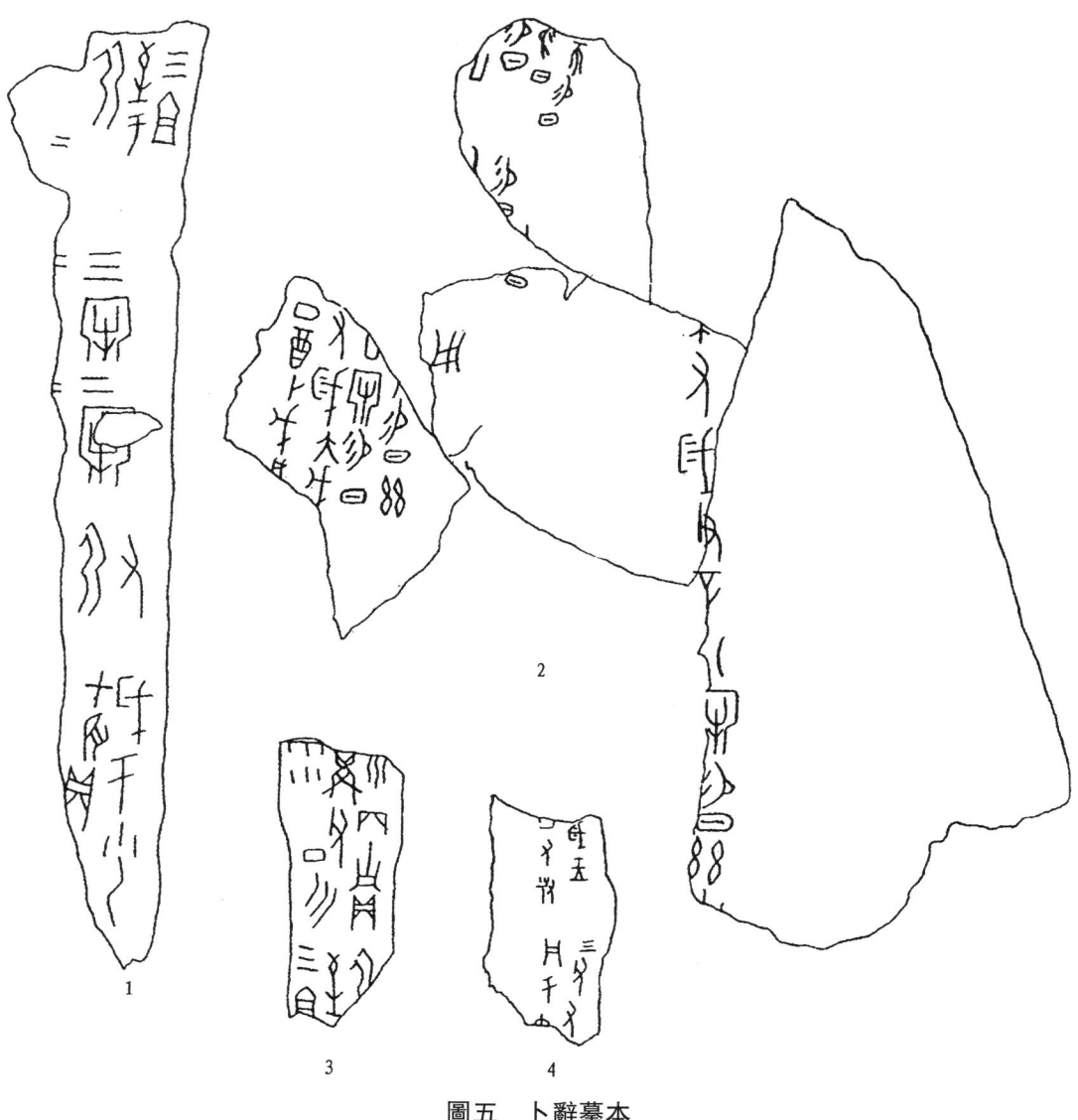

圖五　卜辭摹本

1.《合》336　2.《綴新》588　3.《明後》B2526　4.《人文》1817

二　武乙、文丁卜辭的坑位和地層關係

　　衆所周知，殷墟甲骨是從地下出土的，其中有相當一部分是經科學發掘而獲得的，它與商代的陶、銅、玉、石、骨器一樣，是一種文化遺物。判斷甲骨時代，研究它所出的坑位和地層關係是至關重要的。

（一）關於 1928—1937 年殷墟甲骨出土情況

1928—1937 年，中央研究院歷史語言研究所考古組在殷墟進行了十五次發掘，出土過不少武乙、文丁（歷組）卜辭。我們在《再論》的表三及方述鑫在《殷墟卜辭斷代研究》195—198 頁均有論述，讀者可以參考。

應當指出的是，1928—1937 年考古發掘所獲的武乙、文丁卜辭大多是第一至五次殷墟發掘，在村中、村南出土的。早年的殷墟發掘所說的坑，是指發掘單位（如大小不一的探溝、探方），與我們現在說的甲骨埋藏的灰坑、窖穴有所不同。早年的發掘，記錄出土文物（包括甲骨），不是按它所在的文化層次，而是按其深度來登記的，這是不太科學的。因爲文化層有高低起伏，在殷墟發掘中，同一個探方内，晚期層（或坑）有時比早期層更深，故埋藏較深的遺物不一定比較淺的遺物時代早。

關於 1928—1937 年殷墟甲骨出土情況，我們在《再論》中曾做過詳細分析。這項工作是從兩方面進行的：一、分析甲骨出土的層位關係；二、分析甲骨出土的共存關係。其結果歸結爲一句話："在廩康以前的地層和坑位中，没有發現'歷組卜辭'。"①

（二）關於 1973 年小屯南地甲骨出土情況

過去我們在《屯南·前言》、《一論》、《再論》中已做過介紹，本文結合《1973 年小屯南地發掘報告》的資料②，再做簡要叙述。

1973 年我們曾將小屯南地殷代遺址分爲早、中、晚三期，早期與中期各分二段。該次發掘，在五十九個灰坑中都發現了刻辭甲骨。早期一段坑 H115，出一片時代比武丁略早的卜辭。早期二段五個坑，出自組、午組或字體似賓組的卜辭。中期坑，除出少量早期卜辭外，大量出無名組與歷組卜辭。晚期坑除出早期、無名組、歷組卜辭外，還見有黄組卜辭。

本文主要叙述出無名組、歷組卜辭的中期坑。小屯南地中期有灰坑 32 個（附表）③。其中，中期三段有 11 個，四段有 21 個。中期四段坑出的陶器型式較

---

① 肖楠：《再論武乙、文丁卜辭》，《古文字研究》第九輯，122 頁，中華書局，1984 年。
② 中國社會科學院考古研究所安陽工作隊：《1973 年小屯南地發掘報告》，《考古學集刊》第 9 集，科學出版社，1995 年。
③ 此表參考了郭振禄《小屯南地甲骨綜論》（《考古學報》1997 年 1 期）一文 35 頁中的表一，並對該表的甲骨號進行了核對，卜辭類型也有所訂正。

三段略晚。並且有的中期四段坑打破中期三段坑，如 H39→H37、H85→H99、H47→H55、H24→H36。無名組與歷組父丁類卜辭，除出於晚期坑層外，見於中期四段與三段的灰坑，而歷組父乙類卜辭除出晚期坑層外，則只出於中期四段，不見於中期三段坑。故我們認爲，歷組父乙類晚於父丁類及無名組卜辭是有考古學依據的。

（三）1986—2004 年小屯村中、村南的發掘

1986、1989、2002、2004 年考古研究所安陽發掘隊在小屯村中、村南進行了幾次發掘，共發現刻辭甲骨 514 片。大多數甲骨文可以分期，其中屬午組、𠂤組、一期卜辭約 90 多片，無名組卜辭 140 多片，歷組卜辭 160 多片，黄組刻辭 1 片。

村中、村南刻辭甲骨，除一百六十多片出於隋唐以後的地層外，其餘均出於殷代的灰坑或地層。下面將殷代坑層甲骨出土情況列表如下（表一）。

表一　《村中南》所出無名組、歷組號碼統計表

甲骨出土年代	灰坑或層位號	甲骨著錄號	甲骨類別	時代
1986	T2（3A）	7	無名組	三期晚或四期初
	T2（4B）	5	無名組	三期晚
	H5	5、8	無名組	三期晚或四期初
1989	T4（4）	19	無名組	三期
	T8（3）	200—279、281—283	無名組、歷組（父丁、父乙類）	三期或三期晚
	T8（3A）	280、284—288、291、292	𠂤組、無名組、歷組父丁類	三期或三期晚
	H7	9—15	無名組、歷組父丁類	四期早段
	T6（3B）	28、29、33、35	無名組、歷組父丁類	四期早段
	T6（3C）	34、59	歷組父丁類	四期早段
	T6（3D）	36—58、60—64	無名組、歷組（父丁、父乙類）	四期早段
	T7（3A）	68	無名組	四期早段
2002	H4	294—309	午組、𠂤組、一期	一期
	H6 下	340—348	𠂤組、一期	二期早段

續表

甲骨出土年代	灰坑或層位號	甲骨著錄號	甲骨類別	時 代
2002	H57	446—498	午組、賓組、一期、歷組（父丁、父乙類）	三期
	H6 上	310—339	無名組、自組、一期、歷組（父丁、父乙類）	三期
	F1	499	歷組父乙類刻辭	三期
	H9	350—400	午組、自組、一期、歷組（父丁、父乙類）	四期
	H55	411、413—445	午組、一期、無名組、歷組（父丁、父乙類）、黃組	四期
	H23	401—405	午組、無名組	四期
	H24	406、407	無名組	四期
	H47	408—410	自組、無名組、歷組父丁類	四期
	H54	412	午組	四期
	G1	500、501	歷組父丁類	四期
	T4A（3）	507、509—512	午組、無名組	四期
2004	T5（10）	513、514	無名組習刻	四期

從表一可知，午組、自組和一期卜辭出於早期灰坑（殷墟文化一期及二期早段）H4 與 H6 下，黃組刻辭（《村中南》438）出於殷墟文化第四期的灰坑 H55 中，而無名組、歷組（父丁與父乙類）出於殷墟文化第三期（或三期晚）、四期或四期早段的灰坑及文化層中。

《村中南》刻辭甲骨，以無名組、歷組卜辭占多數，其中五片有父輩稱謂的卜骨。

《村中南》277〔T8（3）：221〕（圖二，1）：

　　□父辛，來日辛卯，酚又正？

《村中南》202〔T8（3）：139〕（圖二，3）：

　　己卯貞：又□大甲、祖乙、父丁□？

《村中南》203〔T8（3）：135〕（圖二，5）：

自大乙至于父丁①？

《村中南》12（H7：1）（圖二，4）：

庚戌卜：剛于王牢？

庚戌卜：剛三十犬？

庚戌卜：禦于父丁？

于大甲禦？

《村中南》46〔T6（3D）：28〕（圖二，2）：

丙寅貞：父丁歲一［牢］？不用。

以上第一片字體屬無名組，而後四片字體屬歷組父丁類。在 1989 年小屯村中的發掘中，還出了一片與《粹》597 同文的歷組父乙類卜辭，《村中南》212〔T8（3）：148〕（圖六，4）：

□在衣，十月卜。

丁酉貞：王作三師，又（右）中ナ（左）？

辛亥貞：王牢？在祖乙宗卜。

辛未卜：又于出日？

T8（3）的時代相當於殷墟文化三期晚段，89H7 與 T6（3D）相當於殷墟文化四期早段。

總之，1986—2004 年小屯村中、村南的發掘，歷組卜辭的出土情況與 1973 年屯南發掘基本相似，即歷組卜辭只出於殷墟文化三、四期的坑層中。稍有不同的是村中南的三期灰坑與地層，從出土陶片考察，屬三期偏晚階段，較小屯南地中期三段略早。

殷墟田野發掘從 1928 年開始，到現在已經 83 年。檢查歷次甲骨出土的情況是：1973 年小屯南地的發掘，歷組卜辭出在小屯南地中期、晚期地層②；解放以前的殷墟發掘，甲骨出土的情況也是"在廩康以前的地層和坑位中，沒有發現'歷組卜辭'"③；1986—2004 年小屯村中、村南的發掘，歷組卜辭還是出在中期及其以後的地層和灰坑中。歷次發掘都沒有在早期地層中發現過歷組卜辭，這

---

① "丁"字誤寫爲"日"。
② 肖楠：《論武乙、文丁卜辭》，《古文字研究》第三輯，116—117 頁，中華書局，1980 年。
③ 肖楠：《再論武乙、文丁卜辭》，《古文字研究》第九輯，122 頁，中華書局，1984 年。

是最基本、最重要的事實。

圖　六

1.《村中南》66　2.《村中南》228　3.《京》4101　4.《村中南》212
5.《屯南》4050＋《屯南補遺》244

三　武乙、文丁卜辭的稱謂與世系

本文所指的武乙、文丁卜辭稱謂主要是指歷組卜辭，無名組中的武乙、文丁卜辭不在其列。武乙、文丁卜辭稱謂比較多，本文也不逐一論及，而只是討論對時代有決定意義的父輩、母輩及特殊的祖輩稱謂。關於世系，是通過對祭祀卜辭中的集合廟主進行分析，找出其中存在的先王世次，從而對卜辭時代做出判斷。

（一）武乙卜辭中的稱謂

武乙卜辭中的父輩稱謂有"父丁"、"父辛"；母輩稱謂主要是"母辛"；祖輩稱謂主要是"三祖"。現分述如下。

1. "父丁"稱謂 "父丁"稱謂有以下幾種組合。

（1）單稱"父丁"，如：

  壬辰卜：牢自且乙至父丁。 《合集》32031

  丁亥貞：用于父丁？ 《佚》875

  庚子：又伐于父丁，其十羌？ 《合集》32071

（2）"小乙、父丁"連稱，如：

  ☐乙丑，在八月彡，大乙牛三，祖乙牛三，小乙牛三，父丁牛三？《屯南》777

  自祖乙告，祖丁、小乙、父丁？ 《屯南》4015

  ☐大乙、大丁、大甲、祖乙、小乙、父丁？ 《合》15

  甲午貞：乙未彡，高祖亥☐，大乙羌五牛三，祖乙羌☐，小乙羌三牛二，父丁羌五牛三，亡尤？茲用。 《南明》477

（3）"祖乙、父丁"連稱，如：

  叀夕🔲🔲彡☐告于祖乙、父丁？ 《合集》32578

  丁未貞：王其令望乘帚（歸），其告于祖乙一牛，父丁一（牛）？

    《綴》334（《粹》506＋《明續》499）

  ☐大乙、大丁、大甲、祖乙、父丁？ 《甲》754

（4）"毓祖乙、父丁"連稱，如：

  庚午貞：王其🔲，告自祖乙、毓祖乙、父丁？ 《屯南》2366

對上述卜辭中的"父丁"究竟指誰？以往學術界有不同的看法。

其一，明義士認爲是指武丁。1928年，他將所收購的一部分甲骨拓成墨本，定名爲《殷墟卜辭後編》，在其未完成的《序言》中，將1924年冬小屯村中一坑所出的三百餘片甲骨加以分類，企圖以稱謂和字體決定甲骨的時代。他認爲歷組卜辭中的"父丁"是武丁，"父乙"是小乙①。

其二，董作賓認爲是康丁。他在《甲骨斷代研究例》中討論到有父丁、母辛稱謂的歷組卜辭時說："本來，武丁之配有妣辛，康丁之配也名妣辛。稱父丁、母辛固然可以是武乙時卜辭，但同時也可以是祖庚、祖甲時的卜辭。"因此他說："單以稱謂定時代的方法，被窮於應付了。在貞人、文法、字形等方面，固然也可以幫着解決，而最有力的標準却是坑位。因爲這父丁、母辛的卜辭出土村中（第三區），我們可以斷然説，這是武乙時期的卜辭。這裏的'父丁'自然是指康丁。"②

其三，郭沫若也認爲"父丁"是指康丁。他在《殷契粹編考釋》第20片中指出，該片中的"父丁"是康丁③。這一看法也影響到後來的學者。

其四，1975年小屯南地甲骨開始整理，我們甲骨整理小組（筆名"肖楠"），在其《小屯南地甲骨》專著和相關文章中始終認爲，歷組卜辭中的"父丁"是指康丁。因爲，1973年小屯南地所出甲骨中，歷組卜辭全部出在中期地層。中期地層又分爲中期一組與中期二組。中期二組地層打破或叠壓在中期一組之上。這證明，中期一組早於中期二組。而出土的甲骨情况是，中期一組出"父丁"類卜辭，中期二組則"父丁"類與"父乙"類卜辭同出。正是根據這一地層關係，我們認爲，此"父丁"必爲康丁④。

其五，李學勤先生認爲，此"父丁"是祖庚稱其父武丁。他在《小屯南地甲骨與甲骨分期》中說："這裏父丁排在小乙之後，自係武丁。如果説父丁是康丁，那麼這些祀典中就是把武丁和祖庚這兩位直系的名王略去了。無論從歷史還是從卜辭慣例來看，這都是不可能的。"⑤裘錫圭先生亦持相同的看法。他列舉了如下卜辭作爲依據：

甲申貞：小乙日，亡蚩？

丙戌貞：父丁日，亡蚩？　　　　　　　　《明後》2487+《人文》2288⑥

---

① 陳夢家：《殷虚卜辭綜述》，135—136頁，科學出版社，1956年。
② 文載《慶祝蔡元培先生六十五歲論文集》上册，409—411頁，中央研究院歷史語言研究所，1933年。
③ 郭沫若：《殷契粹編考釋》，第20片，科學出版社，1965年。
④ 肖楠：《論武乙、文丁卜辭》，《古文字研究》第三輯，中華書局，1980年。
⑤ 李學勤：《小屯南地甲骨與甲骨分期》，《文物》1981年5期，28—29頁。
⑥ 《明後》2487+《人文》2288是許進雄在《明後·序》中綴合的。

裘先生認爲，"甲申隔一天就是丙戌，其間也没有容武丁、祖甲的餘地"①。總之，李學勤和裘錫圭兩位先生都認爲，歷組卜辭中的父丁必是武丁。

以上五種説法實際是兩種觀點，即認爲"父丁"是武丁，或認爲"父丁"是康丁。在這兩種觀點中，我們始終認爲"父丁"爲康丁的觀點是正確的，這是因爲，1973年小屯南地的田野發掘爲此結論提供了最好的地層證明。

2. "父辛"稱謂　今徵引如下：

　　　　□又歲父辛[八]牢，易日？兹[用]。　　　　　　　　《綴新》588（圖五，2）

該片中的"父辛"當是武乙稱其父廪辛，卜辭内容與卜辭時代完全吻合。這一稱謂也是出組卜辭所不見的。歷組父丁類卜辭中既有"父丁"稱謂，又有"父辛"稱謂，那麽，這類卜辭只能是武乙卜辭，是武乙稱其父廪辛與康丁，没有别的選擇。這是該類卜辭中"父丁"爲康丁的有力佐證。

3. "母辛"稱謂　今徵引如下：

　　　　□未卜：又母辛□十，犬十？兹用。　　　　　　　　　　　《甲》397
　　　　□未卜：又母辛以人十，犬十？兹用。引吉。　　　　　　《摭續》77

武乙卜辭的"母辛"同祖庚、祖甲（出組）卜辭中的"母辛"有很大的區别，武乙卜辭中出現了"兹用"、"引吉"等習慣用語，這是祖庚、祖甲（出組）卜辭所罕見和不見的。所以，出組卜辭中的"母辛"同武乙卜辭中的"母辛"是不相同的兩個人。

4. "三祖"稱謂　這是武乙卜辭中最爲重要的稱謂。今引徵如下：

　　　　甲辰貞：□歲于小乙？
　　　　弜又？
　　　　二牢？
　　　　三牢？二
　　　　弜至于三祖？二　　　　　　　　　《合》336（《合集》32617）（圖五，1）

在該片祭祀中，"三祖"明顯排在"小乙"之後，這是確定無疑的。

　　　　弜至三祖？
　　　　丙子貞：父丁彡？

---

① 裘錫圭：《論"歷組卜辭"的時代》，《古文字研究》第六輯，中華書局，1981年。

不遘雨？　　　　　　　　　　　　　　　《明後》B2526(《合集》32690)(圖五,3)

在此片祭祀中，"父丁"明顯排在"三祖"之後，這同樣是確定無疑的。如今的問題是，這兩片祭祀卜辭中，甲辰與丙子雖相隔33天，但都有祭祀"三祖"的卜問，祭祀"三祖"的日期是在甲辰至丙子的日期之中。我們以"三祖"作爲接合部（連結點），將兩版卜辭内容繫聯如下：

　　甲辰貞：□歲于小乙？
　　弜又？
　　二牢？
　　三牢？二
　　弜至于三祖？二
　　弜至三祖？
　　丙子貞：父丁彡？
　　不遘雨？

上述兩版卜辭繫聯之後，大家可以看到，在小乙至父丁之間的祭祀過程中，明顯存在着"三祖"；致祭"三祖"的時間是在"小乙"之後，但却在"父丁"之前。此中的致祭次序是小乙→三祖→父丁，這是小乙與父丁之間存有"三祖"先王的確證。歷組提前論學者所徵引的小乙、父丁卜辭，中間確實是略去了"三祖"。該祭祀過程清楚地證明，此中的"父丁"就是康丁。

　　武乙卜辭中的"三祖"還見於《南輔》63，其辭云："庚子卜：其又歲于三且？"此"三祖"是誰？陳夢家曾指出，是武乙稱祖己（孝己）、祖庚、祖甲[①]。屈萬里先生亦主此說[②]。陳、屈二位之論是正確的。

　　與武乙卜辭中的"三祖"相對應，在康丁卜辭中有"三父"之稱，今引徵如下：

　　凡于□三父又？　　　　　　　　　　　　　　　　　《人文》1817（圖五,4）

上述康丁卜辭中的"三父"當指父己、父庚、父甲，亦即孝己、祖庚、祖甲。此"三父"之稱與武乙卜辭中的"三祖"之稱完全吻合，證明歷組父丁類卜辭中的"父丁"確實是康丁。

　　除此之外，武乙卜辭中還存在着單獨祭祀武丁和祖甲的卜辭。今例舉如下：

---

① 陳夢家：《殷虛卜辭綜述》，494頁，科學出版社，1956年。
② 屈萬里：《殷虛文字甲編考釋》，第627片，99頁，歷史語言研究所，1961年。

　　　　弜☐于祖乙，以祖[丁]、祖甲☐？　　　　　　　　　　　　《拾遺》1·11

　　　　唯祖庚壱？唯祖辛壱？唯祖乙壱？唯祖☐壱？　　　　　　《屯南》1046

以上二例中，《拾遺》1·11的"祖丁"應指武丁，祖甲應指武丁子祖甲；《屯南》1046之"祖☐"，根據先後次序排列，當爲"祖丁"，即武丁。至此，我們有充分的理由說，武乙卜辭中的"父丁"不是武丁，而是康丁。

（二）武乙卜辭中集合廟主所反映的世系

武乙卜辭中的集合廟主比較多，本文只選擇其中對時代有決定作用的"十示又三"、"十示又四"進行分析。

1. "十示又三"卜辭　引述如下：

　　　　乙未貞：其桒自上甲十示又三，牛；小示，羊？　　　　　《後上》28·8

　　　　甲辰貞：今日桒禾自上甲十示又三？　　　　　　　　　　《屯南》827

　　　　乙未貞：其桒自上甲十示又三，牛；小示，羊？

　　　　乙未貞：于[父]丁[桒]？　　　　　　　　　　　　　　　《屯南》4331（圖一，1）

上述三例中，《後上》28·8及《屯南》4331之"十示又三"與"小示"相對，可知"十示又三"必是"大示"。我們又從《屯南》4331得知，"父丁"是單獨祭祀，是不包括在"十示又三"之中的，這就爲我們判斷這類卜辭的時代提供了依據。當年董作賓先生根據《佚》986中的"十示"，在論述《後上》28·8中的"十示又三"時說："可知這十示又三，是增加了三示，祖丁以後的三世，是小乙、武丁、祖甲，可知此片至早也須在第三期（廩辛、康丁之世）。但從字形考之，自作𢆶，未作𢆶，當是武乙時物。"①董氏的推斷是正確的。

我們認爲，此"十示又三"是上甲、大乙至祖甲十三世直系先王（大示）。在此合祭中，上甲與大乙之間略去了三？二示，而父丁（康丁）又是單獨祭祀的。所以，此"十示又三"之先王數與武乙時代所祭直系先王數完全吻合，與此同版單祭的"父丁"當然是康丁。

2. "十示又四"卜辭　徵引如下：

　　　　辛未卜：桒于大示？三

―――――――――

① 董作賓：《甲骨文斷代研究例》，《慶祝蔡元培先生六十五歲論文集》上册，369頁，中央研究院歷史語言研究所，1933年。

于父丁㞢?三

弜㞢,其告于十示又四?三

壬申卜:㞢于大示?三

于父丁㞢?三　　　　　　　　《屯南》601(圖七;《南明》655 與此同文)

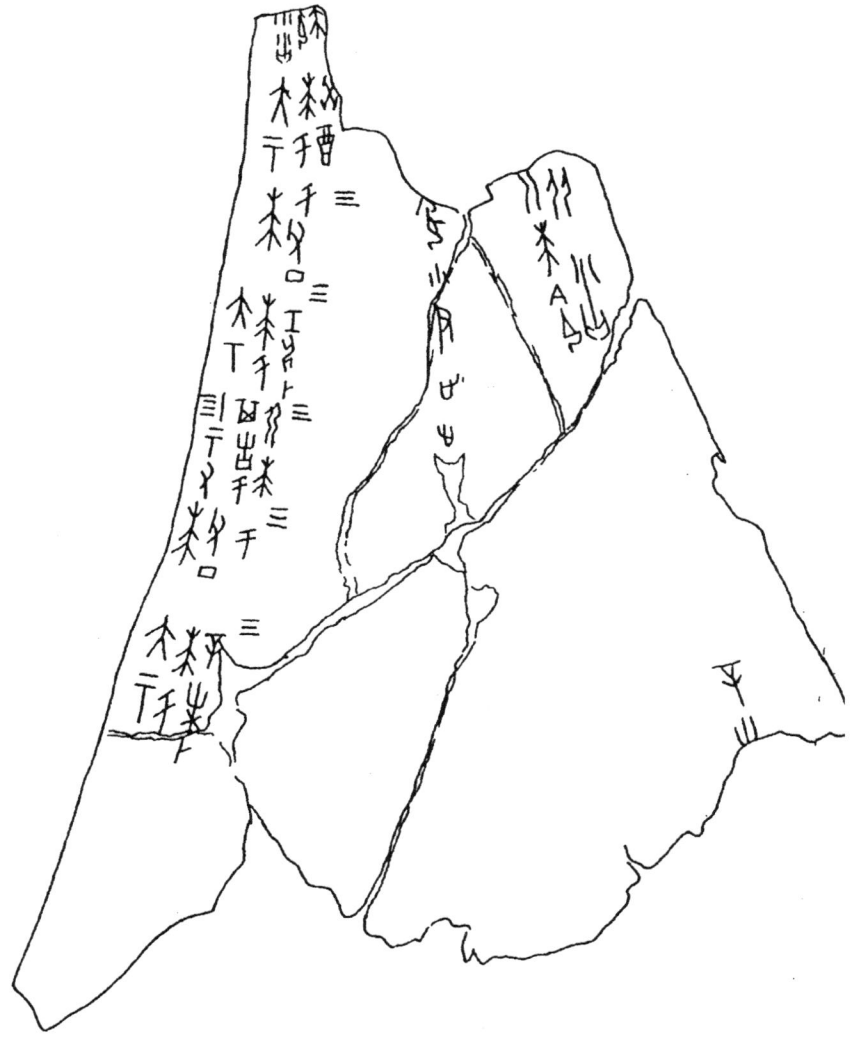

圖七　《屯南》601 摹本

關於此"十示又四",陳夢家先生認爲是"小示",並説:"小示的十四示,當指上甲至中丁十二大示之後,自祖乙至康丁的六世十四王(不包括祖己)。"①我們曾指出:陳先生認爲是"小示"是對的,但具體的推算却欠妥。既爲"小示",則

---

① 陳夢家:《殷虚卜辭綜述》,464 頁,科學出版社,1956 年。

只祭旁系先王，而武乙時代，從卜丙至廩辛的全部旁系先王恰好是十四位。所以，此小示"十示又四"當是卜丙至廩辛的旁系先王。與此同版的"父丁"當然也必是康丁[①]。

綜上所述，武乙卜辭中，無論是"大示"的"十示又三"，還是"小示"的"十示又四"，其所祭先王數與武乙時代的世系完全吻合，故此中的"父丁"確實是康丁。

（三）文丁卜辭中的稱謂

本文所指的"文丁卜辭"即歷組父乙類卜辭。文丁卜辭中，其父輩稱謂只見"父乙"；母輩稱謂只見"母庚"。此與武丁卜辭中眾多的父輩和母輩稱謂相比，真有天壤之別。

1."父乙"稱謂　有如下三種組合。

（1）單獨的"父乙"稱謂：

壬午卜：㞢又伐父乙？　　　　　　　　　　　《屯南》751（圖三，3）

甲戌卜：又于父乙一牛？　　　　　　　　　　《合集》32722

癸亥卜：兄（祝）于父乙？　　　　　　　　　《合集》32723

（2）"兄丁、父乙"連稱

丙子貞：將兄丁于父乙？用。　　　　　　　　《粹》373

癸巳卜：將兄丁凡父乙？　　　　　　　　　　《甲》611

（3）稱"兄丁、父宗"

辛酉卜：將兄丁于父宗？　　　　　　　　　　《摭續》223（《合集》32765）

此稱目前僅一見，"兄丁、父宗"即"兄丁、父乙宗"。廟主稱"宗"，是文丁卜辭的特點之一。

2."母庚"稱謂　文丁卜辭中的母輩稱謂只有"母庚"一個，此與武丁卜辭中存在着母庚、母丁、母壬、母癸等多母的情況又有極大的差別。今擇引如下：

庚申卜：母庚示旬？不用。　　　　　　　　　《明後》2524

上述文丁卜辭中的"父乙"、"兄丁"、"母庚"同武丁卜辭中的"父乙"、"兄

---

① 曹定雲：《論武乙、文丁祭祀卜辭》，《考古》1983年3期，242頁。

丁"、"母庚"有很大的區别：首先，此三稱在武丁卜辭中是同版關係，是分别祭祀的對象，而在文丁卜辭中，"父乙"、"兄丁"往往同辭，是"合祭"的對象。其次，武丁卜辭中，此三稱所受祭祀種類比較多，除禦祭、出祭外，還有告祭、酉祭、酌祭等，而文丁卜辭中，此三稱所受祭祀種類少得多，主要是又祭，其次是告祭、將祭；而母庚只受又祭，兄丁只受將祭。

此外，武丁卜辭中，此三稱所受犧牲比較多，以"宰"爲主，其次是牛、羊、伐等；而文丁卜辭中，此三稱所受犧牲比較少，主要是牛，次爲羊，没有見到"宰"。

以上情况表明，文丁卜辭中的"父乙"、"兄丁"、"母庚"同武丁卜辭中的"父乙"、"兄丁"、"母庚"是不相同的人，其時代自然也不相同。

（四）文丁卜辭中集合廟主所反映的世系

文丁卜辭中對時代推斷有重要意義的集合廟主是"伊、廿示又三"。今引徵如下：

恵新☒用？

［壬］戌卜：又歲于伊、廿示又三？　《京》4101（圖六,3；《佚》211與此同文）

關於此辭，陳夢家先生曾指出："'伊廿示又三'，當讀作'伊、廿示又三'。伊尹事湯，放大甲而爲大甲所殺，爲沃丁所葬。則此二十三示應是自大甲至康丁的二十三王，乃小示。"①我們曾經指出："陳先生對此世系的推算是對的，但認爲是小示則可商。'伊、廿示又三'是伊尹、大甲以下直系、旁系先王的合祭，故不是小示。此'伊、廿示又三'與文丁卜辭的時代亦相吻合。"②

綜上所論，無論是從地層關係，還是從卜辭稱謂和世系進行分析，文丁卜辭内容與其所處的時代是完全吻合的。

四　武乙、文丁卜辭的事類

武乙、文丁（歷組）卜辭與武丁、祖庚（賓祖、出祖）卜辭在占卜事類方面既有某些相似性，又有明顯的差異性。前者多是各個時期都可以重複發生的事

---

① 陳夢家：《殷虚卜辭綜述》，465頁，科學出版社，1956年。
② 曹定雲：《論武乙、文丁祭祀卜辭》，《考古》1983年3期，242頁。

件，後者則是某一時期所特有的事類。關於這一問題，我們過去已有所論述，現稍做補充。

商周時期，"國之大事，在祀與戎"，即祭祀與戰爭是商王國政治生活的重要内容。所以殷墟卜辭中，祭祀内容占了多數，戰爭内容也有一定數量。在戰爭與祭祀兩件大事上，在商代後期的不同階段是有所不同的。

(一) 關於戰爭

我們在《再論》中已經分析了武丁、祖庚、祖甲與武乙、文丁時的方國關係①，文中指出，武丁時期作戰的主要對象是舌方，武乙、文丁時期作戰的對象主要是召方，兩者有顯著區別。林小安在《武乙、文丁卜辭補正》與《再論歷組卜辭的年代》兩篇文章裏，對伐舌方的卜辭做了詳細的分析，其文的要點是：在殷墟卜辭中，占卜伐舌方的卜人有賓、殼、爭、古、亘、永、箙、韋、罕、出等十名（除"出"外，其餘均爲賓組卜人），涉及近五百條卜辭。從卜辭中看出，武丁對這場戰爭十分重視，不但御駕親征，還調集了滿朝重臣，如筝、師般、望乘、子畫、沚或等名將前往作戰。戰爭的規模大，動用了三千、五千的兵力，持續的時間也較長，是武丁晚至祖庚初年最重要的戰爭。若歷組卜辭與賓組、出組同時，歷組的貞人必定對此重大事件進行占卜，但爲何置若罔聞？這一現象唯一的答案是貞人歷不是武丁晚至祖庚時代之卜官，這類卜辭也不是武丁至祖庚的卜辭②。我們認爲林氏的分析很有見地。

下面再談一下有關召方之事。張永山、羅琨在有關文章中對此曾做過詳細的論述，他們指出，在武丁賓組卜辭時期，召方與商王朝是聯盟關係，而在歷組卜辭時，却成了主要的敵國③。

在 1986—2004 年小屯村中南所出的歷組卜辭中，依然不見舌方的踪影，但發現了兩片征伐召方的卜辭，其内容如下：

己酉□：召[方]☒？三
己酉卜：其燇人☒[召]☒？三
弜燇人？

---

① 肖楠：《再論武乙、文丁卜辭》，《古文字研究》第九輯，中華書局，1984 年；《甲骨學論文集》，114—115 頁，中華書局，2010 年。
② 林小安：《再論"歷組卜辭"的年代》，《故宫博物院院刊》2000 年 1 期。
③ 張永山、羅琨：《論歷組卜辭的年代》，《古文字研究》第三輯，中華書局，1980 年。

丙辰貞：于□告□焱？　　　　　　　　　　　　　　《村中南》228（圖六,2）
辛丑［卜］：三千□令□？
辛丑卜：王正（征）刀方？
□□卜：□□令□召□［受］又？　　　　　　　　《村中南》66（圖六,1）

刀方，即召方①。㪣，即征召之意②。在已發現的伐召方的六十多條卜辭中，未見"㪣人"或"㪣人"之數目③。上述兩片卜辭，既有"㪣人"，又見"三千"，雖然《村中南》66第一辭"三千"之後缺字，但從同版的二、三辭可推知，該辭是卜問是否命令三千人伐召方。可見武乙、文丁時期，征伐召方動用的兵員較多，戰爭的規模也較大，召方確是這一時期殷王朝最主要的敵國。

（二）關於祭祀

在賓組、出組、歷組卜辭中，祭祀祖先的卜辭數量大，現只選取對斷代意義最有價值的祭祀父乙、父丁的祭名與用牲情況做一比較④。

1. 祭名

（1）父乙　在賓組卜辭中，祭祀父乙的祭名有出、禦、賓、酚、告、酉、曹、㚔、伐、舌、祀、㇏、登等多種，出祭最多，占了約50％，次爲禦祭，賓、酚、告、酉、曹也有數條，後幾種偶見。

歷組對父乙祭祀的祭名有又、將、剛、祝、告、伐、歲、祼，以又、將、剛爲多，其中將、剛、祝、歲四個祭名不見於賓組，而賓組的禦、賓、酚、曹等多個祭名也不見於歷組祭祀父乙的卜辭。

（2）父丁　在出組卜辭中，祭祀父丁的祭名有賓、歲、又、彡、舌、叙、晢、夕、告、㦰、禦、龠、㚔、㇏、祭、酚、升等，以賓、歲、又爲主，特別是賓祭，占了近半。

歷組卜辭對父丁的祭祀，祭名有告、又、㚔、㇏、歲、禦、酚、伐、燎、尊、𩰋、報、㲋、祝、彡、餒、昇、舌、米、刞、叙、梀等，以告祭最常見，次爲又祭、㚔祭，歷組的報、㲋、燎、祝、刞、尊、叙、𩰋、米、梀等不見於出組，出組

---

① 陳夢家：《殷虛卜辭綜述》，287頁，科學出版社，1956年。
② 于省吾主編：《甲骨文字詁林》，953—955頁，中華書局，1996年。
③ 《合集》33018有"□王㪣□［往］伐召，受又"，可能是"㪣人"之辭。
④ 方述鑫在《殷墟卜辭斷代研究》223—224、230—231頁，對賓組、自組與歷組父乙類，出組與歷組父丁類的祭名做過比較，讀者可參考。

的賓、叙、龠、葼等不見於歷組。

出組與歷組對父丁的祭祀卜辭有一部分祭名相同，但內容有別。以告祭為例，出組對父丁的告祭只見二條卜辭，內容較簡單。《英》1957："貞：告于父丁？"《合集》23259："甲子卜，大貞：告于父丁，今日溫酋？"而歷組對父丁告祭的卜辭達三十條，內容豐富。如《合集》33526："癸丑貞：王令刉出田，告于父丁，牛一？茲用。"《合集》32680："丁卯貞：其告于父丁，其狩，一牛？"《合集》33710："辛巳貞：日戠，其告于父丁？"《合集》31995："己丑卜：雙衆，告于父丁，一牛？"《合集》33015："己酉卜：召方來，告于父丁？"《屯南》1089："甲戌貞：告于父丁，餗一牛？茲用。"以上卜辭反映出，當時田獵、日食、戰爭、祭祀等多方面的事情，商王都要對其父進行告祭①。

2. 用牲　賓組、出組、歷組卜辭對父乙、父丁的祭祀，在用牲方面也存在較明顯的差別。下面我們以《類纂》所載的卜辭資料，對這幾組卜辭的用牲狀況做一統計（表二）。

表二　賓組、出組、歷組卜辭祭祀父乙、父丁用牲統計表

用牲 \ 卜辭組別 卜辭條數	賓組祭祀父乙卜辭	出組祭祀父丁卜辭	歷組祭祀父丁卜辭	歷組祭祀父乙卜辭
羌	2	4	15	
伐	1		2	
艮	9			
㚔	2			
牢	1		15	
牛	9	19	34	3
宰	24	18	6	
羊	8		6	
犬			4	
豕	1		1	
青	3			
合計	60	41	83	3

---

① 張永山、羅琨在《論歷組卜辭的年代》一文中，對歷組卜辭告祭父丁的內容曾做過論述，讀者可參考。

賓組祭祀父乙記用牲的卜辭 60 條，其中用人牲的卜辭 14 條，種類爲羌、伐、伇、㚔，用人牲最高數爲三十伐（《合集》886），次爲十（《合集》702 正）。用畜牲 46 條，種類有牢、宰、羊、牛、豕、靑，用畜牲最高數爲百宰（《合集》6664 正），次爲三十（《合集》886）。

歷組祭祀父乙記用牲的卜辭較少，全部用牛，最高數爲三牛（《合集》34240）。

出組祭祀父丁記用牲的卜辭 41 條，其中人牲 4 條，均爲羌，最高數爲三十（《合集》22549）。用畜牲 37 條，種類較簡單，只牛（牡、犁歸入牛類）、宰二種，用牲最高數爲十牛（《合集》23180），次爲五（《合集》22555）。

歷組祭祀父丁記用牲的卜辭 83 條，其中用人牲的卜辭 17 條，種類爲羌與伐，最高數爲百羌以上（《屯南》1111），次爲伐四十（《屯南》636）。用畜牲 66 條，種類有牛、牢、羊、宰、犬、豕，一次用畜牲最高數爲百，有百犬、百豕、百牛（《合集》32674）、百小宰（《合集》32675、《屯南》4464）。歷組祭祀父丁較出組祭祀父丁用牲種類多，數量也大。

這裏需要提到的是祭祀卜辭中的牢與宰兩個字的含義。關於牢，學術界有不同的看法，有釋爲大牢，指牛、羊、豕三牲，有釋作二牛（或指一牡牛與一牝牛），還有釋圈養的牛，或特別圈養供祭祀用的牛。關於宰，有學者釋爲小（少）牢，指羊、豕二牲，也有釋作圈養的羊，或特別圈養供祭祀的羊①。我們認爲，牢、宰是指特別圈養供祭祀的牛和羊，用牢、宰祭祀較用牛、羊爲隆重。

牢與宰在賓組、出組、歷組祭祀卜辭中，其數量與占的比例是不同的。從表二可知，賓組祭祀父乙記用牲的卜辭中以宰爲多，計 24 條，占全部牲畜條數（46 條）的 52.2%，若宰與羊合算爲 32 條，則羊牲占 70%，牢只見 1 條，牛、牢合算 10 條辭，占 22%。出組祭祀父丁卜辭，宰牲爲 18 條，占該組畜牲條數（37 條）的 48.7%。牛牲 19 條，比例升至 51.3%。歷組祭祀父丁用宰的卜辭 6 條，占該組畜牲條數（66 條）的 9.1%，若以宰、羊合算爲 12 條辭，則羊牲占 18%。牢 15 條，占該組畜牲條數的 22.7%，若牢與牛合計爲 49 條辭，占該組畜牲條數的 74%。

雖然我們只統計了賓組、出組、歷組祭祀父乙、父丁的用牲情況，但它能大體反映出這三組卜辭用牲之差異，其中最主要的不同點是，賓組、出組卜辭祭祀祖先使用的畜牲以宰爲主，牢很少②，羊牲的比例大。何組、無名組牢、宰並

---

① 于省吾主編：《甲骨文字詁林》，1504—1517、1538—1540 頁，中華書局，1996 年。
② 非王卜辭中的用牲情況與王卜辭有些差異，如《花東》的子卜辭，用牢祭祀祖先有 30 片，用宰祭祀 42 片。用牢較賓組卜辭多。

用，歷組用牢多於宰，牛牲比例較羊牲大，而到了黃組，祭祀祖先的卜辭絕大多數用牢與牛，宰與羊很少。可見宰與羊、牢與牛祭祀卜辭條數多寡之變化，反映了時代之差異。歷組卜辭之父乙、父丁較賓組的父乙、出組的父丁晚。

讓我們再看一下殷墟商代後期祭祀遺存中羊牲與牛牲的情況。

（1）羊牲　據已發表的考古資料，殷墟埋羊牲的祭祀坑數目約27座，其中單獨埋羊的3座，其餘的二十多座，除羊外還有其他犧牲（主要是犬）。羊牲的數目在180頭以上[①]。羊牲祭祀坑絕大多數發現於小屯北宮殿宗廟區內。如小屯乙七基址南面的M182（屬北組墓葬）、M152（屬中組墓葬），乙七、乙十三基址的M105、M109、M364、M368等十二座"基中墓"[②]，丙一基址東南的M338、M339，丙十七基址中部的M393，丙組基址北段的M357等。這些祭祀坑內埋羊的數目少者1頭，最多的42頭。此外，在郭家莊西南及西北岡也各發現一座埋羊的祭祀坑。

（2）牛牲　殷墟埋牛的祭祀坑或文化層有12個單位。分布於小屯宮殿區、西北岡王陵區、苗圃北地、大司空村、孝民屯等地，牛牲總數約503個個體。除小屯北M390坑屬牛與羊合埋外，其餘的坑都單獨埋牛。這類坑大多埋的是整牛，但也發現埋牛的某一部分骨骼。在白家墳的VD區，探方T2東北隅的地層中，發現牛角四十餘支，爲二十頭牛的角。在孝民屯鑄銅遺址，發現了專埋牛的牙齒與下頜骨的坑，如H265，坑內埋3 600多個牛的門齒，屬於434個牛的個體[③]。

上述埋羊、牛的祭祀坑（或文化層）共三十九個單位，除少數幾座坑不好斷代外，大多數坑（或文化層）是可以據其與周圍遺迹的關係及坑內共存陶器的形態進行分期。屬於殷墟文化一、二期的有羊坑19座（埋羊120只）、牛坑5座（埋牛44只），小屯宮殿基址發現的羊坑、牛坑，絕大多數都屬於這一時期[④]。屬於殷墟文化三、四期的有羊坑2座（埋羊3只），牛的坑、層六個單位（埋牛

---

① 謝肅：《商代祭祀遺存研究》，142—145頁，商文化犧牲祭品統計表，2006年中國社會科學院研究生院博士論文。
② 有學者稱這類墓爲"置礎墓"，但這些墓葬中的人牲是在基址的夯築過程中埋入的，和置礎立柱在時間上不一致，故應稱爲"基中墓"較好。
③ 殷墟孝民屯考古隊：《河南安陽孝民屯商代鑄銅遺址2003—2004年的發掘》，《考古》2007年1期。
④ 有關小屯宮殿基址及其周圍祭祀坑的時代可參考中國社會科學院考古研究所：《殷墟的發現與研究》，51—69頁，科學出版社，1994年；杜金鵬：《殷墟宮殿區建築基址研究》，161—176、257—258、329—334頁，科學出版社，2010年。

約 459 個個體），苗圃北地、孝民屯、白家墳發現的埋牛的坑、層及郭家莊西南的羊坑屬於這一階段。

考古資料表明，殷墟文化一、二期（相當於賓組、出組卜辭時期）用羊牲祭祀較多，牛牲較少，而殷墟文化三、四期（相當於無名組、歷組、黃組卜辭時期）則大量使用牛牲祭祀，用羊牲則相當少，這與甲骨卜辭的記載大體上是符合的。

五　關於《屯南》4050 與《屯南補遺》244 的綴合問題

2004 年 11 月，中國古文字研究會在杭州召開，臺灣學者林宏明博士提交了《從一條新綴的卜辭看歷組卜辭時代》一文。林博士在該文中綴合了《屯南》4050 與《屯南補遺》244①。"綴合後發現內容和王國維、董作賓所綴合的《合》32384 內容類似、字體相同的歷組卜辭，雖然這組卜辭綴合後仍然非常殘缺，但重要的是此版爲歷組卜辭這類列舉一系列先公先王的殘辭，目前惟一一例可以見到'父'字的。將這組綴合和《合》32384 比較，兩者行款大致一致，推測這可能是一組同文卜辭。"②綴合後的卜辭內容如下（圖六，5）：

（匚乙）三，
☐大乙十，☐
☐小甲三，大戊☐
☐乙十，且☐
☐☐三，父☐。

關於《合》32384，其辭是歷組父丁類中的祭祀卜辭，文爲：

乙未酌系品：上甲十，乙三，
匚丙三，匚丁三，示壬三，示癸三，大乙十，
大丁十，大甲十，大庚七，小甲三，☐

---

① 中國社會科學院考古研究所安陽工作隊：《1973 年小屯南地發掘報告·（五）小屯南地甲骨補遺》，《考古學集刊》第 9 集，科學出版社，1995 年。
② 林宏明：《從一條新綴的卜辭看歷組卜辭時代》，《古文字研究》第二十五輯，87 頁，中華書局，2004 年。

☐癸甲三,祖乙☐。

綴合後的卜辭與《合》32384 相比,增加了第五行,而且還出現了父名。對於"父"下之字,林宏明博士認爲是"丁",並説:"根據世系,筆者以爲這個'父'爲'父丁'(武丁)的可能性比康丁大出許多。"①

林文發表以後,李學勤先生認爲,這爲歷組卜辭提前"再次提供了有力證據"。又説:綴合後的第五行"父"下之字應爲"乙";"所見的'父',只能是'父乙',即'小乙',……假如以辭中'父乙'爲武乙,是怎樣也没有辦法講通的"。②

我們認爲,林宏明博士的綴合是成功的,他認爲"父"下之字可能爲"丁"也是對的。因爲,該片是典型的歷組父丁類卜辭。李學勤先生認爲"父"下爲"乙"不妥。至於該片的時代,却不能因爲"綴合"而提前:第一,綴合後仍然是一片殘辭,所缺之字甚多,"父"字前和"父"字後,仍不知所指是誰。第二,雖然"父"後之字可以定爲"丁",但也不能説父丁就一定是武丁。因爲殘缺的"父丁"卜辭,證明"父丁"屬哪一個王,其力度當然要比"小乙,父丁"卜辭要小。如今,由於有"小乙→三祖→父丁"之祭祀過程被發現,完整的"小乙、父丁"卜辭中的"父丁"已經被證明不是武丁,而是康丁,那殘缺的"父丁"卜辭更是不足爲據了。

六　關於武乙、文丁卜辭中的同版問題

在武乙、文丁卜辭討論中,有學者對某些問題,尤其是同版問題提出過疑問。關於這些問題,有的我們過去回答過,有的尚未回答。現借此機會,一併回應如下。

(一)關於《屯南》2384(H57:179)中的同版問題

《屯南》2384 是"出組"與"歷組"同版的卜辭,内容如下:

---

① 林宏明:《從一條新綴的卜辭看歷組卜辭時代》,《古文字研究》第二十五輯,89 頁,中華書局,2004 年。
② 李學勤:《一版新綴卜辭與商王世》,《文物》2005 年 2 期,66 頁。

其上 1—9：庚辰卜：王。

其下：庚辰貞：其陟☐高祖上甲，兹用，王昌，兹☐？一

該片上部 1—9 辭是典型的出組卜辭，而下部是典型的歷組父丁類卜辭。背面的鑽鑿形態是早期的，而不是武乙時候的。該版胛骨卜辭，我們在《屯南·釋文》中指出："此骨爲同版不同期卜辭，骨上部爲祖庚、祖甲時期的卜辭，骨下部是武乙時期的卜辭，……這是武乙時期利用了庚、甲時期的卜骨的空隙而形成的。"①

《小屯南地甲骨》（上册）問世以後，不少主張歷組卜辭早期說的學者認爲這是歷組與出組時代相同的佳證②。在這些先生看來，同版就一定同期，似乎成爲一條定律。

其實在甲骨卜辭中，同版只是一種現象。同版可以同期（相對而言）；同版也可以不同期。具體情況具體分析，不能一概論之。在《小屯南地甲骨》中，同版不同期尚有其他的例證。如《屯南》2157，該版上部似康丁卜辭，下部似乙辛卜辭。出現這種情況，明顯是晚期利用了早期卜骨之故③。

殷墟卜辭中，不同時期的卜辭出現在同一版上應當是可以理解的。殷代卜龜（骨）是很寶貴的，占卜完後，不會馬上扔掉，而是保存下來，因爲這是檔案，時王甚至後繼者還會不時地檢驗查看；而史官們也會經常查閱這些卜骨，從中總結出占卜的經驗；後來的史官也會翻閱以前的卜龜（骨），從中學習前輩的技術。在以上這些過程中，難免會有史官在過去空缺的卜骨上，重新占卜或刻辭，這是合乎情理的事情。這有點像近現代學者常會在古書上作眉批，難道人們會將古書與眉批看作是同一時代嗎？所謂卜辭同版同時只是相對的，是從大處着眼而言的，因爲兩種刻辭相隔時間可能是幾天、幾個月、幾年，人們可以忽略不計，算作是同一時期。若從細微處出發，同版不同時則是絕對的，即便是同一天，二者之間也有先後；如果這種不同時超過了十年、幾十年，甚至上百年，人們就不能再說它們是同一時期的了！

在《小屯南地甲骨》中還存在另外一種現象：卜甲（骨）上的卜辭與其上的紀事刻辭歸屬於不同的時代。有學者將這種現象也稱作同版。其實，這與真正的卜辭同版是有區别的。因爲，紀事刻辭發生於甲骨整治過程結束之時，是甲骨整

---

①③ 中國社會科學院考古研究所：《小屯南地甲骨·釋文》，1010 頁，中華書局，1983 年。
② 李學勤：《論小屯南地出土的一版特殊胛骨》，《上海博物館集刊》第 4 期，1987 年。

治管理者檢驗甲骨時的簽署記録，不是真正的卜辭；而卜辭則是貞人占卜之後史官刻在甲骨上的記録。這兩種記録的性質完全不同，而且發生的時間也不相同。此中存在的時間差究竟有多長，很不好説，可能幾天、幾個月，也有可能是幾年、幾十年甚至上百年。這就好像信紙信封上面在印刷時印有單位名稱，這種名稱往往有明確的時代標記，但寫信人何時用此紙（包括信封）寫信，則是另一回事，寫信人可能在當年用此紙寫信，也可能是在幾年、幾十年之後用此紙寫信。殷代整治好了的龜骨是十分珍貴的，會放在庫房備用，待貞人占卜時，再從庫房取出，占卜完後，史官在上面刻上卜辭。此中前後間隔的時間同樣會有長有短。所以，這種現象不能叫同版，只能稱之爲"同龜（骨）"。這種"同龜（骨）"的現象，卜辭中有不少例證。例如《屯南》910、911 就是典型代表。今將該片正面卜辭與反面的刻辭分列如下：

　　正面（911）　戊寅☐？
　　　　　　　　己卯貞：桒禾于示壬，三牢？
　　　　　　　　☐酉卜：于伊☐丁亥？
　　反面（910）　壬子，㱿［示］。

該卜骨正面從字體看是歷組父乙類，屬文丁卜辭；而反面有賓組卜人的簽名，是武丁時的紀事刻辭。這同樣是"晚期利用了早期的卜骨"[①]。已故著名學者張政烺先生説："《南地》910、911 片是一骨之正背兩面，背面有'壬子，㱿示'四字，是一期紀事刻辭，……骨面有歷組卜辭三條。……可見此是一期入藏之骨，至歷組卜人始用之，而非賓組、歷組合作的産物。"[②]類似的情況也見於《屯南》2263 與 2264，2263 是正面，其上似乙辛卜辭；2264 是反面，其上是康丁至武乙紀事刻辭[③]。再如《英藏》2415：

　　正面　☐令𠭰人先涉？
　　反面　丁卯叡出于☐三牢，［在］☐。

該片的正面大部分是僞刻，只有一行是卜辭，字體近似歷組；背面是賓組字體的紀事刻辭[④]。這也是後來（康丁、武乙）時代貞人利用了武丁時代已整治好的卜

---

① 中國社會科學院考古研究所：《小屯南地甲骨・釋文》，907 頁，中華書局，1983 年。
② 張政烺：《帚好略説補記》，《考古》1983 年 8 期，715 頁。
③ 中國社會科學院考古研究所：《小屯南地甲骨・釋文》，994 頁，中華書局，1983 年。
④ 李學勤、齊文心、艾蘭：《英國所藏甲骨集》下編上册，135 頁。中華書局，1992 年。

骨進行占卜的緣故。

　　以上三例都是卜辭與紀事刻辭"同龜（骨）"的現象。這不能叫"同版"，因爲後者不是卜辭；且往往不在同一版上，而是在龜（骨）的正面與反面，所以只能稱作兩種刻辭"同龜（骨）"。這兩種刻辭原本就發生在不同的時間，性質本不相同，因此它們之間的時代不同也就不足爲怪了。

七　關於殷墟卜辭中的異代同名問題

　　殷墟卜辭中有兩個婦好，一是武丁（賓組卜辭）時的婦好，另一個是武乙、文丁（歷組卜辭）時的婦好。這兩個婦好，無論從字體的寫法還是她們的平生事迹，以及死後所享受的祭祀待遇等方面都有很大區別。關於這些區別，我們過去多次做過論述，現在不再重復①。

　　李學勤先生將歷組卜辭提至武丁和祖庚時代，其起因就是因爲婦好。殷墟五號墓（婦好墓）發掘之後，在學術界引起極大反響。此墓屬於殷墟二期早段，墓中的主人（婦好）見之於武丁時代的賓組卜辭，其卜辭數量還相當多。因此，"婦好"墓主人的身份與時代不存在任何疑問。正是根據此事，李學勤先生認爲："殷墟甲骨不止是武丁時期的賓組卜辭有婦好這個人物，多出自小屯村中的一種卜骨也有婦好。這種卜骨字較大而細勁，只有卜人𠂤（歷）。我們稱之爲歷組卜辭。按照舊的五期分法，歷組卜辭被認爲屬於武乙、文丁時期的第四期。新出土的各墓青銅器及玉器上的文字，其字體更接近於歷組卜辭。"據此，李先生認爲歷組卜辭的時代必須提前②。

　　其實，婦好之"好"從"女"從"子"，"子"乃此女子之母國國號。如同婦井是井國之女子，道理是一樣的③。武丁時代，子國之女嫁到殷王室爲妃，稱爲"婦好"；武乙、文丁時候，子國之女也嫁到殷王室爲妃，同樣還得叫"婦好"。這兩個婦好相距時代甚遠，怎能將武丁卜辭的婦好與武乙、文丁卜辭中的婦好看作是同一個人呢？

---

① 肖楠：《再論武乙、文丁卜辭》，《古文字研究》第九輯，中華書局，1984年。
② 李學勤：《論"婦好"墓的年代及有關問題》，《文物》1977年11期，337頁。
③ 參見肖楠《再論武乙、文丁卜辭》中有關"婦好"章節（《古文字研究》第九輯，中華書局，1984年；《甲骨學論文集》，109頁，中華書局，2010年）。

在殷墟卜辭中，異代同名的現象很普遍。關於這一問題，我們在《一論》、《再論》中已有論述，甲骨文中出現的絕大多數人名不是私名，而是氏名，因爲這些人名往往又是國名、地名、族名，這是古代以國爲氏、以邑（封地）爲氏的反映。我們過去論述此問題，主要依據卜辭中的資料，現在考慮到甲骨文中的不少人名，在商代後期（甚至西周早期）的銅器銘文中作爲族名出現，所以本文擬從商代銅器銘文的族名這一角度再做補充。商代銅器銘文的族名相當多，這裏我們只選取十幾個既見於銅器又見於甲骨文的較重要的名號做一分析（表三）。

表三　商代銅器銘文中常見族名表

銘文	銅器著錄號 二期	銅器著錄號 三期	銅器著錄號 四期	卜辭出現組別
戈	3018、3172	1203	766、1204	𠂤組、午組、賓組
冀	377、5446	2112、2941	461、3147	𠂤組、賓組、歷組
䖵	6604、7456	7457	J829、OU264	賓組、出組、無名組、歷組、黃組
旗	J866、J867	10646、1114	2400、2401	賓組、何組、無名組、歷組
史	1075、6610	1084、8615	1088、2957	賓組、花東子卜辭
天	380、1430	1426、9156	1429、7779	出組、歷組
何	5445、11721	2750、6424	5756、5757	𠂤組、賓組、花東子卜辭、出組、何組、歷組
宁	1361、1362	J793、1366	1116、6625	花東子卜辭、無名組、何組
犬	7179	1565、6356	10840	𠂤組、賓組、何組、無名組、歷組、黃組
中		J1114、J1115	8630、8166	賓組、出組、無名組
光	1025、8600	6030	2709、J565	𠂤組、午組、賓組
并	9830	8898	6579	𠂤組、賓組、出組、歷組
狄	6702、6703	6700、J760	505、J681	賓組、花東子卜辭
羌	2546、9854	8059、7796	1035、OU47	賓組、花東子卜辭、歷組

說明：表中 J 指劉雨、盧岩《近出殷周金文集錄》（中華書局，2002 年），OU 指劉雨、汪濤《流散歐美殷周有銘青銅器集錄》（上海辭書出版社，2007 年），其他均爲中國社會科學院考古研究所《殷周金文集成》（中華書局，1984—1994 年）號碼①。

---

① 此表參考嚴志斌《商代青銅器銘文研究》中的《商代青銅器銘文分期一覽表》，2006 年中國社會科學院研究生院博士學位論文；趙鵬《殷墟甲骨人名與斷代的初步研究》中的附錄三《殷墟甲骨文所見人名列表（部分）》，綫裝書局，2007 年。

表三所舉的十四個族名，其中十三個均見於殷墟文化第二、三、四期的銅器上，只有"中"銘，見於三、四期，但由於在賓組卜辭（武丁中晚期）有其名號，故我們認爲，將來在殷墟二期的墓葬中可能會有此銘出土。

表中所列的大多數銅器是傳世品，但也有少量是經科學發掘出土的，下面我們選取考古發掘出土的旗與犾銘銅器，來考察一下器主旗與犾在不同時期的情況。

旗銘銅器，見於郭家莊東南 95M26 與 06M5 二座墓葬①，前者時代爲二期晚段，後者爲三期早段②。95M26 出青銅禮器 12 件和鉞、戈、矛、鏃等兵器 46 件，五件銅禮器上有"旗"銘。06M5 出青銅禮器 9 件和鉞、戈、矛、鏃等兵器 21 件，三件銅禮器上有"旗"銘。此二墓的墓主應爲"旗"。我們對此二墓的隨葬品曾做過研究，認爲 95M26 的墓主是位權力較大的指揮官，而 06M5 墓主則屬於中下級武官③。

犾銘銅器出於殷墟西區族墓地第八墓區的 M271 與 M1125④。前者出青銅禮器 4 件和銅戈、矛等兵器 4 件，時代屬殷墟三期；後者出青銅禮器 3 件和戈、矛、鏃等兵器 5 件，時代屬殷墟四期。兩墓的墓主爲小貴族，低級武官⑤。

以上的例子表明，這兩組具有同一名號的墓主，生前均出自同一族氏。這反映出殷代的職官具有世襲性，即一些強宗大族的族長或重要人物世代爲官，尤其是世代出任武職的更常見。

殷代銅器銘文中屢見異代同名現象，給我們以啓示，即甲骨文中的"同名"也應當如此解釋，特別是一些時代相隔較遠的卜辭組如賓組、出組與歷組，賓組與無名組，賓組、出組、何組與黃組中的同名者，應是出於同一個氏族中不同時代的人。

過去有的學者注意到，甲骨文的一、四期（賓組與歷組）"同名"現象較各期多，由此對異代同名產生懷疑，甚至認爲，賓組、出組與歷組的同名不是異代同名，而是指時代相同的同一個人。在《再論》一文中，我們談到一、四期卜辭"同名"較其他各期多的現象曾說道："這與卜辭內容有一定的聯繫：一、四期卜辭內容多、涉及面廣，故'人名'也多，'同名'現象自然就多；而二期以祭祀（特別是

---

① 中國社會科學院考古研究所安陽工作對：《河南安陽市郭家莊東南 26 號墓》，《考古》1998 年 10 期；安陽市文物考古研究所：《河南安陽市郭家莊東南五號商代墓葬》，《考古》2008 年 8 期。
② 發掘報告執筆者認爲 06M5 屬殷墟文化二期，我們據該墓出的銅器、陶器的型式較二期器物略晚，改訂爲殷墟三期早段。
③ 劉一曼：《甲骨金文的"旗"與殷墟"旗"墓》，《殷都學刊》2011 年 1 期。
④ 中國社會科學院考古研究所安陽工作隊：《1969—1977 年殷墟西區墓葬發掘報告》，《考古學報》1979 年 1 期。
⑤ 劉一曼：《論安陽殷墟墓葬青銅武器組合》，《考古》2002 年 3 期。

周祭)、卜旬、卜王爲主,三期以田獵卜辭爲主,五期以祭祀、田獵、卜旬爲主,另有一些征人方的材料,涉及的'人名'相對少一些,故同名現象相對也少一些。"

現在看來,上面的解釋仍然是合理的,我們不能以同名現象在各期(或各組)出現多寡的不同而對異代同名產生懷疑或否定。因爲,如同表三所示,一些重要的族氏,從武丁(甚至更早)直至帝乙、帝辛時期,一直活躍在商王朝的政治舞臺上,這昭示出在殷代各個時期,異代同名的確是一個非常普遍的現象。

八　歷組卜辭產生時代探索

武乙、文丁卜辭中,除少量的無名組卜辭外,絕大部分是歷組卜辭。"武乙、文丁卜辭"與"歷組卜辭"不是同一個概念,歷組卜辭並不等同於武乙、文丁卜辭。本文所論的武乙、文丁卜辭是歷組卜辭的主體,所占份額起碼在百分之九十五以上。這就意味着,歷組卜辭中可能有極少量其他時代的卜辭。我們以《類纂》爲依據,對該類卜辭中的父輩稱謂做過統計,其中有父丁稱謂 215 條,有父乙稱謂 21 條,有父庚稱謂 1 條,父庚稱謂約占總數的 0.4%,因此我們說歷組卜辭的主體是武乙、文丁卜辭是沒有錯的。但卜辭的產生與時王的更替並不等同,歷組卜辭究竟產生於何時是可以討論的。由於歷組卜辭的主體是武乙、文丁卜辭,故歷組卜辭的產生離武乙時代不會太遠,很可能在康丁之世,這是一種合乎邏輯的推論。這一推論在地層上並無障礙,1973 年小屯南地的發掘表明,中期一組地層既出康丁卜辭,也出武乙卜辭(歷組父丁類)[①]。康丁與武乙在時間上是相連的,在地層上是共存的。

歷組卜辭中的"父庚"稱謂,目前雖只一見,但值得注意,今引徵如下:

辛亥卜:楚于父庚?　　　　　　　　　《鄴三》42·3(《合集》27435)

對於該片卜辭的稱謂與時代,陳夢家先生曾做過研究。他認爲這片仍是武乙卜辭,其"父庚"是廪辛卜辭中的"兄庚"[②]。他這樣說,也有一定道理。可我們仔細審閱過這片卜辭,按其字體可以歸入歷組,但並非典型歷組,有的字又接近於無名組。嚴格地講,該片是無名組向歷組過渡的一種卜辭,這一特徵正好說明了它是歷組卜辭的早期形態。因此我們認爲,此片中的"父庚"很可能是康丁稱其

---

① 中國社會科學院考古研究所:《小屯南地甲骨·前言》,中華書局,1980 年。
② 陳夢家:《殷虛卜辭綜述》,457 頁,科學出版社,1956 年。

父祖庚，故該片可能是康丁時期的卜辭。

《屯南》2668 有"其又歲于兄庚"一辭，不過，那是一片習刻；《屯南》2296 有"中己歲兄己歲"一辭，此片中的"兄己"不能作爲孝己的證據。因爲，殷代各王時代中，名"兄己"者多有其人，僅憑"兄某"是不能定其時代的。即便是單個的"父某"，如果沒有更多的稱謂或稱謂組合，沒有明確的地層證據，也是難以定其時代的。

九　字體變化在卜辭斷代中的地位和作用

在甲骨分期斷代的研究中，人們通常會將卜辭字體進行分類，以便整理與研究。這種方法在考古學上稱作類型學。但甲骨卜辭本身是地下遺物，是通過考古學方法發掘出來的，所以人們又必須運用考古地層學的方法，對出土甲骨進行整理。這兩種方法都是需要的，二者互相融合，互相補充，相得益彰。但在二者的關係中，地層學是基礎，是根本，地層學決定着類型學。所謂類型學，就是按遺物（器物）的外部特徵與内涵進行分類，將具有相同或相近特徵的器物歸納在一起進行分析與研究，以便考查它們的變化與發展。這是考古學中經常運用的方法，也是一種有效的方法，但它的前提是必須建立在地層學的基礎之上。類型學本身有其局限性，不同的時代，事物的外形有時會有相似與雷同之處。如果離開地層學，單純憑器物的外部形態進行分類，並斷定器物的時代，那就非常危險，甚至有誤入歧途的可能。此外還應指出，文字的形態會受師承關係的影響，這點應引起學者足夠的重視。

在所謂歷組卜辭中，真正有貞人歷（𢆷）的卜辭是很少的。將相當多字體相同或相近的卜辭稱之爲"歷組"卜辭，學者中至今仍有人不予認同，這是可以理解的。我們認爲，稱"歷組"卜辭也不是不可以，但在研究中，要切忌濫用，不要一見字體稍微相近，不考慮其他，尤其是不考慮地層關係，就籠統地稱之爲"歷組"卜辭，並隨之着手改變其時代，那樣就難免出錯。

在卜辭分期斷代中，人們自然要注意字體的變化。從歷史的角度看，甲骨文字體確實總是處在不斷變化和發展之中，這是不容懷疑的。人們之所以能將卜辭進行分類，所根據的還是字體的變化。但具體到某些個别的字，情況就不一樣了。例如，過去董作賓先生所總結出來的甲骨文第五期的"癸"，其形作"✖"，筆畫都出頭。一般研究者都據此作爲認定第五期的依據。然而，1991 年花園莊東地 H3 所出卜辭中，"癸"字出頭者比比皆是。難道我們能將花束的甲骨看成是第五期的嗎？或者反過來將過去的第五期提到武丁或武丁以前嗎？無論哪種做法都是不妥的。再如"王"字的寫法，過去傳統看法分"新派"、"舊派"，"舊派"寫作"㺇"，"新派"寫作"㺇"。如今，在花園莊東地 H3 甲骨中，這兩個"王"字是並存的，《花東》420"王"作"㺇"；480"王"作"㺇"①，無所謂誰早誰晚。因此，僅憑某些個别"字"的寫法變化，就去斷定卜辭的時代，是不可取的，也是非常危險的。判斷卜辭的時代，一定要看卜辭的群體特徵，要根據地層關係，要看稱謂組合、世系、事類等各種因素。總之一句話，要綜合各種因素，切忌根據一兩點就匆忙下結論。

十　關於殷墟卜辭"兩系説"

在歷組卜辭時代的討論中，李學勤先生提出了"兩系説"。他説："以性質而言，以商王爲占卜中心的是王卜辭，不以商王爲占卜中心的是非王卜辭。……以發現地點而言，有的組類只出於或主要出於小屯村北，有的組類只出於或主要出於小屯村中和村南。在王卜辭中，只有自組村北、村南都出，其他可分爲村北、村南兩系。"②後來，"兩系説"又被進一步完善，並用圖表述如下：

（村北）自組→自賓間組→賓組→出組→何組→黄組
（村南）自歷間組→歷組→無名組→無名黄間組↗

進而指出："自組卜辭村南、村北均有出土，是兩系共同的起源，賓間組只出村北，歷間組只出村南，才開始分兩系發展，往後賓組、出組、何組、黄組爲村北系列，歷組、無名組、無名黄間類爲村南系列，無名黄間類以後，村南系列又融合於村北系列之中，黄組成爲兩系的歸宿。"③

我們推測，提出"兩系説"的學者，大概是難以解釋歷組卜辭與賓組、出組之間的差異，以及歷組與他組之間的地層關係，因而將之從何組、黄組的鏈條中

---

① 中國社會科學院考古研究所：《殷墟花園莊東地甲骨》（六），1723、1744 頁，雲南人民出版社，2003 年。
② 李學勤、彭裕商：《殷墟甲骨分期新論》，《中原文物》1990 年 3 期，38 頁。
③ 李學勤、彭裕商：《殷墟甲骨分期研究》，305—306 頁，上海古籍出版社，1996 年。

抽出，並放在無名組的前面，以擺脫歷組卜辭在地層上遇到的困境。

對於"兩系說"，方述鑫、林小安等學者已提出過質疑①，本文在他們論述的基礎上，再做一些補充。

其一，"兩系說"與小屯甲骨出土的實際情況不符，因爲村南是出賓組、何組、黃組卜辭的，如《屯南》2113、2663、910與《村中南》384、454、455等爲賓組卜辭，《屯南》2384上有出組卜辭（與歷組同版），《屯南》4327、4447爲何組卜辭，《屯南》648、2157（第2辭）、2263、2405、2489、3564、3793、4363、4474、4475、4476及《村中南》438爲黃組卜辭。村北也出歷組卜辭，如甲二基址E52的《甲》3649、大連坑的《甲》2667、2859，丙一基址H354的《乙》9089、C區YH258的《乙》9064等片都屬於歷組卜辭。

其二，兩系中上下銜接的各組卜辭應當是年代相承襲，字體一脈相承，中間沒有缺環，但是何組與黃組卜辭的聯繫不是緊密的，兩者之間有一定的空隙。這點，"兩系說"的學者已經注意到了。但他們指出，何組與黃組之間還有一批過渡的卜辭，《安陽侯家莊出土的甲骨文字》中的第9—42片就屬於此種卜辭，它的字體較何組三類帶有更多的晚期特徵。這批過渡性的甲骨卜辭在殷墟是存在的，只是尚未在小屯出土而已②。我們認爲，這種推測根據不足。蔣玉斌博士研究了侯家莊第9—42片甲骨，他認爲那是另一種子卜辭（即非王卜辭），不屬於王卜辭之列③。蔣氏的看法是有道理的。王卜辭與子卜辭是性質不同的卜辭，不應當將侯家莊的"子卜辭"拿來填補小屯"兩系說"中王卜辭的空白。

其三，村南村北近在咫尺，在殷代是在同一宮殿區中，殷王朝沒有必要在同一時期設立兩個占卜機關。若是在同一時期存在兩個獨立的占卜機關，那應當在占卜事類上有所分工。但歷組與賓組、出組卜辭在內容方面均有占卜祭祀、天氣、田獵、農業、戰爭等事項，兩者之間沒有多大的不同，分設兩個占卜機關的意義又在哪裏？若是在同一時期存在着兩個獨立的占卜機構，那麼各機構的人員應當在各自的衙署內從事占卜活動，爲何又發現賓組、出組與歷組的字體同見於一塊甲骨之上的現象？

其四，"兩系說"將歷組卜辭放到了無名組卜辭的前面，是同田野考古中的

---

① 方述鑫：《殷墟卜辭斷代研究》，168—169頁，文津出版社，1992年；林小安：《再論"歷組卜辭"的年代》，《故宮博物院院刊》2000年1期。
② 李學勤、彭裕商：《殷墟甲骨分期研究》，306頁，上海古籍出版社，1996年。
③ 蔣玉斌：《殷墟子卜辭的整理與研究》，132—137頁，2006年吉林大學博士論文。

地層關係相違背的。在 1973 年小屯南地的發掘中，無名組卜辭雖與歷組父丁類卜辭同出在中期一組，但歷組父乙類卜辭只出在中期二組；且有多組中期二組坑打破中期一組坑。這說明，無名組卜辭的產生早於歷組卜辭，這是建立在確切地層關係上的結論。

總之，無論從卜辭內容進行分析，還是從田野發掘的地層關係進行檢驗，"兩系說"都是難以成立的。

附表　1973 年小屯南地中晚期灰坑出土刻辭甲骨統計表

期段	灰坑號	甲骨著錄號	卜辭類型	灰坑時代
中期三段	H8	569—571	歷組父丁類	三期早段
	H16	572、573、補 36	習刻	
	H36	2077—2084、2086	無名組、歷組父丁類	
	H37	2085	無名組	
	H55	2254	無名組	
	H72	2529—2531	一期、無名組	
	H91	2659、2660	自組	
	H92	2661—1663	賓組、習刻	
	H95	2667—2676、補 112	午組、無名組	
	H99	2682—2697	自組、一期、無名組	
	H109	2772	歷組父丁類	
中期四段	H23	690—856、補 37、38	無名組、歷組（父丁、父乙類）	三期晚段
	H24	857—2057、補 39—88	無名組、歷組（父丁、父乙類）	
	H31	2058—2076	無名組、歷組父丁類	
	H32	補 89	不明	
	H38	2087、2099、2101—2103	無名組、歷組父丁類	
	H39	2100、2104—2112	無名組、歷組（父丁、父乙類）	
	H47	2113—2115、2117—2129	午組、賓組、無名組、歷組（父丁、父乙類）	
	H50	2160—2249、補 92—95	午組、無名組、歷組（父丁、父乙類）	
	H59	2494—2500、補 105	無名組	
	H61	2502—2509	自組、午組、無名組、歷組父乙類	

續表一

期段	灰坑號	甲骨著錄號	卜辭類型	灰坑時代
中期四段	H74	2532、2533	無名組	三期晚段
	H75	2534—2542	無名組、歷組父乙類	
	H78	2547、2548	習刻	
	H79	2549—2551	無名組	
	H80	2552—2559	無名組、歷組父丁類	
	H84	2565—2583	一期、無名組、歷組父丁類	
	H85	2584—2639、補 106、107	午組、無名組、歷組（父丁、父乙類）	
	H87	2654—2658、補 108、109	歷組父丁類	
	H93	2664—2666、補 111	無名組	
	H98	2677—2681	無名組、歷組父丁類	
	H103	2699—2764、補 113、114	無名組、歷組（父丁、父乙類）	
晚期五段	H1	1—25	無名組、歷組（父丁、父乙類）	四期早段
	H2	26—482、補 1—32	無名組、歷組（父丁、父乙類）	
	H3	483—521、補 33	無名組、歷組（父丁、父乙類）	
	H4	522—525	無名組、歷組父丁類	
	H5	526—535	無名組、歷組父丁類	
	H6	536—561、補 34	無名組、歷組（父丁、父乙類）	
	H7	562—568	無名組、歷組（父丁、父乙類）	
	H17	574—689	無名組、歷組（父丁、父乙類）、個別㠯組、黃組	
	H45	2115、2116、補 90、91	無名組、歷組父丁類	
	H48	2130—2159	無名組、歷組（父丁、父乙類）、個別字體近黃組	
	H54	2250—2253	一期、無名組、歷組父丁類	
	H57	2255—2454、補 96—103	無名組、歷組（父丁、父乙類）、黃組，個別屬一期及出組	
	H58	2455—2493、補 104	無名組、歷組（父丁、父乙類），個別黃組、㠯組、一期	
	H60	2501	無名組	
	H63	2510—2518	無名組、歷組父丁類	

續表二

期段	灰坑號	甲骨著錄號	卜辭類型	灰坑時代
晚期五段	H64	2519—2523	無名組	四期早段
	H65	2524—2528	自組、無名組、歷組（父丁、父乙類）	
	H77	2543—2546	無名組、習刻	
	H83	2560—2564	無名組、歷組（父丁、父乙類）	
	H86	2640—2653	無名組、歷組（父丁、父乙類），個別午組	
	H114	2773—2776	一期、無名組	

原載《考古學報》2011年第4期。

周忠兵

從甲骨金文材料看商周時的墨刑

一、以往學者相關研究的辨析

墨刑屬古代五刑之一，古文獻常見其記載，如《尚書·吕刑》："殺戮無辜，爰始淫爲劓、刵、椓、黥。"其中的"黥"即指墨刑。墨刑名在文獻中還可作"剠"、"笮"、"�"等字。

五刑中的"劓"、"刵（刖）"、"宫（椓）"、"大辟（殺）"在甲骨文中皆有對應的文字。①墨刑在甲骨文中是否也有反映，也有一些學者做過探討，他們都認爲甲骨文中是有反映墨刑的材料。但我們認爲這些學者在研究中所列舉的相關證據並不正確，所以這一問題還可進一步研究。

郭沫若先生在探討甲骨文"辛"字來源的過程中對甲骨文中反映墨刑的材料作了細緻的論述，其主要證據有以下幾點：一、丂、辛、辛三者爲一字，其所象之形是文獻中的剞劂，爲一種刻鏤曲刀。二、辛、辛本爲剞劂，而又表示愆辜之意。是因有罪之意借墨刑表示，而墨刑又借實施墨刑的刑具剞劂在文字中表現出來，所以辛、辛及其从之的字轉而有愆辜之意（具體說可表示墨刑之意）。三、童、妾、僕等字人頭之上从"辛"，乃會黥刑之意。②

其實這些證據並不可靠，首先，從甲骨文看丂、辛、辛三者並非一字。爲說明問題，我們將甲骨、金文中的"丂"、"辛"、"辛"以及以之爲偏旁的相關文字列爲表一，以方便比較。

---

① 趙佩馨（裘錫圭先生筆名）：《甲骨文中所見的商代五刑——並釋"刖""剢"二字》，《考古》1961年第2期，又收入《古文字論集》第210—215頁，中華書局，1992。
② 郭沫若：《甲骨文字研究·釋支干》，第十二至十六頁，大東書局，1931。又《郭沫若全集》考古編第一卷，第178—186頁，科學出版社，1982。

表 一

丯和从丯的字		辛和从辛的字		辛和从辛的字	
甲骨	金文	甲骨	金文	甲骨	金文
21305		20236　22219		19859	父辛簋
20613①		花東 481		34537	司母辛鼎
13845					貴父辛觶
10131	何尊	21036　19990	盂鼎	5785	新䢅簋
9572	克鼎	438 正　26895　27896	商卣（這兩例字形爲璧，用爲辟）	27218	師湯父鼎
		花東 475　花東 180　花東 198	召伯簋		
		8108	洹子孟姜壺		
		花東 429　27800　30825	元年師旋簋		

　　從表一所列相關字形不難看出，在甲骨文中"丯"、"辛"、"辛"三者並不相

---

① 編者按："20613"，原文誤作"21063"，今據實際出處徑改。

同。其中的"丂"字形中部開始作明顯的折筆或變爲刀形，與"㓝"、"辛"易區別。它從字形看象一種刀類工具，裘錫圭先生認爲是"乂"字初文[①]，可信。只是在金文中"丂"與"㓝"作爲偏旁有時可互換，如表中"辭"（從丂）、"辟"、"璧"（從㓝）三字所從。這説明"丂"、"㓝"從字形看可能都是某類工具的象形，所以它們在作義符時可互換。但金文中"遅"字所從的"㓝"没有作"丂"的例子，這表明"丂"、"㓝"兩字符即使在金文中也不是完全等同。結合它們在甲骨文中的區别，將之看作不同的字應該是正確的。

而"㓝"與"辛"，王國維先生曾指出它們的區别"不在横劃多寡，而在縱劃之曲直"[②]。從表一我們所列"㓝"、"辛"以及從"㓝"、從"辛"的字看，"㓝"的縱劃基本是彎曲偏向一側，"辛"的縱劃則皆豎直，它們在形體上的區别正如王國維先生所説，其觀點應該是可信的[③]。雖然《合集》27896 上的"辟"作"䇂"，所從的"㓝"作"䇂"，字形與"辛"字同，但它只是某一刻手刻"㓝"時一種偶爾爲之的變體。並不能由此得出"㓝"、"辛"一字的結論。

既然"丂"、"㓝"、"辛"三者並非一字，其中"丂"爲刀類工具"乂"；"㓝"、"辛"字形所象並不很清楚。那麽郭沫若先生將它們看作文獻中訓爲"刻鏤曲刀"的剞剭也就不正確了。

其次，從"剞剭"在文獻中的用例看，也不能證明它是用來施行墨刑的工具。"剞剭"在文獻中的用例可舉例如下：

《楚辭·哀時命》："握剞剭而不用兮，操規榘而無所施。"
《漢書·揚雄傳》："般、倕棄其剞剭兮，王爾投其鉤繩。"
《淮南子·本經》："公輸、王爾無所錯其剞剭削鋸。"

從這些書證只能看出"剞剭"是一種木工工具，因爲它與"規"、"榘"、"削"、"鋸"等工具並列，並且其中的"公輸（般）"、"倕"、"王爾"等皆爲能工巧匠。可見"剞剭"應該是一種木工工具。它並未見用來作爲墨刑刑具的用例。並且郭沫若先生所説有罪之意借墨刑表示，而墨刑又借實施墨刑的刑具剞剭在文字中表現等推論也過於曲折而不可信。

---

① 裘錫圭：《釋"弜""杸"》，《古文字論集》，第 39 頁，中華書局，1992。
② 王國維：《觀堂集林》卷六，第十頁，中華書局，1959。
③ 于省吾主編：《甲骨文字詁林》，第 2500—2501 頁，中華書局，1996。

再者"童"、"妾"兩字"爲罪人之爲奴者,殷代實無以證明已具有此等觀念"①,所以郭沫若先生認爲它們所從的辛在文字上方,會黥刑之意,也不正確。"童"、"妾"所從的"￥"、"￥"類字符,在"龍"、"鳳"等字中亦存在(圖一)。此類字符在這些文字中的構形意義應如于省吾先生所説"在人則爲頭飾,在物則爲冠角類之象形"②。它們與"䇂"或"辛"只是字形雷同而非一字。其實郭沫若先生在討論"夻"、"䇂"、"辛"爲一字時已經注意到將此類雷同字符先剔除,如認爲"言、音二字古不从辛,其與辛類似之形構。……龍、鳳於卜辭有从辛作者……乃龍鳳頭上之冠"③,這些觀點都很正確。這也很好地説明了文字中的"辛"形字符其實是有著不同的象形來源。至於"童"、"妾"中的"￥"、"￥"類字符他認爲還是从"辛",應該是信從《説文》之説,認爲它們在字中會有罪之意,以致得出的結論並不可信。

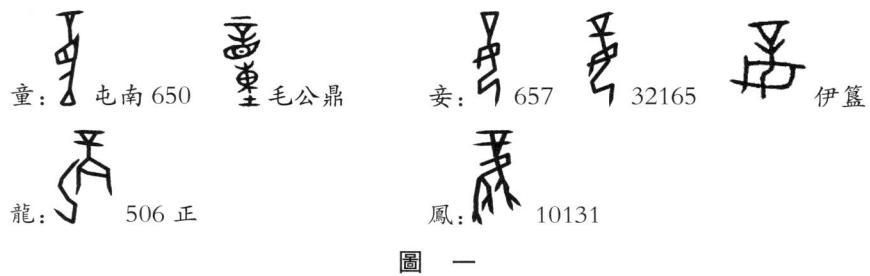

圖　一

　　並且郭沫若先生認爲"僕"字上方所從的"辛"也是會黥刑之意,也不正確。甲骨文中的"￥"字他從羅振玉將之釋爲"僕"。並將之與金文中的"僕"字在字形演變方面作了一些解釋④。甲骨文中的此字也見於金文,如￥(僕*麻卣)。其實此字與金文中確切無疑的"僕"字(圖二)在字形上看不出直接的演變軌跡。並且它在甲骨、金文中用爲人名,而非奴僕之僕,所以此字是否可釋爲

---

① 于省吾主編:《甲骨文字詁林》,第 2501 頁,中華書局,1996。
② 于省吾:《雙劍誃殷契駢枝三編(附古文雜釋)》之《雙劍誃古文雜釋·釋竸》,第二頁,大業印書局,1943。又收入《于省吾著作集》之《雙劍誃殷契駢枝、雙劍誃殷契駢枝續編、雙劍誃殷契駢枝三編(附古文雜釋)》,第 319 頁,中華書局,2009。
③ 郭沫若:《甲骨文字研究·釋支干》,第十二至十三頁,大東書局,1931。又《郭沫若全集》考古編第一卷,第 178—179 頁,科學出版社,1982。
④ 郭沫若:《甲骨文字研究·釋支干》,第十六頁,大東書局,1931。又《郭沫若全集》考古編第一卷,第 185—186 頁,科學出版社,1982。

"僕"值得懷疑①。即便承認此字可釋爲"僕",也應與金文中常見的"僕"字分開,它們有著不同的來源。否則若強行將之與金文"僕"繫聯,只能承認它們間的演變有缺環②。這樣一種繫聯是不妥的。所以,郭沫若先生提到的甲骨文"🀰"字看不出可用爲奴僕之僕,其所從的"🀰"也應該看作頭飾③。

圖 二

金文"僕"字的聲符其實來源於甲骨文中的"璞"字④(圖二),"象兩手舉辛,撲玉於甾"⑤。甲骨文"璞"字所從的"🀰"形撲玉工具在湖北大冶銅綠山礦坑中已有發現,其中最大的一件"通長47,刃寬41釐米"(圖三)⑥,是一種豎直納柄的斧形工具,使用時是雙手持柄以撞擊礦石。這種工具從字形看亦可隸定爲"辛",但它與表一中"辟"或"璧"所從的"辛"應該不是同一種工具的象形,因爲它的豎畫是直的,與表一中的"辛"豎畫彎曲偏向一側有別。

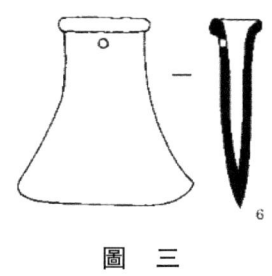
圖 三

表一中我們所隸定的"辛",與《說文》訓爲"辠也",讀若愆的"辛"也並

---

① 饒宗頤先生即認爲將甲骨文此字"舊釋爲僕,殊無據",參看其《殷代貞卜人物通考》,第1184頁,香港大學出版社,1959。
② 朱鳳瀚:《僕麻卣銘考釋》,載《于省吾教授誕辰100周年紀念文集》,第85—86頁,吉林大學出版社,1996。
③ 于省吾主編:《甲骨文字詁林》,第2817頁,中華書局,1996;朱鳳瀚:《僕麻卣銘考釋》,載《于省吾教授誕辰100周年紀念文集》,第86頁,吉林大學出版社,1996。
④ 林澐:《究竟是"翦伐"還是"撲伐"》,《古文字研究》第25輯,第116—117頁,中華書局,2004。
⑤ "璞"字釋讀參看唐蘭:《殷虛文字記》,第34—36頁,中華書局,1978。
⑥ 黃石市博物館編著:《銅綠山古礦冶遺址》,第166—167頁,文物出版社,1999。圖三也采自該書。

非一字。因爲表一中"璧"字有作"⊙"者,其中的"○"即是"璧"字的象形初文①,而剩下的"辛"我們認爲應該是"璧"字的聲符,應該也是一種工具的象形。"璧"字還有一種異體作"♀"(《花東》490),這種異體將象"璧"字初文的"○"換作"♀"。"♀"字"形似殷墟所出的牙形玉璧"②,與"璧"字象形初文"○"應該並非一字③。它與"○"在"璧"字中可互換是因它們都是一種璧類玉器,在"璧"字中作義符,所以可互換。這就說明"璧"字構形中的"辛"應該是聲符,否則在"♀"類"璧"字中就沒有聲符了。而作"♀"形的"璧"字,以用爲{辟}的"♀"爲聲符,更好地標明了"璧"字讀音。所以表一中我們隸定爲"辛"的字應該與"璧"是同音字。"璧"字古音在錫部,而《說文》讀若愆的"辛"在元部,兩者並不相同,它們應該是來源不同的文字。從現有材料看《說文》訓爲辠,讀若愆的"辛"的來源並不是很明確④。

以上對一些"辛"類字形來源不同的分析,說明"先秦文字的構造是一個不斷變化的複雜過程,起源上不同的字,在演變過程中會有局部或全部形體雷同的現象,需要作歷史的、多方面的考察,才能得出正確的符合實際的結論"⑤。郭沫若先生在討論甲骨文中的墨刑材料時將來源不同的字混爲一談,所以其得出的結論自然就不可信了。

在郭沫若先生之後,詹鄞鑫先生也對甲骨文中的墨刑材料作了探討,其主要證據有:1.在甲骨文中"妾"、"童"、"言"、"商"、"竟"等字所從的"▽"(可隸定爲"辛")又可作"干"、"干",所以"辛"、"辛"爲一字,它們都是青銅鑿的象形,爲鑿字的初文;2.將甲骨文中的"骼"字釋爲"鑿",認爲正可證明其所從的"下"是鑿具;3.在古代,黥刑的工具是鑿具,而不是剞剧。古文字在人形頭上加"辛"以表示奴隸罪人的身份,如童、妾兩字頭上有鑿具標誌,表示黥刑。同理,竟字也是人頭上有鑿具,竟、京古音通,所以竟就是表墨刑的"黥"

---

① 李學勤:《關於花園莊東地卜辭所謂"丁"的一點看法》,《故宮博物院院刊》2004年第5期,第41頁所引羅振玉、高田忠周的觀點。
② 《殷墟花園莊東地甲骨》六,第1629頁,雲南人民出版社,2003。
③ 姚萱女士對"♀"是否可直接釋爲"璧"表示過懷疑。參看姚萱:《殷墟花園莊東地甲骨卜辭的初步研究》,第277頁,綫裝書局,2006。
④ 楚簡中"察"、"淺"、"竊"的聲符可能是《說文》讀若愆的"辛"字的變體,參看劉釗:《利用郭店楚簡字形考釋金文一例》,《古文字研究》第24輯,第278頁,中華書局,2002。
⑤ 林澐:《究竟是"翦伐"還是"撲伐"》,《古文字研究》第25輯,第117頁,中華書局,2004。

字初文。①

詹先生的這些證據也禁不起推敲。首先，甲骨文中"妾"、"童"等字所從的"▽"雖然可作"辛"形，但並不能推出"▽"、"辛"爲一字。因爲"辛"字和"新"字所從的"辛"，都未見有作"▽"形者，可見，兩者並不是可互逆的換用，將之視爲一字顯然不妥。前面我們說過，甲骨文中可隸定爲"辛"的字符並不是只有一種來源，如"妾"、"童"等從的"辛"應看作頭飾，"言"字所從的"辛"郭沫若先生認爲"殆象簫管之形"②，它們與"辛"皆非一字。此類"辛"形字符可變作與"辛"同形，應該是由於"▽"形字符增加了一些飾筆③而致使與"辛"雷同。至於説"辛"類字符與"辛"字是青銅鑿具的象形也無什麼證據，比如表一中"辟（璧）"所從的"辛"讀音與"璧"同，其豎筆向一側彎曲，與青銅鑿形不一致。"妾"、"童"等字從的"辛"象頭飾，應該也不是青銅鑿的象形。而"辛"字作"平"或"平"，與青銅鑿形"｜"也有差異。所以詹先生認爲"辛"、"辛"是與鑿類似的"鑴"字初文也就不可信了。

其次，"𠂤"字陳劍先生指出其所從的"丁"爲"杙（杙）"字的象形初文，整個字象手持槌敲擊杙之形，仍可釋爲"杙"。其"有杙"這樣的辭例，應與歷組卜辭中常見的"日有戠"中的"有戠"一樣，可讀爲"異"，指自然界出現的異常現象④。所以詹先生將"𠂤"釋爲"鑿"，認爲其所從的"丁"確是鑿具的説法也不可信。

再者，詹先生認爲古代施以墨刑的工具是鑿，主要根據以下文獻⑤：

《易・睽》："其人天且劓"，《釋文》引馬云："剠鑿其額曰天。"

《五帝本紀》："五刑有服"，《正義》云："墨，點鑿其額。"

《國語・晉語》（引者按"晉語"爲"魯語"之誤）："中刑用刀鋸，其次用鑽

---

① 詹鄞鑫：《釋辛及與辛有關的幾個字》，《華夏考——詹鄞鑫文字訓詁論集》，第190—197頁，中華書局，2006。
② 可備一説，參看郭沫若：《甲骨文字研究・釋支干》，第十二至十三頁，大東書局，1931。又《郭沫若全集》考古編第一卷，第178—179頁，科學出版社，1982。
③ 甲骨文字增加飾筆的例子及飾筆的類型可參看劉釗：《古文字構形學》，第23—28頁，福建人民出版社，2006。
④ 陳劍：《甲骨金文考釋論集》，第414—425頁，綫裝書局，2007。
⑤ 詹鄞鑫：《釋辛及與辛有關的幾個字》，《華夏考——詹鄞鑫文字訓詁論集》，第196頁，中華書局，2006。

笮",笮即鑿字,《漢書·刑法志》引作鑿,顏引韋注:"鑿,黥刑也。"

《刑法志》:"墨罪五百",顏注:"墨,黥也,鑿其面而以墨涅之。"

以上這些文獻能否說明古代施以墨刑的工具是鑿呢？我們認爲不足以得出這樣的結論。鑿在《説文》中的解釋是"穿木也",段玉裁注曰:"穿木之器曰鑿,因之,既穿之孔亦曰鑿矣。"可見鑿是一種在木頭上挖槽、鑿孔的木工工具,引申之其動作和結果亦可稱之爲鑿。鑿字在文獻中的用例舉例如下:

1.《管子·海王》:"行服連軺輂者,必有一斤、一鋸、一錐、一鑿。"
2.《墨子·備城門》:"門者皆無得挾斧、斤、鑿、鋸、椎。"
3.《墨子·備穴》:"爲斤、斧、鋸、鑿、鑺,財自足。"
4.《尸子》:"利錐不如方鑿。"
5.《淮南子·氾論訓》:"譬若斤、斧、椎、鑿之各有所施也。"
6.《詩經·豳風·七月》:"二之日鑿冰沖沖,三之日納于淩陰。"
7.《管子·地員》:"鑿之三尺而至於泉。"
8.《周禮·冬官·考工記》:"凡輻,量其鑿深以爲輻廣。"
9.《鹽鐵論·刺復》:"輸子之制材木也,正其規矩而鑿枘調。"

在1—5例中鑿與斧、斤、鋸、錐等木工工具連用,顯然說明鑿也是一種木工工具。6、7兩例爲用爲動詞,表開鑿之義,8、9爲所鑿之孔穴。從這些文例中都看不出鑿是施以墨刑的工具。

考古發現的鑿的形制特徵是:"通體狹長,兩側邊豎直或向下內收,較厚;直銎口,納直木柄,銎口形式有長方形、梯形、圓形等;刃多作窄弧刃,與器身等寬或稍寬於器身,單面刃或雙面刃,其長度多在8.5—15.5釐米之間。"①（圖四②）而且"有的墓往往錛鑿、或錛鑿刀或錛刀共出,看來三者有一定的關聯"③。其中的錛即文獻中的斤,斤、刀都可作爲木工工具,鑿常與它們一起出土,也說明了鑿應該是一種木工工具。這與我們分析文獻得出的結論一致。

---

① 朱鳳瀚:《古代中國青銅器》,第301頁,南開大學出版社,1995。
② 其中圖四A採自中國社會科學院考古所安陽工作隊:《1969—1977年殷墟西區墓葬發掘報告》,第95頁,《考古學報》1979年第1期；B採自陝西省博物館、陝西省文物管理委員會:《陝西岐山賀家村西周墓葬》,第35頁,《考古》1976年第1期。
③ 中國社會科學院考古研究所編著:《殷墟的發現與研究》,第305頁,科學出版社,1994。

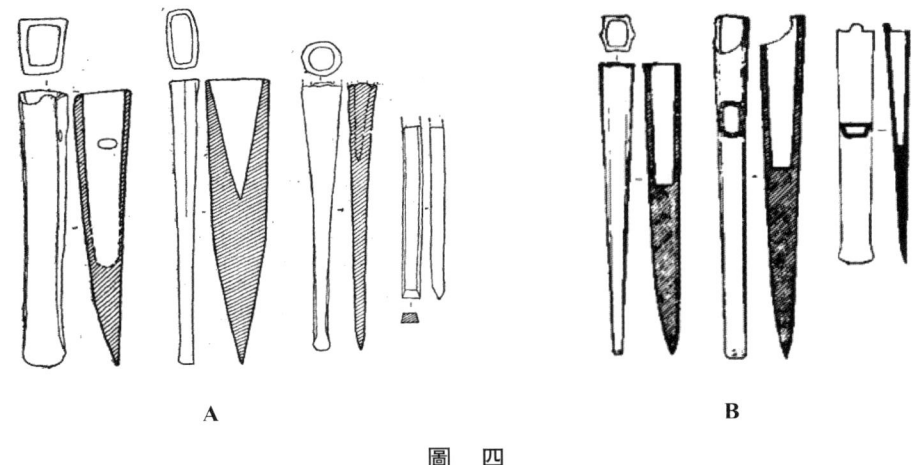

圖 四

我們知道墨刑其實質也是一種刺青，或者說其來源於刺青①。它們的製作方法與使用的工具應該一致。刺青的製作方法主要有以下三種②：

第一種是毛利人流傳下來的，用鯊魚牙齒及動物骨刺捆上木棒蘸上墨水，用小錘敲擊入膚。

第二種是用數根針綁在一起捆在木棒上，手工點刺入膚。

第三種是用電機帶動針刺入皮膚，此種方法是當今文身師常用的方法。

從上面所引可知刺青所使用的工具不管是古代還是現在都是用針尖狀的工具來完成的。而鑿的刃部一般有一定的寬度，不是針尖狀。陝西岐山賀家村西周墓葬中出土的刃寬0.3釐米的鑿③，可能算是刃部最窄的青銅鑿了。但它仍不能說是針尖狀。所以鑿應該不會用來作爲刺青（或墨刑）的工具。刺青爲什麼要使用針尖狀的工具來製作，應該是由於點狀傷口易於癒合不易感染，並且易繪出精美圖案。而若用鑿來製作，其刃部有一定的寬度，傷口爲綫狀，是不易癒合而易感染的。所以從這點看，古代施以墨刑的工具也應該不會是鑿。

那麼詹先生所引文獻中有記録似乎證明古代有用鑿來作爲墨刑的刑具又如何解釋呢？其實這並不難解釋。詹先生所引的這幾條文獻中除去《國語》那條材料外，其他材料中的"鑿"都是用爲動詞。因爲墨刑或刺青也是要用工具穿過皮膚表層，這一動作也是一種廣義上的"鑿"，就如鑿本來是穿木爲鑿，引申之挖井

---

① 傅昌澤：《黥刑散考》，《青海民族學院學報》（社會科學版）1990年第3期，第103—104頁。
② 刺青，百度百科 http://baike.baidu.com/view/196443.htm。
③ 陝西省博物館、陝西省文物管理委員會：《陝西岐山賀家村西周墓葬》，第34頁，《考古》1976年第1期。

等亦可稱"鑿"。所以"鑿其額"、"鑿其面"等中的"鑿"可理解爲穿過皮膚表層這樣一種動作，而不是說"鑿"是用來作爲墨刑的刑具。至於《漢書·刑法志》中的"其次用鑽鑿"，在《國語》中本作"鑽笮"。後面我們會談到古代實施墨刑就是使用"笮"這樣一種工具，所以《漢書·刑法志》中的"鑿"可能是"笮"的假借字，它也不能用來說明古代是使用"鑿"來作爲墨刑的刑具。

當然古人是否會因墨刑（刺青）動作是一種廣義上的鑿，而把實爲"笮"的工具籠統渾言之稱爲"鑿"，這樣一種可能并不能完全排除。既便如此，這與我們認爲作爲具體工具的"鑿"并非墨刑工具并不矛盾。因爲訓詁上有"對言則別"、"散言則通"的說法，作爲具體工具的"笮"和"鑿"本是"對言則別"的區別明確的不同工具，而在"鑿"的廣義義類下它們則是"散言則通"，它們並不矛盾和截然對立。若此，則《漢書·刑法志》中的"鑿"也可看作是換了一個意義與"笮"相近的同義詞，它們并不一定是通假關係。

所以詹先生認爲古代墨刑刑具是鑿，並由此認爲"妾"、"童"、"竟"等所從的"辛"會黥刑之義，其中"竟"與"京"音通，故爲"黥"之初文等說法，也就都不可信了①。前面我們說過"妾"、"童"所從的"辛"爲頭飾。"竟"字所從的"辛"也應看作頭飾好②。

因郭沫若、詹鄞鑫先生討論甲骨文中的墨刑材料時是"基於文字上的解釋，但不是商代有墨刑的最直接材料，更非毫無疑問的確證"③，所以宋鎮豪先生一直在留意甲骨文中能反映墨刑的材料。他認爲見於《屯南》857 上的"𣄃"字（圖五）是真正能直接反映商代墨刑的材料。

圖　五

---

① 但已有學者已採用詹先生的觀點著述，如李力：《出土文物與先秦法制》，第 45—46 頁，大象出版社，1997。現知詹先生的觀點不正確，以後學者在探討相關問題時需要注意。
② 于省吾：《雙劍誃殷契駢枝三編（附古文雜釋）》之《雙劍誃古文雜釋·釋竟》，第二頁，大業印書局，1943。又收入《于省吾著作集》之《雙劍誃殷契駢枝、雙劍誃殷契駢枝續編、雙劍誃殷契駢枝三編（附古文雜釋）》，第 319 頁，中華書局，2009。
③ 宋鎮豪：《甲骨文中所見商代的墨刑及有關方面的考察》，《出土文獻研究》第五集，第 53 頁，科學出版社，1999。後更名爲《甲骨文中所見商代的墨刑》，收入《考古學集刊》第 15 集，第 190 頁，文物出版社，2004。

他的主要證據是：其一，此字在《屯南》857 上的辭例爲：a 辛未貞：其[字]多[字]；b 其刵①多[字]。"此片二辭對貞，[字]與刵必爲同類詞，定是一個與刵刑意義相類的刑罰專字，我以爲這才是殷墟甲骨文中所見真正的最直接的商代墨刑材料！"②其二，從字形看[字]"是個獨體表意字，字形上部示意某種尖利器在刺刻人首面頰或目緣額顙部位"③，字可釋爲"墨"，用爲墨刑的專字。

我們認爲宋先生的推論並不成立，首先，"[字]"與"刵"對貞，只能説明"[字]"字可能也是一個表刑罰的字，並不能説明它就是表墨刑的專字。另外，宋先生對"[字]"字的字形分析也不準確，因爲從字形看實在看不出此字表示的是用尖利器在人的臉上或額頭刺刻。若從字形繫聯，它應該與《合集》3286 正上的"[字]"、18073 上的"[字]"、18918 上的"[字]"等構形一致④（圖五 A），其構形除去"首"、"土"外，中間兩豎劃以"〇"或"═"符將之相連⑤。因爲《合集》18918 等上的"[字]"字在甲骨文中出現的次數少，而且多爲殘辭，所以我們就不能如宋鎮豪先生所説，它們與《屯南》857 上的"[字]"肯定不是一字⑥。相反由於它們文字構形一致，很可能是一個字。

并且《花束》37 上有一字作"[字]"形（圖五 B），構形與《合集》18918 等上的"[字]"極其相似，可能是《合集》18918 等上的那字的一種更象形的寫法。"[字]"字中間連接兩豎劃的"＜"符一直上延至"首"上，可以看作是一繩索繫著

---

① "刵"字的釋讀參看趙佩馨（裘錫圭先生筆名）：《甲骨文中所見的商代五刑——並釋"刖""刻"二字》，《考古》1961 年第 2 期，又收入《古文字論集》第 210—212 頁，中華書局，1992。
② 宋鎮豪：《甲骨文中所見商代的墨刑及有關方面的考察》，《出土文獻研究》第五集，第 53 頁，科學出版社，1999。後更名爲《甲骨文中所見商代的墨刑》，收入《考古學集刊》第 15 集，第 192 頁，文物出版社，2004。
③ 宋鎮豪：《甲骨文中所見商代的墨刑及有關方面的考察》，《出土文獻研究》第五集，第 54 頁，科學出版社，1999。後更名爲《甲骨文中所見商代的墨刑》，收入《考古學集刊》第 15 集，第 193 頁，文物出版社，2004。還可參看宋鎮豪：《夏商社會生活史》，第 673 頁，中國社會科學出版社，2005。
④ 《屯南》釋文已指出《屯南》857 上的"[字]"字與《合集》3286 上的"[字]"字相似。參看《小屯南地甲骨》下册第一分册《釋文》，第 902 頁，中華書局，1983。
⑤ 原來我們認爲此字中間部分"象表軀幹的部位斷開"，單育辰先生認爲中間部分不宜看作人的軀幹，應該正確。參看其《甲骨文字考釋兩則》，未刊稿。在此文中他將此字釋爲"梟"，可備一説。
⑥ 宋鎮豪：《甲骨文中所見商代的墨刑及有關方面的考察》，《出土文獻研究》第五集，第 56 頁，科學出版社，1999。後更名爲《甲骨文中所見商代的墨刑》，收入《考古學集刊》第 15 集，第 194 頁，文物出版社，2004。

人首的編髮形。"𩒹"字一般被學者隸定作"䯻"①，應該不準確。"𩒹"字的辭例爲"壬子卜：子以婦好入于狀，𠂤珋②三，往𩒹"，它還見於《花東》63、195（參看圖五B），辭例相似，在卜辭中可能爲一祭祀對象③。總之，這些可與《屯南》857上的"𦣞"繫聯的文字從字形和辭例看都不能證明與墨刑有關。

二、甲骨、金文中表示墨刑的字及墨刑工具"笫"

以上我們較詳細地分析了以往學者在對甲骨文中墨刑材料的研究中存在的問題，認爲他們所舉出的證據皆不可信。這是不是説甲骨文中沒有反映墨刑的材料了呢，答案是否定的。我們認爲下列文字正是甲骨文中表示墨刑的本字（圖六）。

圖 六

要證明圖六中的"𦣞"字爲甲骨文中表墨刑的本字，我們先來看看金文中確切無疑表墨刑的相關文字。西周青銅器𤼈匜（《集成》10285）中有以下一段文字：

我義（宜）便（鞭）女（汝）千，黥䵹女（汝），今我赦（赦）女（汝）。義（宜）便（鞭）女（汝）千，黜䵹女（汝），今大赦（赦）女（汝）便（鞭）女（汝）五百，罰女（汝）三百寽（鋝）④。……乃師或曰（以）女（汝）告，則侄（致）乃便（鞭）千、黥䵹。

圖 七

---

① 參看《殷墟花園莊東地甲骨》第6冊，第1575頁，雲南人民出版社，2003。
② 此字的釋讀參看陳劍：《説殷墟甲骨文中的"玉戚"》，《"中央研究院"歷史語言研究所集刊》第七十八本二分，2007年，第407—427頁。
③ 參看《殷墟花園莊東地甲骨》第6冊，第1575頁，雲南人民出版社，2003。
④ 此句的斷句參看李學勤：《岐山董家村訓匜考釋》，《古文字研究》第1輯，第153—154頁，中華書局，1979；又收入《新出青銅器研究》，第113頁，文物出版社，1990。

其中的"黶"字（圖七 A），學者已指出應釋爲訓爲墨刑的騽①，可信。對此字結構的分析，或認爲其"从黑殳聲，《說文》屋字的古文作㕁，上面所从的䇂，就是這裏的广，此又从殳，與从刀的剭通，所以定爲騽字"②；或認爲"从黑，殳聲（或从黑，从殳，屋省聲）"③。

這些字形分析都不太準確，首先，"黶"字並非从殳，而是手持一種帶齒的工具④（殷字所从亦是），可隸定爲"殳"。李學勤先生將之隸定爲"黷"⑤，右側不隸定爲"殳"，應該是注意到了此字並不从"殳"。

其次，此字所从的"黑"與"殳"整個位於"广"之下，所以若要作字形拆分，應該是首先分爲"广""黷"兩個部件，而不是"黑""殳"（或"殷"）兩個部件。

再者，此字所从的"广"應該是幄（或屋）字初文，而非"殷"字所从的"㕁"⑥。所以將"黶"字分析爲从"黑""殷"聲，不正確。

我們認爲此字从"黷""广（幄或屋）"聲，而其中的"黷"本身又是一個會意字，象手持帶齒的工具對人的面部或額頭擊刺，它應該就是表墨刑的會意字。《國語·魯語上》："大刑用甲兵，其次用斧鉞，中刑用刀鋸，其次用鑽笮，薄刑用鞭撲。"韋昭注："鑽，臏刑也。笮，黥刑也。"所以"黶"字所从的"黷"可看作"笮"字表墨刑義時的初文⑦。

結合"黶"字所从的"黷"，我們很容易看出圖六所列的甲骨文"𢻻"應該就是象用帶齒的工具在人的額頭擊刺，"黷"即來源於"𢻻"，只是加上手形，並且將普通的"人"形換作"黑"（"黑"字可能"本象正面人形而面部被墨刑的人"⑧），更好地表現其爲墨刑的形象。所以甲骨文中的"𢻻"字也可釋爲"笮"。"𢻻"字

---

① 唐蘭：《陝西省岐山縣董家村新出西周重要銅器銘辭的譯文和注釋》，《文物》1976 年第 5 期，第 59 頁。又收入《唐蘭先生金文論集》，第 202 頁，紫禁城出版社，1995；李學勤：《岐山董家村訓匜考釋》，《古文字研究》第 1 輯，第 153 頁，中華書局，1979；又收入《新出青銅器研究》，第 113 頁，文物出版社，1990。
② 唐蘭：《陝西省岐山縣董家村新出西周重要銅器銘辭的譯文和注釋》，《文物》1976 年第 5 期，第 59 頁。又收入《唐蘭先生金文論集》，第 202 頁，紫禁城出版社，1995。
③ 黄德寬主編：《古文字譜系疏證》，第 962 頁，商務印書館，2007。
④ 或認爲"象手持鋸形之類的工具"，參看黄德寬主編：《古文字譜系疏證》，第 2526 頁，商務印書館，2007。因爲後面我們會談到此工具實爲施以墨刑的工具，與工具鋸性質不同，所以我們不說它是"鋸形之類"的工具。
⑤ 李學勤：《岐山董家村訓匜考釋》，《古文字研究》第 1 輯，第 153 頁，中華書局，1979；又收入《新出青銅器研究》，第 113 頁，文物出版社，1990。
⑥ 裘錫圭：《應侯視工簋補釋》，《文物》2002 年第 7 期，第 74 頁。
⑦ "笮"《說文》訓爲"迫也"，其表墨刑意義的用法可能是一種假借用法。
⑧ 唐蘭：《陝西省岐山縣董家村新出西周重要銅器銘辭的譯文和注釋》，《文物》1976 年第 5 期，第 59 頁。又收入《唐蘭先生金文論集》，第 202 頁，紫禁城出版社，1995。

在甲骨文中的辭例爲：

1. 己亥卜，貞：⸻不喪衆。○其喪衆。

                （《合集》61 師歷間組，《合集》62 同文）

2. 貞：敊⸻。○貞：弓（勿）敊⸻。   （《合集》5908 典賓）

3. ……⸻，王固曰：吉。……   （《合集》1244 典賓）

4. ……貞：出牛⸻……   （《合集》17716 典賓）

第 1 例中的"⸻"爲人名。第 2 例中的"敊"可讀爲"擇"①，從其在卜辭中的文例看爲選取某種人去做某事，如《合集》122"貞：敊雍芻"，《合集》547"貞：弓敊多⸻乎望🝤方，其🝤"等（相關辭例參看《類纂》第 1004—1005 頁）。所以第 2 辭中的"⸻"可能也是指某種人或某類人，有可能即指被施以墨刑的刑徒。第 3、4 例中的"⸻"字因卜辭殘缺意義不清楚。雖然從卜辭辭例看"⸻"字可釋爲"竿"不能很好地得到驗證，但從字形繫聯看，將之釋爲"竿"我們認爲應該是合理的。

下面我們來分析一下甲骨、金文中用來施以墨刑的那種帶有齒的工具是什麼樣子的工具以及它的名稱。

因甲骨文中這種墨刑工具在字形上更爲象形，我們以之爲基礎來分析其形制如何。甲骨文"竿"字所從的"⸻"在字形上與之最接近的是"斤"字（如"⸻"，實物如圖八 C②），只是兩者的刃部形狀不同。這説明"⸻"字的裝柄方法當與"斤"一致，其柄的方向與器物本身垂直，而其刃部是齒狀的。《合集》18340 上"⸻"字所從的⸻，更直觀地表現出這種工具器物本身與柄部的垂直關係。所以"⸻"的形制應如下圖所示（圖八 A）：

图 八

---

① 裘錫圭：《説殷墟卜辭的"奠"——試論商人處置服屬者的一種方法》，《"中央研究院"歷史語言研究所集刊》第六十四本第三分，第 666 頁，1993。
② 圖八 C 采自《信陽楚墓》第 65 頁，文物出版社，1986。

圖八 A 我們采自電影《刺身者》①，是一部有關刺青的電影。在電影中它是薩摩亞人使用的一種古老的刺青工具，可以看出這種裝上柄的刺青工具如同一小笆子，其柄部與齒狀刃部的器物本身是垂直的，從局部圖可以清晰地看出其刃部的齒形（圖八 B）。所以我們有理由相信，甲骨文中作爲墨刑的工具 " 𣂪 "，應該就是如圖八 A 所示的刺青工具的象形②。這種工具在使用時，一手持柄部，另一手用木棍敲擊柄部，使得垂直的齒狀刃部穿過皮膚表層。

另外，現收藏於台灣歷史博物館的台灣原住民泰雅族使用的刺青工具（圖九）③，密集成排的刺針與柄部呈垂直的位置關係，其使用方式也是用另一木棒敲擊其柄部。它與圖八 A 所示刺青工具并無實質性區別。可見 " 𣂪 " 字字形反映的確實是一種較原始的刺青工具。

圖　九

金文中的墨刑工具 " 𣂪 "（可隸定作 " 𣂪 "）來源於甲骨文中的 " 𣂪 "，只是在字形上稍有變化。甲骨、金文中的這種墨刑工具在當時有什麼樣的名稱？由於上引《國語》中那段有關刑罰的文字是借施以刑罰的工具來代指相應的刑罰，如其中的 " 刀 "（劓刑）、" 鋸 "（刖刑）、" 鑽 "（臏刑）等，我們可以推測墨刑 " 笮 " 所使用的帶齒的工具可能即名爲 " 笮 "。這種推測可通過古文字材料得到證明。西周金文中有如下一字（圖十 A）：

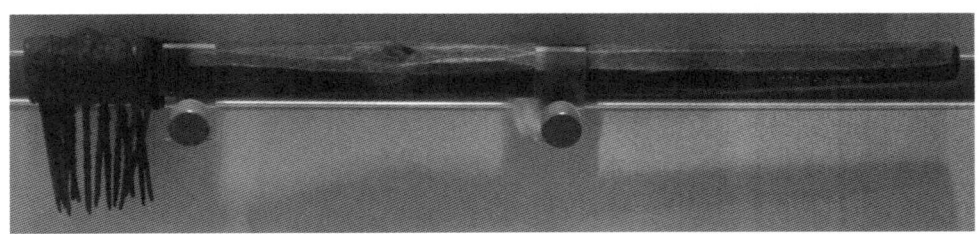

虢文公子㱃鼎　《集成》2634　　　　　　　　　秦公大墓石磬

A　　　　　　　　　　　　　　　B　　　　C

圖　十

---

① The Tattooist，中文譯名《刺身者》，導演 Peter Burger，新西蘭/新加坡，2007 年 8 月 30 日上映。此電影的介紹見百度百科 " 刺身者 "，http://baike.baidu.com/view/1450113.htm?fr=ala0_1_1。
② 蔡哲茂先生認爲甲骨文中此種齒形工具如同後世的抓癢工具，應該是不正確的。參看其《甲骨文字考釋兩則》，《新出土文獻與古代文明研究》，第 332 頁，上海大學出版社，2004。
③ 此刺青工具照片蒙崎川隆先生提供。

此字从"乍"从"殳"，可隸定爲"𢼸"。其右側的"殳"爲手持帶齒的墨刑工具，與儹匜"䖍"字所从一致。在金文中用爲虢文公子之名，此人之名除見於《集成》2634外，還見於《集成》683（鬲）、736（鬲）、2635（鼎）、2636（鼎），其中除683上此字作圖十B，字形稍有訛變，其他器上的此字與圖十A字形一致。此字右側多隸定爲"殳"①，不準確。四版《金文編》將之釋爲"作"②，應該是將之等同於从"乍"从"攴"的"作"字異體了。因其右側並非从"攴"，所以有學者指出《金文編》這樣釋讀不妥③。並且這些器中"𢼸"字之下就是"乍（作）"字，可見"𢼸"應該不會等同於"作"④。

　　"𢼸"字在銘文中用爲人名，其字形結構應分析爲从"殳""乍"聲。但這樣一種分析對我們想瞭解其中的墨刑工具"𠬞"的讀音沒有太大的幫助。所幸"𢼸"字又見於春秋時的秦公大墓石磬上（圖十C），爲我們考察"𠬞"字讀音提供重要綫索。"𢼸"字在石磬上的文例如下：

　　　　……瀗=（湯湯）厥商。百樂咸奏，允樂子〈孔〉煌。𢼸虎䩞（載）入，又（有）蟣（蟣）䩞（載）羕（漾）。

　　這是一段有關音樂演奏的記載，其大致意思如下：……美妙的商音湯湯乎若流水，起伏蕩漾。種類繁多的樂器都已奏響，形成美妙和諧的音樂。這時作爲止樂的樂器敔敲響，各種正在演奏的樂器戛然而止，但動聽的音樂仍然餘音繞耳，妙不可言。⑤石磬中的"𢼸虎"孫常敘先生指出它應該是文獻中表止樂之器的"敔"⑥。《呂氏春秋·仲夏紀》："飭鍾磬柷敔"，高誘注云："敔，木

---

① 如張亞初編著：《殷周金文集成引得》，第22頁，中華書局，2001；中國社會科學院考古研究所編：《殷周金文集成釋文》，第526頁，香港中文大學中國文化研究所，2001。
② 容庚編著，張振林、馬國權摹補：《金文編》，第564頁，中華書局，1985。
③ 參看王輝、焦南鋒、馬振智：《秦公大墓石磬殘銘考釋》，《"中央研究院"歷史語言研究所集刊》第六十七本第二分，1996，第271頁。
④ 王輝、焦南鋒、馬振智：《秦公大墓石磬殘銘考釋》，《"中央研究院"歷史語言研究所集刊》第六十七本第二分，1996，第270頁；孫常敘：《"𢼸虎"考釋》，《孫常敘古文字學論集》，第373頁，東北師範大學出版社，1998。"𢼸"字造字本義可能是一個表動作的詞，可惜其對應文獻中的哪個詞不清楚。
⑤ 我們所作釋文及譯文參考了王輝、孫常敘先生的意見，參看王輝、焦南鋒、馬振智：《秦公大墓石磬殘銘考釋》，《"中央研究院"歷史語言研究所集刊》第六十七本第二分，1996，第264—272頁；孫常敘：《"𢼸虎"考釋》，《孫常敘古文字學論集》，第371—378頁，東北師範大學出版社，1998。
⑥ 孫常敘：《"𢼸虎"考釋》，《孫常敘古文字學論集》，第374頁，東北師範大學出版社，1998。

虎，脊上有鉏鋙，以杖擽之以止樂。"可見這種樂器"敔"的一個特點是"脊上有鉏鋙"。

追溯其本源，石磬中的"𢾖虎"應讀爲"鉏鋙"，"就物象來説，是有鋸齒形象的……，刻木作鉏鋙，捷業如鋸齒，以物擽之，所以止樂，這應該是𢾖虎之器最初物象"。① 所以這種有鋸齒狀特徵的樂器"𢾖虎"可演變爲文獻中的"敔"②。"𢾖虎"、"鉏鋙"其實是一個聯綿詞，在文獻中還可以作"鉏牙"、"鋤鋙"、"鉏鋤"等③，它們"皆鋸齒狀之連語形容詞"④。也就是説，"𢾖虎"、"鉏鋙"等詞所表示的一個基本義項即"鋸齒狀"。它們的讀音就其韻部來説，或爲鐸部（𢾖），或爲魚部（虎、鉏、鋙），聲母或爲精系（𢾖精母，鉏崇母），或爲見系（虎曉母，鋙疑母），還是很接近的⑤。這説明古人在給"鋸齒狀"的東西命名時其發音應該是接近這樣一種音：聲母精或見系，韻部魚或鐸部⑥，在記錄這種讀音時可用二個字也可用一個字。這也是爲什麼包含"鋸齒狀"特徵的樂器可稱爲"𢾖虎"或"敔"的原因。而"𢾖"字所從的"殳"，其手中所持的墨刑工具"𠘧"帶有"齒狀"刃部，故其可以"笮"（精母鐸部）爲其名。

通過以上分析，我們可以知道甲骨、金文中的帶齒的墨刑工具"𠘧"即可稱爲"笮"⑦，而墨刑動作和結果也稱"笮"，這就如同木工工具名爲鑿，其鑿擊動作和所穿之孔亦可稱鑿一樣。

---

① 孫常敘：《"𢾖虎"考釋》，《孫常敘古文字學論集》，第377頁，東北師範大學出版社，1998。
② "𢾖虎"如何演變爲文獻中的"敔"，孫先生有説明，參看孫常敘：《"𢾖虎"考釋》，《孫常敘古文字學論集》，第377頁，東北師範大學出版社，1998。
③ 符定一：《聯綿字典》戌部，第九至十頁，中華書局，1954。
④ 陳昭容：《釋古文字中的"丵"及從"丵"諸字》，《中國文字》新22期，第145頁，藝文出版社，1997。
⑤ 這種讀音韻部爲嚴格的對轉關係，聲母見系或精系關係也密切，所以讀音接近。見系、精系關係密切的相關論述可參看陳劍：《甲骨文舊釋"眢"和"蠿"的兩個字及金文"𨿳"字新釋》，《甲骨金文考釋論集》，第223頁，綫裝書局，2007。
⑥ 孫常敘先生認爲這樣一種讀音是一種複輔音的反映，可擬音爲[*zŋa]，參看其《"𢾖虎"考釋》，《孫常敘古文字學論集》，第373頁，東北師範大學出版社，1998。另外鋸子是有齒的，這從甲骨文中"刖"字所從的鋸的字形可看出。鋸爲見母魚部，這對説明古人在給"鋸齒狀"東西命名時發的音近精、見系，魚、鐸部也有利。但甲骨文中鋸字字形與我們討論的墨刑工具字形有別，並非一字，這點需要注意區別。
⑦ 我們釋爲"笮"的墨刑工具"𠘧"何景成先生認爲是"契"字，與我們對字形的分析和釋讀不同。當然他也認爲"𥉻"字本義可能是表示"黥"這一類刑罰，不過并未説明"𥉻"可釋爲什麼字。可參看何景成：《楚文字"契"的文字學解釋》，《簡帛語言文字研究》（第五輯），第67—68頁，巴蜀書社，2010。

三、甲骨、金文中其他與"笮"有關的字

現有古文字材料中單獨的墨刑工具"凡（笮）"及以之爲偏旁的字並不多，下面我們就附帶說一下這些文字。

在甲骨文中，包含"凡"符的字除去前面我們談到的表墨刑的""外，還有以下幾字（圖十一）：

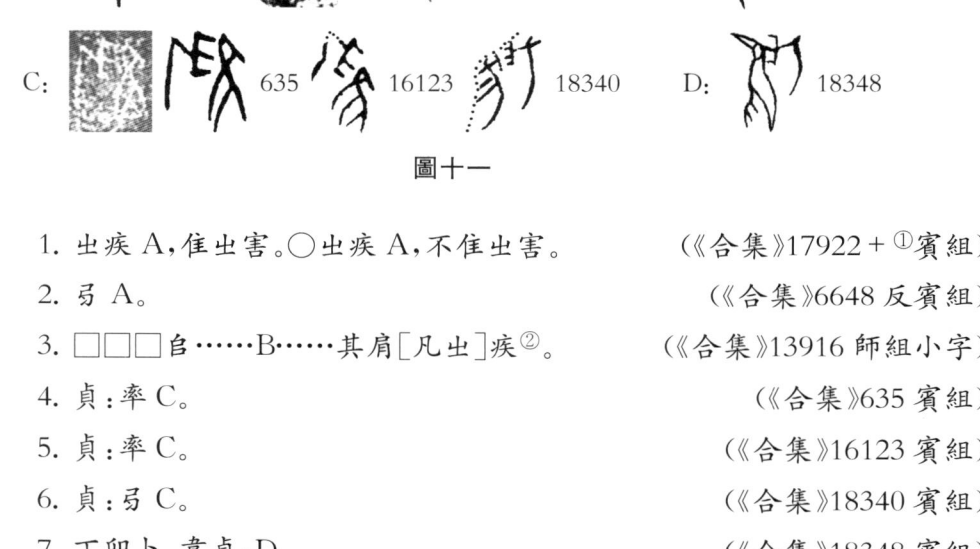

圖十一

1. 虫疾 A，隹虫害。○虫疾 A，不隹虫害。　　　　　　（《合集》17922＋①賓組）
2. 弓 A。　　　　　　　　　　　　　　　　　　　　（《合集》6648 反賓組）
3. □□□自……B……其肩［凡虫］疾②。　　　　　　（《合集》13916 師組小字）
4. 貞：率 C。　　　　　　　　　　　　　　　　　　（《合集》635 賓組）
5. 貞：率 C。　　　　　　　　　　　　　　　　　　（《合集》16123 賓組）
6. 貞：弓 C。　　　　　　　　　　　　　　　　　　（《合集》18340 賓組）
7. 丁卯卜，韋貞：D。　　　　　　　　　　　　　　　（《合集》18348 賓組）

第 1 辭中的 A，辭例爲"疾 A"，卜辭凡言"疾某"者，"疾後一字都是指疾患的部位而言"③。所以 A 字也應該是指身體的某一部位，可惜不識④。《合集》

---

① 此版甲骨爲林宏明、林勝祥先生所綴，參看林宏明《醉古集——甲骨的綴合與研究》第 86 組，第 105—106 頁，萬卷樓圖書出版有限公司，2011。
② 此版上的"B"字，許進雄先生將之與其右側的"自"合在一起看作一字。並認爲"字象手持耙工作于田壟之意"，參看其《明義士收藏甲骨釋文篇》，第 67 頁，香港中文大學協助編校，加拿大皇家安大略博物館出版。許進雄先生的這種觀點應該不正確。
③ 李宗焜：《從甲骨文看商代的疾病與醫療》，《"中央研究院"歷史語言研究所集刊》第七十二本第二分，2001，第 367 頁。
④ 蔡哲茂先生認爲 A 可能是"背"的象意字，並無確證。參看其《甲骨文字考釋兩則》，《新出土文獻與古代文明研究》，第 332 頁，上海大學出版社，2004。

13658 正有"疾▨"之辭，"▨"（从人从殳）字構形與 A 相似，也指某一部位，可參看。另 A 字還見於族徽金文①，如 ▨（《集成》9776）、▨（《金文總集》5537）。

第 2 辭中的 A 應該是動詞，與 1 辭中的 A 相比，多一"又"，它們可能是一字異體②。

第 3 辭中的 B 因卜辭殘，不是很清楚其意義，有可能也是指身體的某一部分。

第 4—6 中的 C 从隹从凡，爲動詞；第 7 辭中的 D 从鳥从凡，也爲動詞，皆不識。

金文中从"笭"的字除去前面所舉外還有一字作"▨"③（《集成》4243），用作人名，不識。

單獨的"凡"字見於族徽金文，如 ▨（《集成》8154）、▨（《集成》7216），其可釋爲"笭"。

最後，對本文作一小結。本文主要討論了甲骨、金文中所見的墨刑材料。通過辨析，我們認爲"▨"即甲骨文中用爲墨刑的本字，可釋爲"笭"。在商周時期，施以墨刑的工具是一種帶齒狀刃部的外形象小笓子的工具，其名稱爲"笭"。另外，我們還附帶討論了甲骨、金文中其他从"笭"的文字，但它們多不識。

附記：本文寫作過程中曾與蔣玉斌先生討論，文成後又蒙林澐師和吳振武、沈培、陳劍、馮勝君、吳良寶、程鵬萬等先生審閱指正，使本文避免了一些錯誤，謹致謝忱。

原載《出土文獻與古文字研究》第 4 輯，上海古籍出版社，2011 年。

---

① 族徽金文中的"笭"，因其字形柄部下半部分較粗，所以有學者認爲其从刀，如孫常敘：《"叚虎"考釋》，《孫常敘古文字學論集》，第 374 頁，認爲是"一種刀鋸連體的兩用工具"，東北師範大學出版社，1998。從甲骨文中"笭"字所从非刀看，族徽金文中的此字柄部下半部分加粗，可能是表明粗柄更便於握持。當然也有可能是此種工具的形制在商周之際有變化：在柄部尾端加上刀，所以在字形上如此反映。

② 第 2 辭中的 A 或認爲是兩字，不正確。參看李宗焜：《殷墟甲骨文字表》，第 26 頁的 0153 號，北京大學博士學位論文（指導教師：裘錫圭），1995。

③ 此例蒙陳劍先生告知。

常耀華

甲骨文田獵刻辭性質芻議

據《尚書·無逸》記載:"自(祖甲)時厥後,立王,生則逸。生則逸,不知稼穡之艱難,不聞小人之勞,惟耽樂之從。自時厥後,亦罔或克壽,或十年,或七八年,或五六年,或四三年。"故此,周公告誡成王:"繼自今嗣王,則其無淫于觀、于逸、于遊、于田,以萬民惟正之供。"①早年研究甲骨的學者,因見甲骨田獵刻辭數量驚人,多相信《尚書·無逸》之說,將田獵刻辭與商王逸樂聯系在一起。董作賓先生在《甲骨文斷代研究例》中指出:"逸,就是'淫于觀、于逸、于遊、于田'。觀,是遊中之一事。逸,總括遊觀、田獵兩項而言,其實歸結起來,遊與田,便是逸了。……而周公所謂'生則逸'、好田遊的,也正以武丁、帝辛的時代為多。"②郭沫若《殷契萃編》亦云:"殷王之好田獵,誠足以驚人。《書·無逸》謂殷自祖甲以后'立王,生則逸。生則逸,不知稼穡之艱難,不聞小人之勞,惟耽樂之從',足見非溢惡之辭。"③陳夢家先生則更為肯定地說:"卜辭中所有關於田獵的記載,都是時王為逸樂而行的遊田,並無關乎生產。當然也利用獵獲的獸類的肉、毛、骨、角作為王室享用品:肉可以食,皮毛可以禦寒,骨和角可以制為器物。利用這些部分,正是田獵的目的之一。"④

1980年,在成都召開的中國古文字研究會第三屆年會上姚孝遂先生提交了

---

① 《十三經注疏》,中華書局,1980年,第222頁。《漢書·谷永傳》引經曰:"繼今嗣王,其毋淫于酒,毋淫于游田,惟正之供。"
② 董作賓:《中國現代學術經典·董作賓卷》,河北教育出版社,1996年,第92頁。
③ 郭沫若:《殷契萃編》,科學出版社,1965年,第127頁。
④ 陳夢家:《殷虛卜辭綜述》,中華書局,1988年,第552頁。

一篇題爲《甲骨刻辭狩獵考》的論文,對郭沫若、陳夢家等先生的看法提出質疑,認爲"郭、陳兩位先生並沒有能夠舉出任何一片甲骨刻辭的内容來支持自己的結論,這種結論是難以信服的"①。姚先生從田獵與軍事、田獵與畜牧業、田獵與日常生活、田獵與祭祀四個方面考察田獵刻辭,他説:

> 甲骨刻辭經常可以見到商王於出征途中,或者是凱旋歸來時,舉行田獵的記載。這種田獵的性質,都應該是與軍事行動有關。
>
> 《周禮》大司馬之職,於四時教民習戰陣,都是通過狩獵活動來進行的。所謂"仲春教振旅","遂以蒐田";"仲夏教茇舍","遂以苗田";"仲秋教治兵","遂以獮田";"仲冬教大閲","遂以狩田"。《周禮》對於各項活動的内容,有詳細的叙述。鄭玄注云:"兵者凶事,不可空設,因蒐狩而習之。凡師出曰治兵,入曰振旅,皆習戰也。四時各教民以其一焉。"通過狩獵活動以教民習戰的辦法,直至春秋戰國時期猶然盛行。所以《穀梁》昭公八年説:"秋,蒐于紅,正也。因蒐狩以習用武事,禮之大者也。"
>
> 根據典籍的記載,我們必須承認這一事實:在古代社會,田獵與軍旅活動,有着非常密切的關係。平時在田獵的過程中,可以寓有軍事訓練的内容。在作戰凱旋時,每每舉行大蒐,藉以炫耀武功,簡閲車馬徒衆。《左傳》昭公三年所謂"入而振旅,歸而飲至,以數軍實",就是指此而言的。《逸周書·世俘解》記載武王克殷之後,舉行大規模的告捷典禮以炫耀武功。接着還舉行了大狩,擒獲了大量的虎、犀、麋、鹿等動物。②

姚先生指出《殷虚文字甲編》3939 的兕頭刻辭和《殷虚文字甲編》3940 的鹿頭刻辭,"這些都是商王在凱旋時舉行大蒐,獲兕、獲鹿的記載。……晚期乙辛卜辭曾連續記載了某一次征伐人方的過程。……在這一次戰役的來回行軍過程中,沿途都要行獵,這既是訓練士卒,習軍講武,同時也是獵獸以補充食用。我們很難設想,在當時交通運輸條件十分落後的情況下,披荆斬棘,千里以赴敵,還能夠携帶全部所需要的口糧,或者是完全仰仗於後方的輸送。它必然要有某些補充手段,例如狩獵、劫掠等等。行軍途中的狩獵,我們很難把它都説成是'惟耽樂之從'。田獵與戰爭甚至有較此更爲直接的關係"③。

姚先生還因周爲商之仇敵之故,對周人是否完全正確評價商王表示懷疑,他

---

①②③ 姚孝遂:《甲骨刻辭狩獵考》,《古文字研究》第 6 輯,中華書局,1981 年。

認爲"《書·無逸》所說的'生則逸'，'惟耽樂之從'未必是指田獵而言"①。

緊踵姚文，孟世凱先生也對商代田獵性質作了探討，其看法與姚文不盡一致。他認爲"田獵本身是一項生産活動"，但同時又說"在商代這個農業較發達的社會中，它只居於從屬地位，是農業和牧畜業的一項補充"。②孟文考述了商代的自然環境，並就商代田獵和農田開發、軍事行動等關係作了深入的探討，他說："商代田獵區域是隨着疆土開拓而漸增的，農業區域又是隨着田獵區域的增加而擴大的。所以，卜辭中有的田獵地同時又是農業種植地。……商代的田獵，從武丁時期來看，具有爲農田除害，保護莊稼，促進農業生産和軍事演習的性質。同時它還給人們提供了部分吃穿用的生活資料，也是一項不可缺少的社會生產活動。"③孟先生又引證郭寶鈞先生的話說："田獵須駕車馬，合徒衆，執兵戈，進與禽獸搏斗，故田獵尚不止含有娛樂意義、經濟意義，且有治兵的重要意義隱含其間，後遂演爲周人大蒐之禮。"④

由以上引述知，姚、孟二先生在強調商代田獵具有爲農田除害、保護莊稼、促進農業生産和軍事演習等多種功利性質這一方面，認識基本一致；其不同點在於，孟先生不像姚先生那樣否認"田獵含有娛樂意義"，從他引證郭寶鈞先生的話語中可以看出這一點。應該說孟先生的看法比較符合商代社會實際。

事實上，人們在從事某項活動時常常包含多重目的，田獵活動亦是如此，不必爲了強調某種動機而對其他的動機加以排斥。文獻中固然可以找到許多田獵具有演武習兵目的的例證，但並不能以此否定田獵活動的娛樂特性。老子《道德經》即曰："馳騁畋獵，令人心發狂。"⑤由於田獵活動驚險而刺激，所以讓古今多少男兒爲之瘋狂，甚至爲之付出生命的代價。關於此，《史記·殷本紀》中就有直接證據："武乙獵於河、渭之間，暴雷震死。"《竹書紀年》也有同樣的記載：武乙三十五年"王畋于河、渭，暴雷震死"⑥。如果說這些材料還不足以說明田獵逸樂特性的話，那麽，山西天馬—曲村遺址北趙晉侯墓地 M2 出土的晉侯對盨銘則可將此鑄成鐵案。盨銘（圖一）曰：

---

① 姚孝遂：《甲骨刻辭狩獵考》，《古文字研究》第 6 輯，中華書局，1981 年。
②③④ 孟世凱：《商代田獵性質初探》，胡厚宣主編：《甲骨文與殷商史》，上海古籍出版社，1983 年，第 204—222 頁。
⑤ 《道德經》，《諸子集成》，上海書店影印本，1986 年，第 6 頁。
⑥ 王國維：《今本竹書紀年疏證》，遼寧教育出版社，1997 年，第 72 頁。

圖一　晉侯對盨銘拓本

隹正月初吉庚寅,晉侯䎽乍寶障彝彶須其用,田狩甚樂于邍𤇅,其萬年永寶用。①

晉侯對盨爲西周器,鑄器時代與武乙時代相去不遠,盨銘"田狩"後"甚樂"之"甚",李學勤先生讀爲"湛"②。《詩·小雅·賓之初筵》:"其湛曰樂,各奏爾能。"鄭玄箋:"湛,樂也。"在上古傳世文獻中也有"湛"、"樂"二字聯綴之例。《詩·小雅·北山》:"或湛樂飲酒,或慘慘畏咎。"又《國語·周語下》:"昔共工棄此道也,虞於湛樂,淫失其身。"韋昭注:"湛,淫也。""湛"同"耽","湛樂"即"耽樂",漢王充《論衡·語增》引《書·無逸》"惟耽樂是從",文作"惟湛樂是從,時亦罔有克壽"③,可爲一證。盨銘中晉侯對自言"田狩甚(耽)樂于邍𤇅",恰與《書·無逸》周公之言相表裏。面對這樣的證據,難道田獵的耽樂性質還需置辯嗎?

正是因爲"田獵"具有"令人心發狂"的負面作用,周公才諄諄告誡"自今嗣王,則其無淫于觀、于逸、于遊、于田"。然而儘管周公用心良苦之至,之後

---

① 此銘年代係西周晚期。見鍾柏生等編著《新收殷周青銅器銘文暨器影彙編》,藝文印書館,2006年,第625—627頁。
② 承李學勤先生面告,謹致謝忱。
③ 王充著、北京大學歷史系編:《論衡注釋》,中華書局,1979年,第439頁。

的嗣王對此還是置若罔聞，員方鼎銘曰：

> 唯征（正）月既望癸酉，王狩于視啟，王令員執犬，休善，用乍父甲寶彝。㠯①

此鼎馬承源先生定爲西周昭王器，銘文大意是某年正月的既望癸酉這一天，周昭王在視啟這個地方狩獵，昭王命令員牽犬從王狩獵，可謂美善。周昭王嗜游成性，屈原《楚辭·天問》曰："昭后成遊，南土爰底。"周公擔心的事情發生了，《左傳·僖公四年》明確記載："昭王南征而不復。"《史記·周本紀》："昭王之時，王道微缺。昭王南巡狩不返，卒於江上。其卒不赴告，諱之也。"《帝王世紀》："昭王德缺，南征，濟於漢，船人惡之，以膠船進王。王御船至中流，膠液船解，王及祭公俱沒於水中而崩。其右辛游靡長臂且多力，游振得王，周人諱之。"這與服虔所說大體一致："周昭王南狩巡，涉漢未濟，船解而溺昭王，王室諱之，不以赴，諸侯不知其故。"②

周昭王南巡而隕其身，可謂重蹈商王武乙之覆轍。昭王崩後，昭王子、年已五十的滿即位爲王，是爲穆王。周穆王面對前車之鑒而不知戒，立志游行天下。《國語·周語上》曾這樣記載：

> 穆王將征犬戎。祭公謀父諫曰："不可。先王耀德不觀兵。夫兵戢而時動，動則威，觀則玩，玩則無震。是故周文公之頌曰：'載戢干戈，載櫜弓矢。我求懿德，肆于時夏。允王保之。'先王之於民也，懋正其德而厚其性，阜其財求而利其器用，明利害之鄉，以文修之。使務利而避害，懷德而畏威，故能保世以滋大。昔我先世后稷，以服事虞夏。及夏之衰也，棄稷弗務。我先王不窋用失其官，而自竄於戎翟之間，不敢怠業，時序其德，纂修其緒，修其訓典，朝夕恪勤，守以惇篤，奉以忠信，奕世載德，不忝前人。至於武王，昭前之光明而加之以慈和，事神保民，莫不欣喜。商王帝辛，大惡於民，庶民弗忍，欣戴武王，以致戎於商牧。是先王非務武也，勤恤民隱而除其害也。夫先王之制，邦內甸服，邦外侯服，侯衛賓服，蠻夷要服，戎翟荒服。甸服者祭，侯服者祀，賓服者享，要服者貢，荒服者王。日祭，月祀，時享，歲貢，終王，先王之訓也。有不祭則修意，有不祀則修言，有不享則修文，有不貢則修名，有不王則修德，序成而有不至則修刑。於是乎有刑不祭，伐不祀，征不享，讓不貢，告不王。於是乎有刑罰之辟，有攻伐之兵，有征討

---

① 馬承源等：《商西周青銅器銘文》，文物出版社，1986年，第78頁。（編者按：注釋信息略有出入，當作：馬承源主編：《商周青銅器銘文選》三，文物出版社，1988年，第78頁。）
② 《史記》，中華書局，1969年，第135頁。

之備,有威讓之令,有文告之辭。布令陳辭而又不至,則又增修於德,無勤民於遠,是以近無不聽,遠無不服。今自大畢伯仕之終也,犬戎氏以其職來王,天子曰:'予必以不享征之,且觀之兵。'其無乃廢先王之訓而王幾頓乎?吾聞夫犬戎樹惇,能帥舊德,而守終純固,其有以禦我矣。"王不聽,遂征之。得四白狼、四白鹿以歸。自是荒服者不至。①

不管犬戎有無不服,也不管他們的首領是不是"能帥舊德","守終純固",周穆王出游之意已決,他"必以不享征之,且觀之兵"。像周穆王這樣的觀兵,表面上看完全是軍事行爲,然其真正用意恰如董作賓先生所言"其實歸結起來,遊與田,便是逸了"。西晉太康二年(281年),汲郡人不準盜發魏襄王墓(或言安釐王冢),得竹書數十車。內有《穆天子傳》五篇,描繪了周穆王出游之情狀:

> 飲天子于躅山之上,戊寅,天子北征,乃絶漳水。庚辰,至于□,觴天子于盤石之上。天子乃奏廣樂。載立不舍,至于鈃山之下。癸未,雨雪,天子獵于鈃山之西阿,于是得絶鈃山之隊。北循虖沱之陽。
>
> 乙酉,天子北升于□,天子北征于犬戎。犬戎□胡觴天子于當水之陽,天子乃樂,□賜七萃之士戰。庚寅,北風雨雪,天子以寒之故,命王屬休。
>
> 甲午,天子西征,乃絶隃之關隥。己亥,至于焉居禺知之平。
>
> 辛丑,天子西征至于㕯人,河宗之子孫㕯柏絮,且逆天子于智之□,先豹皮十,良馬二六。天子使井利受之。
>
> 癸酉,天子舍于漆澤,乃西釣于河,以觀□智之□。
>
> 甲辰,天子獵于滲澤,于是得白狐、玄貉焉,以祭于河宗。
>
> 丙午,天子飲于河水之阿。天子屬六師之人于㕯邦之南,滲澤之上。
>
> 戊寅,天子西征,鶩行至于陽紆之山,河伯無夷之所都居,是惟河宗氏。河宗伯夭逆天子燕然之山。勞用束帛加璧。先白□,天子使父受之。②

上文記載了穆天子兩個月遠征的行程及目的,兩個月來,他率部北征、西征,先後到達漳水、鈃山、虖沱、當水、隃、焉居、禺知、㕯邦、河、瀑、滲澤、陽紆之山、燕然之山等地。所到之處,當地首領務必觴天子、逆天子,並貢納各

---

① 董增齡:《國語正義》,巴蜀書社,1985年,第1—10頁。《史記·周本紀》所引文字與之略有出入。
② 王貽梁、陳建敏:《穆天子傳匯校集釋》,華東師範大學出版社,1994年,第1—33頁。

种稀有之物之后,"天子乃乐"。由是不难看出,古代帝王畋游的真正目的究竟是爲保家卫国、开疆拓土,抑或爲了逸豫其心,"惟耽乐之従"。

其实耽乐畋游乃人发乎自然之天性,古人对此并不讳言。《管子·小匡》云:"昔吾先王昭王、穆王世法文、武,远迹以成名。"由此知文王、武王也并非不远迹畋游,姚文所揭《逸周书·世俘解》武王克殷之後大狩亦可作如是观。周武王以小邦周而大败实力雄厚的大邑商,由一个偏於西方一隅的蕞尔小国,一下子坐拥四海,焉能不喜,以大狩的方式庆祝胜利完全是人之常情,这并非劳民伤财的不义之举,後人大可不必增饰之。

上揭殷商之武乙,姬周之文、武、昭、穆诸王,田猎逸乐,史迹在在,可以随时覆按。载籍中关於王侯爲逸乐而田猎的例子俯拾即是。汉文帝可谓是一代明君了,可他也好驰射狐兔,因此,曾爲颍阴侯骑的贾山上书言曰:

> 雷霆之所击,无不摧折者;万钧之所压,无不糜灭者。今人主之威,非特雷霆也;执重,非特万钧也。开道而求谏,和颜色而受之,用其言而显其身,士犹恐惧而不敢自尽;又况於纵欲恣暴、恶闻其过乎!震之以威,压之以重,虽有尧、舜之智,孟贲之勇,岂有不摧折者哉!如此,则人主不得闻其过,社稷危矣。昔者周盖千八百国,以九州岛之民养千八百国之君,君有馀财,民有馀力,而颂声作。秦皇帝以千八百国之民自养,力罢不能胜其役,财尽不能胜其求。一君之身耳,所自养者驰骋弋猎之娱,天下弗能供也。秦皇帝计其功德,度其後嗣世世无穷;然身死才数月耳,天下四面而攻之,宗庙灭绝矣。①

贾山直接将"驰骋弋猎"与"娱"字联系在一起,可见娱乐确爲王侯田猎的目的之一是毋庸置疑的。力谏汉文帝驰骋弋猎的不只有贾山,还有贾谊。汉应劭《风俗通义》卷二云:

> 文帝代服衣罽,袭毡帽,骑骏马,従侍中近臣常侍期门武骑猎渐台下,驰射狐兔,毕弋刺彘。是时,待诏贾山谏,以爲"不宜数従郡国贤良吏出游猎,重令此人负名,不称其举"。及太中大夫贾谊,亦数谏止游猎。②

汉文帝之好田猎,与其後的汉武帝相比还稍逊一筹。据《汉书·东方朔传》云:

---

① (清)王先谦:《汉书补注》,中华书局,1983年,第1091页。
② 王利器:《风俗通义校注》,中华书局,1981年,第98页。

建元三年,(武帝)微行始出,北至池陽,西至黃山,南獵長楊,東游宜春。微行常用飲酎已。八九月中,與侍中、常侍、武騎及待詔隴西、北地良家子能騎射者期諸殿門,故有"期門"之號自此始。微行,以夜漏下十刻乃出,常稱平陽侯。旦明,入山下,馳射鹿豕狐兔,手格熊羆,馳騖禾稼稻秔之地,民皆號呼罵詈。相聚會,自言鄠杜令。令往,欲謁平陽侯,諸騎欲擊鞭之。令大怒。使吏呵止,獵者數騎見留,乃示以乘輿物,久之乃得去。時夜出夕還,後齎五日糧,會朝長信宫,上大歡樂之。是後,南山下乃知微行數出也,然尚迫於太后,未敢遠出。①

由漢武帝"微行出獵"可知,古代帝王頻繁田獵的真正目的其實就是逸樂,而絕非純粹"演兵習武"之類的正事,否則,漢武帝何必遮遮掩掩,總是"微行以夜漏下十刻乃出",且爲太后所迫呢?

古代的王公貴族常有攜女眷田獵者,此亦證明其田獵的目的主要是爲了取樂而非"習軍講武"。上古征戰大率爲男人之事,婦人通常不得參與。《左傳·僖公二十二年》説得明白:"婦人送迎不出門,見兄弟不逾閾,戎事不邇女器。"顧炎武《補正》引明傅遜《左傳屬事》亦曰:"戎事當嚴,不近女子所御之物。"②然《左傳·成公十七年》却有這樣的記載:"晉厲公侈,多外嬖……厲公田,與婦人先殺而飲酒,后使大夫殺。"楊伯峻先生注云:"殺指獵射禽獸。據《禮記·王制》與《詩·小雅·車攻》毛傳,田獵時諸侯發矢射殺禽獸後,應即由大夫獵射,婦人不應參與。"③如果説晉厲公攜婦人射獵已悖時俗的話,那麼,晉悼公子憖做的就更離譜了,他不僅攜女子田獵,而且爲其駕車者還是未聘的女子。《左傳·哀公十一年》云:"初,晉悼公子憖亡在衛,使其女僕而田。"杜預注云:"僕,御田獵。"楊伯峻先生云:"以未聘女子駕御獵車,古所罕見。"④姚孝遂先生曾批評郭、陳兩位先生并没有能夠舉出任何一片甲骨刻辭的内容來支持其"時王爲逸樂而行的田獵"的結論,雖系實情,然這並不表明田獵刻辭没有體現時王逸樂之内容。《禮記·郊特牲》云:"殷人尚聲。"覆按甲骨刻辭,此言不虛。且不説殷人在重大的祭祀活動中,總是"置我鼗鼓,奏鼓簡簡……鼗鼓淵淵,嘒嘒管聲……於赫湯孫,穆穆厥聲"⑤,即便在田獵活動中也不乏鼓樂之聲。兹揭舉卜

---

① (清)王先謙:《漢書補注》,中華書局,1983年,第1277、1278頁。
② 楊伯峻:《春秋左傳注》,中華書局,1990年,第399頁。
③ 楊伯峻:《春秋左傳注》,中華書局,1990年,第901頁。
④ 楊伯峻:《春秋左傳注》,中華書局,1990年,第1666頁。
⑤ 《詩·商頌·那》,《十三經注疏》,中華書局,1980年,第620頁。

辭爲證：

(1) 壬子卜，狄，貞：王其㲋。
(2) 壬子卜，王其田。
(3) 戊午卜，貞：王其往來亡災。
(4) 庚申卜，貞：王叀麥麋逐。
(5) 庚申卜，貞：王勿利南麋。
(6) 庚申卜，狄，貞：王叀斿麋。用。 吉
(7) 庚申卜，貞：叀壬田。
(8) 庚申卜，狄，貞：叀辛田。
(9) 辛酉卜，貞：衣逐亡□。
(10) 壬戌卜，狄，貞：王父甲莫其豐，王受有祐。
(11) 貞：勿豐。
(12) 壬戌卜，貞：叀卣，用。
(13) 貞：弜皀。 吉
(14) 貞：五叀隹。
(15) 貞：弜美。
(16) 貞：叀庚，用。 大吉
(17) 貞：八勿庚。
(18) 癸亥卜，狄，貞：今日亡大兄風。
(19) 癸亥卜，狄，貞：有大兄風。
(20) 辛未卜，狄，貞：叀田。

(《合集》27459)

此版刻辭從壬子到辛未 20 天的時間都在田獵，因此，壬戌向父甲求祐之也應爲田獵之故。辭（10）（11）的"豐"，辭（16）（17）中的"庚"，據裘錫圭先生考證均爲樂器名，"豐"是大鼓，庚是大鐘①。"庚"或作"庸"，傳世文獻中常見這樣的用法，如《詩·商頌·那》："庸鼓有斁。"毛傳："大鐘曰庸。"《逸周書·世俘》："王入，奏庸。"又："王奏庸，大享一終。""庸"後世又寫作"鏞"。《詩·大雅·靈台》："虡業維樅，賁鼓維鏞。"鄭玄箋："鏞，大鐘也。"

---

① 裘錫圭先生指出："根據考古發掘和古器物學的知識來看，商代還没有懸鐘。卜辭所説的庸當即商周銅器里一般人稱謂大鐃的那種樂器。"辭（12）（13）中的"皀"字不識，裘先生懷疑也是樂器名，但不知究竟是指哪種樂器。見《甲骨文中的幾種樂器名稱——釋"庸"、"豐"、"鞀"》，載氏著《古文字論集》，中華書局，1992 年，第 198 頁。

田獵還要奏樂，若說商王絲毫没有逸樂動機，恐怕很難解釋圓融①。

田獵用樂，漁獵也用樂：

(1) 貞翌□申……
(2) 辛未卜，貞：今日𠂤，庚。十一月。才甫。魚。

(《合集》18804 =《合集》24376)

由漁獵奏庸，人們會很容易聯想到《左傳·隱公五年》所載魯隱公如棠觀魚之事：

五年春，公將如棠觀魚者。臧僖伯諫曰："凡物不足以講大事，其材不足以備器用，則君不舉焉。君，將納民於軌、物者也。故講事以度軌量謂之軌，取材以章物采謂之物。不軌不物，謂之亂政。亂政亟行，所以敗也。故春蒐、夏苗、秋獮、冬狩，皆於農隙以講事也。三年而治兵，入而振旅，歸而飲至，以數軍實。昭文章，明貴賤，辨等列，順少長，習威儀也。鳥獸之肉不登於俎，皮革、齒牙、骨角、毛羽不登於器，則公不射，古之制也。若夫山林、川澤之實，器用之資，皁隸之事，官司之守，非君所及也。"公曰："吾將略地焉。"遂往，陳魚而觀之，僖伯稱疾不從。書曰"公矢魚于棠"，非禮也，且言遠地也。②

儘管臧僖伯力諫魯隱公如棠觀魚，可最終魯隱公還是借口"吾將略地焉"，"遂往，陳魚而觀之"。由此不難推斷，商王狩獵奏庸之動機。

不惟用樂，樂與舞總是如影隨形的，有樂就有舞，正如《詩·商頌·那》所說："庸鼓有斁，萬舞有奕。"再看商王田獵舞蹈諸例：

(1) 叀田暨戍舞。
(2) □田暨□舞。 (《合集》27891)

(1) 今日辛王其田，亡災。
(2) 乎万舞。 (《合集》28461)

万，實際上就是上古的職業舞者③。

---

① 或可以把田獵奏樂的目的解釋爲娛神，然而即便如此，在娛神的同時狩獵者的情感也能夠同時得以釋放這一點是無法否認的。
② 楊伯峻：《春秋左傳注》，中華書局，1990年，第41—44頁。
③ 裘錫圭先生指出："万顯然是主要從事舞蹈工作的一種人。"見《甲骨文中的幾種樂器名稱——釋"庸"、"豐"、"韜"》附《釋"万"》，載氏著《古文字論集》，中華書局，1992年，第208頁。

(1) 其以万,不每。
(2) 叀麋□,亡災
(3)……以…… 　　　　　　　　　　　　　　　　　　　(《合集》28383)

(1) 弜田,其每。
(2) 王叀万以,亡災。 　　　　　　　　　　　　　　　　(《合集》28286)

(1) 叀宮田省,亡災。
(2) 其乎万步。
(3)……田[省],亡[災]。 　　　　　　　　　　　　　　(《合集》29163)

(1) 弜以万。
(2) 叀喪田省,亡災。
(3) 叀盂田省,亡災。
(4) 叀宮田省,亡災。 　　　　　　　　　　　　　　　　(《屯南》249)

(1) 弜田其每。　吉
(2) 王其田,以万,弗每。　吉
(3) 弗以万。　吉
(4) 叀宮田省,亡災。　吉
(5) 叀盂田省,亡災。　吉 　　　　　　　　　　　　　(《屯南》2256)

通過上揭晉侯對自稱耽樂於田獵、携女眷田獵以及田獵伴有樂舞諸例可知,古代帝王那麽熱衷於田獵活動,除了這種活動具有軍訓、補充物質所需的功能之外,更重要的原因恐怕就是這種活動本身具有很强的娛樂性。我們没有必要像古代的蘭臺令史那樣爲帝王人主去粉飾。關於此,郭少棠先生曾深刻地指出:"文化在所有歷史文本中都可能被政治化","中國的前大衆旅游年代,傳統形式的旅游總是被人們從文化和政治視角進行詮釋,更確切地講,是帶着政治色彩的文化或帶着文化色彩的政治"。①

附記:本文爲北京市哲學社會科學"十二五"規劃項目"甲骨文旅行刻辭研究"(項目編號:11WYB004)的階段性成果。

原載《中國國家博物館館刊》2012年第5期。

---

① 郭少棠:《旅行:跨文化想像》,北京大學出版社,2005年,第47頁。

何毓靈

論殷墟新發現的兩座"甲骨貞人"墓

2009年，中國社會科學院考古研究所安陽工作隊在殷墟西南王裕口村南地進行了考古發掘。此次大面積發掘共清理殷墟時期墓葬共330餘座。它們多以家族墓地的形態分佈。其中位於F區墓葬有41座，可視作一組家族墓，突出特徵是墓葬多東西向，墓主頭向多朝東，仰身直肢居多，時代多爲三、四期[①]。F區內M103及M94兩座墓葬特徵明顯，據考古出土隨葬器物表明，墓主可能是殷墟甲骨卜辭中常見的貞人。下面作一論述。

一

M103

位於F區T1035東南角，方向190度。長方形豎穴土壙墓，墓口長3.2、寬1.65—1.75米，深2.36米。墓壁中下段略外弧，墓底長3.25、寬1.65—1.83米。二層臺寬0.4—0.53米，高0.64米。墓底中部有腰坑，呈不規則長方形，長0.74、寬0.36、深0.3米。底部殉葬狗。

葬具有一棺一槨，槨室長2.15、寬0.96、高0.64米。木棺僅見紅色髹漆痕跡，長1.93、寬0.6米。

墓主頭南腳北，俯身直肢，男性，年齡30歲左右。骨質保存較差，右上肢、

---

① 中國社會科學院考古研究所安陽工作隊：《2009年安陽殷墟王裕口村南地考古發掘簡報》，《考古》2012年第12期。

右腿骨朽成粉狀。

M103 內共有殉人 9 個，編號 A-I。分別位於二層臺內及棺槨之間。多數殉人附近有布紋或蓆紋，有的還有紅漆痕跡。經初步鑒定：殉人 A 俯身屈肢，年齡 8—10 歲。殉人 B 俯身直肢，性別不詳，年齡 8—10 歲。殉人 C 俯身直肢，傾向於女性，年齡 14—17 歲。殉人 D 仰身直肢，男性，年齡 40—45 歲。殉人 E 俯身直肢，女性，年齡 28—30 歲，該骨架上下遍佈紅漆。殉人 F 俯身屈肢，女性，30 歲左右。殉人 G 俯身略屈肢，傾向於男性，9—11 歲。殉人 H 遍佈紅漆，面部及胸部上壓較多的骨笄，年齡、性別待鑒定。殉人 I 直肢，遍佈紅漆，年齡、性別不明。

該墓殉牲共有五處，三條殉狗和牛、羊腿各一隻。殉狗分別位於填土内、二層臺內及腰坑。牛腿骨與羊腿骨均位於南二層臺內，與殉人 A、B 放在一起。

M103 隨葬有銅器、陶器、玉器、蚌器、磨石、骨器、綠松石、金箔飾品、貝、螺等。分別放置在二層臺上、二層臺內、棺槨間及棺內。

16 件青銅器中，9 件為青銅禮器，分別是壺 1、簋 1、圓鼎 2、觚 2、爵 2、罍 1。在 M103：2 圓鼎內壁有銘文"㠯"（圖一）；M103：10 圓鼎內壁有銘文"㠯"（圖二）；M103：5 銅爵鋬下有銘文"㠯"；M103：9 銅爵鋬下有銘文"史"字。特別說明的是，M103：1 銅罍入葬前就已被有意擊碎為兩塊，嚴重變形，分別位於東二層臺上及槨室內。M103 出土了一方銅印章（M103：32），這是殷墟發掘出土的第二方銅印章。印章整體略呈方形，橫截面為梯形。印文面邊長 2.2—2.4 釐米，壁厚 0.45 釐米，鼻鈕高 0.89 釐米，出土時銹蝕嚴重，保存較差，印文為陰文"㠯"字，整個印面內凹（圖三），應鈐印在軟性材質之上。

  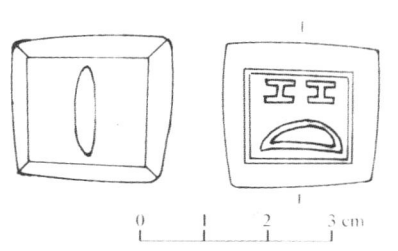

圖一　M103：2 銅鼎銘文　　圖二　M103：10 銅鼎銘文　　圖三　M103：32 銅印章

除上述銅器外，還有銅戈 2 件、鐏 1 件、銅戣 1 件、銅鏃 1 枚、銅刀 1 把、銅錛 1 件、鏡狀圓形銅器 1 件。

M103 共有陶器 13 件。大部分陶器如罍、器蓋、盆、圜底罐等被打碎放置在二層臺內。特別是大型陶罍、陶盆等被打碎放置在二層臺內，這種現象在花園莊東地 54 號墓內也出現過。是否蘊涵著某種共同特性，尚不得而知。

M103 出土 8 件玉器有高冠玉人、鐲形器、虎形刻刀、魚形刻刀、紡輪形器、串珠等。另出有 1 件磨石，細砂岩，粘有鮮紅朱砂。

在殉人 H 頭頸下部，有近百根骨笄組成扇面狀。在王陵區 M1550 內也有發現，石璋如先生稱其爲"雀屏冠飾"[①]。除扇形骨笄外，在其周圍還有綠松石、小型田螺甚至是金箔飾品，這可能是冠上脱落下來的。

從出土器物（特别是陶器）分析，M103 的年代屬殷墟文化二期。

M94

位於 F 區內，與 M103 相距約 7 米，方向 100 度。M94 爲"甲"字型墓，分别由東部的小型臺階式墓道和墓室組成。墓道口平面呈梯形，長 4.1 米，東端殘寬 0.63 米，西端寬 2 米。墓道由東向西共有 7 級臺階。墓室爲長方形豎穴土壙結構，墓口東西長 3.9 米，寬 2.6 米。墓壁傾斜，墓底長 4.2 米，寬 2.3—2.7 米。

葬具爲一木槨，二木棺，均已朽成木灰痕。槨室長 2.5、寬 1.3、高 1.12 米。槨蓋板共由南北向 15 塊木板組成，髹黑、黄、白漆。槨室中部木棺長 2.3、寬 0.7 米，髹紅漆。在此棺南側，另有一小型木棺，髹較淡的紅漆。

墓主仰身直肢，頭東腳西，僅保存頭骨及部分頸椎。

該墓共兩個殉人和四條殉狗。其中殉人 A 位於小型木棺內，頭東腳西，葬式不明。殉人 B 位於北二層臺偏西內，俯身直肢。殉狗分别位於二層臺及腰坑內。

M94 共有銅、陶、骨、蚌、石、玉等各類隨葬品 80 件。青銅禮器 4 件：觚、爵、鼎、尊。銅鼎、尊被有意打碎。在銅鼎內壁上有銘文"𝄆𝄇"（圖四）。

剩餘器物中，以明器化的銅戈爲大宗。除此之外，有數件器物需要特别指出：

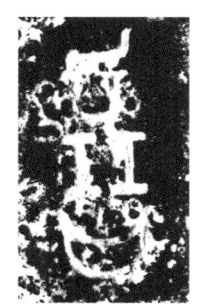

圖四　M94：78 銅鼎銘文

銅鉞（M94：51），器形較小，通長僅 12 釐米，不具有實用性。

管銎斧（M94：49），斧身較窄，似短戈。殷墟除在王陵區"刀斧葬"墓葬内出土大量管銎斧外，其他墓葬中較少見。

銅柲冒（M94：33），應是木柲的柄端飾件，殷墟少見。

銅弓形器：2 件。形制基本一致。四孔鈴首，器身呈弧狀，兩端與曲臂相連

---

① 石璋如：《殷代頭飾舉例》，《"中研院"歷史語言研究所集刊》第 28 本下，1957 年，頁 634。

處有三角形穿孔。其中 M94:54 器身兩端各有一組銘文"🜨"（圖五），筆道較寬，內應鑲嵌綠松石。

圖五 M94:54 弓形器銘文拓片

銅刻刀（M94:35），長條形，斜弧刃。柄端粘附有腐朽的木紋，可能是木柄。通長 10.4 釐米。此類型銅刻刀此前亦有出土。

帶榫玉飾件（M94:65），青色，完整。應是權杖之類器物的柄端飾件。下部穿孔榫頭可以與柄固定。前端圓球形。通長 9.7 釐米。

石鉞（M94:79），腐蝕嚴重。長條形，柄端對鑽穿孔，雙面刃。通長 12.9 釐米。

磨石：3 件，形制基本相同。長條形，灰褐色細砂岩，一端對鑽穿孔。

小石子：共 35 塊，其中 33 塊放置在東端槨蓋板之上，2 塊位於棺室底部東北角。這些石塊多呈不規則多邊形，最大者 4.1、最小者 2.0 釐米。按顏色不同可分爲四組。A 組：白色，6 塊；B 組：紫褐色，11 塊；C 組：灰色，5 塊；D 組：青灰色，13 塊。35 塊石子都較光滑，爲河礫石。依照現代礦物學分類方法，大體可分爲三類：

第一類：即 A 組的 6 塊白色石子，屬細品質石英岩；

第二類：砂岩，主要是 B 組的 11 塊和 C 組中的 1 塊，共 12 塊。嚴格來說，又可分爲細砂岩、中砂岩、粉砂岩等；

第三類：石灰岩，包括 C 組中的 4 塊及 D 組的全部，共 17 塊。

據出土器物，特別是陶觚、爵形制分析，M94 年代屬殷墟文化三期。

二

首先，對最能説明墓主人信息的青銅銘文加以考釋。

🜨字出現最多，分別見於兩座墓的 6 件青銅器上。此前，"🜨"銘青銅器在殷墟曾有一例。1983 年在殷墟戚家莊東 M235 出土有 8 件青銅禮器，其中有 1 件青銅尊，圈足內壁有兩組相同銘文，爲"𦥑"字，陽文①。但從該墓其他銅器銘文分析，其墓主應爲"鉞箙"。而"鉞箙"可能是通過其他方式得到𦥑尊。饒宗頤先生認爲，𦥑應該是𡇬的異體字，並稱"象置二玉於器中，ΟΟ 變而爲 II，可知其即玨字"②。

𤈦字見於 M103 銅爵（M103：5）和 M94 銅鼎（M94：78）、弓形器（M94：54）。在甲骨文、金文中尚未發現。上从手，下从火，可隸爲灰字。

銅鼎 M103：10 銘文爲"𢎺𦥑"。𢎺字在甲骨文、金文中習見，並有多種寫法。學者們對其釋文也多有不同，如釋爲先③、失④、秂⑤及佚⑥等。本文傾向於釋爲"失"，爲商代重要的方國部族。洛陽地區曾有失族青銅器發現⑦。

銅爵 M103：9 銘文爲史。"卜辭中'史'字常見，多用'事'、'使'或當'史官'講，但也有少部分用作族名或人名"⑧。商周時期，"史"銘青銅器較多，殷墟西區 M2575 出土一件銅卣（M2575：23）上有銘文"史"字⑨。20 世紀 90 年代，在山東滕州前掌大商周墓出土眾多"史"字銘文青銅器，有學者認爲這裏應是史族的家族墓地，可能與商周時期的薛國有關⑩。

據此，可以把 M103、M94 出土銘文分爲四組：

A 組："𦥑"，有 M103：2 銅鼎和 M103：32 銅印章；

B 組："𤈦𦥑"，有 M94：78 銅鼎、M94：54 弓形器及 M103：5 銅爵；

C 組："𢎺𦥑"，有 M103：10 銅鼎；

D 組："史"，有 M103：9 銅爵。

---

① 安陽市文物工作隊、安陽市博物館：《安陽殷墟青銅器》，鄭州：中州古籍出版社 1993 年版，圖版六八，另見頁 134 圖版說明。
② 饒宗頤：《殷代貞卜人物通考》，香港：香港大學出版社 1959 年 11 月初版，頁 553。
③ 唐蘭：《西周青銅器銘文分代史徵》，北京：中華書局 1986 年版，257 頁；曹淑琴：《臣辰諸器及其相關問題》，《考古學報》1995 年第 1 期。
④ 趙平安：《從失字的釋讀談到商代的佚侯》，《中國社會科學院歷史研究所學刊》第一集，北京：社會科學文獻出版社 2001 年版。
⑤ 劉釗：《釋甲骨文耤、羲、蟺、敖，栽諸字》，《吉林大學社會科學學報》1990 年第 2 期；王蘊智、苗麗娟：《商代金文可釋字形的初步整理》，《中國文字博物館》2010 年第 3 期。
⑥ 張亞初：《殷周金文集成引得》序言，北京：中華書局 2001 年版。孫亞冰、林歡：《商代地理與方國》，宋鎮豪主編：《商代史》卷十，北京：中國社會科學出版社 2010 年版，頁 412。
⑦ 中國社會科學院考古研究所：《殷周金文集成》，北京：中華書局 1984 年版，第 5421 號《士上卣》。
⑧ 何景成：《商周青銅器族氏銘文研究》，濟南：齊魯書社 2009 年版，頁 153。
⑨ 中國社會科學院考古研究所：《殷墟青銅器》，北京：文物出版社 1985 年版，圖 62.1。
⑩ 中國社會科學院考古研究所：《滕州前掌大墓地》，北京：文物出版社 2005 年版。

顯然，"㕚"字出現頻率最高。在甲骨卜辭中㕚字較爲常見，如：

1.《合集》264 反：㕚。
2.《合集》9453：……乞自〔橐〕……㕚。
3.《英藏》1179（即《合集》39873）：小叔……㕚。
4.《合集》11546：癸酉卜，㕚貞：旬亡𡆥。十二月。三
5.《合集》16582：壬辰卜，㕚貞：今夕亡𡆥。一
6.《合集》16583：□未卜，㕚〔貞〕：今夕〔亡〕𡆥。
7.《合集》16677：癸未卜，㕚貞：旬亡𡆥。五月。三
8.《合集》16695：癸卯卜，㕚貞：旬亡𡆥。六月。
9.《合集》16702：癸酉卜，㕚貞：旬亡𡆥。七月。
10.《合集》16850（即《東大》72）：〔癸〕巳卜，㕚貞：旬亡𡆥。
11.《合集》16907：癸亥卜，㕚貞：旬亡𡆥。一
12.《東大》71：癸巳卜，㕚貞：旬亡𡆥。一月
13.《天理》246：己亥卜，㕚貞……二

"㕚"被一些學者認爲是武丁時貞人集團中的一員①，或被認爲屬賓組卜人②。B組銘文分別在兩座墓葬中都有。而M103屬殷墟文化二期、M94屬殷墟文化三期，據此把㕚字理解爲姓較爲合適，不太可能是㕚的私名，應是殷墟時期的複合氏名。同理，C組銘文"㣆㕚"也有可能是複合氏名。而D組銘文銅爵很有可能是通過某種手段得到的，並不能據此說明該墓地家族成員的主要訊息。

綜合分析，M103、M94墓主身份與甲骨卜辭中所見的貞人極有可能是對應的。也就是說，這兩位墓主極有可能是當時㕚姓家族的成員。那麼，從墓葬的其他信息中，能否進一步說明他們有可能就是貞人呢？

三

在兩墓中，有些隨葬器物可能與卜骨整治、文字契刻及筮卦有關。

---

① 董作賓：《甲骨文斷代研究例》，見《董作賓先生全集》甲編第二冊，臺北：藝文印書館1977年版。
② 陳夢家：《殷虛卜辭綜述》，北京：中華書局1988年版。

M103 出土兩件玉刻刀，均爲動物造型。類似的玉刻刀在殷墟墓葬中也較爲常見。

M94 中出土 1 把銅刻刀。此種形制的銅刀，在殷墟雖然有出土，但不是很多。如殷墟西區 M112、M283 各出 1 把①。其形制與現代篆刻刀具相似。柄部甚至安裝有木柄以便於把握。曾有學者指出，這兩類刻刀可能是甲骨文字契刻的主要工具②。

二墓均出土磨石，細砂岩。磨石是打磨用具。一般認爲其與鑄銅、製玉相關，用於打磨加工器物。2002、2006 年，考古工作者在殷墟苗圃北地以東的鐵三路製骨作坊區内清理數座墓葬，出土有磨石。特别是一座"中"字形帶墓道大墓内也出土數塊磨石。這些墓葬墓主可能是制骨工匠。隨葬磨石説明磨石也可以用於打磨骨器。殷墟發掘出土的卜甲都經仔細修整，磨石應是其中的重要工具之一。

M94 出土 35 塊小石子值得重視。石子自新石器時代就曾被用作卜筮工具，與龜甲同出。殷墟常有隨葬幾塊至幾十塊小石子的墓葬，如殷墟西區 M93、M13、M267、M217、M856 五座墓葬中隨葬有小石子，數量從 1 至 28 塊不等③；在郭家莊 M50、M53、M97、M118、M176、M189、M218 共 7 座墓葬中隨葬有小石子，數量從 1 至 38 塊不等④，發掘者亦把石子顔色分爲數種，其中 M50、M53 石子顔色亦是四種。此外，在殷墟戚家莊東的一座墓葬内，也隨葬石子 38 塊，分爲 4 色⑤。如此多利用不同顔色的小石子隨葬現象，應該引起學術界的重視。考古所見最早案例當屬舞陽賈湖遺址，且與龜甲共出⑥。此後，在大汶口遺址⑦、江蘇邳縣劉林遺址⑧、安徽含山淩家灘遺址等都發現有類似現象。許多

---

① 中國社會科學院考古研究所安陽工作隊：《1969—1977 年殷墟西區墓葬發掘報告》，《考古學報》1979 年第 1 期。
② 艾蘭：《早期中國歷史、思想和文化》，北京：商務印書館 2011 年版。
③ 中國社會科學院考古研究所安陽工作隊：《1969—1977 年殷墟西區墓葬發掘報告》，《考古學報》1979 年第 1 期。
④ 中國社會科學院考古研究所：《安陽殷墟郭家莊商代墓葬》，北京：中國大百科全書出版社 1998 年版。
⑤ 孟憲武：《商代筮卦的幾組文物》，見《安陽殷墟考古研究》，鄭州：中州古籍出版社 2003 年版。
⑥ 河南省文物考古研究所：《舞陽賈湖》，北京：科學出版社 1999 年版。
⑦ 山東省文管處、濟南市博物館：《大汶口》，北京：文物出版社 1974 年版。
⑧ 尹焕章、袁穎、紀仲慶：《江蘇邳縣劉林新石器時代遺址第二次發掘》，《考古學報》1965 年第 2 期。

學者認爲這些龜甲爲卜卦器具①，而伴出的小石子則被認爲"把龜靈之象的崇拜與數占集於一體，可能已有了象數思維的萌芽"②。筆者贊成這些提法，認爲殷墟出土的這些小石子應與筮卦有關。

在 M103 殉人 H 頭頸下部出土的近百根骨笄組成扇面形，石璋如先生曾稱其爲"雀屏冠飾"③。雖然殷墟製骨作坊的主要產品是骨笄，但殷墟大量出土笄的墓葬或殉葬坑並不多見。在王陵區 M1550：49 殉葬坑内，殉葬者"頭頂上有骨笄一叢，約八、九排，上張下斂，插成孔雀尾式，全形頗似後代婚嫁時新婦所戴之鳳冠。骨笄爲數甚多，總在六七十枝以上"④。小屯 M18"在墓主人頭前的棺外有排列比較整齊，相互疊壓的骨笄二五件，玉笄二件，骨笄繞墓主頭前呈橢圓形，……顯然是帽冠……推測這些骨笄與玉笄都是插在冠上的"⑤。另外在殷墟婦好墓填土中集中出土骨笄 499 件，在棺内出土玉笄 28 件⑥。殉人 H 頭頸部位的大量骨笄可能與上述發現相同，應是當時特有的冠飾。

此外，M94 出土 1 件帶榫玉飾件（M94：65），極有可能是權杖裝飾物。

"雀屏冠飾"與帶榫玉飾件雖然與貞人身份無直接的關聯，但也是一項有力的旁證。

筆者認爲，綜合以上各項指標，認定兩座墓墓主的身份是當時的貞人是合適的。

四

殷墟時期，墓葬隨葬品（特別是青銅禮器及觚、爵套數）多寡、墓室面

---

① 俞偉超：《含山淩家灘玉器和考古學中研究精神領域的問題》，《文物研究》第五輯，合肥：黃山書社 1989 年版。張忠培：《窺探淩家灘墓地》，《文物》2000 年第 9 期。王樹明：《大汶口文化墓葬中龜甲用途的推測》，《中原文物》1991 年第 2 期。范方芳、張居中：《中國史前龜文化研究綜論》，《華夏考古》2008 年第 2 期。
② 宋會群、張居中：《龜象與數卜——從賈湖遺址的"龜腹石子"論象數思維的源流》，見《大易集述——第三屆海峽兩岸周易學術研討會論文集》，成都：巴蜀書社 1998 年版。
③ 石璋如：《殷代頭飾舉例》，《"中研院"歷史語言研究所集刊》第 28 本下，1957 年，頁 634。
④ 梁思永、高去尋：《侯家莊第八本·1550 號大墓》，臺北："中研院"歷史語言研究所 1976 年版，頁 15。
⑤ 中國社會科學院考古研究所安陽工作隊：《安陽小屯村北的兩座殷代墓》，《考古學報》1981 年第 4 期。
⑥ 中國社會科學院考古研究所：《殷墟婦好墓》，北京：文物出版社 1980 年版。

積大小①、有無墓道、殉人多少等指標是判斷墓主人身份、等級的重要指標。

兩座貞人墓葬的年代不同。那麼從墓葬的形制、規模、隨葬品、殉人殉牲等多個方面，能否通過橫向（即同一時期）的比較，進一步說明兩位不同時期同一家族的貞人的社會地位如何呢？或者縱向（即不同時期）的比較，反映出整個貞人集團在當時統治階級中的地位變化呢？

M103：面積約 5.4 平方米。共有殉人 9 個。青銅禮器共 9 件，分別為觚 2、爵 2、圓鼎 2、壺 1、簋 1、罍 1。

同屬殷墟二期的墓葬如下：

大司空 M663②：面積 6.6 平方米。殉人 4 個。青銅禮器 9 件，分別為觚 2、爵 2、鼎 2、簋 1、彝 1、瓿 1；另有銅鐃 3。

大司空 M539③：面積 5.97 平方米，殉人 1 個。青銅禮器 12 件，觚 2、爵 2、鼎 1、斝 1、簋 1、罍 1、觶 1、卣 1、罍 1、盤 1；

57 薛家莊 M8④：面積 6.9 平方米。無殉人。青銅禮器 12 件，觚 2、爵 2、鼎 2、簋 1、斝 1、觶 1、壺 1、卣 1、斗 1。另有銅鐃 3；

郭家莊東地 26 號墓⑤：面積 7.8 平方米。殉人 2 個。青銅禮器 12 件，觚 2、爵 2、鼎 2、斝 1、簋 1、彝 1、鍑形器 1、箕形器 1；另有銅鐃 3。

58 殷墟大司空 M51⑥：面積 4.25 平方米。無殉人。青銅禮器 11 件，觚 2、爵 2、鼎 2、卣 2、簋 1、尊 1、罍 1；另有銅鐃 3。

86 大司空 M29⑦：面積 2.76 平方米。無殉人。青銅禮器 5 件，觚 2、爵 2、鼎 1。

通過與上述六座同期未被盜掘的墓葬相比，可以看出，除 86 大司空 M29 面積較小外，其他面積在 4—8 平方米之間。M103 的面積相對來說略小。從青銅禮

---

① 楊錫璋、楊寶成：《殷代青銅禮器的分期與組合》，見中國社會科學院考古研究所編著：《殷墟青銅器》，北京：文物出版社，1985 年版。
② 中國社會科學院考古研究所安陽工作隊：《安陽大司空村東南的一座殷墓》，《考古》1988 年第 10 期。
③ 中國社會科學院考古研究所：《殷墟青銅器》，北京：文物出版社 1985 年版，頁 86 表四。
④ 趙霞光：《安陽市西郊的殷代文化遺址》，《文物參考資料》1958 年第 12 期。
⑤ 中國社會科學院考古研究所安陽工作隊：《河南安陽市郭家莊東南 26 號墓》，《考古》1998 年第 10 期。
⑥ 中國社會科學院考古研究所：《殷墟青銅器》，北京：文物出版社 1985 年版，頁 88 表五。
⑦ 中國社會科學院考古研究所安陽工作隊：《1986 年安陽大司空村南地的兩座殷墓》，《考古》1989 年第 7 期。

器的數量來看，基本上爲 9—12 件，有些另有一套編鐃。其組合方式也比較固定，即觚、爵、鼎各 2 件，另外再加其他種類的器物。從這個角度來看，M103 與同時期同等級的墓葬有較大的相似性。

但 M103 有一個突出的特徵，即有殉人 9 個。有學者認爲，殷墟"早期墓殉葬人多，後期墓殉葬人少"[1]。即便如此，與同時同等級的墓葬相比，9 個殉人還是顯得尤爲突出。同屬殷墟二期的婦好墓[2]殉人 16 個，花園莊東地 M54[3] 殉人 15 個。但這兩座墓的等級遠高於 M103。

M103 這種超規格使用殉人的葬法，可能與其墓主爲甲骨貞人的身份有一定的關聯。

楊錫璋等先生認爲"隨葬三套和兩套觚、爵的墓，都有稍大的墓室和棺槨、較多的銅器和殉葬人，這些墓的墓主估計是殷代社會中的中等貴族"[4]。如此的話，M103 貞人至少也相當於這個等級。

M94："甲"字型墓，東部有小型墓道，平面呈梯形，長 4.1 米。墓室底部面積 10.5 平方米。殉人 2 個。青銅禮器 5 件：觚 1、爵 1、鼎 1、尊 1、斗 1。

目前，M94 是未被盜掘的唯一一座帶墓道的墓葬。同屬殷墟三期、未被盜掘且隨葬一套銅觚爵的墓葬較多，在此不一一列舉，僅舉三例：

82 殷墟西區 M875[5]：面積 5.44 平方米，殉人 2 個。青銅禮器 7 件：觚、爵、鼎、簋、斝、卣、斗各 1 件；

63 苗圃北地 M172[6]：面積 4.28 平方米，無殉人。青銅禮器 5 件：觚、爵、鼎、簋、卣各 1 件；

82 苗圃北地 M54[7]：面積 2.57 平方米，無殉人。青銅禮器 4 件：觚、爵、

---

[1] 楊錫璋、楊寶成：《殷代青銅禮器的分期與組合》，見中國社會科學院考古研究所編著：《殷墟青銅器》，北京：文物出版社 1985 年版，頁 98。

[2] 中國社會科學院考古研究所：《殷墟婦好墓》，北京：文物出版社 1980 年版。

[3] 中國社會科學院考古研究所：《安陽殷墟花園莊東地商代墓葬》，北京：科學出版社 2007 年版。

[4] 楊錫璋、楊寶成：《殷代青銅禮器的分期與組合》，見中國社會科學院考古研究所編著：《殷墟青銅器》，北京：文物出版社 1985 年版，頁 99。

[5] 楊錫璋、楊寶成：《殷代青銅禮器的分期與組合》，見中國社會科學院考古研究所編著：《殷墟青銅器》，北京：文物出版社 1985 年版，頁 450—451。

[6] 楊錫璋、楊寶成：《殷代青銅禮器的分期與組合》，見中國社會科學院考古研究所編著：《殷墟青銅器》，北京：文物出版社 1985 年版，頁 450。

[7] 中國社會科學院考古研究所安陽工作隊：《1980—1982 年安陽苗圃北地遺址發掘簡報》，《考古》1986 年第 2 期。

鼎、簋各 1 件。

而同屬三期，墓室面積大於 6 平方米的墓葬殷墟也有發現，如：

84 戚家莊 M269①：面積 6.46 平方米，無殉人。青銅禮器 19 件：觚 3、爵 2、鼎 4、甗 1、簋 1、彝 1、斝 1、觶 1、尊 2、卣 1、罍 1、斗 1。另有銅鐃 3 件。

90 郭家莊 M160②：面積 13.05 平方米，殉人 4 個。青銅禮器 40 件：觚 10、角 10、鼎 6、甗 1、簋 1、斝 3、觶 1、尊 3、卣 1、罍 1、盉 1、盤 1、斗 1。另有銅鐃 3 件。

從墓室面積分析，M94 處於上述兩座墓葬之間。但隨葬的青銅禮器數量遠不及它們。雖然影響青銅禮器多寡的因素很多，但墓室面積達 10.5 平方米，且帶一條墓道（有學者認爲，墓道的有無、多少也是墓主身份的體現）的 M94，僅有 5 件青銅禮器，這種反差就顯得十分突出。

如果與 M103 相比較，即使考慮到時代不同這樣的因素，仍然可以看到：M103 與同時期同等級的墓葬相比，地位相對偏高；而 M94 與同時期同等級墓葬相比，地位嚴重下降。也許 M94 的形制（面積和墓道）與墓主自身的地位仍有一定的聯繫，但更能反映墓主身份的青銅禮器數量急劇下降。形成如此巨大反差的原因有兩種：

其一，整個貞人集團地位，隨着時代的不同而有所下降。

殷墟時期，王權與神權是重要的治理國家的手段，二者"不僅有……相適應的一方，還有矛盾以至鬥爭的一面。從整體上看，殷代的王權是由弱變強的，與之相反，神權則由強而弱地衰退下去"③。這裏談到的神權，其體現者就是貞人。他們與神靈溝通，可以宣告神命，在當時的政治生活中起到至關重要的作用。

晁福林先生認爲，"如果把武丁至廩辛作爲殷的前期，康丁至帝辛作爲後期，就會發現前後期貞人政治地位的顯著不同"，並列舉了數條令人信服的證據④。陳夢家先生也指出，現存的甲骨卜辭中可以統計的貞人共有 120 位，其中屬武丁時期的有 73 人，祖庚、祖甲時期 22 人，廩辛、康丁時期 18 人，武乙時期

---

① 安陽市文物工作隊：《殷墟戚家莊東 269 號墓》，《考古學報》1991 年第 3 期。
② 中國社會科學院考古研究所：《安陽殷墟郭家莊商代墓葬》（1982—1992 年考古發掘報告），北京：中國大百科全書出版社 1998 年版。
③④ 晁福林：《試論殷代的王權與神權》，《中國社會科學戰線》1984 年第 4 期。

1人，帝乙、帝辛時期6人①。依據上述觀點，顯然M103屬於前期，即貞人集團鼎盛時期，而M94大體屬於晚期，即貞人集團勢力開始衰落時期。

神權勢力的衰退，王權勢力的增强，可能正是導致M103與M94墓主社會地位截然相反的重要原因。

其二，是吕貞人家族勢力日漸衰微。

當然，還存在著另一種情況，即該貞人家族勢力在整個貞人集團內地位的降低，這同樣可以導致M94墓主身份與地位的下降。

陳夢家先生認爲吕屬武丁時期賓組貞人。與同期其他著名貞人相比，甲骨卜辭中由吕貞占卜的辭例並不算多，十分簡略。從占卜内容分析，似乎也不及其他貞人重要。也可能與其當時在貞人集團中的地位有一定的關係。

武丁以後，吕幾乎不見於卜辭之中。是不是整個家族喪失了貞人的地位，也無從知曉。於此不能妄加臆斷。

筆者認爲，兩座墓表現出的不同特徵，或許與上述兩種原因都有或多或少的關聯。整個大的背景的變遷，導致了貞人集團地位的下降，其個人或家族肯定會受到株連。加之家族本身勢力的減弱，更會加劇其地位的降低。

原載《甲骨文與殷商史》新3輯，上海古籍出版社，2013年。

---

① 陳夢家：《殷虛卜辭綜述》，北京：中華書局1988年版。

王子楊

甲骨文舊釋"凡"之字絕大多數當釋爲"同"
——兼談"凡"、"同"之别

一 從"肩凡有疾"談起

賓組和自組卜辭經常見到"肩凡有疾"一語，可以省去"有疾"而只作"肩凡"，也有少數作"肩凡疾"。蔡哲茂先生在《殷卜辭"肩凡有疾"解》一文中按照不同搭配形式分類列舉卜辭辭例①，非常全面，可以參看（以下引出蔡先生的觀點皆出此文，簡稱"蔡文"）。

學界對成語"肩凡有疾"的說解甚爲紛紜。②蔡文將各種說法進行詳細匯總，據蔡先生統計，大致有十六種之多。由於蔡文梳理條理清晰，對瞭解學者針對"肩凡有疾"提出哪些看法很有幫助。本文爲了避免枝蔓，不打算逐一引出，詳細情況請參蔡文。就當前的研究水平看，把"肩凡有疾"跟"克興有疾"聯繫起來，認爲"凡"是"興"的省簡，是正確的。倪德衛（David S. Nivison）③、裘錫圭④、蔡哲

---

① 蔡哲茂：《殷卜辭"肩凡有疾"解》，收入《第十六屆中國文字學國際學術研討會論文集》，臺灣高雄師範大學，2005年；後來正式發表於《屈萬里先生百歲誕辰國際學術研討會論文集》，第389—431頁。
② 于省吾主編、姚孝遂按語編纂：《甲骨文字詁林》，中華書局，1996年，第2843—2850頁。
③ 最早把"肩凡有疾"跟"肩同有疾"聯繫起來的是倪德衛先生，他認爲"凡"應該讀爲"興"，參看《説"卂凡有疾"》篇後追記。
④ 裘錫圭先生起初認爲"肩凡有疾"爲"肩同有疾"，就是能分擔王疾的意思（參看《説"卂凡有疾"》，載《故宮博物院院刊》2000年第1期）。後來很快放棄該説，認爲"興"可以省去上部雙手，也可以全部省去只作"凡"，"凡"是"興"的省體。"肩凡有疾"應該讀爲"肩興有疾"。裘先生後來的意見轉引自沈培先生《殷墟花園莊東地甲骨"皀"字用爲"登"證説》，載《中國文字學報》第一輯，商務印書館，2006年，第52頁。

茂①三位先生都有過相關論述，雖然講解或有不同，但都得出"凡"當爲"興"字省體的結論。蔡文講解最爲全面、清楚，他指出"凡"爲"興"之省體，意義是"起"，"肩凡有疾"的意義是"克興有疾"，也就是說疾病狀況有起色，即病情好轉。蔡文又引出如下書證來證明：

> 《論語·衛靈公》："在陳絶糧，從者病，莫能興。"何晏集解云："興，起也"，也就是本文"肩興有疾"中"興"字所代表的意思。興字在古書中有起的意思，如《尚書·顧命》有"今天降疾，殆弗興弗悟。"所以"起疾"也可作"起病"。《史記·春申君列傳》有"今楚王恐不起疾，秦不如歸其太子，太子得立，其事秦必重而德相國無窮，是親與國而得儲萬乘也。"（原注：瀧川龜太郎：《史記會注考證》，臺北：宏業書局，1977年10月再版，卷七十八春申君列傳第十八，頁944。）《管子·戒》有"管仲寢疾，桓公往問之，曰：'仲父之疾甚矣，若不可諱也。不幸而不起疾，彼政我將安移之。'"張家山漢墓竹簡283號："賜衣者六丈四尺……二千石吏不起病者，賜衣襦、棺及官衣常（裳）。"（原注：《論語·衛靈公》、《管子·戒》及張家山漢墓竹簡三段資料，裘錫圭於2005年5月28—30日在 The University of Chicago International House 舉辦的 CHINESE PALEOGRAPHY 中發表的《五十年以來古文字學的反思》演講稿中已引用。）以上"不起疾"或"不起病"的用法猶如現在口語上"一病不起"、"大病不起"的用法，是表示疾病不會好，患病者可能會死亡，與甲骨文"肩興有疾"的用法表示病情能夠好轉是不同的。②

以上蔡文已經把卜辭"肩凡有疾"的問題基本解決了。《逸周書·祭公》"嗚呼，三公！予維不起朕疾"。"起"用法也跟卜辭的"興"相同。可見，"肩凡有疾"之"凡"確實當是"興"的省體。這裏還可以補充一些有力證據：李延彦先生將《合》18919與《合補》5854綴合③，綴合後復原一條極爲重要的卜辭"貞：弗其肩興有疾"。"肩興有疾"與卜辭習見的"肩凡有疾"完全對應，這證明"凡"爲

---

① 蔡哲茂：《殷卜辭"肩凡有疾"解》，《第十六屆中國文字學國際學術研討會論文集》，臺灣高雄師範大學，2005年；後來正式發表於《屈萬里先生百歲誕辰國際學術研討會論文集》，第389—431頁。
② 蔡哲茂：《殷卜辭"肩凡有疾"解》，《第十六屆中國文字學國際學術研討會論文集》，高雄師範大學，2005年；後來正式發表於《屈萬里先生百歲誕辰國際學術研討會論文集》，第389—431頁。
③ 李延彦：《龜腹甲新綴第57則》，中國社會科學院歷史研究所先秦史研究室網站，http://www.xianqin.org/blog/archives/2230.html，2010年12月27日。

"興"之簡省無可懷疑。另外，我們後面將要討論過去釋爲"凡"的字有些應該讀爲"興"時，還可以舉出所謂的"凡"與"興"字共同表示一個詞的例子，這些例子都可以進一步證明"興"確實可以省簡爲所謂的"凡"字。

下面我們把卜辭"肩凡有疾"之"凡"的形體擇清晰者羅列如下：

H 合 223　H 合 3175 正、H 合 709 正　H 合 709 反、H 合 811 正

、H 合 1578、H 合 5314　H 合 5839　H 合 8626　H 合 9650　H 合 13865　H 合 13866　H 合 13867　H 合 13868 +、H 合 13869　H 合 13870　H 合 13871　H 合 13872、H 合 13874　H 合 13875、H 合 13876 + 13877（蔡哲茂先生綴合）　H 合 13878　H 合 13880、H 合 13881 甲乙 + 合 2393（醉古集 250）

H 合 13883　H 合 13884　H 合 13885 正　H 合 13886 +　H 合 13887　H 合 13888　H 合 13889　H 合 13890　H 合 13892　H 合 13893　H 合 13898　H 合 13899、H 合 13900 反　H 合 13901　H 合 13902　H 合 13903　H 合 13906　H 合 13907　H 合 13908　H 合 13909　H 合 13910、H 合 13912　H 合 13913　H 合 13914　H 合 13919　H 合 13922　H 合 13923　H 合 21035　H 合 21052　H 合 21053 + H 合 21054

H 合 4951　H 合 21050　H 合 22219

我們之所以不厭其煩地把"肩凡＊有疾"（或作肩凡＊）之"凡＊"字形體羅列出來，就是想引起大家注意"凡＊"字寫法上的特點。所謂的"凡＊"字形體特點特別值得注意的是，兩個豎筆筆勢對稱。如果豎筆筆直，則兩側豎筆都筆直；如果豎筆作微向外側屈曲，則兩側豎筆都作如此彎曲，幾乎沒有例外。武丁早中期如𠂤組、午組卜辭以及賓組早期卜辭所謂的"凡＊"字兩個豎筆筆直，到了賓組中晚期，特別是賓組三類卜辭，兩個豎筆多作外向彎曲。

這個特點在以所謂的"凡＊"爲偏旁的"興"字形體也體現得比較充分，請看：

A. 𓎸 合 270 正　𓎸、𓎸、𓎸 合 6530 正 + 𓎸 合 6531　𓎸 合 7426 正（以上用

於"興方"之"興") [字形] 合 13754（克～有疾） [字形] 合 18919 +（弗其肩～有疾）[字形] 合 19907 [字形] 合 20236（𠂤組肥筆）[字形]、[字形]、[字形] 合 22044（午組）[字形] 合 339 [字形] 合 5645 [字形] 合 7198 [字形] 合 16080 [字形] 合 16082 [字形] 合 16083 [字形] 合 21746 [字形] 合 31066 [字形] 合 34083 + [字形] 合 34428 [字形] 屯 4066 [字形] 花東 28 [字形] 花東 39 [字形] 花東 53 [字形] 花東 113 [字形] 花東 181 [字形] 花東 409（以上花東子卜辭用爲"子興"之"興") [字形] 花東 236

B. [字形] 合 27365 [字形] 合 28000 [字形] 合 31780 [字形] 合 35234 [字形] 屯 218 [字形] 屯 3752

C. [字形] 合 19874 [字形] 合 21056① 、[字形] 合 7076 正（丙 621 全）② [字形] 花東 149

　　觀察上述"興"字形體，A、C 除去四個手形（或兩手）後的形體大抵作"片"或"𠙵"之形，與"肩凡＊有疾"之"凡＊"完全一致，這也説明"凡＊"確是"興"之省簡。B 類除去四個手形就是後世的"同"字。商周金文的"興"字跟甲骨文的情況一致，請參看《金文編》（四版）0420 號"興"字頭，這裏就不羅列字形了。

　　我們注意到，時代較早的𠂤組肥筆類、午組卜辭、賓組一類卜辭一般看不到从"口"的"興"字，歷組二類、無名組卜辭从"口"的"興"字才多起來。這説明从"口"的"興"字形體要比不从"口"的"興"字晚出。據此，"興"所從之"同"實際上是在"片"或"𠙵"上添加"口"旁而來。"古文字裏，同一個字往往有加'口'和不加'口'兩種寫法。"③這是大家都熟悉的。所以孫詒讓懷疑"片"（過去釋爲"凡"）是"同"之省文（《詁林》2843 頁）。唐蘭先生、裘錫圭先生釋"肩凡有疾"之"凡＊"爲"同"也是基於這樣的考慮。④基於卜辭所見的"桐"字作"[字形]"而周代金文作"[字形]"以及後面還要舉證的大量事實看，將"肩凡有疾"之"凡＊"釋爲"同"確實有道理。這就涉及到甲骨文過去釋爲

---

① 《合》21056（《京人》444 清晰）此字與"肩"連用，顯然是卜辭習見的"肩興有疾"的省略。據此，此形也是"興"字的簡體。
② 這個形體當爲"興"字簡體，過去釋爲"受"，誤。請看黃天樹：《黃天樹古文字論集》，學苑出版社，2006 年，第 135 頁。又，金美京：《西周金文軍禮初步研究》"附錄五・釋興"，北京大學博士研究生學位論文（指導教師：李家浩教授），2009 年。
③ 裘錫圭：《説"𠙵凡有疾"》，《故宮博物院院刊》2000 年第 1 期，第 4 頁。
④ 唐蘭：《天壤閣甲骨文存考釋》，輔仁大學，1939 年，第 9 頁。

"凡"的字與"同"、"興"的關係問題。我們初步認爲,甲骨金文中過去所謂的"凡*"不僅僅在"肩凡*有疾"一語中是"興"之簡省,當釋爲"同",甲骨卜辭絕大多數的"凡*"都是"同"字,或爲"興"之簡省。所以,前面指出的"凡*"字形體特點,實際上是"同"的書寫特徵,非常重要,這是我們辨認甲骨卜辭以及金文中的"同"字的根本依據。"同"字形體與確切無疑的"凡"字有差異,詳後。在下面一節中,我們按照"同"字特徵一一辨析過去所謂的"凡*"字,把它們全部改釋爲"同",並一一指出其具體用法。

二 甲骨卜辭其他舊釋爲"凡"之字絕大多數要讀爲"興"釋例

通過上面一節對"肩凡*有疾"之"凡*"乃"興"之簡省的確認,以及對卜辭中"凡*"與"興"各自形體的考察,"肩凡*有疾"之"凡*"一定是"興"的簡省,這些"凡*"字都要讀爲"興",這個結論是没有任何問題的。金美京先生在這個結論的啓示下,將甲骨文所見到所有的"凡*"全部釋爲"興"字省體。①金先生的意見很有啓發性。我們認爲除了"肩凡*有疾"之"凡*"是"興"的簡省以外,還有部份舊釋爲"凡*"的形體是"興"的簡省,也要讀爲"興",但不同意金先生把所有的"凡*"全部釋爲"興"的意見。下面就對"肩凡*有疾"以外的"凡*"(其實爲"同",下面再出現時用"凡*"代替,表示依照過去習慣隸寫,其實非"凡*")作一番考察。

首先看一個人名。

(1) 乙丑卜,殼,貞:酚子凡*(興)于祖丁五宰。

乙丑卜,殼,貞:先酚子凡*(興)父乙三宰。

貞:先酚子凡*(興)父乙三宰。

醉古集51組(合3216正+乙補3672)[賓一]

花東子卜辭常見人名"子興",如《花東》28、39、53、113、181、183、236、409等。其中《花東》28、39兩版辭云:

---

① 金美京:《西周金文軍禮初步研究》"附録五·釋興",北京大學博士研究生學位論文(指導教師:李家浩教授),2009年,第298—324頁。

(2) 戊卜：六（今）①其酚子興匕（妣）庚，告于丁。用。
　　戊卜：哉（待），弜酚子興匕（妣）庚。　　　　　　　　　　　　花東 28
(3) 己卜：其酚子興匕（妣）庚。　　　　　　　　　　　　　　　　花東 39

不難看出，賓組卜辭的"子凡＊"跟花東子卜辭的"子興"可能是同一個人。"子凡＊"之"凡＊"顯然是"興"之簡省，情況跟"肩凡＊有疾"之"凡＊"相同。金美京先生也把《合》3216＋《乙補》3672（即《醉古集》51 組）的"凡＊"看作"興"字省體，但又把此"凡＊"以及花東子卜辭的"子興"之"興"全部看作祭祀動詞②，則是不妥的。

下面幾組是跟祭祀有關的卜辭：

(4) □□卜，王，貞：□凡＊（興）小王。　　合 5030（20021 重片）[自組小字]
(5) 虜惠卯各（格）于祼用，王受又。
　　于入自祼用，王受又。
　　其凡＊（興）于祖丁舌，王受又。
　　□凡＊（興）□　　　　　　　　　　　　　　合 26980＋27281③[無名組]
(6) 己未卜：西子凡＊（興）酚。　　　　　　　　　　合 22294[婦女]
(7) □□卜，狄，貞：□裌，凡＊（興）中己□小宰，王受又。合 27391[何二]
(8) □申惠媚□凡＊（興）兄丁。　　　　　　　　　　　合 2897[自賓間]
(9) 惠新主凡＊（興）。
　　丙辰卜：凡＊（興），又正。
　　　合 22124＋22212＋22309＋乙補 3399＋乙補 3400＋乙補 6106＋合 22091 甲乙＋
　　　　22410＋合補 5638＋合 22418＋乙 8557（蔣玉斌先生綴合）[午組]
(10) 貞：翌□凡＊（興），弓（勿）□自祖□　　　合補 3985[典賓]
(11) 丁丑卜，□：翌甲申□牽，凡＊（興）□于□　合 14871[賓出類]
(12) 丁酉卜：日白禹凡＊（興）匕（妣），其眉。
　　　　　　　　　　　　　　　　　　　　　　合 3421（合 3420 同文）[自賓間]

---

① 沈培先生指出"六"當爲"今"字之誤刻。參看姚萱：《殷墟花園莊東地甲骨卜辭的初步研究》，綫裝書局，2006 年，第 238 頁。

② 金美京：《西周金文軍禮初步研究》"附錄五·釋興"，北京大學博士研究生學位論文（指導教師：李家浩教授），2009 年，第 307—308 頁。

③ 莫伯峰先生綴合，參見《新拼合無名組甲骨卜辭五則》之第 2 組，中國社會科學院歷史研究所先秦史研究室網站，http://www.xianqin.org/blog/archives/1848.html，2010 年 1 月 26 日。後收入《甲骨拼合集》第 244 則，學苑出版社，2010 年。

以上舉出的 9 組卜辭中的"凡＊"可能都是"興"之簡省，皆讀爲"興"。
（4）辭"凡＊小王"、（5）辭"凡＊于祖丁"、（6）辭"西子凡＊酚"、（7）辭"凡＊中己"、（8）辭"凡＊兄丁"、（9）辭"惠新主凡＊"等等，跟下面引出的"興"的用法完全相同，可能表示同一個祭祀動詞。請看：

（13）辛亥卜：興司戊。

辛亥卜：興祖庚。

辛亥卜：興。一 二 三

辛亥卜：興子庚。一 二 三

辛亥卜：興司戊。一 二 三

辛亥卜：興祖庚。一 二 三　　　　　　　　　　　合 22044 [午組]

（14）乙亥卜，夨：用巫？今興母庚。允史。　　　　合 19907 [自組肥筆]

（15）□□卜，☑酚燎☑興兄☑祖戊☑用。　　　　合 19874 [自組小字]

通過"凡＊＋受祭對象"跟"興＋受祭對象"搭配的對比，可以知道，這些"凡＊"可能都是"興"之省簡，用爲祭祀動詞。下面的"凡＊"後面接犧牲，也可能讀爲"興"。如：

（16）貞：我□凡＊（興）牛、束羊、束豕、束。　　合 7773 [賓組]

（17）凡＊（興）牛入商。　　　　合 22274＋五片碎甲① [自組肥筆類]

（18）[□□卜]，殼貞：凡＊（興）羊☑　　　　　合 19717 [賓組]

（19）☑凡＊。允凡＊（興）四羊。　　　　　　　　合 11185 [自組]

過去多從于省吾先生破讀"凡＊"爲"判"，現在看來證據並不充分。從卜辭"興"多省簡爲"凡＊"來看，不如把"凡＊"看作"興"的簡體來得直接。我們知道，甲骨卜辭中的祭祀動詞後面既可以接受祭對象，也常常接祭祀所用犧牲。"興"用爲祭祀動詞也是這樣。

所謂的"凡＊"還經常用於跟軍事有關的卜辭中。先把有代表性的卜辭隸寫如下：

（20a）[辛丑卜]，爭，貞：日舌方凡＊（興），皇？于土，[其]敦𠙴。允其敦。

四月。

---

① 蔡哲茂：《甲骨新綴二十七則》第十八組，《中國文化研究所學報》2006 年第 46 期，第 9—10 頁。

(20b) ☐貞：舌方出，王自鄉（向），受虫（有）又（祐）。五月。

英543（合6354正、6355、6356同文）［典賓］

(21) ［☐☐卜］，貞：麋告曰："方由今春凡＊（興）。"受虫（有）又（祐）。

合4596（綴集126組同文）［典賓］

(22) 乙酉卜，爭貞：麋告曰："方由今春凡＊（興）。"受虫（有）又（祐）。

合4597（合4598、上博67761.4同文）［典賓］

(23a) 貞：惠舌方╳伐，╳。

(23b) 弓（勿）呼王族凡＊（興）于疫。　　　　　　　　　　　合6343［曲賓］

(24) 戊戌卜：方其凡＊（興）。　　　　　　　　　　　　　　合8662［自賓間］

(25) 丙寅卜，爭，貞：舌凡＊（興）╳眔☐　合6813（17466＋同文）［賓三］

(26) 癸亥卜：雀其凡＊（興）唯戎，其☐　　　　　　　　　合4727［自賓間］

(27) 癸丑卜，圥：凡＊（興）伐。三月。　　　　　　合19794［自組小字類］

(28) ☐凡＊（興）戎☐南。　　　　　　　　　　　　　　　　合18709正

關於軍事卜辭中的"凡＊"，過去有很多講法。孫詒讓釋"同"，認爲是會同之義。饒宗頤先生則認爲是"福同"之義（以上俱見《詁林》，第2843—2846頁）。這些講法於辭意不合，少有人信從，不論。學界多採信于省吾先生釋"凡＊"讀"犯"的意見。于先生徵引(21)、(22)、(24)三辭，然後説：

> 以上三條的凡字均應讀作侵犯之犯。典籍中从凡與从巳之字往往通用。例如：《詩・文王有聲》鄭箋的"豐水亦氾濫爲害"，釋文"氾字亦作汜"；《禮記・王制》的"氾與眾共之"，釋文"氾本又作汜"；《周禮・大馭》的"祭軓"，杜子春注"軓當爲軌"，是其證。古文字中的犯字始見于詛楚文的"倍盟犯詛"。前引第一、第二兩條的"方由今春凡"，是説某方從今春起要來侵犯。下句的"受虫又"即受有祐，是説收到神靈的保佑，不會有什麽患害。第三條的"方其凡"，是説某方該來侵犯。總之，不僅讀凡爲犯，在文字的音義上無有不符；同時也説明了早期古文字以凡爲犯，犯乃後起字。①

于説有理有據，文意也很通暢，所以學者多信從，其實這個意見是有問題的。從文字學角度看，讀"凡＊"爲"犯"不如把"凡＊"看成"興"之省簡更爲直接，況且卜辭中的"凡＊"多讀爲"興"。更爲重要的是，此字非"凡"，乃

---

① 于省吾：《甲骨文字釋林・釋凡》，中華書局，1979年，第426—427頁。

"同"（詳後文），如此讀爲"犯"就失去了文字學上的依據。另一方面，從辭義上講，前引（23b）"勿呼王族凡＊于疲"，如果採信于説，把軍事卜辭中的"凡＊"破讀爲"犯"推廣開來，要講成"不要呼令王族在疲地侵犯"（筆者按：于省吾先生只就 21、22、24 三條卜辭立論，并没有涉及其他卜辭，事實上于先生對其他卜辭的"凡＊"字講解並不相同）。疲地是商王朝的重要領地，商王經常占問疲族人是否致送羌人，也經常呼令疲人，可見商王與疲人關係非常密切。如此，把"凡＊"講成"侵犯"頗爲不辭。《合》14913 有辭"貞：呼王族眾疲☐"，這顯然是呼令王族和疲人一起做事，何來侵犯？如（26）—（28）的"凡＊戎"、"凡＊伐"讀爲"犯戎"、"犯伐"亦不辭。如果把"凡＊"看作"興"的簡省，就不存在上面的問題了。

"興"，古書多訓"起"、訓"動"、訓"發"，引申爲出動、發動之義。《左傳·哀公二十六年》"大尹興空澤之士千甲"，《釋文》云"如字，興，發也。或作輿，非"。《漢書·卜式傳》"日者北邊有興"，師古注"興謂發軍"。後來有成語"興師動衆"，"興"、"動"都是發動、興動之義。可見"興"、"動"、"發"皆同義。卜辭中的"興"也訓爲"動"、"發"，即出動之義，與卜辭"方（大）出"之"出"義近，"出"也是出動之義。

（20a）占問吾方興兵，廣伐我土，是否會敦伐"？"地嗎。從驗辭"允其敦"看，吾方果然敦伐"？"地。所以（20b）"王自鄉"。《甲骨拼合集》第 130 則："貞：吾方其來，王自鄉。"黄天樹師在此書序言中講解道："'王自鄉'的前提'吾方其來'……'自鄉'即'自向'，是卜問吾方來犯，是否由王親自迎戰。由此可知，商王不必每次躬親迎戰，有時也可以由臣屬來抵禦敵人。"[①]黄師所言甚是。（20b）辭反映的情勢也是吾方興師出動，並且廣伐商土，所以商王才親自迎戰。（21）、（22）"方由今春興"，意爲敵對方國今春將會興師出動。（23a）辭占問"？伐"吾方，是否會翦滅。（23b）占問不要呼令王族在疲地集結興師好不好。推測疲地可能靠近商王朝的勢力範圍的邊界，在這裏起師可以直接打擊敵對勢力。 所以卜辭才屢次卜問疲人是否會帶來羌人俘虜。《合》557 有辭："癸丑卜，貞：弓呼令多☐興。 二月。"句式與（23b）相似，可證將"凡＊"讀爲"興"是合理的。（27）辭"同（興）伐"連言，與古書用法相合，不贅。（28）辭"興戎"，古書也有相同的表達。如《尚書·大禹謨》"唯口出好興

[①] 黄天樹：《甲骨拼合集·序》，學苑出版社，2010 年，第 5 頁。

戎。"《左傳·僖公十五年》:"上天降災,使我兩君匪以玉帛相見,而以興戎。"

可見,以上把所謂的"凡*"釋爲"興"之簡省,於卜辭文意十分合適。《屯》641 有一條關於立(莅)王田獵的卜辭,其辭曰:"□□卜:翌日壬王其田鼄,呼西又(有)麋興,于之擒。""有麋興"之"興",用法與軍事卜辭中的"興"相同。這條卜辭大意是商王第二天壬日前往鼄地田獵,商王呼令向鼄地西部進發,這裏有大量麋鹿出現,商王在這裏是否會有所擒獲。

《合》24551 有如下之辭:

(29) 丁卯卜,貞:入万,凡*(興)于□示(主),若。一
　　　貞:弓(勿)凡*(興)。　　　　　　　　　合 24551[出組一類]

這條卜辭的"凡*"也要讀爲"興"。《周禮·地官·舞師》:"凡小祭祀,則不興舞。"鄭注:"小祭祀,王玄冕所祭者。興,猶作也。"《墨子·非樂上》:"昔者齊康公興樂萬,萬人不可衣短褐,不可食糠糟。"孫詒讓《閒詁》:"蘇云:'……蓋"萬"不可以數言,當爲萬舞之萬。萬人猶舞人也,"興樂萬"猶興樂舞也。……'"案:蘇説是也。《周禮·地官·鄉大夫》與《舞師》并云"興舞",鄭注云"興猶作也",即此興萬舞之義。①本辭"入万",即納入從事樂舞工作的万人。"興于□主",可能對"□主"進行樂舞而祭,可見興祭有時跟樂舞有關。

卜辭又有"凡*"跟"雨"搭配的情況,也要讀爲"興"。如《合》12991:

(30) 凡*(興)雨。
　　　允雨。　　　　　　　　　　　　　　　合 12991[自賓間類]

《詩經·小雅·大田》:"有渰萋萋,興雨祁祁。"卜辭的"興雨"即《詩經》中的"興雨",謂雨起。

《合》23650 有如下之辭:

(31a) 癸酉卜,中貞:惠枫(夙)凡*(興),有攴(咎②)。
(31b) □□卜,疑貞:☒寴(祼)于☒　　　　　　合 23650[出類]

"枫",沈培先生認爲可能是"夙"字。其用法有二:一類用爲時間名詞,指

---

① 孫詒讓:《墨子閒詁》(上),中華書局,2001年,第 255—256 頁。
② 陳劍:《甲骨金文舊釋"尤"之字及相關諸字新釋》,《甲骨金文考釋論集》,綫裝書局,2007年,第 59—80 頁。

夜盡將曉之時；一類用爲動詞，其義爲"早起做事"。①在本辭中似用爲表示時間的詞。"凡*"當讀爲"興"，周忠兵先生已經指出這一點。他認爲"興有戈"可以跟"肩凡*（興）有疾"相參照，"興有戈"可能指憂虞之事有所好轉。②我們認爲命辭部份也可能是占問在夜盡將曉的時候"興"，是否會有憂害，其結構跟卜辭常見的"惠+表示時段的詞+動詞，亡憂（或戈、災）"的結構相同。《花東》236："丙：子枏（夙）興又牡妣庚"，亦是"夙興"連言，可與（31）辭合觀。

以上討論的"凡*"可能都讀爲"興"。我們隸寫爲"凡*"的字，實際上並非"凡*"字，只是遵從學界的習慣，將之暫時隸定爲"凡*"。我們認爲，過去有少數學者將之釋爲"同"是可信的，所謂前引的"凡*"皆當釋爲"同"，是"興"之簡省。下面就來討論這個問題。

三　舊釋爲"凡"之字絕大多數當釋爲"同"

將舊釋爲"凡"的"∺"或"冫"形之字釋爲"同"，孫詒讓早在1904年撰寫的《契文舉例》一書中就提出來了。其後，吳其昌、唐蘭、李孝定、饒宗頤等先生在討論相關問題時都曾主張釋"同"。但由於對卜辭中"凡"、"同"二字的界限問題認識不是很清楚，所以不能徹底地把"同"字從舊釋爲"凡*"的形體中剝離出來，對於孰爲"同"孰爲"凡"的問題當然也就不能給出答案。比如李孝定先生一方面承認孫氏釋"同"是對的，一方面又相信"此字之釋凡應無可疑也"。所以他說"然'同'、'凡'二字何以同文又不可解，當存以備考"。③

20世紀70年代末，裘錫圭先生發表《甲骨文中的幾種樂器名稱——釋"庸""豐""鞀"》一文，文中對讀"∺"爲"同"進行了如下舉證：一，甲骨文中的"🙵"與金文中的"🙶"爲一字，當釋爲"桐"。二，卜辭中上部從"庚"下部從"∺"的字當依清人釋爲"庸"。"同"、"用"古音極近，"用"當

---

① 沈培：《說殷墟甲骨卜辭的"枏"》，陳少峰主編：《原學》（第三輯），中國廣播電視出版社，1995年，第75—110頁。
② 周忠兵：《卡內基博物館所藏甲骨的整理與研究》，吉林大學博士學位論文（指導教師：林澐教授），2009年，第210頁。
③ 以上意見皆引自《甲骨文字詁林》，第2843—2850頁。

是從"冎"分化出來的一個字。"庸"從"用"也就是从"同",如果認爲從"凡"則不好解釋。三,金文"孹"字繁體作"𦥯",乃訓"功"、"勞"的"庸"的本字,上部從"同"得聲。四,明刀背文"右同"又作"右冎","冎"當讀爲"同"。① 舉出這些證據後,裘先生指出:"'冎'字在古文字裏有'凡'、'同'兩種讀音。這究竟是由於兩個形近的字混而不分而引起的,還是別有原因,有待研究。"②

裘先生舉出的四個證據都很好,可以印證卜辭中的"冎"字可以釋爲"同"。然而裘先生仍然認爲"冎"形有"凡"、"同"兩種讀音,在正文也只是説"讀爲'同'的'冎'",而不直接説"冎"就是"同"字。態度十分謹慎。

2000年裘先生發表《説"口凡有疾"》一文,同意唐蘭先生釋"肩凡有疾"之"凡"爲"同"。並説"唐蘭先生根據文義把甲骨文裏的有些'凡'字釋爲'同',是有道理的"。③ 在這篇文章裏,裘先生肯定了甲骨文中有些"凡"可以直接釋爲"同",比如"肩凡有疾"之"凡"和"庸鼓"之"庸"所從便是。

裘先生這些意見很有啓發性。我們認爲過去釋爲"凡*"的絕大數字都應該釋爲"同",前面舉出讀爲"興"的所有形體都是"同"字,是"興"字的省簡之體。甲骨金文中的"興"本來就是從"同"作,省簡爲"同"是很自然的。這就好比甲骨文中的"登獻"之"登",一般寫作雙手奉"豆"或"簋"於神主之前,也可以省去神主之形,進而可以省去雙手之形而僅作"豆"或"簋"形④,所以"興"省簡爲"同"一點也不奇怪。何況甲骨卜辭中有確定無疑的"同"字(《類纂》第1104頁),作"凮合31680",省去"口"旁則與前面所舉所謂的"凡*"全同,這也是將"冎"或"𠂔"形之字釋爲"同"的有力證據。下文出現舊釋"凡*"的"冎"或"𠂔"形之字,我們徑直釋爲"同"。

《合》10171+有下面的卜辭:

(32a) 甲辰卜,㱿,貞:呼同丘。一

---

① 裘錫圭:《甲骨文中的幾種樂器名稱——釋"庸""豐""鞀"》,《古文字論集》,中華書局,1992年,第196、204頁注2。
② 裘錫圭:《甲骨文中的幾種樂器名稱——釋"庸""豐""鞀"》,《古文字論集》,中華書局,1992年,第204頁注2。
③ 裘錫圭:《説"口凡有疾"》,《故宮博物院院刊》2000年第1期,第4頁。
④ 沈培:《殷墟花園莊東地甲骨"皀"字用爲"登"證説》,《中國文字學報》(第一輯),商務印書館,2006年,第40—52頁。

(32b) 貞：叀侢呼同丘。一

合 10171 正 +（合 14293 + 乙補 6530）①［賓組一類］

過去都把"H"釋爲"凡"。張秉權先生曾經對本辭有過説解，他説：

凡丘，地名，《春秋》隱七年見凡＊伯。隱六年《左傳》杜注"汲郡共縣東南凡城"，《續漢書・郡國志》共縣"有汎亭，周凡伯國"，《路史・國名紀五》"衛之共城西南二十二（里），故凡城也"，《清水注》"故城在今輝縣西南二十二里"，所稱共縣，輝縣就是現在的河南輝縣，離安陽小屯不遠。

又説：

侢，是武丁時候的貞人，或稱丘侢：己酉卜，宁貞：勿衣乎从丘侢？(《乙編》) 6684)②

宋華强先生指出"張説顯然是不可信的"，並且認爲"侢"與"丘"都是人名。③宋説有理。如果"同丘"（即張先生所言的"凡丘"）是地名，則"呼同丘"不辭。其説"侢"又稱爲"丘侢"也不妥，如果"侢"真是"丘侢"，則（28b）也不好解釋。其實，"侢"與"丘"是兩個不同的人名。（32a）、（32b）兩辭大意是甲辰日由宁占問：呼令"侢"還是另外的人會同"丘"。結果是命令"侢"會同"丘"。這可以從《合》8591看出來："己酉卜，宁貞：呼比丘、侢。〇己酉卜，宁貞：弓（勿）卒呼比丘、侢。"這是甲辰日後第六天己酉，仍然由宁貞問，是否密切配合丘、侢二人，至於去執行什麼任務，卜辭則省略没説。

（32）辭的"同"講成會同、會合，辭義比較通暢。如果釋爲"凡"則不好理解。如果對（32）辭的"同"講解可信，則下面的"同"可能也得作此解：

(33a) 貞：呼比雗、郭。一 二告

(33b) 貞：呼同左子。 合 8996 + 英 38［典賓］

(34) 丙寅卜，古貞：呼象同葉☐賈。 醉古集 268 組［賓組］

---

① 林宏明、蔡哲茂先生綴合，具體綴合情況請參看《醉古集》第347組"釋文與考釋"部份。也可以參見蔡哲茂《〈殷墟文字丙編〉新綴第二則》，中國社會科學院歷史研究所先秦史研究室網站，http://www.xianqin.org/blog/archives/1561.html，2007年5月17日。
② 張秉權：《殷墟文字丙編考釋》，"中央研究院"歷史語言研究所出版，1967年，第101—102頁。
③ 宋華强：《甲骨文疑難語辭例釋》，鄭州大學碩士學位論文（指導教師：王藴智教授），2002年，第9頁。

(35) 丙寅卜，古貞：同多酋。

　　　☐同［多］酋。　　　　　　　　　　　　　　　　合 10132 反［典賓］

(36) 貞：呼同多沚。二　　　　　　　　　　　　　　　綴合集 157 組［典賓］

(37) ☐呼同卻☐

　　　☐［呼］同卻☐　　　　　　　　　　　　　　　　合 3442［典賓］

(38) 癸巳卜：將兄丁同父乙。

　　　癸巳卜：弜將六匕（妣）①。

　　　　　　　　　　　　　　　合 32730（合補 10470＝懷 1564 同文）［歷組一類］

　　（33）辭"左子"見於《合》3279、811 正等，從辭例上"左子"似是受祭對象，當是死去之人。如果是這樣，"同左子"也可能讀爲"興左子"，此條當放在"同"讀爲"興"的卜辭裏。但（33）實在跟《合》8591、（32）兩辭的卜問方式相似，"左子"這時也可能沒有過世，"同"仍然可能用爲"會同"之義。（34）命辭大意是呼令"象"會同"葉"去執行跟"賈"有關的任務。"象"作爲人名或族名見於《合》4622 正、13663 正甲、《屯》2539 等。"葉"在卜辭經常用爲"地名"，但地名、族名、人名往往三位一體，其用爲人名也是可以理解的。（36）辭，蔡哲茂先生認爲："'呼凡多沚'，疑即呼多沚凡，多沚蓋沚或族之族長們。"②按照我們的理解，這條命辭可能是卜問會同沚族內部的族長們好不好。（36）辭可類推。（38）辭"將兄丁同父乙"就是連同兄丁、父乙一起進行"將"祭。《合》32731＋32767、32732 有"將兄丁于父乙"，"于"可以讀爲"與"，相當於（38）辭的"同"。《合》22202（《京人》3016 清晰）辭曰："壬辰卜：同父乙劃🖋又。"此辭"同父乙"之"同"从"口"，與後世"同"形體相同。於此可見，過去釋爲"凡"的"𠙵"確實應該是"同"字。《合》1204 有卜辭："貞：同河于上甲。"此辭之"同"恐怕要讀爲"興"，占問對河神與上甲進行興祭好不好。如果把"同"理解爲連同，則後面的"于"反而不好理解。

　　需要説明的是，有些含有"同"的卜辭意義並不十分清楚，這裏也一併列出，待考。比如無名組卜辭的"監同"（過去釋爲"監凡"）：

---

① "六匕"又見於《合》19906，其辭曰："［又］六匕（妣）即日用。○又六匕（妣）一穀不。"過去有學者把合 32730（合補 10470＝懷 1564 同文）的"六匕"誤當成一字，是不妥當的。

② 蔡哲茂：《甲骨綴合集》，臺北：樂學書局，1999 年，第 392 頁。

(39) ［惠］瞽、🄰令監同。

　　惠瞽、戠令。

　　丁卯卜：惠瞽、般［監］同。

　　惠瞽、髭令監同。　　　　　　　合 27742（上博 2426.31 清晰）［無名組］

(40) 癸丑卜：惠瞽、般監同。

　　惠瞽、髭令監同。　　　　　　　合 27740 + 27736 = 合補 10394［無名組］

裘錫圭先生認爲："似是卜問讓誰配合瞽去監凡的。監凡之事的性質待考。"①由於辭例所限，"監同"之義確實不明瞭。按照前面我們的對"同"的認識，懷疑"監同"當讀爲"監興"，可能是監視敵方行動的軍事行爲。又如《花東》300、455：

(41) 丙寅卜，在柚京：由友又（有）同，隹（唯）其又（有）吉。

　　隹（唯）虞。　　　　　　　　　　　　　　　　　　花東 300

(42) 延又（有）同，由又（有）其艱。　　　　　　　　　　花東 455

"又同"之義也不清楚。《合》20575：

(43) 貞：同追。

　　貞：同追。

"同"可能讀爲"興"。

如果上面對含"同"的卜辭説解合理，則可以從卜辭辭例的角度説明過去釋爲"凡"的字當釋爲"同"。如果把這些卜辭中的"同"依舊説釋爲"凡"，則大量卜辭辭義難以説清楚。下面再對裘先生舉出的甲骨文中的"桐"字做些補充説明，順便論及其他一些以"同"爲偏旁的字。通過對這些以"同"爲偏旁的字的確認，進一步證明過去釋爲"凡"的字確實應該釋爲"同"。

甲骨卜辭有過去隸定爲"杢"或"枛"的字，其形體作：

　　🯄 合 20975　　🯄 合 10196　　🯄 屯 2152

---

① 裘錫圭：《關於殷墟卜辭的"瞽"》，王宇信、宋鎮豪、孟憲武主編：《2004 年安陽殷商文明國際學術研討會論文集》，社會科學文獻出版社，2004 年，第 4 頁。

《甲骨文編》編爲 0747 號，隸定爲"朶"①。《類纂》、《詁林》皆從之②。《古文字譜系疏證》釋爲"机"，並説解道："从木，凡聲。《集韻》：'机，木名。俗呼此木皮曰桴。'甲骨文机，地名。"③新近出版的《甲骨文字形表》也將此字釋爲"机"④。今按釋"机"、釋"朶"没有本質上的不同，都認爲此字下部所從爲"凡"。可見，把這個字釋爲"朶（或机）"的影響是很大的。

顯然學界没有重視裘先生的意見。不過李宗焜先生的《殷墟甲骨文字表》⑤以及劉釗等先生編著的《新甲骨文編》⑥則接受了這個考釋成果。我們認爲是正確的。其實裘先生已經把"𣎳"跟金文中的"𣎴"（桐）加以認同，這個證據已經非常有力。"桐"下部所從的"𠙴"，添加"口"旁而爲"同"，演變非常自然。這和前面"興"所從的"𠙴"或"𠙵"下部添加"口"旁是平行的變化，不容質疑。"𣎳"形確實當釋爲"桐"。⑦下面把"桐"的相關辭例簡單解釋一下。

《合集》20975 是跟求雨有關的卜辭，按照筆者的理解先隸寫如下：

（44a）壬午卜，矢：奏山、雲⑧桐，雨。

---

① 孫海波：《甲骨文編》，中華書局，1965 年，第 264 頁。
② 《甲骨文字詁林》，第 1413 頁。
③ 黄德寬主編：《古文字譜系疏證》，商務印書館，2007 年，第 3974 頁。
④ 沈建華、曹錦炎編著：《甲骨文字形表》，上海辭書出版社，2008 年，第 73 頁第一欄。
⑤ 李宗焜：《殷墟甲骨文字表》，北京大學博士研究生學位論文（指導教師：裘錫圭教授），1995 年，第 138 頁 1551 號。
⑥ 劉釗等：《新甲骨文編》，福建人民出版社，2009 年，第 347 頁。
⑦ 卜辭有些"南"字由於形近訛混爲"桐"，如《合》9518、32700 等。《合》9518 與《合》9519 爲同文卜辭，根據《合》9519 可以知道《合》9518"𣎳"應該是"南"字，這是賓組卜辭南、桐訛混的例子。《合》32700"辛亥貞：尞以二𣎳于父丁宗卩"，根據同版的"二南"以及《合》32430"尞以二南于父☐"之辭，這個"桐"字無疑也是"南"的混寫。這是歷組卜辭南、桐混寫的例子。根據辭例，這些混寫作"桐"的字應該表示｛南｝這個詞，可以看做是形近訛混。《合》681 正、2017 等版"南庚"之"南"作"𣎳"、"𣎴"，寫法有些似"桐"。可以推測，混寫爲"桐"的"南"字可能是刻手不小心將"南"上部的"大"豎筆拉長的緣故（用"桐"寫"南"出於語音考慮也是不能排除的一種可能。桐，定母東部；南，泥母侵部。聲紐相近，韻部也有相通之可能。近年出土的楚地文獻常見"東（冬）"部字與"侵"部字相通之例，關於這個問題可參看魏宜輝《再論郭店簡、上博簡〈緇衣〉用爲"從"之字》，載《出土文獻語言研究》第一輯）。區分卜辭中的"南"與"桐"主要靠辭例限制。除此之外，字形方面也有規律可循——凡是"南"字，上下兩部份寫得緊密相連，筆畫發生相交；凡是"桐"字，上木下同寫得很開，筆畫不發生相交。
⑧ 從裘錫圭先生釋，轉引自黄天樹師《説甲骨文中的"陰"和"陽"》一文，參看《黄天樹古文字論集》，學苑出版社，2006 年，第 216 頁。

(44b) 己丑卜，夬：舞羊，今夕从雨。于庚雨。

(44c) 己丑卜：舞羊，庚从雨。允雨。　　　　　　　合20975［𠂤組肥筆類］

《合》20980 辭例與此密切相關，也一併抄在下面：

(45a) 丁酉卜，夬：燎山、羊、雲梌①，雨。（以上反面）

(45b) ☐羊雨。（以上正面②）　　　　　　　　　合20980［𠂤組肥筆類］

筆者曾經對（44a）有過一個看法，把"奏"字後面的三個字釋爲"山子桐"，進而跟《山海經·東山經》的"子桐之山"相比附。經前輩學者指正後，現在看來是靠不住的。沈培先生在給筆者的回信中對這兩版卜辭有很好的講解，我認爲是比較合理的，不妨在這裏引出。

對於（44a），沈培先生認爲有兩種可能：一是把桐看成祭祀地點，把山、雲看作祭祀對象；二是把山、雲、桐看作三個祭祀對象，並認爲第一種可能性大。沈説可信。《屯》2152 説"于桐宿，亡災"；《合》10196 説"狩桐"，"桐"皆用爲地名，可見將（44a）中的"桐"看作地名是很合適的。（44a）大意是壬午之日由夬占問在桐地向山、雲二神進行奏祭是否會下雨。（44b）、（44c）己丑日占問向"羊"舉行舞祭，己丑日當夜還是第二天庚寅日會下雨。"于庚雨"、"允雨"當爲"驗辭"。

對於（45a），沈先生認爲也有兩種可能：一是把山、雲看作祭祀對象，羊、梌看作祭祀所用之牲；二是山、羊、雲均看作祭祀對象。並認爲第二種可能性大。我們同意沈先生的意見。從"舞"在卜辭中的常見用法看，"羊"很可能是求雨而舞的對象，如卜辭中常見"舞岳"（《類纂》98頁），"岳"就是"舞"的對象。屬於𠂤組小字類的《合》20970、20974 有"舞蚰"、"舞𠀁"的話，其中"蚰"在𠂤賓間類、賓組一類卜辭中常見，常作爲燎祭對象（《合》14700—14707），所以𠂤組的"羊"、"蚰"、"𠀁"都應該是受祭對象。至於《屯》2152、《合》10196 的"桐"，都是田獵地名，不論。

再看用來表示焚燒對象的人牲"婀"。

賓組卜辭有以"同"爲偏旁的"𡆷"字，用法與歷組卜辭"焚同"之"同"沒有差別，辭云：

---

① 從聞一多先生釋，參看《古典新義》，中華書局，1957年，第540頁。
② 黄天樹師指示我，《合》20980 標注的"正"當爲"反"，"反"當爲"正"。

(46) 己酉卜，宂，貞：翌庚戌焚⊠于[⊠京，有从雨]。

合 1139（京人 133 清晰）[賓三]

(47) 貞：翌[庚]戌[焚]⊠于⊠[京]，有从[雨]。　　合 18066[賓三]

歷組卜辭常見焚"⊬（同）"求雨之卜，如：

(48) ☐ 焚同于兇？雨。　　　　　　　　　　　　合 32295[歷二]

(49) 于甲焚同。

弜焚同。　　　　　　　　　　　　合 32296（合 32299 同文）[歷二]

"同"、"⊠"顯然用來表示焚燒求雨的人牲。已有學者指出，用作人牲的"⊬（同）"與"⊠"應該表示同一個詞，表示⊬族或⊬地的女子。① 可見，表示人牲的{同}，歷組卜辭用"同"，而賓組卜辭用"⊠"。

"⊠"，我們認爲可隸定爲"婳"。《說文》："䫂，直項貌。从女同聲。"《玉篇·女部》："婳，項直貌。"《集韻》卷一"侗"小韻下："䫂、頮，《說文》直項，或从頁，亦書作婳。"據此，"䫂"、"頮"、"婳"具爲一字異體。

"婳"，多見於歷代字典韻書，經籍中則少見。古書常見"頏"。《淮南子·脩務》："則雖王公大人，有嚴志頡頏之行者，無不憚悇癢心而悅其色矣。"段玉裁認爲"頡頏"之"頏"就是《說文》的"䫜"字。"䫜"，《說文》訓爲"直項莽䫜貌"，與"婳"意義相同。"婳"，上古定母東部；"頏"，上古匣母陽部。匣母、定母上古關係密切，陽部、東部常常可以通轉。"婳"、"頏"很可能表示同一個詞。

《詩經·邶風》："燕燕於飛，頡之頏之。"傳曰："飛而下曰頡，飛而上曰頏。"段注認爲"此其引申之義，直項爲頡頏，故引申爲直上直下曰頡頏"。又揚雄《甘泉賦》："柴虒參差，魚頡而鳥胻。"李善曰："頡胻，猶頡頏也。"要之，"婳"、"頏"意思就是仰首直項，與佝僂之狀相對。

卜辭中的"婳"可能用來表示天生仰首直項的人，不能俯首彎腰，與古書中的佝僂相對。古書中記載上古有"八疾"。《廣雅》云："頯頜、籧篨、侏儒、僬僥、痤瘠、僮昏、聾聵、矇瞍，八疾也。"《國語·晉語》："文公問於胥臣曰：'吾欲使陽處父傅驩也而教誨之，其能善之乎？'對曰：'是在驩也。籧篨不可使俛，戚施不可使仰，僬僥不可使舉，侏儒不可使援，矇瞍不可使視，嚚瘖不可使言，

---

① 裘錫圭：《說卜辭的焚巫尪與作土龍》，《古文字論集》，中華書局，1992 年，第 222 頁。

聾聵不可使聽，僮昏不可使謀，質將善而賢良贊之則濟可竢也。若有違質教將不入，其何善之爲！'"上博簡《容成氏》簡 2—3 也有類似的記載。上引"八疾"中的"籧篨"可能就是指"姛"、"頑"。"籧篨"當爲疊音詞。"籧"群母魚部，"篨"定母魚部，兩者與"頑"聲韻俱近。

古代有焚燒有殘疾之人來求雨的習俗。裘錫圭先生曾經指出商代有焚巫尪以求雨的習俗。① 卜辭中的"姛"可能就是指仰首直項的殘疾人。(46)—(49)辭都是占問"焚姛"是否會降雨。

出土於山東的曹伯狄簋也有"姛"字，其銘曰：

曹伯狄作夙（宿）中月公尊簋，其萬年眉壽，子=孫=永寶用喜。

"夙"後一字學界釋爲"妟"。陳邦懷先生說：

"妟"，从女，凡聲。《殷虛書契後編》卷上十五頁又"𦢊"字，王國維曰："此當是《左傳》'任、宿、須句，顓臾風姓也'之風字。"余永梁曰："按：此字从女，凡聲，殷虛古文風、鳳一字，鳳从凡聲，故凡、風通用；《集韻》帆、颿同字，朹、楓同字，皆其例也。"（《甲骨學文字編》第十二第六頁）按王、余之説皆是也。

夙爲風姓之國，故銘云"夙妟公"。今以夙妟連文證之，知王説妟當是風姓之風，確切無疑。②

這段考釋屢被徵引，用來印證古書中的宿國確實是風姓之國。然而這個考釋是有問題的。從銘辭上説，此簋乃禮器，處於"夙中月公"位置的部份一般是作器者的先祖或考妣，如果把"夙中月公"講成宿國國君不合適。另外，"夙中月公"本身稱謂就很怪異，"國號+國姓+公"的組合很少見到。現在看來，"中月"字右部从"同"而非"凡"，當釋爲"姛"，不从"凡"得聲，則跟"風"没有關係了。"夙姛公"可能是曹伯狄的先祖。

通過對甲骨卜辭用爲"會同"、"連同"之"同"以及"桐"、"姛"等辭例的説解，我們認爲卜辭中舊釋"凡"的形體確實當釋爲"同"。下面討論兩個从"同"之字。

卜辭有可以隸寫爲"𩵋"的字，其形作：

𩵋、𩵋 合 3945 正 𩵋、𩵋 合 3947 正 𩵋 合 3947 反

---

① 裘錫圭：《說卜辭的焚巫尪與作土龍》，《古文字論集》，中華書局，1992 年，第 216—224 頁。
② 陳邦懷：《曹伯狄簋考釋》，《文物》1980 年第 5 期，第 67 頁。

此字張秉權先生釋爲"鳳"字異體："上从凡，下象鳥雀之形，疑亦鳳字。"①姚孝遂先生按語說"其說蓋是"（《詁林》2854頁）。劉釗先生曾經對這個字有過很好的考釋，他說：

> 按甲骨文爵字作"[字形]"、"[字形]"，又作"[字形]"、"[字形]"。如"[字形]"形省去"口"形作"[字形]"，則顯然與"[字形]"所從之"[字形]"爲一字無疑。故甲骨文之"[字形]"、"[字形]"、"[字形]"都應隸定作"[字形]"。甲骨文又有字作"[字形]"，應爲此字較規則的寫法。可見爵字正規寫法不難辨識，而稍加變形作"[字形]"，便使人產生錯覺。②

劉先生指出"[字形]"下部所從爲"爵"是非常正確的。但對上部所從之"[字形]"卻沒有作出說明。但從其對《合》3945—3947反"疾弗其同"的釋寫看，劉先生是同意把"[字形]"類形體釋爲"同"的。我們認爲"[字形]"字上部所從正是"同"字，可以跟前面列出的舊釋爲"凡"的"同"字形體比較，一目瞭然。《合》3947的"[字形]"字上部所從之"同"省去一筆或兩筆橫畫，仍然是"同"。《合》1138有"爵"字作：

[字形] 合1138

如劉先生所言，這是比較標準的寫法。又有：

[字形] 英416

下部從"畢"，但仍很可能是"爵"字異體。花東子卜辭205、349、441分別有下面簡短命辭：

[字形] 花東205　　[字形] 花東349　　[字形] 花東441

意義不明。如果把兩個字上下疊起，則與《合》3945—3947的形體十分接近，這應該不好視爲巧合。

卜辭又有從"同"的"[字形]花東290"、"[字形]花東403"、"[字形]花東475"、"[字形]花東493"等字，其右部所從也可以單獨成字，見於《花東》493和《合》17539，分別作"[字形]"、"[字形]"。

---

① 張秉權：《殷墟文字·丙編》上輯（一）考釋部分，"中央研究院"歷史語言研究所，1992年，第56頁。
② 劉釗：《古文字構形學》，福建人民出版社，2006年，第62頁。

方稚松先生對這兩個字有很好的研究,他認爲甲骨文"🔲"、"🔲"分別演變爲金文中的"🔲"、"🔲",金文"🔲"、"🔲"學界一般釋爲"瓚"、"祼",則甲骨文"🔲"當釋爲"瓚","🔲"等當釋爲"祼"①,方説可信。另外,方先生對甲骨文"🔲"形有詳細的分析:

> 字形下方从"🔲",其中第 3 辭(引者按:即《花東》475)中"🔲"下加"廾",表雙手捧舉之狀。這裏的"🔲",筆者初將它釋爲"凡",後據陳劍先生告知,可能應釋爲"同"。甲骨文中"🔲(庸)"、"🔲(桐)"字下部所从的"🔲"即釋爲"同",此外,甲骨卜辭中常見的"肩🔲有疾"之"🔲",學界現多理解爲"興"字之省,所从也應爲"同"字。②

從以上對"同"字形體的認知看,陳劍先生釋"🔲"下部"🔲"爲"同"是非常正確的。方稚松先生在前引一文中指出"🔲"字形體象置柄形器於同中,這個分析也是合理的。最近發表了西周成王時期的内史亳同,這件自宋代以來一直稱爲"觚"的青銅酒器自名爲"同",與《尚書·顧命》"奉同"、"受同"的記載相合。吴鎮烽、王占奎先生都指出這種青銅酒器"同"來源於竹筒之形,🔲字的兩側豎筆象竹筒的外壁,中間兩横象竹節之形。古人以竹筒爲水器酒器,後來仿照竹筒之形鑄造青銅器"同"(圖一),並且添加"口"形,就變成了"同"③。這些論斷都非常具有啓發意義。

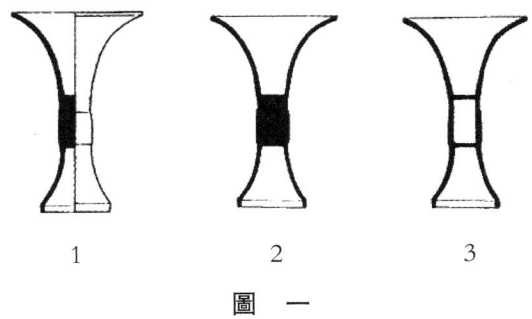

圖　一

(綫圖采自王占奎《讀金隨札——内史亳同》一文,《考古與文物》2010 年第 2 期第 38 頁)

---

① 方稚松:《釋殷墟花園莊東地甲骨中的瓚、祼及相關諸字》,《中原文物》2007 年第 1 期,第 83—87 頁。
② 方稚松:《釋殷墟花園莊東地甲骨中的瓚、祼及相關諸字》,《中原文物》2007 年第 1 期,第 83 頁。
③ 吴鎮烽:《内史亳豐同的初步研究》,《考古與文物》2010 年第 2 期,第 30—33 頁;王占奎:《讀金隨札——内史亳同》,《考古與文物》2010 年第 2 期,第 34—39 頁。

可見，方先生説花東子卜辭寫作"🔲"形的"瓚"象玉件置於"同"中是有依據的。至於"瓚"字爲何用柄形器跟"同"來表示，則仍需進一步研究。

四 甲骨文"凡"、"同"之別

如上所述，甲骨文中過去釋爲"凡"的大多數形體都是"同"字，那麽甲骨卜辭中有没有"凡"字呢？当然有的。下面僅舉出甲骨文中從"凡"得聲的"風"字作爲代表。甲骨文從"凡"之"風"一般作：

合 30226　合 30229　合 30231　合 30235　30236、合 30238

合 30240　合 30247　合 30250　合 30251　合 30253　合 30254

合 30255 + 合 30257　合 30257　合 30259　合 30262　合 30265

合 28555　合 28558　合 28559　合 29234　合 29236　屯 258　屯 2257　屯 2987　懷 1417　懷 1321

參照"風"所從的"凡"字形體，下面的形體當是"凡"字無疑：

合 29990（安明 1828）　、合 29383（安明 1969）　合 33568

卜辭中的"凡"字一般見於無名組卜辭，皆用爲地名。其辭云：

(50a) 惠庚蓑（焚），又（有）[雨]。

(50b) 其乍（作）龍于凡田，又（有）雨。　　　　合 29990 [無名]

(51a) 王至[于]凡田，湄日亡戈。

(51b) 弜至凡田，其每（悔）。　　　　合 29383 [無名]

(52) 戊寅卜，貞：王其田，亡災。在凡。　　　　合 33568 [無名]

"凡"字，郭沫若先生指出即"槃"之象形初文。①可從。上揭"風"所從以

---

① 郭沫若：《卜辭通纂》，科學出版社，1983 年，第 272—273 頁。

及獨立使用的"凡"字形體確實像側立的盨盤之形。① 左側豎筆直而短，像盤底圈足之形；右側豎筆向外彎曲，像盨盤口沿之形。兩側豎筆並不對稱，這一點與"同"有顯著的區別。西周金文"凡"字作如下之形：

多友鼎	曶鼎	曶鼎	盂鼎	𢦏簋
𩰬比盨	凡＊觶	散氏盤	散氏盤	凡＊彝

我們可以看到，象徵圈足的豎筆仍然筆直，且短；象徵盨盤口沿向外彎曲的曲筆到了周代金文中變得格外誇張，以至於有的曲筆下部或向外劇烈折出，如多友鼎、盂鼎、凡觶、散氏盤等，或曲筆下部作肥筆的波折，如曶鼎、𢦏簋等。不管怎樣，周代金文的"凡"字與甲骨文中的"凡"一脈相承是顯然的。

戰國時代秦國文字的"凡"作"凡"形，與周金文寫法相同。楚系文字"凡"則作"凡"、"凡"、"凡"，在"凡"字右部象徵口沿的斜筆上再施加左向的撇筆，可能爲了與"同"字形體相區別。

歷時考察古文字"凡"字形體，其形體演變一目瞭然，可以描寫如下：

甲骨文 ⇒ 周金文 ⇒ 秦國文字

⇒ 楚系文字

---

① 無名組卜辭有一些"風"字所從的"凡（盤）"形，寫法與一般的"凡（盤）"形有些距離，已經訛變爲"戌"。請看：

合 29175　　合 30251　　懷 1321　　懷 1319

尤其是《懷》1319 的形體，右上從"戌"至爲明顯。聯繫無名組卜辭所有"風"字形體，"凡（盤）"訛變爲"戌"的軌跡大致可以描述如下：

從"凡（盤）"至"戌"的訛變，主要有兩個關鍵的步驟。先是象徵盤器口沿的彎曲筆畫拉直，並於兩端施加短橫，可能象徵兩側立耳。然後盤器口沿筆畫訛變爲"秘"形，相應地盤底圈足部份筆畫訛變爲斧鉞之形。於是，"凡（盤）"旁就完全訛變爲"戌"旁了。

可見，"凡"字演進脈絡非常清晰。每一時期的"凡"字都跟同時期的"同"字區分顯著，其區分手段各有不同。商代甲骨文"同"字左右豎筆對稱，要麽全部筆直等長，要麽全部外向彎曲且等長，其取象是桶類物品，或認爲是竹筒，亦可從。而"凡"字左右豎筆不對稱，左側豎筆筆直且短，右側豎筆外向彎曲且長，其取象於側立之盤盤。周代金文情形大致與甲骨文同。戰國時代秦國文字"凡"與"同"之別明顯，其道理與商周同；而楚系文字"同"、"凡"區別更爲顯著，其區別手段靠右側斜筆上有無左向撇筆。

有了這個認識，我們再回過頭看甲骨文舊釋"凡"的形體，確實絶大多數當爲"同"字，而舊釋"机"、"奶"的字當改釋爲"桐"、"姛"。過去學界不同意釋"H"（H）爲"同"的意見，就是没有看到"凡"、"同"二字形體的細微差別。①

必須指出，考察全部甲骨卜辭，獨立使用的"凡"以及用爲偏旁的"凡"有訛混爲"同"之例，但數量極少，並不影響前面的結論。下面把我們發現的訛混之例列舉出來。《合》28945＋29139（即《合補》9009）："从榆亡災。〇从凡亡災。〇翌日壬王其必（蹕）于向，亡災。""凡"地之"凡"作"H"，左右豎筆幾乎等長（右側豎筆略長），似有訛混爲"同"的趨勢。②《合》30233"☐遘大風"之"風"作" "，《合》30261"風"作" "，所從之"凡"從拓本上看與"同"十分接近，可以看作訛混爲"同"。

順帶把金文中過去釋爲"凡"的"同"字作一簡要説明。舊稱"大豐簋"、"天亡簋"的（集成8·4261）銘文説：

☐亥，王又（有）大豐（禮），王凡四方。王祀于天室，降天亡又。王衣

---

① 少數例外總是有的。如《合》30233的"風"，所從之"凡"似寫成了"同"。
② 《合》21565是版子組卜辭，上有"H"字，從字形上看無疑是"同"字。此版卜辭上下皆殘，行款比較亂，卜辭不好通讀。學者一般把"同"看作是右側卜辭"田于"的地點，整條卜辭讀爲"貞：中子呼田于凡"。如果真是如此，則此"同"當看作是"凡"的訛混。但"同"字右上有"疾"，"同"也可能屬於上面一條卜辭，跟"肩興有疾"有關。如此則未必看作"凡"、"同"訛混。事實如何，有待綴合後解決。又，《合》29687有卜辭："丁亥卜，大，〔貞〕：☐其鑄？黄呂，☐作H，利惠☐。"學界一般把"H"釋爲"凡"，讀作"盤"。從字形上看，此字更可能爲"同"。"同"是一種酒器。最近發表了西周成王時期的内史亳同，這件自宋代以來一直稱爲"觚"的青銅酒器自名爲"同"，與《尚書·顧命》"奉同"、"受同"的記載相合。如此，則"H"没有必要看成是訛混爲"同"，本身就是"同"字。

（辛）祀于王丕顯考文王……

"王"下一字"⊟"自劉心源釋"凡"後，學界多從之，並對"王凡四方"作了很多不同的解釋。郭沫若先生以"風"從"凡"得聲而主張此"凡"假借爲"諷"，訓爲"諷也"、"告也"。聞一多先生疑"凡"讀爲汎，傳王在辟雍中汎舟也"。陳夢家、岑仲勉、張玉春等先生皆從之。①于省吾先生則認爲"凡"用爲祭名，李平心、孫稚雛等先生從之。②劉曉東先生認爲"凡"當讀爲"瞥"。③林澐先生進一步解釋說"瞥"當訓"目般旋而視"，"王凡（瞥）四方"意義與"王望四方"相當。④從學界引用此簋銘文釋文情況看，釋爲"凡"是十分普遍的。

其實，先於釋"凡"，吳式芬、孫詒讓、吳闓生等已經正確將其釋爲"同"。孫常敘先生更是力辯"H"與"K（凡）"不同，認爲"H"是"櫝"或"匱"的象形初文，是一種貯藏器物的匱子名，由於音近而讀爲"同"，並依吳闓生的意見認爲"王同四方"即王會同四方諸侯。⑤長期以來，採信釋"凡"的學者占絕大多數。這從引用此簋篹銘的釋文上可以看得很清楚。通過上面一節討論甲骨金文"同"、"凡"二字形體的差異，很容易知道此字當爲"同"無疑。前引孫常敘先生一文已經指出這一點，是十分正確的。唯獨孫先生說"H"是"櫝"或"匱"的象形初文，由於音近而讀爲"同"則可似商榷。"H"本來就是"同"字，至於其取象則可能如裘錫圭先生所言："大概本是筒、桶一類東西的象形字。"⑥

建議以後再引用此簋銘文時徑直隸寫爲"王同四方"。至於"王同四方"作何解釋那是另外一回事。"同"，應該如前輩學者所言，當爲"會同"之義。《周禮·大宗伯》說："殷見曰同。"

《集成》5353 習慣稱爲"寓卣"的銘文說：

辛卯，子易（賜）寓貝，用作🏺。🏺

---

① 請參看張玉春：《天亡簋"王又大豐"與"王凡四方"試解》，《東北師範大學學報》1990年第4期，第80—81頁。
② 以上諸先生主張請集中參看孫稚雛：《天亡簋銘文匯釋》，《古文字研究》第三輯，中華書局，1980年，第170—171頁。
③ 劉曉東：《王亡簋與武王東土度邑》，《考古與文物》1987年第1期，第92—96頁。
④ 林澐：《天亡簋"王祀于天室"新解》，《史學集刊》1993年第3期，第28頁。
⑤ 孫常敘：《〈天亡簋〉問字疑年》，《吉林師大學報》1963年第1期，第33—38頁。
⑥ 裘錫圭：《甲骨文中的幾種樂器名稱——釋"庸""豐""鞀"》，《古文字論集》，第196頁。

"![]"（以下用方塊號"□"代替），一般認爲是"凡彝"二字合文。① 基於上面指出的"凡"、"同"之別，我們認爲其左上部"![]"當是"同"字。關於"□"的理解可以有以下的可能性：第一，如果把"□"看作合文，則可以釋作"同彝"。"同彝"可能是"小名＋大名"的形式。② 第二，"□"是一個字，可以分析爲从"彝""同"聲，與内史亳同自名爲"同"的字表示同一個詞，常或增加"彝"旁以表意。也可能"彝"是聲符，"同"爲形符。有學者據米宫諸器的"彝"作"![]"，認爲"□"也應該是"彝"字異體，也有道理。③ 從"![]"所處位置看，似不像後來補刻的，所以我們傾向於後者。

《集成》11·5497所謂的"凡尊"之"凡"作"![]"，也應該改釋爲"同"，其名可以稱之爲"同尊"。

另外，周代銘文中有些所謂的"同"字，現在看來可能爲"凡"字之繁構。如《同自簋》的器主"同自"之"同"作：

![]、![] 集成 3703·1、3703·2

所謂的"同"，上部所从當爲"凡"字無疑，可以隸定作"昌"，添加無義旁"口"，仍然是"凡"字。 又如《散氏盤》用爲地名的所謂"同"作：

![] 集成 10176

此字上部也是"凡"。本銘自有"凡"字二見，跟這個所謂的"同"字上部形體全同，亦可證。其它如《鄭同媿鼎》（集成 2415）、《元年師兑簋》（集成 4274、4275）、《師詢簋》（集成 4342）等銘中的所謂"同"字情況相同，皆當釋"凡"。

過去，有學者懷疑《小臣宅簋》的"同公"可能是"周公之子封於凡者，是春秋時凡伯的先世"④，但礙於"凡"、"同"之隔，一直没有得到認同。 通過本文研究，所謂的"同公"之"同"也是"凡"字，《小臣宅簋》的"同公"實爲"凡公"無疑。

---

① 張亞初：《殷周金文集成引得》，中華書局，2001年，第106頁。
② 陳劍：《青銅器自名代稱、連稱研究》，《中國文字研究》第一輯，華東師範大學出版社，1999年，第336頁。
③ 陳英傑：《商代金文文例研究》，《文字與文獻研究叢稿》，社會科學文獻出版社，2011年，第2頁注4。
④ 李學勤：《殷契存稿·序言》，黑龍江教育出版社，1992年，第6頁。

附記：黃天樹師、陳英傑老師審閱本文初稿，提出多處修改意見。莫伯峰師弟對本文寫作亦提供幫助，一併表示感謝！

2011 年 5 月初稿

看校追記：又，寇占民先生《西周金文動詞研究》（綫裝書局，2010 年）附錄一"西周金文動詞疏證"第 27 號"同"字頭下，已經點出"同"、"凡"二者在筆勢上的區別，本文初稿没有注意到寇説而失於徵引，是非常不應該的，謹向寇先生致以衷心的歉意。區分古文字"凡"、"同"是寇先生的發現，小文只是做些補充論證而已。

2013 年 6 月

原載《出土文獻與古文字研究》第 5 輯，上海古籍出版社，2013 年；收入王子楊：《甲骨文字形類組差異現象研究》，中西書局，2013 年。今據前者收入。

何景成

試釋甲骨文中讀爲"廟"的"勺"字

殷墟甲骨文中有表一所列 A（字形見於《甲骨文字編》1316 號①）、B（字形見《甲骨文字編》4055 號）兩字，下面我們先從辭例入手，討論這兩個字的含義：

表　一

A	B

一

A 主要見於歷無名間類卜辭，其辭例較爲豐富，根據其用法，大致可以分爲以下幾類：

（一）祖先＋A

1. 吾父庚 A。　　　　　　　　　　　　　　　　　　　　　　　合 27426
2.（1）乙未卜，其馭虎，陟于祖〔丁 A〕。
　（2）乙未卜，其馭虎于父甲 A。　　　　　　　　　　合 27339＋27623
3. 其又歲于父甲 A 牢。　　　　　　　　　　　　　　　　　　合 27442

---

① 李宗焜《甲骨文字編》，中華書局，2012 年，第 397—399 頁。

4. (1) 丙子…A…二牢。
   (2) 二牢。
   (3) 二牢。兹用。
   (4) 己卯卜,兄庚A歲重羊。
   (5) 己卯卜,兄庚A歲重羊。 合27620
5. (1) 丙午……
   (2) 五牢。兹用。
   (3) 丙午卜,父丁A夕歲一牢。
   (4) 一牢。兹用。
   (5) 甲寅卜,其又歲于高祖乙一牢。
   (6) 三牢。 合32448
6. (1) 丁未卜,其又杏(?)于父丁A① 一牢。
   (2) 弜又,戠(待) 32673
7. (1) 己丑卜,妣庚歲二牢。
   (2) 三牢。
   (3) 己丑卜,兄庚A歲牢。
   (4) 三牢。
   (5) 壬辰卜,母壬歲重小牢。 屯1011
8. 祖丁A…又邑。 英2408

(二) 二+A

9. (1) 邑,卯于二A重牡。
   (2) 二A,翌…乙眔祖乙。 合27206
10. (1) 邑才(在)二A。
    (2) 其登邑自小乙。
    (3) 邑異酒。
    (4) 乙卯卜,多賈左邑……。 合27349
11. …于二A用王…。 屯92

---

① 《類纂》摹本多摹"示"旁。

（三）于/在＋A

12. ⋯其禱于 A，其射。　　　　　　　　　　　　　　合 30601
13. （1）丙辰卜，引 A 杏（？）。兹用。
    （2）于宗⋯⋯兹用。
    （3）丙辰卜，其登黍于 A。
    （4）叀⋯黍。　　　　　　　　　　　　　　　　　合 30981
14. ⋯禱于 A 勿⋯。　　　　　　　　　　　　　　　　合 34382 反
15. ⋯子卜，其登黍于 A。　　　　　　　　　　　　　合 34590
16. （1）甲午卜，其祝歲于 A。二牢。
    （2）一牢。　　　　　　　　　　　　　　　　　　屯 246

（四）A＋祭法

17. （1）甲戌卜，其又歲毓祖乙。
    （2）二牢，兹用。
    （3）丁亥卜，A 杏（？）引。兹用。三牢。　　　　合 27360
18. ⋯A 牛二，兄庚牛一。　　　　　　　　　　　　　合 27619
19. ⋯A 一牛。　　　　　　　　　　　　　　　　　　合 28593 正
20. 丙子卜，夙 A 歲。　　　　　　　　　　　　　　　合 30745
21. （1）癸未卜，A[①] 歲夙。
    （2）癸未卜，其⋯⋯。
    （3）祝至于祖⋯⋯。　　　　　　　　　　　　　　合 30933
22. 丁卯 A 歲。　　　　　　　　　　　　　　　　　　合 30934
23. （1）丙辰，A 歲勿牛。
    （2）弜勿。　　　　　　　　　　　　　　　　　　合 30935
24. A 歲叀羊。　　　　　　　　　　　　　　　　　　合 30936
25. （1）A⋯⋯勿牛
    （2）牢又一牛
    （3）癸巳卜，A 杏（？）牢。

---

① 《摹釋總集》將此字誤摹成从"示"。白於藍《殷墟甲骨刻辭摹釋總集校訂》未改正（福建人民出版社，2004 年）。

(4) 于 A。兹用。　　　　　　　　　　　　　　　　　　　　　　合 30937
26. 丙辰卜,引 A 杏(?)。兹用。　　　　　　　　　　　　　　　　合 30981
27. (1) 丙寅卜,祖丁 A 杏(?)又岜。
　　(2) 丙申卜,A 杏(?)夙。
　　(3) 丙寅卜,A(?)杏一牢。　　　　　　　　　　　　　　　　合 32453
28. (1) 丙子卜,A 杏(?)一牢。
　　(2) 三牢,兹用。
　　(3) 弜秦宗于妣庚。　　　　　　　　　　　　　　　　　　　合 32742
29. 礻A 歲。　　　　　　　　　　　　　　　　　合 33085(34608 重)
30. (1) 丙戌卜,A 歲……。
　　(2) 弜夙。
　　(3) A 歲。
　　(4) 叀…蚊。　　　　　　　　　　　　　　　　　　　　　　合 34606
31. …礻A 歲。　　　　　　　　　　　　　　　　　　　　　　　合 34618
32. 丙午卜,A 杏(?)一牢。　　　　　　　　　　　　　　　　　　合 34622
33. 丙寅卜,A 杏(?)引三牢。　　　　　　　　　　　　　　　　　合 34624
34. (1) 丙寅卜,A 夕歲一牢。
　　(2) 丙寅卜,翌日 A 二牢。兹用。　　　　　　　　　　　　　屯 2391
35. (1) A〔杏(?)〕二牢。
　　(2) 三牢,兹用。
　　(3) 丙子卜,A 杏(?)三牢。
　　(4) 五牢。　　　　　　　　　　　　　　　　　　　　　　　屯 4576

　　關於"A"的含義,《詁林》按語認爲主要有兩種,一是表示祭祀之所,爲宗廟之類;另一義則爲祭名,亦爲祭法。並認爲該字"釋'祼'不可據"①。釋"祼"的説法,早前可能由屈萬里提出②,賈連敏先生認爲該字像祼祭的瓚勺,當釋爲"瓚",在卜辭中用爲"祼祭"之"祼"③。《新甲骨文編》④、《甲骨文字編》等工具書亦將之歸入"祼"字下。王子楊先生認爲將"A"釋爲瓚勺之"瓚"

---

① 于省吾主編《甲骨文字詁林》,中華書局,1996 年,第 2716—2717 頁。
② 于省吾主編《甲骨文字詁林》,第 2716—2717 頁。
③ 賈連敏《古文字中的"祼"和"瓚"及相關問題》,《華夏考古》1998 年第 3 期。
④ 劉釗、洪颺、張新俊《新甲骨文編》,福建人民出版社,2009 年,第 11 頁。

的初文，當可信①。

　　"A"表示處所名的用法主要見於上引"祖先＋A""二＋A"和"于＋A"這三類卜辭中，用作祭名或祭法主要見於上引第四類卜辭中，多爲"A＋杏（？）"或"A＋歲"。王子楊先生認爲，這種用法的"A"，其用爲處所名詞的可能性仍然不能排除。既然卜辭"宗歲"表示在宗舉行歲祭，就不能否定"A歲"可以理解爲在A舉行歲祭的可能性。A在整個歷無名間類卜辭中用法是一貫的，皆表示一種宗廟的建築②。

二

　　甲骨文B主要出現於出類、何類、無名類和黃類卜辭中。研究者指出，該字的用法和"A"基本没有差別，兩者表示的是同一個詞③。我們對照上文對"A"辭例的分類，將B的辭例羅列如下：

（一）祖先＋B

36. 己亥卜，行貞：父丁B歲宰牡。　　　　　　　　　　　　　合23214
37. （1）丙申卜，行貞：父丁歲物。在五月。
　　（2）貞：弜物。
　　（3）…子卜，行貞：庚B歲。王其叔。　　　　　　　　　合23217
38. 癸丑卜，王貞：翌甲寅王其賓父丁B。　　　　　　　　　　合23248
39. 庚申卜，行貞：其又于庚B一牛。④　　　　　　　　　　　合25056
40. 甲子卜，行貞：其宜于庚B。　　　　　　　　　　　　　　合26020
41. （1）弜……。吉。
　　（2）其升虜于父甲B。⑤大吉。
　　（3）…宗。　　　　　　　　　　　　　　　　　　　　　合26976

---

① 王子楊《甲骨文字形類組差異現象研究》，中西書局，2013年，第335頁。
② 王子楊《甲骨文字形類組差異現象研究》，第335—339頁。
③ 參看王子楊《甲骨文字形類組差異現象研究》，第339—346頁。
④ 《類纂》認爲"庚"前有"匕"字，似誤。
⑤ 《類纂》釋文將"于"置於"父甲"後。

42. 祖丁 B 叀卯 叀牛, 王受又(祐)。　　　　　　　　　　　　　　合 30348

43. 至祖丁 B, 王受又(祐)。　　　　　　　　　　　　　　　　　合 30349

44. 舌于祖丁 B。　　　　　　　　　　　　　　　　　　　　　合 30350

45. …卜, 其舌于祖丁 B。　　　　　　　　　　　　　　　　　　合 30351

46. 癸未卜, 祖甲祜 B 叀……①　　　　　　　　　　　　　　　合 27335

47. 叀🀰用祖丁 B。　　　　　　　　　　　　　　　　　　　　合 30353

48. (1) 叀歸遣(?)吕用祖丁 B。

　　(2) 叀母🀰用祖丁 B。

　　(3) 叀🀰万用祖丁 B。　　　　　　　　　　　　　合 30354(合 27286 重)

49. 弜可(?)祖丁 B。　　　　　　　　　　　　　　　　　　　　合 30355

50. 其即父庚 B。　　　　　　　　　　　　　　　　　　　　　合 30356

51. …未卜, 父甲 B 夕歲。　　　　　　　　　　　　　　　　　合 30357

52. 丙…卜, 其祝父甲 B 叀舊栅。　　　　　　　　　　　　　　合 30358

53. 癸亥卜, 其又夕歲于父甲 B, 王受又(有)又(祐)。　　　　　　合 30359

54. (1) 上甲史其祝父丁 B。

　　(2) 弜巳。　　　　　　　　　　　　　　　　　　　　　　合 32390

55. (1) 弜巳。

　　(2) 其禱于上甲, 其祝。

　　(3) 弜巳。

　　(4) 祝才(在)父丁 B。

　　(5) 至于祖甲。　　　　　　　　　　　　　　　　　　　合 32654

56. …卜, 其又父丁 B, 叀今日戊酒。　　　　　　　　　　　　合 32716

57. (1) 乙丑卜, 貞: 王其又升于文武帝 B, 其以羌五人, 正, 王受又(有)
　　　　又(祐)。

　　(2) …子卜, 貞: 王其又升于文武帝 B, 其……。　　　　　合 35356

58. …祖丁 B……受又(祐)。　　　　　　　　　　　　　　　　合 35719

59. 才(在)□師貞: 祖甲 B 戌 B, 若, 我受…。　　　　　　　　　合 35913

60. (1) …卜…祖丁 B…牢。

　　(2) 丙戌卜, 貞: 康祖丁, □, 其牢。　　　　　　　　　　合 35985

---

① 本條卜辭可能與例 44、45 含義相當。

61. （1）甲寅卜,貞:武乙B,其牢。
　　（2）丙辰卜,貞:康祖丁,□,其牢。　　　　　　　　　　　合36002
62. 甲子卜,貞:武乙B,□,其牢,兹用。　　　　　　　　　　合36101
63. 甲子卜,貞:武祖乙B,□,其牢,兹用。　　　　　　　　　合36103
64. （1）丙午卜,貞:文武丁B,□,其牢。
　　（2）甲辰卜,貞:武祖乙B,其牢。① 　　　　　　　　　　合36115
65. 癸酉卜,貞:翌日乙亥王其又升于武乙B,正,王受又(有)又(祐)。
　　　　　　　　　　　　　　　　　　　　　　　　　　　合36123
66. 丙戌卜,貞:文武B,其牢。　　　　　　　　　　　　　　合36164
67. …貞:翌日癸卯王其…妣癸B,正,王受又(有)又(祐)。　　合36315
68. （1）…貞:昔乙卯武B……
　　（2）……癸亥,其至于妣癸B,□……　　　　　　　　　合36317
69. …父甲B舌伐五人,王受又(有)又(祐)。　　　　　　　　屯2520
70. 其用囟才(在)妣辛B至母戊。　　　　　　　　　　　　　屯2538
71. 其𥲤祖丁B,又正,王受又(祐)。　　　　　　　　　　　　屯3896

（二）二+B

72. 于二B叀……　　　　　　　　　　　　　　　　　　　　合30360
73. 其登新鬯二B一卣,王②……　　　　　　　　　　　　　合30973
74. …二B…正,王…又(有)又(祐)。　　　　　　　　　　　合37387
75. （1）辛卯卜,貞:王賓二B登,亡尤。
　　（2）貞,王賓叔,亡尤。　　　　　　　　　　　　　　　合38696
76. （1）辛巳……
　　（2）叀癸登黍,王受又(祐)。
　　（3）王其登黍二B,叀卯各凤祼酒。
　　（4）其登黍祖乙叀翌日乙酉酒,王受又(祐)。
　　（5）先礿二B登迺各…祖乙登黍,王受又(祐)。　　　　　屯618
77. …用二B。　　　　　　　　　　　　　　　　　　　　　屯967

---

① 參照:（1）丙戌卜,貞:文武丁宗,□,其牢,兹用。合36153;（2）丙戌卜,貞:文武丁宗,□,其牢。合36154。
② 《類纂》誤認"王"爲"于"。

78. ⋯卯卜,祝二 B,叀今日辛酒。大吉,兹用,一牛。　　　　　　　　　　屯 2349

(三) 于/在 + B

79. 才(在)B 用,王受又(祐)。　　　　　　　　　　　　　　　　　　合 26962
80. 貞:翌丁亥其又伐于 B。　　　　　　　　　　　　　　　　　　　合 27001
81. 貞:帝(?)于 B。　　　　　　　　　　　　　　　　　　　　　　合 30362
82. 弜于 B 舌。　　　　　　　　　　　　　　　　　　　　　　　　合 30363
83. ⋯子卜,祝才(在)B。　　　　　　　　　　　　　　　　　　　　合 30364
84. 才(在)B。　　　　　　　　　　　　　　　　　　　　　　　　　合 30365
85. 才(在)B,王受又(祐)。　　　　　　　　　　　　　　　　　　　合 30366
86. 才(在)B,吉。　　　　　　　　　　　　　　　　　　　　　　　合 30367
87. (1) 庚⋯⋯
　　(2) 弜登。
　　(3) 其登才(在)毓。
　　(4) 其高。
　　(5) 庚辰卜,其登方以羌才(在)B。王受又(有)又(祐)。　　　　屯 606
88. (1) 其舌窜小乙,王受又(祐)。
　　(2) 于妣庚,王受又(祐)。
　　(3) ⋯舌妣庚,若,酉于 B。王受又(祐)。　　　　　　　　　　　屯 822
89. (1) 其⋯于⋯宗⋯
　　(2) 若,酉于 B,受又(祐)。　　　　　　　　　　　　　　　　　屯 2393

(四) B + 祭法

90. ⋯戌卜⋯翌日其⋯丁 B 歲⋯凤酒。　　　　　　　　　　　　　　合 25985
91. ⋯既 B⋯歲迺 ▨ ⋯大丁升伐,王受又(有)又(祐)。　　　　　　　合 27005
92. B 卯叀羊。　　　　　　　　　　　　　　　　　　　　　　　　合 30361
93. (1) B 歲肆尊,王受又(祐)。
　　(2) 于夕酒。　　　　　　　　　　　　　　　　　　　　　　　合 30728
94. 蚊 B 歲酒。　　　　　　　　　　　　　　　　　　　　　　　　合 31119

　　王子楊先生通過對比 A、B 兩字的辭例,指出:"凡是無名組卜辭用'B'的例子,歷無名間類卜辭則改用'A',這當是不同類組卜辭所用文字形體不同導致的。'B'和'A'表示的是同一個詞是沒有問題的。"①通過比較上引卜辭文例，我們認爲這一看法是可信的。下文用"△"來表示 A、B 所代表的詞。

從上引卜辭可知，表示處所名稱的"△"有 A、B 兩種寫法，A 主要出現於歷無名間類卜辭中，B 主要出現於出類、何類②、無名類和黃類卜辭中。作爲處所名稱的"△"，常與"宗"對貞（如下引例 126—133），例 64（合 36115）"丙午卜，貞：文武丁 B，□，其牢"與合 36153、36154"丙戌卜，貞：文武丁宗，□，其牢"的辭例基本一致，一用"B"，一用"宗"。例 122（屯 2334）"父甲 B 門"與"父甲宗門"對貞，這些情況說明"△"確爲表示宗廟之類的建築。

三

甲骨文還有下引表二諸字（《甲骨文字編》1319 號）：

表　二

![]	![]	![]	![]	![]	![]
合 16412	合 8297	合 277	合 23477	合 25909	合補 7047

這一字形可隸定作"𥛬"或"㝎"。賈連敏先生認爲："'𥛬'字不見字書，相當於後來的何字，尚待進一步的研究。但由此字的諸異體可反證其聲旁均爲'祼'字異體。"③張玉金先生認爲"㝎"是專門舉行祼祭的簡易建築，跟卜辭中的"祼"並不是一字異體，而是兩個不同的字④。陳劍先生認爲該字常用作宗廟建築名，所從之"广""宀"爲增從的意符⑤。王子楊先生贊同陳先生的看法，並認爲"B""㝎""祼"在表示宗廟名稱時可以通用，"歷組、何組卜辭一般用'𥛬''㝎''𥛬'表示；賓組、出組一般用'㝎'表示；出組、無名組、黃組卜辭

---

① 王子楊《甲骨文字形類組差異現象研究》，中西書局，2013 年，第 345 頁。
② 如合 30353、合 30356、31057。
③ 賈連敏《古文字中的"祼"和"瓚"及相關問題》，《華夏考古》1998 年第 3 期，第 109 頁。
④ 張玉金《釋甲骨文中的"祼"和"㝎"》，《中國文字研究》第九輯，大象出版社，2007 年，第 75 頁。
⑤ 陳劍《甲骨金文舊釋"𢍰"之字及相關諸字新釋》，《出土文獻與古文字研究》第二輯，復旦大學出版社，2008 年，第 30 頁。

一般用'㊕''㊕''㊕'等表示（按：即本文所討論的B）；歷無名間類卜辭用'㊕'表示（按：即本文所討論的A）"①。由於這一問題牽涉到對"△"字的釋讀，因此需要作進一步的分析。爲討論方便，我們先將卜辭中涉及"禘""𪪺""㊕""㊕""㊕"諸字較爲完整的辭例羅列出來：

95. 作禘。　　　　　　　　　　　　　　　　　　　　　合 2273 正

96. 其至…祝禘。　　　　　　　　　　　　　　　　　　合 34393

97. 壬寅卜，㱿貞：王㐁于父禘。　　　　　　　　　　　合 2235 正乙

98. 貞：弖于𪪺。　　　　　　　　　　　　　　　　　　合 8297

99. 甲子卜，大貞：作家盧②子母𪪺眔多母，若。　　　合補 7047（合集 26765）

100. 丁…賓…作…𪪺…八月。　　　　　　　　　　　　合 277

101. 貞：于𪪺。　　　　　　　　　　　　　　　　　　合 23477

102. （1）…㲋其用于𪪺。
　　　（2）…不…又…㲋用…𪪺。　　　　　　　　　　合 25909

103. …卜…大…叀又…㲋用…𪪺。　　　　　　　　　　合 25976

104. …㲋其用于𪪺。　　　　　　　　　　　　　　　　合 25977

105. …卜旅…庚子妣庚…其在𪪺。　　　　　　　　　　合補 7020

106. （1）丁丑卜，彭貞：于文。
　　　（2）貞：于□。
　　　（3）…㊕。
　　　（4）…貞…虜。　　　　　　　　　　　　　　　合 27695

107. （1）戊辰…焚…宙，雨。
　　　（2）弜焚。
　　　（3）戊辰卜，焚妌于㊕。
　　　（4）戊辰卜，焚曼㊕，雨。
　　　（5）弜焚，壬申。
　　　（6）辛未卜，焚㊕于凡高（凡京）。　　　　　　合 32289

108. （1）乙卯卜，狄貞：獻羌一，其用妣辛㊕。
　　　（2）辛亥卜，貞：其祝一羌。王受又（有）又（祐）。　合 26954

---

① 王子楊《甲骨文字形類組差異現象研究》，第 348 頁。
② "家盧"也有可能是一個從"家"從"盧"的字。

張玉金先生在討論例 99 時認爲，此例中的"家盧子母"是祭祀對象。"家盧子母槑"應是定中結構，即家盧子母之槑。"作"是建造的意思。"作家盧子母槑"就是建造家盧子母的"槑"的意思①。不過，"作"除了表示"建造"的意思之外，在卜辭中還可置於祭祀動詞之前，表示"興起"之意。周忠兵、蔣玉斌先生綴合過下引卜辭：

109. (1) 于喪作零，王弗每（悔）。
    (2) 于𠂤作零，王弗每（悔）。
    (3) 于昷同（興），王弗每（悔）。
    (4) 于𠂤同（興），王弗每（悔）。　　合 30445 + 天理 569 + 合補 10385②

周忠兵先生在給王子楊先生的一封郵件中指出，"作零"中的"作"可能是表示"興起"之意，並不是具體的"建"，例 109 中，"作零"與"同（興）"同見，似乎可以證明這一點。如此，"作零"中的"零"就可能不是表建築類的詞，而可能是一祭祀動詞或表某種狀態的詞③。周先生的意見很有道理。屯 2345"其作肆在二 B"之"肆"指"肆祭"④，"作肆"之"作"後跟祭祀動詞，與"作零"一致。我們認爲例 99 中的"作"也有可能是表示"興起"之意，那麽，該辭中的"槑"就不會是表示建築，而可能是表示祼祭。"家盧子母槑"的形式與卜辭中的"大乙祼"（合 22721）相類。

例 102、例 104"鬯其用于槑"，張玉金先生認爲"槑"表示的是一種建築物名，卜辭是説鬯酒將要到"槑"裏使用，張先生並認爲例 98、例 101 中"槑"均作介詞"于"的賓語，"勿于槑""于槑"兩句都省略了主要動詞，其中的"槑"應該是跟例 102、104 中的"槑"一樣的用法⑤。

"鬯其用于槑"的"于槑"和下引卜辭的"于祼"類似：

---

① 張玉金《釋甲骨文中的"祼"和"槑"》，《中國文字研究》第九輯，大象出版社，2007 年，第 75 頁。
② 周忠兵、蔣玉斌先生綴合，參看《甲骨新綴四例》之第四組，中國社會科學院歷史研究所先秦史研究室網站，2010 年 11 月 7 日。《甲骨新綴 35 組》之第 30 組，中國社會科學院歷史研究所先秦史研究室網站，2012 年 2 月 22 日。
③ 參看王子楊《甲骨文字形類組差異現象研究》，中西書局，2013 年，第 77—78 頁。
④ 參看陳劍《甲骨金文舊釋"𩁹"之字及相關諸字新釋》，《出土文獻與古文字研究》第二輯，復旦大學出版社，2008 年，第 13—47 頁。
⑤ 張玉金《釋甲骨文中的"祼"和"槑"》，《中國文字研究》第九輯，大象出版社，2007 年，第 75 頁。

110.（1）虜叀卯各于▨（祼）用，王受又。

（2）于入自▨（祼）用，王受又。　　　　　　　　　　　　　合 27281

裘錫圭先生分析此條卜辭說，卜辭裏的"格"與"入"都是指王在祭祀時的行動，他辭或言"王其各于大乙升伐"①，"王各夕……"②，"王于酓酒于上甲入"③，"王出（？），于彡酒迺入"④，可證。這對卜辭卜問是到王"格于▨"的時候，或臨近王"格于▨"的時候就用虜好，還是等到王"入自▨"的時候用虜好。用虜當指用俘虜作犧牲⑤。張玉金先生認爲這個例子中的兩個"祼"，都是指舉行祼祭的場所。"各于祼"是說前往祼祭的場所。"入自祼"是說從祼祭的場所進來。"各于祼"做介詞"卯"的賓語，"入自祼"做介詞"于"的賓語，都表示時間⑥。裘先生謂"各"和"入"指王在祭祀時的行動，有相關辭例爲證，當可信。可見"各于祼"之"祼"與"各于大乙升伐"的"升伐"一樣，都是指一種祭祀行爲或狀態。"酓其用于廫"的"廫"當與例110"于祼"之"祼"一致，也是指"祼"這種祭祀行爲或狀態。卜辭又有"酓其祼"的說法：

111. 辛亥卜，喜貞：酓其祼。　　　　　　　　　　　　　　合 25978

此例和例102、104同屬出組卜辭，"酓其祼"和"酓其用于廫"所表述的應該是同一個意思，是說在祼祭的時候用"酓"。

通過以上對例110和例111的分析，我們認爲"廫"應視作"祼"的異體。其加"广"或"宀"之類意符的原因，可能與"祼"這種禮儀一般在室內進行的有關。

例108屬何組卜辭，"妣辛▨"之"▨"，有可能當釋作"祼"，也有可能是"B"字加雙手形的繁體。《甲骨文字編》將之與"▨"排在同一欄，視作同一字，而將之歸入4055號"升"字下⑦。該書4056號收有從示從▨之字，主要出現在黃類卜辭中。從辭例來看⑧，該字當釋爲"祼"，其所從之"▨"即"祼"字所

---

① 原注《甲》663【《合》27000】。
② 原注《粹》1061【《合》28183】。參看《佚》665【《合》30923】"……各夕▨……"。
③ 原注《存》上236【《合》1210】。
④ 原注《乙》4166【《合》5417】。
⑤ 裘錫圭《裘錫圭學術文集·甲骨文卷》，復旦大學出版社，2012年，第65—66頁。
⑥ 張玉金《釋甲骨文中的"祼"和"廫"》，《中國文字研究》第九輯，大象出版社，2007年，第73頁。
⑦ 李宗焜《甲骨文字編》，第1283頁。
⑧ 《類纂》，第418頁。

从之"👤""👤"的側面形象①。如果▣和▣爲一字，則▣也當釋爲"祼"。"祼祭"用人牲的記載也見於合 719 正："貞：祼于妣己册及卯牢。"如果是"B"之繁體，例 116②"妣辛 B"的形式與"祖先＋B"的形式一致。

"祼"字存在卜辭中還有用作地名的例子：

112.（1）王令疫人圣田于祼。
　　（2）王令束人于出圣…。　　　　　　　　　　　　《村中村南》375③

《村中村南》一書的整理者指出"祼"爲地名④。例 107 中的"祼"與之一樣，也是作爲地名。例 105"在瘝"之"瘝"是否也是作爲地名，因卜辭簡略，待考。

由以上的分析可知，"瘝""👤""👤"的用法與"祼"字相同，它們與表示宗廟建築名稱的 A、B 並不存在通用關係。

B 和"祼"字還有在同一條卜辭或同類卜辭中同時出現的情況。如例 76 屬無名類，其中有一條卜辭作：

王其登黍二▣，叀卲各凤▣酒。

"▣"和"▣"出現在同一條卜辭中，前者表示一種宗廟建築，後者是祼祭之祼。兩者在字形和用法上均差別明顯。

例 110 爲無名類卜辭，其中的"祼"字作"▣"和"▣"形，而無名類卜辭的 B 則作▣形。前文已經指出，黃類卜辭的"祼"字主要作從示從▣形，"▣"字形中雙手所奉持之物作▣，即"祼"字所從之"👤""👤"的簡化形象。黃類卜辭"B"則作"▣"（合 36107）形，與▣的寫法不同。卜辭"祼"字所從酒器的形體演變序列是▣——▣，而"△"字的演變序列是▣——▣，兩者在字形存在較爲明顯的區別。

通過以上的分析，我們認爲"△"和"祼"在字形和用法上均有較爲明確的差別，"△"主要出現在歷無名間類、出類、何類、無名類和黃類卜辭中。"祼"

---

① 我們認爲這種器物即被稱作"伯公父勺"的酒器，參看陝西周原考古隊《陝西扶風縣雲塘、莊白二號西周銅器窖藏》，《文物》1978 年第 11 期。
② 編者注：此處筆誤，應爲例 108。
③ 中國社會科學院考古研究所《殷墟小屯村中村南甲骨》，雲南人民出版社，2012 年。
④ 中國社會科學院考古研究所《殷墟小屯村中村南甲骨》，雲南人民出版社，2012 年，第 375 頁。

幾乎在各類卜辭中均有出現。兩者有在同條卜辭和同類卜辭中同時出現的情況。"△"主要表示一種宗廟建築，"祼"主要表示祼禮或祼祭。因此，我們認爲"△"和"祼"應該是不同的字，"△"不當釋爲"祼"①。

四

在這一節中，我們嘗試對"△"的釋讀提出一些看法。

研究者多指出，表三所引金文中从宀从B之字的用法與甲骨文"B"的用法一致，也是表示宗廟建築名稱，兩者當爲一字：

表 三

C1：5375.1	C2：5375.2	C3：5388.1	C4：5388.2	C5：5389.1	C6：5389.2	D：5375

子作婦卣：子作婦妫彝，女子母庚C祀尊彝。D　　　　《集成》5375

顯卣：顯作母辛尊彝，顯賜婦𩵦曰：用肆于乃姑C。　　《集成》5389

這兩個青銅卣的時代，爲商代晚期或西周早期。顯卣有兩器，其一藏於上海博物館，器圖見於《夏商周青銅器研究·西周篇》270號，該書定其爲西周早期器物②。另一藏故宫博物院，器圖見於《商周青銅器銘文暨圖像集成》第24册13294號③。從銘文內容來看，兩器均爲商族人所作，保留着稱某種宗廟建築爲"△"的語言習慣。

"△"詞所用的A、B兩個字形的使用情況，大致是早期用"A"來表示，晚期則用"B"來表示。因此，要考釋"△"字的演變情況，應從"B"字入手。"B"的形體見表三、表四所列，從字形來看，我們認爲"B"與表五所列E字有關。

---

① 周忠兵先生在其一篇未刊稿中認爲，"△"與"祼""在字形上從不同組類看，都區别明顯"。
② 陳佩芬《夏商周青銅器研究》，上海古籍出版社，2004年。
③ 吴鎮烽《商周青銅器銘文暨圖像集成》，上海古籍出版社，2012年，第24册，第224頁。

表 四

合 25056	合 25985	合 26976	合 27005	合 27729	合 30359	合 30353	屯 606

表 五

E1: 集成 425·2	E2: 集成 10373	E3: 上博·緇衣 15	E4: 包山 266	E5: 望 M2·45①	E6: 信 2·11②

　　李家浩先生討論 E2、E4、E5、E6 諸字時，贊同賈連敏先生以 E4 右旁"爲瓚之象形"，E2 是"瓚"字異體的意見，將這些字釋爲"瓚"③。上博藏《緇衣》簡公布後，簡 15 出現了 E3，與傳世《緇衣》對照，知其當讀爲"爵"。馮勝君先生由此出發，對表五所列 E2、E3、E4 諸字重加探討，認爲：E3 應分析爲從斗、少聲，隸定爲"斛"，讀爲"爵"。E2 也應該釋爲"斛"，字在銘文中用作量器名，就是郢大府量銘文④中的器物名"竗"字的異體。E4 右部所從與"斛"字極爲相似，所以應分析爲從毛、從斛。我們懷疑此字在簡文中就讀爲"勺"。E4 從小聲，上古音屬心紐宵部字；"勺"，上古音屬禪紐藥部字。舌、齒鄰紐，宵、藥對轉，所以 E4 可讀爲"勺"。馬王堆帛書《戰國縱橫家書》中"趙"字均作"勺"，亦可證小、勺聲系相通。包山二號墓中，被整理者稱爲寬柄斗的器物，就是勺。類似形制的勺在望山楚墓中亦曾出土。E4 所從的"毛"，懷疑是累加的聲符。E4 從小得聲，上古音屬心紐宵部字，"毛"字上古音屬明紐宵部字，二字疊韻。心紐、明紐，一屬齒音，一屬唇音，看似遠隔，但從小得聲的字往往轉入明紐，如秒、杪、眇、訬、渺等字均從小聲，但上古音都屬明紐宵部字，所以

---

① 字形采自李守奎《楚文字編》，華東師範大學出版社，2003 年，第 517 頁。
② 字形采自李守奎《楚文字編》，華東師範大學出版社，2003 年，第 354 頁。
③ 李家浩《包山二六六號簡所見木器研究》，《國學研究》第二卷，北京大學出版社，1994 年，第 538—540 頁。
④ 原注《殷周金文集成》16·10370 號器。

E4 也可以从毛聲①。

馮勝君先生對諸字的分析頗有理據，當可信從。劉釗先生在此基礎上補充了 E1、E5、E6 三個字形，認爲它們與 E2、E3、E4 屬同一字②。E1 出現於徐沈尹征鍼，雖然其在銘文中的含義尚不清楚，但從字形來看，將之與 E2—E6 諸字聯繫在一起，看作一字，是没有問題的。徐沈尹征鍼器圖見於《商周青銅器銘文暨圖像集成》，其年代爲春秋前期③。E1 的時代相對表四其他字形要早，字形像斗勺内有液體之形。E2、E3 字形中的"少"字應即由這種象徵液體形體的變形聲化。賈連敏和李家浩先生對 E4、E2、E5、E6 諸字的分析，雖然不被後出材料所支持，但其對字形的繫聯則有可借鑑的地方。我們認爲表五這些字當與 B 相聯繫。

E1 與 B 的形體極爲接近，其很有可能就是由 B 演變而成。E4、E5 去掉"毛"後的形體，以及 E6 去掉"木"和"毛"後的形體，作斗勺中有兩點劃之形，在字形上也和 B 較爲相似。E 是個從"少"或"毛"得聲的字，因此，B 也應該是個與"少"或"毛"讀音相近的字。

以上我們聯繫青銅器和簡牘資料中的 E 字，認爲 B 和 E 在字形上聯繫密切，E 當是由 B 演變而成，由此認爲 B 當是個與"少"或"毛"讀音相近的字。上文已經説明，"△"是個表示宗廟建築的名稱，由 B 字的讀音出發，我們認爲"△"可讀爲"廟"。

《説文》："廟，尊先祖貌也，从广朝聲。"其古文作"庿"。廟即宗廟，是設置先祖牌位以供祭祀的建築。對於《説文》所説的"从广朝聲"，段玉裁《説文解字注》謂："聲字蓋衍，古文从苗爲形聲。小篆从广朝，謂居之與朝廷同尊者，爲會意。"④《金文形義通解》認爲：

> 金文"廟"字从广，朝聲，與小篆形聲同。或从宀，與从广同意。以今人歸納之先秦古音系統，"朝""廟"雖宵部疊韻，然聲紐分在舌音與唇音，發聲似相隔不通，故段玉裁以"廟"爲會意而非形聲。然"朝""廟"詞義相關密切，朝祖之所

---

① 馮勝君《讀上博簡〈緇衣〉劄記二則》，載上海大學古代文明研究中心、清華大學思想文化研究所編《上博館藏戰國楚竹書研究》，上海書店出版社，2002 年，第 451—455 頁。
② 劉釗《金文字詞考釋（三則）》，收入劉釗《古文字考釋叢稿》，岳麓書社，2005 年，第 135—136 頁。
③ 吳鎮烽《商周青銅器銘文暨圖像集成》，上海古籍出版社，2012 年，第 29 册，第 224 頁。
④ 段玉裁《説文解字注》，上海古籍出版社，1988 年第 2 版，第 446 頁。

在即廟也,西周趞簋,乖伯簋皆以"朝"爲"廟",且"朝""廟"同部疊韻,故"廟"必爲"朝"之孳乳字,以語言說之,二者爲同源詞。……中山王錯鼎字改朝聲爲苗聲,爲《説文》古文所本。音符之改換,正反映語音之變遷。①

《金文形義通解》認爲"朝"和"苗"均充當"廟(庿)"的聲符,當可信。除了引文中所舉金文以"朝"爲"廟"的用例外,出土簡帛文獻還有以"庿"爲"朝"的用例,如郭店簡《語叢四》:"聖(聽)君而會,視庿而内(入)"之"庿"即讀爲"朝"②。"朝"上古音屬定母宵部,"△"以"少"爲聲符,"少"上古音屬書母宵部,兩者韻部疊韻,聲紐均屬舌音。"△"又可以"毛"爲聲符,"毛"和"苗"均屬明母宵部字③,兩者可相通。如《古字通假會典》【覒與苗】條引《説文》"覒讀若苗"④。《説文》的這一說法得到了出土文獻的驗證,今本《禮記·緇衣》"苗民匪用命",上博簡本《緇衣》苗作覒⑤。因此,以"少"或"毛"爲聲符的"△"確可以讀爲"廟(庿)"。

從目前所見資料看,"廟"字在商代的古文字資料中並未出現,該字最早出現於西周早期⑥,其用法主要是指宗廟這種建築。西周時期的宗廟,既有綜合性的宗廟,如周廟(《集成》2739、2814、9899)、大廟(《集成》4240、4270),也有具體的某王之廟,如康廟(《集成》2805、4275)指周康王之廟,穆廟(《集成》2836)指周穆王之廟。後一種廟的稱法,與"△"在卜辭中的常見用法"祖先+△"一致。卜辭中常見的此類稱法有"父庚A"(合27426、30303)、"祖丁A"(合27313、27339)、"父甲A"(合27442)、"父丁A"(合32448、32673)、"父丁B"(合23214、23248)、"父甲B"(合26976、30357)、"祖丁B"(合30348、30349)等。

值得注意的是"△"的下引辭例:

113. (1) 乙未卜,其馭虎陟于祖〔丁A〕。

(2) 乙未卜,其馭虎于父甲A。

---

① 張世超、孫凌安、金國泰、馬如森《金文形義通解》,京都,中文出版社,1996年,第2320—2321頁。
② 白於藍《戰國秦漢簡帛古書通假字彙纂》,福建人民出版社,2012年,第126頁【庿與朝】。
③ 陳復華、何九盈《古韻通曉》,中國社會科學出版社,1987年,第148—149頁。
④ 高亨《古字通假會典》,齊魯書社,1989年,第821頁。《説文》:"覒,擇也,從見毛聲,讀若苗。"
⑤ 白於藍《戰國秦漢簡帛古書通假字彙纂》,福建人民出版社,2012年,第126頁。
⑥ 參看董蓮池《新金文編》,作家出版社,2011年,第1349—1350頁。

(3) 庚子卜，其又歲于兄丁一牛。兹用。

(4) …牢…叀…用。　　　　　　　　　　　　　　　　合 27339 + 27623

此版卜辭爲王子楊先生所綴合，綴合説明云："綴合後，本版出現'祖丁''父甲''兄辛'三個聯合稱謂，據此，這些卜辭當爲康丁祭祀其祖武丁、其父祖甲、其兄廩辛的貞卜記録。"①

114. 其𢻳祖丁 B，又正，王受又。　　　　　　　　　　　　　　屯 3896

例 113 之 "𢻳虎陟于祖〔丁 A〕" "𢻳虎于父甲 A"，例 114 之 "其𢻳祖丁 B" 的表述方式與冉方鼎（《集成》2739）"禀于周廟" 基本一致，該鼎銘文作：

惟周公于征伐東夷，豐伯、薄姑咸戜（捷），公歸，禀于周廟。戊辰，飲秦飲，公賞冉貝百朋。用作尊彝。

此篇銘文的含義及其所記載的禮儀，譚戒甫先生有過精彩的分析。譚先生指出，"飲秦飲" 讀爲 "飲臻飲"，即春秋時期的 "飲至"。譚先生結合典籍記載，對 "飲至" 有過很好的闡述，爲加深理解，我們將之節録於下：

《左傳》隱公五年 "三年而治兵，入而振旅，歸而飲至"，這和本銘 "公歸……飲臻飲" 意相適合。又桓公二年："九月，公及戎盟於唐，修舊好也。冬，公至自唐，告於廟也。凡公行，告於宗廟，反行飲至，舍爵策勳焉，禮也。" 杜注："爵，飲酒器也。既飲置爵，則書勳勞於策，言速紀有功也。" 孔疏："凡公行者，或朝、或會、或盟、或伐皆是也。……飲至者，嘉其行至，故因在廟中飲酒爲樂也。襄十三年傳曰：'公至自晉，孟獻子書勞於廟，禮也。'書勞、策勳，其事一也。舍爵乃策勳，策勳常在廟，知飲至亦在廟也。彼'公至自晉'，朝還告廟也；此'公至自唐'，盟還告廟也；……" 又僖公二十八年："城濮之戰……秋七月丙申，振旅愷以入於晉，獻俘授馘，飲至大賞。" 杜注："授，數也。獻楚俘於廟。" 按本銘（1）言公歸，（2）言禀於周廟，（3）言飲臻飲，（4）言賞貝百朋，即是伐還告廟，飲至策勳，所言施禮次序，無一不合。②

可見，飲至、薦俘、授馘等禮儀都是在 "廟" 中舉行。譚先生對冉方鼎銘文所涉禮儀解釋得很透徹，但是其將銘文中的 "禀" 釋爲 "饔"，則不可信。研究者一般認爲 "禀" 表示薦或獻之義，或省作 "𢻳"。該字在卜辭中有不同的異

---

① 黃天樹主編《甲骨拼合續集》，學苑出版社，2011 年，第 380—381 頁。
② 譚戒甫《西周〈皇鼎銘〉研究》，《考古》1963 年第 12 期。

體，雙手中倒置的"隹"形，還可用倒置的"禾""魚"等表示①。卜辭中記載的所薦之物，除了例113提到的"虎"外，還有所俘的"馬""羊"和"聝"等。

115.（1）癸卯卜，宜饗□宗。

（2）于就宜。

（3）甲辰卜，馭孚(俘)馬自大乙。

（4）叀乙巳馭。

合 32435 + 合補 10226（屯 1078 與合 32435 同文，歷二）

116. 乙巳卜，馭孚(俘)羊自大乙。　　　　　　　　　　屯 4178（歷二）

117. 甲辰卜，爭貞：翌乙巳出于祖乙二羌、祖辛二羌、羌甲一羌，馭 ▨（聝）②于祖丁。　　《甲骨拼合三集》第 647 則（合 408 + 合 412）

"俘馬"和"俘羊"應當是指戰爭所俘獲的馬和羊，正如師寰簋（《集成》4313）所謂"驅俘士女牛羊"。"聝"則指戰爭所獲得的首級。例 115、116、117 等辭記載的馭俘人畜於祖先，即伐還告廟，獻俘授聝的禮儀。以這些卜辭用例相參照，例 113、114 所載顯然也是薦牲告廟的禮儀，"馭虎于父甲 A""馭祖丁 B"與"禜于周廟"的對應關係說明，將 A、B 所代表的"△"讀爲"廟"是很合適的。

卜辭中的"△"常與"宗"對貞，如：

118. 于祖丁 A ▨，弜若，即于宗(?)。　　　　　　　　　　合 27313

119.（1）丙子卜，其登黍于宗。

（2）…于 A。　　　　　　　　　　　　　　　　　　合 30306

120.（1）五牛…受又。

（2）禱在 A。

（3）于宗。　　　　　　　　　　　　　　　　　　　屯 2784

121.（1）二牢。

（2）于宗。

（3）于 A。　　　　　　　　　　　　　　　　　　合 30310

122.（1）其用才(在)父甲 B 門，又正。

（2）于父甲宗門用，又正。　　　　　　　　　　　　屯 2334

---

① 周忠兵《讀契劄記三則》，未刊。
② 此字從林澐先生釋，參看《林澐學術文集》，中國大百科全書出版社，1998 年，第 148 頁。

123. (1) 癸……

(2) 弜登于之，若。

(3) 其作肆才（在）二 B。王受又。

(4) 于宗，又正，王受又。

(5) 叀肆，用祝，又正，王受又。

(6) 弜肆，用祝。　　　　　　　　　　　　　　　　　　屯 2345

124. (1) 貞……。

(2) 其即宗禱。

(3) 癸亥貞，弜禱 B。

(4) 其禱。　　　　　　　　　　　　　　　　　　　　　屯 2860

上引卜辭中，例 119—124 等卜辭中，"△"與"宗"選貞，將"△"讀爲"廟"很合適。例 122 的記載說明"△"有"△門"，"廟門"一詞常見於文獻記載，如《書·顧命》"諸侯出廟門俟"，《禮記·雜記》"至於廟門"，《儀禮·聘禮》"及廟門"等。"△"和"宗"既然存在對貞關係，說明在殷代，兩者是有所區別的。下引兩條卜辭很能說明兩者之間的關係。

125. 己未卜，其▨父庚奭 A 于宗。兹用。　　　　　　　合 30303

126. 翌日己酉父庚 B 叀其即宗。　　　　　　　　　　合 30330

例 125 屬歷無名間類卜辭，張政烺先生認爲"奭"指妃匹①。"父庚奭 A"即父庚妃匹之廟。關於"▨"字，在不同類組的甲骨卜辭中有不同的寫法②，其在卜辭中最常用的用法是"～田"。學界對此字的考釋尚無定論。裘錫圭先生認爲此字當从"用"聲，以釋作"甕"爲宜。"甕"的本義當爲"聚土"，甕田可解釋爲去高填窪、平整土地和修築田壟等工作③。從這個解釋出發，"甕父庚奭廟于宗"大概是指擁立父庚奭之廟于宗這一建築中，例 126 卜辭中的"即"訓爲"就"，該條卜辭所述之事可能與例 125 相類。由這些記載可以看出，在殷代，"廟"可能是比"宗"要小的建築，廟可以設在宗裏。這種情形，正如西周時期的"康宫"裏又分設有"邵宫""穆宫""犀（夷）宫""剌（厲）宫"等諸王宫廟。

---

① 張政烺《"奭"字說》，收入《張政烺文集·甲骨金文與商周史研究》，中華書局，2012 年，第 1—9 頁。
② 李宗焜《甲骨文字編》，第 441—442 頁。
③ 裘錫圭《裘錫圭學術文集·甲骨文卷》，第 258—262 頁。

下引卜辭中，"△"又與"庭"對貞：

127. (1) 叀…奏。
     (2) 才(在)B。
     (3) 于庭。　　　　　　　　　　　　　　　　　　　　　　屯 2774

128. (1) 弜饗〔于〕庭，肆尊 B。
     (2) 其作豐，有正。王受又。
     (3) 弜作豐。　合 31180 ＋ 合 31045（蔡哲茂《甲骨綴合集》第 66 則）①

129. (1) 己未卜，祖丁大升，王其延大甲。
     (2) 弜延。
     (3) 王其饗于庭……
     (4) 弜饗于庭，肆尊 B，有正。
     (5) 其作豐，有正。
     (6) 弜作豐。　　　　　　　　　　　　　　　　　　　　屯 2276

陳劍先生認爲，所謂"饗于庭"，"饗"的對象也是"肆"，係"爲肆祭而舉行饗禮"之意。例 128、例 129 係貞卜"肆祭"是在"庭"爲其舉行饗禮好，還是在"B（祼）"中尊進好②。根據我們理解，"B"當讀爲"廟"。西周金文所記載的册命禮，"王格廟，即位"之後，右者引導受命者"入門""立中庭"。關於"廟""門"和"中庭"，陳漢平先生指出，因西周舉行禮儀時周王南嚮，受命者北嚮，故凡册命在大廟中大室舉行者，其大室爲大廟南嚮堂中央大室，即太廟中設神主之處。册命金文所言"各于大廟"者，當即各於大廟之大室，"大室"二字可以省略。而王在某地、某廙、某宫又"各于大室"者，據前文所引古代册命禮儀舉行於宗廟之習慣，知其亦爲各於廟或太廟之大室，"廟"或"大廟"亦可省略③。"册命金文記載受命者所入之門，當指距册命所在地最近之廟門或宫門。"④"禮經中凡言'庭'者，皆謂自堂下至門之庭。其言'中庭'者，即謂此庭南北之中。"⑤册命金文中"廟"和"庭"的具體處所，可以爲我們理解例 127、128、

---

① 蔡哲茂《甲骨綴合集》，臺北：樂學書局，1999 年。
② 陳劍《甲骨金文舊釋"䵼"之字及相關諸字新釋》，《出土文獻與古文字研究》第二輯，復旦大學出版社，2008 年，第 35—36 頁。
③ 陳漢平《西周册命制度研究》，學林出版社，1986 年，第 99 頁。
④ 陳漢平《西周册命制度研究》，第 112—113 頁。
⑤ 陳漢平《西周册命制度研究》，第 115 頁。

129等卜辭中的"庭"和"廟"提供參考。

五

將"△"釋讀爲"廟",從第四節的分析可知,相關辭例均可得到較好的解釋。在確定了"△"字在卜辭的用法和意義後,我們試對"△"的造字本義作一推論。

賈連敏先生認爲"祼"是一個會意字,从"示"、从"廾"、从"瓚"會意。"瓚"爲會意偏旁,是用以祭祀的祭器,而不是聲符。賈先生認爲目前所見的商周時期的瓚,從形制看,主要有以下兩類:第一類,杯形勺頭,柄有曲直、寬窄之分,柄端多有尖似圭,柄中部有些有方形飾突出。第二類,罐形勺頭,底有圈足,曲柄似圭,多成對出土①。孫慶偉先生將前者稱爲"長柄瓚",後者稱爲"短柄瓚"②。我們曾指出,從類型學的角度來看,所謂的"短柄瓚"和"長柄瓚"這兩類器物雖均似勺形,但形制上存在着較大的差別,如"短柄瓚"勺大有圈足,柄部較短;而"長柄瓚"勺小無圈足,柄部較長。從商代一直到戰國時期,這兩類器物均保持着各自的特點,應該承擔着不同的功能③。"長柄瓚"考古學界或稱之爲寬柄斗。這種寬柄斗在商代就已經出現④,流傳時間很長,戰國時期在包山楚墓⑤、湖北當陽趙家湖楚墓⑥、信陽楚墓⑦、望山楚墓⑧、曾侯乙墓⑨等地均有出土。

---

① 賈連敏《古文字中的"祼"和"瓚"及相關問題》。
② 孫慶偉《周代祼禮的新證據——介紹震旦藝術博物館新藏的兩件戰國玉瓚》,《中原文物》2005年第1期。
③ 何景成《論包山簡的"會𩰬之觴"——兼説"爵"的形制》,張光裕、黃德寬主編《古文字學論稿》,安徽大學出版社,2008年,第389頁。
④ 參看朱鳳瀚《中國青銅器綜論》,上海古籍出版社,2009年,第272頁,圖三·七五,斗(一)。
⑤ 湖北省荊沙鐵路考古隊《包山楚墓》,文物出版社,1991年,第149頁,圖91·3,圖版44·4。
⑥ 湖北宜昌地區博物館、北京大學考古系《當陽趙家湖楚墓》,文物出版社,1992年,第155頁,圖113·6。
⑦ 河南省文物研究所《信陽楚墓》,文物出版社,1986年,第39—40頁,圖29·1,圖版29·2、3。
⑧ 湖北省文物考古研究所《江陵望山沙塚楚墓》,文物出版社,1996年,第89頁,圖58·7,圖版28·4。
⑨ 湖北省博物館《曾侯乙墓》,文物出版社,1989年,第370頁,圖232·1,圖版138·1。

這種器物和勺很接近,上引馮勝君先生文章將包山楚墓的寬柄斗與 E4 相聯繫,並認爲"被整理者稱爲寬柄斗的器物,就是勺",我們認爲這種可能性是很大的。根據我們的分析,E4 是在"△"的基礎上加注"毛"聲之字。"△"作 A、B 兩種字形,從字形來看,像斗勺之類器物的形狀,而 A 正像柄部較寬的斗勺之形。因此,我們認爲這種寬柄斗應稱爲"△"。望山楚墓的資料說明,寬柄斗與勺似乎各有名稱。如李家浩先生指出,望山楚墓出土的二件銅勺,竹簡稱爲"金勺",其形態與彼有別可證①。不過,我們認爲,兩者形態接近,名稱的讀音亦接近,因此,將寬柄斗的名稱之字讀爲"勺",也是可以的。"勺",上古音屬禪紐藥部字。廟屬明母宵部,兩者韻部屬嚴格的陰入對轉關係。而从"勺"聲之字,"杓""灼"是並母字,"豹""筋"等是幫母字②。可見,"勺"的讀音與"廟"是很相近的。

"寬柄斗(長柄瓚)"與"短柄瓚"形制接近,以致學界往往將它們視作一類器物的不同型式。前文說過,我們認爲"祼"字所从之酒器即"短柄瓚",是"短柄瓚"的象形字。"△"爲"寬柄斗"之象形字。由於兩器形態接近,故所取象之字形體亦接近,這可能是以往學界將"△"也釋作"祼"的原因。但既然"△"與"祼"的用法不同,意義有別,在字形上亦各有其發展脈絡,因此,我們認爲當將"△"與"祼"字區分開。根據該字在戰國時期的讀音,結合其在甲骨卜辭中的用法,本文認爲應將之讀爲"廟"。

原載《文史》2015 年第 1 期。

---

① 李家浩《包山 266 號簡所記木器研究》,收入《著名中年語言學家自選集·李家浩卷》,安徽教育出版社,2002 年,第 242 頁。
② 參看裘錫圭《釋"殳"》,《容庚先生百年誕辰紀念文集(古文字研究專號)》,廣東人民出版社,1998 年,第 155 頁。此點承吳振武師提示。

謝明文

113 説 "臨"

甲骨文中有如下一些字形：

A: 　　B: 　　C: 　　D:

它們所在辭例分别爲：

1. 弜（勿）改，其唯小臣 A 令，王弗每（悔）。　　　　　　　　《合》36418
2. □［亥］卜，爭，［貞］☑B☑。三。　　　　　　　　　　　《合》3748
3. 貞：勿乎（呼）商 C 盉☑。　　　　　　　　　　　　　　　《合》4299
4. □□卜，☑于父甲，其 D，弜（勿）☑。　　　　　　　　　　《屯》2080

A 字，《甲骨文合集釋文》未釋①；《殷墟甲骨文字詞表》摹作""，未釋②；《甲骨文校釋總集》等釋作"順"③；《古籀篇》釋作"臨"，認爲："从品省、又从似、似臨古音同部、此似亦聲。"④《殷墟甲骨刻辭摹釋總集》摹作""，釋作"臨"⑤；《説文新證》⑥、《甲骨文字編》⑦等從釋"臨"之説。B

---

① 胡厚宣主編：《甲骨文合集釋文》第 4 册，中國社會科學出版社，2009 年，第 1797 頁。
② 陳年福：《殷墟甲骨文字詞表》672 號，第 43 頁，先秦史研究室網站，2012 年 4 月 10 日，http://www.xianqin.org/blog/archives/2634.html。
③ 曹錦炎、沈建華編著：《甲骨文校釋總集》第 12 册，上海辭書出版社，2006 年，第 4052 頁。
④ 高田忠周：《古籀篇》卷 35·28，《金文文獻集成》第 32 册，香港明石文化國際出版有限公司，2004 年，第 217 頁。
⑤ 姚孝遂、肖丁：《殷墟甲骨刻辭摹釋總集》，中華書局，1988 年，第 828 頁。
⑥ 季旭昇：《説文新證》，福建人民出版社，2010 年，第 683 頁。
⑦ 李宗焜：《甲骨文字編》下册，中華書局，2012 年，第 1025 頁 3377 號。

字,《甲骨文合集釋文》缺釋①,《甲骨文編》誤把其右半的"⸺"割裂出來立爲一個字頭收入附錄②,《殷墟甲骨刻辭摹釋總集》③、《甲骨文校釋總集》④、《新甲骨文編》⑤等把其左下部分割裂出來釋作"川"。C字,《甲骨文編》誤把其中的"⸺"割裂出來立爲一個字頭收入附錄⑥,《甲骨文合集釋文》未釋⑦,《殷墟甲骨刻辭摹釋總集》缺摹缺釋⑧,《甲骨文校釋總集》⑨、《甲骨文字編》釋作"汝"⑩。D字,《小屯南地甲骨》⑪、《小屯南地甲骨考釋》⑫未釋,《殷墟甲骨刻辭摹釋總集》⑬、《新甲骨文編》⑭、《殷墟甲骨文字詞表》⑮等釋作"順"。李宗焜先生在《殷墟甲骨文字表》中疑是"臨"字⑯,但後來在《甲骨文字編》中又從釋"順"之説⑰。

表示"順"這個詞的字西周金文中借"䜌"來表示⑱,東周文字中常用"川"、"㒸"、"巡"、"訓"來表示⑲。可見"順"這個字出現的時間應該不會太

---

① 《甲骨文合集釋文》第 1 册,第 223 頁。
② 中國科學院考古研究所編輯:《甲骨文編》,中華書局,1965 年,第 946 頁。
③ 《殷墟甲骨刻辭摹釋總集》,第 102 頁。
④ 《甲骨文校釋總集》第 2 册,第 494 頁。
⑤ 劉釗、洪颺、張新俊:《新甲骨文編》,福建人民出版社,2009 年,第 617 頁。
⑥ 《甲骨文編》,第 847 頁。
⑦ 《甲骨文合集釋文》第 1 册,第 248 頁。
⑧ 《殷墟甲骨刻辭摹釋總集》,第 113 頁。
⑨ 《甲骨文校釋總集》第 2 册,第 555 頁。
⑩ 《甲骨文字編》,第 162 頁 569 號。
⑪ 中國社會科學院考古研究所編:《小屯南地甲骨》(下册第一分册),中華書局,1983 年,第 978 頁。
⑫ 姚孝遂、肖丁:《小屯南地甲骨考釋》,中華書局,1985 年,第 281 頁。
⑬ 《殷墟甲骨刻辭摹釋總集》,第 999 頁。
⑭ 《新甲骨文編》,第 501 頁。
⑮ 《殷墟甲骨文字詞表》,第 43 頁。
⑯ 李宗焜:《殷墟甲骨文字表》,北京大學博士學位論文(指導教師:裘錫圭),1995 年,第 64 頁 626 號。
⑰ 《甲骨文字編》,第 206 頁 704 號。
⑱ 高田忠周:《古籀篇》卷 52·11,《金文文獻集成》第 32 册,香港明石文化國際出版有限公司,2004 年,第 515 頁。林澐:《新版〈金文編〉正文部分釋字商榷》第 31 條,中國古文字學會第八屆年會論文,1990 年。陳漢平:《金文編訂補》,中國社會科學出版社,1993 年,第 28 頁。白於藍:《"玄衣㡿純"新解》,《中國文字》新 26 期,藝文印書館,2000 年,第 149—153 頁。
⑲ 參看中山王䂮鼎(《集成》02840)、中山王䂮壺(《集成》09735)、行氣玉銘(《三代》20·49·1)。白於藍:《簡牘帛書通假字字典》,福建人民出版社,2008 年,第 343—344 頁。

早。況且西周早期以前的古文字資料中，"頁"作爲表意偏旁，它與"視"、"見"罕見通用之例。因此研究者或把 A、D 直接釋作"順"是值得商榷的。

B、C 兩個字形上部殘泐，C 形的人形與目形間似還有泐痕的干擾，《甲骨續存》下 5 摹本作"🅐"①，雖然上部摹寫得不是很準確，但把人形上的部分當作"目"形來處理則是正確的。從整個字形的組合以及偏旁限制來看，A、B、C、D 應該是一字異體（下文如對它們不加區分時，則統一用"△"表示），都表示一站立人形向下臨視水川之形，我們認爲它們都應該釋作"臨"。

西周金文中"臨"字已經出現多次，我們按其寫法分類如下：

a：🅐 師衛簋（《銘圖》②05142）西早③　🅐 師衛簋（《銘圖》05143）西早　🅐（🅐）師衛鼎（《銘圖》02378）西早　🅐 師訇簋（《集成》04342）西晚

b：🅐 大盂鼎（《集成》02837）西早

c：🅐 堇臨鼎（《集成》02312）西早　🅐 堇臨簋（《集成》03647）西早　🅐 堇臨簋蓋（《集成》03648）西早

d：🅐 獄簋（《考古與文物》2006 年第 6 期，第 59 頁圖 2）西中前段

e：🅐 伯唐父鼎（《考古》1989 年第 6 期，第 526 頁圖 2.1，《近出》356，《新收》698）西早後段

f：🅐 叔臨父簋（《集成》03760）西晚　🅐 毛公鼎（《集成》02841）西晚

關於"臨"字的字形分析，《說文》："監臨也。从臥、品聲。"高田忠周認爲弔臨父簋等銘文中的"臨"字所从的"川"乃"山川"之"川"，相當《說文》"灠"字所从之水，金文"臨"字應釋作"灠"，因灠从臨聲，故在銘文中假借爲"臨"。④陳漢平先生認爲堇臨器之字形旁象川谷水流形，聲旁从臨，故當釋作"灠"。⑤林義光認爲："从臣，臣屈伏也。臨下必屈其體。品，衆物也，象人俯視衆物形。古作🅐毛公鼎、作🅐盂鼎，🅐、🅐即品之變體。"⑥楊樹達先生認爲："品，衆庶也，从三口。按衆庶謂物多，不止一二也。孳乳爲臨，監也，从臥，品

---

① 胡厚宣：《甲骨續存》（全三冊）下編，群聯出版社，1955 年，第 391 頁。
② 吳鎮烽：《商周青銅器銘文暨圖像集成》，上海古籍出版社，2012 年。
③ 西早指西周早期，其他依此類推。
④ 高田忠周：《古籀篇》卷 3·22，《金文文獻集成》第 31 冊，第 98 頁。《古籀篇》卷 35·27，《金文文獻集成》第 32 冊，第 217 頁。
⑤ 陳漢平：《金文編訂補》，中國社會科學出版社，1993 年，第 96、196、406 頁。
⑥ 周法高主編：《金文詁林》，香港中文大學，1975 年，第 5196—5197 頁。

聲。按監（引者按：當是臨之誤）字从人从目从品，謂人以目監視庶物也。"①《金文形義通解》贊成臨象人俯視衆物形的意見②。《説文新證》認爲："三口形即'品'字，示品類衆物；口形連接三畫爲指示符號，惟秦漢以后指示符號漸省略，《説文》遂以爲'品聲'。"③《戰國古文字典》："臨（引者按：原文臨字皆用'｜'表示，下文不再説明），金文作 🔾（盂鼎）。从見，參聲。臨與參均屬侵部，臨爲參之準聲首。或作 🔾（毛公鼎）、🔾（弔臨父簋），見旁脱節作卧旁，參旁譌作三曲筆、三口形。戰國文字參旁省三曲筆存口形，或省一口作叩形，小篆遂因品形爲聲。"④《古文字譜系疏證》："盂鼎臨，从見，參聲。或説，象人俯視衆物之形。"⑤陳劍先生認爲"臨"字所从的"𐐈"代表視綫，品是添加的聲符⑥。

在以上衆多説法中，我們認爲"臨"字所从的"𐐈"乃"山川"之"川"，品是添加的聲符這些意見是對的，其他意見則皆不可信。上述金文中 c、d 兩種寫法的"臨"字所从的"叩"應該是"品"之省。包山簡"臨"字作"🔾"（簡 53），又作"🔾"（簡 79）、"🔾"（簡 185）即其例。d 種寫法的"臨"所从的"𐐈"應該就是在甲骨文 C 形所从之"𐐈"一類寫法的基礎上演變而來的。c 種寫法的"臨"字所从之"𐐈"既可能是在"𐐈"一類寫法的基礎上省略中間的水點演變而來，也可能是由"𐐈"（《合》20615）、"𐐈"（《合》22288）一類的寫法演變而來，還有可能是將"𐐈"（《合》14361）、"𐐈"（仲殷父簋，《集成》03964）中這一類寫法的川形加以對稱書寫而來。⑦師衛諸器中的"臨"字，表示人手的筆畫與表示川形的筆畫有交接，這與甲骨文中 A 形正相類。這種寫法應該是鑄刻文字過程中偶然出現的，應與表意無關。d、f 兩類寫法的"臨"字"目"形與"人"形分離，這與甲骨文中 A 形相同。

甲骨文中的"△"與金文中的"臨"字相比，後者只是多了"品"形而已。從甲骨文"△"表示一站立人形向下臨視水川之形來看，它應該是一個會意字。

---

① 楊樹達：《積微居小學述林》，中華書局，1983 年，第 156—157 頁。
② 張世超等著：《金文形義通解》，中文出版社，1996 年，第 2064 頁 1533 號。
③ 季旭昇：《説文新證》，福建人民出版社，2010 年，第 683 頁。
④ 何琳儀：《戰國古文字典——戰國文字聲系》，中華書局，1998 年，第 1415 頁。
⑤ 黃德寬主編：《古文字譜系疏證》第 4 册，商務印書館，2007 年，第 3952 頁。
⑥ 陳劍：簡帛學課程，2012 年 4 月 5 日。
⑦ 劉心源《古文審》（《金文文獻集成》第 11 册，第 448 頁）考釋董臨鼎銘文時，所引娟季盤"臨"字作"🔾"。該娟季盤銘文未見拓本，如果盤銘不僞而所摹字形又準確的話，則它所从之"川"可能是由"𐐈"（《合》22290）一類寫法演變而來。

臨，來母侵部，中古爲開口三等字；品，滂母侵部，中古爲開口三等字。兩者聲韻關係與"稟"之於"廩"、"廩"、"凜"一樣。"風"與"嵐"、"嵐"的關係也與之相類。①再聯繫甲骨文中"△"字來看，金文中的"臨"字應該分析爲"从△、品聲"。裘錫圭先生在《釋殷墟甲骨文裏的"遠""狱"（邇）及有關諸字》一文中曾指出：

> 在古文字裏，形聲字一般由一個意符（形）和一個音符（聲）組成。凡是形旁包含兩個以上意符，可以當作會意字來看的形聲字，其聲旁絕大多數是追加的。也就是說，這種形聲字的形旁通常是形聲字的初文。②

根據裘先生指出的這一現象，我們認爲甲骨文中的"△"應該就是上舉金文"臨"字的初文，"品"則是追加的聲旁。金文中 a、b、c、d、f 在甲骨文"△"的基礎上追加了聲符"品"，e 形省去了"川"形，就變成了一個一般的形聲字，此即詛楚文以及《説文》"臨"字所本。"臨"的演變與"耤"相類似，即原本是一個會意字，通過追加聲符、省去一部分表意偏旁而演變爲一個一般的形聲字。《説文》："灨，谷也。从水、臨聲。讀若林。一曰：寒也。"灨是一個从水、臨聲的形聲字③，其左邊所从之水與甲骨文、金文中"臨"字所从之川形表意完全不同，高田忠周將兩者等同起來這是不對的。

"△"字形表示一站立人形向下視水川，它強調的是"向下視"，這應該就是"臨"字的造字本義。《楚辭·九辯》："登山臨水兮。"王逸注："升高遠望，視江河也。"《荀子·勸學》："故不登高山，不知天之高也；不臨深谿，不知地之厚也。"這些臨字用的正是"向下視"的本義。"△"與"監"都是會意字，只是所視對象有別，前者所視對象是水川，後者所視對象是器皿。兩者構形相類，彼此意義也非常接近，《説文》："監，臨下也。""臨，監臨也。"

甲骨文中，A 用作人名，B 由於所在卜辭甚殘，其用法不詳。④甲骨文中

---

① "風"的上古音，研究者或歸冬部（郭錫良：《漢字古音手册》，北京大學出版社，1986 年，第 271 頁），或歸侵部（陳復華、何九盈：《古韻通曉》，中國社會科學出版社，1987 年，第 315 頁）。我們從侵部說。
② 裘錫圭：《古文字論集》，中華書局，1992 年，第 3 頁。又見同作者《裘錫圭學術文集》第 1 卷甲骨文卷，復旦大學出版社，2012 年，第 170 頁。
③ 朱駿聲認爲寒義之"灨"假借爲"凜"（朱駿聲：《説文通訓定聲》，中華書局，1998 年，第 99 頁）。
④ "B"下之字甚殘，作"〇"。從殘筆看，它有可能即卜辭中多見的方國名"〇"（《殷墟甲骨刻辭類纂》，第 1265、1266 頁），如可信，則"B"是監臨之義，"臨〇"與卜辭中所見的"望某方"、"視某方"相類。

"商"作人名多見（參看《殷墟甲骨刻辭類纂》第779—781頁），兹既可作人名，亦可作動詞（參看《殷墟甲骨刻辭類纂》第1229—1230頁）。C可能是一個動詞。《左傳》宣公七年："冬，盟于黑壤。王叔桓公臨之，以謀不睦。"杜預注："王叔桓公，周卿士，銜天子命以監臨諸侯。"C可能也是"監臨"之義。它所在卜辭是貞問不要呼令商這個人監臨兹這一個人執行某種任務或不要呼令商這個人監臨兹這一行爲。D用在"其"後面，顯然是一個動詞，它既可能是"哭臨"之"臨"，也可能是"臨視"之"臨"。由於相關卜辭殘甚，甲骨文中B、C、D幾例"臨"字的詞義還難以落實，對它們的進一步研究還有待於將來新材料的出土以及舊材料的拼綴復原。

下面我們再順便討論一下砢尊（《集成》06014）銘文中舊所謂"順"字。"順"字原作"〇"（下文用"〇"表示），其所在相關文句爲："'……嗚呼！爾有唯小子，亡（無）戠（職）。視于公氏，有庸于天徹命。敬享哉！惠☆①王靠德，谷（欲）天〇我不敏。'王咸誥。砢錫貝卅朋，用作庚公寶尊彝。"②陳劍先生曾根據李宗焜先生在《殷墟甲骨文字表》中疑D是臨字的意見，懷疑砢尊"〇"也可能是臨字。但陳劍先生同時也指出此字从"見"，與臨字从站立人形有別，因此"〇"雖非"順"字但其可能从"川"聲而讀爲"順"。③

我們認爲砢尊"〇"改釋作"臨"，從字形及文義兩方面看，都要優於釋"順"之說。

"〇"不宜釋作"順"，與甲骨文中"A"、"D"不能釋作"順"理由相同（參見前文）。"〇"與甲骨文"臨"字相比，有兩點區別，一是所从人形有跪與立之別，一是川形與人形的相對位置有別。從與"臨"有密切關係的"監"字來看，"監"所从人形一般是站立人形，皿形一般是位於下方。但是"監"字所从人形也偶有作跪坐者，皿形也偶有位於人形正對的那一側。④因此，"〇"完全有可能是甲骨文"△"的異體，亦可釋作"臨"。

砢尊"惠☆王靠德谷天〇我不敏"，舊一般認爲是器主"砢"的自述之辭。何樹環先生指出這一句應視爲周王誥教之辭的一部分。句中的"王"、"我"皆爲周

---

① 原字形與叀/惠有別，造字本義不詳，從近年新出土資料看，實應讀作"助"，參看楊安《"助"、"叀"考辨》，《中國文字》新37期，藝文印書館，2011年，第155—169頁。
② 銘文釋讀及斷句從陳劍先生説。簡帛學課程，2012年4月5日。
③ 陳劍：簡帛學課程，2012年4月5日。
④ 參看《新甲骨文編》，第478頁。《英》741有一個卜辭中數見的从皿从虎頭人之字，《殷墟甲骨刻辭類纂》（第225頁）、《新甲骨文編》（第478頁）皆誤作"〇"而收入"監"字條下。

王之自稱，惠有助義。①何説可信。"龏德"，裘錫圭先生指出其意猶《尚書·多士》"非我一人奉德不康寧"之"奉德"②，裘説可從。

叔向父禹簋（《集成》04242）"肇帥井（型）先文祖共明德、秉威義（儀）"，"共"、"秉"對舉，再聯繫梁其鐘"梁其肇帥井（型）皇祖考秉明德"（《集成》00187—00192），可知叔向父禹簋"共明德"之"共"即"秉持"、"奉持"一類的意思。䵼尊"龏德"之"龏"與叔向父禹簋"共明德"之"共"表達的顯然是同一個詞。魏克彬先生曾舉出數組"龏"可以代替"共"所表示的"奉行"、"敬持"一類意思的例子③，其中就包括䵼尊與叔向父禹簋這一組。競孫旟号鬲（《銘圖》03036）"追孝屎（纘）嘗，龏寺（持）明德，卲事辟王"，"龏"，《銘圖》、黄錦前④先生、董珊⑤先生讀作"恭"。"卲"，黄錦前先生認爲讀作"昭"訓"明"，或讀爲"詔"訓爲"助"⑥。參看戎生編鐘（《新收》1615）"召（詔）匹晉侯"、晉姜鼎（《集成》02826）"用召（詔）辝（台）辟"之"召匹"，尹姞鬲（《集成》00754）"休天君弗朢（忘）穆公聖粦明鮇（比）事先王"之"比事"，《禮記·表記》："故諸侯勤以輔事於天子"之"輔事"，可知"卲事辟王"之"卲"宜讀爲"詔"訓"助"。⑦"龏寺（持）"與"卲（詔）事"相對，亦當是動詞並列式結構。再聯繫䵼尊"龏德"、叔向父禹簋"共明德"，"龏寺（持）明德"之"龏"與"寺（持）"連用，意義當相近，這亦可説明類似語境中的"龏"、"共"應是"秉持"、"奉持"一類的意思。⑧

---

① 何樹環：《金文"叀"字別解——兼及"惠"》，《政大中文學報》第 17 期，第 223—266 頁。
② 轉引自何樹環《金文"叀"字別解——兼及"惠"》，《政大中文學報》第 17 期，第 237 頁。
③ 魏克彬：《温縣盟書 WT5K14 盟書補釋：説"龏"字》，《出土文獻與傳世典籍的詮釋——紀念譚樸森先生逝世兩週年國際學術研討會論文集》，上海古籍出版社，2010 年，第 99—130 頁。
④ 黄錦前：《郭莊楚墓出土競氏有銘銅器試釋》，復旦大學出土文獻與古文字研究中心網站，2012 年 6 月 1 日。http：//www.gwz.fudan.edu.cn/SrcShow.asp?Src_ID = 1877。
⑤ 董珊：《競孫鬲、壺銘文再考》，復旦大學出土文獻與古文字研究中心網站，2012 年 6 月 4 日。http：//www.gwz.fudan.edu.cn/SrcShow.asp?Src_ID = 1882。
⑥ 黄錦前：《郭莊楚墓出土競氏有銘銅器試釋》。
⑦ 論集按語：《尚書·文侯之命》"克左右昭事厥辟"之"昭事"與"卲事辟王"之"卲事"表示同一個詞。
⑧ 善鼎（《集成》02820）、伯戎簋（《集成》04115）"秉德共屯（純）"之"共"，研究者或讀作"恭"，甚誤。"共屯（純）"與"秉德"當是並列關係，其中"共"亦是"秉持"、"奉持"一類的意思。古文字資料以及古籍中還有不少表示"秉持"、"奉持"意的"共"、"龏"，舊一般亦誤讀作"恭敬"之"恭"。限於體例，我們在此不再一一舉例辨析。

師詢簋(《集成》04342):"王若曰:師詢,丕顯文武膺受天命,亦則繇①唯乃聖祖考克股肱先王,作厥爪牙,用夾詔厥辟奠大命,盩龢于政,肆皇帝亡斁,臨保我有周,雩四方民亡不康靖。"毛公鼎(《集成》02841):"唯天將集厥命,亦唯先正恪辥(乂)厥辟,庸勤大命,肆皇天亡斁,臨保我有周,不巩先王配命。"大盂鼎(《集成》02837):"戲酒無敢酸,有髭(祡)烝祀無敢擾,故天異臨子,法保先王,匍有四方。"這幾例"臨"字皆可以理解爲"護視"之義。從文義方面來看,尊銘"臨"亦是"護視"之義②,尊銘中"臨"的對象是人,這與大盂鼎同例。䣄尊"惠☆王靠德,谷(欲)天臨我不敏","不敏"是時王的自謙之辭。師詢簋、毛公鼎講的是臣子輔助周王,繼而上天臨有周。䣄尊講的是周王誥命宗室小子輔助王奉持德行,希望上天因此臨王,彼此情形正可比較。

2012 年 11 月 20 日寫畢

拙文承蒙陳劍先生審閱指正,謹致謝忱。

《商周文字論集》按語:䣄尊所謂"順"字,文術發先生《金文字詞箋釋》(第一則)("首屆古文字與出土文獻語言研究國際學術研討會"會議論文,2016年12月17—18日,中國廣州)認爲是"監"字異文,與"臨"字用法近似。該文釋字雖然不同,但對此字詞義的理解與我們有近似之處,讀者可以參看。

原載《出土文獻與古文字研究》第 6 輯,上海古籍出版社,2015 年;收入謝明文:《商周文字論集》,上海古籍出版社,2017 年。今據後者收入。

---

① 董珊:《略論西周單氏家族窖藏青銅器銘文》,《中國歷史文物》2003 年第 4 期,第 44 頁。
② 《詩經·小雅·小明》"明明上天,照臨下土"、《左傳》文公十二年"君不忘先君之好,照臨魯國"、《墨子·天志中》"明哲維天,臨君下土"等"臨"字與上舉金文中的"臨"字意義亦相因。

趙 鵬

殷墟 YH127 坑賓組龜腹甲鑽鑿佈局探析

目 次

一 殷墟 YH127 坑賓組龜腹甲鑽鑿佈局分類
二 殷墟 YH127 坑賓組龜腹甲鑽鑿佈局分類的意義
三 小結

自殷墟第十三次發掘以來，YH127 坑甲骨一直爲研究者所矚目。以往從釋字、内容、字體分類、鑽鑿、兆序、龜腹甲形態等各個角度進行研究，獲得了豐碩的成果。本文主要是對 YH127 坑賓組龜腹甲上的鑽鑿佈局模式進行整理分析[①]，以期解析這一階段龜腹甲占卜的特色。

一 殷墟 YH127 坑賓組龜腹甲鑽鑿佈局分類

YH127 坑賓組龜腹甲，完全不考慮文字的因素，可以反面鑽鑿排列佈局的

---

① 張惟捷在研究 YH127 坑賓組卜辭時，最早提出了鑽鑿的排列佈局概念。他認爲鑽鑿的排列佈局所指的是複數鑽鑿在腹甲反面特定部位形成的一種固定型態，並選擇後甲鑽鑿排列佈局作爲甲骨形態上的一個新的參照標（《殷墟 YH127 坑賓組甲骨新研》，499—522 頁，萬卷樓，2013 年）。本文的鑽鑿佈局不限於龜腹甲反面的"特定部位"，而是以鑽鑿在整個龜腹甲上的佈局爲著眼點。劉一曼將龜腹甲上鑽鑿灼的排列分爲五種：千里路兩側，各有一豎列鑽、鑿、灼；各有二豎列鑽、鑿、灼；各有三豎列鑽、鑿、灼；各有四豎列鑽、鑿、灼；各有五豎列鑽、鑿、灼（《古文字與古代史》第四輯，187—228 頁，歷史語言研究所，2015 年）。本文的分類目的在於體現鑽鑿佈局與卜兆、兆序、卜辭之間的連帶關係。

疏密程度爲標準進行分類，主要呈現出三種型式，有稀疏型、密集型和稀疏密集混合型。

（一）稀疏型

稀疏型指龜腹甲反面的鑽鑿數量比較少，排列比較稀疏，可以分爲兩種類型：單環稀疏型和複環稀疏型。

1. 單環稀疏型（"0"字型）　主要指沿原邊有一列鑽鑿，有的呈橢圓型，有的呈雙圓形上下排列。這種鑽鑿佈局按照首甲與中甲有無鑽鑿，分爲首甲中甲無鑽鑿型和首甲中甲有鑽鑿型兩種。

（1）首甲中甲無鑽鑿型（"0"字Ⅰ型）　這種類型以長20釐米左右的龜腹甲居多，也有11釐米的小龜和29釐米的大龜。無論龜腹甲大小[①]，首甲和中甲皆不施鑽鑿。前甲左右各兩個鑽鑿，呈上下縱向排列。後甲近尾甲處，左右各兩個鑽鑿，呈上下縱向排列。尾甲左右各一個鑽鑿，位於近後甲與千里路處。整版有十個鑽鑿。沿這些鑽鑿做一條連綫，很像數字"0"，也可稱之爲"0"字Ⅰ型，如《合集》9950（圖一）。這種鑽鑿佈局的龜腹甲約有86版。

"0"字Ⅰ型變式 i：YH127坑中有一些龜腹甲或大或小，反面的鑽鑿比較少，主要是在首甲中甲無鑽鑿基本型的基礎上，成對地減少外環鑽鑿個數：整版有二、四、六、八等偶數鑽鑿，基本位於前甲和後甲部位，呈對稱分佈。其中以六個鑽鑿爲多，也有三個鑽鑿的。這種鑽鑿佈局主要出現在典賓類，偶見賓組一類。《合集》10656整版兩個鑽鑿在前甲部位；《合集》10184整版四個鑽鑿在前甲和後甲部位；《合集》3947整版六個鑽鑿，前甲左右各兩個，後甲左右各一個，上下縱向排列。

"0"字Ⅰ型變式 ii：YH127坑中有一些比較大的龜腹甲，鑽鑿基本佈局呈"0"字型，但有時在中甲下面、千里路兩側各施加一個鑽鑿。這種鑽鑿佈局主要見於典賓類，如《合集》6771，整版外環有十二個鑽鑿。

（2）首甲中甲有鑽鑿型（"0"字Ⅱ型）　以長16釐米左右的龜腹甲居多。基本佈局爲首甲左右各一個鑽鑿。中甲一個鑽鑿。前甲左右各兩個鑽鑿，呈上下縱向排列。後甲近尾甲處，左右各兩個鑽鑿，呈上下縱向排列。尾甲左右各一個鑽鑿，一般位於近後甲與千里路處。整版有十三個鑽鑿。這種排列佈局的連綫也

---

① 《合集》9950，長21.1、寬14.2釐米。《合集》9075，長12.6、寬6.8釐米。《合集》10345，長27.4、寬15.9釐米。

有些像數字"0",可稱之爲"0"字Ⅱ型,如乙7361(圖二)。這種鑽鑿佈局的龜腹甲大約有66版。

"0"字Ⅱ型變式("8"字型):一般在基本佈局模式的基礎上,在左右後甲近前甲和千里路部位左右再各施加一個鑽鑿,使得反面的鑽鑿形成兩個相連的圓環狀,整版鑽鑿佈局類似"8"字,也可稱之爲"8"字型,如《合集》4769。這種鑽鑿模式下的正面卜辭佈局稍顯凌亂,疑是占卜機構對鑽鑿佈局探索過程中的產物,由於並不適合占卜或刻寫,很快就廢棄不用了。

以上爲單環稀疏型的基本佈局模式及變式情況。

2. 複環稀疏型　這種鑽鑿佈局以26—32釐米的大龜居多,多兩個鑽鑿在一起,排列上整體呈橢圓形較少,呈下圓形或雙圓形的稍多。整版鑽鑿二十至四十個。大多首甲與中甲無鑽鑿。首甲有鑽鑿的,一般左右各一至三個。中甲有鑽鑿的,一般爲兩個,左右相對,偶見三個。前甲左右各三至八個,一般分佈在近首甲原邊部位一或三個,近後甲中間部位兩個。後甲左右各三至十個,一般分佈在近前甲千里路部位一行兩個,近尾甲和原邊部位兩列五或六個。尾甲左右各一或二個,一般分佈在近後甲及千里路部位。甲橋一般不施鑽鑿,如《合集》5637(圖三)。這種鑽鑿排列類型約有56版,基本見於典賓類,偶見賓組一類。

複環稀疏型鑽鑿佈局首甲中甲一般不施鑽鑿,這與首甲中甲無鑽鑿的單環稀疏型相類。後甲尾甲鑽鑿排列呈圓形佈局,這與"8"字型相似。

(二)密集型

密集型指龜腹甲反面鑽鑿數量比較多,排列比較密集,基本佈局到每一個角落。密集型又可以分爲兩種類型:主體左右各兩列型和主體左右各三列及以上型。

1. 主體左右各兩列型　鑽鑿在千里路左右兩側,從上到下各通以兩列。這種鑽鑿佈局類型的龜腹甲長約20釐米。由於修治時留下的甲橋面積大小不同,又可以分爲近甲橋處無鑽鑿與近甲橋處有鑽鑿兩種類型[①]。

(1)近甲橋處無鑽鑿型　這種鑽鑿佈局類型的龜腹甲長度一般在16—23釐米。甲橋處留有很小的邊緣,不足以施鑽鑿,以整版三十一或三十三個鑽鑿爲主。基本佈局爲首甲左右各一或二個鑽鑿。中甲一個鑽鑿,兆幹在右,兆枝在

---

① 《合集》14732甲橋殘斷,不宜確定。

左，該鑽鑿一般右屬。前甲左右各五個鑽鑿，最上部近首甲與原邊處一個，下面兩行兩列四個。後甲左右各兩列三行六個鑽鑿。尾甲左右各三個鑽鑿，如乙7491（圖四）。這種鑽鑿佈局類型約99版，多見於典賓類，偶見賓組一類。

（2）近甲橋處有鑽鑿型　這種鑽鑿佈局類型的龜腹甲長16—24釐米。甲橋處留有稍大的邊緣，近甲橋處一般容得下三個一列的鑽鑿，與相應的前甲下部、後甲上部鑽鑿成行。這種鑽鑿佈局類型的龜腹甲一般以整版三十九、五十二、五十七個鑽鑿爲基本型。基本佈局爲首甲左右各二或三個鑽鑿。中甲多爲一或二個鑽鑿，一個鑽鑿及兩個鑽鑿上下排列時，通常兆幹在右，兆枝在左，該鑽鑿一般右屬；兩個鑽鑿左右排列時，分屬左右卜辭。前甲一般左右各七或九個鑽鑿，最上部近首甲與原邊處一或三個，下面兩行三列六個。後甲一般左右各七或九個鑽鑿，近甲橋處一個鑽鑿，中間兩列三或四行，六或八個。一般有後甲鑽鑿數同於前甲鑽鑿數的規則①。尾甲左右各三或五個鑽鑿，如《乙》3427（圖五）。這種鑽鑿佈局類型約77版，多見於典賓類，也見於賓組一類。

2. 主體左右各三列及以上型　這種鑽鑿佈局類型的龜腹甲通常在27—30釐米，鑽鑿以千里路爲軸，自上而下通以三列及以上排列。基本佈局爲首甲左右各一至七個鑽鑿。中甲左右二至五個鑽鑿，偶數鑽鑿時，左右相對，分屬左右兩側卜辭；奇數鑽鑿時，右側通常比左側多一個，多出的一個一般右屬。前甲一般左右各三至四列，八至三十六個鑽鑿。後甲一般左右各三至四列，七至三十二個鑽鑿。左右前甲及左右後甲近甲橋處通常也會有一列鑽鑿。尾甲一般左右各二至十個鑽鑿。甲橋留有較大的邊緣，通常有一列五或六個鑽鑿，如《合集》7352（圖六）。這種鑽鑿佈局類型雖然各個部位鑽鑿的數目差異較大，但基本從上到下通以三或四列。因爲鑽鑿呈密集排列，單個鑽鑿的長度相仿，所以鑽鑿的個數普遍與龜腹甲的大小成正比。這種龜腹甲約274版，見於賓組一類和典賓類，賓組一類較多。

（三）稀疏密集混合型

有些龜腹甲尺寸比較大，鑽鑿排列部分密集、部分稀疏。密集部分以三列爲主。例如《合集》975首甲中甲部位鑽鑿屬密集型排列，前甲後甲尾甲呈單環稀

---

① 董作賓曾指出：龜版之前左甲與後左甲，前右甲與後右甲，其鑽鑿數相同。間有前少於後一鑽者（《商代龜卜之推測》，《安陽發掘報告》第一册，1929年）。這種情況主要見於單環稀疏基本型及主體左右各兩列密集型。

疏型佈局。《合集》3979 後甲下部及尾甲部分呈主體三列密集型排列，上部爲首甲中甲無鑽鑿單環稀疏型變式（圖七）。這種龜腹甲約 9 版。

YH127 坑賓組龜腹甲鑽鑿佈局模式主要有以上一些基本型、式。在每種基本式之外，還有一些變式。有一些變式較爲規則，如單環稀疏型的變式。有一些變式則比較隨意，如主體三列及以上密集型，有時鑽鑿佈局比較靈活，不一定完全對稱。但這些都不影響基本佈局類型的類別判斷。

二 殷墟 YH127 坑賓組龜腹甲鑽鑿佈局分類的意義

對鑽鑿佈局進行分類便於瞭解鑽鑿佈局所涉及的占卜現象。占卜最重要的目的在於呈兆，鑽鑿是得兆的準備，兆辭及卜辭刻寫是對卜兆信息及呈兆結果的記錄。鑽鑿佈局與甲骨上的種種占卜現象關係密切。

（一）鑽鑿佈局與卜辭佈局的對稱性

龜腹甲反面的鑽鑿通常以千里路爲軸，左右基本對稱。龜腹甲正面多正反對貞或選貞卜辭，一般也以千里路爲軸左右對稱分佈，其所屬兆序亦大致對稱。

（二）鑽鑿佈局下的卜辭佈局、行款與兆序順序

1. 特色卜辭行款及兆序順序　一些鑽鑿佈局類型有特色的卜辭行款以及兆序排列。

卜辭一般以千里路爲軸左右對稱。行款如沿原邊起刻，則從外向内；沿千里路起刻則從内向外甲橋部位的行款兩種皆有，比較靈活。兆序排列順序一般爲自上而下或先從内向外，再自上而下依次排列。

　　壬子卜，爭，貞：來。{王占曰}①。一 二告 二
　　貞：來丁巳。一 二
　　翌癸丑其雨。{王占曰：癸其雨。癸丑允雨}。一 二 二告 三
　　翌癸丑不其[雨]。一 二 三　　　　　　　　　《合集》12972[典賓]

這版龜腹甲以舌下縫爲界，分爲上下兩個部分。兩組相關卜辭以千里路爲軸左右

---

① 本文以龜腹甲正反互足釋文，用"{ }"表示與正面互足的反面之辭。

對稱。"來丁巳"一組卜辭沿左右原邊直行刻寫。"癸丑雨"一組對貞卜辭沿左右原邊從外向內豎行。每辭兆序從"一"開始，自上而下依次排列。

　　單環稀疏型的龜腹甲多尺寸較小，行款特色爲沿原邊或千里路兩側直行刻寫。兆序特色爲首甲中甲無鑽鑿單環稀疏型一般爲左右各五，自上而下依次排列；首甲中甲有鑽鑿單環稀疏型一般右七左六，中甲鑽鑿兆幹在右，兆枝在左，兆序爲"二"，歸右側卜辭所屬，左右兩側兆序皆自上而下依次排列。

　　　　丙辰卜，㱿，貞：我受黍年。{王占曰：吉，受㞢年}。一 二 三 四 五
　　　　丙辰卜，㱿，貞：我弗其受黍年。四月。一 二 三 四 二告 五

　　　　　　　　　　　　　　　　　　　　　　　　《合集》9950［典賓］

這版首甲中甲無鑽鑿的單環稀疏型龜腹甲上，正反對貞卜辭沿原邊直行向下再轉而向外豎行。兆序辭左右各五，自上而下依次排列。

　　　　辛酉卜，宁，貞：㕣各化㦰兕。一 二 三 四 五
　　　　貞：㕣各化弗其㦰兕。一 二 三 二告 四 五
　　　　{奠來十。}　　　　　　　　　　　　　　《合集》6654［典賓］

這版首甲中甲無鑽鑿的單環稀疏型龜腹甲上，正反對貞卜辭沿千里路直行向下再轉而向外豎行。兆序辭左右各五，自上而下依次排列。

　　　　壬戌卜，古，貞：王夢，唯之。一 二 三 二告 四 五 六 七
　　　　貞：王夢，不唯之。一 二 三 四 五 六　　《合集》17411［典賓］

這版首甲中甲有鑽鑿的單環稀疏型龜腹甲上，正反對貞卜辭沿原邊直行向下刻寫。兆序辭右七左六，中甲爲"二"右屬，自上而下依次排列。

　　　　甲午卜，宁，貞：西土受年。一 二 三 四 五 六 七
　　　　貞：西土不其受年。一 二 二告 三 四 三告 五 六
　　　　{爭。}　　　　　　　　　　　　　　　　《合集》9742［典賓］

這版首甲中甲有鑽鑿的單環稀疏型龜腹甲上，正反對貞卜辭沿千里路直行向下刻寫。兆序右七左六，中甲爲"二"右屬，自上而下依次排列。

　　　　丙辰卜，㱿，貞：今早我其自來。{王占曰：吉。其自來。} 一 二 三 四 五 六 七 八
　　　　丙辰卜，㱿，貞：今早我不其自來。一 二 三 四 五 六 七

{爭。} 《合集》4769［典賓］

這版鑽鑿佈局爲"8"字型的龜腹甲上,正反對貞卜辭沿原邊直行向下刻寫。左右後甲近前甲與千里路處又各施加了一個鑽鑿,使得正面左右兩側對貞卜辭的兆序數也各增加了一個。兆序右八左七,中甲爲"二"右屬,自上而下依次排列。

主體左右各兩列密集型,大多數龜腹甲尺寸較小,特色占卜刻寫順序及行款有兩種。一種是正反對貞卜辭沿左右原邊直行向下刻寫,反面沿千里路兩側刻寫對應的占辭和驗辭。整版龜腹甲兆序先自上而下、再從內向外依次排列。右側十五兆序,左側十四兆序。另一種是先反面,沿千里路兩側正反對貞或選貞卜辭直行向下刻寫,再正面,沿原邊一組正反對貞或選貞卜辭直行向下刻寫。特色兆序排列爲:兆序自上而下依次排列,一般占卜刻寫順序先反面千里路再正面原邊。

己丑卜,爭,貞:今夕不雨。{［王］占曰:今夕不其雨,其壬雨。允不雨。不吉。唯壬見癸。} 一 ［二］ 二告 三 四 五 二告 六 七 八 九 十 一 二 三 四 二告 五

［己］丑卜,爭,貞:今夕雨。[一] 二 二告 三 四 五 六 七 八 九 十 一 二告 二 三 四

{雀入二百五十。} 《合集》12163［典賓］

這版近甲橋處無鑽鑿、主體左右各兩列密集型龜腹甲上,正反對貞卜辭沿左右原邊直行向下刻寫,反面沿千里路兩側刻寫對應的占辭和驗辭。整版龜腹甲兆序先自上而下、再從內向外依次排列。右側十五兆序,左側十四兆序。

{辛巳卜,𡧊(朱書),貞:𡇥受年。王占曰:吉。受年。} 一 二 三 四 五 六 七 ［八］

{貞:堂受年。} 一 二 三 四 五 六 七

貞:堂不其受年。一 二 二告 三 四 五 六 七 八

貞:𡇥不其受年。一 二 三 四 五 六 二告 七 八

{雀入二百五十。} 《合集》9791［典賓］

這版近甲橋處無鑽鑿、主體左右各兩列密集型龜腹甲上,反面選貞卜辭沿千里路兩側直行刻寫,左側一條有占辭。這組卜辭的卜兆在近千里路部位,右側卜辭兆序之始"一"在中甲部位,左側卜辭兆序之始"一"在中甲下面第一卜兆,兩側各一列,自上而下依次縱排。從反面鑽鑿佈局判斷,"𡇥受年"一辭,卜兆應該到"八"。正面選貞卜辭沿左右原邊直行向下刻寫,兆序一至八靠近左右原邊,自上而下依次排列。

2. 鑽鑿佈局下一些特殊的兆序排列順序　稀疏型與密集型鑽鑿佈局模式的龜腹甲，兆序排列一般以從內向外、自上而下爲主要行式。此外，也有一些特殊的，或者說是少數的兆序排列行式。這些特殊兆序排列行式主要出現在主體左右各三列及以上密集型鑽鑿佈局模式中。

　　{壬戌卜，𠄌}，[貞：帝]若䇂。[一] 二 三 四 [五] 六 七 八 九 小告 十一 二

　　貞：帝弗若䇂。{王[占曰]：弗若。} [一 二 三] 四 [五] 六 七 八 九 十 一 二

　　　　　　　　　　　　　　　　　　　　　　《合集》2273[典賓]

這版龜腹甲前甲下部與後甲上部兆序排列爲先從內向外，再自下而上。

　　辛卯卜，爭，貞：甲酒燎。一 二 三 四

　　辛卯卜，爭，貞：王亡乍𡆥。一 二 三

　　辛卯卜，內，貞：王出乍𡆥。一 二 三 四 二告 五 六 七 八

　　辛卯卜，爭：弜呼取奠女子。一 二 二告

　　辛卯卜，爭：呼取奠女子。一 二

　　[呼]取奠女子。一 二 三 四

　　庚子卜，𣪘，貞：令子商先涉羌于河。一 二 三 四 五 六 七 八

　　庚子卜，𣪘，貞：弜令子商先涉羌于河。一 二 三 四 二告 五 六 七 八

　　辛丑卜，爭，貞：取子𡖊。一 二 三

　　辛丑卜，爭，貞：弜取子𡖊。一 二 三　　　　　　　　　《合集》536[賓一]

這版龜腹甲整版兆序先從外向內，再自上而下或自下而上依次排列。其中右後甲部位舌下縫與腹股溝之間的"王出乍𡆥"一辭所屬兆序是從外向內，自上而下依次排列的。左右前甲下部的"令子商先涉羌于河"一辭所屬兆序是從外向內、自下而上依次排列的。其餘卜辭兆序從外向內依次橫排。

　　己丑卜，𣪘，貞：即以芻，其五百唯六。一 二 三 [四] 五 [六] 七 二告 八 九 十 一 二

　　貞：即以芻，不其五百唯六。一 二 三 四 五 六 七 八 二告 九 十 一 二

　　{戊午卜，亏，貞：呼取牛百，以。王占[曰]：吉。以，其至。} 一 二 三 四 五 六 七 八 [九] 十

　　{貞：王比沚𢦏伐巴方。} 一 二 三 四 五 [六 七 八 九] 十 二告

　　　　　　　　　　　　　　　　　　　　　　　　《合集》93[典賓]

這版龜腹甲有三個占卜事項。首甲卜辭犯兆，未刻兆序，懷疑反面有卜辭未刻。首甲是一組"即以夠，其五百唯六"正反對貞卜辭，兆序很可能是首、前甲交界處的"二"。前甲一組兆序辭自上而下，再從內向外依次縱排，未刻卜辭。後甲卜辭刻寫在反面，"王比沚馘伐巴方"和"呼取牛百，以"，其兆序排列行式與前甲部位相同。

〔己卯卜，㱿，〕貞：王往于田。一 二 二告 三

王弜往于田。一 二 三

〔貞：弜昔唯□令。〕一 二 三 四 二告 五 六

〔弜令。〕一 二 三 四 五 六　　　　　　　　　　《合集》635〔賓一〕

這版龜腹甲後甲下部左側兆序自上而下排列，因中間一列兆序"四五六"可以接續左側卜辭"王弜往于田"的兆序"一二三"，也可以接續其右側反面卜辭"弜令"的兆序"一二三"，不宜判斷其具體所屬。通過右側對應位置卜辭的卜兆兆序，則可以得到較明晰的判定：靠近千里路部位卜辭"弜昔唯□令"的兆序爲從內向外、自上而下分兩列依次排列；靠近原邊自上而下排列的兆序"一二三"應該屬於其右側"王往于田"卜辭。因龜腹甲千里路兩側的卜辭與兆序通常呈對稱分佈，據此推測左後甲下部中間一列兆序四至六接續其右側兆序，屬"弜令"一辭。

貞：今丙戌焚奻，虫从雨。一 二 三 四 五 六 七 八 九

貞：奻，亡其从雨。〔王占曰：唯翌丁不雨。戊雨。〕一 二 三 四 五 二告 六 七 八

于翌庚奏。一 二

弜于庚。一 二

叀今己丑奏。一 二 三

弜唯今己。一 二 三 四

舞岳虫。二

弜舞岳。二

〔庚寅虫从〔雨〕〕。三

甲辰卜，㱿，貞：奚來白馬。王占曰：吉。其來。一 二 三 四 五

甲辰卜，㱿，貞：奚不其來白馬。五〔月〕。〔一 二〕三〔四 五〕

〔貞：之（朱書）。〕一 二告 二 三 四 五

{□□。(朱書)}一 二 三 四 五
　　{奠入五十。(甲橋刻辭。朱書)}
　　{爭。}
　　{史。}　　　　　　　　　　　　　　　　　　　　　《合集》9177[典賓]

這版龜腹甲反面爲近甲橋處有鑽鑿主體左右各兩列密集型鑽鑿佈局。從中甲下部到後甲並上部，沿千里路兩側自上而下直行向下刻寫了一組"焚灾，业從雨"的正反對貞卜辭。其兆序先最外側上部一個，爲"一"；再中間自上而下依次排列兩個，爲"二"、"三"；最後又沿千里路兩側自上而下依次排列，"四"至"九"。該組卜辭兆序排列較爲迂曲。該版其餘卜辭卜兆自上而下、從内向外依次橫排。

3. 鑽鑿佈局下龜腹甲反面使用情況　　不同的鑽鑿佈局，龜腹甲反面刻辭的内容有所偏重。單環稀疏型，反面多爲占辭、驗辭、前辭、署辭，偶見命辭。複環稀疏型反面多占辭、署辭，有少量驗辭、前辭，也有少量命辭。近甲橋處無鑽鑿、主體左右各兩列密集型，反面多見占辭、署辭，有少量前辭、驗辭、命辭。近甲橋處有鑽鑿、主體左右各兩列密集型，反面多見占辭、前辭、署辭、命辭。主體左右各三列及以上密集型，反面多見占辭、前辭、署辭、命辭。

各種鑽鑿佈局下，卜辭結構段落的分佈在一定程度上與龜腹甲的大小及鑽鑿的密集程度有關。一般來講，賓組一類字體，龜腹甲尺寸比較大、鑽鑿比較密集，其反面刻寫命辭的情況比較常見。這也可以看作是早期充分利用龜腹甲空間進行占卜的結果。

(三) 施鑽鑿的時間

通常認爲鑽鑿是在龜骨送至占卜機構以後，取用占卜用龜骨之前完成的①。鑽鑿佈局模式説明施鑽鑿可能有兩個時間點。

一是在還没有具體的占卜事件時，就按一定佈局施以鑽鑿，以備日後占卜取用。稀疏型中的0字Ⅰ型基本型、0字Ⅱ型基本型、"8"字型、複環稀疏型以及所有的密集型，龜版數量相對比較多，鑽鑿佈局規範，正面卜辭既有一辭一兆，也有一辭多兆以及成套卜辭、成套腹甲，説明正面占卜方式受反面鑽鑿影響相對

---

① 董作賓：《商代龜卜之推測》，《安陽發掘報告》第一册，1929年。張秉權：《甲骨文的發現與骨卜習慣的考證》，《歷史語言研究所集刊》第三十七本下册，1967年；方稚松：《殷墟甲骨文五種記事刻辭研究》，183頁，綫裝書局，2009年。

小一些，這種鑽鑿佈局很可能具有預先性，是龜腹甲被送至占卜機構以後就按照貞人們設計好的佈局模式施以鑽鑿。殷墟甲骨施鑽鑿的時間絕大多數都屬於這種情況。例見《合集》14659。

另一是在確定了要進行占卜的事件，並且有了對這個事件的占卜方式以及過程的初步設想以後，取龜，施加鑽鑿，再進行占卜。外環鑽鑿數目減少的 O 字 I 型變式 i，正面通常是幾版一套的成套腹甲，一套之內各版鑽鑿格局全同，很可能是有了占卜預設以後才施加鑽鑿的。另外稀疏密集混合型的稀疏部分很可能具有臨時性。

  貞：我其齒，㞷。五 二告
  己卯卜，殼，貞：弗其㞷。五　　　　　　　　　《合集》10656［賓一］

這版龜腹甲前甲上部左右各一個鑽鑿，爲成套腹甲"我其齒，㞷"的第五版。

  辛卯卜，殼，貞：其莫。三月。三
  辛卯卜，殼，貞：不莫。三
  壬辰卜，貞：旦亡囚。三
  貞：旦其出囚。三　　　　　　　　　　　　　　《合集》10184［賓一］

這版龜腹甲前甲和後甲上部左右各一個鑽鑿，爲成套腹甲第三版。

  壬午卜，殼，貞：出伐上甲十有五，卯十小宰。三
  出伐于上甲十有五，卯十小宰出五。三
  弓卒出出。三　　　　　　　　　　　　　　　　《合集》901［典賓］

這版甲骨後甲中間左右各一個鑽鑿，右尾甲一個鑽鑿。爲成套腹甲的第三版。

  戊寅卜，殼，貞：雷鳳*其來。{王占曰：鳳*其出其唯丁。不出其出疾。弗其凡。}四
  貞：鳳*不其來。四
  戊寅卜，殼，貞：沚馘其來。{王占曰：馘其出叀庚，其先馘至。}四
  沚馘不其來。四　　　　　　　　　　　　　　　《合集》3947①［典賓］

這版龜腹甲，前甲左右各兩個鑽鑿，後甲左右各一個鑽鑿，只使用了前甲四個鑽

---

① 《合集》3946 爲成套卜辭之三。兩版龜腹甲大小相當，鑽鑿佈局全同，正面甲骨刻寫佈局全同，反面占辭刻寫佈局不同。

鑿，爲成套腹甲的第四版。

（四）影響鑽鑿數目的因素

董作賓認爲，一版龜腹甲上的鑽鑿數目與龜腹甲的大小成正比①，張秉權則認爲與龜腹甲的大小無關②。從鑽鑿佈局來看，YH127 坑賓組龜腹甲一版內鑽鑿的數目，主要是由鑽鑿佈局決定的。如《合集》9523 長 29.4 釐米，鑽鑿佈局是"0"字Ⅰ型變式 i，整版有六個鑽鑿；《乙》4702 長 28.7 釐米，是主體左右各三列密集型鑽鑿佈局，整版有一百零三個鑽鑿。兩版相比較，前一版尺寸更大一些，但鑽鑿很少，與後一版鑽鑿數目相差很大。《合集》18353 長 16.1 釐米，是首甲中甲有鑽鑿單環稀疏型，整版十三個鑽鑿，按首甲中甲無鑽鑿單環稀疏型來使用，灼燒了十個鑽鑿。《乙》5280 長 16 釐米，是近甲橋處無鑽鑿、主體兩列密集型，整版有三十一個鑽鑿。以上兩版大小相差不多，但鑽鑿數目相差比較大。由這兩組龜腹甲可以較爲清晰地看出，YH127 坑賓組龜腹甲上鑽鑿的數目主要是由鑽鑿佈局模式決定的。當然，由於賓組龜腹甲上單個鑽鑿的長短差別不大，所以在密集型模式中，龜腹甲的大小與鑽鑿的數目普遍成正比。

（五）鑽鑿佈局與成套歸類

在鑽鑿佈局類型下，成套呈現出一定規律性。

1. 成套歸類　見於不同版的成套腹甲一般出現在首甲中甲無鑽鑿的單環和複環稀疏型鑽鑿佈局模式中，一版內的成套卜辭主要見於稀疏型鑽鑿佈局模式的龜腹甲上。

　　壬戌卜，争，貞：翌乙丑屮伐于唐。用。三
　　貞：翌乙丑弖首屮伐于唐。一 二告
　　貞：翌乙丑亦集于唐。一
　　翌乙丑弖酒。一
　　貞：屮咸戊。一 二告
　　屮于學戊。一
　　弖屮。一

---

① 董作賓：《商代龜卜之推測》，《安陽發掘報告》第一册，1929 年。
② 張秉權：《殷虛卜龜之卜兆及其有關問題》，《"中研院"院刊》第一輯，1954 年。

弜出。一
翌乙丑其雨。一
翌乙丑不雨。一
王…唯…雨…
｛𡚦入二百五十。｝　　　　　　　　　　　　　　　《合集》952［典賓］

這版龜腹甲是成套腹甲的第一版，鑽鑿佈局爲首甲中甲無鑽鑿單環稀疏型的基本型。

丁未卜，爭，貞：㠱各化受又。｛王占曰：唯戊㞢。｝二
丁未卜，爭，貞：㠱各化弗其受又。二
二
二
貞：方其㞢我史。二
貞：方弗㞢我史。｛王占曰：吉。唯其亡工舌。叀其值。｝二
貞：我史其㞢方。二 二告
我史弗其㞢方。二
貞：卬亡囚。二
貞：卬其㞢囚。二
往西多紲□王伐。［二］　　　　　　　　　　　　《合集》6771①［典賓］

這版龜腹甲是成套腹甲的第二版，鑽鑿佈局爲首甲中甲無鑽鑿單環稀疏型的變式 ii。

辛卯卜，㱿，貞：王往延魚，若。一
辛卯卜，㱿，貞：王弜延魚，不若。一 二告
辛丑卜，宁，貞：翌壬寅其雨。｛王占曰：吉，唯翌庚。｝一
貞：翌壬辰不其雨。｛壬辰允不雨，風。｝一
壬辰卜，㱿，貞：㞢祖辛二牛。一
㞢祖辛二牛。一
貞…祖…
㞢。一

---

① 《合集》6959 鑽鑿佈局同。

〔㞢祖辛。〕

王夢唯囧。

不唯囧。

〔貫入二。〕　　　　　　　　　　　　　　　　　　　《合集》12921［賓一］

這版龜腹甲，一辭一兆，整版兆序相同，可能是整版成套的龜腹甲之第一版。這種整版成套的龜腹甲在複環稀疏型鑽鑿佈局的龜腹甲中占一定比重。

　　YH127坑賓組龜腹甲的成套腹甲一般一套最多五甲，這與首甲中甲無鑽鑿單環稀疏型基本式所特有的一版一組正反對貞卜辭各五兆五序的占卜理念應該相同，其實質就是一組正反對貞卜辭各占卜了五次，灼燒了五個鑽鑿。不同只是在於是在同一版上進行，還是在不同龜版上進行。

　　2. 見於一版的成套卜辭的實質　一版內的成套卜辭主要出現在稀疏型鑽鑿佈局的龜腹甲上，極少數見於密集型。張秉權指出成套卜辭的卜兆，並不集中在一塊地方，而且毫無規律地分佈在龜版的上中下各部，又和另一些事件的卜兆混在一起，如果這些卜兆的旁邊沒有卜辭來加以注明，日子一久就無法稽考它們是屬於哪一事件所占卜的事項了，如果卜兆的頂端沒有序數，也就無法查出哪一卜兆先占，哪一卜兆後占的了。爲了便於"計其占之中否"起見，就不得不在卜兆之旁一一刻上卜辭，於是在甲骨上就出現了成套的卜辭了①。正如張秉權指出的，一版內有其他卜辭相間隔的時候，卜辭的重複刻寫就是爲了標示卜兆所屬，這是一版內出現成套卜辭的實質。卜辭總是要守兆或守鑽鑿的，也就是説，卜辭的作用就是要注明卜兆的占卜事件，在這一點上，成套卜辭與其他卜辭没有任何實質性的不同。

　　　　貞：執䧌芻。一　二

　　　　執䧌芻。三

　　　　貞：執䧌芻。四　五

　　　　貞：弜執䧌芻。一　二　三　四　五

　　　　貞：王夢㱿，唯囧。一

　　　　王夢㱿，不唯囧。一

　　　　貞：唯囧。一　　　　　　　　　　　　　　　　《合集》122［典賓］

---

①　張秉權：《論成套卜辭》，《慶祝董作賓先生六十五歲論文集》上册，歷史語言研究所外編第四種上册，1960年。

這版龜腹甲"王夢"之辭在前甲上部左右對貞,並與"執雔夠"卜辭相間刻寫。"執雔夠"在該版上是兆序到"五"的對貞卜辭,右側"執雔夠"卜辭的五個兆序被"唯田"卜辭隔為三段,為三條成套的正貞卜辭。從這一版可以看出,"執雔夠"的重複刻寫,構成了一版內的成套卜辭,它們有一個很明顯的功能,就是標示出卜兆所屬。左甲部位卜辭五兆,兆序一與下面的兆序二至五被跨首甲與前甲部位的卜辭"王夢啟,不唯田"隔斷,其兆序為右下之"一",也可判斷左首甲兆序"一"屬"弓執雔夠"卜辭。

　　丙寅卜,內:翌丁卯王步,昜日。一 二
　　翌丁卯王步,不昜日。一 二告
　　貞:呼乍圉于尃。一
　　弓乍圉于尃。一
　　丙寅卜,爭,貞:我亡田。一 二 三 四
　　貞:我亡田。五 六 七 八
　　貞:翌己巳步于辛。一 二
　　貞:辛亡肇敉。一 二
　　丁卯卜,殼,貞:我自亡肇敉。一 二
　　貞:翌戊辰王步,昜日。一 二
　　貞:于庚午步于辛。一 二
　　丙寅卜,爭:翌戊辰弓步。一 二
　　丙寅[卜],爭… 一 二
　　{隹入十。}　　　　　　　　　　　　　　　《合集》11274[賓一]

這版龜腹甲前甲下部有兩條成套卜辭,占卜我亡田,兆序先右後左,從內向外,自下而上依次排列到"八",左側"我亡田"的重複刻寫,一方面可以形成與右側的對稱,另一方面在於標示出左側對應部位的卜兆及兆序所屬。

　　貞:呼雷耤于明。[一] 二 三 四 二告
　　丙戌卜,宁,貞:令眾黍,其受出[年]。{王占曰:吉,受[出]年。} 一 二 三 四 五
　　庚申卜,古,貞:弓𦣻敉于南庚宰。用。{王占曰:吉。} 一
　　{奠…}　　　　　　　　　　　　　　　　　《合集》14[典賓]

這版龜腹甲右前甲部位的卜辭"呼雷耤于明"的兆序一、二與三、四被後甲甲橋

部位卜辭“弓菅𢦔于南庚宰”隔斷，並未在後甲下部或尾甲部位重複刻寫卜辭“呼雷耤于明”。因卜辭“椎于南庚”的卜兆只有一個，兆序辭只有一，不會對判斷兆序三、四的所屬造成干擾。

當一版内只有一組成套卜辭，没有其他卜辭時，成套的標示作用就被弱化了。這種情況一般出現在尺寸比較大、刻寫空間比較充足的龜腹甲上。

丙辰卜，古，貞：其𢦔羌。一
貞：𢦔羌。二
貞：𢦔羌。三 四 二告 五
貞：于庚申伐羌。一
貞：庚申伐羌。二
貞：庚申伐羌。三 四 二告 五　　《合集》466［典賓］

這版龜腹甲上有一組選貞卜辭，呈左右對稱分佈，整版龜腹甲上只有三條成套卜辭，没有其他卜辭。其下面左右兩側重複刻寫卜辭的標示作用被弱化。

庚子卜，争，貞：西史旨亡𡆥，由。{王占曰：其唯丁引，𢦏。} 一
庚子卜，争，貞：西史旨其㞢𡆥。一 二告
貞：西史旨亡𡆥，由。二
西史旨其㞢𡆥。二
貞：旨亡𡆥。三 二告
旨其㞢𡆥。三
旨亡𡆥。四
其㞢𡆥。四 不𠁁
旨亡𡆥。五 不𠁁
其㞢𡆥。五
{婦巷來。}
{易入二十。}　　《合集》5637［典賓］

這版龜腹甲反面是複環稀疏型鑽鑿佈局，正面是一組正反對貞卜辭左右對稱分佈，没有其他卜辭。占卜時有的鑽鑿未使用，有的鑽鑿灼燒後未刻寫兆序辭，實際相當於一組正反對貞卜辭，分别刻寫了五次、進行了五次占卜，即五條成套卜辭。卜辭刻寫位置、行款並兆序整體佈局同於“0”字Ⅰ型。這版龜腹甲下面左右兩側重複刻寫卜辭的標示作用被弱化。

丙戌卜，殼，貞：戠允其來。十三月。{王占曰：甲申戠來。肩來。} 一
丙戌卜，殼，貞：戠不其來。{王占曰：大驟風}。一
貞：戠允來。二
貞：戠不其來。二
貞：戠允其來。三
貞：戠不其來。三 二告
丙戌卜，殼，貞：戠其來。一 二 三 四 五 六 七 八 九
{岀入五（甲橋刻辭）。} 《合集》3979[典賓]

這版占卜"戠來"之辭，龜腹甲表面以腹股溝爲界，上部反面鑽鑿爲首甲中甲無鑽鑿單環稀疏型變式 i，六個鑽鑿。其正面對應部位，因該版龜腹甲尺寸較大，刻寫空間相對充足，是正反對貞三組成套的方式來占卜的卜辭，兆序分別爲一至三。下部反面爲主體三列密集型佈局，其正面對應部位卜辭以一辭多兆的形式來占卜，該辭兆序從一至九。兩個部分，兩種鑽鑿模式，分別採用各自的特色占卜方式來進行，即稀疏部分成套，密集部分一辭多兆。

（六）鑽鑿佈局與犯兆

卜辭犯兆的現象最早由張秉權指出[①]。龜腹甲卜辭犯兆情況主要有三種情況，即犯兩側卜辭之兆，犯反面卜辭之兆，犯自身卜辭之兆。例見《合集》902、12051。

鑽鑿佈局下的犯兆，在YH127坑賓組龜腹甲上看得比較清楚，單環稀疏型基本未見犯兆，複環稀疏型個別有犯兆（如《合集》11006），主體兩列密集型有少量犯兆（如《合集》3458、12051）。以上這些犯兆卜辭，一般文字刻寫比較大。主體三列及以上密集型有三分之一以上龜腹甲有犯兆現象，而且刻字有大有小（如《合集》6943）。據此推斷，犯兆主要是由於鑽鑿密集、卜辭刻寫空間不足所致。

（七）兆序刻寫時間

最早探討兆序辭刻寫時間的是張秉權，他認爲是在灼兆以後，刻卜辭以

---

① 張秉權：《殷虛卜龜之卜兆及其有關問題》，《"中研院"院刊》第一輯，1954年。

前①。實際兆序的刻寫可能有三個時間點。

第一，兆序辭在灼燒卜兆以後，灼燒一個卜兆即刻寫一個兆序辭。這主要出現在兩種情況下，一是一辭一兆，一灼一刻；一是兆序排列較爲混亂的一灼一刻。

　　唯南庚𡥑王。一
　　不唯南庚𡥑王。一
　　貞：王㞢㞢𡥑。一
　　貞：王㞢不唯㞢𡥑。一　　　　　　　　　　　　　《合集》10299［賓一］

這版龜腹甲近舌下縫之上左右各有一條卜辭，是一組"南庚𡥑王"正反對貞卜辭，每條卜辭有一個卜兆。左右後甲近甲橋下部各有一條卜辭，是一組"王㞢有害"正反對貞卜辭，每條卜辭有一個卜兆。以上四條卜辭各占卜一次，兆序辭很可能在每次灼燒之後即行刻寫。

　　呼妦、疫克。一 二告 二 三
　　貞：呼妦、疫克。一 二
　　　　　　　　　 二 三 二告
　　丁酉卜，爭，貞：呼妦、疫克。一 五 六 四 二告 七
　　〔莫來二十。在寧。〕　　　　　　　　　　　　　《合集》4464［典賓］

這版龜腹甲上的卜辭爲"呼妦、疫克"之事占卜了三個回合。從卜辭的完整程度來判斷，占卜刻寫的順序是先左後右。第一個回合占卜七次："一"在左首甲，"二"、"三"在右後甲及右尾甲，"四"在左後甲上部，"五"在左前甲上部，"六"在左前甲下部，"七"在左後甲下部。這種排列很混亂的兆序辭很可能是一灼一刻。第二回合在右首甲、中甲及右前甲上部，占卜了三次。第三回合在右前甲下部及右後甲上部，占卜了兩次。按照張秉權對成套卜辭的界定，這三條不在一個占卜回合內，當不屬於成套卜辭。

第二，龜腹甲上兆序排列較爲普遍的行式是自上而下或先從內向外、再自上而下依次排列。這種很規則的兆序排列行式，兆序辭的刻寫可以灼一組刻一組，當然也可以一灼一刻。

　　戊寅卜，爭，貞：妝，王值于之若。一 二 三 四 五 六 七 八 九 十

---

① 張秉權：《卜龜腹甲的序數》，《歷史語言研究所集刊》第二十八本上冊，1956年。

貞：弓敀，不若。一二三四五六七八九十二告 《合集》16152［典賓］

這版龜腹甲跨後甲及尾甲部位的正反對貞卜辭，兆序辭從內向外、自上而下依次排列，左右基本沿千里路對稱分佈。這種規則排列的兆序辭，可以灼完一組之後再一起刻寫，也可以一灼一刻。

第三，當卜辭犯自身卜兆時，一般會在卜辭刻寫之後再刻寫兆序辭，或者重新調整、修改兆序辭的順序。這要據甲骨實物或清晰的甲骨照片上有無刮削或修改過兆序辭的痕跡來確定，僅僅憑藉拓本是不能夠做出準確判斷的。

壬戌卜，章，貞：今十二月雨。一二三四五六七八九

貞：今十二月不其雨。一二三四五［六］七［八九］ 《乙》908＋［典賓］

這版龜腹甲前甲上部有正反對貞卜辭，左右兩條卜辭犯了自身的三個卜兆。從兆序刻寫情況來看，所犯之兆未刻寫兆序辭，首甲部位三個卜兆分別刻寫了一至三之下又接續首甲從內向外、自上而下依次刻寫了兆序辭四至九。兩條卜辭的兆序辭爲一至九。兆序辭被卜辭隔斷後接續刻寫，説明這些兆序辭應該是在刻寫卜辭之後刻寫上去或重新修改過的。

第四，有些甲骨上只刻寫了卜辭，沒有刻寫相應的兆序辭，可能是遺忘了兆序辭刻寫。午組龜腹甲，如《合集》22048、22050、22098、22094＋22441、《合集》21073＋《乙》5573等整版未見兆序辭，可能是遺漏刻寫，也可能是午組卜辭不重視兆序辭的刻寫。

商代占卜，兆序辭刻寫的時間比較靈活。但大多數還是在灼兆之後，刻寫卜辭之前進行。

（八）占卜預設

從YH127坑賓組龜腹甲呈現出的卜辭以及兆序的佈局來看，當時的貞人集團在占卜一件事之前應該有一個預先設想的占卜方案。這些設想的方案可能包括以下兩個方面的內容，即：使用哪個區域的哪些鑽鑿①和灼燒鑽鑿的順序。確定占卜一件事所使用的區域，就確定了占卜要使用鑽鑿的個數，這就是占卜的次數。確定了灼燒鑽鑿的順序，也就確定了兆序辭，即確定了占卜的起點、過程與終點。由於一些特色鑽鑿佈局有自己特有的刻寫行款，懷疑占卜預設中也許會把

---

① 這一點是由方稚松先生提出的。

刻寫行款部分考慮在內。

　　乙巳卜，㱿，貞：我其出令盛，叀用王。一 二 三 四 五 六 七 二告
　　乙巳卜，㱿，貞：我弓出令盛，弗其叀用王。一 二 三 不𰉔 四 五 六

《合集》1107［典賓］

這版龜腹甲應是占卜之前就預設好了用正反對貞的形式，右側分配給正貞之辭，左側分配給反貞之辭。雖然取用了兩列密集型鑽鑿佈局的龜腹甲，但占卜前決定有些鑽鑿不必使用，按照首甲中甲有鑽鑿單環稀疏型佈局的方式來占卜，右側用外環的七個鑽鑿，左側用外環的六個鑽鑿，兩側都自上而下依次灼燒。

　　甲寅卜，宁，貞：我堪王事。一 二 三 四 五 二告 六 七
　　貞：我弗其堪王事。一 二 三 四 五 六
　　貞：㞢堪王事。一 二 三 四 五 六
　　貞：㞢弗其堪王事。一 二 三 四 五 六
　　｛疾□，唯父乙䖝。｝一 二 三 二告
　　｛不唯父乙䖝。｝一 二 三
　　｛賈入二十。｝
　　｛㱿。｝

《合集》5480［典賓］

這版龜腹甲占卜之前就預設了用正反對貞的形式。占卜"我堪王事"使用首甲、中甲、前甲部位及其上所有鑽鑿；占卜"㞢堪王事"使用後甲部位及其上所有鑽鑿；占卜"父乙䖝"使用尾甲部位及其上所有鑽鑿。灼燒各相應部位鑽鑿的順序皆爲先從內向外，再自上而下。

　　｛貞：钔于父乙。｝一 二 二告 三 四
　　｛弓钔于父乙。｝一 二 三 四
　　壬申卜，爭，貞：父乙㞷羌甲。一 二 二告 三 四 五 六 七 八 九 十 一 二 三 四 五 六 七［八］九 十 十①一 二
　　壬申卜，爭，貞：父乙弗㞷羌甲。一 二 三 四［五 六］七 八 九 十［一 二］三 四 五 六［七 八］九 十 一 二
　　父乙㞷祖乙。一 二 三 四 五 六 七 八 九 十 一［二］三 四
　　［父乙弗㞷祖乙］。一 二 三 四［五］六 七 八 九［十］一 二 三 四

---

① 第二個兆序"十"衍刻。

{钟于父乙①。} 一 二 三 四 五 六 七②

父乙㞢南庚。一 二 三 四 五 六 七 八 九③

父乙弗㞢南庚。一 二 三 四 五 六 七 二告 八 九

{钟于父乙。} 一 二 三 四 五 六 七 八

{争。}   《合集》1656+［典賓］

這版龜腹甲占卜之前就預設了用正反對貞的形式；占卜"钟于父乙"使用首甲部位及其上四個鑽鑿；占卜"父乙㞢羌甲"使用前甲部位及其上的二十四個鑽鑿；占卜"父乙㞢祖乙"使用後甲上部及其上的十四個鑽鑿；占卜"父乙㞢南庚"使用後甲下部及其上的九個鑽鑿；占卜"钟于父乙"使用尾甲部位及其上的八個鑽鑿；尾甲部位右上一個卜兆有卜辭犯兆，未刻寫兆序辭。整版灼燒鑽鑿的順序皆爲從内向外，自上而下。這版龜腹甲是三列密集型鑽鑿排列佈局模式中特別中規中矩的一版，也是 YH127 坑龜腹甲中占卜最隆重的一版。整版基本在選貞祖先，共進行了九十二次占卜。其上卜辭分佈十分規範。實際上在 YH127 坑賓組龜腹甲中，由於整版腹甲常常用於很多事類的占卜，能如此規範的並不多見。

方稚松指出："卜辭在甲骨上應該是分區的，把某一個區域分配給某一條卜辭，這個區域的所有鑽鑿就歸這條卜辭所有。判斷吉凶的時候，有的是看單獨的卜兆，有的是看這個區域整體的卜兆情况，可能這就是兆和體。"這就是説，一辭多兆的占卜，決定占卜結束的並不是最後一個卜兆的形態，而是把哪個區域的哪些鑽鑿分配給了這條卜辭。占卜結束於它所屬的占卜區域，而吉凶的判斷取決於綜合考慮這個區域整體卜兆顯現的形態。

癸丑卜，争，貞：戍往来亡囧。王占曰：亡囧。一 二 三 四 五 二告

貞：戍往来其出囧。一 二 三   《合集》914［典賓］

這版龜腹甲尾甲部分的占卜涉及到占卜預設、犯兆、兆序刻寫時間等問題④。占卜預設時，決定用正反對貞的形式把"戍往来亡囧"這件事分配到尾甲部位。從

---

① 這條卜辭刻寫在反面左側後甲甲橋附近，但所屬卜兆可能還是在右尾甲。
② 兆枝在右尾甲"庚"字下，故此未刻該兆序，但實際這一鑽鑿被使用了。該版左右尾甲兆序排列佈局不同，推想是先刻右側卜辭，及卜兆，後覺右後甲的兆序"九"與右尾甲的兆序"八"都不好刻寫，遂在左尾甲處調整文字的刻寫位置，使得這兩個卜兆都可以刻寫。這也是右後甲底部尾甲上部這兩條正反對貞卜辭刻寫不對稱的原因所在。
③ 從拓本狀態看，"九"可能刻後刮削，目的在於不混同在卜辭中。
④ 這段内容是筆者與方稚松先生共同討論的結果。

反面照片來看，這輪占卜灼燒了整個尾甲部位的所有鑽鑿。從卜辭的完整性以及兆序的分佈情況來看，占卜刻寫的順序應該是先左後右。在刻寫卜辭的時候，刻手先刻寫了左側的卜辭，並且犯了上面的三個卜兆。刻寫卜辭之後，在其下方刻寫或重新修改了兆序辭一至五。而右尾甲，刻手把卜辭刻寫在中間部位，犯了中間一行的兩個卜兆。刻寫卜辭之後，在其下方刻寫或重新修改了兆序辭一至三。這使得這組正反對貞卜辭刻寫位置以及兆序佈局都沒有形成沿千里路左右對稱的格局，具有隨意性。

　　壬子卜：其雨。一 二 三
　　壬子卜：不雨。一 二［三］
　　辛亥卜，韋：其雨。一 二 三
　　［不其雨。一 二 三］
　　庚戌卜，韋：其雨。一 二 三
　　不其雨。一 二 三
　　己酉卜，韋：其雨。一 二 三
　　不其雨。一 二 三
　　戊戌貞：其雨。一 二 三
　　［貞：不］其雨。一 二 三
　　乙未卜，韋①，貞：雨。一 二 三
　　貞：不其雨。一 二 三
　　丁酉貞：其雨。一 二 三
　　丁酉貞：不其雨。一 二 三
　　｛丙申卜，韋，貞：雨。｝一 二 三（右尾甲近齒縫處）
　　｛貞：不其雨。｝一 二 三（左尾甲近齒縫處）
　　一 二②
　　一［二］　　　　　　　　　　　　　　《合集》11892［戊類·賓一］

這版龜腹甲首刻之辭在後甲下部近原邊處，第二辭刻寫在反面尾甲千里路兩側，第三辭刻寫在尾甲下部，第四辭刻寫在後甲下部近千里路處，第五辭刻寫在後甲

---

① 這版龜腹甲由兩個刻手刻寫，乙、丙、丁、戊日占卜由"戊"類刻手刻寫，戊、己、庚、辛日占卜由賓組一類刻手刻寫。
② 未能確定反面是否有字，或有未刻寫之辭。

上部近原邊處，第六辭刻寫在後甲上部千里路右側，第七辭刻寫在前甲下部近原邊處，第八辭刻寫在中甲下面千里路右側。與其對貞之辭在左側對應位置。占卜刻寫順序基本自下而上，從內向外。兆序排列從內向外依次橫排。一辭三兆。首甲中甲處鑽鑿皆被灼燒過，疑有未刻之辭。這版卜雨之辭，很均勻的一辭三兆也體現了占卜預設。

占卜預設比較明確地體現在以下幾種情況：一，每種鑽鑿佈局模式的特色行款；二，見於不同版的成套腹甲以及一版內只有一套的成套卜辭；三，按龜的天然結構"齒縫"或某一明確界限來分配的占卜區域。這些較規則的一事多卜都能比較明確地體現出占卜預設。

（九）鑽鑿佈局與甲骨綴合

是否可以嘗試以反面鑽鑿佈局模式為著眼點來考慮甲骨綴合還需要探討，但事實表明，鑽鑿佈局有時可以作為驗證綴合正確與否的一項標準。

《合集》13333＋16998 這版龜腹甲的鑽鑿佈局為近甲橋處無鑽鑿、主體左右各兩列密集型，整版鑽鑿佈局應該是：首甲左右各一個鑽鑿，中甲一個鑽鑿，前甲左右各五個鑽鑿，後甲左右各三行兩列六個鑽鑿，尾甲左右各三個鑽鑿。這組綴合缺少了後甲第三行的下半行鑽鑿及尾甲第一行的上半行鑽鑿，相當於少了一行鑽鑿並齒縫的空間。以此證明，這版綴合不成立。

《合集》10275 這版龜腹甲反面鑽鑿佈局為近甲橋處有鑽鑿、主體左右各兩列密集型，整版鑽鑿佈局應該是：首甲左右各三個鑽鑿；中甲兩個相對的鑽鑿；前甲左右上部近首甲及原邊處有三個鑽鑿，下部有兩行三列六個鑽鑿，共九個鑽鑿。後甲左右兩列四行八個鑽鑿，後甲近甲橋處有一個鑽鑿，共九個鑽鑿，尾甲左右各三個鑽鑿。而《合集》10275 最右側一條有一列五個鑽鑿，明顯過長，不合鑽鑿模式，應該重新考慮。此外，這版正面兆序數也不合賓組兆序排列的常規。

（十）鑽鑿佈局與甲骨字體類別

不同字體類別有其主要的鑽鑿佈局模式，反之，這些特色鑽鑿佈局也可以輔助推測甲骨組類。

1. 殷墟 YH127 坑賓組龜腹甲的鑽鑿佈局與甲骨字體類別　對於 YH127 坑賓組龜腹甲來說，密集型主要見於賓一類、典賓類以及介於它們之間的組類，稀疏型主要見於賓組一類與典賓類之間的類別及典賓早類型。這也就是説，從時間發展序列來看，YH127 坑賓組龜腹甲中主體三列及以上型出現使用的時代比較早，持續時間很長，其他鑽鑿排列佈局是稍後一些的産物。

2. 一些組類的基本型特色鑽鑿佈局輔助推斷甲骨組類　對比觀察武丁中晚期王卜辭與非王卜辭的反面鑽鑿排列佈局，有時可以大概確定其所屬組類。

午組龜腹甲多使用尺寸較大的龜，鑽鑿排列較爲密集。首甲一般左右各一個鑽鑿；中甲一般兩個左右相對的鑽鑿；前甲一般左右各十個鑽鑿，前甲近首甲原邊處一個，下面主體部分三行三列九個鑽鑿；後甲一般左右各十四個鑽鑿，主體部分三列鑽鑿，其中中間左右各兩列五行十個，外側左右各一列四個鑽鑿，共十四個鑽鑿；甲橋一般不施加鑽鑿；尾甲左右各兩個鑽鑿，並且單個鑽鑿有歪斜感，如《合集》22045 + 15108。午組卜辭兆序排列一般從一到三或六，也有到"十一"的（如《合集》22046）。

婦女卜辭龜腹甲一般使用尺寸比較小的龜，鑽鑿相對稀疏：首甲一般不施鑽鑿；中甲可施可不施鑽鑿；前甲左右一般各零至四個鑽鑿，以三、四個爲多；後甲與尾甲部位的鑽鑿呈圓形排列，如《合集》22138、22283。殷墟第十五次發掘中的婦女卜辭正面顔色多數較爲斑駁。婦女卜辭的兆序數比較小，有成套卜辭①。

（十一）中甲部位的鑿數、序數及所屬情況

主體左右各三列及以上密集型鑽鑿佈局，中甲位置一般有二至四個鑽鑿，兆序數排列較靈活，有如下幾種情況。中甲不使用（如《合集》10950）。中甲鑽鑿獨立，一辭一兆，自成一卜（《合集》14295）。接續首甲兆序，從内向外，自上而下排列，爲反面卜辭之兆（《合集》2273）。接續首甲兆序，自上而下排列（《合集》2002）。與首甲兆序相連續，中甲爲兆序之始，從内向外，自下而上排列（《合集》14198 +）。與前甲兆序相連續，爲兆序之始，從内向外，自上而下排列（《合集》10902）。與前甲兆序相連續，爲兆序之始，自上而下排列（《合集》766）。接續首甲，再與前甲兆序相連續，從内向外，自上而下排列（《合集》14002）。接續前甲，再與首甲兆序相連續，自下而上排列（《合集》1677 +）。

---

① 對婦女類成套卜辭的研究綜述，參見孫亞冰：《殷墟花園莊東地甲骨文例研究》，12—13 頁，上海古籍出版社，2014 年。

三 小 結

本文指出的只能說是 YH127 坑賓組龜腹甲上存在的一些現象，有些可能適用於大多數或絕大多數，有些是特例。

殷墟 YH127 坑賓組龜腹甲鑽鑿佈局總體上可以分爲稀疏型和密集型兩大類。稀疏型又分爲單環稀疏型（"0"字型）和複環稀疏型。單環稀疏型可進一步分爲首甲中甲無鑽鑿型（"0"字 I 型，包括兩種變式）和首甲中甲有鑽鑿型（"0"字 II 型，有一種"8"字變式）。密集型又分爲主體左右各兩列型和主體左右各三列及以上型。主體左右各兩列型可進一步分爲近甲橋處無鑽鑿型和近甲橋處有鑽鑿型。此外，還有稀疏密集混合型。

殷墟 YH127 坑賓組龜腹甲鑽鑿佈局涉及到很多占卜現象。鑽鑿佈局模式下有一般與特色卜辭佈局、刻寫行款與兆序排列順序。不同的鑽鑿佈局下，龜腹甲反面的使用也有所不同，賓組一類主體三列密集型龜腹甲反面卜辭較多，占辭驗辭較少。施鑽鑿時間絕大多數具有預先性，也有少數典賓類具有臨時性。影響鑽鑿數目的因素主要是鑽鑿佈局模式，但在密集型模式中鑽鑿數目普遍與龜腹甲大小成正比。成套腹甲主要出現在首甲中甲不施鑽鑿的單環和複環稀疏型鑽鑿佈局的龜腹甲上，婦女卜辭的成套腹甲也有這個規律。成套卜辭的實質在於標示卜兆所屬，當所在龜腹甲比較大、一版內又只有一套卜辭時，這種標示作用就被形式化了。犯兆主要有犯兩側卜辭卜兆、犯反面卜辭卜兆和犯自身卜兆三種情況，主體左右各三列密集型鑽鑿佈局犯兆多見，是鑽鑿密集、刻寫空間有限的結果。刻寫兆序辭的時間可以在刻寫卜辭之前一灼一刻或灼一組刻一組；卜辭犯自身卜兆時，可以在刻寫卜辭之後刻寫或調整修改兆序辭。午組、出組等卜辭中有遺忘刻寫兆序的情況。占卜預設比較明確地體現在每種鑽鑿佈局模式的特色行款中，見於不同版的成套腹甲以及一版內只有一套的成套卜辭，按龜的天然結構"齒縫"或某一明確界限來分配的占卜區域等較規則的一事多卜占卜方式中。YH127 坑賓組龜腹甲的主體三列及以上密集型出現的時間比較早，持續的時間很長，其他鑽鑿佈局模式，尤其是稀疏型鑽鑿佈局是稍後一些的產物。通過午組、婦女、花束、賓組等一些基本型特色鑽鑿佈局可以輔助推斷甲骨組類。主體左右各三列密集型鑽鑿佈局，中甲部位的鑿數、序數及所屬很靈活。YH127賓組龜腹甲的鑽鑿佈局向我們展示了武丁中期偏晚到晚期這段時間，王的貞人們一直在致力於占卜方式（包括占卜審美）的不斷嘗試與探索。這使得這一時期的占卜呈現出多樣化。

附記：本文蒙方稚松先生幫忙審閱，並提出多處修改意見，謹致謝忱！

附表：殷墟 YH127 坑賓組龜腹甲鑽鑿排列佈局模式表（667 版）

1. 總體情況表
長度單位：釐米

鑽鑿排列模式			組類	尺寸	鑿數	套辭	套甲	犯兆
稀疏型	單環	首中無	典	20	10	✓	✓	×
		首中有	典	15	13	偶	×	×
	複環		典	26—32	26	✓	✓	個別
密集型	主體左右各兩列	近橋無	典	17—18	31	✓	×	少量
		近橋有	典	18—22	54	✓	×	漸多
	主體左右各三列		一典	27—30	120	✓	×	三分之一上
稀疏密集混合型			一典	20—30	?	✓	×	少量

2. 首甲中甲無鑽鑿單環稀疏型（86 版）

《合集》14311、5446、10833、12972、7851、9075、7103、4855、10515、13675、96、8310、18353、466、10964、671、1532、12487、6654、18860、3438、10136、14、9950、4259、10989、5354、10345、10656、3238、255、952、273、901、1100、18800、894、14437、274、10184、3947、3946、5924、7351、11498 正、6619、14210、9522、6959、772、6771、14209、9523、203、1780、9520、9521、11497、9472、15576、1104、12488、5117、1584、11217、1747、2779、16789、275、860、5774、5397、4179、10655、7584、469、3715、11962、9271、17407、11483、7387、4509

《丙》364

《乙》6383

《合集補》3809

3. 首甲中甲有鑽鑿單環稀疏型(66版)

《合集》14138、8796、5445、1114、10935、14147、17411、13338、2422、12438、1868、882、8987、9658、7267、5298、13658、12842、9013、3333、9742、14929、838、575、14621、11177、9735、2355、13931、728、14639、13282、1086、14638、9233、10174、9743、11964、17185、10808、15563、8985、9788、965、10910、14184、4769、1370、812、18899、9464、122、4464、768、3163、9002、1748、9671、19377、1707、3771、14149、14148、1623
《乙》3925＋5978
《丙》255

4. 複環稀疏型(56版)

《合集》32、1901、13505、10346、6016、904、1854、418、10407、6486、698、6653、11006、6483、4769、6480、12648、13490、10408、6482、14735、6571、5637、506、6486、6476、946、6647、12921、152、6485、8938、1657、1191、6945、916、10306、11484、721、17409、1402、943、5483、13697、11007、11971、2190
《丙》269、231、396、245、182、379
《乙》3248
《合集補》1595
《乙補》4428

5. 主體左右各兩列近甲橋處無鑽鑿密集型(99版)

《合集》14888、10937、10137、2530、5776、10539、9235、4121、17485、3458、656、14395、9012、9236、6655、715、267、1171、17221、9791、2940、9810、1822、2415、555、8990、5611、5480、12324、12862、12898、9774、6572、5096、10601、9775、5516、5884、3271、6577、116、5995、14951、722、16335、7023、11274、787、17230、18911、12434、12973、13151、13750、14201、1107、2429、14153、12396、13333、7226、7942、19269、14228、1531、12163、3201、133、3171、9087、9131、6827、10133、4178、12839、14182、11511、9717、8015、8947、17105、18662、4174、3695、14364、9067、829、9849、17820
《丙》225、375、356、315
《乙》4676、2907、3638
《乙補》4362、6491
《合集補》3453

6. 主體左右各兩列近甲橋處有鑽鑿密集型(77版)

《合集》10124、13648、5638、10299、13934、270、9503、775、10315、930、1280、893、926、13390、17085、7773、9177、697、17408、17301、12051、4735、6033、5769、8969、4300、915、12439、716、488、11506、13757、6037、13696、13506、16131、9792、9783、14468、3481、6928、822、438、456、16152、6032、4611、500、3482、1772、2252、14930、9252、9251、15854、13803、2606、15176、10049、707、17799、2130、14127、8912、6550、10275、7239、235、702、11000、13674

《丙》205、108、427

《乙》4360、908

《合集補》5425

7. 主體左右各三列及以上密集型(274版)

《合集》11893、585、10936、419、140、590、17798、6834、810、7426、9741、17271、14295、1051、903、5775、11018、14161、672、6943、5658、808、478、734、900、880、914、2002、635、1899、5332、14199、10976、151、1076、7075、10950、10902、795、14207、891、1076、6474、940、776正、8984、6478、3332、1656、18521、11892、14293、423、2273、809、974、1285、14755、738、10613、6648、376、536、1677、93、9504、14200、14659、6583、2685、14198、945、709、7768、6947、6649、13555、1773、6952、14732、7076、892、7772、14211、6949、947、190、17397、667、13624、201、3200、6948、13752、6461、14002、1052、17817、1027、248、6475、272、9668、505、7352、11423、1128、10198、1655、249、11596、7571、10859、371、2504、12831、7877、9197、641、17845、16463、1707、15531、17079、14107、17253、4498、6657、1821、7929、15849、12766、14034、14033、12312、2629、505、19208、6530、13647、97、1115、3216、3196、1248、8656、4154、17784、14156、973、13283、14795、5381、9947、1717、13713、6530、17228、5415、1006、454、14329、16256、13623、2775、15641、136、12447、9750、3971、2231、14576、10938、2478、12446、2891、7407、5473、3898、4551、14787、717、1744、13656、17797、14001、14696、309、5435、17920、9934、462、1795、9322、4907、12939、600、17816、8808、226、1385、10040、7852、1395、2521、13695、8129、10331、5532、16026、11422、271、4141、991、98、3061、14173、9608、3217、6457、7427、905、1878、11940、3521、6830、8720、1140、6664、2652、17474、13514、5447、13584、6828、9019、1817、17390、12651、6650、4814、15457、6826、13649、10022、4499、8913、6473、15403、556、5477

《丙》293、299、433、235、345、159、347、409、311

《乙》3334、5589、1265、6970、3135、3918、7389、2335、639、3857、2945、7658

《乙補》4916

《合集補》3476

8. 稀疏密集混合型(9 版)

《合集》9525、975、10344、12577、3979、6460、6946、939、110

附　圖

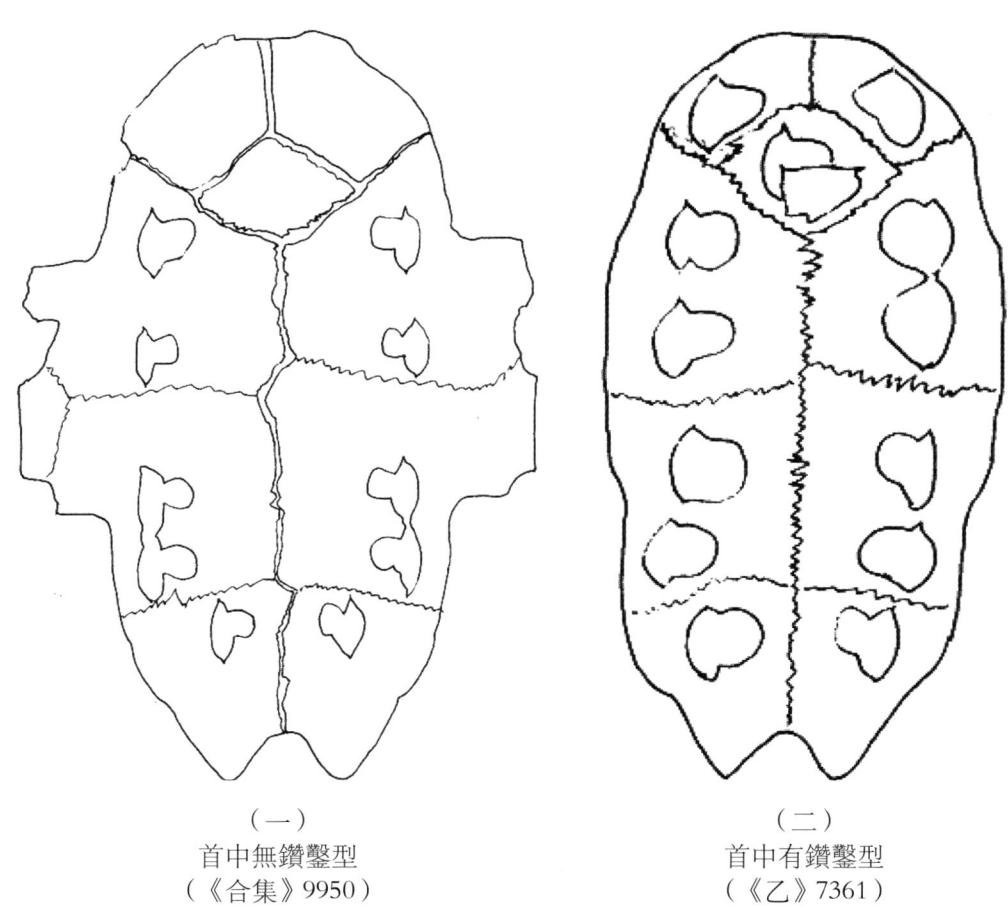

（一）
首中無鑽鑿型
（《合集》9950）

（二）
首中有鑽鑿型
（《乙》7361）

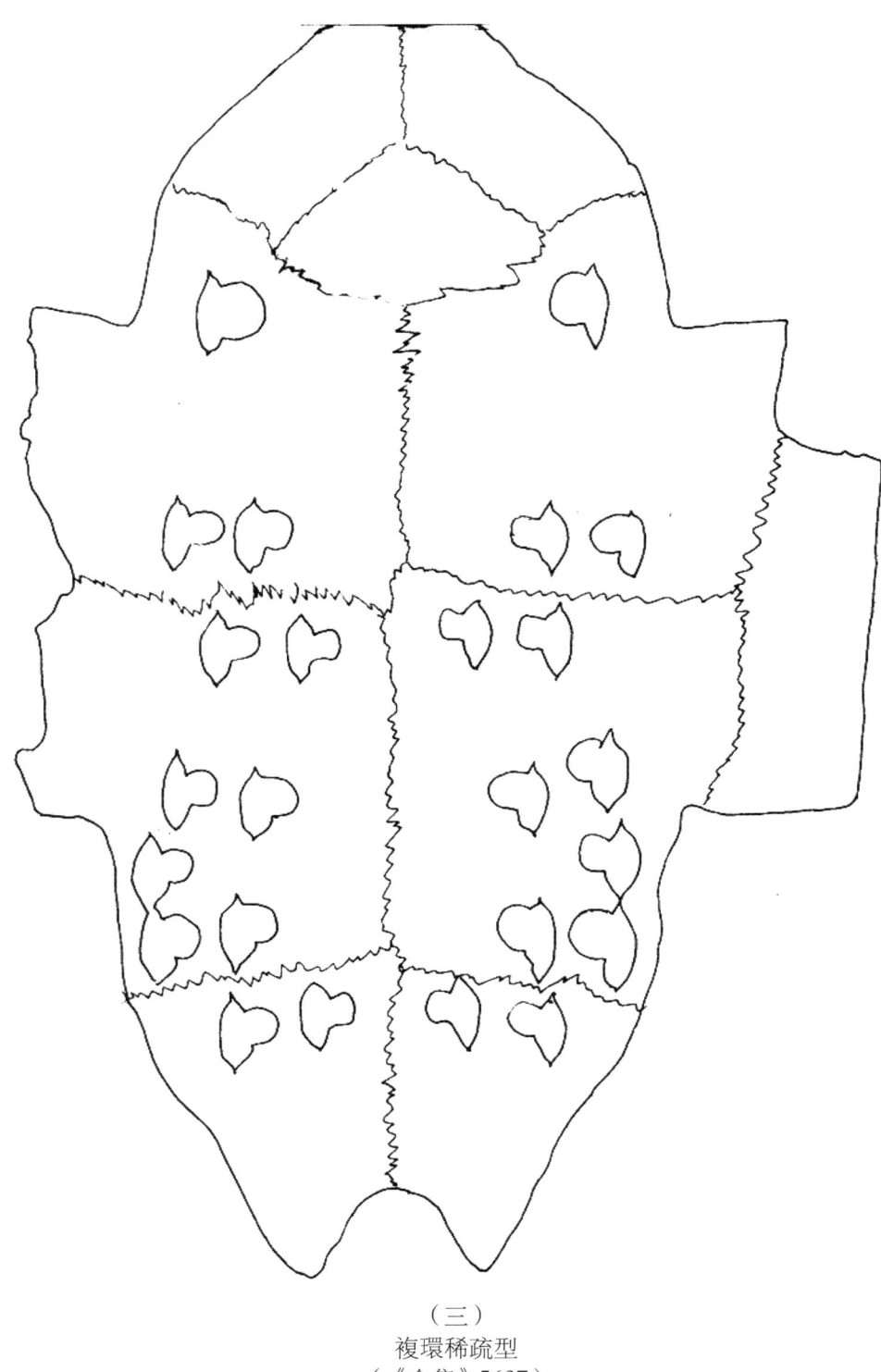

（三）
複環稀疏型
（《合集》5637）

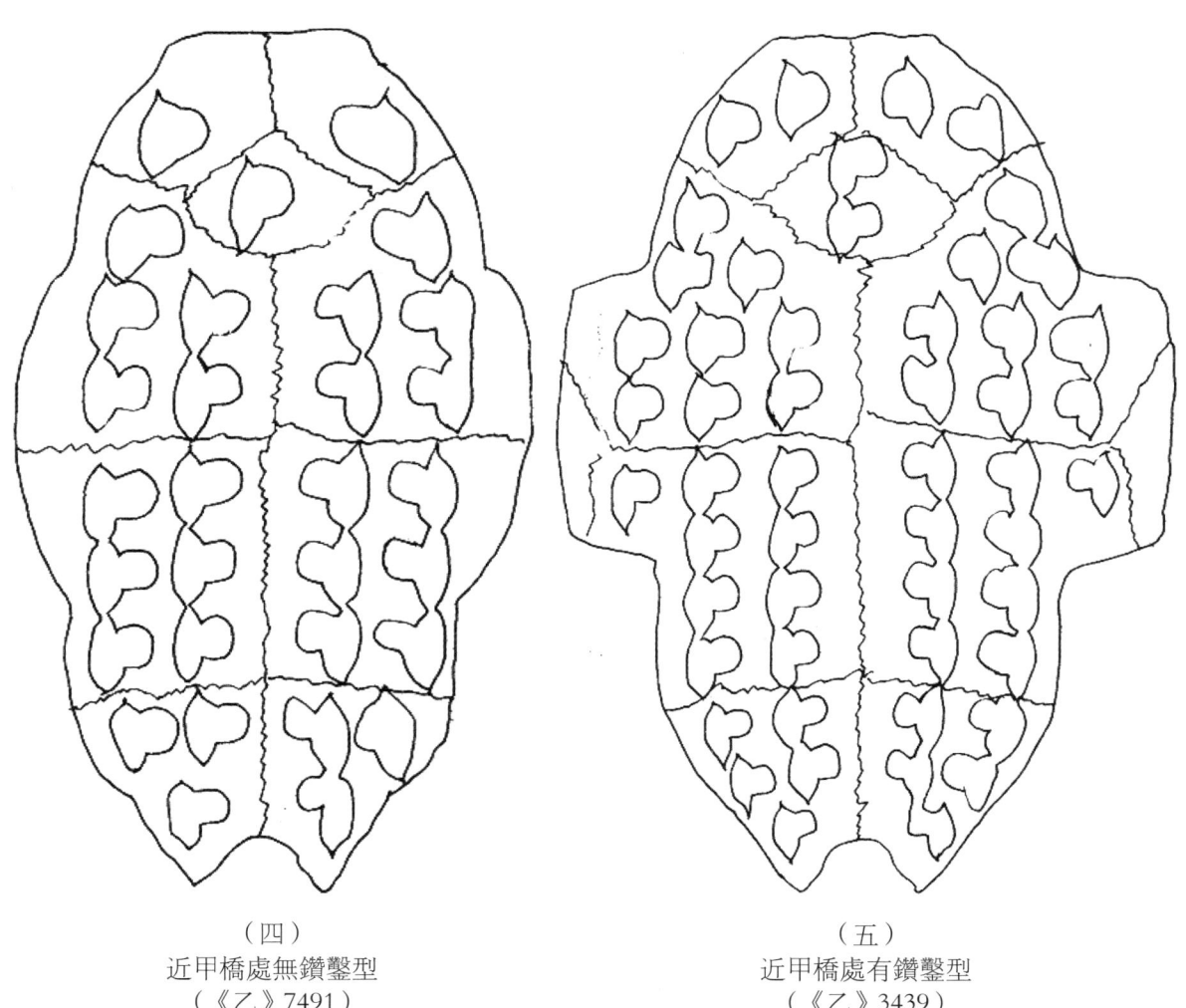

（四）
近甲橋處無鑽鑿型
（《乙》7491）

（五）
近甲橋處有鑽鑿型
（《乙》3439）

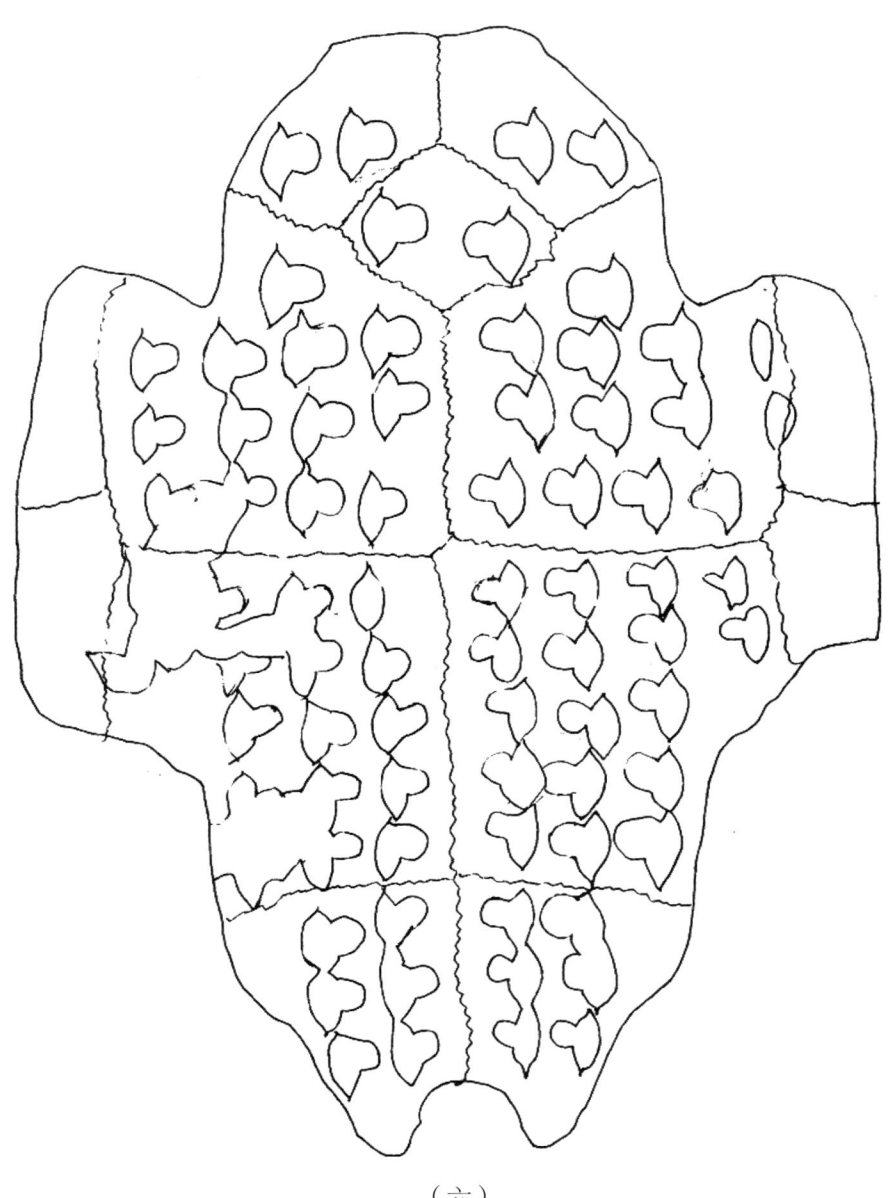

（六）
主體左右各三列及以上型
（《合集》7352）

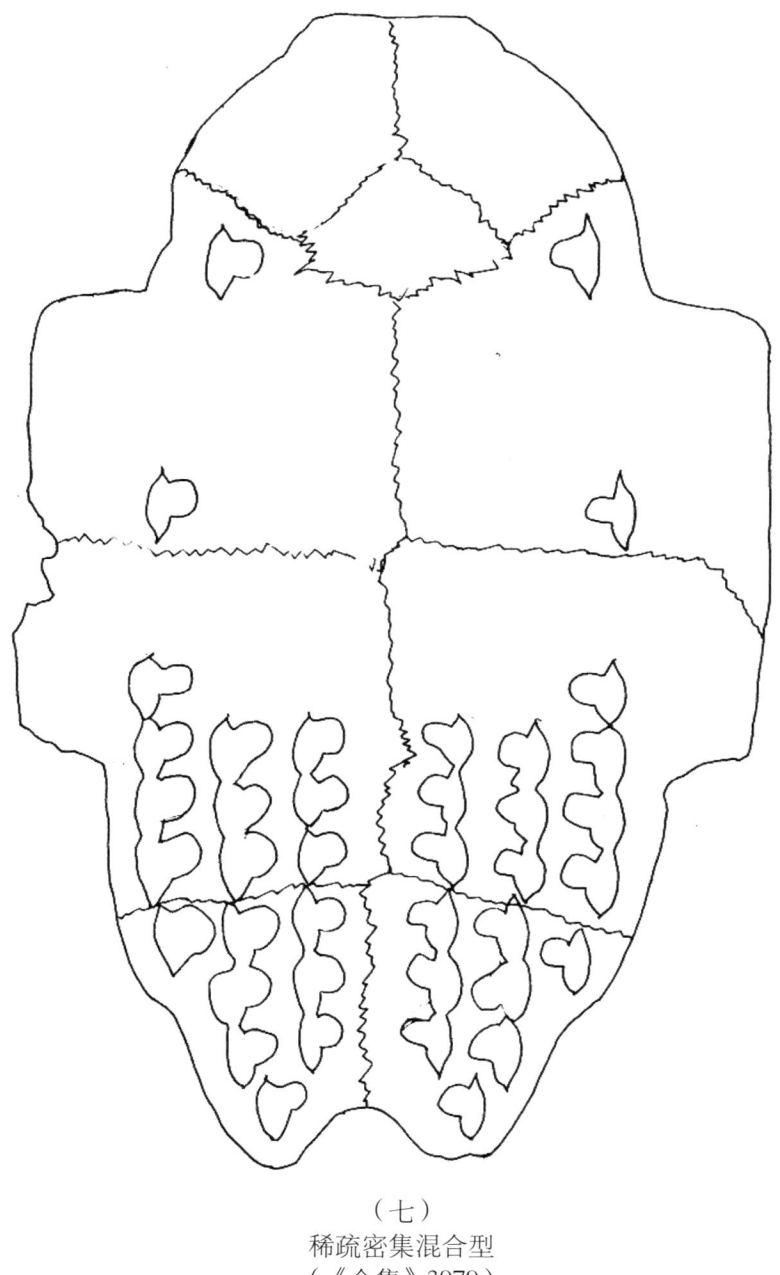

（七）
稀疏密集混合型
（《合集》3979）

一稿：2015 年 11 月 16 日
二稿：2016 年 2 月 11 日
定稿：2016 年 10 月 8 日

原載《考古學報》2017 年第 1 期。今據作者提供的底稿（較發表者略有修訂）收入。

林宏明

賓組骨面刻辭起刻位置研究

1928 年胡小石撰《甲骨文例》①，1936 年董作賓撰《骨文例》②，後來許多學者發表有關文例的文章。筆者也曾在博士論文《小屯南地甲骨研究》討論村南卜骨的文例③，後來又針對賓組骨首的文例提出一些看法④。近年對於卜骨文例的專門研究，首推劉影博士論文《殷墟胛骨文例》，該文提出許多值得注意的意見。⑤本文討論的骨面刻辭文例，主要集中在賓組骨面刻辭中卜辭首字起刻錯落的情況其及文例。

一、研究主題

以往對於賓組牛肩胛骨文例的各種研究，都對吾人理解殷墟卜辭有所助益。賓組牛肩胛骨骨面（或稱骨扇）上的直行卜辭少則一條，如《綴集》第二

---

① 胡光煒，《甲骨文例》（北京：中央大學語言歷史研究所，1928）。又《胡小石論文集三編》（上海：上海古籍出版社，1995），頁 1—88。
② 董作賓，《骨文例》，《中央研究院歷史語言研究所集刊》7.1（1936）：5—14。
③ 林宏明，《小屯南地甲骨研究》（臺北：政治大學中國文學系博士論文，2003）。
④ 林宏明，《從骨臼刻辭看骨首刻辭的先後》，Journal of Chinese Language and Culture（中國言語文化）創刊號（2012）：97—119。林宏明，《從成套卜辭看賓組骨首刻辭的先後》，《國科會中文學門小學類 92—97 研究成果發表會論文集》（臺北：新文豐出版公司，2011），頁 107—130。林宏明，《賓組骨首刻辭與左右胛骨的關係》，《出土文獻研究視野與方法》第一輯（臺北：秀威資訊科技，2009），頁 253—272。
⑤ 劉影，《殷墟胛骨文例》（北京：首都師範大學出版社，2016）。

組；①多至八條，如《合集》559。超過一條以上的卜辭，有一部分是各條卜辭的干支首字基本上起刻的水平位置差不多，如《契合》第五七組。②可是有很大一部分骨面上各條卜辭的起刻位置是高低錯落的，如《合集》12966；有些甚至是由左而右或由右而左依次緩升（或緩降）起刻，如《合集》16901、《合集》16795。由於骨版的殘碎情況不一，加上骨面卜辭起刻位置的高低錯落情況變化多樣，因此給人最直接的印象就是：骨面上的卜辭高低平齊或各種錯落情況是契刻者隨意爲之，哪裡有空間就挑個地方刻，起始的上下高低也沒有規律可循。

可是，上述這種印象是對的嗎？這些多數殘碎的骨面卜辭是否亂中有序，其契刻文例是否呈現某些規律或習慣是本文要處理的問題。希望透過全面的綜理提出幾點契刻者的習慣規律，並嘗試說明這些規律的背後原因，及揭示掌握這些規律，對我們理解甲骨有何助益。以下舉例說明本文的研究主題，圖一《合集》540骨面上有三條直行而下的卜辭，由左至右分別爲：

癸酉卜㱿貞：呼多🗆伐🗆方受有🗆

🗆辰卜㱿貞：翌辛未令伐🗆方受有祐。一月。

🗆🗆卜㱿貞：呼多🗆伐🗆方受有祐。

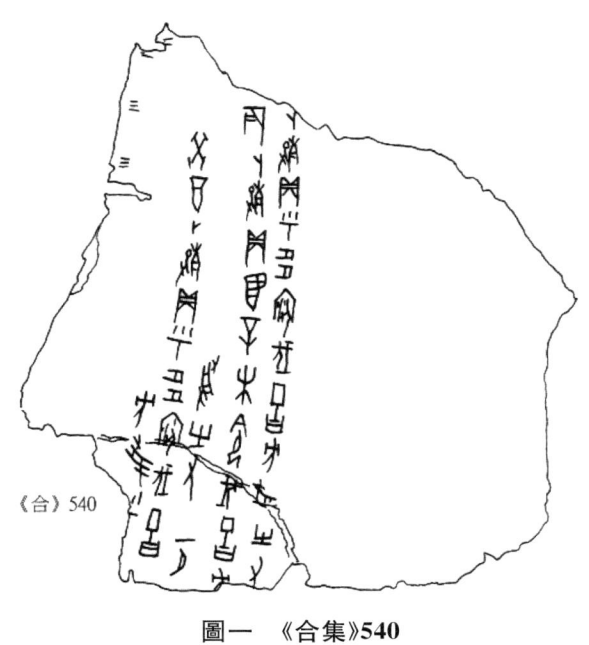

圖一　《合集》540

---

① 蔡哲茂，《甲骨綴合集》（臺北：樂學書局，1999）。本文簡稱《綴集》。
② 林宏明，《契合集》（臺北：萬卷樓圖書公司，2013）。本文簡稱《契合》。

中間一條卜辭殘去天干，右邊一條卜辭則殘去干支，若將干支所佔的空間加上，可見刻辭起刻位置由左而右呈現愈來愈高的趨勢。筆者也發現刻在最左邊及中間的這兩條卜辭都各別分行契刻，反而起始點最高的右邊卜辭不需分行即可刻完。可見骨面卜辭契刻的起始點和卜辭的內容長短，大概沒有必然的直接關係。①那麼三條卜辭起刻的位置不同，就顯得特別。揭示這些情況，即是本文的研究主題。

二、研究此文例是否有意義

骨面上高低不一或高低錯落的骨面卜辭起刻位置的各式情況，如果僅僅是卜辭契刻者各自隨意而爲之，則難以尋繹規律，更無法解釋其高低不一或錯落的背後原因。那麼本研究將這些殘骨骨面卜辭一一考察就失去意義，也不會得到任何規律或習慣的結論。因此說明本文的研究主題後，有必要先釐清這個現象是否隨機而無規律。筆者研究賓組骨首刻辭文例時，曾利用成套卜辭左、右胛骨不同所呈現的規律隨之對應改變的現象，證明其非隨意爲之。劉影《殷墟胛骨文例》所提到的"左右胛骨骨扇刻辭辭序相逆"也利用成套的骨扇刻辭加以說明：

> 賓組牛胛骨由於骨扇空間較大，經常有數條自上而下契刻的卜辭。這些卜辭在左胛骨如果由左至右排列，在右胛骨則由右至左排列，即左右胛骨骨扇刻辭辭序相逆。②

以下本文亦利用成套卜辭，說明骨面卜辭的明顯高低差異，是契刻卜辭者"有意"甚至"刻意"爲之。以下舉幾個例子說明：

（一）《合集》3341 與《合集》3345

《合集》3341 和《合集》3345 都是殘得相當厲害的骨面殘片，仔細對比二者可知兩版是成套卜辭，在骨面所刻三條卜辭的內容應該是基本一致的。《合集》3345 三條卜辭如果將前辭也據《合集》3341 加以擬補的話，其內容由左而右應是：

---

① 這類例子相當多，如《合集》94 正、《合集》6172、《合集》6174、《合集》6413、《綴集》152、《合集》14314 等等。
② 劉影，《殷墟胛骨文例》，頁 106。

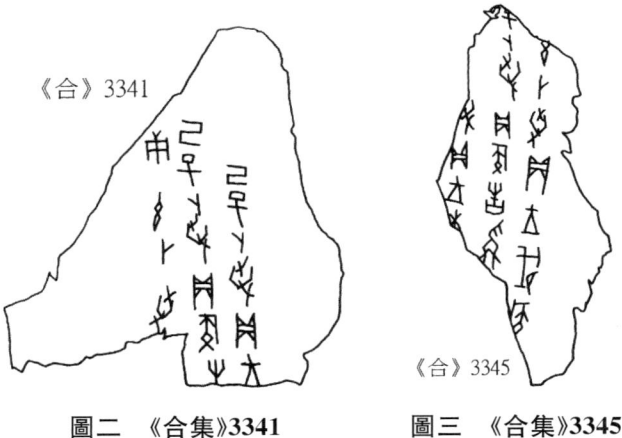

图二　《合集》3341　　　图三　《合集》3345

［己巳卜］争貞：王叀☐
［己］巳卜争貞：侯告冉☐
［庚］午卜争貞：王☐侯☐

《合集》3341 "從右到左"是"己、己、庚"，中間的"己"是最高的；《合集》3345 "從左到右"是"己、己、庚"，而中間的"己"也是最高的。如果契刻者心中沒有存在每條卜辭起刻位置的"某些想法"，何以會將相同的三條卜辭在左、右不同的兩版胛骨骨面中，其起刻的高低位置呈現相同的連動變化。

(二)《綴集》16、《契合》6 與《合集》12814

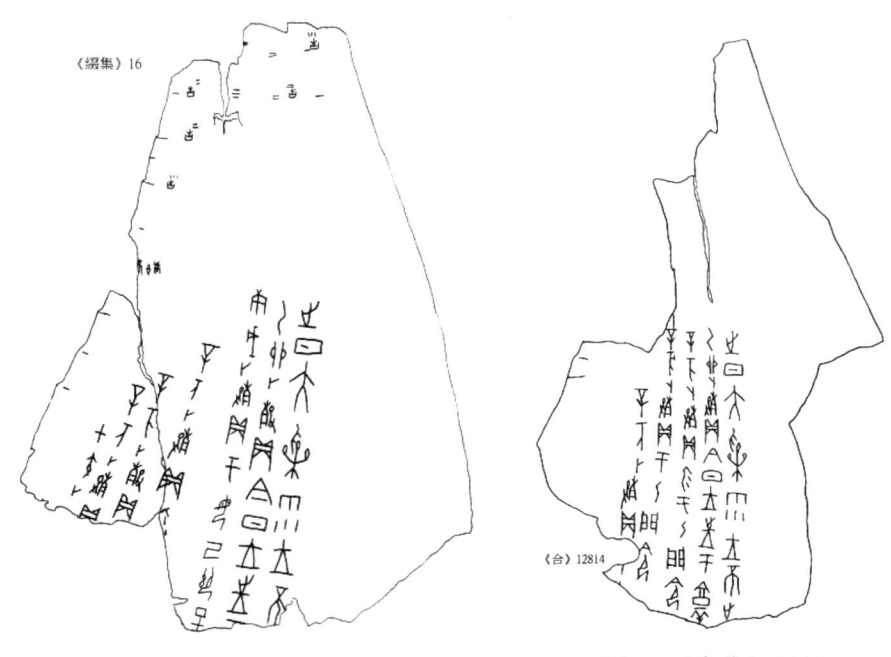

圖四　《合集》3529＋12813,《綴集》16　　　圖五　《合集》12814

圖四爲《綴集》16，即《合集》3529+《合集》12813，是一版臼角在右的牛肩胛骨；圖五爲《合集》12814，亦是臼角在右的卜骨。圖六爲《契合》6，即《合集》5425+《合集》13603。三版中目前現存的卜辭《綴集》16 有六條，《合集》12814 有四條，《契合》6 則有三條卜辭。前兩者骨面卜辭的前辭基本没有殘缺，據此可以推測《契合》6 現存骨面的三條殘辭由右到左爲：

辛亥卜㱿貞：于甲寅☒
［辛亥卜㱿］貞：于乙門令。
［乙卯卜㱿貞：今］日王往于☒

如果將《契合》6 稍加擬補前辭（圖六右），現存的三條卜辭由高到低排列即"乙、辛、辛"，"從左到右"的順序也是"乙、辛、辛"。和上圖兩版相較，只是"由左至右"變成了"由右至左"而已，這當然也是因爲胛骨左、右不同所造成的。上圖右成套的《合集》12814 四條卜辭中有三條卜辭起刻點幾乎一致，但仍有起刻位置較低的辛日即"辛亥卜㱿貞：于［甲寅］☒"，這點也和另兩版一致。起刻位置起落和卜骨左右的連動關係是很明顯的。

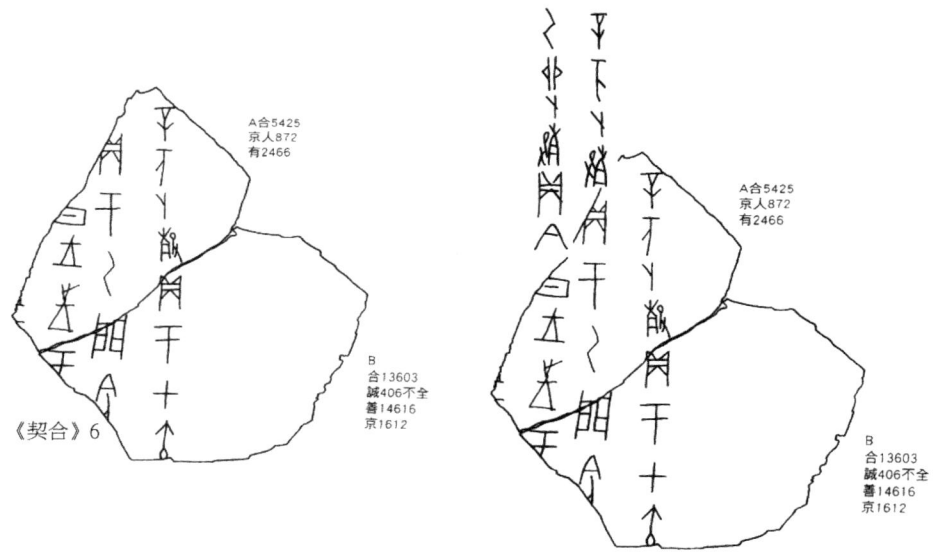

圖六　《合集》5425+13603，《契合》6

（三）《合集》6172 與《合集》6173

圖七《合集》6172 是一版臼角在右的牛肩胛骨；圖八《合集》6174 則是一版臼角在左的牛肩胛骨。這兩版以及圖九《合集》6173 是一組成套卜辭，因此《合

集》的編纂者將它們編在一起。若根據《合集》6172 的骨面卜辭，可以將另兩版的前辭加以補足：

[丙午卜殻貞：登]人三千呼伐🅇方受有□
[丙午]卜殻貞：翌丁未酒仲丁昜日。
[丁卯]卜殻貞：翌辛未令伐🅇方受□
癸巳卜殻貞：奴人呼伐🅇□受□　　　　　　　　　　　　（《合集》6174）
[丙午卜殻貞：登]人三千呼伐🅇方受□
[丙午卜]殻貞：翌丁未酒仲丁昜日。
[丁卯卜]殻貞：翌辛未令伐工□
癸巳卜殻貞：奴人呼伐🅇□受□　　　　　　　　　　　　（《合集》6173）

如果我們看《合集》6172 的骨面四條卜辭由高到低，由"右而左"分別爲"丙、丙、丁、癸"與《合集》6173 相同，而《合集》6174 的骨面四條卜辭由高而低也是"丙、丙、丁、癸"，只是變爲"由左而右"而已。《合集》6172 和《合集》6173 刻辭一致，各條卜辭的起刻位置的相對高低也一致；兩版骨面各條卜辭則因左、右胛骨的不同，而除了方向外，其起刻位置的高低也發生連動的變化。

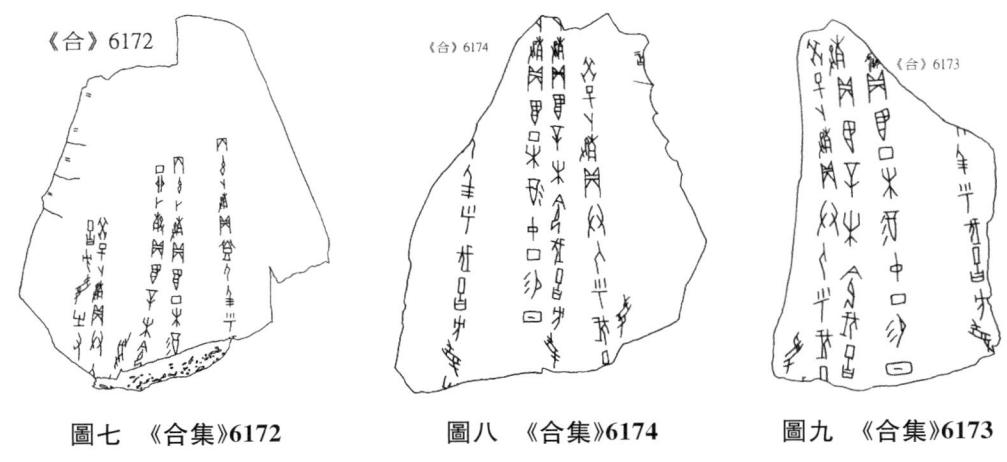

圖七　《合集》6172　　　圖八　《合集》6174　　　圖九　《合集》6173

（四）《蘇德*美日》218 與《合集》6284＋《京人》①1215

圖十《蘇德*美日》218 雖然骨面僅存前辭②，但和圖十一的《合集》6284＋

---

① 貝塚茂樹，《京都大學人文科學研究所藏甲骨文字》（京都：京都大學人文科學研究所，1960），於本文中簡稱爲《京人》。
② 張宇衛曾加綴《合集》6298，參見張宇衛，《甲骨綴合第一百零六、第一百零七則》第 107 則（2014.1.13 發表），中國社會科學院歷史研究所先秦史研究室網站 http://www.xianqin.org/blog/archives/3572.html。

《京人》1215相較仍可判斷二者爲成套卜辭。兩版"甲寅"起刻位置均較"辛亥"低約兩個字的高度，而"辛亥"與"乙卯"平齊。從左至右分別爲"甲、辛、乙"及"乙、辛、甲"，這是因爲左、右胛骨的不同，而契刻者刻意爲之所造成的差異。

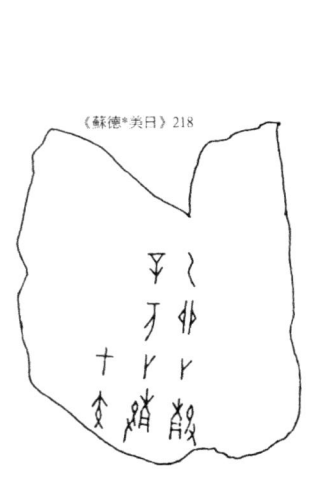

圖十　《蘇德*美日》218　　圖十一　《合集》6284＋《京人》1215

根據以上四例我們可以有以下的印象，在賓組骨面上的幾條成套卜辭，其契刻的起始位置若同爲左胛骨或同爲右胛骨，其起刻的高低錯落位置頗爲一致。雖然有少數的例外，但其呈現的現象已足以否定骨面上數條刻辭的起刻位置不同乃契刻者隨意爲之的舊印象。尤其是成套卜辭中的左胛骨與右胛骨的不同，契刻者會將卜辭刻在相應而一致的高低位置，只是隨胛骨左右的不同，呈現出"由左到右"及"由右到左"的順序差別。可見在某種背後原因，引導者契刻卜辭者如此刻意契刻。既是有意爲之，我們考查這些情況，顯然是有意義的。

三、通常靠臼角的起刻位置較高

根據我們對《合集》一至六册骨面卜辭的蒐集考查後發現，如果骨面上的幾條高低依序相次的卜辭，通常呈現往臼角對邊愈來愈低的趨勢，也就是愈靠近臼角起刻愈高。爲了讓統計更爲客觀，我們以下分成幾個不同的層次來討論。

（一）起刻位置相差兩個字以上距離

我們統計了《合集》一至六冊所有的卜骨，如果一版胛骨的骨面刻辭其任兩條卜辭起刻位置超過兩個字以上的距離，而符合起刻位置較高的卜辭較接近臼角者，總共找到 51 版（詳表一）。以下我們舉幾個例子加以說明。

1. 符合舉例

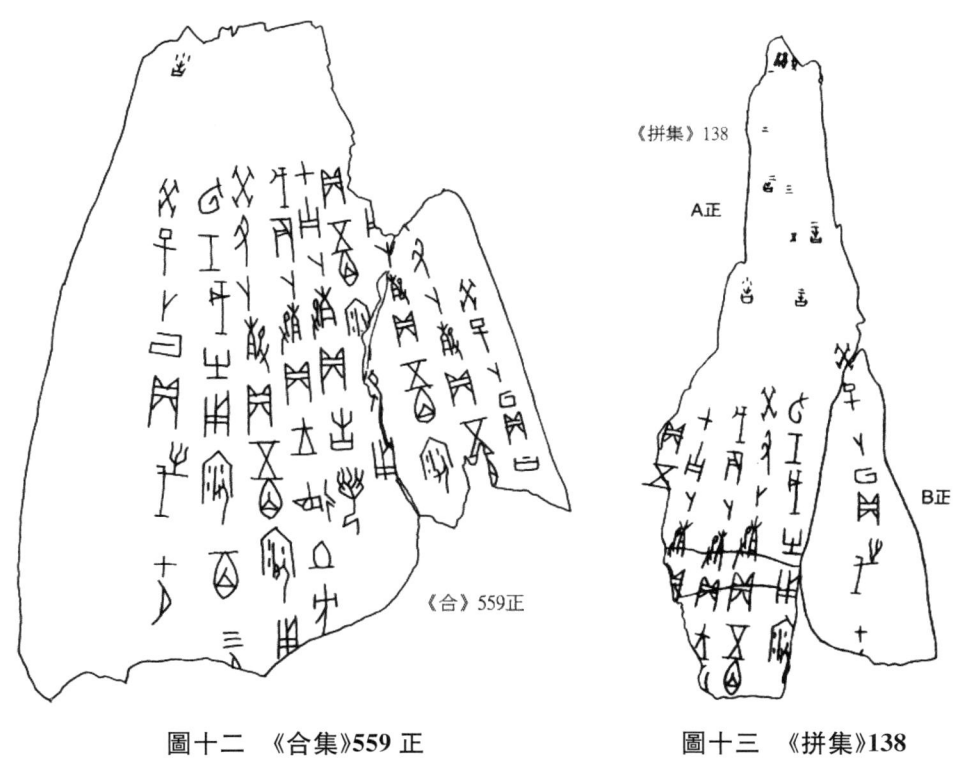

圖十二　《合集》559 正　　　　圖十三　《拼集》138

圖十二爲《合集》559 正，從《合集》559 反可以確定此胛骨的臼角在左。最右邊的一條"癸巳"最低，"乙丑"一條約高它兩個字，其後"甲子"一條約高它三個字，其他卜辭的起刻點大致相當。圖十三即成套卜辭的《拼集》138 即《合集》562＋《合集》7715 其爲臼角在右的牛肩胛骨①，版上的"癸巳"一辭比"甲子"一辭高兩個字，從目前可見與"甲子卜㱿貞：［五百䍙］"對貞的"貞五☐"一辭開始，起刻位置緩緩向上。因此這兩版均符合規律。

圖十四爲《合集》578，是一版臼角在右的牛肩胛骨，骨面的"癸丑"一辭比

---

① 黄天樹編，《甲骨拼合集》（北京：學苑出版社，2010），第 138 則，頁 151。

"己酉"一辭高很多,符合標題所敘。圖十五《契合》1是由四版碎骨經由三位學者先後綴合而成,也是一版臼角在右的牛肩胛骨。骨面的"癸丑"一辭依然比"己酉"一辭高很多,亦符合標題所敘規律。

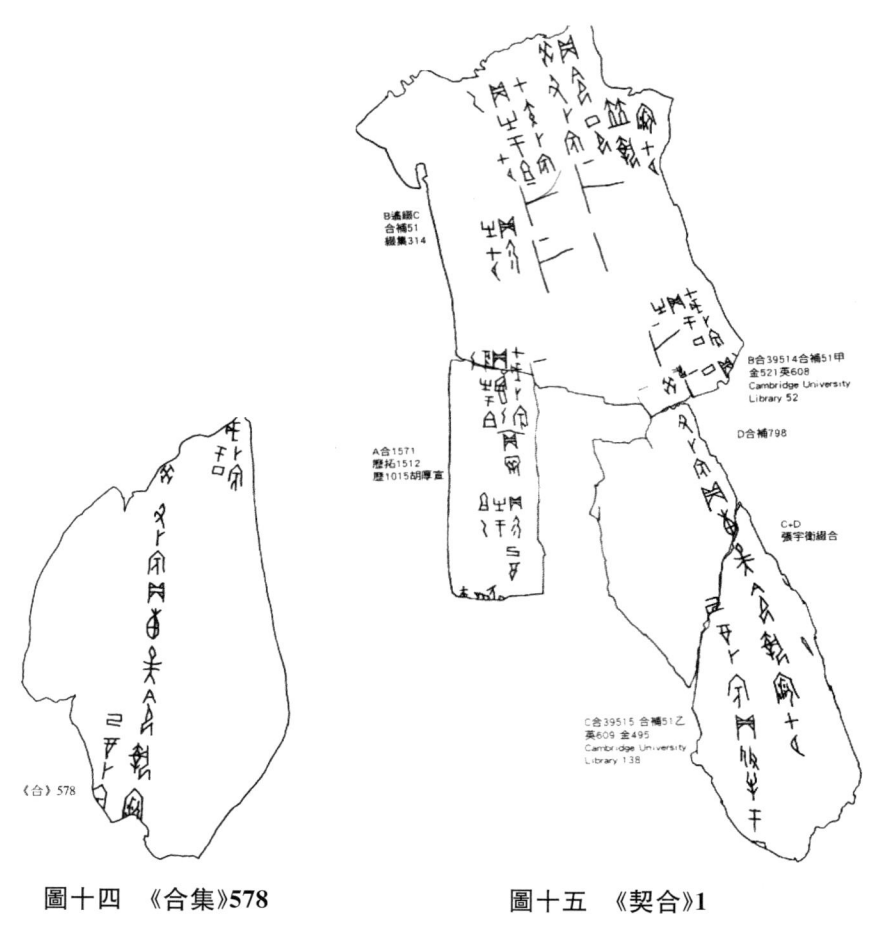

圖十四　《合集》578　　　　圖十五　《契合》1

　　又圖十六爲《合集》2638,是一版臼角在右的牛肩胛骨,骨面現存的兩條卜辭右邊一辭比左邊一辭高約三個字。其近臼角對邊的一辭比較低,符合標題所敘。圖十七爲《合集》16901,内容爲常見的卜旬無憂卜辭,目前可見的"癸巳"約比"癸酉"高兩個字,而從兆辭的位置來看,這版卜骨的臼角在左,符合標題所敘。圖十八爲《合集》19149,從兆辭、兆序的位置可知這版卜骨的臼角在左,骨面的"囗子"比"庚子"一辭高約兩個字,亦符合標題所敘。

　　上述六例僅爲舉例,《合集》一至六册,能夠確定卜骨左右且前辭基本完整或可推知而明確符合者,我們找到五十一例。

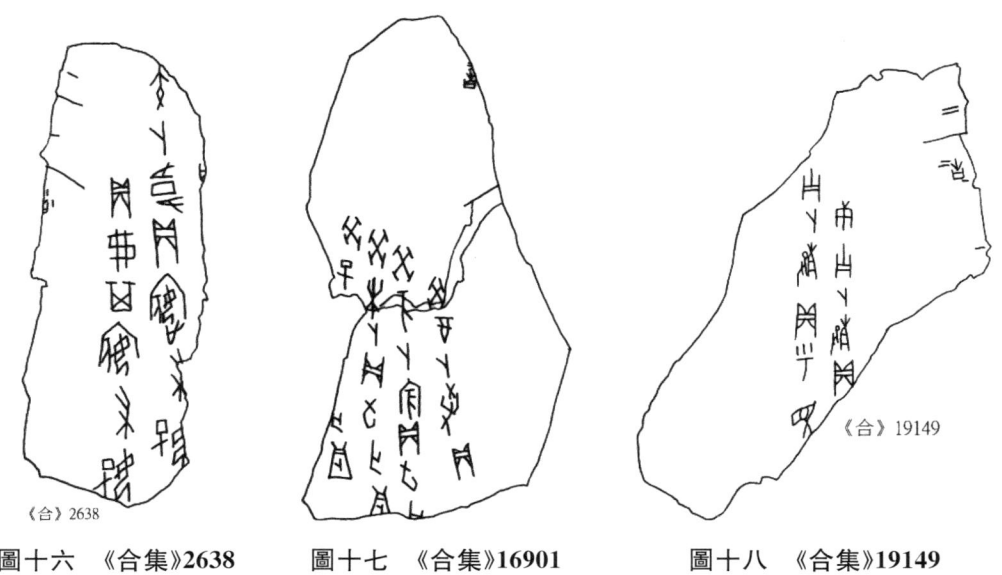

圖十六　《合集》2638　　圖十七　《合集》16901　　圖十八　《合集》19149

2. 未符合者有三例：《合集》6567、《合集》7854、《合集》10410①

圖十九爲《合集》6567，是一版臼角在右的牛肩胛骨。雖仍可看出傾向靠臼

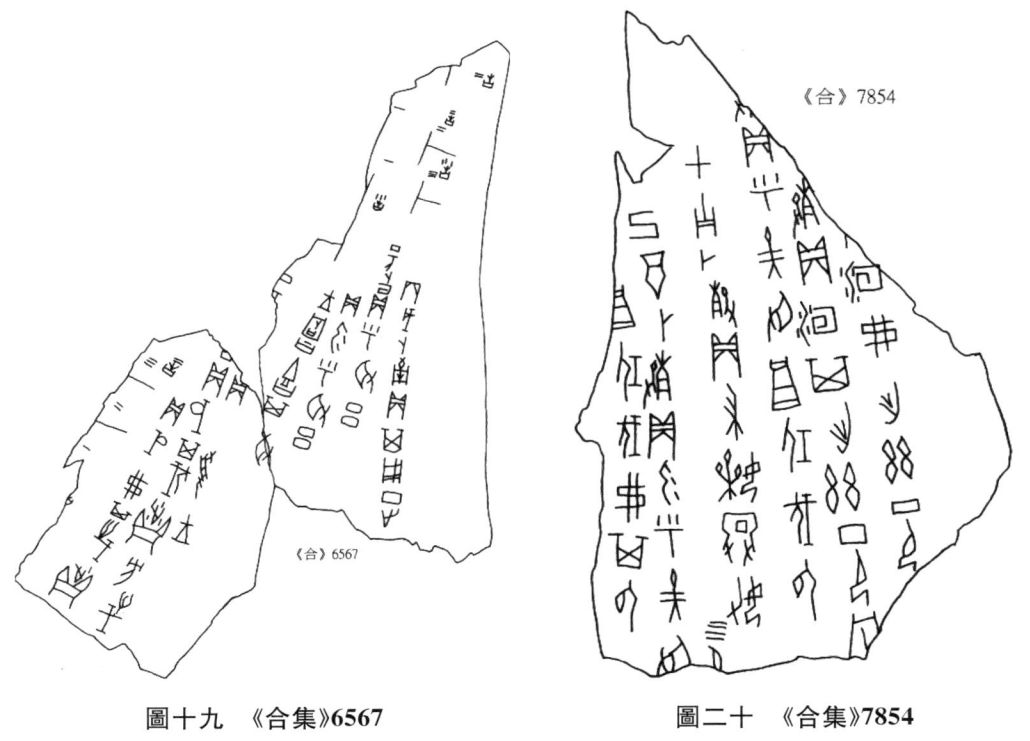

圖十九　《合集》6567　　　　　　圖二十　《合集》7854

---

① 未符合的三例，根據崎川隆《賓組甲骨文分類研究》，《合集》6567 屬過渡 3 類，《合集》7854 屬於典賓類，《合集》10410 屬於過渡 1 類。參見崎川隆，《賓組甲骨文分類研究》（上海：人民出版社，2011），頁 929—932。

角一邊愈來愈高的趨勢，但最右邊的"丙戌卜"比其左邊的"丁亥卜亙貞：呼取呂"一辭還低兩個字，與標題所敘不符。

圖二十爲《合集》7854，骨面現存五條卜辭，雖然右邊的三條卜辭殘去部分前辭。但仍可以大致判斷中間"囗囗[卜]殼貞：呼先取肩任伐以"的起刻點，比左邊的"甲子卜殼貞：婦媟娩男。四月"一辭高約四個字，也比右邊的一辭的"☒殼貞：洹其作茲邑憂"高約兩個字。因此無論本版是左胛骨還是右胛骨，均不符合標題所敘。

圖二十一爲《合集》10410 正的骨面部分，這是一版臼角在右的牛肩胛骨，由於骨面殘缺，估計右上的"辛巳"及左上的"壬午"卜辭，其位置較一般的骨面卜辭高，也許可以排除在骨面卜辭之外。不過明確的骨面卜辭由左至右爲：

　　壬午卜：王☒

　　庚辰卜：王〔獲〕☒

　　甲申卜：王獲☒

　　甲戌卜：王獲。允獲鹿五。

　　辛巳卜：王獲鹿。允獲五。

　　丙戌卜：王獲。

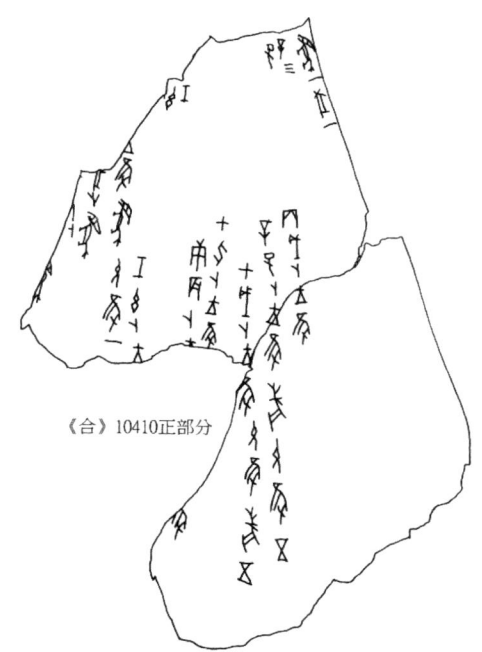

圖二十一　《合集》10410 正部分

如果依著"壬午→庚辰→甲申→甲戌→辛巳→丙戌"的順序，雖然大體仍是向著臼角的一邊呈現漸高的趨勢，但中間的"甲戌"又明確比"甲申"及"丙戌"低約兩個字的距離，不符合標題所敘。

3. 四個特殊例子：《綴集》22、《合集》12966、《合集》4284、《合集》3803①

另外有一種比較特殊的情況，是一版卜骨骨面上任兩條卜辭起刻位置相差超過兩個字以上的，均符合規律；而不符規律的，是距離不到兩個字的情況。如下圖二十二《綴集》22即《合集》6507+《合集》6511，是一版臼角在右的牛肩胛骨，骨面上有三條卜辭。近臼角的"壬戌"一辭其起刻點高出另兩條"戊午卜"的卜辭四、五個字的距離，與規律相符。但第二辭的"戊午卜殼貞：王取囗"比左邊的"戊午卜殼貞：王勿囗"低一個字左右。

圖二十三為《旅》651版面較《合集》12966全，是一版臼角在右的卜骨。②骨面卜辭由左至右為"乙卯→[丁]未→辛亥→癸丑→辛亥→壬子"，雖然大體仍是向著臼角一邊漸高的趨勢，但依規律應該最高、最右的"壬子"一辭較"辛亥"，低約一個字左右的距離。

而圖二十四的《合集》4284是一版臼角在右的牛肩胛骨，骨面上有四條卜辭。起刻位置最高的中間"辛亥卜"一辭較左邊兩條卜辭高約三個字的距離，符合規律，但與最右邊的"貞：勿唯甲申步。"一辭的起刻位置還高約一字左右的距離。此三例與前段不符合之例的差異在於其不符的卜辭，高度相差均不到兩個字的距離。至於《合集》3803中間有一條殘去干支的卜辭刻得比左右兩邊都高，且"卜"字與貞人名刻的行款不甚對齊，不知是否原為"貞"字起始，後來才加刻前辭？有待綴合後驗證。

綜上所述，《合集》一至六冊的卜骨，在一版胛骨的骨面刻辭明確可以斷定其任兩條卜辭起刻位置超過兩個字以上的距離，我們找到58版，而符合起刻位置較高的卜辭較接近臼角者，計有51版（參見表一）。如果換算成符合的比例，將近九成。

---

① 特殊的四例，根據崎川隆，《賓組甲骨文分類研究》，《綴集》22屬於典賓類[過渡3類同版]，《合集》12966屬於師賓間（非典型B），《合集》4284屬於過渡3類[典賓同版]，《合集》3803屬於過渡2類。崎川隆，《賓組甲骨文分類研究》，頁929—932。

② 宋鎮豪、郭富純主編，《旅順博物館所藏甲骨》（上海：上海古籍出版社，2014），本文簡稱《旅》。

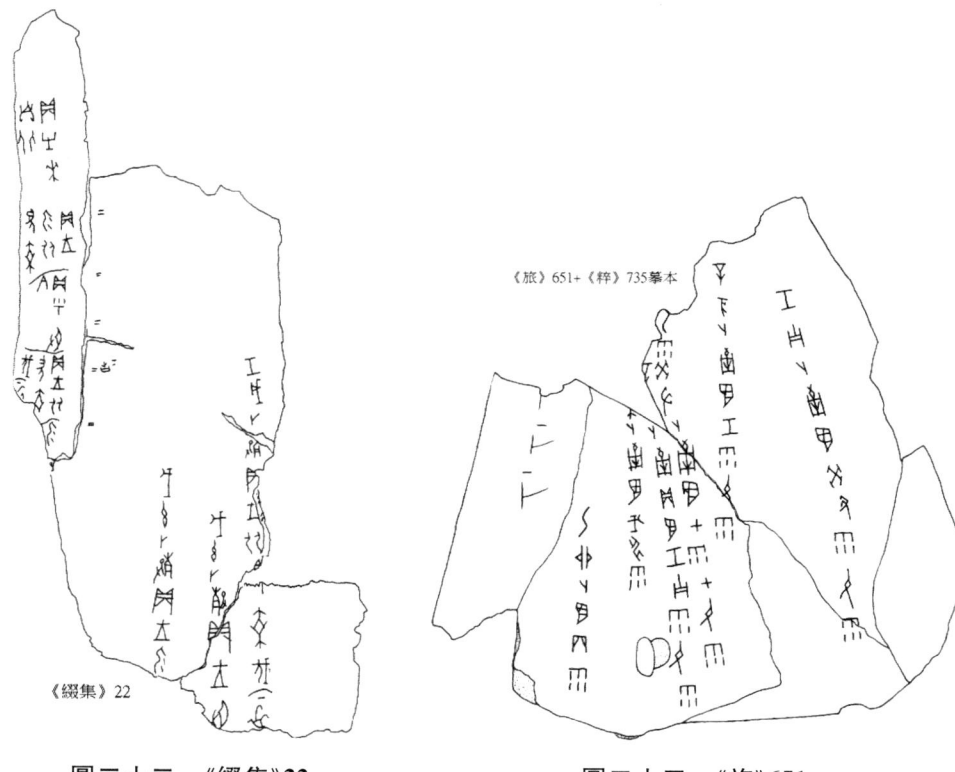

圖二十二　《綴集》22　　　　圖二十三　《旅》651

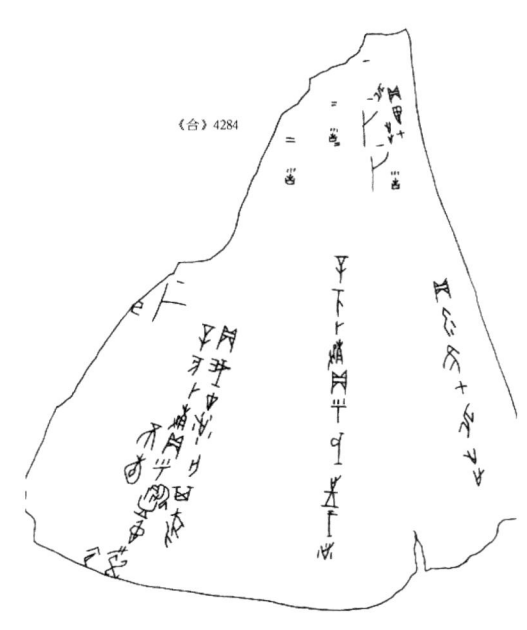

圖二十四　《合集》4284

表一 骨面卜辭明顯有高低之別，超過兩字以上的距離者。加 * 者表示本文有摹本

《合集》94	《合集》511	*《合集》540
*《合集》559	*《合集》562＋《合集》7715，《拼集》138	《合集》578
《合集》583＋《合集》7139，《綴集》12	《合集》584＋《合集》9498＋《合集》7143＋《東文研》571，《拼集》290	《合集》712
《合集》1242	《合集》1293＋《合集》1294＋《合集》1473，《綴彙》486	《合集》1352＋《合集》11667
《合集》1571＋《合補》51＋《合補》798，參《契合》1	《合集》2638	《合集》2985
《合集》3526＋《合集》16938，新綴546	《合集》3529＋《合集》12813，《綴集》16（《合集》12814＋《合補》1515同文）	《合集》3712《合補》1351重片
《合集》3713	《合集》3774對貞	《合集》4135＋《合集》4209＋《合補》749，《契合》380
《合集》4452	《合集》6093＋《合補》1584＋《京人》898，《契合》300	《合集》6131
《合集》6172《合集》6173同文	《合集》6174	《合集》6413
《合集》6778	《合集》7215	《合集》7302
《合集》7313＋《合集》7350，張宇衛32	《合集》7701＋《合集》7703，《綴集》152	《合集》7782＋《合補》565新綴
《合集》7795	《合集》7803	《合集》7853
《合集》8501＋《合集》18925，筆者綴	《合集》11513	《合集》11702《合集》17710重
《合集》11954	《合集》12333	《合集》12666
《合集》12814＋《合補》1515	《合集》13148	《合集》14314
《合集》14469	《合集》14573	《合集》14767
《合集》16901	《合集》19113	《合集》19149

（二）起刻位置相差一字至兩個字距離

圖二十五《合集》1075 正從左側的兆辭可以判斷這是一版臼角在右的牛肩胛骨，左邊兩條"甲午卜殼貞：又于羌甲"與"甲午卜亘貞：翌乙未暘日"只有半個字左右的高低差，但兩辭都較右側的"庚子卜王貞"低約一個字左右。圖二十六《合集》5509 正爲一版臼角在左的牛肩胛骨，左邊近臼角的"丙申卜殼貞：立事呼取☒"一辭比右邊"丙申卜賓貞：今夕其☒"的起刻點高約一個字。兩版均符合本文的規律。

其他如《合集》17055 是一版臼角在右的卜骨，較右的"丙午卜殼"高於"己卯卜殼"一辭；《契合》60 即《合集》7386＋《合補》5670 是一版臼角在左的牛肩胛骨，較左邊的"戊午卜爭"比"辛酉卜殼"高一個字；《合集》6570 是一版臼角在左的牛肩胛骨，較左邊的"乙酉卜內"比"丙戌卜內"高一個字半的距離；《合集》6354 是一版臼角在右的牛肩胛骨，中間的"癸巳卜殼"和較右邊的"辛丑卜爭"兩辭比"壬辰卜殼"高約一個字的距離；《合集》6087＋《存補》1-141-2＋《合集》16473 即《綴集》285 下半，是一版臼角在右的牛肩胛骨，較右邊的"壬子卜殼"及中間的"乙卯卜爭"比較左邊的"壬辰卜殼"高約近兩個字的距離；《合集》154＋《合集》13989 即《契合》379，是一版臼角在右的牛肩胛骨，骨面"辛丑"及"己卯"平齊，均較左邊省略前辭的卜辭高約一個半字的距離。

也有些例子因爲前辭略有殘缺，但由於其版上所刻的字較爲規整，仍可因推算而判斷兩辭高低位差在一至兩字内的例子。如下圖左的《合集》11519 正是一版臼角在右的卜骨，骨面"丙戌卜爭"一辭較其右邊殘去干支卜的卜辭"☒爭貞今日我其☒"一辭還低約一個字，符合規律。下圖右《合集》5400＋《合集》16112 即《拼集》101 是一版臼角在左的卜骨，從"貞"字契刻的位置來判斷，最右邊的"☒殼貞：往于劦☒"比其左邊的"☒貞：王☒"及"☒貞：王勿于☒"兩辭都低一個字左右，符合本文提出的規律。

而《合集》6542 爲臼角在右的卜骨，右邊的"伐"字上仍有"王"的殘筆，再上一字應爲"貞"字，由此可知它和左邊的一辭高約一至兩字；《合集》3963＋《存補》4-2-1 即《契合》110，是一版臼角在左的卜骨，骨面兩條卜辭的干支皆殘，但從卜字的位置可以推知，左邊的卜辭起刻位置比右邊一辭高約一個字。

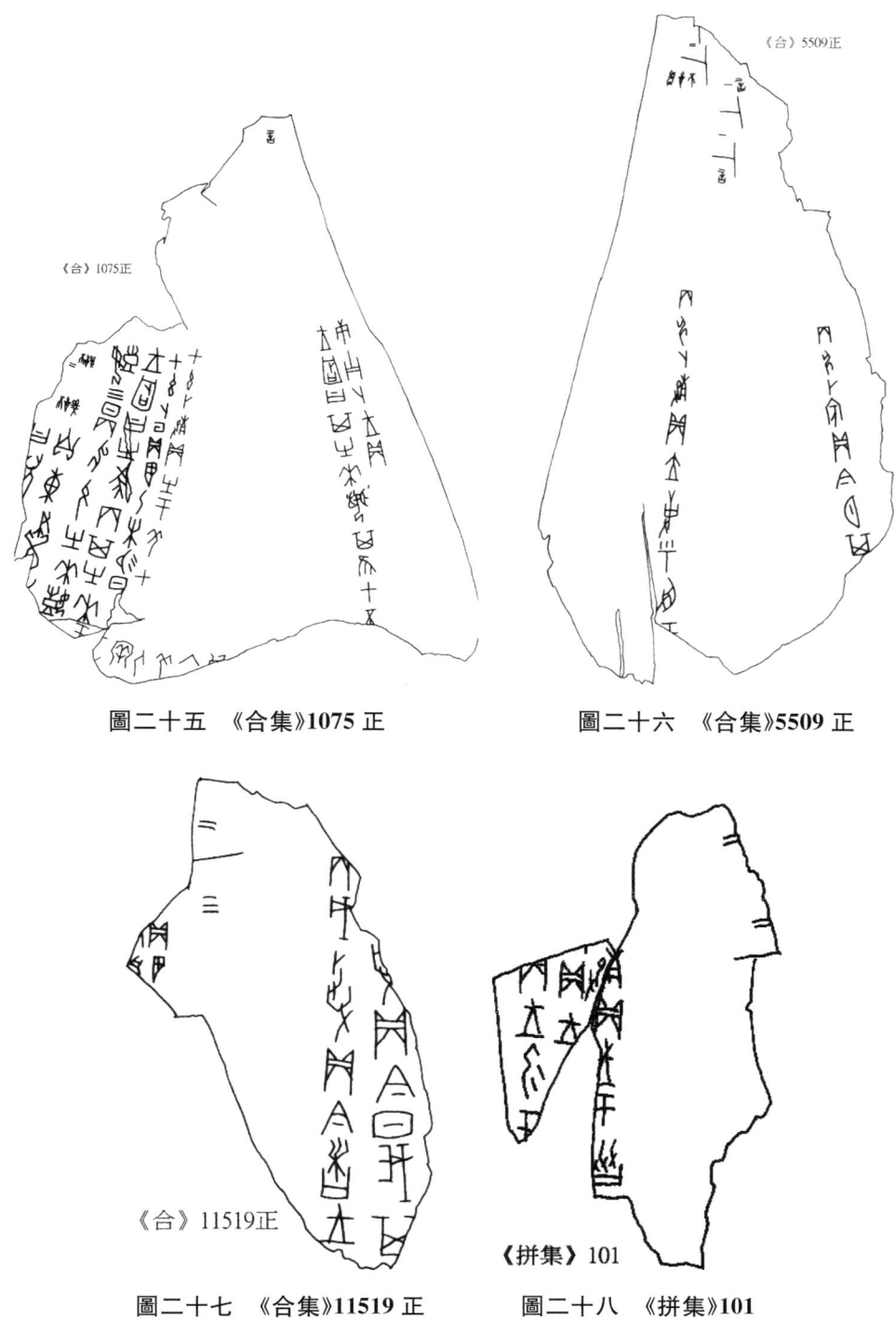

圖二十五　《合集》1075 正　　　圖二十六　《合集》5509 正

圖二十七　《合集》11519 正　　圖二十八　《拼集》101

最後，還有一些差別不到一字、半字的，這種起刻點差距很小，但如果連這些相差一點點的都列入討論，則上文有些例子是符合趨勢而中間又有些微高低者就很難處理。因此本文沒有針對這些例子再一一舉出來討論。不過由於從兩字以上及一至兩字的例子整理後發現符合的比例很高之後，我們發現這種趨勢也存在多數差距不到一字的骨面卜辭中。如《合集》5044＋《合集》5045＋《英》436 即《綴集》3 下半，是一版臼角在左的卜辭，其上的兩條甲午日卜問的卜辭，左邊就比右邊高出不到三分之一個字的距離；《合集》131＋《合集》3706 即《拼集》131，是一版臼角在右的卜骨，右邊的"丁未卜"比左邊的"戊申卜"高出不到半字的距離等等。

表二　骨面卜辭明顯有高低之別，超過一字以上兩個字以下距離者

《合集》154＋《合集》13989,《契合》379	《合集》1075	《合集》3963＋《存補》4-2-1,《契合》110
《合集》5400＋《合集》16112,《拼集》101	《合集》5509	《合集》6087 正＋《存補》5-141-2＋《合集》16473 遙綴《合》6042 正,《綴集》285
《合集》6354	《合集》6542	《合集》6570
《合集》7386＋《合補》5670,《契合》60	《合集》11519	《合集》17055

同樣距離在一至兩字差異的例子也可以看到一些例外：《合集》15396 正是一版臼角在左的卜骨①，骨面較近臼角的"乙未卜"反而較"己亥卜"辭低約一個字，是一個很標準的反證。不過如果我們看看這版的反面，其上的鑽鑿分布相較於多數的賓組卜骨顯然特別的多，從骨頸延續到骨面的上段。這個不符常例的情況，也許與此有關。

也有一些例子由於骨面卜辭前辭的殘缺無法直接判斷，但就行款推斷，有可能會是例外的例子，我們也一併提出。如《合集》8 是一版臼角在右的卜骨，目前看起來近臼角的卜辭未必起刻點較高；《合集》4021 是一版臼角在左的卜骨，最右一辭雖然殘去干支，但補足後應該比丁卯日的卜辭還高；《合集》4037＋《英》835 即《拼集》2，是一版臼角在右的卜骨，骨面上三條前辭完整的卜辭符合規律，但中間偏上有一條較高的殘辭，以它的位置是不是可列入骨面卜辭，還是另有原因，暫列此參考。

《合集》17825 是一版臼角在左的卜骨，雖有六條左右的骨面卜辭多數殘缺，但起刻位置卻相當完整，左邊的"己亥""壬寅"及缺前辭的"貞：不☐"三條卜

---

① 李愛輝女士對此版的加綴，參見李愛輝，《甲骨拼合第 320 則》（2015.11.13 發表），中國社會科學院歷史研究所先秦史研究室網站 http://www.xianqin.org/blog/archives/5776.html。

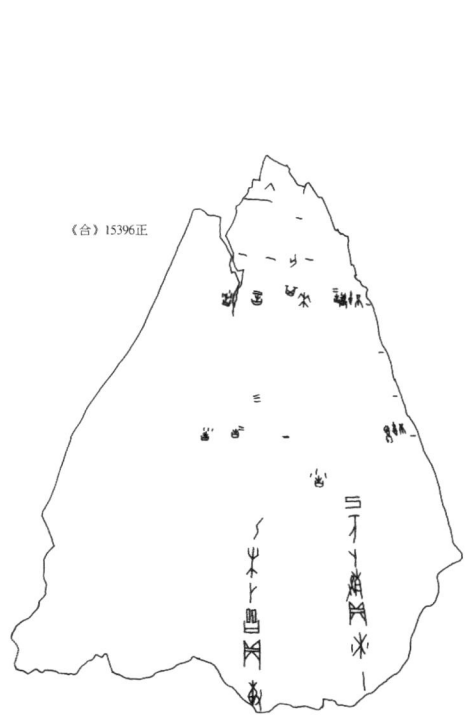
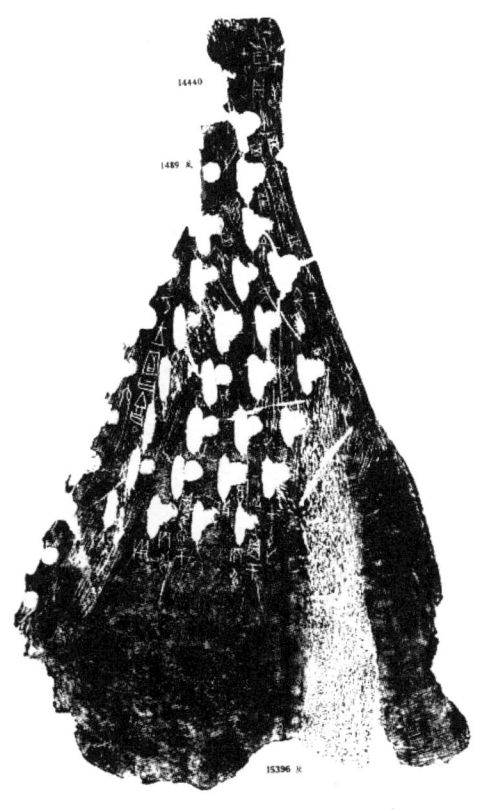

圖二十九　《合集》15396 正　　圖三十　《合集》15396 反＋《合集》1489 反＋《合集》14440

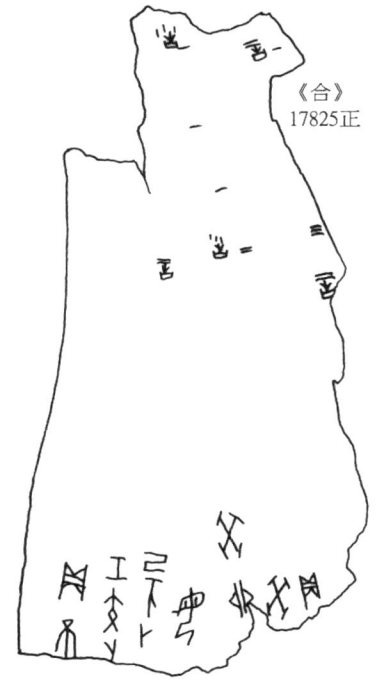
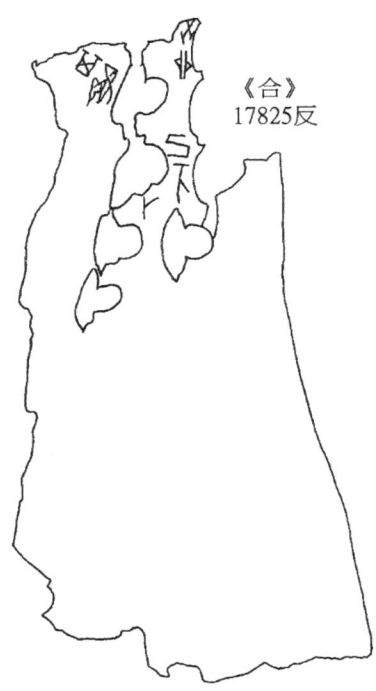

圖三十一　《合集》17825 正　　圖三十二　《合集》17825 反

辭雖然都較最右的兩條卜辭起刻為高，但中間"癸卯☒"一辭顯然是最高的，此例也是不符合規律的例子。此版背後有鑽鑿旁刻上"癸卯☒""己亥卜"，可能和骨面卜辭的排序有關，進一步的研究有待卜辭的綴合復原。

根據上文的討論，我們提出在一版胛骨的骨面刻辭起刻位置較高的卜辭往往有較接近臼角的趨勢。其背後可能有幾個原因，首先是卜骨本身骨面厚薄平凹及其背面整治後是否容易損壞的情況，其次是受骨面署辭契刻位置的影響，最後則因為骨面卜辭與骨條上卜辭的對應。由於卜骨殘碎，最後一點的具體情況還有待進一步的研究。

（三）省略前辭的對貞卜辭

我們研究骨面卜辭的起刻位置時，留意到骨面常出現兩條從內容上看是對貞卜辭，而且其中一條卜辭有省略前辭的情況。按照我們的統計，這類骨面的對貞卜辭，一般是沒有省略的刻得較近臼角，而且其起刻位置通常也比另一辭高些：

（01）《契合》第379組：《合集》154＋《合集》13989

　　己丑卜㱿貞：翌庚寅婦好娩。（右，臼角在右）
　　貞：翌庚寅婦好不其娩。一月

（02）《合集》2638

　　☒寅卜韋貞：儐婦好☒。（右，臼角在右）
　　貞：弗☒其儐婦好☒。

（03）《合集》3774正

　　☒戌卜亘貞：豐☒。（左，臼角在左）
　　貞：豐☒。

（04）《合集》4481

　　☒☒卜賓貞：光來。（左，臼角在左）
　　貞：光不其來。

（05）《合集》6093正＋《合補》1584正＋《京人》898（《契合》第300組）

　　☒☒☒凹貞：☒方出，帝☒。（右，臼角在右）
　　貞：☒方出，帝不唯☒。

（06）《合集》6567

　　丁亥卜亘貞：呼取呂。（右，臼角在右）
　　貞：勿呼呂。

（07）《合集》6567

　　□□□亘貞：？其伐𦍙方𢦏。（右，臼角在右）
　　貞：？弗其𢦏𦍙□。

（08）《綴續》437

　　戊戌卜殼貞：？𢦏𦍙方。（左，臼角在左）
　　貞：？弗其𢦏𦍙方。

（09）《合集》8745＋《英》681①

　　□□□爭貞：？𢦏𦍙方□。（左，臼角在左）
　　？弗其𢦏□。

　　上舉的這幾組刻在骨扇的對貞卜辭，未省略的那條卜辭往往比省略前辭的那條卜辭刻得高些且較近臼角。單就這幾組對貞卜辭而言，亦符合。

　　此外尚有幾組目前由於不容易判定其胛骨左、右，羅列於下，以利將來驗證：《合集》2366、《合集》3765、《合集》12410、《合集》12437、《合集》12636、《合集》14216、《合集》16013。最後，《合集》11551骨面卜辭稍殘，應該也是一組對貞卜辭，似乎是一版臼角在右的卜骨，這兩條卜辭不但近臼角的較低，且缺前辭的一辭也比較近臼角。如果確爲臼角在右的卜骨，則本例對本文所討論的兩個文例都是反證。

四、文例的應用

　　我們歸納出一般情況下，骨面卜辭的起刻位置有向臼角方向愈來愈高的趨勢，根據這個認識可以讓我們掌握更多殘碎的賓組卜辭的訊息。

---

① 張宇衛，《甲骨綴合第八十三則》（2012.5.22發表），中國社會科學院歷史研究所先秦史研究室網站http://www.xianqin.org/blog/archives/2691.html。

（一）以骨面刻辭起刻位置高低判斷胛骨的左右

如果一版賓組卜骨骨面有兩條以上足以判斷其起刻位置相對高低的卜辭，可以藉以判斷胛骨的左右。如圖三十三《旅》981摹本，"乙卯卜争☒"一辭相較於左邊只存一貞字的卜辭而言，其起刻位置較低，因此臼角在左。

圖三十三　《旅》981

如果一版賓組卜骨骨面上有數條足以判斷其起刻位置相對高低的卜辭，即使個別卜辭高低錯落，其大致高低趨勢仍可掌握者，亦可藉以判斷胛骨左、右。如圖三十四《合集》4056骨面上可見到四條殘辭，其中三條卜辭"卜"、"殻"二字的位置高低錯落。但最右一辭"癸巳"日的卜辭起刻位置則明顯較低，現有卜辭主要呈現右低左高的趨勢。如果將來綴合後沒有改變這種趨勢，此版臼角可判斷應在左邊。

圖三十四　《合集》4056

又如《英》207 不容易判斷其胛骨的左右。版上的三條骨面卜辭由右到左"甲申→甲申→乙酉"有向左愈來愈高的趨勢，這種趨勢符合它是一版"臼角在左"的卜辭的特徵。筆者曾將《英》207 反與《英》492 綴合①，從反面的鑽鑿可以確認這是一版"臼角在左"的卜骨。

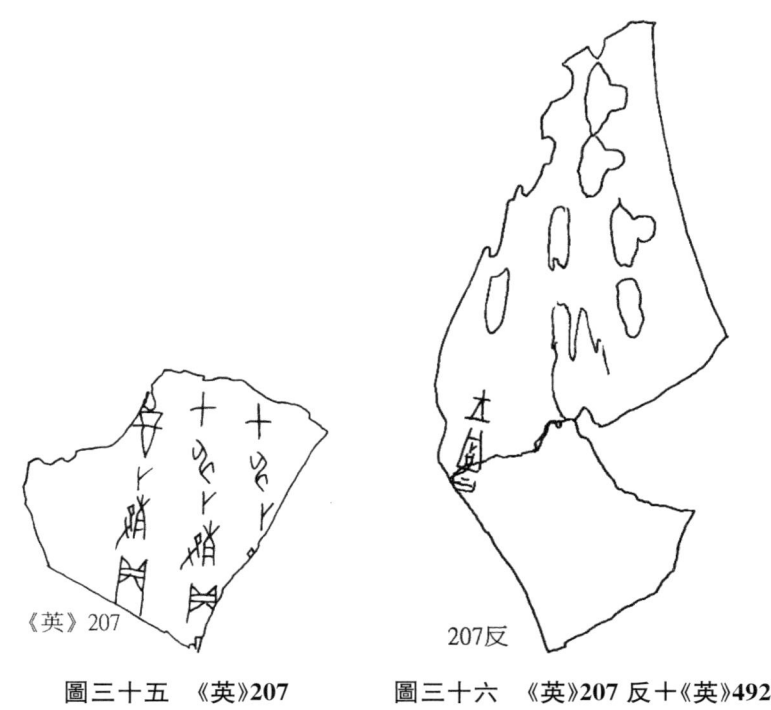

圖三十五　《英》207　　　圖三十六　《英》207 反＋《英》492

（二）已知臼角左右，則可推測骨面卜辭起刻位置的高低趨勢

此與（一）爲一體兩面，以下以左右胛骨簡圖示意：

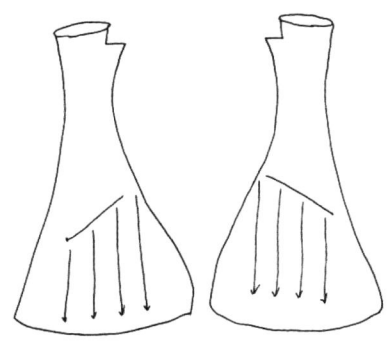

---

① 參見林宏明，《甲骨新綴第 390 例》（2012.11.23 發表），中國社會科學院歷史研究所先秦史研究室網站 http://www.xianqin.org/blog/archives/2753.html。

若能掌握此文例，對於已知臼角位置的骨首、骨邊的殘骨，可以推測其骨面卜辭的高低趨勢，找到拼合版及避免誤綴。

（三）可據以推測殘辭，提高復原賓組卜骨的機會

《英》145 是一版臼角在右的牛肩胛骨，骨面僅存"癸亥卜亙貞☐"及"貞☐"兩辭。在本文討論之前，這只是一版剩下前辭的骨面卜辭，但根據上文所揭示的文例，我們卻可以合理推測，這兩條卜辭底下所缺的內容很可能是一組對貞的內容。《英》162 是一版臼角在右的牛肩胛骨，中間的卜辭"貞"字以前的前辭是殘去還是本來就以貞字起刻？如果根據上舉提到佔近九成比例的文例而言，若需加上前辭，則此版屬於不符常例的例子（10％）；如果是貞字起刻，行款則符合常例（90％）。再進一步推測，它和右邊一條卜辭內容似爲對貞，所以骨面上所缺的"干支卜"，其左邊可能沒有"干支卜某"的前辭。

《綴集》17＋《合集》5454 爲劉影女士所綴合[①]，是一版臼角在右的卜骨。有了上述文例的討論，"☐禦子不"一辭與其右方的"☐寅卜韋貞：禦子不"對比，"禦"字前很可能殘缺"貞勿"二字。如果沒有上文文例的檢討，一般就很容易認爲"☐禦子不"應補"［干支卜某貞：勿］禦子不"。

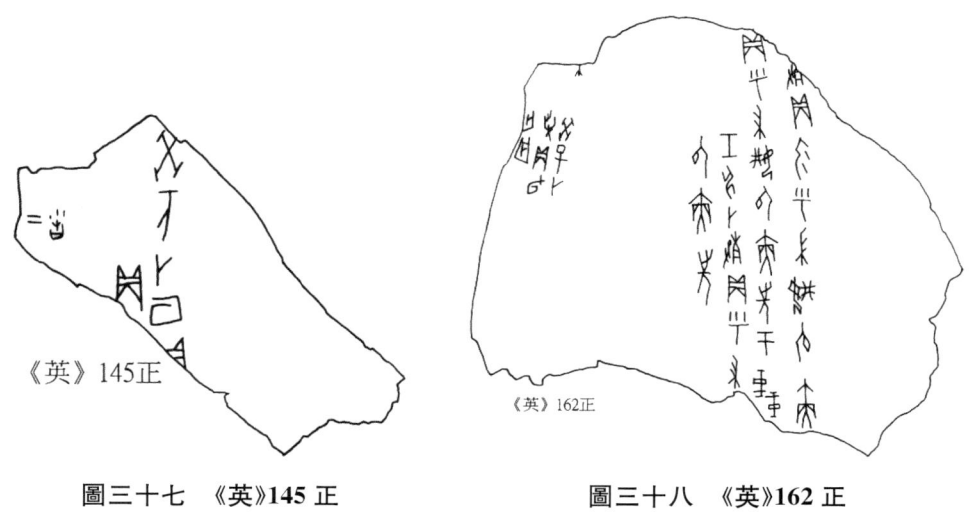

圖三十七　《英》145 正　　　圖三十八　《英》162 正

[①] 參見劉影，《甲骨新綴第 200—201 組》第 200 組（2015.6.10 發表），中國社會科學院歷史研究所先秦史研究室網站 http：//www.xianqin.org/blog/archives/5250.html。

五、結　語

　　本文是研究賓組卜骨骨面刻辭文例的一個小問題，骨面卜辭起刻點的高低錯落並非刻辭隨意爲之。經過本文的討論，我們提出以下三點認識：首先是骨面卜辭起刻點的高低，和該條卜辭內容長短沒有必然關係。其次是賓組骨面卜辭的起刻點如果有高低的走向趨勢，往往高的是靠近臼角的一邊。最後，骨面卜辭若有對貞卜辭，且一辭貞字起刻而省略前辭，往往沒有省略前辭的那條卜辭較接近臼角。

　　本文由於時間的關係，僅呈現《合集》一至六册的例子，其他的例證及後續統計目前尚在整理中。但從目前掌握比例看來，並不會影響本文的結論。

　　　　原載李宗焜主編:《古文字與古代史》第 5 輯，"中央研究院"歷史語言研究所，2017 年。

張惟捷　宋雅萍

從一版新材料看甲骨文家譜刻辭的真僞問題*

一、家譜刻辭的提出與爭議

所謂"卜以決疑，不疑何卜"，自從1899年甲骨文發現以來的一段不算短的時間內，人們對甲骨文用途的認知主要局限於其貞問的"卜辭"性質，未關注到其他面向。事實上，與貞卜性質無涉的"記事刻辭"無論是在數量、出現頻率，或是內容重要性上，都是甲骨文中不可忽視的一個組成類別；而其中所謂的"家譜刻辭"此一類型，無疑是歷來最受學者重視的其中一種記事型態，具有獨特的內容特質，對於這類紀錄家系刻辭存在真實性的探討，至今已近百年，仍未得到一致的共識。

由於本文牽涉到家譜類刻辭的真僞問題，爲了較好地說明論點，下面必須先對其揭櫫、流傳以及相關爭議略做介紹。①

從初始的刊布起，"家譜刻辭"便存在複數樣本。英人金璋（Lionel Charles Hopkins）最早於1912年4月發表《中國古代之皇室遺物》（A Royal Relic of Ancient China），對大英博物館所藏鹿角家譜刻辭，即《庫方二氏藏甲骨卜辭》

---

*　本文係福建省社科規劃項目"1949年運臺甲骨《殷墟文字丙編》整理與研究"（FJ2017B127）成果。

①　以下介紹文字與譯文主要引用自郲曉娜：《家譜刻辭百年研究綜述》，並略做修改。郲文發表於中國社科院歷史研究所"先秦史網站"，http://www.xianqin.org/blog/archives/2879.html，2012年12月31日。郲女士爲家譜刻辭爭議的來龍去脈做了十分細緻的梳理，尤其在文末整理出真僞立場兩方論點對照表，相當有助於學者進行進一步分辨。

（以下簡稱《庫》）1989，進行了介紹和研究，揭開了相關研究的序幕。① 同年 10 月又發表《骨上所刻之哀文與家譜》（A Funeral Elegy and a Family Tree Inscribed on Bone），對其所藏一片插骨針的牛肩胛骨家譜刻辭，即《金璋所藏甲骨卜辭》（以下簡稱《金》）566 的內容進行了介紹，並與《庫》1989 進行了對比研究。

上述的研究引起了德國學者勃漢第女士（Anna Bernhardi）的關注。她在 1913 年發表的《關於維爾茨博士於青島收集的中國上古甲骨》（Über Frühgeschichtliche chinesische Orakelknochen, gesâmmelt von Prof. Dr. Wirtz, Tsingtau）一文中，對金璋的研究進行了總結和引用，並公佈了另外兩片家譜刻辭。一片是大英博物館所藏牛肩胛骨家譜刻辭，即《庫》1506，內容與鹿角家譜刻辭基本相同。另一片是德國柏林皇家民俗博物館所藏維爾茨博士在青島蒐購的牛肩胛骨家譜刻辭，篇章結構與其他家譜刻辭相似，但人名多有不同。勃漢第認爲《庫》1506 是仿製《庫》1989 的僞刻，但對其他家譜刻辭的真實性沒有提出質疑。

勃漢第對《庫》1506 真實性的否定，立刻引發了金璋的回應。他於 1913 年 10 月發表《圭璧上的家譜刻辭》（A Chinese Pedigree on a Tablet-Disk）一文，駁斥了勃漢第的看法，認爲《庫》1506 也是真品，同時又公佈了他收藏的另一片家譜刻辭，即《金》760 圭璧形家譜刻辭。

1923 年金璋在《河南遺物和商代記錄中的商王世系》（The Royal Genealogies on the Honan Relics and the Record of the Shang Dynasty）一文中又提到家譜刻辭，論證了家譜刻辭存在的可能性和必要性，仍然認爲它們都是真品。除此之外，金璋的手稿中還有一篇尚未發佈的文章《鹿角家譜刻辭上的紋飾和其他特徵》，對鹿角家譜刻辭進行了深入探討。

《庫方二氏藏甲骨卜辭》出版後，中國學者看到了《庫》1506 和 1989 兩片家譜刻辭的摹本，紛紛著文認定其爲僞刻。1935 年，胡小石《書庫方二氏藏甲骨卜辭印本》一文中，認爲《庫》1506 和 1989 是僞刻。1935 年底，白瑞華在日本東京印了一張《庫方二氏藏甲骨卜辭》一書的附錄和更正，附錄是郭沫若所列庫方

---

① 這件最早問世的家譜刻辭文物文字方面抄自《庫》1506，已無疑義，于省吾先生指出："至於鹿角刻辭係模仿'家譜刻辭'而又有所竄改，其不可信，大家無異詞。" 載《甲骨文"家譜刻辭"真僞辯》，《古文字研究》第 4 輯，第 139 頁。此器是一件精緻的鹿角製品，實物大圖罕見，故本文收入附圖一。引自 Arnold Silcock, *Chinese Architecture*, London: Country Life, 1929, p.33, Plate I. 感謝蔡哲茂先生提供圖檔。

甲骨卜辭的僞刻部份，認爲《庫》1506是僞刻，《庫》1989紋飾是真，刻辭是僞。

1936年，陳夢家在《燕京學報》第19期介紹《庫方》一書，認爲《庫》1506和1989是僞刻。1940年，陳夢家先後發表《述方法斂所摹甲骨卜辭》和《述方法斂所摹甲骨卜辭補》，董作賓發表《方法斂博士對於甲骨文字之貢獻》，都認爲《庫》1506和1989是僞刻。1947年，容庚在《甲骨學概況》一文中，也認爲《庫》1506和1989都是僞刻。

但到了1956年，陳夢家在《殷虛卜辭綜述》中改變了原有的觀點，認爲《庫》1506這片家譜刻辭是真的，並把它作爲研究宗法制度的重要材料。隨後，越來越多學者根據不同的觀察角度，開始信任《庫》1506家譜刻辭的真實性，例如李學勤、于省吾、張政烺、饒宗頤等人，對此問題均持正面的態度。

《庫》1506家譜刻辭的真僞之辯，隨着1979年底"中國古文字學術研究會第二屆年會"的召開和1980年12月《古文字研究》第四輯的出版，進入了一個新階段。

在這次大會上，胡厚宣先生宣讀了論文《甲骨文"家譜刻辭"真僞問題再商榷》，引發了與會學者的熱烈討論。會後，于省吾先生又作《甲骨文"家譜刻辭"真僞辯》作爲回應，二文都發表在《古文字研究》第四輯上。胡、于二先生都從文字、行款、人名、意義、相關刻辭等多個角度，對家譜刻辭進行了細緻入微的分析，但卻得出了完全相反的結論。無論孰是孰非，他們都對家譜刻辭的深入研究做出了重大貢獻。①

此後對家譜刻辭抱持懷疑態度的學者亦所在多有，如金祥恒、嚴一萍、松丸道雄、陳煒湛、宋鎮豪、蔡哲茂等人。而持正面觀點的有楊升南、張秉權、王宇信、汪濤等人。②

1991年，《英國所藏甲骨集》下編出版。艾蘭在《英藏》下編上册發表文章

---

① 胡厚宣：《甲骨文"家譜刻辭"真僞問題再商榷》，《古文字研究》第4輯，第115—138頁，1980年。于省吾：《甲骨文"家譜刻辭"真僞辯》，第139—146頁。
② 參見金祥恒：《庫方二氏甲骨卜辭第1506片辨僞——兼論陳氏兒家譜說》，《大陸雜誌》特刊第2輯《慶祝朱家驊先生七十歲論文集》，1962年。嚴一萍：《甲骨學》上册，藝文印書館，1978年，第418—423頁。松丸道雄著，溫天河譯：《甲骨文僞作問題新探》，《中國文字》新3册，1984年。陳煒湛：《甲骨文簡論》，上海古籍出版社，1987年，第210—213頁。楊升南：《從殷虛卜辭中的示宗說到商代的宗法制度》，《中國史研究》1985年第3期。王宇信、徐義華：《商周甲骨文》，文物出版社，2006年，第115頁。張秉權：《一支貴族的世系——兒氏家譜》，《甲骨文與甲骨學》，"國立"編譯館，1988年，第364—371頁。

首先用顯微鏡作甲骨刻辭真偽之鑑定。近年來，陳光宇教授同樣藉由顯微技術，對各版家譜刻辭進行細緻觀照，於《兒氏家譜刻辭綜述及其確爲真品的證據》等文章指出《庫》1506刻辭可信的看法。爲了求證艾蘭女士實驗的真確性，陳光宇重複其顯微鏡觀察實驗。實驗設計除以《庫》1506版爲實驗組利用立體顯微鏡對其進行觀察照相外，並選取《庫》1619（即《英藏》2512或《合集》41724）作爲實驗對照組，在研究方法上相當特出。①

可惜的是，由於欠缺更多的實物證據，直到目前爲止，學界對家譜刻辭之真偽仍然没有取得高度共識，爭議仍在持續當中。

二、一組新綴合透露的訊息

嚴格説來，前人針對此真偽議題所提出的種種疑點，諸如"界劃説""貞字説""字體惡劣""字詞虛造""字口裂紋"等，都曾一一被支持其真的學者一方據既有以及新見的證據加以辯駁。以"字詞虛造"而言，金祥恒先生曾指出"先祖"一詞未見於卜辭之中，于省吾先生駁曰：

> "家譜刻辭"的"兒先祖曰吹"，"先祖"二字在卜辭中極爲罕見。卜辭的"其祀多先祖"（佚860）是作僞者不可能見到的。周器邵鐘稱"樂我先祖"……因此可見，先祖這一名稱是來源於商代的。②

以"字口裂紋"來説，宋鎮豪先生曾對艾蘭的觀點表示質疑，認爲甲骨出土後受到乾燥環境影響也會產生順向裂紋，不可輕易憑借此點判斷家譜刻辭爲真。然陳光宇先生透過更細緻的科學檢驗，對字跡與裂紋進行觀察，指出：

> 出土商代的扇形肩胛骨在經過長久歲月的風乾過程，會順著組織紋理產生一定型式的細微裂痕。如果刻辭是商代所刻確爲真品，那麼因爲其刻槽底部，骨質較爲薄弱，細微裂痕往往容易沿刻辭豎筆的走向產生而呈現在刻槽之下，同時此細微裂痕會再由刻槽槽底繼續延伸。反之，如果是偽刻，則裂紋與刻

---

① 陳光宇：《兒氏家譜刻辭綜述及其確爲真品的證據》，《甲骨文與殷商史》新6輯，上海古籍出版社，2016年6月，第267—297頁。
② 于省吾：《甲骨文"家譜刻辭"真偽辯》，第140頁。

槽無一定關係；新的刻槽甚至會切斷因風乾產生的細微裂痕。①

由此可知，隨著新材料的陸續出現以及研究方式的進一步深化，學者對家譜刻辭歷來所提出的種種質疑大多已獲得了正面回應與確證解釋，原本被視爲"公案"的此議題近年來逐漸取得建立共識的契機。但值得注意的是，由於材料欠缺，有一個問題一直未有學者能提出較好的解釋，是家譜刻辭辨僞的"硬傷"，這一點便是"某子/弟曰某"此類記事辭例的存在可能性問題。前輩學者很早便已察覺，如果不能在甲骨刻辭中找到確非僞刻又不屬於卜辭的類似辭例文字資料作爲比較之證據，則家譜刻辭這類的"某子/弟曰某"辭例則只能視爲不可據之孤例，自然就失去了其可信度。早期胡小石先生便曾表示：

> 又如千五百零六、千六百零六諸方（引者按：指《庫》書圖版號），多書子曰云云，稽之卜辭，絶無此例。此斷出自村夫子之手。又一方中刻辭真僞參半者，亦屢見不尠，蓋以原物字少，補刻以增價者也。②

陳夢家先生曾引《殷契卜辭》209（《合》14925，見附圖二）作爲類似辭例存在的證據，也受到胡厚宣先生的質疑：

> 至於"殷契卜辭"二〇九片，雖稱子曰，但是上下文俱已殘缺。③

不過幾乎同時，于省吾先生也對《殷契卜辭》209 提出了看法：

> 這段刻辭有三行直格，雖然文已殘缺，但字體頗大，行款寬舒，和前引卜辭的"婦姒，子曰某"判然有別。其爲家譜一類的刻辭是肯定的。其第一行爲"子曰某（某字已缺）"，第二行爲"子（上半已殘）曰𠬝"。《殷墟卜辭綜類》把這段刻辭列於庫方一五〇六片之前，是合理的。由此可見，不僅"家譜刻辭"不是一見，而且這類刻辭，將來可能仍有發現。④

的確，放眼目前可見的甲骨材料中，唯有《合》14925 與家譜刻辭的辭例吻合，

---

① 陳光宇：《兒氏家譜刻辭綜述及其確爲真品的證據》，發表於美國羅格斯大學孔子學院主辦"商代與上古中國文明國際學術研討會"，2011 年 11 月 11—12 日，第 14 頁。此段文字在收入《甲骨文與殷商史》新 6 輯後已然刪去，不過筆者認爲可以較扼要的説明字口順向裂紋的問題，故在此處引錄之。
② 胡小石：《書庫方二氏藏甲骨卜辭印本》，《胡小石論文集三編》，上海古籍出版社，1995 年。
③ 胡厚宣：《甲骨文"家譜刻辭"真僞問題再商榷》，第 126 頁。
④ 于省吾：《甲骨文"家譜刻辭"真僞辯》，第 145 頁。

也不是貞問婦某之子的卜辭，但要落實也確需等待未來出現更多完整的新證據；前賢的審慎是有道理的。

關於這一點，提供佐證的契機偶然來到。在 2014 年 12 月一次於史語所庫房進行的目驗甲骨作業中，我們受託檢查一版背甲的綴合情況，即《合》13517（《乙》4817 + 5061 + 5520 + 5804）+《乙》6087 + R60751（以下簡稱"本版"），這是由宋雅萍於 2012 年綴合後兩片的一組左背甲，拓本字迹清晰，屬於師賓間類字體，摹本可見附圖三。①宋女士綴合當時已察覺本版除了正常卜辭之外，還存在著一些不甚清楚的字迹，曾做出說明：

> 本版第二肋甲上方以及邊甲的位置，書體字口較淺，隱約可看到"口"、"曰"、"丁未"、"卜"等字，卻文不成句，行款凌亂，無法釋讀，加上背面僅見鑽鑿卻無燒灼痕迹，因此判斷此版爲部份習刻，此爲 YH127 坑賓組背甲僅見之一版習刻。②

的確，由於背甲版面上的字痕太淺，僅透過一般簡單的觀察無法較好地還原文辭。不過在再次透過相關工具仔細審視這些字迹後，我們發現它們並非"文不成句，行款凌亂，無法釋讀"，而是具有內容、行款上的一致性，很可能是與卜辭性質不同的刻意製作，具有較高的學術價值。我們特別針對這些刻辭做了一份目驗摹本，排除後來契刻的正式卜辭以利辨別，請參見附圖四。

首先透過觀察可知，這些字迹顯然是原先刻寫在龜甲上，後來爲了契刻正式卜辭才刮除，實物可見殘留刮削的刀痕，卻又刮得不太乾淨，才留下了部份堪能辨識的痕迹，不過也僅限於親驗實物、配合燈光運用才能勉強看出。由於剩餘字口極淺，墨拓無法將其有效拓出，因此從《乙編》拓本或史語所數位典藏公開的低解析度彩圖均較難看出這些字迹的存在；③高清彩照可參見附圖五。

其次，這些文字具有一定的行款規律，均由上順龜甲而下書寫，並形成大

---

① 此版最早爲郭若愚加綴，詳情可參見宋雅萍：《背甲新綴十二例》第 6 例，《臺大中文學報》第 36 期，2012 年，第 14—17 頁。《合》爲《甲骨文合集》簡稱，《乙》爲《殷虛文字乙編》簡稱，R 爲 Registered Number，史語所數位典藏系統號碼，R60751 未著錄。

② 宋雅萍：《背甲新綴十二例》，第 15 頁。

③ 此類刮除不淨的例子在 YH127 坑甲骨中尚有不少例子，如丙一七二、五四六等。文字之外，商人往往也對卜甲的盾紋進行人爲刮削，尤其是千里路；可參張惟捷：《商代卜用龜腹首甲人爲刮痕略探》，《文字博物館館刊》第 1 期，2013 年。

約十組左右的豎行字排形式，顯然並非雜亂無章，而是出自於刻寫者有意的安排。

較爲重要的，是這些字詞的內容所透露出的意涵。經過目驗並將文字摹寫出來，我們可以發現它並不是全然無法釋讀的，透過附圖四可以看到，這幾組字排似乎都是以"子曰某"的詞句所組成，偶省略了"子"字。以右側第一排爲例，我們根據一般卜辭書寫式，將僅存可識的幾個字由上而下釋讀爲：

☑日☐子曰名曰[以]☑[甲]☑

參酌同版辭例並加上句讀，推測其原本內容可進一步還原作：

☑[子]曰☐，子曰名，曰[以]☑[甲]☑

其他刻辭大體也屬於同一形式（局部放大見附圖六、七）。這類連續書寫的"子曰某"內容在卜辭類內容中雖然不得一見，卻無獨有偶地與家譜刻辭、《合》14925頗爲近似；據此，我們認爲此類書寫內容與家譜刻辭應該具有可比性，它們彼此間的性質是較爲接近的。

三、相關思考與推論

本版是中研院史語所安陽第13次挖掘YH127坑出土物，屬於科學挖掘，並無作僞之可能，基於此點，接下來我們對此類刻辭所作的深入思考便有了較堅實的文本根據。

首先我們感興趣的是，何時是這些刻辭被寫下的時間點？觀察它們的排列位置，可以發現這些刻辭並不避兆，這點可以有兩種解釋，或者是在卜甲鑽鑿之前便已寫了上去，因此無兆可避；或者是在鑽鑿之後寫上去，由於並非卜辭，故而不理會卜兆，率爾直書之。以常理判斷，我們認爲當以前者爲是，鑽鑿之前的版面顯然利於書寫，尤其考量到當時是否會有人拿已鑽鑿好的龜版進行非大規模卜辭性書寫的這個問題，更顯前者的合理性。

我們知道龜甲牛骨在从外地送入大邑商後，必須先送至整治機構進行形制上的攻治，爾後再將較爲規格化的甲骨送到占卜機構，以便隨時進行占卜之用。經近年學者細緻比較研究，已知甲骨的鑽鑿應該是在最後的占卜機構中完成的，本文亦肯定其説。①由此看來，存放在占卜機構中的甲骨有被先行提取作爲占卜以外用途的現象，不過相關問題尚待累積更多材料作進一步探討。②

其次，我們試圖對其性質做出界定，以便進一步質問，契刻這些刻辭的理由何在。從一般的卜辭文例來看，這些連續書寫的"子曰某"顯然不具備貞問性質，上面提到它們並不避兆就是很好的証明。另一方面，從記事性質上分析，這些文字亦無法與五種記事刻辭進行聯繫，可知其用途除與占卜無關外，亦不能歸入習見的記事範疇，既然如此，將其歸入"習刻"的範疇應該是較妥當的選擇。這點從其文字字體書寫不成熟的情形也能看出，只要試將其字迹與正式卜辭的師賓間字體作比較就相當清楚。綜合思考，這些進行書寫練習者應當就是占卜機構中專司書寫，直屬於貞人的那些刻手，而這一版的子曰某刻辭，便是某一位不熟練刻手的日常練習成果。③

既然這些刻辭屬於習刻，與占卜無涉，可知這些"子曰某"的内容便與貞問婦女生子取名的辭例（《合》21727、21793等）判然有别。那麽我們有理由做出如下推想：如果本版的來源可信，又非卜辭，則這些文字應當只有被視作"家族譜系"的記載始爲允當。本版每列"子曰某"的辭例可視爲某一獨立家系的紀録，或是單一家系的重複練習，"某"當即"子"之私名，例如左側第五排的"子曰丫"，丫字殘斷，僅存左側鹿角形，應該就是該"子"子輩的私名。值得注意的是，從"子曰某"後也可直接加"曰某"二字的情形來看，此類辭例很可能不僅記載該家族嫡子之名，同時亦載有複數子輩之名，例如前引右側第一排"☑曰☑子曰名曰[八]☑[甲]☑"，"子"字之前殘去一字，從文例上看來應即此"子"之親父私名，"名"則是此"子"之私名，字後尚有"曰八"，此"八"已被刮除大半，但應該同樣被視爲該"子"之親父的另外一子之私名，與這個叫做"名"的

---

① 方稚松：《殷墟甲骨文五種記事刻辭研究》，綫裝書局，2009年，第159—189頁，特別是第183頁。
② 如果上面這個推測正確，那麽這些刻辭事實上不僅有可能在占卜機構中完成，亦有可能早在整治機構中（多爲某"尋"主持）業已寫定；不過整體看來還是以在前者完成的説服力較大。
③ 關於甲骨文習刻問題，最早董作賓先生即已注意，見氏著：《卜辭中所見之殷曆》，載李濟主編：《安陽發掘報告》，《中央研究院歷史語言研究所專刊》之一，1929年，第481—522頁。後來劉一曼先生在《殷墟獸骨刻辭初探》一文中有系統性的分析，該文載於《殷墟博物苑苑刊》創刊號，中國社會科學出版社，1989年，第115—116頁。近年陳逸文對殷墟1—9次挖掘的習刻内容有深入探討，可參氏著：《"中央研究院"歷史語言研究所殷墟第一到九次發掘所得》，政治大學博士研究生學位論文（指導教師：蔡哲茂、劉文强），第59—79頁。

子是兄弟關係，只是在排序上有前後之別。

基於上面的論述，我們可以進一步推測，這些內容較有可能是刻手自己所熟悉的某家族的單一或歧出世系，他一方面練習契寫的技巧，一方面加深對這些內容的記憶。至於刻手之所以挑選譜系辭例作爲練習對象，其動機應與習刻干支表類似，可能與較長段落的默背練習有關。此類挑選具有內在意涵的材料作爲書寫練習對象，顯然與大部分內容雜亂的習刻方式是稍有差別的。當然，從另一方面來思考，這種世系的"紀錄"也有可能純屬虛構，只是在藉由一定格式、行款的書寫來練習契刻的技巧，至於是否當時真有這些家系則已無從驗證。但即使是虛構，我們也應當承認他在寫這些文字時腦海中確應存有"家譜"此一概念，否則這些特殊的內容便無從產生。

應予注意的是，本版綴合後仍不完整，左肋甲上方尚缺兩片邊甲，恰好殘去了大約十排字的前半部，因此從文字接續的角度上來看，若能再找到這兩片邊甲並順利讀出刮去的字迹，應該會對本版家譜內容的完備提供莫大幫助，希望在不久的將來可以對其做進一步的復原。

四、結　語

藉由目驗實物的契機，本文對《合》13517＋《乙》6087＋R60751 此版上殘存的未刮除字迹做了介紹，認爲其內容雖然殘損不清，卻很有可能與家系人名的記載有關，屬於特定內容形式的習刻。若此說得以成立，則歷來對"家譜刻辭"所進行的爭論可望獲得進一步的釐清，至少爲"子曰某"的這種文例提供了較爲堅實的文本基礎。

附記：本文曾經蔡哲茂師審閱，並於 2015 年 5 月 16 日於復旦大學出土文獻與古文字研究中心宣讀初稿，獲得劉釗、沈培、陳劍、郭永秉諸教授的賜教，在此一併致上謝忱。

2017 年 1 月四稿

附圖一

附圖二　合 14925（燕 209）

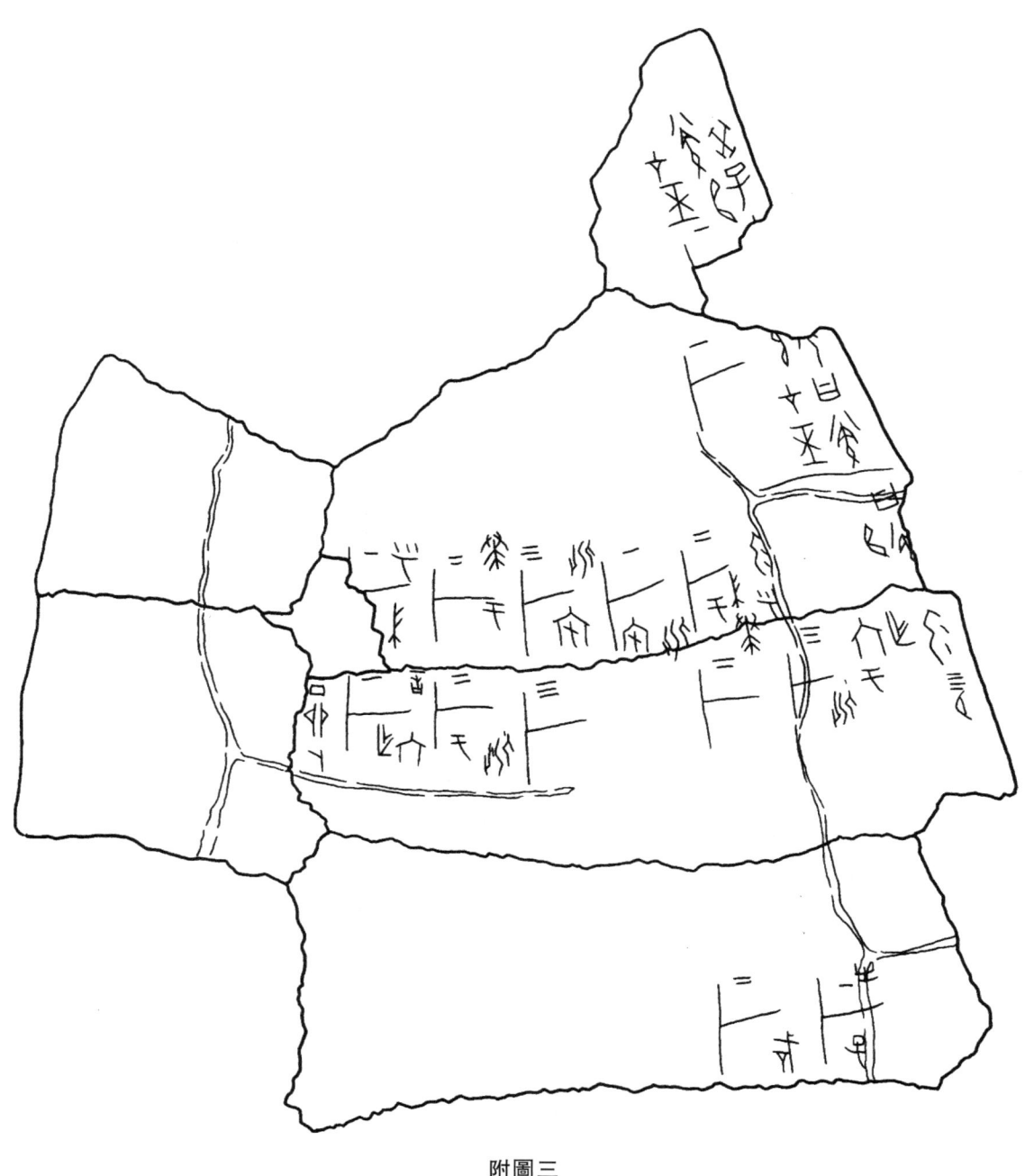

附圖三

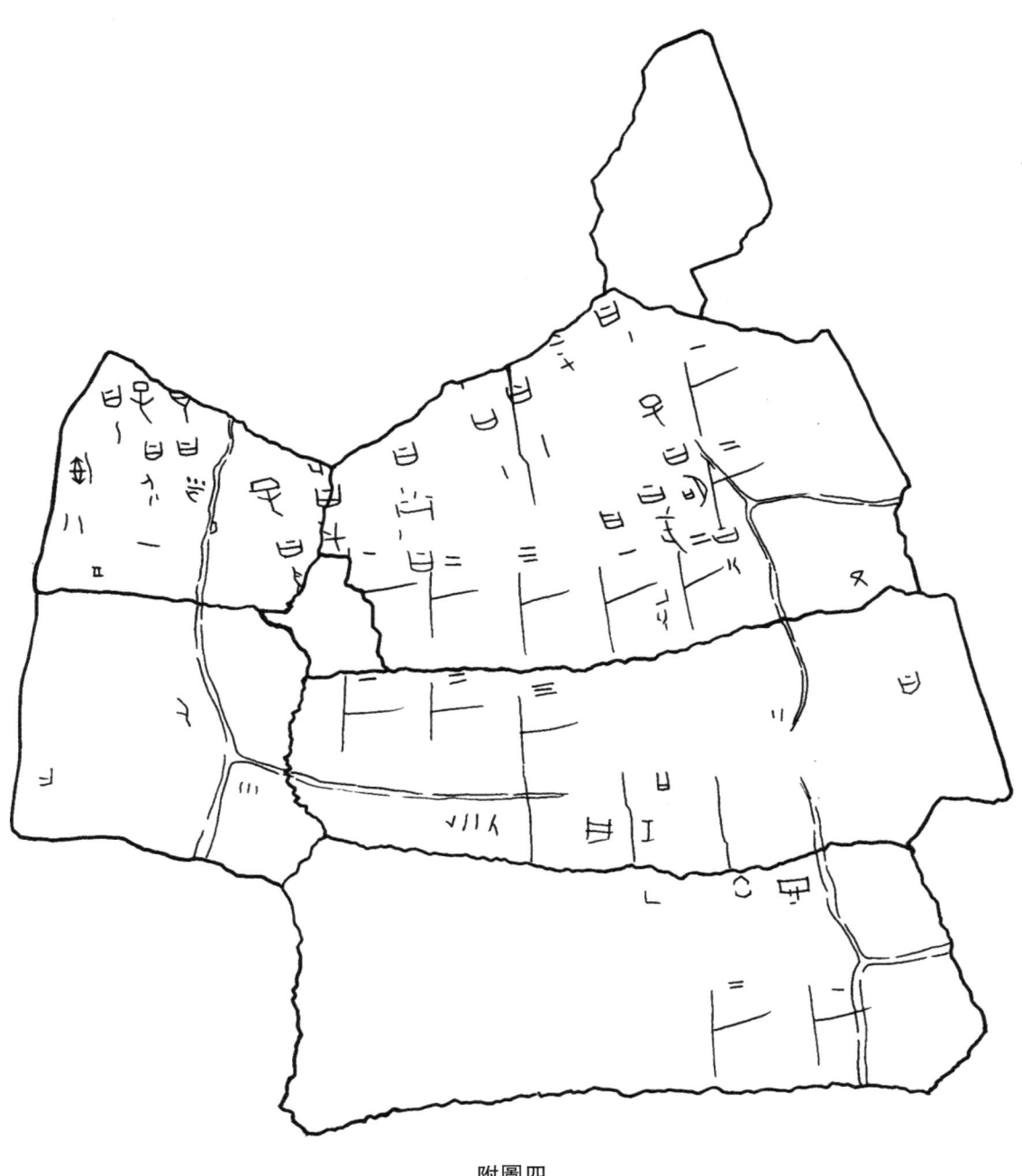

附圖四

附圖五("中央研究院"歷史語言研究所藏)

附圖六（"中央研究院"歷史語言研究所藏）

附圖七（"中央研究院"歷史語言研究所藏）

原載《出土文獻與古文字研究》第 7 輯，上海古籍出版社，2018 年。

李春桃

117 釋甲骨文中的"觴"字

花東卜辭中有如下形體（後文用 A1 表示）：

312　312　363　363　480　480　480

其所在辭例分别爲①：

(1) 戊午卜：我人擒。子占曰：其擒。用。在 A1。一
    戊午卜：在 A1。子立于录中。子占曰：⟦⟧　　　《花東》312

(2) 辛卜：歲祖□牝，登自丁□。在 A1，祖甲□。一
    丁卯卜：子勞丁，再誩圭一、紲九。在⟦⟧，狩□A1。一
    丁卯卜：再于丁，卮在庭廼再，若。用。在⟦⟧。一一　　《花東》363

(3) 丙寅卜：丁卯子勞丁，再誩圭一、紲九。在⟦⟧。来狩自 A1。一二三四五
    癸酉卜：在⟦⟧，丁弗賓祖乙彡。子占曰：弗其賓。用。一二
    癸酉：子金，在⟦⟧，子呼大子御丁宜，丁丑王入。用。来狩自 A1。一
    甲戌卜：在⟦⟧，子有令□丁告于⟦⟧。用。子⟦⟧。一二
    甲戌卜：子呼䎱婦好。用。在⟦⟧。一
    丙子：歲祖甲一牢，歲祖乙一牢，歲妣庚一牢。在⟦⟧，来自 A1。一
    　　　　　　　　　　　　　　　　　　　　　　　《花東》480

---

① 釋文分別參考了原整理者及相關學者的研究。文中所錄古文字資料除要討論的内容外，釋文盡量採用寬式，一般直接寫成所破讀之字。

整理者將 A1 釋作"䇂",謂"乃商器䇂之象形,地名"①。姚萱、朱添、孫亞冰亦釋爲"䇂"②。一些甲骨文校釋類的著述於 A1 的釋讀也未給出校訂意見③,應是默認整理者的觀點。而《新甲骨文編》(增訂本)將其隸定成從䇂、從丂,單獨列爲一欄④;《甲骨文字編》也將其當成未釋字處理⑤,可見新出兩種字編類工具書都不贊同釋"䇂"説。本文也認爲將此字釋成"䇂"有欠妥當,古文字中的"䇂"字作 ■（ 𦥑 ）(《合集》19791),上部只作兩個柱形,而 A1 在兩個柱中間還有一個"丂"旁,《新甲骨文編》(增訂本)的隸定是可信的,故 A1 與"䇂"字寫法尚有區別,此字的釋讀還需重新討論。

在王卜辭中有一個與 A1 相關的形體作（後文稱之 A2）：

🅀《合集》14948

關於 A2 的釋讀,《甲骨文編》隸定成從鼎、從氏⑥,唐蘭認爲 A2 下部所從爲兩個柱形,不是耳形,當爲"䇂"旁,他也把上部當成"氏"⑦。《新甲骨文編》(增訂本)隸定成從鼎、從丂⑧;還有以闕疑處理者,如《甲骨文合集釋文》、《殷墟甲骨刻辭摹釋總集》直接摹録原篆⑨。《甲骨文字編》將 A2 與上録 A1 形收入同一欄中,認爲兩者是同一個字,均當成未釋字。按,唐蘭對"䇂"旁的判斷是正確的,但將 A2 上部當成"氏"旁不可從。《新甲骨文編》(增訂本)認爲 A2 下部從鼎不確,將上部隸定成"丂"卻是合理的。該形上部確爲"丂"形,只是上面横畫略有傾斜而已。綜合來看,李宗焜的處理更可從,A2 與 A1 無疑是同一個字。兩者下部"䇂"旁略有差異,是因兩者所屬組類不同所致。A1 爲花東卜辭,

---

① 中國社會科學院考古研究所編《殷墟花園莊東地甲骨》第六册釋文第 1689 頁,雲南人民出版社 2003 年。文中或簡稱《花東》。
② 姚萱《殷墟花園莊東地甲骨卜辭的初步研究》第 326 頁,綫裝書局 2006 年;朱添《殷墟花園莊東地甲骨文字編》第 176 頁,遼寧師範大學 2012 年碩士學位論文;孫亞冰《殷墟花園莊東地甲骨文例研究》第 114—115 頁,上海古籍出版社 2014 年。
③ 曹錦炎、沈建華《甲骨文校釋總集》,上海辭書出版社 2006 年;趙偉《〈殷墟花園莊東地甲骨·釋文〉校勘》,鄭州大學 2007 年碩士學位論文。
④ 劉釗主編《新甲骨文編(增訂本)》第 782 頁,福建人民出版社 2014 年。
⑤ 李宗焜《甲骨文字編》第 1071—1072 頁,中華書局 2012 年。
⑥ 孫海波《甲骨文編》第 306 頁,中華書局 1965 年。
⑦ 唐蘭《西周青銅器銘文分代史徵》第 151 頁,中華書局 1986 年。
⑧ 劉釗主編《新甲骨文編(增訂本)》第 426 頁。
⑨ 胡厚宣《甲骨文合集釋文》,中國社會科學出版社 1998 年;姚孝遂主編《殷墟甲骨刻辭摹釋總集》第 348 頁,中華書局 1988 年。

而 A2 屬於典賓類卜辭。甲骨文中同一字在不同組類中寫法有時存在差異，學者已多有討論①。既然 A1、A2 爲同一個字，爲便於表述，下文在不須要區分兩者時用 A 代表他們（後文處理 B、C 時亦同）。A 應分析成从羋、从丂，筆者認爲 A 形應釋成"觴"字，下面結合金文進行論證。

西周魯侯爵銘文有兩個形體與 A 相關②。銘文云：

　　魯侯作 B1 爯 C1，用尊茜③盟。　　　　　　　　　　　　　　　　《集成》9096

其中的 B1、C1 分別作：

　　B1:　［字形］　　C1:　［字形］

以往關於此二形的釋讀意見較多，B1 有"昏、鬱、婚、爵、觓、觴"不同釋法；C1 有"庚、角、粤、亭、盧、觴"等多種意見④。還有很多以闕疑處理者，此不贅述。辨析以上諸説，B1 與"婚、鬱、昏、觓"字寫法差異明顯，相關説法自不可信；而 C1 與"庚、角、粤、亭、盧"等字也存在區别。從形體上看，筆者認爲釋"觴"的觀點最值得注意。釋 B1 爲"觴"由高鴻縉最早提出，他認爲形體从爵，易省聲⑤。文術發也持相同意見⑥，從行文上看，他並未留意到已有高說在前，故文中未曾提及。後來其他學者談到此觀點時，也都失引高説。但與高文不同的是，文術發將 B1、C1 兩形都釋作"觴"，他也認爲 B1、C1 兩形所从的"丂"並不是《説文》訓爲"氣欲舒出"的"丂"（"考"字聲符），而是"昜"字省形，在形體中作爲聲符，並引《説文》中"觴"字籀文作［字形］爲證。

---

① 參陳劍《殷墟卜辭的分期分類對甲骨文字考釋的重要性》，《甲骨金文考釋論集》第 317—448 頁，綫裝書局 2007 年；王子楊《甲骨文字形類組差異現象研究》，中西書局 2013 年。
② 關於青銅爵類器的定名及其象形寫法的釋讀，筆者不贊同將他們稱作"爵"，已有專文討論（參李春桃《從斗形爵的稱謂談到三足爵的命名》，《史語所集刊》第八十九本第一分，2018 年）。但爲了明確所指，本文暫時仍用"爵"來表示。
③ 此形釋讀存在分歧，因與本文討論無關，此處暫從釋"茜"説。
④ 以上釋讀意見分别參阮元《積古齋鐘鼎彝器款識》第 400 頁，《叢書集成初編》本，商務印書館 1937 年；徐同柏《從古堂款識學》十二·四，清光緒三十二年蒙學報館影石校本；方濬益《綴遺齋彝器款識考釋》二十六·二十八，商務印書館 1935 年；孫詒讓《古籀拾遺·古籀餘論》之《古籀餘論》第 6 頁，中華書局 1989 年；劉體智《小校經閣金石文字》六·八二，1935 年石印本；郭沫若《兩周金文辭大系圖録考釋》第 195 頁，科學出版社 1957 年；馬承源主編《商周青銅器銘文選》（三）第 32 頁，文物出版社 1989 年。
⑤ 高鴻縉《中國字例》第 631 頁，三民書局 1960 年。
⑥ 文術發《魯侯爵銘文考釋》，《中山大學研究生學刊》1997 年第 3 期。

與 B1 相關的材料，後來屢有發現。叔虞方鼎銘文有😀（B2）形，辭例爲："王呼殷厥士 B2 叔矢以裳、衣、車、馬、貝三十朋。"關於 B2 的釋讀，舊說頗多，該形寫法與 B1 十分接近，所以一些學者把兩者聯繫起來，這是可信的。另外，文王玉環中有😀（B3）形，辭例爲："文王卜曰：我罙 B3 人弘踐崇人。"李學勤將 B3 隸定作"𢍰"，認爲字從爵省，易聲，爲"觴"字異體，在玉銘中應破讀爲"唐"，銘文記載了文王聯合唐人一起征伐的史實①。按，李學勤讀爲"唐"很具啓發性，但隸定及字形分析卻不可信。陳斯鵬認爲 B1、B2、B3 爲同一字，都可釋爲"觴"讀爲"唐"，B2 辭例"B2 叔矢"即唐叔虞，B3 辭例"B3 人"即唐人②。按，因 B2、B3 辭例明確，釋"觴"破讀成"唐"在各自的語境中都極爲通順③，故此說可信。

下面主要討論 C1 形。金文中另有 C2 形😀，共兩見（參《集成》3538、《集成》3539）。該形與 C1 所含偏旁相同，只是位置關係相反，C2 將"丂"形寫在了上部，與 C1 實爲一字。與誤釋 C1 的情況相同，過去多將 C2 下部釋成"庚"，將該形當成"丂庚"二字④，由於銘文用爲做器者的名字，故這兩件器一直被定名爲"伯丂庚簋"。金文中"庚"字或作😀、😀、😀、😀（《金文編》第 2368 號），其上部作分叉狀，與 C 形不同；兩者下部區別也很明顯，"庚"下部是三個豎畫，而 C 則作燕尾狀，故將 C 形釋成"庚"字實不可信。

文術發認爲 C1 也是"觴"字，其說可從。關於形體分析，他認爲 C1 下部是"爵"字訛體，並云"其形體之嬗變關係亦很清楚"。按，考慮到"爵"字都有流狀，而 C 形中間作封閉狀，兩者尚有差異，且同一篇銘文中兩個"爵"形寫法差異如此之大，也不易解釋。筆者認爲 C 形所從當另有來源，其應是"斝"字。青銅器中爵和斝都帶有兩柱，"爵"字有寫成兩個柱形者作😀（《花東》93）⑤；也

---

① 李學勤《文王玉環考》，《華學》第一輯，中山大學出版社 1995 年。
② 陳斯鵬《唐叔虞方鼎銘文新解》，《古文字學論稿》，安徽大學出版社 2008 年。
③ 關於 B2、B3 的形體分析，我們與陳斯鵬意見並不一致，參李春桃《從斗形爵的稱謂談到三足爵的命名》。
④ 中國社會科學院考古研究所《殷周金文集成釋文》第 3 冊第 98 頁，香港中文大學出版社 2001 年；又《金文編》將 C2 下部收在"庚"字下，參容庚《金文編》第 971 頁，中華書局 1985 年；還有一種意見是將該形上部當成"丂"字，下部當成未識字處理。如張亞初《殷周金文集成引得》第 61 頁，中華書局 2001 年；董蓮池《新金文編》附錄二第 48 頁，作家出版社 2011 年。
⑤ 此處順便交代，《合集》18580 有😀形，以往多將該形釋成"斝"字。按，此字左面中間並不封口，應是流狀，所以該形應是畫有兩柱的"爵"形，並非"斝"字。

有寫成一個柱形者作▨（《合集》30173）①。以此類推，"斝"的象形寫法有寫作兩個柱形的▨，也應該存在寫作一個柱形的，恰好花東卜辭中出現了該形，原篆作▨（《花東》51），整理者認爲其上部多一彎折筆畫，當爲"斝"字異構②。從形體上看，該形下部確爲"斝"。C形下部作燕尾形，中間無流，上部爲一個柱形，與▨下部極爲近似，應是"斝"的象形寫法。"觴"字本從爵，從斝屬於意符替代（詳後）。

將B、C釋爲"觴"，可從其他形體上找到依據。楚公逆鐘銘文存在一個疑難字，銘文相關辭例作：

<blockquote>楚公逆用自作䚻▨（D）鐘百䚻（肆）③。</blockquote>

其中D形，多數學者當成兩個字。李學勤認爲是"燮錫"二字；黃錫全、于炳文讀爲"齊錫"；董珊讀爲"諧錫"④。按，諸家對D的摹寫和理解都是有問題的。舊説將D上部摹寫成▨，認爲下面是又旁，實謬。楚公逆鐘還有另一拓本著錄於《近出殷周金文集録》⑤，該書所録較其他拓本更爲清晰，惜以往學者未能注意到。其中D形作▨，中間部分十分清晰，並不從又，而是作▨形，該書所附摹本作▨，摹寫是比較客觀的⑥。另外，此鐘出土於天馬曲村墓地，同出編鐘共一組八件。《晉國寶藏》一書公佈了這組鐘的器形圖版和部分銘文⑦，從排列順序看，本文討論的爲1號鐘，該書還刊出了第2、3、4、6號鐘的部分銘文，其中2號鐘與D形相同的字在鼓部，拓本作▨，中間部分作▨形十分清晰。由此可見，過去將D的下部看成又旁是錯誤的。而"齊、妻、燮"幾字都從又，故諸説

---

① 相關寫法參李宗焜《甲骨文字編》第1070—1071頁；劉釗主編《新甲骨文編（增訂本）》第325頁。
② 中國社會科學院考古研究所編《殷墟花園莊東地甲骨》第1581頁。
③ 讀"肆"説參下引黃錫全、于炳文文章。
④ 李學勤《試論楚公逆編鐘》，《文物》1999年第2期；黃錫全、于炳文《山西晉侯墓地所出楚公逆鐘銘文初釋》，《考古》1995年第2期，《近出殷周金文集録》（第238頁，中華書局2002年）、《新收殷周青銅器銘文暨器影彙編》（第654頁，藝文印書館2006年）皆從之；董珊《晉侯墓出土楚公逆鐘銘文新探》，《中國歷史文物》2006年第6期。
⑤ 劉雨、盧岩《近出殷周金文集録》第238頁，中華書局2002年。後文簡稱《近出》。
⑥ 據《近出》備註所言，此銘的"拓本、摹本均由黃錫全先生提供"。而上引黃錫全、于炳文的文章曾將D之上部摹作▨形，由《近出》所附拓本、摹本與之不同可知，黃錫全後來見到的拓本更爲清晰。
⑦ 湖北省博物館編《晉國寶藏——山西出土晉國文物特展》第101頁，文物出版社2012年。此書蒙程鵬萬兄提示。

均可排除。此外，劉緒云："據諸鐘可見者，■距錫都很近，二者似爲同一字，即錫的異體。"①作爲天馬曲村墓葬的發掘者之一，劉緒曾目驗過這組編鐘，他根據字距認爲 D 形爲一個字，這是可信的，以往或將 D 當成兩個字也不可取。

除了以上諸家外，李曉峰曾專門討論過 D 形，他説②：

> ■，……上部所從即魯侯爵中■字（《金文編 1210 頁》）的上半部分……我們認爲這個字的上部可能是"爵"的省形，而不是齊，下部所從，諸家均認爲是"錫"字，可信。所以，這個字可以隸定作"■"。從古文字的構形規律上看，它應該是一個从"錫"得聲的字，可能就是"觴"的異體。

該文使用的摹本並不準確，但對 D 形的系聯及拆分卻極具啓發性。D 形上部其實是 B1、C1 的結合體，即 B1 上部的柱狀■和 C1 中間■糅合之形，形體下部大概因"錫"旁佔據空間而有所省略。《說文》中"觴"字籀文作■，上部只有柱和流形，下部亦省略。兩者省略情況一致。上文已論，學者將 B1、C1 釋成"觴"字，"錫、觴"聲符相同，兩者音近，這很難看作偶然，從一般的構字規律來講，D 形應該是一個雙聲符字，則 D 形應分析成从觴（省）、錫雙聲，在鐘銘中讀爲"錫"③。因 D 形中有聲符"錫"的限制，該字構形對於將 B、C 釋爲"觴"是極爲有利的證據。④

再回頭看甲骨文中 A 形，該形與金文中的 B1（■）、C2（■）、D（■）諸形關係密切，A、B、C 都从"丂"得聲，聲符一致。且 C 形也从爵，其整體構形與 A 相同。"觴"字 B1 寫法中从爵，但"爵、斝"關係密切，在商代前期他們往往同時出土⑤，屬於固定組合，具體使用時兩者應相互搭配。所以作爲意符他們可以換用，如甲骨文中有如下形體：

■《合集》3945 正　■、■《合集》3947 正　■《合集》3947 反

---

① 劉緒《晉侯邦父墓與楚公逆鐘》，《長江流域青銅文化研究》第 56—60 頁，科學出版社 2002 年。
② 李曉峰《談楚公逆鐘中的"錫"字》，《古籍研究》2006 卷下，安徽大學出版社 2006 年。
③ 關於"錫"字讀法尚有不同解釋，分別參看于省吾《讀金文札記五則》，《考古》1966 年第 2 期；李學勤《論多友鼎的時代及意義》，《人文雜誌》1981 年第 6 期；陳雙新《青銅樂器自名研究》，《華夏考古》2001 年第 3 期。另外，D 形上部也可能是斝之省體，若此 D 應分析成从斝省，錫聲。但考慮到單獨的"斝"字上部未見此類寫法，故此處僅提出這種可能性。
④ 關於魯侯爵銘文辭例、內容討論參李春桃《從斗形爵的稱謂談到三足爵的命名》。
⑤ 吳偉《銅斝研究》第 43—45 頁，陝西師範大學 2009 年碩士學位論文。

形體从爵、同聲，可隸定作"嚣"，金文中此類形體辭例明確，裘錫圭讀爲"庸"①，可從。甲骨文中另有形體作 🀆（《英藏》416），上部从同，下部从"罙"。從寫法上看，其與"嚣"字構形相類，王子楊認爲兩者爲異體關係②，此説無疑是可信的。可見"罙、爵"二旁作爲意符可以替换，故"觴"字的 A、B 兩類寫法都是符合文字構形規律的。

下面討論"觴"在甲骨文中的用法。花東卜辭中"觴"用爲地名，其中第363、480 條卜辭，李學勤曾有討論，認爲兩者屬於異日同卜，内容是子以玉圭、玉珥勞王之事③。其對文意的理解可從，"來狩自觴"中"觴"爲地名④，具體所指有兩種可能，一是按本字理解，"觴"地具體所指不明；二是"觴"可讀爲"唐"，"觴、唐"讀音相近，上文所論叔虞方鼎、文王玉環銘文即借"觴"爲"唐"；另晉公盆銘文云："我皇祖唐公，[膺]受大命。""唐"字亦借"觴"字爲之，且西周金文中還有一些"觴"是用爲"唐"的。可見把卜辭中"觴"讀爲"唐"從用字習慣上看極爲合適。"唐"在甲骨文中多用爲殷先祖名和地名，後者用例如《合集》（10998 反）："⋯⋯習貞，王狩唐，若。"王狩獵地點也是唐，可與花東卜辭相比。唐地即古唐國，地點在今山西省翼城縣。

A2 所在辭例爲：

⋯⋯貞：王屮舌 A2⋯⋯

其中"舌"字爲祭名，或將"舌"讀作"祜"，認爲屬於報神之祭；或將其讀作"酤"⑤。按，"舌"祭相當於後世哪一種祭祀，現已不易考索。從甲骨文辭例來看，A2 所在卜辭可與《合集》（916 正）相比，其云："貞：王屮舌羊⋯⋯""屮舌"用法兩者可相互比對，同時"觴、羊"讀音相近，兩聲系字相通之例極多，他們代表的很可能是同一個詞。若此説可信，這是釋 A 爲"觴"的關鍵證據。只

---

① 裘錫圭《甲骨文中的幾種樂器名稱——釋"庸""豐""鞀"》，《古文字論集》第 196 頁、204 頁注 2，中華書局 1992 年。
② 王子楊《甲骨文舊釋"凡"之字絕大多數當釋爲"同"——兼談"凡"、"同"之別》，《甲骨文字形類組差異現象研究》第 198—229 頁，中西書局 2013 年。
③ 李學勤《從兩條〈花東〉卜辭看殷禮》，《吉林師範大學學報》2004 年第 3 期。
④ 關於"來狩自觴"性質的討論參孫亞冰《殷墟花園莊東地甲骨文例研究》第 114—115 頁。
⑤ 讀"祜"説由饒宗頤提出，讀"酤"説由吳其昌提出，兩説並見《甲骨文字詁林》第 690—693 頁，中華書局 1996 年。按，讀"祜"説恐不可信，因爲"祜"从昏得聲，其與"舌"字無關，此點陳斯鵬也注意到，他則信從吳其昌讀"酤"的觀點。吳説似乎也缺乏堅實依據。陳斯鵬意見參《"舌"字古讀考》，《文史》2014 年第 2 輯。

是兩條卜辭後面均有殘缺，還有一些不確定成分。

以上討論了甲骨、金文中"觴"字的釋讀，下面總結一下"易"字構形以及"觴"字的演變。仔細推敲，將上述 A、B、C 等形體所從的"丂"形都看成是"易"之省體較爲怪異，"丂"形本身也許便可代表"易"的讀音①。金文中"易"字或作 ♀、♀、♀（《金文編》1579 號），下部從"丂"形。"揚"字或作 ♀、♀（《金文編》1941 號），象雙手捧物之形，爲會意字；也作 ♀、♀（出處同前），後者似乎是在前者基礎上累增了聲符。又，四十二年逨鼎銘文中"楊"字作 ♀（♀）②，該形中"易"旁並不從日，可直接看成從木，丂聲，只是"丂"旁受類化影響增加了兩撇而已。綜合來看，"丂"本身也有陽部字的讀音，"易"可以看成從日、丂聲的形聲字。那麼 A、B、C 形可直接看作從丂聲，無需理解成省聲。

A、C 兩形的"觴"字從罕、丂聲；B1 形從爵，丂聲，西周金文中或作 ♀（《集成》3495）、♀（《集成》9572），繁化從易得聲；戰國包山簡中作 ♀（♀），從角，易聲。以上"觴"字或從罕、或從角，均屬於意符替換。《說文》："觴，觶，實曰觴，虛曰觶。從角、煬省聲。♀，籀文觴從爵省。"其中篆文承襲了從角的寫法，籀文承襲了 ♀ 類寫法，且有所省略。從古文字來看，諸形都從丂或易得聲，並不從"煬"省聲，《說文》分析有誤③。《說文》中所謂的省聲，很多是有問題的，此處亦然。

原載《古文字研究》第 32 輯，中華書局，2018 年。

---

① 上引陳斯鵬《唐叔虞方鼎銘文新解》一文也有此推測。
② 拓本及照片參陝西省考古研究所、寶雞市考古研究所、眉縣文化館《吉金鑄華章》第 38—39 頁，文物出版社 2008 年。
③ 這一點季旭昇已有討論，參其《說文新證》第 378 頁，福建人民出版社 2012 年。

蔣玉斌

釋甲骨金文的"蠢"兼論相關問題*

一、甲骨文有關字形(A)與辭例

殷墟甲骨黃類卜辭有如下一形:

A_1	A_2	A_3	A_4	A_5	A_6	A_7	A_8	A_9	A_{10}

其所在辭例如下:①

(1) 甲戌王卜,貞:畬巫九靈,A盂方率伐西或(國),戕西田,咠盂方,綏余

---

* 本文係國家社會科學基金一般項目"甲骨綴合類纂及資料庫建設"(14BYY164)、中央高校基本科研業務費專項資金資助項目"甲骨分類綴合研究"(63172302)、貴州省哲學社會科學規劃國學單列課題"殷墟甲骨王卜辭綴合及研究"(17GZGX26)的階段性成果。文章曾在吉林大學古籍研究所主辦之"出土文獻與學術新知"學術研討會暨出土文獻青年學者論壇(長春,2015年8月21—22日)上宣讀,並於中國社會科學院歷史研究所先秦史研究室演講(北京,2015年10月15日),感謝與會學者提出的寶貴意見。胡敕瑞、何景成、周忠兵、嚴志斌、陳劍、郭永秉、王子楊、劉釗先生和李愛輝、梁月娥女士先後爲小文提出寶貴意見,作者十分感謝。

① 釋文採用寬式,儘量使用通用字。有些姑作權宜隸定的字,在右上角加 * 標記。引用甲骨文金文著錄書多用簡稱,簡稱全稱對照如下(依簡稱音序排列):粹—殷契粹編、存補—甲骨續存補編、合—甲骨文合集、合補—甲骨文合集補編、花東—殷墟花園莊東地甲骨、集成—殷周金文集成、輯佚—殷墟甲骨輯佚、銘圖—商周青銅器銘文暨圖像集成、銘續—商周青銅器銘文暨圖像集成續編、前—殷虚書契(前編)、乙—殷虚文字乙編、英—英國所藏甲骨集、綴彙—甲骨綴合彙編。

一人，余其比多田甾征盂方，亡左自上下于徹①……

（《合補》11242 =《合》36181 + 36523）

(2) a A 盂[方]……朁盂方……[比多]田甾征……

b 弜征。　　　　　　　　　　　　　　　　　　（《合》36512）

(3) 乙未卜，[貞]：爯巫[九靁]，A 盂[方]……　　（北圖3168②）

(4) □午卜，貞：爯[巫九靁]……A 盂[方]……或（國），朁……（缺刻橫畫）

（《合》36519）

(5) ……貞：爯巫九靁，A……于徹示，余其甾征……余受有祐，不茍（緩）戜（捷）③。

（《合》36515）

(6) 丁巳王卜，貞：爯巫九靁，A 人方率伐東或（國），東朁東侯，朁人方，綏余一[人，余]其比多侯，亡左自上下于徹示，余受有祐。王占曰："大吉。"……彡。王彝在□□宗。　　（《綴彙》609 =《合》36182 +《輯佚》690④）

(7) A 人方□□□以來、獻侯紷。（缺刻橫畫）

（《合》31812 =《前》8·11·2）⑤

(8) □□卜，貞：爯巫[九靁]，A 人方□□率幻□□獻侯紷□□余□□比侯。（"獻侯"以下缺刻橫畫）　　（《合》36508 =《前》5·36·7）

---

① "徹"字考釋看陳劍：《釋甲骨金文的"徹"字異體——據卜辭類組差異釋字之又一例》，復旦大學出土文獻與古文字研究中心編：《出土文獻與古文字研究》第七輯，上海：上海古籍出版社，2018年，第1—19頁。

② 中國國家博物館："甲骨世界"，http://mylib.nlc.gov.cn/web/guest/jiagushiwu；http://mylib.nlc.gov.cn/web/guest/jiagutuopian。

③ "捷"之相關考釋看：a.吴振武：《"戜"字的形音義——為紀念甲骨文發現一百周年而作》，臺灣師範大學國文系、"中央研究院"歷史語言研究所編：《甲骨文發現一百周年學術研討會論文集》，1998年，第287—300頁；臺北：文史哲出版社，1999年。又王宇信、宋鎮豪主編：《夏商周文明研究（四）·紀念殷墟甲骨文發現一百周年國際學術研討會論文集》，北京：社會科學文獻出版社，2003年，第139—148頁。b.陳劍：《甲骨文"戜"字補釋》，中國古文字研究會、浙江省文物考古研究所編：《古文字研究》第二十五輯，北京：中華書局，2004年，第40—44頁；收入氏著《甲骨金文考釋論集》，北京：綫裝書局，2007年，第99—106頁。

④ 李學勤先生綴合。看李學勤：《殷墟甲骨輯佚·序》，段振美、焦智勤、党相魁、党寧編：《殷墟甲骨輯佚——安陽民間藏甲骨》，北京：文物出版社，2008年，第3頁。又同書中焦智勤：《概述》，第11頁；正文，第151頁。

⑤ 該片之字體，學者多劃為無名類（如黄天樹：《殷墟王卜辭的分類與斷代》，繁體字本，臺北：文津出版社，1991年，第284頁；簡體字本，北京：科學出版社，2007年，第277頁），實屬黄類字體而字形刻得較大者。"以""侯"等字都是黄類的寫法；即以獻侯之名而論，"紷"字寫法與黄類甲骨《合》36508（即下揭例8）相同（另"侯"字亦可參照），而該字於無名類作"紟"（《合》27887、27888、32919），無論是字形還是字體都有明顯差別。

(9) a 乙巳，王貞：啟呼祝曰："盂方奴人，其出伐，A 自高"，其令束迨
    （會）于高，弗悔，不䜌（緩）戋（捷）。王占曰："吉。"
   b 其令束迨（會）方，悔。"吉。"在九月。

(《合》36518+《存補》5·146·1①)

(10) a 癸巳王[卜]，貞：旬亡[憂]。在 A 次。
    b 癸卯王卜，貞：旬亡憂。在 [?] 次。
    c 癸丑王卜，貞：旬亡憂。在齊次。

(《合》36821)

在前 8 辭中，（1）、（6）經綴合已較完整；其他幾辭雖多殘缺，但黃類卜辭程式化較強，根據現存文字可知也是相近的辭例。A 均用在作亂也是將被征伐的方國名稱之前。這是 A 的主要用法。（10）辭 A 用爲地名。（9）辭用法特殊，將在下文略加討論。②

二、A 字既往研究的回顧與檢討

A 字的考釋，歷來與作 ）、↓ 等形的 "屯" 字相糾葛。

如所周知，甲骨文 ）、↓ 等形③舊被誤釋爲 "矛" "茅" "勹（包）" "豕（遂）" "身" 等④，釋 "屯" 是于省吾先生的發明⑤。于釋不僅使 "屯" 字的絕大多數辭例得以通讀，還在從 "屯" 的 "春" 字中得到驗證，其說確不可移，已成爲學界共識。）、↓ 等形 "屯" 字主要用法有：（1）用爲 "純"。一對。主要用於記事刻辭，作

---

① 林宏明：《甲骨新綴第 546—549 例》第五四九例，中國社會科學院歷史研究所先秦史研究室網站，2014 年 12 月 10 日，http://www.xianqin.org/blog/archives/4767.html。
② A 作爲構件，還見於 [?] 字（《合》120。辭例爲："己未卜，□貞：呼彗～豢逸鉞。十三月。" 此承王子楊先生告知，謹此致謝）。該字僅 1 見（參李宗焜：《甲骨文字編》，北京：中華書局，2012 年，第 886 頁），待考。
③ 李宗焜：《甲骨文字編》，第 1308—1309 頁；另參 505—506 頁 "春" 所從。
④ 看于省吾主編、姚孝遂按語編撰：《甲骨文字詁林》，北京：中華書局，1996 年，第 3313—3323 頁；松丸道雄、高嶋謙一編：《甲骨文字字釋綜覽》，東京：東京大學出版會，1994 年，第 15—16 頁。方稚松先生對該字考釋亦有較全面的綜述，看其《殷墟甲骨文五種記事刻辭研究》，北京：綫裝書局，2009 年，第 71—78 頁。
⑤ 于省吾：《釋屯》，《輔仁學報》第 8 卷第 2 期，1939 年；《雙劍誃殷契駢枝》（初編），北平：大業印書局，1940 年，第一——四頁；《甲骨文字釋林》，北京：中華書局，1979 年，第 1—2 頁。

成對甲骨的計量單位。（2）用爲"純"。全。又總括副詞，皆。（3）用爲"春"。如"今屯"、"來屯"即今春、來春。（4）抓來的人牲。如"多屯"、"侯屯"①等。

A作↓等形，與↓、↓形的"屯"字相比，在寫法相近但又有差別，辭例上則極不相同。學者多不將兩者認同，僅有少數釋A爲"屯"的。

1. 將A與"屯"區別的看法

于省吾先生在考釋甲骨文"屯"字時，沒有將A形列入。在該説提出之前以及廣爲接受之後，學者也多不將兩者牽合。究其原因，有的是以討論"屯"之主要用法爲主，未涉及A形；有的是由於所搜集的A之辭例不多且多殘斷，有意無意地忽略該形；還有的是根本不認同A形與"屯"爲一字。學界目前對A的處理方式，占主流的仍是缺釋並照摹原形，常用古文字工具書、甲骨文釋文大多如此②。這種處理方式雖未給出具體意見，實是思考各種釋法後的審慎選擇，也往往是排斥釋A爲"屯"的。如《甲骨文字詁林》按語就説："字均見於晚期卜辭，與'屯'之用法有別，似不得爲'屯'之初形。"③

李學勤先生近年提出釋"禺"説，並將方名前的A字釋讀爲"禺（遇）"：

《合補》11242……"禺盂方率伐西或"，是列舉盂方不服朝廷的罪狀。"禺"字原作↓，也見於其他卜辭，其下半作↓或十狀，作爲偏旁，見黃組征二邦方卜辭的地名"渦"，而同時的金文小臣缶方鼎上該字爲"渦"是無疑的（原注：《李學勤學術文化隨筆》，第258—262頁，中國青年出版社，1999年）。"禺"在卜辭多讀作"遇"，訓爲"逢"。④

釋"禺（遇）"説可以很好地通讀卜辭。例如前揭（1）等征伐卜辭可理解爲，"遭遇"某方侵擾之事，因此征討該方，文意上十分順適。不過從字形看，A與"禺"恐怕仍有差別。殷商文字的"禺"形，李先生已舉出"渦"作↓（《集

---

① 參蔡哲茂：《殷卜辭"用侯屯"辨》，宋鎮豪主編、劉源副主編：《甲骨文與殷商史》新二輯，上海：上海古籍出版社，2011年，第110—130頁。
② 如中國社會科學院考古研究所編輯：《甲骨文編》，附錄上3042號，北京：中華書局，1965年，第642頁；李宗焜：《甲骨文字編》，4125號，第1309頁；劉釗主編：《新甲骨文編（增訂本）》，附錄0507號（首例《合》31603貞人名當移出），福州：福建人民出版社，2014年，第956頁。
③ 于省吾主編、姚孝遂按語編撰：《甲骨文字詁林》，第3312頁。
④ 李學勤：《釋新出現的一片征夷方卜辭》，《殷都學刊》2005年第1期；收入《文物中的古文明》，北京：商務印書館，2008年，第135頁。另參李學勤：《殷墟甲骨輯佚·序》，第3頁；《釋讀兩片征盂方卜辭》，宋鎮豪主編：《甲骨文與殷商史》新三輯，上海：上海古籍出版社，2013年，第4頁。

成》2653 小臣谷方鼎)、■(《合》36531)之形，還可補充■(《屯南》2212);西周時期从"禺"之字■ ■ (《集成》4238、4239 小臣謎*簋)、■(《銘圖續》893 陶觥)①等，也可參考。"禺"形頭部雖可填實，與 A 相近，但其中部均作━若━形，與 A 下方的 V 形差別較大，兩者實難認同。

2. 釋 A 爲"屯"的看法

有少數學者將 A 與■、■等形認同。早在于省吾先生釋"屯"説提出之前，葉玉森、董作賓先生釋"矛""茅"時，就曾將兩者作爲一字異體來討論②。于説廣爲接受之後，也有《甲骨文字典》③、連劭名④、朱歧祥先生⑤等持認同之説。其中，論證較詳細的爲連劭名先生，他説:

> 甲骨文中的■字應該是屯字的初文。除此之外，甲骨文中的屯字多寫作"■"，後一種寫法遠比前一種簡便。在契刻甲骨時，爲了方便，常常將文字中填實的部分用虚廓的形式表現出來，如丁字作●，刻寫作口，即是一個例證。⑥

其説■、■上部填實與虚廓同，是正確合理的，也是大家都能接受的；但對兩形下方的區別，連文未予説明，因此未能真正將兩者溝通。

關於 A 之用法，連先生將用在方名前的 A 讀爲"敦"，又認爲 (9) 辭的"屯"訓"聚也"。"屯(敦)盂方"的讀法看起來很通順，實際上也是有問題的。因爲在"A 盂方率伐西國"一類文句中，"盂方"明顯是"率伐西國"的施事者，不管前面的 A 怎麽讀，"盂方"後都不能讀斷，"敦盂方率伐西國"顯然是講不通的。連文對其他卜辭也有一些誤讀。如該文引《粹》193(《合》33180)一辭作:"…夕，屯亘方?"認爲"屯"讀"敦"。覆檢原片，所謂"屯"字實乃"至"之誤釋。以上誤讀非但不能從辭例上驗證連説，反而讓人覺得釋"屯"無

---

① 摹本采自朱鳳瀚:《新見商金文考釋(二篇)》，復旦大學出土文獻與古文字研究中心編:《出土文獻與古文字研究》第六輯，上海:上海古籍出版社，2015 年，第 134 頁。
② 參松丸道雄、高嶋謙一編:《甲骨文字字釋綜覽》，第 418 頁；于省吾主編、姚孝遂按語編撰:《甲骨文字詁林》，第 3313 頁。又董作賓:《帚矛説——骨臼刻辭研究》，原載《安陽發掘報告》第四期，南京:中央研究院歷史語言研究所，1933 年；收入《董作賓先生全集甲編》，臺北:藝文印書館，1977 年，第 636—637 頁。
③ 徐中舒主編:《甲骨文字典》，成都:四川辭書出版社，1989 年，第 45—46 頁。
④ 連劭名:《甲骨文字考釋》，《考古與文物》1988 年第 4 期；參于省吾主編、姚孝遂按語編撰:《甲骨文字詁林》，第 3311—3312 頁。
⑤ 朱歧祥:《殷墟甲骨文字通釋稿》，臺北:文史哲出版社，1989 年，第 447 頁。
⑥ 連劭名:《甲骨文字考釋》；參于省吾主編、姚孝遂按語編撰:《甲骨文字詁林》，第 3311—3312 頁。

稽。其説似亦未被學者採信。

總之，學界對 A 還没有明確、一致的看法，A、"屯"關係尚未得到很好的清理。我們也能看到，同一位學者對 A 的看法可能包含以上兩種情況①，充分反映了 A、"屯"關係的複雜。②

不過，根據我們的研究，釋 A 爲 "屯" 應該是可以確定的。前揭《甲骨文字典》、連劭名、朱歧祥先生明確提出此説，連氏並加詳細論證，其對（9）辭"屯"字的解釋以及"屯"字本義的推測都有合理性（詳下文）。但總體來説，其論證無法袪除學者疑惑，尚未得到學界公認，需要重新加以考辨。

三、A 字新考

古文字考釋是一個由已知推求未知的過程。A 的寫法↓是以"中"爲主體，而上方作比較突出的長點形。在已識文字中，與 A 最爲接近的是西周金文的"屯"字（早中晚期各舉一例）：③

伯姜鼎　　史牆盤　　虢叔旅鐘

兩者相比，差别主要是 A 中筆較直，而金文"屯"中筆較爲彎曲而已。但 A 的各種寫法中，A_1↓頭部右傾，A_4↓、A_6↓下端左彎，均顯示 A 之中筆本來就可

---

① 如李學勤先生曾將 A_1 釋爲"屯"，又照摹 A_2、A_9 原形（《殷代地理簡論》，北京：科學出版社，1959 年，第 92、93 頁）；裘錫圭先生將 A_9 寫爲"屯（？）"，也曾照摹 A_1 原形（《商銅黿銘補釋》，原載《中國歷史文物》2005 年第 6 期，收入《裘錫圭學術文集·金文及其他古文字卷》，上海：復旦大學出版社，2012 年，第 174 頁；《甲骨卜辭中所見的"田""牧""衛"等職官的研究》，原載《文史》第十九輯，北京：中華書局，1983 年，收入《裘錫圭學術文集·古代歷史、思想、民俗卷》，第 153 頁）。
② 另外，不少學者照摹 A 之原形，認爲是地名、國名或氏名（門藝：《殷墟黄類甲骨刻辭的整理與研究》，鄭州：鄭州大學博士學位論文，指導教師：王藴智教授，2008 年，第 150—151 頁；謝明文：《商代金文的整理與研究》，上海：復旦大學博士學位論文，指導教師：裘錫圭教授，2012 年；韋心瀅：《殷墟卜辭中的"某自"與"才（在）自某"》，《故宮博物院院刊》2015 年第 2 期）。上引三文都將 A 字與商末族氏銘文 （《集成》10591—10627 等）聯繫，從字形上看未必允當。又族氏銘文有 （參王心怡：《商周圖形文字編》，北京：文物出版社，2007 年，第 260—261 頁），其所從與 A 字有無關係亦有待論證。
③ 董蓮池：《新金文編》，北京：作家出版社，2011 年，第 62—64 頁。

以彎寫；而西周金文"屯"字中筆的彎曲程度，也有一個從小到大的演變過程。因此，將 A 與上揭金文加以認同，是比較自然的。單從字形發展序列來看，A 最有可能就是"屯"字。

既然 A 與西周金文"屯"字前後相續，形成序列，學者爲什麼較少釋 A 爲"屯"呢？這固然由於兩者用法有別（金文"屯"多讀爲"純"），需要謹慎對待；而甲骨文已確認的"屯"字作 ❦、❦ 形，可能是大家在釋 A 爲"屯"時顧慮較多的主要原因。

我們今天討論甲骨文"屯"字，已將于省吾先生的正確考釋出來的 ❦、❦ 形當作"屯"字形體發展中的一個定點。如拿 ↓ 等與 ❦、❦ 相比，兩者上部填實與虛廓同，自可不論，但下部分別作 V 形與斜筆，似乎很不相同。所以學者一般不把 ↓ 看作"屯"字。殊不知于先生在考釋"屯"字時，已將兩類形體加以溝通。當時討論甲骨文 ❦、❦，依靠的定點是金文"屯"字 ↓ 形等，在説解字形時，于先生用了不少篇幅證明 ❦、❦ 下方的斜筆是可以寫成弧筆的：

> 按 ❦ 即屯之古文也。❦ 與 ❦ 互見，作 ❦ 者省畫也。金文變作 ↓↓。凡古文字虚廓與填實同。至 ❦ 下邪横後變爲 ⌣，在古文字中彎畫横畫邪畫每無定格。如前七·七·二作 ❦，甲一·十八·四作 ❦，已變邪畫爲横畫；又藏四四·四作 ❦，已變横畫爲彎畫。此雖不如邪畫之多，然在 ❦ 字本身中已可證明邪横彎之無别也。

于先生還舉出商器銘文中的 ❦（《集成》5337 屯作兄辛卣）、❦（《集成》5932 屯尊）等①，説明這些形體"即卜辭之 ❦ 字，了無可疑"。不過上揭商金文"屯"均用爲人名，最有力的例證還是甲骨文"藏四四·四作 ❦"（按即《合》11534 ❦，用爲"春"）一例。該形是溝通甲骨文 ❦ 形和金文 ↓ 形的關鍵環節，説明甲骨文"屯"字即有下方作弧筆（實即 V 形之變）者。

如今我們能看到的甲骨文資料更豐富，也開啓了更加細緻的字體分類研究，可以發現，大多數類組確實把"屯"字寫作 ❦、❦；此外，一些刻手（群）則有不

---

① 于省吾：《雙劍誃殷契駢枝》（初編），第一—二頁。所引金文字形及出處，已替換爲拓片截圖及《集成》號，下同。屯作兄辛卣，原文沿襲《續殷文存》之誤稱簋。《駢枝》舉出的金文字形還有 ❦（《集成》2509 屯*鼎）、❦（《集成》2510 屯*鼎），但所在兩器當代學者多定爲西周中期，且兩字形體與"屯"並非全同，其作爲器主名，亦較難證實爲"屯"字，似當存疑。

同的寫法：

1. 師賓間類有些"屯"，下方會寫成弧形或 V 形。于氏所舉 ▨（↓《合》11534）一例即屬該類。另可補充一例作 ▨（↓《合》4143）。兩例均用爲"春"。

2. 在花東類卜辭中，有兩條關於"白屯"的對貞卜辭，"屯"分別作：▨、▨（《花東》220）。說明"屯"下方可寫作弧筆，而弧筆亦可寫作 V 形。

3. 更關鍵的證據在"子組"子卜辭和黃類卜辭中。"子組"A 類①有如下有兩例"春"字：

 　　　　　　　　　　　　　　　《乙》8818(《合補》6829)

該版卜辭署明爲"七月"卜問，幾條命辭中選貞的內容爲"今月○今春○今秋"，可知上揭形體必定是"春"②。

黃類卜辭則有：

　　[乙]亥王[卜，貞]：自今春至今翼人方不大出。王占曰："引吉。"在二月，遘
　　祖乙彡，唯九祀。　　　　　　　　　　　　　　　　（《合》37852）

其"春"字拓本不很清晰。這片甲骨現藏吉林大學考古與藝術博物館（前身爲歷史系文物陳列室），目驗實物③，可以看清"春"字寫法。下面是該字拓本和據實物所做的摹本：

以上兩處三例"春"字所從的"屯"聲作 ▨、▨，不但下方作 V 形，而且上方

---

① "子組"A 類的劃分，看蔣玉斌：《殷墟子卜辭的整理與研究》，長春：吉林大學博士學位論文，指導教師：林澐教授，2006 年，第 98—103 頁。
② 此處"春"字從草木生出地面之形，與《合》20074 ▨（"今春"）類同。草木生出地面之形與"屮""木"有時可相換用，如甲骨文"蓐"字作 ▨ 亦作 ▨、▨。裘錫圭先生曾指出"生"有時也可以跟"木"和"屮"通用，除舉以上各例，又揭出"莫"從四"屮"或四"木"，也從四"生"作 ▨（《合》18429），"芳"字作 ▨ 又作 ▨，作地名的從"阜""蓐"聲字作 ▨ 又作 ▨ 等（裘錫圭：《釋"木月""林月"》，《裘錫圭學術文集・甲骨文卷》，第 340 頁。此處甲骨文摹寫字形取自李宗焜：《甲骨文字編》，第 858、504—505、859 頁）。
③ 2005 年 6 月，蒙林澐、吳振武、朱泓三位老師與陳列室于閩儀、劉爽老師提供幫助，筆者曾閱看吉林大學所藏部分甲骨，其中包含此片；最近又請周忠兵先生特別觀察"春"字，摹本就是根據這兩次目驗做成的。謹向以上各位致謝。

也寫成填實的長點，與 A 之↓諸形完全相同，它們無疑是同一字形。這些形體既然可作爲"春"之聲符，又與西周金文"屯"形有直接的演變關係，因此可以很肯定地説，A 就是"屯"字。

現在討論該字用法。(10) 辭中"屯"爲地名，可暫不論；需要釋讀的主要是前 9 例。

"屯"是"春"的聲符，"春"是"蠢"的聲符。先秦古書有：

> 且不唯《泰誓》爲然，雖《禹誓》即亦猶是也。禹曰："濟濟有群，咸聽朕言。非惟小子，敢行稱亂，蠢茲有苗，用天之罰，若予既率爾群對諸群（惠棟、孫詒讓已校改爲'群邦諸君'），以征有苗。"(《墨子·兼愛下》。引文似有脱簡，詳本文"六"。另參僞古文《尚書·大禹謨》：禹乃會群后，誓于師曰："濟濟有衆，咸聽朕命。蠢茲有苗，昏迷不恭，侮慢自賢，反道敗德。君子在野，小人在位，民棄不保，天降之咎。肆予以爾衆士，奉辭伐罪，爾尚一乃心力，其克有勳。"）

> 有大艱于西土，西土人亦不静，越茲蠢殷小腆，誕敢紀其敘。天降威，知我國有疵，民不康。曰："予復。"反鄙我周邦。(《書·大誥》)

> 蠢爾蠻荆，大邦爲讎！方叔元老，克壯其猶。方叔率止，執訊獲醜。戎車嘽嘽，嘽嘽焞焞，如霆如雷。顯允方叔，征伐玁狁，蠻荆來威。(《詩·小雅·采芑》)

> 我先王滅夏，燮强，捷春（蠢）邦。(清華簡《説命中》簡 3)

《爾雅·釋詁》："蠢，動也。"《説文·十三下·蚰部》："蠢，蟲動也。"以上古書各例中"蠢"皆有"動亂"之意。陳夢家先生在《大誥》講義中已指出："《采芑》'蠢爾蠻荆'，《爾雅·釋訓》曰'蠢，不遜也'，注云'蠢動爲惡，不謙遜也'。蠢殷猶《康誥》之'戎殷'，謂其惡也。"① 顧頡剛、劉起釪先生解"蠢殷"曰"蠢動，不安分，不老老實實之意，在這裏用以斥罵那些造反的殷人"②，可謂得之。

拿甲骨文（1—8）辭"屯盂方""屯人方"等與古書"蠢茲有苗""蠢殷""蠢爾蠻荆""蠢邦"相比，可知其"屯"即應讀爲"蠢"。"屯（蠢）某方"即動亂、

---

① 陳夢家：《尚書通論（增訂本）》，北京：中華書局，1985 年新 1 版，第 211 頁。《書·康誥》"殪戎殷"之"戎殷"陳氏以爲"謂其惡也"恐非，"戎"仍當是及物動詞，其後接方國名在甲骨文中多見，古書亦有"戎商"之例。
② 顧頡剛、劉起釪：《尚書校釋譯論》，北京：中華書局，2005 年，第 1268 頁。

騷動的某方。西周金文有"伐反夷"(《集成》2728 旅鼎)、"伐反虎方"(《集成》2751、2752 中方鼎)、"伐反荊"(《集成》3907 過伯簋)、"捷東反夷"(《集成》2731 㝬鼎)之語。毛公鼎(《集成》2841)有"率懷不廷方",五祀㝬鐘(《集成》358)有"討①不廷方",戎生鐘(《銘圖》15240)有"用榦不廷方",《詩·大雅·韓奕》云:"榦不庭方,此佐戎辟。"《易·比》:"不寧方來,後夫凶。"無論是在結構還是意義上,"蠢某方"都跟"反某(方)""不廷/庭方""不寧方"類似。

(9)辭中的"屯"表示具體的軍事行動,連劭名先生②、李愛輝女士曾解爲"屯聚""駐紮"之意③,可從。這對卜辭的背景是"啟呼祝曰:'盂方收人,其出伐,屯自高'",即啟派人報告④說,盂方徵集人員進犯,並且屯聚在"高"地。商王謀劃對策,從正反兩方面問"其令束迨(會)于高"/"其令束迨(會)方"能否獲捷。林宏明先生已經指出,"其令束迨(會)于高"/"其令束迨(會)方"兩者似均指"其令束迨盂方于高"⑤,甚是。"迨(會)"的對象就是盂,原辭承前省略了。整條命辭的意思是,命令"束"(人或族名)趕到盂方屯聚的"高"地,與之會戰。這是很珍貴的商代戰爭史料。

總之,在現有甲骨文資料中,↓(屯)字除了表示地名、"屯聚"義各一例,主要的用法還是借表"蠢動、動亂"之"蠢"。

四、西周金文有關字形(B、C、D)的考釋

西周金文有如下數形:

---

① 蔣玉斌:《釋西周春秋金文的"討"》,中國古文字研究會、復旦大學出土文獻與古文字研究中心編:《古文字研究》第二十九輯,北京:中華書局,2012 年。
② 連劭名:《甲骨文字考釋》;參于省吾主編、姚孝遂按語編撰:《甲骨文字詁林》,第 3312 頁。(9)辭前半段,連文讀作"乙巳王貞:啟乎,兄曰:盂方收人,其出伐,屯自高,令束迨,⋯⋯高",並認爲"盂方調集人衆欲侵擾商朝,商王命令部隊戍守高地",與本文不同。實際上已屯聚于"高"地的當是盂方。
③ 筆者 2015 年 10 月 15 日在中國社會科學院歷史研究所報告本文後,李愛輝女士告知,她未曾發表的一篇舊稿將(9)辭 A 字釋爲"屯"並作出上引解釋。
④ 卜辭有些"祝"字義近"告",看裘錫圭:《商銅黿銘補釋》,收入《裘錫圭學術文集·金文及其他古文字卷》,第 174—175 頁。
⑤ 林宏明:《甲骨新綴第 546—549 例》第五四九例。"束"字林文原釋爲"東"。

B	C₁	C₂	D₁	D₂	D₃

B 應侯視工簋蓋　　C 四十二年逑鼎乙、甲①　　D 師寰簋三器

分別見於以下諸銘：

（11）唯正月初吉丁亥，王若曰："應侯視工，B淮南夷㞢敢薄厥眾叚，敢加興作戎，廣伐南國。"王命應侯征伐淮南夷㞢。（應侯視工簋蓋銘，《銘圖》5311）

（12）C玁狁出捷于井阿，于歷廟，汝不限戎，汝㡭長父以追博戎，乃即宕伐于弓穀。汝執訊獲馘，俘器、車馬。（四十二年逑鼎乙、甲，《銘圖》2502、2501）

（13）王若曰："師寰，D淮夷繇我賦畮臣，今敢博厥眾叚，反厥工事，弗跡我東國，今余肇令汝率齊師紀、萊、僰，殿左右虎臣，征淮夷……"

（師寰簋，《集成》4313・1—2、4314）

以上諸器均爲西周青銅重器，學界對B、C、D形及有關辭例的考釋極多。近年，謝明文先生《試說金文中的"叜"字》②（下簡稱"謝文"）較全面地綜述了已有說法，讀者可以參看，本文不再縷述。謝文的重要貢獻之一，是最早將B、C、D三種形體暨銘文（11—13）放在一起討論，尤其是根據較清晰的照片和拓本，糾正了以往對四十二年逑鼎銘文中的"C玁狁"一句的誤讀誤解（另參下文"六"）。這對於討論有關文字都是非常關鍵的。

在字形方面，謝文既已論定B、C、D諸形本爲一字，又以 、 爲主，分析爲從"戊/戌"從"又"，隸定爲"叜"；並認爲"戊"（匣母月部）可能兼作聲符， 中的圓圈系加注的聲符"〇（圓）"（匣母文部）。

在辭例方面，謝文聯繫到下列諸例：

《書・費誓》：公曰：嗟！人無譁，聽命！徂茲淮夷徐戎並興……

---

① 照片取自陝西省考古研究院、寶雞市考古所、眉縣文化館編著：《吉金鑄華章——寶雞眉縣楊家村單氏青銅器窖藏》，北京：文物出版社，2008年，第46、38頁。乙、甲兩器銘應對照著看。C₁亦可參看蔡玫芬主編：《赫赫宗周：西周文化特展圖錄》，臺北：臺北故宮博物院，2012年，第95頁。

② 謝明文：《試說金文中的"叜"字》，《中國文字》新三十七期，臺北：藝文印書館，2011年，第135—145頁。此前在網絡發表的雪橋《攻研雜誌（四）——讀"首陽吉金"剳記之一》（復旦大學出土文獻與古文字研究中心網站，2008年10月23日，http://www.gwz.fudan.edu.cn/srcshow.asp? src_id = 530）一文，已提出部分觀點。

小臣謎*簋(《集成》4239):叡東夷大反,伯懋父以殷八師征東夷。
太保簋(《集成》4140):王伐彔子聽,叡厥反,王降征令于太保。
彔䧹卣(《集成》5419—5420):王令䧹曰:叡淮夷敢伐内國……

于省吾先生等早已指出"叡"是語詞。謝文因而提出:

> 把師寰簋、虤工簋"戔"所在辭例與上述"叡"的辭例相比較,可知兩者的語法位置極其相似,都用在句首,且其後所講的都是敵方的不良表現。可知師寰簋、虤工簋中的"戔"(四十二年逑鼎的"戔"字下文再討論)也應該是虚詞。上引陳絜先生説把師寰簋"戔"字徑釋作叡,雖然釋字錯誤,但顯然也是察覺到了兩者之間的關聯。前引周法高説、李學勤先生説認爲師寰簋"戔"讀作粵,則極富有啟發性。……我們推測他們大概是把"戔"中的"戊"當作聲符再結合文義,從而讀作"粵"的。

經過分析,得出如下結論:

> ……根據它(引者按:即"戔")出現的語法位置,且對比"叡"的相關辭例,大致可以確定上述銘文中的"戔"應該是一個虚詞。我們又根據它可用"圓"字初文作爲追加的聲符,猜測它可能讀爲虚詞"越"。

謝文及所引前説對金文諸字的釋讀,主要是通過聯繫"徂/叡"的用法而提出的。這當然是解決問題的重要思路之一,但是各種釋讀是否反映文獻原意,最終還是要落實到 B、C、D 各種字形的準確分析和有關辭例上來。

今按,雖然 D 之 ⿰戈又、⿰戉又 似可看作從"戊/戉"從"又",但同爲一字的 B ⿰屮戈、C ⿰屮戈 諸形,則不好説是從"戊/戉"(如是"戉"旁,長橫不該如此明顯地衝出左側弧筆),也很難説是從"又"(原形實近"中"形)。可見,從"戊/戉"從"又"的分析不能涵蓋各種字形。

何景成先生在談到甲骨文 ! 字時,曾將該形與上揭金文 B 形聯繫起來。他指出:!"和應侯虤工簋蓋'⿰屮戈淮南尸毛敢薄厥衆魯,敢加興乍(作)戎,廣伐南國'之'⿰屮戈'用法相同,'⿰屮戈'去掉'戈'形後所餘形體即此字"①。這是非常正確的意見。結合上文對甲骨文"屯"的考察,我們很容易把 B、C 分析爲從"戈"從 ⤴ 若 ⤵,後者顯然就是"屯"字。B、C 象以戈斷"屯"形。

---

① 何景成:《甲骨文"再册"新解》,《中國文字學報》第六輯,北京:商務印書館,2015年,第43頁注④。

與以戈斷"屯"的 B、C 相比，D 中的"屯"已被砍斷，作 ↓、↓、↓。最後一形 ↓ 系將"屯"上部的長點寫成短橫，其變化與金文"屯"字單用時的演變相平行。至於"屯"旁變爲斷"屯"，也比較容易解釋。有些表示動作的早期會意字，常常是會合動作所用工具與客體的形象成意，其表現客體時，有的寫作事物本來的形象，有的則以接受動作後的狀態呈現。如甲骨文从"戉"斷"奚"之字作 ↓，又作 ↓、↓、↓①（奚奴之形已被砍斷）；"民"作針刺向目形，目形也作無瞳子之狀；"疐"甲骨文作从矢向豕形，也作矢刺入豕之形。D 中的斷"屯"形與之相類。

　　D_{1-3} 三例的右側都未鑄好。觀察師袁簋兩器三篇銘文的書寫特徵，D_{1-2} 似乎受到了同銘"或"、"我"等形的影響，有一些混同現象，如：

　　D_1：↓，比較同銘有關字：↓ ↓，D_1 右側似被"或"旁同化；

　　D_2：↓，比較同銘有關字：↓ ↓ ↓，D_2 右側似被"我"字同化。

　　至於 D_3：↓，同銘有關字作 ↓ ↓ ↓，比較可知 D_3 右側仍是"戈"形。參照 B、C 兩形，能看出"戈"的長橫（即象援部的部分）在 D_3 中被寫斷了，其左側連在 ↓ 中間（十字形之下），右側變成了短橫之"戈"。

　　總體來看，D 形右側仍以看作"戈"的變形爲宜。D_1 右側可能是受到"或"旁影響（與之全同），因此也不宜理解爲加注"○（圓）"聲。

　　綜上，西周金文的 B、C、D 形大體上皆可分析爲从"戈""屯"，隸定作"䤴"。在辭例上，它們均用在作亂也是要被征伐的方國部族名稱之前。結合上述甲骨文"屯（蠢）"的字形、用例及古書文例，金文"䤴"字亦當讀爲"蠢"。其所从之"屯"兼有表聲作用，整字構形或可表述爲从"戈"斷"屯"，"屯"亦聲。

　　"䤴"在上述金文中是"蠢"的借字，作爲本字它可能是表示切斷義的。從音理和實際用例看，"屯"聲與"耑"聲、"專"聲等有通用關係②，"䤴"也許跟後世"剬""劘""劗"一類字相關。《說文·四下·刀部》："劘，斷齊也。从刀、耑聲。"《九上·首部》："𩠹，截也。从首、从斷。劗，或从刀、專聲。"但具體是哪個字難以坐實，這裏就不作過多的推論了。

　　學者以前研究"䤴"字時，多以"䤴某……"之例比照"徂/戲某……"一類

---

① 李宗焜：《甲骨文字編》，第 1252—1253 頁；最後一形見宋鎮豪、郭富純主編：《旅順博物館所藏甲骨》503，上海：上海古籍出版社，2014 年。

② 張儒、劉毓慶：《漢字通用聲素研究》，太原：山西古籍出版社，2002 年，第 936 頁。

説法（例見上引）。現在釋出"𢧵（蠢）"字，可以看出其與"徂/叡"的語法性質並不相同。"徂/叡"是嘆詞，是表達強烈感情的一種手段，它獨立使用，不與別的成分組合。① 嚴格來説，"叡東夷大反""叡厥反"中宜加嘆號録作"叡！東夷大反""叡！厥反"。"徂/叡"後面是一個句子，這個句子的主語可能是名詞（"東夷"），也可能是代詞（"厥"）。"蠢"後則一律是表示方國部族等的名詞，"蠢某"作爲偏正（定中）結構的名詞性短語，一般作句子的主語。在"叡！東夷大反""叡！厥反"這樣的文句中，與"蠢某"語法地位相當的是"東夷""厥"，而不是"叡"。②

五、傳抄古文有關字形研究

在討論上述金文形體時，想必大家已經聯想到《説文》等書中的"蠢"字古文。《説文》"蠢"下："𢧵，古文蠢从𢦏。《周書》曰：'我有𢧵於西。'"③ 該形顯然與上揭甲骨金文表示"蠢"的字一脈相承，應該放在一起研究。

傳抄古文"蠢"字的寫法不止《説文》一種。近年，李春桃先生對傳抄古文作有非常好的整理，所列與本文有關的"蠢"字古文有兩類：④

（甲）[字形] 汗簡 5·68 尚書　[字形] 古文四聲韻 3·14 尚書　[字形] 同上 3·14 崔希裕纂古

（乙）[字形] 説文　[字形] 古文四聲韻 3·14 説文　[字形] 同上 3·14 崔希裕纂古

---

① 關於嘆詞的語法地位，學者論述極多，可參看劉丹青：《嘆詞的本質——代句詞》，《世界漢語教學》2011 年第 2 期。"叡"的研究綜述及討論參武振玉：《兩周金文嘆詞初論》，《西華大學學報（哲學社會科學版）》2009 年第 6 期；又同作者《兩周金文虛詞研究》，北京：綫裝書局，2010 年。

② 此處對西周文獻"徂/叡"的理解，乃襲用學界比較流行的語詞、嘆詞説。梁月娥女士提示我，這個詞應從陳夢家先生等訓爲"往昔"（陳説見《西周銅器斷代（一）》，《考古學報》1955 年第 1 期，第 171 頁；《西周銅器斷代》上册，北京：中華書局，2004 年，第 20 頁），謹致謝忱。按照陳説，"徂/叡"和"𢧵（蠢）"的語法地位也是完全不同的。

③ 古文形體用藤花榭本。陳昌治刻本作 [字形]，末筆筆勢小異。

④ 李春桃：《傳抄古文綜合研究》，長春：吉林大學博士學位論文，指導教師：吳振武教授，2012 年，第 143、144 頁。另參徐在國：《隸定古文疏證》，合肥：安徽大學出版社，2002 年，第 273 頁；徐在國：《傳抄古文字編》，北京：綫裝書局，2006 年，第 1335 頁。

以上形體從來源上看多與《尚書》有關，《說文》古文亦引《尚書》爲證。今見《尚書》各版本兩種古文寫法確實並見，甲類寫法的有 𢧵（南宋薛季宣《書古文訓·大禹謨》）①；乙類寫法的如 𢧵 𢧵（魏三體石經《大誥》）②、𢧵（《大誥》內野本）③、𢧵（清李遇孫《尚書隸古定釋文·大誥》）④。《大禹謨》敦煌本 S.801 作 𢧵 ⑤（即"𢧵"字），則當是甲種或乙種寫法的形訛⑥。總之，以上各形大體上也都能納入甲乙兩類中。

甲類寫法從"戈""旾"聲，系上承西周金文 B 𢦏、C 𢦏 𢦏一類寫法，兩者差別只是聲符用"屯""旾"的不同而已，並且"旾"也是从"屯"聲的。

乙類寫法从"𢦏""旾（或春）"聲。聲符的來源與甲類相同，从"春"者則是進一步替換成同主"屯"聲而比"旾"更常用的"春"聲。至於"𢦏"旁，《說文·十二下·戈部》："𢦏，傷也。从戈、才聲。""𢦏"可看作金文 B、C 所从之"戈"的同義偏旁，兩者可以互換。"𢦏"也有可能是將金文 D₃ 𢦏 的左上部和右部加以整齊化的結果。

不管怎樣，上引"蠢"字古文均襲自西周金文寫法，這一點是比較清楚的；

---

① 顧頡剛、顧廷龍輯：《尚書文字合編》，上海：上海古籍出版社，1996年，第222頁。
② （南宋）洪适：《隸續》，卷四"魏三體石經左傳遺字"，清乾隆間汪氏樓松書屋刊本，第一頁背、二頁背；又《隸釋 隸續》，北京：中華書局影印清同治間洪氏晦木齋刻本，1986年，第310頁上左、下左。另南宋婁機《漢隸字源》作 𢧵，所注出處"二百十五"即"魏三體石經左傳遺字"（卷五上聲十七准，李學勤主編：《中華漢語工具書書庫》第38冊，合肥：安徽教育出版社，2002年，第654頁），可參看。按，依《隸續》錄寫經文之例，此字在字體上爲三體中的隸書，然魏石經本即古文經（《尚書》用馬融、鄭玄、王肅本），故其實質上仍是"蠢"之古文，或者說此形是"蠢"古文的隸定寫法。段玉裁《古文尚書撰異》曾疑"不知何以魏時隸不作蠢而作𢧵也"（《皇清經解》卷583，第四頁），孫星衍《尚書今古文注疏》在引《說文》"蠢"條後云："𢧵，既爲孔壁古文，故《魏石經》用之。"（陳抗、盛冬鈴點校，北京：中華書局，1986年，第345頁）或徑謂魏石經殘存"𢧵"字爲三體中之古文（金德建：《經今古文字考》，濟南：齊魯書社，1986年，第332頁），不夠準確。又，對於"𢧵"和"蠢"之關係，趙立偉女士歸入"石經本與今本之異文爲一字之異體者"之類（《魏三體石經古文輯證》，北京：社會科學文獻出版社，2007年，第334頁）。前文已說明，作爲"𢧵"之前身的金文"𢦏"字可能本來表示切斷義；其與訓"蟲動"之"蠢"本非一字。兩者應看作通假而非異體關係。
③ 顧頡剛、顧廷龍輯：《尚書文字合編》，第1671頁。
④ 顧頡剛、顧廷龍輯：《尚書文字合編》第4冊附，第215頁。
⑤ 顧頡剛、顧廷龍輯：《尚書文字合編》，第165頁。
⑥ 或以爲"𢧵"是"𢧵"的形訛，而"𢧵"又是"𢧵"的形訛（張涌泉主編、審定：《敦煌經部文獻合集》第一冊，《古文尚書傳（四）（大禹謨、泰誓中、泰誓下）》校記〔一○四〕，北京：中華書局，2008年，第163頁），後說有道理，前說則過於崇許。

古文寫法也很好地驗證了上文對西周金文 B、C、D 乃至甲骨文 A 形的釋讀。

以前由於未能釋出西周金文的"戠（蠢）"字，學者很難對"蠢"字古文所從之"戈"、"戈"做出合理解釋，或將古文諸形看作"因後人不瞭解古文字形體而誤改"的訛變形體。①現在看來，《説文》等書中的兩種傳抄古文淵源有自，其形體大致反映了古文字實際；在用字習慣方面，使用從"戈"或"戈"、"屯"聲系之字表示"蠢"，亦與西周金文相契合。

六、相關問題的討論

上文在釋説甲骨金文和傳抄古文用爲"蠢"的諸字時，爲免枝蔓，暫且擱置了一些問題。例如，商代文字中，↓是已知的"屯"字，↓是新釋的"屯"字，如何看待兩者的關係？這一問題説不清楚，就無法從根本上袪除釋↓爲"屯"的障礙。又由於諸"蠢"字的釋出，有利於解決一些相關問題，一併放在本節討論。

（一）關於商代文字兩種"屯"形的關係以及"屯"字構形的闡釋

現在看來，商周文字"屯"有以下兩種寫法（附列篆形以作參照）②：

	甲骨文	商金文	西周金文	小　篆
a	↓↓ ↓↓	↓	↓↓	↓
b	↓↓			

a 類寫法自商而周以至後世一直延續，b 類寫法則只見於殷商甲骨文。兩類寫法在商代文字中並存。與之相應，學者對於"屯"字本義主要也有兩類看法：

---

① 參李春桃：《傳抄古文綜合研究》，第 143 頁。同作者新出版的《古文異體關係整理與研究》（北京：中華書局，2016 年，第 362 頁）已據拙文初稿説明古文來源有據。

② 黃類卜辭有一地名用字 ▨（BL1672，http://www.bl.uk/manuscripts/Viewer.aspx?ref=or_7694!1672_f001r）▨（《英》2563 =《合》41757 >《合》41780，《庫方》1672 摹本作 ▨），有些釋文、字編也釋爲"春"，不確。該字當即同見於黃類卜辭的地名 ▨ 字（李宗焜：《甲骨文字編》，第 1261 頁）之繁體，所從非"屯"。

1. 由於 a 類寫法看起來與"屮"相關，歷來學者對"屯"字構形的解釋多著眼於此。《説文·一下·屮部》："屯，難也。象艸木之初生，屯然而難。从屮貫一，一，地也。尾曲。《易》曰：屯剛柔始，交而難生。"近世學者多已參考古文字字形，指出《説文》"一，地也"等解説是不合理的，但也多限於對許説的修補。如《甲骨文字典》説"字形象待放之花苞與葉形"①。連劭名先生在釋甲骨文↓爲"屯"時，曾認爲該形就是"屯"字初文，並説了下面一段話：

> 許慎的解釋雖與屯字的初文略有出入，但仍未乖於屯字的本義。從甲骨文屯字看，實象初生草木之幼芽，故春字古从屯聲，萬物萌動，欣然復蘇，草木初生，正是春天的景象，所以古人稱此季節爲春。甲骨文屯字的形體仍保留了屯字最初的形象。

連説是較有代表性的。

2. 由於 b 類寫法亦即甲骨文 ↓、↓ 形一度被看作"屯"可溯及的最早形體，而該形下方的斜筆，很難像↓下方的 V 形那樣説成是初生葉片的形象，看不出與草木的關係，因此現代學者又提出一些解釋"屯"字的新説。如張亞初先生説：②

> ……許慎對屯字的分析是錯誤的。屯字的初文與屮木生長受阻形相去很遠。在甲骨文中，屯字从農具↓（力，爲耒的側視形），在它的把上有一個指示符號小圓圈，這是一個表示農具耒的把折斷了的指事字。《左傳》襄公四年"甲兵不頓"，杜注"頓，壞也"，正義曰"頓謂挫傷折壞，今俗語委頓是也"。其本義爲折壞，所以頓字又有僵、止、難等引申義，頓字从頁从屯聲，聲中含義，頓字義訓僵、止、難、壞，也正是保存了屯字的義訓。許慎所説的"難也"，就是採用屯字的引申義。由此可見，許慎訓屯爲難，在一定程度上是保存了這個字的古義的。這對我們分析屯字初文形體，是一個很好的佐證。説文解字，一個關鍵問題，是首先必須努力找到這個字最早的形體，然後，對這個形體必須要有準確的分析理解。這樣，才會提供一個客觀地、科學地認識事物的可靠依據。甲骨文中的屯字形體，特別是最早的一期卜辭中的形體，从力从指示符號，是確切無疑的。我們在這個基礎上，聯繫到屯與从屯之頓字的一些義訓，所作出的上述分析，顯然比那種認爲屯字是"豕形無足而倒寫者"這種附會臆測之辭要可靠和合理得多。

---

① 徐中舒主編：《甲骨文字典》，第 45 頁。
② 張亞初：《商周古文字源流疏證》，北京：中華書局，2014 年，第 157—160 頁。據該書《出版説明》，書稿寫於 1986—1990 年。

張先生對"屯"之本初構形的探討非常深入。他立足字形，以甲骨文⟨⟩形為基礎，以形體接近的"力"切入點，又從與"屯"有關的音義關係進行思考，所得結論別開生面。

以上兩類意見，實際上是分別就 a 類和 b 類形體立論的。我們現在看"屯"字，應該更加全面而不僅僅執其一端。根據于省吾先生的考釋研究以及上文的討論，商代"屯"的兩種寫法一定都是"屯"字，而且是彼此存在演變關係的。因此，a、b 兩者應作一致的解釋。現在的問題是，何者為源、何者為流？我們認為是 a 類是比較原始的寫法。

大家知道，殷商時代的主要書寫方式是筆書簡冊。"金文基本上保持着毛筆字的樣子，甲骨文就不同了。""我們可以把甲骨文看作當時的一種比較特殊的俗體字，而金文大體上可以看作當時的正體字。"①甲骨文總體上是俗體，但不同刻手（群）使用俗體時簡省的程度也有不同。例如甲骨文"子"字可與商金文對照，略舉如下②（舉例性質，不全）：

子	子	子 子	並商金文
子 師小字	子 師肥筆 子 師小字 子 賓一 子 歷一	子 師肥筆 子 "子組" 子 花東類 子 歷二	子 師小字 子 花東類 子 師賓間 子 賓一　子 典賓 子 賓出　子 歷二 子 無名類 子 黃類

---

① 裘錫圭：《文字學概要（修訂本）》，北京：商務印書館，2013 年，第 47—48 頁。裘先生對此更詳細的論證見《殷周古文字中的正體和俗體》，原為 1987 年 1 月的演講稿，收入《裘錫圭學術文集·金文及其他古文字卷》，第 394—410 頁。

② 李宗焜：《甲骨文字編》，第 167—172 頁，個別分類錯誤的逕予糾正；董蓮池：《新金文編》，第 2144—2152 頁"子"、合文第 17 頁"小子"、附錄一第 5—12 頁"舉"，等。

可以看出，師肥筆、師小字與正體最接近，這一方面是因爲其時代較早，另一方面則緣於它們（尤其是師肥筆）較多保留了筆書風格；但適應甲骨契刻的需求，也出現了一定程度上的簡省，尤以師小字爲甚。師賓間、賓一、歷一、歷二等類與正體尚近，但已有明顯的省變；賓一的一部分、歷二的一部分開始出現較劇烈的省簡，即將小兒的兩手形合併爲一筆，這種寫法在成熟的典賓類以及賓出類中比比皆是，是"子"字最俗簡的寫法。無名類、黄類刻辭雖然時代較晚，但在契刻風格上仍保持與正體的些許聯繫，反而沒有採用最簡的寫法。類似例子還可舉出不少，譬如大家熟知的甲骨文地支"子"字，在師肥筆、師小字類多作接近正體的繁體寫法，在賓、歷等類則用最俗簡的寫法，在較晚的黄類則又作繁體，原因就在於黄類字體接近正體。

b類"屯"字╳、╳實際上就是甲骨文中的一種俗省寫法。前文已述，這種寫法主要出現在賓、歷等類，這些類的俗簡程度都比較高。與之相應，"屯"的 a 類寫法中╳╳最接近商金文的正體，它們分别見於黄類和"子組"A類子卜辭①——很多的證據顯示，這兩類常保留正體的某些特徵（例如黄類早期刻辭有接近筆書或金文風格的肥筆，"子組"A類一律下行而左的行款與簡册和絕大多數金文完全相同②，等等）；a類寫法作╳者則見於師賓間類及花東類，雖有俗簡，但程度遠較賓類等爲低。上述現象與前揭兩種"子"字的正俗分佈規律相應，說明各類組的俗簡現象往往也是成系統的。

總之，商代文字中"屯"之正體作╳（商金文），甲骨文中有黄類、"子組"A類等少數類組作╳╳，接近正體；又有師賓間類、花東類等作╳╳，進一步簡化填實爲虚廓；再省簡下部爲斜十字形，作╳，最簡者則又省並上部筆劃作╳。由於各類刻寫俗簡程度有所不同，就形成了有的用 a、有的用 b 的現象；籠統看甲骨文或商代文字，就呈現出兩類"屯"形並存互見的狀況。

如張亞初先生所言，"說文解字，一個關鍵問題，是首先必須努力找到這個字最早的形體，然後，對這個形體必須要有準確的分析理解。這樣，才會提供一個客觀地、科學地認識事物的可靠依據"。現在看來，上揭 a 類寫法╳╳較爲原始，b 類寫法╳、╳爲其變體。根據 a 類"屯"字寫法，並結合從"屯"聲的

---

① 將"子組"分爲 A、B 兩類很重要，前舉 ╳ 形是"子組"A類字體；又《合》21595 爲"子組"A、B 兩類字體同版，其上也有"春"字作╳（╳），屬於 B 類字體，其所從之"屯"就作常見的寫法。
② 參蔣玉斌：《殷墟子卜辭的整理與研究》，第 102、106—108 頁。

"春"字等，我們認爲連劭名先生的說法還是比較合理的。"屯"形原本象徵的，應該就是草木（或其枝條）初生幼芽的形象。

（二）商西周文獻中有關"蠢某"文句的讀法

甲骨、金文、先秦古書"蠢某"的說法計有二十餘例。各例交驗互證，已讓我們比較清楚有關語言習慣。其中比較常見的一種敘述方式是，方國部族有動亂、反叛行爲，説話者（多具有正統身份）予以聲討——往往要歷數其罪行或陳述其侵擾行爲，是爲征伐之理由；然後再説明如何討伐（如人員安排等），有時還會強調此舉是符合天命的。説話者把這些方國部族稱作"蠢某"，是爲之定性。

根據上述習慣，我們可進一步討論某些"蠢某"文句的讀法及相關問題。

1. 《書·大誥》"蠢殷"句

這一段文字僞孔傳、孔疏的讀法是：

> 有大艱于西土，西土人亦不靜，越兹蠢。殷小腆誕敢紀其敘。

鄭玄曰："周民亦不定，其心騷動，言以兵應之。"（見孔疏）《説文》"蠢"下出古文"戴"，引《周書》曰："我有戴於西。"段注："《大誥》曰：'有大艱于西土，西土人亦不靜，越兹蠢。'戴爲壁中古文真本，其辭不同者，蓋許檃栝其辭如此也。"《説文》雖是檃栝，但仍能看出許慎認爲有"蠢"的是西土，即西土之人"蠢"。這説明許慎也是將"西土人亦不靜，越兹蠢"作一句讀的。鄭、許代表的當是古文經學家的一種讀法。

《漢書·翟方進傳》所載之"莽誥"乃套用《尚書·大誥》寫成，有關文字作：

> 反虜故東郡太守翟義擅興師動衆，曰："有大難于西土，西土人亦不靖。"於是動嚴鄉侯信，誕敢犯祖亂宗之序。

其中用"於是動嚴鄉侯信"模仿《大誥》"越兹蠢殷小腆"。皮錫瑞云：

> 據《莽誥》則"越兹蠢殷小腆"六字作一句，今文家説如是，不以"越兹蠢"連上文爲義。莽謂翟義造爲西土有大難之言，於是動劉信起兵之意，則今文家説經亦必謂管、蔡造爲西土有大艱之言，於是動武庚作亂之心也。莽云管、蔡挾禄父以畔，今翟義亦挾劉信而作亂，是以翟義比管、蔡，劉信比禄父也。近人讀《大

語》,斷句皆誤,遂於莽所引今文,皆不得其解。①

按照皮氏的分析,今文家是將"越茲蠢殷小腆"作一句讀,并且理解爲"於是動武庚作亂之心"的。現代《尚書》學家多依此句讀。

根據上述"蠢某"之例,只能將"蠢殷"連讀,即采今文家之句讀。"越茲蠢殷小腆"之語言結構猶"徂茲淮夷徐戎並興"(《書·費誓》)。《大誥》敍説的"大艱",一方面是周人内部的管、蔡不安分,一方面是以武庚爲首的殷遺妄想復辟。顧頡剛先生譯作:"有很大的艱難危困落到我們西方人的頭上來,就連從由我們西方派出去的人員也不安靜老實起來了;這不安分的壞蛋殷人剛恢復了一點點力量,就敢妄想重整他們已失去的天堂——他們已垮了的政權系統。"②把握大意非常準確③。漢代今文家雖然句讀合理,但理解爲管、蔡"於是動武庚作亂之心"一類意思,則不可從。

2.《墨子》所引《禹誓》"蠢茲有苗"一段文字

《墨子·兼愛下》:

> 且不唯《泰誓》爲然,雖《禹誓》即亦猶是也。禹曰:"濟濟有群,咸聽朕言。非惟小子,敢行稱亂,蠢茲有苗,用天之罰,若予既率爾群對〈邦〉諸群〈君〉,以征有苗。"

孫詒讓《閒詁》云:"今《大禹謨》出僞古文,即采此書爲之。"④僞古文《尚書·大禹謨》有關文字,前文已加引述。其在"蠢茲有苗"後多了數落有苗罪行的"昏迷不恭,侮慢自賢,反道敗德,君子在野,小人在位,民棄不保,天降之咎"。歷代注《墨》者均指出此處《禹誓》與《大禹謨》的聯繫,但一般不就"昏迷不恭"諸語作深入探討⑤。大概是覺得《大禹謨》屬於僞古文,就没有進一步研究的必要了。

實際上,《墨子》引述的禹之誓詞讀來並不通暢。學者翻譯時,中間一句或譯作:

> 並不是我敢妄自興兵騷擾,實在是因有苗暴動,所以我只得代天行罰。⑥

---

① (清)皮錫瑞撰,盛冬鈴、陳抗點校:《今文尚書考證》,北京:中華書局,1989年,第280—281頁。
② 顧頡剛、劉起釪:《尚書校釋譯論》,第1282頁。
③ 《大誥》此段文字中的"小腆""紀"歷來有不同看法,因與本文關係不大,這裏不作討論。
④ (清)孫詒讓撰,孫啟治點校:《墨子閒詁》,北京:中華書局,2001年,第121頁。
⑤ 參張純一編著:《墨子集解》,成都:成都古籍書店影印世界書局1936年初版本,1988年,第114—115頁;吳毓江撰,孫啟治點校:《墨子校注》,北京:中華書局,1993年,第190頁。
⑥ 李漁叔注譯:《墨子今注今譯》,臺北:臺灣商務印書館,1974年,第124頁。

不是我小子敢發動戰爭，而是苗民蠢動，因而行天之罰。①

並不是我小子敢發動戰亂，有苗那麼蠢蠢欲動，我代替上天對他們施行懲罰。②

是將原文的"蠢茲有苗"變換作"茲有苗蠢"，然後在譯文中作了模糊化處理。這不能算是科學嚴謹的做法。

今按，結合上述"蠢某"例，禹誓應有的邏輯是：不是我敢妄自興兵，而是動亂的有苗犯有大罪，因此我"用天之罰"，率衆邦君征討之。"蠢茲有苗"後應該有列舉有苗之罪的内容，但在今本《墨子》中亡失了。换言之，"蠢茲有苗"本是一句話的主語，但後面没有出現相應的陳述成分（謂語），變成了一個殘缺的句子。

相比之下，《大禹謨》相關文句比《墨子》引文曉暢得多。僞古文從整體上講是出於僞造，但造作時當參考了一些時代較早的資料，此點前人已多述及。《大禹謨》多出來的内容可能是有所本的。閻若璩《尚書古文疏證》卷三更有"言《大禹謨》句句有本"條（存目）③，今由"蠢某"之例視之，知其所言有理。

今本《墨子》禹誓較《大禹謨》少了歷數有苗罪行的28字，而數落罪行之後應有"肆予……"一類的話，以轉接下文"用天之罰"。如此算來，總計所缺内容可能達30餘字，應該正是竹書中一簡所容④。説今本《墨子》"蠢茲有苗"後脱簡一支，大概是没有問題的。

3. 四十二年逨鼎"蠢獫狁"一段文字

西周晚期的四十二年逨鼎（《銘圖》2502、2501）銘文是一篇册命金文。周宣王在册命器主虞逨的話中，先表彰其先祖之勳烈，之後有一段談到虞逨功績，這段話多被讀作：

余肇建長父侯于楊，余命汝奠長父。休，汝奠于厥師，唯克型乃先祖考，𤔲

---

① 譚家健、孫中原注譯：《墨子今注今譯》，北京：商務印書館，2009年，第100頁。
② 方勇譯注：《墨子》（中華經典名著全本全注全譯叢書），北京：中華書局，2011年，第145頁。
③ （清）閻若璩撰，黄懷信、呂翊欣校點：《尚書古文疏證（附：古文尚書冤詞）》，上海：上海古籍出版社，2010年，第130頁。
④ 以郭店竹書爲例，除了小册子性質的《語叢》四篇，其餘各篇單簡平均容字都在20—30字之間，單簡最多容字則有34、32字者（程鵬萬：《簡牘帛書格式研究》，長春：吉林大學博士學位論文，指導教師：吴振武教授，2006年，第138頁；劉傳賓：《郭店竹簡研究綜論（文本研究篇）》，長春：吉林大學博士學位論文，指導教師：馮勝君教授，2010年，第63頁）。不過，"目前看來戰國古書類竹簡的容字總的來説是比較隨意的，没有什麽普遍的規律性可言"（馮勝君：《郭店簡與上博簡對比研究》，北京：綫裝書局，2007年，第52—53頁）。上舉郭店竹書之例，只能説明大概情況而已。又，秦西漢文書、古書簡的單簡平均容字數，睡虎地秦簡23—55、張家山漢簡35—44、銀雀山漢簡34—37（前揭程文，第139—140頁），皆可參。

玁狁，出捷于井阿、于曆㠯，汝不畏戎，汝䚄長父以追博戎，乃即宕伐于弓谷。汝執訊獲馘，俘器、車馬。

前一句說宣王爲長父在楊地建侯，又命虞述安頓長父。虞述做得不錯，能夠很好地效法其先祖先父。接下來的 ![字] 多被當作動詞，或釋"辟"，解爲屏除；"![字] 玁狁，出捷于井阿、于曆㠯"的主語，一般認爲是承前之"汝"，全句是說虞述驅逐玁狁並且告捷。這就意味着虞述"伐玁狁是爲了解除其威脅而主動出擊"①。

謝明文先生指出，"這種看法實際上是認爲述參加了兩次戰鬥"，即"![字] 玁狁，出捷……"和"以追博戎，乃即宕伐于弓谷"。他具體提出上述理解有以下幾點不妥之處：（1）"根據金文文例，在戰勝之後一般會記俘獲品，而此銘只記宕伐于弓谷一戰的俘獲"；（2）"根據長篇戰爭銘文文例，如果記敘戰爭起因及經過而又言'追'者，一般是敵方先侵伐在先"，如果把"述"看作"![字] 玁狁，出捷……"的主語，"則銘文中的'追博'之'追'上無所承"。（3）"之前跟戰爭有關的銘文中出現過兩例'出'字，皆就敵方而言"。如果理解爲述"出捷"，與該例矛盾。② 謝文所說三點都很有道理。他因此提出，"出捷……"的主語應是"玁狁"。

現在既已釋 ![字] 爲"蚩（蠢）"，再參照"蠢某"之例，可知謝文上述觀點都是正確的。虞述伐玁狁，起因是"蠢玁狁出捷于井阿、于曆㠯"——不安分的玁狁向新建的侯國出兵並在兩地獲捷。虞述這次征討不是主動出擊而是因應反擊，反擊的主要形式就是"追博戎""宕伐于弓谷"，後來在人員和物資方面有所俘獲。這樣，對於這篇銘文的內容以及這次征討的史實，我們就有了更準確的把握。

綜上，本文新釋了卜辭中表示蠢動之"蠢"的"屯"字，並由此對金文和傳抄古文中若干字形進行釋讀，後者反過來印證了甲骨 A 字釋"屯"的正確。文中還考察了"屯"字本義等問題，從卜辭字體分類和俗簡程度的角度解釋了甲骨文中的兩種"屯"形。通過歸納"蠢某"的文例，對傳世和出土文獻有關文本及訓釋提出了新見。以上諸說，希望能得到方家的指正。

2015 年 6 月初稿，2018 年 5 月改訂

原載《復旦學報（社會科學版）》2018 年第 5 期。此次收錄吸收了作者的校勘意見。

---

① 裘錫圭：《讀逑器銘文劄記三則》之"二、辟玁狁"，原載《文物》2003 年第 6 期，收入《裘錫圭學術文集·金文及其他古文字卷》，第 171 頁。
② 謝明文：《試說金文中的"叟"字》。

119 釋 "穗"

鄔可晶

殷墟甲骨文中有如下之字：

一般都視爲"禾"的異體。①只有島邦男《殷墟卜辭綜類》將"禾"與此字分立爲兩個字頭②，後出的《殷墟甲骨刻辭類纂》沿襲了這一做法③。爲了行文的方便，以下用"△"代替此字。

姚孝遂先生一方面認爲△"可能是'禾'之異體"，一方面又指出"其用法較爲特殊"，因此《甲骨文字詁林》也把△字暫時單列。④姚先生所謂的"用法較爲特殊"，當是指△的辭例（具體詳下文）與一般使用"禾"的場合（如甲骨卜辭屢見的"秦禾"、"受禾"、"蚩（害）禾"等）有別而言的。從這一點看，島邦男等人分△、"禾"爲二字，是有道理的。不過，島氏釋△爲"采"，顯不可從（《類纂》未釋）。

裘錫圭先生在《甲骨文中所見的商代農業》一文的1986年修改稿中，雖仍

---

① 孫海波：《甲骨文編》，中華書局，1965年，第308頁。李宗焜：《甲骨文字編》，中華書局，2012年，第516頁。劉釗等：《新甲骨文編（增訂本）》，福建人民出版社，2014年，第429頁。沈建華、曹錦炎：《甲骨文字形表（增訂版）》，上海辭書出版社，2017年，第76頁。（日）貝塚茂樹：《京都大學人文科學研究所藏甲骨文字·本文篇》，京都大學人文科學研究所，1960年，第684頁；參看（日）松丸道雄、高嶋謙一：《甲骨文字字釋綜覽》，東京大學出版會，1994年，第215頁。
② （日）島邦男：《殷墟卜辭綜類》，汲古書院，1971年，第192—193、198頁。
③ 姚孝遂主編、肖丁副主編：《殷墟甲骨刻辭類纂》，中華書局，1989年，第523—526、540頁。
④ 于省吾主編：《甲骨文字詁林》，中華書局，1996年，第1451頁。

從一般的看法以△爲"禾",但新加入一句:"也有人認爲這是'穗'的初文。"①我們翻檢了有關工具書,未能找到此說究係何人所倡,也不排除就是裘先生自己提出的尚不敢斷定的"一說"的可能性。

釋△爲"穗"的見解,學界似乎少有人注意,其實很可能是正確的。

△的字形,"酷肖成熟的穀子"②,跟一般的"禾"字相比,特別突出"禾(穀子)"下垂的飽滿的穗,說爲"穗"的初文是十分直截的。"△(穗)"字在"禾"上畫出所結之穗,其表意方法與"✡(枼/葉)"字在"木(樹)"上畫出葉子如出一轍。③裘錫圭先生指出甲骨文"年"字也偶有从△作的,如 ♀(《合》9818)。④我們知道,"年"本指收成。其字从"穗",對於表現"收成"的本義,顯然也是很契合的。

△當釋"穗",還可以通過對"季"字的分析得到印證。

《說文·十四下·子部》:"季,少偁也。从子、从稚省,稚亦聲。"許慎所以作此分析,當是由於"季"、"稺(稚)"音義皆近的緣故(古人有以"稚"、"季"連用爲名的,如肩水金關漢簡 73EJT23:344 有"仲稚季",漢印有"成稺季",《急就篇》有"畢稚季"等⑤)。然而"季"字明明从"禾",把"禾"看作"稚"的省形,顯然太過隨意。而且"季"、"稚"韻母雖近(但也有陰入、開合口之別),聲母則相差較遠("季"是見母字;"稚"本作"稺",楚簡寫作从"𠃑(夷)"聲,"𠃑(夷)"是以母字⑥)。從音理上看,"稚亦聲"之說也有些牽強。孔廣居《說文疑疑》、王煦《說文五翼》、林義光《文源》等已對《說文》的分析表示懷

---

① 裘錫圭:《甲骨文中所見的商代農業》,《裘錫圭學術文集·甲骨文卷》,復旦大學出版社,2012年,第233頁。裘先生此文最初是提交1984年在安陽召開的全國商史學術討論會的,曾收入1985年出版的《全國商史學術討論會論文集》(關於此文的版本信息,皆據《裘錫圭學術文集·甲骨文卷》第269頁的說明)。《論文集》所收裘文,並無釋此字爲"穗"的話(第198頁)。但發表此文修改稿的《農史研究》第八輯第38頁注②已有"也有人認爲上引之字是'穗'的初文"之語(華南農業大學歷史遺產研究室主編,農業出版社,1989年),可知這句話當是1986年修訂時增入的。
② 裘錫圭:《甲骨文中所見的商代農業》,《裘錫圭學術文集·甲骨文卷》,第233頁。
③ 參看裘錫圭:《文字學概要(修訂本)》,商務印書館,2013年,第120—122頁。
④ 裘錫圭:《甲骨文中所見的商代農業》,《裘錫圭學術文集·甲骨文卷》,第233頁。
⑤ 參看張傳官:《急就篇校理》,中華書局,2017年,第47—48頁。
⑥ 鄭張尚芳先生疑"稚""雉省聲",固然與事實不符(從漢代文字資料看,"稚"所从的"隹"實由"屖"變來。參看裘錫圭:《淺談璽印文字的研究》,《裘錫圭學術文集·金文及其他古文字卷》,第287頁);但他據此以及其他情況,將"稚"的上古聲母構擬爲塞化的 l,倒跟楚簡"稚"从"𠃑"聲合拍。

疑。①不過，他們提出來的"季""从禾會意"、"當从禾（音稽）聲"或所从"禾""當爲穄之古文，幼禾也"②等新説，也都缺乏文字學證據，難以使人信服。③

從古文字看，絶大多數"季"字確實从"禾"，但是在現存時代最早的殷墟自組肥筆類卜辭中，"季"作如下之形：④

（《合》21119）　　　（《合》21120）

很明顯从"△"而不从"禾"。⑤《合》21118 的字體也是很典型的自組肥筆類，其中"季"字作，頭部稍有殘斷，但飽滿的穗形猶存，亦應从"△"。《甲骨文字編》將其摹作一般的"禾"，不確。總之，在時代最早的殷墟甲骨文中，"季"字都是从"△"的。這是很可注意的現象。

獨體的△字，在卜辭中似僅見於《合》19804、《合》9464 正（二見）、《合》9615，前兩版分屬自組肥筆類和典賓類，末一版應該也屬於賓組。《合》7042、7043 是典賓類卜辭，此二版上的"利"字作、⑥，也是从"△"的（"利"字還有从"黍"的寫法，見《合》39932。作爲意符的"禾"、"△"、"黍"在"利"字中通用，表明它們的字義相近，決不能據此將"△"、"黍"都釋爲"禾"）。上舉从"△"的"年"字，其所從出的卜辭爲賓組三類⑦。它們都可算作一期卜辭⑧。此

---

① ② 丁福保編纂：《説文解字詁林》，中華書局，1988 年，第 14182 頁。
③ 參看于省吾主編《甲骨文字詁林》第 1437 頁"季"字條下所録李孝定《集解》按語對這些説法的批評。
④ 李宗焜：《甲骨文字編》，第 521 頁。劉釗等：《新甲骨文編（增訂本）》，第 821 頁。
⑤ 這裏所舉"季"位於上方的"△"省去下部或下部有所簡省，類似情況在"禾"中也能看到。在時代較早的一期卜辭裏，"禾"位於字的上方時，往往也省去下部，參看有些"年"字、"季"字的寫法（劉釗等：《新甲骨文編（增訂本）》，第 431、433 頁；李宗焜：《甲骨文字編》，第 521 頁）。
⑥ 李宗焜：《甲骨文字編》，第 519 頁。
⑦ 《天理大學附屬天理參考館藏甲骨文字》256 著録的典賓類刻辭"年"字作，亦从"△"（李宗焜：《甲骨文字編》，第 524 頁）。但此版爲習刻，録此供參考。
⑧ 甲骨文裏還有一個被裘錫圭先生釋爲"柞"的字（裘錫圭：《甲骨文中所見的商代農業》，《裘錫圭學術文集·甲骨文卷》，第 250 頁），計二見（參看李宗焜：《甲骨文字編》，第 690 頁）：（《合》20624）、（《合》18835）。此字去掉"（乍？銍？）"的部分，也頗有些像是"△"〔如確从"穗"，不知有沒有可能釋爲"截穎謂之銍"（《小爾雅·廣物》）的"銍"〕。前一辭即自組肥筆類，後一辭似屬賓組，也都不晚於一期。又，《甲骨文字編》第 524 頁"季"字條下所收《合》10059 一例，摹作，似从"△"。檢原拓本，此字實作，其頂端和左邊都是"黍"字習見的散穗形。《文字編》所摹失實。

後的殷墟甲骨文及其他古文字資料裏，好像就再也看不到△了。古文字字形勾廓與填實往往無別，如果把△象穗的部分用填實的手法書寫，其字與"禾"便混而難分。此外，△的字形既可看作"禾所結的穗"，也可看作"結穗的禾"。如取後一種理解，△就有可能被人當作"禾"的異體，終爲"禾"字所兼併。由於存在這些原因，△大概在較早的時候即遭受被淘汰的命運。所以，从"△"的"季"應該就是"季"字的古體；從自組小字類卜辭開始，"季"所从的"△"省變爲"禾"（省去了下垂的禾穗）①，在△字徹底廢棄不用之後，从"禾"的省訛之體自然成了"季"的標準寫法，導致"季"的字形很難分析。

我們認爲△是"穗"之初文，"穗"正可充當"季"的聲旁。《清華大學藏戰國竹簡（伍）》所收《命訓》篇，其文又見於傳世的《逸周書》。清華簡《命訓》"朾之以季"（簡 11）、"季必㐰₌"、"季而不㐰₌"（簡 13）之句②，《逸周書》本相應地作"撫之以惠"、"惠不忍人"、"惠不忍人"。清華簡整理者指出，傳本第一處"惠不忍人"的"不"爲"必"之誤，可據簡本校正；簡文的"朾"、"季"、"㐰₌"當從傳本讀爲"撫"、"惠"、"忍人"。③其説甚是。④既然"季"可假借爲"惠"，从"惠"聲的"穗"與"季"的讀音應該也很相近。

清華簡整理者解釋"季"、"惠"二字的語音關係説："'季'爲見母質部字，而'惠'爲匣母質部字，故可通假。"⑤"季"、"惠"不但都屬質部，而且中古都是合口去聲字，彼此只有三、四等之別（"季"爲三等字，"惠"爲四等字）。從

---

① 參看李宗焜：《甲骨文字編》，第 521 頁。按，自組小字類卜辭的時代早於賓組，作爲偏旁的△與獨體的△的字形變化的快慢不一致，這在古文字的發展過程中是比較常見的。
② 清華大學出土文獻研究與保護中心編、李學勤主編：《清華大學藏戰國竹簡（伍）》，中西書局，2015 年，下册第 126 頁。
③ 清華大學出土文獻研究與保護中心編、李學勤主編：《清華大學藏戰國竹簡（伍）》，中西書局，2015 年，下册第 130 頁注[二九]、第 131 頁注[三一]。
④ 有人援此用"季"爲"惠"之例，把郭店楚墓竹簡《老子》甲組 1 號簡"絶爲棄慮，民復季子"的"季子"改讀爲"惠慈"，認爲"惠慈"與今本之"孝慈"義近（華東師範大學中文系出土文獻研究工作室：《讀〈清華大學藏戰國竹簡（伍）〉書後[一]》，簡帛網，2015 年 4 月 12 日。王挺斌：《戰國秦漢簡帛古書訓釋研究》，清華大學博士學位論文[指導教師：趙平安教授]，2018 年 6 月，第 90—91 頁）。這是不合乎老子的思想的。"惠慈"或"孝慈"，在老子看來，都是"大道廢"之後出現的用於補救人際關係的東西，"絶爲棄慮"之後怎麽可能不回復體現"道"之本真的"季子"、"嬰兒"的狀態，反而回到第二層次的"惠慈"之屬呢？（參看裘錫圭：《關於〈老子〉的"絶仁棄義"和"絶聖"》，《裘錫圭學術文集·簡牘帛書卷》，第 519 頁。）由此可見，僅有通假用例，不足以決定文獻的通讀，還需要對著作的思想等各方面情况通盤考慮。
⑤ 清華大學出土文獻研究與保護中心編、李學勤主編：《清華大學藏戰國竹簡（伍）》，下册第 130 頁。

"惠"聲的"穗"正是三等字,"穗"與"季"的韻母可以説完全相同。聲母方面,中古的匣母有不同的上古來源;從"惠"、"慧"的密切關係看,"惠"的聲母當與"慧"一致,本爲云母。①云、見二母都是塞音,文獻裏就有不少相通或相諧之例。《史記·貨殖列傳》"民俗懁急",《集解》引徐廣曰:"懁,急也,音絹。……一作'惠'。"音"絹"的"懁"跟"季"一樣,也屬見母。此是"惠"與見母字相通的例證。②"穗"从"惠"聲,很可能是在云母前加一 s-前綴③,至中古才演變成邪母④。"穗"、"惠"、"季"的聲母關係,跟"歲(中古心母)"从"戉(云母)"聲、"劌(見母)"从"歲"聲的情况,頗爲相類。所以"季"以"穗"爲聲旁,語音上是没有問題的。

總之,就字形本源來説,"季"當分析爲从"子"、"穗"聲,應該是爲"少偁"或"幼稚"義而造的;其結構與从"子"、"未"聲的"字"字同例。⑤"季"从"△(穗)"聲與釋△爲"穗",單獨地看似乎都嫌證據不夠充分,但二説恰好可以相互支持,這恐怕不是偶然的巧合。

△在卜辭中的用法大多不易索解。《合》9464 的"△(穗)"似是用其本義的:

(1a) 己酉卜,亘,貞:易(賜)△。

(1b) ☐勿易(賜)△。　　　　　　　　(以上正面。兆辭、序數等從略)

(1c) 王固(占)曰:吉。易(賜)。　　　　(以上反面。甲橋刻辭從略)

在全部的殷墟卜辭裏,似乎從未見過賞賜禾的記録。這大概由於卜辭中的"禾"多用爲"一切穀物的通稱"的緣故⑥;即使偶有指穀子的,也因"禾(穀子)的

---

① 參看潘悟雲:《喉音考》,《著名中年語言學家自選集·潘悟雲卷》,安徽教育出版社,2002年,第 210—239 頁。依潘悟雲先生説,上古云母可擬作小舌音 G-。

② 先秦古書裏"柳下惠"又作"柳下季",王挺斌先生懷疑"季"是其謚號"惠"的音近借字;前人多以爲"季"是其字,恐不可信(柳下惠本名獲,字禽或子禽,其字與名義相因,字"季"則莫名其妙。或謂字"季禽"。然"季禽"似不得簡稱爲"季")。其説可從。詳見其《戰國秦漢簡帛古書訓釋研究》,第 90—91 頁。

③ 對於"穗(sG-)"來説,s-前綴有什麽構詞方面的作用,尚待研究。

④ 鄭張尚芳:《上古音系(第二版)》,第 144、358 頁。

⑤ 關於"字"的字形分析,參看史傑鵬:《釋郭店老子簡的"孛"字》,簡帛網,2009 年 5 月 14 日;蘇建洲:《楚系文字"祟"字構形補説兼論相關問題》,原載台灣中正大學中文系主編《中正漢學研究》2012 年第 1 期(總第 19 期),又載復旦大學出土文獻與古文字研究中心網,2017 年 1 月 15 日;劉洪濤:《〈説文〉"𡧊字"釋義》,《古漢語研究》2018 年第 2 期,第 82 頁。

⑥ 裘錫圭:《甲骨文中所見的商代農業》,《裘錫圭學術文集·甲骨文卷》,第 233 頁。

種植量比其他穀物大得多"①，商王不會專門拿來賞賜。（1）就"賜△"與否進行卜問，可知過去把△視爲"禾"的異體，是不妥當的。

"賜△"即"賜穗"。《尚書·禹貢》所記"五百里甸服"，有"二百里納銍"，僞孔傳："銍，刈，謂禾穗。"孔穎達《正義》："……《詩》云'奄觀銍刈'，用銍刈者，謂禾穗也。禾穗用銍以刈，故以'銍'表禾穗也。"這是說上古甸服內去王都二百里者，以禾穗作爲交納的貢賦（這種制度當然含有想象虛構的成分）。（1）所問商王賞賜的穗，也許就來自"甸服""二百里"所納的"銍"。古代有"賜稅"之事，如《商君書·境內》："故爵五大夫，皆有賜邑三百家，有賜稅三百家。"這裏商王"賜穗"，不知與後世的"賜稅"是不是相類之事。

《合》19804（《京人》2983），蔣玉斌先生已把它跟《合》21227（《甲》245）相綴合。②蔣先生並對此綴合版上的卜辭作過研究③，現基本按其分辭讀法引錄於下：

(2a) 庚寅卜：燎☐

(2b) 甲午卜，王：囧（上甲）△九叕。

（此版上方另存一殘字，蔣玉斌先生疑爲"克"。此從略）

"叕"字，蔣先生釋爲"鼓"之異體。未知確否。蔣先生釋△爲"禾"，讀爲"龢"，"指的是向上甲獻享包含九個懸鼓合奏的音樂"。我們主張△是"穗"的初文，當然不能再讀爲"龢"。如仍循蔣先生對辭義的理解，初步懷疑此"△（穗）"可讀爲"惠"。《禮記·表記》："先王謚以尊名，節以壹惠，恥名之浮於行也。"鄭注："惠，猶善也。"古漢語名動相因，"上甲惠九叕"可能是說上甲以"九叕"爲善，實即卜問上甲是否接納時王的獻享。由於"九叕"的意思尚難論定，同版有關之辭又殘損嚴重，以上所說完全是假定性的，有待於進一步研究。

《合》9615存四條殘辭，涉及△的一辭爲"☐今秋晶（星）△九☐"。其義不明，待考。

殷墟甲骨文中的"△（穗）"就討論到這裏爲止，下面附帶談談與"穗"字有關的一些問題。

---

① 裘錫圭：《甲骨文中所見的商代農業》，《裘錫圭學術文集·甲骨文卷》，第234頁。
② 蔣玉斌：《甲骨新綴35組》，先秦史研究室網站，2012年2月22日。
③ 蔣玉斌：《甲骨綴合所得新字新形研究》，《古文字學青年論壇論文集》，"中央研究院"歷史語言研究所，2013年11月25—26日，第85—89頁。下引蔣說皆見此文，不另注。

西周至戰國文字中有作✿（《集成》03443）、✿（《古璽彙編》3192）、✿（《上海博物館藏戰國楚竹書（二）·容成氏》簡37）等形之字（以下用"○"代替）。白於藍先生主要根據从"衣"从"○"之字在傳抄古文中用爲"袖"，此字即《説文》"褎"字，傳抄古文實借"褎（袖）"爲"袖"等綫索，釋○爲"褎"的聲符"采"，"采"當有"秀"、"穗"二讀，○"應即采（穗）字之原始象形字"。①後來，郭永秉先生找出上舉西周金文和楚竹書《容成氏》兩條材料，認爲前者"可證明字本確當从禾頭上加穗形"；後者在簡文中當讀爲"秃"（"秃"、"秀"一字分化），可以證成白於藍先生○"有'秀'一讀"的説法。②我們認爲此説雖尚非定論，卻是現有諸説中最爲合理的。

但是，○與"采"不見得非説爲一字不可。郭永秉先生指出，從字形上看，"采"不可能由○形訛變而成。這是正確的。所以，即使承認"采"有"秀"、"穗"二讀，也無法據此推論○也有"穗"的讀音。現有資料（如《容成氏》）至多證明○有"秀"一讀（徐、楚文字資料裏的从"○"聲的从"水"或从"水"从"人"之字，就算○取"穗"音，也難以讀爲"沬"。因爲"沬"的上古聲母當爲清鼻音 $\mathring{m}$ ③，與"穗"的聲母無涉）。

○在植物的頂端畫出直上的穗形，與我們討論的△的字形，既頗相似，又有所區別，很可比較。"穀子的穗是聚而下垂的，黍子的穗是散的，麥子的穗是直上的"。④△字象穀子（"禾"）結穗。○字從其穗所處的位置來看，似當取象於麥子（"來"）之類的穀物抽穗，現在看到的最早一例的○已从"禾"，可能是類化的結果（"黍"字在殷墟甲骨文的時代亦已類化爲从"禾"）。1992年，在齊國故都臨淄城外的劉家莊戰國墓葬出土一大一小二銅量，其上皆刻有"✿邑聚⑤✿里"銘文。⑥✿及✿之所从，象"來"上結穗，疑亦○字。劉家莊銅量的時

---

① 白於藍：《釋"褎"——兼談秀、采一字分化》，原載《中國古文字研究》第一輯，吉林大學出版社，1999年；收入白於藍：《拾遺錄——出土文獻研究》，科學出版社，2017年，第279—284頁。
② 郭永秉：《關於"穗、秀"問題致白於藍教授》，古文字微刊（復旦大學出土文獻與古文字研究中心官方公衆號），2016年4月8日。下引郭説皆見此文，不另注。
③ 參看施瑞峰：《作爲同時證據的諧聲、假借對上古漢語音系構擬的重要性——一項準備性的研究》，《出土文獻》第十三輯，中西書局，2018年，第428頁。
④ 裘錫圭：《甲骨文中所見的商代農業》，《裘錫圭學術文集·甲骨文卷》，第233頁。
⑤ 爲了行文方便，此字暫釋寫作"聚"，參看陸德富：《齊國陶文的"聚"字》，《中國文字學報》第8輯，商務印書館，2017年，第89—95頁。
⑥ 吳鎮烽編著：《商周青銅器銘文暨圖像集成》，上海古籍出版社，2012年，第34卷第262、263頁，18811號、18812號。

代雖晚，但戰國齊文字中的有些不同於他系文字的異體，時有保存早期古體之例。① 所以量銘从"來"的〇，有可能反映的正是〇字較古的寫法。既已有△作爲"穗"的初文，〇似只能認爲是當穀物抽穗開花講的"秀"的表意初文了。②

《説文・七上・禾部》："采，禾成秀也，人所以收。从爪、禾。穗，采或从禾、惠聲。"是以"采"爲"穗"字。但從出土文字資料的用例來看，"采"當讀"由"、"秀"一類的音③；《説文・八上・衣部》"褎（袖）"字从"采"聲，這裏的"采"也讀如"由"。所以，多數學者同意裘錫圭先生最先提出的"采"是"秀"的本字的説法；有的學者甚至認爲《説文》"采"字條下有關"穗"的内容，是後人因"秀"、"穗"義近而誤竄入的。④ 應該指出，裘先生關於"采"字的看法比較複雜。他是在討論甲骨文裏一個也許可以隸定爲"𠂤"的字時，提到"采"的問題的。他既認爲"采""應該是'禾成秀'之'秀'的初文或本字。'秀'、'穗'義近，因此'采'又被人當作'穗'字"；⑤ 在把釋爲"采"的"𠂤"字讀爲"揉"之後，他又説："也許'𠂤'和'采'本來都是'揉'的表意初文，引取禾穗正是'揉'的本義。"⑥ 上舉白於藍、郭永秉二位先生的文章，則採取折中的立場，認爲"采"字兼有"秀"、"穗"二讀。郭文明確講到〇、"采"或許是"早期'秀/穗'表意初文"的"不同寫法"。

裘先生對"采"字實際上提出了兩種可能的分析，周忠兵先生試圖把這兩種分析統一起來。他肯定了"采"可能爲"揉"的初文，又認爲"就像'鑿'的動作和結果都可稱爲'鑿'一樣，'采'表示摘取禾穗，所摘取的禾穗當然也可能用'秀'這樣的讀音記録。所以，'禾成秀'之'秀'也可能是'采'的義項之一"。⑦ 其

---

① 參看裘錫圭：《〈戰國文字及其文化意義研究〉緒言》，《出土文獻與古文字研究》第 6 輯，上海古籍出版社，2015 年，第 228—229 頁。
② 上文説過，"穗"的初文△可能在殷墟甲骨文的時代已遭廢棄；〇目前所見最早一例則遲至西周中期，這似乎給人以二字先後存在的印象。在△退出漢字歷史舞臺之後，"秀"的初文〇當然有可能兼表"穗"這個詞。不過，我們迄今爲止還沒有找到可以證實這一點的證據。
③ 在漢代文字資料裏，"采"實爲"采"字。參看石繼承：《〈漢印複姓的考辨與統計〉三補》，《文史》2015 年第 4 輯（總第 113 輯），第 283—284 頁。
④ 張世超：《"采"、"秀"形音義新探》，《古文字研究》第二十八輯，中華書局，2010 年，第 510 頁。
⑤ 裘錫圭：《甲骨文中所見的商代農業》，《裘錫圭學術文集・甲骨文卷》，第 268 頁。
⑥ 裘錫圭：《甲骨文中所見的商代農業》，《裘錫圭學術文集・甲骨文卷》，第 269 頁。
⑦ 周忠兵：《金文所見"菽麥"考》，《考古與文物》2016 年第 3 期，第 108 頁。按，周文釋《金文總集》8・6753 著録的仲𠂤父盤銘 𦥑 字"辵"旁之外的部分爲"采"，並讀爲"菽"。但此字的 𦥑 與古文字裏一般的"采"字形上有些距離，釋前者爲"采"是否可靠，有待研究。

實，從表意的角度衡量，用"摘取禾穗"或"所摘取的禾穗"的字形來表示"禾成秀"之"秀"，多少有些迂曲。雖然如此，周忠兵先生想把"挊"、"秀"二義統一在"采"上的思路，還是很有啓發性的。

我們認爲，裘先生把"采"與"挊"加以聯繫，是可取的；但"采"恐非"挊"之初文。《說文·十二上·手部》"揂"字下以"揂"、"挊"與"抽"爲一字，訓爲抽引之"引"。後世稱植物生長、抽條爲"抽"（如西晉束皙《補亡詩》："木以秋零，草以春抽。"），這顯然是"抽引"義的引申。草木抽條謂之"抽"（"曳"、"條"、"繇"等皆同族詞），穀物抽穗謂之"秀"。"秀"當是從"抽"派生出來的一個詞。"抽穗"這種動作，靜態的字形難於準確描摹。頗疑在古人看來，草木禾苗條長、穀物吐穗等自然現象，都是靠一隻無形的"上帝之手"把它們"抽引"出來的。因此"采"的以手抽"禾"的字形，實際上表示的是抽穗之"抽"，即"秀"。《詩·大雅·生民》："實方實苞，實種實褎。實發實秀，實堅實好。"毛傳："褎，長也。"鄭箋："枝葉長也。"孔穎達《正義》："褎者，禾長之貌。""褎"應該也是從"抽"派生出來的一個詞，且其字正从"采"聲。考慮到古文字裏已有"秀"的表意初文○了，"采"也有可能實是當"禾長之貌"講的"褎"的表意字，其形似象以手抽引禾苗使其漸長。

前面講過，出土文字資料裏的絶大多數"采"，都讀"秀"、"由"一類音。東周貨幣小型斜肩弧足空首布面文"武采"，學者們多讀爲《史記·韓世家》等書所載的地名"武遂"。① 王力先生在他的《同源字典》裏，認爲"穗"與"禾役穟穟"的"穟"音義極近，彼此是名詞與形容詞的派生關係。② 也許有人會以此作爲"采"確有"穗"音的例證。對此有必要稍加辨析。

從詞義上看，《說文》訓"穟"爲"禾采之皃"，一般都讀爲"禾穗之貌"（《段注》據許書讀《詩》"禾役穟穟"之"役"爲"穎"，謂"穟穟指采言，成就之皃"。聲旁"遂"兼有意）。但《廣韻》去聲至韻徐醉切遂小韻："穟，禾秀。"慧琳《一切經音義》卷六十二"赤穟"注引《蒼頡篇》："穟，禾麥秀也。"③ "穟"就是講成"禾秀之貌"也毫無問題。《詩·大雅·生民》"禾役（穎）穟穟"

---

① 參看何琳儀：《首陽布幣考——兼述斜肩空首布地名》，氏著《古幣叢考》，安徽大學出版社，2002年，第67—68頁；吳良寶：《中國東周時期金屬貨幣研究》，社會科學文獻出版社，2005年，第49頁。
② 王力：《同源字典》，《王力全集》第十三卷，中華書局，2014年，第490頁。
③ 宗福邦等：《故訓匯纂》，商務印書館，2003年，第1640頁。本段所舉"穟"的訓詁資料，多參考此書而得。

的"穟穟",毛傳釋作"苗好美也"。《爾雅·釋訓》"穟穟,苗也"郭璞注:"穟穟,言茂好也。""禾役(穎)穟穟"大概就是描寫大批的禾穗結得飽滿、美好的樣子。"秀"指抽穗、結穗,"穟"或"穟穟"指穗抽結得茂好,二者的聯繫也是相當緊密的。

　　從語音上看,"穟"與"穗"中古雖同音,但彼此的上古聲韻都有差異。"穗"的古音前面已經説過了。"穟"、"遂"同音,中古爲邪母,按照不少古音學家的觀點,乃是由上古的以母 l 加 j 介音(或稱墊音)演變而成的。①這跟"穗"的上古聲母出入頗大("穟"與"穗"代表中古邪母的兩個不同的上古來源)。"穟"是物部字,與"穗"古韻也不同部。而"秀"與"穟"的情況則不同。從"秀"得聲的"莠"、"誘"等字都讀以母,"蜏"、"琇"有以母的異讀,可知"秀"的上古聲母也必與以母有關。②"秀"是幽部字,中古跟"穟"一樣也讀去聲;"秀"、"穟"的主要元音相同,僅韻尾略有差别,它們的關係即屬於古文字學者屢加申説的"幽物(微)通轉"。③上文引過的《尚書·禹貢》"二百里納銍"僞孔傳"銍,刈,謂禾穗",陸德明《經典釋文》云:"穗亦作穟。"這一異文,應是"穗"、"穟"變得同音之後的産物,不足以"考古"。

　　如此看來,"穟"與其説是"穗"的派生詞,不如説是"秀"的派生詞,音義方面更爲穩妥。"采"如確是"秀"的另一表意字,在"武采"幣文中完全可能因音近而假借爲"武遂",其語音關係猶如"秀"派生出"穟"。如"采"是"襚"的初文,"襚"的上古聲母與"穟"、"遂"全同(均爲 lj-),韻部也較相近,彼此相通也是有可能的。④所以,"武采"用爲"武遂"之例,不宜作爲"采"有"穗"音的確證。

　　通過上面的考察可以看出,出土文字資料似乎還不能爲《説文》以"采"爲"穗"之説提供可靠的證明。我們並不是絕對否認"采"兼有"穗"一讀的可能

---

① 參看李方桂著、麥耘讀解:《上古音研究》,《中西學術名篇精讀·趙元任、李方桂卷》,中西書局,2014年,第76—77頁;潘悟雲:《漢語歷史音韻學》,上海教育出版社,2000年,第287頁;鄭張尚芳:《上古音系(第二版)》,第129頁。
② 鄭張尚芳先生構擬"秀"的聲母爲 sl-。見其《上古音系(第二版)》,第509頁。
③ 陳劍先生曾讀《上海博物館戰國楚竹書(八)·顔淵問於孔子》簡 2B "膡又(有)化(過)"的"膡"爲"赦免"義的"遂"(陳劍:《〈上博八·顔淵問於孔子〉補釋兩則》,武漢大學簡帛研究中心主辦:《簡帛》第七輯,上海古籍出版社,2012年,第35—39頁)。"膡"與"遂"的韻部關係,跟"秀"與"穟"的韻部關係極爲相似。
④ 斜肩弧足空首布面文"武采"之"采"就讀"由"、"秀"一類音的可能性,恐怕也不能排斥。此地名究竟應該如何釋讀,似還可討論。

性（也許將來真能出現這方面的證據），只是覺得在現有材料面前，對於"采"讀"穗"音，或把"采"同時視爲"穗"的表意初文的説法，尚需存疑。

2018 年 7 月 30 日

附識：本文寫成後，蒙郭永秉、蘇建洲先生提供寶貴意見，又蒙張富海先生惠賜有關資料，謹致謝忱。

原載田煒主編：《文字・文獻・文明》，上海古籍出版社，2019 年。

孫亞冰

殷墟卜骨的雙兆幹現象

殷商時代，人們利用甲骨進行熱占卜，步驟一般是：整治甲骨，做鑽鑿，在鑽鑿處灼燒，據卜兆判斷吉凶，刻寫卜辭。卜兆是占卜的依據，甲骨材質、鑽鑿形態、灼燒力度等的不同，就會造成卜兆形態的差別，今人已無法洞悉商代占者判斷吉凶的標準，唯有根據兆幹、兆枝的類型，對其進行分類研究。劉一曼先生據前人的研究和她多年收集的資料，將卜兆形態分爲十類：

1. 兆枝橫直。即兆幹與兆枝夾角呈 90 度，或近於 90 度。

2. 兆枝上仰。兆幹與兆枝之夾角以 70 度至 90 度爲多。

3. 兆枝下俯。

4. 兆枝中部彎折後上仰。

5. 兆枝中部彎折後下俯。

6. 兆枝末端分叉。（下略）

7. 在兆幹的左、右各出一枝。此類兆，有一些是由於反面相應的位置鑿之兩側各有一灼而形成的。

8. 二幹一枝。即兩個豎的兆幹之中部與一橫兆枝相連接，其形狀似較寬的 H 形。

9. 二幹二枝。兩個兆幹，各出一兆枝。8、9 兩類，其反面相應的位置只一鑿、灼，但灼的尺寸較大，灼痕深黑。

10. 只見兆幹，未見橫的兆枝，也可以說是不完全的卜兆。此種兆，其反面的灼痕顏色較淺、灼的溫度不大高。

以上 1—7 類卜兆，見於殷墟的卜甲與卜骨上，8—10 類卜兆，主要見於卜骨，卜甲上未見或罕見。[①]

劉先生總結的十類中，第 8、9 類的"二幹"，就是本文所說的"雙兆幹"，卜骨上的"雙兆幹"現象是劉先生的一大發現，劉先生已經對其特徵做了精彩的總結，如"反面相應的位置祇有一鑿、灼，但灼的尺寸較大，灼痕深黑"等，本文祇是根據新發現的"雙兆幹"現象，對劉文略作補充。

一般情況下，殷商時期的卜兆祇有一個兆幹，兆幹是長鑿或圓鑽（指祇有鑽、没有鑿的情況）燒灼後形成的縱向裂紋，"雙兆幹"有兩個兆幹，可祇有一個鑿，那麼它是怎麼形成的？先將"雙兆幹"區分爲"第一兆幹"、"第二兆幹"，兆枝區分爲"第一兆枝"、"第二兆枝"（圖一，本圖兆枝朝右，若兆枝朝左，"第一兆幹"、"第一兆枝"在右邊，"第二兆幹"、"第二兆枝"在左邊）。一般情況下，卜兆祇有"第一兆幹"和"第一兆枝"，"第一兆幹"對應長鑿或圓鑽（指祇有鑽、没有鑿的情況），"第一兆枝"對應灼點。而"第二兆幹"和"第二兆枝"對應的也是灼點，也就是説，"第二兆幹"和"第二兆枝"都出現在灼點所在方向，它們的形成應該是灼燒力度大造成的。"雙兆幹"必須有兩個兆幹，根據兆枝有無，可將其分爲四個類型：

（一）"第一兆枝"、"第二兆枝"都有，此類即劉一曼先生的第 9 類；

（二）祇有"第一兆枝"，此類即劉先生的第 8 類；

（三）祇有"第二兆枝"；

（四）祇有兆幹，没有兆枝，劉先生的第 10 類中包含此類。

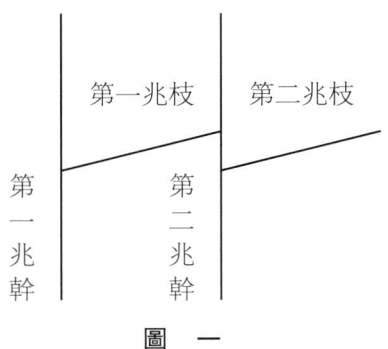

圖 一

由於卜兆和其他裂紋容易混淆，在判斷是否爲"雙兆幹"時，就必須依據可

[①] 劉一曼：《論殷墟甲骨整治與占卜的幾個問題》，《古文字與古代史》第四輯，臺北："中研院"史語所，2015 年。

靠的資料。2017年殷墟大司空發掘了一坑無字甲骨（H279），這坑甲骨以卜骨爲主，時代在帝乙和帝辛早期。卜骨多數保存完好，上面有很多確定無疑的"雙兆幹"，其中有一版（編號156），上面的四個"雙兆幹"正好對應我們劃分的四個類型（圖二左），而其反面祇有長鑿，灼痕顏色也確實明顯比另外兩個單兆幹的灼痕深黑些（圖二右）。

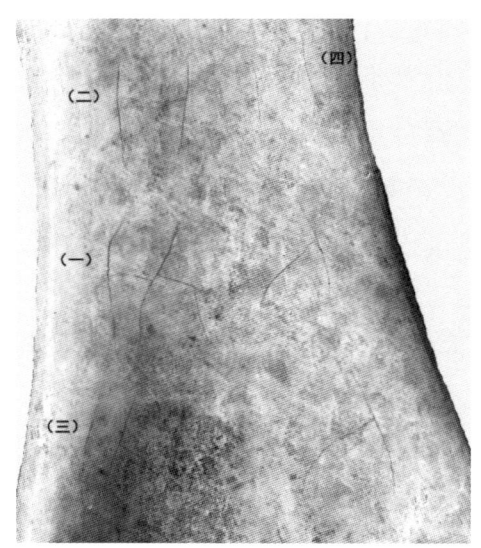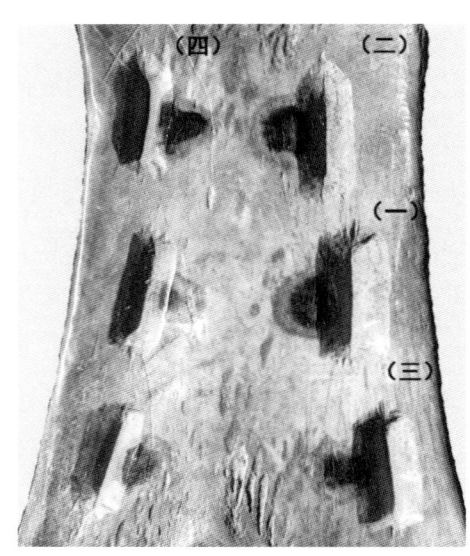

圖 二

劉一曼先生舉了一些"雙兆幹"的例子，即出土於小屯村以外的白家墳東，編號分別爲98ABDH18∶14（圖三）和99ABDH17∶12（圖四）的卜骨。第一例卜骨上有兩個"雙兆幹"，分屬第（一）、（二）類；第二例卜骨上有一個"雙兆幹"，屬於第（四）類。

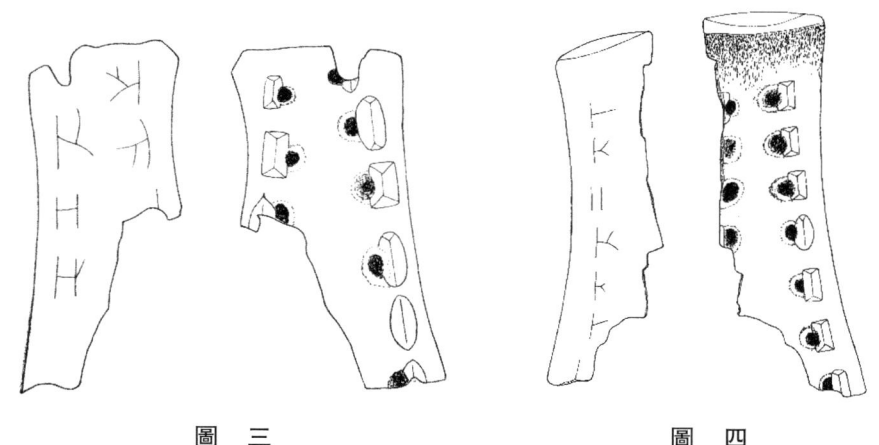

圖 三　　　　　　圖 四

《張世放所藏殷墟甲骨集》①"無字甲骨"部分019號卜骨上的雙兆幹（自上而下數第三個卜兆）當屬第（二）類型。

下面，再舉一些帶刻辭的"雙兆幹"的例子：

過去，因爲沒有發現"雙兆幹"現象，摹寫者一般都會忽略它們，不過有些摹本可能已經把它摹出來了，例如《京人》1863、2065（圖五，即《合集》30832、29105）。②這兩版甲骨都屬於無名類卜辭，時代屬於廩辛、康丁、武乙時期，"雙兆幹"有第（一）、（二）兩種類型。

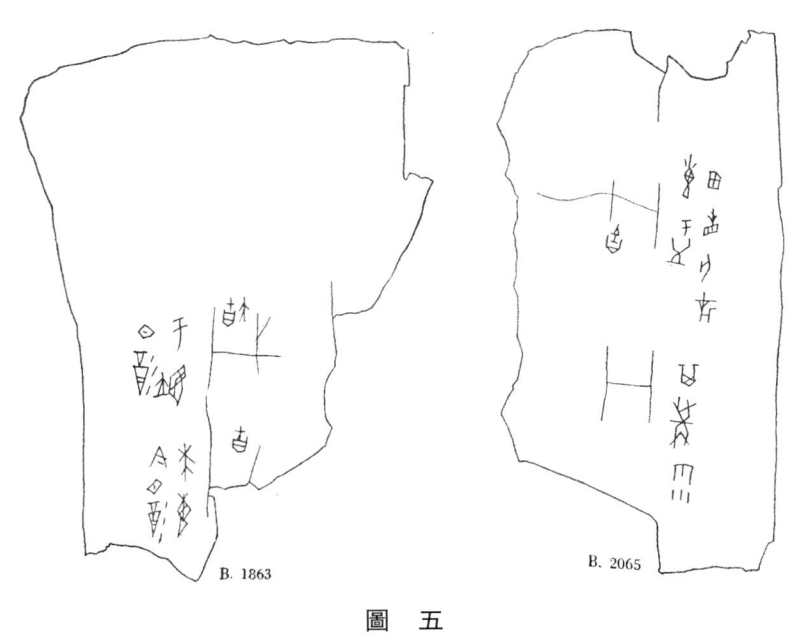

圖　五

《合集》9680（即國圖1348，圖六），爲典賓類卜辭，時代爲武丁、祖庚時期，背面爲小圓鑽。序數爲"四"的卜兆是"雙兆幹"，屬於第（一）類型，從照片看，此兆應該被刻劃過。序數自上而下分別是"三""四""五"，"三""五"在一條直綫上，"四"則偏向左邊，這顯然是爲了避開"第二兆幹"。兆辭"不玄"刻在"第一兆幹"下端兩側，與通常刻在兆枝下方或兆幹外側的情況也有差異。

---

① 宋鎮豪主編：《張世放所藏殷墟甲骨集》，綫裝書局2009年版。
② 《京人》拓本看不清卜兆，這兩版摹寫是否準確，還有待覈對。

圖六 1、2

《合集》11955（即《山珍》1204，圖七）爲賓一類卜辭，時代爲武丁時期，背面祇有長鑿。中間的卜兆是明顯的第（一）類"雙兆幹"，序數"一"在"第一兆幹"頂端。與上例（《合集》9680）不同的是，"第一兆幹"和"第一兆枝"沒有被刻劃，祇有"第二兆幹"和"第二兆枝"被有意刻劃過。此例既把序數刻在"第一兆幹"頂端，又有意刻劃"第二兆幹"和"第二兆枝"，說明商人對"雙兆幹"并不是用此廢彼，而是都視作有意義的兆紋。上例（《合集》9680）兆紋都被刻劃，刻序數"四"時，又專門避開"第二兆幹"，也是出於同樣的理由。

圖 七

以上例子雖然都屬於傳世品，但應該都出自小屯村周圍。

現根據上述例證以及安陽大司空 H279 其他"雙兆幹"的例子，總結其特徵如下：

（1）"雙兆幹"祇出現在卜骨上，分佈位置骨頸處較多，骨扇處較少；

（2）"雙兆幹"的背面祇有單個長鑿或圓鑽，有關灼痕顏色相對要深黑一些；

（3）從武丁到帝辛時期的卜骨上都發現了"雙兆幹"；

（4）"雙兆幹"卜骨的出土範圍包括小屯及小屯以外地點；

（5）商人已經認識到了"雙兆幹"現象，并將其視作判斷吉凶的依據。

當然，這些特征祇是依據目前筆者看到的有限例子總結出來的，以後擴大觀察範圍，增加例子，再進行總結，將會更加全面準確。

最後，還要順帶提一下一種特殊的"單兆幹"，此類"單兆幹"是"雙兆幹"的"第一兆幹"沒有顯現形成的，如果不結合背面鑽鑿，很容易與普通的"單兆幹"混淆。以大司空 H279:55（圖八）爲例，中間那個卜兆紋就屬於此類"單兆幹"，觀其背面長鑿可知，鑿底對應處未形成豎兆幹，祇有分叉的兆枝，反而是灼燒點的對應處形成了一條筆直的兆幹，不過這個灼點的顏色明顯要淺一些，說明灼燒力度不如上、下那兩個長鑿，長鑿左邊外側還有刀削痕跡，這兩點很可能是此例"單兆幹"形成的原因。

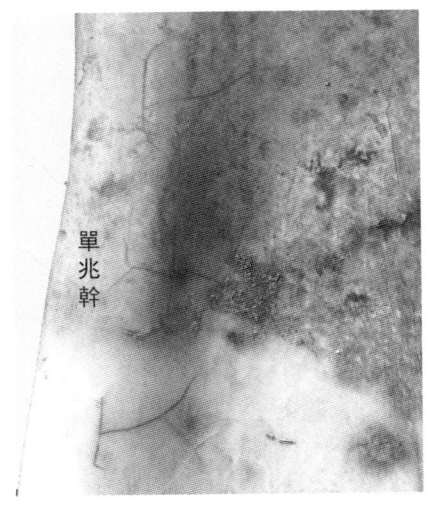 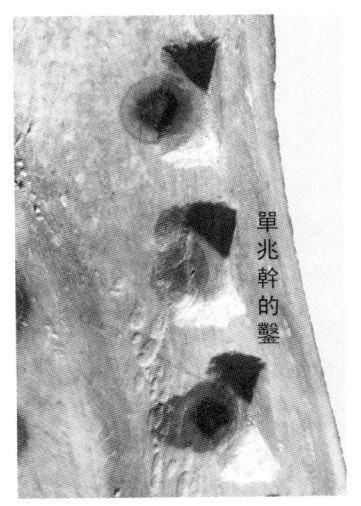

圖　八

又如大司空 H279：146（圖九），中間卜兆的兆幹與其上、下卜兆兆幹不在一條綫上，位置偏右，但背面長鑿鑿底是在一條綫上的，説明此卜兆是祇有"第二兆幹""第二兆枝"的特殊"單兆幹"，"第一兆幹""第一兆枝"均未顯現。

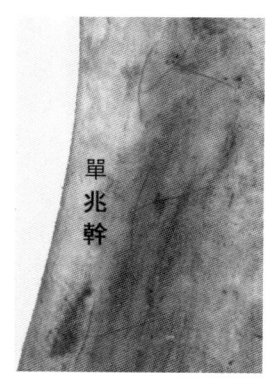 

圖　九

《張世放所藏殷墟甲骨集》"無字甲骨"部分 041 號卜骨上也有特殊的單兆幹（圖十）：

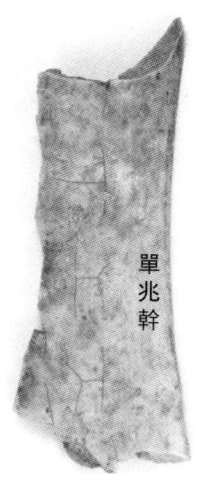 

圖　十

上舉《合集》11955（圖七）下端殘餘的兆幹，是"第二兆幹"，被刻劃過，"第一兆幹"很可能也没有顯現。

這種特殊的"單兆幹"，目前所見例子不多，它們對應的也祇有單獨的長鑿。它既然是在"双兆幹"的基礎上發生的變化，其时代也應該自武丁到帝辛，也應該有四種類型：有第二兆幹、第一兆枝、第二兆枝，如上舉第一例（圖八）；有第二兆幹、第一兆枝，如上舉第三例（圖十）；有第二兆幹、第二兆枝，如上舉第二例（圖九）；祇有第二兆幹。

　　本文采用殷墟大司空 H279 的甲骨，得到了發掘者牛世山先生的准許，特致謝意！

　　原載《甲骨文與殷商史》新 9 輯，上海古籍出版社，2019 年。